CW00693035

# 1 MONTH OF
# FREE
# READING

at

## www.ForgottenBooks.com

By purchasing this book you are eligible for one month membership to ForgottenBooks.com, giving you unlimited access to our entire collection of over 1,000,000 titles via our web site and mobile apps.

To claim your free month visit:

www.forgottenbooks.com/free489923

ISBN 978-0-656-78278-9
PIBN 10489923

# Patrologie.

Von

## Otto Bardenhewer,

Doctor der Theologie und der Philosophie, Professor der Theologie
an der Universität München.

———

Mit Approbation des hochw. Herrn Erzbischofs von Freiburg.

● ◆ ●

Freiburg im Breisgau.
Herder'sche Verlagshandlung.
1894.
Zweigniederlassungen in Straßburg, München und St. Louis, Mo.
Wien I, Wollzeile 33: B. Herder, Verlag.

Das Recht der Ueberſetzung in fremde Sprachen wird vorbehalten.

Buchdruckerei der Herder'ſchen Verlagshandlung in Freiburg.

# Vorwort.

Im Jahre 1883 ward ich durch die Herder'sche Verlagshandlung er=
sucht, eine neue Auflage des „Handbuches der Patrologie" von J. Alzog
(3. Aufl., Freiburg i. Br. 1876) zu besorgen. Der Ausführung des schmeichel=
haften Auftrages traten jedoch schon sehr bald äußere Umstände hemmend in
den Weg. Neue Wirkungskreise, in welche ich berufen wurde, nahmen mehrere
Jahre hindurch fast meine ganze Zeit und Kraft in Anspruch. Die Verlags=
handlung betraute eine andere Hand mit der Veranstaltung einer verbesserten
Auflage des Alzog'schen Buches (Freiburg 1888), und ich nahm, sobald die
Verhältnisse es gestatteten, die Ausarbeitung eines neuen Buches in Angriff.

Dieses neue Buch, welches hiermit der Oeffentlichkeit übergeben wird,
versucht in möglichst knapper und übersichtlicher Form den gegenwärtigen Stand
patrologischen Wissens und Forschens zur Darstellung zu bringen und zugleich
durch Vorführung der jedesmaligen Literatur zu weiterem Eindringen in Einzel=
fragen anzuregen und anzuleiten. Aus der ältern Literatur sollte nur das
Wichtigste namhaft gemacht, aus der neuern nichts Wichtigeres übergangen
werden. Die Darstellung konnte wegen der Fülle des Stoffes vielfach nicht
umhin, sich mit Andeutungen zu begnügen, auf nähere Begründung zu ver=
zichten, minder Bedeutsames beiseite zu schieben. Manchen der zahllosen Streit=
fragen gegenüber schien ein enthaltsames Referat dem Zwecke des Buches am
meisten zu entsprechen. Später werde ich, so Gott will, diesem Grundrisse
eine ausführlichere Bearbeitung des Gegenstandes folgen lassen.

Die Mühen der Ueberwachung des Druckes hat mein College, Herr
Dr. C. Weyman, theilen wollen, und es würde schwer sein, zu entscheiden,
ob die Opferwilligkeit des Freundes für die Correctheit des Satzes oder die
Sachkunde des Gelehrten für die Correctheit des Textes von größerem Werthe
gewesen ist.

München, im September 1894.

Der Verfasser.

# Inhaltsverzeichniß.

## Erster Zeitraum.

## Vom Ausgange des ersten bis zum Beginne des vierten Jahrhunderts.

## Erster Theil.
## Griechische Schriftsteller.

## Zweiter Theil.

## Lateinische Schriftsteller.

## Zweiter Zeitraum.

# Vom Beginne des vierten bis zur Mitte des fünften Jahrhunderts.

## Erster Theil.

## Griechische Schriftsteller.

### Dritter Zeitraum.
# Von der Mitte des fünften Jahrhunderts bis zum Ende der patristischen Zeit.

### Erster Theil.
### Griechische Schriftsteller.

Inhaltsverzeichniß.

# Einleitung.

## § 1. Begriff und Aufgabe der Patrologie.

**1. Der Name Kirchenvater.** — Das ins 17. Jahrhundert zurückreichende Wort Patrologie (πατρολογία) bezeichnete ursprünglich die Wissenschaft von dem Leben und den Schriften der Kirchenväter. „Kirchenväter" aber oder schlechtweg „Väter" war der Ehrenname der kirchlichen Schriftsteller der Vorzeit. Die Erklärung dieses Namens, welcher sich bis ins 5. Jahrhundert zurückverfolgen läßt, pflegte man in späterer Zeit, unter Verweisung auf biblische Parallelen (aus dem A. T. vgl. namentlich den Ausdruck „Prophetensöhne" = Prophetenschüler, aus dem N. T. 1 Kor. 4, 14—15 u. s. f.), in der Vergleichung des Verhältnisses zwischen Lehrer und Schüler mit dem Verhältnisse zwischen Vater und Sohn zu suchen. Der geschichtlichen Entstehung des Namens wird jedoch eine solche Erklärung nicht gerecht. „Vater", „heiliger Vater" wurde seit den ältesten Zeiten, vermöge einer leicht verständlichen Metapher, der Bischof als Kirchenoberer angeredet; vgl. etwa Mart. S. Polycarpi c. 12 (Opp. Patr. apostol. ed. *Funk* I, 296): οὗτός ἐστιν ... ὁ πατὴρ τῶν χριστιανῶν, und aus dem Abendlande Cypriano papae (papati), die Aufschrift mehrerer Briefe an den hl. Cyprian (Ep. 30. 31. 36: S. Cypr. Opp. ed. *Hartel* I, 549. 557. 572). Die Regierungsgewalt des Bischofs umfaßte insbesondere auch die Lehrgewalt; er war der Träger des kirchlichen Lehramtes und hatte als solcher den Glauben der Kirche zu bezeugen und zu vertreten. Bei auftauchenden Zweifeln und Streitigkeiten wurden „die Väter" zu Zeugen und Richtern aufgerufen, und begreiflicherweise durften bei solchen Anlässen die Väter der Vorzeit bezw. ihre Zeugnisse ein besonderes Ansehen und Gewicht beanspruchen. Es hatten auch manche dieser Väter in Schriften ihre Lehranschauung hinterlassen, ja es waren weitaus die meisten und die bedeutendsten der kirchlichen Schriftsteller des Alterthums zugleich auch Bischöfe gewesen; wenn aber von den Bischöfen der Vorzeit bei spätern Verhandlungen eben nur mehr diejenigen, weche in Schriften ihre Lehre niedergelegt hatten, zu Worte kommen konnten, so konnten kirchliche Schriftsteller, auch wenn sie nicht Bischöfe gewesen waren, gleichwohl in durchaus zuverlässiger Weise dem Glauben der Kirche Zeugniß geben. Je häufiger nun in der Folge bei Glaubensstreitigkeiten an das ursprüngliche Glaubensbewußtsein der Kirche appellirt wurde, um so schneller mußte der Sinn des fort und fort gebrauchten Ausdruckes „die Väter" eine gewisse Wendung erfahren: man meinte die Zeugen des Glaubens der Kirche, als solche aber erschienen nicht sowohl die

Bischöfe, als vielmehr die kirchlichen Schriftsteller der Vorzeit, und so ging der Name Väter von den erstern auf die letztern über.

Den angedeuteten Umschwung des Sprachgebrauches mögen folgende Nachweise veranschaulichen. Der hl. Athanasius (Ep. ad Afros c. 6: *Migne*, P. gr. XXVI, 1040) schreibt bezüglich der im Jahre 325 zu Nicäa versammelten Bischöfe: wenn dieselben den Sohn für wesensgleich mit dem Vater erklärt (ἔγραψαν ὁμοούσιον τῷ πατρὶ τὸν υἱόν), so hätten sie nicht selbst sich ihre Ausdrücke erst ersonnen, sondern auf das Zeugniß von Vätern sich gestützt (οὐχ ἑαυτοῖς εὑρόντες τὰς λέξεις, ἀλλ᾽ ἐκ πατέρων ἔχοντες τὴν μαρτυρίαν), und unter den „Vätern" sind zunächst und hauptsächlich zwei alte Bischöfe (ἐπίσκοποι ἀρχαῖοι) verstanden, Dionysius von Rom und Dionysius von Alexandrien, welche auch schon die Homousie des Sohnes in Schutz genommen hatten. Sofort wendet sich der Heilige gegen die Arianer mit den Wörten: „Wie können sie nur das Concil von Nicäa zurückweisen, da doch auch ihre Väter (καὶ οἱ πατέρες αὐτῶν) dasselbe unterschrieben haben?" (kurz vorher war Eusebius von Cäsarea namhaft gemacht worden)... „Wessen Erben und Nachfolger sind sie denn? Wie können sie diejenigen Väter nennen (λέγειν πατέρας), deren Bekenntniß sie nicht annehmen?" Hier ist πατέρες soviel als Bischöfe, insbesondere Bischöfe der Vorzeit. Die Bischöfe sind eben die Inhaber des kirchlichen Lehramtes. Damit ist jedoch nicht ausgeschlossen, daß auch Kirchenschriftsteller, welche nicht Bischöfe sind, als Zeugen des kirchlichen Glaubens dienen können. So führt der hl. Augustinus (Contra Iulianum I, 34; vgl. II, 33. 36: *Migne*, P. lat. XLIV, 665; vgl. 697. 699) unter den Zeugen für die kirchliche Lehre von der Erbsünde auch den hl. Hieronymus auf. Dem zu erwartenden Einspruche Julians im voraus schon begegnend, hebt er dabei mit Nachdruck hervor, wenn Hieronymus auch nicht Bischof gewesen, so müsse er gleichwohl mit Rücksicht auf seine außerordentliche Gelehrsamkeit und die Heiligkeit seines Lebens als zuverlässiger Dolmetsch des Glaubens der Kirche anerkannt werden. In der ersten Sitzung des Concils zu Ephesus 431 werden Zeugnisse verlesen aus den „Schriften der heiligen und gottesfürchtigen Väter und Bischöfe und zum Theil auch Martyrer" (βιβλία τῶν ἁγιωτάτων καὶ ὁσιωτάτων πατέρων καὶ ἐπισκόπων καὶ διαφόρων μαρτύρων *Mansi*, SS. Conc. Coll. IV, 1184). „Die Väter" heißen hier offenbar diejenigen, welche in Schriften den kirchlichen Glauben der Vorzeit bezeugt und vertreten haben. Näheres über dieselben bei Vincentius von Lerinum in dem „etwa drei Jahre" (c. 29) nach dem Ephesinum verfaßten Commonitorium c. 29—31 (*Migne* l. c. L, 678—683). Vincentius, welcher in der genannten Schrift das katholische Traditionsprincip auf das angelegentlichste verficht, versteht gleichfalls unter dem stets wiederholten Ausdrucke patres oder sancti patres die ältern Zeugen des Glaubens der Kirche bezw. die Kirchenschriftsteller der Vorzeit. Die Väter des Concils zu Chalcedon 451 rufen nach Verlesung des Schreibens Leos d. Gr. an Flavian von Konstantinopel: „Das ist der Glaube der Väter (τῶν πατέρων), das ist der Glaube der Apostel" (Conc. Chalc. Act. II: *Mansi* l. c. VI, 972); sie entscheiden über den wahren Glauben „im Anschluß an die heiligen Väter" (ἑπόμενοι τοῖς ἁγίοις πατράσιν Act. V: *Mansi* l. c. VII, 116); sie verurtheilen denjenigen, welcher „die Lehre der Väter verfälscht" (τῶν πατέρων παραχαράττει τὴν ἔννοιαν Alloc. ad Marcianum Imp.: *Mansi* l. c. VII, 465).

2. Kirchenvater, Kirchenschriftsteller, Kirchenlehrer. — Nicht allen Kirchenschriftstellern der Vorzeit hat die Nachwelt den Titel Kirchenvater zuerkannt. Schon Vincentius von Lerinum muß in seinem klassischen Commonitorium aus dem Jahre 434 der unablässigen Mahnung, an der Lehre „der heiligen Väter" festzuhalten (c. 2. 24 u. s. f. *Migne* l. c. L, 640. 672), eine Er-

läuterung bezw. Einschränkung beifügen. Gott, sagt er, hat auch schon große
Lehrer der Kirche zur Prüfung der Christen (nach Deut. 13, 3) in Irrthum
fallen lassen (c. 10). Am schlagendsten zeigt wohl der Fall des Origenes,
daß der Katholik mit der Kirche den Lehrer als solchen anerkennen müsse,
nicht aber mit dem Lehrer den Glauben der Kirche verlassen dürfe (omnes
vere catholici noverint se cum ecclesia doctores recipere, non cum
doctoribus ecclesiae fidem deserere debere c. 17). Bezüglich Tertullians
hat schon der hl. Hilarius von Poitiers (Comm. in Matth. c. 5: *Migne*
l. c. IX, 943) treffend bemerkt, derselbe habe durch die spätere Irrlehre auch
seine beifallswerthen Schriften ihres Ansehens beraubt (sequenti errore detraxit scriptis probabilibus auctoritatem c. 18). Als maßgebende Norm
des Glaubens und der Schriftauslegung kann demnach nur das überein-
stimmende Zeugniß derjenigen Väter gelten, welche in ihrer Lehre dem Glauben
der Kirche ihrer Zeit unverbrüchlich treu geblieben und in ihrem Leben bis
ans Ende Vorbilder christlicher Tugend gewesen sind: Eorum dumtaxat
patrum sententiae conferendae sunt qui in fide et communione catholica
sancte, sapienter, constanter viventes, docentes et permanentes vel
mori in Christo fideliter vel occidi pro Christo feliciter meruerunt
(c. 28); diximus [c. 3] . . . recurrendum ad sanctorum patrum sen-
tentias, eorum dumtaxat qui suis quisque temporibus et locis in unitate
communionis et fidei permanentes magistri probabiles exstitissent (c. 29).
In der That hat die Kirche selbst (in ihrer ordentlichen oder außerordentlichen Lehrthätigkeit) nur solche Schriftsteller mit dem Namen „Vater" ausgezeichnet, welche durch streng kirchlichen Lehrvortrag und heiligen Lebenswandel den von Vincentius gestellten Anforderungen entsprachen. Nachdem
es üblich geworden, jenen Ehrennamen auf die Schriftsteller des christlichen
Alterthums zu beschränken (s. Abs. 3), pflegen die Patrologen vier zum Begriffe eines Kirchenvaters gehörige Merkmale aufzuzählen: doctrina orthodoxa, sanctitas vitae, approbatio ecclesiae, antiquitas. — Den übrigen
theologischen Schriftstellern der Vorzeit, welche sich zu dem kirchlichen Glauben
bekennen, verbleibt die Bezeichnung Kirchenschriftsteller (ecclesiastici scriptores,
ecclesiae scriptores *S. Hier.*, De vir. ill. prol.: *Migne* l. c. XXIII,
601. 603). — Einzelnen theologischen Schriftstellern, namentlich auch Kirchenvätern, welchen kirchliche Correctheit der Lehre und Heiligkeit des Lebens in
ausnehmend hohem Grade eignet und zugleich auch das Verdienst umfassender
literarischer Thätigkeit zukommt, hat die Kirche (durch den Mund des Papstes
oder eines allgemeinen Conciles) den Titel Kirchenlehrer (doctor ecclesiae)
verliehen. Sie hat damit die Lehranschauung des betreffenden Theologen in
besonderer Weise angenommen und gutgeheißen und zugleich den Willen bezeugt, daß die Schriften desselben bei dem theologischen Studium und dem
religiösen Unterrichte Berücksichtigung und Verwendung finden. So heißt es
in Sixtus' V. Bulle Triumphantis Hierusalem vom 14. März 1588, betreffend die Erhebung des hl. Bonaventura zum doctor ecclesiae (§ 15):
Illius libros, commentarios, opuscula, opera denique omnia . . . ut
aliorum ecclesiae doctorum qui eximii sunt non modo privatim, sed
publice in gymnasiis, academiis, scholis, collegiis, lectionibus, disputa-
tionibus, interpretationibus, concionibus, sermonibus omnibusque aliis

1*

ecclesiasticis studiis christianisque exercitationibus citari, proferri atque, cùm res postulaverit, adhiberi volumus et decernimus (*S. Bonav.* Opp. I. Quaracchi 1882. Praef. p. LI). Dieser Ehre der Ernennung zum Kirchen= lehrer erfreuen sich unter den Griechen: Athanasius († 373), Basilius d. Gr. († 379), Gregor von Nazianz († um 390), Cyrill von Jerusalem († 386), Johannes Chrysostomus († 407), Cyrill von Alexandrien († 444) und Johannes von Damaskus († vor 754); unter den Lateinern: Ambrosius († 397), Hieronymus († 420), Augustinus († 430) und Gregor d. Gr. († 604) schon seit dem Jahre 1298, seit späterer Zeit Hilarius von Poi= tiers († 366), Petrus Chrysologus († um 450), Leo d. Gr. († 461), Isidor von Sevilla († 636), Petrus Damiani († 1072), Anselm von Canterbury († 1109), Bernhard von Clairvaux († 1153), Thomas von Aquin († 1274), Bonaventura († 1274), Franz von Sales († 1622) und Alfons Liguori († 1787). Als eigenthümliche Kennzeichen eines Kirchenlehrers nennen die Patrologen meist doctrina orthodoxa, sanctitas vitae, eminens eruditio, expressa ecclesiae declaratio.

*I. Fessler*, Institutiones Patrologiae. Ed. *B. Jungmann.* T. I. Oeniponte 1890. p. 15—57: De notione et auctoritate SS. Patrum. — Ambrosius, Hie= ronymus, Augustinus und Gregor d. Gr. werden schon im 8. Jahrhundert als die vier großen Kirchenlehrer des Abendlandes bezeichnet; s. C. Weyman, Die vier großen Kirchenlehrer: Historisches Jahrbuch. Bd. XV. 1894. S. 96—97.

3. **Die Zeit der Kirchenväter.** — Nach dem Sprachgebrauche des 5. Jahrhunderts waren „die heiligen Väter" die Kirchenschriftsteller der Vor= zeit (s. Abs. 1), aber auch der jüngsten Vorzeit: zu den „heiligen und gottes= fürchtigen Vätern", aus deren Schriften in der ersten Sitzung des Ephesinums vom 22. Juni 431 Zeugnisse verlesen werden (*Mansi*, SS. Conc. Coll. IV, 1184—1196), zählen Theophilus von Alexandrien († 412) und Atticus von Konstantinopel († 425), und in der Sammlung von „Väter=Aussprüchen" (paternae auctoritates), welche Leo d. Gr. seinem Schreiben an Flavian von Konstantinopel vom 13. Juni 449 als Nachtrag folgen ließ (*Mansi* l. c. VI, 961—972; vgl. *S. Leo M.*, Ep. 71: *Migne* l. c. LIV, 896), finden sich Citate aus Schriften Augustins († 430) und Cyrills von Alexandrien († 444). Die spätern Jahrhunderte hingegen gewöhnten sich mehr und mehr daran, in dem Ehrennamen „Väter" ein ausschließliches Attribut der Kirchenschriftsteller des Alterthums zu erblicken. Auf sie fand ja auch dieser Name in vollerem Sinne oder doch in reicherem Maße Anwendung, nicht sowohl ihres höhern Alters als vielmehr ihrer größern Autorität wegen, welch letztere freilich in ihrem Alter wurzelt. Die Väter der ersten Jahrhunderte sind und bleiben die frühesten und unmittelbarsten Zeugen der Lehre des Herrn und der Apostel, sie haben den apostolischen Glaubensschatz für alle Zukunft urkundlich fest= gestellt; mochten neuere christliche Confessionen noch so entschieden gegen das katholische Traditionsprincip auftreten, sie konnten gleichwohl, durch die Natur der Sache gedrängt, nicht umhin, für die widersprechendsten Aufstellungen in der kirchlichen Literatur des Alterthums einen Ausgangspunkt oder Anknüpfungs= punkt zu suchen. Dem Alterthume konnte eine verschiedene Dauer zugetheilt werden, und ist die Abgrenzung der Zeit der Väter bis zur Gegenwart schwankend geblieben. Neuestens wird diese Zeit gewöhnlich mit dem Tode

des hl. Johannes von Damaskus (um 754) für die griechische Kirche, und für die lateinische Kirche mit dem Tode des hl. Gregor d. Gr. (604) ab=geschlossen. Es wird indessen entsprechender sein, in der lateinischen Kirche bis auf den hl. Istdor von Sevilla († 636) hinabzugehen, welcher, ganz ähnlich wie Johannes von Damaskus, nicht bloß eine sehr reiche schrift=stellerische Thätigkeit entfaltet hat, sondern in dieser Thätigkeit sich auch selbst von dem Bewußtsein durchbrungen zeigt, auf der Grenze zweier Zeiten zu stehen.

Die Frage, inwiefern die Lehre der Kirchenväter als Erkenntnißquelle der apostolischen Ueberlieferung und des katholischen Dogmas gelten müsse, erörtert die Dogmatik. Vgl. übrigens *Fessler-Jungmann* l. c. I, 41—57: De auctoritate SS. Patrum.

4. **Patrologie, Patristik, Dogmengeschichte.** — So alt die Idee der Patrologie ist (s. unten § 2, 1), ihr Name taucht, so scheint es, erst im 17. Jahrhundert auf. Jedenfalls bezeichnete man im 17. Jahrhundert mit diesem Namen die Wissenschaft von dem Leben und den Schriften der Kirchen=väter. Im Jahre 1653 ward aus dem Nachlasse des lutherischen Theologen Joh. Gerhard († 1637) eine bis ins Mittelalter sich erstreckende Uebersicht über die Geschichte der christlich=theologischen Literatur herausgegeben unter dem Titel: Patrologia sive de primitivae ecclesiae christianae doctorum vita ac lucubrationibus. Aller Rücksichtnahme auf die Lehre der heiligen Väter könnte eine solche Patrologie sich natürlich nicht entschlagen. Die Schriften mußten in erster Linie durch eine Inhaltsangabe gekennzeichnet werden, und jede Würdigung der besondern Bedeutung einzelner Väter war in der Regel vor allem auf eine Beleuchtung der Lehranschauung dieser Väter an=gewiesen. Eingehender jedoch als in den Bearbeitungen der Patrologie wurde die Lehre der Kirchenväter in manchen Darstellungen der dogmatischen Theologie behandelt. Auf katholischer Seite ward durch die großartigen Leistungen des Jesuiten Dion. Petavius († 1647) und des Oratorianers Ludw. Tho=massin († 1695) eine Reihe dogmatischer Werke eröffnet, welche, im Unter=schiede von der frühern scholastischen Methode, den Traditionsbeweis für die kirchliche Lehre ausführlicher darzulegen und allseitiger sicherzustellen bemüht waren. Und in den protestantischen Lehrbüchern der Dogmatik ward vielfach der Doctrin der Väter oder dem kirchlichen Lehrbegriffe nach der Anschauung der Väter ein eigener Abschnitt gewidmet; die Aufschrift lautete Theologia historica und später, namentlich seit dem Ende des 17. Jahrhunderts, Theo=logia patristica, im Gegensatze zu Theologia biblica und Theologia sym=bolica; Gegenstand und Zweck gibt der lutherische Theologe J. Fr. Buddeus († 1729) in den Worten an: Per theologiam patristicam intelligimus complexum dogmatum sacrorum ex mente sententiaque patrum, inde ut cognoscatur, quo pacto veritas religionis christianae conservata semper sit in ecclesia ac propagata (Isagoge historico-theologica ad theologiam universam. Lips. 1727. 4⁰. p. 535). Aus dieser Patristik erwuchs in der zweiten Hälfte des 18. Jahrhunderts die Wissenschaft der Dogmengeschichte, welche im 19. Jahrhundert eine so eifrige Pflege finden sollte. Als ihren eigenthümlichen Gegenstand betrachtet sie die fortschreitende Entwicklung, welche die kirchliche Glaubenslehre seit den Tagen der Apostel bis zur Gegenwart durchlaufen hat. Sie kann den Traditionsbeweis der

katholischen Dogmatik nicht erſetzen, ſie leiſtet aber bei Aufbau dieſes Beweiſes
die wichtigſten Dienſte. Die Patriſtik hingegen, in dem vorhin angegebenen
Sinne, konnte ſich neben der Dogmengeſchichte, deren Same ſie geweſen, nicht
mehr als beſondere Disciplin behaupten. Das Wort Patriſtik ward nunmehr
gewöhnlich in dem Sinne von Patrologie gebraucht. Wenn jedoch Patrologie
und Patriſtik voneinander unterſchieden, aber als nahe verwandte Disciplinen
gemeinſam behandelt wurden (wie noch in J. Nirſchls Lehrbuch der Patrologie und Patriſtik, Mainz 1881—1885), ſo fielen der Patriſtik als ihr
Antheil nur jene Ausführungen oder Andeutungen über die Lehre der heiligen
Väter zu, auf welche auch die Patrologie, wie ſchon bemerkt, nicht hätte verzichten können.

*Chr. Fr. D. Erdmann*, Prolegomena in patristicen. I. De patristices
notione et finibus (Progr.). Regiomonti 1857. 4⁰. (19 pp.) Fr. Nitzſch, Ge-
ſchichtliches und Methodologiſches zur Patriſtik: Jahrbb. für deutſche Theologie
Bd. X. Gotha 1865. S. 37—63. (Nitzſch ſowohl wie Erdmann gebrauchen das
Wort Patriſtik im Sinne von Patrologie.)

5. Nähere Umgrenzung des Gebietes der Patrologie. — Nach dem Ge-
ſagten handelt die Patrologie von dem Leben, den Schriften und der Lehre
der Kirchenväter. Die Kirchenſchriftſteller des bezeichneten Zeitraums, welchen
der Titel „Kirchenvater" im engern Sinne nicht zukommt, zieht ſie gleichfalls
(ohne deshalb auf ihren Namen verzichten zu müſſen) in den Rahmen ihrer
Aufgabe, um einen in ſich abgeſchloſſenen Gegenſtand der Behandlung zu
gewinnen und die Entwicklung der kirchlichen Literatur im Zuſammenhange
vorführen zu können. Sie will alſo eine Geſchichte der kirchlichen Literatur
der fraglichen Zeitperiode ſein. Als kirchlich aber erkennt ſie, wie ſchon angedeutet, die theologiſche Literatur an, welche ſich zu dem Glauben der Kirche
bekennt, und die Berechtigung, einen eng umgrenzten Abſchnitt der kirchlichen
Literaturgeſchichte als beſonderes Ganzes zu behandeln, entnimmt ſie der gleichfalls ſchon hervorgehobenen einzigartigen Bedeutung, welche gerade dieſer Abſchnitt für ſich in Anſpruch nehmen darf. Die (neuerdings mehrfach gebrauchte)
Bezeichnung der Patrologie als altchriſtliche Literaturgeſchichte iſt inſofern unzutreffend, als die chriſtliche Literatur auch das profane Schriftthum chriſtlichen
Bekenntniſſes in ſich begreift und im Gegenſatze zur heidniſchen und jüdiſchen
Literatur ſteht. — Das antichriſtliche und antikirchliche (häretiſche) Schriftthum fällt an und für ſich nicht in den Bereich der Patrologie, muß aber
gleichwohl fort und fort Berückſichtigung finden. Erblickt ja doch jede Geſchicht-
ſchreibung ihre Aufgabe darin, zu zeigen, wie es geweſen und wie es geworden,
und die kirchlichen Schriftſteller der ältern Zeit ſind zum weitaus größern Theile
erſt durch Angriffe herausgefordert auf den literariſchen Schauplatz getreten.
Eine zuſammenhängende Beſprechung der ſogen. Apokryphen pflegt die Patrologie der bibliſchen Einleitungswiſſenſchaft zu überlaſſen. Hier, in Verbindung
mit den canoniſchen Schriften, finden die Apokryphen allerdings eine beſonders
paſſende Stelle, inſofern dieſelben, trotz aller Verſchiedenartigkeit im einzelnen,
im allgemeinen darin zuſammentreffen, daß ſie canoniſche Dignität für ſich beanſpruchen, ſei es nun, daß ſie den Verfaſſern canoniſcher Schriften unterſchoben
ſind, ſei es, daß ſie den Gegenſtand canoniſcher Schriften (in einer meiſt ſagen-
haften und unglaubwürdigen, mitunter auch häretiſch gefärbten Weiſe) von neuem

behandeln und weiter ausführen. — Ein Grundriß der Patrologie kann der Ueberſichtlichkeit halber einer Periodiſirung der zu behandelnden Geſchichte nicht wohl entrathen. In der Geſchichte der griechiſchen und der lateiniſchen patriſtiſchen Literatur werden meiſt drei Zeiträume unterſchieden. Der erſte Zeitraum, vom Ausgange des 1. Jahrhunderts bis zum Beginne des 4. Jahrhunderts, umfaßt die Entſtehung und Entwicklung der patriſtiſchen Literatur; der zweite, bis in die Mitte des 5. Jahrhunderts reichend, die Blüthe derſelben, und der dritte, bis zum Abſchluß der Zeit der Väter gehend, den Zurückgang und Verfall.

Fr. Overbeck, Ueber die Anfänge der patriſtiſchen Literatur: Hiſtoriſche Zeitſchrift. N. F. Bd. XII. 1882. S. 417—472. Nach Overbeck liegen die Anfänge der patriſtiſchen Literatur in der älteſten chriſtlichen Apologetik, der antignoſtiſchen Polemik und dem Hauptwerke des Clemens von Alexandrien vor; von dieſer „patriſtiſchen Literatur" iſt eine „chriſtliche Urliteratur" zu unterſcheiden, welch letztere auch die Schriften der apoſtoliſchen Väter umfaßt und bald nach der Mitte des 2. Jahrhunderts ihren Abſchluß erreicht mit der Aufſtellung eines Canons neuteſtamentlicher Schriften. Ganz ähnlich H. J. Holtzmann, Lehrbuch der hiſtoriſchkritiſchen Einleitung in das Neue Teſtament. 2. Aufl. Freiburg i. B. 1886. S. 94—95. — Ueber die bibliſchen Apokryphen im allgemeinen ſ. Movers (Kaulen), Artt. „Apocryphen" und „Apocryphen-Literatur" in Wetzer und Welte's Kirchenlexikon. 2. Aufl. Bd. I. Freiburg i. B. 1882. Sp. 1036—1084. Ueber die neuteſtamentlichen Apokryphen im beſondern ſ. Holtzmann a. a. O. S. 534—554. Literatur zu den neuteſtamentlichen Apokryphen verzeichnet E. C. Richardson, Bibliographical Synopsis (The Ante-Nicene Fathers. Supplement. Buffalo 1887) p. 95—105. Nachzutragen iſt vor allem Th. Zahn, Geſchichte des neuteſtamentl. Canons. Bd. II, 2. Erlangen 1892. S. 565—621: „Unechte Paulusbriefe"; 621—797: „Ueber apokryphe Evangelien"; 797—910: „Ueber apokryphe Apokalypſen und Apoſtelgeſchichten."

## § 2. Geſchichte der Patrologie.

1. Hieronymus. — Die Idee einer Patrologie bezw. einer chriſtlichen Literaturgeſchichte ward zuerſt zur Ausführung gebracht durch den hl. Hieronymus. Seine Schrift De viris illustribus (*Migne* l. c. XXIII, 601—720), 392 zu Bethlehem auf Anregung des praefectus praetorio Dexter verfaßt, nimmt ſich laut den Eingangsworten das gleichnamige Werk des C. Suetonius Tranquillus (etwa 75—160 n. Chr.) zum Vorbilde und will „die Kirchenſchriftſteller (ecclesiasticos scriptores, ecclesiae scriptores)" oder „alle diejenigen, welche von dem Leiden Chriſti an bis zum 14. Jahre des Kaiſers Theodoſius (392) über die heiligen Bücher etwas Schriftliches hinterlaſſen haben (de scripturis sanctis memoriae aliquid prodiderunt)", in Kürze abhandeln. Die chriſtliche Literatur ſcheint nach dieſen Worten in die theologiſche Literatur aufzugehen, und die Aufgabe der Theologie ſcheint ſich zu erſchöpfen in der Bearbeitung der Heiligen Schrift. Die erſten Abſchnitte gelten den Verfaſſern der Bücher des Neuen Teſtamentes; im Verlaufe treten auch häretiſche Schriftſteller auf (Bardeſanes c. 33, Novatian c. 70 u. a.); zum Schluſſe (c. 135) wird über das ſchriftſtelleriſche Wirken des Verfaſſers ſelbſt (bis 392) Bericht erſtattet. Mag auch dieſe Schrift an manchen Mängeln leiden, ſo gebührt ihr doch im vollſten Maße der Ruhm einer grundlegenden und bahnbrechenden Leiſtung, und ſie blieb für die Folgezeit eine in vieler Beziehung unerſetzbare literärgeſchichtliche Quelle.

Die beste unter allen Ausgaben der Schrift De vir. ill. dürfte diejenige von
D. Vallarsi sein: *S. Hier.* Opp. Ed. *Vallarsi.* Ven. 1766—1772. t. II, 2. col.
821—956. Dem lateinischen Texte stellt Vallarsi die dem Mönche Sophronius, einem
Freunde des hl. Hieronymus, zugeschriebene griechische Uebersetzung zur Seite, und
anhangsweise läßt er die Fortsetzung der Schrift De vir. ill. von Gennadius
(s. Abs. 2) folgen (col. 965—1016). Der lateinische und griechische Text bei
Migne (a. a. O.) ist ein Abdruck nach Vallarsi. Die genannte Fortsetzung des
Gennadius pflegt schon in den Handschriften mit der Schrift des hl. Hieronymus
verbunden zu sein (vgl. *Cassiod.* Institt. c. 17: *Migne* l. c. LXX, 1134). Die
neueste, aber recht mangelhafte Ausgabe dieser beiden Schriften besorgte W. Her=
bing: Hieronymi de viris inlustribus liber. Accedit Gennadii catalogus virorum inlustrium. Ex rec. *G. Herdingii.* Lips. 1879. 8⁰. Ueber die Ausgabe
beider Schriften von J. A. Fabricius s. Abs. 2.

2. **Fortsetzer des Werkes des hl. Hieronymus.** — Länger als ein Jahr=
tausend hindurch diente das Werk des hl. Hieronymus als die Grundlage,
auf welcher die Bearbeiter der theologischen Literaturgeschichte nur fortbauten.
In ausdrücklichem Anschluß an Hieronymus führen sie die theologischen Schrift=
steller der spätern Zeit in chronologischer Reihenfolge vor, tragen auch wohl
einzelne ältere Autoren, welche Hieronymus bezw. der jedesmalige Vorgänger
übergangen hatte, nach, halten aber Tendenz und Anlage des Werkes De
viris illustribus unverändert fest. Eine sehr werthvolle Ergänzung und Fort=
setzung dieses Werkes lieferte der Presbyter Gennadius von Marseille gegen
Ende des 5. Jahrhunderts (genauere Zeitangaben erscheinen nicht hinlänglich
begründet). Doch liegt die Texteskritik seiner Schrift, welche gleichfalls De
viris illustribus betitelt ist (*Migne* l. c. LVIII, 1059—1120), noch im
Argen. In der umlaufenden Fassung scheinen einige Artikel zu fehlen, andere
hingegen erst von späterer Hand eingeschoben zu sein, wieder andere (wie der=
jenige über Augustinus, c. 38) sind ihrem Umfange und Wortlaute nach sehr
zweifelhaft. Des Gennadius Arbeit ward von Bischof Isidor von Sevilla
(† 636) um ein beträchtliches Stück weiter gefördert (De viris illustribus:
*Migne* l. c. LXXXIII, 1081—1106), und Isidors Arbeit ward von Bischof
Ildefons von Toledo, Isidors Schüler († 667), mit einem kleinen Nachtrag
versehen (De viris illustribus: *Migne* l. c. XCVI, 195—206); die eine
wie die andere Fortsetzung ist vorzugsweise dem Andenken spanischer Theologen
gewidmet. Jahrhunderte waren dahingegangen, als der Chronist Sigebert,
Benediktinermönch zu Gembloux in Belgien († 1112), den Faden der literär=
geschichtlichen Berichterstattung wieder aufnahm und dieselbe bis in seine Tage
hinein fortführte (De viris illustribus: *Migne* l. c. CLX, 547—588).
Imitatus Hieronymum et Gennadium, wie er selbst zum Schlusse (c. 171)
sagt, stellt Sigebert zunächst über die Kirchenschriftsteller des Alterthums, so=
dann aber namentlich über die lateinischen Theologen des frühern Mittelalters
— die Griechen sind seinem Gesichtskreise entschwunden — biographische und
bibliographische Notizen zusammen, meist recht mager und dürftig, nicht selten
schon in der Form eine gewisse Flüchtigkeit verrathend. Mehr oder weniger
ähnliche Compendien der theologischen Literaturgeschichte verfaßten der Presbyter
Honorius von Augustobunum (Autun?) in den Jahren 1122—1125 (De
luminaribus ecclesiae: *Migne* l. c. CLXXII, 197—234), der sogen. Anonymus Mellicensis (nach dem Benediktinerstifte Melk in Nieder=Oesterreich,

dem Fundorte der zuerst bekannt gewordenen Handschrift), welcher auch im
12. Jahrhundert, vielleicht zu Regensburg, schrieb (De scriptoribus ecclesiasticis: *Migne* l. c. CCXIII, 961—984), der Autor des fälschlich dem
Scholastiker Heinrich von Gent († 1293) zugeschriebenen Buches De viris
illustribus. Weit reicher an Umfang und Inhalt, 963 Schriftsteller, und
zwar auch Nicht=Theologen, behandelnd, ist das Werk des gelehrten Abtes
Joh. Trithemius († 1516): De scriptoribus ecclesiasticis, fertig gestellt
im Jahre 1494. Der Werth desselben liegt aber ebenfalls in den Mittheilungen
über Schriftsteller der jüngern Vorzeit. Die Hauptfundgruben alles Wissens
um die literarische Thätigkeit der Väter bleiben auch für Trithemius die oft
genannten Schriften des Hieronymus und des Gennadius.

Die angeführten literärhistorischen Werke sind in Verbindung mit der Schrift
des hl. Hieronymus (letztere lat. und griech.) unter dem Titel Bibliotheca ecclesiastica herausgegeben worden von J. A. Fabricius, Hamburg 1718. 2°. (Außerdem haben des Petrus Diaconus, † nach 1140 als Archivar zu Monte Cassino,
De viris illustribus monasterii Casinensis opusculum, cum supplemento Pla-
cidi Romani: *Migne* l. c. CLXXIII, 1009—1062, sowie des Aubertus Miräus,
† 1640 als Domdechant zu Antwerpen, Auctarium de scriptoribus ecclesiasticis
et a tempore, quo desinit Trithemius, de scriptoribus saeculi XVI. et XVII.
libri duo bei Fabricius Aufnahme gefunden.) Die Texte des Gennadius, des
Sigebert, des Honorius und des Anonymus Mellic. bei Migne (a. a. O.) sind
dieser Ausgabe von Fabricius entnommen. Ueber die Schrift des Gennadius im
besondern handelt *E. Jungmann*, Quaestiones Gennadianae (25 pp.): Programm
der Thomasschule in Leipzig für 1880—1881. 4°; über Herdings Ausgabe dieser
Schrift vgl. Abs. 1. Ueber Sigebert von Gembloux handelt W. Wattenbach,
Deutschlands Geschichtsquellen im Mittelalter bis zur Mitte des 13. Jahrhunderts.
6. Aufl. (Berlin 1893—1894) II, 155—162; über die fragliche Schrift Sigeberts *S. Hirsch*, De vita et scriptis Sigiberti monachi Gemblacensis. Berolini
1841. 8°. p. 330—337. Ueber Honorius von Augustobunum s. den betr. Artikel in
Wetzer und Welte's Kirchenlexikon. 2. Aufl. VI, 268—274, von Stanonik. Ueber
eine Handschrift des Werkes des Anonymus Mellic. aus dem 12. Jahrhundert zu
Admont in Steiermark s. W. Wattenbach im Neuen Archiv der Gesellschaft für
ältere deutsche Geschichtskunde. Bd. II. Hannover 1876. S. 421—422. Ueber die unter
dem Namen Heinrichs von Gent gehende Schrift s. *B. Hauréau*, Mémoire sur le
,Liber de viris illustribus' attribué à Henri de Gand: Mémoires de l'Institut Nat. de France, Académie des inscriptions et belles-lettres. T. XXX,
2° partie. Paris 1883. p. 349—357. Das Werk des Trithemius wird eingehend
besprochen von J. Silbernagl, Johannes Trithemius. 2. Aufl. (Regensburg 1885)
S. 59—65. — Zwei erst kürzlich bekannt gewordene Schriften des Mittelalters,
ein Dialogus super auctores sive Didascalon von ungenannter Hand und ein
Gedicht Hugos von Trimberg unter dem Titel Registrum multorum auctorum
aus dem Jahre 1280, behandeln die klassische Literatur und erwähnen von den altkirchlichen Schriftstellern nur einige Dichter. J. Huemer, Das Registrum multorum
auctorum des Hugo von Trimberg. (Ein Quellenbuch zur lateinischen Literaturgeschichte des Mittelalters: Sitzungsberichte der kaiserl. Akademie der Wissenschaften
zu Wien. Philos.=hist. Klasse. Bd. CXVI. 1888. S. 145—192. Vgl. dazu
A. Ebner im Hist. Jahrbuch XI (1890), 283—290. *Conradi Hirsaugiensis*
Dialogus super auctores sive Didascalon. Eine Literaturgeschichte aus dem
12. Jahrhundert, erstmals herausgegeben von G. Schepß. Würzburg 1889. 8°.
Einen Schriftsteller Konrad von Hirschau scheint es nicht gegeben zu haben, und der

Dialogus super auctores ift wohl ins 13. Jahrhundert zu verweifen; f. B. Rofe, Verzeichniß der lateinifchen Handfchriften der königl. Bibliothek zu Berlin. Bd. I. Berlin 1893. (Die Handfchriftenverzeichniffe der königl. Bibliothek zu Berlin. Bd. XII.) S. 137.

3. Die neuere Zeit. — Seit dem 15. Jahrhundert nahm das Studium der kirchlichen Literatur des Alterthums einen früher nie geahnten Auffchwung. Die Humaniften förderten eine Menge unbekannter Werke lateinifcher und insbefondere auch griechifcher Kirchenfchriftfteller zu Tage, die Thefe der Reformatoren von einer allmählich immer weiter gegangenen Entftellung des Urchriftenthums mußte dem bereits erwachten Intereffe neue Nahrung geben, und im 17. und 18. Jahrhundert waren es namentlich die Gelehrten der Benediktiner-Congregation von St. Maur, welche die eingeleitete Bewegung wenigftens in katholifchen Kreifen ebenfo mächtig wie nachhaltig förderten, indem fie in trefflichen, zum Theil muftergiltigen Textausgaben der gelehrten Welt ein Quellenmaterial unterbreiteten von geradezu unüberfehbarer Fülle und Mannigfaltigkeit. Der theologifchen Literaturgefchichte waren neue Ziele gefteckt. Die Kirchenväter verlangten umfaffendere und eindringendere Nachforfchungen, faft allenthalben war die gefchichtliche Wirklichkeit der legenbarifchen Umhüllung zu entwinden, insbefondere mußten die unter dem Namen der einzelnen Väter umlaufenden Schriften auf ihre Echtheit und Unverfehrtheit hin geprüft werden. Nach und nach wurden diefe Aufgaben klarer erkannt und theilweife auch vollftändiger gelöft. Hervorragendes leifteten die Katholiken Bellarmin († 1621), Dupin († 1719), Le Nourry († 1724), Ceillier († 1761), Schram († 1797), Lumper († 1800); die Lutheraner Joh. Gerhard († 1637), Hülfemann († 1661), J. Gottfr. Olearius († 1711) u. a.; die Reformirten Cave († 1713), Oudin († 1717; früher Prämonftratenfer, feit 1690 Proteftant) u. a. Durch die genannten Lutheraner hat das Wort "Patrologie" Eingang und Verbreitung gefunden.

R. Card. *Bellarminus* S. J., Dé scriptoribus ecclesiasticis liber unus. Cum adiunctis indicibus undecim, et brevi chronologia ab orbe condito usque ad annum 1612. Romae 1613. 4⁰. Coloniae Agr. 1613. 8⁰. Die zahlreichen fpätern Ausgaben verzeichnet *A. de Backer*, Bibliothèque des écrivains de la Compagnie de Jésus (nouv. éd.) I, 510. Bellarmin behandelt auch die biblifchen Schriftfteller und geht bis zum Jahre 1500. Nachträge und Ergänzungen zu feinem Werke veröffentlichten Ph. Labbe S. J. (Paris 1660) und C. Oudin O. Praemonstr. (Paris 1686). Eine Fortfetzung von 1500—1600 fchrieb A. du Sauffay (Toul 1665). — *L. E. Dupin*, Nouvelle Bibliothèque des auteurs ecclésiastiques. Paris 1686 ss. 8⁰. Die einzelnen Theile des umfangreichen Werkes, welches in feiner Vollendung eine Gefchichte der chriftlich-theologifchen Literatur bis auf die Tage des Verfaffers darftellt, erfchienen unter verfchiedenen Titeln und füllen in verfchiedenen Ausgaben eine verfchiedene Anzahl von Bänden. Vgl. *Niceron*, Mémoires pour servir à l'histoire des hommes illustres (Paris 1727—1745) II, 31—37. Schon der erfte Band vom Jahre 1686, welcher über die theologifchen Schriftfteller der drei erften Jahrhunderte handelt, erregte durch fehr unkirchliche Haltung vielen Anftoß, und am 10. Mai 1757 ward das ganze Werk auf den Index gefetzt. Vgl. Reufch, Der Index der verbotenen Bücher (Bonn 1883—1885) II, 586. — *N. le Nourry* O. S. B., Apparatus ad Bibliothecam maximam veterum Patrum et antiquorum scriptorum ecclesiasticorum Lugduni editam [f. unten § 3, 2]: in quo quicquid ad eorum scripta et doctrinam variosque scribendi et docendi modos pertinet, disser-

tationibus criticis examinatur et illustratur. Paris. 1703—1715. 2 tom. 2⁰.
Der erſte Band (auch ſchon 1694—1697 in Geſtalt von zwei Octavbänden aus=
gegeben) reicht von den Zeiten der Apoſtel bis zu Clemens von Alexandrien, der
zweite behandelt die lateiniſchen Apologeten des 3. und 4. Jahrhunderts. Vgl.
*H. Hurter* S. J., Nomenclator literarius recentioris theologiae catholicae. Ed.
alt. II, 1117—1119. — *R. Ceillier* O. S. B., Histoire générale des auteurs
sacrés et ecclésiastiques. Paris 1729—1763. 23 tom. 4⁰. Ceillier beginnt
mit Moſes und ſchließt mit Wilhelm von Auvergne († 1248). Eine Table générale des matières zu ſeinem Werke lieferte Et. Rondet (Paris 1782). 2 Bde. 4⁰.
Eine neue Ausgabe des ganzen Werkes erſchien 1858—1869 zu Paris in 16 Bän=
den 4⁰. Vgl. *Hurter* l. c. II, 1375—1376. — *D. Schram* O. S. B., Analysis
operum SS. Patrum et scriptorum eccl. Aug. Vind. 1780—1796. 18 tom. 8⁰.
Die Bände XVI und XVII gelten dem hl. Ambroſius, Band XVIII dem hl. Epi=
phanius. — *G. Lumper* O. S. B., Historia theologico-critica de vita, scriptis
atque doctrina SS. Patrum aliorumque scriptorum eccl. trium primorum
saeculorum, ex virorum doctissimorum literariis monumentis collecta. Aug.
Vind. 1783—1799. 13 tom. 8⁰.

*Ioh. Gerhardi* Patrologia, s. de primitivae ecclesiae christianae doctorum
vita ac lucubrationibus opusculum posthumum. Accesserunt de scholasticis
ac historiae ecclesiasticae scriptoribus, tum aliis quoque recentioribus nonnullis iudicia varia. Ienae 1653. 8⁰; Ed. 2 s. l. 1668. Ed. 3 Gerae 1673.
Das Buch beginnt mit Hermes (Hermas) und ſchließt mit Bellarmin. — In betreff
der Patrologia J. Hülſemanns, welche durch J. A. Scherzer 1670 zu Leipzig
herausgegeben wurde, muß auf Ittig (Schediasma de autoribus, qui de scriptoribus eccl. egerunt. Lips. 1711. p. 32—33) verwieſen werden. — *I. Gottfr.*
*Olearius*, Abacus patrologicus, s. primitivae et succedaneae . . . ecclesiae
christianae patrum atque doctorum maioris minorisve autoritatis, histori-
corum item et scholasticorum eorumque aetatis, patriae, sortis etc. ut et,
quae extant, scriptorum alphabetica enumeratio. Ienae 1673. 8⁰. Der Sohn
des Verfaſſers, J. Gottl. Olearius, gab das Werk vermehrt und erweitert von
neuem heraus unter dem Titel *I. Gottfr. Olearii* Bibliotheca scriptorum eccl.
Ienae 1710—1711. 2 tom. 4⁰. Daſſelbe erſtreckt ſich über die Jahrhunderte
1—16. — Einzelne griechiſche Kirchenſchriftſteller erfahren eine ſehr eingehende Behandlung bei *I. A. Fabricius*, Bibliotheca Graeca s. notitia scriptorum veterum
graecorum. Hamburgi 1705—1728. 14 voll. 4⁰. Neue, aber nicht vollendete
Ausgabe von G. Chr. Harles. Hamb. 1790—1809. 12 voll. 4⁰. Index in
L A. Fabricii Bibliothecae Graecae editionem *G. Chr. Harlesii.* Lips. 1838. 4⁰.
— *C. Tr. G. Schoenemann*, Bibliotheca historico-literaria Patrum latinorum
a Tertulliano principe usque ad Gregorium M. et Isidorum Hispalensem.
Lips. 1792—1794. 2 tom. 8⁰. Der im Vorworte des zweiten Bandes verheißene
dritte Band iſt nicht erſchienen.

*W. Cave*, Scriptorum ecclesiasticorum historia literaria a Chr. n. usque
ad saec. XIV. Lond. 1688. 2⁰. *H. Wharton*, Appendix ad historiam lite-
rariam Cl. V. Guil. Cave, in qua de scriptoribus eccl. ab a. 1300 ad a. 1517
pari methodo agitur. Lond. 1689. 2⁰. In Verbindung mit dieſer Fortſetzung
Whartons wurde Caves Werk noch oft gedruckt. Als die beſte Ausgabe gilt die
1740—1743 zu Oxford erſchienene, 2 Bde. 2⁰. — *C. Oudin*, Commentarius de
scriptoribus ecclesiasticis. Lips. 1722. 3 tom. 2⁰. Der erſte Band handelt
de scriptoribus ecclesiae antiquis, der zweite umfaßt die Jahrhunderte 9—12,
der dritte bringt die Jahrhunderte 13—15 und die Indices.

Ueber andere patrologiſche Werke aus früherer Zeit ſ. *Th. Ittig*, Schediasma
de autoribus qui de scriptoribus ecclesiasticis egerunt. Lips. 1711. 8⁰. Andere

patrologiſche Werke des 18. Jahrhunderts ſind verzeichnet bei *Walch-Danz*, Bibliotheca Patristica. Ienae 1834. p. 5—18; bei Engelmann=Preuß, Bibliotheca
scriptorum classicorum. 8. Aufl. II, 23—25; bei *Richardson*, Bibliographical Synopsis (Buffalo 1887) p. 119—123. Vgl. über dieſe bibliographiſchen Schriften § 3, 1.

**4. Das 19. Jahrhundert. — Seit der zweiten Hälfte des 18. Jahr-
hunderts** ward es mehr und mehr üblich, die Kirchenſchriftſteller des Alterthums, mit Ausſchluß derjenigen der ſpätern Zeit, zum beſondern Gegenſtande
literärgeſchichtlicher Darſtellung zu machen. Der Ehrenname „Väter“ war
ſchon längſt ausſchließliches Eigenthum der ältern Schriftſteller geworden.
Die Zahl dieſer letztern aber blieb fortwährend im Wachſen begriffen. Es
wurden nicht bloß neue griechiſche und lateiniſche Literaturwerke aufgefunden
— als Entdecker und Herausgeber ſind in erſter Linie die Cardinäle A. Mai
(† 1854) und J. B. Pitra († 1889) zu nennen —, es wurden auch ganz
neue Literaturgebiete erſchloſſen: auf dem Boden der alten ſyriſchen und der
alten armeniſchen Kirche. Die bedeutendſte Leiſtung auf patrologiſchem Gebiete ſtellen die Institutiones Patrologiae Feßlers († 1872 als Biſchof von
St. Pölten) dar, wegen des Reichthums und der Zuverläſſigkeit der Einzel-
angaben von bleibendem Werthe. Den letzten Decennien verdankt die Patrologie eine reiche Fülle werthvoller monographiſcher Unterſuchungen. Die
proteſtantiſche Theologie wendet ſich mit erneutem Eifer der Erforſchung der
chriſtlichen Urzeit zu, und die Philologie hat die frühere Geringſchätzung der
chriſtlich=theologiſchen Literatur mehr und mehr überwunden.

Unter Verweiſung auf die bibliographiſchen Schriften von Walch=Danz, Engel-
mann=Preuß, Richardſon (ſ. Abſ. 3 z. Schl.) mag es genügen, hier die nachſtehenden
patrologiſchen Werke namhaft zu machen. J. B. J. Buſſe, Grundriß der chriſtlichen Literatur, von ihrem Urſprunge an bis zur Erfindung und Ausbreitung der
Buchdruckerei. Ein nothwendiges Handbuch zur Patrologie und Patriſtik für an-
gehende Theologen. Münſter 1828—1829. 2 Bde. 8⁰. — J. A. Möhlers Patrologie oder chriſtliche Literärgeſchichte. Aus deſſen hinterlaſſenen Handſchriften mit
Ergänzungen herausgegeben von F. X. Reithmayr. Bd. I: Die erſten drei Jahrhunderte. Regensburg 1840. 8⁰ (XVI u. 968 S.). Mehr iſt nicht erſchienen.
Eine franzöſiſche Ueberſetzung des erſten Bandes veröffentlichte J. Cohen (Löwen
1844. 8⁰). — *I. Fessler*, Institutiones Patrologiae, quas ad frequentiorem,
utiliorem et faciliorem SS. Patrum lectionem promovendam concinnavit
I. F. Oeniponte 1850—1851. 2 tom. 8⁰. Denuo recensuit, auxit, edidit
*B. Jungmann.* Tom. I 1890, tom. II, pars 1 1892. — J. Alzog, Grundriß
der Patrologie oder der ältern chriſtlichen Literärgeſchichte. Freiburg i. B. 1866. 8⁰.
Vierte, verbeſſerte Auflage 1888. — J. Nirſchl, Lehrbuch der Patrologie und
Patriſtik. Mainz 1881—1885. 3 Bde. 8⁰. Es „iſt in dieſem Lehrbuche mit der
Patrologie auch die Patriſtik verbunden worden, indem wichtige patriſtiſche Texte
für die Hauptpunkte der chriſtlichen Lehre ... mit den eigenen Worten der einzelnen
Kirchenväter und Kirchenſchriftſteller beigefügt wurden“ (Bd. I, Vorw. S. IV).

Sehr brauchbar, relativ vollſtändig und meiſt zuverläſſig iſt ein die erſten acht
Jahrhunderte umfaſſendes engliſches Sammelwerk: A Dictionary of Christian
Biography, Literature, Sects and Doctrines; during the first eight centuries.
Edited by *W. Smith* and *H. Wace*. 8⁰. Vol. I: A—D. London 1877; vol. II:
Eaba—Hermocrates, 1880; vol. III: Hermogenes—Myensis, 1882; vol. IV:
N—Z, 1887. „This Work is designed to furnish, in the form of a Bio-
graphical Dictionary, a complete collection of materials for the History of

the Christian Church from the time of the Apostles to the age of Charlemagne, in every branch of this great subject except that of Christian
Antiquities" (vol. I. Pref. p. IX). — Die lateinischen Kirchenschriftsteller kommen
auch in den Werken über römische Literaturgeschichte von Bähr und Teuffel zur
Behandlung. J. Chr. F. Bähr, Geschichte der Römischen Literatur. Bd. IV
(Supplementband): Die christlich-römische Literatur. 3 Abtheilungen. Karlsruhe
1836—1840. 8°. Abth. 1: Die christlichen Dichter und Geschichtschreiber Roms, er-
schien 1872 in 2. Auflage. W. S. Teuffel, Geschichte der Römischen Literatur.
Leipzig 1870. 8°. Neu bearbeitet von L. Schwabe. 5. Aufl. 1890. 2 Bde. —
Berücksichtigung verdient auch Ab. Ebert, Allgemeine Geschichte der Literatur des
Mittelalters im Abendlande bis zum Beginne des 11. Jahrhunderts. Bd. I: Ge-
schichte der christlich-lateinischen Literatur von ihren Anfängen bis zum Zeitalter
Karls d. Gr. Leipzig 1874. 8°. 2. Aufl. 1889. — Viel weniger befriedigt M. Ma-
nitius, Geschichte der christlich-lateinischen Poesie bis zur Mitte des 8. Jahrhunderts.
Stuttgart 1891. 8°. — Die spätern griechischen Kirchenschriftsteller bespricht auch
K. Krumbacher, Geschichte der byzantinischen Litteratur von Justinian bis zum
Ende des oströmischen Reiches (527—1453). München 1891. 8°.

G. V. Lechler, Urkundenfunde zur Geschichte des christlichen Alterthums.
Leipzig 1886. 8°. — *P. Savi*, Delle scoperte e dei progressi realizzati nell'
antica letteratura cristiana durante l'ultimo decennio. Siena 1893. 8°. —
A. Ehrhard, Die altchristliche Literatur und ihre Erforschung seit 1880. Allgemeine
Uebersicht und erster Literaturbericht (1880—1884). Freiburg i. Br. 1894 (Straßburger
theol. Studien. Herausgeg. von A. Ehrhard und E. Müller. Bd. I, Heft 4—5).

5. Rückblick und Ausblick. — Was die Patrologie bisher vermissen ließ
und was sie in der Folge anzustreben hat, ist jedenfalls hauptsächlich eine
geschichtswissenschaftliche Erfassung und Durchdringung ihres Gegenstandes.
Auch die Literaturgeschichte sucht den pragmatischen Zusammenhang der historischen Einzelerscheinungen nach Möglichkeit zu verstehen und verständlich zu
machen. Hat die Patrologie bisher mehr die Schriften der einzelnen Väter
und wiederum die einzelnen Schriften derselben für sich betrachtet, so wird sie
in der Folge mehr die gemeinsamen treibenden Kräfte aufzuzeigen und die
jedesmaligen zeitgeschichtlichen Beziehungen bloßzulegen haben — ein Ziel,
welchem sie allerdings nur auf dem schon beschrittenen Wege monographischer
Untersuchung wird entgegengeführt werden können. Uebrigens soll nicht übersehen werden, daß das Verständniß und die Würdigung mancher Kirchenschriftsteller im einzelnen noch an großer Unsicherheit leidet und auch nicht
wesentlich gefördert werden kann, solange nicht tüchtige, auf die Handschriften
zurückgehende Ausgaben und gründliche Commentare vorliegen. Die handschriftliche Ueberlieferung der Werke der lateinischen Kirchenväter ist in den
letzten Jahrzehnten, aus Auslaß des Corpus scriptorum ecclesiasticorum
latinorum, editum consilio et impensis Academiae Litterarum Caesareae
Vindobonensis (s. unten § 3, 2), Gegenstand neuer und umfassender Nachforschungen geworden. Der umgehende Text der griechischen Kirchenväter ist
im allgemeinen viel verwahrloster und unzuverlässiger als derjenige der Lateiner,
und würde eine Durchforschung des griechischen Handschriftenmaterials um so
bringender noth thun und um so reichere Ausbeute versprechen.

Das unmittelbare Ergebniß der von der kaiserlichen Akademie der Wissenschaften
zu Wien angeregten Untersuchungen ist in Verzeichnissen derjenigen Handschriften
niedergelegt, welche ihres Alters oder ihrer Güte wegen bei den in Aussicht ge-

nommenen neuen Ausgaben Verwendung und Berücksichtigung zu fordern schienen.
Diese Verzeichnisse wurden in den Sitzungsberichten der phil.-hist. Klasse der Wiener
Akademie gedruckt und auch in Sonderabdrücken ausgegeben. K. Halm, Ver=
zeichniß der älteren Handschriften lateinischer Kirchenväter in den Bibliotheken der
Schweiz. Wien 1865. — P. Gall Morel, Einsiedler=Handschriften der lateinischen
Kirchenväter bis zum 9. Jahrhundert. Supplement zu K. Halm, Verzeichniß ꝛc.
Wien 1867. — A. Reifferscheid, Bibliotheca Patrum latinorum Italica. Wien
1865—1872. 2 Bde. Bd. I besteht aus 6 Heften (1865. 1865. 1866. 1867. 1868.
1870), von welchen das erste die Kapitularbibliothek in Verona, die fünf weitern
die römischen Bibliotheken behandeln; Bd. II umfaßt 3 Hefte: die Ambrosianische
Bibliothek in Mailand (1871), die Bibliotheken Piemonts (1871), die Bibliotheken
von Venedig, Florenz, Neapel, La Cava und Monte Cassino (1872). Vgl. auch
Reifferscheids De latinorum codicum subscriptionibus commentariolum in
dem Index scholarum in universitate litterarum Vratislaviensi per hiemem
anni 1872—1873 habendarum. — K. Zangemeister, Bericht über die im
Auftrage der Kirchenväter=Commission unternommene Durchforschung der Bibliotheken
Englands. Wien 1877. — W. v. Hartel, Bibliotheca Patrum lat. Hispaniensis.
Bd. I. Nach den Aufzeichnungen Dr. Gustav Loewes herausgegeben und bearbeitet. Wien
1887. Vgl. R. Beer, Handschriftenschätze Spaniens. Wien 1891. — H. Schenkl,
Bibliotheca Patrum lat. Britannica. Bd. I, Abth. 1: Die Bodleianische Biblio=
thek in Oxford. Wien 1891. Abth. 2: Die Thomas Phillipssche Bibliothek in
Cheltenham. Wien 1892. — Die Ueberlieferung der christlichen Literatur der drei
ersten Jahrhunderte wird im Zusammenhange dargelegt von A. Harnack, Geschichte
der altchristlichen Literatur bis Eusebius. Th. 1: Die Ueberlieferung und der Be=
stand. Bearbeitet unter Mitwirkung von E. Preuschen. Leipzig 1893. 8°. Nach=
träge zu diesem Werke bei A. Harnack, Zur Ueberlieferungsgeschichte der altchrist=
lichen Literatur. Leipzig 1894 (Texte und Untersuchungen zur Geschichte der altchristl.
Literatur. Herausgeg. von O. v. Gebhardt und A. Harnack. Bd. XII, Heft 1).

### § 3. Repertorien der Literatur über die Kirchenväter.
### Sammelausgaben von Kirchenväterschriften.
### Größere Uebersetzungswerke.

1. Repertorien der Literatur über die Kirchenväter. — Ein umfassendes
Repertorium der Literatur über die Kirchenväter liegt noch nicht vor. Da=
gegen sind für einzelne Gruppen von Kirchenvätern (vornicänische Väter,
syrische Väter) sehr schätzenswerthe Literaturverzeichnisse erschienen, und mehrfach
können bibliographische Werke allgemeinern Charakters (Hoffmann, Engelmann=
Preuß, Chevalier) auch für Kirchenväter mit Erfolg zu Rathe gezogen werden.

J. G. Walchs Bibliotheca Patristica, litterariis annotationibus instructa
(Jena 1770; neu herausgegeben von J. Tr. L. Danz. Jena 1834) konnte schon
den Anforderungen ihrer Zeit nicht wohl genügen. — Eine im allgemeinen recht sorg=
fältige Bibliographical Synopsis (editions, translations, literature) zu den vor=
nicänischen Vätern lieferte E. C. Richardson in dem Supplementbande der
amerikanischen Ausgabe des großen Uebersetzungswerkes The Ante-Nicene Fathers
(Buffalo 1887) p. 1—136 (vgl. unten Abs. 3). Die Verzeichnisse der gedruckten
syrischen Literatur von Bickell und von Nestle werden § 62 namhaft gemacht. —
S. F. W. Hoffmanns Bibliographisches Lexikon der gesamten Litteratur der
Griechen (2. Ausg. Leipzig 1838—1845. 3 Bde. 8°) leistet bezüglich der griechischen
Kirchenschriftsteller immer noch gute Dienste. — Die von E. Preuß besorgte 8. Auf=

lage der Bibliotheca scriptorum classicorum W. Engelmanns, die Literatur von 1700—1878 umfassend (Leipzig 1880—1882. 2 Bde. 8⁰), hat wenigstens in der zweiten Abtheilung, Scriptores latini, den Kirchenschriftstellern eine viel eingehendere Berücksichtigung zu theil werden lassen als die frühern Ausgaben. — Endlich ist zu erwähnen *Ul. Chevalier*, Répertoire des sources historiques du moyen-âge. Bio-Bibliographie. Paris 1877—1886. 4⁰ (2370 cols.); dazu ein Supplément. Paris 1888 (cols. 2373—2846). Chevalier will die Schriften über das Leben aller, der Personen zusammenstellen, welche seit der Gründung der Kirche bis zum Jahre 1500 irgendwelche Berühmtheit erlangt haben.

2. **Sammelausgaben von Kirchenväterschriften.** — Der erste, welcher eine größere Sammelausgabe von Kirchenväterschriften veranstaltete, war **Mar-guerin de la Bigne**, Doctor der Sorbonne und Canonicus von Bayeux († 1589). Seine Bibliotheca SS. Patrum (Paris 1575—1579) umfaßt in 9 Foliobänden Schriften von mehr als 200 theologischen Autoren des Alterthums und des Mittelalters, die griechischen Schriften jedoch nur in lateinischer Uebersetzung. Diese Sammlung sollte zunächst zu leichterer Be-kämpfung der Magdeburger Centuriatoren dienen und brachte hauptsächlich Schriften, welche noch keine Sonderausgabe erfahren hatten oder nur schwer zugänglich waren. Das Werk fand großen Beifall, erlebte viele vermehrte und erweiterte Auflagen und wuchs schließlich zu der Maxima Bibliotheca veterum Patrum et antiquorum scriptorum ecclesiasticorum (Lyon 1677, in 27 Foliobänden) an. Der Oratorianer **Andr. Gallandi** († 1779) ver-öffentlichte eine Bibliotheca veterum Patrum antiquorumque scriptorum ecclesiasticorum, welche in 14 Bänden 2⁰ bis zum Jahre 1200 reicht und 380 Schriftsteller von geringerem Umfange enthält. Die griechischen Schriften werden im Urtexte und in lateinischer Uebersetzung mitgetheilt. Nicht selten werden Inedita geboten, meist jedoch frühere Ausgaben abgedruckt, in der Regel aber neue Einleitungen, Anmerkungen, Textemendationen beigefügt. Weitaus die größte aller Kirchenschriftsteller-Sammlungen ist **J. P. Mignes** Patrologiae cursus completus (Paris 1844—1866, in 4⁰), welcher freilich auch weit über die Zeit der Väter hinausgreift, indem die series latinae (221 Bände) bis zu Papst Innocenz III. († 1216), die series graecae (162 Bände) bis zum Concile von Florenz (1438—1439) sich erstrecken. In den auf die patristische Periode entfallenden Bänden bietet diese Samm-lung, von seltenen Ausnahmefällen abgesehen, nur Abdrücke älterer, allerdings mit Umsicht und Sorgfalt gewählter Editionen. Ein Hauptmitarbeiter war J. B. Pitra. So bequem und handlich das Format, so nachlässig ist nicht selten der Druck und die Correctur. Ein wesentlich anderes Gepräge trägt das vorhin (§ 2, 5) bereits erwähnte Corpus scriptorum ecclesiasticorum latinorum der kaiserlichen Akademie der Wissenschaften zu Wien (Wien 1866 ff.). Nach dem Plane dieses großartigen Unternehmens sollen alle lateinischen Kirchen-schriftsteller bis in das 7. Jahrhundert hinein nach streng philologischer Methode, auf Grund der ältesten und zuverlässigsten Handschriften, welche überhaupt zu erreichen sind, von neuem bearbeitet werden. Die bisher erschienenen Bände, welche vorwiegend historische oder poetische Schriften enthalten, weisen den jedesmaligen frühern Ausgaben gegenüber durchweg einen bedeutsamen Fort-schritt auf, wiewohl sie mehrfach auch wieder zeigen, daß zur Kritik theo-logischer Texte philologische Schulung allein nicht ausreicht. Diesem Corpus

läßt sich als nahe verwandtes, freilich auf viel engere Grenzen beschränktes Werk die Abtheilung Auctores antiquissimi der Monumenta Germaniae historica zur Seite stellen; sie erscheint seit dem Jahre 1877 in rascher Folge und soll die in der Periode des Ueberganges aus der römischen in die germanische Zeit auftretenden Schriftsteller in sich vereinigen. Nur dem bequemen Handgebrauche wollen die Sammlungen von Caillau und Guillon (Collectio selecta SS. Ecclesiae Patrum. Paris. 1829—1842) und von Hurter (SS. Patrum opuscula selecta. Oeniponti 1868 sqq.) dienen; beide geben die griechischen Autoren in lateinischer Uebersetzung; Hurters Ausgabe zeichnet sich durch ihre sacherklärenden Noten aus. Protestantischerseits erscheint seit 1891 zu Freiburg i. B. unter der Leitung von G. Krüger eine Sammlung kirchen- und dogmengeschichtlicher Quellenschriften als Grundlage für Seminarübungen.

In den bibliographischen Werken pflegen mit den Bibliothecae Patrum die Catenae Patrum verbunden zu werden, exegetische Sammlungen, in welchen die Schrifterklärungen einer mehr oder weniger großen Anzahl von Exegeten aus der Zeit der Väter kettenartig aneinandergereiht werden. Ueber die Bibliothecae und die Catenae handeln: *Th. Ittig*, De Bibliothecis et Catenis Patrum variisque veterum scriptorum ecclesiasticorum collectionibus ... tractatus. Lipsiae 1707. 8°. *I. A. Fabricius*, Bibliotheca Graeca. Vol. VIII ed. *Harles*. Hamb. 1802. p. 637—700: De Catenis Patrum graecorum in S. Scripturae libros; vol. XIII. Hamb. 1726. p. 457—849: De collectionibus omnis generis scriptorum graecorum iunctim excusorum. [Die von G. Chr. Harles besorgte Ausgabe der Bibl. Gr. reicht in 12 Bänden, 1790—1809, nur bis vol. XI, p. 544 der ersten Ausgabe, 1705—1728. 14 Bde. 4°.] *I. Fr. S. Augustin*, De Catenis Patrum graecorum in Novum Testamentum observationes. (Diss. inaug.) Halae 1762. 4°. (3 ff.; 48 pp.) *Walch-Danz*, Bibliotheca Patristica. Ienae 1834. p. 196—255: De bibliothecis, collectionibus, catenis et chrestomathiis Patrum et patristicis. *I. G. Dowling*, Notitia scriptorum SS. Patrum aliorumque veteris ecclesiae monumentorum, quae in collectionibus Anecdotorum post annum Christi MDCC in lucem editis continentur. Oxonii 1839. 8°.

Die wichtigern Sammelausgaben von Kirchenväterschriften mögen hier in chronologischer Reihenfolge aufgeführt werden.

*M. de la Bigne*, Bibliotheca SS. Patrum supra ducentos, qua continentur illorum de rebus divinis opera omnia et fragmenta, quae partim numquam hactenus, partim ita ut raro iam extarent, excusa: vel ab Haereticis corrupta: nunc primum sacrae Facultatis Theologicae Parisiensis censura satis gravi, sine ullo novitatis aut erroris fuco in perfectissimum corpus coaluerunt. Distincta in Tomos octo, Epistolarum, Historiarum, Moralium, Liturgiarum, Disputationum contra haereses, Commentariorum, Homiliarum Poëmatumque sacrorum mixtim et tractatuum in paene singula et fidei christianae et Scripturae sacrae loca. Paris. 1575. 8 voll. 2°.; dazu eine Appendix, ibid. 1579. 2°. Ed. secunda: ibid. 1589. 8 voll. 2°. Den Inhalt dieser beiden ersten Ausgaben im einzelnen verzeichnet *Ittig* l. c. p. 30—49. 49—81. Ed. tertia: ibid. 1609. 9 voll. 2°; dazu ein Auctarium, ibid. 1610. 2 voll. 2°. Ed. quarta: ibid. 1624. 10 voll. 2°; dazu ein Auctarium graecolatinum, hauptsächlich von Fronton du Duc besorgt, ibid. 1624. 2 voll. 2°, und ein Supplementum [latinum] von G. Morel, ibid. 1639. 2 voll. 2°. Ueber diese beiden Nachträge zu der vierten Ausgabe s. *Ittig* l. c. p. 92—98. 98—106. Eine fünfte und eine sechste Ausgabe erschienen ebb. 1644 und 1654, 17 voll. 2°. Ueber die sechste Ausgabe s. *Ittig* l. c. p. 106—145.

Magna Bibliotheca veterum Patrum et antiquorum Scriptorum Ecclesiasticorum: primo quidem a *Margarino de la Digne* Sorbonico in Academia Parisiensi Theologo collecta, et tertio in lucem edita. Nunc vero plus quam centum Autoribus, et opusculis plurimis locupletata, historica methodo per singula secula, quibus Scriptores quique vixerunt, disposita, et in XIV Tomos distributa; opera et studio doctissimorum in Alma Universitate Colon. Agripp. Theologorum ac Professorum. Colon. Agr. 1618. 14 voll. 2⁰; dazu ein Supplementum vel appendix, ibid. 1622. 2⁰. Ueber den Inhalt f. *Ittig* l. c. p. 420—477.

*Fr. Combefis*, Graeco-Latinae Patrum Bibliothecae novum auctarium. Paris. 1648. 2 voll. 2⁰; *Idem*, Bibliothecae Graecorum Patrum auctarium novissimum. Ibid. 1672. 2 voll. 2⁰. Ein Inhaltsverzeichniß beider Sammlungen bei *Ittig* l. c. p. 145—152. 152—154.

*L. d'Achery*, Veterum aliquot scriptorum qui in Galliae bibliothecis, maxime Benedictinorum, supersunt Spicilegium. Paris. 1655—1677. 13 voll. 4⁰; von neuem herausgegeben durch L. Fr. J. de la Barre. Ibid. 1723. 3 voll. 2⁰. Ueber die erste Ausgabe f. *Ittig* l. c. p. 165—250, über die zweite *Dowling* l. c. p. 39—80. In neuester Zeit wurde nachgewiesen, daß b'Achery in gutem Glauben mehrere Urkunden in seine Sammlung aufgenommen hat, welche von dem Oratorianer Hieronymus Bignier († 1661) gefälscht worden waren, und wurde dieser Beweis am schlagendsten bezüglich solcher Documente erbracht, welche bislang als die größten Zierden des Spicilegiums galten. S. namentlich *J. Havet*, Les découvertes de Jérome Vignier: Bibliothèque de l'École des Chartes. T. XLVI. Paris 1885. p. 205—271.

Maxima Bibliotheca veterum Patrum, et antiquorum Scriptorum Ecclesiasticorum, primo quidem a *Margarino de la Bigne*, in Academia Parisiensi Doctore Sorbonico, in lucem edita. Deinde celeberrimorum in Universitate Coloniensi Doctorum studio plurimis Autoribus, et opusculis aucta, ac historica methodo per singula secula, quibus Scriptores quique vixerunt, disposita. Hac tandem editione Lugdunensi ad eandem Coloniensem exacta, novis supra centum Autoribus et opusculis hactenus desideratis locupletata, et in Tomos XXVII distributa. Lugduni 1677. 27 voll. 2⁰. S. *Ittig* l. c. p. 483—557.

*I. B. Cotelier*, Ecclesiae Graecae monumenta. Paris. 1677—1686. 3 voll. 4⁰. S. *Ittig* l. c. p. 402—412. Vierter Band der Sammlung Coteliers heißen in der Aufschrift einzelner Exemplare die von B. de Montfaucon herausgegebenen Analecta Graeca s. varia opuscula graeca hactenus non edita. Paris. 1688. 4⁰. S. *Ittig* l. c. p. 412—413; *Fabricius* l. c. XIII, 835—836.

*St. Baluze*, Miscellaneorum libri 1—7. Paris. 1678—1715. 7 voll. 8⁰; von neuem herausgegeben durch J. D. Mansi. Lucae 1761—1764. 4 voll. 2⁰. Ueber die Bände I—V der ersten Ausgabe f. *Ittig* l. c. p. 310—335, über die zweite Ausgabe *Dowling* l. c. p. 158—189.

*Iacobi Sirmondi* S. I. Presb. Opera omnia nunc primum collecta, ex ipsius schedis emendatiora, notis posthumis, epistolis et opusculis aliquibus auctiora. Accedunt S. Theodori Studitae epistolae, aliaque scripta dogmatica, nunquam antea graece vulgata, pleraque Sirmondo interprete. Paris. 1696. 5 voll. 2⁰; von neuem herausgegeben durch J. de la Baune. Venet. 1728. 5 voll. 2⁰. Ueber die erste Ausgabe f. *Ittig* l. c. p. 253—266, über beide Ausgaben *A. de Backer*, Bibliothèque des écrivains de la Compagnie de Jésus, nouv. éd. (1869—1876) s. v. Sirmond, Jacques.

*L. A. Muratori*, Anecdota quae ex Ambrosianae Bibliothecae codicibus nunc primum eruit, notis ac disquisitionibus auget L. A. M. Mediol.

1697—1698 et Patav. 1713. 4 voll. 4⁰. Ueber die Bände I—II (1697—1698)
f. *Ittig* l. c. p. 662—664, über die Bände III—IV (1713) *Dowling* l. c. p. 3. —
*Idem*, Anecdota Graeca quae ex mss. codicibus eruit, Latio donat, notis et
disquisitionibus auget L. A. M. Patav. 1709. 4⁰. S. *Fabricius* l. c. XIII,
781—782. *Dowling* l. c. p. 2.

I. *E. Grabe*, Spicilegium SS. Patrum ut et Haereticorum seculi p. Chr.
n. I, II et III. Tom. I s. seculum I. Oxon. 1698. 8⁰; seculi II tom. I,
ibid. 1699. S. *Ittig* l. c. p. 698—707.

B. *de Montfaucon*, Collectio nova Patrum et Scriptorum Graecorum,
Eusebii Caesariensis, Athanasii, et Cosmae Aegyptii. Paris. 1706. 2 voll. 2⁰.
S. *Fabricius* l. c. XIII, 836—837. *Dowling* l. c. p. 1—2.

A. *Gallandi*, Bibliotheca veterum Patrum antiquorumque Scriptorum
Ecclesiasticorum, postrema Lugdunensi longe locupletior atque accuratior.
Venet. 1765—1781 et 1788. 14 voll. 2⁰. (Unter der Bibl. postrema Lugdunensis ist die vorhin erwähnte Maxima Bibl. [Lugdun. 1677. 27 voll. 2⁰] verstanden.) S. *Dowling* l. c. p. 191—209. Index alphabeticus Bibliothecae
graeco-latinae veterum Patrum antiquorumque Scriptorum Eccl. cura et
studio A. Gallandii. Bononiae 1863. 8⁰ (34 pp.).

*Fr. Oberthür*, SS. Patrum opera polemica de veritate religionis Chri-
stianae contra Gentiles, et Iudaeos. Ad commodiorem usum edita. Opera
Patrum graecorum graece et latine. Wirceburg. 1777—1794. 21 voll. 8⁰.
S. *Dowling* l. c. p. 215—217. — *Idem*, Opera omnia SS. Patrum latinorum.
Wirceburg. 1780—1791. 13 voll. 8⁰. S. *Dowling* l. c. p. 217—218.

*M. I. Routh*, Reliquiae Sacrae: s. Auctorum fere jam perditorum secundi tertiique saeculi fragmenta, quae supersunt. Accedunt epistolae syno-
dicae et canonicae Nicaeno concilio antiquiores. Ad codices mss. recensuit,
notisque illustravit M. I. R. Oxon. 1814—1818. 4 voll. 8⁰. Ed. altera,
ibid. 1846—1848. 5 voll. Ueber die erste Ausgabe f. *Dowling* l. c. p. 225—227. —
*Idem*, Scriptorum Ecclesiasticorum opuscula praecipua quaedam. Recensuit
notasque suas et aliorum addidit M. I. R. Oxon. 1832. 2 voll. 8⁰. Ed.
tertia, ibid. 1858.

A. *Mai*, Scriptorum veterum nova Collectio e Vaticanis codicibus edita.
Romae 1825—1838. 10 voll. 4⁰. S. *Dowling* l. c. p. 227—238. Eine Inhaltsangabe mehrerer Bände auch bei Engelmann-Preuß, Bibl. script. class.
8. Aufl. I, 42—44; II, 4. — *Idem*, Classici Auctores e Vaticanis codicibus
editi. Romae 1828—1838. 10 voll. 8⁰. Die in dieser Sammlung enthaltenen
opera et fragmenta scriptorum ecclesiasticorum verzeichnet *Dowling* l. c.
p. 239—241. Im übrigen vgl. Engelmann-Preuß a. a. O. I, 44 (über
Bd. IV); II, 4. — *Idem*, Spicilegium Romanum. Romae 1839—1844.
10 voll. 8⁰. Ueber die Bände II. IV. V. VI vgl. Engelmann-Preuß a. a. O.
I, 44. — *Idem*, Nova Patrum Bibliotheca. Romae 1852—1854. 7 voll. 4⁰.
Tom. VIII a Iosepho Cozza monacho Basiliano absolutus. Ibid. 1871. Tom. IX
editus a Iosepho Cozza-Luzi. Ibid. 1888. — Appendix ad opera edita ab
*Angelo Maio*. Rom. 1871. 4⁰. Appendix altera, ibid. 1871.

Collectio selecta SS. Ecclesiae Patrum, complectens exquisitissima opera
tum dogmatica et moralia, tum apologetica et oratoria; accurantibus
D. A. B. *Caillau* nonnullisque cleri Gallicani presbyteris una cum D. M.
N. S. *Guillon*. Paris. 1829—1842. 133 voll. 8⁰.

Patrologiae cursus completus, s. Bibliotheca universalis, integra, uni-
formis, commoda, oeconomica omnium SS. Patrum, Doctorum Scriptorumque
eccl., qui ab aevo apostolico adusque Innocentii III. tempora floruerunt.
Accurante I. P. *Migne*. Series Prima in qua prodeunt Patres, Doctores

Scriptoresque Ecclesiae latinae a Tertulliano ad Gregorium M. Paris. 1844 ad 1849. 79 voll. 4⁰. Series Secunda in qua prodeunt Patres . . . a Gregorio M. ad Innocentium III. Ibid. 1850—1855. Vol. LXXX—CCXVII. Indices, generales simul et speciales, Patrologiae latinae. Ibid. 1862—1864. Vol. CCXVIII—CCXXI. — Series Graeca in qua prodeunt Patres, Doctores Scriptoresque Ecclesiae graecae a S. Barnaba ad Photium. Ibid. 1857—1860. 104 voll. Series Graeca posterior in qua prodeunt Patres . . . ab aevo Photiano ad Concilii usque Florentini tempora. Ibid. 1862—1866. Vol. CV ad CLXII. — Viele Bände und Reihen von Bänden aus den lateinischen wie den griechischen Serien sind inzwischen von neuem aufgelegt worden. Leider haben mehrere solcher Nachdrucke eine von der ersten Ausgabe abweichende Paginirung erhalten. Indices wurden zu den griechischen Serien nicht ausgegeben. Dorotheos Scholarios veröffentlichte ein (griechisches) Verzeichniß der in den griechischen Serien (und in dem 1828—1855 zu Bonn in 48 Bänden 8⁰ erschienenen Corpus scriptorum historiae Byzantinae) enthaltenen Schriften, Athen 1879. 4⁰, und ein (griechisches) Sachregister zu diesen Serien, ebd. 1883. 4⁰. Der Index alphabeticus in Patrologiae cursus completi ab I. P. Migne editi seriem graecam. Composuit *Al. Kreissberg*. Petropoli 1881. 8⁰ (8 pp.) ist sehr lückenhaft.

*I. B. Pitra*, Spicilegium Solesmense complectens SS. Patrum Scriptorumque eccl. anecdota hactenus opera, selecta e graecis orientalibusque et latinis codicibus, publici iuris facta curante D. I. B. Pitra O. S. B. mon. e congr. Gall., nonnullis ex abbatia Solesm. opem conferentibus. Paris. 1852—1858. 4 voll. 4⁰. — Iuris ecclesiastici Graecorum historia et monumenta, iussu Pii IX. Pont. Max. curante I. B. Pitra S. R. E. Card. Tom. I a primo p. Chr. n. ad VI. saeculum. Romae 1864. 4⁰. Tom. II a VI. ad IX. saeculum, ibid. 1868. — Analecta sacra Spicilegio Solesmensi parata, edidit I. B. Card. Pitra. Tom. I. Paris. 1876. 8⁰. Tom. VIII: Nova S. Hildegardis opera. Ibid. 1882. Tom. II—III: Patres Antenicaeni. Ibid. 1884. 1883. Tom. IV: Patres Antenicaeni orientales. Ibid. 1883. Ueber die Bde. II—IV s. F. Loofs in der Theol. Literaturzeitung vom Jahre 1884, Nr. 17. 19. 23. 24. — Analecta sacra et classica Spicil. Solesm. parata, edidit I. B. Card. Pitra. Paris. 1888. 4⁰. — Die Analecta novissima Pitras (Paris. 1885—1888. 2 voll. 4⁰) enthalten, abgesehen von einigen Papstbriefen (Bd. I), nur mittelalterliche Documente.

Corpus scriptorum ecclesiasticorum latinorum, editum consilio et impensis Academiae Litterarum Caesareae Vindobonensis. Vindob. 1866 sqq. 8⁰.

SS. Patrum opuscula selecta ad usum praesertim studiosorum theologiae. Edidit et commentariis auxit *H. Hurter* S. I. Oenip. 1868—1885. 48 voll. 16⁰. Die meisten Bändchen sind in mehreren Auflagen erschienen. — Series altera: ibid. 1884 sqq. 16⁰. Diese zweite Serie bringt umfangreichere Väterschriften.

Monumenta Germaniae historica. Inde ab anno Christi quingentesimo usque ad annum millesimum et quingentesimum. Edidit Societas aperiendis fontibus rerum Germanicarum medii aevi. Auctores antiquissimi. Berol. 1877 sqq. 4⁰.

Sammlung ausgewählter kirchen- und dogmengeschichtlicher Quellenschriften, als Grundlage für Seminarübungen herausgegeben unter Leitung von G. Krüger. Freiburg i. B. 1891 ff. 8⁰.

3. Größere Uebersetzungswerke. — Die in den Jahren 1830—1854 zu Kempten unter dem Titel „Sämmtliche Werke der Kirchenväter" erschienenen Uebersetzungen umfassen in 39 Bänden 8⁰, abgesehen von mehreren kleinern Schriften und wenig umfangreichen Autoren, die Werke von Irenäus, Cyprian,

2*

Hilarius, Athanasius, Basilius, Ephräm und Gregor von Nyssa. Warme Empfehlung verdient im allgemeinen die unter der Oberleitung von Fr. X. Reithmayr († 1872) und späterhin von B. Thalhofer ebenda 1869—1888 in 80 Bänden 12⁰ erschienene „Bibliothek der Kirchenväter. Auswahl der vorzüglichsten patristischen Werke". Die amerikanische Select Library of the Nicene and Post-Nicene Fathers of the Christian Church (Buffalo 1886 ff.; New York 1890 ff.), von Ph. Schaff ins Leben gerufen, bringt außer englischen Uebersetzungen vielfach auch eingehende Commentare.

Sämmtliche Werke der Kirchenväter. Aus dem Urtexte in das Teutsche übersetzt. Kempten 1830—1854. 39 Bde. 8⁰.

Bibliothek der Kirchenväter. Auswahl der vorzüglichsten patristischen Werke in deutscher Uebersetzung, herausgegeben unter der Oberleitung von Fr. X. Reithmayr. Fortgesetzt von B. Thalhofer. Kempten 1869—1888. 420 Lieferungen in 80 Bbn. 12⁰. Das von U. Uhl gefertigte Generalregister füllt 15 Lieferungen oder 2 Bde. Der Schlußband enthält einen „Bericht über die Bibliothek der Kirchenväter".

Library of Fathers of the Holy Catholic Church, anterior to the division of the East and West, translated by members of the English Church (d. i. von Freunden E. B. Puseys [† 1882], welcher die Hauptredaction führte). Oxford 1832 ff. 45 vols 8⁰.

The Ante-Nicene Christian Library. Translations of the writings of the Fathers down to a. D. 325. Edit. by *A. Roberts* and *J. Donaldson*. Edinburgh 1866—1872. 24 vols 8⁰. Ein Neudruck erschien zu Buffalo 1884 bis 1886, 8 Bde. 8⁰; dazu ein Supplementband (The Ante-Nicene Fathers. . . Original Supplement to the American Edition. Buffalo 1887) enthaltend: I. Bibliographical Synopsis. By *E. C. Richardson;* II. General Index. By *B. Pick.*

*Ph. Schaff,* A Select Library of the Nicene and Post-Nicene Fathers of the Christian Church. In connection with a number of patristic scholars of Europe and America. Buffalo 1886 ff. 8⁰. Second Series. New York 1890 ff.

Vidnesbyrd af Kirkefædrene (d. i. Zeugniß der Kirchenväter, eine Auswahl patristischer Schriften in dänischer Uebersetzung). Christiania 1880 ff. 8⁰.

# Erster Zeitraum.

## Vom Ausgange des erſten bis zum Beginne des vierten Jahrhunderts.

---

## Erſter Theil.

# Griechiſche Schriftſteller.

### § 4. Vorbemerkungen.

1. Die Sprache der griechiſchen Kirchenſchriftſteller. — Die Schriftſprache der gebildeten Welt war zur Zeit Chriſti die ſogen. κοινή διάλεκτος, jenes griechiſche Idiom, welches in den letzten vorchriſtlichen Jahrhunderten hauptſächlich zu Alexandrien ſich ausbildete und namentlich in dem Wortſchatze und in der Syntax von dem Attiſchen mannigfach abwich. Auch im Abendlande, zu Rom und in Nordafrika, wurde dieſes Idiom in den erſten chriſtlichen Jahrhunderten als Schriftſprache benutzt. Die Sprache der Kirchenſchriftſteller unterſcheidet ſich indeſſen von der Sprache der zeitgenöſſiſchen griechiſchen Profanliteratur von Anfang an durch mehr oder weniger weit gehende Conceſſionen an die neben der Schriftſprache hergehende, nach Zeit und Ort verſchieden gefärbte Redeweiſe des Volkes. Schon das Neue Teſtament redet nicht ſowohl die κοινή διάλεκτος als vielmehr die Sprache des Volkes. Und die Kirchenſchriftſteller der Folgezeit haben im allgemeinen die Sprache als bloßes Verſtändigungsmittel behandelt und der leichtern Verſtändlichkeit zuliebe mit Abſicht die Vorſchriften der Grammatiker beiſeite geſchoben. Doch zeigen ſich ſchon im 2. Jahrhundert einzelne Autoren mit Erfolg bemüht, ihre Sprache klaſſiſchen Muſtern nachzubilden und zu der Reinheit und Eleganz des attiſchen Idioms zurückzukehren. Aehnliche Beſtrebungen machen ſich ſpäter bei den großen Lehrern des 4. Jahrhunderts, von Athanaſius bis auf Chryſoſtomus, geltend. Im einzelnen iſt indeſſen die Sprache der griechiſchen Kirchenſchriftſteller, ihrer Eigenthümlichkeit wie ihrer Entwicklungsgeſchichte nach, noch erſt zu ermitteln und feſtzuſtellen.

Ueber Kenntniß und Gebrauch des Griechiſchen zu Rom ſ. C. P. Caſpari, Ungedruckte, unbeachtete und wenig beachtete Quellen zur Geſchichte des Tauffymbols und der Glaubensregel. III (Univerſitätsprogr.) Chriſtiania 1875. S. 267—466: „Griechen und Griechiſch in der römiſchen Gemeinde in den drei erſten Jahrhunderten ihres Beſtandes.“ Für die Verbreitung des Griechiſchen in Nordafrika zeugen die griechiſchen Schriften Tertullians (§ 36, 9); dagegen iſt die Originalität der griechiſchen

Texte der Acta martyrum Scilitanorum und der Acta SS. Perpetuae et Felicitatis sehr zweifelhaft (§ 26, 2. 3). — Als lexikalisches Hilfsmittel zum Verständniß
der griechischen Kirchenschriftsteller ist immer noch brauchbar *I. Casp. Suiceri* Thesaurus ecclesiasticus, e patribus graecis ordine alphab. exhibens: quae-
cunque phrases, ritus, dogmata, haereses et hujusmodi alia spectant. Amste-
laedami 1682. 2 voll. 2°. Neue Ausgaben dieses Werkes erschienen 1728 zu
Amsterdam und 1746 zu Utrecht. *D. G. L. Nothnagel*, Specimen supplemen-
torum in Suiceri Thesaurum eccl. Norimb. 1821. 8°. Die spätere Gräcität
im allgemeinen behandeln die Werke von Th. du Fresne Sieur du Cange († 1688)
und von H. Etienne († 1598). *C. du Fresne Dominus du Cange*, Glossarium
ad scriptores mediae et infimae graecitatis. Lugduni 1688. 2 voll. 2°. Ein
Abdruck dieses Werkes erschien 1890—1891 zu Breslau (bei Köbner), 2 voll. 2°.
Thesaurus Graecae linguae, ab *H. Stephano* constructus. Post editionem
Anglicam novis additamentis auctum, ordineque alphab. digestum tertio
ediderunt *C. B. Hase, G. R. L. de Sinner* et *Th. Fix* (Guil. et Lud. Dindorf). Paris. 1831—1865. 8 voll. 2°. Eine Ergänzung bildet das über die Zeit
von 146 v. Chr. bis 1100 n. Chr. sich erstreckende Werk von E. A. Sophocles:
Greek Lexicon of the Roman and Byzantine Periods. New York 1887. 4°.

2. **Allgemeine Uebersicht über die griechische Literatur des ersten Zeit-
raums.** — Ueber den ersten Anfängen der patristischen Literatur ruht Dunkel.
Ein großer Theil der ältesten Denkmäler derselben ist zu Grunde gegangen.
Vereinzelte Ueberbleibsel liegen in den Schriften der sogen. Apostolischen Väter
vor. Sie pflegen seit dem 17. Jahrhundert als eine besondere Gruppe von
Kirchenschriftstellern betrachtet und behandelt zu werden, wenngleich ein eini-
gendes Band innerer Verwandtschaft fehlt. Anders verhält es sich mit den
Apologeten des 2. Jahrhunderts. Sie verfolgen die gleichen Zwecke und
gebrauchen im allgemeinen auch die gleichen Mittel. Die apologetische Literatur
erwächst aus dem Kampfe der Kirche mit dem Heidenthume und dem Judenthume. Dieselbe wendet sich zunächst an Nichtchristen, wenngleich sie that-
sächlich von Anfang an weit mehr Leser unter den Christen gefunden haben
wird. Im 3. Jahrhundert aber ist das Absehen der Apologetik vielfach auf
Leserkreise gerichtet, welche sich selbst christlich nennen, in ihrem Glauben und
Leben jedoch bald mehr bald weniger als unchristlich gelten müssen. Schon
im 2. Jahrhundert sind die meisten Apologeten zugleich auch Polemiker: mit
dem Kampfe der Kirche gegen Heidenthum und Judenthum geht Hand in
Hand der Kampf gegen die Häresie. Das erste uns erhaltene ·polemische
Werk ist des hl. Irenäus „Entlarvung und Widerlegung der· fälschlich so
genannten Gnosis". Doch ist dieses Werk durchaus nicht das älteste·seiner Art.
Von weittragender, ja grundlegender Bedeutung für die fernere Gestaltung
und Ausbildung der kirchlichen Literatur ward die sogen. Alexandrinische
Katechetenschule. Die Leiter dieser Schule, zuerst Clemens von Alexandrien,
bedienen sich der Schriftstellerthätigkeit zu Zwecken des theologischen Unter-
richts, und damit erscheint die kirchliche Literatur, welche bis dahin wesentlich
durch den Kampf mit nichtchristlichen oder nichtkirchlichen Gegensätzen bedingt
und getragen war, auf die eigenen, innern und bleibenden Bedürfnisse der
Kirche selbst gegründet.

Eine nähere Ausführung der vorstehenden Andeutungen bringen die §§ 6 (die
Apostolischen Väter), 14 (die Apologeten des 2. Jahrh.), 22 (Bekämpfer der Häresie),
27 (die Alexandrinische Katechetenschule).

## § 5. Pseudo-apostolische Schriften.

1. **Die Didache oder Zwölf-Apostel-Lehre.** — Das älteste aller nach-
biblischen Literaturdenkmäler des Christenthums, soweit dieselben uns erhalten
sind, ist wohl die erst im Jahre 1883 durch Philotheos Bryennios ans Licht
gezogene Lehre der zwölf Apostel. In der einzigen bisher bekannt gewordenen
Handschrift (vom Jahre 1056) nennt das Büchlein sich selbst διδαχὴ χυρίου
διὰ τῶν δώδεχα ἀποστόλων τοῖς ἔθνεσιν, in dem Inhaltsverzeichnisse der Handschrift heißt es kurzweg διδαχὴ τῶν δώδεχα ἀποστόλων. Jener erste Titel,
welcher nicht bloß als älter denn der zweite gelten muß, sondern mit größter
Wahrscheinlichkeit als der ursprüngliche gelten darf, kann dahin verstanden
werden, der nicht genannte Verfasser wolle die durch die zwölf Apostel den
(Heiden-) Völkern vorgestellte Lehre des Herrn darlegen, etwa in gedrängtem
Abriß zusammenfassen; er kann aber auch besagen wollen, die folgende Darlegung als solche sei apostolischer Herkunft, das Schriftchen selbst gehe auf
die zwölf Apostel zurück. An Umfang ungefähr dem Galaterbriefe gleich
(ca. 10 700 Buchstaben; doch ist die Ursprünglichkeit des Abschnittes c. 1, 3
bis c. 2, 1 sehr bestritten), zerfällt dasselbe dem Inhalte nach in zwei Theile.
Der erste (c. 1—6) ist eine Unterweisung in der christlichen Sittenlehre und
verläuft, ganz wie der zweite Theil des sogen. Barnabasbriefes (§ 7, 1), in
Form einer Beschreibung zweier Wege, des Weges des Lebens und des Weges
des Todes (ἡ ὁδὸς τῆς ζωῆς c. 1—4, ἡ τοῦ θανάτου ὁδός c. 5—6). Der
zweite Theil (c. 7—16) läßt sich als ein kirchliches Rituale oder als eine
Kirchenordnung bezeichnen. Abgesehen von einigen Digressionen, handelt derselbe namentlich von der Taufe (c. 7—8) und von der heiligen Eucharistie
(c. 9—14), gibt dann noch Winke in betreff der Bestellung von Kirchenobern
(ἐπίσχοποι χαὶ διάχονοι c. 15) und schließt mit einer Mahnung zur Wach-
samkeit unter Hinweis auf die letzten Dinge (c. 16). Aus den Anfangsworten des zweiten Theiles erhellt, daß der erste Theil zur Verwendung beim
Unterrichte der Katechumenen bestimmt ist (wenngleich dieses Wort noch nicht
vorkommt). — Das erste ausdrückliche Zeugniß von dem Vorhandensein der
Didache liegt vielleicht bei Clemens von Alexandrien vor, welcher in den
wahrscheinlich kurz vor 200 verfaßten Stromata I, 20 (*Migne*, P. gr. VIII,
817) mit den Worten φησὶν ἡ γραφή einen in der Didache (c. 3, 5) wiederkehrenden Satz einführt; bei Eusebius (Hist. eccl. III, 25: *Migne* l. c.
XX, 269) wird das Schriftchen den Apokryphen (τοῖς νόθοις, d. i. den nicht
canonischen Schriften) zugezählt und τῶν ἀποστόλων αἱ λεγόμεναι διδαχαί genannt; bei Athanasius (Ep. fest. 39: *Migne* l. c. XXVI, 1437) erscheint
dasselbe in der Reihe der für die Katechumenen geeigneten Lehrbücher und
heißt διδαχὴ χαλουμένη τῶν ἀποστόλων. Im 3. Jahrhundert lassen sich auch
bei lateinischen Kirchenschriftstellern Spuren der Didache aufzeigen, wenn nicht
bei Tertullian (De oratione c. 11: *Migne*, P. lat. I, 1166), wo der anderweitigen Bezeichnung der christlichen Sittenlehre als eines Weges gedacht wird
(alias enim via cognominatur disciplina nostra), so jedenfalls bei Pseudo-
Cyprian (Adv. aleatores c. 4: *Migne* l. c. IV, 830; ed. *Miodoński* p. 76),
wo ein sofort an Stellen der Didache (c. 14, 2; 15, 3) erinnerndes Citat
mit den Worten in doctrinis apostolorum eingeleitet wird. Aber schon ältere

Schriften zeigen die überraſchendſten Anklänge an den Text der Didache. Ins=
beſondere berührt ſich der zweite Theil des ſogen. Barnabasbriefes (c. 18—20)
ſo nahe mit dem erſten Theile der Didache (und ſtimmt auch der Hirt des
Hermas an einzelnen Stellen, Mand. II. XI, ſo genau mit der Didache,
c. 1. 11, überein), daß die Annahme einer unmittelbaren Abhängigkeit in
dieſer oder jener Richtung ſich nicht umgehen läßt. Es fragt ſich nur, wel cher
Seite die Priorität zuzuerkennen ſei. Bryennios läßt die Didache vom
Barnabasbriefe (und dem Hirten des Hermas) abhängig ſein und verlegt die
Entſtehung der erſtern in die Jahre 120—160; ähnlich Harnack, Hilgen=
feld u. a. Funk hingegen betrachtet den Barnabasbrief (und den Hirten des
Hermas) als den borgenden Theil und läßt die Didache in den beiden letzten
Decennien des 1. Jahrhunderts verfaßt ſein; ähnlich Zahn, Schaff u. a.
Dieſe letztere Anſicht dürfte über die ſpätere Datirung den Sieg davontragen.
Die Heimat des Schriftchens iſt etwa in Syrien oder Paläſtina zu ſuchen. —
So klein die Schrift iſt, ſo iſt ſie gleichwohl von unſchätzbarem Werthe. Sie
bietet einen Schlüſſel für zahlreiche Räthſel der altchriſtlichen Literaturgeſchichte,
und die Ausführungen des zweiten Theiles ſind für die Dogmengeſchichte und
die chriſtliche Archäologie von der weittragendſten Bedeutung.

Διδαχὴ τῶν δώδεκα ἀποστόλων ἐκ τοῦ ἱεροσολυμιτικοῦ χειρογράφου νῦν πρῶτον
ἐκδιδομένη μετὰ προλεγομένων καὶ σημειώσεων, ἐν οἷς καὶ τῆς Συνόψεως τῆς Π. Δ.,
τῆς ὑπὸ Ἰωάν, τοῦ Χρυσοστόμου, σύγκρισις καὶ μέρος ἀνέκδοτον ἀπὸ τοῦ αὐτοῦ
χειρογράφου. Ὑπὸ Φιλοθέου Βρυεννίου μητροπολίτου Νικομηδείας. Ἐν Κωνσταντινουπόλει 1883. 8⁰ (149, 75 pp.). Die „jeruſalemiſche Handſchrift" iſt ein vom
Herausgeber ſelbſt erſt entdeckter, im Jahre 1056 geſchriebener und aus Jeruſalem
ſtammender Codex in der Bibliothek des konſtantinopolitaniſchen Metochion (Filiale)
des jeruſalemiſchen Patriarchalkloſters vom heiligen Grabe. Im Jahre 1875 hatte
Bryennios, damals Metropolit von Seres oder Serrä in Macedonien, aus dieſer
Handſchrift zum erſtenmal den vollſtändigen Text der ſogen. beiden Clemensbriefe
herausgegeben (vgl. § 8, 9). Jetzt befindet ſich die Handſchrift zu Jeruſalem. Die
Seiten derſelben, welche die Didache enthalten (fol. 76 a—80 b), liegen auch in
photographiſcher Wiedergabe vor: J. R. Harris hat eine ſolche (in 10 Tafeln)
ſeiner Ausgabe der Didache (Baltimore 1887) beigegeben. Abdrücke der konſtantinopolitaniſchen Ausgabe bezw. neue Ausgaben der Didache veranſtalteten A. Hilgenfeld, Leipzig 1884 (Novum Testamentum extra canonem receptum. Fasc. IV,
ed. 2). A. Wünſche, Leipzig 1884. 8⁰; 2. Aufl. 1884. R. D. Hitchcock und
F. Brown, New York 1884. 8⁰; 2. Aufl. 1885. J. J. Prins, Leiden 1884. 8⁰.
A. Harnack, Leipzig 1884 und 1893 (Texte und Unterſuchungen zur Geſchichte
der altchriſtl. Literatur, herausgeg. von O. v. Gebhardt und A. Harnack. Bd. I.
Heft 1. 2), und wiederum Leipzig 1886 (Die Apoſtellehre und die jüdiſchen Beiden
Wege. Erweiterter Abdruck aus der Realencyklopädie für prot. Theologie und Kirche,
nebſt Texten). J. Fitzgerald, New York 1884. 8⁰. S. St. Orris, ebenda
1884. 8⁰. H. de Romeſtin, Oxford und London 1884. 12⁰; 2. Aufl. 1885.
C. Spence, London 1885. 8⁰. P. Sabatier, Paris 1885. 8⁰. Ph. Schaff,
New York 1885. 8⁰; 2. Aufl. 1886; 3. Aufl. 1889. R. Majocchi, Mailand
1885. 8⁰; 2. Aufl. 1887. Fr. X. Funk, Tübingen 1887 (Opera Patrum apostol.
Vol. I, ed. nova, und wiederum in einer Sonderausgabe). J. R. Harris,
Baltimore 1887. 4⁰. Lightfoot=Harmer, London 1891 (The Apostolic
Fathers) u. a. Außer der editio princeps ſind es die Ausgaben von Harnack
(Leipzig 1884 und 1893), Schaff und Funk (Sonderausgabe), welche ſich durch
Reichhaltigkeit auszeichnen. — Ein Fragment einer alten lateiniſchen Ueberſetzung

der Didache hat O. v. Gebhardt entdeckt und der Ausgabe Harnacks (Leipzig 1884 und 1893) Proleg. S. 275—286 beigegeben. Einen der (einzigen) Handschrift selbst entnommenen Text dieses Fragmentes bietet Funk in seiner (Sonder=) Ausgabe p. 102—104. Vgl. Funk, Zur alten lateinischen Uebersetzung der Doctrina apostolorum: Theol. Quartalschrift Bd. LXVIII (1886). S. 650—655. Neuere Ueber= setzungen enthalten die meisten der vorhin genannten Ausgaben. Deutsche Ueber= setzungen veröffentlichten außerdem N. Liebert, Kempten 1885 (Bibliothek der Kirchenväter, Anhang zu den Apostol. Constitutionen). G. Volkmar, Leipzig und Zürich 1885. 8°; 3. Aufl. 1887. J. Rieks, Berlin 1889. 8°. A. Ehrhard, Straßburg 1892. 8°, u. a. — Aus der Fülle von Schriften und Abhandlungen, in welchen das Interesse an der neuentdeckten Didache seinen Ausdruck fand, mag es genügen, die folgenden hervorzuheben: Fr. X. Funk, Die Doctrina apostolorum: Theol. Quartalschrift Bd. LXVI (1884). S. 381—402; Ders., Zur Apostellehre und apostolischen Kirchenordnung: ebb. Bd. LXIX (1887). S. 276—306. 355—374. Th. Zahn, Forschungen zur Geschichte des neutestamentlichen Canons und der alt= kirchlichen Literatur. 3. Thl. Erlangen 1884. S. 278—319: Die „Lehre der zwölf Apostel"; Ders., Justinus und die Lehre der zwölf Apostel: Zeitschrift für Kirchen= geschichte Bd. VIII (1885—1886). S. 66—84. A. Krawutzcky, Ueber die sogen. Zwölfapostellehre, ihre hauptsächlichsten Quellen und ihre erste Aufnahme: Theol. Quartalschrift Bd. LXVI (1884). S. 547—606. C. F. Arnold, Die neu entdeckte „Lehre der zwölf Apostel": Zeitschrift für Kirchenrecht Bd. XX (1885). S. 407—438; Ders., Die Didache und die apostolischen Väter: ebb. S. 439—454. K. München, „Die Lehre der zwölf Apostel", eine Schrift des ersten Jahrhunderts: Zeitschrift für kathol. Theologie Bd. X (1886). S. 629—676. C. Taylor, The Teaching of the Twelve Apostles, with illustrations from the Talmud. Two lectures. Cambridge 1886. 8°; An essay on the Theology of the Didache. Cambridge 1889. 8°. G. Wohlenberg, Die Lehre der zwölf Apostel in ihrem Verhältniß zum neutestamentlichen Schriftthum. Eine Untersuchung. Erlangen 1888. 8°. O. Knoop, Der dogmatische Inhalt der Διδαχὴ τῶν δώδεκα ἀποστόλων. (Progr.) Posen 1888. 4°. J. Heron, The Church of the Sub-Apostolic Age: its life, worship and organi- zation, in the light of „The Teaching of the Twelve Apostles". London 1888. 8°. Die übrige Literatur bis zum Jahre 1889 hat Ph. Schaff in seiner Ausgabe (3. Aufl. New York 1889) p. 140—158. 297—320 genau verzeichnet. Aus den folgenden Jahren sind hauptsächlich zu nennen: J. M. Minasi, La dottrina del Signore pei dodici apostoli bandita alle genti dalla dottrina dei dodici apostoli. Versione, note e commentario. Roma 1891. 8°. E. Jacquier, La doctrine des douze apôtres et ses enseignements. (Thèse.) Paris 1891. 8°. P. Savi, La dottrina dei dodici apostoli. Roma 1892. 4°.

2. Die Apostolische Kirchenordnung und das siebente Buch der Apostolischen Constitutionen. — Die Didache erweist sich als die gemeinsame Grundlage zweier andern pseudo=apostolischen Schriften: der sogen. Apostolischen Kirchen= ordnung und des siebenten Buches der sogen. Apostolischen Constitutionen. Die erstere Schrift, welche 1843 von J. W. Bickell herausgegeben wurde, setzt sich, abgesehen von dem Eingange (c. 1—3) und dem Schlusse (c. 30), aus zwei Theilen zusammen, von welchen der erste (c. 4—14) Sittenregeln, der zweite (c. 15—29) Rechtsbestimmungen enthält. Die einen wie die andern werden einzelnen Aposteln in den Mund gelegt (Ἰωάννης εἶπεν, Ματθαῖος εἶπεν u. s. f.). Der ganze erste Theil nun stellt sich als eine leichte Ueber= arbeitung des Anfanges der Didache (c. 1, 1 bis 4, 8) dar. Aus dem zweiten Theile (insbesondere aus dem Umstande, daß von den sogen. niedern Weihen

nur das Lectorat erwähnt wird) läßt ſich ſchließen, daß die Schrift in der erſten Hälfte des 3. Jahrhunderts, vermuthlich in Aegypten, entſtanden iſt. Den jetzt gebräuchlichen Namen erhielt dieſelbe von ihrem Herausgeber. In der einzigen Handſchrift (wahrſcheinlich aus dem 12. Jahrhundert), welche den vollſtändigen griechiſchen Text überliefert hat, lautet die Aufſchrift: αἱ διαταγαὶ αἱ διὰ Κλήμεντος καὶ κανόνες ἐκκλησιαστικοὶ τῶν ἁγίων ἀποστόλων; die Eingangsworte αἱ διαταγαὶ αἱ διὰ Κλήμεντος καὶ ſind jedoch ohne Zweifel erſt von ſpäterer Hand hinzugefügt (vgl. zu denſelben Abſ. 4 u. 5). Mit größter Wahrſcheinlichkeit ſind dieſe kirchlichen Canones in jenem liber ecclesiasticus wiederzuerkennen, von welchem Rufinus Comment. in symb. apost. c. 38 (*Migne*, P. lat. XXI, 374) ſagt: appellatur Duae viae vel Iudicium Petri (al. secundum Petrum; cf. *Hier.* De vir. ill. c. 1: liber Iudicii, sc. Petri, inter apocryphas scripturas repudiatur); die Bezeichnung Duae viae erklärt ſich aus der Unterſcheidung bezw. Beſchreibung der beiden Wege (des Weges des Lebens und des Weges des Todes), und „Ausſpruch Petri" wird das Ganze genannt worden ſein, weil Petrus häufiger als die andern Apoſtel redend eingeführt wird und insbeſondere auch das Schlußwort erhält. In den ägyptiſchen Kirchen hat die Schrift das Anſehen eines Rechtsbuches erlangt und behalten. — Das ſiebente Buch der Apoſtoliſchen Conſtitutionen (Abſ. 4) iſt in ſeiner erſten Hälfte (c. 1—32) auch nichts anderes als eine erweiternde Bearbeitung der Didache; die zweite Hälfte (c. 33—49) bringt hauptſächlich Gebetsformulare zu privatem und öffentlichem Gebrauche, außerdem Anweiſungen in betreff der Taufe und ein Verzeichniß der von den Apoſteln geweihten Biſchöfe (c. 46). Die Zuſammenſtellung erfolgte zu Anfang des 5. Jahrhunderts, wahrſcheinlich in Syrien oder Paläſtina (vgl. Abſ. 4). — Eine dritte Bearbeitung der Didache iſt in der hinſichtlich ihrer Echtheit allerdings ſehr zweifelhaften Schrift des hl. Athanaſius Syntagma doctrinae ad monachos ermittelt worden (ſ. § 45, 6).

Die Apoſtoliſche Kirchenordnung bei J. W. Bickell, Geſchichte des Kirchenrechts. Lfrg. 1. Gießen 1843. S. 107—132. *A. P. de Lagarde*, Reliquiae iuris ecclesiastici antiquissimae graece. Lips. 1856. p. 74—79. I. B. Card. *Pitra*, Iuris ecclesiastici Graecorum historia et monumenta t. I. Rom. 1864. p. 77—86. Dieſelbe Schrift unter dem Titel Duae viae vel Iudicium Petri bei *A. Hilgenfeld*, Novum Testamentum extra canonem rec. Fasc. IV. Lipsiae 1866. p. 93—106; ed. 2. 1884. p. 110—121. Auch mehrere Herausgeber der Didache (Abſ. 1) haben die Apoſtoliſche Kirchenordnung als Paralleltext aufgenommen: Bryennios, Harnack (Leipzig 1884 und 1893), Schaff, Funk (Sonderausgabe). Ein äthiopiſcher Text der Kirchenordnung nebſt lateiniſcher Ueberſetzung bei *I. Ludolfus*, Ad suam Historiam Aethiopicam antehac editam Commentarius. Francofurti a. M. 1691. 2°. p. 314—323. Ein nordägyptiſcher (memphitiſcher) Text nebſt engliſcher Ueberſetzung bei *H. Tattam*, The Apostolical Constitutions, or Canons of the Apostles in Coptic. London 1848. p. 1—30. Eine Rücküberſetzung dieſes Textes ins Griechiſche von P. de Lagarde (P. Bötticher) bei *Chr. C. I. Bunsen*, Analecta Ante-Nicaena. Londini 1854. 8°. Vol. II. p. 451—460. Der äthiopiſche und der nordägyptiſche Text ſind indeſſen beide aus einem ſüdägyptiſchen (thebaniſchen) Texte gefloſſen. Letzterer bei *P. de Lagarde*, Aegyptiaca. Gottingae 1883. p. 239—248 (ohne Ueberſetzung), ſowie bei *U. Bouriant*, Les canons apostoliques de Clément de Rome: Recueil de travaux relatifs à la philol. et à l'archéol. égypt. et assyr. vol. V. Paris 1883—1884. p. 202—206 (ohne Uebersetzung). Ein syrischer Text der cc. 3—14 der Kirchenordnung ist nur durch de Lagarde's Mittheilung der lectiones variantes, Reliquiae iuris eccl. antiquissimae graece. Lips. 1856. p. xxi, bekannt geworden. A. Kra= wutzky, Ueber das altkirchliche Unterrichtsbuch „Die zwei Wege oder die Entscheidung des Petrus": Theol. Quartalschr. Bd. LXIV (1882). S. 359—445. A. Harnack, Die Quellen der sogen. Apostolischen Kirchenordnung, nebst einer Untersuchung über den Ursprung des Lectorats und der andern niedern Weihen. Leipzig 1886 (Texte und Untersuchungen zur Geschichte der altchristl. Literatur, herausgeg. von O. v. Geb= hardt und A. Harnack. Bd. II. Heft 5). Funk, Zur Apostellehre und Apostol. Kirchenordnung: Theol. Quartalschr. Bd. LXIX (1887). S. 276—306. 355—374. — Die erste Hälfte des siebenten Buches der Apostolischen Constitutionen (c. 1—32) findet sich in den vorhin genannten Ausgaben der Didache von Bryennios, Harnack (Leipzig 1884 und 1893), Schaff, Funk (Sonderausgabe). Ueber die Ausgaben der Apostolischen Constitutionen s. Abs. 4. Fr. X. Funk, Die Apostolischen Kon= stitutionen. Rottenburg 1891. S. 113—132: Das siebente Buch der Apostolischen Konstitutionen.

3. Die Didaskalia oder Lehre der Apostel und Jünger des Herrn. — Im Jahre 1854 veröffentlichte de Lagarde ein im Vergleich zu den bisher genannten Schriften sehr umfassendes syrisches Werk unter dem Titel „Katho= lische διδασκαλία, d. h. Lehre der zwölf Apostel und heiligen Jünger unseres Erlösers". Daß der syrische Text aus einer (verloren gegangenen) griechischen Vorlage geflossen, konnte keinem Zweifel unterliegen, und zugleich ergab sich auf den ersten Blick, daß diese Vorlage eine kürzere Recension der sechs ersten Bücher der schon 1563 griechisch herausgegebenen Apostolischen Constitutionen (Abs. 4) darstellte. Fraglich konnte nur erscheinen, ob die kürzere Recension auf Zusammenfassung der längern oder aber die längere Recension auf Er= weiterung der kürzern beruhe. Der Herausgeber glaubte mit Sicherheit in dem längern Texte den spätern, in dem kürzern den ursprünglichern erkennen zu dürfen, und wenn im Verlaufe der Verhandlungen auch für das Gegen= theil einzelne Stimmen laut geworden sind, so hat nunmehr de Lagarde's An= nahme allgemeine Anerkennung errungen. Der syrische Text ist in 26 Kapitel abgetheilt. Den Eingang bilden Mahnungen gegen Habsucht, Rachgier, Ueppigkeit u. s. f. Das Lesen der Heiligen Schrift wird angelegentlich em= pfohlen und das Lesen aller heidnischen Bücher untersagt. Die folgenden Kapitel, welche dem zweiten Buche des erweiterten griechischen Textes ent= sprechen, handeln eingehend von den Eigenschaften und Pflichten der Bischöfe und der Diakonen. Den Presbytern wird verhältnißmäßig sehr wenig Auf= merksamkeit geschenkt. Sodann wendet sich der Verfasser zu den kirchlichen Wittwen und regelt ihre Obliegenheiten und Befugnisse nach allen Seiten. Weitere Abschnitte haben die kirchliche Armenpflege und insbesondere die Für= sorge für die Waisen zum Gegenstande. Das Martyrium wird gefeiert, zugleich aber auch Klugheit und Vorsicht den Verfolgern gegenüber zur Pflicht gemacht. Die Schlußkapitel sprechen von den Häresien und Schismen und beleuchten das Verhältniß des Christenthums zum Judenthume und Heiden= thume. Gegen Ende (VI, 18 im Griechischen) sagen die Apostel und Jünger des Herrn: „Wir haben bezeugt und haben hinterlassen diese katholische Lehre, wie es billig und recht ist, der katholischen Kirche zum Gedächtniß und zur Stärkung der Gläubigen." Der unbekannte Verfasser muß in der ersten Hälfte

des 3. Jahrhunderts in Syrien gelebt haben. Er ſtellt die Verfaſſung und Disciplin der Kirche in der Geſtalt dar, welche derſelben laut andern Quellen zu Beginn des 3. Jahrhunderts eignete. Die wiederholte und nachdrückliche Mahnung an den Biſchof, den reuigen Sünder wieder aufzunehmen (ſ. namentlich II, 11—18 im Griechiſchen; II, 24 wird zur Begründung dieſer Mahnung die Perikope von der Ehebrecherin Joh. 7, 53—8, 11 angezogen), könnte durch den Hinblick auf das novatianiſche Schisma (251) veranlaßt ſein; ſie kann ſich aber auch gegen die Montaniſten oder andere Rigoriſten kehren.

Didascalia Apostolorum syriace (ed. *P. de Lagarde*). Lipsiae 1854. 8⁰. Eine Rücküberſetzung des ſyriſchen Textes ins Griechiſche von P. de Lagarde (P. Bötticher) bei *Bunsen*, Analecta Ante-Nicaena. Lond. 1854. vol. II. p. 45—224. Der Text der Didaskalia iſt hier mit dem Texte der (ſechs erſten Bücher der) Apoſtoliſchen Conſtitutionen verbunden, und ſind die Zuſätze der letztern durch kleinern Druck kenntlich gemacht. Außerdem läßt de Lagarde p. 225—338 unter der Aufſchrift Didascalia purior einen Text folgen, von welchem er ſelbſt p. 43 ſagt: Didascaliae formam probiorem ad calcem libri ita exhibui, ut iis quae ab interpolatore profecta sunt omissis omnibus ea tantum darem quae communia Graeco et Syro sunt, lacunas orationis si quae exstant e Syro supplens. S. auch die Fragmentenſammlung bei *Hilgenfeld*, Nov. Test. extra canonem rec. Fasc. IV. ed. 2. 1884. p. 75—86: Didascaliae Apostolorum antiquioris fragmenta. Eine eingehende Unterſuchung der Didaskalia bei Fr. X. Funk, Die Apoſtoliſchen Konſtitutionen. Rottenburg 1891. S. 28—75: Die Apoſtoliſche Didaskalia.

4. Die Apoſtoliſchen Conſtitutionen. — Unter der Aufſchrift „Apoſtoliſche Conſtitutionen" (διαταγαί oder διατάξεις τῶν ἀποστόλων) iſt uns ein großes Sammelwerk überliefert, deſſen einzelne Theile, ihren Quellen oder Vorlagen entſprechend, ein ſehr verſchiedenartiges Gepräge zeigen. Der erſte Theil, welcher die ſechs erſten Bücher umfaßt, beruht, wie ſchon geſagt (Abſ. 3), auf Interpolation der Didaskalia. Die Schrift erſcheint nunmehr in dem Gewande eines Sendſchreibens der Apoſtel und der Presbyter an alle Gläubigen aus den (Heiden-) Völkern (οἱ ἀπόστολοι καὶ οἱ πρεσβύτεροι πᾶσι τοῖς ἐξ ἐθνῶν πιστεύσασιν . . .). An der vorhin erwähnten Stelle (VI, 18), an welcher der kürzere ſyriſche Text die „katholiſche Lehre" als eine der katholiſchen Kirche beſtimmte Hinterlaſſenſchaft bezeichnet, findet ſich jetzt der Zuſatz: „Wir haben dieſe katholiſche Lehre euch Biſchöfen und den übrigen Prieſtern überſandt durch unſern Mitarbeiter Clemens, unſern treuen und gleichgeſinnten Sohn im Herrn, mitſamt Barnabas und unſerem geliebten Sohne Timotheus und unſerem Marcus..." Im übrigen hat ſich der Interpolator im allgemeinen darauf beſchränkt, den Text der Didaskalia durch volltönende Worte, durch Citate aus der Heiligen Schrift und namentlich durch Beiſpiele aus dem Alten Teſtament auszuſchmücken, hin und wieder allerdings auch neue Mahnungen und Anordnungen einfließen laſſend. Der zweite Theil des ganzen Werkes, das ſiebente Buch, iſt, wie gleichfalls ſchon bemerkt wurde (Abſ. 2), in ſeiner erſten Hälfte Paraphraſe und Erweiterung der Didache, während die andere Hälfte vorwiegend aus Gebetsformularen beſteht. Das achte Buch, der letzte und werthvollſte Theil der Sammlung, bringt eine vollſtändige Meßliturgie (c. 6—15), Formulare für die Weihe von Biſchöfen, Presbytern, Diakonen, Subdiakonen, Lectoren, Exorciſten, den Ritus der Tagzeiten, welche öffentlich

und feierlich gehalten werden, u. a. Das Schlußkapitel (c. 47) enthält die
ſogen. Apoſtoliſchen Canones (ſ. Abſ. 5). In ſeiner Anlage und Haltung
unterſcheidet ſich das achte Buch von den frühern Büchern inſofern, als
die „mit den übrigen Presbytern und den ſieben Diakonen" (c. 4) ver=
ſammelten Apoſtel einzeln das Wort ergreifen (vgl. die Apoſtoliſche·Kirchen=
ordnung, Abſ. 2) und Conſtitutionen erlaſſen (ἐγώ φημι Πέτρος c. 4, φημὶ
δὴ κἀγὼ Ἰάκωβος c. 12; ſtatt φημί heißt es in der Folge διατάσσομαι c. 16.
17. 19 u. ſ. f.). Der Titel διαταγαί oder διατάξεις wird erſt von dieſem
Buche auf das Ganze übertragen worden ſein. — Ohne Zweifel iſt der letzte
Theil des Werkes ebenſo wie die beiden erſten Theile aus Zuſammenſtellung
und Ueberarbeitung älterer Quellenſchriften hervorgegangen. Unter dieſer
Vorausſetzung aber kann weder die eigenthümliche Form desſelben noch auch
der ſachliche Widerſpruch gegen·einzelne Beſtimmungen der frühern Bücher die
Annahme einheitlichen Urſprunges der ganzen Sammlung ausſchließen. Daß
die beiden erſten Theile, die Interpolation der Dibaskalia und die Bearbei=
tung der Dibache, einer und derſelben Hand angehören, darf, wenn nicht als
ſicher,·ſo doch als höchſt wahrſcheinlich gelten. Im zweiten Theile (VII, 22)
wird ausdrücklich (πρότερον διεταξάμεθα) auf eine Vorſchrift des erſten Theiles
(III, 17) verwieſen, und dieſe Vorſchrift rührt ihrem ganzen Umfange nach
von dem Interpolator her (und ſteht·nicht in der Dibaskalia). Auch for=
melle und ſachliche Parallelen, die ſchriftſtelleriſche Verwandtſchaft und die ein=
heitliche Ueberlieferung ſprechen für die Identität des Redactors des erſten
und des zweiten Theiles. Vereinzelte Andeutungen drängen in ihrer Geſamt=
heit zu dem Schluſſe, daß die ganze Compilation zu Beginn des 5. Jahr=
hunderts wahrſcheinlich in Syrien oder Paläſtina entſtanden iſt. Wenn man
bis vor kurzem die Entſtehung faſt allgemein in die Mitte des 4. Jahr=
hunderts hinaufrückte, ſo ließ man ſich von der Vorausſetzung leiten, daß
Epiphanius († 403) das Werk bereits gekannt und benutzt habe. Funk hat
indeſſen nachgewieſen, daß die in Frage kommenden Aeußerungen des hl. Epi=
phanius ſich ſämtlich auf die Dibaskalia beziehen, nicht auf die Apoſtoliſchen
Conſtitutionen. Dogmatiſche oder „kirchlich=hierarchiſche" Tendenzen hat der
Compilator nicht verfolgt. Sein Intereſſe erſchöpfte ſich, wie es wenigſtens
ſcheint, in der Freude an Neubearbeitung altkirchlicher Documente. — Das
kirchliche Urtheil verwarf die Conſtitutionen, während es die Canones be=
ſtätigte. Das ſogen. Quiniſextum vom Jahre 692 erklärt can. 2 (*Mansi,*
SS.·Conc. Coll. XI, 940): „Die heilige Synode beſchließt, daß die unter
dem Namen der heiligen und ehrwürdigen Apoſtel uns überlieferten 85 Ca=
nones ... auch in Zukunft feſt und unverrückt bleiben ſollen. In dieſen
Canones iſt nun freilich geboten [can. 85; ſ. Abſ. 5], daß wir die von
Clemens concipirten Conſtitutionen (τὰς διὰ Κλήμεντος διατάξεις) derſelben hei=
ligen Apoſtel annehmen. Weil jedoch letztere ſchon längſt von ſeiten der Ketzer
durch unechte und der Frömmigkeit widerſprechende Zuſätze entſtellt worden
ſind ..., ſo haben wir für angemeſſen erachtet, beſagte Conſtitutionen zu
verwerfen." Das Abendland hat nur die (50 erſten) Canones kennen ge=
lernt, dieſe aber abgelehnt. Die ſogen. Gelaſianiſche Decretale De recip.
et non recip. libris (*Migne*, P. lat. LIX, 178; cf. *A. Thiel*, De decretali Gelasii Papae de recip. et non recip. libris. Brunsbergae

1866. 4⁰. p. 25) erklärt: Liber qui appellatur Canones apostolorum apocryphus.

Die erste Ausgabe (des griechischen Textes) der Apostolischen Constitutionen, in Verbindung mit den Apostolischen Canones, veranstaltete Fr. Turrianus. Venedig 1563. 4⁰. Eines besondern Ansehens erfreut sich auch heute noch die Ausgabe beider Schriften von J. B. Cotelerius (Cotelier), Paris 1672 (Patres aevi apostolici t. I). Abdrücke dieser Ausgabe bei *Gallandi*, Bibl. vet. Patrum t. III. (Venet. 1767), *Migne*, P. gr. I (Paris. 1857; die Canones hat jedoch Migne nicht aufgenommen). Neuere Ausgaben beider Schriften besorgten W. Ueltzen, Schwerin und Rostock 1853. 8⁰. P. de Lagarde und Chr. C. J. Bunsen, London 1854 (*Bunsen*, Analecta Ante-Nicaena vol. II: Canones ecclesiastici qui dicuntur Apostolorum, rec. Bunsen; Constitutiones Apostolicae, rec. Boetticher); wiederum de Lagarde, Leipzig und London 1862. 8⁰ (Constitutiones Apostolorum; die Canones bei *de Lagarde*, Reliquiae iuris eccl. antiquissimae graece. Lipsiae 1856. p. 20—35). J. B. Carb. Pitra (Iuris eccl. Graecorum hist. et monum. T. I. Romae 1864). Eine neue Ausgabe hat Funk in Aussicht gestellt. Ueber eine neue Handschrift der Apostolischen Constitutionen berichtet A. Ehrhard in dem Centralblatt für Bibliothekswesen Bd. VIII (1891). S. 26—30. Ueber die neuesten Ausgaben des ersten Theiles des siebenten Buches der Constitutionen s. Abf. 2. In den Handschriften treten sehr häufig einzelne Theile der Constitutionen als selbständige Schriften auf. Die διδασκαλία τῶν ἁγίων ἀποστόλων περὶ χαρισμάτων bei *de Lagarde*, Reliquiae p. 1—4, ist = Constit. Apost. VIII, 1. 2; die διατάξεις τῶν αὐτῶν ἁγίων ἀποστόλων περὶ χειροτονιῶν διὰ Ἱππολύτου ibid. p. 5—18 sind = Constit. Apost. VIII, 4. 5. 16—28. 30—34. 42—46. Die διατάξεις τῶν ἁγίων ἀποστόλων περὶ μυστικῆς λατρείας bei *Pitra*, Iuris. eccl. Graec. hist. et monum. T. I. p.49—72 werden sich ebenso als ein Excerpt aus den Constitutionen erweisen wie die ἐκ τῶν διατάξεων κεφάλαια ibid. p. 96—100. — Die sechs ersten Bücher der Apostolischen Constitutionen sind in arabischer und in äthiopischer Uebersetzung erhalten; hier wie dort führen dieselben den Titel διδασκαλία. Handschriften des arabischen Textes verzeichnet *de Lagarde*, Reliquiae p. IV. n. 3. Der äthiopische Text, freilich c. 22 = IV, 13 abbrechend, nebst englischer Uebersetzung bei *Th. Pell Platt*, The Ethiopic Didascalia; or the Ethiopic version of the Apostolical Constitutions, received in the Church of Abyssinia. London 1834. 4⁰. Eine kürzere Recension des achten Buches der Constitutionen in südägyptischer (thebanischer) Uebersetzung bei *P. de Lagarde*, Aegyptiaca. Gottingae 1883. p. 266—291. Die sogen. Apostolischen Constitutionen und Canonen, aus dem Urtext übersetzt von F. Boxler. Kempten 1874 (Bibliothek der Kirchenväter). — J. S. v. Drey, Neue Untersuchungen über die Constitutionen und Canones der Apostel. Ein historisch-kritischer Beitrag zur Literatur der Kirchengeschichte und des Kirchenrechts. Tüb. 1832. 8⁰. *Chr. C. I. Bunsen*, Analecta Ante-Nicaena. Lond. 1854. Vol. III. p. 343—417: De indole et origine Canonum et Constitutionum Apostolorum dissertatio. Fr. X. Funk, Die Apostolischen Konstitutionen. Eine litterar-historische Untersuchung. Rottenburg a. N. 1891. 8⁰; Derselbe, Das achte Buch der Apostolischen Konstitutionen und die verwandten Schriften, auf ihr Verhältnis neu untersucht. Tübingen 1893. 8⁰. — Ueber die Meßliturgie Constit. Apost. VIII, 6—15 handeln F. Probst, Liturgie der drei ersten christlichen Jahrhunderte. Tüb. 1870. 8⁰. S. 258—295: Die Liturgie im achten Buche der Apostolischen Constitutionen. J. Brückner, Ueber die Zusammensetzung der Liturgie im achten Buche der Apostolischen Konstitutionen: Theol. Studien und Kritiken. Bd. LVI (1883). S. 7—32. P. Kleinert, Bemerkungen zur Komposition der Clemensliturgie: ebd. S. 33—59.

Sonſtige Literatur, über die Apoſtoliſchen Conſtitutionen verzeichnet *Richardson*, Bibliographical Synopsis (vgl. § 3, 1) p. 87—88.

5. Die Apoſtoliſchen Canones. — Das Quiniſextum kennt 85 Canones, welche auf die Apoſtel zurückgehen und von ihrem Schüler Clemens von Rom concipirt ſein ſollen (vgl. Abf. 4). Im Abendlande waren 50 ſolcher Ca= nones in Umlauf, regulae ecclesiasticae sanctorum Apostolorum prolatae per Clementem ecclesiae Romanae pontificem, von dem römiſchen Mönche Dionyſius Exiguus um 500 aus dem Griechiſchen ins Lateiniſche überſetzt. Die eine wie die andere Serie von Satzungen betrifft faſt ausſchließlich den Clerus, ſeine Wahl und Ordination, ſein ſittliches Verhalten, ſeine Amts= obliegenheiten u. ſ. f. Die Faſſung entſpricht durchaus der gewöhnlichen Form der Canones der alten Concilien. Manche Sätze ſind den Apoſtoliſchen Con= ſtitutionen entnommen; größer noch ſcheint die Zahl derjenigen zu ſein, welche den Concilien des 4. Jahrhunderts angehören. Der Sammler oder Verfaſſer der Canones iſt kein anderer als der Compilator der Conſtitutionen. Der Schlußcanon der größern Serie (can. 85) zählt die „ehrwürdigen und heiligen Bücher" auf, übergeht dabei die Apokalypſe, fügt aber den canoniſchen Schriften noch hinzu „zwei Briefe des Clemens und die Conſtitutionen (αἱ διαταγαί), welche euch Biſchöfen durch mich Clemens in acht Büchern vorgelegt worden ſind (προς= πεφωνημέναι), welche aber wegen des Myſtiſchen (τὰ μυστικά), welches ſie ent= halten, nicht allgemein verbreitet werden dürfen." Die kleinere Serie iſt nicht, wie früher geſchah, als eine beſondere Sammlung höhern Alters zu betrachten. Dionyſius Exiguus hat, wie Funk nachwies, die 50 Canones aus den Apoſto= liſchen Conſtitutionen geſchöpft.

Die Ausgaben der Apoſtoliſchen Canones ſind zum großen Theile ſchon Abf. 4 genannt worden. Hier ſei nachgetragen, daß dieſe Canones auch die Concilien= ſammlungen zu eröffnen pflegen; ſo bei *Harduin*, Conc. Coll. T. I. col. 9—32. *Mansi*, SS. Conc. Coll. T. I. col. 29—48. *H. Th. Bruns*, Bibliotheca eccl. Vol. I. Berol. 1839. pars 1. p. 1—13. Auch hat C. J. v. Hefele dem erſten Bande ſeiner Concilien= geſchichte (2. Aufl. Freiburg i. B. 1873. S. 793—827) die Apoſtoliſchen Canones als Anhang beigegeben. — Des Dionyſius Exiguus lateiniſche Ueberſetzung der fünfzig erſten Canones findet ſich in den meiſten Ausgaben des griechiſchen Textes, insbeſondere auch bei Harduin l. c. I, 31—38, Mansi l. c. I, 49—57, Hefele (a. a. O.). Ein ſyriſcher Text (83 Canones) nebſt lateiniſcher Ueber= ſetzung bei *A. Mai*, Scriptorum veterum nova collectio. T. X. Romae 1838. pars 1. p. 175—184; p. 8—17. Ein anderer ſyriſcher Text (82 Canones) bei *de La- garde*, Reliquiae iuris eccl. antiquiss. syriace. Lips. 1856. p. 44—60. Ein äthiopiſcher Text (57 Canones) nebſt lateiniſcher Ueberſetzung bei *W. Fell*, Canones Apostolorum aethiopice. (Diss. inaug.) Lips. 1871. 8⁰. Eine engliſche Ueber= ſetzung dieſes Textes veröffentlichte *G. H. Schodde*, The Apostolic Canons, trans- lated from the Ethiopic: Journal of Bibl. Literature and Exegesis 1885, June and Dec., p. 61—72. Ein nordägyptiſcher (memphitiſcher) Text (85 Ca= nones) nebſt engliſcher Ueberſetzung bei *H. Tattam*, The Apostolical Constitutions, or Canons of the Apostles in Coptic. London 1848. p. 173—214. Ein ſüd= ägyptiſcher (thebaniſcher) Text (71 Canones) in Verbindung mit dem nordägyptiſchen bei *de Lagarde*, Aegyptiaca. Gottingae 1883. p. 209—238; ohne den nord= ägyptiſchen bei *U. Bouriant*, Les canons apostoliques de Clément de Rome: Recueil de travaux relatifs à la philol. et à l'archéol. égypt. et assyr. Vol. VI.

Paris 1885. p. 109—115. Eine neue deutſche Ueberſetzung der Canones von Boxler,
Kempten 1874; ſ. Abſ. 4. — Ueber die Canones handeln v. Drey, Bunſen, Funk;
ſ. Abſ. 4. Aeltere Literatur bei *Richardson*, Bibliograph. Syn. p. 88—89.

6. Neuteſtamentliche Apokryphen. — Pſeudo=apoſtoliſche Schriften ſind auch die
meiſten der ſogen. Apokryphen des Neuen Teſtamentes. In betreff dieſer vgl. § 1, 5.

## § 6. Die Apoſtoliſchen Väter.

Apoſtoliſche Väter pflegen ſeit dem 17. Jahrhundert einige Kirchenſchrift=
ſteller genannt zu werden, welche noch zu Zeiten der Apoſtel oder in der
nächſten Folgezeit gelebt haben. J. B. Cotelier († 12. Auguſt 1686) war
es, welcher fünf ſolcher Kirchenſchriftſteller, den Verfaſſer des ſogen. Barnabas=
briefes, den hl. Clemens von Rom, Hermas, den hl. Ignatius von Antiochien
und den hl. Polykarpus, als patres aevi apostolici zu einer Gruppe zu=
ſammenfaßte, indem er eine für ſeine Zeit muſtergiltige Geſamtausgabe ihrer
Schriften veranſtaltete (Paris 1672). Später iſt es gebräuchlich geworden,
auch Papias von Hierapolis und den Verfaſſer des Briefes an Diognet unter
die Zahl der Apoſtoliſchen Väter aufzunehmen, letztern zunächſt deshalb, weil
er ſich ſelbſt (freilich nur in einem höchſt wahrſcheinlich unechten Anhängſel
des Briefes) als „Apoſtelſchüler" (ἀποστόλων μαθητής) bezeichnet. Begrün=
deteren Anſpruch auf den Namen eines Apoſtoliſchen Vaters würde der Ver=
faſſer der allerdings erſt 1883 bekannt gewordenen Didache (§ 5, 1) erheben
dürfen. — Die Schriften der Apoſtoliſchen Väter ſind zerſtreute Reſte der
älteſten kirchlichen Literatur. Die meiſten derſelben bekunden eine praktiſch=
paränetiſche Tendenz und Haltung und treten in der Form des Briefes auf.
Das Werk des Hermas iſt eine Mahnung zur Buße in viſionärer Einkleidung.
Von dem Werke des Papias haben ſich nur dürftige Trümmer erhalten, nicht ge=
eignet, einen Einblick in die Anlage des urſprünglichen Baues zu gewähren.

Unter den Geſamtausgaben der Schriften der Apoſtoliſchen Väter ſind folgende
die wichtigſten. Patres aevi apostolici sive SS. Patrum qui temporibus apo-
stolicis floruerunt, Barnabae, Clementis Rom., Hermae, Ignatii, Polycarpi,
opera edita et inedita, vera et supposititia, una cum Clementis, Ignatii et
Polycarpi actis atque martyriis. Ex mss. codicibus eruit, correxit versioni-
busque et notis illustravit *J. B. Cotelerius*. Parisiis 1672. 2 voll. 2⁰; von
neuem herausgegeben durch J. Clericus, Antwerpen 1698 (cf. *Th. Ittig*, De
Bibliothecis et Catenis Patrum. Lips. 1707. p. 629—635) und Amſterdam
1724; unter Beifügung der Ueberbleibſel des Werkes des Papias und des Briefes
an Diognet abgedruckt bei *Gallandi*, Bibl. vet. Patrum. T. I. II. III (Venet.
1765—1767), mit weitern Zugaben bei *Migne*, P. gr. I. II. V (Paris. 1857). —
S. Clementis Rom., S. Ignatii, S. Polycarpi, Patrum apostolicorum, quae
supersunt. Accedunt S. Ignatii et S. Polycarpi martyria. Ad fidem codicum recensuit, adnotationibus variorum et suis illustravit, indicibus instruxit *G. Jacobson*. Oxonii 1838. 2 voll. 8⁰; ed. 4. 1863. — Opera Patrum
apostolicorum, ed. *C. I. Hefele*. Tubingae 1839. 8⁰; ed. 4. 1855. Opp.
Patr. apostol. Textum recensuit, adnotationibus criticis, exegeticis, historicis
illustravit, versionem latinam, prolegomena, indices addidit *Fr. X. Funk*.
Ed. post Hefelianam quartam quinta. Vol. I. Epistulae Barnabae, Clementis R., Ignatii, Polycarpi, Anonymi ad Diognetum; Ignatii et Polycarpi martyria; Pastor Hermae. Tub. 1878; ed. nova Doctrina duodecim

apostolorum adaucta. 1887. Vol. II. Clementis R. epistulae de virginitate eiusdemque martyrium; epistulae Pseudoignatii; Ignatii martyria
tria . . .; Papiae et Seniorum apud Irenaeum fragmenta; Polycarpi vita.
1881. — Patrum apostolicorum opera, ed. *A. R. M. Dressel.* Lipsiae 1857.
8⁰; ed. 2. 1863. Patr. apostol. opp. Textum recensuerunt, commentario
exeg. et histor. illustraverunt, apparatu critico, versione lat., prolegg., indicibus instruxerunt *O. de Gebhardt, Ad. Harnack, Th. Zahn.* Ed. post
Dresselianam alteram tertia. Fasc. I. Barnabae epist. graece et lat., Clementis R. epp. recens. atque illustr., Papiae quae supersunt, Presbyterorum
reliquias ab Irenaeo. servatas, vetus ecclesiae Rom. symbolum, ep. ad
Diognetum adiecerunt *O. de Gebhardt* et *Ad. Harnack.* Lipsiae 1875.
Fasc. I. partis 1. Ed. 2. Clementis R. epp., textum ad fidem codicum et
Alexandrini et Constantinopolitani nuper inventi rec. et ill. *O. de Gebhardt*
et *Ad. Harnack.* 1876. Fasc. L partis 2. Ed. 2. Barnabae epist., Papiae
quae supersunt etc. adiec. *O. de G.* et *Ad. H.* 1878. Fasc. II. Ignatii
et Polycarpi epistulae, martyria, fragmenta, rec. et ill. *Th. Zahn.* 1876.
Fasc. III. Hermae Pastor graece, addita versione lat. recentiore e cod.
Palatino, rec. et ill. *O. de Gebhardt* et *Ad. Harnack.* 1877. (Patr. apostol.
opp., rec. *O. de G., Ad. H., Th. Z.* Editio minor. Lips. 1877. Ed. min.
repetita. 1894.) — Novum Testamentum extra canonem receptum (I. Cle-
mens R., II. Barnabas, III. Hermas, IV. Evangeliorum sec. Hebraeos, sec.
Petrum, sec. Aegyptios, Matthiae traditionum, Petri et Pauli praedicationis
et actuum, Petri apocalypseos etc. quae supersunt), ed. *Ad. Hilgenfeld.*
Lipsiae 1866. 8⁰; ed. 2. 1876—1884. — S. Clement of Rome. The two
Epistles to the Corinthians. A revised text with introduction and notes.
By *J. B. Lightfoot.* London and Cambridge 1869. 8⁰. S. Clement of Rome.
An Appendix, containing the newly recovered portions. With introductions,
notes and translations. By *J. B. Lightfoot.* London 1877. 8⁰. The Apostolic
Fathers. Part II. S. Ignatius. S. Polycarp. Revised texts with introductions,
notes, dissertations and translations. By *J. B. Lightfoot.* London 1885.
2 vols. 8⁰. Ed. 2. 1889. The Apostolic Fathers. Part L. S. Clement of
Rome. A revised text with introductions, notes, dissertations and trans-
lations. By the late *J. B. Lightfoot.* London 1890. 2 vols. 8⁰. *Bp. Lightfoot,*
The Apostolic Fathers: comprising the Epistles (genuine and spurious) of
Clement of Rome, the Epistles of S. Ignatius, the Epistle of S. Polycarp,
the Teaching of the Apostles etc. Revised texts with short introductions and
English translations. Edited and completed by *J. R. Harmer.* London 1891. 8⁰.

Deutſche Ueberſetzungen der Schriften der apoſtoliſchen Väter beſorgten u. a.:
Fr. X. Karſer, Breslau 1847 (Die Schriften der apoſtoliſchen Väter u. ſ. f.);
H. Scholz, Gütersloh 1865 (Die Schriften der apoſtoliſchen Väter u. ſ. f.);
J. Chr. Mayer, Kempten 1869 (Die Schriften der apoſtoliſchen Väter u. ſ. f.),
mit einem Nachtrage, die neu aufgefundenen Stücke der ſogen. zwei Korintherbriefe
des hl. Clemens enthaltend, Kempten 1880 (Bibl. der Kirchenväter). Engliſche
Ueberſetzungen veröffentlichten: J. Donaldſon, Edinburgh 1866 (The Ante-
Nicene Christian Library. Edit. by *A. Roberts* and *J. Donaldson.* Vol. I);
Ch. H. Hoole, London 1872 (The Apostolic Fathers etc.); Dr. Burton,
London 1888—1889 (The Apostolic Fathers etc. 2 parts).

Ueber die Apoſtoliſchen Väter handeln u. a. Ad. Hilgenfeld, Die apoſto=
liſchen Väter, Unterſuchungen über Inhalt und Urſprung der unter ihrem Namen
erhaltenen Schriften. Halle 1853. 8⁰. *Ch. E. Freppel,* Les Pères apostoliques
et leur époque. Paris 1859. 8⁰; 4. éd. 1885. *J. Donaldson,* A critical
history of Christian literature and doctrine from the death of the Apostles

to the Nicene council. Vol. I. The Apostolical Fathers. A critical account
of their genuine writings and of their doctrines. London 1864; 2. ed. 1874.
C. Skworzow, Patrologiſche Unterſuchungen. Ueber Urſprung der problematiſchen
Schriften der apoſtoliſchen Väter. Leipzig 1875. 8⁰. J. Sprinzl, Die Theologie
der apoſtoliſchen Väter. Eine dogmengeſchichtliche Monographie. Wien 1880· 8⁰.
H. Brehm, Das chriſtliche Geſetzthum der apoſtoliſchen Väter: Zeitſchr. f. kirchl.
Wiſſenſchaft und kirchl. Leben VII (1886), 295—309. 408—416. 453—465.

## § 7. Der ſogenannte Barnabasbrief.

1. Adreſſaten, Inhalt und Zweck, Einheit und Integrität des Briefes. —
Der unter dem Namen des hl. Barnabas gehende Brief nennt ſelbſt weder
den Verfaſſer noch auch die Adreſſaten. Die letztern werden „Söhne und
Töchter" (υἱοὶ καὶ θυγατέρες c. 1, 1) oder „Brüder" (ἀδελφοί c. 2, 10; 3, 6;
6, 10; ἀδελφοί μου c. 4, 14; 5, 5; 6, 15) oder „Kinder" (τέκνα εὐφροσύνης
c. 7, 1; τέκνα ἀγάπης c. 9, 7; τέκνα c. 15, 4; ἀγάπης τέκνα καὶ εἰρήνης c. 21, 9)
angeredet: der Verfaſſer hatte in ihrer Mitte das Evangelium verkündigt
(ſ. c. 1. 4, 9; 9, 9). Ihr Wohnort wird jedoch in keiner Weiſe angedeutet.
— Anlaß zu dem Schreiben gab eine den Leſern drohende Gefahr. Es hatten
ſich judaiſirende Beſtrebungen unter ihnen geltend gemacht, von Anſchauungen
getragen, wie ſie Paulus und Barnabas ſchon zu Antiochien zu bekämpfen
hatten (Apg. 15, 1 ff.). Einem Rückfalle der Leſer in das Judenthum glaubt
der Briefſteller vorbeugen zu müſſen (vgl. c. 3, 6). Abgeſehen von dem Eingange (c. 1) und dem Schluſſe (c. 21), zerfällt der Brief in zwei dem Umfange nach ſehr ungleiche Theile (c. 2—17, c. 18—20). Der erſte Theil
will den Alten Bund ſeinem Werthe und ſeiner Bedeutung nach in das rechte
Licht ſtellen. Der Verfaſſer begnügt ſich aber nicht etwa, mit dem hl. Paulus
zu lehren, der Alte Bund ſei außer Kraft geſetzt, das moſaiſche Geſetz ſei
aufgehoben: er behauptet vielmehr, der Alte Bund habe überhaupt nie Giltigkeit gehabt, das Judenthum mit ſeinen Satzungen und Ceremonien habe keineswegs auf göttlicher Anordnung beruht. Das altteſtamentliche Geſetz ſei von
den Juden mißverſtanden worden; dasſelbe wolle nicht dem Buchſtaben, ſondern
dem Geiſte nach aufgefaßt werden; Gott habe nicht äußere Opfer, ſondern
ein zerknirſchtes Herz verlangt (c. 2), nicht leibliches Faſten, ſondern gute
Werke (c. 3), nicht Beſchneidung des Fleiſches, ſondern Beſchneidung der
Ohren und des Herzens (c. 9), nicht Enthaltung von dem Fleiſche gewiſſer
Thiere, ſondern Enthaltung von den Sünden, welche durch jene Thiere ver-
ſinnbildet werden (c. 10) u. ſ. f. (vgl. Abſ. 2). In Wahrheit ſei der ganze
Alte Bund nur eine geheimnißvolle Ankündigung des Neuen Bundes; allüberall
ſeien Wahrheiten der chriſtlichen Offenbarung oder Thatſachen der evange-
liſchen Geſchichte angedeutet oder vorgebildet; ſelbſt in der Beſchneidung der
318 Knechte Abrahams (Gen. 17, 27; vgl. 14, 14) liege ein myſtiſcher Hinweis auf den Kreuzestod des Herrn: 18 = ιη = Jeſus, 300 = τ = Kreuz
(c. 9). Mit c. 18 geht der Verfaſſer „zu einer andern Erkenntniß und
Lehre" (ἐπὶ ἑτέραν γνῶσιν καὶ διδαχήν) über. Er ſchildert eingehend zwei ent-
gegengeſetzte Lebenswege, den Weg des Lichtes und den Weg der Finſterniß
(ἡ ὁδὸς τοῦ φωτός c. 19, ἡ τοῦ μέλανος ὁδός c. 20). Sehr wahrſcheinlich
hat ihm hier, wie früher ſchon bemerkt worden (§ 5, 1), der erſte Theil der

Didache als Quelle und Vorbild gedient. — An der Einheit und Zusammen=
gehörigkeit des Briefes in der überlieferten Gestalt wird festzuhalten sein.
Die Schlußkapitel 18—21, deren Ursprünglichkeit früher mehrfach namentlich
deshalb in Zweifel gezogen wurde, weil dieselben in der alten lateinischen
Uebersetzung des Briefes fehlen, werden bereits von Clemens von Alexandrien
und Origenes als Bestandtheil des ihnen vorliegenden Barnabasbriefes citirt.
Die in neuester Zeit aufgestellten Ueberarbeitungs= oder Interpolations=Hypo=
thesen dürften sich auch keines dauernden Beifalls zu erfreuen haben. Der
allerdings vorhandene Mangel an Zusammenhang und Fortschritt des Ge=
dankens findet viel einfachere und viel befriedigendere Erklärung in der offen=
sichtlichen Schwäche der schriftstellerischen Begabung des Verfassers.

2. Persönlichkeit des Verfassers. — Die Frage nach der Persönlichkeit
des Verfassers beantwortet das Alterthum einstimmig mit dem Hinweise auf
den hl. Barnabas, den Reisegefährten und Mitarbeiter des Apostels Paulus,
auch selbst, schon in der Heiligen Schrift, Apostel genannt (Apg. 14, 4. 14.
1 Kor. 9, 5—6; vgl. Gal. 2, 9). Bereits der älteste Schriftsteller, bei
welchem sich ausdrückliche Citate aufzeigen lassen, Clemens von Alexandrien,
führt die Worte des Briefes wieder und wieder als Worte des hl. Barna=
bas ein (Strom. II, 6. 7. 15 u. s. f.: *Migne*, P. gr. VIII, 965. 969.
1005). Ein gleiches gilt von Origenes, bei welchem der Brief weiter=
hin καθολικὴ ἐπιστολή genannt wird (C. Celsum I, 63: *Migne* l. c. XI,
777), wahrscheinlich mit Rücksicht darauf, daß derselbe damals schon keine
bestimmte Adresse trug. Clemens und vielleicht auch Origenes hat dem Briefe
überdies canonische Dignität zuerkannt. Eusebius verweist ihn unter die nicht
canonischen Schriften, die νόθα oder die ἀντιλεγόμεναι γραφαί (Hist. eccl.
III, 25; VI, 13: *Migne* l. c. XX, 269. 548); auch nach Hieronymus
gehört er unter die Apokryphen (inter apocryphas scripturas legitur, De
vir. ill. c. 6: *Migne*, P. lat. XXIII, 619; habetur inter scripturas apocryphas, Comm. in Ezech. 43, 19: XXV, 425); dem einen wie dem andern
aber gilt er unbedenklich als Schrift des hl. Barnabas. Gegentheilige Aeußerungen
lassen sich in der patristischen Literatur überhaupt nicht nachweisen. Anders
urtheilt die Neuzeit. Fehlt es auch bis in die letzte Zeit hinein nicht an ver=
einzelten Vertheidigern der Autorschaft des hl. Barnabas, so erklärt doch die
überwiegende Mehrzahl der Forscher den Brief für unecht. Daß die Ueber=
zeugung des Alterthums in solchen Fragen nicht maßgebend sein kann, bedarf
keines Beweises. Der äußere Umstand, daß der Brief keine Aufnahme in den
Canon fand, wird wohl nicht als entscheidender Grund gegen die Echtheit an=
gerufen werden dürfen, wenngleich es befremdlich bleiben würde, daß ein
dogmatisches Lehrschreiben des hl. Barnabas nicht inspirirt gewesen sein sollte.
Ausschlaggebend aber muß der Inhalt des Briefes sein. Die Lehre des Ver=
fassers über den Alten Bund steht mit der Lehre der Apostel, insbesondere
auch derjenigen des hl. Paulus, in Widerspruch; sie kann deshalb nicht dem
hl. Barnabas in den Mund gelegt werden. Die Apostel erkennen in dem
Alten Bunde, seinem Opferdienste, seinem Ceremonialgesetze u. s. f. eine Ver=
anstaltung Gottes. Nach der Lehre unseres Briefes wären die alttestament=
lichen Bestimmungen über Opfer und Fasten in übertragenem Sinne zu verstehen
gewesen, nicht aber mit den Juden wörtlich zu nehmen (c. 2—3); der Ge=

·brauch der Beschneidung beruhte gleichfalls nicht auf göttlicher Einsetzung, sondern auf einer Täuschung der Juden durch einen bösen Engel (c. 9); die Speisegesetze des Alten Testamentes enthalten wiederum nur ethische Vor= schriften in parabolischer Hülle, und die Beobachtung des Wortlautes derselben von seiten der Juden war nicht göttliche Absicht, sondern menschlicher Unver= stand (c. 10). Ja der Verfasser stellt den alttestamentlichen Gottesdienst fast auf eine Linie mit dem heidnischen Götzendienste: „Denn fast wie die Heiden (σχεδὸν γὰρ ὡς τὰ ἔθνη) haben die Juden Gott in ihrem Tempel verehrt" (16, 2). Eine Aussöhnung dieser Anschauungen mit denjenigen der Apostel läßt sich nur mittelst einer Umdeutung erzielen, welche den deut= lichen Worten und der augenscheinlichen Intention des Briefes Gewalt an= thut. Ebensowenig können die Andeutungen des Verfassers über seine Lebens= zeit mit der Annahme der Autorschaft des hl. Barnabas in Einklang ge= bracht werden. Freilich sind die Lebensgeschicke des letztern nach seiner Tren= nung vom hl. Paulus (Apg. 15, 39) sehr ungewiß, und bleibt insbesondere auch das Datum seines Todes zweifelhaft. Daraus, daß Paulus während seiner ersten Gefangenschaft zu Rom in Begleitung des hl. Marcus erscheint (Kol. 4, 10. Philem. 24), wird zumeist gefolgert, daß Barnabas damals, also etwa im Jahre 62, bereits gestorben war. Hatte ja Marcus (Apg. 15, 39) mit Barnabas einen andern Weg eingeschlagen als Paulus. Es darf aber wohl als sicher gelten, daß Barnabas die Zerstörung Jerusalems im Jahre 70, welche für den Verfasser unseres Briefes schon der Vergangenheit angehört (c. 16), nicht mehr erlebt hat, und es steht unzweifelhaft fest, daß Barnabas zur Zeit des Kaisers Nerva (96—98), in welche nach der begründetsten Annahme die Abfassung des Briefes fällt (s. Abs. 3), längst nicht mehr unter den Lebenden gewesen ist.

3. Zeit und Ort der Abfassung. — Die Zeit der Abfassung des Briefes läßt sich nicht mit voller Sicherheit bestimmen. Die vorhin bereits angezogene Stelle (c. 16), an welcher von der Zerstörung (Jerusalems und) des Tempels die Rede ist (καθηρέθη ὑπὸ τῶν ἐχθρῶν sc. ὁ ναός c. 16, 4), gewährt dem ersten Anscheine nach noch weitere Ausbeute, indem zugleich auch von einem Wiederaufbau des Tempels gesprochen wird (νῦν καὶ αὐτοὶ οἱ τῶν ἐχθρῶν ὑπηρέται ἀνοικοδομήσουσιν αὐτόν). Unter der Voraussetzung, der Verfasser habe auch bei diesen Worten den Tempel zu Jerusalem im Auge, scheint es naheliegend, ihn von jenem Tempelbaue reden zu lassen, zu welchem Hadrian in den ersten Jahren seiner Regierung (117—120) den Juden die Erlaubniß ertheilt haben soll. Sehr wahrscheinlich aber ist der zu erbauende Tempel, wie es am Schlusse der Auseinandersetzung emphatisch heißt, „ein geistiger Tempel, erbaut dem Herrn" (πνευματικὸς ναὸς οἰκοδομούμενος τῷ κυρίῳ c. 16, 10). Weit sicherere chronologische Verwerthung gestattet eine andere Stelle (c. 4). Hier werden die Worte Daniels (7, 7. 24) von den zehn Königen auf zehn bereits gestorbene römische Kaiser bezogen. Der elfte König, welcher drei jener zehn Könige demüthigt (Dan. 7, 8. 24), und zwar, wie der Ver= fasser unseres Briefes beifügt, „mit einem Male" (ὑφ᾽ ἕν c. 4, 4. 5), ist der Kaiser, welcher zur Zeit, da der Verfasser schreibt, entweder noch lebt oder doch soeben erst gestorben ist. Wer ist dieser Kaiser? Vespasian (an welchen namentlich Weizsäcker und Cunningham denken) kann nicht wohl in

Frage kommen. Er würde insofern drei seiner Vorgänger mit einem Male beseitigt haben, als die drei Kaiser, auf welche er folgte (Galba, Otho, Vitellius), zusammen nur 18 Monate regierten; aber er nimmt in der Reihe der römischen Kaiser erst die neunte, oder wenn man die Zählung (nicht, wie die Regel es erfordert, mit Augustus, sondern) mit Julius Cäsar beginnen wollte, die zehnte Stelle ein. Der elfte Kaiser ist Domitian (für welchen Wieseler und Riggenbach sich entscheiden). Bei ihm will sich jedoch das andere Kennzeichen, die Beseitigung oder Demüthigung dreier Vorgänger mit einem Male, in keiner Weise aufzeigen lassen. Wohl aber dürfte dieses Erforderniß bei Nerva (96—98) zutreffen (in welchem Hilgenfeld und Funk den gesuchten Kaiser finden). Seine drei Vorgänger gehörten einer Familie an, und in und mit Domitian, dem letzten Repräsentanten des flavischen Kaiserhauses, hat er gewissermaßen alle drei Flavier gestürzt. Wenn er andererseits nicht der elfte, sondern der zwölfte Kaiser ist, so bleibt zu bedenken, daß der Verfasser unseres Briefes leicht den einen oder andern der Eintagskaiser vor Vespasian, welche auch nicht alle in allen Theilen des Reiches anerkannt wurden, in der Zählung übergehen konnte. Die Regierungszeit Nervas oder doch die nächste Folgezeit wird demnach als die Entstehungszeit des Briefes anzusehen sein. — Die Heimat des Verfassers wird gewöhnlich in Alexandrien gesucht, weil hier die allegorisirende und typologische Schriftauslegung, von welcher unser Brief einen so weitgehenden Gebrauch macht, mit besonderer Vorliebe gepflegt ward. Als nächster Leserkreis könnte eine aus Judenchristen und Heidenchristen gemischte Gemeinde in der Nähe Alexandriens gelten. Ohne zureichenden Grund haben andere den Wohnort des Verfassers oder doch den Wohnort der ersten Leser nach Rom oder nach Kleinasien verlegt.

4. Ueberlieferung des Briefes. — Vollständig liegt der Barnabasbrief in zwei Handschriften vor. Die ältere und wichtigere ist die unter dem Namen cod. Sinaiticus bekannte, am 4. Februar 1859 von C. Tischendorf in dem Katharinenkloster am Sinai entdeckte, jetzt in St. Petersburg befindliche griechische Bibelhandschrift aus dem 4. Jahrhundert. Außer den biblischen Büchern enthält dieselbe anhangsweise den Barnabasbrief und einen Theil des Hirten des Hermas. Der Entdecker veranstaltete eine Prachtausgabe unter dem Titel: Bibliorum codex Sinaiticus Petropolitanus, Petrop. 1862. 4 voll. 2°. Es folgte Nov. Test. Sinaiticum s. N. T. cum epistula Barnabae et fragmentis Pastoris. Ex cod. Sin. descr. *C. Tischendorf.* Lipsiae 1863. 4°. Die fünf ersten Kapitel unseres Briefes wurden als monumentum vetustatis christianae ineditum nach dem cod. Sin. herausgegeben von G. Volkmar, Zürich 1864. 4° (Index lect. in univ. Turicensi). Vgl. K. H. v. Weizsäcker, Zur Kritik des Barnabasbriefes aus dem codex Sinaiticus (Progr.). Tübingen 1863. 4°. Die andere Handschrift, welche den vollständigen Text des Briefes bietet und zahlreiche Abweichungen von dem cod. Sin. aufweist, ist der schon § 5, 1 als Fundort der Didache erwähnte cod. Hierosolymitanus oder Constantinopolitanus vom Jahre 1056. Der Entdecker dieser Handschrift, Ph. Bryennios, ließ 1876 eine genaue Collation des Textes des Barnabasbriefes (fol. 33ᵃ bis 51ᵇ) an Ab. Hilgenfeld gelangen, und letzterer übergab dieselbe alsbald in einer zweiten Auflage seiner Ausgabe des Briefes (Nov. Test. extra canonem rec. Fasc. II. Ed. 2. Lips. 1877) der Oeffentlichkeit. Zusätze und Berichtigungen zu dieser Collation hat Bryennios in seiner Ausgabe der Didache (Konstantinopel 1883) Proleg. p. 104—108 nachgetragen. Außerdem sind noch mehrere jüngere Handschriften bekannt geworden, in welchen die ersten 4½ Kapitel des Briefes fehlen und der nunmehrige Anfang τὸν λαὸν τὸν καινόν

(c. 5, 7) sich unmittelbar anschließt an die Worte καὶ δι᾽ ἡμᾶς ὑπό im Briefe des hl. Polykarpus an die Philipper (c. 9, 2). Offenbar stellen diese Handschriften nur verschiedene Abschriften eines und desselben Codex dar, in welchem der Barnabasbrief auf den Polykarpusbrief folgte und aus welchem die das Ende des letztern und den Anfang des erstern enthaltenden Blätter verloren gingen. — Den griechischen Handschriften reiht sich als weiterer Texteszeuge eine alte, aber sehr mangelhafte und auch unvollständige (es fehlen die Kapp. 18—21) lateinische Uebersetzung des Briefes an. Dieselbe ward von dem Mauriner H. Ménard in einer jetzt zu St. Petersburg befindlichen Handschrift des 9. oder 10. Jahrhunderts entdeckt und in seiner Ausgabe des Briefes (Paris 1645) veröffentlicht. Auf Grund einer neuen Collation der genannten Handschrift durch E. Bonnell ward sie herausgegeben von Ab. Hilgenfeld: Der Brief des Barnabas in altlateinischer Uebersetzung (Zeitschr. f. wissenschaftl. Theol. XIV [1871], 262—290). Im Jahre 1874 hat O. v. Gebhardt die Handschrift noch einmal verglichen; siehe die Ausgabe des Briefes von v. Gebhardt und Ab. Harnack (Patr. apostol. opp. Fasc. I, Lips. 1875. Fasc. I. partis 2. Ed. 2. 1878). In den Prolegomenen dieser Ausgabe (ed. 2. p. VII—XXXIX) wird die Ueberlieferung des Briefes sehr eingehend behandelt. Auch der zweiten Auflage der Ausgabe des Briefes von Hilgenfeld (Leipzig 1877) ist die lateinische Uebersetzung beigegeben.

5. Ausgaben. — Der Barnabasbrief ward (in Verbindung mit den Ignatiusbriefen) zuerst zum Druck befördert durch den anglikanischen Erzbischof J. Ussher von Armagh. Die ganze Auflage dieses Druckes fiel indessen vor der Ausgabe bei dem Brande, welcher 1642 Oxford verheerte, den Flammen zum Opfer. Ein nur theilweise zerstörtes Exemplar wird in der Bodleyana aufbewahrt; siehe *J. H. Backhouse*, The editio princeps of the Epistle of Barnabas by archbishop Ussher, as printed at Oxford, a. D. 1642, and preserved in an imperfect form in the Bodleian library; with a dissertation on the literary history of that edition. Oxford 1883. 4⁰. Eine zweite (Separat=) Edition besorgte der Mauriner H. Ménard, bezw., da er die Ausgabe selbst nicht mehr erlebte (er starb 1644), sein Ordensgenosse J. L. d'Achery, Paris 1645. Die dritte Ausgabe des Briefes (in Verbindung mit den Ignatiusbriefen) veranstaltete auf breiterer handschriftlicher Grundlage der Philologe J. Voß zu Leiden, Amsterdam 1646, 2. Aufl. London 1680. Viele der spätern Ausgaben wurden schon § 6 (Gesamtausgaben der Schriften der Apostolischen Väter) genannt: von J. B. Cotelier, Paris 1672, Antwerpen 1698, Amsterdam 1724 (Abdrücke bei *Gallandi*, Bibl. vet. Patr. Tom. I; *Migne*, P. gr. II); von C. J. Hefele, Tübingen 1839, 4. Aufl. 1855; von A. R. M. Dressel, Leipzig 1857, 2. Aufl. 1863; von Ab. Hilgenfeld, Leipzig 1866, 2. Aufl. 1877; von O. v. Gebhardt und Ab. Harnack, Leipzig 1875, 2. Aufl. 1878; von Fr. X. Funk, Tübingen 1878. 1887. Ausgaben des Briefes nach dem cod. Sinaiticus wurden Abs. 4 erwähnt. Die Ausgaben von Müller (Leipzig 1869) und Cunningham (London 1877) werden Abs. 6 zu erwähnen sein. Von den vorhin genannten Herausgebern hat Hilgenfeld (in der 2. Aufl. seiner Ausgabe) sich vorwiegend an den cod. Hierosolymitanus angeschlossen, v. Gebhardt hingegen (auch in der 2. Aufl.) den cod. Sinaiticus zu Grunde gelegt, während Funk, zwischen beiden Handschriften von Fall zu Fall abwägend, einen Mittelweg einschlug. Vgl. Funk zu Barn. 4, 6; 5, 8: Theol. Quartalschrift LXXI (1889), 126—133. Die vor dem Bekanntwerden des cod. Sinaiticus erschienenen Ausgaben konnten aus dem Abs. 4 angegebenen Grunde den Anfang des Briefes nur in der alten lateinischen Uebersetzung geben.

6. Uebersetzungen und Bearbeitungen. — Uebersetzungen und Bearbeitungen der Schriften der Apostolischen Väter im allgemeinen wurden § 6 aufgeführt. Ueber den Barnabasbrief im besondern handeln: C. J. Hefele, Das Sendschreiben des

Apostels Barnabas aufs Neue untersucht, übersetzt und erklärt. Tübingen 1840. 8⁰.
J. Kayser, Ueber den sog. Barnabasbrief. Paderborn 1866. 8⁰. J. G. Müller,
Erklärung des Barnabasbriefes. Leipzig 1869. 8⁰ (Müller gibt auch den vollstän-
digen Text). K. Wieseler, Der Brief des Barnabas: Jahrbb. f. deutsche
Theol. XV (1870), 603—614. Chr. J. Riggenbach, Der sog. Brief des
Barnabas. Uebersetzung. Bemerkungen. Basel 1873. 4⁰. *C. Heydecke*, Disser-
tatio qua Barnabae epistola interpolata demonstratur. Brunsvigi 1874. 8⁰.
D. Braunsberger, Der Apostel Barnabas. Sein Leben und der ihm bei-
gelegte Brief, wissenschaftlich gewürdigt. Gekrönte Preisschrift. Mainz 1876. 8⁰.
M. Güdemann, Religionsgeschichtliche Studien. Leipzig 1876. S. 99—131:
Zur Erklärung des Barnabasbriefes. *W. Cunningham*, The Epistle of S. Barnabas.
A dissertation including a discussion of its date and authorship. London 1877
(Cunningham gibt auch den vollständigen Text nebst einer englischen Uebersetzung von
G. H. Rendall). Fr. X. Funk, Der Barnabasbrief, eine Schrift vom Ende des
ersten Jahrhunderts: Theol. Quartalschrift LXVI (1884), 3—33. *W. C. van
Manen*, Een vraagteeken bij het geboortejaar van Barnabas' brief; *A. D. Loman*,
Een vraagteeken bij Dr. van Manen's kritiek: Theologisch Tijdschrift 1884,
Oct., p. 552—581. *C. Fr. Arnold*, Quaestionum de compositione et fontibus
Barnabae epistolae capita nonnulla (Diss. inaug.). Regiomonti 1886. 8⁰.
D. Völter, Der Barnabasbrief, neu untersucht: Jahrbb. f. protest. Theol. XIV
(1888), 106—144. J. Weiß, Der Barnabasbrief, kritisch untersucht. Berlin 1888. 8⁰.
*L. Duchesne*, Saint Barnabé: Mélanges G. B. de Rossi. Paris 1892. 8⁰.
p. 41—71 (Erörterung späterer Legenden über die apostolische Thätigkeit des
hl. Barnabas). Sonstige Literatur bei *Chevalier*, Répert. des sources hist.
223. 2442; *Richardson*, Bibliograph. Synopsis 16—19.

## § 8. Clemens von Rom.

1. Nachrichten über das Leben des hl. Clemens. — Der hier in Frage
stehende Clemens ist nach der einstimmigen Ueberlieferung des Alterthums einer
der ersten Nachfolger des hl. Petrus auf dem bischöflichen Stuhle von Rom
gewesen. Seine Stelle in der Reihe dieser Nachfolger wird freilich schon von
den ältesten Zeugen verschieden bestimmt. Nach Irenäus (Adv. haer. III,
3, 3: *Migne*, P. gr. VII, 849) ist er „an dritter Stelle von den Aposteln
her" (τρίτῳ τόπῳ ἀπὸ τῶν ἀποστόλων) zur Leitung der Kirche berufen worden:
auf die Apostel (Petrus und Paulus) folgte Linus, auf ihn Anencletus, auf
diesen Clemens. Dementsprechend schreibt Hieronymus (De vir. ill. c. 15:
*Migne*, P. lat. XXIII, 631): Clemens ... quartus post Petrum Romae
episcopus, siquidem secundus Linus fuit, tertius Anacletus. Sofort indessen erwähnt Hieronymus auch einer abweichenden Tradition, indem er
beifügt: tametsi plerique Latinorum secundum post Petrum apostolum
putent fuisse Clementem, und an andern Stellen scheint er selbst dieser
letztern Annahme beizupflichten (Adv. Iovin. I, 12. Comm. in Is. 52, 14:
XXIII, 228; XXIV, 505). Laut den sogen. Clementinen (Abf. 5) hat
Petrus selbst den hl. Clemens zu seinem Nachfolger bestellt, und Tertullian
(De praescr. c. 32: *Migne* l. c. II, 45) bemerkt gelegentlich: Romanorum
(ecclesia) Clementem a Petro ordinatum edit. Schon früh hat man versucht, die beiden widersprechenden Ueberlieferungen miteinander auszusöhnen.
Der Verfasser der Apostolischen Constitutionen (VII, 46: *Migne*, P. gr.
I, 1053) macht Clemens zum Nachfolger des Linus: Linus ward von Paulus,

nach des Linus Tode ward Clemens von Petrus ordinirt. Epiphanius (Haer.
27, 6: *Migne* l. c. XLI, 373) glaubt, Clemens sei allerdings von Petrus ordinirt
worden, er habe aber um des Friedens willen die kirchliche Vorstandschaft an
Linus abgetreten (cf. *S. Clem. Rom.*, Ep. ad Cor. c. 54, 2) und dieselbe
erst nach dem Tode des Cletus (d. i. Anencletus) wieder selbst übernommen.
Die weit höhere Glaubwürdigkeit der durch Irenäus vertretenen Ueberlieferung steht außer Frage. Die gegentheilige Tradition ist mit größter
Wahrscheinlichkeit auf die Clementinen als ihre Quelle zurückzuführen und
kann demgemäß keinen andern Werth beanspruchen als Dichtung und Sage.
Irenäus hingegen darf gerade hier um so mehr Vertrauen beanspruchen, als
er besonderes Gewicht darauf gelegt hat, ein genaues und zuverlässiges Verzeichniß der Päpste zu geben (vgl. § 24, 4). Ueber die Zeit und die Dauer
des Pontificates des hl. Clemens ertheilt Irenäus keine Auskunft. Eusebius,
welcher gleichfalls in Clemens den dritten Nachfolger des hl. Petrus erblickt,
läßt denselben neun Jahre lang, vom zwölften Jahre Domitians bis zum
dritten Jahre Trajans (92—101), an der Spitze der Kirche zu Rom stehen
(*Eus.*, Hist. eccl. III, 15. 34: *Migne*, P. gr. XX, 249. 285; cf. Chron.
ad a. Abr. 2110: Ed. *Schoene* II, 160). — Ueber das frühere Leben des
hl. Clemens sind nur Muthmaßungen gestattet. Sicher ist lediglich, was
Irenäus (l. c.) zur Empfehlung des alsbald zu nennenden Korintherbriefes
(Abs. 2) geltend macht: „Clemens hatte die seligen Apostel (Petrus und
Paulus) gesehen und mit ihnen verkehrt; die Predigt der Apostel tönt ihm noch
in den Ohren, ihre Lehre stand ihm noch vor Augen." Nach Origenes (bei
*Eus.*, Hist. eccl. VI, 25: *Migne* l. c. XX, 585) hielten einige Clemens, andere
Lucas für den Verfasser des nur in weiterem Sinne paulinisch zu nennenden
Hebräerbriefes. Nach Eusebius (l. c. III, 38: XX, 293) ward bald Lucas, bald
Clemens von Rom als der Uebersetzer des von Paulus hebräisch geschriebenen
Hebräerbriefes bezeichnet. Origenes (Comm. in Io. VI, 36: *Migne* l. c. XIV,
293) identificirt Clemens von Rom mit jenem Clemens, welchen Paulus im Phi-
lipperbriefe 4, 3 unter seinen Mitarbeitern rühmend hervorhebt. Eusebius (l. c.
III, 15: *Migne* l. c. XX, 249) bekennt sich zu der gleichen Ansicht. Ist dieselbe
begründet, so darf man aus Phil. 4, 3 schließen, Clemens habe den Apostel
bei seiner Predigt in Macedonien unterstützt; andere wollen noch weiter folgern,
Philippi sei des Clemens Heimat gewesen. Ob Clemens Judenchrist oder Heiden-
christ war, wird sich kaum entscheiden lassen; doch dürfte das ganze Gepräge
des Korintherbriefes in der Voraussetzung jüdischer Abkunft des Verfassers
eine befriedigendere Erklärung finden. Die Erzählung der Clementinen, welche
Clemens zu einem Sprößling senatorischen Geschlechtes und des (flavischen)
Kaiserhauses machen, verdient schwerlich Glauben. An diese Erzählung anknüpfend, haben viele neuere Forscher es wahrscheinlich gefunden, Clemens von
Rom sei kein anderer als der Consul Titus Flavius Clemens, der Vetter
Domitians, welcher im Jahre 95 oder 96 als judaisirender Atheist (also vermuthlich als Christ) hingerichtet wurde (*Dio Cassius*, Hist. Rom. LXVII, 14;
cf. *Sueton.*, Domit. c. 15). — Die Nachrichten über das Ende des hl. Clemens gehören mehr der dichtenden Sage als der beglaubigten Geschichte an.
Das Martyrium S. Clementis, welches ebenso wie Eusebius den Tod des Heiligen in die Zeit Trajans verlegt, ist im übrigen durchaus fabelhaften Cha-

rakters. Eusebius (Hist. eccl. III, 34) erwähnt den Tod des Heiligen, ohne ein Martyrium irgendwie anzudeuten (ἀναλύει τὸν βίον). Später wurde indessen Clemens allgemein als Martyrer anerkannt und wird sein Todestag am 23. November gefeiert.

2. Der Korintherbrief. Echtheit und Abfassungszeit. Veranlassung und Inhalt. — Clemens von Rom zählt zu den gefeiertsten Namen des christlichen Alterthums. Daraus wird es in erster Linie zu erklären sein, wenn demselben schon sehr früh zahlreiche Schriften unterschoben wurden, deren anderweitige Herkunft offen zu Tage liegt. Nur eine einzige Schrift kann und muß als sein Eigenthum anerkannt werden: ein umfangreicher Brief an die Christengemeinde zu Korinth, in lückenhafter Gestalt schon 1633, vollständig erst 1875 durch Ph. Bryennios herausgegeben. Dieser Brief stellt sich selbst in der Aufschrift als ein Schreiben der Christengemeinde zu Rom dar (ἡ ἐκκλησία τοῦ θεοῦ ἡ παροικοῦσα Ῥώμην τῇ ἐκκλησίᾳ τοῦ θεοῦ τῇ παροικούσῃ Κόρινθον); der Name des hl. Clemens kommt nicht vor. Ueber die Autorschaft des letztern kann aber gleichwohl kein ernstlicher Zweifel obwalten: er schrieb als Vorsteher und Vertreter der Kirche zu Rom (ἐκ προσώπου τῆς Ῥωμαίων ἐκκλησίας: *Eus.*, Hist. eccl. III, 38; cf. III, 16; ex persona Romanae ecclesiae: *Hier.*, De vir. ill. c. 15). Schon Polykarpus hat bei Abfassung seines Philipperbriefes stillschweigend von diesem Korintherbriefe Gebrauch gemacht. Hegesippus (bei *Eus.* l. c. III, 16; vgl. IV, 22) bezeugt, daß die Unruhen und Streitigkeiten in der Gemeinde zu Korinth, welche den Anlaß zur Abfassung des Briefes gaben, gegen Ende der Regierung Domitians entstanden seien. Bischof Dionysius von Korinth (bei *Eus.* l. c. IV, 23) sagt in einem Antwortschreiben an Papst Soter (166/67—175/76): „Heute haben wir den heiligen Tag des Herrn begangen und an demselben euern Brief vorgelesen, welchen wir jetzt fort und fort zu unserer Erbauung vorlesen werden, ebenso wie den früher von Clemens uns geschriebenen Brief" (ὡς καὶ τὴν προτέραν ἡμῖν διὰ Κλήμεντος γραφεῖσαν, sc. ἐπιστολήν). Dieses e in e Zeugniß, in einem Briefe der Kirche zu Korinth an die Kirche zu Rom enthalten, darf, auch abgesehen von der übereinstimmenden Bestätigung durch die folgenden Kirchenschriftsteller, als ausschlaggebend gelten. Es sind denn auch nach Herausgabe des Briefes nur vereinzelte Bedenken gegen die Autorschaft des hl. Clemens laut geworden, und in der Gegenwart scheint der Zweifel allgemein verstummt zu sein. Daß die Abfassung des Briefes gegen Ende der Regierung Domitians († 96) fällt, wird nicht bloß durch die angeführte Mittheilung des Hegesippus nahegelegt, sondern auch durch die beglaubigtern Nachrichten über das Pontificat des hl. Clemens (Abs. 1) sehr wahrscheinlich gemacht. Einzelne Andeutungen des Briefes selbst stehen mit dieser Annahme in schönstem Einklange. Laut den Eingangsworten ist der Brief unmittelbar nach einer Verfolgung der römischen Christengemeinde geschrieben. „Wegen plötzlicher und anhaltender Heimsuchungen und Drangsale" (συμφορὰς καὶ περιπτώσεις) hat die Gemeinde nicht früher schreiben können. Diese Verfolgung aber kann nicht wohl, wie in früherer Zeit vielfach angenommen wurde, die neronische, muß vielmehr, da wir nach dem Gesagten über das erste Jahrhundert nicht hinabgehen dürfen, die domitianische Verfolgung ge=

weſen ſein: die Apoſtel ſind ſchon heimgegangen (c. 42—44); die kirchlichen
Vorſteher zu Korinth haben ſich lange Zeit (πολλοῖς χρόνοις) der allgemeinſten
Anerkennung erfreut (c. 44, 3); die Kirche zu Korinth iſt eine alte (ἀρχαία)
Kirche (c. 47, 6); die Ueberbringer des Briefes ſind Männer, welche ſich
von Jugend auf bis ins Greiſenalter hinein (ἀπὸ νεότητος ἕως γήρους) er=
probt und bewährt haben (c. 63, 3). — Die Veranlaſſung des Briefes
ward bereits angedeutet. In der korinthiſchen Gemeinde war das ſchon vom
hl. Paulus ſo ſtreng gerügte Parteiweſen von neuem zum Ausbruch gekommen.
Einige wenige freche und anmaßende Menſchen (c. 1, 1; vgl. c. 47, 6) hatten
ſich gegen die kirchlichen Vorſtände erhoben und dieſelben aus ihrem Amte
verdrängt. Die Kirche zu Korinth war in große Verwirrung geſtürzt (c. 3),
den Ungläubigen war Anlaß zur Verhöhnung des chriſtlichen Namens gegeben
worden (c. 47, 7). Die römiſche Kirche erhielt Kenntniß von dieſen Wirren
zu Korinth und ſuchte denſelben ſo bald als möglich ein Ende zu machen.
Dieſem Zwecke ſollte der in Rede ſtehende Brief dienen. Der Eingang (c. 1—2)
ſchildert mit lebhaften Farben den frühern blühenden Zuſtand der korinthiſchen
Kirche. Ein Hinweis auf die nunmehrige äußerſt traurige Lage der Dinge
(c. 3) leitet zu dem erſten Theile über, welcher allgemeinere Belehrungen und
Ermahnungen enthält (c. 4—36). Der Verfaſſer warnt vor Neid und Eiferſ=
ſucht, erinnert an die Nothwendigkeit der Buße und empfiehlt eindringlich die
verſchiedenſten Tugenden, namentlich Demuth und Gehorſam, unter beſtändiger
Berufung auf Vorbilder oder Beiſpiele dieſer Tugenden in der Geſchichte des
Alten Teſtamentes. Der zweite Theil (c. 37—61) geht auf die korinthiſche
Angelegenheit näher ein. Der Verfaſſer handelt von der kirchlichen Hierarchie,
legt die Nothwendigkeit der Unterordnung unter die rechtmäßigen kirchlichen
Obern dar und fordert in warmen Worten alle zu gegenſeitiger Liebe und
die Urheber der Wirren zur Buße und Unterwerfung auf. Der Schluß
(c. 62—65) recapitulirt den weſentlichſten Inhalt des Briefes, empfiehlt die
Ueberbringer einer freundlichen Aufnahme und ſpricht die Hoffnung aus, daß
dieſelben recht bald mit der Nachricht von der Wiederherſtellung des kirchlichen
Friedens zu Korinth heimkehren.

3. Der Korintherbrief (Fortſetzung). Dogmengeſchichtliche Bedeutung. —
Der Korintherbrief des hl. Clemens nimmt unter den Schriften der Apoſto=
liſchen Väter eine ſehr hervorragende Stelle ein. Derſelbe iſt vor allem ein
thatſächliches Zeugniß für den Primat der römiſchen Kirche von weittragendſter
Bedeutung. Allerdings läßt ſich die Vermuthung, die Gemeinde zu Korinth
habe ſelbſt die Vermittlung und Entſcheidung der römiſchen Kirche nachgeſucht,
mit den Andeutungen des Briefes (c. 1, 1; 47, 6—7) nicht wohl verein=
baren. Das Anſehen der römiſchen Kirche erſtrahlt aber nur in um ſo
hellerem Lichte, wenn vielmehr anzunehmen iſt, dieſelbe habe unaufgefordert
eingegriffen, weil ſie es als ihre Aufgabe erkannte, die geſtörte kirchliche
Ordnung zu Korinth wiederherzuſtellen. Dieſer Annahme entſpricht der ganze
Ton des Briefes. Der Verfaſſer tritt als Richter auf; er redet wie ein Vor=
geſetzter zu den Untergebenen; er beginnt mit dem Ausdrucke des Bedauerns,
daß er verhindert geweſen, ſchon früher den Verwicklungen zu Korinth ſeine
Aufmerkſamkeit zuzuwenden (ἐπιστροφὴν ποιεῖσθαι c. 1, 1), und gegen Schluß
betont er, daß er im Falle des Ungehorſams einzelner (ἐὰν δέ τινες ἀπει-

θήσωσιν) sich bewußt bleiben werde, seine Pflicht gethan zu haben (ἡμεῖς δὲ ἄθφοι ἐσόμεθα c. 59, 2). — Die dogmatischen Ausführungen des Briefes bewegen sich, der Veranlassung desselben entsprechend, in erster Linie um die Bedeutung und die Autorität der kirchlichen Hierarchie. Diese Hierarchie beruht nach Clemens auf göttlicher Einsetzung. Der Herr selbst war es, von welchem die Apostel ihre Vollmachten empfingen, und die Apostel ihrerseits haben Sorge getragen, daß diese Vollmachten beständig in der Kirche fortdauern. „Die Apostel haben ihre Botschaft an uns von dem Herrn Jesus Christus erhalten, Jesus Christus ist von Gott ausgesandt worden; also Christus von Gott und die Apostel von Christus" (c. 42, 1—2). Die Apostel aber bestellten die Erstlinge der Bekehrten „zu Bischöfen und Diakonen der künftigen Gläubigen" (εἰς ἐπισκόπους καὶ διακόνους τῶν μελλόντων πιστεύειν c. 42, 4). „Und weiterhin haben sie die Verordnung (ἐπινομήν?) gegeben, daß, wenn diese (die vorgenannten Bischöfe und Diakonen) entschlafen wären, andere erprobte Männer ihr Amt (τὴν λειτουργίαν αὐτῶν) überkämen" (c. 44, 2). — Unter den historischen Zeugnissen des Briefes ist die Bemerkung über das Martyrium der beiden Apostelfürsten c. 5, gelegentlich der Warnung vor Neid und Eifersucht, von besonderem Interesse. „Stellen wir uns die guten Apostel vor Augen, Petrus, welcher um ungerechter Eifersucht willen nicht die eine oder andere, sondern sehr viele Drangsale erduldet hat und so durch den Martyrertod (μαρτυρήσας) an den ihm gebührenden Ort der Glorie gewandert ist. Um Eifersucht und Streit willen hat Paulus den Preis der Ausdauer errungen... Nachdem er die ganze Welt die Gerechtigkeit gelehrt hatte und bis an die Grenze des Westens (ἐπὶ τὸ τέρμα τῆς δύσεως, sehr wahrscheinlich so viel als bis nach Spanien) gekommen war und unter den Machthabern (ἐπὶ τῶν ἡγουμένων) den Martyrertod erlitten hatte (μαρτυρήσας), ist er so von dieser Welt geschieden und an den heiligen Ort gewandert als das größte Vorbild der Ausdauer." Daß, wie Paulus, so auch Petrus zu Rom sein Blut vergossen, wird hier nicht ausdrücklich gesagt, wohl aber allem Anscheine nach vorausgesetzt. Unverkennbar dürfte diese Voraussetzung den unmittelbar folgenden Worten (c. 6, 1) zu Grunde liegen: „Diesen Männern von heiligem Wandel hat sich eine zahlreiche Schar von Auserwählten angereiht (συνηθροίσθη), welche um der Eifersucht willen viele Mißhandlungen und Foltern erduldeten und so das schönste Muster unter uns (ἐν ἡμῖν = unter uns Christen zu Rom) wurden."

4. Der sogen. zweite Korintherbrief. — Dem vorhin besprochenen Korintherbriefe schließt sich in den Handschriften und dementsprechend auch in den Ausgaben ein Schriftstück an, welches gewöhnlich zweiter Korintherbrief genannt wird. Der Erste, welcher desselben erwähnt, ist, wie es scheint, Eusebius (Hist. eccl. III, 38): „Es muß bemerkt werden, daß es noch einen zweiten Clemensbrief geben soll (καὶ δευτέρα τις εἶναι λέγεται τοῦ Κλήμεντος ἐπιστολή); jedoch können wir versichern, daß derselbe nicht gleich dem ersten anerkannt ist, weil die Alten (τοὺς ἀρχαίους), soviel wir wissen, keinen Gebrauch von ihm gemacht haben." Hieronymus (De vir. ill. c. 15), schreibt statt dessen: fertur et secunda eius (Clementis) nomine epistola, quae a veteribus reprobatur. In Wahrheit handelt es sich nicht um einen Brief, sondern um eine Homilie. Diese Erkenntniß ist schon im 17. Jahrhundert geltend gemacht

und neuerdings durch Auffindung und Veröffentlichung des vollständigen Textes endgiltig sichergestellt worden. Wie der erste, so ist nämlich auch dieser sogen. zweite Brief 1633 durch P. Junius nur unvollständig herausgegeben worden, und erst die Ausgabe des Metropoliten Bryennios vom Jahre 1875 hat die Lücken des Textes ausgefüllt. In dem neuentdeckten Theile tritt nun der homiletische Charakter des Schriftstückes wiederholt (15, 2; 17, 3; 19, 1) in der ausgesprochensten Weise zu Tage. Schwere Bedenken gegen die Echtheit der Homilie weckt schon der Umstand, daß „die Alten", wie Eusebius sagt, keine Kenntniß derselben verrathen. Weiterhin erhellt aus der Fassung des Hinweises auf die isthmischen Spiele (c. 7), daß die Homilie zu Korinth gehalten wurde. Endlich deuten manche Einzelheiten eine spätere Entstehungs-zeit, die Zeit des Gnosticismus, an. In neuester Zeit wurde die Homilie denn auch fast allgemein in die Mitte des 2. Jahrhunderts oder noch etwas weiter herabgerückt. Der Inhalt ist ganz allgemeiner Natur. Die Zuhörer werden ermahnt, einen ihrer Berufung würdigen Lebenswandel zu führen, das Laster zu fliehen, die Tugend zu üben, dem Genusse der Gegenwart die kommende Verheißung vorzuziehen u. s. f.

5. Die sogen. Clementinen. — Unter dem Namen Clementinen (Κλημέντια) pflegen einige Schriften zusammengefaßt zu werden, welche sich fälschlich als Werke des hl. Clemens ausgeben und die Bekehrung desselben zum Christen-thum zum gemeinsamen Gegenstande haben, die Recognitionen, die Homilien und die beiden Epitomen. Die Recognitionen, welche zehn Bücher um-fassen, liegen nicht mehr im griechischen Originale, sondern nur in einer lateinischen Uebersetzung Rufins und in einer syrischen Bearbeitung vor. Laut der lateinischen Uebersetzung ward Clemens in seiner Jugend vielfach von Zweifeln in betreff der Unsterblichkeit der Seele, der Entstehung der Welt und ähnlicher Fragen beunruhigt. Die Kunde von dem Erscheinen des Sohnes Gottes in Judäa veranlaßte ihn zu einer Reise in den Orient. Hier traf er mit dem hl. Petrus zusammen und von diesem erhielt er die gewünschten Auf-schlüsse. Clemens schloß sich dem Apostel als Jünger an, begleitete ihn auf seinen Reisen und war insbesondere auch Zeuge seiner Disputation mit Simon Magus zu Cäsarea (II, 20 bis III, 48). Später erst machte Clemens dem Apostel Mittheilungen über seine Familienverhältnisse. Seine Mutter Matthidia, eine Verwandte des Kaisers, hatte sich, als Clemens kaum fünf Jahre zählte, auf Weisung eines Traumgesichtes mit seinen ältern Zwillingsbrüdern Faustinus und Faustus aus Rom geflüchtet; alle Nachforschungen waren erfolglos geblieben, und der Vater Faustinianus war von der Reise, welche er schließlich selbst unternahm, um die Verlorenen aufzusuchen, auch nicht mehr heimgekehrt (VII, 8—10). Jetzt sollten indessen die so lange Getrennten sich bald wiederfinden. Als Petrus von Antharadus aus die Insel Aradus besuchte, traf er die Mutter seines Schülers als Bettlerin; zwei andere Schüler und Begleiter des Apostels, Niceta und Aquila, gaben sich als des Clemens Brüder Faustinus und Faustus zu erkennen, und schließlich entdeckte Petrus auch den Vater Faustinianus. Dieser Schluß der Erzählung beleuchtet und erklärt die Auf-schrift recognitiones = ἀναγνώσεις, so viel als Wiedererkennen, Wieder-sehen. Außer ihr kommen auch die Titel περίοδοι Πέτρου oder Κλήμεντος, itinerarium, historia oder gesta Clementis u. dgl. m. vor. Die Erzählung

der Schicksale des hl. Clemens ist nun nicht letzter Zweck, sondern nur Mittel zur Empfehlung der in sie verflochtenen Lehren. Die Schrift erweist sich als einen religiösen Roman. Die lehrhaften Ausführungen des Originals sind jedoch in der Uebersetzung nur sehr unvollständig wiedergegeben. In einer Vorbemerkung berichtet Rufin, es seien zwei Redactionen des griechischen Textes in Umlauf (in Graeco eiusdem operis ἀναγνώσεων hoc est recognitionum duas editiones haberi et duo corpora esse librorum), und in beiden Redactionen fänden sich theologische Darlegungen, welche er in der Ueber- setzung umgehen zu sollen geglaubt habe (sunt autem et quaedam in utroque corpore de ingenito Deo genitoque disserta et de aliis nonnullis quae, ut nihil amplius dicam, excesserunt intelligentiam nostram. Haec ergo ego, tamquam quae supra vires meas essent, aliis reservare malui quam minus plena proferre). Unter der andern Redaction desselben Werkes ver- steht Rufin ohne Zweifel die griechisch erhaltenen Homilien. Es sind ihrer zwanzig, und zwei Briefe an Jacobus von Jerusalem gehen voraus. In dem ersten dieser Briefe bittet Petrus den Adressaten, die übersandten Predigten (τῶν ἐμῶν κηρυγμάτων ἃς ἔπεμψά σοι βίβλους c. 1) streng geheim zu halten. Der zweite Brief will von Clemens herrühren, und meldet dieser, er habe von Petrus kurz vor dem Hingange desselben die Bischofsweihe empfangen und zugleich den Auftrag erhalten, an Jacobus einen ausführlichen Bericht über feinen bisherigen Lebenslauf einzusenden. Dieses Auftrags entledigt er sich nunmehr in der Weise, daß er einen Auszug aus den Reiseprebigten einschickt, welche Petrus selbst schon an Jacobus hat gelangen lassen. Die Schrift will bemgemäß unter dem Titel „Des Clemens Auszug aus den Reiseprebigten des Petrus" (Κλήμεντος τῶν Πέτρου ἐπιδημίων κηρυγμάτων ἐπιτομή c. 20) an Jacobus abgegangen sein. In den folgenden Homilien dient nun auch der Bericht über des Clemens Leben nur zur Einkleidung des Lehrvortrages. Der Erzählungsstoff ist in allem Wesentlichen durchaus derjenige der Recognitionen. Die Differenzen sind unbedeutend. Der Vater des Clemens heißt Faustus, feine Brüder Faustinus und Faustinianus. Der Lehrbegriff aber ist ebionitische Gnosis. Das Christenthum ist nichts anderes als der reine Mosaismus. In Christus ist ebenderselbe Prophet erschienen, welcher sich früher in Adam und Moses offenbart hat, und wie Moses die Aufgabe hatte, die durch die Sünde verdunkelte und verfälschte Urreligion wiederherzustellen, so war eine neue Offenbarung in Christus nothwendig geworden, weil das durch Moses ver- kündigte Gesetz im Laufe der Zeit feine ursprüngliche Reinheit verloren hatte (Hom. II, 38 sqq.). Mit jüdischem Theismus erscheint stoischer Pantheismus in seltsamer Weise versetzt. Gott bildete die Welt aus einer ewigen, in ihren vier Grundstoffen substantiell aus Gott hervorgegangenen Materie (θεοῦ μὲν τέκνον ἡ τετραγενὴς ἐξ αὐτοῦ προβληθεῖσα οὐσία, ἡ καὶ αὐτὴ οὖσα ἀεί Hom. XX, 8), und die Entwicklung der Welt vollzieht sich nur durch Syzygien, Gegensätze des Männlichen (Guten) und des Weiblichen (Bösen). Die beiden Epitomen oder Auszüge endlich rekapituliren die Erzählung der Homilien und berichten zugleich über die römische Wirksamkeit und den Martyrertod des hl. Clemens, während sie die angedeuteten theologischen und philosophischen Ausführungen übergehen. Diesen Epitomen gegenüber ist jeden- falls den Recognitionen und den Homilien die Priorität zuzuerkennen. Dagegen ist das Zeitverhältniß zwischen den beiden letztern Schriften streitig. Hilgenfeld bezeichnete die Recognitionen als die ältere Schrift und die Homilien als eine Ueberarbeitung derselben; Uhlhorn trat für die Priorität der Homilien ein; Lehmann glaubte in den Recognitionen zwei Theile unterscheiden zu können, von welchen der erste (Buch I—III) älter, der zweite (Buch IV—X) jünger sei als die Homilien. Nach dem jüngsten Kritiker, Langen, wären die Homilien gegen Ende des 2. Jahrhunderts zu Cäsarea und die Recognitionen gegen Anfang des 3. Jahrhunderts zu Antiochien entstanden; beide Schriften aber würden nur Umarbeitungen oder vielmehr Umkehrungen und Bekämpfungen einer verloren gegangenen Grundschrift darstellen, welche nach dem Untergange Jerusalems (135) den Primat über die ganze Kirche für Rom beansprucht habe. So unbegründet die Annahme einer Grundschrift von solcher Färbung und Richtung erscheint, so zutreffend ist die Voraussetzung, daß die vorliegenden Clementinen eine judaistische Tendenz auch insofern verfolgen, als sie den Primat von Petrus bezw. Clemens auf Jacobus, von Rom nach Jerusalem bezw. Cäsarea und Antiochien, übertragen wissen wollen.

6. Die beiden Briefe an die Jungfrauen. — Den Namen des hl. Clemens führen auch zwei Briefe an die Jungfrauen, d. h. die Ehelosen beider Geschlechter. Dieselben liegen vollständig nur in syrischem Texte vor, und ist dieser Text wiederholt als Original betrachtet worden. Häufiger wird indessen ein griechischer Urtext angenommen, und sind umfangreiche Abschnitte beider Briefe griechisch in den „Pandekten“ des palästinensischen Mönches Antiochus (§ 87, 3) erhalten. Der erste Brief (13 Kapp.) geht davon aus, daß die Jungfräulichkeit an und für sich, ohne die entsprechenden Werke, nicht Hoffnung auf das Heil gewähren könne (c. 2—3), erörtert sodann die Erhabenheit und die Beschwerlichkeit des jungfräulichen Standes (c. 4—9) und gibt schließlich Verhaltungsmaßregeln für die Enthaltsamen, indem namentlich vor dem Zusammenleben beider Geschlechter und vor dem Müßiggange gewarnt wird (c. 10—11). Der zweite Brief (16 Kapp.) schildert zunächst die Lebensweise der Jungfrauen, d. h. der Ehelosen am Wohnorte des Verfassers (c. 1—6) und führt weiterhin eine Reihe biblischer Beispiele, zuletzt das Verhalten des Herrn selbst, vor (c. 7—15). Gegen die Echtheit der Briefe zeugt schon der Stil sowie die Verwerthung der Heiligen Schrift, insbesondere des Neuen Testaments; die nicht zu verkennende Bekämpfung des Syneisaktenthums aber dürfte auf das 3. Jahrhundert als Entstehungszeit hinweisen, wie denn auch Epiphanius (Haer. 30, 15: *Migne*, P. gr. XLI, 432) und Hieronymus (Adv. Iovin. I, 12: *Migne*, P. lat. XXIII, 228) die ersten sind, welche dieser Briefe Erwähnung thun.

7. Andere unechte Schriften. — Von (der Apostolischen Kirchenordnung) den Apostolischen Constitutionen und den Apostolischen Canones, Schriften, welche von Clemens concipirt sein wollen, ist bereits § 5, (2.) 4. 5 die Rede gewesen. An der Spitze der (um die Mitte des 9. Jahrhunderts gefertigten) Pseudo-Isidorischen Sammlung päpstlicher Decretalen stehen fünf Briefe des hl. Clemens, deren Inhalt größtentheils ältern Documenten, namentlich den Clementinen, entnommen ist. Eine von den syrischen Jakobiten dem hl. Clemens zugeschriebene Liturgie (wohl zu unterscheiden von der Liturgie im achten Buche der Apostolischen Constitutionen) ist von Renaudot in lateinischer Uebersetzung herausgegeben worden.

8. **Schriften über Clemens.** — Ueber Clemens handelt *Maistre*, S. Clément de Rome. Son histoire, renfermant les actes de S. Pierre. Ses écrits avec les preuves qui les réhabilitent. Son glorieux martyre. Paris 1883. 2 vols. 8⁰. (Maistre glaubt sämtliche unter dem Namen des hl. Clemens verbreitete Schriften als echt erweisen zu können und stellt in paraphrasirender Weise den Inhalt derselben dar.) Ueber die Stelle des hl. Clemens in der Reihenfolge der Päpste siehe *L. Duchesne*, Le Liber pontificalis. Texte, introduction et commentaire. (Bibliothèque des Écoles françaises d'Athènes et de Rome. II⁰ Série, n. 3.) T. I. Paris 1886. p. LXXI—LXXIII. Eine umfassende Erörterung der Nachrichten des Alterthums über Clemens bei *J. B. Lightfoot*, The Apostolic Fathers. Part I. London 1890. Vol. I. p. 14—103. 104—115. 201—345. Das Martyrium S. Clementis Papae Romae ward neuerdings herausgegeben von *Funk*, Opp. Patr. apostol. II, 28—45. Sonstige Literatur über Clemens verzeichnet *Chevalier*, Répert. des sources hist. 465—466. 2520.

9. **Die sog. zwei Korintherbriefe. Ueberlieferung.** — Die sog. zwei Korintherbriefe sind, soviel bekannt, in zwei Handschriften auf uns gekommen: in dem schon wiederholt erwähnten cod. Hierosolymitanus oder Constantinopolitanus vom Jahre 1056 (s. § 5, 1; 7, 4) und in dem sog. cod. Alexandrinus, der bekannten griechischen Bibelhandschrift aus dem 5. Jahrhundert, welche der Patriarch Cyrillus Lukaris von Konstantinopel 1628 an König Karl I. von England schenkte. Dieselbe wird nunmehr in der Bibliothek des Britischen Museums zu London aufbewahrt. Die elf letzten Blätter der Handschrift enthalten unsere Briefe, freilich mehrfach verstümmelt. Der erste Brief zeigt gegen Ende infolge Ausfalls eines Blattes eine große Lücke (c. 57, 6 bis c. 63). Von dem zweiten Briefe ist nur c. 1 bis c. 12, 5 erhalten; zwei Fünftel des Ganzen fehlen. Außerdem sind auf den noch vorhandenen Blättern der Handschrift viele Buchstaben und ganze Wörter entweder ganz verschwunden oder doch nicht mehr mit Sicherheit zu erkennen. Eine nicht ganz gelungene Facsimile-Ausgabe der elf letzten Blätter veranstaltete F. Madden: Photographic Facsimiles of the remains of the Epistles of Clement of Rome. Made from the unique copy preserved in the Codex Alexandrinus. London 1856. Eine ausgezeichnete photographische Wiedergabe erschien 1879: Facsimile of the Codex Alexandrinus. Vol. IV. New Testament and Clementine Epistles. London 1879. Einen Abdruck beider Briefe nach dem cod. Alex. gab C. Tischendorf in der Appendix codicum celeberrimorum Sinaitici, Vaticani, Alexandrini. Lipsiae 1867. 2⁰. p. 29—52, und wiederum in der Sonderausgabe Clementis Romani epistulae. Ad ipsius cod. Alex. fidem ac modum repetitis curis ed. *C. de T.* Lipsiae 1873. 4⁰. — Die Lücken des cod. Alex. werden ausgefüllt durch den cod. Hierosolymitanus (fol. 51ᵇ bis 76ᵃ), aus welchem Ph. Bryennios 1875 zum erstenmal den vollständigen Text beider Briefe veröffentlichte. Τοῦ ἐν ἁγίοις πατρὸς ἡμῶν Κλήμεντος ἐπισκόπου Ῥώμης αἱ δύο πρὸς Κορινθίους ἐπιστολαί. Ἐκ χειρογράφου τῆς ἐν Φαναρίῳ Κωνσταντινουπόλεως Βιβλιοθήκης τοῦ Παναγίου Τάφου νῦν πρῶτον ἐκδιδόμεναι πλήρεις μετὰ προλεγομένων καὶ σημειώσεων ὑπὸ Φιλοθέου Βρυεννίου μητροπολίτου Σερρῶν. Ἐν Κωνσταντινουπόλει 1875. 8⁰. Eine kleine Nachlese zu dem Texte beider Briefe, auf Grund einer neuen Vergleichung der Handschrift, hat der Herausgeber seiner Edition der Didache (Konstantinopel 1883) Proleg. p. 103—104 beigegeben. Ein photographisches Facsimile des gesamten Textes beider Briefe bei *Lightfoot*, The Apostolic Fathers. Part I. 1890. Vol. I. p. 421—474. So sehr dieser cod. Hierosol., auch abgesehen von den Stücken, welche er allein enthält, eine selbständige Bedeutung beansprucht, so wenig kann er dem cod. Alex. den Vorrang an textkritischem Werthe streitig machen. — Ein dritter Texteszeuge ist eine alte und recht sorgsame syrische Uebersetzung beider Briefe, erhalten in einem Manuscripte vom Jahre 1170, welches

aus der Bibliothek des Orientalisten J. Mohl (gest. 1876) in die Universitäts=
bibliothek zu Canterbury überging. Es ist eine Abschrift des N. T. (außer der
Apokalypse) nach der Recension des Thomas von Heraklea, und zwischen den Brief
Judä und den Römerbrief sind unsere Briefe eingeschoben. Der Text derselben ist
noch nicht gedruckt worden; die wichtigsten Lesarten jedoch veröffentlichte *Lightfoot*,
S. Clement of Rome. An Appendix. London 1877, und wiederum The
Apostolic Fathers. Part I. 1890. Vol. I. Ein kleines Fragment des zweiten
Briefes ward syrisch und lateinisch herausgegeben von P. Martin bei *I. B. Pitra*,
Analecta sacra Spicilegio Solesmensi parata. T. IV. Parisiis 1883. p. 1—2. 276.
Vgl. Ab. Hilgenfeld, Die Briefe des römischen Clemens und ihre syrische Ueber=
setzung: Zeitschr. f. wissenschaftl. Theol. XX (1877), 549—562. Fr. X. Funk,
Die syrische Uebersetzung der Clemensbriefe: Theol. Quartalschr. LIX (1877),
477—498. — Gegen alle Erwartung hat jüngst G. Morin in einer Handschrift
des Grand Séminaire zu Namur aus dem 11. Jahrhundert eine alte lateinische
Uebersetzung des ersten Korintherbriefes entdeckt. Dieselbe reicht vielleicht noch in
das 2. Jahrhundert zurück, ist in vulgärlateinischer Sprache verfaßt und gibt einen
vorzüglichen griechischen Text sehr wörtlich wieder. S. Clementis Romani ad Corinthios epistulae versio latina antiquissima. Edidit *G. Morin*. Maredsoli
1894. 4⁰ (Anecdota Maredsolana. Vol. II. fasc. 1). Ab. Harnack, Ueber die
jüngst entdeckte lateinische Uebersetzung des ersten Clemensbriefes: Sitzungsberichte
der K. preuß. Akad. d. Wiss. zu Berlin. Jahrg. 1894. S. 261—273. E. Wölfflin,
Die lateinische Uebersetzung des Briefes des Clemens an die Korinther: Archiv f.
lat. Lexikographie und Grammatik IX (1894), 81—100.

10. Die sog. zwei Korintherbriefe (Fortsetzung). Ausgaben, Uebersetzungen und
Bearbeitungen. — Die editio princeps der beiden Briefe besorgte P. Junius
(Young), Oxford 1633; 2. Aufl. 1637. Aus dieser Ausgabe nahm J. B. Cotelier
die Briefe in seine Patres aevi apostolici (Paris 1672) auf, und in der Folge
haben dieselben in allen Ausgaben der Schriften der Apostolischen Väter eine Stelle
gefunden (siehe § 6). Hervorzuheben ist noch die Sonderausgabe von J. C. M. Laurent,
Leipzig 1870; 2. Aufl. 1873. Ueber Tischendorfs Abdrücke des cod. Alex.
siehe Abs. 9. Alle vor dem Jahre 1875 erschienenen Ausgaben der beiden Briefe
gehen nach dem Abs. 9 Gesagten (direct oder indirect) auf den cod. Alex. zurück
und weisen also auch die vorhin bezeichneten Lücken auf. Nachdem Bryennios 1875
auf Grund des cod. Hierosol. den vollständigen Text herausgegeben hatte, ließen
Hilgenfeld sowohl wie v. Gebhardt und Harnack ihre Ausgabe vom Jahre 1866
bezw. 1875 in einer zweiten Auflage erscheinen, in welcher jene Lücken ausgefüllt
sind, Leipzig 1876. Lightfoot trug in einer Appendix zu seiner Ausgabe vom
Jahre 1869 die neu aufgefundenen Stücke nach, London 1877. Funk konnte zu
seiner Ausgabe vom Jahre 1878 auch Lightfoots Mittheilungen in betreff der
syrischen Uebersetzung verwerthen. Nach Lightfoots Tode (21. December 1889) erschien
eine zweite Auflage seiner Ausgabe, London 1890 (The Apostolic Fathers. Part I),
unter sämtlichen Editionen die reichhaltigste. — Neuere deutsche Uebersetzungen beider
Briefe veröffentlichten Karker, Scholz, Mayer (s. § 6). Die erst durch den cod.
Hierosol. bekannt gewordenen Stücke beider Briefe übersetzte auch Wagenmann:
Jahrbb. f. deutsche Theol. XXI (1876), 163 ff. Eine englische Uebersetzung des voll=
ständigen Textes beider Briefe bei *Lightfoot*, S. Clement of Rome. An Appendix
(1877), p. 345—390, sowie The Apostolic Fathers. Part I (1890), vol. II.
p. 271—316. Andere englische Uebersetzungen wurden § 6 genannt. Eine dänische Ueber=
setzung des ersten Briefes bei J. Jansen, Klemens's 1ste Brev til Korinthierne.
Christiania 1881 (Vidnesbyrd af Kirkefaedrene IV). — *R. A. Lipsius*, De Clementis
Romani epistola ad Corinthios priore disquisitio. Lips. 1855. 8⁰. Ab. Harnack,
Ueber den sogen. zweiten Brief des Clemens an die Korinther: Zeitschr. f. Kirchengesch.

I. (1876—1877), 264—283. 329—364. K. Wieseler, Ueber den Brief des römischen Clemens an die Korinther: Jahrbb. f. deutsche Theol. XXII (1877), 353—406. A. Brüll, Der erste Brief des Clemens von Rom an die Korinther und seine geschichtliche Bedeutung. Freiburg 1883. 8°. *J. M. Cotterill*, Peregrinus Proteus: An investigation into certain relations subsisting between De morte Peregrini, The two Epistles of Clement to the Corinthians, The Epistle to Diognetus, The Bibliotheca of Photius and other writings. Edinburgh 1879. 8°. XVI, 359 pp. (Cotterill will den Beweis erbringen, daß 13 [vermeintliche] Schriften des Alterthums, unter ihnen die im Titel genannten, erst im Zeitalter der Renaissance oder doch nicht viel früher von einem literarischen „Proteus" gefälscht worden seien.) W. Wrede, Untersuchungen zum ersten Clemensbriefe. Göttingen 1891. 8°. L. Lemme, Das Judenchristenthum der Urkirche und der Brief des Clemens Romanus: Neue Jahrbb. f. deutsche Theol. I (1892), 325—480. Sonstige Literatur über die beiden Briefe bei *Richardson*, Bibliograph. Synopsis 1—5. 89—90.

11. Die sog. Clementinen. — Die erste Druckausgabe der Recognitionen nach der Uebersetzung Rufins veranstaltete J. Faber Stapulensis (Lefèvre d'Estaples), Paris 1504. 2°. Einen verbesserten Text lieferte *Cotelerius*, Patres aevi apostolici. Parisiis 1672. T. I. Ueber sonstige Ausgaben f. *Schoenemann*, Bibl. hist.-lit. Patrum lat. I, 633 sqq. Die neueste Ausgabe besorgte E. G. Gersdorf, Leipzig 1838 (Bibl. Patrum eccles. lat. sel. Vol. I); sie ist abgedruckt bei *Migne*, P. gr. I. Clementis Romani Recognitiones syriace. *P. A. de Lagarde* edidit. Lips. et Lond. 1861. 8°. Die Homilien wurden zuerst von Cotelerius a. a. O. herausgegeben. Doch bricht diese Ausgabe (wie die zu Grunde liegende Handschrift) in der Mitte der 19. Homilie ab, und ein Gleiches gilt auch von der Ausgabe A. Schweglers, Stuttgart 1847. 8°. Den vollständigen Text veröffentlichte A. R. M. Dressel: Clementis Romani quae feruntur homiliae viginti nunc primum integrae. Textum ad codicem Ottobonianum constituit, versionem Cotelerii passim correxit eamque absolvit, selectas virorum doctorum notas suasque subiunxit *A. R. M. Dr.* Gottingae 1853. 8°. Dressels Ausgabe ist abgedruckt bei *Migne*, P. gr. II. Eine den Anforderungen der Kritik im wesentlichen genügende Edition (des griechischen Textes, ohne Uebersetzung) hat jedoch erst P. de Lagarde geliefert: Clementina. Herausg. von P. de L. Leipzig 1865. 8°. Die dem Texte voraufgehende Einleitung (S. 3—28) ist wieder abgedruckt in de Lagardes Mittheilungen. Göttingen 1884. 8°. S. 26—54. Rufins Uebersetzung des Briefes des Clemens an Jacobus (welcher zu Rufins Zeit auch vor den Recognitionen stand) ward von Fritzsche neu herausgegeben: Epistola Clementis ad Iacobum ex Rufini interpretatione, edente *O. F. Fritzschio* (Progr.). Turici 1873. 4°. Die beiden Epitomen edirte Dressel: Clementinorum Epitomae duae, altera edita correctior, inedita altera nunc primum integra, ex codicibus Romanis et excerptis Tischendorfianis, cura *A. R. M. Dr.* Accedunt *Fr. Wieseleri* Adnotationes criticae ad Clementis Romani quae feruntur homilias. Lipsiae 1859. 8°. — Ad. Hilgenfeld, Die Clementinischen Recognitionen und Homilien, nach ihrem Ursprung und Inhalt. Jena 1848. 8°. G. Uhlhorn, Die Homilien und Recognitionen des Clemens Romanus nach ihrem Ursprung und Inhalt dargestellt. Göttingen 1854. 8°. J. Lehmann, Die Clementinischen Schriften mit besonderer Rücksicht auf ihr literarisches Verhältniß. Gotha 1869. 8°. *G. Frommberger*, De Simone Mago. Pars I: De origine Pseudo-Clementinorum (Diss. inaug.). Vratislaviae 1886. 8°. *H. M. van Nes*, Het Nieuwe Testament in de Clementinen (Diss.). Amsterdam 1887. 8°. J. Langen, Die Klemensromane. Ihre Entstehung und ihre Tendenzen, aufs neue untersucht. Gotha 1890. 8°. Zur Kritik der Hypothese Langens

f A. Brull, Die Klemensromane und der Primat der römischen Kirche: Theol. Quartalschr. Bd. LXXIII. 1891. S. 577—601. *C. Bigg*, The Clementine Homilies: Studia biblica et ecclesiastica. Vol. II. Oxford 1890. p. 157—193. *J. Quarry*, Notes, chiefly critical, on the two last books of the Clementine Homilies: Hermathena vol. VII. 1890. p. 67—104; Notes, chiefly critical, on the Clementine Homilies and the Epistles prefixed to them: ibid. vol. VII. p. 239—267; vol. VIII. p. 91—112. 133—160. 287—300. (*W. Chawner*,) Index of noteworthy words and phrases found in the Clementine writings commonly called The Homilies of Clement. Published by the Trustees of the Lightfoot Fund. London 1893. 8⁰. Sonstige Literatur über die Clementinen bei *Richardson*, Bibliograph. Synopsis p. 92—95. „Mir scheint, als würden wir ohne einen eigentlichen fortlaufenden Kommentar zu den Klementien [Homilien] und Rekognitionen nicht wesentlich weiter kommen." de Lagarde, Clementina S. (11).

12. Die beiden Briefe an die Jungfrauen. — Der syrische Text der beiden Briefe an die Jungfrauen wurde von J. J. Wetstein in einer Handschrift der Peschittho des Neuen Testaments vom Jahre 1470 aufgefunden und mit einer lateinischen Uebersetzung 1752 zu Leyden herausgegeben. Abdrücke des syrischen Textes nach Wetsteins Ausgabe bei *Gallandi*, Bibl. vet. Patr. T. I, bei *Migne*, P. gr. I. Eine deutsche Uebersetzung veröffentlichte P. Zingerle, Wien 1827. 8⁰; eine neue lateinische und zugleich eine französische Uebersetzung Cl. Villecourt, Paris 1853. 8⁰. Eine neue Ausgabe des syrischen Textes nebst lateinischer Uebersetzung lieferte J. Th. Beelen, Löwen 1856. 8⁰. Beelens Uebersetzung in verbesserter Gestalt bei *Funk*, Opp. Patr. apostol. II, 1—27. Eine neue deutsche Uebersetzung von S. Wenzlowsky, Kempten 1875 (Bibl. der Kirchenväter. Die Briefe der Päpste. Bd. I). Auf die griechischen Abschnitte hat erst J. M. Cotterill hingewiesen: Modern Criticism and Clement's Epistles to Virgins (first printed 1752) or their Greek version newly discovered in Antiochus Palaestinensis. Edinburgh 1884. 8⁰. A. Harnack, Die pseudo-clementinischen Briefe de virginitate und die Entstehung des Mönchthums: Sitzungsberichte der kgl. preuß. Akad. der Wiss. zu Berlin. Jahrg. 1891. S. 361—385.

13. Andere unechte Schriften. — Die fünf Decretalbriefe finden sich in den Ausgaben der Pseudo-Isidorischen Sammlung (Decretales Pseudo-Isidorianae. Rec. *P. Hinschius*. Lipsiae 1863. 8⁰. p. 30—66), in dem ersten Bande der Conciliensammlungen von Harduin und von Mansi u. s. f. Die von den Jakobiten dem hl. Clemens zugeschriebene Liturgie lateinisch bei *Renaudot*, Liturg. Orient. Coll. Paris. 1716. T. II. p. 186—201; abgedruckt bei *Migne*, P. gr. II, 603—616. Ueber zwei handschriftlich, in arabischer und in äthiopischer Sprache, vorliegende Apokalypsen unter des Clemens Namen vgl. Funk in Wetzer und Welte's Kirchenlexikon (2. Aufl.) III, 453—454.

14. Die ersten Nachfolger des hl. Clemens. — Auch den Nachfolgern des hl. Clemens auf dem Stuhle Petri hat Pseudo-Isidor Decretalen zugeeignet. Er läßt auf Clemens den Anacletus (Anencletus) folgen (vgl. Abs. 1) und auf diesen Evaristus, Alexander, Sixtus, Telesphorus, Viginius (Hyginus), Pius, Annicius (Anicetus), Sotherus (Soter), Eleutherus. Der Text ihrer epistolae bei *Hinschius*, Decretales Pseudo-Isidorianae p. 66—127. Vgl. etwa noch J. v. Pflugk-Harttung, Acta Pontificum Romanorum inedita. Bd. II. Stuttgart 1884. S. 1 (Fragmente unter dem Namen des Evaristus und des Alexander). Der Text der epistolae et decreta der genannten Päpste bei *Migne* P. gr. II, 787—818 (Anacletus) und V, 1045—1144 (Evaristus — Eleutherus) ist aus *Mansi*, SS. Conc. Coll. I, 597—689 genommen. Echte Briefe jener Päpste sind nicht auf uns gekommen, und andere Schriften haben dieselben überhaupt nicht

hinterlassen. Ueber verloren gegangene Briefe s. C. P. Caspari, Ungedruckte, unbeachtete und wenig beachtete Quellen zur Geschichte des Taufsymbols und der Glaubensregel. III. (Progr.) S. 431—432. Von des Eleutherus Nachfolger Victor wird § 35, 6 die Rede sein.

15. Dionysius von Korinth. Pinytus von Gnossus. — Aus dem Abs. 2 erwähnten Antwortschreiben des Bischofs Dionysius an Papst Soter, welches den Dank der korinthischen Gemeinde für die von der römischen Gemeinde gesandten Liebesgaben aussprach, hat nur Eusebius Hist. eccl. II, 24 und IV, 23 einige Stellen aufbewahrt. An letzterem Orte berichtet Eusebius über acht Briefe des hl. Dionysius, welche sämtlich zu Grunde gegangen sind. Dabei gedenkt er auch eines Antwortschreibens des Bischofs Pinytus von Gnossus (auf Kreta) an Dionysius, welches gleichfalls nicht auf uns gekommen ist. Hieronymus De vir. ill. c. 27 (Dionysius) und c. 28 (Pinytus) schöpft, wie es scheint, nur aus Eusebius und versetzt beide Bischöfe in die Tage des Marc Aurel und des Commodus. *M. J. Routh*, Reliquiae Sacrae. Ed. alt. Vol. I. Oxonii 1846. p. 175—201: BB. Dionysius et Pinytus. Vgl. A. Harnack, Geschichte der altchristlichen Litteratur bis Eusebius. Thl. I. Leipzig 1893. S. 235—236. 237. Litteratur über Dionysius verzeichnet *Richardson*, Bibliograph. Synopsis 112.

## § 9. Der „Hirt" des Hermas.

1. Gliederung und Tendenz des Werkes. — Die umfangreichste und zugleich nach Form und Inhalt die merkwürdigste unter den Schriften der Apostolischen Väter ist der Hirt (ποιμήν, pastor) des Hermas. Derselbe umfaßt fünf Gesichte (ὁράσεις, visiones), zwölf Gebote (ἐντολαί, mandata) und zehn Gleichnisse (παραβολαί, similitudines). Doch ist nicht, mit Rücksicht auf diese dreifache Einkleidungsform, das Ganze in drei Theile zu zerlegen. Hermas selbst oder der zu ihm redende Engel unterscheidet Vis. V, 5 zwei Theile: die voraufgehenden Gesichte I—IV, welche die Kirche in Gestalt einer Matrone dem Verfasser zeigte, und die nachfolgenden Gebote und Gleichnisse, welche ein Bußengel in Hirtengestalt ihm vorträgt. Das Unterscheidungsmerkmal und der Unterscheidungsgrund liegt in der verschiedenen Vermittlung der Offenbarungen durch die Matrone und durch den Hirten (vgl. Sim. IX, 1, 1—3). Letzterer hat dem ganzen Buche seinen Namen gegeben, wie er denn auch schon im ersten Theile desselben auftritt, wenngleich noch nicht in Hirtengestalt und auch nur in untergeordneter Rolle (vgl. Vis. II, 4, 1; III, 10, 7). Die Gesichte I—IV enthalten den Grund- und Aufriß des Werkes; die Gebote und Gleichnisse, welchen das fünfte Gesicht als Einleitung voraufgeht, bringen die Ausführung und Erklärung (Vis. V, 5. Sim. IX, 1, 1—3). Sämtliche Offenbarungen aber, welche dem Hermas zu theil werden, münden schließlich in Mahnungen zur Buße, Mahnungen, welche zunächst an den ersten Empfänger und seine Familie, weiterhin an die römische Mutterkirche und die Gesamtkirche gerichtet sind. Erneuerung und Reinigung des christlichen und kirchlichen Lebens ist es, was die Schrift sich als Zweck und Aufgabe vorsetzt. Und der Ruf zur Buße erhält seine Begründung durch den unablässigen Hinweis auf die bevorstehende Verfolgung der Kirche und die nahe Wiederkunft Christi zum Gerichte.

2. Inhalt. — Der erste Theil des Hirten berichtet in vier Gesichten über vier Erscheinungen der die Kirche repräsentirenden Matrone. Das erste Mal

4*

erscheint dieselbe alt und kraftlos und ihrer Schwäche wegen auf einem Lehn=
stuhle sitzend; sie symbolisirt in dieser Erscheinung die in der Sünde dahin=
lebende Kirche (Vis. III, 11). Das zweite Mal erscheint sie stehend und mit
jugendlich heiterem Antlitze, aber mit welker Haut und grauen Haaren; es
ist die büßende Kirche in der Hoffnung auf Vergebung ihrer Sünden (Vis.
III, 12). In dem dritten Gesichte ist die Alte ganz verjüngt, nur hat sie
noch graues Haar; es ist die Kirche der Gerechtfertigten, welche von schweren
Sünden frei, aber hier auf Erden immer noch mit Mängeln und Fehlern
behaftet sind (Vis. III, 13). In dem vierten Gesichte endlich ist sie wie eine
Jungfrau, welche strahlend aus dem Brautgemache hervortritt; es ist die von
allen Makeln gereinigte Kirche, und die Verwirklichung dieser Erscheinung
gehört erst dem Ende der Tage an (Vis. IV, 2—3). Wie in der Art und
Weise der Erscheinung der Matrone, so liegt auch in ihren jedesmaligen Offen=
barungen und Unterweisungen eine fortschreitende Aufmunterung zur Buße.
Weitaus das bedeutsamste unter den vier Gesichten ist das dritte, das Gesicht
vom Thurmbau, welches später in den Gleichnissen VIII und IX näher ent=
wickelt wird. Dasselbe zeigt die Kirche, und zwar die Gemeinschaft der
Heiligen, d. h. der Getauften und in der Taufgnade Beharrenden, mögen sie
nun noch leben oder bereits abgeschieden sein, unter dem Bilde eines gewaltigen
Thurmes, welcher aus glänzenden Quadersteinen über dem Wasser erbaut wird.
Diejenigen, welche durch schwere Sünden die Taufgnade verloren haben, gehören
nicht mehr zu dem Thurme, sind aus jener Gemeinschaft ausgeschlossen. Sie
sind dargestellt durch umherliegende Steine, welche erst durch Buße behauen
werden müssen, um sodann wieder in den Thurm eingefügt zu werden (Vis. III,
5, 5). Das fünfte Gesicht leitet den zweiten Theil des Werkes ein. Die zwölf
Gebote enthalten einen Abriß der christlichen Sittenlehre. Dieselben betreffen
im einzelnen den Glauben an einen Gott (I), die Einfalt und Nächstenliebe
(II), die Wahrhaftigkeit (III), die Keuschheit in und außer der Ehe (IV),
die Geduld und Sanftmuth (V), die Unterscheidung der Eingebungen der
guten und der bösen Engel (VI), die Furcht des Herrn (VII), die Ent=
haltsamkeit (VIII), das Gottvertrauen (IX), die Flucht der Traurigkeit (X),
die Meidung der falschen Propheten (XI), den Kampf gegen die böse Begierlich=
keit (XII). Die zehn Gleichnisse haben Aehnlichkeit mit den Gesichten. In
wechselnden Bildern, welche der Hirt dem Hermas erklärt, werden verschiedene
christliche Wahrheiten und Grundsätze zur Darstellung gebracht. Das erste
Gleichniß warnt vor übermäßiger Sorge um zeitliche Güter; das zweite er=
muntert zur Wohlthätigkeit; die beiden folgenden zeigen, wie in der jetzigen
Welt Gute und Böse zusammenleben und die Scheidung erst am Ende dieser
Zeit eintritt: auf den Winter, in welchem man die lebenden Bäume von den
erstorbenen nicht unterscheiden kann, folgt der Sommer, in welchem die Gerechten
erkannt werden. Das fünfte Gleichniß veranschaulicht die Verdienstlichkeit des
Fastens. Im sechsten sieht Hermas auf dem Felde zwei Herden und zwei
Hirten, einen milden und einen gewaltthätigen, welch letzterer seine Schafe
schlägt und in Dornenhecken treibt. Das siebente zeigt ihm den Strafengel
in seinem eigenen Hause. Das achte und das neunte Gleichniß greifen auf
das Gesicht vom Thurmbau zurück. Das achte nämlich vergleicht die Kirche
mit einem großen Weidenbaume. Die Zweige dieses Baumes haben ein zähes

Leben; auch vom Baume abgerissen, können die scheinbar verdorrten Zweige, wenn sie in die Erde gepflanzt und reichlich begossen werden, wieder zu neuem Leben aufblühen (Sim. VIII, 2, 7). So können auch diejenigen, welche durch schwere Sünden der lebendigen Gemeinschaft mit der Kirche verlustig gegangen sind, durch Buße und Gebrauch der in der Kirche hinterlegten Gnadenmittel wieder zu neuem Leben erweckt werden, mit andern Worten: wieder Aufnahme in den Thurm finden (Sim. VIII, 6, 6). Dieses Bild vom Thurme wird im neunten Gleichnisse wieder aufgenommen und einläßlicher durchgeführt. Die Kirche erscheint als das neue Israel, erbaut auf dem Fundamente der Propheten und der Apostel, während der ewige Sohn Gottes der Grund= und Eckstein ist. Der Thurm ist noch nicht ausgebaut (Sim. IX, 5, 1. 2). Der Herr desselben kommt, um die schadhaften Steine herauszunehmen und dem Hirten zur Behauung und Reinigung zu übergeben (Sim. IX, 6—7): viele Sünder werden durch Buße wieder zur lebendigen Gemeinschaft mit der Kirche gelangen und so in der verherrlichten Kirche der Zukunft Platz finden. Im letzten Gleichnisse wird Hermas durch den Bußengel nochmals ermahnt, sein eigenes Haus durch Buße von allem Bösen zu reinigen, und zugleich mit Nachdruck von neuem beauftragt, jeden Menschen zur Buße aufzufordern. „Denn um euretwillen ist der Bau des Thurmes unterbrochen worden; wenn ihr euch also nicht beeilt, Gutes zu thun, so wird der Thurm ausgebaut, und ihr seid dann ausgeschlossen" (Sim. X, 4, 4).

3. Der Verfasser. Seine eigenen Aussagen. Das Urtheil des Alterthums. — Der Verfasser des Hirten nennt sich selbst zu wiederholten Malen Hermas (Vis. I, 1, 4. 2, 2. 4, 3; II, 2, 2 u. s. f.), ohne indessen diesem Namen irgend welche nähere Bestimmung beizufügen. Er war Sklave und ward, noch jung, von seinem Herrn an eine gewisse Rhode in Rom verkauft, von dieser aber freigegeben. Er verehelichte sich und betrieb mit großem Erfolge auswärts Handelsgeschäfte. Der Reichthum, welchen er auf nicht ganz redlichem Wege gewonnen, war von nachtheiligem Einflusse auf ihn und seine Familie. Sein Weib war nicht ohne Tadel. Seine Söhne verläugneten sogar in der Verfolgung den Glauben und wurden die Ankläger ihrer eigenen Eltern. Die Strafe des Himmels blieb nicht aus. Hermas verlor das rasch erworbene Vermögen und lebte später in sehr bescheidenen Verhältnissen zu Rom, wo er in der Nähe der Stadt einen Acker bebaute. Auf diesem Acker, an dem Wege von Rom nach Cumä gelegen, erhielt er seine Offenbarungen. Eine Andeutung zum Schlusse der zweiten Vision ist von besonderem Interesse. Hermas erhält von der Matrone den Auftrag, ihre Mittheilungen allen Auserwählten bekannt zu geben. „Fertige also", spricht sie, „zwei Abschriften und schicke eine an Clemens und eine an Grapte. Clemens wird alsdann (die Schrift) in die auswärtigen Städte schicken, denn ihm ist dies aufgetragen (ἐκείνῳ γὰρ ἐπιτέτραπται); Grapte wird die Wittwen und die Waisen belehren; du aber wirst (die Schrift) in dieser Stadt mit den Presbytern lesen, welche der Kirche vorstehen" (Vis. II, 4, 3). Grapte ist, wie es scheint, Diakonisse; Clemens aber wird als Papst dargestellt: er steht an der Spitze der römischen Kirche und hat den Verkehr dieser Kirche mit den auswärtigen Gemeinden zu leiten. Es drängt sich unabweisbar die Vermuthung auf, Hermas rede von Clemens von Rom (§ 8) und wolle auf den im Alterthum so hochgefeierten Brief des

hl. Clemens an die Korinther hinweiſen. Hermas würde ſich alſo ſelbſt dem
Leſer als einen Zeitgenoſſen des hl. Clemens vorſtellen. — Origenes glaubte
den Verfaſſer des Hirten mit jenem Hermas identificiren zu dürfen, welchen
Paulus Röm. 16, 14 grüßen läßt (Comm. in Rom. l. X, 31: *Migne*,
P. gr. XIV, 1282); er gab damit einer Vermuthung Ausdruck, welche in
der Folge noch ſehr häufig wiederholt werden ſollte. Origenes iſt auch, wie
er ſofort hinzufügt, ſehr geneigt, den Hirten für eine inſpirirte Schrift zu
halten (quae scriptura valde mihi utilis videtur et, ut puto, divinitus
inspirata). Er bezeugt indeſſen ſelbſt, daß dieſe ſeine Meinung, welche allem
Anſcheine nach ſchon von Jrenäus und Clemens von Alexandrien getheilt
wurde, vielfachem Widerſpruche begegne. Viermal begleitet er ein Citat aus
dem Hirten mit der Reſtriction: si cui tamen placeat eum legere oder
recipere, und anderswo berichtet er, das Werk werde nicht von allen für
eine canoniſche Schrift (γραφὴ θεῖα) gehalten (Comm. in Matth. l. XIV, 21:
*Migne* l. c. XIII, 1240), von einigen werde es gar verachtet (De princ.
IV, 11: *Migne* l. c. XI, 365). Immerhin hat jedoch der Hirt im Morgen=
lande ſich im allgemeinen eines großen Anſehens erfreut. Noch im 4. Jahr=
hundert galt derſelbe mehrfach als ein ſehr geeignetes Lehrbuch für die Kate=
chumenen und wurde in den Kirchen öffentlich vorgeleſen (*Eusebius*, Hist.
eccl. III, 3: *Migne* l. c. XX, 217). Weniger günſtig hat das Abendland
geurtheilt. Dem Glauben an den inſpirirten Charakter des Werkes trat hier
ſchon der Verfaſſer des Muratoriſchen Fragmentes mit größter Entſchiedenheit
entgegen, und er gab zugleich auch poſitiven Aufſchluß über die Herkunft des
Hirten. Er ſchreibt in der Recenſion der Schriften des Neuen Teſtamentes
(nach der Ausgabe Zahns): Pastorem vero nuperrime temporibus nostris
in urbe Roma Hermas conscripsit sedente [in] cathedra urbis Romae
ecclesiae Pio episcopo fratre eius; et ideo legi eum quidem oportet,
se publicare vero in ecclesia populo neque inter prophetas, completos
numero, neque inter apostolos in finem temporum potest. Mögen dieſe
Worte auch der Schwierigkeiten und Dunkelheiten manche bieten, ſoviel ergibt
ſich unzweideutig, daß der Fragmentiſt den Hirten aus dem Canon aus=
geſchloſſen wiſſen will, weil der Verfaſſer kein anderer iſt als der Bruder
des Papſtes Pius I. (etwa 140—154/155). Schon um die Wende des
2. Jahrhunderts muß es ein in der abendländiſchen Kirche weitverbreitetes
Urtheil geweſen ſein, daß der Hirt auf canoniſche Dignität keinen Anſpruch
erheben dürfe und nur beſchränktes Vertrauen verdiene. Nur dieſe Voraus=
ſetzung läßt es einigermaßen erklärlich erſcheinen, wie Tertullian, welcher als
Katholik den Hirten auch ſchlechtweg scriptura nennt (De orat. c. 16: *Migne*,
P. lat. I, 1172), ſpäter als Montaniſt dem Papſte Zephyrinus (welcher ver=
muthlich Berufung auf den Hirten eingelegt hatte) entgegnen konnte: Cederem
tibi, si scriptura Pastoris quae sola moechos amat divino instrumento
meruisset incidi, si non ab omni concilio ecclesiarum, etiam vestrarum,
inter apocrypha et falsa iudicaretur . . . (De pudic. c. 10; vgl. c. 20;
*Migne* l. c. II, 1000. 1021). In der Folge verlor der Hirt im Abendlande
ſo ſehr an Intereſſe und ſchwand ſo ſehr aus dem Gebrauche, daß Hieronymus
(De vir. ill. c. 10: *Migne* l. c. XXIII, 625) ſagen durfte, derſelbe ſei
bei den Lateinern faſt unbekannt (apud Latinos paene ignotus est).

4. Der Verfasser (Fortsetzung). Die neuere Kritik. — Die neuere Forschung hat in der größern Mehrzahl ihrer Vertreter der Angabe des Fragmentisten über die Herkunft des Hirten Glauben geschenkt, und es dürften sich in der That keine Gründe beibringen lassen, welche berechtigten, die Glaubwürdigkeit dieses Zeugnisses in Zweifel zu ziehen. Freilich wird damit der Verfasser des Hirten der Unwahrheit beschuldigt: er ist nicht, was er zu sein sich den Anschein gibt, ein Zeitgenosse des hl. Clemens; er hat vielmehr seine Schrift erst in den Jahren 140—155 verfaßt. Aber eben dies, die Entstehung des Hirten um die Mitte des 2. Jahrhunderts, wird nun auch durch innere Anzeichen wo nicht außer Zweifel gestellt, so doch sehr wahrscheinlich gemacht. Die besondere Vorliebe und die auffallende Weitläufigkeit, mit welcher die Frage nach der Vergebung der schweren Sünde behandelt wird (s. namentlich Vis. III. Sim. VIII u. IX), weckt die Vermuthung, der Verfasser kenne und berücksichtige wenigstens schon die ersten Anfänge der montanistischen Bewegung. Jedenfalls bekämpft derselbe bereits die Gnostiker (Vis. III, 7, 1. Sim. VIII, 6, 5. Sim. IX, 22, 1: θέλοντες πάντα γινώσκειν καὶ οὐδὲν ὅλως γινώσκουσιν). Die Christenverfolgung, auf welche Hermas zurückblickt, kann nach manchen Andeutungen (vgl. insbesondere Sim. IX, 28) nicht wohl diejenige Domitians (81—96), und muß daher wohl diejenige Trajans (98—117) sein. Die lange Zeit des Friedens aber, welche sich an diese Verfolgung anschloß und während welcher bei vielen Christen weltlicher Sinn sehr überhand genommen hat (s. namentlich Vis. II, 2 u. 3), wird die Regierungszeit des Antoninus Pius (138—161) sein. Endlich ist die Kirche, an welche der Hirt gerichtet ist, bereits gealtert; Lauheit und Verweltlichung haben schon weit um sich gegriffen; eine Verschärfung der Kirchenzucht, namentlich bezüglich der Wiederaufnahme der Gefallenen, erscheint dringend geboten. Auf die Kirche des ersten Jahrhunderts würde das düstere Bild, welchem diese Züge entnommen sind, wohl keine Anwendung finden. — Erweist sich somit die Andeutung des Verfassers bezüglich seiner Lebenszeit als eine Fiction, so erhält der Verdacht gegen die Wahrheit der weitern Angaben über seine Lebensverhältnisse neue Nahrung. Diese Angaben lassen sich mit der durch den Inhalt des Buches nahegelegten Vorstellung von der Persönlichkeit des Verfassers kaum in Einklang bringen; sie erscheinen dagegen bis ins Einzelnste hinein den Tendenzen des Buches angepaßt und mit Rücksicht auf letztere erdichtet. Hermas und sein Haus sind der Typus der Schäden der damaligen Kirche, wie denn auch an ihn und die Seinen der Ruf zur Buße zuerst ergeht. Ein gleiches gilt endlich auch von der apokalyptischen und visionären Einkleidung des Ganzen. Hermas hat nicht etwa gleichnißweise seinen Predigten diese Form gegeben; er will dieselben vielmehr für Offenbarungen des Sohnes Gottes gehalten wissen (vgl. insbesondere Sim. IX, 1). Es liegt eben auch hier eine Fiction vor, wie sie in der apokryphen Literatur überaus beliebt ist. — In neuester Zeit ist die Einheitlichkeit des Hirten von einzelnen Forschern bestritten und das Buch an zwei (de Champagny) oder drei (Hilgenfeld) verschiedene Autoren vertheilt worden. Doch haben diese Hypothesen sehr wenig Anklang gefunden. Der enge Zusammenhang der einzelnen Theile des Werkes untereinander, die eigenen Angaben desselben über Plan und Disposition sowie auch die Gleichheit des Stiles und des Wortschatzes zeugen laut für den einheitlichen Ursprung des Ganzen.

5. **Die Lehre des Hirten. Soteriologie.** — Die lehrhaften Ausführungen des Hirten drehen sich, wie schon mehrfach angedeutet wurde, zunächst und hauptsächlich um die Frage nach der Möglichkeit der Vergebung der schweren Sünde, insbesondere des Ehebruchs und des Abfalles vom Glauben. Der Ansicht einiger Lehrer (der ersten Vertreter des Montanismus in Rom?), nach der Taufe könne eine Sündenvergebung nicht mehr statthaben, tritt Hermas mit aller Entschiedenheit entgegen. Durch Buße kann der Sünder sich immer noch mit Gott und mit der Kirche wieder aussöhnen, und Gelegenheit zur Buße bleibt ihm bis zum Ausbau des Thurmes, bis zum Ende der Zeitlichkeit geboten. Der Weg der Buße wird als ein weiter und mühsamer Weg gekennzeichnet (vgl. Sim. VI u. VII); im Hirten wird zum erstenmal der „Stationen", der verschiedenen Stufen des Bußwerkes, Erwähnung gethan (Sim. V, 1, 1. 2). Eine gedrängte Darlegung seiner Lehre von der Sündenvergebung gibt Hermas Mand. IV, 3; die weitere Ausführung enthalten die großen Gleichnisse vom Thurmbau, Vis. III und Sim. IX, und vom Weidenbaume, Sim. VIII. — Die Rechtfertigung, welche der Heide durch die Taufe, der Getaufte durch die Buße erlangt, ist nicht eine bloße Entsündigung, sondern eine positive Heiligung vermöge der Innewohnung des Heiligen Geistes. „Bewahre", mahnt der Hirt, „dieses dein Fleisch rein und unbefleckt, damit der Geist, welcher in ihm wohnt, ihm Zeugniß gebe (vgl. Hebr. 10, 15) und dein Fleisch gerechtfertigt werde. Schau zu, daß nicht in deinem Herzen der Gedanke aufsteige, dieses dein Fleisch sei vergänglich, und du dasselbe mißbrauchest zu irgend einer Befleckung. Denn wenn du dein Fleisch befleckst, wirst du auch den Heiligen Geist beflecken; wenu du aber den Geist befleckst, wirst du nicht leben" (Sim. V, 7, 1—2; vgl. ebenda 6, 5—7). — Im Stande der Rechtfertigung kann der Mensch wahrhaft verdienstliche Werke verrichten und auch überpflichtmäßigen Tugendübungen sich unterziehen, welchen von seiten Gottes ein besonderer Lohn in Aussicht steht. Die katholische Lehre von den opera supererogatória bezeugt der Hirt auf das unzweideutigste. Dem Knechte, wecher den Weinberg zu bearbeiten hatte, gibt der Herr bei seiner Rückkehr nicht bloß die Freiheit, wecher er ihm versprochen; weil der Knecht mehr gethan, als ihm aufgetragen war, macht der Herr ihn außerdem „zum Miterben seines Sohnes" (Sim. V, 2). Und in der Erklärung dieses Gleichnisses heißt es: „Beobachte die Gebote des Herrn, und du wirst Gott wohlgefällig sein und in die Zahl derjenigen eingeschrieben werden, welche seine Gebote beobachten. Wenn du aber etwas Gutes thust, was über das Gebot Gottes hinausgeht, so wirst du dir selbst überschwänglichern Ruhm erwerben und zu größerem Ansehen bei Gott gelangen, als es sonst der Fall sein würde" (Sim. V, 3, 2—3).

6. **Die Lehre des Hirten (Fortsetzung). Christologie.** — Die Christologie des Hirten hat in neuerer Zeit sehr ernste Beanstandungen erfahren. Es wird fast allgemein der Vorwurf erhoben, Hermas habe den Sohn Gottes (der Name „Christus" kommt in dem ganzen Werke nicht vor) identificirt mit dem Heiligen Geiste, und es läßt sich kaum verkennen, daß dieser Vorwurf begründet ist. In der Auslegung des vorhin schon angezogenen Gleichnisses von dem Weinberge (Sim. V) sagt der Hirt c. 5, 2: „Der Sohn" sc. des Herrn des Weinberges „ist der Heilige Geist, der Knecht ist der Sohn Gottes,

der Weinberg ist dieses Volk da, welches er selbst gepflanzt hat." Es wird
also allerdings unterschieden zwischen dem Heiligen Geiste und dem Sohne
Gottes; es wird aber zugleich auch der Heilige Geist Sohn Gottes genannt:
der Herr des Weinberges ist eben Gott (c. 5, 2). Der Sohn Gottes ist
Knecht, insofern er von Gott in den Weinberg gesandt worden, d. h. auf
Erden erschienen und unter den Menschen thätig gewesen ist. Den vor der
Welt existirenden Heiligen Geist (τὸ πνεῦμα τὸ ἅγιον τὸ προὸν) hat Gott in
einem Fleische Wohnung nehmen lassen (κατῴκισεν ὁ θεὸς εἰς σάρκα), und
dieses Fleisch hat er zum Lohne für seinen heiligen Wandel zur Gemeinschaft
mit dem Heiligen Geiste erhoben (μετὰ τοῦ πνεύματος τοῦ ἁγίου εἵλατο κοινωνόν,
c. 6, 5—6). Es läßt sich wohl der Schluß nicht abweisen: der Unterschied
zwischen dem Heiligen Geiste und dem Sohne Gottes gründet in der Mensch=
werdung; der Sohn Gottes in seiner Präexistenz ist kein anderer als der
Heilige Geist. Deutlicher, weil nicht durch den Schleier des Gleichnisses ver=
hüllt, ist eine spätere Stelle (Sim. IX, 1, 1). „Ich will dir alles zeigen,"
sagt hier der Hirt zu Hermas, „was der Heilige Geist (τὸ πνεῦμα τὸ
ἅγιον) dir gezeigt hat, welcher in der Gestalt der Kirche mit dir sprach; denn
jener Geist ist der Sohn Gottes" (ἐκεῖνο γὰρ τὸ πνεῦμα ὁ υἱὸς τοῦ θεοῦ ἐστίν).
Der Heilige Geist also ist der Sohn Gottes. Die Erklärung, der Heilige
Geist, welcher (in der Gestalt der die Kirche repräsentirenden Matrone) mit
Hermas sprach, nicht der Heilige Geist schlechtweg werde als der Sohn Gottes
bezeichnet, würde dem Wortlaute nicht gerecht werden. Eine Trinität könnte
es demnach für Hermas nur etwa insofern geben, als Jesus nach Vollbringung
des Erlösungswerkes zur Gemeinschaft mit dem Vater und dem Heiligen Geiste
erhoben wurde. Unrichtig aber dürfte die weitverbreitete Behauptung sein,
Hermas habe den Sohn Gottes für den Erzengel Michael gehalten. Freilich
werden dem Erzengel Michael im achten Gleichnisse fast ganz dieselben Functionen
beigelegt, welche im neunten Gleichnisse dem Sohne Gottes zugeeignet werden:
beide erscheinen im Besitze der Macht über das Volk Gottes, beide halten
Gericht über die Gläubigen, beide überweisen die Sünder dem Bußengel zur
Besserung. Aus dieser Aehnlichkeit der Stellung und Aufgabe darf jedoch
eine Identität der Person um so weniger gefolgert werden, als es an bedeut=
samen Unterschieden in der Benennung und Kennzeichnung durchaus nicht fehlt.
So wird Michael eben stets Engel genannt, während der Sohn Gottes diesen
Namen nie erhält. Nach Sim. VIII, 3, 3 hat Michael Macht über das
Volk; der Sohn Gottes aber heißt nicht bloß Herr des Volkes (Sim. V, 6, 4;
vgl. IX, 18, 4), sondern auch der Eigenthümer, der Besitzer, der Herr des
Thurmes (Sim. IX, 5, 6—7. 7, 1). Und wenn Michael laut Sim. VIII, 3, 3
das Gesetz den Gläubigen ins Herz pflanzt, so wird wenige Zeilen vorher
von diesem Gesetze bezw. vom Sohne Gottes gesagt: „Dieses Gesetz ist der
Sohn Gottes, wie er gepredigt wurde bis an die Grenzen der Erde."

7. Die handschriftliche Ueberlieferung und die Ausgaben des griechischen Textes. —
Eine Handschrift des griechischen Textes des Hirten aus dem 14. oder 15. Jahr=
hundert entdeckte erst der Urkundenfälscher C. Simonides (gest. 1867) auf dem
Berge Athos. Drei Blätter der Handschrift selbst und eine von Simonides gefertigte
Abschrift der übrigen Blätter befinden sich seit 1856 auf der Universitätsbibliothek
zu Leipzig. Der Schluß des Hirten, Sim. IX, 30, 3 bis X, 4, 5, fehlt. Diese Leip=

ziger Handschrift bezw. Abschrift wurde herausgegeben von C. Tischendorf in
Dressels Ausgabe der Werke der Apostolischen Väter, Leipzig 1857 und 1863,
sowie auch separat (in hundert Exemplaren), Leipzig 1856. 8°. (Simonides hatte
der Leipziger Bibliothek an Stelle der echten Abschrift des Codex einen andern Text
verkauft, welchen er mit Hilfe einer alten lateinischen Uebersetzung des Hirten [der
sogen. Vulgata; s. Abs. 8] und der Citate griechischer Kirchenschriftsteller selbst hergestellt hatte. Dieser Text ward von R. Anger und W. Dindorf als der echte
Text sofort herausgegeben: Hermae Pastor. Graece primum ediderunt et interpretationem veterem latinam ex codicibus emendatam addiderunt R. A. et
G. D. Pars prior. Lips. 1856. 8°. [Eine pars posterior ist nicht erschienen.]
Der Betrug wurde indessen alsbald erkannt, und gelangte die Bibliothek noch in
demselben Jahre in den Besitz der echten Abschrift. G. Hollenberg, De Hermae
Pastoris codice Lipsiensi. Berolini 1856. 8°. Jallabert, Hermas et Simonidès.
Étude sur la controverse récemment soulevée en Allemagne par la décou-
verte d'un ms. grec. Paris 1858. 8°.) Eine weitere Handschrift des griechischen
Textes ist noch nicht aufgefunden worden. Der cod. Sinaiticus enthält nur etwa
das erste Viertel des Hirten (bis Mand. IV, 3, 6). Ueber die ersten Abdrücke
dieses Codex s. § 7, 4. Auf Grund des cod. Lipsiensis und des cod. Sinaiticus
wurden, unter mehr oder weniger erschöpfender Verwerthung der sonstigen Hilfsmittel (Uebersetzungen, Citate), Ausgaben des griechischen Textes veranstaltet von
Hilgenfeld (Nov. Test. extra canonem rec. III.), Leipzig 1866, 2. Aufl. 1881;
von v. Gebhardt und Harnack (Patr. apostol. opp. Rec. de Gebhardt, Harnack, Zahn. Fasc. III.), Leipzig 1877; von Funk (Opp. Patr. apostol. Vol. I.),
Tübingen 1878. 1887. Vgl. § 6. (J. Dräseke, Zum Hirten des Hermas: Zeitschr.
f. wiss. Theol. Bd. XXX. 1887. S. 172—184, veröffentlichte auch den Schluß des
Hirten, von Sim. IX, 30, 3 an, in griechischem Texte. Er fand denselben in dem
Anhange eines 1859 zu London von Simonides herausgegebenen Sammelwerkes:
Ὀρθοδόξων Ἑλλήνων θεολογικαὶ γραφαὶ τέσσαρες· Auf Grund dieser Entdeckung
ließ nun Hilgenfeld sofort eine Ausgabe des vollständigen griechischen Textes
erscheinen: Hermae Pastor. Graece integrum ambitu primum edidit A. Hilgen-
feld. Lips. 1887. 8°. Jener griechische Schluß des Hirten ist indessen nur eine
Fälschung des Simonides. Funk, Zu dem griechischen Pastor Hermä: Theol.
Quartalschr. Bd. LXX. 1888. S. 51—71.) Eine genauere Kenntniß der Athos-
Handschrift vermittelte Lambros bezw. Robinson: A collation of the Athos
codex of the Shepherd of Hermas, together with an introduction by Spyr.
P. Lambros. Translated and edited with a preface and appendices by
J. A. Robinson. Cambridge 1888. 8°. Die Leipziger Abschrift wird durch diese
Collation als wenig zuverlässig erwiesen. A. Hilgenfeld, Die Athos-Handschrift
des Hermas-Hirten: Zeitschr. f. wiss. Theol. Bd. XXXII. 1889. S. 94—107.
Zwei kleine Stücke des griechischen Textes (Sim. II, 7—10. IV, 2—5, aber beide
Stellen sehr verstümmelt) sind auf einer Papyrusrolle des Berliner Museums er-
halten. Ein Facsimile des Textes bei U. Wilcken, Tafeln zur ältern griechischen
Paläographie. Leipzig 1891. Tafel III. Vgl. H. Diels und A. Harnack, Ueber
einen Berliner Papyrus des Pastor Hermae: Sitzungsberichte der kgl. preuß. Akad.
d. Wiss. zu Berlin. Jahrg. 1891. S. 427—431. A. Ehrhard, Die Berliner Hermas-
Fragmente auf Papyrus: Theol. Quartalschr. Bd. LXXIV. 1892. S. 294—303.

8. Alte Uebersetzungen. — Bis zum Jahre 1856 war der Hirt des Hermas
nur in einer alten lateinischen Uebersetzung bekannt, welche zuerst von J. Faber
Stapulensis, Paris 1513, herausgegeben wurde. Dieselbe pflegt zur Unterscheidung von einer andern, sogleich zu nennenden lateinischen Uebersetzung als Vulgata bezeichnet zu werden und findet sich in den Ausgaben der Schriften der
Apostolischen Väter von Cotelier (Gallandi, Migne), Hefele; s. § 6. Die beste

Ausgabe derselben besorgte Hilgenfeld: Hermae Pastor. Veterem latinam interpretationem e codicibus edidit *A. Hilgenfeld*. Lips. 1873. 8⁰. Doch ist auch zu dieser Ausgabe nur ein sehr geringer Bruchtheil der uns erhaltenen Handschriften verwerthet worden; s. die Ausgabe des griechischen Textes von v. Gebhardt und Harnack (Abs. 7) p. XIV—XXII. Im Jahre 1857 veröffentlichte A. R. M. Dressel aus einem codex Palatinus, nunc Vaticanus, saec. XIV. eine zweite lateinische Uebersetzung des Hirten, die sogen. Palatina: Patr. apostol. opp. Lips. 1857; ed. II. 1863. Schätzenswerthe Beiträge zur Texteskritik gab W. Hollenberg: Pastorem Hermae emendavit, indicem verborum addidit *G. H.* Berol. 1868. 8⁰. In wesentlich berichtigter Gestalt ward die Palatina von v. Gebhardt und Harnack in ihre Ausgabe des griechischen Textes aufgenommen. J. Haußleiter, Textkritische Bemerkungen zur palatinischen Uebersetzung des „Hirten des Hermas": Zeitschr. f. wiss. Theol. Bd. XXVI. 1883. S. 345—356. Funk, Zur Versio Palatina des Pastor Hermä: Zeitschr. für die österreich. Gymnasien. Bd. XXXVI. 1885. S. 245—249. Meist wird angenommen, die Vulgata sei schon bald nach Abfassung des griechischen Textes, jedenfalls noch im 2. Jahrhundert, die Palatina dagegen im 5. Jahrhundert, vermuthlich in Gallien, angefertigt worden. Nicht so *J. Haussleiter*, De versionibus Pastoris Hermae latinis. (Diss. inaug.) Erlangae 1884. 8⁰. — Eine äthiopische Uebersetzung des Hirten ward von A. d'Abbadie 1847 in Aethiopien entdeckt und 1860 herausgegeben: Hermae Pastor. Aethiopice primum edidit et Aethiopica latine vertit *A. d'Abbadie*. Lips. 1860 (Abhandlungen für die Kunde des Morgenlandes. Bd. II. Nr. 1). Diese Uebersetzung hat jedenfalls ein hohes Alter (welches sich freilich einer nähern Bestimmung entzieht) und ist unmittelbar aus dem Griechischen geflossen. Doch hat der Uebersetzer sich wiederholt Auslassungen und Zusammenfassungen gestattet, und die eine Handschrift, welche d'Abbadie auffand, leidet auch an manchen Gebrechen. G. H. Schodde's Inauguraldissertation Hêrmâ Nabî. The Ethiopic version of Pastor Hermae examined, Leipzig 1876. 8⁰, ist oberflächlich und unzuverlässig.

9. **Neuere Uebersetzungen und Bearbeitungen.** — Neuere Uebersetzungen des Hirten finden sich in den § 6 genannten deutschen und englischen Uebersetzungen der Werke der Apostolischen Väter. Ueber den Hirten handeln K. R. Jachmann, Der Hirte des Hermas. Ein Beitrag zur Patristik. Königsberg 1835. 8⁰. Kirüm, Glaubenslehre und Orthodoxie des Pastor Hermae. (Progr.) Cleve 1863. 4⁰. E. Gaab, Der Hirte des Hermas. Ein Beitrag zur Patristik. Basel 1866. 8⁰. Th. Zahn, Der Hirt des Hermas untersucht. Gotha 1868. 8⁰. (XII, 506 S.) *Ledrain*, Deux apocryphes du 2⁰ siècle, avec une étude sur la date du Pasteur d'Hermas. Paris 1871. *G. Heyne*, Quo tempore Hermae Pastor scriptus sit. (Diss. inaug.) Regiomonti 1872. 8⁰. H. M. Th. Behm, Ueber den Verfasser der Schrift, weche den Titel „Hirt" führt. Gekrönte Preisschrift. Rostock 1876. 8⁰. J. Nirschl, Der Hirt des Hermas. Eine historisch-kritische Untersuchung. Passau 1879. 8⁰. *Rambouillet*, L'orthodoxie du livre du Pasteur d'Hermas. Paris 1880. 12⁰; Un dernier mot sur l'orthodoxie d'Hermas. Paris 1880. 12⁰. A. Brüll, Der Hirt des Hermas. Nach Ursprung und Inhalt untersucht. Freiburg i. B. 1882. 8⁰. R. Schenk, Zum ethischen Lehrbegriff des Hirten des Hermas. (Progr.) Aschersleben 1886. 4⁰. Ab. Link, Christi Person und Werk im Hirten des Hermas. (Inaug.-Diss.) Marburg 1886. 8⁰; Die Einheit des Pastor Hermae. Marburg 1888. 8⁰. P. Baumgärtner, Die Einheit des Hermas-Buches. Gekrönte Preisschrift. Freiburg i. B. 1889. 8⁰. E. Hückstädt, Der Lehrbegriff des Hirten. Ein Beitrag zur Dogmengeschichte des 2. Jahrh. Anklam 1889. 8⁰. *C. Taylor*, The witness of Hermas to the four Gospels. London 1892. 4⁰. Aeltere Literatur bei *Chevalier*, Répert. des sources hist. 1050. 2648; *Richardson*, Bibliograph. Synopsis 30—33.

10. Das Muratorische Fragment. — Das nach seinem Entdecker, L. A. Mura=
tori (gest. 1750), sogen. Muratorische Fragment (Abf. 3) ist ein des Anfangs
(und vielleicht auch des Endes) ermangelndes Verzeichniß der Schriften des Neuen
Testamentes, welches nach inneren Gründen aus dem 2. Jahrhundert stammen und
von einem Abendländer verfaßt sein muß. Der lateinische Text ist sehr wahrscheinlich
Uebersetzung eines griechischen Originals; z. B. Dunelm (Lightfoot) vermuthete,
es sei in dem Fragmente eine der ᾠδαί εἰς πάσας τὰς γραφάς des hl. Hippolytus
von Rom (§ 25, 9 z. Schl.) erhalten und dasselbe sei ursprünglich in Versen ge=
schrieben gewesen (The Academy, 21 Sept. 1889, p. 186—188). Eine neue Re=
cension des Fragmentes bei E. Preuschen, Analekta. Freiburg i. B. 1893.
(Krüger, Sammlung kirchen= und dogmengeschichtl. Quellenschriften. Heft 8.)
S. 129—137. Näheres in den Lehrbüchern der Einleitung in das Neue Testament.
Th. Zahn, Geschichte des Neutestamentlichen Kanons. Bd. II, 1. Erlangen 1890.
S. 1—143. G. Kuhn, Das muratorische Fragment über die Bücher des neuen
Testaments. Mit Einleitung und Erklärungen herausgegeben. Prämiirte Preisschrift.
Zürich 1892. 8°. G. Koffmane, Das wahre Alter und die Herkunft des sogen. Mura=
tori'schen Kanons: Neue Jahrbücher für deutsche Theol. Bd. II. 1893. S. 163—223.

## § 10. Ignatius von Antiochien.

1. Nachrichten über das Leben des hl. Ignatius. — Ignatius, auch
Theophorus genannt, war zu Ausgang des 1. und zu Anfang des 2. Jahr=
hunderts Bischof von Antiochien in Syrien. Laut Eusebius (Hist. eccl.
III, 22: Migne, P. gr. XX, 256) war er der Nachfolger des Evodius,
welch letzterer an die Stelle des heiligen Petrus trat. Dieselbe Ueberlieferung
bezeugen Origenes (Hom. 6 in Luc.: Migne l. c. XIII, 1814) und Hierony=
mus (De vir. ill. c. 16: Migne, P. lat. XXIII, 633). In der Chronik
(Ed. Schoene II, 158. 162) setzt Eusebius den Heiligen zwischen die
Jahre 2085 und 2123 Abrahams oder zwischen das Jahr 1 Vespasians und
das Jahr 10 Trajans. Der Versuch Harnacks (1878), eine sogen. schema=
tische Anlage der antiochenischen Bischofsliste in der Chronik des Eusebius
nachzuweisen und auf Grund dessen die Zeit des Ignatius herabzurücken (seinen
Tod auf etwa 138 anzusetzen), ist von allen Seiten als unbegründet ab=
gelehnt worden. Einige anderweitige Nachrichten können keinen Anspruch auf
Glaubwürdigkeit erheben. Die Apostolischen Constitutionen VII, 46 (Migne,
P. gr. I, 1049) lassen Evodius durch Petrus, Ignatius durch Paulus zum
Bischofe geweiht werden. Ein Bericht über den Tod des Heiligen, Martyrium
Colbertinum oder Antiochenisches Martyrium genannt, bezeichnet Ignatius
als einen Schüler des Apostels Johannes (c. 1, 1. 3, 1; Opp. Patr. apostol.
Ed. Funk I, 254. 258), und ebendahin äußerte sich bei einem frühern
Anlasse auch Hieronymus (Chron. ad ann. Abr. 2116 = Trai. 3; Eus.,
Chron. Ed. Schoene II, 163). Die von Simeou Metaphrastes (Mart. S. Ign.
c. 1; Funk l. c. II, 246) erwähnte Vermuthung, Ignatius sei das Kind
gewesen, welches der Herr den Jüngern bei ihrem Rangstreite zur Nach=
ahmung vorstellte (Matth. 18, 1 ff.), ist wohl nur durch die Deutung des
Namens Theophorus = „von Gott getragen" veranlaßt worden. — Unter
Kaiser Trajan (98—117) ward Ignatius zu Rom den wilden Thieren vor=
geworfen. Nach der Darstellung des vorhin genannten Martyrium Colberti=
num (c. 2) hatte Trajan persönlich das Todesurtheil gesprochen, als er auf

dem Feldzuge gegen Armenien und die Parther zu Antiochien weilte, im neunten
Jahre seiner Regierung (26. Jan. 106 bis 26. Jan. 107). Diese Dar=
stellung unterliegt indessen schweren Bedenken. Eine Verurtheilung durch den
Kaiser selbst läßt sich mit den Andeutungen und Voraussetzungen der alsbald
zu besprechenden Briefe des Heiligen (Abs. 2) nicht wohl vereinbaren und ist
auch allen andern in Betracht kommenden Zeugen unbekannt. Das angegebene
Datum aber kann nicht zutreffen, weil der parthische Krieg erst 112 begonnen
hat und ein früherer orientalischer Feldzug Trajans bisher nicht nachgewiesen
werden konnte. Das in Rede stehende Martyrium, welches von Begleitern des
hl. Ignatius auf seinem Leidenswege von Antiochien nach Rom verfaßt sein will,
verräth sich durch mannigfache Widersprüche, in welche dasselbe zu den Briefen
des Heiligen tritt, als eine Fälschung und kann als solche nur sehr beschränktes
Vertrauen beanspruchen. Ignatius starb nach diesem Martyrium (c. 7, 1)
am 20. December, unter dem Consulate von Sura und Senecio, d. i. im
Jahre 107. Die griechische Kirche begeht heute noch das Gedächtniß des Hei=
ligen am 20. December, während die lateinische Kirche sein Fest am 1. Februar
feiert. Daß Ignatius zu Rom litt, verbürgt die einstimmige Tradition des
Alterthums. Ihr gegenüber kann die Angabe des in der zweiten Hälfte des
6. Jahrhunderts schreibenden Chronisten Johannes Malalas (Chronogr. XI:
Ed. *Dindorf* p. 276; *Migne,* P. gr. XCVII, 417), Ignatius sei zu Antiochien
gestorben zur Zeit des großen Erdbebens, von welchem die Stadt am
13. December 115 betroffen wurde, nicht ins Gewicht fallen.

2. Die sieben Briefe. — Auf dem Wege von Antiochien nach Rom schrieb
Ignatius sieben uns erhaltene Briefe. Er ist wahrscheinlich zu Schiff von der
Hafenstadt Seleucia bis nach Cilicien oder Pamphylien gefahren, sodann aber,
wie seine Briefe selbst unzweideutig darthun, auf dem Landwege durch Klein=
asien gezogen. Zu Smyrna angelangt, machten die den Heiligen führenden
Soldaten einen kleinen Halt, und es fanden sich Abgesandte mehrerer klein=
asiatischer Christengemeinden ein, um dem Bekenner ihre Verehrung zu bezeigen.
Ignatius sprach diesen Gemeinden auch in Briefen, welche er den Abgesandten
einhändigte, seinen Dank aus. So entstanden zu Smyrna die Briefe an die
Christen zu Ephesus, zu Magnesia und zu Tralles. Mit dem Ausdrucke
seines Dankes verbindet der Verfasser warme Mahnungen zu möglichst engem
Anschluß an den Bischof und ernste Warnungen vor Irrlehrern. Unter den
letztern sind Judaisten und Doketen oder wohl richtiger judaistische Doketen
zu verstehen, welche nach den Worten des Heiligen jüdisch leben (Magn. 8, 1;
10, 3) und zugleich die Wahrheit der menschlichen Natur des Herrn bestreiten
und sein Leiden auf bloßen Schein (τὸ δοκεῖν) zurückführen (Trall. 10). Als
sicherstes Mittel, den Verführungskünsten dieser Irrlehrer Trotz zu bieten,
empfiehlt Ignatius auf das nachdrücklichste freudige Unterwürfigkeit gegen die
kirchlichen Obern. „Befleißigt euch, alles in Gottes-Eintracht (ἐν ὁμονοίᾳ θεοῦ)
zu thun, indem der Bischof an Gottes Statt den Vorsitz führt und die Pres=
byter die Stelle des Senates der Apostel einnehmen, und die Diakonen . . .
mit dem Dienste Jesu Christi betraut sind" (Magn. 6, 1). „Alle sollen die
Diakonen ehren wie Jesum Christum, ebenso auch den Bischof, der das Bild
des Vaters ist, die Presbyter aber wie den Senat Gottes und das Collegium
der Apostel. Ohne diese (kirchlichen Obern) ist von einer Kirche keine Rede"

(Trall. 3, 1). Einen vierten Brief richtete Ignatius von Smyrna aus an
die Christen zu Rom, um dieselben in der rührendsten Weise zu beschwören,
nicht (etwa durch eine Appellation an das Gericht des Kaisers) für Auf=
hebung des über ihn verhängten Todesurtheils thätig zu sein. „Ich fürchte
nämlich, gerade eure Liebe möchte mir Schaden bringen" (1, 2). „Denn nie
werde ich wieder eine solche Gelegenheit haben, in den Besitz Gottes zu ge=
langen" (2, 1). „Ich bin Korn Gottes, und durch die Zähne der wilden
Thiere werde ich gemahlen, damit ich als reines Brod Christi erfunden werde"
(4, 1). Der Eingang dieses Briefes an die Gemeinde zu Rom ist schwierig
und wird verschieden gedeutet. Wenn aber die römische Gemeinde (ἐκκλησία)
προκαθημένη τῆς ἀγάπης genannt wird, so kann dies jedenfalls nicht so
viel als Erste in der Liebe oder der Liebesthätigkeit sein, sondern wohl nur
so viel als Vorsteherin des Liebesbundes oder der Gesamtkirche (ἀγάπη bei
Ignatius häufig = Christengemeinde; s. Trall. 13; 1. Philad. 11; 2.
Smyrn. 12, 1). — Von Smyrna aus fuhr Ignatius nach Troas, und hier
erreichte ihn ein Abgesandter der antiochenischen Gemeinde, welcher die Nach=
richt zu überbringen hatte, daß die Christenverfolgung zu Antiochien ein Ende
genommen. Von Troas aus schrieb nun Ignatius an die Christen zu Phil=
adelphia und zu Smyrna, sowie auch an Polykarpus, den Bischof von Smyrna.
In den beiden ersten Briefen dankt er für bewiesene Liebe und Theilnahme,
mahnt und warnt in den vorhin schon angegebenen Richtungen und bittet
endlich, die Adressaten möchten Gesandtschaften nach Antiochien abordnen, um
den dortigen Brüdern zu dem wiedererlangten Frieden Glück zu wünschen.
Eben diese Bitte wollte Ignatius auch den übrigen Gemeinden der Umgebung
vortragen. Durch unerwartet schnelle Abfahrt von Troas hieran gehindert,
ersucht er den Bischof von Smyrna, an seiner Statt diesen Gemeinden zu
schreiben und dieselben zur Absendung von Boten oder Briefen nach Antiochien
zu veranlassen. Außerdem enthält der Brief an Polykarpus verschiedene Er=
mahnungen und Rathschläge, während die Briefe an die Philadelphier und
die Smyrnäer ihrem ganzen Inhalte nach sich, wie schon angedeutet, mit den
drei an erster Stelle genannten Briefen sehr nahe berühren. Eintracht im
kirchlichen Leben und Unterordnung unter die kirchliche Hierarchie ist es, was
Ignatius auch diesen Gemeinden auf das eindringlichste ans Herz legt. Der
Gehorsam gegen den Bischof gilt ihm als Grundprincip des christlichen Lebens.
„Ich rief (zu Philadelphia) mit lauter Stimme, mit Gottes-Stimme: Haltet
euch an den Bischof und das Presbyterium und die Diakonen!" (Philad. 7, 1.)
„Wo der Bischof sich zeigt, dort soll auch das Volk sein, wie dort, wo Christus
ist, die katholische Kirche ist" (Smyrn. 8, 2; hier kommt zum erstenmal der
Ausdruck „katholische Kirche" vor zur Bezeichnung der Gesamtheit der Gläu=
bigen). — Von Troas fuhr Ignatius nach Neapolis in Thracien und von
dort durchwanderte er über Philippi Macedonien und Illyrien. Zu Dyr=
rhachium (Epidamnus) oder zu Apollonia wird er ein Schiff bestiegen und
von Brundisium aus die übrige Strecke zu Fuß zurückgelegt haben. Daß er
das Ziel seiner Sehnsucht erreicht hat, verbürgt die schon angerufene einhellige
Ueberlieferung. Die genannten Briefe aber, seine letzten Lehr= und Mahn=
worte, bilden eines der hervorragendsten Denkmäler der altkirchlichen Literatur.
Sie sind der unmittelbare Erguß einer für Christus und seine Kirche glühenden

und in dieser Gluth sich verzehrenden Hirtenliebe; wiederholt erinnern sie an einzelne Briefe des Völkerapostels; der Stil ist überaus lebendig, der Ausdruck vielfach ungenau, der Schwung des Geistes und die Stärke der Empfindung durchbrechen gewaltsam die gewöhnlichen Regeln des Gedankenvortrages. Die einzigartige dogmengeschichtliche Bedeutung dieser Briefe läßt sich den Andeutungen über ihren Inhalt entnehmen: sie sind, von anderem abgesehen, ebenso alte wie schlagende Zeugen der katholischen Kirchenverfassung, des Primates der römischen Kirche und des Episkopates in den einzelnen christlichen Gemeinden.

3. **Unechte Briefe und Briefsammlungen.** — Jene sieben Briefe, aber auch nur sie, bezeugt bereits Eusebius (Hist. eccl. III, 36). Er gibt auch unzweideutig zu erkennen, daß dieselben ihm als ein Ganzes, als abgeschlossene Sammlung vorgelegen haben. In späterer Zeit sind noch andere Briefe und Briefsammlungen unter dem Namen des großen Martyrers in Umlauf gesetzt worden. Die älteste dieser Sammlungen, welche gewöhnlich als die längere Recension der Ignatiusbriefe bezeichnet wird, umfaßt die sieben echten und sechs unechte Briefe. Jene sieben erscheinen indessen nicht in der ursprünglichen, sondern in einer bald mehr bald weniger erweiterten, interpolirten Gestalt. Die unechten Briefe sind ein Brief einer Maria von Kassobola an Ignatius, ein Antwortschreiben des letztern und Briefe desselben an die Tarsenser, die Philipper und die Antiochener sowie an den Diakon Hero von Antiochien. Diese dreizehn Briefe treten in nachstehender Reihenfolge auf: 1) Maria an Ignatius, 2) Ignatius an Maria, 3) derselbe an die Trallier, 4) an die Magnesier, 5) die Tarsenser, 6) die Philipper, 7) die Philadelphier, 8) die Smyrnäer, 9) Polykarpus, 10) die Antiochener, 11) Hero, 12) die Epheser, 13) die Römer. In dem an die Spitze der Sammlung gestellten Briefe bittet Maria den Heiligen, seinen jungen Freund Maris der Gemeinde zu Anazarbus als Bischof und einen andern jungen Mann Namens Eulogius der Gemeinde zu Kassobola als Presbyter zu senden. Aus der Heiligen Schrift wird eingehend der Beweis geführt, daß auch Männer von jugendlichem Alter zum Presbyterat und Episkopat befördert werden dürfen, und Ignatius kann in seinem Antwortschreiben nicht umhin, diesem Beweise zuzustimmen. Damit wird die Vermuthung nahegelegt, es sei der Mangel an geeigneten Candidaten für die höheren kirchlichen Würden gewesen, welcher zu der Fälschung Anlaß gab. Daß eine und dieselbe Hand auch die vier andern unechten Briefe fertigte und die echten interpolirte und beide Gruppen von Briefen zu der in Rede stehenden Sammlung vereinigte, darf, wie es scheint, als sicher gelten. Der Fälscher bekennt sich mit Entschiedenheit zur Lehre der Apollinaristen, indem er zweimal (Philipp. 5, 2. Philad. 6, 6) mit Nachdruck dem Erlöser die menschliche Seele abspricht. Spuren einer spätern Zeit sind nicht anzutreffen, und wird das Werk, welches uns im griechischen Urtexte und in alter lateinischer Uebersetzung erhalten ist, gegen Anfang des 5. Jahrhunderts in Syrien oder Palästina entstanden sein. Nach Funk wäre der Fälscher identisch mit dem Compilator der Apostolischen Constitutionen (§ 5, 4). — Eine gewisse Mittelstellung zwischen dieser längern Recension der Ignatiusbriefe und der dem Eusebius vorgelegenen Sammlung nimmt eine gleichfalls griechisch und lateinisch auf uns gekommene Sammlung ein, welche auf der einen Seite die sieben

echten Briefe in ihrer ursprünglichen Gestalt bietet, auf der andern Seite aber auch fünf jener unechten Briefe enthält. Nicht unpassend ist dieselbe neuestens gemischte Sammlung genannt worden (Funk). Der (unechte) Philipperbrief fehlt wohl nur infolge eines Versehens des Autors. Der Römerbrief ist in das den Schluß der Sammlung bildende Martyrium Colbertinum ein= geschlossen. Die Ordnung der Briefe ist folgende: 1) An die Smyrnäer, 2) Polykarpus, 3) die Epheser, 4) die Magnesier, 5) die Philadelphier, 6) die Trallier, 7) Maria an Ignatius, 8) Ignatius an Maria, 9) die Tarsenser, 10) die Antiochener, 11) Hero, 12) die Römer bezw. Martyrium Colbertinum mit beigegebenem Römerbriefe. — Mit dieser gemischten Samm= lung ist eine nur armenisch überlieferte Sammlung insofern nahe verwandt, als auch sie die sieben echten Briefe in ihrer reinen Textesgestalt gibt, während sie denselben zugleich die sechs gefälschten Briefe anschließt. Die Reihenfolge ist: 1) An die Smyrnäer, 2) Polykarpus, 3) die Epheser, 4) die Magnesier, 5) die Trallier, 6) die Philadelphier, 7) die Römer, 8) die Antiochener, 9) Maria an Ignatius, 10) Ignatius an Maria, 11) die Tarsenser, 12) Hero, 13) die Philipper. Der armenische Text ist aus einer verloren gegangenen syrischen Vorlage geflossen. — Eine kleine nachträgliche Ergänzung erhielt die längere Recension der Ignatiusbriefe in der sogen. Laus Heronis, einem Lob= und Bittgebete Heros zum hl. Ignatius, bisher nur lateinisch und nord= ägyptisch (memphitisch) aufgefunden, sehr wahrscheinlich aber griechisch ver= faßt. — Endlich sind noch vier nur lateinisch vorhandene Briefe zu nennen, zwei Briefe des hl. Ignatius an den Apostel Johannes, einer an die allerseligste Jungfrau und ein Antwortschreiben der letztern, alle dem Inhalte wie dem Um= fange nach sehr unbedeutend. Diese Briefe lassen sich nur bis ins 13. Jahr= hundert zurückverfolgen und rühren ohne Zweifel von einem Abendländer her.

4. Geschichte der Ignatius=Frage. — Seit Jahrhunderten bilden die Ignatiusbriefe den Gegenstand literarischen Streites. Die verschiedenen Stadien, in welchen der Streit verlief, waren durch die successive Entdeckung der ver= schiedenen Recensionen bedingt, in welchen die Briefe überliefert sind. Die lange Dauer und die zeitweilige Heftigkeit des Streites sind aus dem dogma= tischen Gehalte der Briefe zu erklären: so theuer dieselben dem Katholiken sind, so nothwendig müssen sie bei dem Protestanten Mißtrauen wecken. Es waren die jüngsten aller „Ignatiusbriefe", die Briefe an den Apostel Johannes und die allerseligste Jungfrau nebst der Antwort der letztern, welche zuerst durch den Druck veröffentlicht wurden, Paris 1495. Wenige Jahre später ward aber auch schon die lateinische Uebersetzung der sogen. längern Recension (mit Ausnahme des Briefes der Maria von Kassobola und der Antwort des Heiligen) ans Licht gezogen durch J. Faber Stapulensis (Lefèvre d'Estaples), Paris 1498 (die Antwort des Heiligen trug S. Champerius nach, Köln 1536; der Brief der Maria scheint in dieser Uebersetzung von An= fang an gefehlt zu haben). Die lateinische Uebersetzung hatte bereits viele neue Ausgaben erlebt, als um die Mitte des 16. Jahrhunderts der griechische Text der längern Recension (mit Ausnahme des Briefes der Maria von Kassobola) entdeckt und herausgegeben wurde, zuerst durch V. Hartung, genannt Frid, Dillingen 1557 (den Brief der Maria veröffentlichte griechisch erst J. Voß, Amsterdam 1646). Da in der griechischen Sammlung die Briefe an Johannes

und die allerseligste Jungfrau fehlten, so erschien die Echtheit dieser Briefe
in Frage gestellt, und es brach sich bald die Erkenntniß Bahn, daß dieselben
ein Product viel späterer Zeit seien. Die (zwölf) griechisch und lateinisch vor=
liegenden Briefe wurden während des 16. Jahrhunderts in katholischen Kreisen
allgemein für echt gehalten, von den Protestanten hingegen meist samt und
sonders als unecht verworfen. Doch wurden auch schon vermittelnde Stimmen
laut, und war es namentlich Abr. Scultetus (Medulla theologiae Patrum,
Ambergae 1598), welcher mit glücklichstem Erfolge die Ansicht vertrat, die
fraglichen Briefe seien zwar als Briefe des hl. Ignatius anzuerkennen, in der
umlaufenden Textgestalt aber ohne Zweifel durch Einschiebsel von späterer
Hand entstellt. — Um die Mitte des 17. Jahrhunderts ward die Briefsamm=
lung, welche vorhin als gemischte Sammlung bezeichnet wurde, aufgefunden
und herausgegeben, zuerst in einer alten lateinischen Uebersetzung durch den
anglikanischen Erzbischof J. Ussher von Armagh, Oxford 1644, und zwei
Jahre später auch im griechischen Texte (mit Ausnahme des Römerbriefes)
durch den Philologen J. Voß in Leiden, Amsterdam 1646 (den Römerbrief
bezw. das Martyrium Colbertinum, welchem derselbe einverleibt ist, ver=
öffentlichte erst Th. Ruinart, Paris 1689). Diese gemischte Sammlung
bot wenigstens die sieben von Eusebius (Hist. eccl. III, 36) bezeugten
Briefe in einer kürzern Textesrecension, und hatte somit die These des Scul=
tetus von der Verderbtheit des längern Textes eine glänzende Bestätigung
erfahren. Nichtsdestoweniger wurde in der Folge von einzelnen Theologen
vielmehr der längern Recension jener sieben Briefe der Vorzug gegeben, d. h.
größere Unversehrtheit und Ursprünglichkeit zuerkannt. Eher als über die
Priorität des kürzern Textes wurde über die Unechtheit der (sechs) Briefe,
welche Eusebius nicht nennt, eine gewisse Einmüthigkeit erzielt. Die wichtigste
Frage aber, ob in jenen sieben Briefen ein Werk des hl. Ignatius oder aber
auch nur eine Fälschung vorliege, fand fort und fort die widersprechendsten
Beantwortungen. Im 17. Jahrhundert trat namentlich der Anglikaner
J. Pearson als Vertheidiger der Echtheit in die Schranken (Vindiciae
epistolarum S. Ignatii, Cantabr. 1672; ed. nova Oxonii 1852; nach der
ersten Ausgabe abgedruckt bei *Migne*, P. gr. V, 35—472) gegen den refor=
mirten Theologen J. Dalläus (De scriptis quae sub Dionysii Areopag.
et Ignatii Antioch. nominibus circumferuntur, Genevae 1666). — In
ein neues Stadium trat die Frage, als im 19. Jahrhundert drei jener sieben
Briefe, diejenigen an die Epheser, an die Römer und an Polykarpus, in
syrischer Sprache, in einer Fassung, welche noch beträchtlich kürzer ist als die
bis dahin bekannte kürzere Recension, von H. Tattam aufgefunden und von
W. Cureton veröffentlicht wurden, London 1845. Eine Reihe von Theo=
logen, insbesondere Engländer, schlossen sich der Meinung des gelehrten Heraus=
gebers an, daß diese syrische Form der drei Briefe den ursprünglichen Ignatius=
text darstelle und alles, was der griechische Text (in der kürzern Recension)
weiteres biete, unechter Zusatz aus dem 4. Jahrhundert sei. Andere hingegen
konnten in dem syrischen Texte nur einen Auszug aus dem griechischen Texte
erkennen, und gegenwärtig ist diese letztere Auffassung, wie es scheint, ganz
allgemein als die richtige anerkannt. — Dagegen ist die Frage, ob die sieben
Briefe in der kürzern der beiden griechischen Recensionen dem hl. Ignatius

angehören, noch nicht zu einer einmüthigen Löſung gekommen. Ein Theil der
proteſtantiſchen Theologen glaubt die Briefe auch heute noch dem Heiligen ab=
ſprechen und der Mitte des 2. Jahrhunderts oder der nächſten Folgezeit zu=
weiſen zu ſollen. Daß die ſieben Briefe miteinander ſtehen und fallen, wird
im allgemeinen von beiden Seiten unverbrüchlich feſtgehalten. Einzelne gegen=
theilige Hypotheſen aus neueſter Zeit (Renan wollte von den ſieben Briefen
nur den Römerbrief als echt anerkennen, während Völter umgekehrt nur
den Römerbrief für eine Fälſchung erklärte) beruhen in der That auf gar zu
vielen und gar zu großen Willkürlichkeiten.

5. Die Echtheit der ſieben Briefe. — Die Echtheit der ſieben Briefe
wird durch Zeugniſſe, welche bis in die Entſtehungszeit der Briefe ſelbſt
zurückreichen, für jeden Unbefangenen außer Zweifel geſtellt. Euſebius
(Hist. eccl. III, 36) macht, wie wiederholt erwähnt, alle ſieben Briefe,
als Beſtandtheile einer Sammlung von Briefen unter dem Namen des hei=
ligen Ignatius von Antiochien, der Reihe nach einzeln namhaft. Origenes
(Prol. in Cant. und Hom. 6 in Luc.: *Migne*, P. gr. XIII, 70 u. 1814)
führt als Ausſprüche des hl. Ignatius ein Wort des Römerbriefes (7, 2)
und einen Satz des Epheſerbriefes (19, 1) an. Deu letztern Satz fand er
„in einem der Briefe“ (ἐν μιᾷ τῶν ἐπιστολῶν) des Martyrers. Jrenäus
(Adv. haer. V, 28, 4: *Migne* l. c. VII, 1200) verweiſt auf eine Stelle des
Römerbriefes (4, 1) mit den Worten: quemadmodum quidam de nostris
dixit, propter martyrium in Deum adiudicatus ad bestias. Die Novelle
des Lucianus von Samoſata (De morte Peregrini) aus dem Jahre 167
trifft mehrfach, bald in der Sache, bald im Ausdruck, mit den Ignatiusbriefen
in einer Weiſe zuſammen, daß die Annahme, Lucianus habe ſtillſchweigend
dieſe Briefe benutzt, ſich nicht wohl umgehen läßt. Eine ſignificante Wendung
in dem Schreiben der Gemeinde von Smyrna über das Ende des hl. Poly=
karpus (c. 3) hat von je her an einen Ausdruck des Römerbriefes (5, 2)
erinnert. Polykarpus ſelbſt endlich ſchreibt in dem Briefe an die Philipper
(13, 2): „Die Briefe des Ignatius, weche uns von ihm geſchickt wurden,
und andere, ſo viele wir deren bei uns hatten, haben wir euch geſchickt, wie
ihr gewünſcht habt. Dieſelben ſind dieſem Briefe beigegeben. Jhr werde
großen Nutzen aus ihnen ſchöpfen können, denn ſie enthalten Glauben und
Geduld ſowie alle auf unſern Herrn bezügliche Erbauung.“ Dieſe Wort
des hl. Polykarpus, bald nach dem Tode des hl. Ignatius geſchrieben, fordern
die Echtheit der in Rede ſtehenden Briefe ſo unausweichlich, daß die Gegne
ſich gezwungen ſehen, den Polykarpusbrief gleichfalls als Fiction zu verwerfe
oder doch in den auf Ignatius bezüglichen Abſchnitten für interpolirt zu er
klären (vgl. § 11, 2). — Den angedeuteten äußern Zeugniſſen werden einig
innere Schwierigkeiten gegenübergeſtellt: die Verurtheilung des Biſchofs vo
Antiochien zum Thierkampfe in Rom ſei unglaubwürdig; in den Tagen de
Ignatius habe die Häreſie noch nicht die Bedeutung beſeſſen und auch no
nicht die innere Geſchichte durchlaufen, wie ſie in den Briefen vorausgeſetzt werd
insbeſondere aber trete hier die kirchliche Verfaſſung in einer Ausbildung u
Entwicklung entgegen, welche unverkennbar auf eine vorgerücktere Zeit hi
weiſe. Allerdings wird in unſern Briefen mit faſt überraſchender Beſtimmthe
der Biſchof von den Presbytern unterſchieden und erſcheint die monarchiſc

(nicht collegialische) Verfassung der christlichen Gemeinde überall als voll=
endete Thatsache. Indessen, wenn schon Hegesippus (s. *Eusebius*, Hist. eccl.
IV, 22) und bald nachher auch Irenäus (Adv. haer. III, 3) einen bis auf die
Apostel zurückgehenden Katalog der Bischöfe von Rom anfertigt, und wenn
Bischof Polykrates von Ephesus in seinem Schreiben an Papst Victor (um 195)
auf sieben frühere Bischöfe von Ephesus verweisen kann (s. *Eusebius*, Hist.
eccl. V, 24), so muß die Annahme, der Episkopat sei zu Beginn des 2. Jahr=
hunderts erst in der Entstehung begriffen gewesen, als ausgeschlossen gelten.
Daß aber die Briefe nicht eine im Interesse der Episkopatsgewalt unternommene
Fälschung sein können, erhellt schon daraus, daß eben der Episkopat immer
nur als feststehende und anerkannte Institution eingeführt wird: die Recht=
mäßigkeit dieser Einrichtung unterliegt auch nicht dem mindesten Zweifel, irgend
ein Zwiespalt zwischen dem Bischofe und den Presbytern ist in keiner Weise
angedeutet. Noch weniger darf die Geschichte der Häresie als Instanz gegen
die Echtheit der Briefe angerufen werden. Das Auftreten Cerinths fällt
jedenfalls noch in die Lebenszeit des Apostels Johannes, und Spuren einer
Polemik gegen die valentinianische Gnosis hat man vergebens in den Briefen
nachzuweisen versucht. Das Martyrium des Verfassers aber mit allen in den
Briefen erwähnten Einzelheiten widerstreitet den Gesetzen und Gewohnheiten der
Zeit nicht im geringsten, und die angebliche Unnatürlichkeit der Persönlichkeit
des Ignatius ist lediglich auf die Subjectivität des Gefühls zurückzuführen.

6. **Martyreracten.** — Ueber das Leiden des hl. Ignatius liegen fünf ver=
schiedene Berichte vor. Zwei derselben sind von einander unabhängige Originalarbeiten;
die drei andern sind aus mannigfacher Verbindung und Ueberarbeitung der beiden
ersten hervorgegangen. (a) Die oben (Abs. 1) wiederholt angeführten Acten wurden
griechisch zuerst 1689 von Th. Ruinart aus einer Handschrift der Colbertinischen
Bibliothek herausgegeben und in der Folge gewöhnlich Martyrium Colbertinum
genannt. Eine andere Handschrift des griechischen Textes ist auch bis heute nicht
aufgefunden worden. Dieses Martyrium will von Augenzeugen des Leidens des
Heiligen niedergeschrieben sein und würde, wenn es echt wäre, das älteste Schriftstück
dieser Art darstellen. Doch wird dasselbe wegen der Unvereinbarkeit vieler seiner
Angaben mit den Briefen des Heiligen und mit andern beglaubigten Nachrichten
über die Regierung des Kaisers Trajan von den meisten Kritikern der Neuzeit mit
Entschiedenheit als unecht bezeichnet und seine Abfassung in das 4. oder 5. Jahr=
hundert verlegt. A. Brüll, Ueber die Echtheit der Marterakten des hl. Ignatius
von Antiochien: Theol. Quartalschr. Bd. LXVI. 1884. S. 607—620, möchte an
dem Selbstzeugnisse der Schrift festhalten. Ebenso J. Düret, Zu Gunsten der
Ignatianischen Martyriums=Akten: Katholische Schweizer=Blätter. Bd. VI. 1890.
S. 297—337. 466—493; Bd. VII. 1891. S. 54—68. Gegen Düret wandte sich
Funk, Zu den Ignatius=Akten: Theol. Quartalschr. Bd. LXXV. 1893. S. 456
bis 465. Der griechische Text des Martyrium Colbertinum ist seit 1689 den
meisten Ausgaben der Briefe des hl. Ignatius beigegeben worden (*Migne*, P. gr. V,
979—988); so neuestens von *Zahn*, Ignatii et Polycarpi epistulae, martyria,
fragmenta. Lips. 1876. p. 301—306; *Funk*, Opp. Patr. apostol. I, 254—265;
*Lightfoot*, The Apostolic Fathers. Part II. London 1885. 1889. Vol. II.
p. 473—491. Eine alte lateinische Uebersetzung, schon 1647 durch J. Ussher ver=
öffentlicht, neuerdings bei *Lightfoot* l. c. p. 643—652. Eine syrische Uebersetzung,
vollständig zuerst 1872 durch G. Moesinger ans Licht gezogen, neuerdings bei
*Lightfoot* l. c. p. 687—708 (herausgegeben durch W. Wright). Neuere Ueber=

ſetzungen ſind den meiſten Ueberſetzungen der Briefe des hl. Ignatius (vgl. Abſ. 10) beigegeben. (b) Ein von dem bisher beſprochenen durchaus unabhängiges griechiſches Martyrium ward zuerſt 1857 von A. R. M. Dreſſel aus einer Baticaniſchen Handſchrift herausgegeben und nach dem Fundorte Martyrium Vatioanum genannt. Inzwiſchen ſind jedoch noch zwei andere Handſchriften des griechiſchen Textes, zu Orford und zu Paris, bekannt geworden. Dieſe Acten mögen im 5. Jahrhundert entſtanden ſein und entbehren eines geſchichtlichen Werthes. In Uebereinſtimmung mit dem an erſter Stelle genannten Martyrium laſſen dieſelben den Kaiſer ſelbſt das Todesurtheil über Ignatius fällen, der Schauplatz der gerichtlichen Verhand= lungen aber iſt nach ihrer Darſtellung nicht Antiochien, ſondern Rom. Mit Rück= ſicht hierauf hat Lightfoot (1885) das erſte Martyrium „antiocheniſches", das zweite „römiſches" genannt. Der griechiſche Text des zweiten Martyriums ward neueſtens herausgegeben von *Zahn* l. c. p. 307—316; *Funk* l. c. II, 218—245; *Lightfoot* l. c. p. 492—536. Eine nordägyptiſche (memphitiſche) Ueberſetzung, herausgegeben von P. le P. Renouf, bei *Lightfoot* l. c. p. 865—881. Eine engliſche Ueber= ſetzung von *Lightfoot* l. c. p. 575—584. (c) Ein nur lateiniſch vorhandenes Mar= tyrium, nach den erſten Herausgebern meiſt Martyrium der Bollandiſten genannt, iſt aus den beiden vorhin beſprochenen Martyrien zuſammengeſtellt. Eine neue Ausgabe von *Funk* l. c. II, 259—275. (d) Ein nur armeniſch vorliegendes Mar= tyrium, herausgegeben von J. B. Aucher, iſt gleichfalls eine, allerdings freiere und künſtlichere Compilation aus den beiden erſten Martyrien. Eine neue Ausgabe von *J. H. Petermann,* S. Ignatii Patris apostol. quae feruntur epistolae. Lips. 1849. p. 496—549. Einige Bruchſtücke wurden auch von P. Martin herausgegeben bei *I. B. Pitra,* Analecta sacra. Tom. IV. Parisiis 1883. p. 2—5. 280—281. (e) Noch weiter in bunter Miſchung und freier Umgeſtaltung des Stoffes der beiden erſten Martyrien geht endlich ein von J. B. Cotelier heraus= gegebenes griechiſches Martyrium von der Hand des Simeon Metaphraſtes (10. Jahrh.). Neue Ausgaben von *Zahn* l. c. p. 316—325; *Funk* l. c. II, 246—258. Ueber die Martyrien im allgemeinen und ihr Verhältniß zu einander ſ. Zahn, Ignatius von Antiochien S. 2—56; *Lightfoot* l. c. p. 363—470.

7. Ueberlieferung und Ausgaben des griechiſchen Textes der Briefe. — Die von Euſebius bezeugte Sammlung der ſieben Ignatiusbriefe iſt uns handſchriftlich nicht erhalten. Der urſprüngliche (nicht interpolirte) Text dieſer Briefe iſt der Sammlung zu entnehmen, welche Abſ. 3 gemiſchte Sammlung genannt wurde. Dieſe Sammlung aber iſt im griechiſchen Originaltexte nur durch eine einzige, über= dies defecte Handſchrift überliefert, einen codex Medicco-Laurentianus zu Florenz saec. XI, in welchem (von den echten Briefen) der Römerbrief gänzlich fehlt. Der urſprüngliche Text des Römerbriefes iſt in der Umrahmung des Martyrium Colbertinum, ſoviel bekannt, nur durch den codex Colbertinus (nunc Pari- siensis) auf uns gekommen, von welchem dieſes Martyrium ſeinen Namen erhalten hat. Die Bedeutung einer griechiſchen Handſchrift der gemiſchten Sammlung dar aber auch die alte lateiniſche Ueberſetzung derſelben beanſpruchen; ſie bindet ſich ſ ſklaviſch wie nur möglich an die griechiſche Vorlage und iſt deshalb für die Kriti der letztern von höchſtem Werthe. Außerdem iſt die (freilich nur in dürftigen Bruch ſtücken vorliegende) ſyriſche und die armeniſche Ueberſetzung in Betracht zu ziehe ſowie endlich auch der griechiſche Text der längern Recenſion der Ignatiusbrief Dieſer interpolirte Text iſt in mehreren Handſchriften auf die Nachwelt gelangt. D Führerſchaft iſt einem cod. Monacensis (olim Augustanus) saec. X/XI zuz erkennen, welcher ſchon die Grundlage der editio princeps (Dillingen 1557) bilde Näheres bei *Funk,* Opp. Patr. apostol. II, xxv—xxxviii. — Die erſte Ausga des urſprünglichen Textes der ſieben echten Briefe beſorgte J. Voß, Amſterda 1646, nach dem cod. Medicco-Laurentianus, bezw. Th. Ruinart, Paris 168

§ 10. Ignatius von Antiochien.

nach dem cod. Colbertinus. *Gallandi*, Bibl. vet. Patr. Tom. I. p. 243—303, gibt den Text nach *Th. Smith*, S. Ignatii epistolae genuinae. Oxonii 1709; *Migne*, P. gr. V, 625—728, nimmt den Text aus *Hefele*, Opp. Patr. apostol. Ed. 3. Tub. 1847. Die neuesten und besten Ausgaben sind diejenigen von *Zahn*, Ignatii et Polycarpi epistulae, martyria, fragmenta (Patr. apostol. opp. Rec. de Gebhardt, Harnack, Zahn. Fasc. II). Lips. 1876; *Funk*, Opp. Patr. apostol. Tom. I. Tub. 1878. 1887; *J. B. Lightfoot*, The Apostolic Fathers. Part II. S. Ignatius. S. Polycarp. London 1885. 1889. 2 vols. Lightfoots Ausgabe bietet die vollständigste Materialiensammlung. Die längere Recension der Ignatius- briefe wurde griechisch zuerst herausgegeben von B. Hartung, genannt Frid, Dil- lingen 1557. Ueber diese und die beiden folgenden Ausgaben (von W. Morel, Paris 1558; A. Gesner, Zürich 1559) s. *Funk*, Die drei ersten griechischen Ausgaben der längern Recension der Ignatianischen Briefe und ihre handschriftliche Grundlage: Theol. Quartalschr. Bd. LXI. 1879. S. 610—628. *Migne*, P. gr. V, 729—941 gibt die längere Recension nach *Cotelerius*, Patres aevi apostol. Tom. II. Neue Ausgaben von *Zahn* l. c. p. 174—296; *Funk* l. c. II, 46—213; *Lightfoot* l. c. II, 709—857.

8. Alte Uebersetzungen der Briefe. — In lateinischer Uebersetzung ist sowohl die längere Recension der Ignatiusbriefe als auch die gemischte Sammlung auf uns gekommen. In der erstern fehlt jedoch der Brief der Maria von Kassobola, und pflegt dieser Brief aus der gemischten Sammlung in die Ausgaben der längern Recension herübergenommen zu werden. Ueber die Ausgaben und die Handschriften der längern Recension handelt Funk, Der lateinische Pseudo-Ignatius: Theol. Quartalschr. Bd. LXIII. 1881. S. 137—145. Neue Ausgaben von *Zahn* l. c. p. 175—296; *Funk* l. c. II, 47—213. P. de Lagarde hat die längere Recension und die gemischte Sammlung in zwei Columnen nebeneinander zum Abdruck ge- bracht: Die lateinischen Uebersetzungen des Ignatius, herausgeg. von P. de Lagarde. (Aus dem XXIX. Bande der Abhandlungen der kgl. Ges. der Wiss. zu Göttingen.) Göttingen 1882. 4°. Neuere Ausgaben der gemischten Sammlung bei Funk, Die Echtheit der Ignatianischen Briefe aufs Neue vertheidigt. Tübingen 1883. S. 151 bis 204; *Lightfoot* l. c. II, 597—652. In syrischer Uebersetzung bietet Light- foots Ausgabe der griechischen Textes II, 659—687 die Briefe an Polykarpus, an die Epheser und an die Römer in der (1845 von W. Cureton herausgegebenen) abgekürzten Gestalt (syrisch und englisch) und verschiedene Fragmente der echten Briefe in der ursprünglichen Gestalt. Herausgeber ist W. Wright. Ueber frühere Ausgaben und Bearbeitungen dieser syrischen Texte s. E. Nestle, Syrische Gram- matik. Berlin 1888. II. Thl. S. 54 s. v. Ignatius Antiochenus. Aus der syrischen Uebersetzung floß die armenische. Sie ist einläßlich berücksichtigt worden in der Ausgabe der Briefe von J. H. Petermann: S. Ignatii Patris apostol. quae feruntur epistolae una cum eiusdem martyrio. Collatis edd. graecis versio- nibusque syriaca, armeniaca, latinis denuo recensuit notasque criticas adiecit I. H. P. Lipsiae 1849. 8°. In Lightfoots Ausgabe hat die armenische Uebersetzung keine Aufnahme gefunden. Dagegen gibt Lightfoot II, 861—864 Stücke des unechten Briefes ad Heronem (c. 8—9) und Stücke des echten (nicht interpolirten) Smyrnäerbriefes (c. 1—6) in südägyptischer (thebanischer) Uebersetzung. Eben diese Stücke hat P. Martin bei *Pitra*, Analecta sacra. T. IV. Parisiis 1883. p. 255—257. 277—279, südägyptisch und lateinisch veröffentlicht.

9. Laus Heronis. Die nur lateinisch vorhandenen Briefe. Syrische Liturgie. Arabische und äthiopische Auszüge. — Die Laus Heronis lateinisch (*Migne*, P. gr. V, 945—948) bei *Zahn* l. c. p. 297; *Funk* l. c. II, 214; *Lightfoot* l. c. II, 893. Lightfoot gibt das Gebet aber auch in nordägyptischer (memphitischer) Uebersetzung p. 881—882 und versucht eine Wiederherstellung des griechischen Textes p. 893—894.

— Die nur lateinisch vorhandenen Briefe an den Apostel Johannes und die allerseligste Jungfrau nebst dem Antwortschreiben der letztern (*Migne* l. c. V, 941—946)
bei *Zahn* l. c. p. 297—300; *Funk* l. c. II, 214—217; *Lightfoot* l. c. II, 653—656.
— Eine bei den syrischen Jakobiten in Gebrauch befindliche Liturgie unter dem Namen
des hl. Ignatius lateinisch bei *Renaudot*, Liturg. Orient. Coll. Paris. 1716.
Tom. II. p. 215—227; abgedruckt bei *Migne* l. c. V, 969—978. — Arabische Auszüge
aus angeblichen Briefen des hl. Ignatius, 1872 durch G. Mösinger veröffentlicht,
neuerdings bei *Lightfoot* l. c. II, 883—890 (arabisch und englisch), herausgegeben
durch W. Wright. Eine äthiopische Uebersetzung dieser arabischen Auszüge ward schon
durch A. Dillmann bei *W. Cureton*, Corpus Ignatianum. Berol. 1849.
p. 256—262 (äthiopisch und lateinisch) ans Licht gezogen.

10. Neuere Literatur. — Ueber Ignatius und seine Zeit handeln J. Nirschl,
Das Todesjahr des hl. Ignatius von Antiochien und die drei orientalischen Feldzüge
des Kaisers Trajan. Passau 1869. 8⁰. Th. Zahn, Ignatius von Antiochien.
Gotha 1873. 8⁰. (XVI, 631 S.) A. Harnack, Die Zeit des Ignatius und die
Chronologie der antiochenischen Bischöfe bis Tyrannus nach Julius Africanus und
den späteren Historikern. Leipzig 1878. 8⁰. Andere, namentlich ältere Literatur bei
*Chevalier*, Répert. des sources hist. 1107—1108. 2657—2658; *Richardson*,
Bibliograph. Synopsis 12—15. — Neuere deutsche und englische Uebersetzungen
der echten Ignatiusbriefe wurden schon § 6 verzeichnet. Eine englische Uebersetzung
auch bei *Lightfoot* l. c. II, 539—570. Weitere Uebersetzungen sind aufgeführt bei
*Richardson*, Bibliograph. Syn. 11—12. — Ueber die Ignatiusbriefe handeln
*Fr. A. Chr. Düsterdieck*, Quae de Ignatianarum epistolarum authentia duo-
rumque textuum ratione et dignitate hucusque prolatae sunt sententiae
enarrantur et dijudicantur. (Progr.) Gottingae 1843. 4⁰. *W. Cureton*, The
ancient Syriac version of the Epistles of St. Ignatius to St. Policarp, the
Ephesians and the Romans. London 1845. 8⁰. *W. Cureton*, Vindiciae Igna-
tianae; or the genuine writings of St. Ignatius, as exhibited in the ancient
Syriac version, vindicated from the charge of heresy. London 1846. 8⁰.
*W. Cureton*, Corpus Ignatianum: a complete collection of the Ignatian
Epistles, genuine, interpolated, and spurious. London 1849. Berlin 1849. 8⁰.
Chr. C. J. Bunsen, Ignatius von Antiochien und seine Zeit. Sieben Send-
schreiben an Dr. A. Neander. Hamburg 1847. 4⁰. Chr. C. J. Bunsen, Die
drei echten und die vier unechten Briefe des Ignatius von Antiochien. Hamburg
1847. 4⁰. F. Chr. Baur, Die Ignatianischen Briefe und ihr neuester Kritiker.
Eine Streitschrift gegen Herrn Bunsen. Tübingen 1848. 8⁰. H. Denzinger,
Ueber die Echtheit des bisherigen Textes der Ignatianischen Briefe. Würzburg 1849. 8⁰.
R. A. Lipsius, Ueber das Verhältniß des Textes der drei syrischen Briefe des
Ignatios zu den übrigen Recensionen der Ignatianischen Literatur. Leipzig 1859.
(Abhandlungen für die Kunde des Morgenlandes. Bd. I. Nr. 5.) Die hier ver-
fochtene These von der Ursprünglichkeit der syrischen Recension hat Lipsius später
zurückgenommen; s. Zeitschr. f. wiss. Theol. Bd. XVII. 1874. S. 211 Anm. 1.
*F. J. J. A. Junius*, De oorsprong der brieven van Ignatius. Tiel 1859. 8⁰.
*Th. Dreher*, S. Ignatii episc. Antioch. de Christo Deo doctrina. (Progr.)
Sigmaringae 1877. 4⁰. A. Brüll, Der Episkopat und die ignatianischen Briefe:
Theol. Quartalschr. Bd. LXI. 1879. S. 248—257. J. Nirschl, Die Theologie
des hl. Ignatius, des Apostelschülers und Bischofs von Antiochien, aus seinen
Briefen dargestellt. Mainz 1880. 8⁰. F. X. Funk, Der Interpolator der Igna-
tianischen Briefe und die Interpolation der apostolischen Constitutionen: Theol.
Quartalschr. Bd. LXII. 1880. S. 355—383. Funk, Die Echtheit der Ignatianischen Briefe aufs Neue vertheidigt. Mit einer literarischen Beilage: Die alte
lateinische Uebersetzung der Usherschen Sammlung der Ignatiusbriefe und des Polykarp-

briefes. Tübingen 1883. 8⁰. F u n k, Die Apostolischen Konstitutionen. Rottenburg
1891. S. 281—355 (hier tritt Funk mit Entschiedenheit für die Identität des
Interpolators der Ignatianischen Briefe mit dem Compilator der Apostolischen Con-
stitutionen ein). *W. D. Killen*, The Ignatian Epistles entirely spurious: a
reply to the R. R. Dr. Lightfoot, bishop of Durham. Edinburgh 1886. 8⁰.
D. V ö l t e r, Die Lösung der Ignatianischen Frage: Theologisch Tijdschrift 1886,
Jan., p. 114—136. *J. van Loon*, Dr. D. Völter's Hypothese ter oplossing
van het Ignatiaansche vraagstuk: Theol. Tijdschr. 1886, Juni, p. 569—586.
*D. Völter*, Ignatius — Peregrinus? Ibid. 1887, Maart, p. 272—326. *J. van
Loon*, Laatste verschijnselen op het gebied der Ignatiaansche kritiek:
ibid. 1888, April, p. 420—445. D. V ö l t e r, Die Ignatianischen Briefe, auf
ihren Ursprung untersucht. Tübingen 1892. 8⁰. *J. van Loon*, De kritiek der
Ignatiana in onze dagen: Theol. Tijdschr. 1893, Maart, p. 275—316.
*R. C. Jenkins*, Ignatian difficulties and historic doubts: a letter to the very
Rev. the Dean of Peterborough. London 1890. 8⁰. *J. Réville*, Études sur
les origines de l'épiscopat. La valeur du témoignage d'Ignace d'Antioche.
Paris 1891. 8⁰.

## § 11. Polykarpus von Smyrna.

1. Leben. — Nachrichten über Polykarpus sind hauptsächlich in den
Schriften seines Schülers Irenäus erhalten. Letzterem steht noch im hohen
Alter das Bild des Lehrers greifbar und lebendig vor der Seele. „Ich könnte
Dir", schreibt Irenäus an einen ehemaligen Mitschüler (Ep. ad Florinum:
bei *Eusebius*, Hist. eccl. V, 20; *Migne*, P. gr. XX, 485), „noch den Ort
angeben, wo der selige Polykarpus saß und lehrte, und sein Aus- und Eingehen und sein ganzes Verhalten und sein Aussehen und die Reden, welche er
an das Volk hielt, und wie er von seinem Verkehre mit Johannes erzählte
und mit den andern, welche den Herrn gesehen hatten, und wie er deren
Worte anführte und was er von ihnen über den Herrn und seine Wunderthaten und seine Lehre gehört hatte." Unter Johannes ist ohne Zweifel der
Apostel Johannes verstanden, und nach Tertullian (De praescript. c. 32:
*Migne*, P. lat. II, 45) ist Polykarpus auch von dem Apostel Johannes zum
Bischof von Smyrna bestellt worden, während Irenäus (Adv. haer. III, 3, 4:
*Migne*, P. gr. VII, 851) sich begnügt zu sagen, Polykarpus sei von Aposteln
(ὑπὸ ἀποστόλων) zum Bischof eingesetzt worden. Eusebius (Hist. eccl.
III, 36: *Migne* l. c. XX, 288) schließt sich an Irenäus an, Hieronymus
(De vir. ill. c. 17: *Migne*, P. lat. XXIII, 635) an Tertullian. Als der
hl. Ignatius auf seinem Leidenswege nach Smyrna kam, waltete Polykarpus
bereits des bischöflichen Amtes (vgl. § 10, 2). Irenäus wird erst um 140
die Schule des greisen Bischofs besucht haben. „Er lehrte", versichert Irenäus
später (Adv. haer. III, 3, 4), „stets das, was er auch von den Aposteln
erlernt hatte, was auch die Kirche verkündet, was auch allein wahr ist."
Zur Zeit des hl. Anicetus, welcher etwa 154/155—166/167 der römischen
Kirche vorstand, weilte Polykarpus zu Rom und verhandelte mit dem Papste
laut Irenäus (Ep. ad Victorem: bei *Eusebius*, Hist. eccl. V, 24) über
verschiedene Fragen, laut Eusebius (Hist. eccl. IV, 14) und Hieronymus
(De vir. ill. c. 17) „über den Tag der Osterfeier". Die Verhandlungen
hatten nicht den gewünschten Erfolg; „denn weder konnte Anicetus den Poly-

karpus bewegen, jenen Gebrauch aufzugeben, welchen er mit Johannes, dem
Jünger unseres Herrn, und den andern Aposteln, mit welchen er verkehrte,
stets beobachtet hatte, noch auch bewog Polykarpus den Anicetus, sich diesem
Gebrauche anzuschließen, indem letzterer erklärte, er müsse an der Gewohnheit
seiner Vorgänger (τῶν πρὸ αὐτοῦ πρεσβυτέρων) festhalten. Gleichwohl hielten
sie Gemeinschaft miteinander, und Anicetus ließ den Polykarpus ehrenhalber
in der Kirche die Eucharistie feiern, und in Frieden gingen sie auseinander"
(*Irenaeus* l. c.). Zu Rom bekehrte Polykarpus viele Valentinianer und
Marcioniten und andere Häretiker „zur Kirche Gottes" (*Irenaeus*, Adv.
haer. III, 3, 4). Als Marcion ihm einst begegnete (nach *Hieronymus* l. c.
gleichfalls zu Rom) und ihn frug, ob er ihn kenne, erwiderte er: „Freilich
kenne ich den Erstgeborenen des Satans" (*Irenaeus* l. c.) Bald nach seiner
Rückkehr von Rom sollte Polykarpus seine Laufbahn mit dem Martyrertode
beschließen. Ueber die nähern Umstände seines Todes berichtet ein kurze Zeit
nachher verfaßtes Rundschreiben der Kirche zu Smyrna. Auf die Zumuthung,
Christum zu schmähen, antwortete er: „Sechsundachtzig Jahre diene ich ihm,
und er hat mir nie ein Leid gethan; und wie kann ich meinen König lästern,
welcher mich erlöst hat!" (Mart. S. Polyc. c. 9, 3.) Er wurde zum Feuer=
tode verurtheilt, und als die Flammen seiner schonten, wurde er mit einem
Dolche durchbohrt (ibid. c. 16). Es war an einem Sabbate, am zweiten
des Monats Xanthikus (23. Februar), unter dem Proconsulate des Statius
Quadratus (ib. c. 21; cf. 8, 1). Erst Waddington ist es gelungen, die
Zeit dieses Proconsulates mit annähernder Sicherheit zu bestimmen: dasselbe
muß in die Jahre 154 und 155 oder 155 und 156 gefallen sein. Für das
Jahr 155 als Todesjahr des Heiligen wird der Umstand geltend gemacht,
daß der 23. Februar jenes Jahres in der That ein Samstag gewesen sei.

2. Der Philipperbrief. — Irenäus (Ep. ad Florin.: bei *Eusebius*,
Hist. eccl. V, 20) erwähnt Briefe, welche Polykarpus „theils an benachbarte
Gemeinden sandte, um sie (im Glauben) zu befestigen, theils an einzelne
Brüder, um sie zu belehren und zu ermahnen." Und bei einer andern Ge=
legenheit (Adv. haer. III, 3, 4) schreibt er: „Es gibt aber auch einen sehr
tüchtigen (ἱκανωτάτη) Brief des Polykarpus an die Philipper, aus welchem
diejenigen, welche guten Willens und auf ihr Heil bedacht sind, die Form seines
Glaubens und die Predigt der Wahrheit ersehen können." Eusebius (Hist.
eccl. III, 36) führt aus dem Briefe des hl. Polykarpus an die Philipper
zwei längere Stellen an, welche von Ignatius und dessen Briefen handeln,
und bemerkt weiterhin (IV, 14), Polykarpus bediene sich in diesem Briefe
einiger Zeugnisse aus dem ersten Briefe des hl. Petrus. Hieronymus endlich
(De vir. ill. c. 17) berichtet von Polykarpus: Scripsit ad Philippenses
valde utilem epistolam quae usque hodie in Asiae conventu legitur. —
Der Brief des hl. Polykarpus an die Christen zu Philippi ist erhalten ge=
blieben. Philippi gehörte zu den Städten, welche Ignatius von Antiochien
auf seinem Wege durch Macedonien berührte, und die Christen zu Philippi
entsprachen alsbald der Aufforderung des hl. Martyrers, den Brüdern zu
Antiochien zu der Rückkehr des Friedens ihre Freude zu bezeugen (vgl. § 10, 2).
Polykarpus sollte das Glückwunschschreiben an seine Adresse befördern, und
indem die Philipper dem Bischofe von Smyrna diese Bitte vortrugen, ersuchten

sie ihn zugleich um eine Abschrift der Briefe, mit welchen Ignatius verschiedene
kleinasiatische Gemeinden und auch ihn selbst erfreut hatte. Polykarpus will=
fahrte ihnen, übersandte die Briefe des hl. Ignatius, „so viele er deren bei
sich hatte" (c. 13, 2), und gab denselben den in Rede stehenden Brief als
Begleitschreiben bei. Dieses Schreiben verläuft in herrlichen Ermahnungen,
„voll vielfältiger Belehrung, mit Klarheit und Einfachheit, nach der kirchlichen
Weise der Schriftauslegung" (*Photius*, Bibl. cod. 126: *Migne*, P. gr.
CIII, 408). Polykarpus warnt vor der Habsucht, der Wurzel alles Bösen,
und legt den Verheirateten, den Wittwen, den Diakonen, den Jünglingen und
Jungfrauen, den Priestern ihre besondern Pflichten an das Herz. Wieder=
holt schließt Polykarpus sich fast wörtlich an den Korintherbrief des hl. Cle=
mens von Rom (§ 8, 2) an. Er setzt voraus, daß Ignatius „an dem
ihm gebührenden Platze beim Herrn angelangt ist" (c. 9), bittet aber zu=
gleich, etwaige zuverlässige Nachrichten über des Ignatius Ende ihm zugehen
zu lassen (c. 13, 2); das Schreiben muß also bald nach dem Tode des
hl. Ignatius verfaßt sein. — Der Polykarpusbrief zeugt in entscheidender
Weise für die Echtheit der Ignatiusbriefe (vgl. § 10, 5). Dieses Zeugniß zu
entkräften, haben die Gegner der Ignatiusbriefe bald die Integrität des Poly=
karpusbriefes geläugnet, bald die Echtheit desselben bestritten. Der Fälscher
der Ignatiusbriefe soll zur Verdeckung dieser ersten Fälschung entweder auch
den Polykarpusbrief gefälscht oder aber die auf Ignatius und dessen Briefe
bezüglichen Abschnitte in denselben eingeschoben haben. Allein die Einheit des
Verfassers des Polykarpusbriefes wird schon durch die Identität des Stils
und Charakters sowie die gleichmäßig über das Ganze sich erstreckende Ab=
hängigkeit von dem ersten Clemensbriefe schlagend dargethan. Die Echtheit
des Briefes aber wird durch das angeführte Zeugniß des hl. Irenäus außer
Zweifel gestellt. Wenn es indessen auch möglich sein würde, den Polykarpus=
brief sowohl wie die Ignatiusbriefe als unecht zu erweisen, so würde es gleich=
wohl aus äußern und innern Gründen unmöglich bleiben, in dem erstern ein
„Einleitungs= und Empfehlungsschreiben" zu den letztern zu erblicken. Hat
die Schrift keinen andern Zweck, als der Episkopalverfassung gegenüber der
Presbyterialverfassung zum Siege zu verhelfen, so kann nicht das „Vorwort"
zu dieser Schrift in einem Briefe gesucht werden, in welchem wohl einmal zur
Unterwerfung unter die Presbyter und Diakonen aufgefordert wird (c. 5, 3),
das Wort ἐπίσκοπος aber überhaupt nicht vorkommt.

3. Andere Fragmente unter des Polykarpus Namen. — Aus einer latei=
nischen Catene über die vier Evangelien hat zuerst Fr. Feuardent (1596)
fünf kleine (lateinische) Fragmente über verschiedene Stellen der Evangelien
unter des Polykarpus Namen herausgegeben: der Compilator der Catene,
vielleicht Johannes Diaconus in der zweiten Hälfte des 9. Jahrhunderts, hatte
diese Bemerkungen einer Schrift des Bischofs Victor von Capua (gest. 554)
Responsionum capitula entnommen. Die Echtheit derselben ist im höchsten
Grade zweifelhaft. Dagegen darf Polykarpus wohl mit Sicherheit als einer
der Alten (πρεσβύτερος) bezeichnet werden, von welchen Irenäus (Adv. haer.)
mannigfache Aussagen mittheilt (s. § 24, 9).

4. Martyrium S. Polycarpi. Vita S. Polycarpi. — Das Martyrium
S. Polycarpi (Abs. 1) hat Eusebius zum weitaus größern Theile (c. 8—19, 1)

in seine Kirchengeschichte IV, 15 aufgenommen. Den vollständigen griechischen Text veröffentlichte zuerst J. Ussher, London 1647. Kurz vorher hatte J. Bolland eine alte, aber sehr freie, lateinische Uebersetzung herausgegeben (Acta SS. Ian. T. II, Antverpiae 1643. p. 705—707). Neue Ausgaben des griechischen Textes (Migne, P. gr. V, 1029—1046) von Zahn, Ignatii et Polycarpi epistulae, martyria, fragmenta. Lipsiae 1876. p. 132—168; Funk, Opp. Patr. apostol. I, 282—309; Lightfoot, The Apostolic Fathers. Part II. London 1885. 1889. Vol. II. p. 935—998. Zahn hat a. a. O. zugleich die lateinische Uebersetzung von neuem herausgegeben. Ueber die Verbreitung dieser Uebersetzung handelt A. Harnack, Die Zeit des Ignatius. Leipzig 1878. S. 75—90: „Zur Geschichte der Verbreitung der Passio S. Polycarpi im Abendlande." Aus des Eusebius Kirchengeschichte (a. a. O.) ist das Martyrium (in der abgekürzten Gestalt) ins Syrische und ins Nordägyptische (Memphitische) übersetzt worden. Die letztere Uebersetzung veröffentlichte E. Amélineau, Les Actes coptes du martyre de St. Polycarpe: Proceedings of the Society of Biblical Archaeology X, 7 (1888), p. 391—417. Neuere Uebersetzungen des Martyriums sind den meisten Uebersetzungen des Briefes des hl. Polykarpus (vgl. Abs. 6) beigegeben. Dieses Martyrium, das älteste, welches auf uns gekommen, trägt die Aufschrift: „Die Kirche Gottes, welche zu Smyrna weilt, an die Kirche Gottes, welche in Philomelium weilt, und an sämtliche Gemeinden der heiligen und katholischen Kirche an allen Orten." Die Christen zu Philomelium in Phrygien hatten die Gemeinde zu Smyrna um nähere Nachrichten über das Ende des hl. Polykarpus gebeten (c. 20, 1), und die Abfassung des Antwortschreibens fällt laut 18, 3 jedenfalls vor den ersten Jahrestag des Todes des Heiligen. Integrität und Echtheit des Schreibens (c. 1—20) sind nur vorübergehend und erfolglos in Abrede gezogen worden. Ueber die Glaubwürdigkeit und Zuverlässigkeit desselben vgl. E. Egli, Altchristliche Studien. Martyrien und Martyrologien ältester Zeit. Zürich 1887. S. 61—79. — Dem Martyrium S. Polycarpi sind in den Handschriften und dementsprechend auch in den Ausgaben einige Nachträge von spätern Händen beigefügt (c. 21—22). Die ersten Sätze, welche die Zeit des Martyrertodes angeben (c. 21), sind von einem Abschreiber Cajus aus dem Exemplare des Irenäus (ἐκ τῶν Εἰρηναίου c. 22, 2) genommen; sie werden also vom hl. Irenäus oder von dem Schreiber des dem hl. Irenäus zugesandten Exemplares herrühren. Die letzten Sätze schrieb ein gewisser Pionius, welcher durch eine Offenbarung des hl. Polykarpus von dem vorliegenden Martyrium Kenntniß erhalten haben will und welcher gewöhnlich mit dem ungenannten Verfasser einer umfangreichen Biographie des Heiligen identificirt wird. Diese Vita S. Polycarpi (auctore Pionio) wurde durch J. Bolland in einer (von ihm selbst gefertigten) lateinischen Uebersetzung herausgegeben (Acta SS. Ian. T. II. Antverpiae 1643. p. 695—705). Den griechischen Text veröffentlichte erst L. Duchesne, Paris 1881; nach ihm Funk l. c. II, 315—357; und sodann Lightfoot l. c. II 1005—1047, unter Beifügung einer englischen Uebersetzung II, 1068—1086. Die Schrift mag um die Mitte des 4. Jahrhunderts entstanden sein. Geschichtlichen Werth kann sie nicht beanspruchen.

5. Ueberlieferung und Ausgaben des Philipperbriefes. Die andern Fragmente unter des Polykarpus Namen. — Sämtliche uns erhaltene Handschriften des griechischen Textes des Philipperbriefes theilen die Eigenthümlichkeit, daß sie c. 9, 2 bei den Worten καὶ δι' ἡμᾶς ὑπὸ abbrechen (vgl. § 7, 4). Für den folgenden Theil des Briefes (c. 10—14) tritt eine alte, aber sehr nachlässige, lateinische Uebersetzung als Texteszeuge ein. Doch ist c. 13 von Eusebius (Hist. eccl. III, 36) griechisch aufbewahrt worden. Ueber Spuren des Briefes in den „Pandekten" des palästinensischen Mönches Antiochus (§ 87, 3) s. J. M. Cotterill, The Epistle of Polycarp to the Philippians and the Homilies of Antiochus Palaestinensis

The Journal of Philology. Vol. XIX. 1891. p. 241—285. Einige kleine armenische und syrische Citate aus dem Philipperbriefe veröffentlichte P. Martin bei *Pitra*, Analecta sacra. T. IV. Paris. 1883. p. 4. 281; bezw. p. 5. 282. — Die genannte lateinische Uebersetzung ward schon durch J. Faber Stapulensis herausgegeben, Paris 1498. Den griechischen Wortlaut (c. 1—9) veröffentlichte zuerst P. Halloix, Douai 1633. *Gallandi*, Bibl. vet. Patr. T. I. p. 309—313, nimmt den Text aus *Th. Smith*, S. Ignatii epistolae genuinae. Oxonii 1709; *Migne*, P. gr. V, 1005—1016, gibt den Text nach *Hefele*, Opp. Patr. apostol. Ed. 3. Tub. 1847. Die neuesten und besten Ausgaben sind diejenigen von *Zahn*, Ignatii et Polycarpi epistulae, martyria, fragmenta (Patr. apostol. opp. Rec. *de Gebhardt, Harnack, Zahn*. Fasc. II). Lips. 1876; *Funk*, Opp. Patr. apostol. T. I. Tub. 1878. 1887; *Lightfoot*, The Apostolic Fathers. Part II. S. Ignatius. S. Polycarp. Lond. 1885. 1889. 2 vols. Zahn hat die nur lateinisch vorhandenen Abschnitte des Briefes ins Griechische zurück übersetzt; Funk hat Zahns Uebersetzung an einzelnen Stellen berichtigt; Lightfoot hat eine neue Rückübersetzung gefertigt. Auf Grund der Ausgaben von Zahn und von Funk hat auch G. Volkmar den Polykarpusbrief zum Abbruck gebracht, so jedoch, daß er die Stellen, welche von A. Ritschl (Die Entstehung der altkatholischen Kirche. 2. Aufl. Bonn 1857. S. 584 ff.) als Einschiebsel des Fälschers der Ignatiusbriefe bezeichnet worden sind, ausschied und an den Schluß verwies: Epistulam Polycarpi Smyrnaei genuinam, subiuncta interpolatione Ignatiana, recensuit *G. V.* Turici 1885. 4⁰. Neue Ausgaben der alten lateinischen Uebersetzung des Philipperbriefes (*Migne*, P. gr. V, 1015—1022) bei Zahn a. a. O. und bei Funk, Die Echtheit der Ignatianischen Briefe aufs Neue vertheidigt. Tübingen 1883. S. 205—212. — Die fünf lateinischen Fragmente (*Migne* l. c. V, 1025—1028) wurden von neuem herausgegeben von *Zahn* l. c. p. 171—172 und von *Lightfoot* l. c. II, 1001—1004.

6. Neuere Literatur. — Ueber das Datum des Martyrertodes des hl. Polykarpus handeln *W. H. Waddington*, Mémoire sur la chronologie de la vie du rhéteur Aelius Aristide: Mémoires de l'Institut Imp. de France, Académie des inscriptions et belles-lettres. T. XXVI. 1e partie. Paris 1867. p. 203—268 (p. 232—241: Proconsulat de Quadratus). R. A. Lipsius, Der Märtyrertod Polykarps: Zeitschr. f. wiss. Theol. Bd. XVII. 1874. S. 188—214; Derselbe, Das Todesjahr Polykarps: Jahrbb. f. protest. Theol. Bd. IV. 1878. S. 751—768; Derselbe, Noch einmal das Todesjahr Polykarps: ebend. Bd. IX. 1883. S. 525—526. O. v. Gebhardt, Collation einer Moskauer Handschrift des Martyrium Polycarpi nebst Excursen über das Todesjahr Polykarps und über die Verwechslung von Namen wie Μάρκος, Μαρκιανός, Μαρκίων u. s. w. durch Abschreiber: Zeitschr. f. die histor. Theol. Bd. XLV. 1875. S. 355—395. *J. Réville*, De anno dieque quibus Polycarpus Smyrnae martyrium tulit. Genevae 1880. 8⁰. E. Egli, Das Martyrium des Polykarp und seine Zeitbestimmung: Zeitschr. f. wiss. Theol. Bd. XXV. 1882. S. 227—249; Derselbe, Zum Polykarpustag: ebend. Bd. XXXIV. 1891. S. 96—102. *T. Randell*, The date of S. Polycarp's martyrdom: Studia Biblica. Oxford 1885. p. 175—207. *C. H. Turner*, The day and year of St. Polycarp's martyrdom: Studia biblica et ecclesiastica II (1890), 105—155. Th. Zahn, Zur Biographie des Polykarpus und des Irenäus: Forschungen zur Gesch. des neutestamentl. Kanons und der altkirchl. Literatur. Tl. IV. Herausgeg. von J. Haußleiter und Th. Zahn. Erlangen 1891. S. 249—283. Andere, namentlich ältere Literatur bei *Chevalier*, Répert. des sources hist. 1857. 2784; *Richardson*, Bibliograph. Synopsis 8—10. — Neuere deutsche und englische Uebersetzungen des Philipperbriefes wurden schon § 6 angeführt. Eine englische Uebersetzung auch

bei *Lightfoot* l. c. II, 1051—1056. Weitere Uebersetzungen sind verzeichnet bei *Richardson*, Bibliograph. Synopsis 7—8. — F. X. Funk, Die Echtheit der Ignatianischen Briefe aufs Neue vertheidigt. Tübingen 1883. S. 14—42: „Der Polykarpbrief." A. Hilgenfeld, Der Brief des Polykarpus an die Philipper: Zeitschr. f. wiss. Theol. Bd. XXIX. 1886. S. 180—206. G. Volkmar, Neueres über den Polykarpusbrief und die Ignatiusfrage: Theol. Zeitschr. aus der Schweiz. Bd. III. 1886. S. 99—111. Hilgenfeld und Volkmar vertreten die von Ritschl (vgl. Abs. 5) aufgestellte Interpolationshypothese. Die Behauptung Cotterills, der Polykarpusbrief sei zu Anfang des 7. Jahrhunderts von dem palästinensischen Mönche Antiochus verfaßt worden (s. die Abs. 5 angeführte Abhandlung Cotterills), hatte die eingehende Widerlegung, welche C. Taylor ihr zu theil werden ließ (St. Polycarp to the Philippians: The Journal of Philology. Vol. XX. 1892. p. 65—110), nicht verdient.

## § 12. Papias von Hierapolis.

1. **Leben.** — Papias war laut Irenäus (Adv. haer. V, 33, 4: *Migne*, P. gr. VII, 1214) „ein Hörer des Johannes und ein Freund des Polykarpus" (Ἰωάννου μὲν ἀκουστής, Πολυκάρπου δὲ ἑταῖρος), und unter Johannes muß dem Zusammenhange nach der Apostel Johannes verstanden sein. Ebenso bezeichnet Hieronymus (De vir. ill. c. 18 und Ep. 75, ad Theodoram, c. 3: *Migne*, P. lat. XXIII, 637 und XXII, 687) den Papias als Hörer (auditor) des Apostels und Evangelisten Johannes. Auch Eusebius stimmt in der Chronik (ad a. Abr. 2122; ed. *Schoene* II, 162) dem hl. Irenäus bei, tritt dagegen in der Kirchengeschichte (III, 39; *Migne*, P. gr. XX, 296) in Widerspruch zu ihm, indem er aus dem Eingange des Werkes des Papias (s. Abs. 2) folgern zu sollen glaubt, Papias habe die Apostel nicht mehr gekannt und sei vielmehr Schüler des den Apostel überlebenden sogen. Presbyters Johannes gewesen. Dieser Schlußfolgerung mangelt es indessen an einer stichhaltigen Begründung in den fraglichen Worten, und verdient dieselbe um so weniger Beachtung, als Eusebius in der Kirchengeschichte es sich augenscheinlich angelegen sein läßt, die Autorität des Papias und seines Werkes nach Kräften herabzudrücken. Uebrigens hat Papias nach seiner eigenen Angabe (bei *Eusebius*, Hist. eccl. III, 39) auch mit „Aristion und dem Presbyter Johannes, Schülern des Herrn", in Verkehr gestanden. Wahrscheinlich hat er auch den Apostel Philippus gesehen, jedenfalls hat er dessen Töchter gekannt (s. *Euseb.* l. c.). Daß er Bischof von Hierapolis in Kleinphrygien war, wird durch das gleichlautende Zeugniß sämtlicher Gewährsmänner außer Zweifel gestellt. Zu einer nähern Umgrenzung seiner Lebenszeit fehlen sichere Anhaltspunkte; er mag in den Jahren 70—90 geboren und 161—163 gestorben sein. Das Chronicon Paschale (*Migne* l. c XCII, 628) läßt ihn zu Pergamum den Martyrertod erdulden, und zwar um dieselbe Zeit, um welche Polykarpus zu Smyrna starb. Diese Nachricht ist jedoch unzweifelhaft aus Eusebius (Hist. eccl. IV, 15) geflossen, und ist irrthümlich dem hiesigen Namen Πάπυλος (durch den Chronisten oder einen Abschreiber) der Name Παπίας (Παππίας) substituirt worden. Allerdings führt auch Photius (Bibl. cod. 232: *Migne* l. c. CIII, 1104) den Papias als einen Märtyrer (μάρτυρα) ein; aber die Berechtigung dieses Titels ist bei dem Schweigen der Alten sehr zweifelhaft.

2. Die Erklärungen von Aussprüchen des Herrn. — Um die Mitte des
2. Jahrhunderts schrieb Papias λογίων κυριακῶν ἐξηγήσεις in fünf Büchern. Diese
Fassung der Aufschrift ist durch Eusebius (Hist. eccl. III, 39) sichergestellt.
Hieronymus (De vir. ill. c. 18) übersetzt: explanatio sermonum Domini.
Unter λόγια κυριακά sind Lehraussprüche des Herrn zu verstehen, wie sie dem
Verfasser theils durch mündliche Ueberlieferung zugekommen sind, theils auch in
schriftlicher Darstellung vorliegen. Des fraglichen Ausdrucks bedient Papias
sich wiederholt in den von Eusebius (l. c.) aufbewahrten Bemerkungen über
das Matthäus- und das Marcus-Evangelium: die in dem letztern niedergelegten
Lehrvorträge des hl. Petrus betrafen τὰ κυριακὰ λόγια, und Matthäus hat in
hebräischer Sprache τὰ λόγια sc. τὰ κυριακά dargestellt. Doch darf der Titel
des Werkes, wie aus anderweitigen Ueberbleibseln erhellt, nicht im Sinne
einer Auslegung der Evangelien aufgefaßt werden; die Evangelien kommen
vielmehr nur als eine Quelle der Lehren in Betracht, welche Papias zu entwickeln und zu erläutern unternimmt. Einem gelegentlichen Verweise auf die
Zeit Hadrians (ἕως Ἀδριανοῦ, in einem von de Boor herausgegebenen Fragmente bezw. Referate) wird sich entnehmen lassen, daß das Werk nach Hadrians
Tode (138) verfaßt wurde. Nach manchen Anzeichen muß dasselbe, wo nicht im
Morgenlande, so doch im Abendlande bis tief ins Mittelalter hinein vorhanden
gewesen sein. Jetzt liegen indessen nur noch unbedeutende Bruchstücke vor in Citaten
oder Referaten bei Irenäus, Eusebius und einigen spätern Kirchenschriftstellern.
Jedenfalls gehört Papias auch zu der Zahl der Alten (πρεσβύτεροι), aus deren
Munde Irenäus (Adv. haer.) verschiedene Zeugnisse anführt (s. § 24, 9).

3. Einzelne Fragmente bezw. Referate. — Viel genannt und viel um-
stritten sind des Papias Angaben über die beiden ersten Evangelien, nach andern
über den „Urmatthäus" und den „Urmarcus" (vgl. Abs. 2). Beachtenswerth
sind auch die gleichfalls bei Eusebius (Hist. eccl. III, 39) erhaltenen Worte,
in welchen Papias der mündlichen Ueberlieferung der ersten Augenzeugen ein
besonderes Gewicht zuerkennt, ja vor der schriftlichen Darstellung den Vorrang
einräumt: „Ich glaubte nicht, daß das aus den Büchern zu Erlernende (τὰ
ἐκ τῶν βιβλίων) mir so nutzbringend sein würde wie das der lebenden und
bleibenden Stimme zu Entnehmende" (τὰ παρὰ ζώσης φωνῆς καὶ μενούσης).
Eusebius fällt ein sehr wegwerfendes Urtheil über Papias (σφόδρα γάρ τοι
σμικρὸς ὢν τὸν νοῦν . . . φαίνεται), und er gründet dasselbe vornehmlich auf
die von Papias vorgetragenen chiliastischen Anschauungen und Erwartungen.
Infolge Mißverständnisses der figürlichen Ausdrucksweise der apostolischen
Schriften habe Papias ein mit der Auferstehung der Gerechten anhebendes
tausendjähriges Reich Christi auf Erden behauptet, und durch des Papias hohes
Alter seien viele andere Autoren, insbesondere Irenäus, zu gleichen oder ähnlichen Aufstellungen verleitet worden. Unter Verweisung auf diese Bemerkungen
pflegt Papias als der Vater des (feinern) Chiliasmus bezeichnet zu werden.

4. Sammlungen der Fragmente. — Die Ueberbleibsel des Werkes des Papias
und die Zeugnisse späterer Kirchenschriftsteller über ihn sind zusammengestellt bei
*M. I. Routh*, Reliquiae Sacrae. Ed. alt. Vol. I. Oxonii 1846. p. 3—44;
*Migne*, P. gr. V, 1255—1262; A. Hilgenfeld, Papias von Hierapolis: Zeitschr.
f. wissenschaftl. Theol. Bd. XVIII. 1875. S. 231—270; *de Gebhardt* et *Harnack*,
Barnabae epist. (Patr. apostol. opp. Rec. *de Gebhardt, Harnack, Zahn.*

Fasc. I. partis 2. ed. II.) Lips. 1878. p. 87—104; *Funk*, Opp. Patr.
apostol. Vol. II. Tub. 1881. p. 276—300. Die fünf Fragmente unter des
Papias Namen bei *Pitra*, Analecta sacra. T. II. 1884. p. 155—162, bieten kaum
etwas Neues. Wichtiger ſind die kleinen Bruchſtücke bei C. de Boor, Neue
Fragmente des Papias, Hegeſippus und Pierius in bisher unbekannten Excerpten
aus der Kirchengeſchichte des Philippus Sidetes: Texte und Unterſuchungen zur
Geſch. der altchriſtl. Literatur, herausgeg. von v. Gebhardt und Harnack.
Bd. V. Heft 2 (1888). S. 165—184. — G. Bickell, Eine Papiashandſchrift
in Tirol: Zeitſchr. f. kath. Theol. Bd. III. 1879. S. 799—803.

    5. Bearbeitungen der Fragmente. — Ueber die Fragmente des Werkes des
Papias bezw. über die Angaben desſelben in betreff der Evangelien handeln u. a.
Th. Zahn, Papias von Hierapolis, ſeine geſchichtliche Stellung, ſein Werk und
ſein Zeugniß über die Evangelien: Theol. Studien und Kritiken. Bd. XXXIX.
1866. S. 649—696. G. E. Steitz, Des Papias von Hierapolis „Auslegung
der Reden des Herrn": ebend. Bd. XLI. 1868. S. 63—95. W. Weiffenbach,
Das Papias-Fragment bei Euſebius, Kirchengeſch. III, 39, 3—4, eingehend exegetiſch
unterſucht. Gießen 1874. 8°. C. L. Leimbach, Das Papiasfragment. Exegetiſche
Unterſuchung des Fragmentes (*Eus.*, Hist. eccl. III, 39, 3—4) und Kritik der
gleichnamigen Schrift von Lic. Dr. Weiffenbach. Gotha 1875. 8°. *J. G. D. Martens*,
Papias als Exegeet van Logia des Heeren. Amsterdam 1875. 8°. W. Weiffenbach, Rückblick auf die neueſten Papiasverhandlungen mit beſonderer Beziehung auf
Leimbach: Jahrbb. f. prot. Theol. Bd. III. 1877. S. 323—379. 406—468.
Derſelbe, Die Papias-Fragmente über Marcus und Matthäus eingehend exegetiſch
unterſucht und kritiſch gewürdigt. Berlin 1878. 8°. H. Lübemann, Zur Erklärung des Papiasfragments: Jahrbb. f. prot. Theol. Bd. V. 1879. S. 365—384.
537—576. A. Jacobſen, Die Evangelienkritik und die Papiasfragmente über
Markus und Matthäus; R. A. Lipſius, Auch ein Votum zu den Papias-Fragmenten
über Matthäus und Markus: Jahrbb. f. prot. Theol. Bd. XI. 1885. S. 167—173.
174—176. A. Hilgenfeld, Papias von Hierapolis und die neueſte Evangelien-
forſchung: Zeitſchr. f. wiſſ. Theol. Bd. XXIX. 1886. S. 257—291. Weitere
Literaturangaben bei *Richardson*, Bibliograph. Synopsis 19—21.

    6. Martyreracten des Karpus, des Papylus und der Agathonike. — Die
Abſ. 1 angezogenen Worte bei Euſebius (Hist. eccl. IV, 15) lauten: „Es exi-
ſtiren aber auch Denkwürdigkeiten (ὑπομνήματα) anderer Märtyrer, welche zu
Pergamum in Kleinaſien gelitten haben, des Karpus, des Papylus und der Aga-
thonike, welche nach zahlreichen und herrlichen Bekenntniſſen ein ruhmvolles Ende
gefunden." Mit dieſen Worten beſchließt Euſebius ſeine Mittheilungen über den
Tod des hl. Polykarpus und anderer gleichzeitigen Märtyrer zu Smyrna. Nachdem
ſchon im 17. Jahrhundert ebenſo umfangreiche wie wenig glaubhafte (griechiſche)
Acten der drei genannten Märtyrer veröffentlicht worden, hat neueſtens (1881 und
wiederum 1885) B. Aubé andere (griechiſche) Acten herausgegeben, welche ſehr
wahrſcheinlich aus der Zeit Marc Aurels (161—180) ſtammen und mit den
Denkwürdigkeiten, welche Euſebius in Händen hatte, identificirt werden dürfen.
Eine neue Ausgabe dieſer letztern Acten nebſt Commentar lieferte A. Harnack in
den Texten und Unterſuchungen zur Geſchichte der altchriſtlichen Literatur, herausgeg.
von v. Gebhardt und Harnack. Bd. III. Heft 3—4 (1888). S. 433—466.

## § 13. Der Brief an Diognet.

    1. Veranlaſſung und Inhalt. — Abgeſehen von den Briefen des hl. Igna-
tius, pflegt kein anderes Erzeugniß der altkirchlichen Literatur ſo ſympathiſch
Aufnahme zu finden, ja ſo warme Begeiſterung zu wecken wie der Brief an

Diognet. Ein hochgestellter Heide Namens Diognet hat einen christlichen Freund um Aufschluß über das Christenthum gebeten. „Du hast, wie ich sehe, erlauchter Diognet" (κράτιστε Διόγνητε), so lauten die Eingangsworte des Briefes, „einen überaus großen Eifer, die Religion der Christen kennen zu lernen, und erkundigst Dich ganz genau und sorgfältig über dieselben: was das für ein Gott sei, auf welchen sie ein so großes Vertrauen setzen und in dessen Dienste sie sämtlich diese Welt geringschätzen und den Tod verachten, und weder die von den Heiden angenommenen Götter als solche anerkennen noch auch dem Aberglauben der Juden huldigen, und was das für eine Liebe sei, welche sie gegeneinander tragen, und warum denn eigentlich diese neue Menschengattung oder Religionsübung erst jetzt ins Leben getreten sei und nicht schon früher." Bevor er an die Beantwortung dieser Fragen geht, erfleht der Briefsteller die Gnade und den Segen Gottes für sich und für den Adressaten. Sobann beginnt er damit, daß er die Gründe entwickelt, aus welchen die Christen sich von dem Götzendienste der Heiden fernhalten. Die heidnischen Götter sind seelenlose Gebilde aus Holz, Thon, Stein und Metall, und der Dienst, welcher ihnen erwiesen wird, ist nicht sowohl eine Huldigung als vielmehr eine Beschimpfung (c. 2). Aber auch dem Gottesdienste der Juden können die Christen sich nicht anschließen. Der ganze Geist der jüdischen Gottesverehrung ist verwerflich. Insofern die Juden glauben, Gott bedürfe ihrer Opfer, steht ihr Gottesdienst auf keiner höhern Stufe als der heidnische Fetischdienst, und die hohle Aeußerlichkeit in Beobachtung des mosaischen Ceremonialgesetzes ist sinnlos und lächerlich (c. 3—4). Folgt die berühmte Charakteristik der christlichen Religion bezw. des Lebenswandels ihrer Anhänger (c. 5—6). „Die Christen sind weder durch Heimat noch durch Sprache noch durch äußere Gebräuche von den übrigen Menschen unterschieden . . . legen aber dabei einen wunderbaren und anerkanntermaßen überraschenden Wandel in ihrem bürgerlichen Leben an den Tag. Sie bewohnen eigene Heimatsorte, aber nur wie Beisassen; sie haben theil an allem wie Bürger und sie ertragen alles wie Fremblinge; jede Fremde ist ihr Vaterland und jedes Vaterland ist ihnen eine Fremde. . . Man schmäht sie und sie segnen, man verhöhnt sie und sie erweisen Ehre. Sie thun Gutes und sie werden als Missethäter zum Tode verurtheilt, und zum Tode verurtheilt freuen sie sich, wie wenn sie zum Leben geführt würden. Von den Juden werden sie als Heiden (ἀλλόφυλοι) angefeindet und von den Heiden werden sie verfolgt, aber den Grund ihres Hasses anzugeben sind die Feinde nicht im stande. Um es kurz zu sagen, was die Seele im Leibe ist, das sind die Christen in der Welt. Durch alle Glieder des Leibes ist die Seele verbreitet und die Christen durch alle Städte der Welt. Die Seele wohnt im Leibe, aber sie stammt nicht aus dem Leibe; auch die Christen wohnen in der Welt, aber sie sind nicht von der Welt. . ." Die christliche Religion ist nicht Menschenerfindung, sondern Selbstoffenbarung Gottes. Gott hat seinen heiligen und unerfaßbaren Logos unter den Menschen Wohnung nehmen lassen, um ein Reich der Milde und der Liebe zu gründen. Die Wirkungen seiner Gegenwart zeigen sich in dem Heldentode der Glaubenszeugen und in dem steten Wachsthum der Christenschar (c. 7). — Warum aber ist dieses Gottesreich erst so spät auf Erden erschienen? Der Grund liegt in Gottes Güte und Liebe. Er wollte den

Menschen ihr Unvermögen, aus eigener Kraft ihr Heil zu wirken, zum
Bewußtsein bringen. Als das Maß unserer Ungerechtigkeit voll war, hat er
dann seinen eigenen Sohn dahingegeben zum Lösegeld für uns. „O welch
süßer Tausch! o welch unerforschbares Walten! o unerwartete Wohlthaten,
auf daß die Missethat vieler in einem Gerechten verhüllt würde und die
Gerechtigkeit eines Einzigen viele Missethäter rechtfertige!" (c. 9.) — Damit
erst, so scheint es, tritt der Verfasser in die Beantwortung der dritten, eingangs an zweiter Stelle aufgeführten Frage ein. Die in dem Erlösungswerke
sich offenbarende Liebe Gottes zu den Menschen entflammt, wo immer sie nur
erkannt wird, zu wunderbarer Gegenliebe. In dieser dankbaren Gottesliebe
gründet und wurzelt die christliche Nächstenliebe, welche sich in den Werken
der Barmherzigkeit gegen die Armen bethätigt und sich bis zum Tode um der
Gerechtigkeit willen bewährt. Für solche „Nachahmer Gottes" verliert auch
der Feuertod seine Schrecken, da sie ihn auf sich nehmen, um dem wirklichen
Tode des ewigen Feuers zu entgehen (c. 10). — Die Kapitel 11 und 12
enthalten eine nähere Beschreibung des von den Aposteln verkündeten Heils-
weges. Der Verfasser betont, daß er nicht als Dolmetsch menschlicher Weisheit rede, sondern als „Apostelschüler" und „Lehrer der Heiden". Die Offenbarungen Gottes werden mit seinen Gnaden und Segnungen nur den Gläubigen
zu theil, den Jüngern der Wahrheit, welche an der Erbschaft der überkommenen
Lehre treu festhalten. Aber die Erkenntniß allein bläht auf, während die Liebe
erbaut. Erkenntniß und Leben stehen in innigster Wechselbeziehung und bedingen
sich gegenseitig. Nicht umsonst waren im Paradiese der Baum der Erkenntniß
und der Baum des Lebens nebeneinander gepflanzt. Die wahrhaft Gläubigen
gleichen fruchtbeladenen Bäumen, mit Erkenntniß und mit Tugend reich geschmückt.

2. Unechtheit der Kapitel 11 und 12. — Die beiden letzten Kapitel bilden
nicht mit dem Vorausgehenden ein abgeschlossenes Ganzes; sie sind vielmehr
ein fremdes Bruchstück, welches ursprünglich einem andern Zusammenhange
angehört und nur durch ein Mißverständniß an seine jetzige Stelle sich ver-
irrt hat. Die Ueberlieferung des Briefes ist im höchsten Grade mangelhaft
und dürftig. Die eine Handschrift aber, auf welche alles Wissen um den
Brief zurückgeht, wies zwischen c. 10 und c. 11 eine Lücke auf. Das Thema
des Briefes, wie es zu Eingang aufgestellt und abgegrenzt wird, ist, so scheint
es, mit c. 10 erschöpft. Eine natürliche Gedankenverbindung zwischen c. 1—10
und c. 11—12 will sich nicht ermitteln lassen. Die Verschiedenheit des Stiles
ist nicht zu verkennen; c. 1—10 herrscht bei aller Gewähltheit und Lebendigkeit gleichwohl schlichte Einfachheit und durchsichtige Klarheit; c. 11—12 ist
der Ausdruck gesucht und gezwungen, dunkel und schwierig. Der Brief c. 1—10
will nur ein Antwortschreiben sein auf vorgelegte Fragen; der Verfasser
von c. 11—12 tritt auf als Apostelschüler (ἀποστόλων μαθητής) und Lehrer
der Heiden (διδάσκαλος ἐθνῶν). Nicht weniger befremdend ist der Wechsel
der Adresse; c. 1—10 ist die Rede an den einen Fragesteller gerichtet,
c. 11—12 wendet sie sich ganz allgemein an solche, „die da im Begriffe
stehen, Schüler der Wahrheit zu werden". Allem Anscheine nach sind die
beiden letzten Kapitel ein Bruchstück einer Homilie oder einer homilienartig an-
gelegten Abhandlung.

3. Verfasser und Adressat. Abfassungszeit. — Die Handschrift, welche uns den Brief an Diognet gerettet hat, welche aber im Jahre 1870 zu Grunde gegangen ist, enthielt hauptsächlich Werke des hl. Justinus Martyr und eignete auch den fraglichen Brief durch ein τοῦ αὐτοῦ (πρὸς διόγνητον) dem hl. Justinus zu. Diese Angabe der ins 13. Jahrhundert zurückreichenden Handschrift ist das einzige aus früherer Zeit vorliegende Zeugniß über des Briefes Herkunft. Weder im Alterthume noch im Mittelalter thut irgend ein Schriftsteller, soviel bis jetzt bekannt, des Briefes Erwähnung. Auf Grund der handschriftlichen Angabe wurde derselbe im Jahre 1592 durch Henricus Stephanus als Werk des hl. Justinus herausgegeben und ein Jahrhundert lang unbestritten als solches angesehen. Tillemont (1691) war der erste (er beruft sich auf das Urtheil eines andern Gelehrten: une personne habile et judicieuse), welcher das Zeugniß der Handschrift anfocht und verwarf. Jetzt ist die Unzuverlässigkeit desselben allgemein anerkannt. Die goldene Klassi=cität und Pracht der Sprache unseres Briefes steht zu der nachlässigen und alles Schmuckes und Schwunges entbehrenden Schreibweise Justins in unver=einbarem Gegensatz, und der Inhalt des Briefes zeigt den Anschauungen Justins gegenüber neben manchen Berührungspunkten sehr bedeutsame Ab=weichungen. Tillemont glaubte die Abfassung des Briefes vor die Zerstörung Jerusalems und des Tempels, also vor das Jahr 70, verlegen zu sollen. Seine Gründe konnten wenig Anklang finden. Wenn von der jüdischen Gottes=verehrung in der Form der Gegenwart gesprochen wird (προσάγουσιν u. f. f. c. 3—4), so folgt daraus noch nicht der Fortbestand der jüdischen Opfer und der alttestamentlichen Institutionen; die Bezeichnung des Christenthums als einer neuen Institution (c. 1. 2. 9. 11) bietet auch zu näherer Abgrenzung der Zeit des Redenden keine Handhabe, und der Ausdruck „Apostelschüler“ kommt nur in dem als unecht bezeichneten Stücke (c. 11) vor und läßt gleich=falls vielfache Deutungen zu. So weit wie Tillemont haben nur wenige den Brief zurückdatirt. Baratier (1740) brachte Clemens von Rom als Verfasser in Vorschlag; Gallandi (1765) und Lumper (1783) wiesen auf Apollo, den Schüler des hl. Paulus (Apg. 18, 24—28. 1 Kor. 1, 12), hin. In der Folge begnügte man sich meist, unter Verzichtleistung auf Ermittlung des Autors, mit einer mehr oder weniger genauen Bestimmung der Entstehungszeit des Briefes. Die Bestimmung lautete auf das ausgehende Zeitalter der Apostel (Böhl), auf die Zeit Trajans, 98—117 (Möhler), auf die Zeit vor dem zweiten jüdischen Kriege, 132—135 (Hefele), auf das Zeitalter des hl. Ju=stinus oder die Mitte des 2. Jahrhunderts (Semisch), auf die zweite Hälfte oder die letzten Decennien des 2. Jahrhunderts (Zeller). Nach Bunsen würde der Brief aus den Jahren 134—136 stammen: Verfasser wäre der Gnostiker Marcion, Adressat der stoische Philosoph und Maler Diognet, der Günstling Marc Aurels; die letztere Identificirung wurde übrigens schon durch Halloix (1636) empfohlen. Donaldson (1866) trug kein Bedenken, unsern Brief für ein Product der Renaissancezeit auszugeben, eine Stilübung oder Declamationsprobe, im 15. Jahrhundert in Italien von Flüchtlingen aus Konstantinopel oder gar erst im 16. Jahrhundert von dem ersten Herausgeber Stephanus zu Paris verfaßt; eine Muthmaßung, welche schon durch die hand=schriftliche Ueberlieferung des Briefes ausgeschlossen ist. Aber auch die These

Overbecks (1872), der Brief könne nicht im 2. Jahrhundert entstanden sein, müsse vielmehr der nachkonstantinischen Zeit angehören, begegnete fast allgemeinem Widerspruche. Es erscheint unglaublich, daß die Ausführungen des Briefes über die Verfolgungen der Christen nach dem Toleranzedicte vom Jahre 313, daß die christologischen Abschnitte nach dem Nicänum geschrieben sein sollen u. s. f. Dräseke (1881) suchte den Verfasser des Briefes in dem Gnostiker Apelles; Kihn hingegen (1882) fand den Verfasser in dem Apologeten Aristides von Athen (§ 15, 2) und den Adressaten in Kaiser Hadrian (Διόγνητος = Sproße des Zeus). Aber hier wie dort bedarf die Beweisführung zu vieler Schlüsse a posse ad esse, als daß sie überzeugend wirken könnte. Dagegen wird mit Dräseke und Kihn an der Mitte des 2. Jahrhunderts als Entstehungszeit des Briefes festzuhalten sein. Weder in den Fragen des Adressaten noch in den Antworten des Verfassers dürfte irgend etwas sich aufzeigen lassen, was eine unbefangene Würdigung mit dieser Zeitbestimmung nicht vereinbaren könnte. Wohl aber möchten sich in der Schilderung des Lebenswandels der Christen, in den Angaben über die Stellung der Heiden und der Juden zum Christenthume und namentlich in der Beurtheilung des Judenthums mannigfache Striche und Züge finden, in welchen sich die Lage der Dinge um die Mitte des 2. Jahrhunderts widerspiegelt.

4. Ueberlieferung. — Die mehrerwähnte Handschrift, eine Papierhandschrift des 13. Jahrhunderts und vermuthlich die zweite Hälfte eines corpus operum S. Iustini, ward zwischen 1793 und 1795 der Straßburger Stadtbibliothek einverleibt und hieß hier cod. gr. 9. Seit dem Jahre 1870 wird sie vermißt, und höchst wahrscheinlich ist sie am 24. August 1870, bei der Belagerung der Stadt, eine Beute der Flammen geworden. Zur Feststellung des Textes der Handschrift müssen nunmehr zwei Copien dienen: eine solche von M. B. Hausius aus dem Jahre 1580 (auf der Universitätsbibliothek zu Tübingen) und eine solche von H. Stephanus aus dem Jahre 1586 (auf der Universitätsbibliothek zu Leiden). Dazu kommen einige Collationen aus neuerer Zeit. Der Brief an Diognet war recht sorglos geschrieben; die Vorlage des Schreibers aber besaß nicht unbedeutenden textkritischen Werth. An zwei Stellen zeigte schon diese Vorlage, wie der Schreiber selbst am Rande bemerkt, eine Lücke: c. 7 gegen Ende und c. 10 zum Schlusse. Näheres über die Handschrift bei H. Kihn, Der Ursprung des Briefes an Diognet, Freib. i. B. 1882. S. 35 ff.; A. Harnack in den Texten und Untersuchungen zur Gesch. der altchristl. Literatur. Bd. I. Heft 1—2 (Leipzig 1882). S. 79—85. O. v. Gebhardt, ebd. Bd. I. Heft 3 (Leipzig 1883). S. 158—160. Vgl. über die fraglichen Abhandlungen Harnacks und v. Gebhardts § 14.

5. Ausgaben, Uebersetzungen, Bearbeitungen. — Der Brief wurde, wie bereits bemerkt, zuerst von Henricus Stephanus, und zwar als Werk des hl. Justinus herausgegeben, Paris 1592. Fr. Sylburg nahm denselben alsbald in seine Gesamtausgabe der Werke des Justinus auf, Heidelberg 1593, und seitdem hat unter den opera S. Iustini seine Stelle behauptet, anfänglich unter den opera indubitata, späterhin unter den opera addubitata oder subdititia. Vgl. über die Ausgaben der Werke des hl. Justinus § 16, 10. In der Folge ward der Brief auch den Schriften der Apostolischen Väter beigezählt. In Gallandi's Bibl. vet. Patr. Tom. I. p. 320 wird derselbe (im Anschluß an Tillemont) als anonymi viri apostolici epistola ad Diognetum, a. C. 69, eingeführt. Gallandi's Text ist abgedruckt bei *Migne*, P. gr. II, 1167—1186. Ueber die sonstigen Ausgaben der Apostolischen Väter vgl. § 6. Hervorzuheben sind die Ausgaben des Briefes

*de Gebhardt* et *Harnack*, Barnabae epist. (Patr. apostol. opp. Rec. *de Gebhardt, Harnack, Zahn.* Fasc. I. partis II. ed. 2.) Lips. 1878. p. 142—164, und bei *Funk*, Opp. Patr. apostol. Vol. I. Tub. 1878. 1887. p. 310—333. Sonderausgaben des Briefes besorgten Hoffmann, Neiſſe 1851. 4⁰ (Gymn.-Progr.); J. C. Th. v. Otto, Leipzig 1852. 8⁰; W. A. Hollenberg, Berlin 1853. 8⁰; W. Br. Lindner, Leipzig 1857 (Bibl. Patr. eccles. sel. Fasc. I.); M. Krenkel, Leipzig 1860. 8⁰; A. Stelkens, Recklinghauſen 1871. 4⁰ (Gymn.-Progr.; aber nur Ep. ad Diogn. c. 1—6 umfaſſend; pars II. iſt nicht erſchienen). — Wie die Ausgaben, ſo ſind auch die Ueberſetzungen des Briefes in moderne Sprachen ſehr zahlreich. Ueber deutſche und engliſche Ueberſetzungen der Schriften der Apoſtoliſchen Väter überhaupt vgl. § 6. Deutſche Ueberſetzungen unſeres Briefes gaben auch H. Kihn, Der Urſprung des Briefes an Diognet. Freib. i. B. 1882. S. 155—168; R. Bendixen, Der Beweis des Glaubens, Jahrg. 1884, Juni, S. 201—211. — Ueber den Brief an Diognet handeln u. a. *Donaldson*, A critical history of Christian literature and doctrine from the death of the Apostles to the Nicene council. Vol. II. London 1866. p. 126—142. Fr. Overbeck, Ueber den pſeudo-juſtiniſchen Brief an Diognet (Progr. für die Rectoratsfeier der Univerſität Baſel.) Baſel 1872. 4⁰; mit Zuſätzen wieder abgedruckt in des Verfaſſers Studien zur Geſchichte der alten Kirche. Heft 1. Schloß Chemnitz 1875. S. 1—92. J. Dräſeke, Der Brief an Diognetos. Leipzig 1881. 8⁰; Separatabdruck aus den Jahrbüchern für proteſt. Theol. vom Jahre 1881, Heft 2 u. 3. H. Kihn, Der Urſprung des Briefes an Diognet. Freib. i. B. 1882. 8⁰. G. Krüger, Ariſtides als Verfaſſer des Briefes an Diognet: Zeitſchr. f. wiſſenſchaftl. Theol. 1894. Bd. I. S. 206—223. Ueber rhythmiſche Formen und Reime in den beiden letzten Kapiteln des Briefes ſ. J. L. Jacobi in der Zeitſchr. f. Kirchengeſch. Bd. V. (1881—1882) S. 198—200; W. Meyer in den Abhandlungen der kgl. bayer. Akad. d. Wiſſ. Kl. I. Bd. XVII. Abth. 2. München 1885. S. 378. Aeltere Literatur über den Brief verzeichnet *Richardson*, Bibliograph. Synopſis 6—7.

## § 14. Die Apologeten des zweiten Jahrhunderts.

Die kirchliche Literatur des 2. Jahrhunderts trägt ein vorwiegend apologetiſches Gepräge, wie es durch die Zeitverhältniſſe mit Nothwendigkeit bedingt iſt. Der Verfaſſer des Briefes an Diognet, welcher gleichfalls als Apologet auftrat, äußerte gelegentlich: „Von den Juden werden die Chriſten als Heiden angefeindet und von den Heiden werden ſie verfolgt, aber den Grund ihres Haſſes anzugeben ſind die Feinde nicht im ſtande" (§ 13, 1). Wieder und wieder ſtellt ſich die heidniſche Staatsgewalt ſowohl wie die heidniſche Wiſſenſchaft in den Dienſt der durch Verleumdungen aller Art (thyeſtiſche Mahlzeiten, ödipodeiſche Vermiſchungen) aufgeſtachelten Volkswuth. Aus dieſer Lage der Dinge erwuchſen die Vertheidigungsſchriften, welche allerdings, nicht bloß Schutz-, ſondern auch Trutzwaffen gebrauchend, mehr oder weniger auch Angriffsſchriften wurden. Die an die Heiden ſich wendenden Schriften wollen zunächſt über das wahre Weſen der chriſtlichen Religion wenigſtens inſoweit Aufklärung geben, als es zur Widerlegung der Anklagen und Vorurtheile der Gegner geboten erſcheint. Die antijüdiſchen Schriften entſpringen zumeiſt dem eigenen Bedürfniſſe der Heidenkirche, über die Einwürfe des Judenthums gegen das Chriſtenthum ſich Rechenſchaft zu geben. Die heute gebräuchliche Verbindung der apologetiſchen Schriften des 2. Jahrhunderts zu einem corpus apologetarum geht zurück auf Fr. Morellus. Er

6*

hat zuerſt die Werke der Apologeten Juſtinus, Athenagoras, Theophilus, Tatian und Hermias in einer Sammelausgabe (Paris 1615) vereinigt.

Die wichtigſten Geſamtausgaben der Apologeten des 2. Jahrhunderts lieferten der Mauriner Prudentius Maranus und J. C. Th. v. Otto. S. P. N. Iustini philosophi et martyris opera quae exstant omnia; nec non Tatiani adversus Graecos Oratio; Athenagorae philosophi Atheniensis Legatio pro Christianis; S. Theophili Antiocheni tres ad Autolycum libri; Hermiae philosophi Irrisio gentilium philosophorum; item in Appendice supposita Iustino opera cum actis illius martyrii et excerptis operum deperditorum eiusdem Iustini et Tatiani et Theophili; cum mss. codd. collata, ac novis interpretationibus, notis, admonitionibus et praefatione illustrata, cum indicibus copiosis; opera et studio unius ex monachis Congregationis S. Mauri [D. Prudentii Marani]. Paris. 1742. 2⁰. Venet. 1747. S. Iustini phil. et mart. opera. Recensuit, prolegomenis, adnotatione ac versione instruxit indicesque adiecit J. C. Th. Otto. Praefatus est L. F. O. Baumgarten-Crusius. Ienae 1842—1843. 3 voll. 8⁰. Corpus apologetarum christianorum saeculi secundi. Edidit I. C. Th. Eques de Otto. 9 voll. 8⁰. Vol. I—V: S. Iustini phil. et mart. opera quae feruntur omnia (Vol. I—II = Iust. opp. T. I. pars 1—2: Opera Iustini indubitata. Vol. III = Iust. opp. T. II: Opera Iustini addubitata. Fragmenta operum deperditorum. Acta martyrii. Vol. IV—V = Iust. opp. t. III. pars 1—2: Opera Iustini subditicia). Ed. alt. Ienae 1847—1850. Ed. tertia 1876—1881. Vol. VI: Tatiani Oratio ad Graecos. Ienae 1854. Vol. VII: Athenagorae phil. Athen. opera. 1857. Vol. VIII: Theophili episc. Antioch. ad Autolycum ll. 3. 1861. Vol. IX: Hermiae phil. Irrisio gentil. philosophorum. Apologetarum Quadrati, Aristidis, Aristonis, Miltiadis, Melitonis, Apollinaris reliquiae. 1872. — Gallandi, Bibl. vet. Patr. T. I (Juſtinus, Tatian) und T. II (Athenagoras, Hermias, Theophilus), hat den Text der Schriften der Apologeten der Ausgabe des Maranus entnommen. Eben dieſe Ausgabe iſt auch mit nur geringen Aenderungen bezw. Verbeſſerungen bei Migne, P. gr. VI, abgedruckt. Doch folgt dem Abdrucke col. 1705—1816 eine werthvolle Beilage: Ioannis Henrici Nolte Coniecturae et emendationes in omnes huius voluminis scriptores, et variantes codicum ab ipso denuo collatorum lectiones, qui et scholia in Iustinum maximam partem inedita, in Tatianum emendatius, in Athenagoram nunc primum edenda curavit. Nolte bietet hier eine ungleich genauere Vergleichung der Pariſer Handſchriften als v. Otto in der vorhin genannten Ausgabe. — A. Harnack und O. v. Gebhardt haben den Beweis erbracht, daß der weitaus größere Theil der auf uns gekommenen Handſchriften griechiſcher Apologien aus dem 2. und 3. Jahrhundert, ausgenommen die Schriften des hl. Juſtinus, die drei Bücher des Theophilus ad Autolycum und die Irrisio des Hermias, unmittelbar oder mittelbar aus einer und derſelben Vorlage gefloſſen, und daß dieſe Vorlage in dem ſogen. Arethas-Codex der National-bibliothek zu Paris (cod. Paris. gr. 451), welcher im Auftrage des Erzbiſchof Arethas von Cäſarea im Jahre 914 geſchrieben wurde, uns noch, wenn auch nicht mehr unverſehrt, erhalten iſt. S. Harnack, Die Ueberlieferung der griechiſche Apologeten des 2. Jahrhunderts in der alten Kirche und im Mittelalter: Texte und Unterſuchungen zur Geſch. der altchriſtl. Literatur, herausgeg. von v. Gebhard und Harnack. Bd. I. Heft 1—2. Leipzig 1882; v. Gebhardt, Zur handſchriftl. Ueberlieferung der griechiſchen Apologeten. 1. Der Arethascodex Paris gr. 451: ebend. Bd. I. Heft 3. 1883. S. 154—196. Mit dieſer Entdeckung ſind der Texteskritik der fraglichen Schriften neue Bahnen gewieſen. Eine neu Ausgabe der griechiſchen Apologeten mit kurzem ſprachlichen Commentar und N

giftern haben v. Gebhardt unb Eb. Schwarz unternommen: Tatiani oratio
ad Graecos. Rec. *Ed. Schwartz*. Lipsiae 1888 (Terte unb Unterſuchungen zur
Geſch. der altchriſtl. Literatur, herausgeg. von v. Gebhardt unb Harnack.
Bb. IV. Heft 1). Athenagorae libellus pro Christianis. Oratio de resur-
rectione cadaverum. Rec. *Ed. Schwartz*. Lipsiae 1891 (ebenb. IV, 2).
Die Apologie bes Ariſtibes. Recenſion unb Reconſtruction bes Tertes von
E. Hennecke. Leipzig 1893 (ebenb. IV, 3).

Ueber bie Apologeten im allgemeinen hanbeln K. Werner, Geſchichte ber
apologetiſchen unb polemiſchen Literatur b. chriſtl. Theologie. Schaffhauſen 1861—1867.
5 Bbe. 8°. Der erſte Band erörtert bie chriſtliche Polemit gegen Jubenthum,
Heibenthum, gnoſtiſche unb manichäiſche Irrthümer. *J. Donaldson*, A critical
history of Christian literature and doctrine from the death of the Apostles
to the Nicene council. Vol. II—III: The Apologists. London 1866. 8°.
Ἰ. Μοσχάκης, Μελέται περὶ τῶν χριστιανῶν Ἀπολογητῶν τοῦ δευτέρου καὶ τρίτου
αἰῶνος, ἐν Ἀθήναις 1876. 8°. H. Dembowski, Die Quellen ber chriſtlichen
Apologetit bes 2. Jahrhunberts. 1. Thl.: Die Apologie Tatians. Leipzig 1878. 8°.
A. Harnack, Die Altercatio Simonis Iudaei et Theophili Christiani nebſt
Unterſuchungen über bie antijübiſche Polemit in ber alten Kirche: Terte unb Unter=
ſuchungen u. ſ. w. Bb. I. Heft 3. 1883. S. 1—136. St. Oſtroumow, Kritit
ber Zeugniſſe bes Euſebius von Cäſarea unb bes hl. Hieronymus von Stribon über
bie griechiſchen Apologeten bes Chriſtenthums bes 2. Jahrhunberts (ruſſiſch).
Moskau 1886. 8°. *R. Mariano*, Le apologie nei primi tre secoli della
chiesa; le cagioni e gli effetti: saggio critico-storico. Napoli 1888. 8°.
G. Schmitt, Die Apologie ber brei erſten Jahrhunberte in hiſtoriſch-ſyſtematiſcher
Darſtellung. Gekrönte Preisſchrift. Mainz 1890. 8°. Ueber bie altchriſtliche Polemit
gegen bie Juden hanbelt auch Mc Giffert in ſeiner Ausgabe bes Dialogus Papisci et Philonis Iudaeorum cum quodam monacho (§ 88, 4) p. 1—47.

## § 15. Quabratus unb Ariſtibes.

1. Quabratus. — Die ältefte Apologie, von welcher wir Kunde haben,
iſt bie von Quabratus um 126 zu Athen aus Anlaß einer bort ausgebrochenen
Chriftenverfolgung bem Kaiſer Habrian (117—138) überreichte Schutzſchrift.
Quabratus wirb Apoſtelſchüler genannt (τῶν ἀποστόλων ἀκουστής *Eus.* Chron.
ad a. Abr. 2140: Ed. *Schoene* II, 166; apostolorum discipulus *Hier.*
De vir. ill. c. 19: *Migne*, P. lat. XXIII, 637); er barf aber wohl nicht
mit bem Biſchofe Quabratus von Athen noch auch mit bem kleinaſiatiſchen
Propheten gleichen Namens ibentificirt werben. Aus ſeiner Schutzſchrift hat nur
Euſebius (Hist. eccl. IV, 3: *Migne*, P. gr. XX, 308) einige Worte aufbewahrt.

Die Nachrichten über Quabratus unb ſeine Apologie find zuſammengeſtellt bei
*Routh*, Reliquiae sacrae (ed. 2) I, 69—79; *de Otto*, Corpus apologetarum
christ. (vgl. § 14) IX, 333—341. Vgl. Harnack, Die Ueberlieferung ber
griech. Apologeten bes 2. Jahrhunberts (vgl. § 14) S. 100—109; Geſchichte ber
altchriſtl. Litteratur bis Euſebius. Thl. I. Leipzig 1893. S. 95—96. Th. Zahn,
Der ältefte Apologet bes Chriſtenthums: Neue kirchl. Zeitſchr. Bb. II. 1891.
S. 281—287.

2. Ariſtibes. — Ariſtibes, Philoſoph zu Athen, hat laut Euſebius
(Chron. l. c.; Hist. eccl. l. c.) unb Hieronymus (De vir. ill. c. 20) gleich=
zeitig mit Quabratus bem Kaiſer Habrian eine Schutzſchrift für bie Chriften
eingehänbigt. Dieſelbe galt als ſpurlos verſchwunben, bis bie Mechitariſten

auf San Lazzaro 1878 in armenischer Sprache ein apologetisches Fragment mit der Aufschrift „An den Kaiser Hadrian" und eine Homilie „Zu dem Rufe des Räubers und der Antwort des Gekreuzigten" veröffentlichten, welche beide den Namen des „Philosophen Aristides von Athen" führen. Die Homilie, welche aus den Worten des Herrn Luc. 23, 43 die Gottheit desselben zu er= weisen sucht, wurde freilich von der Mehrzahl der Forscher aus innern Gründen als unecht verworfen oder doch als verdächtig bezeichnet. Das apologetische Fragment hingegen, welches im ersten Theile von dem Wesen Gottes und im zweiten Theile von den in vier Stämme: Barbaren, Griechen, Juden, Christen, zerfallenden Geschlechtern der Menschen handelt, wurde von den meisten als Bruchstück einer armenischen Bearbeitung der Apologie des Aristides anerkannt, und dieses Urtheil sollte in ganz unerwarteter Weise bestätigt werden. Im Frühjahr 1889 entdeckte Harris in der Bibliothek des Katharinenklosters auf dem Sinai einen syrischen Text der Apologie des Aristides, und die Mitthei= lungen des Entdeckers setzten Robinson in den Stand, den Nachweis zu er= bringen, daß der Verfasser der unter den Schriften des hl. Johannes von Damaskus stehenden Vita Barlaam et Ioasaph das griechische Original der Apologie des Aristides in sein Werk aufgenommen hat (c. 26—27: *Migne*, P. gr. XCVI, 1108—1124, die Rede des Christen Nachor vor dem Könige). In dem syrischen wie in dem griechischen Texte kehrt das armenische Fragment (mit größern oder geringern Abweichungen) wieder. Die Vergleichung der Texte untereinander lehrt, daß der griechische stark überarbeitet ist und der syrische weit zuverlässiger die ursprüngliche Fassung wiedergibt. Der Inhalt der Apologie läßt sich in den Satz zusammenfassen: Die Christen besitzen die wahre Gottesidee, welche den drei andern Theilen des Menschengeschlechtes, Barbaren, Griechen, Juden, unbekannt war. Der Polytheismus der Chaldäer, der Griechen und der Aegypter wird einläßlich widerlegt. Die folgende schöne Darstellung des Lebens der Christen erinnert vielfach an die Didache (§ 5, 1) und an den Brief an Diognet (§ 13, 1). Weitergehende Erwartungen hat die Apologie nicht erfüllt; neue Aufschlüsse über das christliche Alterthum hat sie nicht gebracht; an Kunst der Anlage wie an theologischem Gehalte kann sie sich mit den Schriften Justins des Martyrers nicht im entferntesten messen. Sehr befremdend ist die Aufschrift des syrischen Textes (die Handschrift stammt etwa aus dem 7. Jahrhundert): Omnipotenti Caesari Tito Hadriano An= tonino Augustis et Clementibus a Marciano Aristide philosopho Athe= niensi. Der erste Theil derselben ist ohne Frage fehlerhaft, und das griechische Original hat allem Anscheine nach gelautet: Αὐτοκράτορι (der Syrer las Παντο= κράτορι) Καίσαρι Τίτῳ Ἁδριανῷ Ἀντωνίνῳ Σεβαστῷ Εὐσεβεῖ. Die Apologie würde demnach nicht an Kaiser Hadrian, sondern an Antoninus Pius (138 bis 161) gerichtet sein.

     S. Aristidis philosophi Atheniensis sermones duo. . . . Venetiis, libraria PP. Mechitaristarum in monasterio S. Lazari 1878. 8°. Die Aufschrift des zweiten sermo, der Homilie, lautet in der Handschrift (etwa aus dem 12. Jahrhun= dert) nicht „von Aristäus . . .", wie die Ausgabe besagt, sondern „von Aristides" wie P. Vetter in der Theol. Quartalschrift. Bd. LXIV. 1882. S. 126 be= zeugte. Deutsche Uebersetzungen beider Stücke gaben Fr. Sasse in der Zeitschr. f kath. Theol. Bd. III. 1879. S. 612—618 (vgl. S. 816); F. v. Himpel in de

Theol. Quartalſchrift. Bd. LXII. 1880. S. 109—127. Sonſtige Literatur ver=
zeichnet v. Himpel in Wetzer und Welte's Kirchenlexikon (2. Aufl.). s. v. Ari=
ſtides. Vgl. noch Fr. Buecheler, Ariſtides und Juſtin, die Apologeten: Rhein.
Muſeum f. Philologie. N. F. Bd. XXXV. 1880. S. 279—286. *L. Rummler*, De
Aristidis phil. Athen. sermonibus duobus apologeticis (Progr.). Posnaniae
1881. 4°. Eine neue Ausgabe der armeniſchen Texte beſorgte P. Martin bei
*Pitra*, Analecta sacra. T. IV. Parisiis 1883. p. 6—11 (armeniſch), p. 282—286
(lateiniſch); cf. Proleg. p. x—xi. Martin fügte auch noch ein drittes armeniſches
Fragment bei, allerdings nur wenige Zeilen umfaſſend und überſchrieben: Ex epistola Aristidis ad omnes philosophos. — The Apology of Aristides on be-
half of the Christians from a Syriac MS. preserved on Mount Sinai edited
with an introduction and translation by *J. Rendel Harris*. With an Appendix containing the main portion of the original Greek text by *J. Armitage
Robinson*. Cambridge 1891. 8°. (Texts and studies, contributions to biblical
and patristic literature, edited by *J. A. Robinson*. Vol. I. Nr. 1.) Das
armeniſche Fragment der Apologie hat Harris p. 29—33 nach einer neuen Hand=
ſchrift in engliſcher Ueberſetzung mitgetheilt. Deutſche Ueberſetzungen des ſyriſchen
Textes gaben R. Raabe, Die Apologie des Ariſtides. Aus dem Syriſchen über=
ſetzt und mit Beiträgen zur Textvergleichung und Anmerkungen herausgegeben.
Leipzig 1892 (Texte und Unterſuchungen zur Geſch. der altchriſtl. Literatur, herausgeg.
von O. v. Gebhardt und A. Harnack. Bd. IX. Heft 1); J. Schönfelder,
Die Apologie des Ariſtides überſetzt: Theol. Quartalſchrift. Bd. LXXIV. 1892.
S. 531—557. Seeberg und Hennecke verſuchten den Originaltext der Apologie
wiederherzuſtellen. R. Seeberg, Die Apologie des Ariſtides unterſucht und wieder=
hergeſtellt: Forſchungen zur Geſch. des neuteſtamentl. Kanons und der altkirchl.
Literatur, herausgeg. von Th. Zahn. Tl. V. Erlangen 1893. S. 159—414.
Als Beigabe läßt Zahn S. 415—437 eine Abhandlung über die armeniſche Homilie
und das Fragment ad omnes philosophos folgen (für die Echtheit beider Stücke).
Seeberg, Der Apologet Ariſtides. Der Text ſeiner uns erhaltenen Schriften,
nebſt einleitenden Unterſuchungen über dieſelben. Leipzig 1893. 8°. E. Hennecke,
Die Apologie des Ariſtides. Recenſion und Rekonſtruktion des Textes. Leipzig 1893.
(Texte und Unterſuchungen u. ſ. f. Bd. IV. Heft 3). Vgl. Hennecke, Zur
Frage nach der urſprünglichen Textgeſtalt der Ariſtides=Apologie: Zeitſchr. f. wiſſ.
Theol. 1893. Bd. II. S. 42—126. *J. B. Harris*, The newly recovered Apo-
logy of Aristides: its doctrine and ethics, with extracts from the transla-
tion by Prof. *J. Rendel Harris*. London 1891. 8°. *M. Picard*, L'Apologie
d'Aristide (Thèse). Paris 1892. 8°. *W. C. van Manen*, De Pleitrede van
Aristides: Theol. Tijdschrift 1893 (Jan.), p. 1—56. L. Lemme, Die Apo=
logie des Ariſtides: Neue Jahrbb. f. deutſche Theol. Bd. II. 1893. S. 303—340.
F. Lauchert, Ueber die Apologie des Ariſtides: Internationale theol. Zeitſchr.
Bd. II. 1894. S. 278—299.

## § 16. Juſtinus Martyr.

1. Leben. — Juſtinus, welcher ſchon von Tertullian (Adv. Valent.
c. 5: *Migne*, P. lat. II, 548) mit den ſpäter ſtehend gewordenen Prädicaten
philosophus et martyr eingeführt wird, bezeichnet ſich ſelbſt in der Aufſchrift
ſeiner erſten Apologie (c. 1) als „Sohn des Priscus, des Sohnes des Bac=
chius, aus Flavia Neapolis", dem alten Sichem, dem heutigen Nablus, in
Palaſtina. Seine Geburt mag in das erſte Decennium des 2. Jahrhunderts
fallen. Die Eltern waren Heiden, und Juſtinus ward im Heidenthume er=

zogen. Seinen geiſtigen und religiöſen Entwicklungsgang hat er in der Ein=
leitung ſeines Dialoges mit dem Juden Trypho (c. 2—8) ſelbſt geſchildert.
Die Geſchichtlichkeit der Einzelheiten dieſer Schilderung unterliegt freilich ge=
rechten Bedenken, wie denn auch der Dialog ſelbſt nicht wohl als Wiedergabe
einer wirklichen Disputation zwiſchen Juſtinus und Trypho gelten kann. Aber
wenn gleichwohl dem Dialoge jedenfalls Verhandlungen des Verfaſſers mit
jüdiſchen Gelehrten zu Grunde liegen, ſo werden um ſo weniger die Haupt=
angaben des einleitenden Berichtes eines hiſtoriſchen Charakters entbehren.
Nach dieſem Berichte nun ſuchte Juſtinus, zum Jüngling herangereift, voll
Wiſſensdurſt Vertreter der verſchiedenen Philoſophenſchulen auf; aber weder
die Stoiker noch die Peripatetiker noch auch die Pythagoreer vermochten ihn
zu feſſeln. Der Unterricht des Stoikers ließ ihn gänzlich unbefriedigt, weil
derſelbe ihm nicht den vor allem gewünſchten Aufſchluß über das Weſen Gottes
zu bieten wußte. Der Peripatetiker machte ihn durch die ſchnelle Honorar=
forderung abwendig, welche ihm eines Philoſophen unwürdig ſchien, und der
Pythagoreer ſchreckte ihn durch das Verlangen zurück, er ſolle ſich vor dem
Studium der Philoſophie erſt die Kenntniß der Muſik, der Aſtronomie und
der Geometrie aneignen. Bei den Platonikern glaubte er ſchließlich gefunden
zu haben, was er ſuchte, und dem Anſcheine nach hat er ſich längere Zeit hin=
durch zu den Platonikern bekannt (cf. Apol. II, 12). Für das Chriſtenthum
ward er durch einen ehrwürdigen Greis gewonnen, welcher ſich eines Tages,
als er in philoſophiſche Betrachtungen vertieft am Meeresſtrande umher=
wandelte, zu ihm geſellte und ihn ſehr bald zu dem Geſtändniſſe zwang, daß
auch die platoniſche Philoſophie nicht im ſtande ſei, Geiſt und Herz des Men=
ſchen zu befriedigen. Wolle man zu innerer Ruhe gelangen, zeigte ihm dieſer
Greis des weitern, ſo müſſe man ſich von den Philoſophen weg zu den Pro=
pheten wenden. Die letztern ſeien durch Alter, Heiligkeit, Wunder und Weis=
ſagungen als Organe des Heiligen Geiſtes und Dolmetſcher der Wahrheit be=
glaubigt; ihren Schriften entnehme man die Kenntniß des Schöpfers des
Alls, Gottes des Vaters, und des von ihm geſandten Chriſtus; das Ver=
ſtändniß ihrer Worte werde durch die Gnade eröffnet, welche erfleht werde im
Gebete. Dieſe Unterredung entzündete in Juſtinus die Liebe zu den Pro=
pheten und zu den Chriſten; den greiſen Lehrer ſah er niemals wieder. Den
genannten Dialog verlegt Juſtinus in die Zeit des zweiten jüdiſchen Krieges
132—135 (ſ. Dial. c. 1 u. c. 9); ſein Uebertritt zum Chriſtenthum wird
alſo wohl vor dieſer Zeit erfolgt ſein. Auch als Chriſt zog Juſtinus im
Philoſophenmantel (ἐν φιλοσόφου σχήματι Eus., Hist. eccl. IV, 11: Migne
P. gr. XX, 329; cf. S. Iust. Dial. c. 1) durch die Welt, in Wort und
Schrift das Chriſtenthum vertheidigend als „die allein zuverläſſige und brauch=
bare Philoſophie" (Dial. c. 8). Er war überzeugt, „daß ein jeder, welcher
die Wahrheit ſagen kann und ſie nicht ſagt, von Gott gerichtet werden wird"
(Dial. c. 82). Doch iſt nur ſehr wenig Sicheres über ſeine Miſſionsreiſe
bekannt. Zu Rom muß er ſich häufiger aufgehalten haben. Nach des Euſebiu
Ausdruck hatte er hier ſeinen Wohnort (τὰς διατριβὰς ἐποιεῖτο Hist. eccl. IV, 11)
Hier erſcheint er auch im Kampfe mit dem Cyniker Crescens, welchen er de
Unwiſſenheit und der Unſittlichkeit überführte und ſeitdem zum erbitterſte
Gegner hatte (Apol. II, 3). Auf die Feindſeligkeit des Cynikers iſt vielleic

auch der Tod Juſtins zurückzuführen (cf. *Tat.*, Or. ad Graecos c. 19; *Eus.*, Hist. eccl. IV, 14). Mit noch ſechs anderu Chriſten warb er zu Rom nach vorausgegangener Geißelung enthauptet. Laut den Acta SS. Iustini et sociorum, welche, abgeſehen von einigen ſpätern Zuſätzen, wohl noch ins 2. Jahrhundert zurückreichen, fiel das Martyrium in die Zeit, da Junius Ruſticus Stadtpräfect war, d. i. in die Jahre 163—167.

2. Die erſte Apologie. — Juſtinus hat eine umfaſſende literariſche Thätig- keit entfaltet. Aber weitaus die meiſten ſeiner Schriften ſind zu Grunde ge- gangen. Dagegen ſind ihm in ſpäterer Zeit fälſchlich manche fremde Schriften zugeeignet worden, und nur drei der unter ſeinem Namen überlieferten Schriften haben ſich im Feuer der Kritik als echt erprobt: die beiden Apologien und der Dialog mit Trypho. Die erſte Apologie iſt nach der Aufſchrift an Kaiſer Antoninus Pius, ſeinen Sohn Veriſſimus (Marc Aurel), ſeinen Adoptivſohn Lucius Verus, den hohen Senat und das geſamte römiſche Volk gerichtet. Dieſelbe ermangelt einer ſtrengen Dispoſition, wie dies überhaupt bei den Schriften Juſtins der Fall iſt. Doch pflegen mit Recht drei Theile unter- ſchieden zu werden. Der erſte Theil (c. 1—22) hebt mit der Forderung an, daß auch den Chriſten gegenüber ſtets ein geordnetes Rechtsverfahren ein- gehalten werde mit Ausſchluß jedes tumultuariſchen Vorgehens. Sodann aber ſei nicht der Name „Chriſt", ſondern nur das erwieſene Verbrechen zu ahnden. Die Chriſten ſeien als ſolche durchaus nicht ſtrafwürdig, weil weder Gottes- läugner noch Feinde des Staates. Sie bekennen ſich zu einer Sittenlehre, wie ſie erhabener nicht gedacht werden kann, und auch ihre Glaubenslehre verdient nicht Spott und Hohn, ſondern Hochachtung und Bewunderung. Im zweiten Theile (c. 23—60) ſucht Juſtinus die Wahrheit der chriſtlichen Religion dar- zuthun, indem er nachweiſt, daß Jeſus Chriſtus der menſchgewordene Gottes- ſohn. Dieſe Theſe ſtützt ſich vor allem auf eine lange Reihe von Weisſagungen über das Leben und Leiden Jeſu, ſeine nachherige Verherrlichung und die Aus- breitung ſeiner Lehre über den ganzen Erdkreis — Weisſagungen, welche ohne Eingebung Gottes nicht hätten ausgeſprochen und ohne Walten Gottes nicht hätten verwirklicht werden können. Die heidniſchen Göttermythen hingegen gehen auf die Dämonen zurück und erweiſen ſich als erbärmliche Nachäffungen der Wahrheit. Im letzten Theile (c. 61—67) entrollt Juſtinus, um die Un- ſchuld der Chriſten und die Wahrheit ihrer Religion in noch helleres Licht zu ſetzen, ein Bild des chriſtlichen Gottesdienſtes. Er durchbricht die Schranken der Arkandisciplin und handelt einläßlich nicht bloß über die Taufe, ſondern auch über die Feier der heiligen Euchariſtie. Er ſchließt (c. 68) mit einer ernſten Mahnung an die Kaiſer und legt das Reſcript Hadrians an Minucius Fundanus über die Behandlung der Chriſten bei. Die Abfaſſung dieſer Apo- logie fällt laut der Aufſchrift jedenfalls in die Regierungszeit des Kaiſers Antoninus Pius (138—161). Zu genauerer Beſtimmung iſt in der Bemer- kung, Chriſtus ſei vor 150 Jahren geboren worden (c. 46), ein Anhaltspunkt gegeben. In der Aufſchrift wird Lucius Verus, welcher erſt 130 geboren wurde, ſchon „Philoſoph" und „Freund der Wiſſenſchaft" genannt, und im Verlaufe wird Marcion, welcher laut Epiphanius (Haer. 42, 1: *Migne*, P. gr. XLI, 696) erſt nach dem etwa 140 erfolgten Tode des Papſtes Hyginus als Häretiker auftrat, wiederholt (c. 26 u. c. 58) ſchon als Apoſtel

der Dämonen vorgeführt: das eine wie das andere weiſt auf die Mitte des
2. Jahrhunderts hin.

3. Die zweite Apologie. — Die zweite, weit kürzere Apologie iſt durch
einen beſondern Fall veranlaßt, welcher vor wenigen Tagen (χθὲς δὲ καὶ πρώην
c. 1) zu Rom vorgekommen war. Nach näherer Darlegung dieſes Falles
— der Stadtpräfect Urbicus hatte drei Chriſten lediglich auf Grund des Bekenntniſſes zum chriſtlichen Namen hinrichten laſſen — geht Juſtinus (c. 4—13)
auf zwei Einwürfe ein, mit welchen der Spott der Heiden jeder Beſchwerde
der Chriſten zu begegnen pflegte: weshalb die Chriſten, um deſto ſchneller zu
ihrem Gotte zu gelangen, nicht lieber ſelbſt ſchon Hand an ſich legten, und
wie dieſer Gott, wenn er wirklich ſo mächtig ſei, die Unterdrückung und Hin-
ſchlachtung ſeiner Verehrer zulaſſen könne. Die Verfolgungen der Chriſten,
führt Juſtinus aus, ſeien auf den Haß der Dämonen gegen Wahrheit und
Tugend zurückzuführen, und das Verhalten der Chriſten in den Verfolgungen
bleibe ohne die Vorausſetzung, dieſelben ſeien im Beſitze von Wahrheit und
Tugend, ſchlechterdings unerklärlich. Zum Schluſſe (c. 14—15) erſucht Juſtinus die Kaiſer, die amtliche Bekanntmachung ſeiner Vertheidigungsſchrift zu
genehmigen und in der Aburtheilung der Chriſten Gerechtigkeit walten zu laſſen.
In den Handſchriften ſteht dieſe zweite Apologie vor der erſten. Vielleicht
haben die Apologien auch bereits Euſebius in dieſer Ordnung vorgelegen; doch
herrſcht in ſeinen Angaben über die beiden Apologien eine ſeltſame Verwirrung.
Daß die kleine Apologie in Wahrheit die zweite iſt, ſtellen mehrere Ver-
weiſungen auf die große (c. 4. 6. 8) außer Zweifel. Bei ſolchem Anlaſſe
bedient ſich der Verfaſſer jedesmal des Wortes προέφημεν, mit welchem er in
der erſten Apologie von einer ſpätern Stelle auf eine frühere verweiſt. Mit
Rückſicht hierauf wird gewöhnlich angenommen, die zweite Apologie ſei keine
neue Vertheidigungsſchrift, ſondern nur ein Nachtrag, welcher der erſten Apologie noch vor ihrer Veröffentlichung oder Ueberreichung beigefügt worden.
Die Kaiſer, an welche die zweite Apologie ſich wendet (c. 15; vgl. c. 2),
ſind jedenfalls Antoninus Pius und Marc Aurel. Die Amtsführung des
Stadtpräfecten Urbicus fällt zwiſchen die Jahre 144 und 160, hat aber bisher
nicht genauer beſtimmt werden können.

4. Der Dialog mit dem Juden Trypho. — Der Dialog mit Trypho
will die Angriffe des Judenthums auf das Chriſtenthum zurückweiſen. Derſelbe führt ſich als Aufzeichnung einer zwei Tage während en, in Gegenwar
anderer Juden gehaltenen Disputation zwiſchen Juſtinus und Trypho ein
er wird Wahrheit und Dichtung vereinigen, indem er zum Theil über wirk
liche Geſpräche berichtet, zum Theil auf freier Compoſition beruht (vgl. Abſ. 1)
Trypho erklärt eingangs (c. 1), er ſei im jüngſten Kriege (132—135
aus Paläſtina geflohen und habe ſich „in Griechenland, und zwar zu Korinth"
philoſophiſchen Studien gewidmet. Viele Forſcher wollen in Trypho den i
der Miſchna häufig erwähnten paläſtinenſiſchen Rabbi Tarphon wiedererkennen
Doch konnte Juſtinus dieſen berühmten Zeitgenoſſen zum Vertreter des Juden
thums wählen, auch wenn er nicht perſönlich mit demſelben zuſammengetroffe
war. Der Dialog iſt nach der erſten Apologie verfaßt worden, da dieſe i
dem Dialoge (c. 120) bereits erwähnt wird. Als Ort der Disputatio
bezeichnet Euſebius (Hist. eccl. IV, 18) Epheſus; vielleicht war auch in be

urſprünglichen Texte des Dialoges Epheſus als Schauplatz angegeben. Die Schrift iſt nämlich nicht ganz unverſehrt auf uns gekommen. Die c. 74 vor= liegende Lücke iſt nach mehreren Kritikern nicht unbeträchtlich. Ein gewiſſer Marcus Pompejus, welchem die Schrift gewidmet iſt, wird ſchon c. 8 an= geredet (φίλτατε), aber erſt zum Schluſſe (c. 141) mit Namen genannt: daß er nicht gleich zu Eingang dem Leſer vorgeſtellt wird, iſt wohl auch aus der Mangelhaftigkeit des überlieferten Textes zu erklären. Was den Inhalt angeht, ſo erzählt Juſtinus in der Einleitung (c. 2—8) die Geſchichte ſeiner eigenen Bekehrung (ſ. Abſ. 1) und rechtfertigt ſodann im erſten Theile (c. 10—47), zunächſt aus dem Alten Teſtamente ſelbſt, die Abrogation des moſaiſchen Ritualgeſetzes zu Gunſten des neuen Geſetzes Chriſti. Dieſes letztere enthält die ewig giltigen Forderungen Gottes an die Menſchheit: die Verehrung des wahren Gottes, die Bekehrung von Sünde und Irrthum und den Glauben an den Meſſias, Jeſus von Nazareth. Im zweiten Theile (c. 48—108) beweiſt Juſtinus aus den Propheten, daß die Anbetung Jeſu in keiner Weiſe mit dem Glauben an den allein wahren Gott und mit der Verehrung des Gottes Abrahams, Iſaaks und Jakobs ſtreite. Die Propheten bezeugen und be= glaubigen Jeſus als den Menſch gewordenen Sohn Gottes. Im dritten Theile endlich (c. 109—141) führt Juſtinus aus, die von Jeruſalem aus durch die Apoſtel zu Jeſus Chriſtus Bekehrten ſeien als das wahre Iſrael anzuerkennen, welchem alle Verheißungen des Alten Teſtaments gelten. Im Chriſtenthume erfüllt und vollendet ſich die Beſtimmung der Religion Iſraels zur Weltreligion. Schließ= lich (c. 142) ſpricht Juſtinus den Wunſch aus, Trypho und ſeine Gefährten, auf welche die Unterredung einen tiefen Eindruck machte, möchten Chriſten werden.

5. Zweifelhafte Schriften Juſtins. — Als zweifelhafte Werke Juſtins pflegen zwei Schriften πρὸς Ἕλληνας und eine Schrift περὶ μοναρχίας auf= geführt zu werden. Nachdem Euſebius in ſeinem Berichte über Juſtins ſchriftſtelleriſche Thätigkeit (Hist. eccl. IV, 18) der beiden Apologien Er= wähnung gethan, fährt er fort: "Eine andere Schrift von ihm iſt die an die Griechen. In ihr verbreitet er ſich weitläufig über die meiſten The= mata, welche bei uns und bei den Philoſophen der Griechen unterſucht werden, und ſtellt ſodann genaue Erwägungen über die Natur der Dämonen an. . . Auch iſt von ihm noch ein anderes Syngramma an die Griechen auf uns gekommen, welchem er den Titel Widerlegung (ἔλεγχος) gegeben hat." Dieſe beiden Schriften ſind allem Anſcheine nach verloren gegangen; dagegen ſind, wohl auf Grund der Worte Euſebius', in ſpäterer Zeit irrthüm= lich andere Schriften πρὸς Ἕλληνας dem hl. Juſtinus beigelegt worden. Die kleine Oratio ad Gentiles (5 Kapp.), welche in ſehr entſchiedener und kraft= voller Weiſe die Unvernünftigkeit und Unſittlichkeit der Göttermythen (wie ſie namentlich bei Homer und bei Heſiod vorliegen) darthut, ließe ſich wie dem Titel ſo auch dem Inhalte nach mit der bei Euſebius genannten "Wider= legung" identificiren, kann aber nicht dem hl. Juſtinus angehören, weil der beiderſeitige Stil die durchgreifendſte Verſchiedenheit aufweiſt. In einer ſehr freien ſyriſchen Bearbeitung des Schriftchens wird der Verfaſſer Ambroſius genannt, und Cureton, der Entdecker und Herausgeber des ſyriſchen Textes, wollte dieſen Ambroſius für den gleichnamigen Freund des Origenes (§ 29, 1) halten. Andere glaubten Ambroſius in Apollonius ändern und in dem fraglichen

Schriftchen die Vertheidigungsrede erblicken zu dürfen, welche der Martyrer Apol=
lonius zur Zeit des Kaiſers Commodus vor dem römiſchen Senate hielt (*Eus.*,
Hist. eccl. V, 21); doch iſt dieſe Combination durch Conybeares Entdeckung der
Rede des hl. Apollonius hinfällig geworden. — Die Cohortatio ad Gentiles
(38 Kapp.) erbringt in ſchöner, fließender und blühender Sprache den Beweis,
daß die griechiſchen Weiſen, die Dichter wie die Philoſophen, rückſichtlich ihrer
religiöſen Anſchauungen ſich in unauflöslichen Widerſprüchen untereinander
befinden. Die Wahrheit ſei vielmehr bei Moſes und den Propheten zu ſuchen.
Die immerhin in der griechiſchen Wiſſenſchaft enthaltenen Wahrheitselemente
ſind den heiligen Büchern der Juden entnommen; Orpheus, Homer, Solon,
Pythagoras, Plato und andere haben in Aegypten den Moſaismus kennen
gelernt und ſind dadurch wenigſtens zu einer theilweiſen Berichtigung ihrer
irrigen Anſichten über die Gottheit gelangt (c. 14). Die Unechtheit dieſer
Schrift wird immer allgemeiner zugeſtanden, wenngleich die Vermuthungen
über ihre wirkliche Herkunft noch weit auseinandergehen. Doch dürfte die=
ſelbe in das Ende des 2. oder den Anfang des 3. Jahrhunderts zurück=
reichen. — Die Schrift De monarchia (6 Kapp.) entſpricht gleichfalls dem
Titel nach einem durch Euſebius bezeugten Werke Juſtins, kann jedoch nach
Ausweis des Inhalts nicht unter letzterem verſtanden ſein. Euſebius nennt
nämlich (a. a. O.) in weiterer Folge ein Werk des hl. Juſtinus „über die
Monarchie Gottes (περὶ θεοῦ μοναρχίας), welche er nicht bloß aus unſern
eigenen Schriften, ſondern auch aus den Werken der Griechen begründet“.
Jene Schrift iſt ein Nachweis der Einheit, Gerechtigkeit und Bedürfnißloſigkeit
Gottes und der Nichtigkeit der Götter aus meiſtentheils gefälſchten Dichterſtellen
(Aeſchylus, Sophokles, Philemon, Orpheus, Pythagoras, Euripides u. ſ. w.),
auf eine bibliſche Beweisführung aber läßt ſie ſich nicht ein; ſie kann auch nicht
etwa den zweiten Theil des von Euſebius genannten Werkes darſtellen, weil ſie
augenſcheinlich ein abgeſchloſſenes Ganzes bildet. Der Verfaſſer mag indeſſen
wohl noch dem 2. Jahrhundert angehören. — Begründetern Anſpruch auf
Echtheit als die angeführten Schriften dürften einige kleine Fragmente unter
dem Namen des hl. Juſtinus erheben können. Auch für die Echtheit des um=
fangreichen Bruchſtückes De resurrectione (10 Kapp.), einer Vertheidigung der
Lehre von der Auferſtehung des Fleiſches, ſind verſchiedene Forſcher eingetreten.

6. Unechte Schriften. Verloren gegangene Schriften. — Allgemein als
unterſchoben anerkannt ſind, außer dem früher behandelten Briefe an Diognet
(vgl. § 13, 3), folgende Schriften unter dem Namen Juſtins: Expoſitio
fidei seu de trinitate, eine Darlegung der Trinitätslehre und der Chriſto=
logie, in einer kürzern und einer längern Textesrecenſion vorliegend, nach der
gewöhnlichen Annahme in der zweiten Hälfte des 5. Jahrhunderts verfaßt;
Epistola ad Zenam et Serenum, eine Ermahnung zu chriſtlicher Lebens=
weiſe; Confutatio dogmatum quorundam Aristotelis, hauptſächlich gegen
Sätze der Ariſtoteliſchen Phyſik gerichtet; Quaestiones et responsiones ad
Orthodoxos, 146 Fragen und Antworten, auch zum Theil philoſophiſcher
Natur; Quaestiones Christianorum ad Gentiles, fünf Fragen über Gott
und ſein Verhältniß zur Welt; Quaestiones Gentilium ad Christianos,
15 Fragen metaphyſiſchen und theologiſchen Gegenſtandes. — Verſchiedene
Schriften des hl. Juſtinus ſind uns nicht erhalten geblieben: ein von ihm

ſelbſt (Apol. I, 26) erwähntes Werk gegen die Ketzer unter dem Titel σύνταγμα κατὰ πασῶν τῶν γεγενημένων αἱρέσεων, ein ſchon von Irenäus (Adv. haer. IV, 6, 2: *Migne*, P. gr. VII, 987) citirtes σύνταγμα πρὸς Μαρκίωνα, vielleicht nur ein Theil des von Juſtinus ſelbſt genannten Syntagmas, ſodann die drei, wie vorhin (Abſ. 5) gezeigt, von Euſebius namhaft gemachten Werke, ferner, um mit Euſebius (a. a. O.) fortzufahren, „eine Schrift mit dem Titel ‚Pſalter‘ (ψάλτης) und eine andere umfangreiche Lehrſchrift über die Seele (σχόλιον περὶ ψυχῆς), in welcher er verſchiedene Unterſuchungen über das im Titel genannte Problem vorträgt und die Anſichten der griechiſchen Philoſophen hierüber anführt mit dem Verſprechen, dieſelben auch in einem andern Werke zu widerlegen, zugleich mit einer Darlegung ſeiner eigenen Anſicht, . . . und noch ſehr viele andere Werke“. Kleinerer Fragmente, welche Ueberbleibſel verloren gegangener Schriften darſtellen könnten, iſt bereits (Abſ. 5 z. Schl.) gedacht worden. Uebrigens iſt die Annahme nicht ausgeſchloſſen, daß ſchon Euſebius Schriften in Händen hatte, welche den Namen des hl. Juſtinus mit Unrecht trugen.

7. Der Stil Juſtins. — Die Inhaltsſkizzen der echten Schriften Juſtins pflegen im einzelnen vielfach voneinander abzuweichen, und der Grund liegt wenigſtens zum Theile in einem dieſen Schriften eigenen Mangel an Scheidung und Gliederung und geordnetem Ideengange. Juſtinus entwickelt ſeine Gedanken nach der Eingebung des Augenblicks. Nur höchſt ſelten verweilt er bei einem Gegenſtande, bis er denſelben erſchöpft, er geht vielmehr von ſeinem Thema ab und nimmt es ſpäter wieder auf, ſo daß Zuſammengehöriges auseinandergeriſſen, weniger Verwandtes enge verbunden erſcheint. Auch legt er nicht den geringſten Werth auf oratoriſchen Schmuck. Nur zuweilen belebt ſich ſein Ausdruck und nimmt (namentlich, der Natur eines Geſpräches gemäß, in dem Dialoge mit Trypho) eine gewiſſe Kraft und Wärme an; im allgemeinen aber kennt ſeine Rede keinen Schwung, keinen Reiz der Darſtellung, keine Mannigfaltigkeit der Wendungen. Er liebt langgedehnte Perioden und gehäufte Participialverbindungen, und in den Uebergängen und Rückweiſen herrſcht eine ermüdende Einförmigkeit.

8. Zur Lehre Juſtins. — Sehr mit Unrecht iſt die Lehre Juſtins in neueſter Zeit wiederholt als eine ſonderbare Miſchung chriſtlicher und heidniſch-philoſophiſcher Elemente dargeſtellt worden, eine Miſchung, welcher nicht ſowohl das Chriſtenthum als vielmehr der Platonismus Geſtalt und Farbe gebe. Freilich hat Juſtinus ſich auch als Chriſt zur Philoſophie bekannt, und ſeine Schriften zeigen ſich von philoſophiſchen Vorausſetzungen ſtark beeinflußt. Aber dieſer chriſtliche Philoſoph iſt ſich auch ſehr wohl bewußt, daß er mit dem Glauben an den Sohn Gottes in eine neue Gedankenwelt und eine neue Wahrheitsſphäre eingetreten iſt, und dieſem Glauben der Chriſten gegenüber nimmt die Philoſophie in ſeiner Lehranſchauung nur eine durchaus untergeordnete Stellung ein. Den Glauben der Chriſten findet Juſtinus ausgeſprochen und niedergelegt in dem Alten Teſtamente als „der Heiligen Schrift“, deren Verfaſſer von dem Heiligen Geiſte erfüllt waren und aus dem Heiligen Geiſte redeten (Apol. I, 61). Das Neue Teſtament behandelt Juſtinus, abgeſehen von der (prophetiſchen) Apokalypſe, deren inſpirirter Charakter gelegentlich ausdrücklich hervorgehoben wird (Apol. I, 81), zunächſt nur als

historische Quellenschrift. Die Evangelien führt er unter dem Namen „Denk
würdigkeiten der Apostel" (ἀπομνημονεύματα τῶν ἀποστόλων) des öftern an
Auch lassen sich Anklänge an die Apostelgeschichte, an die sämtlichen Briefe des
hl. Paulus, ausgenommen den Brief an Philemon, an den Brief des hl. Jacobus
die beiden Briefe des hl. Petrus und den ersten Brief des hl. Johannes in seiner
Schriften nachweisen. — Die griechische, insbesondere die platonische Philosophi
hält Justinus gleichfalls hoch als Offenbarung und Ausfluß des λόγος σπερμα
τικός. Ebenderselbe Logos nämlich, welcher in Christus in seiner ganzen Füll
erschien, ist dem Keime nach überall verbreitet (Apol. I, 46; II, 13). Das
σπέρμα τοῦ λόγου ist dem ganzen Menschengeschlechte eingepflanzt (Apol. II, 8)
das natürliche Vernunftlicht ist eine Ausstrahlung des Logos, und nach dem
Maße ihres Antheils an dem Logos haben auch die Philosophen und die Dichter
die Wahrheit erkennen können (Apol. II, 13). Alles Wahre aber ist christlich
und diejenigen, welche mit dem Logos gelebt haben (οἱ μετὰ λόγου βιώσαντες)
sind Christen gewesen, ob sie gleich für Atheisten gehalten worden sein mögen
wie unter den Griechen Sokrates und Heraklit und ähnliche Männer, unter
den Nichtgriechen Abraham und Ananias und Azarias und Misael und Elias
und viele andere (Apol. I, 46; II, 13). — Außer der innern Bekundung der
Wahrheit durch den allverbreiteten Logos nimmt indessen Justinus auch ein
Bekanntschaft der griechischen Philosophen mit dem Alten Testamente an. Di
Lehre von der sittlichen Wahlfreiheit hat Plato von Moses entlehnt; alles
was Philosophen und Dichter über Unsterblichkeit der Seele, über Strafer
nach dem Tode, über Betrachtung der himmlischen Dinge und ähnliches gesag
haben, stammt aus den Schriften der Propheten; von hier aus sind Wahr
heitskörner (σπέρματα ἀληθείας) überallhin gedrungen, aber durch ungenau
Auffassung ist Widerstreit unter den Ansichten entstanden (Apol. I, 44). —
Dem Endgerichte, welches über das ewige Los eines jeden entscheidet, geh
vorauf das tausendjährige Reich. Gleichzeitig mit der zweiten, glorreiche
Ankunft Christi (Apol. I, 52. Dial. c. Tryph. c. 31 sqq.) tritt die erst
Auferstehung ein, die Auferstehung der Gerechten: sie herrschen mit Christu
in dem erneuten Jerusalem tausend Jahre lang in aller Ruhe und Freud
wie die Propheten es vorhergesagt haben (Dial. c. 80—81). Doch bemer
Justinus selbst, daß viele Christen, welche im übrigen an der reinen un
frommen Lehre festhalten, diese chiliastischen Erwartungen nicht theilen (Dia
c. 80). — Nach Ablauf jener tausend Jahre erfolgt die allgemeine Au
erstehung, und Gott hält durch Christus Gericht über alle Menschen. E
jeder gelangt entweder zu ewiger Seligkeit oder zu ewiger Strafe, je na
seinem Verdienste (κατ᾽ ἀξίαν τῶν πράξεων Apol. I, 12. 44). Auch d
Strafe währt die ganze Ewigkeit hindurch und nicht, wie Plato meinte, bl
tausend Jahre lang (Apol. I, 8).

9. Ueber die Taufe und die heilige Eucharistie. — Eine besondere A
merksamkeit verdienen die Zeugnisse des hl. Justinus über die Taufe und
heilige Eucharistie (vgl. Abf. 2). Von der erstern schreibt er (Apol. I, 61
„Alle diejenigen, weche zu der Ueberzeugung gelangt sind, daß das, was v
uns gelehrt und gesagt wird, wahr ist, und weche geloben, daß sie es v
mögen, so zu leben, werden angeleitet zu beten und unter Fasten die Na
lassung ihrer frühern Sünden von Gott zu erflehen, und wir beten und faf

.mit ihnen. Hierauf werden ſie von uns an einen Ort geführt, wo Waſſer
·iſt, und in derſelben Weiſe der Wiedergeburt, in welcher auch wir wieder=
geboren worden ſind, werden ſie wiedergeboren; ſie empfangen dann nämlich
.im Namen des Vaters des Alls und Gottes des Herrn und unſeres Erlöſers
Jeſus Chriſtus und des Heiligen Geiſtes die Abwaſchung im Waſſer... Als
Grund hierfür aber haben wir von den Apoſteln dieſen überkommen. Weil wir
in unſerer erſten Geburt unbewußt nach dem Geſetze der Naturnothwendigkeit
aus naſſem Samen durch die geſchlechtliche Vermiſchung der Eltern gezeugt
worden und in verderbten Sitten und ſchlechter Erziehung aufgewachſen ſind,
ſo wird, damit wir nicht Kinder des Naturgeſetzes und des Unbewußtſeins
bleiben, ſondern Kinder freier Wahl und eigener Erkenntniß werden und zu=
gleich auch Nachlaſſung unſerer frühern Sünden erlangen, im Waſſer über
denjenigen, welcher wiedergeboren zu werden verlangt und ſeine Sünden bereut,
der Name des Vaters des Alls und Gottes des Herrn angerufen; nur dieſen
Namen („Vater‘) nennt derjenige, welcher den Täufling zur Abwaſchung
führt... Genannt wird dieſe Abwaſchung ‚Erleuchtung‘ (φωτισμός), weil
diejenigen, welche dies erfahren, geiſtig erleuchtet werden. Aber auch im Namen
Jeſu Chriſti, welcher unter Pontius Pilatus gekreuzigt worden, und im Namen
des Heiligen Geiſtes, welcher durch die Propheten alles, was Jeſum betrifft,
vorherverkündet hat, wird der zu Erleuchtende abgewaſchen." — Ueber die
Feier der heiligen Euchariſtie berichtet Juſtinus gelegentlich der Beſchreibung des
chriſtlichen Gottesdienſtes (Apol. I, 65—66), in unmittelbarem Anſchluß an die
Erwähnung des Friedenskuſſes, wie folgt: „Dann wird dem Vorſteher der
Brüder Brod und ein Becher mit Waſſer gemiſchten Weines (ποτήριον ὕδατος καὶ
κράματος, vielleicht iſt zu leſen ποτήριον κράματος, nicht aber mit Harnack
ποτήριον ὕδατος) gebracht, und er nimmt es, ſendet Lob und Preis empor zu
dem Vater des Alls durch den Namen des Sohnes und des Heiligen Geiſtes
und ſetzt die Dankſagung dafür, daß wir dieſer Gaben von ihm gewürdigt
worden, noch lange fort. Hat er die Gebete und die Dankſagung beendet,
ſo ſtimmt das geſamte anweſende Volk ein, indem es ſpricht: ‚Amen.‘ Dieſes
Amen aber bedeutet in der hebräiſchen Sprache ‚es geſchehe‘. Hat dann der
Vorſteher die Dankſagung vollendet und das geſamte Volk eingeſtimmt, ſo
reichen die Diakonen, wie ſie bei uns heißen, einem jeden der Anweſenden von
dem conſecrirten Brod und Wein und Waſſer (τοῦ εὐχαριστηθέντος ἄρτου καὶ
οἴνου καὶ ὕδατος) zum Genuſſe dar, und den nicht Anweſenden bringen ſie
davon. Und dieſe Speiſe heißt bei uns ‚Euchariſtie‘, und es iſt keinem andern
geſtattet, an derſelben theilzunehmen, als demjenigen, welcher glaubt, daß
unſere Lehre wahr iſt, und jener Abwaſchung behufs Nachlaſſung der Sünden
und zur Wiedergeburt ſich unterzogen hat und ſo lebt, wie Chriſtus es geboten
hat. Denn nicht wie gemeines Brod und gemeinen Trank nehmen wir dies;
ſondern wie der durch Gottes Wort fleiſchgewordene (σαρκοποιηθείς) Jeſus
Chriſtus, unſer Heiland, Fleiſch und Blut zu unſerer Erlöſung gehabt hat, ſo
ſind wir belehrt worden, daß auch die durch das von ihm herkommende Wort
des Gebetes conſecrirte Speiſe, von welcher unſer Blut und Fleiſch durch Ver=
wandlung (κατὰ μεταβολήν) genährt werden, jenes fleiſchgewordenen Jeſu Fleiſch
und Blut ſei. Denn die Apoſtel haben in den von ihnen aufgezeichneten Denk=
würdigkeiten, welche ‚Evangelien‘ heißen, überliefert, ſo ſei ihnen anbefohlen

worden: Jesus habe Brob genommen, Dank gesagt und dann gesprochen
‚Dies thut zu meinem Andenken, dies ist mein Leib‘, und in gleicher Weise
habe er den Kelch genommen, Dank gesagt und gesprochen: ‚Dies ist mein
Blut‘, und ihnen allein habe er davon mitgetheilt." . . . Sehr klar und bestimmt
lehrt Justinus in anderem Zusammenhange (Dial. c. 41) den Opfercharakter
der heiligen Eucharistie. Das Opfer von Weizenmehl, welches im Alten Bund
die vom Aussatz Genesene darzubringen verpflichtet war, ist ihm „ein Vorbild
des Brodes der Eucharistie, welches Jesus Christus unser Herr zum Andenken an das Leiden, welches er zur Reinigung der Menschenseelen von aller
Schlechtigkeit erbuldet hat, uns zu opfern (ποιεῖν) befahl". Er citirt sodann
die Stelle Mal. 1, 10—12 als Verwerfungsurtheil Gottes selbst über die
damaligen Opfer der Juden und fügt bei: „Von den Opfern aber, welche
wir Heidenvölker ihm allerorten darbringen, d. h. von dem Brode der Eucharistie
und in gleicher Weise von dem Kelche der Eucharistie, weissagt er schon damals, indem er zugleich sagt, daß wir seinen Namen verherrlichen, ihr (Juden)
aber ihn entheiligt." Kein anderer Apologet ist dem hl. Justinus in der
Bloßlegung des größten christlichen Geheimnisses gefolgt; aber eben als ganz
vereinzelte Ausnahme kann sein Vorgehen gegen die Existenz des Institutes
der Arkandisciplin nichts beweisen.

10. Ueberlieferung der Schriften Justins. Ausgaben derselben. Uebersetzungen
und Bearbeitungen. — Der vorhin (§ 14) erwähnte Arethas-Codex enthält von den
Schriften des hl. Justinus nur die unechte Epist. ad Zen. et Seren. (Abs. 6) und
die höchst zweifelhafte Cohortatio ad Gentiles (Abs. 5). Dagegen sind zwei von
dieser Handschrift unabhängige Sammlungen justinischer Schriften auf uns gekommen: der frühere cod. Argentorat. 9 (§ 13, 4) und der umfassendere, aber
eine schon stark getrübte Ueberlieferung darstellende cod. Paris. 450 vom Jahre 1364.
Alle andern Abschriften von Werken Justins, soweit dieselben bisher untersucht worden
sind, gehen auf diese drei Handschriften zurück. S. Harnack, Die Ueberlieferung
der griechischen Apologeten des 2. Jahrh. S. 73 ff.; Geschichte der altchristl. Literatur bis Eusebius. Thl. I. Leipzig 1893. S. 99 ff. — Der erste Herausgeber
der Werke Justins, R. Stephanus (Paris 1551), hielt sich ganz und gar an
cod. Paris. 450. Der zweite Herausgeber, Fr. Sylburg (Heidelberg 1593), ändert
die Reihenfolge der Schriften und fügte denselben die Oratio ad Gentiles (Abs. 5)
und den Brief an Diognet bei, welche inzwischen von H. Stephanus (Paris 1592)
nach cod. Argentorat. 9 veröffentlicht worden waren. Die Ausgaben von Mo-
ranus (Gallandi, Migne) und von J. C. Th. v. Otto (Corpus apolog. christ.
Vol. I—V) wurden § 14 bereits angeführt. Die sonstigen Ausgaben der einzelnen
Schriften verzeichnet v. Otto in den jedesmaligen Prolegomena. Die bei v. Otto
Vol. I. p. L—LI genannte Ausgabe der beiden Apologien von J. W. J. Braun
(Bonn 1830. 1860) ließ C. Gutberlet in 3. Aufl. erscheinen, Leipzig 1883.
Eine Sonderausgabe der ersten Apologie lieferte J. Kaye, London 1889. 8.
Eine Schulausgabe beider Apologien besorgte G. Krüger, Freiburg i. B.
1891 (Sammlung ausgewählter kirchen- und dogmengeschichtlicher Quellenschriften.
Heft 1). Einen kleinen Nachtrag zu den Fragmenten (Abs. 5 z. Schluß)
*J. R. Harris*, Fragments of Justin Martyr: The American Journal of Philo-
logy. Vol. VII. 1866. p. 33—37. Ueber Nachrichten betreffend Wiederauffindung der
verloren gegangenen Schrift περὶ ψυχῆς s. H. Diels, Ueber den angeblich
Justin Περὶ ψυχῆς: Sitzungsberichte der k. preuß. Akad. d. Wiss. zu Berlin. Jahr
1891. S. 151—153. Neue Varianten zu dem Texte der unechten Expositio fidei
(Abs. 6) bei *Pitra*, Analecta sacra. T. II. Parisiis 1884. p. 286. Fragmen-

einer syrischen Uebersetzung (der längern Recension) dieser Expositio fidei veröffentlichte
P. Martin bei *Pitra* l. c. T. IV. p. 11—16 (syrisch); p. 287—292 (lateinisch);
cf. Proleg. p. xi—xii. Ueber eine altslavische Version derselben Schrift s. N. Bonwetsch in den Gött. gel. Anz. vom 22. Nov. 1882. S. 1491—1492. Die syrische Bearbeitung der Oratio ad Gentiles nebst englischer Uebersetzung bei *W. Cureton*, Spicilegium Syriacum. London 1855. p. 38—42; p. 61—69. — Ueber neuere Uebersetzungen der Schriften Justins s. v. Otto a. a. O. Vol. I. p. lvi sqq. Eine recht sorg-
fältige Uebersetzung der beiden Apologien gibt P. A. Richard, Kempten 1871 (Bibl.
der Kirchenväter). Neueste Uebersetzung von H. Veil, Straßb. 1894. 8°. Zu diesen
Apologien s. G. Krüger, Zur Abfassungszeit der Apologieen Justins: Jahrbb. f.
protest. Theol. Bd. XVI. 1890. S. 579—593. *B. Grundl*, De interpolationibus
ex S. Iustini phil. et mart. Apologia secunda expungendis (Progr.). Augustae Vindel. 1891. 8°. (Grundl glaubt in dem umlaufenden Texte der zweiten
Apologie umfangreiche Einschiebungen arianischer Herkunft nachweisen zu können.)
*J. A. Cramer*, In welke verhouding staan de beide Apologieën van Justinus
tot elkander en wanneer zijn zij vervaardigd? Theologische Studiën 1891,
4 en 5, p. 313—357; 6, p. 401—436. L. Paul, Zur Erklärung der beiden
Apologien des Justinus Martyr: Neue Jahrbb. f. Philol. u. Pädag. Bd. CXLIII.
1891. S. 455—464. In betreff der Oratio ad Gentiles vgl. Abs. 12. Zu der
Cohortatio ad Gentiles s. E. Schürer, Julius Africanus als Quelle der Pseudo-
Justin'schen Cohortatio ad Graecos: Zeitschr. f. Kirchengesch. Bd. II. 1877—1878.
S. 319—331. (Die Schrift schöpft aus der Chronographie des Julius Africanus
und ist frühestens im 2. Viertel des 3. Jahrhunderts entstanden.) D. Völter,
Ueber Zeit und Verfasser der pseudo-justinischen Cohortatio ad Graecos: Zeitschr.
f. wissenschaftl. Theol. Bd. XXVI. 1883. S. 180—215. (Die Schrift ist um 180
verfaßt worden, und zwar wahrscheinlich von Apollinarius von Hierapolis.) J. Dräseke, Der Verfasser des fälschlich Justinus beigelegten Λόγος παραινετικὸς πρὸς
Ἕλληνας: Zeitschr. f. Kirchengesch. Bd. VII. 1884—1885. S. 257—302. (Der
Verfasser ist Apollinarius von Laodicea, und die ursprüngliche Aufschrift lautete:
ὑπὲρ ἀληθείας ἢ λόγος παραινετικὸς πρὸς Ἕλληνας.) In verschiedenen Abhandlungen suchte Dräseke nachzuweisen, die Expositio fidei in ihrer umfangreichern
Textgestalt sei das Werk eines Apollinaristen aus dem 3. Decennium des 5. Jahrhunderts, und aus diesem Werke lasse sich eine Schrift des Apollinarius von
Laodicea „Ueber die Dreieinigkeit" (etwa 373 verfaßt) als ursprünglicher Kern
herausschälen. S. Dräseke, Die doppelte Fassung der pseudojustinischen Ἔκθεσις
πίστεως ἤτοι περὶ τριάδος: Zeitschr. f. Kirchengesch. Bd. VI. 1883—1884.
S. 1—45. Derselbe, Apollinarios von Laodicea der Verfasser der echten Bestand-
theile der pseudojustinischen Schrift Ἔκθεσις . . . Ebend. S. 503—549. Ders.,
Zu des Apollinarios von Laodicea Schrift „Ueber die Dreieinigkeit": Jahrbb. f.
protest. Theol. Bd. X. 1884. S. 326—341. Ders., Ueber die Abfassungszeit
der pseudojustin. Ἔκθεσις . . . : Zeitschr. f. wissenschaftl. Theol. Bd. XXVI. 1883.
S. 481—496. Vgl. noch Jahrbb. f. protest. Theol. Bd. XIII. 1887. S. 671 ff.
Zu den Fragmenten unter Justins Namen vgl. Dräseke, Zu den unter des
Justinus Namen überlieferten christologischen Bruchstücken: Jahrbb. f. protest. Theol.
Bd. X. 1884. S. 347—352. (Auch unter diesen Bruchstücken, bei v. Otto
a. a. O. Vol. V. p. 368 sqq., glaubt Dräseke Ueberbleibsel von Schriften des
Apollinarius von Laodicea aufzeigen zu können.) Zu den Quaestiones et respon-
siones ad Orthodoxos (Abs. 6) vgl. W. Gaß, Die unter Justins des Märtyrers
Schriften befindlichen Fragen an die Rechtgläubigen mit Rücksicht auf andere Frag-
sammlungen erörtert: Zeitschr. f. die histor. Theol. Jahrg. 1842. Heft 4. S. 35—154.

11. **Literatur über Justinus.** — Ueber den hl. Justinus handeln C. Semisch,
Justin der Märtyrer. Eine kirchen- und dogmengeschichtliche Monographie. Breslau

1840—1842. 2 Bde. 8⁰. *J. C. Th. Otto,* De Iustini Mart. scriptis et doctrina Ienae 1841. 8⁰. *Ch. E. Freppel*, St. Justin. Paris 1860. 8⁰; 3ᵉ édit (Les Apologistes chrétiens au IIᵉ siècle: St. Justin.) 1886. — Ueber die Lehre Juſtins im beſondern handeln: *B. Aubé*, Essai de critique religieuse. De l'apologétique chrétienne au IIᵉ siècle. St. Justin Philosophe et Martyr. Paris 1861. 8⁰; mit neuem Titelblatt 1875. (Nach Aubé wäre Juſtins Chriſtenthum faſt nur populariſirte griechiſche Philoſophie!) *D. H. Waubert de Puiseau*, De Christologie van Justinus Martyr (Academisch Proefschrift). Leiden 1864. 8⁰. C. Weizſäcker, Die Theologie des Märtyrers Juſtinus: Jahrbb. f. deutſche Theologie. Bd. XII. 1867. S. 60—119. M. v. Engelhardt, Das Chriſtenthum Juſtins des Märtyrers. Eine Unterſuchung über die Anfänge der katholiſchen Glaubenslehre. Erlangen 1878. 8⁰. (Auch v. Engelhardt betont ſehr „das heidniſche Element im Chriſtenthume Juſtins".) Gegen v. Engelhardt ſchrieb A. Stählin, Juſtin der Märtyrer und ſein neueſter Beurtheiler. Leipzig 1880. 8⁰. Thümer, Ueber den Platonismus in den Schriften des Juſtinus Martyr (Progr.) Glauchau 1880. 4⁰. J. Spринzl, Die Theologie des hl. Juſtinus des Martyr's. Eine dogmengeſchichtl. Studie: Theol.=praкт. Quartalſchr. Jahrgg. 1884—1886. L. Paul, Ueber die Logoslehre bei Juſtinus Martyr: Jahrbb. f. proteſt. Theol. Jahrg. 1886, S. 661—690; 1890, S. 550—578; 1891, S. 124—148. C. Clemen, Die religionsphiloſophiſche Bedeutung des ſtoiſch=chriſtlichen Eudämonismus in Juſtins Apologie. Studien und Vorarbeiten. Leipzig 1890. 8⁰. F. Boſſe, Der präexiſtente Chriſtus des Juſtinus Martyr, eine Epiſode aus der Geſchichte des chriſtologiſchen Dogmas (Jnaug.=Differt.). Greifswald 1891. 8⁰. W. Flemming, Zur Beurteilung des Chriſtentums Juſtins des Märtyrers. Leipzig 1893. 8⁰. *J. A. Cramer,* Wat leert Justinus aangaande het persoonlijk bestaan van den Heiligen Geest? Theologische Studiën 1893, 1, p. 17—35. — Ueber Juſtinus und die Heilige Schrift handeln: C. Semiſch, Die apoſtoliſchen Denkwürdigkeiten des Märtyrers Juſtinus. Hamburg u. Gotha 1848. 8⁰. A. Hilgenfeld, Kritiſche Unterſuchungen über die Evangelien Juſtins, der clementiniſchen Homilien und Marcions. Halle 1850. 8⁰. *H. D. Tjeenk Willink,* Justinus Martyr in zijne verhouding tot Paulus. Zwolle 1868. 8⁰. Fr. Overbeck, Ueber das Verhältniß Juſtins des Märtyrers zur Apoſtelgeſchichte: Zeitſchr. f. wiſſ. Theologie. Bd. XV. 1872. S. 305—349. A. Thoma, Juſtins literariſches Verhältniß zu Paulus und zum Johannes=Evangelium: ebend. Bd. XVIII. 1875. S. 383—412. 490—565. K. L. Grube, Darlegung der hermeneutiſchen Grundſätze Juſtins des Märtyrers (Separatabdruck aus „Katholik"). Mainz 1880. 8⁰. Derſelbe, Die typologiſche Schrifterklärung Juſtins des Märtyrers: Der Katholik Jahrg. 1880, Bd. II. S. 139—159. L. Paul, Die Abfaſſungszeit der ſynoptiſchen Evangelien. Ein Nachweis aus Juſtinus Martyr. Leipzig 1887. 8⁰. („Juſtin hat keines unſerer ſynoptiſchen Evangelien gekannt", Paul S. 49.) Th. Zahn, Geſchichte des Neuteſtamentl. Kanons. Bd. I, 2. Erlangen 1889. S. 463—585: „Juſtinus Martyr und die Apoſtoliſchen Schriften". W. Bouſſet, Die Evangeliencitate Juſtins des Märtyrers in ihrem Wert für die Evangelienkritik, von neuem unterſucht. Göttingen 1891. 8⁰. — Ueber andere Fragen handeln W. Bornemann, Das Tauffymbol Juſtins des Märtyrers: Zeitſchr. f. Kirchengeſch. Bd. III (1878—1879). S. 1—27. Th. Zahn, Studien zu Juſtinus Martyr: ebend. Bd. VIII (1885—1886). S. 1—84. *G. T. Purves,* The testimony of Justin Martyr to early Christianity. New York 1889 (London 1889). 8⁰. A. Harnack, Brod und Waſſer, die euchariſtiſchen Elemente bei Juſtin: Texte und Unterſuchungen zur Geſch. der altchriſtl. Literatur, herausgeg. von O. v. Gebhardt und A. Harnack. Bd. VII. Heft 2. Leipz. 1891. S. 115—144. Die ſeltſame Theſe Harnacks, Juſtinus bezeichne Brod und Waſſer als die Materie der heiligen Euchariſt

ist fast von allen Seiten abgelehnt worden. S. namentlich Th. Zahn, Brot und
Wein im Abendmahl der alten Kirche. Erlangen 1892. 8⁰. Funk, Die Abend=
mahlselemente bei Justin: Theol. Quartalschr. Bd. LXXIV. 1892. S. 643—659.
A. Jülicher, Zur Geschichte der Abendmahlsfeier in der ältesten Kirche: Theol. Ab=
handlungen, C. v. Weizsäcker gewidmet. Freiburg i. B. 1892. S. 215—250. — Aeltere
Literatur über Justinus bei *Chevalier*, Répert. des sources hist. 1323—1325.
2700—2701; *Richardson*, Bibliograph. Synopsis 22—26.

12. Der Martyrer Apollonius. — Die Vertheidigungsrede des hl. Apollonius
vor dem römischen Senate (Abs. 5) nahm Eusebius, wie er selbst bezeugt (Hist.
eccl. V, 21), in Verbindung mit den Martyreracten des Heiligen in sein
Martyrologium auf, welch letzteres indessen nicht auf uns gekommen ist. Für die
zuerst von Nolte geäußerte Vermuthung, in der Oratio ad Gentiles liege die
Rede des hl. Apollonius noch vor, ist namentlich J. Dräseke, Zur Apologie des
Apollonios: Jahrbb. f. protest. Theol. Bd. XI. 1885. S. 144—153, eingetreten.
Jetzt ist diese Vermuthung endgiltig beiseite zu legen, indem Conybeare die Acten
(mitsamt der Vertheidigungsrede) des hl. Apollonius in einer von den Mechi=
taristen 1874 zu Venedig herausgegebenen armenischen Martyriensammlung auf=
gefunden hat. Apollonius' Apology and Acts and other monuments of early
Christianity. Edited with a general preface, introduction, notes etc. by *F. C.
Conybeare*. London 1894. 8⁰. Eine englische Uebersetzung des armenischen Textes
der Acten veröffentlichte Conybeare schon in der Zeitschrift The Guardian vom
21. Juni 1893. Die Selbstvertheidigung des Martyrers, ausgezeichnet durch vor=
nehmen Ton, legt in beredter Weise die Thorheit des heidnischen Polytheismus dar
und entwickelt in großen Zügen die christliche Glaubens= und Sittenlehre. Hieronymus
(De vir. ill. c. 42: *Migne*, P. lat. XXIII, 657) berichtet, Apollonius, welcher
selbst Mitglied des Senates gewesen, habe zur Vertheidigung seines Glaubens ein
ausgezeichnetes Buch verfaßt (insigne volumen composuit) und dasselbe im
Senate vorgelesen. In der Folge (c. 53) bezeichnet Hieronymus im Hinblick auf
die genannte Apologie den hl. Apollonius als einen der Zeit nach noch vor Ter=
tullian stehenden lateinischen Kirchenschriftsteller, während er ihn bei einer spätern
Gelegenheit (Ep. 70, ad Magnum, n. 4; XXII, 667) auf Grund derselben Apo=
logie unter den griechischen Kirchenschriftstellern namhaft macht. Vgl. über diese
Angaben C. P. Caspari, Ungedruckte, unbeachtete und wenig beachtete Quellen
zur Gesch. des Taufsymbols und der Glaubensregel. Bd. III. Christiania 1875.
S. 413—416. Ueber Apollonius und sein Martyrium handeln A. Harnack,
Der Proceß des Christen Apollonius vor dem Präfectus Prätorio Perennis und dem
römischen Senat: Sitzungsber. der kgl. preuß. Akad. d. Wiss. zu Berlin. Jahrg. 1893.
S. 721—746. R. Seeberg, Das Martyrium des Apollonius: Neue kirchl.
Zeitschr. Bd. IV. 1893. S. 836—872. A. Hilgenfeld, Apollonius von Rom:
Zeitschr. f. wissenschaftl. Theol. 1894. Bd. I. S. 58—91. Th. Mommsen, Der
Proceß des Christen Apollonius unter Commodus: Sitzungsber. der kgl. preuß. Akad.
d. Wiss. 1894. S. 497—503.

## § 17. Tatian der Assyrer.

1. Leben. — Tatian der Assyrer stellt sich zum Schlusse seiner Apologie
(c. 42) den Griechen, an welche die Schrift gerichtet ist, mit den Worten vor:
„Geboren im Lande der Assyrer und zuerst in euern Lehren unterrichtet, bin
ich später in den Lehren unterwiesen worden, welche ich mich jetzt zu ver=
kündigen rühme." Er war, jedenfalls zu Rom, Schüler Justins (ἀκροατής
*Iren.*, Adv. haer. I, 28, 1: *Migne*, P. gr. VII, 690; μαθητής *Eus.*,
Hist. eccl. IV, 29: *Migne* l. c. XX, 400); in seiner Apologie nennt er den

7*

Lehrer gelegentlich (c. 18) ὁ θαυμασιώτατος Ἰουστῖνος. Im übrigen aber haben
die neuern Forſchungen über Tatians Lebenslauf ſehr widerſprechende Reſultate
zu Tage gefördert. Nach Zahn war Tatian ſyriſcher Nationalität; das öſtlich
vom Tigris gelegene Land war ſeine Heimat. Im Heidenthume erzogen, trat
er zu Rom, wohl um 150, zum Chriſtenthum über und ſchrieb dort auch,
zur Rechtfertigung dieſes Uebertrittes, ſeine Apologie. In der Folge indeſſen
fanden ſeine Lehren und Grundſätze von ſeiten der kirchlichen Vorſteher Miß-
billigung. Deßhalb kehrte er im 12. Jahre Marc Aurels (März 172—173)
in den Orient zurück und nahm ſeinen Aufenthalt zu Edeſſa, wo ·er ſeine
Evangelienharmonie in ſyriſcher Sprache verfaßte. Nach Harnack war Tatian
wahrſcheinlich nicht Syrer, ſondern Grieche. Rom war die Stätte ſeiner
Converſion; aber ſeine Apologie ſchrieb er, vermuthlich bald nach dem Jahre 152,
im Orient. Hier verfaßte er auch in griechiſcher Sprache ſeine Evangelienharmonie. Später iſt er nach Rom zurückgekehrt, und dort iſt um 172 ſein
offener Bruch mit der Kirche erfolgt; ob er Rom wieder verlaſſen hat, ſteht
dahin. Nach Funk hat Tatian erſt in den Jahren 163—167 das Chriſtenthum angenommen und ſeine Apologie veröffentlicht, die Evangelienharmonie
aber wohl erſt nach ſeinem Bruche mit der Kirche zuſammengeſtellt. — Es
darf als feſtſtehend betrachtet werden, daß Tatian ſich ſpäter der valen-
tinianiſchen Gnoſis zuwandte und die Secte der Enkratiten ſtiftete oder fort-
bildete. Letztere verwarfen die Ehe wie auch den Genuß von Fleiſch und
Wein als Sünde und erſetzten ſogar bei der heiligen Euchariſtie den Wein durch
Waſſer (daher auch Hydroparaſtaten oder Aquarier genannt). Die Secte hat
allem Anſcheine nach keine weite Verbreitung gefunden und bald nach Tatians
Tode ſich unter den übrigen gnoſtiſchen Denominationen verloren.

2. Die Apologie. — Die Apologie Tatians, πρὸς Ἕλληνας überſchrieben,
läßt ſich, abgeſehen von der Einleitung und dem Schluſſe, in vier Theile zerlegen. Die Einleitung (c. 1—3) erbringt im Handumdrehen den Beweis,
daß die Griechen alle ihre Bildung, Kunſt und Wiſſenſchaft den „Barbaren“
entlehnt haben. In dem erſten Theile (c. 4—11) waltet das apologetiſch
Intereſſe vor. An eine kurze Darlegung der chriſtlichen Lehre von dem drei
einigen Gotte ſchließt ſich eine Verſpottung der griechiſchen Götter an, „welch
dem Zweikampfe zuſchauen und durch Anfeuerung Partei ergreifen, welch
heiraten und Knaben ſchänden und ehebrechen, lachen und zürnen, ſich flüchten
und verwundet werden“ (c. 8). Der zweite Theil (c. 12—20) iſt vorwiegen
bidaktiſch gehalten. Es werden namentlich die Grundzüge der chriſtliche
Sittenlehre (Tatian c. 12 nennt dieſelbe eine „barbariſche Geſetzgebung“) ent
wickelt. Der dritte Theil (c. 21—30) iſt der Polemik geweiht. Die inner
Hohlheit und ſittliche Verderbtheit des Griechenthums wird in ſchonungsloſe
Weiſe an den Pranger geſtellt. Der vierte und letzte Theil (c. 31—41) liefe
den Altersbeweis für das Chriſtenthum. Das Urſprüngliche iſt das Wah
und das Aeltere das Glaubwürdigere. Moſes aber, „der Urheber all
barbariſchen Weisheit“ (c. 31; in dem letzten Theile nennt Tatian de
Chriſtenthum wiederholt eine „barbariſche Philoſophie“), iſt nicht bloß ält
als Homer, ſondern auch älter als alle jene Weiſen der griechiſchen Sag
welche vor Homer gelebt haben; dieſe Griechen haben ſogar manches aus d
Büchern Moſes’ geſchöpft, aber freilich entſtellt wiedergegeben. — Zu Juſti

Apologien tritt diese Apologie Tatians, trotz mancher Berührungspunkte, in
einen auffälligen Gegensatz. War Justinus von Hochachtung vor den Denkern
und Dichtern Griechenlands erfüllt, so geht Tatian mit einer leidenschaftlichen
Schroffheit und Einseitigkeit zu Werke, alle Lichtseiten der griechischen Cultur
außer acht lassend und auch die gemeinen Verleumdungen, welche gegen die
griechischen Philosophen in Umlauf gesetzt worden waren, ungeprüft nach=
sprechend. Die Wärme und Kraft der Ueberzeugung muß wohlthuend an=
muthen; aber die Bitterkeit und Maßlosigkeit des Angriffs wirkt nothwendig
abstoßend. Dogmengeschichtliches Interesse besitzt die Stelle über den Ausgang
des Logos c. 5: „Durch den Willen der einfachen Gottheit geht der Logos
aus. Es tritt aber der Logos nicht zwecklos hervor und wird das erstgeborene
Werk des Vaters; wir wissen, daß er der Anfang (das Princip) der Welt
ist. Er ist aber geworden durch Mittheilung (κατὰ μερισμόν), nicht durch
Abtrennung (κατὰ ἀποκοπήν); denn das Abgeschnittene ist von dem Ersten
geschieden, das durch Mittheilung Entstandene aber hat nach freier Bestimmung
seinen Theil empfangen und somit denjenigen, von welchem es genommen ist,
nicht arm gemacht. Denn wie von einer Fackel viele Feuer angezündet werden,
das Licht der ersten Fackel aber durch die Anzündung der vielen Fackeln nicht
vermindert wird, so hat auch der aus der Kraft des Vaters hervorgegangene
Logos seinen Erzeuger nicht logoslos gemacht" (οὐκ ἄλογον πεποίηκε τὸν γεγεννη-
κότα). Sehr bestimmt lehrt Tatian im weitern Verlaufe die Menschwerdung
und das Leiden Gottes (τοῦ πεπονθότος θεοῦ c. 13; θεὸν ἐν ἀνθρώπου μορφῇ
γεγονέναι c. 21); die über einen menschgewordenen Gott spottenden Griechen
verweist er auf die Thorheiten ihrer Göttermythen (c. 21).

3. Die Evangelienharmonie oder das Diatessaron. — Die Evangelien=
harmonie Tatians ist erst durch einen Commentar des hl. Ephräm des Syrers
zu derselben (aus den Jahren 360—370), welcher 1836 in armenischer Ueber=
setzung herausgegeben wurde, genauer bekannt geworden. Seit 1888 liegt
dieselbe auch in arabischer Bearbeitung vor: die von Ciasca veröffentlichte
arabische Evangelienharmonie bezeichnet sich selbst als eine aus dem Syrischen
geflossene Uebersetzung des Diatessarons Tatians; in Wahrheit ist der arabische
Text Wiedergabe einer wohl zwischen 400 und 600 auf Grund der Peschittho
vorgenommenen syrischen Ueberarbeitung des Diatessaron. Jedenfalls war
das in der Ursprache nicht erhaltene Werk Tatians eine aus den Berichten
der vier Evangelisten zusammengesetzte Darstellung der Geschichte und der
Lehre des Herrn; das chronologische Fachwerk war dem vierten Evangelium
entnommen, einige apokryphe Zusätze waren eingeflochten, die Genealogien
(Matth. 1, 1 ff. und Luc. 3, 23 ff.) waren ausgelassen (in diesem letzten
Umstande kamen sehr wahrscheinlich die gnostischen Anschauungen des Verfassers
zum Ausdruck). Auf einen griechischen Urtext scheint namentlich der griechische
Titel Diatessaron (τὸ διὰ τεσσάρων εὐαγγέλιον) hinzuweisen, vorausgesetzt daß
dieser Titel von dem Verfasser selbst hergeleitet werden darf. Ein griechisches
Original müßte jedoch allsobald ins Syrische übertragen worden sein, denn
das ganze 3. Jahrhundert hindurch ist Tatians Werk auf weiten Strecken
des syrischen Kirchengebietes, insbesondere auch in Edessa, der ausschließlich
gebrauchte Evangelientext gewesen. Erst seit der Mitte des 4. Jahrhunderts
hat dasselbe diese Alleinherrschaft nach und nach eingebüßt. Aber, um nicht

wieder an den Commentar des hl. Ephräm zu erinnern, noch Theodoret von Cyrus († um 458) fand in einem großen Theile ſeines Sprengels Tatians Diateſſaron in kirchlichem Gebrauche und mußte die vier canoniſchen Evangelien (in ſyriſcher Landesſprache) an manchen Orten erſt einführen (*Theodor.*, Haeretic. fabul. compend. I, 20: *Migne*, P. gr. LXXXIII, 372).

4. **Verloren gegangene Schriften.** — Andere Schriften Tatians ſind gänzlich zu Grunde gegangen. In der Apologie c. 15 gedenkt er ſelbſt einer ältern Schrift „Ueber die Thiere" (περὶ ζῴων), und c. 16 erwähnt er eine Schrift, in welcher von der Natur der Dämonen die Rede war, vielleicht eben jene Schrift „Ueber die Thiere". Gegen Ende, c. 40, ſtellt er ein Buch in Ausſicht: πρὸς τοὺς ἀποφηναμένους τὰ περὶ θεοῦ, vermuthlich ſo viel als „gegen diejenigen, welche über die Theologie gehandelt haben", vielleicht eine Zurückweiſung heidniſcher Einwürfe gegen das Chriſtenthum. Rhodo, ein Schüler Tatians (bei *Eusebius*, Hist. eccl. V, 13), nennt ein „Buch der Probleme" (προβλημάτων βιβλίον), in welchem Tatian darzuthun beabſichtigte, daß die heiligen Schriften (des A. T.) Dunkles und Unklares enthalten. Clemens von Alexandrien endlich (Strom. III, 12: *Migne* l. c. VIII, 1181) erwähnt und bekämpft eine Schrift Tatians „Ueber die Vollkommenheit nach den Vorſchriften des Erlöſers" (περὶ τοῦ κατὰ τὸν σωτῆρα καταρτισμοῦ).

5. **Ueberlieferung der Apologie. Ausgaben derſelben. Ueberſetzungen und Bearbeitungen.** — Tatians Apologie iſt nur durch den Arethas-Codex (§ 14) erhalten worden. Die betreffenden Quaternionen ſind jedoch (vermuthlich zwiſchen dem 12. und dem 14. Jahrhundert) ausgeriſſen worden, und müſſen für ſie drei Abſchriften des Codex eintreten. S. Harnack, Die Ueberlieferung der griechiſchen Apologeten des 2. Jahrhunderts S. 1—24. 90—97; vgl. v. Gebhardt, Zur handſchriftl. Ueberlieferung der griech. Apologeten. I. S. 155—161. Die editio princeps der Apologie beſorgte C. Geßner, Zürich 1546. Ueber die Ausgaben von Maranus (Gallandi, Migne) und von v. Otto (Corpus. apolog. christ. Vol. VI) ſ. § 14. Ueber die ſonſtigen Ausgaben ſ. v. Otto a. a. O. p. xxi sqq. Die neueſte Ausgabe lieferte Eb. Schwartz, Leipzig 1888 (Texte und Unterſuchungen zur Geſch. der altchriſtl. Literatur, herausgeg. von v. Gebhardt und Harnack. Bd. IV. Heft 1). Deutſche Ueberſetzungen der Apologie veröffentlichten ein Ungenannter in den Sämtlichen Werken der Kirchenväter. Aus dem Urterte in das Teutſche überſetzt. Bd. II. Kempten 1830. S. 139—192; P. Gröne, Kempten 1872 (Bibl. der Kirchenväter); Harnack in einem Programm der Univerſität Gießen zum 25. Auguſt 1884. Ueber die Apologie handeln H. Dembowſki, Die Quellen der chriſtl. Apologetik des 2. Jahrhunderts. I. Thl.: Die Apologie Tatians. Leipzig 1878. Harnack, Die Ueberlieferung der griech. Apologeten des 2. Jahrhunderts S. 196—232: „Die Oratio des Tatian, nebſt einer Einleitung in die Zeit dieſes Apologeten." A. Kalkmann, Tatians Nachrichten über Kunſtwerke: Rhein. Muſ. f. Philol. N. F. Bd. XLII (1887). S. 489—524.

6. **Quellen für die Kenntniß der Evangelienharmonie und Schriften über dieſelbe. Spätere Nachbildungen dieſes Werkes.** — Ephräms Commentar zu dem Diateſſaron findet ſich armeniſch unter den 1836 zu Venedig gedruckten, nur armeniſch erhaltenen Werken Ephräms Bd. II. S. 5—260. Eine lateiniſche Ueberſetzung des armeniſchen Textes von J. B. Aucher veröffentlichte erſt G. Möſinger: Evangelii concordantis expositio facta a S. Ephraemo Doctore Syro. In Latinum translata a R. P. *I. B. Aucher*, Mechitarista, cuius versionem emendavit, annotationibus illustravit et edidit *G. Mösinger*. Venetiis 1876. 8° Harnack, Tatians Diateſſaron und Marcions Commentar zum Evangelium be

Ephräm Syrus. Ein Bericht: Zeitschr. f. Kirchengesch. Bd. IV (1880—1881). S. 471
bis 505. Th. Zahn, Forschungen zur Geschichte des neutestamentl. Kanons und der
altkirchl. Literatur. Thl. I: Tatians Diatessaron. Erlangen 1881. *J. P. P. Martin*,
Le Διὰ τεσσάρων de Tatien: Revue des questions hist. T. XXXIII (Paris 1883).
p. 349—394. Neues Material ward der Forschung durch Herausgabe der arabischen
Evangelienharmonie zugeführt: Tatiani Evangeliorum harmoniae arabice. Nunc
primum ex duplici codice edidit et translatione latina donavit *P. A. Ciasca*.
Romae 1888. 4°. Vgl. des Herausgebers Abhandlung De Tatiani Diatessaron arabica versione bei *I. B. Pitra*, Analecta sacra IV, 465—487; zweite,
verbesserte Separatausgabe Rom 1888. 4°. *Martin*, Le Διὰ τεσσάρων de Tatien:
Rev. des quest. hist. T. XLIV (1888). p. 5—50. *E. Salvatori*, Il ‚Diatessaron‘
di Taziano. Firenze 1889. 8°. *J. R. Harris*, The Diatessaron of Tatian:
a preliminary study. London 1890. 8°. E. Sellin, Der Text des von
A. Ciasca (Rom 1888) herausgegebenen arabischen Diatessaron: Forschungen zur
Gesch. des neutest. Kanons und der altkirchl. Literatur. Thl. IV. Herausgeg. von
J. Haußleiter und Th. Zahn. Erlangen 1891. S. 225—246. Th. Zahn,
Gesch. des Neutestamentl. Kanons. Bd. II, 2. Erlangen 1892. S. 530—556:
„Zu Tatians Diatessaron." *M. Maher*, Recent evidence for the authenticity
of the Gospels: Tatian's Diatessaron. London 1893. 8°. *J. H. Hill*, The
earliest life of Christ ever compiled from the Four Gospels: being the
Diatessaron of Tatian (circa a. d. 160). Literally translated from the Arabic
Version. Edinburgh 1893. 8°. — Im 3. Jahrhundert hat ein Alexandriner
Namens Ammonius in der Weise eine Evangelienharmonie hergestellt, daß er dem
Matthäusevangelium die verwandten Abschnitte der drei andern Evangelien ein-
fügte (*Eus.* Canones evang. praef.: *Migne*, P. gr. XXII, 1276). Dieses Werk ist zu
Grunde gegangen. Ob dem Verfasser das Diatessaron Tatians vorgelegen hat,
bleibt dahingestellt. Vgl. *G. H. Gwilliam*, The Ammonian Sections, Eusebian
Canons and harmonizing tables in the Syriac Tetraevangelium: Studia
biblica et ecclesiastica. Vol. II. Oxford 1890. p. 241—272. Nach dem Vorbilde des Diatessarons hat um 500 ein unbekannter Lateiner (er benutzt den durch
Hieronymus um 383 revidirten Italatext der Evangelien) eine Evangelienharmonie
ausgearbeitet, und dieses Werk hat Bischof Victor von Capua (gest. 554) an
Stelle der vier Evangelien in eine auf sein Geheiß und unter seiner Aufsicht gefertigte, später nach Fulda gekommene Abschrift des Neuen Testamentes, den sogen.
cod. Fuldensis, aufnehmen lassen. Im Hinblick auf die Angaben des Eusebius
über Tatian und Ammonius glaubte Victor, wie er in einer Vorbemerkung erklärt, sich für Tatian als muthmaßlichen Verfasser dieser Evangelienharmonie bezw.
des vorausgesetzten Originals entscheiden zu sollen. In der Folge ist dieselbe aus
dem cod. Fuldensis oftmals abgeschrieben und auch wiederholt gedruckt worden, bald
unter Tatians, bald unter des Ammonius Namen (so auch *Migne*, P. lat. LXVIII,
251—358). Zu dem cod. Fuldensis vgl. § 75, 13. Die in den Jahren 820—830
zu Fulda entstandene deutsche Uebersetzung der lateinischen Evangelienharmonie geht
meist unter Tatians Namen. Ammonii Alexandrini quae et Tatiani dicitur
harmonia evangeliorum in latinam linguam et inde ante annos mille in
francicam translata. Edente *I. A. Schmeller*. Viennae 1841. 4°. Tatian:
Lateinisch und altdeutsch mit ausführlichem Glossar herausgeg. von E. Sievers.
Paderb. 1872; 2. Ausg. 1892 (Bibliothek der ältesten deutschen Litteratur-Denkmäler.
Bd. V). Ueber anderweitige Nachbildungen des Diatessarons f. Zahn, Tatians
Diatessaron. Erlangen 1881. S. 293—328. Vgl. Zahn, Zur Gesch. von Tatians
Diatessaron im Abendland: Neue kirchl. Zeitschr. Bd. V. 1894. S. 85—120.

7. Literatur über Tatian. — Ueber Tatian handeln: *H. A. Daniel*, Commentationis de Tatiano apologeta specimen (Diss. inaug.). Halis 1835. 8°.

Derſ., Tatianus, ber Apologet. Ein Beitrag zur Dogmengeſchichte. Halle 1837. 8⁰.
*M. Ledermann*, Examen des hérésies de Tatien. Strasbourg 1845. 4⁰.
Zahn, Tatians Diateſſaron (f. Abſ. 6). Harnack, Die Oratio des Tatian, nebſt
einer Einleitung in bie Zeit bieſes Apologeten (f. Abſ. 5). Fr. X. Funk, Zur Chrono=
logie Tatians: Theol. Quartalſchr. Bb. LXV (1883). S. 219—233. W. Steuer,
Die Gottes= und Logoslehre bes Tatian mit ihren Berührungen in ber griechiſchen
Philoſophie. Güterslob 1893. 8⁰. Sonſtige Literatur bei *Chevalier*, Répert. des
sources hist. 2150. 2819; *Richardson*, Bibliograph. Synopsis 33—35.

8. Rhobo. — Rhobo (Abſ. 4), ein Kleinaſiate, war zu Rom Tatians
Schüler unb hinterließ gleichfalls verſchiebene Schriften (διάφορα βιβλία), insbeſondere
gegen bie Häreſie Marcions unb über bas Hexaemeron. (In ber Schrift gegen
Marcion äußerte er bie Abſicht, Tatians Buch ber Probleme mit einer Gegen=
ſchrift, ἐπιλύσεις, zu beantworten.) So Euſebius Hist. eccl. V, 13. Hieronymus
(De vir. ill. c. 37 et c. 39) legt Rhobo außer ben beiden genannten Schriften
noch ein Werk gegen bie Montaniſten (adversum Phrygas insigne opus, opus
adversus Montanum, Priscam Maximillamque) bei; boch wirb bie Richtigkeit
bieſer Zueignung mit Grund beanſtanbet (f. Abſ. 9). Sämtliche Schriften Rhobos
ſinb verloren gegangen. Die Angaben bes Euſebius unb bes Hieronymus ſinb zu=
ſammengeſtellt bei *Routh*, Reliquiae Sacrae (ed. 2) I, 435—446; *Migne*, P. gr.
V, 1331—1338. Vgl. Caſpari, Ungebruckte … Quellen zur Geſchichte bes Tauf=
ſymbols unb ber Glaubensregel. III. Chriſtiania 1875. S. 340—341. 364—365.
Harnack, Geſchichte ber altchriſtlichen Litteratur bis Euſebius. Thl. I. Leipzig
1893. S. 599.

9. Ein Ungenannter unb Abercius. — Die Schrift gegen bie Montaniſten,
welche Hieronymus Rhobo zuſchreibt (f. Abſ. 8), iſt nach ben Worten bes
hl. Hieronymus ſelbſt unzweifelhaft bie Schrift gegen bie Montaniſten, aus welcher
Euſebius (Hist. eccl. V, 16—17) eine Reihe von Stellen bezw. Auszügen an=
führt. Den Namen bes Verfaſſers nennt Euſebius nicht. Derſelbe war vermuthlich
Biſchof unb zwar in Kleinaſien. Er berichtet ſelbſt, er ſei kürzlich zu Ancyra in
Galatien geweſen unb habe bie bortigen Chriſten aus Anlaß ber Umtriebe ber
Montaniſten in größter Verwirrung angetroffen. Seine Vorträge gegen bie Häretiker,
welche vom beſten Erfolge begleitet waren, will er nunmehr auf Erſuchen nieber=
ſchreiben. Die Schrift iſt an einen gewiſſen Avircius Marcellus gerichtet; bie Ab=
faſſung wirb etwa in bas Jahr 192 zu verlegen ſein. Die Mittheilungen bes
Euſebius bei *Routh*, Reliquiae Sacrae (ed. 2) II, 181—217; *Migne*, P. gr. X,
145—156. Vgl. G. N. Bonwetſch, Die Geſchichte bes Montanismus. Erlangen
1881. S. 27—29. Harnack, Geſch. ber altchriſtl. Litteratur. Thl. I. S. 240 f. —
Avircius Marcellus, ber Abreſſat ber Schrift bes Anonymus, pflegt ibentificirt zu
werben mit bem burch ſeine Grabinſchrift bekannt unb berühmt geworbenen Biſchof
Abercius von Hieropolis (nicht Hierapolis) in Phrygien. Abercius hinterließ
laut ber Vita S. Abercii c. 27 (anberswo n. 39) ſeinen Presbytern unb Dia=
konen ein ſehr nützliches Lehrbuch (βίβλον διδασκαλίας). Ueber einen Brief bes Bi=
ſchofs an Kaiſer Marc Aurel f. *Pitra*, Analecta sacra. T. II (Paris. 1884).
p. 162—163. Erhalten iſt nur bas von Abercius ſelbſt um 180 verfaßte Epitaph,
vielleicht bie wichtigſte unter allen zur Zeit bekannten chriſtlichen Inſchriften. Der
Text ber Inſchrift auch bei *Th. Preger*, Inscriptiones graecae metricae ex
scriptoribus praeter Anthologiam collectae. Lipsiae 1891. 8⁰. p. 27—29.
Vgl. J. Wilpert, Principienfragen ber chriſtlichen Archäologie. Freiburg i. B.
1889. 4⁰. S. 50 ff. Weber, Die Grabſchrift bes hl. Aberkios. Ihre Bebeutung
für bie kathol. Dogmatik: Theol.=prakt. Monats=Schr. Bb. III (1893). S. 474—481.
G. Ficker, Der heidniſche Charakter ber Abercius=Inſchrift: Sitzungsberichte ber
kgl. preuß. Akab. b. Wiſſ. zu Berlin. Jahrg. 1894. S. 87—112. (Ein burchaus

nißlungener Verfuch.) D. Hirfchfeld, Zu der Abercius=Infchrift: ebend. S. 213.
Die um 380 verfaßte Vita S. Abercii bei *Migne*, P. gr. CXV, 1212—1248 (inter
opp. Symeonis Metaphrastae) fowie in den Acta SS. Oct. T. IX. Bruxellis
1858. p. 485—519. Th. Zahn, Forfchungen zur Gefch. des neuteftamentl. Kanons
und der altkirchl. Literatur. Thl. V. Erlangen 1893. S. 57—99: „Avercius Mar=
ellus von Hieropolis."

10. **Apollonius.** — In unmittelbarem Anfchluß an die Mittheilungen über
die Schrift des Anonymus (Abf. 9) berichtet Eufebius (Hist. eccl. V, 18) über ein
anderes, feiner Anficht nach jüngeres, aber nicht weniger bedeutendes Werk gegen die
Montaniften, deffen Verfaffer Apollonius hieß. Eufebius charakterifirt den Verfaffer
nicht näher, unterfcheidet ihn jedoch von dem früher genannten Martyrer Apollonius
unter Kaifer Commodus (§ 16, 12). Ebenfo auch Hieronymus (De vir. ill. c. 40).
Der unbekannte Verfaffer des Werkes Praedestinatus I, 26 (*Migne*, P. lat. LIII,
596) bezeichnet Apollonius als Bifchof von Ephefus. Der Bericht des Eufebius bei
*Routh* l. c. I, 463—485; *Migne*, P. gr. V, 1381—1386. Vgl. Harnack, Gefch.
der altchriftl. Litteratur I, 241.

## § 18. Athenagoras.

1. **Nachrichten des Alterthums.** — Athenagoras wird in der handfchriftlich
überlieferten Auffchrift feiner Apologie „chriftlicher Philofoph aus Athen"
(Ἀθηναῖος, φιλόσοφος χριστιανός) genannt. Sonftige Nachrichten über feine
Lebensverhältniffe find nicht erhalten. Der großen kirchlichen Tradition ift
überhaupt ein Apologet Athenagoras ganz unbekannt. Eufebius, Hieronymus
und ihre Nachfolger fchweigen, und die Gründe diefes feltfamen Schweigens
find noch nicht hinlänglich aufgeklärt. Es laffen fich, foviel bisher bekannt,
in der kirchlichen Literatur des Alterthums nur zwei Spuren der Apologie
des Athenagoras aufzeigen, während für die in den Handfchriften ihm außerdem
noch beigelegte Schrift über die Auferftehung nicht ein einziges Zeugniß vor=
liegt. Methodius von Olympus (De resurrectione I, 37, 1; S. 130 der
Ausgabe Bonwetfchs) führt unter dem Namen eines Athenagoras (καθάπερ
λέχθη καὶ Ἀθηναγόρᾳ) einige Zeilen an, welche fich zum Theil in wörtlicher
Uebereinftimmung, zum Theil in fehr ähnlicher Faffung in der Apologie (c. 24)
wiederfinden. Und in der verloren gegangenen Historia christiana des
Philippus Sidetes foll nach Angabe eines anonymen Schreibers über die
alexandrinifchen Lehrer (vgl. § 61, 2) berichtet worden fein, Athenagoras fei
der erfte Vorfteher der Schule zu Alexandrien gewefen und er habe den Kaifern
Hadrian und Antoninus (Pius) eine Bittfchrift für die Chriften überreicht.
Jedenfalls ift das eine wie das andere unrichtig. Die fragliche Apologie ift
laut der Adreffe an die Kaifer Marc Aurel und „Lucius Aurelius Commodus"
gerichtet, und unter letzterem kann nicht Marc Aurels Adoptivbruder und
Mitregent Lucius Verus († 169), fondern nur Marc Aurels Sohn und
Mitregent Commodus († 193) verftanden fein. Lucius Verus hat feit feiner
Erhebung zum Mitregenten den Namen Commodus nicht mehr geführt, und
der Apologet wendet fich ausdrücklich an Vater und Sohn (ὑμῖν πατρὶ καὶ
ὑῷ c. 18). Die Abfaffung und Ueberreichung der Apologie läßt fich mit
annähernder Sicherheit in das Jahr 177 verlegen. „Eines tiefen Friedens",
wie ihn der Apologet (c. 1) für feine Gegenwart bezeugt, hat fich das Römer=
reich unter Marc Aurels Regierung nur Ende 176 bis Anfang 178 erfreut,

und im November 176 erhielt Commodus den in der Adresse ihm beigelegten
Titel imperator bezw. αὐτοκράτωρ.

2. Die Apologie. — Die Apologie oder, wie es in der Aufschrift heißt,
Bittschrift für die Christen (πρεσβεία περὶ Χριστιανῶν) setzt sich die Aufgabe,
die damals gangbaren Vorwürfe gegen die Christen, lautend auf Atheismus,
thyesteische Mahlzeiten und ödipodeische Vermischungen, zurückzuweisen und zu
widerlegen (c. 3). Die erste Anklage erfährt eine sehr eingehende Würdigung
(c. 4—30). Mit dem heidnischen Polytheismus, beginnt Athenagoras, haben
längst schon die Einsichtigern unter den Griechen selbst gebrochen (c. 5—6).
Die Christen schöpfen ihren Gottesglauben aus den Schriften der Propheten,
durch deren Mund der Heilige Geist redete (c. 7). Indessen läßt sich die
Einheit Gottes auch durch Vernunftgründe erweisen (c. 8). Die Christen
glauben aber nicht bloß an den einen ungezeugten Gott, sondern behaupten
auch einen Sohn Gottes, den Logos des Vaters, und einen Heiligen Geist,
den Ausfluß (ἀπόρροια) Gottes, indem sie ihre Kraft in der Einheit und ihre
Unterschiedenheit in der Ordnung (αὐτῶν καὶ τὴν ἐν τῇ ἑνώσει δύναμιν καὶ τὴν
ἐν τῇ τάξει διαίρεσιν) lehren. Außerdem nehmen die Christen eine Menge von
Engeln an, dienende Geister, von Gott mit der Obsorge über die Welt und
was in ihr ist betraut (c. 10). Der Vorwurf des Atheismus zerschellt übrigens
auch schon an dem Sittengesetze der Jünger Christi und an ihrem Glauben
an eine jenseits abzulegende Rechenschaft (c. 11—12). Jede Theilnahme an
dem heidnischen Göttercult müssen die Christen allerdings ablehnen. Die
Götterbilder sind Werke von Menschenhand. Die durch die Bilder dargestellten
Götter aber sind nach dem, was die Dichter und die Philosophen von ihnen
berichten, wahrlich keiner göttlichen Verehrung würdig. Eine Umdeutung der
Götter als poetischer Personificationen von Naturkräften und Naturerscheinungen
ist vergebliche Mühe (c. 22). Die den Götterbildern zugeschriebenen Wunder
sind in Wahrheit auf die Dämonen zurückzuführen. Sie sind es, „welche die
Menschen zu den Götterbildern hinziehen und das Blut der Opferthiere gierig
lecken" (c. 26). Diese Dämonen aber sind die Seelen der durch die Sündfluth vertilgten Giganten, welche aus der Vermischung der gefallenen Engel
mit den Töchtern der Menschen hervorgingen (nach Gen. 6, 2 ff.). Die beiden
andern Beschuldigungen, Unzucht und Mord, werden kurz, aber um so nach-
drucksamer erledigt (c. 32—34 u. c. 35—36). Die Christen halten jeden
begehrlichen Blick und Gedanken für eine verantwortungsschwere Sünde. Viele
von ihnen, Männer wie Weiber, sind grau geworden in der Bewahrung des
jungfräulichen Standes. Die zweite Ehe gilt ihnen als ein „anständiger Ehebruch" (εὐπρεπὴς μοιχεία). Ebenso wollen die Christen nicht einmal eine
Mordscene zuschauen und besuchen deßhalb keine Gladiatorenspiele. In der
Abtreibung der Leibesfrucht erblicken sie einen entsetzlichen Mord, und auch die
Aussetzung der Kinder stellen sie einem Morde gleich. — Im Unterschiede
von Tatian nimmt Athenagoras, ähnlich wie Justinus, zu der griechischen,
insbesondere der platonischen Philosophie eine sehr freundliche Stellung ein
und bekundet auch eine ausgedehnte Kenntniß der griechischen Dichter. Seine
Rede verläuft meist ruhig, ebenso maß= als würdevoll, und vor seinen beiden
Vorgängern zeichnet er sich namentlich durch Reinheit und Schönheit der
Sprache aus. An Originalität des Gedankens aber dürfte er denselben nach

stehen. — Der Vernunftbeweis für die Einheit Gottes (c. 8) verdient Be=
achtung als der erste Versuch einer wissenschaftlichen Rechtfertigung des Mono=
theismus in der christlichen Literatur. „Wenn es zwei oder mehrere Götter
von Anfang an gäbe, so müßten dieselben entweder an einem und demselben
Orte sein oder ein jeder von ihnen an einem besondern Orte." An einem und
demselben Orte können sie nicht sein, weil sie nicht gleichartig und zusammen=
gehörig sein können; ähnlich unter sich ist nur das, was einem gemeinsamen
Vorbilde nachgebildet ist, also Gewordenes und Endliches, nicht Ewiges und
Göttliches. Es kann aber auch nicht ein jeder von ihnen an einem besondern
Orte sein; denn wenn der Gott, welcher die Welt geschaffen, dieselbe auch
umspannt und umschließt, wo bleibt Raum für den andern Gott oder die
übrigen Götter? In der Welt kann er nicht sein, weil sie einem andern ge=
hört, aber auch nicht um die Welt herum, weil hier der Schöpfer der Welt
ist; wäre er aber draußen in einer andern Welt oder um eine andere Welt
herum, so würde er außer aller Beziehung zu uns stehen und würde auch
wegen der Begrenztheit seiner Daseins= und Wirkenssphäre kein wahrer Gott
sein. — Wenn c. 33 die zweite Ehe als „anständiger Ehebruch" (εὐπρεπὴς
μοιχεία) und derjenige, welcher eine zweite Ehe eingeht, als „heimlicher Ehe=
brecher" (μοιχὸς παρακεκαλυμμένος) bezeichnet wird, so ist oft bemerkt worden,
daß diese Ausdrücke an montanistische Anschauungen anklingen. Es ist aber
auch ebenso oft erwidert worden, daß ein Montanist in entsprechendem Zu=
sammenhange von einem schmutzigen Ehebruche und einem offenen Ehebrecher
geredet haben würde. Der Gedanke, welcher den Worten des Apologeten zu
Grunde liegt, ist deutlicher ausgesprochen bei Clemens von Alexandrien (Strom.
III, 12: *Migne*, P. gr. VIII, 1184): Die Ehe wird auch durch den Tod
nicht völlig aufgehoben, und insofern sie noch besteht, wird sie durch eine zweite
Ehe gebrochen.

3. Die Schrift über die Auferstehung. — An die Apologie reiht sich in
den Handschriften eine Schrift über die Auferstehung der Todten (περὶ ἀναστάσεως νεκρῶν) als Werk desselben Verfassers an. Gegen Ende der Apologie
(c. 36) brach Athenagoras eine kurze Auseinandersetzung der Lehre von der
Auferstehung der Todten mit den Worten ab: „Die Erörterung über die Auf=
erstehung soll indessen aufgeschoben bleiben" (ἀλλ᾽ ἀνακείσθω μὲν ὁ περὶ τῆς
ἀναστάσεως λόγος). Die Schrift über die Auferstehung wird also wohl bald
nach der Apologie verfaßt sein. Hinsichtlich der Vollendung der Form und
der Gediegenheit des Inhalts tritt dieselbe der Apologie würdig zur Seite.
Sie zerfällt in zwei Theile, von welchen der erste (c. 1—10) die Einwürfe
gegen die Möglichkeit der Auferstehung bekämpft. Es sei durchaus unzulässig,
zu behaupten, Gott könne oder Gott wolle den Leib nicht wieder auferwecken.
Das Können wäre Gott nur dann zu bestreiten, wenn ihm entweder das
Wissen abginge oder das Vermögen; das Werk der Schöpfung aber beweist,
daß er beides besitzt. Das Wollen Gottes wäre nur dann zu läugnen, wenn
die Auferweckung eine Ungerechtigkeit gegen die Auferstehenden selbst oder gegen
andere Geschöpfe in sich schlösse, was doch nicht der Fall ist, oder wenn sie
Gottes unwürdig wäre, was wiederum nicht der Fall ist, da sonst die Schöpfung
gleichfalls Gottes unwürdig sein müßte. Der zweite Theil (c. 11—25) sucht
die Wirklichkeit der Auferstehung nachzuweisen: a) aus dem Zwecke des Men=

ſchen, welcher geſchaffen iſt, zu ſein und zu leben ohne Ende (c. 12—13); b) aus der Natur des Menſchen als einer Syntheſe von Seele und Leib (c. 14—17); c) aus der Nothwendigkeit des Gerichtes nicht nur für die Seele, ſondern auch für den Leib (c. 18—23); d) aus dem Endziel (τέλος) des Menſchen, beſtehend in endloſer Glückſeligkeit in der Anſchauung Gottes (c. 24—25).

4. Ueberlieferung der beiden Schriften. Ausgaben derſelben. Literatur. — Die wichtigſten Handſchriften der beiden Werke des Athenagoras ſind der Arethas-Codex und die beiden Sammlungen von Werken Juſtins: cod. Argentorat. 9 und cod. Paris. 450 (§ 16, 10). Die vorhin erwähnte Auffſchrift der Apologie (Ἀθηναγόρου Ἀθηναίου φιλοσόφου χριστιανοῦ πρεσβεία περὶ Χριστιανῶν) findet ſich in dem Arethas-Codex (und zwar von erſter Hand) und in cod. Argentorat. 9; in cod. Paris. 450 fehlt jede Auffſchrift und iſt ein Verfaſſer nicht genannt; die Handſchrift will aber, wie die Einleitung zeigt, nichts anderes als Schriften Juſtins enthalten. Die Schrift über die Auferſtehung iſt in dem Arethas-Codex und in cod. Argentorat. 9 durch ein τοῦ αὐτοῦ bezw. τοῦ αὐτοῦ Ἀθηναγόρου dem Verfaſſer der unmittelbar vorhergehenden Apologie zugewieſen; in cod. Paris. 450 iſt auch dieſe Schrift ſtillſchweigend als ein Werk Juſtins ausgegeben. — Ausgaben beider Schriften von Maranus (Gallandi, Migne) und von v. Otto (Corpus apolog. christ. Vol. VII); ſ. § 14. Ueber die ſonſtigen Ausgaben handelt v. Otto: Proleg. p. xxx—xliii. Die hier noch nicht genannte Ausgabe der Apologie von L. Paul, Halle 1856. 8⁰, iſt unzureichend. Eine Ausgabe beider Schriften for schools and colleges beſorgten F. A. March und W. B. Owen, New York 1876. 8⁰. (Douglass' Series of Christian greek and latin writers. Vol. IV.) Die jüngſte, auf den Arethas-Codex gegründete Ausgabe beider Schriften lieferte Ed. Schwartz, Leipz. 1891 (Texte u. Unterſuchungen zur Geſch. d. altchriſtl. Literatur, herausgeg. von v. Gebhardt und Harnack. Bd. IV. Heft 2). — Beide Schriften deutſch von Al. Bieringer, Kempten 1875 (Bibl. der Kirchenväter). C. J. Hefele, Beiträge zur Kirchengeſchichte, Archäologie und Liturgik. Tübingen 1864. Bd. I. S. 60—86: „Lehre des Athenagoras und Analyſe ſeiner Schriften." R. Förſter, Ueber die älteſten Herabilder, nebſt einem Excurs über die Glaubwürdigkeit der kunſtgeſchichtlichen Angaben des Athenagoras (Progr.). Breslau 1868. 4⁰. Fr. Schubring, Die Philoſophie des Athenagoras (Progr.). Berlin 1882. 4⁰. *A. Ioannides*, Πραγματεία περὶ τῆς παρ' Ἀθηναγόρᾳ φιλοσοφικῆς γνώσεως (Diss. inaug.). Ienae 1883. 8⁰. J. Lehmann, Die Auferſtehungslehre des Athena-goras (Jnaug.-Diff.). Leipzig 1890. 8⁰. Π. Λογοθέτης, Ἡ θεολογία τοῦ Ἀθηνα-γόρου (Jnaug.-Diff.). Leipzig 1893. 8⁰. Vgl. noch *Chevalier*, Répert. des sources hist. 184. 2430; *Richardson*, Bibliograph. Synopsis 37—38.

## § 19. Theophilus von Antiochien.

1. Leben. — Ueber die Lebensumſtände des Theophilus ſind wir nur ſehr mangelhaft unterrichtet. Er erzählt ſelbſt gelegentlich (Ad Autol. I, 14) daß er erſt im Mannesalter zum Chriſtenthum übertrat, gewonnen durch die heiligen Schriften der Propheten. Wenn er anderswo (Ad Autol. II, 24) zu Gen. 2, 14 bemerkt: „Der Tigris und der Euphrat ſind bei uns wohl be-kannt, denn dieſe Flüſſe ſind in der Nähe unſerer Länderſtriche", ſo hat er damit in etwa ſeinen damaligen Wohnort gekennzeichnet. Vielleicht nahm er zu jener Zeit bereits den Biſchofsſtuhl von Antiochien ein. Nach Euſebius und Hieronymus iſt er nämlich der ſechſte, bezw. mit Einſchluß des hl. Petrus

der siebente Bischof von Antiochien gewesen (ἕκτος, genauer ἕκτος ἀπὸ τῶν ἀποστόλων *Eus.*, Chron. ad a. Abr. 2185: Ed. *Schoene* II, 170, bezw. Hist. eccl. IV, 20: *Migne*, P. gr. XX, 377; sextus oder septimus post Petrum apostolum *Hier.*, De vir. ill. c. 25: *Migne*, P. lat. XXIII, 643, bezw. Ep. 121, ad Algasiam, c. 6: XXII, 1020). Die Zeit seiner bischöf= lichen Wirksamkeit aber läßt sich nicht näher umgrenzen. Sicher ist nur, daß Theophilus im Jahre 181 noch gelebt hat, weil er das letzte der drei Bücher an Autolycus nicht vor diesem Jahre geschrieben haben kann. Er versucht hier nämlich das Alter der Welt zu berechnen und setzt als Altersgrenze den am 17. März 180 erfolgten Tod des Kaisers Marc Aurel an (c. 27). Dabei verweist er auf die chronographische Schrift des Nomenclator Chryseros, welche gleichfalls erst nach dem Tode Marc Aurels veröffentlicht worden ist.

2. Die drei Bücher an Autolycus. — Theophilus ist Verfasser dreier nicht umfangreicher Bücher πρὸς Αὐτόλυκον, wie die Aufschrift in der einzigen uns erhaltenen Handschrift lautet, oder πρὸς Αὐτόλυκον Ἕλληνα περὶ τῆς τῶν Χριστιανῶν πίστεως, wie es in der Inhaltsangabe der Handschrift (von erster Hand) heißt. Das dritte Buch kann aus den schon angedeuteten Gründen nicht vor dem Jahre 181 entstanden sein. Die beiden ersten Bücher stehen in sehr losem Zusammenhange mit dem dritten Buche und sind vielleicht geraume Zeit vorher verfaßt worden. Den Anlaß zur Abfassung des ersten Buches (14 Kapitel) gaben spöttische Bemerkungen des Adressaten, eines heidnischen Freundes des Autors, über den unsichtbaren Gott der Christen, über die Lehre von der Auferstehung der Todten und über den Namen Christ. Auf die Forderung des Autolycus: „Zeige mir deinen Gott!" erwidert Theophilus (c. 2): „Zeige mir deinen Menschen, und ich will dir meinen Gott zeigen; zeige mir, daß die Augen deiner Seele sehen und die Ohren deines Herzens hören!" Der Sünder kann Gott nicht sehen. Dem etwaigen weitern An= sinnen: „Beschreibe du mir, der du siehst, Gottes Gestalt!" begegnet Theo= philus (c. 3—4) mit der Lehre: „Gottes Gestalt ist unaussprechbar, unerklär= bar und für fleischliche Augen unsichtbar; seine Herrlichkeit ist unerfaßbar, seine Größe unbegreifbar, seine Hoheit unserem Denken unerreichbar." . . . Er wird erkannt aus seiner Vorsehung und seinen Werken (c. 5—6). Wir sehen ihn jetzt im Glauben; nach der Auferstehung werden wir ihn schauen (c. 7). Der Glaube an diese Auferstehung ist durchaus vernunftgemäß (c. 8; vgl. c. 13), während die Verehrung der heidnischen Götter aller Vernunft Hohn spricht (c. 9—11). Der Name Christ endlich ist ein sehr ehrenvoller Name (c. 12). Theophilus schließt (c. 14) mit der Mahnung: „Sei also nicht ungläubig, sondern gläubig!" Das zweite Buch (38 Kapitel), gleich= falls durch eine mündliche Unterredung zwischen dem Verfasser und dem Adres= saten veranlaßt, gibt zunächst einen eingehendern Nachweis von der Thorheit des heidnischen Götzendienstes (c. 2—8) und stellt sodann den Fabeln der Mythographen die Lehre der Propheten, der „Männer Gottes und Träger des Heiligen Geistes", gegenüber (c. 9—38). An der Hand des biblischen Textes berichtet Theophilus über die Erschaffung der Welt und des Menschen, den Sündenfall und die früheste Geschichte der Menschheit bis zur Zerstreuung der Völker über die Erde und handelt schließlich von der in den Schriften der Propheten niedergelegten Sittenlehre. Die ersten Kapitel der Genesis

werden in sehr freier, allegorisirender Weise erörtert. In dem dritten Buche
(30 Kapitel) sucht Theophilus gegenüber dem Einwurfe seines Freundes, die
Schriften der Christen seien ganz jung und neu (προσφάτους καὶ νεωτερικάς
c. 1), den Beweis zu erbringen, daß vielmehr das Alter der heiligen Schriften
des Moses und der Propheten über die Anfänge der Geschichte und der Literatur der Griechen, ja selbst über ihre Mythenzeit weit hinausreiche. Er läßt
sich zu dem Ende in chronologische Berechnungen ein und zählt von Erschaffung
der Welt bis zur Rückkehr der Juden aus der babylonischen Gefangenschaft
4954 Jahre und von da bis zum Tode Marc Aurels 741 Jahre, so daß
das Alter der Welt beim Tode Marc Aurels sich auf 5695 Jahre beläuft.
Von der Zeit der Geburt Christi ist nicht die Rede. — Auf den zierlichen
Stil und die gefällige Ausdrucksweise des Theophilus hat bereits Hieronymus (De vir. ill. c. 25) hingewiesen. Die Eigenthümlichkeit seiner Apologie
liegt darin, daß sie weit mehr als die übrigen Apologien auf die subjectiven
Bedingungen des Glaubens eingeht und die Abhängigkeit der religiösen Erkenntniß von der Reinheit der Gesinnung hervorhebt. Zur Erläuterung des
Gottesnamens bemerkt Theophilus (I, 4): „Gott wird θεός genannt, διὰ τὸ
τεθεικέναι (weil er gegründet hat) alle Dinge auf seine Festigkeit und διὰ τὸ
θεῖν. Das aber ist so viel als laufen und bewegen und thätig sein und er-
nähren und lenken und leiten und beleben, alle Dinge nämlich." Die erstere
dieser beiden Etymologien, θεοί = θέντες, findet sich bereits bei Herodot
(Histor. II, 52), und die Herleitung des Namens ἀπὸ τοῦ θεῖν (= ἰέναι
δρόμῳ) trägt schon Sokrates bei Plato (Cratylus c. 16, p. 397 D) vor.
Auch auf die Verba θεᾶσθαι (θεωρεῖν), „schauen", und αἴθειν, „brennen" wurde
das Wort θεός im Alterthum zurückgeführt. Der Gott der Christen ist laut
Theophilus (II, 15) eine Trias. Die drei ersten Tage vor Erschaffung der
Sonne und des Mondes (Gen. 1, 5—13) sind ein Bild der göttlichen Trias,
τύποι εἰσὶν τῆς τριάδος, τοῦ θεοῦ καὶ τοῦ λόγου αὐτοῦ καὶ τῆς σοφίας αὐτοῦ.
Hier wird zum ersten Male das Wort τριάς zur Bezeichnung des Personen-
unterschiedes in Gott gebraucht. Wo immer Theophilus die göttlichen Per-
sonen einzeln namhaft macht, bedient er sich der vorstehenden Ausdrücke: Gott,
Logos, Weisheit (I, 7; II, 10. 15. 18). Von der Zeugung des Logos sagt
er (II, 10): „Da Gott seinen Logos in seinem eigenen Innern beschlossen
(ἐνδιάθετον ἐν τοῖς ἰδίοις σπλάγχνοις) hatte, so zeugte er denselben mit seiner
Weisheit, indem er ihn aus sich heraustreten ließ (ἐξερευξάμενος) vor dem
Universum. Diesen Logos hatte er zum Mitarbeiter (ὑπουργόν) bei seiner
Schöpfung, und durch ihn hat er alles gemacht." Deutlicher heißt es an einer
spätern Stelle (II, 22): „Die Wahrheit stellt den Logos dar als stets im
Herzen Gottes beschlossen (ὄντα διὰ παντὸς ἐνδιάθετον ἐν καρδίᾳ θεοῦ). Denn
bevor irgend etwas ward, hatte Gott diesen zum Rathgeber (σύμβουλον), da
er seine Vernunft und Einsicht ist. Als aber Gott schaffen wollte, was er
zu schaffen beschlossen hatte, zeugte er diesen Logos, ihn aus sich heraussetzend
(προφορικόν), als den Erstgeborenen vor aller Creatur (Kol. 1, 15), nicht als
wäre er dadurch selbst des Logos entleert worden, sondern so, daß er auch
nach der Zeugung mit seinem Logos stets in Verbindung blieb." Das
ewige Sein des Logos in Gott dürfte hier unverkennbar als ein persönliches
Sein desselben bei Gott bestimmt sein. Aber freilich bleibt nunmehr der

Unterschied zwischen dem in Gott seienden und dem aus Gott herausgesetzten Logos unklar.

3. **Verloren gegangene Schriften. Unechte Schriften.** — Mehrere andere Schriften des Theophilus sind nicht auf uns gekommen. In den beiden letzten Büchern an Autolycus nimmt Theophilus wiederholt auf eine andere Schrift (verschiedene andere Schriften?) Bezug (ἐν ἑτέροις II, 28; ἐν ἑτέρῳ λόγῳ ὡς ἐπάνω προειρήκαμεν II, 30; ἐν τῇ βίβλῳ ᾗ προειρήκαμεν II, 30; ἐν ᾗ προειρήκαμεν βίβλῳ II, 31; ἐν ἑτέρῳ λόγῳ III, 19). Ein Titel wird nicht genannt. Der Zusammenhang weist jedesmal auf die älteste Geschichte der Menschheit hin. Eusebius (Hist. eccl. IV, 24) führt außer den Büchern an Autolycus noch folgende Schriften unter dem Namen des Theophilus auf: „ein Buch mit dem Titel ‚Gegen die Häresie des Hermogenes‘", „einige andere katechetische Bücher" (ἕτερά τινα κατηχητικὰ βιβλία) und „eine sehr trefflich ausgearbeitete Abhandlung gegen Marcion". Hieronymus (De vir. ill. c. 25) macht ganz dieselben Schriften als Werke des Theophilus namhaft (die „katechetischen Bücher" heißen bei ihm breves elegantesque tractatus ad aedificationem ecclesiae pertinentes), fügt dann aber noch bei: Legi sub nomine eius in Evangelium et in Proverbia Salomonis commentarios qui mihi cum superiorum voluminum elegantia et phrasi non videntur congruere. In der Vorrede seines Commentars zum Matthäusevangelium (*Migne*, P. lat. XXVI, 20) gedenkt Hieronymus eines Commentars des Theophilus in Matthaeum, und in dem schon erwähnten Briefe ad Algasiam c. 6 (XXII, 1020) schreibt er: Theophilus qui quatuor evangelistarum in unum opus dicta compingens ingenii sui nobis monumenta dimisit, haec super hac parabola (Luc. 16, 1 sqq.) in suis commentariis est locutus; folgt eine Erklärung der Parabel vom ungerechten Verwalter. Diese letzte Aeußerung legt die Vermuthung nahe, Hieronymus rede von einem Commentare zu einer Evangelienharmonie. — Unter dem Namen Theophilus archiepiscopus Alexandrinus (385—412), aber nur in lateinischem Texte, sind vier Bücher Allegoriae in Evangelium überliefert, eine schlecht geordnete Sammlung von kürzern oder längern Scholien zu ausgewählten Stellen sämtlicher vier Evangelien. Der erste Herausgeber, M. de la Bigne, fand in dem dritten, dem Lucasevangelium gewidmeten Buche die von Hieronymus (l. c.) unter dem Namen des Theophilus von Antiochien mitgetheilte Auslegung der Parabel Luc. 16, 1 ff., und er setzte nun dem ganzen Werke, bezw. dem ersten Buche, den Namen Theophilus patriarcha Antiochenus vor. Die von einigen frühern Gelehrten vertheidigte Annahme, daß hier allerdings der Evangelien-Commentar, welcher dem hl. Hieronymus vorlag, in lateinischer Uebersetzung erhalten sei, wich in der Folge ziemlich allgemein der Ansicht, daß es sich vielmehr um eine Compilation handle, welche von einem Lateiner gegen Ausgang des 5. Jahrhunderts, vermuthlich in Südgallien, gefertigt worden. Die Richtigkeit dieser letztern Ansicht ward neuerdings (von Harnack gegen Zahn) schlagend nachgewiesen. Gleichzeitig wurden zwei Handschriften ans Licht gezogen, welche dem Texte der Allegoriae einen (bei de la Bigne fehlenden) Prolog vorausschicken, in welchem der ungenannte Verfasser selbst sein Werk als ein Florilegium darstellt, indem er seine Mühewaltung mit derjenigen der Biene vergleicht (apis favos de omnigenis floribus

operatur). Auch einige andere, übrigens sehr unbedeutende Fragmente unter dem Namen Theophilus können größtentheils schon aus innern Gründen unserem Theophilus nicht zugeeignet werden.

4. Literatur. — Die drei Bücher ad Autolycum sind nur in einer einzigen Handschrift, cod. Marcianus 496 (olim peculium Cardinalis Bessarionis), saec. XI, auf uns gekommen. Ausgaben derselben besorgten namentlich Maranus (Gallandi, Migne) und v. Otto (Corpus apolog. christ. Vol. VIII); s. § 14. Eine deutsche Uebersetzung veröffentlichte J. Leitl, Kempten 1873 (Bibl. der Kirchenväter). Ueber diese Bücher handeln L. Paul, Der Begriff des Glaubens bei dem Apologeten Theophilus: Jahrbb. f. prot. Theol. Bd. I (1875). S. 546—559. A. Harnack, Theophilus von Antiochien und das Neue Testament: Zeitschr. f. Kirchengesch. Bd. XI (1889—1890). S. 1—21. — Die einzige Grundlage für den Text der Scholiensammlung zu den vier Evangelien bildete bislang in Ermanglung einer Handschrift die Ausgabe be la Bigne's Bibliotheca SS. Patrum (Paris. 1575). T. V. col. 169—192. Neue Ausgaben namentlich von v. Otto (a. a. O. p. 278—326) und von Th. Zahn (Forschungen zur Gesch. des neutestamentl. Kanons und der altkirchl. Literatur. II. Thl. Der Evangeliencommentar des Theophilus von Antiochien. Erlangen 1883. S. 29—85). Ueber eine zu Brüssel befindliche Handschrift (mit dem bezeichneten Prologe) berichtete erst A. Harnack in seiner Abhandlung: Der angebliche Evangeliencommentar des Theophilus von Antiochien: Texte und Untersuchungen zur Gesch. der altchristl. Literatur. Bd. I. Heft 4. Leipzig 1883. S. 97—176. Ausführlicher als Harnack hat Pitra (Analecta sacra II, 626—634) die variae lectiones der Brüsseler Handschrift zu der Ausgabe Zahns mitgetheilt. Zugleich gab Pitra (l. c. p. 650) von einer zweiten Handschrift in der Vaticana Kenntniß. Zahn (a. a. O.) hatte (ohne Kenntniß des Prologes) in ebenso gelehrter wie scharfsinniger Weise die Echtheit des Evangeliencommentares nachzuweisen versucht. Gegen ihn wandte sich die genannte Abhandlung Harnacks. Die Erwiderung Zahns (Forschungen u. s. f. III. Thl. Supplementum Clementinum. Erlangen 1884. S. 198—277: „Nachträge zu Theophilus"), es müsse unterschieden werden zwischen dem Verfasser des Commentares, Theophilus, und einem spätern Interpolator, ist nicht überzeugend. W. Sanday, A commentary on the Gospels attributed to Theophilus of Antioch.: Studia Biblica (Oxford 1885) p. 89—101. W. Bornemann, Zur Theophilusfrage: Ztschr. f. Kirchengesch. Bd. X (1888—1889). S. 169—252. Ueber andere Fragmente unter dem Namen Theophilus s. Zahn, Forschungen u. s. f. II. Thl. S. 234—256. — Literatur über Theophilus bei Chevalier, Répert. des sources hist. 2185. 2822; Richardson, Bibliograph. Synopsis 35—36. Nachzutragen C. Erbes, Die Lebenszeit des Hippolytus nebst der des Theophilus von Antiochien: Jahrbb. f. protest. Theol. Bd. XIV (1888). S. 611—656. (Nach Erbes wäre Theophilus, der Verfasser der Bücher an Autolycus, nicht der gleichnamige Bischof von Antiochien, sondern ein etwas jüngerer Zeitgenosse und Landsmann.

5. Serapio von Antiochien. — Der erste Nachfolger des Theophilus auf dem antiochenischen Bischofsstuhle, Maximus, ist, soviel wir wissen, nicht schriftstellerisch thätig gewesen. Der zweite Nachfolger, Serapio, etwa 190—209, hinterließ mehrere Briefe, insbesondere ein Schreiben an die Christengemeinde zu Rhossus (einer Stadt an der syrischen Küste, nicht ferne von Antiochien), in welchem er die Lesung des apokryphen Evangelium Petri (von welchem U. Bouriant 1892 ein Bruchstück herausgeben konnte) verbietet. Unbedeutende Fragmente bei Routh, Reliquiae Sacrae (ed. 2) I, 447—462; Migne, P. gr. V, 1371—1376. Literatur über diese Fragmente und über Serapio bei Richardson, Bibl. Syn. 114. Nachzutragen Acta SS. Oct. T. XIII. Paris. 1883. p. 248—252. Harnack, Gesch. der altchristl. Litteratur bis Eusebius. Thl. I. Leipzig 1893. S. 503—504.

## § 20. Hermias.

Unter dem Namen Hermias' des Philosophen (Ἑρμείου φιλοσόφου) ist eine „Verspottung der heidnischen Philosophen" (διασυρμὸς τῶν ἔξω φιλοσόφων) auf uns gekommen, welche in zehn kurzen Kapiteln die sich gegenseitig auf= hebenden Widersprüche der griechischen Philosophen in ihren Lehren über die menschliche Seele (c. 1—2) und über die Grundprincipien der Dinge (c. 3—10) an den Pranger stellt. „Bald bin ich unsterblich und frohlocke, bald werde ich wieder sterblich und jammere; dann werde ich in Atome aufgelöst, werde Wasser, werde Luft, werde Feuer; gleich darauf bin ich keine Luft und kein Feuer mehr, man macht mich zum Thiere, man macht mich zum Fische: ich habe also zur Abwechslung die Delphine zu Brüdern" (c. 2). In diesem Tone verläuft das ganze Schriftchen, gewandt und witzig, aber sehr an der Oberfläche haftend und auf den systematischen Zusammenhang der verspotteten Lehrsätze keine Rücksicht nehmend. — Im Alterthum wird das Schriftchen, soviel bekannt, von niemanden erwähnt. Die Frage nach der Herkunft des= selben ist daher lediglich nach innern Gründen zu entscheiden. Die frühern Annahmen, der Verfasser sei in dem bei Philastrius (De haeres. c. 55: *Migne*, P. lat. XII, 1169) und Augustinus (De haeres. c. 59: *Migne* l. c. XLII, 41) als Stifter der Secte der Hermianer bezeichneten Hermias (aller Wahrscheinlichkeit nach nur ein Doppelgänger des Hermogenes, Stifters der Secte der Hermogenianer) oder in dem Kirchenhistoriker Hermias Sozomenus wiederzuerkennen, sind allgemein aufgegeben. Unter Verzicht auf die Ermittlung der Persönlichkeit des Verfassers sucht man seine Lebenszeit zu bestimmen. Die gewöhnliche Ansicht versetzt ihn in die Tage der Apologeten, in das Ende des 2. oder den Anfang des 3. Jahrhunderts, und stützt sich diese Ansicht einmal auf den Umstand, daß Hermias in der handschriftlich überlieferten Aufschrift seines Werkchens als „Philosoph" eingeführt wird, wie dies auch bei Justinus, Athenagoras und andern Apologeten der Fall ist, sodann aber auf verschiedene Andeutungen des Schriftchens selbst: die Lebendigkeit und Wärme der Sprache weist auf eine Zeit des Kampfes hin, die Philosophenschulen müssen noch in Blüthe stehen, das Christenthum hat den Sieg noch nicht errungen.

Ueber die handschriftliche Ueberlieferung der Irrisio gentilium philosophorum vgl. Harnack, Gesch. der altchristl. Litteratur bis Eusebius. Thl. I. Leipzig 1893. S. 782—783. Die erste Ausgabe erschien 1553 zu Basel. Spätere Ausgaben namentlich von Maranus (Gallandi, Migne) und von v. Otto (Corpus apolog. christ. Vol. IX); s. § 14. Neue Ausgabe von *H. Diels*, Doxographi Graeci. Berol. 1879. 8°. p. 649—656; vgl. p. 259—263. Eine deutsche Uebersetzung von J. Leitl, Kempten 1873 (Bibl. der Kirchenväter).

## § 21. Aristo. Miltiades. Melito. Apollinarius.

1. Aristo. — Zwischen 135 und 165 veröffentlichte der Judenchrist Aristo von Pella einen Dialog zwischen dem Judenchristen Jason und dem alexandri= nischen Juden Papiscus (Ἰάσονος καὶ Παπίσκου ἀντιλογία), in welchem der erstere die Erfüllung aller Weissagungen in Jesus von Nazareth so schlagend nachweist, daß der letztere getauft zu werden verlangt. Der griechische Text dieser Schrift ist zu Grunde gegangen. Dagegen würde nach Harnack eine

im großen und ganzen getreue Uebersetzung in der Altercatio Simonis Iudaei et Theophili Christiani erhalten sein, welche zu Anfang des 5. Jahrhunderts in Gallien von einem gewissen Evagrius in Umlauf gesetzt und vollständig (in 29 Fragen und Antworten) zuerst von Harnack wieder herausgegeben wurde. Daß Evagrius Aristos Schrift benutzt hat, steht außer Zweifel.

Die Angaben der alten Gewährsmänner über den Dialog Aristos bei *de Otto,* Corpus apolog. christ. IX, 349—363. A. Harnack, Die Altercatio Simonis Iudaei et Theophili Christiani: Texte und Untersuchungen zur Gesch. der altchristlichen Literatur. Bd. I. Heft 3. Leipzig 1883. S. 1—136. P. Corssen, Die Altercatio Sim. Iud. et Theoph. Christ. auf ihre Quellen geprüft. Berlin 1890. 4°. Th. Zahn, Ueber die Altercatio legis inter Simonem Iud. et Theophilum Christ. des Evagrius und deren ältere Grundlage: Forschungen zur Gesch. des neutestamentl. Kanons und der altkirchl. Literatur. Tl. IV. Herausgeg. von J. Haußleiter und Th. Zahn. Erlangen 1891. S. 308—329. —

2. **Miltiades.** — Miltiades, von Tertullian (Adv. Valent. c. 5: *Migne,* P. lat. II, 548) ecclesiarum sophista, d. h. wohl Sachwalter des Christenthums, genannt, hinterließ laut Eusebius (Hist. eccl. V, 17: *Migne,* P. gr. XX, 473) und Hieronymus (De vir. ill. c. 39: *Migne,* P. lat. XXIII, 653) eine Apologie (ἀπολογίαν) an die Kaiser Marc Aurel und Lucius Verus († 169), ein Werk gegen die Heiden (πρὸς Ἕλληνας) in zwei Büchern, ein Werk gegen die Juden (πρὸς Ἰουδαίους) in zwei Büchern und eine Schrift gegen die Montanisten. Aber alle diese Schriften sind dem Zahne der Zeit zum Opfer gefallen.

Die Zeugnisse der alten Schriftsteller über Miltiades bei *de Otto* l. c. IX, 364—373. Vgl. Harnack, Gesch. der altchristl. Litteratur bis Eusebius. Thl. I. Leipzig 1893. S. 255—256.

3. **Melito.** — Bischof Melito von Sardes in Lydien wird um 195 von Polykrates von Ephesus (bei *Eusebius,* Hist. eccl. V, 24) den bereits entschlafenen großen Lichtern (μεγάλα στοιχεῖα) Asiens zugezählt und stand laut Tertullian (bei *Hieronymus,* De vir. ill. c. 24) zu Anfang des 3. Jahrhunderts bei sehr vielen im Rufe und Ansehen eines Propheten. Er hat eine reiche und vielseitige literarische Thätigkeit entfaltet. Ein Verzeichniß seiner Schriften gibt Eusebius (Hist. eccl. IV, 26) und im Anschlusse an ihn Hieronymus (l. c.). Nur geringfügige Bruchstücke haben sich auf unsere Tage gerettet. Aus der Apologie, welche Melito um 170 an Kaiser Marc Aurel richtete, hat Eusebius (l. c.) eine längere Stelle aufbewahrt. Im Jahre 1855 wurde durch Cureton außer kleinern syrischen Fragmenten unter Melitos Namen auch eine syrische Apologie herausgegeben, welche die Aufschrift trägt: „Rede des Philosophen Melito, welcher vor Kaiser Antoninus erschien, zu ihm redete, um ihn zur Erkenntniß Gottes zu führen, und den Weg der Wahrheit ihm zeigte." Den Inhalt bildet eine Widerlegung des Polytheismus und des Götzendienstes. Diese Apologie ist von der durch Eusebius bezeugten Apologie Melitos nach Inhalt und Form verschieden; sie kann auch nicht (unter Hinweis auf die Schlußworte der Aufschrift) mit der von Eusebius erwähnten Schrift Melitos περὶ ἀληθείας identificirt werden; überhaupt spricht für die Verfasserschaft Melitos nur die Aufschrift und die Unterschrift. Doch mag der Verfasser immerhin der Zeit der Apologeten an-

gehören. Der syrische Ausdruck ist gewandt und fließend und weist durchaus keine Anzeichen einer Uebersetzung auf. Cardinal Pitra veröffentlichte eine umfangreiche lateinische Clavis Scripturae unter Melitos Namen, in kürzerer und längerer Recension. In der Handschrift des 10. Jahrhunderts, welche die kürzere Recension darbot, ist dieses Werk von späterer Hand überschrieben: Miletus Asianus episcopus hunc librum edidit. Dasselbe ist aber nicht, wie Pitra wollte, eine Uebersetzung bezw. Ueberarbeitung und Erweiterung der von Eusebius als Schrift Melitos angeführten κλείς, sondern ein vermuthlich erst im karolingischen Zeitalter aus den Werken lateinischer Kirchenväter, namentlich auch des hl. Augustinus, zusammengestelltes Glossar zu biblischen Ausdrücken, welchen eine mystische Bedeutung eignen soll.

Griechische Fragmente bei de Otto l. c. p. 410—418; vgl. p. 433—453. Ein neues griechisches Fragment über die Taufe bei Pitra, Analecta sacra. T. II. Paris. 1884. p. 3—5. — Die syrischen Stücke bei W. Cureton, Spicilegium Syriacum: containing remains of Bardesan, Meliton, Ambrose and Mara Bar Serapion. Now first edited with an english translation and notes. London 1855. 8⁰. Alle hier unter Melitos Namen mitgetheilten Stücke (mit Ausnahme des vierten Fragmentes) finden sich, von E. Renan bearbeitet, syrisch und lateinisch auch in Pitras Spicilegium Solesmense. T. II. Paris. 1855. Die Apologie ließ Renan gleichzeitig auch separat erscheinen (syrisch und lateinisch), Paris 1855. 4⁰. v. Otto gibt gleichfalls sämtliche Stücke syrisch (p. 497—512) und lateinisch (p. 419—432; vgl. p. 453—478). Eine deutsche Uebersetzung der Apologie (nach dem Syrischen) von B. Welte in der Theol. Quartalschr. Bd. XLIV (1862). S. 384—410; eine Uebersetzung nach der lateinischen Uebersetzung v. Ottos von B. Gröne in der Bibl. der Kirchenväter, Kempten 1873. Vgl. Th. Nöldeke, Ueber die Apologie unter Melitos Namen in Curetons Spicilegium Syriacum: Jahrbb. f. prot. Theol. Bd. XIII (1887). S. 345—346. Die vier Fragmente, welche Cureton unter Melitos Namen mittheilte, sind überschrieben: „Aus der Schrift über Seele und Leib", „Aus der Schrift über das Kreuz", „Ueber den Glauben", „Von Melito" (über das Leiden des Herrn). Eben diese Fragmente treten, wie zuerst J. M. Cotterill (Modern Criticism and Clement's Epistles to Virgins . . . with Appendix containing newly found versions of fragments attributed to Melito. Edinburgh 1844. p. 107—114) gesehen hat, anderweitig unter dem Namen des Bischofs Alexander von Alexandrien († 328) auf. Vgl. G. Krüger, Melito von Sardes oder Alexander von Alexandrien? Zeitschr. f. wissenschaftl. Theol. Bd. XXXI (1888). S. 434—448. — Ein armenisches Fragment (vier Zeilen) „aus dem Briefe Melitos an Eutrepius" bei Pitra, Analecta sacra IV, 16. 292. — Die Clavis Scripturae mit spätern Zusätzen und Scholien bei Pitra, Spicil. Solesm. T. II—III, pars 1; in kürzerer und ursprünglicherer Gestalt, nach einem codex Claromontanus saec. X, bei Pitra, Analecta sacra. T. II. Ueber die Abhängigkeit des Werkes von Augustinus s. Bulletin critique. 1885. n. 3. p. 47—52 (O. Rottmanner) und n. 10. p. 196—197 (L. Duchesne). Ueber andere unechte Schriften s. de Otto l. c. p. 390—391. Vgl. im allgemeinen C. Thomas, Melito von Sardes. Eine kirchengeschichtl. Studie. Osnabrück 1893. 8⁰. Harnack, Gesch. der altchristl. Litteratur I, 246—255.

4. **Apollinarius.** — Bischof Apollinarius von Hierapolis in Kleinphrygien verfaßte laut den Zeugnissen des Alterthums eine Schutzschrift an Marc Aurel und Schriften πρὸς Ἕλληνας (fünf Bücher), περὶ ἀληθείας, περὶ εὐσεβείας, gegen die Montanisten und über das Pascha. Die noch vorliegenden Bruchstücke sind äußerst dürftig.

8 *

Ueber Apollinarius ſ. *de Otto* l. c. p. 479—495. Vgl. H a r n a ck a. a. O.
I, 243—246. Nach V ö l t e r würde die Schrift über die Wahrheit oder das erſte
Buch dieſer Schrift in der pſeudojuſtiniſchen Cohortatio ad Gentiles (§ 16, 5)
erhalten ſein; ſ. § 16, 10. Ueber die Namen Apollinaris, Apollinarius, Apolinarius
handelt Th. Z a h n, Forſchungen zur Geſch. des neuteſtamentl. Kanons und der
altkirchlichen Literatur. Th. V. Erlangen 1893. S. 99—109. (Z. tritt für die
Schreibung „Apolinarius" ein.)

## § 22. Bekämpfer der Häreſie.

Die apologetiſche Literatur entſprang dem Kampfe der Kirche mit dem
Heidenthume und dem Judenthume. Ein anderer Feind erſtand dem Chriſten=
thume, auch ſchon zu den Zeiten der Apoſtel, in der Häreſie, welche zwar nicht
die Exiſtenzberechtigung der Kirche ſelbſt verneinte, aber die Reinheit und Un=
verſehrtheit ihres apoſtoliſchen Glaubens bedrohte. Ein großer Theil der kirch=
lichen Literatur des 2. Jahrhunderts wendet ſich gegen die Angriffe dieſes
andern Feindes, welcher nunmehr vornehmlich in der Form des Gnoſticismus
und des Montanismus auftritt. Der Montanismus bezeichnet ſich ſelbſt als
die „neue Prophetie" oder die höhere Offenbarungsſtufe: durch Montanus,
Prisca (Priscilla) und Maximilla verheißt der Paraklet reichere Güter, ver=
langt aber zugleich vollkommeneres Leben. Der Gnoſticismus hebt den ganzen
Bau des chriſtlichen Glaubens auf, indem er, trotz alles Widerſpruches der
vielgeſtaltigen Syſteme unter einander, ſtets von dualiſtiſchen Vorausſetzungen
ausgeht und die Lehre von der Erſchaffung der Welt ablehnen muß. Von
der montaniſtiſchen Literatur liegen nur noch ſehr unbedeutende Reſte vor.
Die Hauptquelle für die Kenntniß des Montanismus bilden die Schriften,
welche Tertullian in ſeiner montaniſtiſchen Lebensperiode verfaßte. Beträchtlicher
ſind die Ueberbleibſel der gnoſtiſchen Literatur, wie ſie denn auch viel weitere
Kreiſe gezogen hat. Doch werden die Fragmente des Commentars des Herakleon
zum Johannesevangelium an Umfang den vereinigten Ueberreſten aller andern
gnoſtiſchen Schriften des 2. Jahrhunderts ziemlich gleichkommen. Die po=
lemiſchen Schriften der Vertreter des Glaubens der Kirche ſind gleichfalls, wie
gelegentlich bereits hervorgehoben wurde, großentheils verloren gegangen. Gegen
die Montaniſten traten ein Ungenannter (§ 17, 9), Apollonius (§ 17, 10),
Miltiades (§ 21, 2), Apollinarius (§ 21, 4) auf. Gegen die Gnoſtiker, ins=
beſondere gegen Marcion, ſchrieben Juſtinus (§ 16, 6), Rhodo (§ 17, 8),
Theophilus (§ 19, 3). Das Los dieſer Schriften theilten außer andern Werken
die fünf Bücher des Hegeſippus. Die älteſte uns erhaltene Streitſchrift gegen
die Häreſie iſt des hl. Irenäus „Entlarvung und Widerlegung der fälſchlich
ſogenannten Gnoſis". An dieſe Schrift reihen ſich auf griechiſchem Sprach=
gebiete die Philoſophumena des hl. Hippolytus an.

Die Fragmente gnoſtiſcher Schriften ſind zuſammengeſtellt in M a s s u e t s
Ausgabe des Werkes des hl. Irenäus, Paris. 1710, p. 349—376 (*Migne*, P. gr.
VII, 1263—1322), in S t i e r e n s Ausgabe desſelben Werkes, Lipſiae 1848—1853
t. I, p. 899—971 und bei A. H i l g e n f e l d, Die Ketzergeſchichte des Urchriſten
thums, urkundlich dargeſtellt, Leipzig 1884, passim. Einen Nachtrag lieferte
A. H a r n a ck, Sieben neue Bruchſtücke der Syllogismen des Apelles: Texte und
Unterſuchungen zur Geſch. der altchriſtl. Literatur, herausgeg. von v. G e b h a r d

und Harnack. Bd. VI. Heft 3. Leipzig 1890. S. 111—120. (Diese Bruch=
stücke sind aus der Schrift des hl. Ambrosius De paradiso herausgeschält.) Einen
sicherern Text der Herakleon=Fragmente bot *A. E. Brooke*, The fragments of He=
racleon. Cambridge 1891. 8⁰. (Texts and Studies. Edited by *J. A. Robinson.*
Vol. I. Nr. 4.) Das von Schwartze bezw. Petermann unter des Valentinus
Namen in koptischer Sprache herausgegebene Werk Pistis Sophia scheint in der
zweiten Hälfte des 3. Jahrhunderts in Aegypten entstanden zu sein. Pistis Sophia.
Opus gnosticum Valentino adiudicatum e cod. manuscr. coptico Londinensi
descripsit et latine vertit *M. G. Schwartze*. Edidit *I. H. Petermann*. Berol.
1851. 8⁰. Neue Ausgaben dieses Werkes und anderer gnostischen Schriften in kop=
tischer Sprache lieferten E. Amélineau, Paris 1891, und namentlich E. Schmidt,
Gnostische Schriften in koptischer Sprache aus dem Codex Brucianus. Herausgeg.,
übersetzt und bearbeitet. Leipzig 1892. 8⁰. (Texte und Untersuchungen zur Gesch.
d. altchristl. Literatur, herausgeg. von O. v. Gebhardt und A. Harnack. Bd. VIII.
Heft 1—2.) Vgl. Harnack, Ueber das gnostische Buch Pistis-Sophia: Texte und
Untersuchungen u. s. f. Bd. VII. Heft 2. Leipzig 1891. S. 1—114. Ueber die
Clementinen s. § 8, 5. *I. Kunze*, De historiae gnosticismi fontibus novae
quaestiones criticae. Lipsiae 1894. 8⁰. — Ueber die Quellen der Geschichte des
Montanismus s. N. Bonwetsch, Die Geschichte des Montanismus. Erlangen 1881. 8⁰.
S. 16—56. Vgl. Th. Zahn, Forschungen zur Gesch. des neutestamentl. Kanons
und der altkirchl. Literatur. Tl. V. Erlangen 1893. S. 3—57: „Die Chronologie
des Montanismus." Ueber die dem Berichte des hl. Epiphanius betreffend die
Kataphrygier oder Montanisten (Haer. c. 48, 2—13) zu Grunde liegende antimon=
tanistische Schrift aus den Tagen Tertullians handelt H. G. Voigt, Eine ver=
schollene Urkunde des antimontanistischen Kampfes. Die Berichte des Epiphanius
über die Kataphryger und Quintillianer untersucht. Leipzig 1891. 8⁰.

## § 23. Hegesippus.

1. Leben. — Hegesippus ist uns fast nur aus einigen Mittheilungen des
Kirchenhistorikers Eusebius bekannt. An der Vermuthung des letztern, Hege=
sippus sei jüdischer Herkunft gewesen (Hist. eccl. IV, 22), wird ungeachtet
der neuerdings geäußerten Bedenken festzuhalten sein. Daß seine Heimat oder
sein Wohnsitz im Morgenlande zu suchen, läßt sich aus seiner eigenen Angabe
(bei *Eusebius* l. c.) schließen, er sei zur See nach Rom gereist und unter=
wegs in Korinth eingekehrt. Das Umsichgreifen der Häresie veranlaßte ihn,
sich bei mehreren Kirchen über die richtige Lehre (ὁ ὀρθὸς λόγος) zu erkundigen,
und Rom war das Hauptziel seiner Forschungsreise. Wann er nach Rom
gekommen, steht dahin; er verblieb aber daselbst nach seinen eigenen Worten
(ibid.) bis in die Zeit des Papstes Anicet (154/155—166/167), nach der
unrichtigen Deutung dieser Worte durch Eusebius (l. c. IV, 11) und der
auf Eusebius zurückgehenden Angabe des hl. Hieronymus (De vir. ill. c. 22)
bis unter Papst Eleutherus (175/176—189). Laut dem Chronicon pa=
schale (ed. Bonn. p. 490; *Migne*, P. gr. XCII, 641) starb Hegesippus
unter Kaiser Commodus (180—192).

2. Die „fünf Bücher". — Eusebius entnimmt seine Mittheilungen fünf
Büchern des Hegesippus, welche er bald πέντε συγγράμματα (Hist. eccl. IV, 8),
bald πέντε ὑπομνήματα (l. c. IV, 22; vgl. II, 23) nennt. Der letztern Be=
zeichnung hat sich Hegesippus selbst bedient (II, 23). So wenig indessen
dieser Ausdruck irgend welchen Schluß auf den Charakter des Werkes gestattet,

ſo wenig können die ſonſtigen Andeutungen des Euſebius einen Einblick in die Anlage und Haltung desſelben eröffnen. Die fünf Bücher bildeten ein zuſammenhängendes Ganzes. Die von Euſebius aufbewahrten Bruchſtücke ſind größtentheils geſchichtlichen Inhalts; aber die freilich ſchon von Hieronymus (l. c.) vertretene Annahme, das Ganze habe eine Art Kirchengeſchichte dar=geſtellt, ſcheitert bereits an dem Umſtande, daß der Bericht über das Ende des hl. Jacobus, des Bruders des Herrn, laut Euſebius (l. c. II, 23) im fünften Buche ſtand. In neuerer Zeit hat man es mit Recht beachtenswerth gefunden, daß Euſebius den Hegeſippus unter den orthodoxen Gegnern des aufkommenden Gnoſticismus, und zwar an erſter Stelle, namhaft macht, mit dem Hinzufügen, derſelbe habe in fünf Büchern der irrthumsfreien Ueberlieferung der apoſtoliſchen Predigt in einfachſter Form (ἁπλουστάτῃ συντάξει γραφῆς) ein Gedächtniß geſtiftet (l. c. IV, 8; vgl. IV, 7); im Hinblick hierauf liegt es jeden=falls ſehr nahe, in dem fraglichen Werke eine Streitſchrift gegen den Gnoſticismus zu vermuthen, welche indeſſen hauptſächlich thetiſch vorgegangen ſein mag.

3. Ausgaben der Fragmente. Literatur über Hegeſippus. — Ueber die letzten Spuren des Werkes des Hegeſippus f. Th. Zahn, Der griechiſche Irenäus und der ganze Hegeſippus im 16. Jahrhundert: Zeitſchr. f. Kirchengeſch. Bd. II (1877—1878). S. 288—291; Ph. Meyer, Der griechiſche Irenäus und der ganze Hegeſippus im 17. Jahrhundert: ebend. Bd. XI (1889—1890). S. 155—158; Th. Zahn, Der griech. Iren. u. der ganze Hegeſ. im 16. u. 17. Jahrhundert: Theol. Literaturbl. 1893, Nr. 43, Sp. 495—497. Die durch Euſebius (und Stephanus Gobarus bei Photius Bibl. cod. 232) erhaltenen Fragmente ſind zuſammengeſtellt bei *Gallandi*, Bibl. vet. Patr. II, 59—67; darnach bei *Migne*, P. gr. V, 1307—1328; bei *Routh*, Reliquiae sacrae (ed. 2) I, 203—284; bei *I. Schulthess*, Symbolae ad inter-nam criticen librorum canon. ac vetustiss. quae supersunt monumentorum christiani nominis paratae. Vol. I. Turici 1833. 8°; bei A. Hilgenfeld, Hegeſippus: Zeitſchr. f. wiſſenſchaftl. Theol. Bd. XIX (1876). S. 177—229. Eine Notiz aus Hegeſippus, betreffend die Namen der beiden Söhne des hl. Judas, des Bruders des Herrn, bei C. de Boor, Neue Fragmente des Papias, Hegeſippus und Pierius in bisher unbekannten Excerpten aus der Kirchengeſchichte des Philippus Sidetes: Texte und Unterſuchungen zur Geſch. der altchriſtl. Literatur, herausgeg. von v. Gebhardt und Harnack. Bd. V. Heft 2 (1888). S. 165—184. Nach Dunelm (Lightfoot) wäre die von Hegeſippus laut ſeinen eigenen Worten (bei *Eus.*, Hist. eccl. IV, 22) zu Rom gefertigte und aller Wahrſcheinlichkeit nach in den ὑπομνήματα mitgetheilte „Succeſſionsliſte" (διαδοχή) der römiſchen Biſchöfe „bis auf Anicet" bei Epiphanius Haer. 27, 6 (*Migne*, P. gr. XLI, 373) aufbewahrt, wo gleichfalls eine Succeſſionsliſte (διαδοχή) der römiſchen Biſchöfe gegeben wird, welche mit Petrus beginnt und mit Anicet ſchließt. *J. B. Dunelm*, The earliest Papal Catalogue: The Academy 1887, 21. May, p. 362—363; *Lightfoot*, The Apostolic Fathers. Part I: S. Clement of Rome. London 1890. I, 327—333. Anders Funk, Der Papſtkatalog Hegeſipps: Hiſt. Jahrb. Bd. IX (1888). S. 674—677; Zum angeblichen Papſtkatalog Hegeſipps: ebend. Bd. XI (1890). S. 77—80. — *C. Allemand-Lavigerie*, De Hegesippo disquisitio historica. Paris.-Lugdun 1850. 8°. Th. Jeß, Hegeſippos nach ſeiner kirchengeſchichtl. Bedeutung: Zeitſchr. f. die hiſtor. Theol. Bd. XXXV (1865). S. 3—95. K. F. Nösgen, Der kirchlich Standpunkt Hegeſipps: Zeitſchr. f. Kirchengeſch. Bd. II (1877—1878). S. 193—233 A. Hilgenfeld, Hegeſippus und die Apoſtelgeſchichte: Zeitſchr. f. wiſſenſchaftl Theol. Bd. XXI (1878). S. 297—330. *H. Dannreuther*, Du témoignage d'Hégé sippe sur l'église chrétienne aux deux premiers siècles. Nancy 1878. 8°

Sonstige Literatur bei *Chevalier*, Répert. des sources hist. 1006. 2639; bei *Richardson*, Bibliograph. Synopsis 111—112.

4. Maximus. — Gegen Ende des 2. Jahrhunderts veröffentlichte laut Eusebius (Hist. eccl. V, 27; cf. *Hier.*, De vir. ill. c. 47) ein gewisser Maximus eine Schrift über den Ursprung des Bösen und das Gewordensein der Materie (περὶ τοῦ πόθεν ἡ κακία καὶ περὶ τοῦ γενητὴν ὑπάρχειν τὴν ὕλην). Bei einer andern Gelegenheit (Praepar. evang. VII, 22: *Migne*, P. gr. XXI, 569—584) führt Eusebius einen längern Abschnitt dieser Schrift, hier περὶ τῆς ὕλης genannt, im Wortlaute an; besonders herausgegeben und erläutert von *Routh*, Reliquiae sacrae (ed. 2) II, 75—121 (*Migne*, l. c. V, 1337—1356). Auffallenderweise kehrt nun der betreffende Passus in der Schrift des hl. Methodius über den freien Willen (§ 32, 2) in wörtlicher Uebereinstimmung wieder, bei Bonwetsch, Methodius von Olympus. I. Schriften. 1891. S. 15—38. Die Erklärung, Methodius habe an der fraglichen Stelle aus Maximus geschöpft, kann nicht befriedigen, und wird anzunehmen sein, daß dem Kirchenhistoriker irgend ein Irrthum begegnet sei und in Wahrheit die Schrift des hl. Methodius ihm vorgelegen habe. S. Th. Zahn in der Zeitschr. f. Kirchengesch. Bd. IX (1887—1888). S. 224—229. J. Dräseke, Maximus philosophus? Zeitschr. f. wissenschaftl. Theol. 1893. Bd. I. S. 290—315. *J. A. Robinson*, The Philocalia of Origen. Cambridge 1893. 8°. p. XL—XLIX.

5. Modestus und Musanus. — Der zweiten Hälfte des 2. Jahrhunderts gehören auch die Polemiker Modestus und Musanus an. Modestus hinterließ eine von Eusebius (Hist. eccl. IV, 25; cf. IV, 21) sehr gerühmte, inzwischen spurlos untergegangene Streitschrift gegen Marcion. Nach Hieronymus (De vir. ill. c. 32) waren im 4. Jahrhundert auch noch andere Schriften unter Modestus' Namen in Umlauf, welche jedoch in unterrichteten Kreisen nicht als echt anerkannt wurden. Näheres über diese Schriften ist nicht bekannt. — Musanus erwarb sich einen Namen durch eine verloren gegangene Schrift „an einige Brüder, welche zu der Häresie der Enkratiten abgefallen waren" (*Eus.*, Hist. eccl. IV, 28. *Hier.*, De vir. ill. c. 31; cf. *Eus.* l. c. IV, 21). Vgl. A. Hilgenfeld, Die Ketzergeschichte des Urchristenthums. Leipzig 1884. S. 544. 546.

## § 24. Jrenäus von Lyon.

1. Leben. — Jrenäus hat, wie er selbst bezeugt, als Knabe (παῖς ὢν ἔτι Ep. ad Florin. bei *Eusebius*, Hist. eccl. V, 20; ἐν τῇ πρώτῃ ἡμῶν ἡλικίᾳ Adv. haer. III, 3, 4 *Massuet*) dem Lehrworte des greisen Polykarpus († um 155) gelauscht. Er mag um 130 geboren sein, und zwar in oder bei Smyrna, wo Polykarpus um diese Zeit Bischof war. Laut Hieronymus (Ep. 75, 3: *Migne*, P. lat. XXII, 687) ist er auch Schüler (discipulus) des Bischofs Papias von Hierapolis gewesen. In seinem Hauptwerke Adv. haer. V, 33, 4 legt er einmal Berufung ein auf die „fünf Bücher" des Papias (§ 12, 2). In diesem Werke bekundet er auch eine große Vertrautheit mit den griechischen Dichtern und Philosophen, und die Darlegung der vielgestaltigen Lehrsysteme der Gnostiker hat ihm schon von seiten Tertullians den Namen omnium doctrinarum curiosissimus explorator eingetragen (*Tert.* Adv. Valent. c. 5: *Migne*, P. lat. II, 548). Zur Zeit der Christenverfolgung unter Marc Aurel weilte Jrenäus in Gallien als Presbyter der Kirche zu Lyon. Der großentheils in Kerkerhaft sich befindende Clerus der Kirchen zu Lyon und zu Vienne sandte Jrenäus mit einem von den Montanisten handelnden (aber wohl auch noch andere Gegenstände betreffenden) Schreiben nach Rom

an Papst Eleutherus (175/176—189) und empfahl ihn bei dieser Gelegenheit
dem Papste als Eiferer für das Testament Christi (ζηλωτὴν ὄντα τῆς διαθήκης
τοῦ Χριστοῦ *Eus.*, Hist. eccl. V, 4). Im Jahre 177 errang der neunzigjährige
Bischof Pothinus von Lyon die Martyrerkrone, und Irenäus ward sein Nach=
folger auf dem Bischofsstuhle. Der Eifer des neuen Bischofs mußte nach
Gregor von Tours (Hist. Franc. I, 29 *Arndt*) in kurzer Zeit ganz Lyon
christlich zu machen. Nach jüngern Zeugen hat Irenäus durch Aussendung
von Missionären sich auch um die Christianisirung anderer Gegenden Galliens
verdient gemacht. Hauptsächlich hat jedoch der Kampf gegen die falsche Gnosis
seine Thätigkeit in Anspruch genommen. Diesem Kampfe war insbesondere
fast sein ganzes schriftstellerisches Wirken gewidmet. Auch in den damals von
neuem ausbrechenden Streit um die Osterfeier zwischen den Asiaten und den
Abendländern hat er nachdrücklich und erfolgreich eingegriffen. Als Papst
Victor I. (189—198/199) die Kirchengemeinschaft mit den Anhängern der
sogen. quartodecimanischen Praxis aufzuheben drohte, war es vorzugsweise
Irenäus, welcher ihn von diesem Schritte zurückhielt, „seinem Namen Ehre
machend und auch in seinem Verhalten ein Friedensstifter" (εἰρηνοποιός *Eus.*,
Hist. eccl. V, 24). In der Verfolgung unter Septimius Severus ist Irenäus
um 202 den Martyrertod gestorben. Ueber die nähern Umstände seines
Martyriums mangeln verbürgte Nachrichten.

2. Das Werk Adversus haereses. — Irenäus hinterließ vor allem
ein großes Werk gegen den Gnosticismus, „Entlarvung und Widerlegung der
fälschlich sogen. Gnosis" (ἔλεγχος καὶ ἀνατροπὴ τῆς ψευδωνύμου γνώσεως) betitelt,
gewöhnlich Adversus haereses genannt (so *Hier.*, De vir. ill. c. 35; nach
*Eus.* l. c. II, 13. III, 23: πρὸς τὰς αἱρέσεις). Leider ist dieses Werk nicht
im griechischen Urterte, sondern nur in einer lateinischen Uebersetzung auf uns
gekommen, welch letztere allerdings schon bald nach Abfassung des Originals
angefertigt worden sein muß, da sie bereits von Tertullian (Adv. Valent.)
benutzt wird. Zugleich bekundet sie die gewissenhafteste Treue; infolge ihrer
ängstlichen Wörtlichkeit läßt sie sehr oft den Originaltext deutlich durch=
schimmern, und wiederholt bietet erst die Rückübersetzung ins Griechische den
Schlüssel zum Verständniß. Auch sind Bruchstücke des griechischen Textes,
insbesondere der größte Theil des ersten Buches, in Form von Citaten bei
spätern Schriftstellern (in den Philosophumena, bei Epiphanius u. s. f.)
erhalten geblieben. Den nächsten Anlaß zur Abfassung des Werkes gab laut
der Vorrede des ersten Buches das Ersuchen eines Freundes (wahrscheinlich
eines Bischofs), welcher die Irrlehre des Valentinus näher kennen und wider=
legen lernen wollte. Im Verlaufe der Arbeit hat der Verfasser seinen an=
fänglichen Plan erweitert, und ist zwischen der Abfassung des ersten und des
letzten der fünf Bücher, in welche das Ganze zerfällt, vermuthlich ein längerer
Zeitraum gelegen, wenngleich es zu einer nähern Feststellung der Abfassungszeit
an sichern Anhaltspunkten fehlt; im dritten Buche (III, 3, 3) wird Eleutherus
als der dermalige Bischof von Rom bezeichnet. Methodischen Aufbau, Gedanken=
zusammenhang und Gedankenfortschritt läßt das Werk vielfach vermissen. Das
erste Buch entwickelt einläßlich die Lehren der Valentinianer von den Aeonen,
welche das Pleroma bilden, von der ins Kenoma verstoßenen Achamoth, von
der Entstehung der Erscheinungswelt u. s. f. Der Häresie wird sodann in

kurzem Abriß der Glaube der Kirche gegenübergestellt (c. 10), welcher zu
allen Zeiten und an allen Orten einer und derselbe sei, während die ver=
schiedenen Vertreter der falschen Gnosis auf das mannigfaltigste einander wider=
sprechen.  Folgt eine ausführliche Darlegung des Entwicklungsganges, welchen
der Gnosticismus von Simon Magus bis herab auf Marcion genommen habe.
Die Enthüllung dieser Geheimlehren ist nach Ansicht des Verfassers an und
für sich schon ein Triumph über ihre Anhänger (adversus eos victoria est
sententiae eorum manifestatio I, 31, 3).  Gleichwohl will er sich auch
noch einer ins einzelne gehenden Widerlegung derselben unterziehen.  Dieser
Aufgabe sind das zweite und das dritte Buch gewidmet; im zweiten herrscht
die dialektisch=philosophische Argumentation vor, im dritten wird die kirchliche
Ueberlieferung und die Heilige Schrift zum Zeugniß aufgerufen.  Die Spitze
der Beweisführung ist in erster Linie gegen die These gerichtet, der Bildner
der Welt sei ein anderer als der höchste Gott, eine These, welche zu Eingang
des zweiten Buches (II, 1, 1) ausdrücklich als die blasphemische Grundlehre
des Gnosticismus bezeichnet wird.  Das vierte Buch vervollständigt den Schrift=
beweis insofern, als es das, was vorhin als Lehre der Apostel (sententia
apostolorum) dargethan wurde, durch Aussprüche des Herrn (per domini
sermones l. IV praef.) erhärtet.  Unter den Aussprüchen des Herrn versteht
jedoch Jrenäus auch die Worte der Propheten (vgl. IV, 2, 3).  Christus also
und die Propheten lehren gleichfalls nur einen Gott, den Schöpfer der Welt,
und sie bezeugen diesen einen Gott als den Urheber des Alten wie des Neuen
Bundes.  Das fünfte Buch handelt hauptsächlich von den letzten Dingen.  Die
Lehre von der Auferstehung des Fleisches wird nach allen Seiten hin ver=
theidigt, und zum Schlusse (c. 32—36) finden die chiliastischen Theorien des
Verfassers eine Stelle.  Diese letztern, welche auf Schriftworte und auf die
Autorität des Papias (c. 33, 4; vgl. § 12, 3) gegründet werden, sollen
jedenfalls auch ein gewisses Gegengewicht bilden gegenüber der gnostischen Lehre
von der Materie als dem Sitze des Bösen.

3. Andere Schriften. — Adv. haer. I, 27, 4. III, 12, 12 äußert
Jrenäus die Absicht, den Gnostiker Marcion in einer eigenen Schrift zu
bekämpfen.  Ob er diese Absicht zur Ausführung gebracht, ist nicht bekannt.
An einen frühern Studiengenossen und nachmaligen Häretiker, den Presbyter
Florinus zu Rom, richtete Jrenäus ein Schreiben über die Monarchie (Gottes)
oder darüber, daß Gott nicht Urheber des Bösen ist (περὶ μοναρχίας ἢ περὶ
τοῦ μὴ εἶναι τὸν θεὸν ποιητὴν κακῶν), und eine Abhandlung über die Achtzahl
(περὶ ὀγδοάδος), vermuthlich die valentinianische Aeonen=Ogdoas.  Aus beiden
Schriften führt Eusebius (Hist. eccl. V, 20) je eine Stelle an.  In Sachen
der Osterfeier schrieb Jrenäus Briefe an Papst Victor und an „viele andere
Kirchenvorsteher" (Eus. V, 24).  Aus einem Briefe an Victor hat Eusebius
(l. c.) ein Bruchstück aufbewahrt.  Die Osterfeier bildete wahrscheinlich auch
den Gegenstand eines Briefes über das Schisma (περὶ σχίσματος Eus. V, 20)
an Blastus, Presbyter zu Rom und Quartodecimaner.  Gleichfalls nur dem
Namen nach sind aus einer Bemerkung des Eusebius (V, 26) noch drei
weitere Schriften des hl. Jrenäus bekannt: eine kleine Schrift gegen die
Heiden, betitelt „Ueber die Wissenschaft" (πρὸς Ἕλληνας λόγος ... περὶ ἐπιστή-
μης ἐπιγεγραμμένος — unrichtig Hier., De vir. ill. c. 35: contra gentes

volumen breve et de disciplina aliud), eine dem Bruder des Verfassers, Marcianus, gewidmete Schrift zum Erweise der apostolischen Lehrverkündigung (εἰς ἐπίδειξιν τοῦ ἀποστολικοῦ κηρύγματος) und „ein Buch verschiedener Vorträge" (βιβλίον τι διαλέξεων διαφόρων), vermuthlich eine Sammlung von Homilien. Jüngere Autoren machen noch einige andere Schriften des Heiligen namhaft; die Glaubwürdigkeit ihrer Angaben unterliegt indessen begründeten Bedenken. Jedenfalls sind alle andern Schriften außer dem Werke Adversus haereses zu Grunde gegangen.

4. Lehre. Quelle und Norm des wahren Glaubens. Primat der Kirche zu Rom. — Glaubensquelle und Glaubensnorm ist für Irenäus die in der Kirche unverändert fortlebende Lehrüberlieferung der Apostel. Rührend zart mahnt er den auf Abwege gerathenen Jugendfreund (Ep. ad Florin. bei *Eus.*, Hist. eccl. V, 20): „Diese Lehren, Florinus, um mich schonend auszudrücken, sind nicht gesunde Wissenschaft; diese Lehren stimmen nicht überein mit der Kirche. . . Diese Lehren haben die Presbyter, welche vor uns lebten und welche bei den Aposteln in die Schule gingen, dir nicht überliefert. . ." Eingehender als irgend einer der frühern Kirchenschriftsteller erörtert Irenäus das Traditionsprincip zu Eingang des dritten Buches Adv. haer. Der allein wahre und lebendigmachende Glaube (sola vera ac vivifica fides) ist ausschließliches Eigenthum der Kirche (l. III praef.). Die Kirche empfing denselben aus der Hand der Apostel, welche die frohe Botschaft anfangs mündlich verkündet, hernach aber nach Gottes Willen in Schriften uns übergeben haben (postea vero per Dei voluntatem in scripturis nobis tradiderunt III, 1, 1). Die Häretiker pflegen nun sowohl dem Beweise aus der Heiligen Schrift wie auch der Berufung auf die mündliche Ueberlieferung mit verschiedenen Ausflüchten zu begegnen (III, 2). Aber „die Ueberlieferung der Apostel, welche in der ganzen Welt kundgemacht wurde, ist für alle, welche die Wahrheit sehen wollen, in einer jeden Kirche (in omni ecclesia) zu erkennen" (III, 3, 1). „Wir können diejenigen aufzählen, welche von den Aposteln als Bischöfe in den Kirchen aufgestellt worden sind, sowie auch die Nachfolger derselben bis auf uns." Diese ununterbrochene Succession der Bischöfe (der Träger des kirchlichen Lehramtes) in den von den Aposteln gegründeten Kirchen verbürgt und beweist den apostolischen Charakter der Lehre dieser Kirchen: die Apostel haben nur „ganz vollkommene und untadelhafte Männer" zu ihren Nachfolgern berufen, und diese haben die Lehre der Apostel rein und unverfälscht ihren Nachfolgern hinterlassen. Weil es jedoch zu weit führen würde, in einem Werke wie das vorliegende die Amtsfolgen aller Kirchen aufzuzählen (omnium ecclesiarum enumerare successiones), so begnügen wir uns damit, bezüglich „der größten und ältesten und allen bekannten, von den beiden glorreichsten Aposteln Petrus und Paulus zu Rom gegründeten und errichteten Kirche" (maximae et antiquissimae et omnibus cognitae, a gloriosissimis duobus apostolis Petro et Paulo Romae fundatae et constitutae ecclesiae) den Beweis zu erbringen, daß die Reihe ihrer Bischöfe ununterbrochen bis auf die Apostel zurückgeht und folglich ihre Lehre apostolischen Charakter in Anspruch nehmen darf. Ad hanc enim ecclesiam propter potentiorem (potiorem) principalitatem necesse est omnem convenire ecclesiam, hoc est eos qui sunt undique fideles, in qua semper ab his qui sunt un-

dique conservata est ea quae est ab apostolis traditio (III, 3, 2). Und nachdem er nun die römischen Bischöfe von Petrus bis Eleutherus einzeln aufgeführt, schließt Irenäus: „In dieser Ordnung und Abfolge ist die aposto= lische Ueberlieferung in der Kirche und die Verkündigung der Wahrheit auf uns gekommen. Und das ist der vollgiltigste Beweis (plenissima ostensio) dafür, daß es ein und derselbe lebendigmachende Glaube ist, welcher in der Kirche von den Aposteln bis jetzt bewahrt und in Wahrheit überliefert worden" (III, 3, 3). — Die vorhin angeführten Worte über die Kirche zu Rom dürften zu übersetzen sein: „Mit dieser Kirche nämlich muß ihres höhern Vorrangs wegen eine jede Kirche übereinstimmen, d. h. die Gläubigen aller Orte, in welcher (in Verbindung mit welcher) immer von den (Gläubigen) aller Orte die apostolische Ueberlieferung bewahrt worden ist." Die Be= deutung einzelner Ausdrücke wie auch die Beziehung des Relativsatzes bleiben immerhin zweifelhaft und bestritten. Sicher ist, daß Irenäus der römischen Kirche einen Vorrang vor allen andern Kirchen zuerkennt, und daß er ihr insbesondere der Gesamtheit der Gläubigen gegenüber eine maßgebende Lehr= autorität einräumt. Mit dem Nachweise des apostolischen Charakters der Lehre der römischen Kirche ist nach Irenäus zugleich auch die Lehre aller andern Kirchen als apostolisch dargethan, weil jede andere Kirche dasselbe lehren muß wie die römische Kirche, ein Müssen, welches allem Anscheine nach nicht im Sinne einer Verpflichtung aufzufassen ist, sondern als eine unum= gängliche Nothwendigkeit, mit dem Primate der römischen Kirche von selbst gegeben und auf göttlicher Anordnung beruhend.

5. Christologie. Mariologie. — So oft und nachdrücklich Irenäus den Gnostikern gegenüber die Einheit Gottes betonen muß, so spricht er doch auch wiederholt von der Dreiheit der Personen. „Es ist immer bei Gott (adest Deo) das Wort und die Weisheit, der Sohn und der Geist, durch welche und in welchen (per quos et in quibus) er alles frei und selbständig ge= macht hat, zu welchen er auch spricht, wenn er sagt (Gen. 1, 26): ‚Lasset uns den Menschen machen nach unserem Bild und Gleichniß'" (IV, 20, 1). Die von den spätern griechischen Theologen περιχώρησις genannte wechselseitige Durchdringung der göttlichen Personen ist in den Worten angedeutet: „durch den Sohn, welcher im Vater ist und den Vater in sich hat (qui est in patre et habet in se patrem), ist der Gott, der da ist (Ex. 3, 14), offenkundig geworden" (III, 6, 2). Die den Apologeten so geläufige Vergleichung der Zeugung des Sohnes aus dem Vater mit der Aussprache eines innern Wortes erklärt Irenäus für unpassend und unrichtig, weil die Ewigkeit des Sohnes aufhebend (II, 13, 8; 28, 5); das Geheimniß dieser Zeugung durchschaut nur der zeugende Vater und der gezeugte Sohn (solus qui generavit pater et qui natus est filius II, 28, 6). In der Zeit ward der Sohn Gottes Sohn der Jungfrau. Fälschlich behaupten die Häretiker, Jesus, welcher aus Maria geboren worden, sei ein anderer als Christus, welcher aus der Höhe herniedergestiegen. „Sonst hätte Matthäus (1, 18) wohl sagen können: ‚mit der Geburt Jesu aber verhielt es sich also'; allein die Fälscher voraussehend und ihrer Truglist vorbauend, sagte der Heilige Geist durch Matthäus (Spiritus sanctus per Matthaeum ait): ‚mit der Geburt Christi aber verhielt es sich also', und dieser sei der Emmanuel (Matth. 1, 22—23), damit wir ihn

nicht für einen bloßen Menſchen hielten … und nicht meinten, Jeſus ſei ein
anderer als Chriſtus, ſondern wüßten, daß es einer und derſelbe iſt“.
(III, 16, 2). Er mußte Gott und Menſch zugleich ſein in einer Perſon.
„Denn wenn nicht ein Menſch den Widerſacher des Menſchen beſiegt hätte,
ſo wäre der Feind nicht in der rechten Weiſe (δικαίως) beſiegt worden. Und
wiederum, wenn nicht Gott das Heil geſchenkt hätte, ſo hätten wir es nicht
ſicher“ (βεβαίως III, 18, 7). „Dazu iſt das Wort Gottes Menſch geworden,
daß der Menſch, das Wort aufnehmend und die Sohnſchaft empfangend,
Sohn Gottes würde“ (III, 19, 1; der Text iſt etwas zweifelhaft). — Auch
der jungfräulichen Mutter weiſt Irenäus, ähnlich wie Juſtinus M. (Dial.
c. Tryph. c. 100), ihre Stelle im Erlöſungswerke an. „Wie Eva, da ſie
zwar einen Mann, Adam, hatte, aber doch noch Jungfrau war, … durch
ihren Ungehorſam ſich ſelbſt und dem geſamten Menſchengeſchlechte Urſache
des Todes geworden iſt, ſo iſt Maria, da ſie auch einen ihr vorausbeſtimmten
Mann hatte und doch Jungfrau war, durch ihren Gehorſam ſich ſelbſt und
dem geſamten Menſchengeſchlechte Urſache des Heiles (causa salutis) geworden“
(III, 22, 4). „Wie Eva durch Engelsrede ſich verführen ließ, Gott zu entfliehen, indem ſie ſein Wort übertrat, ſo erhielt auch Maria durch Engelsrede
die frohe Botſchaft, daß ſie Gott tragen ſollte, indem ſie ſeinem Worte ge-
horchte. Und wenn jene Gott ungehorſam war, ſo ließ dieſe hingegen ſich
rathen, Gott gehorſam zu ſein, damit die Jungfrau Maria die Beiſteherin
(advocata) der Jungfrau Eva würde. Und wie das Menſchengeſchlecht durch
eine Jungfrau an den Tod gekettet wurde, ſo wird es durch eine Jungfrau
errettet, indem die Wagſchalen gleichgeſtellt ſind, Jungfrauen-Ungehorſam auf-
gewogen durch Jungfrauen-Gehorſam“ (V, 19, 1). Dem advocata der lateiniſchen Ueberſetzung entſprach im Urtexte ſehr wahrſcheinlich παράκλητος. Dem
Sinne nach iſt advocata, wie der Zuſammenhang zeigt, ſo viel als causa
salutis III, 22, 4. Das Wort ſelbſt bleibt denkwürdig, weil es in die kirchliche Liturgie Eingang fand (advocata nostra).

6. Handſchriftliche Ueberlieferung, Ausgaben und Ueberſetzungen des Werkes
Adv. haer. — Ueber die letzten Spuren des griechiſchen Textes des Werkes Adv.
haer. ſ. Th. Zahn, Der griechiſche Irenäus und der ganze Hegeſippus im
16. Jahrhundert: Zeitſchrift für Kirchengeſchichte Bd. II (1877—1878). S. 288
bis 291; Ph. Meyer, Der griechiſche Irenäus und der ganze Hegeſippus im
17. Jahrhundert: ebend. Bd. XI (1889—1890). S. 155—158; Th. Zahn,
Der griechiſche Irenäus und der ganze Hegeſippus im 16. und 17. Jahrhundert:
Theol. Literaturblatt. 1893, Nr. 43, Sp. 495—497. Die handſchriftliche Ueberlieferung der lateiniſchen Ueberſetzung wird eingehend erörtert von Fr. Loofs, Die
Handſchriften der lateiniſchen Ueberſetzung des Irenäus und ihre Kapiteltheilung:
Kirchengeſchichtliche Studien, H. Reuter zum 70. Geburtstag gewidmet. Leipzig
1888. S. 1—93; auch ſeparat erſchienen, Leipzig 1890. Vgl. W. Sanday, The
MSS. of Irenaeus: The Journal of Philology. Vol. XVII. n. 33 (1888).
p. 81—94. — Auf ſelbſtändiger Benutzung von Handſchriften beruhen folgende
Ausgaben: die editio princeps des Erasmus, Baſel 1526, die Ausgabe des
Fr. Feuardent, Cöln 1596 (Nachdruck 1639), und die Ausgaben von
J. E. Grabe, Oxford 1702, von R. Maſſuet, Paris 1710 (Nachdruck Venedig
1734), von A. Stieren, Leipzig 1848—1853, und von W. W. Harvey, Cambridge 1857. Weitaus die bedeutendſte Leiſtung ſtellt anerkanntermaßen die Aus-

gabe des Mauriners Maffuet († 1716) dar, und bildet fie die Grundlage der
fpätern Ausgaben. Sie ift auch bei *Migne*, P. gr. VII (1857) abgedruckt. Außer
andern Zugaben zur Erläuterung des Textes enthält Maffuets Ausgabe werth=
volle dissertationes praeviae de haereticis quos libro primo recenset Irenaeus
eorumque actibus, scriptis et doctrina; de S. Irenaei vita, gestis et scriptis;
de Irenaei doctrina. Nur durch Verwerthung der inzwischen entdeckten Philofo=
phumena und durch Aufnahme der gleichfalls erft fpäter bekannt gewordenen fyrifchen
und armenifchen Fragmente ift Harveys Ausgabe die brauchbarfte unter den jetzt
vorhandenen Ausgaben geworden. Einige neue Fragmente des griechifchen Textes
des Werkes Adv. haer. veröffentlichte A. Papadopulos=Kerameus in den
'Ανάλεκτα ἱεροσολυμιτικῆς σταχυολογίας Bd I. St. Petersburg 1891. S. 387—389.
Vgl. zu diefen Fragmenten J. Haußleiter in der Zeitfchr. f. Kirchengefch. Bd. XIV
(1893—1894). S. 69—73. — Einzelne kleine Bruchftücke des Werkes Adv.
haer. fowie einige andere Fragmente unter dem Namen des hl. Irenäus liegen in
fyrifcher und (oder) armenifcher Ueberfetzung vor. Eine Sammlung derfelben in
der Ausgabe Harveys II, 431—469. Eine etwas vollftändigere Sammlung von
der Hand P. Martins bei *Pitra*, Analecta sacra. T. IV. Paris. 1883. p. 17—35.
292—305. Englifche, franzöfifche und deutfche Ueberfetzungen des Werkes Adv.
haer. aus neuerer Zeit verzeichnet *Richardson*, Bibliographical Synopsis p. 27.
Die Kemptener Bibliothek der Kirchenväter enthält eine Ueberfetzung von H. Hayd,
1872—1873. 2 Bde.

7. Sammlungen der Fragmente anderer Schriften. — Die Fragmente anderer
Schriften des hl. Irenäus pflegen den Ausgaben des Werkes Adv. haer. beigegeben
zu werden: *Massuet* .(Paris. 1710) p. 339—348 = *Migne*, P. gr. VII, 1225 ad
1264; *Stieren* I, 821—897; *Harvey* II, 470—511. Vgl. noch *Pitra*, Analecta
sacra. T. II. Paris. 1884. p. 194—210. Th. Zahn, Sendfchreiben des Irenäus
an Viktor von Rom: Forfchungen zur Gefch. des neuteft. Kanons und der altkirchl.
Literatur. Tl. IV. Herausgeg. von J. Haußleiter und Th. Zahn. Erlangen
1891. S. 283—308.

8. Schriften über Irenäus. — *J. M. Prat*, Histoire de St. Irénée. Lyon
1843. 8⁰; ins Deutfche überfetzt von J. R. Difchinger, Regensburg 1846. 8⁰.
*Freppel*, St. Irénée et l'éloquence chrétienne dans la Gaule pendant les
deux premiers siècles. Paris 1861. 8⁰; 3⁰ éd. 1886. H. Ziegler, Irenäus,
der Bifchof von Lyon. Ein Beitrag zur Entftehungsgefchichte der altkatholifchen
Kirche. Berlin 1871. 8⁰. R. A. Lipfius, Die Zeit des Irenäus von Lyon und die
Entftehung der altkatholifchen Kirche: Hiftorifche Zeitfchrift. Bd. XXVIII (1872).
S. 241—295. C. Leimbach, Wann ift Irenäus geboren? Zeitfchr. f. d. gef.
luth. Theol. und Kirche. Bd. XXXIV (1873). S. 614—629 (gegen Ziegler).
*A. Gouilloud*, St. Irénée et son temps, deuxième siècle de l'église. Lyon
1876. 8⁰. *E. Montet*, La légende d'Irénée et l'introduction du christianisme
à Lyon. Genève 1880. 8⁰. Th. Zahn, Zur Biographie des Polykarpus und
des Irenäus: Forfchungen zur Gefch. des neuteft. Kanons und der altkirchl.
Literatur. Tl. IV. Herausgeg. von J. Haußleiter und Th. Zahn. Erlangen
1891. S. 249—283. — J. W. Fr. Höfling, Die Lehre des Irenäus vom
Opfer im chriftlichen Cultus (Progr.). Erlangen 1840. 8⁰. L. Duncker, Des
hl. Irenäus Chriftologie, im Zufammenhange mit deffen theologifchen und anthropo=
logifchen Grundlehren dargeftellt. Göttingen 1843. 8⁰. *H. G. Erbkam*, De
S. Irenaei principiis ethicis (Progr.). Regiomonti 1856. 8⁰. M. Kirchner,
Die Efchatologie des Irenäus: Theol. Studien und Kritiken. Bd. XXXVI (1863).
S. 315—358. H. Hagemann, Die römifche Kirche . . . in den erften drei Jahr=
hunderten. Freiburg 1864. S. 598—627: „Irenäus über den Primat der römi=
fchen Kirche." *I. Koerber*, S. Irenaeus de gratia sanctificante (Diss. inaug.).

Wirceburgi 1865. 8⁰. *L. Hopfenmüller*, S. Irenaeus de Eucharistia (Diss. inaug.). Bambergae 1867. 8⁰. Acta et decreta ss. Concil. recent. Collectio Lacensis. T. IV. Frib. Brisg. 1873. col. v—xxxiv: S. Irenaei de ecclesiae Romanae principatu testimonium. Das Zeugniß des Irenäus für den Primat und die normgebende Lehrautorität der römischen Kirche: Hist.-pol. Blätter. Bd. LXXIII (1874). S. 253—266. 333—360. *G. Molwitz*, De ἀνα-κεφαλαιώσεως in Irenaei theologia potestate (Diss. inaug.). Dresdae 1874. 8⁰. *H.*, Das Zeugniß des hl. Irenäus für den Primat des römischen Bischofs: Hist.-pol. Blätter. Bd. XCIV (1884). S. 875—896. J. Werner, Der Paulinismus des Irenäus. Eine kirchen- und dogmengeschichtl. Untersuchung über das Verhältniß des Irenäus zu der Paulinischen Briefsammlung und Theologie: Texte und Untersuchungen zur Gesch. der altchristl. Literatur, herausgeg. von v. Gebhardt und Harnack. Bd. VI. Heft 2. Leipzig 1889. *V. Courdaveaux*, Saint Irénée: Revue de l'hist. des religions 1890, mars-avril, p. 149—175. *F. Cabrol*, La doctrine de St. Irénée et la critique de *M. Courdaveaux.* Paris 1891. 8⁰. J. Kunze, Die Gotteslehre des Irenäus (Inaug.-Diss.). Leipzig 1891. 8⁰. A. Harnack, Das Zeugniß des Irenäus über das Ansehen der römischen Kirche: Sitzungsberichte der königl. preuß. Akad. d. Wiss. zu Berlin. Jahrg. 1893. S. 939—955. J. Langen, Harnack über Irenäus III, 3, 2: Internat. theol. Zeitschr. Bd. II (1894). S. 320—325. — Aeltere Literatur bei *Chevalier*, Répert. des sources hist. 1118—1119. 2659—2660; bei *Richardson*, Bibliograph. Synopsis 27—29.

9. Die Alten (πρεσβύτεροι) bei Irenäus. — Irenäus beruft sich in dem Werke Adv. haereses zur Erhärtung der katholischen Lehre wiederholt auf die Aussagen Alter (πρεσβύτεροι), welche Schüler der Apostel, insbesondere des Apostels Johannes, gewesen (II, 22, 5; V, 5, 1. 30, 1. 33, 3. 36, 1). Nicht selten wird auch ein Einzelner (ὁ κρείσσων, ὁ πρεσβύτης u. s. f.) redend eingeführt. (Praef. ad l. I. I, 13, 3. 15, 6. III, 17, 4. 23, 3). Besonders ausführliche Mittheilungen empfing Irenäus a quodam presbytero qui audierat ab his qui apostolos viderant et ab his qui didicerant — der griechische Wortlaut ist nicht erhalten (IV, 27, 1. 2. 28, 1. 30, 1. 1. 4). Ueber die Persönlichkeit dieser Zeugen und Gewährsmänner lassen sich nur Vermuthungen aufstellen; Papias und Polykarpus dürften denselben mit Sicherheit beizuzählen sein (vgl. Abs. 1). Die Aussagen der Alten bei Irenäus sind, im Anschluß an die Ueberbleibsel des Werkes des Papias (§ 12, 4), zusammengestellt bei *Routh*, Reliquiae sacrae. Ed. alt. I, 47—68; *Migne*, P. gr. V, 1386—1402; *de Gebhardt et Harnack*, Barnabae epist. Lips. 1878. p. 105—114; *Funk*, Opp. Patr. apostol. Vol. II. Tub. 1881. p. 301—314.

10. Synodalschreiben betreffend die Osterfeier. — Aus dem Schreiben, welches Bischof Polykrates von Ephesus im Auftrage einer großen kleinasiatischen Synode zur Rechtfertigung der quartodecimanischen Praxis (um 195) an Papst Victor sandte (vgl. Abs. 1), hob Eusebius (Hist. eccl. V, 24) einen größern Abschnitt aus. Von dem Schreiben einer paläftinensischen Synode, welche unter Vorsitz der Bischöfe Theophilus von Cäsarea und Narciffus von Jerusalem dieselbe Angelegenheit erörtert hatte, nahm Eusebius (V, 25) die Schlußworte auf. Andere Synodalschreiben, welche, wie das paläftinensische, für die abendländische und gegen die quartodecimanische Praxis eintraten, begnügte er sich namhaft zu machen (V, 23). Hieronymus (De vir. ill.) hat mit Rücksicht auf die genannten Schreiben Polykrates (c. 45) sowohl wie Theophilus (c. 43) und aus gleichem Grunde (f. *Eus.* l. c. V, 23) auch Bischof Bacchylus von Korinth (c. 44) in die Reihe der kirchlichen Schriftsteller eingefügt. Das Fragment des kleinasiatischen Schreibens nebst Erläuterungen bei *Routh*, Reliquiae sacrae (ed. 2) II, 9—36; *Migne*, P. gr. V, 1355—1362. Das Fragment des paläftinensischen Schreibens bei *Routh* l. c. II, 1—7; *Migne* l. c. V, 1365—1372.

## § 25. Hippolytus von Rom.

1. Der Verfasser der Philosophumena. — Die seit dem Jahre 1851 viel und lebhaft erörterte Frage nach dem Verfasser des neuentdeckten, großen und bedeutsamen Werkes „Widerlegung aller Häresien" (κατὰ πασῶν αἱρέσεων ἔλεγχος), meist Philosophumena genannt (f. Abf. 3), hat noch immer nicht eine allgemein anerkannte Lösung gefunden. Das erste der zehn Bücher dieses Werkes war schon längst bekannt und ging unter dem Namen des Origenes. Daß es freilich nicht Eigenthum des Origenes sein konnte, erhellte schon daraus, daß der Verfasser sich in der Vorrede Bischofswürde beilegt (ἀρχιερατεία), eine Würde, welche der Alexandriner nie besaß. Im Jahre 1842 brachte Mynoides Mynas eine die Bücher IV—X enthaltende Handschrift des 14. Jahrhunderts vom Athos nach Paris, und 1851 wurden diese Bücher durch E. Miller herausgegeben, seltsamerweise wiederum unter dem Namen des Origenes. Die Bücher II und III fehlen auch heute noch. Die Autorschaft des Origenes wurde bald von allen Seiten als unhaltbar aufgegeben. Fünf andere Autoren wurden in Vorschlag gebracht: Hippolytus, Beron, Cajus, Novatian, Tertullian. Doch neigte die Schale sich sofort schon auf die Seite des hl. Hippolytus. Als seine Anwälte traten insbesondere Döllinger (1853) und Volkmar (1855) auf. Es ließ sich unschwer der Beweis erbringen, daß Beron, gegen welchen Hippolytus geschrieben haben sollte (κατὰ Βήρωνος), frühestens im 4. Jahrhundert gelebt hat; die Ansprüche des „römischen Presbyters" und „Heidenbischofs" Cajus vermochten gleichfalls den Angriffen der Kritik gegenüber nicht standzuhalten, und auch für Novatian und für Tertullian wurde in der Folge nur vereinzelt und ausnahmsweise noch eine Lanze eingelegt. Im allgemeinen gilt, wenn immer eine bestimmte Persönlichkeit in Anspruch genommen wird, Hippolytus als der Verfasser der Philosophumena. Schon Eusebius (Hist. eccl. VI, 22) und Hieronymus (De vir. ill. c. 61) eignen Hippolytus eine Schrift πρὸς ἁπάσας τὰς αἱρέσεις, Adversum omnes haereses, zu: daß die Philosophumena gemeint sind, ist freilich nicht nachweisbar, bleibt aber immerhin möglich. Sichere Spuren hat das Werk, abgesehen von dem zehnten Buche, in der altkirchlichen Literatur, soviel bekannt, nicht hinterlassen. Das zehnte Buch muß für sich allein, als vermeintliches Ganzes, in Umlauf gewesen sein, aber ohne einen Verfassernamen, unter der Aufschrift „Labyrinth" (nach den Anfangsworten τὸν λαβύρινθον τῶν αἱρέσεων — vgl. *Photius*, Bibl. cod. 48). Das Werk selbst indessen fordert, so scheint es, gebieterisch die Annahme der Autorschaft des hl. Hippolytus. Die ebenso dürftigen wie widerspruchsvollen Nachrichten des Alterthums über letztern werden durch die Mittheilungen des Verfassers der Philosophumena über seine Zeit- und Lebensverhältnisse in ein ganz neues Licht gerückt, nicht bloß mannigfach ergänzt, sondern erst verständlich gemacht. Die Entdeckung der Philosophumena ist es gewesen, welche der fast beispiellosen Verwirrung, die sich bis dahin an den Namen des Hippolytus knüpfte, ein Ziel setzte. Aus den Einzelheiten, welche sofort auf Hippolytus hindeuten, sei wenigstens der Umstand hervorgehoben, daß zwei Schriften, welche der Verfasser der Philosophumena gelegentlich als frühere Schriften von seiner Hand anführt, auf Grund anderweitiger Zeugnisse sich mit größter Wahrscheinlichkeit als Schriften des Hippolytus

nachweisen lassen. Laut der Vorrede hat der Verfasser vor langer Zeit (πάλαι) schon eine Schrift veröffentlicht, in welcher die Lehren der Häretiker kurz (μετρίως) auseinandergesetzt und in den Hauptpunkten (άδρομερῶς) widerlegt waren, und Photius (Bibl. cod. 121) berichtet über eine Schrift des hl. Hippolytus gegen 32 Häresien (σύνταγμα κατὰ αίρέσεων λβ), ein kleines Büchlein (βιβλιδάριον), welches mit den Dositheanern beginne und mit den Noetianern schließe. Gegen Ende der Philosophumena (X, 32) verweist der Verfasser den Leser auf ein älteres Werk περὶ τῆς τοῦ παντός οὐσίας, und ein in die Mitte des 3. Jahrhunderts zurückreichendes, in Marmor gehauenes Verzeichniß von Schriften des hl. Hippolytus nennt ein Werk πρὸς Ἕλληνας καὶ πρὸς Πλάτωνα ἢ καὶ περὶ τοῦ παντός. Bedenken bezüglich der Identificirung beseitigt ein Bericht des Photius (Bibl. cod. 48): in einigen Handschriften laute der Titel περὶ τοῦ παντός, in andern περὶ τῆς τοῦ παντός οὐσίας, und der Verfasser polemisire gegen Plato und die Heiden. Es fällt nicht ins Gewicht, daß eine Randbemerkung in des Photius Exemplar Cajus als den Verfasser dieser Schrift bezeichnete, und Photius diese Angabe für richtig zu halten geneigt ist, weil auch das vorhin erwähnte „Labyrinth" dem Cajus angehöre, und am Schlusse dieses „Labyrinthes" (d. i. Philos. X, 32) der Verfasser selbst sich eine Schrift über das Universum beilege.

2. Leben des hl. Hippolytus. — Laut den Philosophumena war Hippolytus Bischof von Rom, wie auch die Orientalen ihn zu nennen pflegen. Aber er war es nur als Nebenbuhler des rechtmäßigen Papstes. Dem hl. Kallistus (217—222) gegenüber trat er als schismatisches Parteihaupt auf, einer der ersten Gegenpäpste, welche die Geschichte kennt. Der einzige Bericht, welcher uns über diese Spaltung vorliegt, ist die Erzählung der Philosophumena (IX, 7. 11. 12). Die bewußte Absicht, seinen Gegner zu verleumden, kann man dem Berichterstatter nicht zur Last legen. Aber freilich ist zwischen den erzählten Thatsachen und der Färbung, welche die Darstellung denselben gibt, und den Motiven, welche sie ihnen unterlegt, sorgsam zu scheiden. Hippolytus beschuldigte den Papst einer halb sabellianischen, halb theodotianischen Trinitätslehre sowie der Zerrüttung der kirchlichen Disciplin. Die Grundlosigkeit dieser Anklagen steht außer Zweifel, und Kallistus muß in jeder Hinsicht eine der hervorragendsten Zierden des Stuhles Petri gewesen sein. Sein Gegner aber lehrte über Christus subordinatianisch und verfocht in Sachen der kirchlichen Disciplin einen sectirerischen Rigorismus. Weit hat sich das Schisma, welches Hippolytus begründete, nicht verbreitet; auch in Rom selbst kann die Genossenschaft, an deren Spitze er stand, sich nicht lange erhalten haben. Alles spricht für die Vermuthung, daß die Spaltung durch Hippolytus selbst, kurz vor seinem Tode, wieder aufgehoben wurde. Er ward 235 mit des Kallistus zweitem Nachfolger, dem hl. Pontianus, nach Sardinien verbannt, und hier, wenn nicht schon zu Rom, haben Papst und Gegenpapst sich die Hand der Versöhnung gereicht. Beide sind den Leiden und Entbehrungen in Sardinien erlegen, und ihre Leichen sind zu Rom an demselben Tage, 13. August, feierlich beigesetzt worden; wenigstens wurde auf diesen Tag die gemeinschaftliche Gedächtnißfeier der beiden Martyrer anberaumt. — Kurz vor oder bald nach dem Tode des hl. Hippolytus ward demselben von seiten der schismatischen Gemeinde zu Rom eine Marmorstatue errichtet, welche man 1551 bei Aus-

grabungen wieder auffand und welche Kenner für das trefflichste Werk alt=
christlicher Plastik erklären. Der Heilige sitzt auf einer Kathedra, auf deren
Seiten der von ihm berechnete Ostercyklus für die Jahre 222—234 und die
Titel vieler seiner Schriften eingemeißelt sind. Auch dieses für die damalige
Zeit überaus merkwürdige und außerordentliche Monument hat es indessen
nicht vermocht, das Andenken dessen, dem es galt, auf spätere Zeiten fort=
zupflanzen. Im Oriente hat sich wenigstens die Ueberlieferung lebendig er=
halten, Hippolytus sei Bischof von Rom gewesen; im Occidente aber hat sich
schon sehr bald um Hippolytus ein Kreis von Legenden gelegt, durch welchen
zu der historischen Persönlichkeit kaum durchzubringen war. Eusebius (Hist.
eccl. VI, 20) weiß offenbar nicht mehr, wo Hippolytus Bischof gewesen,
und Hieronymus (De vir. ill. c. 61) hebt ausdrücklich hervor, er habe den
Bischofssitz des Hippolytus nicht in Erfahrung bringen können. Papst Da=
masus bezeichnet Hippolytus in einer durch de Rossi entdeckten bezw. wieder=
hergestellten Inschrift als Presbyter und Anhänger des Novatus (Novatian),
derselbe habe aber vor seinem Martyrertode dem Schisma entsagt und seine
Freunde zu dem gleichen Schritte ermahnt. Der spanische Dichter Prudentius
(Peristeph. hymn. 11) nennt Hippolytus gleichfalls Presbyter und Partei=
gänger des Novatus und entwirft weiterhin von seinem Leben und Sterben
ein Bild, welches allerdings noch echte Züge in sich birgt, an sagenhaften
Entstellungen aber weit reicher ist. Mit Berufung auf die beiden letzt=
genannten Zeugen ist neuestens von de Rossi die Annahme vertheidigt worden,
Hippolytus sei nicht in Sardinien gestorben, sondern unter Philippus Arabs
nach Rom zurückgekehrt und hier dem novatianischen Schisma beigetreten;
unter Valerian sei er dann zum Tode verurtheilt worden, und auf dem Gang
zum Tode habe er seinen Irrthum erkannt und auch seine Gesinnungsgenossen
zum Wiederanschluß an die Kirche aufgefordert.

3. Die Philosophumena. — Die Philosophumena mögen um 230 verfaßt
sein. Jedenfalls wird IX, 11—13 das Pontificat des hl. Kallistus (217—222)
als der Vergangenheit angehörig dargestellt; wie weit jedoch unter das Jahr 222
hinabzugehen ist, läßt sich nicht genauer bestimmen. Zweck und Aufgabe sowie
auch Plan und Gliederung des ganzen Werkes kennzeichnet der Verfasser selbst
in der Vorrede mit den Worten: „Wir wollen nachweisen, woher die Häretiker
ihre Lehrsysteme haben, und daß sie nicht etwa auf Grund der heiligen Schriften
diese Lehren aufgestellt haben oder im Anschluß an die Ueberlieferung irgend
eines Heiligen zu diesen Lehren gelangt sind, daß vielmehr ihre Aufstellungen
aus der heidnischen Weisheit (ἐκ τῆς Ἑλλήνων σοφίας) geflossen sind, aus
philosophischen Lehren (ἐκ δογμάτων φιλοσοφουμένων) und erfundenen (? ἐπι-
κεχειρημένων) Mysterien und den Erzählungen herumstreifender Astrologen.
Wir wollen also zuerst die Anschauungen der heidnischen Philosophen darlegen
und dem Leser zeigen, daß diese Anschauungen älter und in Bezug auf das
göttliche Wesen ehrbarer sind als die Lehren der Häretiker. Sodann wollen
wir die einzelnen Häresien den einzelnen Philosophensystemen gegenüberstellen,
um zu veranschaulichen, wie der Urheber der Häresie jene Systeme ausbeutete,
ihre Principien sich aneignete und seinerseits noch verwerflichere Folgerungen
zog und so seine Lehre ausbildete.“ Dementsprechend beschäftigen sich die vier
ersten Bücher mit der Darstellung der „heidnischen Weisheit“ im weitesten

Sinne (vgl. den Schluß des vierten Buches). Das erste Buch will insbesondere einen Abriß der griechischen Philosophie geben, und beruht dasselbe, wie es scheint, auf zwei Quellen: einer Sammlung von Biographien berühmter Philo= .sophen und einem Auszuge aus des Theophrastus († etwa 287 v. Chr.) Schrift Physicorum opiniones (φυσικαὶ δόξαι). Dieses erste Buch nennt der Verfasser selbst gelegentlich φιλοσοφούμενα sc. δόγματα (philosophische Lehren) — er verweist nämlich IX, 8 auf I, 4 mit den Worten ἐν τοῖς φιλοσοφου= μένοις —; die herkömmliche Ausdehnung dieses Namens auf das ganze Werk hat in dem Werke selbst keine Stütze. Den Schlußworten des ersten Buches ist zu entnehmen, daß das zweite Buch „von den Mysterien und all den vor= witzigen Einfällen einzelner über die Sterne oder die Räume" gehandelt hat, und eben dies muß wohl auch den Gegenstand des dritten Buches gebildet haben, weil das vierte Buch (zu Anfang verstümmelt) gleichfalls noch gegen Astrologie und Magie kämpft. Mit dem fünften Buche beginnt der zweite Theil des Werkes, die Darstellung der Häresien, verbunden mit dem Nachweise ihres heidnischen Ursprunges. In der Schilderung des Valentinianismus (Buch VI) schließt Hippolytus sich im wesentlichen an Irenäus an. Zur Lehre des Basilides hingegen macht er sehr viele neue Mittheilungen (Buch VII), Mittheilungen, welche zum Theil mit den diesbezüglichen Angaben bei Irenäus kaum in Einklang zu bringen sind. Der Basilides des Irenäus scheint Emanationist und Dualist, der Basilides der Philosophumena scheint Evo= lutionist und Pantheist zu sein. Der Gegensatz der beiden Darstellungen pflegt durch die Unterscheidung zweier Formen des basilidianischen Systems, einer ursprünglichern Gestalt und einer spätern Umbildung, ausgesöhnt zu werden, wobei es jedoch streitig bleibt, ob der Fassung bei Irenäus oder derjenigen bei Hippolytus die Priorität zuzuerkennen ist. Das zehnte und letzte Buch enthält eine summarische Zusammenfassung des ganzen Werkes.

4. Apologetische, polemische, dogmatische Schriften. — Die zahlreichen und mannigfaltigen Producte der fruchtbaren Feder des hl. Hippolytus sind zum großen Theile nur dem Namen nach bekannt. Und manche Titel erscheinen bei den verschiedenen Zeugen in mehr oder weniger abweichender Fassung, so daß schon ihre Identificirung mit Schwierigkeiten verknüpft ist. Von der Schrift über das Wesen des Universums (Abs. 1) hat sich ein nicht un= beträchtliches Fragment erhalten. Die sogen. Beweisführung gegen die Juden (ἀποδεικτικὴ πρὸς Ἰουδαίους) sucht darzuthun, daß die Juden das über sie hereingebrochene Unglück und Elend durch ihre Frevel gegen den Messias ver= wirkt haben. Dieselbe stellt jedenfalls auch nur ein Ueberbleibsel eines größern Werkes (πρὸς τοὺς Ἰουδαίους? auf der Marmorstatue) dar, welches, wie es scheint, in Form eines Dialoges verlaufen ist. — Das durch Photius bezeugte Syntagma gegen 32 Häresien (Abs. 1) wollte eine schon ältere Vermuthung in dem lateinischen Libellus adversus omnes haereses wiederfinden, welcher den Präscriptionen Tertullians als Anhang beigegeben zu werden pflegt (§ 36, 6) und welcher gleichfalls gerade 32 Häresien aufzählt. Die Philo= sophumena indessen weisen in der Darstellung der Häresiengeschichte diesem Libellus gegenüber so viele und so einschneidende Verschiedenheiten auf, daß an der Identität des Verfassers nicht wohl festgehalten werden kann. Sehr wahrscheinlich aber hat das Syntagma dem Autor des Libellus als Quelle

und Vorlage gedient. Das umfängliche Fragment gegen Noetus (ὁμιλία· εἰς τὴν αἵρεσιν Νοήτου τινός) bekämpft den sogen. Sabellianismus oder Patri=passianismus. Noetus aus Smyrna, deffen Wirksamkeit wohl gegen das Ende des 2. Jahrhunderts angesetzt werden muß, hat diese Lehre zuerst vorgetragen. Eusebius (Hist. eccl. VI, 22) und Hieronymus (De vir. ill. c. 61) nennen eine Schrift des Hippolytus gegen Marcion (πρὸς Μαρκίωνα, contra Mar=cionem). Die erst von dem Syrer Ebed Jesu († 1318) erwähnten Capita adversus Caium sind vielleicht von Gwynn theilweise wiederentdeckt worden, in fünf syrischen Bruchstücken, in welchen nach Anführung je einer Stelle der Apokalypse (8, 8; 8, 12; 9, 2—3; 9, 15; 20, 2—3) erst die Meinung eines Cajus angegeben wird und sodann viel ausführlicher die Widerlegung des Hippolytus. Cajus verwarf die Apokalypse, indem er die Unvereinbarkeit ihrer eschatologischen Weissagungen mit den als canonisch anerkannten Schriften behauptete. — Die Schrift über den Antichrist (in den Handschriften περὶ τοῦ σωτῆρος ἡμῶν Ἰησοῦ Χριστοῦ καὶ περὶ τοῦ ἀντιχρίστου, bei Hieronymus De vir. ill. c. 61: de Antichristo) liegt ausnahmsweise noch vollständig vor. Dieselbe versucht, auf Grund der biblischen Aussagen und Andeutungen, die Persönlichkeit und das Thun und Treiben des Antichrist nach allen Seiten hin zu beleuchten. Sie ist an einen Freund des Verfassers Namens Theophilus gerichtet und wird um 200 verfaßt sein. Dogmatischen Inhalts waren wohl auch die drei Schriften, welche auf der Statue betitelt sind: προτρεπτικὸς πρὸς Σεβηρεῖναν, περὶ θεοῦ καὶ σαρκὸς ἀναστάσεως, περὶ τἀγαθοῦ καὶ πόθεν τὸ κακόν. Die erstgenannte Schrift heißt bei Hieronymus (l. c.) De resurrectione, muß also auch von der Auferstehung gehandelt haben; die Adressatin, nach Theo=doret (Dial. II u. III: *Schulze* IV, 131 u. 232) βασιλίς, war vielleicht Julia Aquilia Severa, die zweite Gemahlin des Kaisers Heliogabalus (218—222).

5. Historisch=chronologische und exegetische Schriften. Homilien. Zweifel=haftes, Unterschobenes. — Die auf der Statue aufgeführte ἀπόδειξις χρόνων τοῦ πάσχα muß wohl eine chronologische Schrift gewesen sein, und der auf der Statue eingegrabene canon paschalis wird einen Theil dieser Schrift gebildet haben. Die Chronik des Hippolytus, auf der Statue χρονικῶν (sc. βίβλος), ein hauptsächlich aus der heiligen Schrift ausgezogenes chrono=graphisches Compendium, ist, abgesehen von nicht unbedeutenden griechischen Fragmenten, in zwei lateinischen Bearbeitungen erhalten: einer ältern, welche mit dem Jahre 234 schließt, nach ihren Anfangsworten Liber generationis genannt wird und vermuthlich das Original im allgemeinen treu wiedergibt, und einer jüngern, welche die Aufzeichnungen des Hippolytus bis zum Jahre 334 fortführt, in den Handschriften fälschlich dem Spanier Orosius (§ 77, 2) beigelegt wird (Chronica Horosii) und von dem sogen. Chronographen vom Jahre 354 (§ 70, 8) seiner Sammlung einverleibt worden ist. Nach Frick (1892) würde in dem Liber generationis die Chronik Hippolyts nur als Quelle benützt, nicht aber übersetzt und bearbeitet sein. — Weit Größeres leistete Hippolytus auf dem Gebiete der Exegese. Auf diesem Gebiete ist er auch mit besonderer Vorliebe thätig gewesen. Scripsit, berichtet Hieronymus (De vir. ill. c. 61), nonnullos in scripturas commentarios, e quibus hos repperi: in ἑξαήμερον et in Exodum, in Canticum canticorum, in Genesim et in Zachariam, de Psalmis et in Isaiam, de Daniele, de Apocalypsi, de Proverbiis, de Ecclesiaste, de

9*

Saul et Pythonissa. Hieronymus gibt deutlich zu verstehen, daß er alle Bürg-
schaft für die Vollständigkeit dieses Verzeichnisses ablehnt. Das von ihm selbst bei
einer spätern Gelegenheit (Comm. in Matth. prol.: *Migne*, P. lat. XXVI, 20)
erwähnte Hippolyti martyris opusculum muß nach dem Zusammenhange
eine Erläuterungsschrift über das Matthäusevangelium gewesen sein, und wird
diese Auffassung durch syrische Fragmente zu Matth. 24, 15—22 unter des
Hippolytus Namen bestätigt. Von all diesen exegetischen Schriften liegen nur
noch Bruchstücke vor, gering an Zahl und meist klein an Umfang. Die an-
sehnlichsten und zugleich auch inhaltlich bedeutsamsten Fragmente sind Ueberbleibsel des Commentars zum Buche Daniel, welcher um 202 geschrieben
worden sein mag und auch über die deuterocanonischen Bestandtheile des prophetischen Buches sich erstreckt hat. Das vierte Buch dieses Commentars,
welches über Dan. 7—12 handelt, wurde von Georgiades 1885—1886 vollständig herausgegeben. Hippolytus ist der erste unter den christlichen Theologen, welcher sich in ausführlichern Commentaren über alttestamentliche Bücher
versuchte, noch nicht der biblischen Vorlage auf dem Fuße folgend und den
Wortlaut zergliedernd, sondern mehr die Hauptmomente des Inhaltes heraus-
greifend und in freierer Weise erörternd. Neben Hippolytus tritt freilich schon
zu seiner Zeit ein Origenes auf dem Felde der Schrifterklärung auf. Läßt
sich letzterem der Vorrang an Geist und an Gelehrsamkeit nicht streitig machen,
so gebührt hinsichtlich der hermeneutischen Principien ersterem die Palme.
Hippolytus ist weit nüchterner als Origenes; er nähert sich den Grundsätzen
der Antiochener. Er liebt die Allegorie und macht von der Typik weitgehenden
Gebrauch. Aber er weiß Maß zu halten, bekundet Takt und Geschmack und
behält für die historische Auffassung einen offenen Sinn. — Einzelne, namentlich
exegetische Fragmente unter Hippolyts Namen geben sich bald mehr bald
weniger deutlich als Reste von Homilien zu erkennen. Nur e i n e Homilie,
auf Epiphanie (εἰς τὰ ἅγια θεοφάνεια), d. i. auf den Tag der Taufe des
Herrn, ist unversehrt auf uns gekommen; doch ist ihre Echtheit beanstandet
worden. Sehr wahrscheinlich hat Hippolytus auch über Kirchengebräuche oder
Kirchengesetze geschrieben. Der Titel auf der Statue περὶ χαρισμάτων ἀποστολικὴ
παράδοσις ist noch nicht aufgehellt; vielleicht sind zwei Titel zu unterscheiden:
περὶ χαρισμάτων und ἀποστολικὴ παράδοσις. Die verloren gegangene Schrift
Hippolyts περὶ χαρισμάτων wird gerne als die muthmaßliche Grundlage des
über die Charismen handelnden Abschnittes des achten Buches der Apostolischen
Constitutionen (§ 5, 4) bezeichnet. Die sogen. Constitutiones per Hippolytum (διατάξεις τῶν αὐτῶν ἁγίων ἀποστόλων περὶ χειροτονιῶν διὰ Ἱππολύτου)
fallen fast wörtlich mit einem großen Theile des achten Buches der Apostolischen
Constitutionen zusammen und stellen ohne Zweifel einen Auszug aus diesem
Buche dar. Auch die arabisch und äthiopisch vorliegenden Canones S. Hippolyti (38 an der Zahl) sind wohl nicht von Hippolytus verfaßt und später überarbeitet und erweitert worden (v. Haneberg, Achelis), sondern aus dem achten
Buche der Apostolischen Constitutionen (und zwar erst durch Vermittlung der sogen.
Aegyptischen Kirchenordnung) geflossen (Funk). Die Fragmente über Trinität
und Incarnation (περὶ θεολογίας καὶ σαρκώσεως), auch „Gegen Beron" (κατὰ
Βήρωνος) überschrieben, stammen nach Döllinger aus dem 6. oder 7. Jahrhundert; Dräseke möchte dieselben dem sogen. Dionysius Areopagita zueignen.

6. **Trinitätslehre. Stellung zur Kirchendisciplin.** — Hippolytus bezeichnet sich selbst wiederholt als den entschiedensten Gegner der Noetianer und des Sabellius. Seine eigene Theologie aber gab nach der entgegengesetzten Seite hin Anstoß und ward, wie er gleichfalls selbst berichtet (Philos. IX, 12), von Papst Kallistus als Ditheismus gebrandmarkt. Nach Hippolytus existirte der Logos zuerst unpersönlich im Vater, in unterschiedsloser Einheit mit dem Vater, das noch nicht gesprochene Wort des Vaters (λόγος ἐνδιάθετος); erst später trat er als eigene Person, als ein anderer (ἕτερος), aus dem Vater hervor (λόγος προφορικός), zu der Zeit, da, und in der Weise, wie der Vater es wollte (ὅτε ἠθέλησεν, καθὼς ἠθέλησεν C. Noet. c. 10), und wahrer und vollkommener Sohn des Vaters ward der Logos erst mit der Mensch=werdung. Das Verhältniß des Logos zum Vater ist demnach dasjenige der strengen Subordination. Hippolytus trägt sogar kein Bedenken, zu sagen, Gott hätte, wenn er gewollt, auch irgend einen Menschen (oder den Menschen) statt des Logos zu Gott machen können (εἰ γὰρ θεόν σε ἠθέλησε ποιῆσαι, ἐδύνατο· ἔχεις τοῦ λόγου τὸ παράδειγμα Phil. X, 33). Der Vorwurf des Ditheismus wird darauf zu beziehen sein, daß Hippolytus einen Wesens=unterschied zwischen dem Vater und dem Logos statuirte, indem letzterer aller=dings nur ein gewordener Gott war. Wenn aber Hippolytus von Kallistus sagt, derselbe „verfalle bald in die Irrlehre des Sabellius, bald in diejenige des Theodotus" (Phil. IX, 12), so kann diese Anklage wohl nur dahin ver=standen werden, daß Kallistus auf der einen Seite die Wesensgleichheit und Wesenseinheit des Sohnes mit dem Vater behauptete, ohne indessen mit Sa=bellius den Unterschied der Personen zu läugnen, und auf der andern Seite die volle Menschheit des Erlösers vertheidigte, ohne indessen mit Theodotus seine Gottheit zu bestreiten. — Papst Zephyrinus (198/199—217) hatte die strenge Bußdisciplin durch die Verordnung gemildert, daß denjenigen, welche durch Ehebruch oder Unzucht gesündigt hatten, nach geleisteter öffentlicher Buße Wiederaufnahme in die Kirchengemeinschaft gewährt werden solle (*Tert.*, De pudic. c. 1). Kallistus dehnte diese Bestimmung seines Vorgängers auch auf diejenigen aus, welche wegen Götzendienst oder Mord aus der Kirchen=gemeinschaft ausgeschlossen worden waren; er bot also allen ohne Unterschied die Kirchengemeinschaft wieder an, oder, wie Hippolytus (Phil. IX, 12) sich ausdrückt, er wollte allen ihre Sünden vergeben (λέγων πᾶσιν ὑπ᾽ αὐτοῦ ἀφίεσθαι ἁμαρτίας). Auch hinsichtlich der Wiederaufnahme derjenigen, welche von einer häretischen Secte oder schismatischen Gemeinde zur katholischen Kirche zurückkehrten, hinsichtlich der Behandlung straffälliger Bischöfe, der Zulassung von Bigamisten zum höhern Kirchendienste und ähnlicher Fragen führte Kallistus eine gelindere Praxis ein. Hippolytus stellt dieses Vorgehen als gewissenlose Leichtfertigkeit dar. Auf eine Begründung seines leidenschaftlichen Wider=spruches geht er indessen nicht ein. Soweit derselbe nicht aus Gehässigkeit gegen Kallistus hervorging, kann er nur auf unrichtiger Auffassung des Wesens und der Tragweite der kirchlichen Schlüsselgewalt sowie auf Mangel an Ver=ständniß für die Forderungen der Zeit beruht haben.

7. **Einzelne bemerkenswerthe Stellen aus Schriften des hl. Hippolytus.** — Ueber die Taufe und die Firmung. Susanna (Dan. 13 Vulg.) ist laut Hippolytus (ed. *de Lagarde* p. 146) ein Typus der Kirche. In dem Tage,

an welchem Susanna badet, sieht er (p. 147—148) „den Tag des Oster=
festes vorgebildet, an welchem den vor Verlangen Brennenden (den Täuflingen)
im Garten (in der Kirche) das Bad bereitet und Susanna durch die Ab=
waschung als reine Braut Gott dargestellt wird" (vgl. 2 Kor. 11, 2). Und
wenn Susanna sich Oel und Salben (ἔλαιον καὶ σμήγματα) bringen läßt, so
erläutert Hippolytus (p. 148): „Was für Salben aber waren dies, wenn
nicht die Gebote des heiligen Logos? was für ein Oel, wenn nicht die Kraft
des Heiligen Geistes? mit welchen (αἷς) die Gläubigen nach dem Bade wie
mit Chrisam (ὡς μύρῳ, nach *Pitra*, Analecta sacra II, 260) gesalbt werden."
Unter dieser Salbung nach dem Bade (μετὰ τὸ λουτρόν) kann nur die Firmung
verstanden sein, welche sich in alter Zeit an die Taufe unmittelbar anschloß;
eine andere Salbung nach der Taufe, wie sie später als ein zur Taufhandlung
selbst gehöriges Sacramentale in Aufnahme kam, war den drei ersten Jahr=
hunderten unbekannt. Ueber die Taufe und die Firmung vgl. auch *Hipp.*,
De Antichr. c. 59 (*de Lag.* p. 30). — Ueber die heilige Eucharistie. Die
Worte: „Sein göttliches Fleisch und sein heiliges Blut hat Christus uns zu
essen und zu trinken gegeben zur Nachlassung der Sünden" (In Prov. 9, 5),
lassen sich allerdings nicht mit Sicherheit als Worte des hl. Hippolytus be=
zeichnen (das Fragment In Prov. 9, 1—5 kann jedenfalls nicht in der Form
bei *de Lagarde* p. 198—199, sondern nur in der kürzern Recension bei
*Anast. Sin.* Quaestio 42: *Migne*, P. gr. LXXXIX, 593 auf Hippo=
lytus zurückgeführt werden). Zu Dan. 9, 27 aber erläutert Hippolytus die
Worte: „Es wird aufgehoben werden Speiseopfer und Trankopfer", welche er
auf die Zeit des Auftretens des Antichrist bezieht, durch den an Mal. 1, 11
anklingenden Zusatz: „welches (Opfer) jetzt an allen Orten von den Völkern
Gott dargebracht wird" (ἡ νῦν κατὰ πάντα τόπον ὑπὸ τῶν ἐθνῶν προσφερομένη
τῷ θεῷ *de Lag.* p. 160). Hier kann nur von der heiligen Eucharistie die
Rede sein, und wird ihr Opfercharakter auf das unzweideutigste bezeugt. —
Ueber Maria. Die oft wiederholte Angabe, daß Hippolytus schon den Aus=
druck „Gottesgebärerin" (θεοτόκος) gebraucht habe, beruht auf einem Irrthume.
Merkwürdig aber ist sein Zeugniß über die Sündelosigkeit Mariens, um so
merkwürdiger, weil in einer gelegentlichen Zwischenbemerkung enthalten, welche
als solche um so sicherer den Glauben der Zeit widerspiegelt. Die alt=
testamentliche Bundeslade bezeichnet Hippolytus wiederholt als prophetisches
Vorbild der Menschheit Jesu Christi; in der Unverweslichkeit des Holzes der
Bundeslade (vgl. ἐκ ξύλων ἀσήπτων Ex. 25, 10. 37, 1 LXX) ist die
Sündelosigkeit der Menschheit des Herrn angekündigt. Daß nun die Mensch=
heit des Herrn sündelos oder aus unverweslichem Holze war, wird von Hip=
polytus dahin erläutert und damit begründet, daß dieselbe aus der Jungfrau
und dem Heiligen Geiste war: „Der Herr war sündelos, aus dem unverweslichen
Holze der Menschheit nach (gebildet), d. h. aus der Jungfrau und dem Heiligen
Geiste, von innen und von außen wie mit des Logos Gottes reinstem Golde über=
zogen" (In Ps. 23, 1: *de Lag.* p. 195). Weil die Unverweslichkeit unmittelbar
vorher als Symbol der Sündelosigkeit erklärt wurde, wird mit diesen Worten auch
der Jungfrau Sündelosigkeit zuerkannt, und zwar ohne alle und jede Einschränkung

8. **Ausgaben und Bearbeitungen der Philosophumena.** — Origenis Philosophumena sive omnium haeresium refutatio. E codice Parisino nunc pri

mum edidit *E. Miller.* Oxonii 1851. 8⁰. S. Hippolyti Episc. et Mart.
Refutationis omnium haeresium librorum decem quae supersunt. Recensuerunt, latine verterunt, notas adiecerunt *L. Duncker* et *F. G. Schneide-
win.* Gottingae 1859. 8⁰. Diese Ausgabe ist bei *Migne,* P. gr. t. XVI, pars 3
(inter Orig. opp.) abgedruckt. Philosophumena sive haeresium omnium confutatio, opus Origeni adscriptum. E cod. Paris. productum recensuit, latine
vertit, notis variorum suisque instruxit, prolegomenis et indicibus auxit
*P. Cruice.* Paris. 1860. 8⁰. Das erste Buch in neuer Textsrecension bei *H. Diels,*
Doxographi Graeci. Berol. 1879. p. 551—576; cf. Proleg. p. 144—156. —
Die ersten und einläßlichsten Bearbeitungen der Philosophumena sind in den Abs. 10
zu nennenden Werken von Bunsen, Wordsworth, Döllinger, Tayler,
Volkmar enthalten. Hergenröther, Hippolytus oder Novatian? Nochmals der
Verfasser der Philosophumena: Oesterreich. Vierteljahresschrift für kathol. Theo=
logie. Bd. II. 1863. S. 289—340 (für Hippolytus). *C. de Smedt* S. J., Dissertationes selectae in primam aetatem historiae eccles. Gandavi 1876.
p. 83—189: De auctore operis cui titulus Φιλοσοφούμενα (für Hippolytus);
p. 190—218: De accusationibus ab auctore Philosophoumenon prolatis ad-
versus Callistum S. P. Grisar, Bedarf die Hippolytusfrage einer Revision?
Zeitschr. f. kathol. Theol. Bd. II. 1878. S. 505—533 (für Novatian). Funk,
Ist der Basilides der Philosophumenen Pantheist? Theol. Quartalschr. Bd. LXIII.
1881. S. 277—298. Derselbe, Ueber den Verfasser der Philosophumenen: ebend.
S. 423—464 (für Hippolytus). *G. Salmon,* The Cross-References in the
‚Philosophumena': Hermathena. Vol. V. 1885. p. 389—402. H. Stähelin,
Die gnostischen Quellen Hippolyts in seiner Hauptschrift gegen die Häretiker: Texte
und Untersuchungen zur Gesch. der altchristl. Literatur, herausgeg. von O. v. Geb=
hardt und A. Harnack. Bd. VI. Heft 3. Leipzig 1890. S. 1—108.

9. Ausgaben, Uebersetzungen und Bearbeitungen der andern Schriften. — Die
andern Schriften und Fragmente unter des Hippolytus Namen sammelten, mehr
ober weniger vollständig, *I. A. Fabricius,* S. Hippolyti Episc. et Mart. opp.
gr. et lat. Hamburgi 1716—1718. 2 voll. 2⁰; *Gallandi,* Bibl. vet. Patr.
T. II (1766); *Migne,* P. gr. X (1857), und namentlich *P. A. de Lagarde,* Hippolyti Rom. quae feruntur omnia graece. Lips. et Lond. 1858. 8⁰. De
Lagarde hat indessen ·leider manche früher schon veröffentlichte Stücke übersetzen
und an die mitgetheilten, größtentheils kritisch sehr verwahrlosten Stücke nur quasi
praeteriens (Praef. p. III) bessernde Hand gelegt. Schon im Jahre 1862 urtheilte
er selbst (in seiner Ausgabe der Constitutiones Apostolorum p. 282): tota tela
Hippolytea de integro retexenda est. Einige neue Fragmente und alte Fragmente in berichtigter Gestalt bei *Pitra,* Analecta sacra. T. II (1884). p. 218—284;
vgl. Fr. Loofs in der Theol. Literaturzeitung, Jahrg. 1884. Sp. 455—557. Bei=
träge zur Texteskritik einzelner Schriften auch bei G. Ficker, Studien zur Hippolyt=
frage. Leipzig 1893. S. 98—108. Das vierte Buch des Commentares zum Buche
Daniel, d. i. die Erklärung der Kapp. 7—12, ward von B. Georgiades in
der Konstantinopolitanischen Zeitschrift Ἐκκλησιαστικὴ Ἀλήθεια, Mai 1885 und Juli
und August 1886, herausgegeben. Ungefähr ein Drittel des Textes hat J. H. Ken-
nedy abgedruckt und ins Englische übersetzt, Dublin 1888. 8⁰. Einen Abbruck des
Ganzen veranstaltete E. Bratke, Bonn 1891. 8⁰. Ph. Meyer, Eine neue
Handschrift zum Daniel-Commentar des Hippolytos: Theol. Literaturzeitung vom
5. Sept. 1891. Sp. 443—444. Der Liber generationis und das Chronicon
anni p. Chr. 334 in neuer Recension bei *C. Frick,* Chronica minora. Collegit et emendavit *C. Fr.* Vol. I. Lipsiae 1892. p. 1—129; p. 435—455
folgen Hippolyti Romani praeter canonem paschalem fragmenta chrono-
logica. — Syrische Fragmente unter des Hippolytus Namen bei *de Lagarde,*

Analecta Syriaca. Lips. et Lond. 1858. p. 79—91, und bei be Lagarbe,
Anmerkungen zur griechiſchen Ueberſetzung ber Proverbien. Leipzig 1863. S. 71
bis 72. Eine neue Sammlung ſyriſcher Fragmente nebſt lateiniſcher Ueberſetzung
von P. Martin bei *Pitra,* Analecta sacra. T. IV (1883). p. 36—64. 306—331.
Neue ſyriſche Fragmente bei *J. Gwynn,* Hippolytus and his ‚Heads against
Caius’: Hermathena. Vol. VI. 1888. p. 397—418; Hippolytus on St. Matth.
24, 15—22: Hermathena. Vol. VII. 1890. p. 137—150. Armeniſche Fragmente nebſt lateiniſcher Ueberſetzung bei *Pitra* l. c. II, 226—239; IV, 64—71.
331—337. Arabiſche Fragmente bei *de Lagarde,* Ad Analecta sua syriaca
appendix. Lips. et Lond. 1858. p. 24—28 (zur Apokalypſe), und bei be Lagarbe, Materialien zur Kritik und Geſchichte des Pentateuchs. Leipzig 1867.
Heft II, passim (zur Geneſis). Canones S. Hippolyti arabice e codicibus
romanis cum versione latina, annotationibus et prolegomenis edidit *D. B. de
Haneberg.* Monachii 1870. 8⁰. Vgl. v. Haneberg, Ueber arabiſche Canones
des hl. Hippolytus im Codex der alexanbriniſchen Kirche: Sitzungsberichte der philoſ.-
philol. und hiſtor. Claſſe der k. b. Akademie der Wiſſenſchaften zu München. 1869.
Bb. II. S. 31—48. E. Bratke, Ein arabiſches Bruchſtück aus Hippolyts Schrift
über den Antichriſt: Zeitſchr. f. wiſſenſchaftl. Theol. 1893. Bb. I. S. 282—289.
Eine altbulgariſche Ueberſetzung der Schrift über den Antichriſt veröffentlichte
Newoſtrujew aus einer Handſchrift bes 12. Jahrhunderts, in welcher auch noch
andere Schriften oder Fragmente bes Hippolytus (bulgariſch) erhalten ſind; ſiehe
ben Bericht A. Harnacks in der Zeitſchr. f. die hiſtor. Theol. Bb. XLV. 1875.
S. 38—61. Die Schrift über den Antichriſt und die Canones wurden ins Deutſche
überſetzt von V. Gröne, Kempten 1873 u. 1874 (Bibl. der Kirchenväter). —
Kurze Beſprechungen der geſamten literariſchen Hinterlaſſenſchaft bes Hippolytus bei
C. P. Caſpari, Ungedruckte, unbeachtete und wenig beachtete Quellen zur Geſchichte bes Taufſymbols und der Glaubensregel. III. Chriſtiania 1875. S. 377
bis 409; bei *J. B. Lightfoot,* The Apostolic Fathers. Part I. S. Clement
of Rome. London 1890. II, 388—405. Zu bem Fragmente gegen bie Juben vgl.
J. Dräſeke, Zu Hippolytos’ Demonstratio adversus Iudaeos: Jahrbb. f. proteſt.
Theol. Bb. XII. 1886. S. 456—461. A. Harnack, Die Gwynn’ſchen Cajus-
und Hippolytus-Fragmente: Texte und Unterſuchungen zur Geſch. der altchriſtl. Lite-
ratur, herausgeg. von O. v. Gebhardt und A. Harnack. Bb. VI. Heft 3.
Leipzig 1890. S. 121—133. Th. Zahn, Geſchichte bes Neuteſtamentl. Kanons.
Bb. II, 2. Erlangen 1892. S. 973—991: „Hippolytus gegen Cajus.“ Ueber die
Schrift über den Antichriſt ſ. *Fr. C. Overbeck,* Quaestionum Hippolytearum spe-
cimen. (Diss. inaug.) Ienae 1864. 8⁰. Ueber die Chronik ſ. H. Gelzer,
Sextus Julius Africanus und die byzantiniſche Chronographie. II. Theil, 1. Abth.
Leipzig 1885. S. 1—23; *C. Frick,* Chronica minora. Vol. I. 1892. Praef.
p. v sqq. O. Barbenhewer, Des hl. Hippolytus von Rom Commentar
zum Buche Daniel (Inaug.-Diſſ.). Freiburg i. B. 1877. 8⁰. Funk, Der Daniel-
kommentar Hippolyts: Theol. Quartalſchr. Bb. LXXV. 1893. S. 115—123.
Bratke, Die Lebenszeit Chriſti im Daniel-Commentar bes Hippolytus: Zeitſchr. f.
wiſſenſchaftl. Theol. Bb. XXXV. 1892. S. 120—176. A. Hilgenfeld, Die
Zeiten der Geburt, bes Lebens und bes Leidens Jeſu nach Hippolytus: ebend. 1892.
S. 257—281; vgl. 1893. Bb. I. S. 106—117. H. Achelis, Die älteſten
Quellen des orientaliſchen Kirchenrechtes. 1. Buch: Die Canones Hippolyti. Leipzig
1891 (Texte und Unterſuchungen u. ſ. f. Bb. VI. Heft 4). Gegen Achelis
ſ. Fr. X. Funk, Das achte Buch der Apoſtoliſchen Konſtitutionen und die ver-
wandten Schriften, auf ihr Verhältnis neu unterſucht. Tübingen 1893. 8⁰. Gegen
Funk ſ. Achelis, Hippolytus im Kirchenrecht (Das Verwandtſchaftsverhältniß der
Canones Hippolyti, der „Aegyptiſchen Kirchenordnung“, der Constitutiones per

Hippolytum und des achten Buches der Apostolischen Konstitutionen geprüft): Zeitschr. f. Kirchengesch. Bd. XV, 1. 1894. S. 1—43. Ueber die Fragmente De theologia et incarnatione (Contra Beronem) s. Döllinger (Abs. 10) S. 318 bis 324; J. Dräseke, Gesammelte Patristische Untersuchungen. Altona 1889. S. 56 ff. Zu den auf der Statue genannten ᾠδά (ᾠδαί) εἰς πάσας τὰς γραφάς vgl. § 9, 10.

10. Schriften über Hippolytus. — *C. W. Haenell*, De Hippolyto episcopo, tertii saeculi scriptore. Gottingae 1838. 4°. *E. I. Kimmel*, De Hippolyti vita et scriptis. Partic. I (Diss. inaug.). Ienae 1839. 8°. (Die in Aussicht gestellte Fortsetzung ist nicht erschienen.) *Chr. C. J. Bunsen*, Hippolytus and his age. London 1852. 4 vols. 8°; 2nd ed. 1854. 2 vols. 8°. Auch in deutscher Ausgabe: Hippolytus und seine Zeit. Leipzig 1852. 2 Bde. 8°. Der wissenschaftliche Werth dieses Werkes Bunsens ist übrigens sehr gering. *Chr. Wordsworth*, St. Hippolytus and the church of Rome in the early part of the third century. London 1853. 8°. J. Döllinger, Hippolytus und Kallistus; oder die Römische Kirche in der ersten Hälfte des dritten Jahrhunderts. Mit Rücksicht auf die Schriften und Abhandlungen der HH. Bunsen, Wordsworth, Baur und Gieseler. Regensburg 1853. 8°. *W. Elfe Tayler*, Hippolytus and the Christian Church of the third century. London 1853. 8°. G. Volkmar, Die Quellen der Ketzergeschichte bis zum Nicänum. Bd. I: Hippolytus und die römischen Zeitgenossen oder die Philosophumena und die verwandten Schriften nach Ursprung, Composition und Quellen. Zürich 1855. 8°. (Ein weiterer Band ist nicht erschienen.) — Eine Abbildung der Hippolytusstatue nebst Wiedergabe ihrer Inschriften bei F. X. Kraus, Real-Encyklopädie der christl. Alterthümer. Freiburg i. B. 1882—1886. I, 660—664. Vgl. Kraus, Roma Sotterranea (2. Aufl.) 368—371. Funk, Die Zeit der Hippolytstatue: Theol. Quartalschr. Bd. LXVI (1884). S. 104—106. — Ueber die Inschrift des hl. Damasus auf Hippolytus und letztern selbst handelt J. B. de Rossi in seinem Bullettino di archeologia cristiana. Serie 3, anno VI (1881). p. 5—55; Serie 4, anno I (1882). p. 9—76, anno II (1883), p. 60—65. Gegen de Rossi s. Funk, Zur Hippolytfrage: Hist.-polit. Blätter. Bd. LXXXIX (1882). S. 889—896; vgl. auch Funk, Eine neue Damasus-Inschrift: Theol. Quartalschr. Bd. LXIII (1881). S. 641—643. P. Allard (Les dernières persécutions du troisième siècle [Gallus, Valérien, Aurélien]. Paris 1887. p. 324—362) widmet Hippolytus und seinem Martyrium besondere Untersuchungen und stimmt im wesentlichen de Rossi zu. E. Erbes, Die Lebenszeit des Hippolytus nebst der des Theophilus von Antiochien: Jahrbb. f. prot. Theol. Bd. XIV (1888). S. 611—656 (Hippolytus starb am 29./30. Januar 251). K. J. Neumann, Der römische Staat und die allgemeine Kirche bis auf Diocletian. Bd. I. Leipzig 1890. S. 257—264: „Hippolytus" (H. war Gegenpapst). *J. B. Lightfoot*, The Apostolic Fathers. Part I. S. Clement of Rome. London 1890. II, 317—477: Hippolytus of Portus (H. war Bischof für die wechselnde Bevölkerung des Hafens von Portus, hatte aber seinen ständigen Wohnsitz zu Rom). G. Ficker, Studien zur Hippolytfrage (Habilitationsschrift). Leipzig 1893. 8° (H. war Gegenpapst). — Sonstige Literatur bei *Chevalier*, Répert. des sources hist. 1067—1068. 2650—2651; bei *Richardson*, Bibliograph. Synopsis 55—58.

11. Cajus. — Die Personalien des wiederholt (Abs. 1 u. 4) genannten Cajus sind in ein räthselhaftes Dunkel gehüllt. Als sicher darf nur gelten, daß er ein Zeitgenosse des hl. Hippolytus gewesen, und daß er auch zu Rom gelebt hat. Eusebius (Hist. eccl. II, 25) nennt ihn ἐκκλησιαστικός ἀνήρ, eine Bezeichnung, welche nicht nothwendig geistlichen Charakter voraussetzt. Erst Photius (Bibl. cod. 48) meldet, Cajus sei unter Victor und Zephyrinus Presbyter der römischen Kirche gewesen und er sei auch zum Heidenbischof (ἐθνῶν ἐπίσκοπον) geweiht worden. Photius selbst bekundet seinen Quellen gegenüber ein gewisses Mißtrauen (φασίν),

und eine Ordination zum Heidenbiſchof oder episcopus i. p. i. iſt für das 3. Jahr=
hundert etwas Unerhörtes. Mit Unrecht wurde dieſem Cajus zur Zeit des Photius
das „Labyrinth" (Philos. l. X) und von einigen auch die Schrift über das Uni=
verſum zugeeignet. Mit Unrecht wurde er in neuerer Zeit für den Verfaſſer des
Muratoriſchen Fragmentes, mit Unrecht in neueſter Zeit für den Verfaſſer der
Philoſophumena gehalten. Als unbeſtrittenes Eigenthum verbleibt ihm der Bericht
über eine Disputation, welche er unter Papſt Zephyrinus zu Rom mit dem Mon=
taniſten Proclus hatte (διάλογος πρὸς Πρόκλον), heute nur noch durch einige Citate
des Euſebius (Hist. eccl. II, 25. III, 28. 31; vgl. VI, 20) bekannt. Samm=
lungen von Fragmenten unter des Cajus Namen bei *Routh*, Reliquiae sacrae
(ed. 2) II, 123—158; bei *Migne*, P. gr. X, 25—36. Ueber Cajus ſ. Caſpari,
Quellen zur Geſch. des Taufſymbols III, 374—377. Harnack, Geſch. der alt=
chriſtlichen Litteratur I, 601—603. Ziſterer, Die Apoſtelgräber nach Gajus:
Theol. Quartalſchr. Bd. LXXIV (1892). S. 121—132.

　　12. Die Päpſte Zephyrinus, Kalliſtus, Urbanus, Pontianus, Anterus. — Es mag
bemerkt ſein, daß von den Päpſten Zephyrinus und Kalliſtus (Abſ. 6; vgl. Abſ. 2)
nichts Schriftliches vorliegt. Die epistolae et decreta dieſer Päpſte (*Mansi*,
SS. Conc. Coll. I; *Migne*, P. gr. X) ſind ebenſo wie diejenigen der folgenden Päpſte,
Urbanus, Pontianus, Anterus, pſeudo=iſidoriſchen Urſprungs. S. Decretales
Pseudo-Isidorianae. Rec. *Hinschius*. Lips. 1863. 8⁰. p. 131—156. Vgl.
etwa noch J. v. Pflugk=Harttung, Acta Pontificum Rom. inedita. Bd. II.
Stuttgart 1884. S. 2—3. Ueber verloren gegangene echte Schreiben des Zephy=
rinus und des Pontianus ſ. Caſpari, Quellen zur Geſch. des Taufſymbols III,
435—436. Ueber verloren gegangene Decrete des Kalliſtus ſ. Harnack, Geſch.
der altchriſtl. Litteratur I, 603—605. E. Rolffs, Das Indulgenz=Edict des
römiſchen Biſchofs Kalliſt, kritiſch unterſucht und reconſtruirt. Leipzig 1893 (Texte
und Unterſuchungen zur Geſch. der altchriſtl. Literatur, herausgeg. von v. Geb=
hardt und Harnack. Bd. XI. Heft 3).

## § 26. Martyreracten.

　　1. Allgemeines. — Acta martyrum ſind zunächſt die von den römi=
ſchen Gerichtsſchreibern (notarii publici) aufgenommenen Protokolle über
Verhör und Verurtheilung chriſtlicher Blutzeugen. Von dieſen amtlichen Ur=
kunden iſt der Name auf die passiones oder Berichte von chriſtlicher Hand
über Leiden und Sterben der Martyrer übergegangen. Solche Berichte ſind
ſchon ſehr früh verfaßt worden. Beſitzen dieſelben noch heute einen eigen=
thümlichen Zauber, ſo mußten ſie um ſo mehr in den Tagen der Verfolgungen
das gläubige Herz erquicken und erheben. Spiegelte ſich doch in den Mar=
tyrern jene Gotteskraft, mit welcher das Chriſtenthum die Welt bezwang.
An manchen Orten fanden die passiones auch liturgiſche Verwendung, indem
ſie an den Jahrestagen des Hinganges der Martyrer beim Feſtgottesdienſte
vorgeleſen wurden. Dementſprechend macht ſich ſchon in älteſter Zeit, namentlich
in Afrika, ein großer Eifer in Anfertigung von Leidensberichten bemerkbar
(vgl. etwa Vita S. Cypr. c. 1; Opp. ed. *Hartel*. III, xc), und müſſen
auch die kirchlichen Obern in amtlicher Eigenſchaft dieſer Angelegenheit ein
reges Intereſſe gewidmet haben. Freilich ſteht die Angabe des Liber Pontificalis (ed. *Duchesne* I, 123), Papſt Clemens I. habe die Stadt Rom in
ſieben Regionen abgetheilt und die einzelnen Regionen notariis fidelibus ecclesiae zugewieſen, qui gestas martyrum sollicite et curiose, unusquisque

per regionem suam, diligenter perquireret (vgl. die Angaben über Anterus und Fabianus I, 147. 148), mit andern Zeugnissen und Thatsachen in Wider= spruch. Als zuverlässigste und ergiebigste Quelle mußten den Verfassern von passiones die acta erscheinen, wie sie im archivum proconsulis aufbewahrt wurden, und es liegen noch heute verschiedene passiones vor, welche sich geradezu als Abschriften der betreffenden acta erweisen. Sehr viele passiones sind jedoch in späterer Zeit erweitert und ausgeschmückt oder nach getrübten und entstellten Ueberlieferungen umgearbeitet worden.

2. Die ältesten Martyreracten. — Die angeblich von Augenzeugen ver= faßten Acten des hl. Ignatius von Antiochien (Martyrium Colbertinum oder Antiochenische Acten genannt) sind unterschoben (§ 10, 1. 6), und der älteste uns erhaltene Bericht über ein Martyrium ist das Rundschreiben der Ge= meinde von Smyrna über das glorreiche Ende ihres Bischofs Polykarpus aus dem Jahre 155 oder 156 (§ 11, 1. 4). Auch andere Martyreracten aus dem 2. Jahrhundert sind gelegentlich schon genannt worden (§ 12, 6; 16, 1. 12). Die Acten der hl. Felicitas und ihrer sieben Söhne (in lateinischer Sprache) wurden bis vor kurzem meist für echt und zuverlässig gehalten, und das Martyrium wurde gewöhnlich auf das Jahr 162 angesetzt (de Rossi, Doulcet u. a.). Neuestens suchte namentlich Führer nachzuweisen, daß diese Acten in ihrer jetzigen Fassung wahrscheinlich erst aus dem 6. Jahrhundert stammen und jedenfalls auf Glaubwürdigkeit keinen Anspruch erheben können. Gegen Führer wandte sich Künstle. Die Acten der zwölf Martyrer, welche im Jahre 180 zu Scili (?) in Numidien auf Befehl des Proconsuls Saturninus enthauptet wurden, sind in ihrer ursprünglichen Fassung jedenfalls aus der Feder eines christlichen Augen= und Ohrenzeugen geflossen, das früheste Document der nord= afrikanischen Kirchengeschichte. Der griechische Text dieser Acten wird mit dem Herausgeber Usener (1881) als Uebersetzung, nicht als Original anzusehen sein. Nur wenige Jahre jünger ist der ausführliche Bericht über den Tod der großen karthagischen Glaubensheldinnen Perpetua und Felicitas, eine Perle unter den Martyreracten. Die griechische Fassung des Berichtes ist wohl mit Unrecht von den Herausgebern Harris und Gifford (1890) als die ursprüngliche bezeichnet worden.

3. Literatur. — Eine kritische Sichtung der Martyreracten aus den ersten vier Jahrhunderten unternahm der Mauriner Th. Ruinart: Acta primorum marty- rum sincera et selecta. Parisiis 1689. 4º; in der Folge oft von neuem auf= gelegt. Gründliche Untersuchungen über die Entstehung und den geschichtlichen Werth der Martyreracten bei E. le Blant, Les Actes des martyrs. Supplément aux ‚Acta sincera' de Dom Ruinart: Mémoires de l'Institut Nat. de France, Académie des inscriptions et belles-lettres. T. XXX, 2e partie. Paris 1883. p. 57—347; auch separat erschienen. Mannigfache Beiträge zur Würdigung ein= zelner Martyreracten lieferten die großen Werke über die römischen Christenver= folgungen von B. Aubé (Paris 1875—1885) und von P. Allard (Paris 1885 bis 1890). E. Egli, Altchristliche Studien. Martyrien und Martyrologien ältester Zeit. Mit Textausgaben im Anhang. Zürich 1887. 8º. K. J. Neumann, Der römische Staat und die allgemeine Kirche bis auf Diocletian. Bd. I. Leipzig 1890. S. 274—331: „Zur Kritik der Acta Sanctorum." (Acta Sanctorum betitelt sich die einzigartige Heiligenlegende, welche von J. Bolland S. J. [† 1665] be= gonnen und von den sogen. Bollandisten fortgesetzt wurde, aber noch immer nicht

zum Abschluß gekommen ist. Neumann handelt über alle in den Acta Sanctorum
vorkommenden Martyrer aus der Zeit von Commodus bis Philippus Arabs.) —
Die Passio S. Felicitatis et septem filiorum eius bei *Ruinart* l. c. p. 21—23.
Für die Echtheit derselben u. a. auch *H. Doulcet*, Essai sur les rapports de
l'Église chrétienne avec l'État romain pendant les trois premiers siècles,
suivi d'un Mémoire relatif à la date du martyre de S. Félicité et ses sept
fils et d'un Appendice épigraphique. Paris 1883. 8⁰. Gegen die Echtheit
J. Führer, Ein Beitrag zur Lösung der Felicitas-Frage (Progr.). Freising 1890. 8⁰.
Führers Aufstellungen werden bekämpft von K. Künstle, Hagiographische Studien
über die Passio Felicitatis cum VII filiis. Paderborn 1894. 8⁰. Die ver-
schiedenen Recensionen (drei lateinische und eine griechische) der acta martyrum
Scilitanorum (Scillitanorum) sind zusammengestellt bei *J. A. Robinson*, The
Passion of S. Perpetua. Cambridge 1891 (Texts and Studies. Edited by
*J. A. Robinson*. Vol. I. No. 2). p. 104—121: The acts of the Scillitan
Martyrs. The original Latin text together with the Greek version and the
later Latin recensions. Den griechischen Text veröffentlichte H. Usener in dem
Index scholarum Bonnensium per menses aest. a. 1881. Diesen griechischen
Text erklärte B. Aubé (Étude sur un nouveau texte des actes des martyrs
Scillitains. Paris 1881. 8⁰) für das Original und die Quelle der lateinischen
Texte. Derjenige lateinische Text, welcher aller Wahrscheinlichkeit nach die ursprüng-
liche Fassung bietet und zugleich die Vorlage des griechischen Textes darstellt, wurde
vollständig zuerst in den Analecta Bollandiana t. VIII. Parisiis 1889. p. 5—8
herausgegeben. Der griechische Text der Acten der hll. Perpetua und Felicitas in
Verbindung mit den beiden früher schon bekannten lateinischen Texten bei *J. R. Harris*
and *S. K. Gifford*, The acts of the martyrdom of Perpetua and Felicitas;
the original Greek text, now first edited from a Ms. in the library of the
Convent of the Holy Sepulchre at Jerusalem. London 1890. 8⁰. Dieselben
Texte auch bei *J. A. Robinson*, The Passion of S. Perpetua newly edited from
the MSS. with an introduction and notes. Cambridge 1891 (Texts and
Studies. Edited by *J. A. Robinson*. Vol. I. No. 2). Robinson entscheidet
sich gegen die Ursprünglichkeit des griechischen Textes. Ebenso *L. Duchesne*, En
quelle langue ont été écrits les Actes des Saintes Perpétue et Félicité?
Acad. des inscriptions et belles-lettres. Comptes rendus 1891, janv.-févr.,
p. 39—54. Cf. *A. Pillet*, Les martyrs d'Afrique. Histoire de S. Perpétue et
de ses compagnons. Paris 1885. 8⁰.

## § 27. Die alexandrinische Katechetenschule.

Den Apologeten wie den Polemikern ist die Schriftstellerei eine Waffe
im Kampfe der Kirche mit ihren Feinden. In der Hand der alexandrinischen
Lehrer wird dieselbe ein Werkzeug friedlicher Arbeit im eigenen Bereiche der
Kirche selbst. Alexandrien, die Hauptstadt des Ptolemäerreiches, war durch
die fortgesetzten Bemühungen des Herrscherhauses zur ersten Stätte gelehrter
Bildung erhoben worden. Hier fanden sich die Bildungsmittel der Zeit in
einer Fülle wie sonst nirgendwo vereinigt. Hier suchten Weisheit und Sitte
des Orients und des Occidents sich miteinander auszusöhnen, das Judenthum
eignete sich griechische Formen und griechische Ideen an, und die griechische
Literatur öffnete sich mehr und mehr den Lehren und Voraussetzungen des
Alten Testamentes. Die seit alter Zeit (ἐξ ἀρχαίου ἔθους *Eus.*, Hist. eccl.
V, 10) zu Alexandrien bestehende kirchliche Lehranstalt war zunächst eine
Katechumenenschule (τῆς κατηχήσεως διδασκαλεῖον *Eus.* l. c. VI, 3). In der

Folge ist sie gewöhnlich Katechetenschule genannt worden. Um die Mitte des 2. Jahrhunderts hatte sie sich zu einer wissenschaftlichen theologischen Schule entwickelt, in welcher das gesamte griechische Wissen vorgetragen und apolo= getisch=christlichen Zwecken dienstbar gemacht wurde. Den Höhepunkt ihres Glanzes erreichte die Schule unter Origenes (203—231). Mit dem 4. Jahr= hundert erlosch allmählich ihr Ruhm. Des Origenes Vorgänger in der Leitung der Schule, Clemens, glaubt der schriftstellerischen Form der Mittheilung nicht mehr entbehren zu können. Durch die Schrift will er, wie er wieder= holt hervorhebt, die von seinen Lehrern ihm mündlich anvertraute Wahrheit rein und ungetrübt der Nachwelt überliefern. So unternimmt er denn zum erstenmal eine einläßliche schriftliche Erörterung der christlichen Glaubens= und Sittenlehre. Auf des Clemens Schultern stehend, versucht alsbald Origenes die kirchlichen Dogmen in systematischem Zusammenhange darzustellen. Auch hat er fast sämtliche biblische Bücher in Erläuterungsschriften bearbeitet. Ueber= haupt steht Origenes in dem ersten Zeitraume der Patrologie an schriftstellerischer Fruchtbarkeit unerreicht da. Aber auch mehrere spätere Vorsteher der alexan= drinischen Schule sind in hervorragendem Maße literarisch thätig gewesen.

*H. E. F. Guerike*, De schola quae Alexandriae floruit catechetica. Halis Sax. 1824—1825. 2 partt. 8°. *C. F. W. Hasselbach*, De schola quae Alex- andriae floruit catechetica. Stettin. 1826—1839. 2 partt. 8°. *Ch. Kingsley*, Alexandria and her Schools. Cambridge 1854. 8°. *Ch. Digg*, The Christian Platonists of Alexandria: Eight lectures preached before the University of Oxford in the year 1886. Oxford 1886. 8°.

## § 28. Clemens von Alexandrien.

1. Leben. — Titus Flavius Clemens ist wahrscheinlich zu Athen (*Epiph.*, Haer. 32, 6) geboren. Lange Reisen führten ihn von Griechenland nach Unteritalien, nach Syrien und Palästina und schließlich nach Aegypten. Kurz vor dem Jahre 180 mag er den Boden Alexandriens betreten haben. Als Vorsteher der hiesigen Katechetenschule wirkte damals unter reichstem Bei= fall und Erfolg Pantänus, ein früherer Stoiker. Er war es, welcher Clemens vermochte, sich dauernd zu Alexandrien niederzulassen. „Ich kam zur Ruhe" (ἀνεπαυσάμην), schreibt Clemens (Strom. I, 1: *Migne*, P. gr. VIII, 700), „nachdem ich ihn (Pantänus) in Aegypten, wo er versteckt war, aufgespürt hatte." Spätestens im Jahre 190 ward Clemens Genosse und Gehilfe des Pantänus in der Lehrthätigkeit, und nach dem Tode des letztern, wohl kurz vor 200, ward er der Leiter der Schule. Als Presbyter charakterisirt er sich selbst in einer um 190 verfaßten Schrift (Paed. I, 6: VIII, 293) durch die gelegentliche Bemerkung: „Sind wir doch Hirten (εἴ γε ποιμένες ἐσμέν), die wir nach dem Bilde des guten Hirten den Kirchen vorstehen." Ueber seine Wirksamkeit als Lehrer sind wir nicht näher unterrichtet. Durch die Christen= verfolgung unter Septimius Severus ward derselben ein Ziel gesetzt. Clemens mußte wieder zum Wanderstabe greifen, um nicht mehr nach Alexandrien zurückzukehren. Dem von Eusebius (Hist. eccl. VI, 11) aufbewahrten Fragmente eines Briefes des Bischofs Alexander in Kleinasien (Kappadocien oder Cilicien) läßt sich entnehmen, daß Clemens vor dem Jahre 211 sich vorüber= gehend einmal in Kleinasien aufgehalten und von dort sich nach Antiochien

begeben hat. Sein Tod pflegt um 215 angeſetzt zu werden. Im Unterſchiede
von einigen andern Martyrologien kennt das römiſche Martyrologium Clemens
nicht als Heiligen, und Papſt Benedikt XIV. hat in der ſeiner Ausgabe des
römiſchen Martyrologiums (vom Jahre 1749) vorgedruckten Bulle Postquam
intelleximus vom 1. Juli 1748 (n. 19—36) ausführlich die Gründe entwickelt, aus welchen Clemens keine Aufnahme fand.

2. Protrepticus, Pädagogus, Stromata. — Das Hauptwerk des Clemens
beſteht aus den drei Schriften: Protrepticus, Pädagogus und Stromata
(*Migne*, P. gr. VIII—IX). Dieſe Schriften ſtellen ſich nämlich ſelbſt als
die Theile eines geſchloſſenen Ganzen dar, welchem ein einheitlicher Plan zu
Grunde liegt (vgl. beſonders Paed. I, 1. 3: VIII, 249—252. 260). Es fehlt
jedoch ein die Theile verbindender Geſammttitel, und daß ein ſolcher etwa erſt
in ſpäterer Zeit verloren gegangen ſei, iſt in keiner Weiſe angedeutet. Aufgabe des großen Werkes, welches hauptſächlich in dem letzten Decennium des
2. Jahrhunderts ausgearbeitet ſein wird, iſt Einführnng oder Einweihung in
das Chriſtenthum. Der erſte Theil, betitelt „Ermahnungsſchrift an die
Heiden" (λόγος προτρεπτικὸς πρὸς Ἕλληνας), reiht ſich ſeiner Form und
ſeinem Inhalte nach aufs engſte den Schriften der frühern Apologeten an.
Er iſt eben auch eine Apologie, eine Bekämpfung der heidniſchen Religionen
nebſt Empfehlung der chriſtlichen Wahrheit, mit dem Unterſchiede etwa, daß er
über eine umfaſſendere und eingehendere Kenntniß des Heidenthums verfügt
als die frühern Apologien. Das Mahnwort wird dem Logos in den Mund
gelegt; gleich der Eingang iſt ein ſchwungvoller Aufruf an die Leſer, ſtatt
den mythiſchen Geſängen auf die heidniſchen Götter dem neuen Liede zu lauſchen,
deſſen Sänger und Gegenſtand zugleich der von Sion ausgegangene Logos
iſt. Nichtsdeſtoweniger kündigt die vorliegende Apologie einen Wendepunkt
in der Geſchichte der chriſtlichen Apologetik an. Die volle Zweckbeziehung des
Protrepticus läßt ſich natürlich erſt der Aufgabe des Ganzen entnehmen, deſſen
erſten Theil derſelbe bildet. Das Ganze aber wendet ſich an Chriſten, und
auch der Protrepticus iſt in Wahrheit nicht an Heiden, ſondern an Chriſten
gerichtet, und das Heidenthum, welches Clemens bekämpft, iſt das noch nicht
völlig überwundene Heidenthum in Sitte und Gewohnheit der Chriſten. —
Auf den Protrepticus folgt der Pädagogus (παιδαγωγός) in drei Büchern.
Der dem Heidenthume entriſſene, dem Chriſtenthume gewonnene Leſer iſt nunmehr für das neue Leben, welches allein des Chriſten würdig iſt, zu erziehen.
Das Amt des Erziehers übernimmt wiederum der Logos. Das erſte der drei
Bücher enthält theoretiſche Erörterungen über die Nothwendigkeit der Erziehung
vor der weitern Belehrung, über den Logos als den wahren Erzieher des
Menſchengeſchlechtes u. ſ. f. Die beiden andern Bücher bringen die Einzel-
vorſchriften des Erziehers, Vorſchriften, welche ſich über alle möglichen Gegenſtände und Verhältniſſe erſtrecken: finden ſich doch hier auch Regeln über an-
ſtändiges Benehmen bei Tiſch.

3. Protrepticus, Pädagogus, Stromata (Fortſ.). — Mit dem Pädagogus iſt die moraliſche oder praktiſche Ausbildung des Zöglings vollendet;
derſelbe iſt reif geworden für die Gnoſis, wie Clemens ſagt, d. i. für die
wiſſenſchaftliche oder theoretiſche Erfaſſung des Chriſtenthums. Dieſe Gnoſis
ſoll der dritte Theil vermitteln, überſchrieben στρωματεῖς, „bunte Decken" oder

„Teppiche", vollständig κατὰ τὴν ἀληθῆ φιλοσοφίαν γνωστικῶν ὑπομνημάτων στρωματεῖς, „Teppiche wissenschaftlicher Darstellungen der wahren Philosophie" (Strom. I, 29: VIII, 929 u. ö.). „Teppiche", „Stickereien" (κεστοί) u. dgl. m. sind in der griechischen Literatur jener Zeit beliebte Titel für Schriftwerke, welche sich in zwanglosem Vortrage über verschiedenartige Gegenstände verbreiten. Zu Beginn unserer „Teppiche" drängt sich nun aber dem Verfasser offenbar im Hinblick auf die besondere Eigenthümlichkeit des nunmehr zu behandeln= den Stoffes ein sehr ernstes Bedenken auf: Ist Schriftstellerei erlaubt? (καταλειπτέον συγγράμματα;) — mit andern Worten: darf die christliche Wahr= heit auch in Schriften vorgetragen werden, welche so vielen Mißverständnissen ausgesetzt, so vielen Mißbräuchen preisgegeben sind? Clemens überwindet dieses Bedenken: die schriftstellerische Form der Wahrheitsmittheilung hat doch auch ihre eigenthümlichen Vorzüge; aber er will behutsam zu Werke gehen: „die Teppiche sollen die Wahrheit enthalten, vermischt mit Lehren der Philosophie, oder vielmehr verhüllt und verborgen, wie der Kern der Nuß umschlossen ist von der Schale" (Strom. I, 1: VIII, 708). In der Foge erörtert Clemens die mannigfachsten Gegenstände: Sinn der Offenbarungsurkunden Alten und Neuen Testamentes, Werth und Bedeutung der griechischen Philosophie, Ver= hältniß des Christenthums zu den heidnischen Religionen, die für die damalige Zeit wichtigsten Fragen der christlichen Moral, Ehe und Ehelosigkeit, Ascese überhaupt, Martyrerthum u. s. f. Die Art und Weise des Vortrages aber kennzeichnet sich, so scheint es, durch gänzlichen Mangel an Plan und Ord= nung. Stets ist der Verfasser bereit, von seinem Gegenstande abzuschweifen, stets findet er Gelegenheit, das fallengelassene Thema wiederaufzunehmen, aber nie bringt er eine Frage endgiltig zum Abschluß. Diese scheinbare Formlosig= keit ist indessen eben die gewollte Form. „Die verschiedenfarbigen Blumen auf der Wiese", sagt Clemens (Strom. VI, 1: IX, 209), „und die Frucht= bäume im Garten stehen nicht der Art nach, die einen von den andern ge= sondert... So ist aus dem, was mir gerade in den Sinn gekommen und was weder der Reihenfolge noch dem Ausdruck nach gesichtet, ja selbst mit Absicht durcheinander geworfen ist, das Werk der ‚Teppiche‘ zusammengestellt nach Art einer Wiese mit buntem Blumenflor." Eingehender und deutlicher äußert er sich Strom. VII, 18 (IX, 556—557): „Die ‚Teppiche‘ lassen sich etwa vergleichen nicht mit den Kunstgärten, welche in schöner Ordnung be= pflanzt sind zur Augenlust, sondern vielmehr mit einem Berge, welcher dicht mit Bäumen bedeckt, mit Cypressen und Platanen, mit Lorbeer und Epheu be= wachsen, zugleich aber auch mit Apfel=, Oel= und Feigenbäumen bepflanzt ist, in der Weise, daß die fruchtbringenden und die unfruchtbaren Bäume mit Ab= sicht durcheinander gemischt sind, weil die Schrift mit Rücksicht auf diejenigen, welche die reifen Früchte wegzunehmen und zu stehlen sich erlauben, verborgen bleiben will. ... So haben die ‚Teppiche‘ weder auf die Reihenfolge noch auf den Ausdruck acht, wie denn auch die Heiden mit Absicht auf Schönheit der Diction verzichten und ihre Lehren in verborgener und nicht sach= gemäßer Weiße einfließen lassen, indem sie darauf sehen, daß die etwaigen Leser Mühe nicht scheuen und zu finden verstehen." Diese Bemerkungen des Verfassers selbst gelten nicht bloß für den Umfang der einzelnen Bücher der Stromata; auch im Bereiche des Ganzen bezw. in der Aufeinanderfolge der

Bücher iſt eine Ordnung oder ein Fortſchritt nicht erkennbar. Sehr bezeichnend iſt das Geſtändniß des Verfaſſers im Vorworte des vierten Buches, er habe urſprünglich mit einem einzigen Buche auszukommen gedacht, er ſei jedoch durch den Andrang der zu behandelnden Gegenſtände (τῷ πλήθει τῶν πραγμάτων) ſo weit über ſeine anfängliche Abſicht hinaus fortgeriſſen worden (Strom. IV, 1: VIII, 1216). Aber auch mit Abſchluß des ſiebenten Buches iſt er noch nicht fertig; die weitern Bücher, welche er hier ankündigt (τὰ ἑξῆς Strom. VII, 18: IX, 557), können nicht etwa andere ſelbſtändige Schriften ſein, ſondern nur weitere Bücher der Stromata. Zur Abfaſſung dieſer Bücher iſt er indeſſen, wie es ſcheint, nicht mehr gekommen. Die Ausgaben bieten auf Grund der einzigen Handſchrift, aus welcher ſie überhaupt den Text der Stromata ſchöpfen, wenigſtens noch ein achtes Buch: ein kleiner Tractat, welcher hauptſächlich zeigen will, wie Theologen und Philoſophen durch ſtreng logiſches Verfahren die Wahrheit finden können. Aber wenn dieſer Tractat von Clemens herrührt und wenn er zu den Stromata gehört — das eine wie das andere wird be= ſtritten —, ſo läßt er ſich wohl nur als einen noch nicht abgeſchloſſenen Ent= wurf betrachten, welcher als ſolcher beweiſen würde, daß die Stromata niemals über das ſiebente Buch hinaus gediehen ſind. — Vielleicht ſpiegelt ſich in dieſem Hauptwerke des Clemens der Gang und der Inhalt ſeines Lehrvortrages an der Katechetenſchule; es iſt ja hier gewiſſermaßen der ideale Lebensgang eines Chriſten der damaligen Zeit in die Form eines Buches überſetzt. Jedenfalls iſt dieſes Werk von hervorragendſter literargeſchichtlicher Bedeutung; es bildet den erſten Verſuch einer umfaſſenden Darſtellung der chriſtlichen Lehre, und mit ihm iſt der kirchlichen Literatur ihre Bahn in ganzer Breite eröffnet.

4. Andere Schriften. — Die Abhandlung: „Welcher Reiche wird ſelig?" (τίς ὁ σωζόμενος πλούσιος; *Migne*, P. gr. IX, 604—652) führt aus, daß dem Reichen die Hoffnung auf ewige Seligkeit nicht benommen ſei, ja daß der Reichthum ſelbſt, in der rechten Weiſe verwendet, zur Erlangung der Selig= keit förderlich ſein könne. Das acht Bücher umfaſſende Werk der Hypotypoſen (ὑποτυπώσεις, „Entwürfe", „Skizzen") enthielt nach den Angaben der Alten bündige Erläuterungen zu Schrifttexten des Alten und des Neuen Teſta= mentes, welchen nicht ſelten weitläufige bogmatiſche oder hiſtoriſche Erörterungen oder Abſchweifungen beigefügt waren, laut Photius (Bibl. cod. 109) voll theologiſcher Irrthümer. In den Adumbrationes in epiſtolas catholicas (1 Petr., Iud., 1 et 2 Ioan.: IX, 729—740) beſitzen wir die im Auftrage Caſſiodors gefertigte, von bogmatiſch anſtößigen Stellen geſäuberte lateiniſche Ueberſetzung des betreffenden Theiles der Hypotypoſen. Vielleicht ſtellen auch zwei noch griechiſch vorhandene Stücke: Excerpta ex ſcriptis Theo= doti et doctrina quae orientalis vocatur (IX, 653—697) und Ex ſcripturis propheticis eclogae (IX, 697—728), Reſte der Hypotypoſen dar. Viele andere Schriften des Clemens ſind gänzlich zu Grunde gegangen. Er bezeugt ſelbſt, um von unbeſtimmten und zweifelhaften Aeußerungen abzu= ſehen, daß er eine Schrift über die Enthaltſamkeit (περὶ ἐγκρατείας) verfaßt (Paed. II, 10: VIII, 509), und daß er ein Werk über die Principien und die Theologie (ἀρχῶν καὶ θεολογίας ἐξήγησις) geſchrieben (Quis dives ſalve= tur c. 26: IX, 632). Von dem einen wie von dem andern Buche iſt aber ſonſt nichts bekannt. Euſebius (Hiſt. eccl. VI, 13) und Hieronymus (De

vir. ill. c. 38) machen außer den vorhin schon angeführten noch folgende Schriften des Clemens namhaft: eine Schrift über das Pascha (περὶ τοῦ πάσχα), Vorträge (Homilien) über das Fasten und über die üble Nachrede (διαλέξεις περὶ νηστείας καὶ περὶ καταλαλιᾶς), eine Ermahnungsschrift zur Beharrlichkeit oder an die Neugetauften (προτρεπτικὸς εἰς ὑπομονὴν ἢ πρὸς τοὺς νεωστὶ βεβαπτισμένους), kirchlicher Canon oder gegen die Judaisirenden (κανὼν ἐκκλησιαστικὸς ἢ πρὸς τοὺς ἰουδαΐζοντας, de canonibus ecclesiasticis et adversum eos qui Iudaeorum sequuntur errorem). Jüngere Zeugen kennen noch andere Werke unter dem Namen des Clemens. Dieselben sind bis auf die Titel oder bis auf unsichere und dürftige Fragmente verloren gegangen.

5. Lehranschauungen. — Nach den Eingangsworten der Stromata (Strom. I, 1: Migne, P. gr. VIII, 697. 704) könnte man versucht sein zu glauben, das ganze Werk sei nichts anderes als eine Aufzeichnung und Verarbeitung dessen, was Clemens in frühern Jahren aus dem Munde seiner Lehrer, vor allem des Pantänus, gehört hat. In Wahrheit handelt es sich wohl nur um einen überschwänglichen Ausdruck der Bescheidenheit und der Verehrung für die ältern Meister. Zu der kirchlichen Ueberlieferung tritt Clemens wiederholt in Widerspruch, indem er derselben fremdartige Elemente beimischt. Die Christlichkeit seiner Speculation glaubt er durch das Festhalten am christlichen Ausdrucke verbürgt. Aus der griechischen Philosophie, zunächst von der Stoa, in zweiter Linie von Plato, nimmt er ohne Bedenken weittragende Sätze in seine Lehre herüber, nicht selten durch Vermittlung Philos. Ueberhaupt schöpft Clemens vielfach nicht nur aus secundären, sondern auch aus trüben Quellen, jenen jüdisch-alexandrinischen Machwerken, welche durch Fälschungen die geistige Priorität der Juden gegenüber den Griechen zu erweisen suchten. An erster Stelle ist das Werk des Aristobulus (um 150 v. Chr.) zu nennen, welches, wie Clemens selbst einmal bemerkt (Strom. V, 14: Migne l. c. IX, 145), den Nachweis lieferte, „daß die peripatetische Philosophie vom Gesetze Moses' und den andern Propheten abhängig sei". Dementsprechend behauptet Clemens und sucht er im einzelnen zu beweisen, daß die hellenische Philosophie ihren Wahrheitsgehalt dem Alten Testamente entnommen. Die Philosophen haben aber das entwendete Gut aus Ruhmsucht lügnerisch als das Resultat ihrer eigenen Forschungen ausgegeben und noch dazu verfälscht und verdorben. Diese Plagiatoren hatte der Herr im Sinne, als er von Dieben und Räubern sprach, welche vor ihm gekommen (Joh. 10, 8. Strom. I, 17: Migne l. c. VIII, 801). So hat Clemens die Wahrhaftigkeit der Philosophen preisgegeben, aber die Wahrheit der Philosophie festgestellt. Der letztern weist er eine bedeutsame Stellung in der göttlichen Heilsökonomie zu; sie ist eine Vorläuferin, welche der königlichen Lehre den Weg bahnt (Strom. I, 16: VIII, 796), sie erzieht zu der in Christus kommenden Vollendung (Strom. VI, 17: IX, 384). Wie die Juden durch das Gesetz, so wurden die Heiden durch die Philosophie auf Christus hin erzogen (vgl. Gal. 3, 24): ἐπαιδαγώγει γὰρ καὶ αὐτὴ (ἡ φιλοσοφία) τὸ Ἑλληνικόν, ὡς ὁ νόμος τοὺς Ἑβραίους εἰς Χριστόν (Strom. I, 5: VIII, 717), εἰκότως οὖν Ἰουδαίοις μὲν νόμος, Ἕλλησι δὲ φιλοσοφία μέχρι τῆς παρουσίας (Strom. VI, 17: IX, 392). — Der Hilfe der Philosophie bedürfen wir auch, um vom Glauben zum

Wiſſen fortzuſchreiten. Clemens behandelt in ſeinem großen Werke vielleicht keinen andern Gegenſtand mit ſo viel Vorliebe wie den Unterſchied und die Gleichartigkeit der Piſtis und der Gnoſis. Allerdings läßt er, der Anlage des Ganzen entſprechend, ſeine Auffaſſung erſt allmählich hervortreten. Im Pädagogus werden dem Glauben dieſelben Lobſprüche geſpendet, welche in den Stromata dem Wiſſen vorbehalten ſind. So heißt es Paed. I, 6 (*Migne* l. c. VIII, 285): „Der Glaube iſt die Vollendung der Erkenntniß (πίστις μαθήσεως τελειότης). Deshalb ſagt die Schrift: Wer an den Sohn glaubt, hat das ewige Leben (Joh. 3, 36). Wenn nun wir Gläubige das Leben haben, was bleibt noch übrig, was über den Erwerb des ewigen Lebens hinausreichte? Nichts mangelt dem Glauben; er iſt in ſich vollendet und allgenügend.“ Kurz vorher (Paed. I, 6: *Migne* l. c. VIII, 281) ward von dem Sacramente der Taufe geſagt, dasſelbe werde verſchiedentlich benannt, „Geſchenk und Erleuchtung und Vollendung und Bad (χάρισμα καὶ φώτισμα καὶ τέλειον καὶ λουτρόν): Bad, weil wir uns durch dasſelbe von Sünden rein waſchen; Geſchenk, weil mittelſt desſelben die Strafen, welche wir durch unſere Sünden verdient haben, nachgelaſſen werden; Erleuchtung, weil wir durch dasſelbe jenes heilige und rettende Licht ſchauen, d. h. Gott durch dasſelbe ſehen. Vollendet aber nennen wir dasjenige, welchem nichts abgeht: was ſollte demjenigen noch abgehen, welcher Gott erkennt? Iſt es doch fürwahr widerſinnig, von einem Geſchenke Gottes zu reden, welches nicht allgenügend iſt; wie er ſelbſt vollkommen iſt, ſo ſchenkt er auch Vollkommenes.“ Dagegen erheben die Stromata die Forderung, vom Glauben zum Wiſſen emporzuſteigen (πλέον δέ ἐστι τοῦ πιστεῦσαι τὸ γνῶναι Strom. VI, 14: *Migne* l. c. IX, 332). Der Glaube bildet die Grundlage (πιστεῦσαι θεμέλιος γνώσεως Strom. VII, 10: IX, 480); auf dem gelegten Grunde gilt es Gold, Silber und koſtbare Steine aufzubauen, das iſt das Wiſſen (Strom. VI, 17: IX, 384). Der Glaube iſt nichts anderes als die vorläufige Annahme eines beliebigen Objects vermittelſt des Verſtandes (πρόληψις διανοίας περὶ τὰ λεγόμενα), und einen ſolchen Glauben hat jedes Wiſſen zur Vorausſetzung (Strom. II, 4: VIII, 948—949). Der Glaube iſt ſozuſagen ein gedrängtes Wiſſen des Nothwendigen (σύντομος τῶν κατεπειγόντων γνῶσις), das Wiſſen iſt der ſtarke und feſte Beweis deſſen, was durch den Glauben angenommen worden war (ἀπόδειξις τῶν διὰ πίστεως παρειλημμένων ἰσχυρὰ καὶ βέβαιος Strom. VII, 10: IX, 481). Zu einem ſolchen Wiſſen führt nur die Philoſophie. Wer ohne Philoſophie, Dialektik und Naturbetrachtung die Gnoſis erreichen will, gleicht demjenigen, welcher ohne Pflege des Weinſtocks Trauben zu ernten gedenkt (Strom. I, 9: VIII, 740).

6. Geſamtausgaben, Sonderausgaben, Ueberſetzungen. — Der Protrepticus und der Pädagogus eröffnen den § 14 erwähnten Arethas-Codex vom Jahre 914: doch ſind die zehn erſten Kapitel des erſten Buches des Pädagogus verloren gegangen. Der gedruckte Text der Stromata beruht auf einer einzigen, zu Florenz befindlichen Handſchrift des 11. Jahrhunderts; vgl. Dindorf in ſeiner ſogleich zu nennenden Geſamtausgabe (Oxford 1869) vol. I. Praef. p. xvi—xvii. Die erſten griechiſchen Ausgaben der Schriften des Clemens veranſtalteten Petrus Victorius, Florenz 1550. 2°; Fr. Sylburg, Heidelberg 1592. 2°; Dan. Heinſius, Leiden 1616. 2°. Heinſius gab außer dem griechiſchen Texte eine lateiniſche Ueberſetzung

und seine Ausgabe ward öfters nachgedruckt, Paris 1621. 1629. 1641, Cöln 1688. Die beste und zugleich vollständigste Ausgabe besorgte indessen der anglikanische Bischof J. Potter, Oxford 1715. 2 Bde. 2°; von neuem aufgelegt zu Venedig 1757. 2 Bde. 2°; wieder abgedruckt bei *Migne*, P. gr. VIII—IX (1857). Neuere Ausgaben bezw. Abbrücke von Fr. Oberthür, Würzburg 1778—1779. 3 Bde. 8° (SS. Patrum opp. polem. Opp. Patrum graec. Voll. IV—VI); R. Klotz, Leipzig 1831—1834. 4 Bde. 8° (Bibl. sacra Patrum Ecclesiae graec. Pars III); W. Dindorf, Oxford 1869. 4 Bde. 8°. Ueber die letztgenannte Ausgabe siehe P. be Lagarde in den Gött. Gel. Anzeigen, Jahrg. 1870, Stück 21, S. 801 bis 824 (= be Lagarde, Symmicta. Gött. 1877. S. 10—24). Werthvolle Nachträge zu diesen Ausgaben bei Th. Zahn, Forschungen zur Geschichte des neutestamentl. Canons und der altkirchl. Literatur. III. Theil: Supplementum Clementinum. Erlangen 1884. 8° (IV, 329 SS.). Zahn beabsichtigte zunächst eine neue Bearbeitung der Reste der Hypotyposen (Abs. 4): S. 64—78 gibt er die griechischen Fragmente, S. 79—103 die Adumbrationes in epist. cath. mit Anmerkungen, S. 130—156 eine Untersuchung über die Hypotyposen. Unter der Hand aber ist ihm ein Supplementum operum Clementis Alexandrini entstanden (S. 4). Einige neue, aber sehr zweifelhafte, griechische Fragmente aus den Clemens Namen bei *Pitra*, Analecta sacra. T. II. Paris. 1884. p. 347—349; cf. Proleg. p. xxix—xxx. Sonderausgaben der Abhandlung Quis dives salvetur lieferten C. Segaar, Utrecht 1816. 8°; H. Olshausen, Königsberg 1831. 8°; W. Br. Lindner, Leipzig 1861. 8°; R. Köster, Freiburg i. B. 1893. 8° (Sammlung ausgewählter kirchen- und dogmengeschichtl. Quellenschriften, herausgeg. unter Leitung von G. Krüger. Heft 6). Der erste der beiden Hymnen am Schlusse des Pädagogus (*Migne* l. c. VIII, 681—684) in sorgfältig revidirtem Texte bei *W. Christ* et *M. Paranikas*, Anthologia graeca carminum christianorum. Lips. 1871. 8°. p. 37—38; cf. Proleg. p. xviii—xix. Das mit der biblischen Chronologie sich beschäftigende Stück der Stromata, I, 21, in mustergiltiger neuer Recension bei be Lagarde, Septuagintastudien (in den Abhandlungen der k. Gesellsch. b. Wiss. zu Göttingen. Bb. XXXVII. 1891) S. 73 ff. Ein syrisches und ein armenisches Fragment unter des Clemens Namen nebst lateinischer Uebersetzung von P. Martin bei *Pitra* l. c. T. IV. 1883. p. 35—36. 305—306. Ausgewählte Schriften des Clemens wurden aus dem Urtexte ins Deutsche übersetzt von L. Hopfenmüller, Kempten 1875 (Bibl. der Kirchenväter). — Andere Ausgaben und Uebersetzungen verzeichnen Hoffmann, Bibliograph. Lexikon (2. Ausg.) I, 455—458; *Richardson*, Bibliograph. Synopsis 38—39. — Beiträge zur Textkritik, namentlich der Stromata, lieferte O. Staehlin, Observationes criticae in Clementem Alexandrinum (Diss. inaug.). Erlangae 1890. 8°. Ueber den Protrepticus s. Δ. Δραγομῆρος, Κλήμεντος Ἀλεξανδρέως ὁ προτρεπτικὸς πρὸς Ἕλληνας λόγος. Βουχουρέστιον 1890. 8°. Ueber den Pädagogus handelt *R. Taverni*, Sopra il Παιδαγωγός di Tito Flavio Clemente Alessandrino: discorso. Roma 1885. 4°. Ueber die Excerpta ex scriptis Theodoti s. *P. Ruben*, Clementis Alexandrini Excerpta ex Theodoto (Diss. inaug.). Lipsiae 1892. 8°.

7. Schriften über Clemens. — *P. Hofstede de Groot*, Disputatio de Clemente Alexandrino philosopho christiano seu de vi quam philosophia graeca, inprimis Platonica, habuit ad Clementem informandum. Groningae 1826. 8°. *A. F. Daehne*, De γνώσει Clementis Alexandrini et de vestigiis Neoplatonicae philosophiae in ea obviis commentatio historica theologica. Lipsiae 1831. 8°. *I. C. L. Gieseler*, Commentatio qua Clementis Alexandrini et Origenis doctrinae de corpore Christi exponuntur (Progr.). Goettingae 1837. 4°. J. W. Fr. Höfling, Des Clemens von Alexandrien Lehre vom Opfer im Leben und Cultus der Christen (Progr.). Erlangen 1842. 8°. *I. H. Reinkens*, De Clemente pres-

10*

bytero Alexandrino homine, scriptore, philosopho, theologo liber. Vratislaviae 1851. 8⁰. *H. Reuter*, Clementis Alexandrini theologiae moralis capitum selectorum particulae. Comment. acad. Berol. 1853. 8⁰. *H. Laemmer*,
Clementis Alexandrini de λόγῳ doctrina. Lips. 1855. 8⁰. *V. Hébert-Du-
perron*, Essai sur la polémique et la philosophie de Clément d'Alexandrie.
Paris 1855. 8⁰. *J. Cognat*, Clément d'Alexandrie, sa doctrine et sa polé-
mique. Paris 1859. 8⁰. H. Schürmann, Die hellenische Bildung und ihr
Verhältniß zur christlichen nach der Darstellung des Clemens von Alexandrien
(Gymn.=Progr.). Münster 1859. 4⁰. *J. H. Müller*, Idées dogmatiques de
Clément d'Alexandrie. Strasb. 1861. 8⁰. *G. Th. Hillen*, Clementis Alexan-
drini de SS. Eucharistia doctrina (Diss. inaug.). Warendorpii 1861. 8⁰.
*E. Freppel*, Clément d'Alexandrie. Paris 1865. 8⁰. *W. Hillen*, Clemens
Alexandrinus quid de libris sacris Novi Testamenti sibi persuasum habuerit.
Coesfeldii 1867. 8⁰. Fr. Böhringer, Die griechischen Väter des 3. und 4. Jahr-
hunderts. I. Hälfte: Klemens und Origenes. [Die Kirche Christi und ihre Zeugen
oder die Kirchengeschichte in Biographien. I. Bd. 2. Abth. I. Hälfte. 2. Aufl.]
Zürich 1869 (407 SS.). *H. Preische*, De γνώσει Clementis Alexandrini (Diss.
inaug.). Ienae 1871. 8⁰. Funk, Clemens von Alexandrien über Familie und
Eigenthum: Theol. Quartalschr. Bd. LIII (1871). S. 427—449. Knittel,
Pistis und Gnosis bei Clemens von Alexandrien: ebend. Bd. LV (1873). S. 171
bis 219; 363—417. C. Merk, Clemens Alexandrinus in seiner Abhängigkeit von
der griechischen Philosophie (Inaug.=Diss.). Leipzig 1879. 8⁰. Fr. J. Winter,
Die Ethik des Clemens von Alexandrien (Studien zur Geschichte der christlichen
Ethik. Bd. I). Leipzig 1882. 8⁰. Fr. Overbeck, Ueber die Anfänge der patri-
stischen Literatur: Historische Zeitschrift. N. F. Bd. XII (1882). S. 417—472
(S. 454 ff. über das Hauptwerk des Clemens). *Ch. Bigg*, The Christian Platonists of Alexandria: Eight lectures preached before the University of
Oxford in the year 1886. Oxford 1886. 8⁰. C. P. Caspari, Hat die alexandrinische Kirche zur Zeit des Clemens ein Taufbekenntniß besessen oder nicht? Zeitschr.
f. kirchl. Wiss. und kirchl. Leben. Bd. VII (1886). S. 352—375. *P. Wendland*,
Quaestiones Musonianae. De Musonio Stoico Clementis Alexandrini aliorumque auctore. Berol. 1886. 8⁰. E. Hiller, Zur Quellenkritik des Clemens Alexandrinus: Hermes. Bd. XXI (1886). S. 126—133. Bratke, Die
Stellung des Clemens Alexandrinus zum antiken Mysterienwesen: Theol. Stud.
und Krit. Bd. LX (1887). S. 647—708. *W. de Loss*, Love Clement of
Alexandria not an After-Death Probationist or Universalist: The Bibliotheca
Sacra 1888, Oct., p. 608—628. *Ad. Scheck*, De fontibus Clementis Alexandrini (Progr. gymn.). Aug. Vindel. 1889. 8⁰. H. Eickhoff, Das neue Testament des Clemens Alexandrinus (Ein Beitrag zur Gesch. des neutestamentl. Kanons
(Progr.). Schleswig 1890. 4⁰. *V. Courdaveaux*, Clément d'Alexandrie: Revue
de l'hist. des religions 1892, mai-juin, p. 287—321. P. Ziegert, Die Psycho-
logie des T. Flavius Clemens Alexandrinus (Inaug.=Diss.). Breslau 1892. 4⁰.
Γ. Βασιλάκης, Κλήμεντος τοῦ Ἀλεξανδρέως ἡ ἠθικὴ διδασκαλία (Inaug.=Diss.).
Erlangen 1892. 8⁰. *A. Röhricht*, De Clemente Alexandrino Arnobii in irri-
dendo gentilium cultu deorum auctore (Progr.). Hamburgi 1893. 8⁰.
P. Dausch, Der neutestamentl. Schriftcanon und Clemens von Alexandrien. Ein
Beitrag zur Gesch. des neutest. Canons. Freib. i. Br. 1894. 8⁰. — Sonstige
Literatur bei *Chevalier*, Répert. des sources hist. 463—464. 2519—2520;
*Richardson*, Bibliograph. Synopsis 39—42.

8. Pantänus und „die Alten" (οἱ πρεσβύτεροι) bei Clemens. — Pantänus
(Abs. 1) ist aller Wahrscheinlichkeit nach nicht schriftstellerisch thätig gewesen. Allerdings soll er laut Eusebius (Hist. eccl. V, 10) nicht nur durch mündlichen Vor-

trag, sondern auch durch Schriften (διὰ συγγραμμάτων) die Schätze der göttlichen
Lehren erläutert, und laut Hieronymus zwar hauptsächlich durch das lebendige Wort
den Kirchen genützt, aber auch viele Commentare zur Heiligen Schrift verfaßt (De
vir. ill. c. 36) und sich einen Platz in der Reihe der christlichen Schriftsteller erworben haben (Ep. 70, ad Magnum, c. 4: *Migne*, P. lat. XXII, 667). Auf
der andern Seite zählt Pantänus ohne allen Zweifel zu den Alten oder ist viel-
vielmehr der Hervorragendste unter den Alten (οἱ πρεσβύτεροι), von welchen Clemens wiederholt, bald mehr bald weniger ausdrücklich, bezeugt, daß sie keine Schriften
verfaßten (Ecl. 27: IX, 712. Strom. I, 1: VIII, 700. 704 u. ö.); sodann
weiß weder Eusebius noch Hieronymus irgend etwas Genaueres über die Schriften
des Pantänus (Titel, Gegenstände) mitzutheilen, und endlich läßt sich auch in späterer
Zeit keine irgendwie sichere Spur von Schriften des Pantänus aufzeigen. Jene
Alten sind im allgemeinen die Lehrer des Clemens. Die einzelnen Angaben, welche
Clemens über ihre Lehre und ihr Leben macht, bespricht Th. Zahn, Forschungen
zur Geschichte des neutestamentl. Kanons. III. Thl.: Suppl. Clem. Erlangen 1884.
S. 156 ff. Verschiedene Zeugnisse über Pantänus sind zusammengestellt bei *Routh*, Reliquiae sacrae (ed. 2) I, 375—383; *Migne*, P. gr. V, 1327—1332. Weit reicher
ist die Zusammenstellung bei Harnack, Gesch. der altchristl. Litteratur I, 291—296.

9. **Alexander von Jerusalem.** — Alexander, früher Bischof in Kleinasien
(Abf. 1), ward um 211 Coadjutor und später Nachfolger des Bischofs Narcissus
von Jerusalem und starb 252 während der Verfolgung unter Decius zu Cäsarea im
Kerker. Eusebius (Hist. eccl. VI, 11. 14. 19) hat einige Bruchstücke von Briefen
des Alexander aufbewahrt, zusammengestellt bei *Gallandi*, Bibl. vet. Patr. II,
201—202; *Routh*, Reliquiae sacrae (ed. 2) II, 159—179; *Migne*, P. gr. X,
204—205. Vgl. Harnack, Gesch. der altchristl. Litteratur I, 505—507.

## § 29. Origenes.

1. **Leben (185—215).** — Origenes ward 185, wahrscheinlich zu Alexandrien,
als Kind christlicher Eltern geboren. Seine Jugendbildung erhielt er durch
seinen Vater Leonidas. Er besuchte aber auch schon frühzeitig die alexandrinische
Katechetenschule und hörte die Lehrvorträge des Clemens. In der Verfolgung unter Septimius Severus (202) starb Leonidas als Martyrer. Der
Sohn hatte den in den Kerker geworfenen Vater brieflich gemahnt, ohne Rücksicht auf seine Familie an dem christlichen Bekenntnisse festzuhalten (ἔπεχε μὴ
δι' ἡμᾶς ἄλλο τι φρονήσῃς *Eus.*, Hist. eccl. VI, 2). Noch nicht achtzehn Jahre
alt, ward Origenes, nach der Flucht des Clemens, durch den alexandrinischen
Bischof Demetrius (189—231/232) mit der Leitung der Katechetenschule beauftragt. Er hatte vorher bereits in der Grammatik (d. i. nach damaligem
Sprachgebrauche in der Alterthumswissenschaft) unterrichtet und Proben seines
Talentes abgelegt. Die Katechetenschule sollte unter ihm den Gipfel ihres
Ruhmes ersteigen. Die Zahl der Schüler mehrte sich beständig, und Origenes
widmete sich denselben mit der ganzen Fülle seiner staunenswerthen Leistungs-
fähigkeit. Nach einer Angabe bei Eusebius (Hist. eccl. VI, 8), deren
Geschichtlichkeit mit Unrecht in Zweifel gezogen worden ist, verleitete ihn sein
ascetischer Eifer zu der raschen, bald bereuten That der Selbstentmannung.
Er hatte das Wort des Herrn Matth. 19, 12 buchstäblich aufgefaßt und
wollte, wie es scheint, insbesondere allen Gefahren des Unterrichtes weiblicher
Katechumenen vorbeugen. Mehr und mehr auch von Häretikern und philosophisch gebildeten Heiden aufgesucht, fühlte Origenes das Bedürfniß methodischer

philosophischer Schulung (vgl. seine eigenen Worte bei *Eusebius* l. c. VI, 19)
und ward nun, wahrscheinlich schon 25 Jahre alt, Zuhörer des gefeierten
Stifters des Neuplatonismus, Ammonius Sakkas. Der Neuplatoniker und
Christenfeind Porphyrius (bei *Eusebius* l. c. VI, 19) glaubt zugeben zu müssen,
daß Origenes sich unter diesem Lehrer eine umfassende und gründliche philosophische Bildung angeeignet. Vorliebe für biblische Studien vermochte Origenes, sich auch noch auf Erlernung des Hebräischen zu verlegen. Doch sind
seine linguistischen Kenntnisse stets auf ein sehr bescheidenes Maß beschränkt
geblieben. Um Zeit für seine Studien zu gewinnen, zog er einen frühern
Schüler Heraklas als Gehilfen im Lehramte bei, indem er sich selbst die Ausbildung der fortgeschrittenern Katechumenen vorbehielt. Ein anderer früherer
Schüler, Ambrosius, verwendete sein großes Vermögen dazu, den verehrten
Meister in seinen literarischen Unternehmungen, namentlich in seinen biblisch-
kritischen Arbeiten, zu unterstützen. Um das Jahr 212 ward Origenes durch
das Verlangen, die altehrwürdige Kirche von Rom (τὴν ἀρχαιοτάτην Ῥωμαίων
ἐκκλησίαν, wie er selbst sagte *Eus.* l. c. VI, 14) kennen zu lernen, für kurze
Zeit nach Italien geführt. Im Jahre 215 ließ ein römischer Befehlshaber
in Arabien ihn zu sich bitten, um von ihm im Christenthum unterrichtet zu
werden, und Origenes hat seine Aufgabe laut Eusebius (l. c. VI, 19) mit
glücklichem Erfolge gelöst.

2. Leben. Fortsetzung. (216—254.) — Das Blutbad, welches Caracalla
215 oder 216 zu Alexandrien anrichtete, ward für Origenes Anlaß, nach
Palästina zu flüchten. Die Bischöfe Alexander von Jerusalem und Theoktistus
von Cäsarea behandelten ihn mit großer Auszeichnung und veranlaßten ihn
auch, wiewohl er Laie war, in ihren Kirchen öffentliche Lehrvorträge zu halten.
Bischof Demetrius von Alexandrien aber mißbilligte das Auftreten eines Laien
als Prediger und forderte Origenes zu ungesäumter Rückkehr auf. Ohne
Widerspruch leistete letzterer Folge. Im Jahre 218 oder 219 ließ die Mutter
des nachherigen Kaisers Alexander Severus, Julia Mammäa, Origenes nach
Antiochien berufen, um hier seinen Unterricht in der christlichen Lehre zu
empfangen (*Eus.*, Hist. eccl. VI, 21). Das folgende Jahrzehnt hindurch
muß er wohl vorzugsweise zu Alexandrien schriftstellerisch thätig gewesen sein.
Kirchliche Angelegenheiten, wahrscheinlich Verhandlungen mit Häretikern, führten
ihn um 230, ausgerüstet mit Empfehlungsschreiben seines Bischofs, nach Griechenland. Er nahm seinen Weg über Palästina und ward nun zu Cäsarea, ohne
Vorwissen seines Bischofs und trotz seiner Selbstverstümmelung, von seinen
Freunden Theoktistus und Alexander zum Priester geweiht. Aus Griechenland
ist er, wie es scheint, schon bald, über Ephesus und Antiochien nach Alexandrien
zurückgekehrt. Nunmehr forderte jedoch Demetrius Rechenschaft. Nicht bloß
der Uebertretung der kirchlichen Satzungen, sondern auch der Häresie ward
Origenes bezichtigt. Zwei Synoden, welche Demetrius 231 zu Alexandrien
veranstaltete, entsetzten den berühmten Meister des Lehramtes und schlossen ihn
zugleich aus der Kirchengemeinschaft aus; eine römische Synode unter Papst
Pontianus (231 oder 232) stimmte diesem Urtheile zu. Origenes war 231
dem drohenden Sturme ausgewichen und hatte bei seinen Freunden in Palästina
eine neue Heimat gesucht. Alexandrien sah ihn sehr wahrscheinlich nie mehr
wieder. Zu Cäsarea eröffnete er eine theologische Schule, welche noch aus-

gesprochener als die alexandrinische den Charakter einer Gelehrtenschule trug. Ueber den Unterrichtsgang gibt ein dankbarer Schüler, Gregor der Wunderthäter, in seiner Lobrede auf Origenes vom Jahre 238 oder 239 (Paneg. in Orig. c. 7—15: *Migne*, P. gr. X, 1073—1096) eingehenden Aufschluß. Origenes begann mit der Dialektik, handelte sodann über Physik, Geometrie und Astronomie und leitete damit zur Ethik über, welche laut Gregor in dem Lehrer selbst sich verkörpert zu haben schien. Von der Ethik wandte er sich zur Metaphysik, machte Mittheilungen über alle philosophischen Systeme und empfahl alle Schriftsteller zur Beachtung, mit alleiniger Ausnahme derjenigen, welche das Dasein Gottes und die Vorsehung läugneten. Den Schluß bildete die Theologie im engern Sinne und vor allem die Wissenschaft der Auslegung der heiligen Schriften. Während der Verfolgung unter Maximinus Thrax (235—237/238) hielt sich Origenes zwei Jahre lang zu Cäsarea in Kappadocien auf, verborgen in dem Hause einer christlichen Jungfrau Juliana: ob er, wie die gewöhnliche Annahme will, durch die Verfolgung zur Flucht nach Kappadocien genöthigt oder aber erst in Kappadocien von der Verfolgung überrascht worden war, steht dahin. Im Jahre 237 oder 238 kehrte er nach Cäsarea in Palästina zurück, und in dem folgenden Decennium haben nur einige Reisen in kirchlichen Angelegenheiten seine regelmäßige Thätigkeit als Lehrer und Schriftsteller unterbrochen. Um 240 weilte er längere Zeit zu Athen und zu Nikomedien; um 244 gelang es ihm, in Arabien den monarchianisch gesinnten Bischof Beryllus von Bostra von seinem Irrthume zu überzeugen; später trat er in Arabien, gleichfalls mit Glück und Erfolg, der Lehre der sogen. Thnetopsychiten entgegen. In den Tagen der Ruhe und des Friedens der Kirche erscheint Origenes wieder in Berührung mit dem Kaiserhause: Eusebius (l. c. VI, 36) erzählt von einem Briefe desselben an Philippus Arabs und einem Briefe an des Philippus Gemahlin Severa, ohne indessen über Anlaß und Inhalt der Briefe irgend etwas anzugeben. Als unter Decius der Sturm gegen die Christen von neuem losbrach, ward auch Origenes in den Kerker geworfen und verschiedenen Folterqualen ausgesetzt. Wahrscheinlich hatte er damals schon seinen Wohnsitz von Cäsarea nach Tyrus verlegt. Er überlebte jene Mißhandlungen und ward in Freiheit gesetzt, starb aber bald darauf, nach vollendetem 69. Lebensjahre, 254 zu Tyrus.

3. Das Werk gegen Celsus. — Ein Ueberblick über die so außerordentlich reiche und vielseitige literarische Thätigkeit des Origenes darf wohl ausgehen von den acht Bänden (τόμοι) gegen Celsus, vom Verfasser selbst πρὸς τὸν ἐπιγεγραμμένον Κέλσου ἀληθῆ λόγον Ὠριγένους τόμος α΄ β΄ γ΄ κ. τ. λ. betitelt, meist κατὰ Κέλσου, contra Celsum genannt (*Migne* l. c. XI, 641—1632). Der eklektische Platoniker Celsus, jedenfalls zu identificiren mit dem gleichnamigen Freunde Lucians von Samosata, hatte etwa 178 unter dem Titel „Wahres Wort" eine umfassende Streitschrift gegen das Christenthum veröffentlicht. Er hatte die neue Religion mit allem möglichen Schimpfe beworfen, den Stifter derselben als gemeinen Betrüger gekennzeichnet und alles Außerordentliche in seinem Leben und Wirken auf Erdichtung seiner ersten Anhänger zurückgeführt. Die schnelle Ausbreitung des Christenthums wollte Celsus aus dem Eindrucke erklären, welchen die lügenhaften Schreckbilder eines zukünftigen göttlichen Gerichtes und eines ewig brennenden Feuers auf die ungebildete

Menge machten. Dem Glauben an den menschgewordenen Gott begegnete er
mit der Lehre von der Jenseitigkeit Gottes, welcher nur mittelbar auf das
Irdische einwirke; den Glauben an die Auferstehung des Leibes bekämpfte er
mit der Lehre von der Nichtigkeit der Materie, welche nur eine Fortexistenz
der Seele anzunehmen gestatte. Unverkennbar bekundete Celsus ausgebreitetes
Wissen, vielen Scharfsinn und große Gewandtheit. Sein Buch, welches selbst
zu Grunde gegangen, dem wesentlichen Inhalte nach aber in des Origenes
Gegenschrift erhalten ist, stellt geradezu ein reiches Arsenal von Angriffswaffen
gegen das Christenthum dar, von Waffen, deren auch die neuesten Zeiten sich
noch gerne bedient haben. — Nur widerstrebend konnte sich Origenes, auf
Bitten seines Freundes Ambrosius, zu einer Entgegnung entschließen. „Un-
abläſſig", dachte er (Praef. n. 2), „treten falsche Zeugen gegen Jesus auf,
und solange die Bosheit in der Menschen Innerem wohnt, werden unaufhörlich
Anklagen gegen ihn erhoben. Er aber schweigt auch jetzt hierauf und antwortet nicht in Worten, vertheidigt sich vielmehr durch das Leben seiner wahren
Jünger, welches lauter spricht." Ausschlaggebend war die Erwägung, daß „in
der Menge derjenigen, welche als Gläubige gelten (τῶν πιστεύειν νομιζομένων),
sich solche finden mögen, welche durch des Celsus Schriften ins Wanken
gebracht und irre gemacht, durch eine Vertheidigungsschrift aber, wenn sie
anders die Behauptungen des Celsus niederschlägt und der Wahrheit zum Siege
verhilft, im Glauben befestigt werden können" (Praef. n. 4). Doch ist das
Absehen des Apologeten zugleich auch auf Nichtchristen gerichtet: er schreibt,
wie er an einer spätern Stelle (Praef. n. 6) selbst erklärt, „für diejenigen,
welche entweder dem Glauben an Christus noch ganz fremd oder aber, nach
dem Ausdruck des Apostels (Röm. 14, 1), im Glauben schwach sind". Mit
dieser Erklärung verbindet Origenes eine Bitte um Entschuldigung. Anfangs
war seine Absicht dahin gegangen, zuerst für sich einen Auszug aus dem
Werke des Celsus anzufertigen und zugleich eine vorläufige Entgegnung zu
entwerfen, um dann später diesen Grundriß weiter auszuführen (σωματοποιῆσαι
τὸν λόγον). Als er jedoch bis zu dem eigentlichen Beginne der Polemik des
Celsus gekommen war, schien es ihm richtiger, sofort an die Ausarbeitung
seiner Gegenschrift zu gehen, und, „um Zeit zu sparen", nahm er nun jene
Vorarbeit unverändert auf. Die damit gegebene Ungleichmäßigkeit der Arbeit
bildet indessen nicht die einzige Schwäche derselben. Manche Erwiderung
kann nicht recht befriedigen, und andere Einwürfe des Gegners bleiben un-
erwidert. Eine Disposition nach sachlichen Gesichtspunkten fehlt; der Gang
der Darstellung folgt durchaus dem Werke des Celsus (I, 41). Wohlthuend berührt der sehr gemäßigte und würdevolle Ton der ganzen Schrift,
wie sie denn auch eine dem Gegner weit überlegene Gelehrsamkeit entfaltet.
Das Recht der Christengemeinden, wider den Willen der Kaiser innerhalb des
heidnischen Staates fortzubestehen, gründet Origenes auf das von Gott stammende Naturgesetz, welches höher stehe als das geschriebene Gesetz der Städte
und Länder (V, 37). Die Vernunftgemäßheit des christlichen Glaubens beweist
er aus der wunderbaren Geschichte der Ausbreitung des Christenthums (I, 3. 46),
aus den Heilungen der Besessenen und Kranken, wie sie fort und fort von
Christen im Namen Jesu und unter Ablesen des Evangeliums vorgenommen
werden (I, 6. 46), aus der Erfüllung der Weissagungen der Propheten (I, 50),

aus der strahlenden Sittenreinheit der Christengemeinden inmitten des all=
gemeinen Verderbens (αἱ ἐκκλησίαι ὡς φωστῆρές εἰσιν ἐν κόσμῳ III, 29).
Die einzelnen Sätze der christlichen Lehre sucht Origenes wesentlich in der=
selben Weise wie in der Schrift von den Grundlehren (Abs. 5) speculativ zu
begründen. — Nach einer Angabe des Eusebius (Hist. eccl. VI, 36) schrieb
Origenes das Werk gegen Celsus in einem Alter von mehr als sechzig Jahren,
unter Philippus Arabs, also zwischen 246 und 249. Neumann verlegt die
Abfassung in das Jahr 248 und sucht den Anlaß zu derselben in der da=
maligen Jubelfeier des tausendjährigen römischen Reiches.

4. Schriften gegen Häretiker. — Der von Hieronymus wiederholt angeführte
Dialogus adversus Candidum Valentinianum (Ep. 33, ad Paulam, c. 4:
*Pitra*, Spicil. Solesm. III, 315; Apol. adv. libros Rufini II, 19: *Migne*,
P. lat. XXIII, 442—443) ist nicht auf uns gekommen. Ob Origenes andere
Schriften gegen Häretiker hinterlassen hat, erscheint zweifelhaft. Die fünf
Dialoge gegen die Gnostiker (*Migne*, P. gr. XI, 1713—1884 unter dem
Titel: Adamantii dialogus de recta in Deum fide, sect. I—V) sind
anerkanntermaßen unecht. Dieselben dürften um 300 entstanden sein, und der
unbekannte Verfasser verräth eine treffliche bialektische und theologische Schulung.
Für die Geschichte der marcionitischen Kirchengemeinden sind diese Dialoge
eine Quelle ersten Ranges. Ueber den Verfasser der Philosophumena (*Migne*
l. c. XVI, pars 3) s. § 25, 1.

5. Dogmatische Schriften. — Unter den bogmatischen Schriften des
Origenes werden die Bücher über die Auferstehung (De resurrectione), auf
welche der Verfasser selbst in einer spätern Schrift (De princ. II, 10, 1:
*Migne*, P. gr. XI, 233) Bezug nimmt, die ältesten sein. Eusebius (Hist.
eccl. VI, 24) nennt zwei Bücher über die Auferstehung, und Hieronymus
(Ep. 33, ad Paulam, c. 4: *Pitra* l. c. III, 314) führt außer diesen beiden
Büchern noch zwei Dialoge über denselben Gegenstand an. Nur einzelne
Fragmente De resurrectione sind erhalten geblieben (XI, 91—100). Zehn
Bücher Stromata (στρωματεῖς, s. § 28, 3) sind, abgesehen von kleinen Bruch=
stücken (XI, 99—108), gleichfalls verloren gegangen. Etwas Licht fällt auf
dieselben aus der gelegentlichen Bemerkung des hl. Hieronymus (Ep. 70, ad
Magnum, c. 4: *Migne*, P. lat. XXII, 667), Origenes habe die christliche
Lehre mit der Lehre der Philosophen in Vergleich gebracht und alle Dogmen
unserer Religion aus Plato und Aristoteles, Numenius und Cornutus zu
begründen versucht. Vielleicht enthielten diese Stromata auch die von Eusebius
(l. c. VI, 18) erwähnten Excerpte und Kritiken der Lehrsysteme der Philo=
sophen bezw. eine Ueberarbeitung derselben. Eines der hervorragendsten unter
allen Werken des Origenes sind die vier Bücher über die Principien oder die
Ursprünge der Dinge (περὶ ἀρχῶν, de principiis: XI, 115—414), noch
zu Alexandrien (*Eus.* l. c. VI, 24), also vor dem Jahre 231 verfaßt.
Leider ist der Urtext dieses Werkes auch nur in Fragmenten überliefert, unter
welchen an erster Stelle die Abschnitte zu nennen sind, welche Basilius d. Gr.
und Gregor von Nazianz in die von ihnen gemeinschaftlich veranstaltete Samm=
lung von Excerpten aus des Alexandriners Schriften, Ὠριγένους Φιλοκαλία
betitelt, aufgenommen haben. Die lateinische Uebersetzung Rufins von Aquileja
aber hat wenigstens an einzelnen Stellen sich Aenderungen erlaubt und das

Heterodoxe gemildert, und die auf Wörtlichkeit abzielende Uebersetzung des hl. Hieronymus sollte das Schicksal des Urtextes theilen. Auf der Grundlage der kirchlichen Glaubensregel versucht Origenes ein wissenschaftliches Lehrgebäude aufzuführen. Die Dogmen werden im allgemeinen in der Reihenfolge behandelt, welche sie auch in der zu Eingang des Werkes mitgetheilten Glaubensregel einnehmen. Gewöhnlich werden die einzelnen Glaubenslehren zuerst kurz angegeben, sodann in philosophisch-speculativer Weise weitläufig beleuchtet und vertheidigt und schließlich auch aus der Heiligen Schrift begründet. Das erste Buch handelt hauptsächlich von Gott und von dem Geisterreiche; das zweite verbreitet sich über die Welt und die Menschheit, ihre Erneuerung durch die Menschwerdung des Logos und ihr Endziel; das dritte erörtert insbesondere das Wesen der menschlichen Willensfreiheit und das Verhältniß der Freiheit zur Gnade, und das vierte bringt eine Theorie der Schriftauslegung. Ueber die Lehranschauungen des Verfassers vgl. Abs. 10—11.

6. Biblisch-kritische Arbeiten. — Das Riesenwerk der sogen. Hexapla sollte das Verhältniß der Septuaginta zu dem Urtexte veranschaulichen und dadurch für die gelehrte Exegese, namentlich auch für die Polemik mit den Juden, eine sichere Grundlage schaffen. Origenes stellte den hebräischen Text in hebräischer Schrift, den hebräischen Text in griechischer Schrift, die Uebersetzung des Aquila, die des Symmachus, die Septuaginta und die Uebersetzung des Theodotion columnenweise neben einander, und versah nun in dem Texte der Septuaginta alle Worte oder Sätze oder Abschnitte, welche im Urtexte fehlten, mit einem Obelus (dem Tilgungszeichen), während er alle Lücken der Septuaginta, unter Beifügung eines Asteriscus, aus einer der andern Uebersetzungen, zumeist aus Theodotion, ausfüllte. An den Stellen, an welchen die Septuaginta unrichtig übersetzt zu haben schienen, hat er bald stillschweigend Aenderungen nach dem Hebräischen vorgenommen, bald hinter die obelisirte Lesart der Septuaginta die dem Hebräischen entsprechende Parallele einer andern Uebersetzung mit Asteriscus eingeschoben (daher in der Folge die Doppelübersetzungen im Septuagintatexte). Von den sechs Columnen erhielt das Werk den Namen Ἑξαπλᾶ; in einigen Theilen freilich mußte es Ὀκταπλᾶ genannt werden, weil bei einigen Büchern des Alten Testamentes zu den angeführten sechs Texten noch zwei anonyme griechische Uebersetzungen (Quinta und Sexta) hinzukamen (*Epiph.*, De mens. et pond. c. 19; *Migne*, P. gr. XLIII, 268—269; cf. *Eus.*, Hist. eccl. VI, 16); eine Zusammenstellung der Septuaginta mit den drei Uebersetzungen des Aquila, des Symmachus und des Theodotion hieß Τετραπλᾶ (*Eus.* l. c.; *Epiph.* l. c.), ohne daß jedoch ersichtlich wäre, ob diese Tetrapla eine spätere Ausgabe der Hexapla ohne die beiden hebräischen Columnen oder etwa nur die Hexapla selbst in den nicht hebräisch vorhandenen Theilen waren. Ihrem ganzen Umfange nach sind die Hexapla wohl nie vervielfältigt worden; von der die Septuaginta enthaltenden Columne wurden häufig Abschriften genommen, und kam infolge dessen eine eigene, die sogen. hexaplarische Recension des Septuaginta-Textes in Umlauf; von den andern Columnen aber haben sich, nach dem Untergange des Originalexemplares, nur unbedeutende Trümmer erhalten (*Migne*, P. gr. XV—XVI). — Eine Revision oder Recension des Textes des Neuen Testamentes ist Origenes mit Unrecht zugeschrieben worden.

7. Biblisch-exegetische Arbeiten. — Der größte Theil des literarischen Nachlasses des Origenes ist der Erklärung der Heiligen Schrift gewidmet.

Origenes hat mit wenigen Ausnahmen sämtliche Bücher des Alten und des Neuen Testamentes bearbeitet, und viele derselben hat er in mehrfacher Art und Weise behandelt: in Scholien (σχόλια, excerpta), d. i. kurzen Erläuterungen einzelner Worte, in Homilien, welche vorwiegend nüchtern lehrhaft gehalten sind, und in Commentaren im engern Sinne (τόμοι). Diese Commentare sind fast ausnahmslos zu Grunde gegangen; zum Alten Testament liegen nur noch zerstreute Bruchstücke vor und außerdem vier Bücher über das Hohe Lied in einer bald abkürzenden bald erweiternden Uebersetzung Rufins (XIII, 61—198); zum Neuen Testament von dem Commentare über Matthäus Buch 10—17, etwa ein Drittel des Ganzen, griechisch, und etwa die zweite Hälfte des Ganzen, Buch 12—25, in einer alten lateinischen Uebersetzung unbekannter Herkunft (XIII, 836—1800); von dem noch umfassendern Commentare über Johannes, der Erstlingsfrucht der schriftstellerischen Thätigkeit des Verfassers, die Bücher 1. 2. 6. 10. 13. 19. 20. 28. 32 (XIV, 21—829); endlich der Commentar über den Römerbrief in der Uebersetzung bezw. Bearbeitung Rufins (XIV, 831—1294). Homilien haben sich in größerer Anzahl gerettet, im griechischen Texte allerdings nur die Homilie über die Wahrsagerin von Endor 1 Kön. 28 (XII, 1012—1028), 19 Homilien über Jeremias (XIII, 256—544) und verschiedene Fragmente; viele jedoch in lateinischer Uebersetzung: in der meist den Charakter einer Bearbeitung annehmenden Uebersetzung Rufins 17 Homilien über Genesis (XII, 145—262), 13 über Exodus (XII, 297—396), 16 über Leviticus (XII, 405—574), 28 über Numeri (XII, 583—806), 26 über Josue (XII, 823—948), 9 über Richter (XII, 951—990), 1 über 1 Kön. (XII, 995—1012; die Herkunft dieser Uebersetzung ist indessen zweifelhaft) und 9 über einige Psalmen (XII, 1319—1410); in der meist enger an das Original sich anschließenden Uebersetzung des hl. Hieronymus 2 Homilien über das Hohe Lied (XIII, 35—58), 9 über Jsaias (XIII, 219—254; die hieronymianische Herkunft dieser Uebersetzung unterliegt indessen gewichtigen Bedenken), 14 über Jeremias (XIII, 255—542), 14 über Ezechiel (XIII, 665—768), 39 über Lucas (XIII, 1799—1902). In betreff der Uebersetzungen des hl. Hieronymus vgl. § 75, 5. Die vorhin genannten Scholien endlich mögen zum Theil in den Erklärungen wiederzufinden sein, welche in Catenen und ähnlichen Sammelwerken Origenes in den Mund gelegt werden, wenngleich natürlich ebensowohl die Commentare und die Homilien den Compilatoren als Quelle gedient haben können. Solche Catenenfragmente enthält schon de la Rue's Ausgabe der Werke des Origenes unter dem Titel Selecta in beträchtlicher Anzahl (Migne, P. gr. XII—XIII an verschiedenen Stellen); Nachträge sammelten namentlich Gallandi und Mai (Migne l. c. XVII, 9—370: Supplementum ad Origenis Exegetica); neuerdings (1883—1884) hat Pitra aus vaticanischen Catenen umfassende Fragmente zum Alten Testament (Octateuch, Job, Psalmen, Proverbien, Propheten) unter des Origenes Namen veröffentlicht. Allerdings steht in diesen Catenen Echtes und Unechtes so dicht neben einander, daß eine sichere Scheidung kaum jemals möglich werden wird. Es sei auch noch erwähnt, daß der auf das Neue Testament entfallende Theil der Schrift des hl. Hieronymus über die biblischen Eigennamen nach der Erklärung des Verfassers selbst im wesentlichen als Uebersetzung eines im Urtexte verloren gegangenen Onomasticum des Origenes zu betrachten ist (§ 75, 5). Ueber die hermeneutischen Grundsätze des Origenes vgl. Abs. 10.

8. **Praktisch=ascetische Schriften. Homilien. Briefe.** — Eine praktisch=ascetische Tendenz verfolgen die Schrift vom Gebete (περὶ εὐχῆς: XI, 416 bis 561) und die Ermunterung zum Martyrium (εἰς μαρτύριον προτρεπτικὸς λόγος: XI, 564—637). Die erstere, deren Abfassungszeit sich nicht genauer bestimmen läßt, ist an Ambrosius und eine gewisse (dem Ambrosius jedenfalls nahestehende) Tatiana gerichtet und enthält eine einläßliche Erklärung des Vaterunsers. Die letztere ist während der Verfolgung unter Maximinus Thrax zu Cäsarea in Kappadocien verfaßt und Ambrosius sowie dem Presbyter Protoktet zu Cäsarea in Palästina gewidmet, „weil diese beiden in jener Verfolgung schwer heimgesucht worden waren" (*Eus.*, Hist. eccl. VI, 28). — Außer den exegetischen Homilien (Abs. 7) eignet Hieronymus (Ep. 33, ad Paulam, c. 7: *Pitra* l. c. III, 317) Origenes noch folgende Homilien zu: de pace homil. 1, exhortatoria ad Pioniam, de ieiunio, de monogamis et trigamis homil. 2, in Tarso homil. 2 Origenis, Frumiani et Gregorii (?). Andere Spuren dieser Homilien haben sich, wie es scheint, nicht erhalten. — Eusebius hat, wie er selbst bezeugt (Hist. eccl. VI, 36), über hundert Briefe des Origenes gesammelt. Hieronymus (a. a. O.) kennt außer verschiedenen einzelnen Briefen von der Hand des Origenes nachstehende Sammlungen: diversarum (diversorum?) ad eum epistolarum libri 2, epistolarum eius ad diversos libri 9, aliarum epistolarum libri 2. Nur sehr wenige Briefe des Origenes sind näher bekannt und nur zwei derselben liegen vollständig vor. In dem Schreiben an Julius Africanus (XI, 48—85), etwa 228 zu Nicomedien verfaßt, sucht Origenes die Echtheit und die canonische Geltung der deuterocanonischen Bestandtheile des Buches Daniel, insbesondere der Geschichte der Susanna, dem Widerspruche des Adressaten gegenüber mit einem großen Aufwand von Gelehrsamkeit zu vertheidigen. In dem Briefe an Gregor den Wunderthäter (XI, 88—92), welcher 235 oder 236, als Gregor in wesentlich heidnischer Umgebung zu Alexandrien dem Studium oblag, geschrieben sein muß, bittet und mahnt er in sehr zarter Weise den geliebten Schüler, sich nicht durch sein ferneres Studium dem Christenthume wieder entfremden zu lassen.

9. **Origenes als Schriftsteller.** — Hieronymus beschließt sein Verzeichniß der Schriften des Origenes mit den Worten: Videtisne et Graecos pariter et Latinos unius labore superatos? Quis enim umquam tanta legere potuit quanta ipse conscripsit? (Ep. 33, ad Paulam, c. 8: *Pitra* l. c. III, 317.) Dem alexandrinischen Grammatiker Didymus gegenüber, welchem sein eiserner Fleiß den Beinamen Χαλκέντερος (Mann von ehernen Eingeweiden) eintrug, nennt Hieronymus Origenes nostrum Adamantium nostrumque Chalcenterum (ibid. c. 3). Dabei deutet er mit Recht den von Eusebius (Hist. eccl. VI, 14) gelegentlich eingeführten Beinamen Ἀδαμάντιος (Mann von Stahl) auf die nie ermüdende Ausdauer des Origenes, während Photius (Bibl. cod. 118) diesen Namen von der Unwiderstehlichkeit der Beweisführung des Alexandriners verstehen möchte. In der That hat Origenes mit einer in der Geschichte der altkirchlichen Literatur vielleicht beispiellosen Arbeitskraft sozusagen bereits alle Gebiete der Theologie selbst ausgemessen. Der schon mehrmals genannte Ambrosius war es, welcher, voll offenen Sinnes für die

geistige Größe seines Lehrers und Freundes, durch unablässiges Bitten und
Drängen Anlaß wurde, daß Origenes als Schriftsteller und insbesondere als
Dolmetsch der heiligen Urkunden auftrat. Ambrosius gab ihm auch sieben
und zu Zeiten mehr als sieben Schnellschreiber zur Seite, welche abwechselnd
seine Dictate aufnahmen, und ebenso viele Abschreiber nebst etlichen Schön=
schreiberinnen, welche einigermaßen die Druckerpresse ersetzten (*Eus.*, Hist.
eccl. VI, 23). Aus frommer Scheu vor der Schwierigkeit und Dunkelheit
der heiligen Schriften war Origenes den Zureden seines Freundes lange be=
denklich ausgewichen, und hernach erklärte er immer wieder, er habe mehr
übernommen, als er leisten könne. Fast flehentlich bittet er den Freund um
die Hilfe seines Gebetes, und die einzelnen Bücher seiner Commentare pflegt
er ebenso wie seine Homilien mit Gebeten um Entsündigung und Erleuchtung
zu eröffnen. Die Bescheidenheit, mit welcher er seine Auslegung vorträgt, hat
seinem Stile die Farbe gegeben. Vielleicht hat kaum ein anderer Exeget sich
häufiger als er eines ὅρα εἰ μή, τάχα, ἐπίστησον εἰ μή, μήποτε, εἰ δὲ χρή
τολμῆσαι und ähnlicher Wendungen bedient. Die Breite des Ausdrucks mag
Folge des steten mündlichen Vortrags und der Gewöhnung an die Dienste
der Nachschreiber sein; doch ist die Sprache meist klar und fließend. Ermüdend
aber ist oft die Weitschweifigkeit der Behandlung, welche alle Möglichkeiten
erschöpfen zu müssen glaubt, um schließlich nicht selten dem Leser die Wahl
anheimzugeben, und zugleich sehr häufig in umfassende dogmatische und moral=
theologische Erörterungen eintritt, um auch der vermeintlichen verborgenen Seite
des Schriftsinnes gerecht zu werden.

10. Origenes als Exeget. — Origenes hat zum erstenmal über alt= und
neutestamentliche Bücher Erläuterungsschriften nach Art der heutigen Commen=
tare verfaßt. Er pflegt zunächst die biblische Vorlage bis ins Einzelnste hinein
grammatisch und, wo es nöthig scheint, sachlich zu erläutern und sodann den
Text zum Ausgangspunkte philosophisch=theologischer Excurse mannigfacher Art
zu machen. In diesen Excursen liegt der Hauptunterschied zwischen den Com=
mentaren des Origenes und den Commentaren der Gegenwart, ein Unterschied,
welcher wesentlich in dem Gegensatze der hermeneutischen Voraussetzungen gründet.
Origenes hat die sogen. alexandrinische Schriftauslegung zur vollen Ausbil=
dung und Entwicklung gebracht. Nach Analogie der Platonischen Trichotomie
behauptet er einen dreifachen Schriftsinn: den somatischen, den psychischen und
den pneumatischen (De princ. IV, 11: *Migne*, P. gr. XI, 365: „Wie nämlich
der Mensch aus Leib und Seele und Geist besteht, ebenso auch die nach Gottes
Rathschluß den Menschen zu ihrem Heile gegebene Schrift"; vgl. In Levit.
hom. 5. c. 5: XII, 455). Anderswo unterscheidet er freilich nur zwei
Sinnesarten (In Ioan. tom. 10. c. 4: XIV, 313: τὸ σωματικόν und τὸ
πνευματικόν; In Levit. hom. 1. c. 1: XII, 405: littera und spiritalis
sensus), und in Wahrheit dürfte diese Zweitheilung seinen Intentionen auch
weit mehr entsprechen. Um nun aber den vom Buchstaben umschlossenen Geist
gebührend zur Geltung kommen zu lassen, trägt Origenes kein Bedenken, den
Buchstaben selbst als bloße Hülle gänzlich preiszugeben. Es gibt, lehrt er,
Schriftstellen, welche eine somatische Auffassung nicht zulassen, so daß also
nur die Seele und der Geist zu ermitteln sind (De princ. IV, 12: XI,
365). Gott hat es so gefügt, daß Anstößiges und Aergernißgebendes und Un=

mögliches (σκάνδαλα καὶ προσκόμματα καὶ ἀδύνατα) in der Schrift vorkommt, damit die Einsichtigern nicht am Buchstaben hangen bleiben, sondern tiefer einbringend einem Gottes würdigen Sinne nachforschen; zu dem Ende werden in der Schrift Geschehnisse erzählt, welche in Wirklichkeit nicht geschehen sind und zum Theil gar nicht geschehen konnten; zu dem Ende werden in der Schrift auch Gesetze gegeben, welche zu beobachten die Menschen nicht im stande sind (De princ. IV, 15: XI, 373—376). Und dies gilt nicht etwa nur von dem Alten Testamente; auch die Evangelisten „hatten die Aufgabe, wo es anging, sowohl pneumatisch als auch somatisch die Wahrheit zu sagen (ἀληθεύειν πνευματικῶς ἅμα καὶ σωματικῶς), wo es aber auf beiderlei Weise nicht möglich war, dem pneumatischen Elemente vor dem somatischen den Vorrang einzuräumen, so daß oft pneumatisch Wahres in somatisch, man könnte sagen, Lügenhaftem verborgen ist" (σωζομένου πολλάκις τοῦ ἀληθοῦς πνευματικοῦ ἐν τῷ σωματικῷ, ὡς ἂν εἴποι τις, ψευδεῖ In Ioan. tom. 10. c. 4: XIV, 313). In der Meinung, allenthalben tiefe Geheimnisse und erhabene Wahrheiten suchen und finden zu müssen, schreckt Origenes nicht davor zurück, dem Worte Gottes auch Lügen und Blasphemien aufzubürden. Eine solche Exegese förderte wohl, da sie immerhin etwas Wahres enthielt (die Annahme eines mystischen Sinnes außer dem Literalsinne) und geistvolle Vertreter fand, manches Richtige und Schöne zu Tage, mußte aber nothwendig in willkürliche Spielerei ausarten und zu den gefährlichsten Verirrungen führen.

11. Origenes als Dogmatiker. — In dem Werke De princ. lieferte Origenes den ersten Versuch einer wissenschaftlichen Dogmatik. Clemens von Alexandrien hatte sich weitläufig über die christlichen Glaubenslehren verbreitet, aber keineswegs eine abgerundete und zusammenhängende Darstellung derselben geben wollen. Erst Origenes legte Hand an ein geordnetes Lehrgebäude der kirchlichen Dogmen. Freilich muß es nun wohl gerade das Werk De princ. gewesen sein, auf Grund dessen Origenes, noch auf der Höhe seiner Wirksamkeit stehend, der Heterodoxie angeklagt und von der kirchlichen Autorität auch schuldig befunden wurde (Abs. 2). Die bald nach seinem Tode ausbrechenden, auch im Abendlande widerhallenden origenistischen Streitigkeiten fanden ihren Abschluß damit, daß die Synode zu Konstantinopel vom Jahre 543 in 15 Anathematismen ebenso viele Sätze des Origenes censurirte (Mansi, SS. Conc. Coll. IX, 395—400), und das fünfte allgemeine Concil vom Jahre 553 in seinem 11. Anathematismus auch Origenes den „Häretikern" zuzählte (Mansi l. c. IX, 384). Die Dogmatik des Origenes ist eben im letzten Grunde nur die heidnisch-griechische Metaphysik seiner Zeit in christlicher Gewandung, wie denn schon Porphyrius († um 304) über Origenes urtheilte: „In seinem Lebenswandel war er ein Christ und ein Feind der Gesetze, in seinen Anschauungen über die Dinge der Welt und das göttliche Wesen aber war er ein Hellene" (bei Eus., Hist. eccl. VI, 19). Laut Origenes ist es eine nothwendige Folge der Güte Gottes, daß Gott sich offenbart oder mittheilt, und eine gleichfalls unausweichliche Forderung der Unveränderlichkeit Gottes, daß er sich von Ewigkeit offenbart. Als Organ dient ihm dazu der Logos, ein anderer als der Vater (ἕτερος τοῦ πατρός De orat. c. 15: XI, 465; δεύτερος θεός C. Cels. V, 39: XI, 1244), nicht bloß der Person, sondern auch dem Wesen nach (κατ' οὐσίαν καὶ ὑποκείμενον De orat. l. c.), weil unter dem Vater als

dem allein höchsten Gotte stehend. Durch den Logos geht zuerst der Heilige Geist aus dem Vater hervor, geringer als der Logos, wie dieser geringer als der Vater (De princ. I, 3: XI, 150). Die nächste Stufe in der Entfaltung der göttlichen Einheit zur Vielheit nimmt die Welt der Geister ein, zu welcher auch die Menschenseelen zählen. Sie alle sind von Ewigkeit her und in durchaus gleicher Vollkommenheit geschaffen. Das Gute gehört jedoch nicht zu ihrem Wesen. Durch freie Selbstbestimmung sollten sie sich für das Gute entscheiden. Sie haben indessen in mannigfaltigster Weise ihre Freiheit mißbraucht, und dieser ihr Fall gab Anlaß zur Erschaffung der Sinnenwelt. Die letztere ist nichts anderes als der Läuterungsort der von Gott verstoßenen und mit verschiedenartiger Materie umhüllten, in mehr oder weniger grob materielle Körper (zu welchen auch die Menschenleiber gehören) gebannten Geister. Schließlich aber kehren alle Geister zu Gott zurück; einige werden noch im Jenseits ein Läuterungsfeuer erdulden müssen, endlich aber werden alle gerettet und verklärt. Dann ist das Böse besiegt, die Sinnenwelt hat ihren Zweck erfüllt, alles Nicht-Geistige fällt ins Nichts zurück, die uranfängliche Einheit Gottes und aller geistigen Wesenheit ist wiederhergestellt. Ob aber Origenes diese Wiederherstellung des ursprünglichen Zustandes (ἀποκατάστασις, restitutio) als eigentliches Weltende oder nur als vorübergehenden Abschluß einer endlosen Entwicklung angesehen wissen will, bleibt zweifelhaft.

12. Gesamtausgaben der Werke des Origenes. — Auf der Generalversammlung des französischen Clerus im Jahre 1636 zu Paris übernahm Aubertus, Doctor der Sorbonne, die Veranstaltung einer griechisch-lateinischen Gesamtausgabe der Werke des Origenes, ohne jedoch sein Wort irgendwie einzulösen. P. D. Huet, Bischof von Avranches, führte das gleiche Unternehmen auch nicht zum Abschluß, lieferte aber eine Ausgabe der exegetischen Schriften (Rouen 1668) in zwei Foliobänden (nachgedruckt Paris 1679, Cöln 1685, Frankfurt 1686), mit einer umfassenden und trefflichen Einleitung über das Leben, die Lehre und die Schriften des Alexandriners unter dem Titel: Origeniana. Erst der Mauriner Charles de la Rue brachte eine Gesamtausgabe zu stande (Paris 1733—1759) in 4 Foliobänden; der Herausgeber starb schon 1739; den vierten Band besorgte sein Neffe Vincent de la Rue. Diese Ausgabe fand ebenso warme wie ungetheilte Anerkennung. Die Hexapla, welche de Montfaucon 1713 zu Paris herausgegeben hatte (s. Abs. 13), sind nicht in dieselbe aufgenommen worden; die Origeniana des Huetius haben im vierten Bande eine Stelle gefunden. Einen Abdruck dieser Ausgabe (ohne die Vorbemerkungen und die Noten) gab Fr. Oberthür, Würzburg 1780—1794. 15 Bde. 8° (SS. Patrum opp. polem. Opp. Patrum graec. Voll. VII—XXI). Viel selbständiger und zugleich viel reichhaltiger ist die Handausgabe von C. H. Ed. Lommatzsch, Berlin 1831—1848. 25 Bde. 8°. Ein neuer Abdruck der Maurinerausgabe, mit mannigfachen Nachträgen und Ergänzungen (Hexapla, Philosophumena, Supplementum ad Origenis Exegetica), bei *Migne*, P. gr. XI—XVII, Paris. 1857—1860. Zahlreiche bisher unbekannte Fragmente unter des Origenes Namen, zum weitaus größern Theile Scholien zum Alten Testamente, veröffentlichte *Pitra*, Analecta sacra II, 349—483; III, 1—588; vgl. Fr. Loofs in der Theol. Literaturzeitg. vom 20. Sept. 1884, Sp. 460—463.

13. Ausgaben und Bearbeitungen einzelner Schriften. — Das Werk gegen Celsus. Eine Separatausgabe der vier ersten Bücher des Werkes gegen Celsus lieferte W. Selwyn, London 1876. Eine neue Ausgabe des ganzen Werkes ist von Kötschau zu erwarten. P. Kötschau, Die Textüberlieferung der Bücher des Origenes gegen Celsus in den Handschriften dieses Werkes und der Philokalia

(Texte und Unterſuchungen zur Geſch. der altchriſtl. Literatur. Bd. VI. Heft 1).
Leipzig 1889. F. Wallis, On the MSS. of Origenes C. Celsum: The Classical
Review 1889, 9, p. 392—398. J. A. Robinson, On the text of Origen
against Celsus: The Journal of Philology. Vol. XVIII (1890). p. 288—296.
J. Avesque, Origène envisagé comme apologète. Strasbourg 1868. A. Kind,
Teleologie und Naturalismus in der altchriſtl. Zeit, der Kampf des Origenes gegen
Celſus um die Stellung des Menſchen in der Natur. Jena 1875. 8°. K. J. Neu-
mann, Der römiſche Staat und die allgemeine Kirche bis auf Diocletian. Bd. I.
Leipzig 1890. S. 265—273: „Abfaſſungszeit und Veranlaſſung der Bücher des
Origenes gegen Celſus". J. Patrick, The Apology of Origen in reply to Celsus:
a chapter in the history of Apologetics. London 1892. 8°. Ueber Celſus
und ſein „Wahres Wort" handeln in neueſter Zeit Th. Keim, Celſus' Wahres
Wort. Aelteſte Streitſchrift antiker Weltanſchauung gegen das Chriſtenthum vom
Jahre 178 n. Chr. Wiederhergeſtellt, aus dem Griechiſchen überſetzt, unterſucht
und erläutert, mit Lucian und Minucius Felix verglichen. Zürich 1873. 8°.
B. Aubé, Histoire des persécutions de l'église. Vol. II: La polémique
païenne à la fin du IIe siècle. 2e éd. Paris 1878. 8°. E. Fabre, Celse et
le Discours véritable. Étude critico-historique (Thèse). Genève 1878. 8°.
E. Pélagaud, Celse et les premières luttes entre la philosophie antique et le
christianisme naissant. Paris 1879. 8°. G. Loeſche, Haben die ſpäteren Neu=
platoniſchen Polemiker gegen das Chriſtenthum das Werk des Celſus benutzt?
Zeitſchr. f. wiſſenſchaftl. Theol. Bd. XXVII (1884). S. 257—302. Funk, Die
Zeit des „Wahren Wortes" von Celſus: Theol. Quartalſchr. Bd. LXVIII (1886).
S. 302—315. O. Heine, Ueber Celſus' ἀληθὴς λόγος: Philolog. Abhandlungen,
Martin Hertz zum 70. Geburtstage von ehemaligen Schülern dargebracht. Berlin
1888. S. 197—214. P. Kötſchau, Die Gliederung des ἀληθὴς λόγος des
Celſus: Jahrbb. f. prot. Theol. Bd. XVIII (1892). S. 604—632. — Schriften
gegen Häretiker. Th. Zahn, Die Dialoge des „Adamantius" mit den Gnoſtikern:
Zeitſchr. f. Kirchengeſch. Bd. IX (1887—1888). S. 193—239. — Dogmatiſche
Schriften. Die Schrift De principiis hat namentlich E. R. Redepenning
ſeparat herausgegeben, Leipzig 1836. 8°. C. Fr. Schnitzer, Origenes über die
Grundlehren der Glaubenswiſſenſchaft. Wiederherſtellungsverſuch. Stuttgart 1835. 8°.
P. Mehlhorn, Die Lehre von der menſchlichen Freiheit nach Origenes' περὶ ἀρχῶν:
Zeitſchr. f. Kirchengeſch. Bd. II (1877—1878). S. 234—253. — Bibliſch=kritiſche
Arbeiten. Weitaus die wichtigſte unter den frühern Sammlungen der Ueberbleibſel
der Hexapla iſt diejenige B. de Montfaucons: Hexaplorum Origenis quae
supersunt. Paris. 1713. 2 voll. 2°. Die Sammlungen von C. Fr. Bahrdt,
Lips. 1769. 2 voll. 8°, und von P. L. B. Drach, bei Migne, P. gr. XV—XVI,
ſind nicht ſowohl neue Ausgaben als vielmehr Abdrücke der Ausgabe de Montfaucons.
Ueberboten aber ward de Montfaucons Leiſtung durch die Sammlung Fr. Fields:
Origenis Hexaplorum quae supersunt; sive veterum interpretum Graecorum, in totum vetus Testamentum fragmenta. Oxonii 1867—1875.
2 voll. 4°. Einige Nachträge bei Pitra, Analecta sacra III, 551—578: Ori-
genis in Hexapla excursus. Ueber die ſyriſche Ueberſetzung des hexaplariſchen
Textes der Septuaginta vgl. Abſ. 14. Näheres über die Hexapla bieten die Ein-
leitungswerke in das Alte Teſtament, z. B. Fr. Kaulen, Einl. in die heilige
Schrift Alten und Neuen Teſtaments. 3. Aufl. Freiburg 1890. S. 95—97; Fr.
Bleek, Einl. in das Alte Teſtament. 5. Aufl. beſorgt von J. Wellhauſen.
Berlin 1886. S. 542—546. — Bibliſch=exegetiſche Arbeiten. Ueber die
von Pitra herausgegebenen Catenenfragmente zum Alten Teſtamente vgl. Abſ. 12.
Die Homilie über die Wahrſagerin von Endor (XII, 1012—1028) iſt mit der
Gegenſchrift des hl. Euſtathius von Antiochien durch A. Jahn von neuem heraus=

gegeben worden, Leipzig 1886 (vgl. § 44, 9). Fragmente zu Luc. 1—2 wurden erstmals herausgegeben von A. Thenn in der Zeitschr. f. wissenschaftl. Theol. Jahrg. 1891, S. 227—232. 483—487; Jahrg. 1892, S. 105—108. 486—491; Jahrg. 1893, Bd. II. S. 274—280. *I. L. Iacobi*, Observationes criticae in Origenis commentarios de evang. Ioannis compositos (Progr.). Halis 1878. 4°. Einen wichtigen Beitrag zur Textkritik der Commentare zum Johannesevangelium lieferte auch A. E. Brooke in seiner Ausgabe der Fragmente des Herakleon (§ 22), Cambridge 1891, S. 1—30. — Briefe. J. Dräseke, Der Brief des Origenes an Gregorios von Neocäsarea: Jahrbb. f. prot. Theol.. Bd. VII (1881). S. 102—126. — Die Philokalia (vgl. Abs. 5). Die Philokalia ist in der Gesamtausgabe von de la Rue abschnittweise an verschiedene Stellen vertheilt. Ebenso auch bei *Migne*, P. gr. XI—XVII (vgl. XIV, 1309—1316: Origenis Philocalia summatim edita). Einen zusammenhängenden Text bietet die Gesamtausgabe von Lommatzsch (T. XXV. p. 1—278). Eine neue Ausgabe der Philokalia lieferte J. A. Robinson, Cambridge 1893. 8°. Vgl. *Robinson*, On the text of the Philocalia of Origen: The Journal of Philology. Vol. XVIII (1890). p. 36—68. Ueber die Ausgaben und die Handschriften der Philokalia handelt auch P. Kötschau, Die Textüberlieferung der Bücher des Origenes gegen Celsus. Leipzig 1889. S. 78—130. — Aeltere Ausgaben einzelner Schriften des Origenes verzeichnet Hoffmann, Bibliographisches Lexikon (2. Ausg.) III, 22—25.

14. Uebersetzungen. — Zahlreiche lateinische Uebersetzungen von der Hand Rufins von Aquileja sind Abs. 5 und Abs. 7 genannt worden. Auch die unechten fünf Dialoge gegen die Gnostiker (Abs. 4) sind von Rufin ins Lateinische übertragen, und diese Uebertragung ist erst von C. P. Caspari, Kirchenhistorische Anecdota I. Christiania 1883. S. 1—129 herausgegeben worden. Ueber die Ausgaben der andern Uebersetzungen Rufins s. *Schoenemann*, Bibl. hist.-lit. Patrum lat. I, 623—626 (= *Migne*, P. lat. XXI, 37—39). Gleichzeitig mit Rufin war Hieronymus als Uebersetzer thätig, und seine Uebersetzungen finden sich auch in den Ausgaben seiner Werke (§ 75, 12). Die lateinische Expositio Origenis in symbolum bei *Pitra*, Analecta sacra III, 583—588 ist nichts anderes als des Nicetas von Aquileja Explanatio symboli habita ad competentes (§ 72, 12); s. Caspari, Alte und neue Quellen zur Geschichte des Taufsymbols und der Glaubensregel. Christiania 1879. S. 309—315. — Der hexaplarische Text der Septuaginta, d. i. die fünfte Columne der Hexapla, wurde 616/617 zu Alexandrien durch den jakobitischen Bischof Paul von Tella (in Mesopotamien) ins Syrische übertragen. Paul schloß sich dem Wortlaute der Vorlage möglichst enge an; auch die Obelen und Asterisken hat er beibehalten. Für die Kritik des Originals ist deshalb diese Uebersetzung von größter Wichtigkeit. Eine allerdings unvollständige Handschrift derselben auf der Ambrosiana zu Mailand ist durch A. M. Ceriani in photo-lithographischer Nachbildung veröffentlicht worden, Mailand 1874. 2°. Die Bücher Exodus, Numeri, Josue und die beiden letzten Bücher der Könige (Veteris Testamenti ab Origene recensiti fragmenta apud Syros servata quinque) hat P. de Lagarde herausgegeben, Göttingen 1880. 8°. Die frühern Ausgaben einzelner Theile der syrisch-hexaplarischen Uebersetzung werden bei E. Nestle, Syrische Grammatik (Berlin 1888), Litt. Syr. p. 29—30, aufgeführt. — Ein kleines dictum Origenis (?) armenisch und lateinisch bei *Pitra*, Analecta sacra IV (1883), 80. 345. — Ausgewählte Schriften des Origenes wurden ins Deutsche übersetzt von J. Kohlhofer (Vom Gebete; Ermunterung zum Martyrium) und J. Röhm (Das Werk gegen Celsus), Kempten 1874—1877. 3 Bde. (Bibl. der Kirchenväter). Ausgewählte Reden in deutscher Uebersetzung von F. A. Winter bei G. Leonhardi, Die Predigt der Kirche. Klassikerbibliothek der christlichen Predigtlitteratur. Bd. XXII. Leipzig 1893.

15. Schriften über Origenes. — E. R. Redepenning, Origenes. Eine Darstellung seines Lebens und seiner Lehre. Bonn 1841—1846. 2 Bde. 8⁰. Fr. Böhringer, Die griech. Väter des dritten und vierten Jahrhunderts. I. Hälfte: Klemens und Origenes. [Die Kirche Christi und ihre Zeugen oder die Kirchengeschichte in Biographieen. I. Bd. 2. Abth. I. Hälfte. 2. Aufl.] Zürich 1869. (407 SS.) — G. Thomasius, Origenes. Ein Beytrag zur Dogmengeschichte des dritten Jahrhunderts. Nürnberg 1837. 8⁰. *Fr. G. Gass*, De Dei indole et attributis Origenes quid docuerit inquiritur (Diss. inaug.). Vratisl. 1838. 8⁰. *I. G. Fr. Hoefling*, Dissertationis qua Origenis doctrina de sacrificiis Christianorum in examen vocatur, particula I. II. III. Erlangae 1840—1841. 4⁰. *P. Fischer*, Commentatio de Origenis theologia et cosmologia (Diss. inaug.). Halis 1846. 8⁰. *F. Borkowski*, De Origenis cosmologia (Diss. inaug.). Gryphiae 1848. 8⁰. C. Ramers, Des Origenes Lehre von der Auferstehung des Fleisches (Jnaug.-Dissert.). Trier 1851. 8⁰. F. Harrer, Die Trinitätslehre des Kirchenlehrers Origenes (Progr.). Regensburg 1858. 4⁰. J. B. Kraus, Die Lehre des Origenes über die Auferstehung der Todten (Progr.). Regensburg 1859. 4⁰. *Ul. Fermaud*, Exposition critique des opinions d'Origène sur la nature et l'origine du péché. Strasbourg 1859. 8⁰. *A. Fournier,* Exposition critique des idées d'Origène sur la rédemption. Strasbourg 1861. 8⁰. *Al. Vincenzi*, In S. Gregorii Nysseni et Origenis scripta et doctrinam nova recensio, cum appendice de actis synodi V. oecum. Romae 1864—1865. 4 voll. 8⁰. (Vol. I: S. Gregorii Nysseni et Origenis de aeternitate poenarum in vita futura cum dogmate catholico concordia; Vol. II: Origenes ab impietatis et haereseos nota in ceteris institutionibus vindicatus; Vol. III: Historia critica quaestionis inter Theophilum, Epiphanium et Hieronymum, Origenis adversarios, et inter Ioh. Chrysostomum, Theotimum, Ruffinum et monachos Nitrienses, Origenis patronos; Vol. IV: Vigilii Pontificis Romani, Origenis Adamantii, Iustiniani Imperatoris triumphus in synodo oecum. V.) Ausführliche Referate über Vincenzis Werk von J. Hergenröther: Theol. Literaturblatt, Jahrg. 1866, Nr. 14—17; von M. J. Scheeben: Der Katholik, Jahrg. 1866, Bd. II. S. 291—316. 412—446. *E. Freppel*, Origène. Cours d'éloquence sacrée fait à la Sorbonne pendant les années 1866 et 1867. Paris 1868. 2 vols. 2⁰ éd. 1875. Knittel, Des Origenes Lehre von der Menschwerdung des Sohnes Gottes: Theol. Quartalschr. Bd. LIV (1872). S. 97 bis 138. H. Schultz, Die Christologie des Origenes im Zusammenhange seiner Weltanschauung: Jahrbb. f. prot. Theol. Bd. I (1875). S. 193—247. 369—424. H. J. Bestmann, Origenes und Plotinos: Zeitschr. f. kirchl. Wiss. u. kirchl. Leben, Jahrg. 1883, S. 169—187. *J. Denis*, De la philosophie d'Origène. Mémoire couronné par l'Institut. Paris 1884. 8⁰ (VII, 730 pp.). *P. Martin*, Origène et la critique textuelle du Nouveau Testament: Revue des questions historiques, 1885, janv. p. 5—62. *Fr. W. B. Bornemann*, In investiganda monachatus origine quibus de causis ratio habenda sit Origenis. Gottingae 1885. 8⁰. (Bornemann wendet sich gegen H. Weingarten, Der Ursprung des Mönchthums im nachconstantinischen Zeitalter. Gotha 1877. 8⁰.) *Ch. Digg*, The Christian Platonists of Alexandria: Eight lectures preached before the University of Oxford in the year 1886. Oxford 1886. 8⁰. *Ch. Doyer*, La rédemption dans Origène (Thèse). Montauban 1886. 8⁰. Ab. Harnack, Lehrbuch der Dogmengeschichte. Bd. I. 2. Aufl. Freiburg i. Br. 1888. S. 559—604: „Das System des Origenes." M. Lang, Ueber die Leiblichkeit der Vernunftwesen bei Origenes (Jnaug.-Dissert.). Leipzig 1892. 8⁰. — Aeltere Literatur über Origenes bei *Chevalier*, Répert. des sources hist. 1683—1684. 2756—2757; *Richardson*, Bibliograph. Synopsis 51—55.

16. Die „Alten" bei Origenes. — Unter der Aufschrift Seniores Alexandrini gibt *Pitra*, Analecta sacra II, 335—345 eine Zusammenstellung von Bemerkungen aus des Origenes Psalmenerklärung (11 Nummern), in welchen irgendwie auf frühere Lehrer oder frühere Traditionen hingewiesen wird. Vgl. dazu Fr. Loofs in der Theol. Literaturzeitg. vom 20. Sept. 1884, Sp. 459. Ueber die Alten bei Clemens von Alexandrien s. § 28, 8.

17. Demetrius von Alexandrien. — Bischof Demetrius von Alexandrien (Abs. 1. 2) hat, wie es scheint, auch Schriften hinterlassen. Nach dem Patriarchen Eutychius von Alexandrien im 10. Jahrhundert (Ann. p. 363: *Migne*, P. gr. CXI, 989) soll Demetrius de ratione computi paschalis et ieiunii Christianorum et quomodo a paschate Iudaeorum deducatur geschrieben haben. Pitra (Analecta sacra II, 345—346) gibt unter des Demetrius Namen ein exegetisches Fragment zu Jer. 3, 19 mit der räthselhaften Ueberschrift „Auf das Erdbeben" (εἰς τὸν σεισμόν). Vgl. Harnack, Gesch. der altchristl. Litteratur I, 330—332.

18. Lucianus und Hesychius. — Nahe verwandt mit den biblisch-kritischen Arbeiten des Origenes (Abs. 6) waren die Bemühungen des Lucianus und des Hesychius gegen Ende des 3. Jahrhunderts. Beide haben kritische Revisionen der Septuaginta und zugleich Recensionen des Textes des Neuen Testamentes unternommen. Lucianus, gebürtig aus Samosata, wirkte als Presbyter, ausgezeichnet durch Wissenschaft und Leben, zu Antiochien. Er ist wohl als der eigentliche Begründer der antiochenischen Exegetenschule zu bezeichnen (§ 42, 3), und er wird auch als der Vater des Arianismus anzusehen sein (§ 43, 1). Um 311 erduldete er zu Nikomedien den Martyrertod. Hesychius, als Bibelkritiker fast nur durch Hieronymus bekannt, pflegt identificirt zu werden mit dem Hesychius, dessen Eusebius Hist. eccl. VIII, 13 unter den ägyptischen Bischöfen erwähnt, welche gleichfalls unter Maximinus als Martyrer starben (vgl. § 33, 2). Die Septuaginta-Revision des Hesychius erfreute sich nämlich laut Hieronymus (Praef. in Paral.: *Migne*, P. lat. XXVIII, 1324; citirt Apol. adv. libros Rufini II, 27: XXIII, 450) zu Alexandrien und in ganz Aegypten allgemeinen Gebrauches. Weitere Nachrichten über dieselbe liegen nicht vor, und hat sie bisher ihrer Eigenthümlichkeit nach nicht näher festgestellt werden können. Von der Septuaginta-Revision des Lucianus sagt Hieronymus (l. c.): Constantinopolis usque Antiochiam Luciani martyris exemplaria probat. Erst den Untersuchungen Vercellones, Fields und de Lagardes ist es gelungen, diesen Lucianischen Septuaginta-Text als solchen wiederzuerkennen und von andern Textgestalten zu unterscheiden, wenngleich ein Urtheil über den Werth desselben noch nicht ermöglicht ist. Ueber die von Lucianus und Hesychius besorgten Recensionen des Neuen Testamentes fällt Hieronymus (Praef. in Evang.: *Migne* l. c. XXIX, 527) ein recht ungünstiges Urtheil, und die sogen. Gelasianische Decretale De recip. et non recip. libris (LIX, 175; cf. *A. Thiel*, De decretali Gelasii Papae de recip. et non recip. libris. Brunsbergae 1866. 4°. p. 24) verwirft den von beiden bearbeiteten Evangelientext mit den Worten: evangelia quae falsavit Lucianus apocrypha; evangelia quae falsavit Hesychius apocrypha. Nach Westcott und Hort dürfte Lucianus in hervorragender Weise an den kritischen Bemühungen betheiligt gewesen sein, als deren schließliches Ergebniß jene Form des neutestamentlichen Textes zu betrachten sei, welche als der syrische oder der antiochenische Text von dem neutralen, dem abendländischen und dem alexandrinischen Texte unterschieden werden müsse; die sogen. Recension des Hesychius dagegen sei wohl ein Mischtext gewesen, welcher nur kurzen Bestand gehabt und in den vorhandenen Documenten keine erkennbaren Spuren hinterlassen habe. Andere Schriften des Lucianus, de fide libelli et breves ad nonnullos epistolae (*Hier*. De vir. ill. c. 77), sind gleichfalls verloren gegangen. — Aus den von C. Vercellone als zusammengehörig erkannten, von Fr. Field als Copien der Septuaginta-Bearbeitung des

Lucianus festgestellten Handschriften ebirte P. de Lagarde den Pentateuch und die geschichtlichen Bücher des jüdischen Canons: Librorum Veteris Testamenti canonicorum pars prior graece. Gottingae 1883. 8°. Vgl. de Lagarde, Ankündigung einer neuen Ausgabe der griechischen Übersezung des alten Testaments. Gött. 1882. 8°. Aus zweien jener Handschriften ist der Septuaginta-Text der Complutenser Polyglotte geflossen, und stellt also auch dieser die Bearbeitung des Lucianus dar. Zu des Hesychius Septuaginta-Revision vgl. de Lagardes Ausgabe der Lucianischen Bearbeitung I, xv. Ueber die Arbeiten der beiden Kritiker auf neutestamentlichem Gebiete s. *Westcott* and *Hort*, The New Testament in the original Greek (Cambridge and London 1881), Introduction p. 138—139. 182—183. Vgl. Hundhausen in Wetzer und Welte's Kirchenlex. (2. Aufl.). Bd. II. Sp. 701 ff.; Holtzmann, Lehrb. der histor.-krit. Einl. in das Neue Testament (2. Aufl.) S. 81 ff. Einige Fragmente anderer Schriften des Lucianus bei *Routh*, Reliquiae sacrae (ed. 2) IV, 1—17. Vgl. Harnack, Gesch. der altchristlichen Litteratur I, 529—530. Ueber ein Martyrium Lucians s. *P. Batiffol*, Étude d'hagiographie arienne. La passion de saint Lucien d'Antioche: Compte rendu du congrès scientifique international des Catholiques 1891, 2e sect., p. 181—186.

## § 30. Spätere Vorsteher der alexandrinischen Katechetenschule.

1. Heraklas und Dionysius d. Gr. — Nachdem Origenes 231 Alexandrien verlassen hatte, übernahm sein früherer Schüler und späterer Gehilfe Heraklas die Leitung der Katechetenschule, um jedoch gleich darauf, nach dem Tode des Bischofs Demetrius, den Lehrstuhl mit dem bischöflichen Stuhle von Alexandrien zu vertauschen (232/233—247/248). Von einer literarischen Thätigkeit des Heraklas ist nichts bekannt. Sein Nachfolger, in der Vorsteherschaft der Schule sowohl wie in der Regierung der Diöcese (248—264/265), ward der hl. Dionysius d. Gr. Er war gegen Ende des 2. Jahrhunderts als Sproß eines vornehmen heidnischen Hauses zu Alexandrien geboren und wahrscheinlich durch Origenes für das Christenthum gewonnen worden. In schwer bedrängten, stürmisch bewegten Tagen führte er den Hirtenstab voll unbeugsamen Muthes und unerschütterlicher Standhaftigkeit, ausgezeichnet durch Eifer wie durch Mäßigung, an den kirchlichen Fragen und Kämpfen seiner Zeit (Novatianisches Schisma, Chiliasmus, Ketzertaufe, Sabellianismus) in hervorragender Weise betheiligt, schon von Eusebius (Hist. eccl. VII, prooem.) und vom hl. Basilius (Ep. 188, ad Amphil., can. 1: *Migne*, P. gr. XXXII, 668) der Große genannt. Die zahlreichen Schriften des hl. Dionysius sind bis auf wenige Fragmente, welche hauptsächlich Eusebius aufbewahrt hat (namentlich Hist. eccl. l. VII), zu Grunde gegangen. Größern Umfangs sind die Ueberbleibsel der Schrift über die Natur (περὶ φύσεως), einer philosophischen Bekämpfung des atomistischen Materialismus, und der Schrift über die Verheißungen (περὶ ἐπαγγελιῶν), einer eingehenden Zurückweisung chiliastischer Erwartungen. Nepos, ein Bischof der ägyptischen Landschaft Arsinoe, war als Anwalt des Chiliasmus aufgetreten, und seine „Widerlegung der Allegoristen" (ἔλεγχος ἀλληγοριστῶν) hatte großen Anklang gefunden. Ihm gegenüber vertheidigt Dionysius die allegorische Auffassung der prophetischen Schilderungen des messianischen Reiches und bestreitet dabei die Abfassung der Apokalypse durch den Apostel Johannes (*Eus.*, Hist. eccl. VII, 24—25).

Exegetische Fragmente liegen zum Anfange des Buches des Predigers (1—3, 11) vor. Von den Büchern gegen Sabellius ist ein unbedeutendes Fragment über die Unzulässigkeit der Annahme einer ewigen Materie erhalten (Eus., Praepar. evang. VII, 18—19: Migne, P. gr. XXI, 561—564). Die Schrift über das Martyrium (περὶ μαρτυρίου) an Origenes ist nur dem Namen nach bekannt (Eus., Hist. eccl. VI, 46). Sehr zu beklagen ist der Verlust fast aller der bei Eusebius und Hieronymus (De vir. ill. c. 69) erwähnten Briefe des hl. Dionysius, der Festbriefe sowohl (ἐπιστολαὶ ἑορταστικαί), wie sie die Bischöfe von Alexandrien alljährlich zu erlassen pflegten (vgl. § 45, 7), als auch mancher andern Schreiben. Seinem ganzen Umfange nach besitzen wir nur den kurzen Brief an Novatian (Eus., Hist. eccl. VI, 45), eine dringende Bitte um Rückkehr zur Einheit der Kirche, und zum größten Theile die sogen. epistola canonica an Basilides, Bischof der Pentapolis, eine Entscheidung verschiedener Zweifel, betreffend die Kirchendisciplin. Von hervorragender dogmengeschichtlicher Bedeutung sind die Verhandlungen zwischen Dionysius von Alexandrien und Dionysius von Rom (259—268). Ersterer hatte in einem Briefe an Euphranor und Ammonius, gelegentlich der Bekämpfung des Sabellianismus, die Origenistische Lehre von der Subordination des Sohnes (vgl. § 29, 11) in schärfster Weise durchgeführt: ποίημα καὶ γενητὸν εἶναι τὸν υἱὸν τοῦ θεοῦ κ. τ. λ. (S. Athan., De sententia Dionysii c. 4: Migne, P. gr. XXV, 485). Auf die Klagen einiger alexandrinischen Christen hin versammelte Papst Dionysius 262 zu Rom eine Synode, welche die Ausdrucksweise des Alexandriners verwarf. „Man darf", erklärt der Papst im Namen der Synode, „weder die wunderbare und göttliche Einheit in drei Gottheiten zertheilen, noch auch die Würde und alles überragende Größe des Herrn durch den Ausdruck ποίησις herabsetzen... So wird die göttliche Dreiheit wie die heilige Lehre von der Einheit gerettet (οὕτω γὰρ ἂν καὶ ἡ θεία τριὰς καὶ τὸ ἅγιον κήρυγμα τῆς μοναρχίας διασώζοιτο S. Athan., Ep. de decretis Nicaenae syn. c. 26: XXV, 465)." Der Alexandriner antwortete in einer aus vier Büchern bestehenden „Widerlegung und Vertheidigung" (ἔλεγχος καὶ ἀπολογία), welche den Papst, wie es scheint, vollständig befriedigt hat. Ein Brief des Alexandriners an Paul von Samosata, in welchem Maria öfters θεοτόκος genannt wird, ist wohl als unecht zu bezeichnen.

Die Sammlung der Schriften bezw. Fragmente des hl. Dionysius bei M i g n e (P. gr. X [1857], 1233—1344. 1575—1602) ist sehr unvollständig. Reichhaltiger war schon die bei Migne übersehene Ausgabe von S. de M a g i s t r i s, Rom 1796. 2°. Weitere Ueberbleibsel der Schriften des hl. Dionysius wurden inzwischen von den Cardinälen Mai und Pitra zu Tage gefördert. Ein genaues Verzeichniß dessen, was bei Migne fehlt, nebst einigen kleinen neuen Bruchstücken bei Pitra, Analecta sacra. T. III. p. 596—598 und T. II. p. xxxvii. Die ep. canonica ad Basilidem auch bei Routh, Reliquiae sacrae (ed. 2) III, 219—250; Pitra, Iuris ecclesiastici Graecorum historia et monumenta. T. I. Romae 1864. p. 541—545; cf. p. 548—549. Ueber die griechischen Fragmente im allgemeinen s. H a r n a c k, Gesch. der altchristl. Litteratur I, 409—425. Verschiedene syrische und armenische Fragmente unter des Dionysius Namen nebst lateinischer Uebersetzung von P. M a r t i n bei Pitra, Analecta sacra IV, 169—182. 413—422; cf. Proleg. p. xxiii—xxv. Uebrigens ist nur weniges von diesen Fragmenten unverdächtig und das meiste entschieden unecht; vgl. Fr. L o o f s in der Theol. Literaturzeitg. vom 15. Nov.

1884, Sp. 553—554; Harnack a. a. O. I, 425—426. — Das Fragment des
Lehrschreibens des Papstes Dionysius in Verbindung mit den Ueberbleibseln der
Rechtfertigungsschrift des Alexandriners bei *Routh* l. c. III, 369—403; *Migne*,
P. lat. V, 109—130. Die beiden lateinischen Briefe des Papstes (bei *Mansi*,
SS. Conc. Coll. I, 1004—1008; *Migne* l. c. 131—136) sind unecht. Vgl. über
die Correspondenz des Papstes Caspari, Quellen zur Gesch. des Taufsymbols und
der Glaubensregel III, 445—447. — Ueber Dionysius von Alexandrien handeln
H. Hagemann, Die Römische Kirche und ihr Einfluß auf Disciplin und Dogma
in den ersten drei Jahrhunderten. Freiburg i. Br. 1864. S. 411—432: „Dio-
nysius von Alexandrien"; S. 432—453: „Das Lehrschreiben des Papstes Dionysius".
*Th. Foerster*, De doctrina et sententiis Dionysii M. episc. Alex. (Diss. inaug.).
Berol. 1865. 8°. Dittrich, Dionysius d. Gr. von Alexandrien. Eine Mono-
graphie. Freib. i. B. 1867. 8°. Th. Förster, Dionysius d. Gr. von Alexan-
drien. Ein Beitrag zu seiner Biographie: Zeitschr. f. die histor. Theol. Bd. XLI (1871).
S. 42—76 G. Roch, Die Schrift des Alexandrinischen Bischofs Dionysius d. Gr.
„Ueber die Natur". Eine altchristl. Widerlegung der Atomistik Demokrits und
Epikurs (Inaug.-Diss.). Leipzig 1882. 8°. Aeltere Literatur bei *Chevalier*,
Répert. des sources hist. 563; *Richardson*, Bibliograph. Synopsis 67—68.

2. **Pierius und Theognostus.** — Der Nachfolger des hl. Dionysius in
der Reihe der alexandrinischen Katecheten war nach Philippus Sidetes (laut
einem spätern Anonymus, vgl. § 18, 1) Pierius. Er hinterließ gelehrte Commentare und Abhandlungen (laut Philippus schrieb er auch περὶ τῆς θεοτόκου),
aus welchen sich indessen, so viel bekannt, nur einzelne Sätze auf unsere Tage
gerettet haben. Nach den Angaben bei Photius (Bibl. cod. 119) scheint
Pierius an den Lehranschauungen des Origenes festgehalten zu haben (Subordination des Heiligen Geistes, Präexistenz der Seele, „ökonomische", d. h.
den Literalsinn ablehnende Erklärung einiger Stellen des A. T.), wie er denn
auch Origenes iunior genannt wurde (*Hier.*, De vir. ill. c. 76). — Zur Zeit
Diokletians wirkte Theognostus als Vorsteher der alexandrinischen Schule.
Er verfaßte sieben Bücher Hypotyposen (ὑποτυπώσεις vgl. § 28, 4), nach der
Beschreibung des Photius (Bibl. cod. 106) eine streng systematisch angelegte
Dogmatik: das erste Buch handelte von Gott dem Vater, das zweite vom
Sohne, das dritte vom Heiligen Geiste, das vierte von den Engeln und den
Dämonen, das fünfte und sechste von der Menschwerdung des Sohnes, das
siebente von Gottes Schöpfung (περὶ θεοῦ δημιουργίας). Dieses Werk ist
gleichfalls verloren gegangen; laut Photius u. a. hat auch Theognostus sich
in seiner Lehre enge an Origenes angeschlossen.

Die Nachrichten über Pierius und seine Schriften sind zusammengestellt bei
*Routh*, Reliquiae sacrae (ed. 2) III, 423—435; *Migne*, P. gr. X, 241—246.
Einige Nachträge bei C. de Boor, Neue Fragmente des Papias, Hegesippus und
Pierius in bisher unbekannten Excerpten aus der Kirchengeschichte des Philippus
Sidetes: Texte und Untersuchungen zur Gesch. der altchristl. Literatur, herausgeg.
von v. Gebhardt und Harnack. Bd. V. Heft 2 (1888). S. 165—184. Vgl.
Harnack, Gesch. der altchristl. Litteratur I, 439—441. — Die Nachrichten über
Theognostus und seine Dogmatik bei *Routh* l. c. III, 405—422; *Migne*, P. gr.
X, 235—242. Vgl. Harnack a. a. O. I, 437—439.

3. **Serapio und Petrus.** — Nach Theognostus hat laut Philippus Sidetes (vgl. Abs. 2) Serapio die Katechetenschule geleitet, und nach Serapio
der hl. Petrus, seit 300 Bischof von Alexandrien, † 311 als Martyrer.

Serapio ist jedoch sehr wahrscheinlich nur ein Doppelgänger des Bischofs Serapio von Thmuis (§ 47, 3). Die allerdings sehr dürftigen Ueberbleibsel der Schriften des hl. Petrus sind deshalb von besonderem Interesse, weil sie noch laut den scharfen Gegensatz bezeugen, in welchen der Verfasser gegen Origenes trat. Eine dieser Schriften führte den Titel „Daß die Seele nicht präexistirt und nicht infolge eines Sündenfalles in den Leib verstoßen worden ist"; dieselbe bezeichnete die gegentheilige These des Origenes als „eine Lehre der hellenischen Philosophie, welch letztere denen, die in Christus fromm leben wollen (2 Tim. 3, 12), fremd ist und ferne liegt". Die auch in syrischer Uebersetzung vorliegende epistola canonica des hl. Petrus ist eine Sammlung von Canones (Bußcanones) aus verschiedenen Schriften oder Briefen des Heiligen.

Die Fragmente der Schriften des hl. Petrus bei *Routh*, Reliquiae sacrae (ed. 2) IV, 19—82; *Migne*, P. gr. XVIII, 449—522; vgl. *Pitra*, Analecta sacra III, 599. Die ep. canonica griechisch und syrisch bei *A. P. de Lagarde*, Reliquiae iuris eccles. antiquissimae. Lipsiae 1856. p. 63—73 des griech., p. 99—117 des syrischen Textes. Andere syrische und armenische Fragmente nebst lateinischer Uebersetzung bei *Pitra* l. c. IV, 187—195. 425—430. Vgl. Harnack, Gesch. der altchristl. Litteratur I, 443—449. — Der Vorgänger des hl. Petrus auf dem bischöflichen Stuhle von Alexandrien, Theonas (282—300), pflegte mit dem Bischofe Theonas identificirt zu werden, unter dessen Namen d'Achery 1675 einen lateinischen Brief herausgab, welcher dem Oberstkämmerer Lucianus (Luciano praeposito cubiculariorum) und den übrigen Christen am kaiserlichen Hofe (Diokletians?) als Norm ihres Verhaltens dienen will (*D'Acherius*, Veterum aliquot scriptorum Spicilegium. T. XII. Paris. 1675. p. 545—550: Epistola Theonae episcopi). Dieser Brief ist seitdem unbeanstandet durch die Bibliothecae Patrum gegangen (*Routh* l. c. III, 437—449; *Migne* l. c. X, 1567—1574), bis er 1886 durch Batiffol als ein elegantes Exercitium (un exercice élégant) des Oratorianers J. Vignier († 1661) erklärt wurde (*P. Batiffol*, L'épître de Théonas à Lucien: Bulletin critique T. VII. Paris 1886. p. 155—160). Näheres bei Harnack in der Theol. Literaturzeitg., Jahrg. 1886, Sp. 319—326. Vgl. § 3, 2 (zu dem Spicilegium d'Acherys).

## § 31. Gregor der Wunderthäter.

1. **Leben.** — Gregor mit dem Beinamen „der Wunderthäter" ward um 210 zu Neocäsarea in Pontus geboren und wuchs hier unter dem Namen Theodor in vornehmer heidnischer Umgebung auf. Sein Lehrer im Lateinischen bewog ihn zu dem Entschlusse, sich dem Studium der Rechtswissenschaft zu widmen, und zur Ausführung dieses Vorhabens begab er sich, von seinem Bruder Athenodorus begleitet, nach Berytus in Phönicien. Durch Familienverhältnisse gezwungen, nach Cäsarea in Palästina überzusiedeln, wurden die beiden Brüder hier durch die Persönlichkeit und den Lehrvortrag des Origenes derart gefesselt, daß sie den anfänglich wiederholt gefaßten Plan, heimlich nach Berytus oder in die Heimat zu entfliehen, aufgaben und nun in Cäsarea blieben, ganz hingegeben dem bewunderten Meister, welcher die empfänglichen Jünger für die Beschäftigung mit den heiligen Schriften und damit allmählich für das Christenthum zu gewinnen wußte. Die erste Begegnung Theodors oder, wie er als Christ sich nannte, Gregors mit Origenes wird in das Jahr 231 zu verlegen sein. Seine Studien unter des Origenes Leitung währten

bis zum Jahre 238 oder 239; eine Unterbrechung erlitten dieselben nur durch die Christenverfolgung unter Maximinus Thrax (235—237/238), durch welche Origenes nach der gewöhnlichen Annahme zur Flucht nach Kappadocien genöthigt wurde, während Gregor nach Alexandrien ging. Im Jahre 238 oder 239 nahm Gregor von Cäsarea und von seinem Lehrer in einer öffentlichen Lob= und Dankesrede (convocata grandi frequentia, ipso quoque Origene praesente *Hier.*, De vir. ill. c. 65) Abschied und trat mit seinem Bruder die Rückreise in die Heimat an. Schon im Jahre 240, wie es wenigstens scheint, wurde er durch Phädimus, Bischof von Amasea, der Metropole von Pontus, zum ersten Bischofe seiner Vaterstadt Neocäsarea bestellt. Nachrichten über seine Wirksamkeit als Bischof bietet fast nur die etwas legenhaft ausgeschmückte und insbesondere in ihren chronologischen Angaben sehr unzuverlässige Biographie Gregors von der Hand Gregors von Nyssa (*Migne*, P. gr. XLVI, 893—957). Vor Antritt seines bischöflichen Amtes, berichtet der Nyssener, zog sich der Thaumaturge in die Einsamkeit zurück, und hier erschien ihm, „während er einmal nächtlicherweile über das Wort des Glaubens nachdachte und allerlei Erwägungen pflog" (XLVI, 909), die allerseligste Jungfrau in Begleitung des hl. Johannes, und letzterer theilte ihm auf Geheiß der erstern eine Glaubensformel mit, welche Gregor nach dem Verschwinden der Erscheinung sofort niederschrieb. Das Autograph Gregors war zur Zeit der Berichterstattung seines Biographen in Neocäsarea noch vorhanden (XLVI, 913). Makrina, die Großmutter Gregors von Nyssa und Basilius' des Großen, war durch den Thaumaturgen selbst nach dieser Formel unterrichtet worden; sie hatte dieselbe ihren Enkeln nach Kappadocien gebracht; sie wird wohl auch für Gregor von Nyssa die nächste Quelle seines Berichtes gewesen sein. Die Formel (ἔκθεσις τῆς πίστεως) enthält eine kurze, aber sehr klare und präcise Darlegung der Trinitätslehre. In der Folge erlangte dieselbe ein sehr hohes Ansehen. Gregor von Nyssa erzählt weitläufig die einzelnen Wunderthaten, welche unserem Gregor den Beinamen des Thaumaturgen erwarben. Jedenfalls muß letzterer eine sehr erfolgreiche Thätigkeit entfaltet und eines außerordentlichen Rufes sich erfreut haben. Im Jahre 265 nahm er mit seinem Bruder Athenodorus, welcher gleichfalls Bischof in Pontus geworden war, an der großen Synode zu Antiochien gegen Paul von Samosata theil. Vielleicht hat er auch der 269 ebendort in derselben Angelegenheit abgehaltenen Synode beigewohnt. Sein Tod pflegt um 270 angesetzt zu werden.

2. Schriften. — In der vorhin erwähnten Abschiedsrede, Panegyricus auf Origenes (εἰς Ὠριγένην προσφωνητικὸς καὶ πανηγυρικὸς λόγος) betitelt, hat Gregor nicht bloß seinem Lehrer, sondern auch sich selbst ein herrliches Denkmal gesetzt. Die Schwulst und Geschraubtheit der schulmäßigen Rhetorik hemmt doch nicht den Strom lebendigen und warmen Gefühls, tiefster Dankbarkeit gegen Origenes und aufrichtigster Begeisterung für die heilige Wissenschaft. Historisch werthvoll ist die Skizze des bisherigen Lebenslaufes und Bildungsganges des Redners (c. 5—6) sowie die Schilderung der Lehrmethode des Origenes (c. 7—15; vgl. § 29, 2). Interessant und für die Kenntniß des Bußwesens der alten Kirche wichtig ist ein sogen. canonischer Brief (ἐπιστολὴ κανονική) Gregors an einen Bischof in Pontus, Fragen der Kirchendisciplin betreffend, welche sich aus Anlaß der Plünderungszüge der Goten durch das

nördliche Kleinasien (253—258) ergeben hatten. Die „Metaphrase zum Pre=
biger" (μετάφρασις εἰς τὸν Ἐκκλησιαστὴν τοῦ Σολομῶντος) ift eine freie Um=
ſchreibung des griechiſchen Textes. Ein von Baſilius b. Gr. (Ep. 210, ad
primores Neocaes., c. 5: *Migne*, P. gr. XXXII, 776) angeführter „Dialog
mit Aelianus" (πρὸς Αἰλιανὸν διάλεξις) ſcheint zu Grunde gegangen zu ſein.
Mehrere andere Schriften ſind unecht. Die Schrift ἡ κατὰ μέρος πίστις (b. h.
der ſeinen einzelnen Beſtandtheilen nach dargelegte Glaube) iſt in Wahrheit
von Apollinarius von Laodicea († 390) verfaßt worden. Noch jüngern Da=
tums ſind die auch die neſtorianiſchen und die eutychianiſchen Irrthümer
berückſichtigenden zwölf Kapitel (κεφάλαια περὶ πίστεως δώδεκα), dogmatiſche
Theſen nebſt Anathematismen und Erläuterungen. Vier Homilien, drei auf
Mariä Verkündigung, eine auf Theophanie (Epiphanie) oder die Taufe des
Herrn (vgl. § 25, 5), ſind gleichfalls unterſchoben, und von dem kurzen Trac=
tate über die Seele (περὶ ψυχῆς λόγος κεφαλαιώδης) wird dasſelbe gelten. —
In den letzten Jahrzehnten kam Gregor als Schriftſteller zu neuen Ehren.
De Lagarde veröffentlichte 1858 in ſyriſchem Texte unter dem Namen Gregors
(außer mehreren auch griechiſch unter Gregors Namen vorliegenden Stücken)
eine Abhandlung „An Philagrius über die Wesensgleichheit" und ein größeres
Werk „An Theopompus über die Leidensunfähigkeit und die Leidensfähigkeit
Gottes". Die Abhandlung „An Philagrius" erkannte Dräſeke als identiſch
mit dem unter den Werken des hl. Gregor von Nazianz wie auch unter den=
jenigen des hl. Gregor von Nyſſa ſtehenden und ſehr wahrſcheinlich dem Na=
zianzener angehörenden Briefe πρὸς Εὐάγριον μοναχὸν περὶ θεότητος (§ 50, 5).
Die unrichtige Bezeichnung des Adreſſaten (Philagrius ſtatt Evagrius) iſt aus
Vernachläſſigung der griechiſchen Vorlage oder aus vermeintlicher Correctur
von ſeiten des ſyriſchen Ueberſetzers zu erklären. Die Schrift „An Theo=
pompus" hingegen, welche in Form eines Dialoges verläuft und hauptſächlich
die Frage erörtert, ob mit der Leidensunfähigkeit Gottes auch ſeine Theilnahm=
loſigkeit gegen die Geſchicke der Menſchheit als nothwendige Folge gegeben ſei,
iſt allgemein als Werk des Wunderthäters anerkannt worden. Der Iſokrates,
als deſſen Schüler der Verfaſſer (c. 6) ſeinen Theopompus bezeichnet, wäre
nach Dräſeke mit dem anderweitig bekannten Gnoſtiker Sokrates zu identifi=
ciren, welcher die an Epikur erinnernde Lehre vertreten habe, daß Gott ſeinem
Weſen nach ſeit Ewigkeit in unthätiger Ruhe verharre, jeder Sorge um die
Menſchen entrückt. Im Jahre 1883 wurden von P. Martin acht Homilien
unter Gregors Namen in armeniſcher Ueberſetzung herausgegeben, unter ihnen
fünf, deren griechiſches Original noch nicht aufgefunden worden iſt: Homilia
in nativitatem Christi, Sermo de incarnatione, Laus S. Dei genitricis et
semper virginis Mariae, Panegyricus sermo in S. Dei genitricem et
semper virginem Mariam, Sermo panegyricus in honorem S. Stephani
protomartyris. Wenigſtens die erſtgenannte Homilie in nativitatem Christi
wird mit Sicherheit als echt bezeichnet werden dürfen, weil ſie ſich mehrfach
ſo nahe mit der Schrift „An Theopompus" berührt, daß die Identität des
Verfaſſers kaum einem Zweifel unterliegt. In dieſer Homilie wird wieder
und wieder, als ein Poſtulat der Chriſtologie, die Anſchauung ausgeſprochen,
quod ante partum et post partum virgo in virginitate sua perman-
serit (c. 16).

3. Literatur. — Sammlungen der griechiſch erhaltenen Schriften und Schriften=
fragmente Gregors bei *Gallandi*, Bibl. vet. Patr. T. III. p. 377—469; *Migne*, P. gr.
X, 963—1232. Eine kleine Nachleſe gab *Pitra*, Analecta sacra III, 589—595. Die
Glaubensformel (Abf. 1) ward griechiſch und in zwei alten lateiniſchen Ueberſetzungen
(von Rufin und von einem Unbekannten) von neuem herausgegeben durch C. P. Caſ=
pari, Alte und neue Quellen zur Geſchichte des Tauffymbols und der Glaubens=
regel. Chriſtiania 1879. S. 10—17. Der Textausgabe läßt Caſpari S. 25—64
einen eingehenden Nachweis der Echtheit und der Integrität der Formel folgen. Die
Abfaſſung derſelben fällt nach ihm zwiſchen die Jahre 260 und 270. Ein Abdruck
des „canoniſchen Briefes" auch bei *Pitra*, Iuris eccles. Graecorum historia et
monumenta. T. I. Romae 1864. p. 562—566. Der Commentar des byzan=
tiniſchen Hiſtorikers Johannes Zonaras (im 12. Jahrh.) zu dem canoniſchen
Briefe (*Migne*, P. gr. X, 1019—1048) ward von neuem herausgegeben und be=
ſprochen von J. Dräſeke, Johannes Zonaras' Commentar zum canoniſchen Brief
des Gregorios von Neocäſarea: Zeitſchr. f. wiſſenſchaftl. Theol. 1894. Bd. I. S. 246
bis 260. Die unechte Schrift ἡ κατὰ μέρος πίστις bei *A. Mai*, Script. vet. nov.
Coll. T. VII. Romae 1833. p. 170—176, und bei *P. A. de Lagarde*, Titi
Bostreni quae ex opere contra Manichaeos edito in cod. Hamburg. servata
sunt graece. Accedunt Iulii Romani epistolae et Gregorii Thaumat. κατὰ
μέρος πίστις. Berol. 1859. p. 103—113. Ueber die Abfaſſung dieſer Schrift
durch Apollinarius von Laodicea ſ. Caſpari a. a. O. S. 65—146. In be=
treff der vier griechiſch vorliegenden Homilien ſ. J. Dräſeke, Ueber die dem
Gregorios Thaumaturgos zugeſchriebenen vier Homilien und den Χριστὸς πάσχων:
Jahrbb. f. prot. Theol., Jahrg. 1884, S. 657—704. Dräſeke will auch drei dieſer
Homilien Apollinarius zueignen. Echte und unechte Schriften Gregors in ſyriſcher
Ueberſetzung wurden zuerſt von P. de Lagarde (Analecta Syriaca. Lips. et Lond.
1858. p. 31—67) herausgegeben. Nach dieſer Ausgabe hat V. Ryſſel (Gregorius
Thaumaturgus, ſein Leben und ſeine Schriften, nebſt Ueberſetzung zweier bisher
unbekannter Schriften Gregors aus dem Syriſchen. Leipzig 1880. 8⁰) die Schriften
„An Philagrius" und „An Theopompus" ins Deutſche übertragen (S. 65—70.
71—99). Näheres über dieſe beiden Schriften bei Dräſeke, Geſammelte Patri=
ſtiſche Unterſuchungen. Altona u. Leipzig 1889. S. 103—168: „Gregorios von
Nazianz." P. Martin (bei *Pitra*, Analecta sacra. T. IV. Paris. 1883) ver=
anſtaltete eine neue Ausgabe der ſyriſch erhaltenen Schriften Gregors (p. 81—133;
lateiniſch p. 345—386) und fügte denſelben acht Homilien in armeniſcher Ueber=
ſetzung bei (p. 134—169; lateiniſch p. 386—412). „Ausgewählte Schriften des
hl. Gregorius Thaumat." (der Panegyricus auf Origenes, die Glaubensformel
und der canoniſche Brief) wurden von J. Margraf aus dem Griechiſchen ins
Deutſche überſetzt, Kempten 1875 (Bibl. der Kirchenväter). Im übrigen ſ. Ryſſel
a. a. O. Sonſtige Literatur über Gregor verzeichnen *Chevalier*, Répert. des
sources hist. 920—921. 2621; *Richardson*, Bibliograph. Synopsis 65—66.

## § 32. Methodius von Olympus.

1. Leben. — Nähere Nachrichten über den Lebensgang des hl. Methodius
liegen nicht vor. Euſebius hat (vermuthlich aus Voreingenommenheit für
Origenes und wider deſſen Gegner, vgl. § 33, 4) kaum den Namen dieſes
hervorragenden Schriftſtellers erwähnt, und ſtellen daher die wenigen Zeilen
bei Hieronymus (De vir. ill. c. 83) die wichtigſte Quelle über denſelben dar.
Dieſe Quelle aber iſt nicht durchweg zuverläſſig. Die Angabe, Methodius
ſei Biſchof von Olympus in Lycien und ſpäter Biſchof von Tyrus (in Phö=

nicien) gewesen, dürfte in ihrem zweiten Theile auf einem Irrthume beruhen.
Die spätern Stimmen, welche Methobius als Bischof von Patara (in Lycien)
bezeichnen, dürften überhaupt keinen Glauben verdienen. Als Bischof von
Olympus starb Methobius den Tod eines Martyrers, jedenfalls in der
Verfolgung unter Maximinus Daza, nach der gewöhnlichen Annahme im
Jahre 311.

2. Schriften. — In schöner und geschmackvoller Sprache, berichtet Hiero=
nymus weiter, schrieb Methobius adversum Porphyrium libros et Symposium decem virginum, de resurrectione opus egregium contra Origenem et adversus eumdem de Pythonissa et de autexusio (περὶ τοῦ
αὐτεξουσίου), in Genesim quoque et in Cantica canticorum commentarios
et multa alia quae vulgo lectitantur. Von allen diesen Schriften ist nur
das Gastmahl der zehn Jungfrauen (συμπόσιον ἢ περὶ ἁγνείας) vollständig im
Urterte erhalten. Titel und Anlage der Schrift sind dem „Gastmahle" Platos
entlehnt. Während jedoch Plato den Eros zum Gegenstande der Tischreden
macht, läßt Methobius eine jede der zehn Jungfrauen eine Lobrede auf die
jungfräuliche Keuschheit halten: die unbefleckte Jungfräulichkeit stehe hoch über
dem ehelichen Stande, sie müsse als das vollkommene christliche Leben gelten.
Den Schluß und die Krone des Ganzen bildet ein Hymnus zum Preis der
Keuschheit: Thekla singt, und die Freundinnen antworten nach jeder Strophe
mit einem Refrain. Von dem griechischen Texte der Schriften über die Auf=
erstehung (περὶ ἀναστάσεως) und über den freien Willen (περὶ τοῦ αὐτεξουσίου)
besitzen wir größere Fragmente. Ihrem ganzen Umfange nach sind diese
Schriften in einem altslavischen Corpus Methodianum überliefert, welches
jüngst (1891) durch Bonwetsch in einer deutschen Uebersetzung der abend=
ländischen Wissenschaft zugänglich gemacht wurde. Die Schrift über den freien
Willen, in Form eines Dialoges verlaufend, bekämpft den gnostischen Dualismus
und Determinismus: eine anfangslose Materie als Princip des Bösen lasse
sich nicht annehmen, das Böse sei aus dem freien Willen des Menschen hervor=
gegangen. Von besonderem Werthe und Interesse ist die in drei Bücher ab=
getheilte, gleichfalls in das Gewand eines Gesprächs gekleidete Schrift über die
Auferstehung. Nach Ausweis der griechischen Ueberreste ist der slavische Text
des zweiten und des dritten Buches freilich weniger Uebersetzung als Auszug.
Die schon im Alterthume sehr geschätzte Schrift wendet sich mit allem Nach=
druck gegen die von Origenes verfochtenen Thesen von der Präexistenz und
dem Sündenfalle der Seele, von dem Leibe als ihrem Kerker, von der schließ=
lichen Vernichtung dieses Leibes u. s. f. Der Mensch sei ein geistig-leibliches
Wesen und als solches durch Gottes Hände gebildet. Weil der Leib ein
wesentlicher Bestandtheil des Menschen sei, so müsse auch er unvergänglich sein
(οὐδὲν ὁ θεὸς ματαίως ἢ χεῖρον ἐποίει I, 47, 4; Bonwetsch S. 152). Der
Tod, die Trennung von Seele und Leib, sei eine Folge der Sünde; Frucht
der Erlösung sei Vereinigung des widernatürlich Getrennten sowie Erneuerung
und Verklärung. Außer den beiden genannten Schriften umfaßt die slavische
Sammlung noch vier kleinere Abhandlungen: über das Leben und die ver=
nünftige Handlung, über die Unterscheidung der Speisen, über den Aussatz,
über den Igel (Sprüche 24, 50 LXX), die drei letztern vorwiegend parä=
netischer Tendenz. An der Echtheit dieser Tractate wird sich in der That

nicht rütteln lassen. Von der Abhandlung über den Aussatz hat Bonwetsch auch griechische Fragmente entdeckt, welche wiederum die Annahme von Kür= zungen und Auslassungen im slavischen Texte gebieterisch fordern. Photius (Bibl. cod. 235: *Migne*, P. gr. CIII, 1137—1148) bietet Excerpte aus einer sonst nicht erwähnten Schrift des hl. Methodius über die geworbenen Dinge (περὶ τῶν γενητῶν), welche auch ihre Hauptaufgabe in der Polemik gegen Origenes bezw. dessen Lehre von der Ewigkeit der (Geister=) Welt gesucht zu haben scheint. Endlich sind noch Ueberreste der Streitschrift gegen Porphyrius, eines Commentars über das Buch Job und einer Schrift über die Martyrer zu nennen. Die Homilien De Simeone et Anna und In ramos psalmarum sind ohne Zweifel unterschoben. Die sogen. Revelationes S. Methodii, eine bedeutsame Quelle der mittelalterlichen Kaisersagen, werden zu Ende des 7. Jahrhunderts entstanden sein. Methodius muß als der größte unter den christlichen Schriftstellern seiner Zeit bezeichnet werden. Für seine hohe Begabung und seine klassische Bildung zeugt eine jede seiner Schriften. Besondere Beachtung verdient sein ebenso entschiedenes wie erfolgreiches Auf= treten gegen den Origenismus. Ueber seine Trinitätslehre, insbesondere seine Stellung zum Subordinatianismus, gestatten die erhaltenen Schriften kein sicheres Urtheil.

3. Literatur. — Eine Sammlung der Schriften des hl. Methodius veranstaltete zuerst *Gallandi*, Bibl. vet. Patrum III, 663—832, cf. Proleg. p. LI—LIV; ab= gedruckt bei *Migne*, P. gr. XVIII, 9—408. Eine neue Ausgabe lieferte Jahn: S. *Methodii* Opera et S. Methodius Platonizans. Edidit A. Iahnius. Halis Sax. 1865. 4⁰. (Pars I: S. P. N. Methodii episc. et mart. opera omnia quae quidem integra supersunt ac deperditorum reliquiae. Pars II: S. Me= thodius Platonizans sive Platonismus SS. Patrum ecclesiae graecae S. Me= thodii exemplo illustratus.) G. N. Bonwetsch (Methodius von Olympus. I. Schriften. Erlangen und Leipzig 1891. 8⁰) gibt nicht nur eine deutsche Ueber= setzung der slavischen Sammlung, sondern auch die griechischen Texte mit Ausnahme des Gastmahls und der unechten Schriften. Die griechischen Texte aber erscheinen hier vielfach berichtigt und bedeutend bereichert, theils um die inzwischen von Pitra (Analecta sacra III, 602—612. 617—626) veröffentlichten Fragmente, theils um bisher unbekannte Stücke. Auch die (von P. Martin herausgegebenen und über= setzten) syrischen und armenischen Bruchstücke (bei *Pitra* l. c. IV, 201—209. 434—441) sind wenigstens berücksichtigt und verwerthet worden. In einem zweiten Bande will Bonwetsch eine Untersuchung der in dem ersten enthaltenen Schriften folgen lassen. Ueber die Ausgaben der Revelationes S. Methodii (welche in den genannten Edi= tionen fehlen) s. *Fabricius-Harles*, Bibl. Gr. VII, 269—271. — Ueber Methodius im allgemeinen handeln G. Fritschel, Methodius von Olympus und seine Philo= sophie (Inaug.=Diss.). Leipzig 1879. 8⁰. A. Pankow, Methodius, Bischof von Olympos: Der Katholik. Jahrg. 1887. Bb. II. S. 1—28. 113—142. 225—250; auch separat erschienen, Mainz 1888. 8⁰. Ueber den Bischofssitz des hl. Methodius s. Th. Zahn in der Zeitschr. f. Kirchengesch. Bb. VIII (1885—1886). S. 15—20. Vgl. *W. M. Ramsay*, Methodius, bishop of Olympos [whether Methodius, bishop of Olympos, was ever bishop of Tyre]: The Classical Review 1893, july, p. 311—312. Das Gastmahl behandelt *E. Carel*, S. Methodii Patarensis Convivium decem virginum (Thesis). Parisiis 1880. 8⁰. Das Jungfrauen= lied am Schlusse des Gastmahls ist besonders abgedruckt bei *W. Christ* et *M. Pa= ranikas*, Anthologia graeca carminum christianorum. Lipsiae 1871. p. 33—37. Vgl. zu diesem Liede W. Meyer in Abhandlungen der k. bayer. Akad. d. Wiss.

Cl. I. Bd. XVII. Abth. 2. München 1885. S. 309—313; *Edm. Douvy*, Poètes et Mélodes. Nîmes 1886. p. 30—42. 124—126. Zu der Schrift über den freien Willen vgl. § 23, 4. Ueber den Inhalt der Revelationes f. etwa G. v. Zez= schwitz, Vom Römischen Kaisertum deutscher Nation. Ein mittelalterliches Drama. Leipzig 1877. S. 43 ff. Ueber die Entstehungszeit der Schrift vgl. C. P. Cas= pari, Briefe, Abhandlungen und Predigten aus den zwei letzten Jahrhunderten des kirchlichen Alterthums u. f. w. Christiania 1890. S. 468.

## § 33. Andere Schriftsteller des britten Jahrhunderts.

1. **Julius Africanus und Anatolius.** — Sextus Julius, genannt Africanus, weil aus Afrika stammend, ward, wie er selbst bezeugt (bei *Eus.*, Hist. eccl. VI, 31), durch den hohen Ruf, welchen Heraklas (§ 30, 1) als Lehrer an der Katechetenschule genoß, etwa um 215 zu einer Reise nach Alexandrien veranlaßt. In der Folge erscheint er zu Nikopolis (Emmaus) in Palästina ansässig, ohne daß sich bestimmen ließe, weche Stellung er dort eingenommen. Daß er Bischof gewesen, ist eine jedenfalls unrichtige Folgerung aus dem Ausdrucke προϊστάμενος bei Eusebius (Chron. ad a. Abr. 2239; ed. *Schoene* II, 178), welcher sich wahrscheinlich auf die Leitung einer von Nikopolis an Kaiser Alexander Severus abgegangenen Gesandtschaft bezieht. Der Brief an Origenes, in welchem Africanus die canonische Dignität der Geschichte der Susanna einläßlich bestreitet, ist etwa 228 geschrieben (vgl. § 29, 8). Die Anrede κύριέ μου καὶ υἱέ bezeugt des Briefstellers hohes Alter. Derselbe mag um 237 gestorben sein. Seinen literarischen Ruf verdankt Africanus einer Chronographie in fünf Büchern (χρονογραφίαι *Eus.*, Praepar. evang. X, 10. Demonstr. evang. VIII: *Migne*, P. gr. XXI, 812. XXII, 608), welche von Erschaffung der Welt oder 5499 v. Chr. bis 221 n. Chr. ging und welche die biblische Geschichte mit der Geschichtsüberlieferung der heidnischen Völker in Zusammenhang zu setzen und in Einklang zu bringen suchte. Eu= sebius machte das Werk zur Grundlage seiner Chronik. Jetzt liegen nur noch Fragmente desselben vor, unter ihnen auch ein Verzeichniß der Sieger in den Olympischen Spielen (ὀλυμπιάδων ἀναγραφή). Aus einem encyklopädischen Werke, betitelt „Stickereien" (κεστοί, vgl. § 28, 3), welches nach Photius (Bibl. cod. 34) 14 Bücher umfaßte, sind Auszüge der auf das Kriegswesen und den Ackerbau bezüglichen Abschnitte auf uns gekommen. In dem auch nicht vollständig erhaltenen Briefe an (einen sonst nicht bekannten) Aristides löst Africanus den anscheinenden Widerspruch der beiden Genealogien des Herrn bei Matthäus und bei Lucas in einer Weise, welche auch heute noch vor allen andern Ausgleichsversuchen den Vorzug verdienen dürfte: Jakob, der Vater Josephs bei Matth. 1, 16, und Heli, der Vater Josephs bei Lucas 3, 23, waren Halbbrüder, und zwar Brüder von mütterlicher Seite (ὁμομήτριοι); dem kinderlos verstorbenen Heli erweckte Jakob nach dem Gesetze der Leviratsehe (5 Mos. 25, 5 ff.) Samen in Joseph; Joseph war also von Natur (κατὰ φύσιν) Sohn Jakobs, nach dem Gesetze (κατὰ νόμον) Sohn Helis. Andere Schriften, welche spätere Autoren dem Africanus beilegen, gelten als unecht. — Der Alexandriner Anatolius, welcher um 270 Bischof von Laodicea in Syrien wurde, stand im Rufe eines ausgezeichneten Kenners der mathematischen Wissenschaften. Aus seinen κανόνες περὶ τοῦ πάσχα hat Eu=

sebius (Hist. eccl. VII, 32) ein längeres Fragment aufbewahrt; der Liber Anatoli de ratione paschali, in welchem dieses Fragment mit einigen Ab= weichungen wiederkehrt (c. 2), ist aber wohl erst im 7. Jahrhundert in Eng= land aus Anlaß der britisch=römischen Osterstreitigkeiten gefertigt worden. Auch von den zehn Büchern des Anatolius über Arithmetik haben sich nur kleine Bruchstücke erhalten.

Fragmente der Schriften des Julius Africanus bei *Routh*, Reliquiae sacrae (ed. 2) II, 219—509; *Migne*, P. gr. X, 35—108. *A. J. H. Vincent*, Extraits des manuscrits relatifs à la géométrie pratique des Grecs. Paris 1858. 4⁰. p. 251—275: Extrait des Cestes de Jules l'Africain. Sexti Iulii Africani Ὀλυμπιάδων ἀναγραφή adiectis ceteris quae ex Olympionicarum fastis super- sunt. Rec. *I. Rutgers*. Lugd. Bat. 1862. 8⁰. Fr. Spitta, Der Brief des Julius Africanus an Aristibes. Kritisch untersucht und hergestellt. Halle 1877. 8⁰. Einige unbedeutende neue Fragmente unter des Africanus Namen bei *Pitra*, Ana- lecta sacra II, 291—292; IV, 71. 337. E. Schürer, Julius Africanus als Quelle der Pseudo=Justin'schen Cohortatio ad Graecos: Zeitschr. f. Kirchengesch. Bd. II (1877—1878). S. 319—331; vgl. § 16, 10. H. Gelzer, Sextus Julius Africanus und die byzantinische Chronographie. Erster Theil: Die Chronographie des Julius Africanus. Leipzig 1880. Zweiter Theil, erste Abth.: Die Nachfolger des Julius Africanus. 1885. Die zweite Abtheilung des zweiten Theiles soll die Fragmente der Chronographie bringen. W. Gemoll, Untersuchungen über die Quellen, den Verfasser und die Abfassungszeit der Geoponica (Berliner Studien für classische Philologie und Archäologie. Bd. I. 1883—1884. S. 1—280). S. 78—92 (die κεστοί des Afrikanus als Quelle der Geoponica). K. Trieber, Kritische Beiträge zu Africanus: Historische und philologische Aufsätze, E. Cur- tius ... gewidmet. Berlin 1884. S. 67—77. Sonstige Literatur bei *Chevalier*, Répert. des sources hist. 1311. 2699; *Richardson*, Bibliograph. Syn. 68—69. — Fragmente unter des Anatolius Namen bei *Gallandi*, Bibl. vet. Patr. III, 543—557, cf. Proleg. p. xxxvii sq.; *Migne*, P. gr. X, 207—236. Eine neue Ausgabe des Liber Anatoli de ratione paschali bei Br. Krusch, Studien zur christlich=mittelalterlichen Chronologie. Der 84jährige Ostercyclus und seine Quellen. Leipzig 1880. S. 316—327. Vgl. Th. Zahn, Forschungen zur Geschichte des neutestamentl. Kanons und der altkirchl. Literatur. III. Thl. Suppl. Clement. Erlangen 1884. S. 177—196: „Kritische Fragen über den liber Anatoli de ratione paschali" (Zahn möchte die Schrift dem Anatolius von Laodicea zurück= geben). Sonstige Literatur bei *Chevalier* l. c. 111; *Richardson* l. c. 69.

2. Die Aegyptier Hierakas und Phileas. — Hierakas, ein Kopte, welcher um die Wende des 3. Jahrhunderts zu Leontopolis einen Mönchsverein gründete, war nach der Darstellung des hl. Epiphanius (Haer. 67; cf. 55, 5; 69, 7) ein Gelehrter wie Origenes und hinterließ eine Reihe von Schriften in kop- tischer (ägyptischer) und in griechischer Sprache. Hauptsächlich waren es Commentare zur Heiligen Schrift. Im einzelnen nennt Epiphanius ein Werk über das Hexaemeron und viele neuere Psalmen (ψαλμοὺς πολλοὺς νεωτερικούς). Es ist indessen nichts von diesen Schriften auf uns gekommen. Epiphanius zählt Hierakas den Häretikern bei und wirft ihm insbesondere vor, daß er die Auferstehung des Fleisches geläugnet, daß er die vor Erlangung des Vernunft= gebrauches sterbenden Kinder vom Himmelreiche ausgeschlossen, daß er in Melchisedech den Heiligen Geist habe erscheinen sein lassen. — Bischof Phileas von Thmuis errang um 311 in der Verfolgung unter Maximinus zu Aler=

anbrien die Martyrerkrone. Ein im Kerker abgefaßtes Schreiben desselben an seine Gemeinde, welches Hieronymus (De vir. ill. c. 78) elegantissimum librum de martyrum laude nennt, hat Eusebius großentheils seiner Kirchen= geschichte (VIII, 10) einverleibt. Ein von den Bischöfen Hesychius, Pachomius, Theodorus und Phileas (vgl. *Eus.*, Hist. eccl. VIII, 13) gemeinschaftlich, gleichfalls im Kerker, geschriebener Brief an Bischof Meletius von Lykopolis, welch letzterer ohne Noth in fremden Sprengeln geistliche Weihen vorgenommen hatte, liegt in lateinischer Uebersetzung vor.

Die einzige Quelle über Hierakas ist der um 375 geschriebene Bericht des hl. Epiphanius a. a. O. Vgl. Chr. W. Fr. Walch, Entwurf einer vollständigen Historie der Kezereien u. s. w. Bd. I. Leipzig 1762. S. 815—823; A. Neander, Allgemeine Geschichte der christl. Religion und Kirche. 4. Aufl. Bd. II. Gotha 1864. S. 488—492. Andere Literatur bei *Chevalier* l. c. 1058. — Die beiden Briefe des hl. Phileas bei *Routh*, Reliquiae sacrae (ed. 2) IV, 83—111; *Migne*, P. gr. X, 1559—1568. Literatur über Phileas bei *Chevalier* l. c. 1772; *Richardson* l. c. 71.

3. **Malchio und Dorotheus von Antiochien.** — Der Presbyter Malchio war Vorsteher (προεστώς) einer Sophistenschule zu Antiochien und erfreute sich großen wissenschaftlichen Ansehens (*Eus.*, Hist. eccl. VII, 29). Auf der zweiten antiochenischen Synode gegen Paul von Samosata um 270 mußte Malchio den Häresiarchen in einer Disputation, welche sofort von Schnell= schreibern aufgenommen wurde, des Irrthums zu überführen. Das von Eusebius (l. c. VII, 30) wenigstens zum großen Theile aufbewahrte Synodal= schreiben ist laut Hieronymus (De vir. ill. c. 71) auch von Malchio verfaßt. — Von dem Presbyter Dorotheus zu Antiochien berichtet Eusebius, welcher denselben persönlich kannte: „Voll Eifer für die heiligen Wissenschaften, erlernte er auch die hebräische Sprache, so daß er selbst die hebräischen Schriften fertig zu lesen vermochte" (Hist. eccl. VII, 32). Von einer schriftstellerischen Thätigkeit dieses Dorotheus ist bei Eusebius (und Hieronymus) nicht die Rede. In späterer Zeit tauchen unter dem Namen eines Bischofs Dorotheus von Tyrus, welcher unter Julian als Martyrer gestorben sein soll, Schriften über die Propheten, die Apostel, die 70 Jünger auf.

Fragmente unter dem Namen Malchios bei *Gallandi*, Bibl. vet. Patr. III, 558—562, cf. Proleg. p. xxxix sq.; *Migne*, P. gr. X, 247—260. *Routh*, Reliquiae sacrae (ed. 2) III, 285—367: Concilium Antiochenum contra Paulum Samosatenum. Drei neue, leider allzu kurze Fragmente der Disputatio Malchionis contra Paulum S. bei *Pitra*, Analecta sacra III, 600—601. Vgl. Harnack, Gesch. der altchristl. Litt. I, 520 ff. — Ueber die genannten Schriften des Bischofs Dorotheus von Tyrus s. R. A. Lipsius, Die apokryphen Apostelgeschichten und Apostellegenden. Bd. I. Braunschweig 1883. S. 193—205.

4. **Pamphilus von Cäsarea.** — Der hl. Pamphilus stammte aus einer angesehenen Familie zu Berytus in Phönicien und widmete sich unter Pierius (§ 30, 2) zu Alexandrien dem Studium der Theologie. Später nahm er zu Cäsarea in Palästina seinen bleibenden Wohnsitz. Er empfing hier von Bischof Agapius von Cäsarea die Priesterweihe, gründete eine theologische Schule und legte zugleich jene berühmte Bibliothek an, aus deren Schätzen Eusebius und Hieronymus (vgl. *Hier.*, De vir. ill. c. 75) schöpften. Nach

mehrjähriger Kerkerhaft durfte auch er 309 unter Maximinus seinen Glauben mit dem Blute besiegeln. Im Kerker schrieb er unter Beihilfe des Eusebius eine umfassende Apologie des Origenes in fünf Büchern, welchen Eusebius nach des Pamphilus Tode noch ein sechstes Buch anreihte. In diesem sechsten Buche wurde das Andenken des Origenes auch gegen die Angriffe des hl. Methobius (§ 32) in Schutz genommen (s. *Hier.*, Apol. adv. libros Rufini I, 11: *Migne*, P. lat. XXIII, 405). Es hat sich jedoch nur das erste Buch, und zwar in der nicht sehr zuverlässigen Uebersetzung des Rufinus, auf unsere Tage gerettet. Eusebius verfaßte auch eine besondere Lebensbeschreibung seines verstorbenen Lehrers und Freundes (s. *Eus.*, H. st. eccl. VII, 32; *Hier.*, De vir. ill. c. 81. Apol. adv. libros Rufini I, 9). Dieselbe ist indessen gleichfalls zu Grunde gegangen.

Die Apologia S. Pamphili pro Origene, interprete Rufino, bei *Routh*, Reliquiae sacrae (ed. 2) IV, 339—392; *Migne*, P. gr. XVII, 521—632 (inter opp. Orig.). Anderes unter dem Namen des hl. Pamphilus, bezw. Nachrichten über ihn bei *Migne* l. c. X, 1529—1558; *Routh* III, 485—512. Vgl. Harnack, Gesch. der altchristl. Litt. I, 543—550. Ueber die Bibliothek, welche Pamphilus anlegte und der Kirche von Cäsarea schenkte, handelt A. Ehrhard, Die griechische Patriarchal-Bibliothek von Jerusalem. Ein Beitrag zur griechischen Paläographie: Römische Quartalschr. f. christl. Alterthumskunde u. f. Kirchengesch. Jahrg. 1891, S. 217 bis 265. 329—331. 383—384; Jahrg. 1892, S. 339—365.

## Zweiter Theil.

# Lateinische Schriftsteller.

## § 34. Vorbemerkungen.

1. Die Sprache der lateinischen Kirchenschriftsteller. — Die Sprache der lateinischen Kirchenschriftsteller ist wesentlich beeinflußt worden durch den Ausdruck der ältesten lateinischen Bibelübersetzungen, welche unter dem Namen Itala zusammengefaßt zu werden pflegen (im Anschluß an die vielberufene Aeußerung des hl. Augustinus De doctr. christ. II, 15; *Migne*, P. lat. XXXIV, 46: in ipsis autem interpretationibus Itala ceteris praeferatur, nam est verborum tenacior cum perspicuitate sententiae). Diese Uebersetzungen redeten die Sprache des Volkes (lingua rustica), schmiegten sich überdies ihrer griechischen Vorlage, beim Alten Testamente dem vorhexaplarischen Texte oder der κοινὴ ἔκδοσις der Septuaginta (vgl. § 29, 6), so enge wie nur immer möglich an und waren daher an Gräcismen wie an Hebraismen außerordentlich reich. Ein ähnliches Gepräge, volksthümlichen Ton und ausgiebige Verwendung griechischer und hebräischer Wörter und Phrasen, zeigt auch die Sprache der ältesten lateinischen Kirchenschriftsteller. Doch wurden bereits von Tertullian manche griechische Wörter mit mehr oder weniger Glück durch neue lateinische Wortbildungen ersetzt, und im Verlaufe erhielten naturgemäß viele altlateinische Ausdrücke neue, christliche Bedeutungen. Dagegen

blieb die Sprache der chriſtlichen Schriftſteller auch für die Folge meiſt in
enger Fühlung mit der Redeweiſe des Volkes; die maßgebenden Grundſätze
erhellen aus manchen gelegentlichen Bemerkungen des hl. Hieronymus (vgl. etwa
Ep. 64, ad Fabiolam, c. 11; *Migne* l. c. XXII, 614: volo pro legentis
facilitate abuti sermone vulgato) und des hl. Auguſtinus (vgl. etwa
Enarr. in ps. 138 n. 20; *Migne* l. c. XXXVII, 1796: melius est reprehendant nos grammatici quam non intelligant populi; andere Stellen
§ 76, 11).

G. Koffmane, Geſchichte des Kirchenlateins. Bd. I. Entſtehung und Entwicklung des Kirchenlateins bis auf Auguſtinus-Hieronymus. Heft 1. Breslau
1879. 8°. Heft 2. 1881. Mehr iſt nicht erſchienen. Die Sprache vieler einzelnen
lateiniſchen Kirchenſchriftſteller hat beſondere Darſtellungen gefunden, welche in der
Folge bei den betreffenden Autoren namhaft gemacht werden ſollen. — Das wichtigſte
lexikaliſche Hilfsmittel für die ſpätere Latinität lieferte Du Cange (vgl. § 4, 1):
Glossarium ad scriptores mediae et infimae latinitatis. Lut. Par. 1678.
3 voll. 2°. Das Werk erlebte viele verbeſſerte und vermehrte Ausgaben. Die
neueſten Editionen veranſtalteten G. A. L. Henſchel, Paris 1840—1850. 7 Bde. 4°,
und L. Favre, Niort 1883—1887. 10 Bde. 4°. „Als Vorarbeit zu einem Thesaurus linguae latinae" wird ſeit 1884 von E. Wölfflin ein „Archiv für lateiniſche Lexikographie und Grammatik mit Einſchluß des älteren Mittellateins" herausgegeben. Treffliche Dienſte leiſten einſtweilen die den Wiener Ausgaben lateiniſcher
Kirchenſchriftſteller (§ 3, 2) beigegebenen indices verborum et locutionum. —
Ueber die Itala ſ. die Lehrbücher der Einleitung in die Heilige Schrift. Vgl. auch
die Literaturangaben bei Teuffel-Schwabe, Geſch. der Römiſchen Literatur.
5. Aufl. S. 942—944.

2. Allgemeine Ueberſicht über die lateiniſche Literatur des erſten Zeitraums. — Erſt ſeit der zweiten Hälfte des 2. Jahrhunderts treten lateiniſche
Kirchenſchriftſteller auf. Ihre Zahl iſt in dem fraglichen Zeitraume nicht
groß; die meiſten und bedeutendſten gehen aus Nordafrika hervor. Im Unterſchiede von der griechiſchen zeigt die lateiniſche Literatur ſchon in dieſem erſten
Zeitraume eine vorwiegend praktiſche Richtung; die Speculation tritt in den
Hintergrund; das zunächſt Nothwendige oder Nützliche iſt Zweck und Ziel
auch der literariſchen Thätigkeit. Gleichwohl weiſt indeſſen die lateiniſche
Literatur der in Rede ſtehenden Zeit eine faſt überraſchende Mannigfaltigkeit
und Vielſeitigkeit auf. Die Natur der Zeitverhältniſſe bedingt das Vorwalten
der Apologie (Minucius Felix, Tertullian, Cyprian, Commodian, Arnobius,
Lactantius). In dem ſchriftſtelleriſchen Nachlaſſe Tertullians nimmt auch die
Polemik einen breiten Raum ein. Die didaktiſch gehaltenen Schriften dienen
meiſt der Förderung chriſtlicher Zucht und Sitte; das religiöſe Lehrbuch des
Lactantius zieht zugleich die wichtigſten Fragen der Dogmatik in den Kreis
der Behandlung. Die alt- und neuteſtamentlichen Commentare des hl. Victorinus ſtellen die früheſten Anfänge lateiniſcher Bibelexegeſe dar, und die
313 oder 314 verfaßte Schrift De mortibus persecutorum iſt die erſte
Vertreterin der hiſtoriſchen Darſtellung. Commodian endlich eröffnet die Reihe
der chriſtlich-lateiniſchen Dichter.

*Henry*, Des origines de la littérature latine chrétienne et de ses ca-
ractères jusqu'au temps de St. Jérôme (Leçon d'ouverture etc.). Montpellier 1892. 8°.

## § 35. Minucius Felix.

1. Der Dialog Octavius (Inhalt). — Als das älteste uns erhaltene Denkmal der christlich-lateinischen Literatur wird in neuerer Zeit meist der Dialog Octavius bezeichnet, eine Apologie des Christenthums, welche sich den Werken der griechischen Apologeten in würdigster Weise anreiht. Ob der Verfasser diese griechischen Vorgänger, insbesondere Athenagoras, gekannt hat, ist bestritten; als sicher aber darf es gelten, daß er die Anlage seiner Schrift dem Werke Ciceros De natura deorum entlehnt hat. Er läßt zwei seiner Freunde als Sprecher auftreten, den Heiden Cäcilius Natalis und den Christen Octavius Januarius, dessen Namen die Schrift trägt. Sie haben mit dem Verfasser, welchen sie Marcus anreden (c. 3, 1; 5, 1 ed. *Halm*), von Rom aus einen Ausflug nach dem Meeresstrande unternommen und sind auf dem Wege einem Serapisbilde begegnet. Cäcilius, der Heide, unterließ es nicht, dem Götzen seine Verehrung zu bezeigen (manum ori admovens osculum labiis impressit c. 2, 4), und Octavius, der Christ, machte seinem Unwillen hierüber in einem Vorwurfe gegen Marcus Luft, welcher einen nahen Freund in einer solchen Blindheit des unwissenden Volkes lasse (in hac imperitiae vulgaris caecitate deserere c. 3, 1). Die Wanderer langen am Ufer des Meeres an, und es entspinnt sich eine anderweitige Unterhaltung. Cäcilius aber bleibt schweigsam und theilnahmlos. Von Marcus zur Rede gestellt, bekennt er, durch des Octavius Wort schwer gekränkt zu sein, und bringt sofort eine eingehende und umfassende Disputation in Vorschlag (de toto et integro mihi cum Octavio res est c. 4, 4). Marcus, welcher zum Schiedsrichter erkoren wird, in ihrer Mitte, lassen sich die Gegner am Meeresstrande nieder. Cäcilius verficht den Skepticismus und bekämpft das Christenthum als Abfall von dem Glauben der Väter, welchem doch Rom seine Größe verdanke, und als Truggebilde, welches aller Vernunft und Sittlichkeit Hohn spreche (c. 5—13). Nach einigen Zwischenbemerkungen ergreift Octavius das Wort, um zuerst den heidnischen Polytheismus in vernichtender Weise zu geißeln und sodann die Anklagen des Cäcilius gegen die Christen (Verehrung eines Eselskopfes, Anbetung der genitalia sacerdotis, thyesteische Mahlzeiten, ödipodeische Vermischungen, Atheismus) auf das überzeugendste zurückzuweisen (c. 16—38). Eines Schiedsrichterspruches bedarf es nicht. Cäcilius erklärt sich selbst mit Freuden für überwunden. Post haec, so schließt der Verfasser (c. 40, 4), laeti hilaresque discessimus, Caecilius quod crediderit, Octavius gaudere quod vicerit, ego et quod hic crediderit et hic vicerit. An Kunst der Anlage wie an Anmuth der Darstellung dürfte diese Schrift alle andern Apologien des Alterthums überragen. Auch die lateinischen Profanschriftsteller des 2. Jahrhunderts können dem Verfasser den Vorrang an Schönheit und Gewandtheit des Ausdrucks nicht streitig machen. Derselbe steht auf der Höhe der Bildung seiner Zeit und sucht seine Leser in den Kreisen der gebildeten Heiden. Trotz aller Schärfe der Kritik macht sich denn auch immer wieder eine entgegenkommende Milde und Weitherzigkeit des Urtheils geltend. Die Heilige Schrift wird nicht ein einziges Mal angezogen, während gerade der Vertreter des Christenthums, Octavius, wiederholt heidnische Autoren, Griechen wie Lateiner, zu Zeugen aufruft. Die Mysterien der christlichen

Glaubenslehre kommen nicht zur Sprache; der Vielgötterei gegenüber wird die neue Religion als Monotheismus dargestellt.

2. Der Dialog Octavius (Fortsetzung). Abfassungszeit. — Auch in vorliegendem Falle ist die Bestimmung der Lebenszeit des Verfassers bedingt durch die Frage nach der Abfassungszeit der Schrift. Zu einer genauern Umgrenzung der Abfassungszeit bietet nun der Dialog selbst keine zuverlässige Handhabe. Wenn Cäcilius gelegentlich auf eine Rede Frontos von Cirta mit den Worten verweist: Cirtensis nostri testatur oratio (c. 9, 6; vgl. die Erwiderung des Octavius c. 31, 2: tuus Fronto), so scheint er von der Voraussetzung auszugehen, daß Fronto (gest. um 175), wenn nicht noch unter den Lebenden weilte, so doch noch eine weithin bekannte Persönlichkeit von großem Ansehen war. Die frühesten Spuren unseres Dialoges findet man neuerdings gewöhnlich in dem etwa 197 verfaßten Apologeticum Tertullians (§ 36, 5). Jedenfalls besteht zwischen der Rede des Octavius und den betreffenden Ausführungen Tertullians in der Sache wie im Ausdruck eine so enge Verwandtschaft, daß die Annahme der Benutzung des einen durch den andern sich nicht umgehen läßt, man müßte denn beide gemeinsam aus einer sonst ganz unbekannten dritten Schrift apologetischen Inhalts schöpfen lassen wollen. Es ist jedoch schwierig, zu entscheiden, ob Tertullian sich an Octavius anlehnt oder aber Octavius an Tertullian. Lactantius (Div. Instit. V, 1, 22 ed. *Brandt*) scheint vorauszusetzen, daß der Verfasser unseres Dialoges vor Tertullian geschrieben habe. Unzweifelhaft aber setzt Hieronymus (De vir. ill. c. 53 u. c. 58; *Migne*, P. lat. XXIII, 661 u. 669) vielmehr voraus, daß Tertullian der Aeltere sei. Dieser letztern Voraussetzung entsprechend pflegte man in der Folge dem Verfasser des Apologeticum die Priorität vor dem Verfasser unseres Dialoges zuzuerkennen. In neuerer Zeit hat indessen die gegentheilige Ansicht, namentlich infolge der Untersuchungen Eberts (1870), immer weitere Verbreitung erlangt. Als beweisend gelten insbesondere die Citate: Nepos et Cassius in historia bei Octavius c. 21, 4, und Cassius Severus aut Cornelius Nepos bei Tertullian c. 10; den von Octavius angezogenen Historiker Cassius Hemina (im 2. Jahrhundert v. Chr.) habe Tertullian verwechselt mit dem viel bekannten Redner Cassius Severus (unter Augustus). Die Abfassung unseres Dialoges wäre nach dieser Ansicht etwa in den Anfang der Regierung des Commodus (180—192) zu verlegen. Uebrigens hat nicht nur die Annahme einer Abhängigkeit des Octavius von Tertullian, sondern auch die Annahme einer verloren gegangenen beiderseitigen Vorlage noch in den letzten Jahren gewichtige Vertreter gefunden. Fast sämtliche Forscher aber stimmen darin überein, daß der hl. Cyprian in der etwa 248 verfaßten Schrift Quod idola dii non sint (§ 37, 2) auch von unserem Dialoge ausgiebigen Gebrauch macht.

3. Der Verfasser und seine beiden Freunde. — Der Verfasser heißt in dem Dialoge selbst, wie schon gesagt (Abs. 1), Marcus. Seinen vollen Namen, Marcus Minucius Felix, erfahren wir erst durch dieselben Gewährsmänner, welche auch den Titel des Dialoges überliefert haben: Lactantius (Div. Instit. V, 1, 22; vgl. I, 11, 55) und Hieronymus (De vir. ill. c. 58; vgl. Ep. 70, ad Magnum, c. 5: *Migne*, P. lat. XXII, 668). Nach ihnen war Minucius Felix ein hervorragender Sachwalter (causidicus) des römischen Forums.

Daß er zu Rom lebte und iudiciaria cura übte, erhellt auch aus dem Ein=
gange des Dialoges (c. 2). Erst in spätern Jahren war er „aus tiefer
Finsterniß zu dem Lichte der Weisheit und Wahrheit" emporgedrungen (c. 1, 4).
Sein Studiengenosse (contubernalis c. 1, 1) und Vertrauter, Octavius Ja=
nuarius, war kurz vor ihm zum Christenthume übergetreten (c. 1, 4). Er
hatte seinen Wohnsitz in der Provinz (etwa in Afrika) und war gleichfalls
Sachwalter (c. 28, 3). Zur Zeit des erzählten Gespräches hatte er noch
kleine Kinder (c. 2, 1); zur Zeit der Abfassung des Dialoges war er bereits
gestorben (c. 1). Cäcilius Natalis wohnte wie der Verfasser in Rom. Die
Art und Weise, wie er Frontos von Cirta erwähnt (s. Abs. 2), legt die
Annahme nahe, daß auch er aus Cirta in Numidien (Constantine in Algerien)
gebürtig war. Der durch Inschriften in Cirta aus der Zeit Caracallas
(211—217) bekannte Marcus Caecilius Quinti filius Quirina (sc. tribu)
Natalis (Corpus Inscript. lat. Vol. VIII, 1. nr. 7094—7098; cf. nr. 6996)
könnte sein Sohn sein.

4. Die Schrift De fato vel contra mathematicos. — Hieronymus
gedenkt noch einer zweiten Schrift unter dem Namen des Minucius Felix,
glaubt jedoch die Echtheit derselben in Zweifel ziehen zu sollen: sed et alius
sub nomine eius fertur (sc. liber s. dialogus) de fato vel contra mathematicos, qui cum sit et ipse diserti hominis, non mihi videtur cum
superioris libri (sc. dialogi qui Octavius inscribitur) stilo convenire
(De vir. ill. c. 58; cf. Ep. 70, 5). In dem besprochenen Dialoge ließ
Minucius den Octavius sagen: ac de fato satis, vel si pauca, pro tempore, disputaturi alias et uberius et plenius (c. 36, 2). Er hatte also
die Abfassung einer Schrift De fato in Aussicht genommen. Aber eben diese
Aeußerung konnte freilich auch zur Unterschiebung einer fremden Schrift De
fato Anlaß geben.

5. Ausgaben, Uebersetzungen und Bearbeitungen des Dialoges Octavius. —
Der Dialog Octavius ist nur durch cod. Parisinus 1661 saec. IX überliefert
(in einem cod. Bruxellensis saec. XVI liegt eine Abschrift des Pariser Manu=
scriptes vor), und zwar erscheint derselbe hier als achtes Buch des Werkes des
Arnobius Adversus nationes (§ 40, 2): aus Octavius ist octavus sc. liber
gemacht worden. Der Text des Manuscriptes ist sehr verderbt und infolgedessen
der Kritik ein weites Feld geöffnet. Die editio princeps des Dialoges ist die
editio princeps des Werkes des Arnobius, ein Abdruck des cod. Paris., besorgt
von Faustus Sabäus, Rom 1543. 2°. Unter dem Titel Octavius und als
Schrift des Minucius Felix ist der Dialog zuerst von Fr. Balduin (Heidelberg
1560. 8°) edirt worden. Die spätern überaus zahlreichen Ausgaben und Abdrücke
sind bei *Schoenemann*, Bibl. hist.-lit. Patr. lat. I, 62—77 aufgeführt. Neuere
Ausgaben bezw. Abdrücke lieferten C. de Muralt, Zürich 1836. 8°; J. H. B. Lüb=
kert, Leipzig 1836. 8°; *Migne*, P. lat. III. (Paris. 1844); Fr. Oehler, Leipzig
1847 (Gersdorfs Bibl. Patr. eccles. lat. sel. Vol. XIII); A. Holden,
Cambridge 1853. 8°; J. B. Kayser, Paderborn 1863. 8°; C. Halm, Wien
1867 (M. Minucii Felicis Octavius, I. Firmici Materni liber de errore prof.
rel. Rec. et commentario crit. instruxit *C. H.* = Corpus script. eccles.
lat. Vol. II); H. Hurter, Innsbruck 1871 (SS. Patr. opusc. sel. XV);
J. J. Cornelissen, Leiden 1882. 8°; F. Léonard, Namur 1883. 8°;
E. Bährens, Leipzig 1886. 8°. Die Palme gebührt der Ausgabe Halms.
Er bemerkt in der Vorrede (p. VI): Larga emendandi copia et nobis relicta

erat et post nostram amicorumque curam posteris relinquetur. Ueber spätere
Beiträge zur Texteskritik f. Teuffel=Schwabe, Geschichte der Römischen Literatur
(5. Aufl.) S. 931. 1317. — Deutsche Uebersetzungen gaben J. G. Rußwurm,
Hamburg 1824. 8⁰; J. H. B. Lübkert, Leipzig 1836. 8⁰; A. Bieringer,
Kempten 1871 (Bibl. der Kirchenväter); B. Dombart, Erlangen 1875—1876. 8⁰;
2. Aufl. Erlangen 1881; H. Hagen, Bern 1890. 8⁰. — Ad. Ebert, Ter=
tullians Verhältniß zu Minucius Felix, nebst einem Anhang über Commodians
Carmen apologeticum: Abhandlungen d. phil.=hist. Cl. d. k. sächs. Ges. d. Wiss.
Bd. V. Leipzig 1870. S. 319—420. E. Behr, Der Octavius des M. Minucius
Felix in seinem Verhältnisse zu Ciceros Büchern de natura deorum (Inaug.=Diss.).
Gera 1870. 8⁰. A. Faber, De M. Minucio Felice commentatio (Progr.).
Nordhus. 1872. 4⁰. Th. Keim, Celsus' Wahres Wort. Aelteste Streitschrift
antiker Weltanschauung gegen das Christenthum ... mit Lucian und Minucius
Felix verglichen. Zürich 1873. 8⁰. P. de Félice, Etude sur l'Octavius de
Minucius Felix (Thèse). Blois 1880. 8⁰. B. Schultze, Die Abfassungszeit
der Apologie Octavius des Minucius Felix: Jahrbb. f. protest. Theol. Bd. VII
(1881). S. 485—506 (der Dialog Octavius ist erst zwischen 300 und 23. Febr. 303
verfaßt). G. Lösche, Minucius Felix' Verhältniß zu Athenagoras: Jahrbb. f.
protest. Theol. Bd. VIII (1882). S. 168—178. R. Kühn, Der Octavius des
Minucius Felix. Eine heidnisch=philosophische Auffassung vom Christenthum. Leipzig
1882. 8⁰. P. Schwenke, Ueber die Zeit des Minucius Felix: Jahrbb. f. prot.
Theol. Bd. IX (1883). S. 263—294 (Minucius Felix ist älter als Tertullian).
F. X. Reck, Minucius Felix und Tertullian. Eine literarhistorisch=kritische Unter=
suchung: Theol. Quartalschr. Bd. LXVIII (1886). S. 64—114 (Minucius Felix
ist der Aeltere). Fr. Wilhelm, De Minucii Felicis Octavio et Tertulliani Apolo=
getico: Breslauer philologische Abhandlungen. Bd. II. Heft 1. Breslau 1887. 8⁰
(Minucius Felix und Tertullian sind nicht voneinander abhängig, haben aber eine
gemeinsame Quelle benutzt). M. L. Massebieau, L'Apologétique de Tertullien
et l'Octavius de Minucius Felix: Revue de l'hist. des religions 1887, mai-juin,
p. 316—346 (Minucius Felix schöpfte aus Tertullian). E. Kurz, Ueber den
Octavius des Minucius Felix, mit dem Text von Kap. 20—26 incl. Burgdorf
1888. 8⁰. O. Grillnberger, Studien zur Philosophie der patristischen Zeit.
I. Der Octavius des M. Minucius Felix, keine heidnisch=philosophische Auffassung
des Christenthums: Jahrb. f. Philos. u. spekulat. Theol. Bd. III (1889). S. 104—118.
146—161. 260—269. B. Seiler, De sermone Minuciano (Progr.). Augustae
Vind. 1893. 8⁰. — Aeltere Literatur bei Chevalier, Répert. des sources hist.
1583. 2744; Richardson, Bibliograph. Synopsis 48—50.

6. Papst Victor I. — Hieronymus kennt zwei lateinische Kirchenschriftsteller, welche
älter sind als Tertullian (vgl. Abschn. 2). Tertullianus presbyter, sagt er De vir. ill.
c. 53, nunc demum primus post Victorem et Apollonium Latinorum ponitur.
Ueber Apollonius f. § 16, 12. Von Papst Victor (189—198/199) hatte Hierony=
mus kurz vorher (c. 34) berichtet, derselbe habe eine Schrift über die Paschafrage und
einige andere kleine Werke hinterlassen (super quaestione paschae et alia quaedam
opuscula). Alle diese Schriften Victors sind, wie es scheint, zu Grunde gegangen.
Ad. Harnack glaubte in dem pseudocyprianischen Tractate De aleatoribus, richtiger
Adversus aleatores, ein Werk Victors wiederentdeckt zu haben (1888). Dieser Tractat
ist aller Wahrscheinlichkeit nach eine Homilie und enthält eine nachdrückliche Bekämpfung
des Würfelspiels in vulgärlateinischer Sprache. Die Ausbrücke, in welchen der Ver=
fasser bezw. Redner eingangs von sich selbst spricht (in nobis divina et paterna
pietas apostolatus ducatum contulit et vicariam Domini sedem caelesti di=
gnatione ordinavit et originem authentici apostolatus super quem Christus
fundavit ecclesiam in superiore nostro portamus c. 1), dürfen allerdings wohl

nur einem Papſte in den Mund gelegt werden. Aber mannigfache Anzeichen ſtellen
es faſt außer Zweifel, daß der Autor Schriften des hl. Cyprian, insbeſondere die
ſogen. Testimonia adv. Iudaeos, etwa aus dem Jahre 248 (§ 37, 2), benutzt hat.
— Ueber die verloren gegangenen Schriften Victors ſ. Caſpari, Quellen zur
Geſch. des Tauffymbols und der Glaubensregel III, 413—414. 432—435. Der
Tractat Adversus aleatores findet ſich in den Ausgaben der Werke Cyprians, bei
*Migne*, P. lat. IV, 827—836, bei *G. Hartel*, S. Cypr. opp. Vindob. 1868—1871.
Pars III. p. 92—104. Größere Beachtung fand derſelbe erſt ſeit Ab. Harnack,
Der pſeudocyprianiſche Tractat De aleatoribus, die älteſte lateiniſche chriſtliche
Schrift, ein Werk des römiſchen Biſchofs Victor I (saec. II): Texte und Unter‑
ſuchungen zur Geſch. der altchriſtl. Literatur, herausg. von O. v. Gebhardt und
Ab. Harnack. Bd. V. Heft 1. Leipzig 1888. Harnack gab auch Anlaß zu der
trefflichen Separatausgabe von A. Miodoński: Anonymus Adversus aleatores
(Gegen das Hazardſpiel). Erlangen und Leipzig 1889. 8°; und zu der weitern
Ausgabe von Ad. Hilgenfeld: Libellus de aleatoribus. Freiburg i. Br. 1889. 8°.
Vgl. Miodoński, Zur Kritik der älteſten lateiniſchen Predigt „Adversus alea‑
tores“: Commentationes Woelfflinianae. Lipsiae 1891. 8°. p. 371—376;
*Miodoński*, Miscellanea latina. Cracoviae 1892. 8° (Seorsum impressum ex
XVI. tomo dissertationum classis philologicae academiae litterarum Craco‑
viensis p. 393—401). Gegen die Hypotheſe Harnacks u. a. Ed. Wölfflin,
Pſeudo‑Cyprianus (Victor) de aleatoribus: Archiv f. lat. Lexikographie und
Grammatik. Bd. V (1888). S. 487—499; Funk, Die Schrift De aleatoribus:
Hiſt. Jahrb. Bd. X (1889). S. 1—22. Für Harnack u. a. *H. J. D. Ryder*,
Harnack on the „De aleatoribus“: The Dublin Review. Ser. III. Vol. XXII.
1899. p. 82—98; P. v. Hoensbroech, Die Schrift de aleatoribus als Zeugnis
für den Primat der römiſchen Biſchöfe: Ztſchr. f. kath. Theol. Bd. XIV (1890).
S. 1—26. Vgl. auch W. Haller, Pseudocyprianus adversus aleatores:
Theol. Studien aus Württemberg. Bd. X (1889). S. 191—222 (der Autor iſt
wohl Hippolytus). Étude critique sur l'opuscule „De aleatoribus“ par les
membres du séminaire d'histoire ecclésiastique établi à l'université catho‑
lique de Louvain. 1891. 8° (der Autor iſt wohl ein römiſcher Papſt aus der Zeit
von 250—350). Dazu ein Nachtrag: Une lettre perdue de S. Paul et le „De
aleatoribus“. Louvain 1893. 8°; gerichtet gegen *I. M. Minasi*, L' Opuscolo
„contra Aleatores“ scritto da un Pontefice romano del secondo secolo. Testo
e note. — Di due citazioni contenute nell' Opuscolo, l'una appartenente ad
una lettera perduta di S. Paolo, l'altra alla Dottrina degli Apostoli: La
Civiltà Cattolica. Ser. 15. Vol. II (1892). p. 469—489. Pseudo‑Iſidor
hat zwei epistolae unter dem Namen Victors: Decretales Pseudo-Isidorianae.
Rec. *Hinschius*. Lips. 1863. p. 127—130. Noch zwei andere unechte Briefe bei
*Mansi*, SS. Conc. Coll. I, 704—706; *Migne*, P. gr. V, 1488—1490. Vgl. die
Fragmente unter Victors Namen bei J. v. Pflugk‑Harttung, Acta Pontificum
Rom. inedita. Bd. II. Stuttgart 1884. S. 1—2.

## § 36. Tertullian.

1. Leben. — Quintus Septimius Florens Tertullianus ward um 160
zu Karthago geboren, der Sohn eines Centurio im Heere des römiſchen Pro‑
conſuls (*S. Hier.*, De vir. ill. c. 53: *Migne*, P. lat. XXIII, 661). Bis
ins Mannesalter hinein huldigte er dem heidniſchen Glauben und Leben ſeiner
Eltern. Daß er eine tüchtige wiſſenſchaftliche Bildung erhielt, bekundet faſt
jede Seite ſeiner Schriften. Verloren gegangene griechiſche Schriften bezeugen

wenigstens, daß er der griechischen Sprache vollständig mächtig war. Ins=
besondere muß er sich dem Studium der Jurisprudenz gewidmet haben, und
sehr wahrscheinlich hat er den Beruf eines Sachwalters erwählt. Schon von
Eusebius wird er ein genauer Kenner der römischen Gesetze genannt (τοὺς
Ῥωμαίων νόμους ἠκριβωκὼς ἀνήρ Hist. eccl. II, 2: *Migne*, P. gr. XX, 140),
und in seinen theologischen Streitschriften macht sich allenthalben die Denk=
und Ausbrucksweise des geschulten Advocaten geltend. Es scheint der Helden=
muth der Martyrer gewesen zu sein, welcher Achtung vor dem Christenthume
und Neigung zu demselben in ihm weckte. Die Zeit seines Uebertrittes läßt
sich nicht genauer bestimmen. Er war verheiratet, ward aber Presbyter und
entwickelte zur Vertheidigung des neuen Glaubens eine rege schriftstellerische
Thätigkeit. Um die Mitte seines Lebens aber (*Hier.* l. c.), etwa um 202,
schloß er sich offen der Secte der Montanisten an, um nunmehr die katholische
Kirche mit kaum geringerer Heftigkeit zu bekämpfen als vordem das Heiden=
thum. Die Angabe des hl. Hieronymus, Tertullians Abfall sei durch Belei=
bigungen von seiten des römischen Clerus (invidia et contumeliis clericorum
Romanae ecclesiae l. c.) veranlaßt worden, ist jedenfalls mit Vorsicht auf=
zunehmen. Vermuthlich war es lediglich die montanistische Geistesrichtung
Tertullians, welche ihn bei einem Aufenthalte zu Rom (*Tert.*, De cultu fem.
I, 7) in Gegensatz und Widerspruch zu dem dortigen Clerus brachte. Ter=
tullian war von Natur aus herben und düstern Sinnes, zu Extremen geneigt
und einem starren Rigorismus zugethan. Die „neue Prophetie", wie sich der
Montanismus nannte, mit der Forderung größerer Strenge in Sitte und
Zucht mußte für Tertullian viel des Verlockenden haben. Uebrigens hat sein
unruhiger Geist auch am Montanismus kein Genügen finden können, wenigstens
hat er innerhalb des Montanismus eine eigene Secte oder Partei begründet:
noch zu Anfang des 5. Jahrhunderts gab es zu Karthago „Tertullianisten"
(*S. Aug.*, De haeresibus c. 86: *Migne*, P. lat. XLII, 46). Tertullian
scheint ein sehr hohes Alter erreicht zu haben (fertur vixisse usque ad de=
crepitam aetatem *Hier.* l. c.). Daß er vor seinem Tode zur Kirche zurück=
gekehrt sei, wurde bisweilen vermuthet, aber nie wahrscheinlich gemacht.

2. Schriftstellerische Eigenart. — Tertullian ist einer der fruchtbarsten
und zugleich einer der originellsten und genialsten unter sämtlichen lateinischen
Kirchenschriftstellern. Er ist nicht als Dichter aufgetreten; wenigstens sind
die poetischen Werke, welche seinen Namen tragen, ohne Ausnahme unter=
schoben; aber seine Prosa ist nicht selten von wahrhaft dichterischem Schwunge
getragen. Freilich häufiger noch ist seine Rede von einem Feuer düsterer
Leidenschaft durchglüht, welches nicht im stande ist, Licht und Wärme zu ver=
breiten. Fast alle seine Schriften sind, bald mehr bald weniger, Streitschriften.
Der Kampf ist die Sphäre seines Lebens und Wirkens. Er klagt selbst ge=
legentlich aus tiefstem Herzensgrunde: „Ich Aermster bin stets krank am
Fieber der Leidenschaft" (miserrimus ego semper aeger caloribus impa-
tientiae De pat. c. 1). Schwegler nannte Tertullian „ein Gemüth voll
wilder Widersprüche, voll ruheloser Thatkraft, eine altrömische imperatorische
Natur"; Ebert vermißte in dieser Zeichnung „eine punische Sinnlichkeit"
und „eine orientalische Phantasie". Jedenfalls verfügte Tertullian über eine
außerordentlich reiche schriftstellerische Begabung, einen durchdringenden Ver=

ſtand, ein umfaſſendes Wiſſen, eine hinreißende Beredtſamkeit, einen glänzenden, ſtets ſchlagfertigen Witz. Wenn er gleichwohl ſehr oft, auch wo er im Rechte iſt, ſeine nächſten Zwecke nicht erreicht, ſo trägt jene Leidenſchaftlichkeit die Schuld, welche keine Rückſicht nimmt, keine Schranke kennt und ſtets mehr beweiſt, als ſie ſelbſt beweiſen will. Seine Argumentation hat etwas Un= widerſtehliches; allein ſie reißt hin, ohne zu belehren, ſie macht verſtummen, ohne zu überzeugen. Auf Eleganz der Darſtellung legt Tertullian auch nicht das mindeſte Gewicht; es fehlt ihm der Sinn für Formſchönheit. In ſeinem Stile ſpiegelt ſich ſein Charakter: ſchwung= und kraftvoll, markig und gedrängt, nur zu oft auf Koſten der Klarheit. Mit Vorliebe ſchöpft er ſeinen Ausdruck aus der Sprache des Volkes; in der Polemik legt ſich ihm unwillkürlich mit der Auffaſſungsweiſe auch die Terminologie der Juriſten nahe, und in Augen= blicken der Verlegenheit weiß er mit kühner Schöpferkraft ſeinen Sprachſchatz zu ergänzen. ·

3. Würdigung durch die lateiniſchen Kirchenſchriftſteller der Folgezeit. — Der hl. Cyprian pflegte täglich in den Schriften Tertullians zu leſen und ließ ſich dieſelben von ſeinem Secretär mit den Worten reichen: da magistrum (*Hier.*, De vir. ill. c. 53). In dieſen Worten iſt auch das ſchriftſtelleriſche Verhältniß der beiden Afrikaner zu einander ausgeſprochen: es ſind gar häufig Tertullians Gedanken, welche Cyprian in eine glattere Form kleidet (vgl. § 37, 6). In der Folge ſank das Anſehen Tertullians. Lactantius (Div. Instit. V, 1, 23 ed. *Brandt*) rühmt ſeine Gelehrſamkeit, rügt aber ſeinen Stil und will in der Dunkelheit ſeiner Sprache die Erklärung der Thatſache finden, daß ſeine Schriften keine allgemeine Anerkennung erlangten: Tertul- lianus fuit omni genere litterarum peritus, sed in eloquendo parum facilis et minus comptus et multum obscurus fuit; ergo ne hic quidem (vorher war von Minucius Felix die Rede) satis celebritatis invenit. Rich= tiger und tiefer urtheilt ohne Zweifel der hl. Hilarius von Poitiers (Comm. in Matth. c. 5: *Migne*, P. lat. IX, 943), wenn er die erwähnte Thatſache auf den Abfall Tertullians zum Montanismus zurückführt: sequenti errore detraxit scriptis probabilibus auctoritatem. Faſt erſchöpfend iſt die Cha= rakteriſtik Tertullians bei Hieronymus. Tertullianus, ſagt er, creber est in sententiis, sed difficilis in loquendo (Ep. 58, ad Paulinum, c. 10: *Migne*, P. lat. XXII, 585), und wiederum: Quid Tertulliano eruditius? quid acutius? Apologeticus eius et Contra gentes libri cunctam sae- culi obtinent disciplinam (Ep. 70, ad Magnum, c. 5: XXII, 668). Wenn aber Helvidius ſich für ſeine Theſe, die Mutter des Herrn habe noch andere Kinder geboren, auch auf Tertullian beruft, ſo lehnt Hieronymus dieſen Zeugen mit der Bemerkung ab: De Tertulliano nihil amplius dico quam ecclesiae hominem non fuisse (Adv. Helvidium c. 17: XXIII, 201). Auguſtinus bekämpft Tertullians Irrthümer von der Körperlichkeit der Seele und der Körperlichkeit Gottes ſelbſt (De Genesi ad litteram X, 25—26: XXXIV, 427—428) und ſchildert ihn als Stifter einer montaniſtiſchen Secte (De haeresibus c. 86: XLII, 46—47). Vincentius von Lerinum (Commonit. c. 18: L, 664) möchte dem Presbyter von Karthago unter ſämtlichen lateiniſchen Kirchenſchriftſtellern die Palme zuerkennen (apud La- tinos nostrorum omnium facile princeps iudicandus est) und feiert in

schwungvoller Weise sein Wissen, seinen Geist und die Gewalt seiner Rede (quot paene verba, tot sententiae sunt, quot sensus, tot victoriae). Dann aber muß Vincentius auch auf diesen Ersten der Lateiner das Wort anwenden, welches er von dem Ersten der Griechen, Origenes, gebraucht hatte: fuit ipse quoque in ecclesia magna tentatio.

4. Chronologie der Schriften. — Die Abfassungszeit der Schriften Tertullians ist in den meisten Fällen zweifelhaft und bestritten. Eine Zeitangabe, welche jeden Zweifel ausschließt, findet sich nur Adv. Marcionem I, 15: ad XV iam Severi imperatoris = Jahr 207. In dem Schriftchen De pallio wird mit der Erwähnung der drei Augusti (praesentis imperii triplex virtus c. 2) auf die Jahre 209—211 hingewiesen. Im übrigen aber hat die Untersuchung hauptsächlich mit sogen. innern Merkmalen zu rechnen, welche verschiedener Auffassung zu unterliegen pflegen. Die erhaltenen Schriften Tertullians dürften indessen sämtlich zwischen den Jahren 197 und 212 entstanden sein. Innerhalb dieses Zeitraumes sind, wie schon angedeutet, zwei Perioden zu unterscheiden: eine katholische und eine mehr oder weniger entschieden montanistische. In der Regel ist der katholische oder montanistische Charakter einer Schrift mit Sicherheit zu bestimmen; die montanistische Färbung selbst zeigt jedoch verschiedene Grade. Aus der katholischen Lebensperiode des Verfassers stammen, etwa in nachstehender Reihenfolge, die Schriften: Ad nationes ll. II, Apologeticum, Ad martyres, De testimonio animae, Adv. Iudaeos, De spectaculis, De idololatria, De cultu feminarum ll. II, Ad uxorem ll. II, De baptismo, De paenitentia, De oratione, De patientia, De praescriptionibus haereticorum; montanistisch sind die Schriften: De virginibus velandis, De exhortatione castitatis, Adv. Hermogenem, Adv. Valentinianos, Adv. Marcionem ll. V, De anima, De carne Christi, De resurrectione carnis, Adv. Praxean, De pallio, De pudicitia, De monogamia, De ieiunio adv. psychicos, De corona militis, De fuga in persecutione, Scorpiace, Ad Scapulam. Dem Inhalte nach gliedern sich die genannten Schriften in drei Gruppen: apologetische Schriften, zur Vertheidigung des Christenthums, bezw. zur Bekämpfung des Heidenthums und des Judenthums; dogmatisch-polemische Schriften, zur Widerlegung der Häresie im allgemeinen und verschiedener einzelnen Häretiker; praktisch-ascetische Schriften, mannigfachen Fragen der christlichen Sittenlehre oder auch der Kirchenzucht gewidmet.

5. Apologetische Schriften. — Die hervorragendste und großartigste unter den apologetischen Leistungen Tertullians ist das Apologeticum (50 Kapp.), an die Statthalter des römischen Reiches (Romani imperii antistites c. 1, s. praesides c. 50), zunächst natürlich an den Statthalter Afrikas gerichtet. Die Abfassung fällt in eine Zeit blutiger Verfolgung der Christen, jedenfalls in die letzten Jahre des 2. Jahrhunderts, wahrscheinlich in den Herbst 197. Anlage und Gliederung des Werkes wird fort und fort verschieden aufgefaßt; eine Disposition, wie sie gewöhnlich gesucht wird, dürfte überhaupt nicht vorhanden sein. Die Eigenthümlichkeit des Werkes aber liegt darin, daß dasselbe, im Unterschiede von allen andern, lateinischen wie griechischen Apologien des Alterthums, insbesondere die politisch-rechtlichen Anschuldigungen gegen die Christen, Nichtverehrung der Götter und der Kaiser, sowie gleichgiltiges oder

feindseliges Verhalten gegen den Staat, in Erörterung zieht. Die Sprache
ist bitter und einschneidend, der Inhalt nicht sowohl eine Schutzrede für die
Christen als vielmehr ein Strafgericht über die Heiden. „Die Wahrheit
bittet nicht um Gnade; ist sie ja auch nicht verwundert über ihr Geschick"
(c. 1). „Es werden unser immer mehr, so oft ihr uns niedermäht; das
Christenblut ist eine Aussaat" (semen est sanguis Christianorum c. 50).
Ueber das Verhältniß des Apologeticum zu dem Octavius des Minucius
Felix wurde früher bereits (§ 35, 2) gehandelt. Inhaltlich mit dem Apologeticum aufs engste verwandt sind die beiden Bücher Ad nationes (20,
bezw. 17 Kapp.), sehr wahrscheinlich im Sommer 197, in augenscheinlicher
Eile und im Sturme der Begeisterung niedergeschrieben, aber nur sehr mangelhaft und unvollständig überliefert. Statt der juristischen Argumentation im
Apologeticum herrscht in den Büchern Ad nationes, der Adresse entsprechend,
eine philosophisch-rhetorische Beweisführung vor. Der Ton ist erregter und
leidenschaftlicher, immer wieder geht der Verfasser aus der Defensive in die
Offensive über, und das ganze zweite Buch gilt dem Nachweise der Nichtigkeit
der heidnischen Götter. Als Motto des gesamten Werkes könnte das Wort
I, 20 dienen: „Nehmt den Splitter aus eurem Auge, oder vielmehr den
Balken aus eurem Auge; dann mögt ihr den Splitter aus dem fremden Auge
ziehen." Das Schriftchen Ad Scapulam (5 Kapp.) mahnt und warnt den
Proconsul Scapula von Afrika („211 bis etwa 213" J. Schmidt), welcher
mit besonderer Grausamkeit gegen die Christen wüthete, durch Vorführung
von Gottesgerichten, welche über frühere Christenverfolger ergangen. Das
Schriftchen wird 212 verfaßt sein. Das goldene Büchlein De testimonio
animae (6 Kapp.) verbreitet sich einläßlicher über das schon im Apologeticum c. 17 angerufene testimonium animae naturaliter Christianae. Die
menschliche Seele ist von Natur aus Christin: auch der Heide gibt in unwill-
kürlichen Ausrufen und allgemein gebräuchlichen Redewendungen, gleichsam
wider Wissen und Wollen, einer natürlichen religiösen Erkenntniß (Dasein
und Einheit Gottes, Existenz böser Geister, Fortleben des Menschen nach dem
Tode) Ausdruck, welche mit der Lehre des Christenthums in vollstem Einklang
steht. Die Schrift Adversus Iudaeos (14 Kapp.) wird vom Verfasser zu
Eingang als Wiedergabe und Ueberarbeitung einer Disputation zwischen einem
Christen und einem jüdischen Proselyten bezeichnet. Der weitaus größere Theil
der Schrift ist dem Nachweise gewidmet, daß die messianischen Weissagungen
der Propheten in Jesus von Nazareth ihre Erfüllung gefunden haben.

6. Dogmatisch-polemische Schriften. — Unter den dogmatisch-polemischen
Schriften Tertullians ist an erster Stelle das unvergängliche Werk De praescriptionibus haereticorum, d. i. von den Prozeßeinreden gegen die Häretiker
(44 Kapp.), zu nennen. Dasselbe gehört jedenfalls noch der katholischen
Lebensperiode des Verfassers an; eine engere Umgrenzung der Entstehungszeit
wird jedoch nicht zulässig sein. Zweck und Aufgabe ist die Vertheidigung der
katholischen Lehre im allgemeinen oder die Zurückweisung der Häresie als solcher,
abgesehen von ihrer jedesmaligen Besonderheit. Praescriptio hieß in der
Sprache des römischen Rechts eine Einrede gegen den Kläger (in Civilsachen),
welche, wenn sie vom Richter als begründet anerkannt wurde, den Erfolg
hatte, daß der Kläger sofort abgewiesen wurde und ein Eingehen auf die Klage

selbst nicht mehr statthatte. In solcher Weise ist laut Tertullian der Streit zwischen der katholischen Kirche und den Häresien durch Präscriptionen alsbald zur Entscheidung zu bringen. Eine jede Häresie nimmt für sich den Besitz der von Christus verkündeten Wahrheit in Anspruch. Eine nähere Prüfung dieses Anspruchs, eine Untersuchung der vorgebrachten Gründe ist nicht nöthig. Rechtmäßige Eigenthümerin der christlichen Wahrheit kann augenscheinlich nur die katholische Kirche sein. Zugestandenermaßen hat der Herr die Verkündigung seiner Lehre den Aposteln anvertraut. Folglich können nur die von den Aposteln gegründeten Kirchen (ecclesiae apostolicae matrices et originales c. 21), bezw. die den Glauben dieser apostolischen Kirchen theilenden Kirchen (welche durch die Einheit des Glaubens auch selbst apostolische Kirchen werden: sic omnes primae et omnes apostolicae c. 20) Zeugen der christlichen Wahrheit sein. Die Häretiker dürfen zu einem Zeugnisse über die Wahrheit gar nicht zugelassen werden (hinc igitur dirigimus praescriptionem, si dominus Christus Iesus apostolos misit ad praedicandum, alios non esse recipiendos praedicatores quam [quos] Christus instituit c. 21). Ebendies ergibt sich aus der principalitas veritatis et posteritas mendacitatis (c. 31). Das von Anfang an Vorhandene ist das Wahre; das erst später Aufgetauchte ist nothwendig falsch. Nun aber ist die katholische Lehre das Ursprüngliche, und jede Häresie ist eine Neuerung. Die Berufung der Häretiker auf die Heilige Schrift ist offenbar unberechtigt. Die Heilige Schrift ist Eigenthum der katholischen Kirche; letztere empfing dieselbe aus den Händen der Apostel. Diese Kirche weist die Berufung der Häretiker mit den Worten ab: „Wer seid ihr denn eigentlich? Wann und woher seid ihr gekommen? Was treibt ihr auf meinem Grund und Boden, ihr, die ihr doch nicht zu den Meinigen zählt? Marcion, woher hast du das Recht, meinen Wald zu fällen? Valentinus, wer erlaubt dir, meine Quellen abzuleiten? Apelles, woher nimmst du die Befugniß, meine Marken zu verrücken? Mein ist der Besitz. Wie könnt ihr andern hier nach eurem Belieben säen und weiden? Mein ist der Besitz, von jeher bin ich Besitzer; ich habe sichere Uebertragungstitel von denjenigen, welchen die Sache gehörte, ich bin Erbe der Apostel" (c. 37). So Tertullian gegen die Häresie im allgemeinen (adversus haereses omnes c. 44). Er hat die Theorie des hl. Irenäus (Adv. haer. l. III; vgl. § 24, 4) weiter ausgebildet und juristisch gefaßt. Ueber den in manchen Handschriften und Ausgaben gleichsam als Nachtrag an die Präscriptionen sich anreihenden, aber entschieden unechten libellus adversus omnes haereses f. § 25, 4. Die folgenden Schriften wenden sich gegen einzelne Häretiker.

7. Dogmatisch-polemische Schriften (Fortsetzung). — Die Schrift De baptismo (20 Kapp.) versicht die katholische Lehre von der Taufe, ihren Wirkungen und ihrer Nothwendigkeit, gegenüber den Einwürfen der Gajaner. Die Ketzertaufe wird c. 15 für ungiltig erklärt. In der Schrift Adversus Hermogenem (45 Kapp.) bekämpft Tertullian eingehend den gnostischen Dualismus. Nach Hermogenes, einem Maler zu Karthago, sollte die Welt von Gott aus einer ewigen Materie gebildet worden sein. Gegen Hermogenes hat Tertullian auch eine verloren gegangene Schrift De censu animae veröffentlicht, zur Widerlegung der Lehre, die Seele sei ex materiae potius suggestu quam ex Dei flatu entstanden (*Tert.*, De an. c. 1; vgl. c. 3). Die Schrift

Adversus Valentinianos (39 Kapp.) ist eine Ueberarbeitung des ersten Buches
des antignostischen Werkes des hl. Irenäus (§ 24, 2). Weit bedeutsamer
ist das große Werk Adv. Marcionem in fünf Büchern, von welchen die drei
ersten sich hauptsächlich mit der Lehre von der Einheit Gottes, welcher gütig
und gerecht zugleich und Urheber des Alten wie des Neuen Testamentes sei,
befassen, während die beiden letzten auf eine Kritik des von Marcion auf=
gestellten Canons des Neuen Testamentes und auf eine Beleuchtung der an=
geblichen „Antithesen" oder Widersprüche zwischen Gesetz und Evangelium
eingehen. Das erste der fünf Bücher (29 Kapp.) liegt uns in dritter Be=
arbeitung vom Jahre 207 (c. 15; vgl. Abf. 4) vor; die erste Ausgabe war
übereilt und ungenügend, und der zweite, verbesserte und vermehrte Entwurf
wurde dem Verfasser entwendet (c. 1). In der Schrift De anima (58 Kapp.)
unterwirft Tertullian die verschiedenen philosophischen Theorien über die Seele
einer einläßlichen Kritik. Als Hauptquelle dient ihm ein nicht auf uns ge=
kommenes Werk des Mediciners Soranus von Ephesus (unter Trajan). Die
Spitze der Argumentation ist gegen die Gnostiker gekehrt. Ohne die Immate=
rialität der Seele läugnen zu wollen, glaubt Tertullian eine gewisse Körper=
lichkeit derselben behaupten zu müssen (animae corpus asserimus propriae
qualitatis et sui generis c. 9), um ihre Realität retten zu können. Ein
rein geistiges Wesen vermag er nicht zu fassen, wie er denn in der alsbald
zu nennenden Schrift De carne Christi c. 11 den Satz aufstellt: Omne
quod est corpus est sui generis; nihil est incorporale nisi quod non est.
Hinsichtlich des Ursprungs der Seele vertritt er (im Gegensatze zum Creatia=
nismus) den Generatianismus oder Trabucianismus in krassester Form. Wie
der Leib, so entsteht auch die Seele per·generationem: von den Seelen der
Zeugenden löst sich der Keim einer neuen Seele ab, gewissermaßen ein Reis
vom Stamme Adam (velut surculus quidam ex matrice Adam c. 19).
Mit dieser Schrift De anima stehen, der Abfassungszeit wie der Tendenz nach,
die Schriften De carne Christi und De resurrectione carnis in nahem Zu=
sammenhange. Die erstere (24 Kapp.) vertheidigt die Wirklichkeit und Natür=
lichkeit des Leibes des Herrn gegen die Gnostiker Marcion, Apelles, Valentinus
und Alexander. Wunderlich, aber für den Mangel des Verfassers an idea=
listischem Sinne recht bezeichnend, ist die Behauptung (c. 9), der Herr sei
häßlich gewesen. Das Werk De resurrectione carnis (63 Kapp.) weist zu=
nächst die Einwendungen der Gnostiker gegen den Glauben an eine Auferstehung
zurück, um sodann die christliche Lehre an der Hand der Heiligen Schrift aus=
führlich zu begründen und zu erläutern. Der erste, polemische Theil (c. 3
bis 17) zeigt große Aehnlichkeit mit der Schrift des Apologeten Athenagoras
über die Auferstehung (§ 18, 3). Die Schrift Adv. Praxean endlich (31 Kapp.)
nimmt die christliche Trinitätslehre in Schutz gegen den sogen. Patripassia=
nismus (ipsum dicit, sc. Praxeas, patrem descendisse in virginem, ipsum
ex ea natum, ipsum passum, denique ipsum esse Iesum Christum c. 1).
Das Wort trinitas erscheint in dieser Schrift (c. 2 sqq.) zum erstenmal in
der Bedeutung „Dreipersönlichkeit" (vgl. den beachtenswerthen Ausdruck trinitas
unius divinitatis [= deitatis], pater et filius et spiritus sanctus Tert.,
De pudic. c. 21). Wie vorhin der Seele, so wird nunmehr auch Gott
selbst eine gewisse Körperlichkeit beigelegt (quis enim negabit Deum corpus

esse, etsi Deus spiritus est? Spiritus enim corpus sui generis in sua effigie c. 7).

8. **Praktisch=ascetische Schriften.** — Das schöne Schriftchen Ad martyres (6 Kapp.), um dieselbe Zeit wie das Apologeticum verfaßt, will eine An=zahl Christen, welche schon längere Zeit im Kerker schmachten und ihrer Hin=richtung entgegensehen, mit tröstendem Zuspruch stärken und zu geduldiger Ausdauer mahnen. In der Schrift De spectaculis (30 Kapp.) wird die für die damalige Zeit sehr wichtige Frage, ob ein Christ die heidnischen Schau=spiele besuchen dürfe, einer einbringenden Erörterung unterzogen und mit aller Entschiedenheit verneint. Eine Fortsetzung und Ergänzung dieser Ausführungen enthält die Schrift De idololatria (24 Kapp.), welche die Pflicht des Christen, sich von dem Götzendienste fernzuhalten, nach allen Seiten hin beleuchten will. Nicht bloß die Anfertigung und der Verkauf von Idolen u. s. w. sei unerlaubt, auch die Stellung eines Schullehrers und eines professor literarum sei mit dem Bekenntnisse zum Christenthume unvereinbar, und aus gleichen Gründen könne der Soldatendienst einem Christen nicht gestattet werden. Das Verhalten des Christen in der Verfolgung bildet den Gegenstand dreier Schriften aus der montanistischen Lebensperiode des Verfassers, sehr wahrscheinlich aus den Jahren 211 und 212. Die erste derselben, De corona militis (15 Kapp.), handelt von einem christlichen Soldaten, welcher bei Austheilung eines kaiser=lichen donativum an die siegreiche Armee mit dem Lorbeerkranze in der Hand, statt, wie es gebräuchlich, auf dem Kopfe, erschienen war, weil er sich durch Bekränzung des Kopfes des Götzendienstes schuldig zu machen glaubte (vgl. *Clem. Al.*, Paed. II, 8: *Migne*, P. gr. VIII, 484). Um die Ursache be=fragt, bekannte er sich als Christen. Viele Glaubensgenossen mißbilligten sein Verhalten; Tertullian hingegen feiert seinen Heldenmuth. In der Schrift De fuga in persecutione (14 Kapp.) erklärt Tertullian, im Gegensatze zu der Anschauung der Katholiken, die Flucht in der Verfolgung für unerlaubt. Scorpiace endlich, d. i. Mittel gegen den Skorpionenstich, betitelt sich eine Schrift (15 Kapp.), welche die Verdienstlichkeit des Martyriums darthut unter Wider=legung der (mit Skorpionengift verglichenen) gegentheiligen Lehre der Gnostiker und Valentinianer. Die Schrift De oratione (29 Kapp.) gibt zunächst eine Erklärung des Vaterunsers und sodann mannigfache Belehrungen über das Gebet überhaupt. Die Schrift De patientia (16 Kapp.) leitet Tertullian mit dem Geständnisse ein, es sei allerdings ein sehr kühnes oder auch unver=schämtes Wagniß (satis temere, si non etiam impudenter), wenn er es unternehme, über die Schönheit und Liebenswürdigkeit und Verdienstlichkeit der Geduld zu schreiben. Es solle ihm indessen ein Trost sein, von dem zu reden, was er nicht besitze, wie der Kranke nicht schweigen könne von dem Werthe der Gesundheit. Die Schrift De paenitentia (12 Kapp.) behandelt eine zwei=fache Buße: die Buße, welche der Erwachsene zur Sühnung seiner Sünden vor der Taufe zu verrichten hat, und die sogen. canonische Buße, welcher der Gläubige bei Begehung einer sogen. Kapitalsünde (Idololatrie, Mord, Ehe=bruch) sich zu unterziehen hatte, bevor er wieder in die Kirchengemeinschaft aufgenommen wurde. In offenem Widerspruche zu dieser katholischen Schrift erklärt die montanistische Schrift De pudicitia (22 Kapp.), die Kirche habe keine Vollmacht, die schweren Sünden und insbesondere die Sünden der Un=

keuschheit zu vergeben. Letztere Schrift ist durch eine Verordnung des Papstes Zephyrinus, betreffend die Zulassung von Unzüchtigen zur Buße und Reconciliation (vgl. § 25, 6), veranlaßt; vgl. die bemerkenswerthen Worte c. 1: audio etiam edictum esse propositum, et quidem peremptorium. Pontifex scilicet maximus, quod est episcopus episcoporum, edicit: ego et moechiae et fornicationis delicta poenitentia functis dimitto. Um dieselbe Zeit wie die Schrift De pudicitia wird die Schrift De ieiunio adversus psychicos (17 Kapp.) verfaßt sein, eine Vertheidigung der montanistischen Fastenpraxis mit einer alles Maß überschreitenden Polemik gegen die Psychiker, d. i. die Katholiken (im Gegensatze zu den Pneumatikern, d. i. den Montanisten). Der christlichen Ehe, insbesondere der Frage einer zweiten Heirat, hat Tertullian mehrere Schriften gewidmet. Die älteste und zugleich die anziehendste derselben ist die merkwürdige Schrift Ad uxorem in zwei Büchern (je 8 Kapp.), in welcher er seiner Gattin für den Fall seines Todes den Rath ertheilt, entweder Wittwe zu bleiben oder aber doch nur einen Christen zu heiraten. In den montanistischen Schriften De exhortatione castitatis (13 Kapp.) und De monogamia (16 Kapp.) hingegen wird die zweite Ehe als durchaus unerlaubt bezeichnet (non aliud dicendum erit secundum matrimonium quam species stupri De exhort. cast. c. 9; unum matrimonium novimus sicut unum deum De monog. c. 1). Die Schrift De cultu feminarum in zwei Büchern (9 bezw. 13 Kapp.) eifert gegen die Putzsucht der Frauen, und nach der Schrift De virginibus velandis (17 Kapp.) dürfen auch die gottgeweihten Jungfrauen beim Gottesdienste nie ohne den Schleier erscheinen. Das seltsame Schriftchen De pallio (6 Kapp.) ist ganz und gar persönlicher Natur. Aus unbekanntem Anlasse hatte Tertullian die römische Toga mit dem Philosophenmantel (pallium) vertauscht und durch diesen befremdenden Kleiderwechsel die Spöttereien seiner Mitbürger herausgefordert. Er beantwortet dieselben in dem genannten Schriftchen mit dem bittersten Sarcasmus.

9. Zweifelhafte und unechte Schriften. Verloren gegangene Schriften. — Die Pandekten enthalten einige Stellen aus Schriften eines Juristen Tertullian (Quaestionum libri VIII, De castrensi peculio), welchen manche Forscher mit dem Kirchenschriftsteller Tertullian identificiren zu dürfen glauben. Unecht sind der bereits erwähnte libellus adv. omnes haereses (Abs. 6), ein Fragment De execrandis gentium diis und verschiedene Gedichte, unter ihnen ein umfangreiches polemisches Lehrgedicht Adv. Marcionem oder Adv. Marcionitas (1302 Hexameter in fünf Büchern), welches in den Jahren 360—370 verfaßt worden zu sein scheint. — Viele Schriften Tertullians sind verloren gegangen. Einzelne lateinisch erhaltene Schriften hat er, wie er selbst bezeugt, auch in griechischer Bearbeitung herausgegeben: De spectaculis (vgl. De cor. mil. c. 6: sed et huic materiae . . . Graeco quoque stilo satisfecimus), De baptismo, bezw. über die Ketzertaufe (vgl. De bapt. c. 15: sed de isto plenius iam nobis in Graeco digestum est), De virginibus velandis (vgl. De virg. vel. c. 1: proprium iam negotium passus meae opinionis Latine quoque ostendam virgines nostras velari oportere). Alle diese griechischen Texte sind dem Untergange anheimgefallen. Ein Gleiches gilt aber auch von einer noch viel größern Anzahl lateinischer Schriften. Tertullian verweist selbst gelegentlich auf früher veröffentlichte Schriften: De spe fide-

lium (Adv. Marc. III, 24), De censu animae adv. Hermogenem (De
an. c. 1; vgl. Abf. 7), De fato (De an. c. 20), De paradiso (De an.
c. 55), Adv. Apellicianos (De carne Christi c. 8). Hieronymus nennt
Schriften Tertullians De ecstasi (De vir. ill. c. 53) oder περὶ ἐκστάσεως
(ibid. c. 40), in sieben Büchern, von welchen das letzte insbesondere gegen
Apollonius (§ 17, 10) gerichtet war, De trinitate (? De vir. ill. c. 70), Ad
amicum philosophum de angustiis nuptiarum (Ep. 22, ad Eustochium,
c. 22: *Migne*, P. lat. XXII, 409), De Aaron vestibus (Ep. 64, ad Fabiolam,
c. 23: XXII, 622). Eine alte Sammelhandschrift von Werken Tertullians (Cod.
Agobardin. saec. IX) enthielt laut dem Inhaltsverzeichnisse früher auch Schriften
De carne et anima, De animae submissione, De superstitione saeculi.

10. Gesamtausgaben. Uebersetzungswerke. — Gesamtausgaben der Schriften
Tertullians veranstalteten B. Rhenanus, Basel 1521. 2⁰; J. Pamelius, Antw.
1579. 2⁰; N. Rigaltius, Paris 1634. 2⁰; J. S. Semler, Halle 1769—1776.
6 Bde. 8⁰. Die Ausgabe Fr. Oberthürs, Würzburg 1780, 2 Bde. 8⁰ (= Opera
omnia SS. Patr. lat. Vol. I—II) ist im wesentlichen ein Abbruck der Ausgabe
Semlers. Näheres über die genannten Editionen und ihre verschiedenen Auflagen bei
*Schoenemann*, Bibl. hist.-lit. Patr. lat. I, 9—56. Neuere Ausgaben von E. F. Leo-
pold, Leipzig 1839—1841. 4 Bde. (= Gersdorfs Bibl. Patr. eccl. lat. sel. Vol.
IV—VII); bei *Migne*, P. lat. I—II (Paris. 1844); sowie namentlich von Fr. Oehler,
Leipzig 1853—1854. 3 Bde. 8⁰ (Bd. III enthält ältere Abhandlungen über T.s
Leben und Schriften), und Leipzig 1854. 8⁰ (ed. minor). Eine den heutigen Anforderungen entsprechende Ausgabe ward im Auftrage der Wiener Akademie von
A. Reifferscheid unternommen und nach seinem Tode (1887) von G. Wif-
fowa fortgesetzt. Der erschienene erste Theil, Wien 1890 (= Corpus script. eccl.
lat. Vol. XX), enthält die Schriften De spectaculis, De idololatria, Ad nationes
ll. II, De testimonio animae, Scorpiace, De oratione, De baptismo, De pudicitia, De ieiunio adv. psychicos, De anima; für die Reihenfolge der Schriften
ist lediglich die Art der Ueberlieferung maßgebend gewesen. W. v. Hartel hat in
vier Heften „Patristischer Studien", Wien 1890 (Aus den Sitzungsberichten der
phil.-hist. Cl. d. k. Ak. d. Wiss. zu Wien Bd. CXX—CXXI), einen ausführlichen
kritischen Commentar zu diesem ersten Theile geliefert (I. Zu Tertullian de spectaculis, de idololatria; II. Zu T. ad nationes; III. Zu T. ad nationes, de testimonio animae, scorpiace; IV. Zu T. de oratione, de baptismo, de pudicitia,
de ieiunio, de anima). Sonstige Beiträge zur Texteskritik der Schriften Tertullians bei *M. Klussmann*, Curarum Tertullianearum particulae I—III. Halis
1881, Gothae 1887. 8⁰; Excerpta Tertullianea in Isidori Hispalensis Etymologiis, collegit et explanavit *M. Klussmann* (Progr.). Hamburgi 1892. 4⁰.
*J. van der Vliet*, Studia ecclesiastica: Tertullianus. I. Critica et interpreta-
toria. Lugd. Bat. 1891. 8⁰. *E. Kroymann*, Quaestiones Tertullianeae criticae. Oenip. 1894. 8⁰. — Fr. A. v. Besnard, Tertullians sämtliche Schriften
übersetzt und bearbeitet. Augsburg 1837—1838. 2 Bde. 8⁰. K. A. H. Kellner,
Tertullians ausgewählte Schriften übersetzt. Kempten 1870—1871. 2 Bde. (Bibl.
der Kirchenväter.) Derselbe, Tertullians sämtliche Schriften. Aus dem Lateinischen übersetzt. Köln 1882. 2 Bde. 8⁰.

11. Ausgaben, Uebersetzungen und Bearbeitungen einzelner Schriften. — Die
wichtigste unter den zahlreichen Sonderausgaben des Apologeticum ist diejenige
von S. Haverkamp, Leiden 1718. 8⁰. Neuere Ausgaben bezw. Abbrücke von
J. Kayser, Paderborn 1865. 8⁰; H. Hurter, Innsbruck 1872 (= SS. Patr.
opusc. sel. Vol. XIX); F. Léonard, Namur 1881. 8⁰; T. H. Bindley,

London 1889. 8°. Das Kapitel 19 des Apologeticum hat de Lagarde, Septua=
gintastudien (in den Abhandl. der k. Gesellsch. d. Wiss. zu Göttingen. Bd. XXXVII.
1891) S. 73 ff. in neuer Recension vorgelegt. Ueber eine verloren gegangene alte
griechische Uebersetzung der Schrift handelt A. Harnack, Die griechische Ueber=
setzung des Apologeticus Tertullians: Texte und Untersuchungen zur Gesch. der alt=
christl. Lit., herausgeg. von v. Gebhardt u. Harnack. Bd. VIII. Heft 4.
Leipzig 1892. S. 1—36. Neue englische Uebersetzungen von W. Reeve, London
1889. 1894. 8°; T. H. Bindley, London 1890. 8°. *Is. Pelet*, Essai sur
l'Apologeticus de Tertullien. Strasbourg 1868. 8°. *J. E. B. Mayor*, Tertullian's Apology: The Journal of Philology. Vol. XXI (1893). p. 259—295.
Ueber das Verhältniß des Apologeticum und der beiden Bücher Ad nationes zu
einander f. W. v. Hartel, Patristische Studien. II. Zu Tertullian ad nationes.
Wien 1890. (Vgl. Abf. 10.) Ueber die apologetischen Schriften Tertullians im
allgemeinen handeln C. J. Hefele, Beiträge zur Kirchengeschichte, Archäologie und
Liturgik. Tübingen 1864. Bd. I. S. 87—121: „Tertullian als Apologet." H. Jeep,
Tertullian als Apologet: Jahrbb. f. deutsche Theologie. Bd. IX (1864). S. 649
bis 687. — Die Schrift De praescriptionibus haereticorum, nebst dem libellus
adv. omnes haereses und der Schrift De oratione, ward herausgegeben von *M. I.
Routh*, Script. eccles. opusc. Oxon. 1832. Ed. 3. 1858. T. I. Die Schrift De
praescript. und die Schrift De baptismo auch bei *Hurter*, SS. Patr. opusc. sel.
Vol. IX und Vol. VII. Tertullian De praescriptione haereticorum, herausgeg.
von E. Preuschen. Freiburg i. Br. 1892 (= Sammlung ausgewählter kirchen= und
dogmengeschichtl. Quellenschriften, herausgeg. unter Leitung von G. Krüger. Heft 3).
Tertulliani de Praescriptione Haereticorum, ad Martyres, ad Scapulam,
edited with introduction and notes by *T. H. Bindley*. Oxford 1894. 8°.
Ueber die Schrift Adv. Valentinianos f. *L. Lehanneur*, Le traité de Tertullien
contre les Valentiniens. Caen 1886. 8°. Ueber die Schrift De anima siehe
*H. Diels*, Doxographi Graeci. Berol. 1879. p. 203 sqq. Ueber die Schrift
Adv. Praxean f. R. A. Lipsius, Ueber Tertullians Schrift wider Praxeas:
Jahrbb. f. deutsche Theologie. Bd. XIII (1868). S. 701—724. — Die Schriften
De oratione, De patientia, Ad martyres, De paenitentia auch bei *Hurter*
l. c. Vol. II. IV. V. Tertullian De paenitentia, De pudicitia, herausgeg.
von E. Preuschen. Freiburg i. Br. 1891 (= Sammlung ausgew. kirchen= und
dogmengeschichtl. Quellenschriften. Heft 2). Eine Sonderausgabe der Schrift De
spectaculis besorgte E. Klußmann, Leipzig 1876. 8°. Vgl. *E. Klussmann*,
Adnotationes criticae ad Tert. libr. de spect. (Progr.). Rudolphopoli 1876. 8°.
Ueber die Schrift De spectaculis verbreitet sich E. Nöldechen in der Zeitschr.
f. wissenschaftl. Theol. 1894. Bd. I. S. 91—125, im Philologus. Supplementbd.
VI, 2 (1893). S. 727—766, in den Neuen Jahrbb. f. deutsche Theol. Bd. III
(1894). S. 206—226. Ueber die Schrift De oratione handelt W. Haller, Das
Herrngebet bei Tertullian. Ein Beitrag zur Geschichte und Auslegung des Vater=
unsers: Zeitschr. f. prakt. Theol. Bd. XII (1890). S. 327—354. Das schwierige
Schriftchen De pallio hat namentlich Cl. Salmasius herausgegeben, Paris 1622
und Leiden 1656. 8°. H. Kellner, Ueber Tertullians Abhandlung De pallio
und das Jahr seines Uebertrittes zum Christenthum: Theol. Quartalschrift. Bd. LII
(1870). S. 547—566. *G. Boissier*, La fin du paganisme. Paris 1891. 8°.
T. I. p. 259—304: Le traité du „Manteau" de Tertullien. — Ueber den Juristen
Tertullian und seine Schriften f. Teuffel=Schwabe, Gesch. der Röm. Literatur.
5. Aufl. S. 939. Ueber das Gedicht adv. Marcionem oder adv. Marcionitas
f. E. Hückstädt, Ueber das pseudotertullianische Gedicht adv. Marcionem (Inaug.=
Diff.). Leipzig 1875. 8°. *A. Oxé*, Prolegomena de carmine adv. Marcionitas
(Diss. inaug.). Lipsiae 1888. 8°. Ueber die Gedichte De Sodoma und De

Iona (in Oehlers größerer Ausgabe II, 769—773) f. § 70, 3. Ueber die 165 Hexameter über den Anfang der Genesis (Oehler II, 774—776) f. § 70, 2. Das Gedicht De iudicio domini (Oehler II, 776—781) steht unter den Werken Cyprians mit der Aufschrift Ad Flavium Felicem de resurrectione mortuorum, in Hartels Ausgabe pars III. p. 308—325. Vielleicht gehört dasselbe dem Bischof Verecundus von Junca im 6. Jahrh. (§ 97, 5) an. Quisquis vero auctor est, urtheilt Hartel Praef. p. LXVIII, Musis iratis hoc carmen panxit.

12. Schriften über Tertullian. — Ueber Tertullian im allgemeinen handeln J. A. W. Neander, Antignostikus. Geist des Tertullianus und Einleitung in dessen Schriften, mit archäologischen und dogmenhistorischen Untersuchungen. Berlin 1825. 8⁰; 2. Aufl. 1849. *E. Freppel*, Tertullien. Cours d'éloquence sacrée fait à la Sorbonne pendant l'année 1861—1862. Paris 1864. 2 vols. 8⁰; 2ᵉ éd. 1872. Fr. Böhringer, Die Kirche Christi und ihre Zeugen oder die Kirchengeschichte in Biographien. 2. Aufl. Bd. III—IV. Die lateinisch-afrikanische Kirche. Tertullianus, Cyprianus. Stuttgart 1864; 2. Ausg. 1873. A. Hauck, Tertullians Leben und Schriften. Erlangen 1877. 8⁰. E. Nöldechen, Tertullian. Gotha 1890. 8⁰. Nöldechens Werk faßt das Ergebniß zahlreicher Abhandlungen zusammen, welche in verschiedenen theologischen und historischen Zeitschriften veröffentlicht wurden: Hist. Zeitschr. (N. F. Bd. XVIII. 1885), Ztschr. f. kirchl. Wissenschaft u. kirchl. Leben (Jahrg. 1885, 1886, 1887), Ztschr. f. wissenschaftl. Theol. (Jahrg. 1885, 1886, 1887, 1888, 1889), Jahrbb. f. protest. Theol. (Jahrg. 1886, 1888), Theol. Studien u. Kritiken (Jahrg. 1886, 1888), Hist. Taschenbuch (Jahrg. 1888), Ztschr. f. Kirchengesch. (Bd. XI. 1889—1890). *V. Courdaveaux*, Tertullien: Revue de l'hist. des religions, 1891, janv.-févr., p. 1—35. *F. Cabrol*, Tertullien selon M. Courdaveaux (Extrait de la revue „La Science cathol."). Paris 1891. 8⁰. J. Jung, Zu Tertullians auswärtigen Beziehungen: Wiener Studien. Ztschr. f. class. Philol. Bd. XIII. 1891. S. 231—244. — Ueber die Sprache Tertullians handeln H. Kellner, Ueber die sprachlichen Eigenthümlichkeiten Tertullians: Theol. Quartalschr. Bd. LVIII (1876). S. 229—251. G. R. Hauschild, Die Grundsätze und Mittel der Wortbildung bei Tertullian. I. Leipzig 1876. 4⁰ (Progr.). II. Frankfurt a. M. 1881. 4⁰ (Progr.). Andere Schriften bei Teuffel-Schwabe a. a. O. S. 942. — Ueber die Chronologie der Schriften Tertullians handeln H. Kellner, Zur Chronologie Tertullians: Theol. Quartalschr. Bd. LIII (1871). S. 585—609; Ders., Organischer Zusammenhang und Chronologie der Schriften Tertullians: Der Katholik. 1879. Bd. II. S. 561—589; Id., Chronologiae Tertullianeae supplementa (Progr.). Bonnae 1890. 4⁰. G. N. Bonwetsch, Die Schriften Tertullians nach der Zeit ihrer Abfassung untersucht. Bonn 1878. 8⁰. Ad. Harnack, Zur Chronologie der Schriften Tertullians: Zeitschr. f. Kirchengesch. Bd. II (1877—1878). S. 572 bis 583. E. Nöldechen, Die Abfassungszeit der Schriften Tertullians: Texte und Untersuchungen zur Gesch. der altchristl. Literatur, herausgeg. von v. Gebhardt und Harnack. Bd. V. Heft 2. Leipzig 1888. J. Schmidt, Ein Beitrag zur Chronologie der Schriften Tertullians und der Proconsuln von Afrika: Rhein. Museum für Philol. N. F. Bd. XLVI (1891). S. 77—98. — Ueber die Lehre Tertullians handeln u. a. C. L. Leimbach, Beiträge zur Abendmahlslehre Tertullians. Gotha 1874. 8⁰. *G. Caucanas*, Tertullien et le montanisme. Genève 1876. 8⁰. *F. Nielsen*, Tertullians Ethik. Afhandling. Schönberg 1879. 8⁰. G. R. Hauschild, Die rationale Psychologie und Erkenntnißtheorie Tertullians. Leipzig 1880. 4⁰. Fr. Barth, Tertullians Auffassung des Apostels Paulus und seines Verhältnisses zu den Uraposteln: Jahrbb. f. protest. Theol. Bd. VIII (1882). S. 706—756. G. Ludwig, Tertullians Ethik in durchaus objektiver Darstellung (Inaug.-Diss.). Leipzig 1885. 8⁰. G. Esser, Die Seelenlehre Tertullians. Paderborn 1893. 8⁰.

K. H. Wirth, Der „Verdienst"=Begriff in der christlichen Kirche, nach seiner geschichtlichen Entwicklung dargestellt. I. Der „Verdienst"=Begriff bei Tertullian. Leipzig 1893. 8⁰. — H. Rönsch, Das Neue Testament Tertullians, aus dessen Schriften möglichst vollständig reconstruirt. Leipzig 1871. 8⁰. (Nachträge zu S. 527 dieses Werkes gibt Rönsch in der Zeitschr. f. wiss. Theol. Bd. XXVIII. 1885. S. 104.) C. Leimbach, Tertullian als Quelle für die christliche Archäo-logie: Zeitschr. f. die hist. Theol. Bd. XLIV (1871). S. 108—157. 430—459. J. Kolberg, Verfassung, Cultus und Disciplin der christlichen Kirche nach den Schriften Tertullians. Braunsberg 1886. 8⁰. — Aeltere Literatur bei *Chevalier*, Répert. des sources hist. 2157—2159. 2820; *Richardson*, Bibliograph. Syn-opsis 43—47.

## § 37. Cyprian.

1. Leben. — Eine der anziehendsten Erscheinungen auf dem Gebiete der altkirchlichen Literaturgeschichte ist der edle Bischof von Karthago Thascius Cäcilius Cyprianus. Die Vita des Heiligen unter dem Namen seines Dia-kons Pontius wird als echt und glaubwürdig anerkannt werden müssen (s. *Hier.*, De vir. ill. c. 68); einen weit tiefern Einblick in seinen äußern und innern Lebensgang gewähren indessen die Schriften des Heiligen selbst. Cyprian wurde gegen Anfang des 3. Jahrhunderts, vielleicht zu Karthago, geboren. Seine Eltern waren reiche und angesehene Heiden. Er erwählte den Beruf eines Rhetors und erntete als Vertreter seiner Wissenschaft zu Karthago Glanz und Ruhm. Erst um das Jahr 246 wurde er durch einen Presbyter Cäcilius (so *Hier.* l. c. c. 67) oder Cäcilianus (so die genannte Vita c. 4) für das Christenthum gewonnen. Er verschenkte sein Vermögen an die Armen und weihte sich aus voller Seele dem Streben nach christlicher Voll-kommenheit (vgl. seine Selbstbekenntnisse Ad Donatum c. 3—4). Nach kurzer Zeit ward er in den Clerus aufgenommen und bald darauf, Ende 248 oder Anfang 249, auch zum Bischof von Karthago erwählt. Das außerordentliche Vertrauen, welches sich in dieser Wahl eines Neophyten aussprach, sollte glän-zend gerechtfertigt werden. Cyprian eröffnete seine bischöfliche Wirksamkeit mit der Bekämpfung sittlicher Mißstände. Aber schon bald mußte er sich von seiner Herde trennen. Zu Beginn des Jahres 250 brach die decische Ver-folgung aus, und wahrhaft verheerend brauste dieser Sturm über die afrika-nische Kirche. Cyprian entzog sich der Todesgefahr, blieb aber von seinem Zufluchtsorte aus mit seiner Gemeinde in ununterbrochenem Verkehr. Die Zahl der Abtrünnigen (sacrificati oder thurificati, libellatici, acta facientes) war sehr groß, und die Frage der Behandlung dieser lapsi oder der Vor-bedingungen ihrer Wiederaufnahme in die Kirchengemeinschaft führte zu einem Schisma. Der Diakon Felicissimus trat an die Spitze einer Partei, welche dem hl. Cyprian zu große Strenge vorwarf, zu derselben Zeit, als ein Theil der römischen Gemeinde unter Führung des Presbyters Novatian sich von Papst Cornelius lossagte, weil derselbe in der gleichen Frage zu milden Grund-sätzen huldige. Im Frühjahr 251 durfte Cyprian es wagen, nach Karthago zurückzukehren. Dank seiner rastlosen Anstrengung sah er auch bald die Ein-heit innerhalb seiner Kirche wiederhergestellt. Neue Heimsuchungen nahten. Im Sommer 252 wurden weite Strecken des Römerreiches, insbesondere auch Karthago und seine Umgebung, von einer furchtbaren Pest verwüstet, und das

Edict der Kaiser Gallus und Volusianus, welches zur Abwendung der Seuche allgemeine Opfer anordnete (vgl. *Cypr.*, Ep. 59, 6), gab zu einer neuen Christenverfolgung Anlaß. Mit der Thronbesteigung Valerians (Mai 253) trat wieder Ruhe ein. Hebung des kirchlichen Lebens, Festigung und Ausbildung der kirchlichen Disciplin waren die Ziele der ebenso erfolgreichen wie unermüdlichen Thätigkeit Cyprians. Den Abend seiner irdischen Laufbahn sollte der Ketzertaufstreit umwölken. Die Frage, ob die von Ketzern ertheilte Taufe giltig sei, bezw. ob die von einer häretischen Gemeinschaft zur Kirche Zurückkehrenden von neuem zu taufen seien, wurde schon von Tertullian erörtert (vgl. § 36, 7. 9). In Uebereinstimmung mit ihm trat auch Cyprian mit aller Entschiedenheit für die Ungiltigkeit der Ketzertaufe ein. In gleichem Sinne sprachen sich mehrere Concilien aus, welche unter Cyprians Vorsitz zu Karthago zusammentrafen: 255, Frühjahr 256 und 1. September 256. Papst Stephan I. hingegen verwarf diese Concilienbeschlüsse und erklärte: Si qui ergo a quacumque haeresi venient ad vos, nihil innovetur nisi quod traditum est, ut manus illis imponatur in paenitentiam, cum ipsi haeretici proprie alterutrum ad se venientes non baptizent, sed communicent tantum (*Cypr.*, Ep. 74, 1; die Entscheidung des Papstes ist aller Wahrscheinlichkeit nach nicht vor, sondern erst nach dem Concil vom 1. September 256 erfolgt oder doch in Karthago eingetroffen). Zu einem förmlichen Bruche zwischen Stephan und Cyprian scheint es indessen nicht gekommen zu sein. Die valerianische Christenverfolgung drängte den Streit in den Hintergrund. Mit Stephans Nachfolger, Sixtus (Xystus) II., stand Cyprian jedenfalls wieder in kirchlicher Gemeinschaft. Stephan fiel am 2. August 257 der valerianischen Verfolgung zum Opfer. Cyprian wurde am 14. September 258 unfern Karthago, auf der proconsularischen Villa Sexti, enthauptet, der erste afrikanische Bischof, welcher mit der Martyrerkrone geschmückt wurde (s. die genannte Vita c. 19).

2. Abhandlungen. — Cyprians Schriften gliedern sich in zwei Gruppen: Abhandlungen und Briefe. Die Reihe der Abhandlungen wird eröffnet durch die Schrift Ad Donatum (später auch De gratia Dei betitelt, 16 Kapp.), offenbar nicht lange nach dem Uebertritt Cyprians zum Christenthum verfaßt. In Form von Selbstbekenntnissen gegenüber einem neubekehrten Freunde Donatus legt der Verfasser mit wohlthuender Begeisterung dar, daß nur das Christenthum die Bedürfnisse des Herzens und die Forderungen des Geistes zu befriedigen vermöge. Der etwas gezierte Stil erinnert noch an den frühern Rhetor, wie dies schon Augustinus (De doctr. christ. IV, 14, 31: *Migne*, P. lat. XXXIV, 102) treffend hervorhob. Im wesentlichen dieselbe Tendenz verfolgt die etwa 248 verfaßte Schrift Quod idola dii non sint (später gewöhnlich De idolorum vanitate, 15 Kapp.). Hieronymus (Ep. 70, ad Magnum, c. 5: *Migne* l. c. XXII, 668) feiert dieselbe mit den Worten: Cyprianus quod idola dii non sint qua brevitate, qua historiarum omnium scientia, quorum verborum et sensuum splendore perstrinxit! Uebrigens ist Cyprian hier weniger originell als in irgend einer andern Schrift; den Dialog des Minucius Felix und Tertullians Apologeticum hat er stark ausgebeutet. Ein Seitenstück zu diesem Angriffe auf das Heidenthum bildet die gegen das Judenthum gerichtete Schrift Ad Quirinum in drei Büchern

(gewöhnlich Testimoniorum libri adv. Iudaeos), auch etwa aus dem Jahre 248. Das ganze Werk verläuft in Theſen, welche durch Stellen der Heiligen Schrift erhärtet werden. Das erſte Buch (24 Theſen oder Kapp.) beleuchtet haupt= ſächlich die nur vorübergehende Geltung und Bedeutung des Alten Bundes; das zweite (30 Theſen oder Kapp.) handelt von der Meſſianität Jeſu von Nazareth, und das nachträglich noch auf Wunſch des Adreſſaten hinzugefügte dritte Buch (120 Theſen oder Kapp.) gibt eine ſehr eingehende Anweiſung zu tugendhaftem Leben. Das umfaſſende Werk liefert begreiflicherweiſe die reichſten Beiträge zur Kenntniß des von Cyprian benutzten Bibeltextes. Manche ſpätere Schriftſteller haben die hier gebotene Sammlung bibliſcher Ausſprüche über die verſchiedenſten Gegenſtände ausgiebig verwerthet (Pſeudo=Cyprian Adv. aleatores, Commodian, Lactantius, Firmicus Maternus). Aus der erſten Zeit der biſchöflichen Thätigkeit Cyprians, etwa aus dem Jahre 249, ſtammt die ſchöne Schrift De habitu virginum (vielleicht richtiger Ad virgines, 24 Kapp.), welche die gottgeweihten Jungfrauen namentlich vor Putz= ſucht warnt. Angeſichts der vorhin erwähnten Schismen zu Karthago und zu Rom verfaßte Cyprian im Jahre 251 die unſterbliche Schrift De catholicae ecclesiae unitate (auch De unitate ecclesiae oder De simplicitate praelatorum, 27 Kapp.). Häreſie und Schisma, erklärt der glaubenseifrige Biſchof, ſind Waffen des Teufels. Der Herr hat ſeine Kirche auf Petrus gegründet; Petrus bildet den Mittelpunkt ihrer Einheit. Loquitur Dominus ad Petrum: Ego dico tibi, inquit, quia tu es Petrus, et super istam petram aedificabo ecclesiam meam. . . (Matth. 16, 18—19). Super unum aedificat ecclesiam, et quamvis apostolis omnibus post resurrectionem suam parem potestatem tribuat et dicat: Sicut misit me pater, et ego mitto vos. . . (Io. 20, 21—23), tamen ut unitatem manifestaret, unitatis eiusdem originem ab uno incipientem sua auctoritate disposuit. Hoc erant utique et ceteri apostoli quod fuit Petrus, pari consortio praediti et honoris et potestatis, sed exordium ab unitate proficiscitur, ut ecclesia Christi una monstretur (c. 4). Außer der Kirche Chriſti gibt es kein Heil. Habere non potest Deum patrem, qui ecclesiam non habet matrem. Si potuit evadere quisque extra arcam Noe fuit, et qui extra ecclesiam foris fuerit evadit (c. 6). Die Kirche Chriſti muß nothwendig eine ſein. Dicit Dominus: Ego et pater unum sumus (Io. 10, [30]). Et iterum de Patre et Filio et Spiritu sancto scriptum est: et tres unum sunt (1 Io. 5, 7 oder 5, 8). Et quisquam credit hanc unitatem de divina firmitate venientem, sacramentis caelestibus cohaerentem scindi in ecclesia posse et voluntatum collidentium divortio separari? (c. 6.) Ein Symbol der Einheit der Kirche iſt das ungetheilt bleibende Gewand des Herrn (Joh. 19, 23—24), im Gegenſatze zu dem in zwölf Stücke zerriſſenen Gewande des Propheten Achias (3 Kön. 11 Vulg.; c. 7). Folgen eindringliche Mahnungen an die Gläubigen, das Sectenweſen zu fliehen und in Eintracht mit dem Biſchofe zu bleiben (c. 8 sqq.).

3. Abhandlungen (Fortſetzung). — Die Schrift De lapsis (36 Kapp.) iſt gleichfalls im Jahre 251, bald nach Beendigung der deciſchen Verfolgung, verfaßt. Cyprian begrüßt freudig den wiederkehrenden Frieden (c. 1), preiſt den Ruhm der ſtandhaft gebliebenen Mitglieder ſeiner Gemeinde (c. 2—3),

muß dann aber auch seinem bittern Schmerze über den Abfall so vieler Brüder in kraftvollen, vielfach erschütternden Worten Luft machen (c. 4—14). Diesen lapsi kann nur nach voraufgegangener Buße und Genugthuung Lossprechung und Reconciliation ertheilt werden (c. 15 sqq.). Die Schrift De dominica oratione (36 Kapp.), etwa aus dem Anfang des Jahres 252, schließt sich inhaltlich sehr enge an Tertullians Abhandlung De oratione (§ 36, 8) an. Interessant ist die Bemerkung c. 31: Sacerdos ante orationem praefatione praemissa parat fratrum mentes dicendo: susum (sursum) corda, ut dum respondet plebs: habemus ad Dominum, admoneatur nihil aliud se quam Dominum cogitare debere. Die Pest, welche im Sommer 252 Karthago heimsuchte, veranlaßte die Schrift De mortalitate (26 Kapp.), ein bischöfliches Mahnwort an die verzagenden Gläubigen, durchweht von ergreifender Seelengröße und Glaubenskraft. „Nur der fürchtet den Tod, der nicht zu Christus gehen will. Nur der will nicht zu Christus gehen, der nicht glaubt, daß er mit Christus zu herrschen beginnt" (c. 2). Einem ähnlichen Zwecke dient die Schrift Ad Fortunatum (auch De exhortatione martyrii, 5 und 13 Kapp.), wahrscheinlich unmittelbar vor dem Ausbruch der Verfolgung unter Gallus und Volusianus verfaßt und die Christen zu standhafter Ausdauer ermunternd. Wie in dem Werke Ad Quirinum, so wird auch hier eine Reihe von Thesen aufgestellt und durch Aussprüche der Heiligen Schrift begründet oder erläutert. Die Schrift Ad Demetrianum (26 Kapp.), deren Echtheit mit Unrecht beanstandet wurde, wendet sich gegen den oft wiederholten Vorwurf der Heiden, das Christenthum verschulde das ganze Elend der schwerbedrängten Zeit (dixisti per nos fieri et quod nobis debeant imputari omnia ista quibus nunc mundus quatitur et urguetur, quod dii vestri a nobis non colantur c. 3). Nicht die Christen, entgegnet Cyprian, sondern die Heiden haben den Zorn Gottes herausgefordert, und für die Endzeit, welcher die Welt entgegeneilt, sind solche Heimsuchungen längst vorhergesagt. In der Schrift De opere et eleemosynis (26 Kapp.) will Cyprian die Gläubigen zu werkthätiger Nächstenliebe aneifern. Die Schriften De bono patientiae (24 Kapp.) und De zelo et livore (18 Kapp.) entstammen den Tagen des Ketzertaufstreites. Ohne die wunde Stelle selbst zu berühren, wollen sie den erhitzten Gemüthern Mäßigung und Selbstüberwindung nahelegen. Dem Inhalte nach deckt sich die Schrift De bono patientiae fast vollständig mit Tertullians Schrift De patientia (§ 36, 8). Den Schluß der Reihe der Abhandlungen bildet in den Ausgaben ein Bericht über die Vota der 87 Bischöfe, welche an dem obenerwähnten Concile vom 1. September 256 theilnahmen (85 in Person, 2 durch den Bischof von Oëa vertreten: Sententiae episcoporum numero LXXXVII de haereticis baptizandis).

4. Briefe. — Die Briefsammlung des hl. Cyprian umfaßt in den neuern Ausgaben seiner Schriften 81 Nummern: 65 sind von Cyprian geschrieben, die meisten der übrigen sind an ihn adressirt (vgl. Abs. 11—13). Alle Briefe fallen in die Zeit der bischöflichen Amtsführung des Heiligen (248/249—258). Die weitaus größere Mehrzahl betrifft die wiederholt genannten Zeitfragen der damaligen Kirche: die Behandlung der lapsi, die Schismen zu Karthago und zu Rom, den Ketzertaufstreit. Mehrere Briefe enthalten die glänzendsten Zeugnisse für den Primat der römischen Kirche. Einzelne Trostschreiben an

chriſtliche Bekenner ſind von ergreifender Schönheit. Brief 63 entwickelt die chriſtliche Lehre über das Opfer der heiligen Euchariſtie. Eine ſehr hervorragende Bedeutung beſitzt die Briefſammlung für die Geſchichte des Kirchenrechts. Sie bietet ein einigermaßen vollſtändiges Bild der Kirchenverwaltung um die Mitte des 3. Jahrhunderts, und ſie hat ihrerſeits vielerorts als Grundlage für die Geſtaltung und Ausbildung der kirchlichen Disciplin gedient. In Afrika, Italien, Spanien, Gallien, vielleicht auch England, kamen Rechtsſammlungen in Gebrauch, welche ihren Stoff zum größern oder geringern Theile den Briefen Cyprians entnommen hatten, und die Spuren kirchenrechtlicher Geltung und Verwendung in verſchiedenen Kirchenprovinzen laſſen ſich noch deutlich in den Eigenthümlichkeiten der verſchiedenen Recenſionen wiedererkennen, in welchen die Briefe Cyprians überliefert ſind.

5. Verloren gegangene, zweifelhafte, unechte Schriften. — Eine nicht unbedeutende Anzahl von Briefen Cyprians aus der Zeit ſeiner biſchöflichen Wirkſamkeit iſt zu Grunde gegangen. Mehrere Abhandlungen unter Cyprians Namen ſind zweifelhafter Echtheit: De spectaculis (10 Kapp.), De bono pudicitiae (14 Kapp.), De laude martyrii (30 Kapp.), Ad Novatianum (quod lapsis spes veniae non est deneganda, 18 Kapp.), Exhortatio de paenitentia. Vielleicht iſt Cyprian (als Rhetor?) auch an der Herſtellung oder Ausgeſtaltung (Redaction) der unter dem Namen notae Tironianae bekannten Sammlung von Abkürzungen für die Schnellſchrift betheiligt geweſen. Sehr viele Schriften ſind mit Unrecht den Werken Cyprians eingereiht worden: De rebaptismate (eine polemiſche Schrift gegen Cyprian für die Giltigkeit der Ketzertaufe, 19 Kapp.), Adv. aleatores (§ 35, 6), De duobus montibus (oder De montibus Sina et Sion, 15 Kapp.), Ad Vigilium episcopum de Iudaica incredulitate (die Vorrede einer lateiniſchen Ueberſetzung der § 21, 1 erwähnten Disputatio Iasonis et Papisci, 10 Kapp.), Adv. Iudaeos (qui insecuti sunt Dominum nostrum Iesum Christum, 10 Kapp.), De duodecim abusivis (abusionibus) saeculi (12 Kapp.), De singularitate clericorum (46 Kapp.), De duplici martyrio ad Fortunatum (40 Kapp.), De pascha computus (23 Kapp.) u. a. m. Dazu kommen Predigten, Briefe und Gedichte. Einige unter Cyprians Namen früher in Umlauf geweſene Schriften ſind noch nicht gedruckt worden.

6. Rückblick auf die Schriften Cyprians. — Cyprian iſt ein Mann der Praxis, nicht der Theorie, ein Mann des Glaubens, nicht der Speculation. Auch ſeine Feder ſteht durchweg im Dienſte praktiſcher Zwecke und Intereſſen. Seine Lieblingsidee iſt die Idee von der Einheit der Kirche. Es iſt nicht mit Unrecht behauptet worden, daß in dieſer Idee faſt der geſamte dogmatiſche Gehalt der Schriften Cyprians wurzle und gipfle. In der Schrift De cath. eccl. un. bekundet Cyprian denn auch mehr Originalität als in irgend einer andern Schrift. Aber auch hier geht er nicht in theoretiſche Erörterungen ein; er wendet ſich an den chriſtlichen und kirchlichen Sinn der Gläubigen und beruft ſich auf die Autorität der Heiligen Schriften. Die letztern hört er überhaupt viel lieber ſprechen als ſeine eigene Stimme. Die drei Bücher Ad Quirinum und ebenſo die Schrift Ad Fortunatum ſtellen nur Sammlungen von Bibelcitaten dar. Auch von den Werken Tertullians macht Cyprian ausgedehnten Gebrauch. Beatus Cyprianus, äußerte ſchon Hieronymus, Ter

tulliano magistro utitur, ut eius scripta probant (Ep. 84, ad Pamm. et Oc., c. 2: *Migne*, P. lat. XXII, 744), und mit dem Namen magister pflegte auch Cyprian selbst seinen großen Vorgänger zu beehren (*Hier.*, De vir. ill. c. 53; s. § 36, 3). Einzelne Schriften Cyprians könnte man als Ueber= arbeitungen der entsprechenden Schriften seines Meisters bezeichnen (vgl. ins= besondere Cyprian De bono patientiae und Tertullian De patientia). So nahe sich indessen die Gedanken oft berühren, so durchgreifend unterscheidet sich die Form der Darstellung. Ruhig und klar, leicht und gefällig fließt Cyprians Rede dahin: Beatus Cyprianus, sagte bereits Hieronymus, instar fontis purissimi dulcis incedit et placidus (Ep. 58, ad Paulinum, c. 10: XXII, 585). Durchweg ist sein Ausdruck durch die Wärme der Empfindung belebt und gehoben. Nicht selten fesseln mit Geschmack gewählte und mit Vor= liebe in allen Einzelheiten ausgeführte Bilder und Allegorien, welche zum guten Theile in der spätern kirchlichen Literatur mehr oder weniger stehend geblieben sind. Lactantius kennzeichnet die schriftstellerische Art Cyprians mit den Worten: Erat ingenio facili, copioso, suavi et, quae sermonis maxima est virtus, aperto, ut discernere non queas utrumne ornatior in eloquendo an felicior in explicando an potentior in persuadendo fuerit (Div. Instit. V, 1, 25 ed. *Brandt*).

7. **Cyprian in der Folgezeit.** — Cyprian und seine Schriften erfreuten sich in der Folgezeit im ganzen Abendlande eines wahrhaft großartigen An= sehens. In unmittelbarem Anschluß an die früher (§ 36, 3) erwähnten Be= merkungen über Minucius Felix und Tertullian schreibt Lactantius (Div. Instit. V, 1, 24): Unus igitur praecipuus et clarus extitit Cyprianus, quoniam et magnam sibi gloriam ex artis oratoriae professione quae= sierat et admodum multa conscripsit in suo genere miranda. Und wenn laut Lactantius (ibid. V, 1, 27) gebildete Heiden Cyprian spöttisch Coprian (nach κόπρος Mist) nannten (quasi quod elegans ingenium et melioribus rebus aptum ad aniles fabulas contulisset), so spiegelt sich auch in diesem Spotte die Verehrung und Hochschätzung, welche Cyprians Name in christlichen Kreisen genoß. Ein von Mommsen (1886) herausgegebenes, aus einer Hand= schrift vom Jahre 359 geflossenes lateinisches Verzeichniß der Bücher der Heiligen Schrift läßt auf die libri canonici noch die Schriften Cyprians mit Angabe ihres Umfanges nach Zeilen (cum indiculis versuum) folgen. Man möchte fast an eine Erläuterung dieses Schriftstückes denken, wenn Pru= dentius singt:

> Te leget omnis amans Christum, tua, Cypriane, discet.
> Spiritus ille Dei qui fluxerat auctor in prophetas,
> Fontibus eloquii te coelitus actus irrigavit

(Peristeph. hymn. 13 v. 8—10: LX, 571). Hieronymus hielt es für un= nöthig, Tertullians katholische Schriften namhaft zu machen, weil dieselben den meisten bekannt seien (quia nota sunt pluribus, praetermittimus De vir. ill. c. 53); von Cyprian sagt er: huius ingenii superfluum est indicem texere, cum sole clariora sint eius opera (ibid. c. 67). Unter den Rath= schlägen, welche derselbe Heilige einer vornehmen Römerin in betreff der Er= ziehung ihrer Tochter ertheilt, findet sich auch der Satz: Cypriani opuscula semper in manu teneat (Ep. 107, ad Laetam, c. 12: XXII, 877).

Augustinus bemerkt zu Eingang eines seiner sermones in natali Cypriani martyris: cuius reverendi episcopi et venerandi martyris laudibus nulla lingua sufficeret, nec si se ipse laudaret (Sermo 313, 1: *Migne* l. c. XXXVIII, 1423). In dem Werke De baptismo (III, 3, 5: XLIII, 142) nennt er Cyprian gelegentlich catholicum episcopum, catholicum martyrem, et quanto magis magnus erat, tanto se in omnibus humiliantem, ut coram Deo inveniret gratiam. Die unrichtige Ansicht Cyprians von der Ungiltigkeit der Ketzertaufe muß Augustinus in diesem Werke De baptismo den Donatisten gegenüber nachdrücklich bekämpfen. Dabei wird er indessen gar nicht müde, den großen Blutzeugen mit der Schwierigkeit der Frage und dem Mangel einer übereinstimmenden Tradition oder der Bestimmung eines Plenarconcils zu entschuldigen und sein selbstloses und opferwilliges Festhalten an der Einheit der Kirche den Schismatikern zur Nachahmung zu empfehlen (vgl. etwa II, 7, 12 sqq.: XLIII, 133 sqq.).

8. Zur Geschichte der Ueberlieferung der Schriften Cyprians. Gesamtausgaben und Ausgaben ausgewählter Schriften. Uebersetzungen. — Das Abs. 7 erwähnte, wahrscheinlich aus Afrika stammende Verzeichniß der libri canonici und der Schriften Cyprians ward nach einer Handschrift zu Cheltenham saec. X herausgegeben von Th. Mommsen, Zur lateinischen Stichometrie: Hermes. Bd. XXI (1886). S. 142 bis 156. Ueber eine zweite Handschrift des Verzeichnisses zu St. Gallen saec. IX berichtet Mommsen ebend. Bd. XXV (1890). S. 636—638. Ueber das Verzeichniß der libri canonici s. Th. Zahn, Geschichte des neutestamentl. Kanons. Bd. II, 1. Erlangen 1890. S. 143—156: Canon Mommsenianus. *W. Sanday,* The Cheltenham list of the Canonical Books of the Old and New Testament and of the writings of Cyprian (Appendix. *C. H. Turner,* The Old Testament stichometry. New Testament stichometry. The Cyprianic stichometry): Studia biblica et ecclesiastica. Vol. III. Oxford 1891. p. 217—325. K. Götz, Geschichte der cyprianischen Litteratur bis zu der Zeit der ersten erhaltenen Handschriften. Basel 1891. 8⁰. Ein Verzeichniß der Cyprian-Handschriften zu Oxford nebst kritischen Bemerkungen über die alsbald zu nennende Ausgabe Hartels bei *J. Wordsworth,* Old-Latin Biblical Texts. No. II. Oxford 1886. 4⁰. App. II. p. 123—132. M. Manitius, Zu Cyprian: Zeitschr. f. die österreich. Gymnasien. Bd. XXXIX (1888). S. 869—872 (Collation der Citate aus Cyprian in dem dem Bischof Walram von Naumburg, gest. 1111, zugeschriebenen liber de unitate ecclesiae conservanda). — Gesamtausgaben der Werke Cyprians veranstalteten u. a. D. Erasmus, Basel 1520. 2⁰, u. sonst; W. Morelius, Paris 1564. 2⁰; J. Pamelius, Antwerpen 1568. 2⁰, u. sonst; N. Rigaltius, Paris 1648. 2⁰, u. sonst; J. Fell und J. Pearson, Oxford 1682. 2⁰, u. sonst; St. Baluzius und Pr. Maranus, Paris 1726. 2⁰, u. sonst. Näheres über diese und andere Ausgaben bei *Schoenemann,* Bibl. hist.-lit. Patr. lat. I, 102—131; Hartel in der sogleich zu erwähnenden Ausgabe (Wien 1868—1871) pars III. p. LXX—LXXXVII. Die Ausgabe D. J. H. Goldhorns, Leipzig 1838 (= Gersdorfs Bibl. Patr. eccles. lat. sel. Vol. II—III), fußt auf der vorhin genannten Edition von Fell und Pearson. *Migne,* P. lat. IV (Paris. 1844; vgl. auch III u. V), gibt einen sehr fehlerhaften Abdruck der Ausgabe der Mauriner (Baluzius und Maranus). Die neueste und beste Gesamtausgabe lieferte W. Hartel, Wien 1868—1871, 3 Theile (= Corpus script. eccles. lat. Vol. III. pars I—III). Vgl. über diese Ausgabe P. de Lagarde in den Gött. Gel. Anzeigen, Jahrg. 1871, Stück 14, S. 521—543 (= de Lagarde, Symmicta. Gött. 1877. S. 65—78). Einzelne Schriften Cyprians (vier Abhandlungen) auch bei *M. I. Routh,* Script. eccles.

opusc. Oxon. 1832. Ed. 3. 1858. T. I. Ausgewählte Schriften wurden von J. G.
Krabinger herausgegeben, Tübingen 1853 (drei Abhandlungen) und Tüb. 1859
(sieben Abhandlungen). *H. Hurter*, SS. Patr. opusc. sel., bietet vol. I die Schriften
Ad Demetr. und De cath. eccles. un., vol. II De dom. orat., vol. IV De
mortal., De op. et eleemos. und De bono pat., vol. V De lapsis, vol. XXI
epistolae selectae. — Eine deutsche Uebersetzung auserlesener Schriften Cyprians
veröffentlichte J. G. Krabinger, Augsburg 1848. 8°. Eine reichere Auswahl
von Schriften übersetzte U. Uhl, Kempten 1869—1879. 2 Bde. (Bibliothek der
Kirchenväter).

9. Ausgaben, Uebersetzungen und Bearbeitungen einzelner Schriften. — Zu
der Schrift Ad Quirinum vgl. B. Dombart, Ueber die Bedeutung Commodians
für die Textkritik der Testimonia Cyprians: Zeitschr. f. wissensch. Theol. Bd. XXII
(1879). S. 374—389. Zu der Schrift De habitu virginum vgl. J. Haußleiter, Cyprian-Studien: Commentationes Woelfflinianae. Lipsiae 1891. 8°.
p. 377—389. Die Schrift De cath. eccl. un. wurde separat herausgegeben von
M. F. Hyde, Buckington 1853. Einen Abdruck der Schriften De mortal. und
Ad Demetr. nebst Anmerkungen lieferte J. Lamietti, Turin 1887. 16°. Bedenken gegen die Echtheit der Schrift Ad Demetr. erhob B. Aubé, L'église et l'état
dans la seconde moitié du III° siècle [249—284]. Paris 1885. p. 305 ss.
Fünf Briefe der Cyprianschen Briefsammlung (Nr. 8. 21—24), welche in Vulgär-
latein geschrieben sind, hat Miodoński in seiner Edition des Anonymus Adv.
aleatores (§ 35, 6) S. 112—126 von neuem herausgegeben. O. Ritschl, De
epistulis Cyprianicis (Diss. inaug.). Halis Saxonum 1885. 8°. Menden,
Beiträge zur Geschichte und zur Lehre der nordafrikan. Kirche aus den Briefen des
hl. Cyprian (Progr.). Bonn 1878. 4°. Die Sententiae episcoporum (Abf. 3
z. Schl.) sowie die Briefe Cyprians an Quintus und an Fidus (71 und 64) sind
ins Griechische und im J. 687 aus dem Griechischen ins Syrische übersetzt worden.
Die griechische Uebersetzung der Sententiae episcoporum auszugsweise auch bei
*Migne*, P. lat. III, 1080—1102; vollständig zum ersten Male bei A. P. de Lagarde, Reliquiae iuris ecclesiastici antiquissimae graece. 1856. p. 37—55.
Alle drei Stücke syrisch bei *de Lagarde*, Rel. iuris eccles. ant. syriace. 1856.
p. 62—98. Der syrische Text der genannten beiden Briefe nebst einigen andern
syrischen und armenischen Fragmenten unter Cyprians Namen (herausgegeben von
P. Martin) bei *Pitra*, Analecta sacra. T. IV. p. 72—80. 338—344; cf. T. II.
p. 288—291. — Von den zahlreichen zweifelhaften und unechten Schriften Cyprians
hat nur ein Theil in Hartels Ausgabe (pars III) Aufnahme gefunden. Auch
die Exhortatio de paenitentia fehlt bei Hartel ebenso wie bei Migne (vgl.
P. lat. IV, 827). Eine neue Ausgabe und Bearbeitung dieser Schrift von C. Wun-
derer, Bruchstücke einer afrikanischen Bibelübersetzung in der pseudo-cyprianischen
Schrift Exhortatio de paenitentia, neu bearbeitet (Progr.). Erlangen 1889. 8°.
Dieselbe Schrift edirte auch A. Miodoński, Krakau 1893. 8°. Nach Matzinger
und Wölfflin wären die bislang als zweifelhaft geltenden Schriften De bono
pudicitiae und De spectaculis in die Reihe der echten Briefe Cyprians aufzunehmen. S. Matzinger, Des hl. Thascius Cäcilius Cyprianus Tractat De
bono pudicitiae (Inaug.-Diss.). Nürnberg 1892. 8°. Ed. Wölfflin, Cyprianus
de spectaculis: Archiv f. lat. Lexikogr. und Gramm. Bd. VII (1892). S. 1—22.
Mit größerem Rechte eignet Weyman die genannten Schriften Novatian (Abf. 12)
zu. C. Weyman, Ueber die beim Cyprian beigelegten Schriften De spectaculis
und De bono pudicitiae: Hist. Jahrbuch. Bd. XIII (1892). S. 737—748; vgl.
ebend. Bd. XIV (1893). S. 330 f. Mit Weyman stimmt überein Ad. Demmler,
Ueber den Verfasser der unter Cyprians Namen überlieferten Tractate De bono
pudicitiae und De spectaculis: Theol. Quartalschr. Bd. LXXVI (1894). S. 223

bis 271. Die einheitliche Herkunft beider Tractate dürfte gesichert sein. Ueber den Antheil Cyprians an der Sammlung der notae Tironianae f. W. Schmitz in den Symbola philologorum Bonnensium. Lipsiae 1864—1867. p. 540—543. Vgl. Hartel in der mehrgenannten Ausgabe pars III. p. LXVIII sq. Ueber die 165 Hexameter über den Anfang der Genesis (bei Hartel pars III. p. 283—288) f. § 70, 2. Ueber die Gedichte De Sodoma und De Iona (ebend. p. 289—301) f. § 70, 3. Ueber das Gedicht Ad senatorem (ebend. p. 302—305) f. § 70, 7. Ueber das Gedicht De pascha (ebend. p. 305—308) f. § 69, 8. Ueber das Gedicht Ad Flavium Felicem de resurrectione mortuorum (ebend. p. 308—325) f. § 36, 11 z. Schl. H. Hagen, Eine Nachahmung von Cyprians Gastmahl durch Hrabanus Maurus [aus cod. Bernensis A 9 saec. X zum erstenmal herausgegeben]: Zeitschr. f. wissenschaftl. Theol. Bd. XXVII (1884). S. 164—187. Cyprians „Gastmahl", Caena oder Caenae disputatio, ein läppisches Apokryph, bei *Migne*, P. lat. IV, 925—932, ist bei Hagen a. a. O. S. 179—187 als Anhang beigegeben. Vgl. Hartel pars III. p. LIX n.

10. Schriften über Cyprian. — Ueber Cyprian im allgemeinen handeln u. a. Fr. W. Rettberg, Thascius Cäcilius Cyprianus, Bischof von Carthago, dargestellt nach seinem Leben und Wirken. Göttingen 1831. 8⁰. Möhler-Reithmayr, Patrologie. Bd. I. Regensb. 1840. S. 809—893: „Cyprianus". Fr. Böhringer, Die Kirche Christi und ihre Zeugen oder die Kirchengeschichte in Biographien. 2. Aufl. Bd. III—IV. Die lateinisch-afrikanische Kirche. Tertullianus, Cyprianus. Stuttgart 1864; 2. Ausg. 1873. *E. Freppel*, St. Cyprien et l'église d'Afrique au III⁰ siècle. Cours d'éloquence sacrée fait à la Sorbonne pendant l'année 1863—1864. Paris 1865. 8⁰; 3⁰ éd. 1890. J. Peters, Der hl. Cyprian von Karthago, Bischof, Kirchenvater und Blutzeuge Christi, in seinem Leben und Wirken dargestellt. Regensburg 1877. 8⁰. B. Fechtrup, Der hl. Cyprian. Sein Leben und seine Lehre dargestellt. I. Cyprians Leben. Münster 1878. 8⁰. Vgl. Fechtrup, Ketzertaufstreit: Wetzer und Welte's Kirchenlexikon. 2. Aufl. Bd. VII. Sp. 406 bis 419. *E. Havet*, Cyprien, évêque de Carthage: Revue des deux mondes. T. LXXI (1885). p. 27—69. 283—311. *Le Provost*, Étude philologique et littéraire sur St. Cyprien. Précédée d'une lettre de *M. L. Gautier*. Paris 1889. 8⁰. G. Morgenstern, Cyprian, Bischof von Carthago, als Philosoph (Inaug.-Diss.). Jena 1889. 8⁰. — J. Peters, Die Lehre des hl. Cyprian von der Einheit der Kirche, gegenüber den beiden Schismen in Karthago und Rom. Luxemburg 1870. 8⁰. J. H. Reinkens, Die Lehre des hl. Cyprian von der Einheit der Kirche. Würzburg 1873. 8⁰. A. Kolbe, Cyprians Lehre von der Einheit der Kirche und der Stellung des römischen Bischofs in ihr: Zeitschr. f. die ges. luth. Theol. und Kirche. Bd. XXXV (1874). S. 25—40. H. Grisar, Cyprians „Oppositionsconcil" gegen Papst Stephan: Zeitschr. f. kath. Theol. Bd. V (1881). S. 193—221 (die Entscheidung Stephans ist nicht vor, sondern erst nach dem Concile vom 1. September 256 erfolgt). O. Ritschl, Cyprian von Karthago und die Verfassung der Kirche. (Eine kirchengeschichtliche und kirchenrechtliche Untersuchung.) Göttingen 1885. 8⁰. P. v. Hoensbroech, Der römische Primat bezeugt durch den hl. Cyprian: Zeitschr. f. kath. Theol. Bd. XIV (1890). S. 193—230. M. Thurnhuber, Die vorzüglichsten Glaubenslehren in den Schriften des heiligen Bischofes und Martyrers Cyprianus von Carthago. 1. Hälfte (Progr.). Augsburg 1890. 8⁰. *E. Kohlschmidt*, Ad constituendam ecclesiae catholicae notionem quid Cyprianus, ad emendandam atque instaurandam quid valuerit Lutherus, brevi comparatione exponitur (Oratio). Ienae 1891. 8⁰. P. v. Hoensbroech, Zur Auffassung Cyprians von der Ketzertaufe: Zeitschr. f. kath. Theol. Bd. XV (1891). S. 727—736. Gegen v. Hoensbroech f. J. Ernst, Zur Auffassung Cyprians von der Ketzertaufe: ebend. Bd. XVII (1893). S. 79—103.

J. Ernst, War der hl. Cyprian excommunicirt? Ebend. Bd. XVIII (1894).
S. 473—499. P. Corssen, Der Cyprianische Text der Acta apostolorum
(Progr.). Berlin 1892. 4°. — Aeltere Literatur bei *Chevalier*, Répert. des sources
hist. 530—531. 2538; *Richardson*, Bibliograph. Synopsis 60—63.

11. Die Päpste Fabian, Cornelius, Lucius I., Stephan I., Sixtus II. —
Dem hl. Fabian (236—250), dem Nachfolger des hl. Anterus (§ 25, 12), sind im
Mittelalter verschiedene Decretalen untergeschoben worden. S. *Migne*, P. gr. X, 183
bis 202; vgl. *Ph. Jaffé*, Regesta Pontificum Rom. Ed. 2. T. I. Lipsiae 1885.
no. 92—104. Echte Briefe Fabians haben sich nicht erhalten. Aus der Zeit der
Sedisvacanz zwischen Fabian und Cornelius, Januar 250 bis März 251, liegen in
der Briefsammlung Cyprians noch zwölf zwischen Rom und Karthago gewechselte
Schreiben vor (epp. 8. 9. 20. 21. 22. 27. 28. 30. 31. 35. 36. 37). Vgl. Caspari,
Quellen zur Geschichte des Taufsymbols und der Glaubensregel III, 437—439.
A. Harnack, Die Briefe des römischen Klerus aus der Zeit der Sedisvacanz im
Jahre 250: Theol. Abhandlungen, C. v. Weizsäcker gewidmet. Freiburg i. B. 1892.
8°. S. 1—36. Vom hl. Cornelius (März 251 bis Juni oder Juli 253) besitzen
wir noch zwei lateinische Briefe an Cyprian (*Cypr.* Epp. 49. 50) und Bruchstücke
eines griechischen Briefes an Bischof Fabius von Antiochien (bei *Eus.*, Hist. eccl.
VI, 43). Ueber verloren gegangene Briefe des hl. Cornelius s. Caspari a. a. O.
S. 439—440. Die erhaltenen echten und manche unechte Briefe bei *Migne*, P. lat.
III, 699—848; vgl. *Jaffé* l. c. no. 105—118. Briefe des hl. Lucius (Juni
oder Juli 253 bis März 254) sind nicht auf uns gekommen. Unechte epistolae
et decreta bei *Migne* l. c. III, 975—984. Seefelder, Zur Chronologie der
Päpste Kornelius und Luzius I (251—254): Theol. Quartalschr. Bd. LXXIII
(1891). S. 68—94. Von den Briefen des hl. Stephan (254—257) sind nur die
berühmten Zeilen bei *Cypr.* Ep. 74, 1 (s. Abs. 1) übrig geblieben. S. über diese
Briefe Caspari a. a. O. S. 442; vgl. *Jaffé* l. c. no. 124—129; Harnack,
Gesch. der altchristl. Litt. I, 656—658. Unechte epistolae decretales bei *Migne*
l. c. III, 997—1008. Von dem hl. Sixtus II. (257—258) liegt nichts Schrift=
liches vor. Ueber die Correspondenz der römischen Kirche unter ihm s. Caspari
a. a. O. S. 443—444. Unechte Briefe und Decrete bei *Migne* l. c. V, 83—90.
Ueber den Nachfolger des hl. Sixtus, Dionysius, s. § 30, 1.

12. Novatian. — Der Presbyter Novatian (Abs. 1) ist Verfasser eines kraft=
und würdevollen Schreibens, welches der römische Clerus während der Erledigung
des päpstlichen Stuhles nach dem Tode Fabians an Cyprian sandte, um ihm die
Praxis der römischen Kirche bezüglich der Wiederaufnahme der Abgefallenen dar=
zulegen (*Cypr.* Ep. 30; vgl. Ep. 55, 5). Sehr wahrscheinlich ist auch noch ein
anderer Brief des römischen Clerus an Cyprian aus derselben Zeit von Novatian
geschrieben (*Cypr.* Ep. 36). Es war ein Bruch mit der Praxis der römischen
Kirche und ein Verrath an seinen eigenen Grundsätzen, wenn Novatian bald nachher
dem hl. Cornelius gegenüber sich zum Haupte einer Rigoristenpartei innerhalb der
römischen Gemeinde aufwarf und die einmal Abgefallenen für immer aus der
Kirchengemeinschaft ausgeschlossen wissen wollte. Das Schisma gewann weitere Aus=
dehnung und hatte längern Bestand. Ueber das Ende Novatians ist nichts be=
kannt. Hieronymus (De vir. ill. c. 70) weist demselben eine Reihe von Schriften
zu: De pascha, De sabbato, De circumcisione, De sacerdote, De oratione,
De cibis iudaicis, De instantia, De Attalo multaque alia, et De trinitate
grande volumen, quasi ἐπιτομὴν operis Tertulliani faciens, quod plerique
nescientes Cypriani existimant. Anderswo erwähnt Hieronymus eine Samm=
lung von Briefen Novatians (epistolas Novatiani: Ep. 10, ad Paulum, c. 3:
XXII, 344). Von den kleinern Schriften ist die epistola de cibis iudaicis
(über die alttestamentlichen Speisegesetze) erhalten geblieben: *Migne*, P. lat. III,

953—964. Zu Eingang dieses Briefes nennt Novatian selbst seine frühern Schriften De circumcisione und De sabbato „Briefe" (duabus epistolis superioribus c. 1), und vermuthlich sind auch noch andere, wenn nicht sämtliche Schriften Novatians in Briefform verfaßt gewesen, mit Ausnahme des Werkes De trinitate. Diese in dogmengeschichtlicher Hinsicht nicht unwichtige Darstellung der Trinitätslehre, welche sich vornehmlich gegen die Läugnung der wahren Gottheit des Sohnes richtet, liegt auch noch vor: *Migne*, P. lat. III, 885—952. Doch ist ihre Herkunft zweifelhaft. Im Alterthume suchte man den Verfasser auch in Tertullian und in Cyprian (vgl. *Hier.*, Adv. Ruf. II, 19: XXIII, 444). In neuerer Zeit hat man meist an der Ansicht des hl. Hieronymus von der Autorschaft Novatians festgehalten. Gegen diese Ansicht erklärte sich H. Hagemann, Die römische Kirche und ihr Einfluß auf Disciplin und Dogma in den ersten drei Jahrhunderten. Freiburg i. Br. 1864. S. 371—411: „Novatians angebliche Schrift von der Trinität." Ueber die unter den Werken Cyprians stehenden Schriften De bono pudicitiae und De spectaculis f. Abf. 9. Literatur über Novatian bei *Richardson*, Bibliograph. Syn. 64. Vgl. Harnack, Gesch. der altchristl. Litteratur I, 652—656.

13. **Firmilian von Cäsarea.** — Die Briefsammlung Cyprians enthält auch ein umfangreiches Schreiben des Bischofs Firmilian von Cäsarea in Kappadocien an Cyprian aus dem Ende des Jahres 256 oder dem Anfange des Jahres 257 (Ep. 75). Firmilian billigt rückhaltlos Cyprians Stellungnahme im Ketzertauf=streite und bekämpft mit leidenschaftlicher Gereiztheit das Urtheil Stephans. Der lateinische Text des (ursprünglich griechisch geschriebenen) Briefes ist indessen, wie es scheint, vielfach interpolirt; f. O. Ritschl, Cyprian von Karthago und die Ver=fassung der Kirche. Göttingen 1885. S. 126—134. Für die Echtheit und Ur=sprünglichkeit des ganzen Textes erklärt sich J. Ernst, Die Echtheit des Briefes Firmilians über den Ketzertaufstreit in neuer Beleuchtung: Zeitschr. f. kath. Theol. Bd. XVIII (1894). S. 209—259. Nach einer Aeußerung des hl. Basilius (De Spiritu S. c. 29, 74: *Migne*, P. gr. XXXII, 208) scheint Firmilian auch andere Schriften (λόγοι) hinterlassen zu haben. Vgl. die dissertationes de Fir-miliano, auctore *F. Marc. Molkenbuhr*, bei *Migne*, P. lat. III, 1357—1418. Harnack, Gesch. der altchristl. Litteratur I, 407—409.

## § 38. Commodian.

1. **Leben.** — Commodian, der älteste christlich=lateinische Dichter, muß wohl um die Mitte des 3. Jahrhunderts gelebt haben. Alles Wissen um seine Lebensverhältnisse ist aus seinen Schriften zu schöpfen: einer Sammlung von 80 Akrostichen (Gedichten, bei welchen die Anfangsbuchstaben der einzelnen Verse die jedesmalige Ueberschrift enthalten) unter dem Titel Instructiones und einem Carmen apologeticum. Die Angaben über Commodian bei Gennadius (De vir. ill. c. 15) sind ohne Frage den Instructiones ent-nommen. In diesem Werke gibt der Dichter selbst sich als Autor an. Das letzte Akrostichon trägt die Aufschrift nomen Gasei, und die Anfangsbuchstaben der 26 Verse, von unten nach oben gelesen, ergeben den Namen Commodianus mendicus Christi. Das Wort Gasei pflegt einem Gazaei gleichgesetzt zu werden, und in diesem Namen Gazaeus hat man bald einen Hinweis auf die Heimat des Dichters, Gaza (in Palästina?), bald eine Uebersetzung oder Nachbildung des Namens Commodianus (commodum Glück, γάζα Schatz) gefunden. Richtiger dürfte die Heimat des Dichters, schon seiner Sprache wegen, in Afrika gesucht werden. Zur Conversion führte ihn das Studium

der Heiligen Schrift, zunächst des Alten Testamentes, wie er auch allem An=
scheine nach zuerst jüdischer Proselyt war. Das zweite Buch der Instructiones,
welches Ermahnungen an verschiedene christliche Stände, auch an die Cleriker,
enthält, scheint auf eine höhere kirchliche Rangstellung des Verfassers hin=
zudeuten, und in der (einzigen bis jetzt bekannt gewordenen) Handschrift des
Carmen apologeticum wird derselbe als episcopus bezeichnet. Unzweifelhafte
Anhaltspunkte zur Bestimmung seiner Lebenszeit bieten die Schriften nicht. Jetzt
pflegen die Schriften in die erste Zeit nach der Christenverfolgung unter Decius
(249—251) verlegt zu werden.

2. Schriften. — Der vollständige Titel der Akrostichen = Sammlung
lautet: Instructiones per litteras versuum primas. Dieselbe zerfällt in
zwei Bücher. Das erste (in den Handschriften 41 Akrostichen; doch ist
vielleicht das 41. Akrostichon als erstes zum zweiten Buche zu ziehen) ist
apologetisch=polemischer Natur und wendet sich an die Nichtchristen. In den
heidnischen Göttern erblickt der Dichter Dämonen, und die Göttermythen weist
er als absurd und unsittlich nach. Von den Heiden geht er auf die Juden
über. Die Brücke bilden die judaisirenden Heiden, welche als Proselyten des
Thores bei den Juden ihr Heil suchen, ohne deshalb ihren Göttern zu ent=
sagen. Das zweite Buch (in den Handschriften 39 Akrostichen) ist an die
Christen gerichtet und paränetisch gehalten. Als Eingang dienen Betrachtungen
über das Weltende und das Weltgericht. Die meisten folgenden Gedichte gelten
einzelnen Klassen der christlichen Gemeinde, den Katechumenen, den Gläubigen,
den Pönitenten, den Apostaten u. s. f. Andere Gedichte haben einzelne Fehler
und Untugenden, wie sie zum Theil speciell die Gegenwart der Betrachtung
des Verfassers nahelegte, zum Gegenstande. Das zweite Buch gewährt manche
Ausbeute für die Cultur= und Kirchengeschichte. In dem Gedichte De fabulosis
et silentio (35, 14) begegnet wieder das Wort des Priesters susum (sursum)
corda (§ 37, 3). Von theologischen Seltsamkeiten und Irrthümern sind die
Instructiones nicht frei. Insbesondere vertreten sie einen recht krassen Chi=
liasmus, und ihre Trinitätslehre ist sehr unbestimmt. Commobian kennt und
benutzt seine Vorgänger Minucius Felix, Tertullian, Cyprian (namentlich
Cyprians sogen. Testimonia adv. Iudaeos). In formeller Hinsicht hat sein
Werk wenig Empfehlendes. Er schreibt in der lingua rustica, und sein Aus=
druck ist meist hölzern steif. Sein Vers zeigt nur eine gewisse äußere Aehn=
lichkeit mit dem Hexameter, indem er zwischen accentuirender und quantitirender
Regel hin und her schwankt. Die Akrostichen sind im einzelnen von sehr ver=
schiedener Größe; es finden sich solche von 6 und solche von 40 Versen.
Einzelne Gedichte sind nicht bloß akrostichisch, sondern zugleich auch telestichisch
gebaut. — Das Carmen apologeticum umfaßt 1060 Verse, von welchen
jedoch die letzten nur bruchstückweise erhalten oder leserlich sind. Hier ist der
Ausdruck der Fessel des Akrostichons entledigt und schon deshalb frischer und
lebendiger. Der Vers ist ebenso gebildet wie in den Instructiones, doch finden
sich einige correcte, d. h. den Gesetzen der Quantität entsprechende Hexameter,
und der Rhythmus ist im allgemeinen etwas flüssiger. Dem Inhalte nach
schließt sich das Carmen an das erste Buch der Instructiones an. Dasselbe
bezweckt gleichfalls Ermahnung und Belehrung der Heiden und der Juden;
nur wendet sich der Dichter hier vornehmlich an die letztern, wie er dort

hauptsächlich die erstern berücksichtigt hatte. Den letzten Abschnitt des Werkes (B. 791 ff., Dombart) und zugleich den der Form und dem Inhalte nach bedeutendsten und interessantesten Theil des Ganzen bildet eine Schilderung der letzten Dinge. Commodian unterscheidet einen doppelten Antichrist. Der erste ist der nach der römischen Volkssage nicht gestorbene, sondern zu den Parthern geflohene Nero, welcher Rom wiedererobert, noch zwei Cäsaren sich zugesellt und nun dreieinhalb Jahre lang gegen die Christen wüthet. Dann tritt der andere, höhere, eigentliche Antichrist auf, ein König im Osten, der Mann aus Persien, mit einem Heere von vier Völkern, den Persern, Medern, Chaldäern und Babyloniern; er besiegt und tödtet Nero und seine Cäsaren und zieht nach Judäa, wo er von den Juden als Gott angebetet wird. Endlich erscheint Christus mit den verlorenen Stämmen der Juden, welche jenseits Persiens im Verborgenen gelebt haben; sie überwinden den Antichrist und sein Heer und nehmen Besitz von der heiligen Stadt (Jerusalem). Tausend-Jahre währt dieses irdische Reich Christi. Der jüngste Tag und das jüngste Gericht beschließen die Zeitlichkeit. Die Trinitätslehre des Dichters erweist sich in diesem zweiten Werke deutlich als Monarchianismus und Patripassianismus (B. 89 ff. 277 ff. 771 ff.).

3. Ausgaben und Literatur. — Die Instructiones wurden zuerst herausgegeben von N. Rigaltius, Toul 1649 (wiederholt Toul 1650). Spätere Ausgaben von H. L. Schurzfleisch, Wittenberg 1704, werthvoller Nachtrag 1709; von *Gallandi*, Bibl. vet. Patr. T. III, bei *Migne*, P. lat. V (Paris. 1844); von Fr. Oehler im Anhange seiner Ausgabe des Minucius Felix, Leipzig 1847. Das Carmen apolog. ist aus einem cod. s. VIII ohne Versabtheilung, früher zu Middlehill, jetzt zu Cheltenham befindlich, zuerst herausgegeben worden von *I. B. Pitra*, Spicilegium Solesmense. T. I (1852); wichtiger Nachtrag T. IV (1858). p. 222 bis 224. Eine zweite Ausgabe besorgte H. Rönsch, Das Carmen apolog. des Commodian. Revidirter Text mit Erläuterungen: Zeitschr. f. die histor. Theol. Bd. XLII (1872). S. 163—302. Ausgaben beider Werke veranstalteten Ludwig und Dombart. Commodiani carmina recognovit *E. Ludwig*. Partic. prior. Instructiones complectens. Lipsiae 1878. Partic. altera, Carmen apolog. compl. 1877. (Ludwig wollte anfangs nur das Carmen apolog. herausgeben, änderte aber seinen Plan während des Druckes. So erschien das Carmen als Partic. altera zuerst, und die Partic. prior vervollständigt erst die Prolegg. zu demselben, p. v—ix.) Commodiani carmina recensuit et commentario crit. instruxit *B. Dombart*. Vindob. 1887 (= Corpus script. eccles. lat. Vol. XV). Die vorbereitenden Studien zu dieser Ausgabe hat Dombart in verschiedenen Abhandlungen niedergelegt: Ueber die Bedeutung Commodians für die Textkritik der Testimonia Cyprians: Zeitschr. f. wissenschaftl. Theol. Bd. XXII (1879). S. 375 bis 389; Handschriftliches zu Commodianus: Blätter f. das bayer. Gymnasialschulwesen. Bd. XVI (1880). S. 341—351; Ueber die älteren Ausgaben der Instructionen Commodians: Sitzungsberichte der phil.-hist. Cl. d. k. Ak. d. Wiss. zu Wien Jahrg. 1880, Bd. XCVI. S. 447—473 (auch in Sonderabdruck); Commodian-Studien: ebend. Jahrg. 1884, Bd. CVII. S. 713—802 (auch in Sonderabdruck). — Ad. Ebert, Commodians Carmen apolog.: Abhandlungen der phil.-hist. Cl. d. k. sächs. Ges. d. Wiss. Bd. V (Leipzig 1870). S. 387—420. C. Leimbach Ueber Commodians Carmen apolog. adv. gentes et Iudaeos. (Progr.). Schmalkalben 1871. 4º. *L. Kaelberlah*, Curarum in Commodiani Instructiones specimen (Diss. inaug.). Hal. Sax. 1877. 8º. *Fr. Hanssen*, De arte metrica Commodiani (Diss. inaug.). Argentor. 1881. 8º. W. Meyer, Anfang un

Ursprung der lateinischen und griechischen rythmischen Dichtung (Abhandlungen der k. bayer. Akad. d. Wiss. Cl. I. Bd. XVII. Abth. 2. München 1885) S. 288—307: „Der Versbau Commodians". B. *Aubé*, L'église et l'état dans la seconde moitié du III⁰ siècle [249—284]. Paris 1885. 8⁰. p. 517—544: Essai d'interprétation d'un fragment du Carmen apolog. de Commodien. *M. A. N. Rovers*, Een apocalypse uit de derde eeuw [Commodians Carmen apolog.]: Theologisch Tijdschrift 1886, Mei, p. 457—472. *G. Boissier*, Commodien. (Aus den Mélanges Renier. École pratique des hautes études. Section des sciences hist. et philol.) Paris 1886. 8⁰. H. Schneider, Die Casus, Tempora und Modi bei Commodian (Jnaug.-Diss.). Nürnberg 1889. 8⁰. *E. Freppel*, Commodien, Arnobe, Lactance et autres fragments inédits. Paris 1893. 8⁰.

## § 39. Victorinus von Pettau.

Der älteste Exeget der lateinischen Kirche, Victorinus, war Bischof von Pettau (Petabionensis) in Steiermark und starb um 303 als Märtyrer. Weitere Nachrichten über seinen Lebenslauf liegen nicht vor. Wahrscheinlich ist Victorinus Grieche von Geburt gewesen; wenigstens sagt Hieronymus: non aeque latine ut graece noverat (De vir. ill. c. 74). Doch hat er, soviel bekannt, nur lateinisch geschrieben. Hieronymus führt folgende Schriften auf: Commentarii in Genesim, in Exodum, in Leviticum, in Isaiam, in Ezechiel, in Abacuc, in Ecclesiasten, in Cantica canticorum, in Apocalypsim Ioannis, adversum omnes haereses et multa alia (l. c.) und erwähnt gelegentlich auch Commentarii in Matthaeum (Translatio homil. XXXIX Orig. in evang. Lucae prol.: *Migne*, P. lat. XXVI, 220). Von allen diesen Schriften ist nur die Erklärung der Apokalypse erhalten geblieben, und zwar ist sie in zwei Recensionen überliefert, von welchen die kürzere die Grundlage der längern bildet, wiewohl auch die kürzere nicht die ursprüngliche Gestalt des Commentares darstellt, sondern eine (allerdings hauptsächlich nur auf die Auslegung der drei ersten Kapitel sich erstreckende) Umarbeitung desselben durch Hieronymus. Offenbar schätzte Hieronymus die Arbeiten seines Vorgängers, wenngleich er nicht bloß Fertigkeit des Ausdrucks in denselben vermißte (opera eius grandia sensibus viliora videntur compositione verborum De vir. ill. c. 74; quod intelligit eloqui non potest Ep. 58, ad Paulinum, c. 10: *Migne*, P. lat. XXII, 585), sondern auch umfassendere Gelehrsamkeit (Victorino martyri in libris suis licet desit eruditio, tamen non deest eruditionis voluntas Ep. 70, ad Magnum, c. 5: XXII, 668). Victorinus lehnte sich in seinen exegetischen Versuchen an Origenes an (taceo de Victorino Petabionensi et ceteris, qui Origenem in explanatione dumtaxat scripturarum secuti sunt et expresserunt Ep. 61, ad Vigil., c. 2: XXII, 603), bekundete dabei jedoch, ähnlich wie Hilarius von Poitiers, Selbständigkeit und Urtheil (nec disertiores sumus Hilario nec fideliores Victorino, qui eius tractatus non ut interpretes, sed ut auctores proprii operis transtulerunt Ep. 84, ad Pamm. et Oc., c. 7: XXII, 749).

Ein Fragment De fabrica mundi unter des Victorinus Namen bei *Routh*, Reliquiae sacrae (ed. 2). Vol. III. p. 455—461 (vgl. p. 464—483: annotationes in S. Victorini fragmentum). Ein Abdruck dessen, was Routh (ed. 1) bietet, nebst Prolegomena de S. Victorino (aus Lumper) und S. Victorini scholia in Apocalypsin (aus Gallandi), bei *Migne*, P. lat. V. Hier findet sich

col. 317.—344 die längere Recension des Apocalypse=Commentares; die kürzere ir
der Max. Bibl. vet. Patrum (Lugd. 1677) III, 414—421. Im übrigen sieh
J. Haußleiter, Die Kommentare des Victorinus, Tichonius und Hieronymus zu
Apokalypse. Eine literargeschichtl. Untersuchung: Zeitschr. f. kirchl. Wissenschaft un
kirchl. Leben. Bd. VII (1886). S. 239—257. Vgl. Harnack, Gesch. der alt
christl. Litt. I, 731—735.

## § 40. Arnobius.

1. Leben. — Arnobius war zu Sicca in Numidien geboren und erregt
zu Ende des 3. Jahrhunderts als Lehrer der Rhetorik und eifriger Bekämpfe
des Christenthums in seiner Vaterstadt Aufsehen. Nach Hieronymus (Chron
ad a. Abr. 2343 = a. Chr. 327; *Eus.*, Chron. *Ed. Schoene* II, 191)
ward seine Conversion durch ein Traumgesicht (somniis) herbeigeführt. De
Bischof von Sicca, welchen er um Aufnahme in die christliche Gemeinde bat
setzte in die Aufrichtigkeit seiner Sinnesänderung Zweifel. Diese zu heben
schrieb Arnobius, vielleicht auf des Bischofs Verlangen, sieben Bücher Adversus
nationes. Die Abfassung fällt in das erste Decennium des 4. Jahrhunderts
IV, 36 wird des Verbrennens der Bücher der Christen gedacht und damit
jedenfalls auf die diocletianische Verfolgung hingewiesen. Die ungefähre Be
rechnung des Alters des Christenthums auf 300 Jahre (I, 13) steht mit dieser
Zeitbestimmung in vollstem Einklange. Im übrigen ist aus des Arnobius
Leben nichts bekannt. Hieronymus (a. a. O.) legt die Vermuthung nahe,
das Jahr 327 sei sein Todesjahr gewesen.

2. Das Werk Adv. nationes. — Den Ausgangspunkt des umfangreichen
Werkes Adversus nationes (so lautet der Titel in der einzigen uns vor
liegenden Handschrift) bildet jene bekannte Anklage der Heiden, gegen welche
auch Cyprian in der Schrift Ad Demetrianum (§ 37, 3) auftrat, das
Christenthum habe das Elend der Gegenwart zu verantworten, indem es den
Zorn der Götter errege. Die Entkräftung dieses Vorwurfes ist die Haupt
aufgabe der beiden ersten Bücher. Die drei folgenden wenden sich direct gegen
den heidnischen Polytheismus. Es wird zuerst die Absurdität, sodann die
Unsittlichkeit desselben dargethan. Eine besondere Beachtung verdient der
Schluß des fünften Buches (c. 32—45), welcher das Bestreben, durch alle
gorische Deutung das Anstößigste der Mythen zu entfernen und den alten
Göttercult zu idealisiren, als nichtig nachzuweisen sucht. In den beiden letzter
Büchern tritt Arnobius der Beschuldigung der Impietät, welche die Heiden
aus dem Fehlen von Tempeln, Götterbildern und Opfern bei den Christen
herleiteten, in der Weise entgegen, daß er die Formen des heidnischen Cultu
einer vernichtenden Kritik unterzieht. Vielleicht ist das Werk in erster Lini
gegen die Darstellung und Verherrlichung des altrömischen Götterglauben
durch Cornelius Labeo (in der zweiten Hälfte des 3. Jahrhunderts) gerichte
Als Quelle hat Arnobius namentlich den Protrepticus des Clemens vo
Alexandrien (§ 28, 2) fleißig benutzt. In der Bekämpfung des Heidenthum
ist er entschieden stärker als in der Vertheidigung des Christenthums. S
tief er von der Unhaltbarkeit des erstern überzeugt ist, so wenig zeigt er sic
von der christlichen Wahrheit durchdrungen. Die heidnischen Götter will e
für den Fall ihrer Existenz nicht etwa in die Schar der höllischen Dämone

herabſetzen, ſondern im Geiſte des Neuplatonismus zu himmliſchen Gewalten umſtempeln, zu einer Art von Untergöttern, wie er denn den Gott der Chriſten (Gott den Vater) im Gegenſatze zu den heidniſchen dii ſtets deus princeps oder deus summus nennt. Er betont wiederholt die Gottheit Chriſti auf das nachdrücklichſte (ſ. namentlich II, 60), aber dem deus princeps ordnet er ihn als ein niedrigeres Weſen unter, und an die Stelle der Incarnation ſetzt er eine äußerliche Inhabitation (I, 62). Die menſchliche Seele iſt ihm ein Mittel= weſen (anceps, mediae qualitatis); ſie iſt nicht von Gott, ſondern von einem andern, freilich erhabenen Himmelsbewohner erzeugt; ſie iſt auch nicht von Natur aus unſterblich, kann vielmehr nur durch die Gnade Gottes longaeva fieri oder perpetuitate donari (II, 14 sqq.). Das ungeläuterte und ſchwankende religiöſe Bewußtſein theilt nothwendig auch der Darſtellung eine gewiſſe Un= klarheit mit, welche durch die vielfach ermüdende Weitſchweifigkeit, die oft äußerſt geſuchte Wortſtellung und den Prunk und Schwall eines ganz rhe= toriſchen Stiles nicht wenig vermehrt wird, ſo daß des Hieronymus Urtheil: Arnobius inaequalis et nimius et absque operis sui partitione confusus (Ep. 58, ad Paulinum, c. 10: *Migne*, P. lat. XXII, 585) wohl gerecht= fertigt erſcheint.

3. Ausgaben und Literatur. — Der Text des Werkes des Arnobius beruht ausſchließlich auf cod. Paris. 1661 saec. IX; vgl. § 35, 5. Die editio princeps veranſtaltete Fauſtus Sabäus, Rom 1543. 2°. Die ſpätern Ausgaben verzeichnet *Schoenemann*, Bibl. hist.-lit. Patr. lat. I, 160—175; dieſelben ſind recht zahl= reich, weil Arnobius namentlich durch den Reichthum ſeiner mythologiſchen Notizen das Intereſſe der klaſſiſchen Philologen wachrief. Neuere Ausgaben bezw. Abbrücke bei *Migne*, P. lat. V (Paris. 1844); von G. F. Hildebrand, Halle 1844; von Fr. Oehler, Leipzig 1846 (= Gersdorfs Bibl. Patr. eccles. lat. sel. Vol. XII); insbeſondere aber von A. Reifferſcheid, Wien 1875 (= Corpus script. eccles. lat. Vol. IV). Ins Deutſche ward das Werk überſetzt von F. A. v. Besnard, Landshut 1842 (638 S. gr. 8°; S. 25—213 Ueberſetzung, S. 214—638: „An= merkungen und Erläuterungen"); von J. Alleker, Trier 1858. Neuere Beiträge zur Texteskritik ſind angeführt bei Teuffel=Schwabe, Geſch. der röm. Lit. 5. Aufl. S. 996. Im übrigen ſ. G. Kettner, Cornelius Labeo. Ein Beitrag zur Quellen= kritik des Arnobius (Progr.). Naumburg 1877. 4°. K. B. Francke, Die Pſycho= logie und Erkenntnißlehre des Arnobius. Ein Beitrag zur Geſch. der patriſt. Philo= ſophie (Inaug.=Diſſ.). Leipzig 1878. 8°. Leckelt, Ueber des Arnobius Schrift Adversus nationes (Progr.). Neiße 1884. 4°. O. Grillnberger, Studien zur Philoſophie der patriſt. Zeit. II. Die Unſterblichkeitslehre des Arnobius: Jahrb. f. Philoſ. u. ſpekul. Theol. Bd. IV (1890). S. 1—14. *E. Freppel*, Commodien, Arnobe, Lactance et autres fragments inédits. Paris 1893. 8°. *A. Röhricht*, De Clemente Alexandrino Arnobii in irridendo gentilium cultu deorum auctore (Progr.). Hamburgi 1893. 8°. A. Röhricht, Die Seelenlehre des Arnobius, nach ihren Quellen und ihrer Entſtehung unterſucht. Ein Beitrag zum Verſtändniß der ſpätern Apologetik der alten Kirche. Hamburg 1893. 8°.

## § 41. Lactantius.

1. Leben. — Lucius Cälius Firmianus Lactantius, ſo lautete wahr= ſcheinlich ſein voller Name, war nach Hieronymus (De vir. ill. c. 80 und p. 70, ad Magnum, c. 5: *Migne*, P. lat. XXIII, 687 und XXII, 668)

ein Schüler des Arnobius. Allem Anscheine nach stammte er auch aus Afrika, nicht, wie aus verschiedenen Gründen mehrfach angenommen wurde, aus Italien. Durch Diocletian ward er als Lehrer der lateinischen Beredsamkeit aus Afrika in die neue Reichshauptstadt Nikomedien berufen. Hier fand er indessen wenig Schüler (ob graecam videlicet civitatem *Hier.*, De vir. ill. c. 80) und widmete sich nun der Schriftstellerei. Es fehlte ihm, wie er selbst gesteht (Div. Instit. III, 13, 12 ed. *Brandt*), an Begabung und Ausbildung für die praktische Beredsamkeit; dagegen war er früher bereits, wie es wenigstens scheint, mit großem Erfolge schriftstellerisch thätig gewesen. Nicht befriedigt von dem Studium der heidnischen Philosophie, trat Lactantius noch vor Ausbruch der biocletianischen Verfolgung (303) zum Christenthume über, und der Darstellung und Vertheidigung der wahren Philosophie, welche das Christenthum ihm bot, blieb für die Folge auch seine Feder geweiht. Bald nachher, wohl bei Beginn der Verfolgung, gab er seine Professur auf, und von seinem fernern Aufenthalte in Nikomedien mag die Angabe bei Hieronymus (Chron. ad a. Abr. 2333 = 317; *Eus.*, Chron. *Ed. Schoene* II, 191) gelten: Adeo in hac vita pauper, ut plerumque etiam necessariis indiguerit. Als hochbetagter Greis (extrema senectute) war Lactantius in Gallien Lehrer des Cäsars Crispus, welchen sein Vater Konstantin d. Gr. 326 ermorden ließ (*Hier.*, De vir. ill. c. 80). Es wird vermuthet, daß er erst um 340 zu Trier aus dem Leben geschieden sei.

2. Prosaschriften. — Hieronymus (De vir. ill. c. 80) nennt viele Werke des Lactantius, welche nicht auf uns gekommen sind: Habemus eius Symposium, quod adolescentulus scripsit, Ὁδοιπορικόν de Africa usque Nicomediam, hexametris scriptum versibus, et alium librum qui inscribitur Grammaticus . . . et ad Asclepiadem libros duos . . . ad Probum epistolarum libros quatuor, ad Severum epistolarum libros duos, ad Demetrianum auditorem suum epistolarum libros duos. Die größere Mehrzahl dieser Schriften gehört ohne Zweifel der vorchristlichen Lebensperiode des Verfassers an. Die Briefe an Demetrianus aber behandelten auch Gegenstände der christlichen Glaubenslehre (cf. *Hier.*, Ep. 84, ad Pamm. et Oc. c. 7 und Comm. in Gal. 4, 6: *Migne*, P. lat. XXII, 748 und XXVI 373). Papst Damasus (Ep. ad Hier.: *Migne* l. c. XXII, 451) spricht von Briefen des Lactantius (ohne nähere Bestimmung), welche sich nur selten auf das Gebiet der christlichen Theologie begeben (raro de nostro dogmate disputant) und hauptsächlich profanwissenschaftliche Fragen (Metrik, Geographie, Philosophie) erörtern. Die uns erhaltenen Schriften hat Lactantius wohl sämtlich als Christ verfaßt. Die älteste derselben wird das Werkchen De opificio Dei sein, etwa 304 geschrieben und gleichfalls an den früheren Zuhörer Demetrianus gerichtet. Es ist eine populäre Anthropologie, welche sich die Aufgabe setzt, den Menschen als „Werk Gottes" in der Schönheit und Zweckmäßigkeit seiner Bildung zu schildern (tentabo, sagt der Verfasser c. 1, corporis et animi . . . rationem . . . explicare). Die zum Schluss (c. 20) angekündigte größere theologische Schrift ist ohne Zweifel in den Divinarum Institutionum libri VII, dem Hauptwerke des Lactantius, wieder zuerkennen. Im Jahre 307 oder 308 zu Trier abgeschlossen, soll dieses Werk in erster Linie das Christenthum vertheidigen, bezw. seine Gegner widerlegen

zugleich aber auch, von der Negation zur Position fortschreitend, „die Substanz
der ganzen christlichen Lehre" (doctrinae totius substantiam V, 4, 3) mit=
theilen. Es entlehnt deshalb seinen Titel von den umlaufenden Lehrbüchern
der Rechtswissenschaft (institutiones civilis iuris I, 1, 12). Die beiden ersten
Bücher, De falsa religione und De origine erroris überschrieben, wenden
sich gegen den heidnischen Polytheismus; als Urheber „des Irrthums" werden
die unreinen Geister bezeichnet. Das dritte Buch, De falsa sapientia, be=
kämpft die heidnische Philosophie. Wie nichtig dieselbe sei, erhelle aus dem
Widerspruche der verschiedenen Philosophenschulen unter einander. Es bleibe
nichts anderes übrig als die Zuflucht zu Gott, dem Geber wahrer Weisheit.
Damit ist das vierte Buch, De vera sapientia et religione, eingeleitet.
Weisheit und Religion sind unzertrennlich miteinander verbunden: Weisheit
ist Erkenntniß Gottes, Religion ist Verehrung Gottes (IV, 4, 2—3). Gott
kennen zu lehren, handelt nun Lactantius vom Vater und vom Sohne. Letzterer
stieg beim Herannahen des Weltendes (appropinquante saeculi termino) auf
die Erde herab, um Gott einen Tempel zu erbauen und die Menschen in der
Gerechtigkeit zu unterweisen (IV, 10, 1). Als Gottessohn beglaubigen ihn
namentlich die Zeugnisse der Propheten (vgl. V, 3, 18: disce igitur . . .
non idcirco a nobis Deum creditum, quia mirabilia fecit, sed quia vi-
dimus in eo facta esse omnia quae nobis annuntiata sunt vaticinio
prophetarum). Die Gerechtigkeit, zu welcher Christus die Menschen zurück=
führen sollte, bildet den Gegenstand des fünften Buches De iustitia. Ihre
Quelle (caput eius et origo) ist die Frömmigkeit (pietas), welche in der
Kenntniß Gottes besteht; ihr eigentliches Wesen (vis omnis ac ratio) aber
ist die Billigkeit (aequitas), welche auf Anerkennung der wesentlichen Gleich=
heit aller Menschen als Kinder Gottes beruht (V, 14). Eine eingehendere
Darlegung der Aufgaben und Pflichten der Gerechtigkeit oder der wahren
Gottesverehrung bringt das sechste Buch, De vero cultu, und das siebente
Buch, De vita beata, krönt den Bau durch eine Ausführung über den jen=
seitigen Lohn des diesseitigen Gottesdienstes. Lactantius ist im Abendlande
der erste, welcher es versuchte, die christliche Weltanschauung in einem um=
fassenden Systeme darzustellen. Das Hauptgewicht legt er offenbar auf die
Sittenlehre, und die beiden der Gerechtigkeit und der wahren Gottesverehrung
gewidmeten Bücher zeichnen sich vor den andern Büchern aus durch Eigen=
thümlichkeit der Gedanken und Schönheit des Ausdrucks. Freilich mangelt es
auch hier nicht selten an Gründlichkeit und Tiefe. Von den Leistungen seiner
Vorgänger macht Lactantius fleißigen Gebrauch (V, 1 werden Minucius
Felix, Tertullian und Cyprian kurz charakterisirt). Cyprians sogen. Testimonia adv. Iudaeos gewähren ihm reiche Ausbeute an Bibelcitaten. Er citirt
aber auch sehr häufig klassische Schriftsteller, namentlich Cicero und Vergil.

3. Prosaschriften (Fortsetzung). — Die in den Institutionen (II, 17, 5)
bereits angekündigte Schrift De ira Dei, 308 oder bald nachher verfaßt, will
(vornehmlich den Epikureern gegenüber) darthun, daß Gott allerdings zürne,
unterläßt es jedoch, den Begriff des Zornes Gottes genauer zu erklären. Die
ebenda (VII, 1, 26) geäußerte Absicht, eine eigene Schrift gegen die Juden
zu verfassen, scheint Lactantius nicht ausgeführt zu haben. Dagegen hat er
auf Ersuchen eines gewissen Pentadius, welchen er eingangs Pentadi frater

14*

anredet, ſelbſt noch einen Auszug aus den Inſtitutionen, Epitome divinar
institutionum, angefertigt. Die von einzelnen Forſchern gegen die Echth
dieſes Auszuges erhobenen Bedenken dürften unbegründet ſein. Das vielu
ſtrittene Buch De mortibus persecutorum aber wird man mit Brandt 2
tantius abſprechen müſſen. Dieſe älteſte hiſtoriſche Schrift der chriſtlich-lat
niſchen Literatur berichtet über das traurige Ende oder die göttliche Str
aller Verfolger des Chriſtenthums (die zu Grunde liegende Idee erinnert ſof
an Tertullians Mahnruf Ad Scapulam); ſie beginnt aber erſt bei Diocleti
ausführlicher zu werden und geht bis zu Galerius und Maximinus Daza. N
innern Gründen iſt dieſelbe zu Ende des Jahres 313 oder zu Anfang b
Jahres 314, ohne Zweifel zu Nikomedien, verfaßt, und ſie bildet eine Hau
quelle für die Geſchichte der ſogen. biocletianiſchen Verfolgung. In der e
zigen Handſchrift, durch welche das Buch überliefert iſt, lautet die Aufſchri
Lucii Caecilii liber ad Donatum confessorem de mortibus persecutoru
Lactantius führt in manchen Handſchriften anderer Werke die Namen Luci
Cälius oder auch Cäcilius; er richtete die Schrift De ira Dei an einen
wiſſen Donatus, und er ſchrieb laut Hieronymus (De vir. ill. c. 80) a
De persecutione librum unum. Aber zur Zeit der Abfaſſung des Buch
De mort. persec. hatte Lactantius Nikomedien bereits verlaſſen, und i
Adreſſat des Buches kann nach den Andeutungen des Verfaſſers ſelbſt ni
identiſch ſein mit dem gleichnamigen Adreſſaten der Schrift De ira Dei. D
ſprachlichen und ſtiliſtiſchen Parallelen zwiſchen dem Buche De mort. perse
und echten Schriften des Lactantius gründen nicht in der Einheit der Herkun
ſondern in der Benutzung der Inſtitutionen und der Epitome durch den V
faſſer De mort. persec. Eine eingehendere Analyſe hat zahlreiche und ti
gehende Verſchiedenheiten zwiſchen der beiderſeitigen Sprache zu Tage geförde
und der fanatiſche Geiſt und der leidenſchaftliche Ton des Buches De mo
persec. ſtehen in unvereinbarem Gegenſatze zu der edeln Humanität und
echt chriſtlichen Geſinnung des Lactantius.

4. Gedichte. — Laut Hieronymus (De vir. ill. c. 80) hat Lactant
ſeine Fahrt von Afrika nach Nikomedien in Hexametern beſchrieben. Ein Gedi
De ave phoenice unter dem Namen des Lactantius (85 Diſtichen) pfle
die frühere Kritik als unterſchoben zu bezeichnen, während die neuere Forſch
für die Echtheit eintritt. Die Sage von dem Wundervogel erſcheint hier
der bekannten ſpätern Geſtalt, nach welcher der Vogel im höchſten Alter
ſelbſt verbrennt, um aus der Aſche von neuem zu erſtehen. Die Anwend
des Sinnbildes auf die Unſterblichkeit (im Gefolge der Frömmigkeit) bl
dem Leſer überlaſſen. Andere Dichtungen: De passione Domini (80 H
meter), De resurrectione Domini (55 Diſtichen), Aenigmata (100 Rät
gedichte), ſind Lactantius mit Unrecht beigelegt worden.

5. Urtheil der Nachwelt. — Die Reinheit, Leichtigkeit und Gefälli
der Sprache des Lactantius hat von jeher die allgemeinſte Anerkennung
funden. Er beſaß eine ſehr ausgebreitete Kenntniß der claſſiſchen Auto
und hatte ſich insbeſondere Cicero zum Muſter und Vorbild genommen (
De opif. Dei c. 1. 20; Div. Instit. I, 15, 16. III, 13, 10). Schon
Hieronymus (Ep. 58, ad Paulinum, c. 10: *Migne*, P. lat. XXII, 5
heißt Lactantius quasi quidam fluvius eloquentiae Tullianae, und

von Mirandula († 1494) hat ihm den Namen eines chriſtlichen Cicero ge=
geben. Weniger Beifall als der Form ward dem Inhalte ſeiner Schriften.
Hieronymus (a. a. O.) gibt dem Wunſche Ausdruck: Utinam tam nostra
affirmare potuisset quam facile aliena destruxit! Vielleicht dieſe Aeuße=
rung ſelbſt, jedenfalls aber derſelbe Gedanke ſchwebt Apollinaris Sidonius
vor, wenn er von einer Schrift des Claudianus Mamertus ſagt: instruit
ut Hieronymus, destruit ut Lactantius, adstruit ut Augustinus (Epist.
IV, 3: *Migne*, P. lat. LIII, 782). In der That hat Lactantius, ähnlich
wie ſein Lehrer Arnobius (§ 40, 2), in der Widerlegung des Heidenthums
viel mehr geleiſtet als in der Begründung des Chriſtenthums. Im einzelnen
rügt Hieronymus namentlich, daß Lactantius eine dritte Perſon in der Gott=
heit oder die perſönliche Verſchiedenheit des Heiligen Geiſtes vom Vater und
vom Sohne nicht anerkannt habe; ſ. *Hier.*, Ep. 84, 7 (XXII, 748): Lactantius in libris suis, et maxime in epistolis ad Demetrianum, Spiritus
sancti omnino negat substantiam et errore Iudaico dicit eum vel ad
Patrem referri vel Filium et sanctificationem utriusque personae sub
eius nomine demonstrari; vgl. Comm. in Gal. 4, 6 (XXVI, 373): Multi
per imperitiam scripturarum, quod et Firmianus in octavo [Vallarſi
vermuthet altero] ad Demetrianum epistolarum libro facit, asserunt Spiritum sanctum saepe Patrem, saepe Filium nominari, et cum perspicue
in trinitate credamus, tertiam personam auferentes non substantiam
eius volunt esse, sed nomen. Die ſogen. bualiſtiſchen Zuſätze in des Lac=
tantius Schriften, Stellen, in welchen die Anſchauung vertreten wird, Gott
habe das Böſe gewollt und geſchaffen (Instit. II, 8. VII, 5; De opif. c. 19),
dürfen nicht auf Rechnung des Verfaſſers geſetzt werden. Dieſelben ſind aller
Wahrſcheinlichkeit nach (ebenſo wie die in den nämlichen Handſchriften be=
gegnenden Kaiſeranreden Instit. I, 1. VII, 27 u. a.) nicht ſpätere Nachträge
der erſten Hand, ſondern tendenziöſe Fälſchungen eines unbekannten, wohl noch
dem 4. Jahrhundert angehörenden Rhetors. Reich an Sonderbarkeiten iſt des
Lactantius Schilderung der letzten Dinge (Instit. VII, 14 sqq.). Nach Ablauf
der ſechs Jahrtauſende der Weltbauer (es fehlen höchſtens noch 200 Jahre,
VII, 25, 5) nimmt das tauſendjährige Reich Chriſti ſeinen Anfang, dem Ruhe=
tage Gottes nach der Schöpfung entſprechend (VII, 14). Der Gottesſohn
überwindet und feſſelt den Antichriſt und herrſcht nun im Mittelpunkte der
Erde (in medio terrae) mitſamt den Gerechten, welche „auferſtehen und von
Gott mit Körpern umkleidet" und fürderhin nicht mehr ſterben werden (VII,
23—24). Gegen Ende des ſiebenten Jahrtauſends wird der Teufel wieder in
Freiheit geſetzt, und er bekriegt und belagert mit den Heidenvölkern die heilige
Gottesſtadt (VII, 26, 1). Nunmehr entbrennt der letzte Zorn Gottes (novissima ira Dei) gegen das Geſchlecht der Gottloſen, die Welt wird erneuert
und die Gerechten werden den Engeln ähnlich (in similitudinem angelorum)
umgeſtaltet, es erfolgt die zweite, allgemeine Auferſtehung (secunda illa et
publica omnium resurrectio), „in welcher die Ungerechten zu ewigen Qualen
erweckt werden" (VII, 26).

6. Ausgaben und Literatur. — Die Handſchriften wie die Ausgaben der Werke
des Lactantius (mit Ausnahme der Schrift De mortibus persecutorum) ſind
überaus zahlreich. Die editio princeps erſchien 1465 zu Subiaco (in venerabili

monasterio Sublacensi) und ist das erste datirte in Italien gedruckte Buch. Nähe
über diese und die folgenden Ausgaben bei *Schoenemann*, Bibl. hist.-lit. Pa
lat. I, 180—248; bei B r a n d t in der Vorrede seiner alsbald zu nennen
Gesamtausgabe, Pars II, 1. 1893. Die Schrift De mortibus persecutori
ward zuerst herausgegeben von St. B a l u z e, Paris 1679. Eine neuere (
samtausgabe der Werke des Lactantius nebst der Schrift De mort. persec. r
O. F. F r i t z s c h e in Gersdorfs Bibl. Patr. eccles. lat. sel. Vol. X—)
Lips. 1842—1844. *Migne*, P. lat. VI—VII (Paris. 1844) gibt einen 1
manche Nachträge bereicherten Abdruck der Ausgabe von J. B. l e B r u n u
N. L e n g l e t d u F r e s n o y, Paris 1748. Eine neue Sonderausgabe der Sch
De mort. persec. lieferte F. D ü b n e r, Paris 1863. 8°; ed. 2. 1879. Eben b
Schrift auch bei *Hurter*, SS. Patr. opusc. sel. Vol. XXII. Oenip. 1873.
Ausgaben des Gedichtes De ave phoenice sind verzeichnet bei T e u f f e l = S c h w a
Gesch. der Röm. Lit. 5. Aufl. S. 1000 f. In betreff der mit Unrecht Lactant
beigelegten Dichtungen s. B ä h r, Gesch. der Röm. Lit. Bd. IV. Abth. 1 (2. Auf
S. 35; T e u f f e l = S c h w a b e a. a. O. S. 1001; B r a n d t a. a. O. (
methodische und umfassende Ausnutzung des handschriftlichen Materials unterna
erst S. B r a n d t: L. C. F. Lactanti opera omnia. Accedunt carmina ei
quae feruntur et L. Caecilii qui inscriptus est de mortibus persecu
rum liber. Recensuerunt *S. Brandt* und *G. Laubmann*. Pars I. Div. Inst
et Epit. div. instit. Rec. *S. Brandt* (Corpus script. eccles. lat. Vol. XI
Vindob. 1890. Partis II. Fasc. 1. Libri de opificio Dei et de ira D
Carmina. Fragmenta. Vetera de Lactantio testimonia. Ed. *S. Bra*
(Corpus script. eccles. lat. Vol. XXVII). 1893. Vgl. B r a n d t, Der St. Gal
Palimpsest der Div. Instit. des Lactantius (mit einer Tafel): Sitzungsberichte
phil.-hist. Cl. d. k. Ak. d. Wiss. zu Wien, Jahrg. 1884, Bd. CVIII. S. 231
338. B r a n d t, Ueber die dualistischen Zusätze und die Kaiserreden bei Lactanti
Nebst einer Untersuchung über das Leben des Lactantius und die Entstehungsverh
nisse seiner Prosaschriften: ebenda, Jahrg. 1889—1891, Bd. CXVIII. CXIX. CX
CXXV. — Zu der Schrift De opificio Dei vgl. S. B r a n d t, Ueber die Quel
von Lactanz' Schrift De opificio Dei: Wiener Studien. Ztschr. f. class. Phi
Bd. XIII. 1891. S. 255—292. Ueber die Schrift De mort. persec. hand
*I. Rothfuchs*, Qua historiae fide Lactantius usus sit in libro de mort. pers
(Progr.) Marburgi 1862. 4°. Ab. E b e r t, Ueber den Verfasser des Buches
mort. persec.: Berichte über die Verhandlungen der k. sächs. Ges. d. Wiss. zu Leip
Bd. XXII (1870). S. 115—138. *V. Kehrein*, Quis scripserit libellum
est L. Caecilii de mort. persec. (Diss. inaug.) Monast. 1877. 8°. F r. G ö r r
Zur Kritik des Eusebius und des Lactantius: Philologus. Bd. XXXVI (
1876—1877). S. 597—614. C. W e h n e r, In welchen Punkten zeigen sich
Lactantius De mort. persec. die durch den localen Standort des Verfassers
dingten Vorzüge in den Berichten über die letzten drei Regierungsjahre Diocletia
(Progr.) Saalfeld 1885. 4°. J. B e l s e r, Grammatisch-kritische Erklärung
Lactantius De mort. persec. c. 34. Toleranzedikt des Galerius (Progr.).
wangen 1889. 4°. J. B e l s e r, Ueber den Verfasser des Buches De mort. pers
Theol. Quartalschr. Bd. LXXIV (1892). S. 246—293. 439—464. Gegen B
s. S. B r a n d t, Ueber den Verfasser des Buches De mort. persec.: Neue Jah
f. Philol. u. Pädag. Bd. CXLVII (1893). S. 121—138. 203—223. Ueber
Gedicht De ave phoenice s. H. D e c h e n t, Ueber die Echtheit des Phönix
Lactantius: Rhein. Mus. f. Philologie. N. F. Bd. XXXV (1880). S. 39—
*R. Loebe*, In scriptorem carminis de Phoenice, quod L. Caelii Firm
Lactantii esse creditur, observationes: Jahrbb. f. protest. Theol. Bd. X
(1892). S. 34—65. S. B r a n d t, Zum Phönix des Lactantius: Rhein. M

Philol. N. F. Bb. XLVII (1892). S. 390—403. S. Brandt, Ueber das
Lactanz zugeschriebene Gedicht De passione Domini: Commentationes Woelfflinianae. Lipsiae 1891. 8⁰. p. 77—84 („Ich halte das Gedicht für das Erzeugniß
eines italienischen Humanisten" p. 84). S. Brandt, Ueber das in dem patristischen
Excerptencoder F. 60. Sup. der Ambrosiana enthaltene Fragment des Lactantius de
motibus animi (Progr.). Leipzig 1891. 4⁰. — Eine deutsche Uebersetzung ausgewählter Schriften des Lactantius (De mort. persec., Epitome, De ira Dei)
von P. H. Jansen und R. Storf, Kempten 1875—1876 (Bibl. der Kirchenväter). — H. I. Alt, De dualismo Lactantiano (Diss. inaug.). Vratisl.
1839. 8⁰. Ch. Leuillier, Etudes sur Lactance, apologiste de la religion
chrétienne (Thèse). Caen 1846. 8⁰. Idem, De variis Lactantii Firmiani
contra philosophiam aggressionibus. Bellovaci 1846. 8⁰. Ch. Fr. Jacob,
Lactance considéré comme apologiste (Thèse). Strasbourg 1848. 8⁰. E. Over-
lach, Die Theologie des Lactantius (Progr.). Schwerin 1858. 4⁰. J. J. Kotzé,
Specimen hist.-theol. de Lactantio (Diss. inaug.). Traj. ad Rh. 1861. 8⁰.
P. Bertold, Prolegomena zu Laktantius (Progr.). Metten 1861. 4⁰. I. G. Th.
Muller, Quaestiones Lactantianae (Diss. inaug.). Gott. 1875. 8⁰. T. E. Mecchi,
Lattanzio è la sua patria. Fermo 1875. 8⁰. P. Meyer, Quaestionum Lactan-
tianarum Partic. I (Progr.). Iuliaci 1878. 4⁰. M. E. Heinig, Die Ethik
des Lactantius (Jnaug.-Diss.). Grimma 1887. 8⁰. Fr. Marbach, Die Psycho-
logie des Firmianus Lactantius (Jnaug.-Diss.). Halle a. S. 1889. 8⁰. A. Curi
Colvanni, L'origine Fermana di Lattanzio accettata e disdetta dal march.
Fil. Raffaelli. Fermo 1890. 8⁰. A. Mancini, Quaestiones Lactantianae:
Studi storici. Periodico trimestrale. Vol. II. 1893. p. 444—464. S. Brandt,
Adnotatiunculae Lactantianae: Studi storici. Vol. III. 1894. p. 65—70.

# Zweiter Zeitraum.

# Vom Beginne des vierten bis zur Mitte des fünften Jahrhunderts.

---

## Erster Theil.

## Griechische Schriftsteller.

### § 42. Allgemeine Uebersicht.

1. **Der Umschwung in der äußern Lage der Kirche.** — Das Toleranz= edict der Augusti aus dem Januar oder Februar 313 gab der christlichen Kirche den Frieden wieder und verhüllte nur schlecht die völlige Niederlage der heidnischen Staatsgewalt. Von der Duldung des Christenthums bis zur Bevorzugung desselben war nur ein Schritt. Im Jahre 337 empfing Kon= stantin d. Gr. die lange verschobene Taufe, und seine Söhne gingen bereits zum Angriff auf das Heidenthum über. Der Versuch Julians des Abtrünnigen (361—363), dem sterbenden Polytheismus neues Leben einzuhauchen, konnte nur dazu dienen, die völlige Unvereinbarkeit der alten Religion mit den For= derungen der Zeit ans Licht zu stellen. Im Jahre 392 wurde der Götzendienst als crimen maiestatis erklärt (Cod. Theodos. XVI, 10, 12. Ed. *Haenel* col. 1618), und 423 wurde im Oriente das Heidenthum als untergegangen betrachtet (ibid. XVI, 10, 22: col. 1625).

Auf dem Feldzuge gegen die Perser, auf welchem er den Tod fand, schrieb Julian drei Bücher gegen die Christen (κατὰ χριστιανῶν), von welchen nur noch Fragmente vorliegen. Das Werk hob mit den Worten an: „Es scheint mir an= gebracht, jedermann die Gründe darzulegen, welche mich überzeugt haben, daß die trügliche Lehre der Galiläer eine aus Bosheit angestiftete Erfindung von Menschen ist." Die vorhandenen Fragmente, welche hauptsächlich dem auch nur zum Theil erhaltenen Werke des hl. Cyrillus von Alexandrien gegen Julian (§ 59, 3) zu ent= nehmen sind, hat K. J. Neumann sorgfältig gesammelt (Iuliani Imperatoris librorum contra Christianos quae supersunt. Lipsiae 1880. 8⁰) und ins Deutsche übersetzt (Kaiser Julians Bücher gegen die Christen. Leipzig 1880. 8⁰). *P. Klimek*, Coniectanea in Iulianum et Cyrilli Alexandrini contra illum libros (Diss. inaug.). Vratislaviae 1883. 8⁰. *Th. Gollwitzer*, Observationes criticae in Iuliani Imperatoris contra Christianos libros (Diss. inaug.). Erlangae 1886. 8⁰. — Ueber die sonstigen Schriften Julians s. W. Christ, Gesch. der Griechischen Litteratur. 2. Aufl. München 1890. S. 676 ff.

2. Ausgestaltung der kirchlichen Lehre. — Frei von äußerem Drucke, ward die Kirche alsbald um so schwerer von innern Kämpfen heimgesucht. Im Oriente wie im Occidente hatte sie der Häresie gegenüber in heißem Ringen ihr Glaubensbewußtsein zu vertheidigen. Die Ausgestaltung und Abgrenzung des kirchlichen Dogmas gibt diesem Zeitraume der Kirchengeschichte sein eigenthümliches Gepräge. Dem Oriente fiel insbesondere die begriffliche Fixirung und speculative Beleuchtung der theologischen Wahrheiten im engern Sinne zu. In einer ersten Periode, welche mit dem zweiten ökumenischen Concile zu Konstantinopel 381 schließt, wird dem Arianismus, Macedonianismus, Sabellianismus, Apollinarismus gegenüber die wahre Gottheit und die vollkommene Menschheit des Erlösers festgestellt. In der zweiten Periode, welche bis zum vierten ökumenischen Concile zu Chalcedon 451 reicht, wird das Verhältniß des Göttlichen und des Menschlichen im Gottmenschen dem Nestorianismus und Monophysitismus gegenüber dahin präcisirt, daß die beiden Naturen unvermischt und unverändert in einer Person vereinigt sind.

Ueber Arianismus, Macedonianismus, Sabellianismus, Apollinarismus siehe § 43.

3. Theologische Schulen und Richtungen. — Die kirchliche Wissenschaft nahm unter den angedeuteten Verhältnissen einen gewaltigen Aufschwung. Die äußere Ruhe bot ihr die volle Möglichkeit freier und reicher Entfaltung; der Kampf mit der Häresie gab ihr neue Nahrung. Innerhalb der kirchlichen Theologie bildeten sich, bestimmter und entschiedener als in den voraufgegangenen Jahrhunderten, Schulen und Richtungen aus, deren Eigenthümlichkeiten sich bald mehr bald weniger zu Gegensätzen zuspitzten. Drei solcher Richtungen lassen sich mit aller Deutlichkeit unterscheiden und umgrenzen. Die neu-alexandrinische Schule verfolgt auf neuem Wege die Ziele des großen Origenes. Die Verirrungen des letztern, insbesondere den Subordinatianismus in der Trinitätslehre, hat sie überwunden. Sie strebt fort und fort nach einer speculativen Erkenntniß des im Glauben Erfaßten, erblickt aber ausgesprochenermaßen in der Pistis die unverrückbare Norm aller Gnosis. Das Haupt dieser Schule ist Athanasius. Die drei Kappadocier, Basilius d. Gr., Gregor von Nazianz und Gregor von Nyssa, verliehen derselben ihren höchsten Glanz. Gregor von Nyssa freilich bekennt sich zu einer origenistischen Apokatastasis, und Didymus der Blinde und Evagrius Ponticus wurden in der Folge als Origenisten, Vertreter der Präexistenz und der Apokatastasis, mit dem Anathem belegt. Dionysius der sogen. Areopagite verbindet kirchliche Correctheit mit der weitestgehenden Verwerthung des Neuplatonismus. Synesius von Cyrene hingegen bleibt auch im Gewande des christlichen Bischofs „Hellene vom Wirbel bis zur Zehe". Cyrillus von Alexandrien schwingt sich noch einmal zu der Stellung und Bedeutung eines Athanasius empor. — Dieser neu-alexandrinischen Richtung steht die antiochenische Schule gegenüber, meist Exegetenschule genannt, weil in erster Linie auf exegetischem Gebiete thätig. Diese Schule steht in der allegorisirenden Schriftauslegung, wie sie von den Alexandrinern mit Vorliebe gepflegt wurde, die Todfeindin einer gesunden Exegese und bringt mit allem Nachdruck auf eine objective, d. i. historisch-grammatische Würdigung des Wortlauts; den Flug der alexandrinischen Speculation verfolgt sie mit mißtrauischer Kritik; statt der Tiefe und Innigkeit des Gemüthes waltet eine

nüchterne, allem Ueberschwänglichen abgeneigte Verstandesrichtung vor. De[r]
Begründer dieser Schule ist wahrscheinlich Lucianus der Martyrer (§ 29, 18)
der Lehrer des Arius. Ihre bedeutendsten Repräsentanten sind Diodor vo[n]
Tarsus, Johannes Chrysostomus, Theodor von Mopsuestia, Polychronius
Theodoret von Cyrus. Die Mehrzahl derselben, insbesondere Theodor vo[n]
Mopsuestia, gerieth durch rationalisirende Tendenzen mit der überlieferte[n]
Kirchenlehre in Widerspruch. Gerade in ihrer Blüthezeit (370—450) huldig[te]
fast die ganze Schule dem Nestorianismus. Der Kampf zwischen Cyrillu[s]
von Alexandrien und Nestorius läßt sich als der feindliche Zusammenstoß de[r]
neu=alexandrinischen und der antiochenischen Richtung bezeichnen. — Neben de[n]
beiden genannten Schulen macht sich schon im 4. Jahrhundert eine einseiti[g]
traditionalistische Richtung geltend, welche ihre nächste Aufgabe in be[m]
Kampfe gegen den Origenismus sucht, in weiterer Folge aber aller Gnosi[s]
und Kritik die Berechtigung abspricht. Schon im 3. Jahrhundert hatte ein[e]
Anzahl kirchlicher Schriftsteller, namentlich Methobius, mit Recht nachbrückliche[n]
Einspruch gegen origenistische Thesen erhoben. Die unter Führung des hl. Epi[-]
phanius beginnende Reaction gegen Origenes galt indessen mehr persönliche[n]
als kirchlichen oder wissenschaftlichen Interessen und bediente sich auch nic[ht]
selten recht unwürdiger Mittel. Diese origenistischen Streitigkeiten kündige[n]
bereits eine Krisis der griechischen Theologie an. Seit der Mitte des 5. Jah[r-]
hunderts beginnt der Lebensgeist aus ihr zu weichen.

Ueber die antiochenische Schule handeln *C. Hornung*, Schola Antiochena d[e]
S. Scripturae interpretatione quoniam modo sit merita. Neostadii ad [S.]
1864. 8°. H. Kihn, Die Bedeutung der Antiochenischen Schule auf dem exeget[i-]
schen Gebiete, nebst einer Abhandlung über die ältesten christlichen Schulen. Gekrön[te]
Preisschrift. Weißenburg 1866. 8°. Ph. Hergenröther, Die antiochenisch[e]
Schule und ihre Bedeutung auf exegetischem Gebiete. Würzburg 1866. 8[°]
*H. S. Nash*, The exegesis of the school of Antioch. A criticism of th[e]
hypothesis that Aristotelianism was a main cause in its genesis: Journ[al]
of bibl. literature and exegesis. Vol. XI (1892). p. 22—37.

4. **Die kirchliche Literatur.** — Die patristische Literatur erreicht in diese[m]
Zeitraume den Höhepunkt ihrer Entwicklung. Auf fast allen Gebieten herrsc[ht]
emsige Thätigkeit; auch bisher brachgelegene Felder werden in Bearbeitu[ng]
genommen. Apologetik. Die apologetische Literatur nimmt, der veränbert[en]
Lage der Dinge entsprechend, eine neue Richtung. Die Rollen des Angreife[rs]
und des Vertheidigers sind vertauscht. Das polemische Element, welches [die]
Apologie des ersten Zeitraums im allgemeinen nur als Schutzwaffe in s[ich]
schloß, kann jetzt in den Vordergrund treten, ja zur Alleinherrschaft gelang[en.]
Zur Abwehr schrieben Gregor von Nazianz, Chrysostomus, Cyrillus v[on]
Alexandrien und Philippus Sidetes gegen Kaiser Julian; Eusebius von C[ä-]
sarea, Apollinarius der Jüngere und Macarius Magnes gegen den N[eu-]
platoniker Porphyrius; Eusebius gegen Hierokles bezw. Philostratus. [Die]
Apologien allgemeinerer Tendenz von Eusebius, Athanasius und Theodo[ret]
dienen mehr dem Angriffe als der Vertheidigung. Gegen die Juden im [be-]
sondern wandten sich Gregor von Nyssa (?), Diodor von Tarsus, Chrysostom[us.]
Zahlreiche Streiter erhoben sich gegen das schnell in weite Kreise bringe[nde]
System des Persers Mani (✝ um 277), welcher in christlicher Umhüllu[ng]

wesentlich persisch-dualistische Ideen barbot und ein Reich des Lichtes und ein Reich der Finsterniß mit entsprechenden Aeonenreihen lehrte. — Polemik und systematische Theologie. Die dogmatische Literatur behandelt in erster Linie die jeweils im Vorbergrunde des Interesses stehenden Lehrpunkte und bekundet infolge dessen vorwiegend eine polemische Haltung. Im 4. Jahrhundert greifen hauptsächlich Eusebius, Athanasius, die drei Kappadocier, Didymus der Blinde und Epiphanius in den Kampf mit der Häresie ein; im 5. Jahrhundert treten Cyrillus von Alexandrien und Theodoret an ihre Stelle. Ein ebenso vollständiges wie organisch zusammengehöriges System der theologischen Dogmatik entwarf Dionysius der sogen. Areopagite in einer Reihe einzelner Schriften, von welchen freilich die meisten verloren gegangen sind. Auch der Abriß der Theologie (θείων δογμάτων ἐπιτομή), welchen Theodoret seinem Compendium der häretischen Fabeln beigegeben hat, verdient als systematischer Versuch erwähnt zu werden. Einzelne Abschnitte der Dogmatik wurden in vorwaltend positiver Weise bearbeitet von Cyrillus von Jerusalem, Gregor von Nyssa, Epiphanius. — Biblische Theologie. Die biblische Textkritik fand keine Pflege. Kenntniß des Hebräischen besaß wohl nur Epiphanius. Er leistete Beachtenswerthes auf dem Gebiete der Einleitungswissenschaft bezw. der biblischen Alterthumskunde. Vor ihm war Eusebius auf diesem Gebiete thätig gewesen. Eine principielle Beleuchtung und Rechtfertigung der hermeneutischen Grundsätze der Neu-Alexandriner unternahm gelegentlich Gregor von Nyssa. Die Grundsätze der Antiochener wurden von Diodor von Tarsus und von Theodor von Mopsuestia in besondern Schriften vertreten. Des Hadrianus „Einleitung in die heiligen Schriften" kann als Lehrbuch der Hermeneutik im Sinne der Antiochener gelten. Abgesehen von dem Umkreis der antiochenischen Schule, blieb die allegorisirende Methode der Auslegung vorherrschend. Commentare dieser Richtung hinterließen namentlich Eusebius, Athanasius, Gregor von Nyssa, Didymus der Blinde, Cyrillus von Alexandrien. Die antiochenischen Exegeten entwickeln fast sämtlich eine reiche Productivität. Unter ihren Commentaren zeigen diejenigen Theodorets die größte Vollendung nach Form und Inhalt. Eine mindestens ebenbürtige exegetische Kunst bekunden indessen die Homilien des hl. Chrysostomus. — Historische Theologie. Die Kirchengeschichtschreibung, den drei ersten Jahrhunderten noch unbekannt, gelangt zu hoher Blüthe. An ihrer Wiege steht Eusebius. Seine Arbeiten werden von Sokrates, Sozomenus und Theodoret fortgesetzt. Der Eunomianer Philostorgius schreibt eine Kirchengeschichte in arianischem Parteiinteresse. Mehrere kirchengeschichtliche Werke des 5. Jahrhunderts, von Philippus Sidetes, Hesychius von Jerusalem, Timotheus von Berytus, Sabinus von Heraklea, sind nicht auf uns gekommen. Das Werk des Macedonianers Sabinus stellte die erste Conciliengeschichte dar. Die Geschichte der Häresien behandelten Epiphanius und Theodoret. — Praktische Theologie. Die moralisch-ascetische Literatur fand zahlreiche Vertreter in den Kreisen des Mönchthums, welches zuerst in Egypten mächtig aufblühte, von Hilarion nach Palästina verpflanzt und von Basilius d. Gr. in Kleinasien eingeführt wurde. Ascetische Handbücher für Kleriker bezw. Mönche schrieben Basilius, Gregor von Nazianz, Chrysostomus. Das Leben des hl. Antonius von Athanasius und die Sammlungen von Mönchsbiographien von Timotheus von Alexandrien und von Palladius dienen nahe verwandten Zwecken.  Als Katechet glänzt vor allen Cyrillus von Jerusalem, als Homilet und Prediger Chrysostomus.

5. Die kirchliche Literatur (Fortsetzung).  Poesie. — Seit dem 4. Jahrhundert nimmt die Kirche auch in der Poesie und dem Liede den Wettstreit mit dem absterbenden Heidenthume auf.  Doch vermochte die griechische Kirche mit der syrischen und der lateinischen nicht gleichen Schritt zu halten.  Arius suchte durch Volkslieder seiner Lehre die Wege zu ebnen.  Die beiden Apollinarii von Laodicea, Nonnus (?), Kaiserin Eudokia bemühten sich mit zweifelhaftem Erfolge, christliche Stoffe in die Formen der antiken Poesie zu gießen.  Die hervorragendsten Dichter der griechischen Kirche in diesem Zeitraume sind Gregor von Nazianz und Synesius von Cyrene.  Auch sie haben im allgemeinen an den alten Versmaßen festgehalten.  Gregor aber hat auch schon eine neue Kunstform angewendet, deren Klänge weit geeigneter waren, einen Widerhall im Herzen des Volkes zu wecken.  An die Stelle des Metrums tritt der rhythmische Versbau, welcher nur von dem Wortaccente beherrscht ist, ohne zwischen langen und kurzen Silben zu unterscheiden.

### § 43.  Arianismus, Macedonianismus, Sabellianismus, Apollinarismus.

1. Arianismus. — Anknüpfend an die nur dürftig überlieferte, aber entschieden subordinatianische Christologie seines Lehrers Lucianus des Martyrers (§ 29, 18), lehrte der alexandrinische Presbyter Arius († 336), der Logos oder Sohn Gottes sei ein Geschöpf Gottes (κτίσμα, ποίημα), vor der Weltzeit durch Gottes freien Willen aus nichts (ἐξ οὐκ ὄντων) ins Dasein gerufen, um Gott als Werkzeug zur Erschaffung der übrigen Geschöpfe zu dienen.  Der Sohn war nicht immer (οὐκ ἀεὶ ἦν ὁ υἱός), es gab eine Zeit, da er nicht war (ἦν ποτε ὅτε οὐκ ἦν); er war nicht, bevor er wurde, hatte vielmehr, wie alle andern Geschöpfe einen Anfang des Geschaffenwerdens (οὐκ ἦν πρὶν γένηται, ἀλλ᾽ ἀρχὴν τοῦ κτίζεσθαι ἔσχε καὶ αὐτός *Arius*, Thalia, bei *Athan.*, Orat. c. Arian. I, 5: *Migne*, P. gr. XXVI, 21).  Der Sohn ist deßhalb seinem Wesen nach vom Vater durchaus verschieden (ὁ λόγος ἀλλότριος μὲν καὶ ἀνόμοιος κατὰ πάντα τῆς τοῦ πατρὸς οὐσίας καὶ ἰδιότητός ἐστι bei *Athan.*, Or. c. Ar. I, 6: XXVI, 24; ξένος τοῦ υἱοῦ κατ᾽ οὐσίαν πατήρ, ὅτι ἄναρχος ὑπάρχει bei *Athan.*, De synodis c. 15: XXVI, 708).  Sohn Gottes heißt er in demselben Sinne, in welchem auch die Menschen Kinder Gottes genannt werden, und wenn die Schrift ihn gezeugt werden läßt, so ist „Gezeugtwerden" ein Synonymum für Geschaffenwerden.  Das zweite Geschöpf Gottes, nach dem Logos, ist der Heilige Geist.  Wahrer Gott ist nur der Vater. — Das erste ökumenische Concil zu Nicäa 325 verwarf die Lehre des Arius und erklärte die Homousie, d. i. Wesenseinheit des Sohnes mit dem Vater (τὸν υἱὸν τοῦ θεοῦ . . . ὁμοούσιον τῷ πατρί).  Aber erst nach langem, wie es schien, die Existenz der Kirche bedrohenden Kampfe errang die Entscheidung des Concils allgemeine Anerkennung.  Literarische Vertretung fand der Arianismus vornehmlich durch den Sophisten Asterius († um 330?), den antiochenischen Diakon Aëtius († um 370), die Bischöfe Acacius von Cäsarea († 366) und Eunomius von Cyzicus († um 395).  Die Vorkämpfer

der Orthodoxie waren in erster Linie Athanasius und die drei Kappadocier, Basilius der Große, Gregor von Nazianz und Gregor von Nyssa.

Von Arius erübrigen Fragmente unter dem Titel Θάλεια (Gastmahl) bei Athanasius (Orat. c. Arian. I, 2—10: *Migne*, P. gr. XXVI, 15—34; De synodis c. 15: XXVI, 705—708), ein Brief an Bischof Eusebius von Nikomedien bei Theodoret (Hist. eccl. I, 4: LXXXII, 909—912), ein Brief an Bischof Alexander von Alexandrien bei Athanasius (De synodis c. 16: XXVI, 707—712) sowie bei Epiphanius (Haer. 69, 7: LXII, 213—216) und ein Glaubensbekenntniß bei Socrates (Hist. eccl. I, 26: LXVII, 149—152) sowie bei Sozomenus Hist. eccl. II, 27: LXVII, 1011—1012). Der Brief an Alexander und das Glaubensbekenntniß auch bei A. Hahn, Bibliothek der Symbole und Glaubensregeln der alten Kirche. 2. Ausgabe. Breslau 1877. S. 188—190. Das „Gastmahl" des Arius enthielt laut Athanasius auch poetische Versuche, und nach Philostorgius (Hist. eccl. II, 2: LXVI, 464) dichtete der Häresiarch „Schiffer- und Müller- und Wanderlieder und andere ähnliche Gesänge", dazu bestimmt, den Arianismus in die niedern Volkskreise hineinzutragen. — Eusebius von Nikomedien † 341 oder 342), „Syllukianist", d. h. auch Schüler des Lucianus (f. den Schluß des Briefes des Arius an Eusebius), nahm sich alsbald in zahlreichen Briefen der Sache seines Studienfreundes an. Erhalten ist ein Brief an Bischof Paulinus von Tyrus bei Theodoret (Hist. eccl. I, 5: LXXXII, 913—916). Ein Bruchstück eines Briefes an Arius findet sich bei Athanasius (De synodis c. 17: XXVI, 712). Auch aus Briefen anderer Freunde des Arius macht Athanasius (l. c.) kurze Mittheilungen. — Aus einer Schrift des Sophisten und Syllukianisten Asterius zu Gunsten des Arianismus führt Athanasius wiederholt Stellen an (Or. c. Ar. I, 32; II, 37; III, 2: XXVI, 77. 225—228. 323—326; De synodis c. 18—19: XXVI, 713—716 u. a.). Manche andere Schriften des Sophisten (scripsit in epistolam ad Romanos et in evangelia et psalmos commentarios et multa alia *Hier.*, De vir. ill. c. 94) sind zu Grunde gegangen. Näheres über Asterius bei Th. Zahn, Marcellus von Ancyra. Gotha 1867. S. 38 ff. — Eine kleine Schrift des Aëtius, welche in 47 Thesen das Losungswort der Arianer ἀνόμοιος sc. ὁ υἱὸς τῷ πατρί) vertritt, hat Epiphanius (Haer. 76, 11: XLII, 533—546) aufbewahrt. — Acacius von Cäsarea vertheidigte seinen Gesinnungsgenossen Asterius gegen einen Angriff des Bischofs Marcellus von Ancyra (Abf. 3); Bruchstücke dieser Vertheidigungsschrift sind bei Epiphanius (Haer. 72, 6—10: XLII, 389—396) erhalten. Auch liegt noch ein semiarianisch gefärbtes Glaubensbekenntniß vor, welches Acacius auf der Synode zu Seleucia 359 aufstellte; f. Hahn a. a. O. S. 127—129. Manche andere Schriften des Acacius (*Hier.*, De vir. ill. c. 98; *Socrates*, Hist. eccl. II, 4: LXVII, 192) sind verschollen. — Kämpfte schon Aëtius ausschließlich mit sophistischer Dialektik, so hat sein Schüler Eunomius laut Theodoret (Haeret. fab. IV, 3: LXXXIII, 420) geradezu die Theologie „Technologie" (τεχνολογίαν) genannt. Eine kleine Schrift desselben unter dem Titel Ἀπολογητικός läßt sich aus der Gegenschrift des hl. Basilius (§ 49, 4) wieder herausschälen (*Migne*, P. gr. XX, 835—868 unter den Werken des hl. Basilius; auch bei *Goldhorn*, S. Basilii opp. dogm. sel. Lips. 1854. p. 588—615). Fragmente der Ἀπολογία ὑπὲρ ἀπολογίας, welche Eunomius nach dem Tode des hl. Basilius (1. Januar 379) folgen ließ, sind in dem Werke Gregors von Nyssa gegen Eunomius (§ 51, 3) enthalten, größtentheils zusammengestellt bei *Rettberg*, Marcelliana. Gott. 1794. p. 125—147). Endlich liegt noch ein ausführliches Glaubensbekenntniß (ἔκθεσις πίστεως) vor, welches Eunomius 381 oder 383 dem Kaiser Theodosius überreichte (bei *Rettberg* l. c. p. 149—169; bei *Goldhorn* l. c. p. 618—629). Ein Commentar zum Römerbriefe (*Socrates*, Hist. eccl. IV, 7: LXVII, 473) und eine Sammlung von etwa

40 Briefen (*Photius*, Bibl. cod. 138: CIII, 417) sind nur dem Namen nach be=
kannt. Uebrigens hat auch Eunomius den Arianismus nicht sowohl fortgebildet,
als vielmehr nur folgerichtig ausgebildet. C. R. W. Klose, Geschichte und Lehre
des Eunomius. Kiel 1833. 8°. — Ein Commentar des arianischen Bischofs Theo=
dor von Heraklea in Thracien († um 355) zum Propheten Isaias ist bruch=
stückweise von A. Mai herausgegeben worden (abgedruckt *Migne*, P. gr. XVIII,
1307—1378). — Batiffol hat nachgewiesen, daß die arianische Propaganda eifrig
darauf bedacht war, Martyrien und Lebensbeschreibungen hervorragender Vertreter
des Arianismus in Umlauf zu setzen. *P. Batiffol*, Étude d'hagiographie arienne.
La passion de S. Lucien d'Antioche: Compte rendu du congrès scientif.
internat. des Catholiques (1891). 2e sect. p. 181—186. *Batiffol*, Étude
d'hagiographie arienne. Parthénius de Lampsaque: Röm. Quartalschrift f.
christl. Alterthumskunde u. f. Kirchengesch. Bd. VI (1892). S. 35—51; vgl. ebend.
Bd. VII (1893). S. 298—301. — Ueber die Kirchengeschichte des Eunomianers
Philostorgius s. § 61, 2.

2. **Macedonianismus.** — Im Verlaufe des Kampfes zwischen Orthodoxie
und Arianismus entwickelten sich im Schoße der arianischen Partei verschiedene
Gegensätze. Unter Ablehnung des ἀνόμοιος der strengen Arianer vertraten die
Semiarianer theils ein ὅμοιος theils ein ὁμοιούσιος. Je mehr indessen diese
letztern Semiarianer dem ὁμοούσιος der Orthodoxen nahe traten, um so nach=
drücklicher behaupteten sie die Heterusie und Geschöpflichkeit des Heiligen Geistes
(Pneumatomachen). Insbesondere war es das hochangesehene Haupt der Thraci=
schen Semiarianer, Macedonius, längere Zeit hindurch Bischof von Konstan=
tinopel († nach 360), welcher die Lehre verfocht, der Heilige Geist sei ein dem
Vater und dem Sohne untergeordnetes Wesen, weil ein den Engeln ähnliches
Geschöpf. Das zweite ökumenische Concil zu Konstantinopel 381 verurtheilt
den Macedonianismus und sprach die Gottheit des Heiligen Geistes aus (τ
πνεῦμα τὸ ἅγιον ... τὸ σὺν πατρὶ καὶ υἱῷ συμπροσκυνούμενον καὶ συνδοξαζόμενον)
Die wissenschaftliche Vertheidigung des kirchlichen Glaubensbewußtseins führte
hauptsächlich Athanasius, die drei Kappadocier, Didymus der Blinde.

Schriften hat Macedonius, soviel bekannt, nicht hinterlassen. Zu den Wort
führern seiner Partei zählten Eusebius von Emesa († um 359), Basilius von Ancyr
(† nach 360), Georgius von Laodicea († nach 360). Die meisten der zahlreiche
(innumerabiles sagt *Hier.*, De vir. ill. c. 91) Schriften des Bischofs Eusebiu
von Emesa sind spurlos untergegangen. Die unter seinem Namen einst von August
zusammengestellten griechischen Homilien und Fragmente (Eusebii Emeseni qua
supersunt opuscula graeca, ad fidem codd. Vindobonensium et editionun
diligenter expressa et adnotationibus hist. et phil. illustrata a *I. Chr. G. August*
Elberfeldi 1829. 8°; cf. *Migne*, P. gr. LXXXVI, 1, 463 sqq.) haben vielmeh
Eusebius von Alexandrien, Eusebius von Cäsarea u. a. zu Verfassern; s. J. C. Thilo
Ueber die Schriften des Eusebius von Alexandrien und des Eusebius von Emesa
Halle 1832. 8°. Ebenso sind in früherer Zeit zwei größere Sammlungen lateinische
Homilien mit Unrecht Eusebius von Emesa beigelegt worden: a. homiliae 56 a
populum et monachos, welche in Wahrheit verschiedenen gallischen Kirchenschrif
stellern (Hilarius von Arles, Faustus von Reji, Cäsarius von Arles) angehören un
allem Anscheine nach von Eusebius Bruno, Bischof von Angers († 1081), zu eine
Ganzen vereinigt worden sind (in der Max. Bibl. vet. Patrum. Lugd. 167
T. VI. p. 618—675); b. homiliae 145 (oder vielmehr 142) in evangelia festo
que dies totius anni, welche in Wahrheit dem Evangeliencommentare des hl. Brun
von Segni († 1123), und zwar meist wörtlich, entnommen sind (bei *Migne*, P. la

CLXV, 747—864, unter den Werken des hl. Bruno von Segni). Vgl. über diese beiden Homilienſammlungen *Feſſler-Jungmann*, Inſtitt. Patrol. II, 3—4. Näheres über die erſtgenannte Sammlung § 92, 2. 3. Dagegen ſind von den 14 nur la= teiniſch vorliegenden opuscula, d. i. Homilien, welche von J. Sirmond (1643) unter dem Namen des Euſebius von Cäſarea herausgegeben wurden (*Migne*, P. gr. XXIV, 1047—1208), wenigſtens die beiden erſten, De fide adversus Sabellium d. i. gegen Marcellus von Ancyra, f. Abſ. 3), für Euſebius von Emeſa in An= ſpruch zu nehmen. — Baſilius von Ancyra und Georgius von Laodicea verfaßten gemeinſchaftlich im Namen ihrer Geſinnungsgenoſſen eine von Epiphanius (Haer. 73, 12—22: XLII, 425—444) aufbewahrte dogmatiſche Denkſchrift. Andere Schriften des Baſilius (*Hier.* l. c. c. 89) ſind verloren gegangen, und ein Gleiches gilt auch von mehreren Schriften des Georgius. J. Dräſeke (Geſammelte Patriſtiſche Unterſuchungen. Altona u. Leipzig 1889. S. 1—24) ſucht in Georgius den Ver= faſſer einer herrenloſen Schrift gegen die Manichäer (§ 47, 5). — Ueber die Kirchen= geſchichte des Macedonianers Sabinus von Heraklea f. § 61, 2.

3. Sabellianismus. — Um die Einheit des Weſens des Vaters und des Sohnes deſto unumſchränkter betonen zu können, ließ Biſchof Marcellus von Ancyra in Galatien († um 374) ſich verleiten, den Unterſchied der Perſonen aufzuheben. Nach ihm iſt der Logos die von Ewigkeit her Gott innewohnende Kraft, welche ſich in der Weltſchöpfung als wirkende Kraft (ἐνέργεια δραστική) gezeigt und welche zum Zwecke der Erlöſung und Vollendung des Menſchen= geſchlechtes in Chriſtus Wohnung genommen hat. Dieſer Gottmenſch heißt und iſt Sohn Gottes; der Logos aber iſt nicht gezeugt, und vor der Menſch= werdung gab es keinen Sohn Gottes. Im Hinblick auf ihre Verwandtſchaft mit dem modaliſtiſchen Monarchianismus des Presbyters Sabellius (in der erſten Hälfte des 3. Jahrh.) wurde des Marcellus Lehre im Oriente Sabel= lianismus genannt. Dieſelbe konnte nur mehr wenige Freunde gewinnen. Euſebius von Cäſarea uud Athanaſius traten ihr entgegen.

Aus des Marcellus Schrift De subiectione Domini Christi (περὶ τῆς τοῦ υἱοῦ ὑποταγῆς, vgl. 1 Kor. 15, 28), welche gegen den Arianer Aſterius (Abſ. 1) gerichtet war, hat Euſebius (Contra Marcellum und De eccles. theologia, vgl. § 44, 5) verſchiedene Fragmente gerettet. Epiphanius (Haer. 72) hat einen Brief des Marcellus an Papſt Julius vom Jahre 337 oder 338 (XLII, 383—388), ferner die vorhin (Abſ. 1) erwähnten Bruchſtücke der Schrift des Acacius gegen Marcellus und ein Glaubensbekenntniß der Marcellianer (XLII, 395—400) auf= genommen. Anderer, uns unbekannter Schriften des Marcellus gedenkt Hieronymus (De vir. ill. c. 86). Sämtliche Ueberbleibſel ſind zuſammengeſtellt bei *Chr. H. G. Rettberg*, Marcelliana. Gottingae 1794. 8⁰; die ſogen. legatio Eugenii dia= coni ad S. Athanasium pro causa Marcell. auch bei *Migne*, P. gr. XVIII, 1301—1306. C. R. W. Kloſe, Geſchichte und Lehre des Marcellus und Pho= tinus. Hamburg 1837. 8⁰. Fr. A. Willenborg, Ueber die Orthodoxie des Marcellus von Ancyra. Münſter 1859. 8⁰. Th. Zahn, Marcellus von Ancyra. Ein Beitrag zur Geſchichte der Theologie. Gotha 1867. 8⁰. C. P. Caſpari, Ungedruckte u. ſ. w. Quellen zur Geſchichte des Taufſymbols und der Glaubens= regel. II. Chriſtiania 1875. S. 28—161: „Ueber den griechiſchen Text des alt= römiſchen Symbols in dem Briefe des Marcellus von Ancyra an den römiſchen Biſchof Julius." — Ein Landsmann und Schüler des Marcellus, Biſchof Photinus von Sirmium († um 376), erklärte, von der Einperſönlichkeit Gottes ausgehend, den Herrn für einen wunderbar geborenen Menſchen, welcher vermöge ſeiner ſittlichen Entwicklung zu göttlicher Würde gelangt ſei. Die zahlreichen Schriften Photins,

theils in griechischer theils in lateinischer Sprache verfaßt (Hier., De vir. ill
c. 107; Vincentius Lir., Commonit. c. 11: Migne, P. lat. L, 653), find z
Grunde gegangen. Näheres über Photinus bei Zahn a. a. O. S. 189 ff.

4. Apollinarismus. — Bischof Apollinarius (Apollinaris) von Laodice
in Syrien († 390) glaubte die wahre Gottheit des Erlösers nur in der Weif
retten zu können, daß er auf die vollkommene Menschheit desselben verzichtet
Die Annahme wahrer Gottheit und vollkommener Menschheit führe zu zwe
Gottessöhnen, einem natürlichen und einem adoptirten, weil zwei in sich voll
endete Wesen sich nie zu einem Wesen vereinigen können (δύο τέλεια ε
γενέσθαι οὐ δύναται bei Athan., C. Apoll. I, 2: Migne P. gr. XXVI, 1096)
auch werde mit einer vollkommenen Menschheit und einem menschlichen Wille
nothwendig zugleich die Möglichkeit der Sünde im Erlöser behauptet (ὅπο
γὰρ τέλειος ἄνθρωπος, ἐκεῖ καὶ ἁμαρτία bei Athan. l. c.). Der Gottessoh
habe vielmehr die belebte σάρξ, den beseelten Leib angenommen; die Stelle de
menschlichen νοῦς oder des menschlichen πνεῦμα aber habe die Gottheit selbf
vertreten. Diese Lehre bekämpften Athanasius (bezw. der oder die Verfasse
der unter den Werken des hl. Athanasius stehenden zwei Bücher gegen Apol
linarius), Gregor von Nazianz, Gregor von Nyssa u. a. Das zweite öku
menische Concil zu Konstantinopel 381 hat (in seinem ersten Canon) die Härefi
der Apollinaristen verdammt. — Apollinarius zählt zu den fruchtbarsten un
vielseitigsten Kirchenschriftstellern seiner Zeit. Er war in erster Linie Exege
und verfaßte nach dem Ausdrucke des hl. Hieronymus (De vir. ill. c. 104
unzählige Bände über die heiligen Schriften. Die in vielen Catenen erhal
tenen Fragmente bedürfen noch erst der Sammlung und Sichtung. Vollständi
liegt eine Paraphrase der Psalmen in Hexametern vor (XXXIII, 1313 bi
1538), reich durchflochten mit Reminiscenzen aus alten griechischen Dichter
aber ebendadurch das eigenthümliche Gepräge der biblischen Gesänge gänzlic
verwischend. Die Vermuthung Dräsekes, auch die unter dem Namen de
berühmten heidnischen Epikers Nonnus von Panopolis gegen Ende des 4. Jah
hunderts gehende metrische Umschreibung des Johannes-Evangeliums (XLII
749—1228) gehöre Apollinarius an, entbehrt wenigstens vorläufig aller un
jeder Begründung. Schon der Vater unseres Apollinarius, Apollinarius d
Aeltere, Presbyter zu Laodicea, hatte es unternommen, christliche Stoffe i
antik-poetischer Form zu bearbeiten; doch hat sich von seinen Werken nich
erhalten. Vater und Sohn beabsichtigten durch solche Versuche, einerseits d
Christen, welchen die heidnischen Gelehrtenschulen durch Julian verschloff
worden waren, einen gewissen Ersatz zu bieten, andererseits die Heiden self
für das Christenthum zu gewinnen. Die von Hieronymus (a. a. O.) m
besonderer Anerkennung hervorgehobenen 30 Bücher Apollinarius' des Jünge
gegen den Neuplatoniker Porphyrius († um 304) sind nicht auf uns gekomme
Von den (bei Hieronymus nicht erwähnten) dogmatischen Schriften, zur T
nitätslehre und zur Christologie, glaubte man bis vor kurzem auch nur z
streute Bruchstücke zu besitzen, insbesondere die Bruchstücke des „Erweises
Fleischwerdung Gottes nach dem Bilde des Menschen" (ἀπόδειξις περὶ
θείας σαρκώσεως τῆς καθ' ὁμοίωσιν ἀνθρώπου), welche Gregor von Nyssa
seiner Entgegnung (§ 51, 3) aufbewahrt hat. Indessen behauptete sich
Leontius von Byzanz, bezw. der Verfasser des Schriftchens Adv. fraud

Apollinaristarum (LXXXVI, 2, 1948), daß Schriften des Apollinarius (τινὲς τῶν Ἀπολιναρίου λόγων) von Apollinaristen und Monophysiten behufs Täuschung der Kurzsichtigen unter den klangvollen Namen „des Gregorius Thaumaturgus, des Athanasius und des Julius" in Umlauf gesetzt worden seien. Casparis Untersuchungen (1879) haben es außer Zweifel gestellt, daß die Schrift ἡ κατὰ μέρος πίστις unter dem Namen Gregors des Wunderthäters (§ 31, 2) von Apollinarius verfaßt worden ist; das Glaubensbekenntniß περὶ τῆς σαρκώσεως τοῦ θεοῦ λόγου unter dem Namen des hl. Athanasius (§ 45, 3) ist sehr wahrscheinlich gleichfalls auf Apollinarius zurückzuführen, und mehrere Briefe unter dem Namen des Papstes Julius I. (§ 45, 14) werden auch von Apollinarius oder einem seiner ersten Anhänger geschrieben worden sein. Dräseke hat noch mehrere andere Schriften mit größerer oder geringerer Wahrscheinlichkeit für Apollinarius in Anspruch genommen, insbesondere die Cohortatio ad Gentiles und die Expositio fidei unter dem Namen des hl. Justinus Martyr (§ 16, 5 u. 6), drei Homilien unter dem Namen Gregors des Wunderthäters (§ 31, 2), das vierte und das fünfte Buch des Werkes des hl. Basilius gegen Eunomius (§ 49, 4), die drei ersten der sieben Dialoge De trinitate unter dem Namen Theodorets von Cyrus (§ 60, 8).

J. Dräseke, Apollinarios von Laodicea. Sein Leben und seine Schriften. Nebst einem Anhang: Apollinarii Laodiceni quae supersunt dogmatica. Leipzig 1892. 8° (Texte und Untersuchungen zur Gesch. der altchristl. Literatur, herausgeg. von O. v. Gebhardt und A. Harnack. Bd. VII. Heft 3 u. 4). In diesem Werke hat Dräseke die Ergebnisse einer langen Reihe früher veröffentlichter Einzeluntersuchungen zusammengefaßt. Der Anhang enthält (in berichtigtem Abdruck aus ältern Ausgaben) die Schriften Antirrheticus contra Eunomium (= Pseudo-Basilius M., Adv. Eun. ll. IV—V), Dialogi de s. trinitate (= Pseudo-Theodoretus, Dialogi de trinitate I—III), De trinitate (= Pseudo-Iustinus M., Expositio fidei), Fidei expositio (= Pseudo-Gregorius Thaumat., ἡ κατὰ μέρος πίστις), De divina incarnatione libri fragmenta und viele kleinere Stücke. Die Abhandlungen Dräsekes über die pseudo-justinischen Schriften, Cohortatio ad Gentiles und Expositio fidei, sind § 16, 10 angeführt worden. In betreff der Schrift ἡ κατὰ μέρος πίστις und der Homilien unter dem Namen des Wunderthäters siehe § 31, 3. J. Dräseke, Des Apollinarios von Laodicea Schrift wider Eunomios: Zeitschr. f. Kirchengesch. Bd. XI (1889—1890). S. 22—61. Derselbe, Apollinarios' von Laodicea Dialoge „Ueber die heilige Dreieinigkeit": Theol. Stud. und Krit. Bd. LXIII (1890). S. 137—171. In betreff des Glaubensbekenntnisses περὶ τῆς σαρκώσεως s. § 45, 10. Unter dem Namen des Papstes Julius liegen heute, abgesehen von Fragmenten, noch vier, jedenfalls unterschobene, griechische Briefe bezw. Abhandlungen apollinaristischer und monophysitischer Tendenz vor. Der griechische Text bei Migne, P. lat. VIII, 873—877. 929—936. 953—961; bei P. A. de Lagarde, Titi Bostreni quae ex opere contra Manichaeos edito in cod. Hamburg. servata sunt graece. Accedunt Iulii Romani epistolae et Gregorii Thaumat. κατὰ μέρος πίστις. Berol. 1859. p. 114—124. Eine syrische Uebersetzung eben dieser Briefe bezw. Abhandlungen bei de Lagarde, Analecta Syriaca. Lips. et Lond. 1858. p. 67—79; bei I. Fr. A. Veith, Epistolae nonnullae sub Iulii I nomine divulgatae (Diss. inaug.). Vratisl. 1862. 8°. Vgl. auch die sieben syrischen Fragmente unter dem Namen des hl. Julius bei G. Moesinger, Monumenta Syriaca. Vol. II. Oenip. 1878. p. 1—5. Exegetische Bruchstücke unter des Apollinarius Namen, zu den Sprüchen, zu Ezechiel und zu Isaias, bei A. Mai, Nova Patrum Bibl. T. VII. Romae 1854. Pars 2.

p. 76—80. 82—91. 128—130. Als Proben einer kritischen Ausgabe der erwähnten Psalmen-Paraphrase veröffentlichte A. Ludwich die Bearbeitung der Psalmen 1—3, Königsberg 1880. 4⁰ (Progr.), und die Bearbeitung der Psalmen 4—8, ebend. 1881. 4⁰ (Progr.). Die weitverbreitete Interpolation des Textes der Paraphrase geht sehr wahrscheinlich auf den Fälscher Jakob Diassorinos († 1563) zurück; siehe A. Ludwich, Ein neuer Beitrag zur Charakteristik des Jakob Diassorinos: Byzantinische Zeitschr. Bd. I (1892). S. 292—301. J. Dräseke, Die Abfassungszeit der Psalmen-Metaphrase des Apollinarios von Laodicea: Zeitschr. f. wissenschaftl. Theol. Bd. XXXII (1889). S. 108—120. Vgl. auch die bei K. Krumbacher Geschichte der Byzantinischen Litteratur. München 1891. S. 306 Anm. 2 verzeichneten Abhandlungen. Neue Ausgaben der nach der herrschenden Ansicht von Nonnus von Panopolis verfaßten Paraphrase des Johannesevangeliums lieferten namentlich Fr. Passow, Leipzig 1834. 8⁰, und A. Scheindler, Leipzig 1881. 8⁰ (beide unter Beifügung des Textes des Evangeliums). Die Vermuthung, Apollinarius sei der Verfasser, äußerte Dräseke in der Theol. Literaturzeitung, Jahrg. 1891, Sp. 332; in der Wochenschrift f. klass. Philologie, Jahrg. 1893, Sp. 349. Ueber den Werth dieser Vermuthung, den Charakter der Paraphrase und die neuere Literatur zu derselben s. Barbenhewer in Wetzer und Welte's Kirchenlexikon, 2. Aufl., s. v. Nonnus. Auch die frühestens im 11. Jahrh. verfaßte Tragödie Christus patiens (§ 50, 9) wollte Dräseke Apollinarius zueignen; s. Dräseke, Ueber die dem Gregorios Thaumaturgos zugeschriebenen vier Homilien und den Χριστὸς πάσχων: Jahrbb. f. protest. Theol. Bd. X (1884). S. 657—704. — Einen der ersten Schüler und eifrigsten Anhänger des Apollinarius, Vitalius von Antiochien, glaubt Dräseke (Gesammelte Patrist. Untersuchungen. Altona 1889. S. 78—102) als den Verfasser der unter dem Namen Gregors des Wunderthäters überlieferten capitula duodecim de fide (§ 31, 2) nachweisen zu können. — Aus den Schriften zweier andern unmittelbaren Schüler des Apollinarius, Valentinus und Timotheus (von Berytus), hat der Verfasser des Schriftchens Adv. fraudes Apollinaristarum einige Stellen mitgetheilt (Migne, P. gr. LXXXVI, 2, 1947 ad 1976). Ueber des Timotheus Kirchengeschichte s. § 61, 2. — Der Fälscher der Briefe des hl. Ignatius von Antiochien erwies sich als Apollinaristen (§ 10, 3)

## § 44. Eusebius von Cäsarea.

1. Leben. — Eusebius Pamphili, Bischof von Cäsarea in Palästina (geboren um 265, † um 340), eröffnet die Blüthezeit der patristischen Literatur mit den glänzendsten Leistungen. Palästina, der Schauplatz seiner Wirksamkeit, war auch sein Heimatland, und Cäsarea, sein späterer Bischofssitz, war zugleich seine Hauptbildungsstätte. Er genoß hier lange Jahre hindurch den Unterricht des gelehrten Presbyters Pamphilus, und aus Verehrung und Dankbarkeit gegen seinen Lehrer nahm er selbst den Beinamen Pamphili („der geistige Sohn des Pamphilus") an. Als Pamphilus in der Verfolgung des Maximinus in den Kerker geworfen wurde, blieb Eusebius an seiner Seite und verfaßte gemeinschaftlich mit ihm eine Apologie des Origenes (§ 33, 4). Im Jahre 309 endete Pamphilus als Martyrer, und Eusebius feierte ihn später in einer drei Bücher umfassenden Biographie (§ 33, 4). Um nicht auch selbst der Verfolgung zum Opfer zu fallen, floh Eusebius aus Cäsarea nach Tyrus und von dort nach Aegypten. Hier ward er ergriffen und eingekerkert; wie lange er als Confessor für seinen Glauben duldete, bleibt dahin gestellt. Nach Rückkehr des Friedens, wahrscheinlich noch im Jahre 313, war

Eusebius zum Bischof von Cäsarea erhoben, und in der Folge erfreute er sich eines sehr weitreichenden Einflusses, indem er bei Kaiser Konstantin in besonderer Gunst stand. Doch treten nunmehr auch seine Schwächen, Unselbständigkeit des Charakters und Unklarheit der dogmatischen Anschauungen, deutlich zu Tage und ziehen seiner bischöflichen Wirksamkeit traurige Schranken. Es fehlt ihm die Einsicht in die Bedeutung und Tragweite des die Kirche bewegenden trinitarischen Streites, und will er denselben durch beiderseitige Zugeständnisse zum Austrage gebracht wissen. Den Einigungsboden soll die Anerkennung der wahren Gottheit des Erlösers in einfach biblischem Ausdrucke abgeben. Die Homousie aber, wie Athanasius sie verfocht, führt, glaubt Eusebius, folgerichtig ausgebildet, zum Sabellianismus, und aus Furcht vor diesem letztern Gespenste läßt er sich immer wieder von neuem in die Bahnen des Arianismus treiben. Auf dem Concile zu Nicäa 325 wollte er eine vermittelnde Stellung einnehmen, unterschrieb jedoch schließlich, auf des Kaisers Wunsch, das conciliarische Glaubensbekenntniß; der Terminus ὁμοούσιος kommt indessen bezeichnenderweise auch in seinen nachnicänischen Schriften nicht ein einziges Mal zur Anwendung. Er verblieb auch in Verbindung mit den Arianern und mag selbst nicht ohne Einfluß auf die gegen die Orthodoxen gerichteten Entschlüsse des Kaisers gewesen sein. Jedenfalls nahm er thätigen Antheil an der Synode zu Antiochien um 330, welche den dortigen Bischof Eustathius, einen Hauptgegner des Arianismus, seines Amtes entsetzte, und ebenso auch an der Synode zu Tyrus 335, welche ein gleiches Urtheil über Athanasius, den Führer der Orthodoxen, sprach. Zum Preise des Kaisers ergriff Eusebius wiederholt auch öffentlich das Wort; am 25. Juli 335 feierte Konstantin die Tricennalien (das 30. Jahrgedächtniß des Regierungsantrittes), und Eusebius verfaßte aus Anlaß derselben einen Panegyricus (εἰς Κωνσταντῖνον τὸν βασιλέα τριακονταετηρικός: Migne, P. gr. XX, 1315—1440); am 22. Mai 337 starb Konstantin, und Eusebius widmete ihm einen umfangreichen, mehr schwülstigen als schwunghaften Nachruf (εἰς τὸν Κωνσταντίνου τοῦ βασιλέως βίον λόγοι δ': XX, 905—1230). Wenige Jahre später, wohl 340, folgte Eusebius seinem kaiserlichen Freunde in das Grab.

2. Historische Schriften. — Unter den sehr zahlreichen Schriften des Eusebius haben von jeher die größern historischen Werke, die Chronik und die Kirchengeschichte, die ungetheilteste Anerkennung gefunden. Sie haben dem Verfasser den Namen des christlichen Herodot und des Vaters der Kirchengeschichte eingetragen. Die Chronik (Migne, P. gr. XIX) führt den Titel „Vielfältige Geschichte" (παντοδαπὴ ἱστορία) und zerfällt in zwei Theile, die χρονογραφία und den κανὼν χρονικός. Laut der Vorrede stellt das Werk sich die Aufgabe, vorab eine ethnographische, aus den historischen Denkmälern der einzelnen Nationen geschöpfte Chronologie zu geben (erster Theil) und sodann eine synchronistische Verbindung und Ausgleichung zu versuchen (zweiter Theil). Schon Julius Africanus hatte es unternommen, die Traditionen der verschiedenen heidnischen Völker mit der jüdischen Ueberlieferung zusammenzustellen (vgl. § 33, 1); die Ausgleichung durchgeführt und für die folgenden Zeiten festgestellt zu haben, ist das Verdienst des Eusebius. Seine Arbeit, beherrscht und getragen von dem Gedanken, die Zeitgeschichte zu verknüpfen mit der Urgeschichte, erlangte einen unberechenbaren Einfluß auf die Geschichtschreibung der Folgezeit. Hatte

15*

er selbst zunächst für die Orientalen geschrieben, so verpflanzte Hieronymus
seine Anschauungen in das Abendland, indem er eine lateinische Uebersetzung
des zweiten Theiles der Chronik fertigte und denselben zugleich bis zum Jahre
379 (a. Abr. 2395) fortführte (vgl. § 75, 6); Eusebius war bis zum Jahre
325 (a. Abr. 2341) gegangen. Der erste Theil des Werkes ist uns erst
durch die armenische Uebersetzung bekannt geworden. Von dem griechischen
Texte beider Theile liegen nur noch Bruchstücke vor. Die Kirchengeschichte
(ἐκκλησιαστικὴ ἱστορία: XX) verfolgte in ihrer ersten Ausgabe die Geschichte
der christlichen Kirche von der Zeit ihrer Gründung bis zu den Siegen Konstantins über Maxentius (28. October 312) und des Licinius über Maximin
(30. April 313), welche beide zusammengefaßt als der Triumph des Christenthums über das Heidenthum dargestellt werden. Von diesen Siegen handeln
die letzten Kapitel des neunten Buches, und die Schlußworte dieses Buches
sollten augenscheinlich das ganze Werk zum Abschluß bringen. Nachträglich
hat Eusebius noch ein zehntes Buch angereiht, welches bis zum Siege Konstantins über Licinius (3. Juli 323) oder bis zur Alleinherrschaft Konstantins
reicht. Diese Kirchengeschichte ist ein überaus reiches und als Geschichtsquelle
geradezu unschätzbares Archiv von Thatsachen, Actenstücken und Excerpten von
Schriften aller Art aus der goldenen Jugendzeit der christlichen Kirche. Freilich stellt sie wesentlich nur eine Materialiensammlung dar, welche weder auf
Vollständigkeit der Berichterstattung noch auf Gleichmäßigkeit der Behandlung
und noch weniger auf zusammenhängende und genetische Entwicklung des Stoffes
Anspruch erhebt. Dagegen ist sie ein Quellenwerk im vollen Sinne des Wortes
und der Vorwurf absichtlicher Fälschung der Thatsachen läßt sich nicht begründen, wie sehr auch hin und wieder Gunst oder Ungunst den Blick des
Erzählers trüben oder seinen Gesichtskreis verengen mag. Eine lateinische
Bearbeitung dieses Werkes lieferte Rufinus (§ 74, 3). Weniger leicht als
die Kirchengeschichte lassen sich die vorhin schon genannten Schriften über Kaiser
Konstantin (Abs. 1) gegen die oft erhobene Beschuldigung geflissentlicher Entstellung der Thatsachen in Schutz nehmen. Offenbar ist Eusebius hier nicht
sowohl Geschichtschreiber als vielmehr bald beschönigender bald übertreibender
Lobredner. Er will, in beabsichtigtem Gegensatze zu heidnischen Schriftstellern
seiner Zeit, die christliche und kirchliche Gesinnung des Kaisers in helles Licht
rücken. Andere historische Arbeiten des Eusebius sind zu Grunde gegangen
(vgl. § 16, 12). Erhalten ist noch das Schriftchen über die Martyrien, deren
Augenzeuge der Verfasser in den Jahren 303—310 zu Cäsarea war (σύγ-
γραμμα περὶ τῶν καθ᾽ αὑτὸν μαρτυρησάντων: XX, 1457—1520), jetzt gewöhnlich dem ersten Buche der Kirchengeschichte als Anhang beigegeben.

3. Exegetische Schriften. — Mit hervorragendem Talente für Geschichts-
darstellung verband Eusebius große Vorliebe für exegetische Studien. Doch
mangeln ihm gesunde und klare hermeneutische Grundsätze, und ist es im
wesentlichen die Art und Weise des Origenes, welche in seinen exegetischen
Schriften vorherrscht. Er muß eine Reihe biblischer Bücher in fortlaufenden
Commentaren bearbeitet haben. Der von de Montfaucon herausgegebene
Psalmen-Commentar (XXIII) weist manche Lücken auf und bricht mit Ps. 118
ab; Fragmente zu den folgenden Psalmen hat Mai aus vaticanischen Catenen
nachgetragen (XXIV, 9—76); zu den frühern Psalmen lieferte Pitra Er-

gänzungen, welche die plagiatorische Abhängigkeit des Verfassers von Origenes in neues Licht stellen. Der Commentar zum Propheten Isaias, welcher eine historische Auslegung verspricht, aber sehr häufig in willkürliches Allegorisiren verfällt, ist auch zum großen Theile erhalten (XXIV, 89—526). Zum Neuen Testamente liegen hauptsächlich ziemlich bedeutende Fragmente über das Lucas=evangelium vor (XXIV, 529—606). Dazu kommen einige in das Gebiet der biblischen Einleitungswissenschaft fallende Versuche. Auf neutestamentlichem Boden bewegen sich eine Art Evangelienharmonie (XXII, 1275—1292), welche in zehn Tabellen darstellt, was alle vier Evangelisten, was nur drei oder nur zwei berichten und was ein jeder Besonderes hat, und die allerdings nur in Auszügen und Fragmenten auf uns gekommenen „Evangelischen Fragen und Lösungen" (περὶ τῶν ἐν εὐαγγελίοις ζητημάτων καὶ λύσεων: XXII, 879—1016), welche anscheinende Widersprüche der Evangelisten untereinander (in den Genea=logien des Herrn, in den Berichten über sein Begräbniß und seine Auf=erstehung u. s. f.) aufhellen wollen. Wichtiger ist das aus einer Topographie Palästinas und Jerusalems als Fragment erübrigende alphabetische Verzeichniß der im Alten Testamente vorkommenden Ortsnamen nebst Beschreibung der Lage des jedesmaligen Ortes und Angabe seiner spätern Namen (περὶ τῶν τοπικῶν ὀνομάτων τῶν ἐν τῇ θείᾳ γραφῇ, fehlt bei Migne), von Hieronymus übersetzt und ergänzt (§ 75, 5). Auch von der Schrift „Ueber das Pascha=fest" (περὶ τῆς τοῦ πάσχα ἑορτῆς), welche aus Anlaß der Verhandlungen über die Feier des Osterfestes auf dem Concile zu Nicäa verfaßt wurde, ist nur noch ein Bruchstück erhalten (XXIV, 693—706), oft genannt wegen seines schönen Zeugnisses über das heilige Meßopfer.

4. Apologetische Schriften. — Wiederholt und mit großem Erfolge ergriff Eusebius die Feder zur Vertheidigung des Christenthums bezw. zur Bekämpfung des Heidenthums. Das auszeichnende Merkmal seiner apologetischen Schriften ist die umfassende historische Gelehrsamkeit. Die „Evangelische Vorschule" (εὐαγγελικὴ προπαρασκευή: XXI) zeigt in fünfzehn Büchern die unvergleichliche Ueberlegenheit des Christenthums wie auch des Judenthums gegenüber den verschiedenen Religionen und philosophischen Systemen des Heidenthums. Die „Evangelische Beweisführung" (εὐαγγελικὴ ἀπόδειξις) in zwanzig Büchern, von welchen jedoch fast nur die zehn ersten noch erhalten sind (XXII, 13—794), führt aus, daß das Christenthum die gottgewollte Frucht des Judenthums sei. Einen bündigen Abriß des Inhaltes dieser beiden ausführlichern Werke bietet die Schrift „Von der Erscheinung des Herrn im Fleische" (περὶ τῆς θεοφανείας) in fünf Büchern, griechisch nur in Fragmenten (XXIV, 609—690), voll=ständig in einer sehr alten syrischen Uebersetzung vorliegend. Eine ähnliche Tendenz muß wohl auch die „Allgemeine elementare Einleitung" (ἡ καθόλου στοιχειώδης εἰσαγωγή) verfolgt haben, von welcher fast nur noch die „Pro=phetischen Aussprüche" (ἐκλογαὶ προφητικαί: XXII, 1021—1262) in vier Büchern erübrigen, hauptsächlich Erklärungen messianischer Stellen des Alten Testamentes enthaltend. Ein umfangreiches Werk gegen Porphyrius († um 304) in neunundzwanzig oder dreißig Büchern, von welchen Hieronymus (De vir. ill. c. 81) noch zwanzig kannte, ist verloren gegangen. Das Schriftchen gegen den Statthalter Hierokles von Bithynien (um 303), bezw. „gegen die Schilderung des Apollonius von Tyana durch Philostratus wegen der von

Hierokles unternommenen Parallelisirung des Apollonius mit Christus" (πρὸς τὰ ὑπὸ Φιλοστράτου εἰς Ἀπολλώνιον τὸν Τυανέα διὰ τὴν Ἱεροκλεῖ παραληφθεῖσαν αὐτοῦ τε καὶ τοῦ Χριστοῦ σύγκρισιν: XXII, 795—868) thut mit schneidiger Schärfe bar, daß die Quelle des Hierokles, die möglichst idealistisch ausgeschmückte Geschichte des neupythagoreischen Philosophen und Magiers Apollonius von Flavius Philostratus, nur Fabel und Sage, insbesondere die angeblich von Apollonius gewirkten Wunder entweder Erdichtung oder aber dämonisches Blendwerk seien.

5. Dogmatische Schriften, Briefe, Homilien. — Zwei dogmatische Schriften greifen in die arianischen Streitigkeiten ein.  Die zwei Bücher „Gegen Marcellus" (κατὰ Μαρκέλλου: XIV, 707—826) suchen den Beweis zu erbringen, daß Marcellus von Ancyra (§ 43, 3) mit Recht von den Arianern auf dem Concile zu Konstantinopel 336 abgesetzt worden, weil seine Trinitätslehre sich als die längst verworfene Häresie des Sabellius ausweise. Dieser Irrlehre gegenüber wollen die drei Bücher „Von der kirchlichen Theologie" (περὶ τῆς ἐκκλησιαστικῆς θεολογίας: XXIV, 825—1046) die wahre Logoslehre ausführlicher darlegen und begründen. Einen Brief des Eusebius an seine Diöcesanen, betreffend seine Haltung auf dem Nicänum und die Bedeutung des ὁμοούσιος, haben Sokrates (Hist. eccl. I, 8) und Theodoret (Hist. eccl. I, 11) aufbewahrt. Aus einem Briefe an Konstantins Schwester Konstantia über und gegen Christusbilder hat der Patriarch Nicephorus von Konstantinopel († 826) in seinen Antirrhetica die Hauptstellen ausgezogen und zugleich scharf bekämpft. Vierzehn nur lateinisch vorliegende Homilien (XXIV, 1047—1208) tragen wenigstens zum Theil den Namen des Eusebius mit Unrecht.

6. Sammelausgaben. Uebersetzungen. Schriften über Eusebius. — Ueber die Ueberlieferung der Werke des Eusebius handelt A. Harnack, Gesch. der altchristl. Litteratur bis Eusebius. Thl. I. Leipzig 1893. S. 551—586. Eine Gesamtausgabe der Werke des Eusebius bezw. ein Abbruck von Ausgaben sämtlicher Werke nur bei *Migne*, P. gr. XIX—XXIV. Eine Handausgabe einzelner Schriften: Praepar. evang., Demonstr. evang., Hist. eccl., von W. Dindorf, Leipzig 1867—1871. 4 Bde. 8°. Fast alle Werke des Eusebius sind ins Syrische, viel auch ins Armenische übersetzt worden. Ein Verzeichniß der gedruckten syrischen Uebersetzungen geben *Bickell*, Conspectus rei Syrorum literariae. Monast. 1871 p. 50—51, und E. Nestle, Syrische Grammatik. Berlin 1888. II. Thl. S. 45. Ausgewählte Schriften des Eusebius wurden ins Deutsche übertragen von M. Stigloher (Kirchengeschichte, Von den Märtyrern in Palästina), Kempten 1870, und J. Molzberger (Leben Konstantins), Kempten 1880 (Bibl. der Kirchenväter). Eine englische Uebersetzung und Bearbeitung der Kirchengeschichte von Mc Giffert und der beiden Schriften über Konstantin von Richardson in der Select Library of Nicene and Post-Nicene Fathers of the Christian Church. Ser. II. Vol. I. New York 1890. *Fabricius*, Bibl. Gr. ed. *Harl.* Vol. VII. p. 335—518: De Eusebio Caesareensi et aliis historiae ecclesiasticae atque chronicorum scriptoribus graecis. F. J. Stein, Eusebius, Bischof von Cäsarea, nach seinem Leben, seinen Schriften und seinem dogmatischen Charakter. Gekrönte Preisschrift. Würzburg 1859. 8°. A Dictionary of Christian Biography. Vol. II. Lond. 1880. p. 308—355: Eusebius of Caesarea (Salmon). F. Probst, Die Liturgie nach der Beschreibung des Eusebius von Cäsarea: Zeitschr. f. kath. Theol. Bd. VIII (1884). S. 681—726. Aeltere Literatur über Eusebius bei *Chevalier*, Répert. des sources hist. 690—691. 2574

7. Ausgaben, Uebersetzungen und Bearbeitungen einzelner Schriften. — Historische Schriften. Eusebii Pamph. Chronicorum Canonum libri duo. Opus e

Haicano codice [armeniace] a Doctore *I. Zohrabo* ... diligenter expressum et castigatum *A. Maius* et *I. Zohrabus* nunc primum coniunctis curis latinitate donatum notisque illustratum additis graecis reliquiis ediderunt. [Eusebii Caesariensis et Samuelis Aniensis Chronica, I.] Mediol. 1818. 4°. Eusebii Pamph. Caesar. episc. Chronicon bipartitum nunc primum ex armeniaco textu in latinum conversum, adnotationibus auctum, graecis fragmentis exornatum opera *P. I. B. Aucher.* Venet. 1818. 2 voll. 4°. *A. Mai*, Script. vet. nova Coll. T. VIII. Romae 1833. Pars 1: Eusebii Pamph. Chronicorum Canonum libri duo (eine neue Bearbeitung des ganzen Werkes). Eusebi Chronicorum libri duo. Edidit *Alfred Schoene*. Berol. 1866—1875. 2 voll. 4°. (Eusebi Chronicorum liber prior. Ed. *A. Schoene*. Armeniam versionem latine factam ad libros manuscriptos recensuit *H. Petermann*. Graeca fragmenta collegit et recognovit, appendices chronographicas sex adiecit *A. Schoene*. 1875. Eusebi Chronicorum Canonum quae supersunt ed. *A. Schoene*. Armeniam versionem latine factam e libris manuscr. rec. *H. Petermann*. Hieronymi versionem e libris manuscr. rec. *A. Schoene*. Syriam epitomen latine factam e libro Londinensi rec. *E. Roediger*. 1866.) Eusebii Canonum epitome ex Dionysii Telmaharensis Chronico [syriace] petita, sociata opera verterunt notisque illustrarunt *C. Siegfried* et *H. Gelzer*. Lips. 1884. 4°. Vgl. A. v. Gutſchmid, Unterſuchungen über die ſyriſche Epitome der Euſebiſchen Canones (Progr.). Stuttgart 1886. 4° (= A. v. Gutſchmid, Kleine Schriften. Herausgeg. von Fr. Rühl. Bd. I. Leipz. 1889. S. 483—529). — Die Hauptausgabe der Kirchengeſchichte und der beiden Schriften über Kaiſer Konſtantin (mitſamt den Fortſetzungen der Kirchengeſchichte von Sokrates, Sozomenus, Theodoret, Evagrius, Philoſtorgius, Theodorus Lector) beſorgte im Auftrage des franzöſiſchen Epiſkopates der Advocat Henri de Valois (Valeſius, geſt. 1676), Paris 1659—1673 und wiederum 1677. 3 Bde. 2°; Abdrücke Frankfurt. a. M. 1672—1679, Amſterdam 1695. Eine bequemer geordnete, vermehrte und verbeſſerte Auflage dieſer Ausgabe veranſtaltete W. Reading, Cambridge 1720. 3 Bde. 2°; ein Abbruck Turin 1746—1748. Des Valeſius Textesrecenſion der drei genannten Schriften auch bei *E. Zimmermann*, Corpus Patrum graec. T. I. Francof. 1822. 2 voll. 8°. Neue Textesrecenſionen der Kirchengeſchichte unternahmen F. A. Stroth, Halle 1779. 8° (es erſchien nur Bd. I); F. A. Heinichen, Leipzig 1827—1828. 3 Bde. 8°; E. Burton, Oxford 1838. 2 Bde. 8°; H. Laemmer, Schaffhauſen 1859—1862 (6 Faſcikel). 8°. Heinichen ließ 1830 die beiden Schriften über Konſtantin und 1840 Supplementa zu ſeiner Ausgabe der Kirchengeſchichte (aus Anlaß der Ausgabe Burtons) folgen. Eine zweite Auflage ſeiner Edition der drei genannten Schriften erſchien Leipzig 1868—1870. 3 Bde. 8°. Handausgaben der Kirchengeſchichte außerdem von A. Schwegler, Tübingen 1852, und von W. Dindorf, Leipzig 1871 (ſ. Abſ. 6). Eine zu Anfang des 5. Jahrhunderts nach einer ſyriſchen Vorlage gefertigte armeniſche Ueberſetzung der Kirchengeſchichte iſt 1877 zu Venedig in 8° gedruckt worden. Vgl. *Ad. Merx*, De Eusebianae Historiae eccl. versionibus syriaca et armeniaca: Atti del IV Congresso internaz. degli Orientalisti. Vol. I. Firenze 1880. p. 199—214. Deutſche Ueberſetzungen der Kirchengeſchichte lieferten F. A. Stroth, Quedlinburg 1799; A. Cloß, Stuttgart 1839; M. Stigloher, Kempten 1870 (ſ. Abſ. 6). — *F. Chr. Baur*, Comparatur Eusebius Caesariensis historiae eccl. parens cum parente historiarum Herodoto Halicarnassensi. Tubingae 1834. 4°. R. A. Lipſius, Die Papſtverzeichniſſe des Euſebios und der von ihm abhängigen Chroniſten kritiſch unterſucht. Kiel 1868. 4°. C. Erbes, Euſebs Papſtliſten von Calliſtus bis zum Jahre 278: Zeitſchr. f. Kirchengeſch. Bd. IX (1887—1888). S. 60—66. *A. a Gutschmid*, De temporum notis quibus Eusebius utitur in

Chronicis Canonibus. Kiliae 1868. 8⁰ (= A. v. Gutschmid, Kleine Schriften.
I, 448—482). H. Gelzer, Sextus Julius Africanus und die byzantinische Chrono=
graphie. Thl. II, 1. Leipzig 1885. S. 23—107: „Die Chronika des Eusebios
von Kaisareia." L. v. Ranke, Weltgeschichte I, 2 (2. Aufl.) S. 281—300:
„Zur Chronologie des Eusebius"; IV, 2 (1.—3. Aufl.) S. 249—263: „Eusebius
über das Leben Konstantins." Fr. Overbeck, Ueber die Anfänge der Kirchen=
geschichtsschreibung (Progr.). Basel 1892. 4⁰. P. Meyer, De vita Constantini
Eusebiana. Bonnae 1882. 4⁰ (Progr.). A. Crivellucci, Della fede storica di
Eusebio nella vita di Costantino. (Appendice al vol. I. della Storia delle
relazioni tra lo stato e la chiesa.) Livorno 1888. 8⁰. W. Schultze, Quellen=
untersuchungen zur Vita Constantini des Eusebius: Zeitschr. f. Kirchengesch. Bd. XIV
(1893—1894). S. 503—555. Einen Beitrag zur Erklärung und Kritik der Vita
Constantini gab auch H. Schrörs im Hist. Jahrbuch. Bd. XV (1894). S. 498 ff.
    8. Ausgaben, Uebersetzungen und Bearbeitungen einzelner Schriften. Forts. —
Exegetische Schriften. Der Psalmencommentar bei B. de Montfaucon, Collectio
nova Patrum et scriptorum graec. Parisiis 1706· 2 voll. 2⁰; Ergänzungen
bei A. Mai, Nova Patrum Bibl. T. IV. ·Romae 1847. Pars 1. p. 65—107
weitere Nachträge bei I. B. Pitra, Analecta sacra. T. III. Paris. 1883. p. 365—520
Die von J. Meursius (Eusebii, Polychronii, Pselli in Canticum canticorum
expositiones graece. Lugd. Bat. 1617. 4⁰) an erster Stelle (p. 1—74) heraus
gegebene Erklärung des Hohen Liedes ist eine Catene, welche nicht nur nicht von
Eusebius verfaßt ist, sondern auch wohl nichts von Eusebius enthält. Das (anscheinend
Eusebius zugeeignete Proömium hat Pitra (l. c. p. 529—537) abbrucken lassen
weil es bei Migne keine Aufnahme fand. Näheres über diese Catene zum Hohen
Liede bei Th. Zahn, Forschungen zur Geschichte des neutestamentl. Kanons u. der
altkirchl. Literatur. Thl. II. Erlangen 1883. S. 238 ff. Mai (l. c.) bietet
weiterhin einen fragmentarischen Commentarius in Lucae evangelium (p. 159—207
und sehr geringfügige Bruchstücke zum Hebräerbrief (p. 207), zu Daniel (p. 314—316
und zu den Sprüchen (p. 316). Endlich gibt Mai reiche Ueberbleibsel der drei
Bücher Quaestiones et solutiones evangelicae, nämlich: a. eine Epitome selecta
ex compositis ab Eusebio ad Stephanum circa evangelia quaestionibus as
solutionibus, b. i. aus den zwei ersten Büchern (griech. u. latein., p. 217—254
16 Fragen), sowie eine Epitome selecta ex eiusdem Eusebii ad Marinum
quaestionum evangelicarum libro, b. i. aus dem dritten Buche (griech. u. latein
p. 255—267, 4 Fragen); b. Fragmente des Werkes selbst, der beiden ersten
(p. 268—282; p. 279—282 syrische Stücke) wie des dritten Buches (p. 283—303)
c. Ex quaestionibus Eusebii excerpta apud SS. Ambrosium et Hieronymum
(p. 304—309). Eine Handschrift der Evangelienharmonie (der zehn Tabellen) aus
dem 11. Jahrhundert ist von A. Valentini in photographischer Wiedergabe ver
öffentlicht und erläutert worden, Brescia 1887. 8⁰. Eusebii Pamph. Onomasticon
urbium et locorum S. Scripturae. Graece cum lat. Hieronymi interpreta
tione ediderunt F. Larsow und G. Parthey. Berol. 1862. 8⁰. Dieselben Schriften
(von Eusebius und von Hieronymus) in P. de Lagarde's Onomastica Sacra
Göttingen 1870. 8⁰; 2. Ausgabe 1887. Weitere Literaturangaben über das Ono=
masticon des Eusebius bei R. Röhricht: Bibliotheca geographica Palaestinae
Berlin 1890. 8⁰. S. 3—4; vgl. S. 663. Das Fragment der Schrift De solen
nitate paschali zuerst bei Mai l. c. p. 208—216. — Apologetische Schriften. De
Praeparatio evang. ebirten F. A. Heinichen, Leipzig 1842—1843. 2 Bde. 8⁰
Th. Gaisford, Oxford 1843. 4 Bde. 8⁰. Proben einer neuen Ausgabe b
I. A. Heikel, De Praeparationis evangelicae Eusebii edendae ratione quae
stiones. Helsingforsiae 1888. 8⁰. Gaisford ebirte auch die Demonstratio
evang., Oxford 1852. 2 Bde. 8⁰. Ein kleines Fragment des 15. Buches b

Demonstr. fand *Mai*, Nova Patrum Bibl. T. IV. Pars 1. p. 313—314. Eine syrische Uebersetzung der Schrift De theophania ward von S. Lee nach einer Handschrift vom Jahre 411 herausgegeben, London 1842, und ins Englische über=tragen, Canterbury 1843. Mai entdeckte bedeutende Fragmente des griechischen Textes: l. c. p. 108—159. 310—312. Die Eclogae propheticae edirte gleich=falls Th. Gaisford, Orford 1842. 8°; vgl. Nolte in der Theol. Quartalschr. Bd. XLIII (1861). S. 95—109. Einige kleine Bruchstücke anderer Bücher der Generalis elementaria introductio bei *Mai* l. c. p. 316—317. Die Schrift Adv. Hieroclem ward in Verbindung mit den Schriften Contra Marcellum und De ecclesiastica theologia von Gaisford herausgegeben, Orford 1852. 8°. Dieselbe ist auch in C. L. Kaysers Ausgabe der Werke des Fl. Philostratus, Leipzig 1870—1871. 2 Bde. 8°, aufgenommen worden (I, 369—413). *C. G. Haenell*, De Eusebio Caesariensi religionis christianae defensore. Commentatio ad apo-logetices christianae historiam spectans. Gotting. 1843. 8°. — Dogmatische Schriften. Gaisfords Ausgabe der Schriften Contra Marcellum und De eccl. theologia ist soeben genannt worden. Auszüge aus dem Briefe an Konstantia in des Nicephorus Antirrhetica bei *Pitra*, Spicil. Solesm. T. I. p. 383 sqq. Zu den 14 lateinischen Homilien vgl. § 43, 2.

9. Eustathius von Antiochien. — Der hl. Eustathius von Antiochien (Abf. 1), † 360 im Exile zu Trajanopolis in Thracien, hinterließ zahlreiche dogmatische und exegetische Schriften, von welchen sich indessen, wie es scheint, nur eine auf unsere Tage gerettet hat, die Abhandlung über die Hexe von Endor und die Erscheinung Samuels (1 Kön. 28, LXX) gegen Origenes (*Migne*, P. gr. XVIII, 613—674). Eustathius läugnet die von Origenes behauptete Realität der Erscheinung Samuels (vgl. Gregor von Nyssa § 51, 2) und eifert zugleich in scharfen Worten gegen die willkürlich allegorisirende Auslegungsweise des Origenes. Eine neue Ausgabe dieser Abhandlung sowie der bezüglichen Homilie des Alexandriners besorgte A. Jahn, Leipzig 1886 (Texte und Untersuchungen zur Gesch. der altchristl. Literatur, herausgeg. von O. v. Gebhardt und A. Harnack. Bd. II. Heft 4). Der sogen. Com-mentarius in Hexaemeron (XVIII, 707—794) und die Allocutio ad impera-torem Constantinum in concilio Nicaeno (col. 673—676) sind unecht. Die Sammlung von Bruchstücken verloren gegangener Schriften (bei *Migne* l. c. col. 675 ad 698) ist durch Pitra und Martin (Analecta sacra. T. II. Proleg. p. xxxviii—xl und T. IV. p. 210—213. 441—443) um drei griechische und zehn syrische Fragmente bereichert worden.

## § 45. Athanasius.

1. Leben. — In schärfstem Gegensatze zu der unklaren und schwächlichen Haltung des Eusebius von Cäsarea in den dogmatischen Wirren der Zeit steht das Leben und Wirken des hl. Athanasius. Er ist der unbeugsame Vorkämpfer des wahren Glaubens, „die Säule der Kirche" (ὁ στῦλος τῆς ἐκκλησίας S. Greg. Naz., Or. 21. n. 26: *Migne*, P. gr. XXXV, 1112) und der „gottbestellte Arzt ihrer Wunden" (ἰατρὸς τῶν ἐν ταῖς ἐκκλησίαις ἀρρωστημάτων S. Bas. M., Ep. 82: *Migne* l. c. XXXII, 460), eine der großartigsten Erscheinungen der ganzen Kirchengeschichte. Sein irdisches Leben und Leiden ist mit der Geschichte des Arianismus aufs engste verflochten. Athanasius ward um 296 zu Alexandrien geboren und erregte früh die Aufmerksamkeit des dortigen Bischofs Alexander. Im übrigen verliert sich seine Kindheits= und Jugendgeschichte in ein nicht mehr aufzuhellendes Dunkel. Als Jüngling hat er längere Zeit hin=durch unter der Leitung des hl. Antonius d. Gr., des Patriarchen der Cö=

nobiten, gestanden. Im Jahre 319 weihte Alexander ihn zum Diakon un[d] bestellte ihn zu seinem Secretär und Berather. An der Seite des greise[n] Bischofs wohnte er 325 dem Concile zu Nicäa bei und erwies sich hier al[s] mächtigen Streiter gegen die Arianer (*Socr.*, Hist. eccl. I, 8: *Migne* l. c[.] LXVII, 64). Am 17. April 328 starb Alexander, und Athanasius wurd[e] durch die einmüthige Wahl des Volkes auf den Bischofsstuhl von Alexandrie[n] erhoben (*S. Athan.*, Apol. c. Arian. c. 6: *Migne* l. c. XXV, 260)[.] Alsbald ward er das Ziel der gehässigsten Angriffe von seiten der Arianer[.] Es gelang ihm, alle Anklagen zu entkräften. Nichtsdestoweniger wurde e[r] auf der von den Arianern veranstalteten Synode zu Tyrus 335 verurtheil[t] und von Kaiser Konstantin nach Trier verbannt. Unter den Söhnen Kon[-] stantins kehrte er 338 nach Alexandrien zurück. Der Haß der Arianer abe[r] ruhte nicht; Konstantius trat auf ihre Seite, und 340 mußte Athanasiu[s] durch die Flucht sein Leben retten, während der Arianer Pistus und nach ih[m] sein Gesinnungsgenosse Gregor der Kappadocier unter blutigen Greueln vo[n] der alexandrinischen Kirche Besitz nahm. Papst Julius (337—352) spra[ch] Athanasius frei; auch die große Synode zu Sardica in Mösien 343 ode[r] 344 erklärte ihn als den rechtmäßigen Inhaber des alexandrinischen Bischofs[-] sitzes. Aber erst am 31. October 346 konnte er den Boden Alexandrien[s] wieder betreten. Nach dem Tode seines Bruders Konstans (350) ließ Kon[-] stantius sich durch die Umtriebe der Arianer von neuem zur Verfolgung de[r] Orthodoxen bestimmen. Unter dem Drucke seiner Gewaltmaßregeln sprache[n] die Synoden zu Arles 353 und zu Mailand 355 die Amtsentsetzung übe[r] Athanasius aus. Der Arianer Georgius drang 356, wiederum mit Waffen[-] gewalt, in die alexandrinische Kirche ein; Athanasius floh zu den ägyptische[n] Mönchen in die Wüste. Julian der Abtrünnige rief 362 die verbannte[n] Bischöfe zurück, in der Absicht, die Verwirrung in der Kirche zu vergrößer[n.] Athanasius hingegen mußte durch seine versöhnliche Haltung, namentlich a[uf] der Synode zu Alexandrien 362, vielen Semiarianern den Rücktritt zu[r] Orthodoxie zu erleichtern. Ebendeshalb ward er noch im Jahre 362 a[ls] angeblicher Ruhestörer von neuem ins Exil geschickt. Der orthodox gesinn[te] Kaiser Jovian (363—364) gestattete ihm die Heimkehr und erwies ihm b[e-] sondere Hochachtung. Jovians Nachfolger Valens (364—378) war jedo[ch] wieder eifriger Arianer und verfolgte die Orthodoxen und die Semiarian[er] auf das grausamste. Zum fünftenmal wanderte Athanasius, um die Mit[te] des Jahres 365, ins Exil. In der alexandrinischen Gemeinde aber erh[ob] sich eine solche Bewegung, daß Valens sich gezwungen sah, schon nach v[ier] Monaten den Verbannten zurückzuberufen. Von nun an durfte der treue Hir[t] bis zu seinem Ende am 2. Mai 373 inmitten seiner Herde weilen. Er w[ar] der Bannerträger der Katholiken des ganzen Orients geworden. Und i[m] ganzen Occidente (πάσῃ τῇ δύσει) ward niemand mehr verehrt als er (*Ba-* M., Ep. 66: *Migne* l. c. XXXII, 424).

2. Apologetische Schriften. — Die Reihe der Schriften des hl. Athanasi[us] wird in der Mauriner-Ausgabe mit zwei apologetischen Tractaten eröffne[t:] Oratio contra gentes (λόγος κατὰ Ἑλλήνων: XXV, 3—96) und Orat[io] de humana natura a Verbo assumpta (λόγος περὶ τῆς ἐνανθρωπήσεως τ[οῦ] λόγου: XXV, 95—198). In diesen Titeln stimmen die Handschriften, n[icht]

es ſcheint, ohne Ausnahme überein. Die beiden Abhandlungen bilden jedoch ein zuſammengehöriges Ganzes, und ſie werden auch ſchon von Hieronymus (De vir. ill. c. 87) Adversum gentes duo libri genannt. Das erſte Buch legt den heidniſchen Polytheismus in ſeiner ganzen Blöße und Nichtigkeit dar und beleuchtet ſodann die Vernünftigkeit und Nothwendigkeit des chriſtlichen Monotheismus. Das zweite Buch vertheidigt den Glauben an die Menſch= werdung des göttlichen Wortes gegen die Einwendungen der Juden und der Heiden. Das Werk iſt noch vor Ausbruch der arianiſchen Wirren, etwa im Jahre 318, geſchrieben worden.

3. Dogmatiſch=polemiſche Schriften. — Faſt ſämtliche dogmatiſche Schriften des hl. Athanaſius ſind der Bekämpfung des Arianismus gewidmet. Die umfangreichſte und bedeutendſte derſelben liegt in den Orationes IV contra Arianos (κατὰ Ἀρειανῶν λόγοι δ´: XXVI, 11—526) vor. Das erſte der vier Bücher entwickelt die katholiſche Lehre über den ewigen Urſprung des Sohnes aus dem Vater und die ſubſtantielle Einheit des Sohnes mit dem Vater; das zweite und das dritte erörtern einläßlich die in Frage kommenden Stellen der Heiligen Schrift; das vierte handelt über die perſönliche Verſchiedenheit des Sohnes vom Vater. Athanaſius verfaßte dieſes Werk während ſeines dritten Exils (356—362) in der ägyptiſchen Wüſte. Um dieſelbe Zeit ſchrieb er die vier Briefe an Biſchof Serapion von Thmuis (πρὸς Σεραπίωνα ἐπιστολαὶ δ´: XXVI, 529—676), zur Widerlegung derjenigen, welche an der Gottheit des Sohnes feſthielten, aber den Heiligen Geiſt für ein Geſchöpf erklärten. Nahe verwandten Inhalts ſind die um 365 verfaßte, aber nur noch lateiniſch erhaltene Schrift über die Trinität und den Heiligen Geiſt (liber de Trinitate et Spiritu sancto: XXVI, 1191—1213) und die wohl bald nachher verfaßte Schrift über die Menſchwerdung des göttlichen Wortes und gegen die Arianer (περὶ τῆς ἐνσάρκου ἐπιφανείας τοῦ θεοῦ λόγου καὶ κατὰ Ἀρειανῶν: XXVI, 983—1028). Kurze Abriſſe des „Glaubens der katholiſchen Kirche" enthalten der Brief an Kaiſer Jovian vom Jahre 363 (πρὸς Ἰωβιανὸν περὶ πίστεως: XXVI, 813—820), die Expositio fidei (ἔκθεσις πίστεως: XXV, 199—208) und der nicht ganz vollſtändig vorliegende ſogen. Sermo maior de fide (περὶ πίστεως λόγος ὁ μείζων: XXVI, 1263—1294). Die Interpretatio in sym= bolum (ἑρμηνεία εἰς τὸ σύμβολον: XXVI, 1231—1232) möchte Caſpari (1866) einem der beiden erſten Nachfolger des hl. Athanaſius auf dem biſchöflichen Stuhle zu Alexandrien, Petrus oder Timotheus, zueignen. Ueber die Echtheit des Glaubensbekenntniſſes De incarnatione Dei Verbi (περὶ τῆς σαρκώσεως τοῦ θεοῦ λόγου: XXVIII, 25—30) wird ſeit dem 5. oder 6. Jahrhundert bis in die neueſte Zeit hinein geſtritten. Caſpari (1879) erklärte wohl mit Recht Apollinarius von Laodicea für den Verfaſſer (vgl. § 43, 4). Das ſogen. Symbolum Athanasianum, nach dem Anfangsworte auch Symbolum Quicumque genannt (XXVIII, 1582—1583), iſt ein treffender Ausdruck der Lehre des hl. Athanaſius, aber nicht von ihm verfaßt. Es iſt vielmehr auf lateiniſchem Boden erwachſen und wahrſcheinlich im 5. Jahrhundert, vielleicht in Südgallien, entſtanden. Im Oriente iſt dieſes Symbolum erſt ſpät bekannt geworden und hat keine Aufnahme in die Liturgie gefunden; im Occidente dagegen wurde daſſelbe nachweislich ſeit dem 9. Jahrhundert in der Prim gebetet, auch für die Zwecke des Volksunterrichts gebraucht und über=

haupt als Grundlage und Regel des kirchlichen Glaubens angesehen und verehrt. Die schon vor 343 geschriebene Abhandlung über die von den Arianern
viel mißbrauchten Worte Matth. 11, 27: „Alles ist mir vom Vater übergeben
worden" (XXV, 207—220), stellt dem Anscheine nach nur. ein Bruchstück dar.
Von hervorragender Wichtigkeit sind drei um 371 verfaßte, das christologische
Dogma behandelnde Briefe: an Bischof Epiktet von Korinth (πρὸς Ἐπίκτητον
ἐπίσκοπον Κορίνθου κατὰ τῶν αἱρετικῶν: XXVI, 1049—1070), an den Bischof
und Bekenner Abelphius (πρὸς Ἀδέλφιον ἐπίσκοπον. καὶ ὁμολογητὴν κατὰ Ἀρειανῶν
XXVI, 1071—1084) und an den Philosophen Maximus (πρὸς Μάξιμον φιλό-
σοφον: XXVI, 1085—1090). Der Brief an Epiktet hat sich schon im Alterthume großer Berühmtheit erfreut. Epiphanius nahm denselben vollständig in
sein Werk gegen die Häresien auf (Haer. 77: XLII, 643—660); gegenüber
der Fälschung des Textes durch die Nestorianer führte Cyrillus von Alexandrien
alte Handschriften (ἀντίγραφα παλαιά) ins Feld (Cyr. Alex., Ep. 40 u. 45
LXXVII, 200 u. 237). Die sogen. zwei Bücher gegen Apollinarius (κατὰ
Ἀπολλιναρίου λόγοι β': XXVI, 1093—1166; der Name des Apollinarius
kommt übrigens in den Büchern selbst nicht vor) wurden von den Maurinern
in die letzten Lebensjahre des hl. Athanasius verlegt. Gegen die Echtheit derselben erheben sich jedoch Bedenken. Nach Dräseke (1889) sind diese beiden
Bücher bald nach dem Tode des Heiligen zu Alexandrien, aber nicht von einer
und derselben Hand, sondern das erste etwa von Didymus dem Blinden, das
zweite vermuthlich von Ambrosius von Alexandrien, einem Schüler des Didymus
(Hier., De vir. ill. c. 126), verfaßt worden. Die Testimonia ex sacra
scriptura de naturali communione similis essentiae inter Patrem e
Filium et Spiritum S. (XXVIII, 29—80), die Epistola catholica (XXVIII,
81—84), die Refutatio hypocrisis Meletii et Eusebii Samosatensis adv.
consubstantialitatem (XXVIII, 85—90) und mehrere andere Schriften sind
gleichfalls zweifelhafter Herkunft; die Disputatio habita in concilio Nicaeno
contra Arium (XXVIII, 439—502), die Doctrina ad Antiochum ducem
(XXVIII, 555—590), die Quaestiones ad Antiochum ducem (XXVIII,
597—708) und mehrere andere Schriften sind anerkanntermaßen unterschoben.

4. Historisch-polemische Schriften. — Sehr häufig findet Athanasius im
Kampfe mit den Arianern Anlaß, die geschichtliche Wahrheit zum Zeugniß
aufzurufen. Der Rechtfertigung seines eigenen Verhaltens dienen drei Apologien: die Apologie gegen die Arianer (ἀπολογητικὸς κατὰ Ἀρειανῶν: XXV,
247—410), um 350 verfaßt und als Geschichtsquelle von größter Bedeutung,
die Apologie an Kaiser Konstantius (πρὸς τὸν βασιλέα Κωνστάντιον ἀπολογία:
XXV, 595—642) aus dem Jahre 356 und die Apologie wegen seiner Flucht
(ἀπολογία περὶ τῆς φυγῆς αὐτοῦ: XXV, 643—680) aus dem Jahre 357 oder
358. Zwei Rundschreiben stellen das unwürdige Verhalten der Gegner an
den Pranger: eine Encyklika an sämtliche Bischöfe (ἐπιστολὴ ἐγκύκλιος: XXV,
221—240) vom Jahre 341 und eine solche an die Bischöfe Aegyptens und
Libyens (πρὸς τοὺς ἐπισκόπους Αἰγύπτου καὶ Λιβύης ἐπιστολὴ ἐγκύκλιος κατὰ
Ἀρειανῶν: XXV, 537—594) vom Jahre 356. Die Sendschreiben über die
Decrete des Concils von Nicäa (XXV, 415—476) und über die Lehre des
Bischofs Dionysius von Alexandrien (XXV, 479—522; vgl. § 30, 1) stammen
aus den Jahren 350—354. Das zu Anfang verstümmelte Sendschreiben an

die Mönche (XXV, 691—796) enthält eine Geschichte des Arianismus in den Jahren 335—357 und wird gewöhnlich Historia Arianorum genannt. Der bald nachher, 358, geschriebene kurze Brief an Bischof Serapio (XXV, 685—690) berichtet über das schreckliche Ende des Arius. Ein Sendschreiben vom Jahre 359 macht Mittheilung über die Verhandlungen der in dem genannten Jahre abgehaltenen Synoden zu Rimini in Italien und zu Seleucia in Isaurien (XXVI, 681—794). Die zwei nur lateinisch vorliegenden und wohl auch lateinisch geschriebenen Briefe an Bischof Lucifer von Cagliari (XXVI, 1181—1186), etwa aus dem Jahre 360, sprechen der unbeugsamen Standhaftigkeit des Adressaten im Kampfe gegen den Arianismus die wärmste Anerkennung des Verfassers aus. Das Synodalschreiben an die Antiochener (ὁ πρὸς τοὺς Ἀντιοχεῖς τόμος: XXVI, 795—810) und der Brief an Rufinianus (XXVI, 1179—1182) handeln über die auf der Synode zu Alexandrien im Jahre 362 gefaßten Beschlüsse in betreff der Wiederaufnahme früherer Arianer in die Kirchengemeinschaft. Der Brief an die Bischöfe Afrikas, d. i. West-afrikas (XXVI, 1029—1048), eine Warnung vor den Umtrieben der Arianer, mag um 369 geschrieben sein.

5. Exegetische Schriften. — Von den exegetischen Schriften des hl. Atha-nasius sind, wie es scheint, nur Bruchstücke auf uns gekommen, aufbewahrt in Catenen oder catenenartigen Sammelwerken und im einzelnen vielfach zweifelhaft und verdächtig. Die bedeutendsten Fragmente gehören einem Com-mentare über die Psalmen an (XXVII, 55—590; neue Beiträge veröffent-lichte Pitra im Jahre 1888), und die Hauptquelle derselben bildete die Psalmen-Catene des Nicetas von Serrä (gegen Ende des 11. Jahrhunderts). Nicetas läßt den Literalsinn durch Theodoret von Cyrus, den mystischen Sinn meist durch Athanasius entwickeln, und Athanasius bekundet hier allerdings eine weitgehende Vorliebe für allegorische Deutung und Anwendung des biblischen Textes. Diesen Fragmenten zu den Psalmen schickt die Mauriner-Ausgabe als Einleitung einen umfangreichen Brief an einen gewissen Marcellinus voraus (XXVII, 11—46), in welchem das Interesse des Adressaten für die Psalmen freudig gutgeheißen und eingehenderes Studium der Psalmen als überaus lohnend und nutzreich empfohlen wird. Die Echtheit dieses Briefes wird sich nicht bestreiten lassen; sein Zusammenhang mit dem Psalmen-Commentare aber erscheint sehr zweifelhaft. Im Jahre 1746 wurde durch N. Antonelli noch ein zweiter Psalmen-Commentar unter dem Namen des hl. Athanasius herausgegeben (XXVII, 649—1344), ein Commentar freilich, welcher sich auf Erläuterung der Psalmenüberschriften beschränkt und den Psalmentext nur umschreibt. Ob jedoch dieser Commentar mit dem durch Hieronymus (De vir. ill. c. 87) als Schrift des hl. Athanasius bezeugten Liber de psalmorum titulis identificirt werden, ob er überhaupt dem Heiligen zugeeignet werden darf, bleibt noch zu untersuchen. Photius (Bibl. cod. 139: *Migne*, P. gr. CIII, 420) las Commentare des hl. Athanasius zum Prediger und zum Hohen Liede. Die Mauriner-Ausgabe bietet Fragmente zum Buche Job (XXVII, 1343—1348; weitere Beiträge lieferte Pitra 1888), zum Hohen Liede (ibid. 1347—1350; cf. 1349—1362), zu Matthäus (ibid. 1363—1390), zu Lucas (1391—1404; neue Beiträge veröffentlichte Mai 1844), zu 1 Kor. (1403—1404), sämtlich Catenen entnommen. Die sogen. Synopsis scripturae

sacrae (σύνοψις ἐπίτομος τῆς θείας γραφῆς: XXVIII, 283—438), eine vielfach sehr eingehende Uebersicht über den Inhalt sämtlicher biblischer Bücher, ist unecht.

6. **Ascetische Schriften.** — Ein Vorbild des gottgeweihten Lebens entwarf Athanasius in der um 357 (nach andern um 365) verfaßten Biographie des hl. Antonius (βίος καὶ πολιτεία τοῦ ὁσίου πατρὸς ἡμῶν Ἀντωνίου: XXVI, 835—976). Diese Schrift, welche Evagrius von Antiochien († 393) ins Lateinische übersetzte (die Uebersetzung ist in der Mauriner-Ausgabe dem griechischen Texte beigegeben), trug vieles bei zu der bald nachher im Morgen- wie im Abendlande sich geltend machenden Begeisterung für das Asceten- und Mönchsleben. Die Angriffe Weingartens (1877) auf die Echtheit und Glaub-würdigkeit der Schrift sind von Eichhorn und Mayer (1886) siegreich zurück-gewiesen worden. Ueber die Echtheit des Syntagma doctrinae ad monachos (σύνταγμα διδασκαλίας πρὸς μονάζοντας: XXVIII, 835—846), welches in seiner ersten Hälfte nichts anderes ist als eine Bearbeitung der Didache (§. 5, 1), wird gestritten. Ein Gleiches gilt von der Schrift De virginitate sive de ascesi (περὶ παρθενίας ἤτοι περὶ ἀσκήσεως: XXVIII, 251—282). Un-zweifelhaft echt sind mehrere Briefe an Mönche, einer an den Abt Dracontius (XXV, 523—534), zwei an den Abt Orsisius oder Orsiesius (XXVI, 977—980), einer an den Mönch Amunis (XXVI, 1169—1176), einer an die ägyptischen Mönche überhaupt (XXVI, 1185—1188).

7. **Festbriefe.** — Schon im 3. Jahrhundert (vgl. § 30, 1) bestand die Sitte, daß der Bischof von Alexandrien alljährlich gleich nach dem Epiphanienfest den ihm unterstehenden Bischöfen und Gemeinden der ägyptischen Provinzen den Tag des Osterfestes und den Beginn der vierzigtägigen Fastenzeit anzeigte und diese Gelegenheit auch zu sonstigen Ausführungen benützte, welche entweder an das bevorstehende Fest anknüpften oder durch besondere Verhältnisse nahegelegt wurden. Diese oberhirtlichen Sendschreiben, den heutigen Fasten-Hirtenbriefen vergleichbar, wurden nach ihrem nächsten Anlasse Festbriefe (ἐπιστολαὶ ἑορταστικαί, auch wohl λόγοι ἑορταστικοί) genannt. Der Urtext der Festbriefe des hl. Atha-nasius ist bis auf einige Fragmente (XXVI, 1431—1444) zu Grunde gegangen. Dagegen wurde 1847 in einem Kloster der nitrischen Wüste eine syrische Samm-lung dieser Briefe aufgefunden und 1848 durch Cureton herausgegeben (XXVI, 1351—1444 in lateinischer Uebersetzung). Die verstümmelte Handschrift enthält jedoch nur mehr fünfzehn vollständige Briefe aus den Jahren 329—348 (336, 337, 340, 343, 344 hat Athanasius keinen Festbrief erlassen). Zur Klarstellung der Geschichte des Arianismus haben dieselben die wichtigsten Dienste geleistet.

8. **Christologie und Trinitätslehre.** — Die Christologie des hl. Atha-nasius gipfelt in dem Satze: „Gott ist Mensch geworden, um die Menschen zu vergöttlichen", d. h. zu Adoptivkindern Gottes zu machen (οὐκ ἄρα ἄνθρωπος ὢν ὕστερον γέγονε θεός· ἀλλὰ θεὸς ὢν ὕστερον γέγονεν ἄνθρωπος, ἵνα μᾶλλον ἡμᾶς θεοποιήσῃ Or. c. Ar. I, 39: XXVI, 92). Indem wir am Sohn Antheil haben, haben wir nach dem Ausdrucke der Heiligen Schrift an Gott Antheil (αὐτοῦ γὰρ τοῦ υἱοῦ μετέχοντες τοῦ θεοῦ μετέχειν λεγόμεθα Or. c. Ar. I, 16: XXVI, 45; τούτου γὰρ μεταλαμβάνοντες τοῦ πατρὸς μετέχομεν, διὰ τὸ τοῦ πατρὸς εἶναι ἴδιον τὸν λόγον De synodis c. 51: XXVI, 784). Diese Aufgabe des Erlösers konnte Christus nicht gerecht werden, wenn er nicht wahrer Gott war. „Wäre er auch selbst nur durch Theilnahme (ἐκ μετουσίας

und nicht durch sich selbst (ἐξ αὐτοῦ) wesenhafte Gottheit und Ebenbild des Vaters, so würde er nicht andere vergöttlichen können, da er selbst erst vergöttlicht worden wäre. Denn es ist nicht möglich, daß jemand, welcher durch Theilnahme etwas hat, auch andern Antheil verleiht, weil das, was er hat, nicht sein Eigenthum ist, sondern Eigenthum des Gebers, und das, was er empfangen hat, nur hinreicht, seinen eigenen Bedarf an Gnade zu decken" (De synodis c. 51: XXVI, 784). „Wäre der Sohn ein Geschöpf, so würde der Mensch nichtsdestoweniger sterblich bleiben, weil nicht mit Gott vereint. Denn ein Geschöpf vermag nicht die Geschöpfe mit Gott zu vereinen, weil es selbst erst durch einen andern mit Gott vereint werden muß, und irgend ein Glied der Schöpfung kann nicht das Heil der Schöpfung sein, weil es selbst des Heiles bedarf" (Or. c. Ar. II, 69: XXVI, 293). Ein Mittleres zwischen Schöpfer und Geschöpf kann es überhaupt nicht geben. Die These des Arius, Gott bedürfe zur Schöpfung der Welt irgend eines Mittelwesens, ist sehr leicht als falsch zu erweisen. Gott ist weder so ohnmächtig, daß er nicht selbst alle Geschöpfe hätte schaffen können, noch auch so hochmüthig, daß er nicht selbst alle Geschöpfe hätte schaffen wollen (Or. c. Ar. II, 24—25: XXVI, 197 ad 200). Christus ist also wahrer Gott. Freilich ist Gott eine Einheit (μονάς). Aber in dieser Einheit ist eine Dreiheit (τριάς) beschlossen. Es ist eine Gottheit in der Dreiheit (μία θεότης ἐστὶν ἐν τριάδι Or. c. Ar. I, 18: XXVI, 48; διὰ τὸ καὶ μίαν εἶναι ἐν τῇ ἁγίᾳ τριάδι θεότητα Ep. ad Iov. c. 4: XXVI, 820). Schon mit dem Namen „Vater" setzen wir zugleich den Sohn (πατέρα γὰρ οὐκ ἄν τις εἴποι μὴ ὑπάρχοντος υἱοῦ Or. c. Ar. III, 6: XXVI, 333; ὁ δὲ τὸν θεὸν πατέρα λέγων εὐθὺς ἐν αὐτῷ καὶ τὸν υἱὸν σημαίνει De decr. Nic. syn. c. 30: XXV, 473). Der Sohn aber ist nicht aus nichts geworden und stammt auch nicht aus dem Willen des Vaters, sondern ist aus dem Wesen des Vaters (ἐκ τῆς οὐσίας τοῦ πατρός De decr. c. 19: XXV, 449), und dieser Ursprung des Sohnes aus der Natur des Vaters ist wesentlich verschieden von dem Ursprunge des Geschöpfes aus dem Willen des Vaters (ὅσῳ οὖν τοῦ κτίσματος ὁ υἱὸς ὑπέρκειται, τοσούτῳ καὶ τῆς βουλήσεως τὸ κατὰ φύσιν Or. c. Ar. III, 62: XXVI, 453). Der Sohn ist gleichewig mit dem Vater, und es hat nie eine Zeit gegeben, da der Sohn nicht war (ὡς θεοῦ τοῦ ἀεὶ ὄντος ἴδιος ὢν υἱὸς ἀιδίως ὑπάρχει Or. c. Ar. I, 14: XXVI, 41). Der Sohn hat die ganze Fülle der Gottheit mit dem Vater gemein (τὸ πλήρωμα τῆς τοῦ πατρὸς θεότητός ἐστι τὸ εἶναι τοῦ υἱοῦ καὶ ὅλος θεός ἐστιν ὁ υἱός Or. c. Ar. III, 6: XXVI, 332). Das Gezeugtwerden, wie es dem Sohne eignet, ist demnach nicht soviel als Geschaffenwerden, es ist vielmehr soviel als: an der ganzen Substanz des Vaters theilhaben (τὸ γὰρ ὅλως μετέχεσθαι τὸν θεὸν ἴσον ἐστὶ λέγειν ὅτι καὶ γεννᾷ Or. c. Ar. I, 16: XXVI, 45). Es sind zwei, der Vater und der Sohn, aber die Natur ist eine, und die Einheit der Gottheit ist untheilbar und unzerreißbar (δύο μέν εἰσιν, ὅτι ὁ πατὴρ πατήρ ἐστι καὶ οὐχ ὁ αὐτὸς υἱός ἐστι· καὶ ὁ υἱὸς υἱός ἐστι καὶ οὐχ ὁ αὐτὸς πατήρ ἐστι· μία δὲ ἡ φύσις Or. c. Ar. III, 4: XXVI, 328; ὥστε δύο μὲν εἶναι πατέρα καὶ υἱόν, μονάδα δὲ θεότητος ἀδιαίρετον καὶ ἄσχιστον Or. c. Ar. IV, 1: XXVI, 468). Der Geist Gottes aber ist derselben Gottheit und derselben Macht theilhaftig (τῆς αὐτῆς θεότητός ἐστι καὶ τῆς αὐτῆς ἐξουσίας De incarn. et c. Ar. c. 9: XXVI, 997). Die Quelle (ἡ πηγή) des Heiligen Geistes ist der Sohn, welcher beim Vater ist (De incarn. et c. Ar. c. 9: XXVI, 1000). Der Heilige Geist ist von dem Wesen des Vaters und des Sohnes untrennbar (τὸ δὲ ἅγιον πνεῦμα οὐ κτίσμα οὐδὲ ξένον, ἀλλ’ ἴδιον καὶ ἀδιαίρετον τῆς οὐσίας τοῦ υἱοῦ καὶ τοῦ πατρός Tom. ad Ant. c. 5: XXVI, 801), er ist mit dem Vater und dem Sohne wesenseins (τοῦ λόγου ἑνὸς ὄντος ἴδιον καὶ τοῦ θεοῦ ἑνὸς ὄντος ἴδιον καὶ ὁμοούσιόν ἐστι Ep. ad Serap. I, 27: XXVI, 593). So ist also eine Gottheit und ein Gott in drei Personen (μία γὰρ ἡ θεότης καὶ εἷς θεὸς ἐν τρισὶν ὑποστάσεσι De incarn. et c. Ar. c. 10: XXVI, 1000).

9. Gesamtausgaben der Werke des hl. Athanasius. Uebersetzungen. — Die erste Gesamtausgabe der Werke des hl. Athanasius im Urtexte erschien 1600—1601 zu Heidelberg, ex officina Commeliniana, 2 Bde. 2°. Eine zweite Ausgabe besorgte J. Piscator, Paris 1627, 2. Bde. 2°; wiederholt Cöln 1686. Die beste Ausgabe lieferten die Mauriner J. Lopin und B. de Montfaucon, Paris 1698. 3 Bde. 2°. Der Abdruck dieser Ausgabe, welcher 1777 zu Padua auf Veranstalten des dortigen Bischofs N. A. Giustiniani erschien, ist um einen vierten Folioband bereichert, welcher eine lange Reihe inzwischen (hauptsächlich durch de Montfaucon) neu veröffentlichter Schriften enthält. Ein Abdruck dieser Ausgabe Giustinianis nebst verschiedenen Nachträgen bei *Migne*, P. gr. XXV—XXVIII (Paris. 1857). Eine Auswahl dogmatisch-polemischer und historisch-polemischer Schriften hat J. C. Thilo nach der Mauriner-Ausgabe wieder abdrucken lassen, Leipzig 1853 (Bibl. Patrum graec. dogm. Edendam curavit *Thilo*. Vol. I). — Sämtliche Werke des hl. Athanasius, Patriarchen von Alexandrien und Kirchenlehrers: Sämmtliche Werke der Kirchen-Väter. Aus dem Urtexte in das Teutsche übersetzt. Bd. XIII (S. 223 ff.) bis XVIII. Kempten 1835—1837. Ausgewählte Schriften übersetzten J. Fisch und P. A. Richard, Kempten 1872—1875. 2 Bde. (Bibl. der Kirchenväter). Eine englische Uebersetzung der wichtigsten Schriften des hl. Athanasius von A. Robertson bezw. J. H. Newman in der Select Library of Nicene and Post-Nicene Fathers of the Christian Church. Ser. II. Vol. 4. New York 1892.

10. Ausgaben, Uebersetzungen und Bearbeitungen einzelner Schriften. — Apologetische Schriften. B. Schultze (Geschichte des Untergangs des griechisch-römischen Heidentums. Bd. I. Jena 1887. S. 118) hat den Muth gehabt, die Echtheit der beiden apologetischen Tractate, Oratio contra gentes und Oratio de humana natura a Verbo assumpta, in Zweifel zu ziehen. Es folgte ihm, auf durchaus unzulängliche Argumente gestützt, J. Dräseke, Athanasiana. Untersuchungen über die unter Athanasios’ Namen überlieferten Schriften „Gegen die Hellenen“ und „Von der Menschwerdung des Logos“: Theol. Studien u. Kritiken. Bd. LXVI. (1893) S. 251—315. Eine Sonderausgabe der Oratio de humana natura a Verbo assumpta lieferte A. Robertson, London 1882. 1893. 8°. — Dogmatisch-polemische Schriften. Eine Sonderausgabe der Schrift De incarnatione Dei Verbi (*Migne* l. c. XXVI, 983—1028) besorgte T. H. Bentley, London 1887. 18. Der erste Theil der Expositio fidei (XXV, 199—204) auch bei A. Hahn, Bibliothek der Symbole und Glaubensregeln der alten Kirche. 2. Ausg. Breslau 1877. S. 190—191. Die Auslegung des Symbolums (ἑρμηνεία εἰς τὸ σύμβολον: XXV, 1231—1232) wurde eingehend erörtert durch C. P. Caspari, Ungedruckte u. s. w. Quellen zur Gesch. des Taufsymbols und der Glaubensregel. I. Christiania 1866. S. 1—72. Das Glaubensbekenntniß περὶ τῆς σαρκώσεως τοῦ θεοῦ λόγου (XXVIII, 25—30) auch bei Hahn a. a. O. S. 191—195. Eine kritische Ausgabe des griechischen Textes und einer alten syrischen Uebersetzung bei Caspari a. a. O. S. 14 bis 160. Ueber die Herkunft dieses Bekenntnisses s. Caspari, Alte und neue Quellen zur Gesch. des Taufsymbols und der Glaubensregel. Christiania 1879.

S. 102 ff. Das Symbolum Athanasianum (XXVIII, 1582—1583) auch bei Hahn a. a. O. S. 94—97. Außer dem lateinischen Texte gaben die Mauriner vier griechische und zwei altfranzösische Uebersetzungen: XXVIII, 1581—1596. Caspari, Ungedruckte u. s. w. Quellen III, 263—267, hat zwei weitere griechische Uebersetzungen mitgetheilt. Altdeutsche Uebersetzungen bei H. F. Maßmann, Die deutschen Abschwörungs=, Glaubens=, Beicht= und Betformeln vom 8. bis zum 12. Jahrhundert (Bibliothek der gesammten deutschen National-Literatur Bd. VII). Quedlinb. u. Leipzig 1839. S. 88—107; Müllenhoff=Scherer, Denkmäler deutscher Poesie und Prosa aus dem 8. bis 12. Jahrh. 2. Ausg. Berlin 1873. S. 161—163. Schon die Mauriner haben auch einen anonymen lateinischen Com= mentar zum Athanasianum aufgenommen (XXVIII, 1595—1604), und J. B. Pitra (Analecta sacra et classica. 1888. Pars I. p. 27—31) hat den lateinischen Com= mentar eines gewissen Euphronius (lückenhaft) herausgegeben. Einen Commentar unter dem Namen Theodulfs von Orleans († 821) veröffentlichte erst Ch. Cuis= sard, Théodulfe, évêque d'Orléans. Orléans 1892. 8°. Neuere englische Ar= beiten über den Ursprung und die Geschichte des Athanasianum verzeichnet Har= nack, Lehrb. der Dogmengesch. Bd. II. Freiburg i. Br. 1887. 1888. S. 299 Anm. 1. Vgl. G. Morin, Les origines du symbole Quicunque: La science catholique, année 1891, p. 673 ss.; Fr. Plaine, Quelques remarques au sujet de l'âge et de l'auteur du symbole de St. Athanase: ibid. p. 948 ss. Ueber die zwei Bücher gegen Apollinarius s. J. Dräseke, Athanasiana: Theol. Studien und Kritiken. Bd. LXII (1889). S. 79—114 = Dräseke, Gesammelte Patrist. Untersuchungen. Altona und Leipzig 1889. S. 169—207: „Zwei Gegner des Apollinarios." Die unechte Doctrina ad Antiochum ducem (XXVIII, 555—590), bemerkenswerth als Texteszeuge des „Hirten" des Hermas, ward von neuem herausgegeben durch W. Dindorf: Athanasii Alexandrini Praecepta ad Antiochum. Ad codices duos recensuit G. D. Lipsiae 1857. 8°. Eben hier (p. VI—XII und p. 63—77) gibt Dindorf auf Grund eines cod. Guelferbytanus saec. X. auch eine reiche varietas lectionis zu den unechten Quaestiones ad An= tiochum ducem (XXVIII, 597—708), einer aus ältern Quellen, zum Theil aus Athanasius, geschöpften Compilation von verschiedenen, gänzlich unbekannten Händen. In betreff der sieben Dialoge über die Dreieinigkeit (XXVIII, 1115—1338: Dia= logi V de trinitate und Dialogi II contra Macedonianos) sowie der sogen. Confutationes quarumdam propositionum (XXVIII, 1337—1394) vgl. § 60, 8.

11. Ausgaben, Uebersetzungen und Bearbeitungen einzelner Schriften (Fort= setzung). — Historisch=polemische Schriften. Gegen vereinzelte Zweifel an der Echtheit der Historia Arianorum ad monachos s. A. Eichhorn, Athanasii de vita ascetica testimonia collecta. Halis Sax. 1886. p. 57—62. — Exegetische Schriften. A. Mai (Nova Patr. Bibl. T. II. Romae 1844. Pars 2) veröffentlichte unter des Athanasius Namen In Lucae evangelium commentariorum excerpta (p. 567 ad 582) und fragmenta alia (p. 583—584). Diese fragmenta sind abgedruckt bei Migne l. c. XXVI, 1291—1294. 1323—1326; jene excerpta suchte ich bei Migne (XXVII) vergebens. Pitra (Analecta sacra et classica. 1888. Pars I) gab unter des Athanasius Namen Fragmente ex commentario in psalmos (p. 3 ad 20) und ex commentario in Iob (p. 21—26). Ueber die sogen. Synopsis scripturae sacrae s. Th. Zahn, Geschichte des Neutestamentl. Kanons. Bd. II, 1. Erlangen 1890. S. 302—318. — Ascetische Schriften. Eine Handausgabe der Vita S. Antonii besorgte M. F. Maunoury, Paris 1887 und 1890. 12°. Die Echtheit und Glaubwürdigkeit dieser Schrift bekämpfte H. Weingarten, Der Ur= sprung des Mönchthums im nachconstantinischen Zeitalter. Gotha 1877. 8°; vgl. Weingarten in Herzogs Real=Encykl. (2. Aufl.) Bd. X. 1882. S. 766—774 3. v. Mönchtum. Gegen Weingarten traten Eichhorn und Mayer auf. A. Eich-

*horn*, Athanasii de vita ascetica testimonia collecta (Diss. inaug.). Halis
Sax. 1886. 8⁰. J. Mayer, Ueber Echtheit und Glaubwürdigkeit der dem hl. Atha
nasius d. Gr. zugeschriebenen Vita Antonii: Der Katholik, Jahrg. 1886, Bd. I
S. 495—516. 619—636. Bd. II. S. 72—86. 173—193. Vgl. auch *U. Berlière*
Les origines du monachisme et la critique moderne: Revue Bénédictine
T. VIII (1891). p. 1—19. 49—69. Die lateinische Ueberfetzung des Evagriu
auch bei den Bollandisten (Acta SS. Ian. T. II. Antverp. 1643. p. 120—141)
Deutsche Ueberfetzungen von L. Clarus, Münster 1857. 8⁰; von P. A. Richard
Kempten 1875 (f. Abf. 9). Eine neue Ausgabe und eingehende Kritik des (für unech
erklärten) Syntagma doctrinae ad monachos lieferte *P. Batiffol*, Studia Patri
stica. Études d'ancienne littérature chrétienne. Fasc. 2. Paris 1890. Uebe
die Schrift De virginitate sive de ascesi f. *P. Batiffol*, Le Περὶ Παρθενίας d
Pseudo-Athanase: Röm. Quartalschr. f. christl. Alterthumskunde u. f. Kirchengesch
Bd. VII (1893). S. 275—286. — Festbriefe. The Festal Letters of Athana
sius, discovered in an ancient Syriac version, and edited by *W. Cureton*
London 1848. 8⁰. Ein Abdruck des syrischen Textes nebst lateinischer Uebersetzun
bei *A. Mai,* Nova Patrum Bibl. T. VI. Romae 1853. Pars 1. Diese lateinisch
Ueberfetzung ist abgedruckt bei *Migne*, P. gr. XXVI, 1351—1444. Eine deutsch
Ueberfetzung des syrischen Textes veröffentlichte F. Larfow, Die Fest-Briefe de
hl. Athanafius, Bischofs von Alexandria. Leipzig 1852. 8⁰. Th. Zahn, Gesch
des Neutestamentl. Kanons. Bd. II, 1. Erlangen 1890. S. 203—212: „Der Oster
fest-Brief des Athanafius vom Jahre 367" (XXVI, 1435—1440). — Noch einig
unechte Schriften. Die fogen. Fides Nicaena (XXVIII, 1637—1644) ward durch
Batiffol von neuem herausgegeben: Didascalia CCCXVIII Patrum pseudepi
grapha, e graecis codicibus recensuit *P. Batiffol*, coptico contulit *H. Hyvernat*
Paris. 1887. 8⁰. E. Revillout hatte zwei koptische Texte dieses Schriftchen
veröffentlicht. Näheres bei A. Eichhorn in der Theol. Literaturztg., Jahrg. 1887
Sp. 569—571. Der nur lateinisch vorhandene Tractatus S. Athanasii de ration
paschae (XXVIII, 1605—1610) ist eine Ueberarbeitung der Schrift Martin
von Bracara De pascha (§ 100, 1). Vgl. F. Piper, Ueber den Verfasser de
dem Athanafius beigelegten Schrift De paschate. Berlin 1862. 8⁰. Ueber di
Historia imaginis Berytensis (XXVIII, 797—824 in zwei griechischen und zwe
lateinischen Recensionen) f. Wilbt in Wetzer u. Welte's Kirchenlex. (2. Aufl.
Bd. I. 1882. Sp. 1543—1547 s. v. Athanasius der Jüngere.

12. Schriften über Athanafius. — Die Quellen über das Leben des hl. Ath
nafius sind durch O. v. Lemm (Koptische Fragmente zur Patriarchengeschichte Al
xandriens. St. Petersburg 1888. 4⁰) um Fragmente eines koptischen Enkomiun
auf den Heiligen vermehrt worden. J. A. Möhler, Athanafius der Große un
die Kirche seiner Zeit, besonders im Kampfe mit dem Arianismus. Mainz 182
2 Bde. 8⁰. Zweite, revid. Aufl., ebend. 1844. Eine französische Ueberfetzung v
J. Cohen erschien 1841 zu Paris, 3 Bde. 8⁰; eine italienische Ueberfetzung 184
bis 1844 zu Mailand, 2 Bde. 8⁰. J. P. Silbert, Das Leben des hl. Athan
fius, Patriarchen von Alexandrien und Kirchenlehrers, und seine Kämpfe gegen d
Arianismus. Wien 1842—1843. 2 Bde. 8⁰. St. Athanase. Histoire de
vie, de ses écrits et de son influence sur son siècle, suivie de notices su
St. Antoine et St. Pacome. Lille 1848. *Barral*, Étude sur St. Athana
le Grand (Thèse). Paris 1863. 8⁰. Fr. Böhringer, Die griechischen Vä
des dritten und vierten Jahrh. II. Hälfte: Athanafius und Arius. [Die Kir
Christi und ihre Zeugen oder die Kirchengeschichte in Biographieen. Erster Ba
zweite Abthlg. II. Hälfte. 2. Aufl.] Stuttgart 1874. *E. Fialon*, St. Athana
Étude littéraire. Paris 1877. 8⁰. *P. Barbier*, Vie de St. Athanase, pat
arche d'Alexandrie, docteur et père de l'Église. Tours 1888. 18⁰. G. Krüge

Die Bedeutung des Athanasius: Jahrbb. f. protest. Theol. Bd. XVI (1890). S. 337—356. Beiträge zur Chronologie des Lebens des hl. Athanasius bei A. v. Gutschmid, Kleine Schriften. Herausgeg. von Fr. Rühl. Bd. II. Leipzig 1890. S. 427—449. — H. Voigt, Die Lehre des Athanasius von Alexandrien oder die kirchliche Dogmatik des vierten Jahrhunderts auf Grund der biblischen Lehre vom Logos. Bremen 1861. 8⁰. *Ch. Vernet*, Essai sur la doctrine christologique d'Athanase-le-Grand. Genève 1879. 8⁰ (Thèse). Gott das Wort und sein schöpferisches, wiederherstellendes und weltregierendes Walten. Nach dem hl. Athanasius dargestellt von einem kath. Geistlichen. München 1879. 8⁰. L. Atzberger, Die Logoslehre des hl. Athanasius. Ihre Gegner und ihre unmittelbaren Vorläufer. Eine dogmengeschichtl. Studie. München 1880. 8⁰. G. A. Pell, Die Lehre des hl. Athanasius von der Sünde und Erlösung. Eine dogmengeschichtl. Studie. Passau 1888. 8⁰. H. Sträter, Die Erlösungslehre des hl. Athanasius. Dogmenhistor. Studie. Freiburg i. Br. 1894. 8⁰. — Aeltere Literatur über Athanasius bei *Chevalier*, Répert. des sources hist. 181—182. 2429.

13. **Alexander von Alexandrien.** — Von der Hand des Bischofs Alexander von Alexandrien (Abf. 1) liegen zwei, vor dem Nicänum erlassene Sendschreiben über die Häresie des Arius vor, das erste an Bischof Alexander von Konstantinopel, das zweite an alle Bischöfe gerichtet (*Migne*, P. gr. XVIII, 547—582). Alexander hat nach Ausweis dieser Schreiben die Tragweite der Lehre des Arius von Anfang an klar erkannt. Der Ausdruck ὁμοούσιος kommt bei ihm nicht vor; dagegen wird Maria ἡ θεοτόκος genannt (Ep. 1. c. 12). Außer diesen beiden Briefen sind noch einige griechische Fragmente (*Migne* l. c. XVIII, 581—584), ein syrischer Sermo de anima et corpore deque passione Domini (ibid. 585—608, syrisch und lateinisch) und mehrere kleine syrische Fragmente (gesammelt von P. Martin bei *Pitra*, Analecta sacra IV, 196—200. 430—434, syrisch und lateinisch) unter Alexanders Namen erhalten. Ueber diese syrischen Fragmente s. Loofs in der Theol. Literaturzeitung, Jahrg. 1884, Sp. 572—573. Vgl. auch § 21, 3. Aeltere Literatur über Alexander bei *Richardson*, Bibliograph. Synopsis 74—75.

14. **Die Päpste Julius I. und Liberius.** — Papst Julius I. (337—352) war in schweren Tagen die einzige Stütze der durch die Irrlehre verfolgten Bischöfe (vgl. Abf. 1). Wir besitzen von ihm noch zwei griechische Briefe, ad Antiochenos und ad Alexandrinos, bei *Migne*, P. lat. VIII, 879—912. Ueber die dem hl. Julius unterschobenen apollinaristischen und monophysitischen Schriftstücke siehe § 43, 4. — Von Papst Liberius (352—366) liegen mehrere lateinische Briefe und ein griechisches Schreiben ad universos orientis orthodoxos episcopos vor, bei *Migne*, P. lat. VIII, 1349—1358. 1372—1373. 1381—1386; vgl. *Jaffé*, Regesta Pontificum Rom. Ed. 2. T. I. Lips. 1885. no. 208—216. 223. 228. Ambrosius (De virginibus III, 1—3: *Migne* l. c. XVI, 219—224) theilt die Ansprache mit, welche Liberius an Marcellina, die Schwester des hl. Ambrosius, bei Ueberreichung des Jungfrauenschleiers richtete, und Theodoret (Hist. eccl. II, 13: *Migne*, P. gr. LXXXII, 1033—1040) hat die Erklärungen aufbewahrt, mit welchen Liberius 355 zu Mailand den Forderungen des Kaisers Konstantius entgegentrat. Wahrscheinlich hat Liberius die sogen. dritte sirmische Formel vom Jahre 358 unterschrieben und damit zwar nicht den rechten Glauben, wohl aber den Terminus ὁμοούσιος aufgegeben; vgl. H. Grisar in Wetzer und Welte's Kirchenlexikon (2. Aufl.) Bd. VII (1891). Sp. 1951—1959. Die vier lateinischen Briefe, welche den Abfall des Papstes zum Arianismus bezeugen sollen (*Migne*, P. lat. VIII, 1365—1372. 1395; *Jaffé* n. 217—219 und 207), der griechische Brief an Athanasius (nebst dem Antwortschreiben des letztern: *Migne*, P. lat. VIII, 1395—1440. P. gr. XXVIII, 1441—1446; *Jaffé* n. 229) und andere Schriftstücke (*Jaffé* n. 222. 224—247) sind anerkanntermaßen gefälscht.

16*

### § 46. Vertreter des ägyptischen Mönchthums.

1. **Antonius.** — Der hl. Antonius d. Gr., welcher in Athanasius seinen Biographen fand (§ 45, 6), gilt als der Stifter des Cönobitenlebens. Er starb 356, im Alter von 105 Jahren, auf dem Berge Kolzim am Rothen Meere. Eine lange Ansprache des Heiligen an die Mönche, aus dem „Aegyptischen" (Koptischen) übersetzt, hat Athanasius in seine Biographie (c. 16—43: *Migne*, P. gr. XXVI, 867—908) eingeflochten. Hieronymus (De vir. ill. c. 88) kennt sieben Briefe apostolici sensus sermonisque, welche Antonius an verschiedene Klöster gerichtet; aus dem Aegyptischen seien dieselben ins Griechische übertragen worden; besonders zu nennen sei unter ihnen (praecipua est) der Brief ad Arsenoitas. Die Identificirung dieser Briefe mit den lateinisch umlaufenden epistolae septem S. Antonii unterliegt indessen ernsten Bedenken. Anreden und Aussprüche des „Vaters der Mönche" wurden durch einzelne seiner Söhne aufgezeichnet. Andere ascetische Schriften wurden ihm mit Unrecht zugeeignet.

Koptische Fragmente zweier Briefe unter dem Namen des hl. Antonius, ad S. Theodorum und ad S. Athanasium, bei *I. A. Mingarelli*, Aegyptiorum codicum reliquiae Venetiis in bibliotheca Naniana asservatae. Bononiae 1785. 4°. p. cxcviii—cciii. Ein kurzer griechischer Brief an Theodorus, aus dem Aegyptischen übersetzt, in der Epistola Ammonis episc. ad Theophilum papam Alexandriae bei den Bollandisten Acta SS. Mai. T. III. p. 70* (p. 355 lateinisch), abgedruckt bei *Migne*, P. gr. XL, 1065. Im übrigen gibt Migne (l. c. col. 961—1100) folgende lateinische Stücke: Sermo de vanitate mundi et de resurrectione mortuorum, Sermones XX ad filios suos monachos, Epistolae VII ex Graeco Latine redditae interprete *Valerio de Sarasio*, Epistolae XX ex Arabico Latini iuris factae ab *Abrahamo Ecchellensi* Maronita e Libano, Regulae ac praecepta ad filios suos monachos, Spiritualia documenta, Admonitiones et documenta varia, Sententiarum quarumdam S. Antonii expositio facta a quodam sene, Interrogationes quaedam a diversis S. Antonio factae eiusque ad easdem responsiones, Dicta quaedam S. Antonii. Die sieben Briefe wurden (lateinisch) auch von A. Erbinger herausgegeben, Innsbruck 1871. 16°. — *E. Amélineau*, Monuments pour servir à l'histoire de l'Égypte chrétienne; Histoire des monastères de la Basse-Égypte; Vie des saints Paul, Antoine, Macaire, Maxime et Domèce, Jean le Nain etc. Texte copte et traduction française par *E. A.* Paris 1894. 4° (Annales du Musée Guimet. T. XXV). *A. Verger*, Vie de St. Antoine le Grand, patriarche des cénobites. Tours 1890. 8°. Reiche Literaturangaben bei *Chevalier*, Répert. des sources hist. 146—147. 2418—2419.

2. **Pachomius.** — War Antonius der Vater der Mönche, so wurde sein Schüler Pachomius der erste Gesetzgeber derselben. Der Schauplatz seines Lebens und Wirkens war die Nilinsel Tabenna in der Thebais. Sein Tod fällt nach der gewöhnlichen Annahme ins Jahr 348, nach Krüger ins Jahr 345. Die Ordensregel, welche er sehr wahrscheinlich in koptischer Sprache verfaßte, liegt in drei stark voneinander abweichenden griechischen Fassungen, in einer lateinischen Uebersetzung des hl. Hieronymus vom Jahre 404 (*Migne*, P. lat. XXIII, 61—86) und in einer äthiopischen Bearbeitung vor. Hieronymus hat der Ordensregel noch einige Mahnworte und mehrere Briefe des hl. Pachomius beigefügt (*Migne* l. c. col. 85—99).

Ein Abriß der Ordensregel bei Palladius (Hist. Lausiaca c. 38: *Migne*, P. gr. XXXIV, 1099—1100) sowie bei Sozomenus (Hist. eccl. III, 14: LXVII, 1072—1073); eine längere griechische Recension (50 Regeln) bei den Bollandisten Acta SS. Mai. T. III. p. 62*—63* (lateinisch p. 346—347), abgedruckt bei *Migne*, P. gr. XL, 947—952; ein noch reicherer griechischer Text (60 Regeln) bei *I. B. Pitra*, Analecta sacra et classica. 1888. Pars I. p. 113—115. Der (aus dem Griechischen geflossene) lateinische Text bei Hieronymus (a. a. O.) umfaßt in der vorliegenden Gestalt nicht weniger als 194 Regeln. Die äthiopischen Regulae Pachomii (bei *A. Dillmann*, Chrestomathia Aethiopica. Lipsiae 1866. p. 57—69) zerfallen in drei Theile, von welchen der erste sich mit den Berichten bei Palladius und Sozomenus deckt, der zweite mit dem von den Bollandisten herausgegebenen griechischen Texte sich sehr nahe berührt, während der dritte auf äthiopischem Boden erwachsen zu sein scheint. *G. H. Schodde*, The rules of Pachomius. Translated from the Ethiopic: The Presbyterian Review. Vol. VI. New York 1885. p. 678—689. — *E. Amélineau*, Étude historique sur St. Pachôme et le cénobitisme primitif dans la Haute-Égypte, d'après les monuments coptes. Le Caire 1887 (Separatabdruck aus dem Bulletin de l'Institut égyptien de l'année 1886). *Id.*, Histoire de St. Pakhôme et de ses communautés. Documents coptes et arabes inédits, publiés et traduits par *E. A.* Paris 1889. 4⁰ (Annales du Musée Guimet. T. XVII). Vgl. zu diesem Werke die Recension G. Krügers in der Theol. Literaturztg. vom 13. December 1890. Sp. 620—624. Ein ungedruckter koptischer Bericht über die Schwester des hl. Pachomius und ihre Klosterstiftung: Zeitschr. f. kath. Theol. Bd. VI (1882). S. 373—374.

3. **Orsisius (Orsiesius) und Theodorus.** — Nur wenige Tage nach dem Tode des hl. Pachomius starb auch sein Nachfolger in der Leitung der Mönchscongregation von Tabenna, Petronius. An dessen Stelle trat Orsisius oder Orsiesius (vgl. § 45, 6), welcher sich in Theodorus einen Coadjutor erkor. Letzterer starb 363; des Orsisius Tod wird um 380 angesetzt. Einen kleinen Brief des hl. Theodorus ad omnia monasteria de pascha hat Hieronymus den vorhin (Abs. 2) erwähnten Briefen des hl. Pachomius angeschlossen (l. c. col. 99—100). Gennadius (De vir. ill. c. 8: *Migne*, P. lat. LVIII, 1064—1065) kennt mehrere Briefe des hl. Theodorus. Orsisius hinterließ eine von Gennadius (l. c. c. 9) in warmen Worten gerühmte Doctrina de institutione monachorum (*Migne*, P. gr. XL, 869—894), wohl auch in koptischer Sprache verfaßt, aber nur noch in lateinischer Uebersetzung bekannt, welch letztere allem Anscheine nach dem hl. Hieronymus angehört. Auch ein lateinischer Libellus de sex cogitationibus sanctorum (XL, 895—896) trägt des Orsisius Namen.

Ueber Orsisius und Theodorus vgl. die vorhin (Abs. 2) angeführte Urkundensammlung Amélineaus nebst dem Referate Krügers.

4. **Makarius der Aegyptier und Makarius der Alexandriner.** — Mit besonderer Vorliebe verweilen Rufinus (Vitae patrum c. 28—29: *Migne*, P. lat. XXI, 449—455) und Palladius (Hist. Laus. c. 19—20: *Migne*, P. gr. XXXIV, 1043—1065; cf. 177—200) bei den Wunderthaten Makarius' des Aegyptiers und Makarius' des Alexandriners. Der erstere, um 300 geboren, begab sich im Alter von 30 Jahren in die sketische Wüste und lebte hier noch 60 Jahre lang. Nach zehnjährigem Aufenthalte in der Einsamkeit wurde er zum Priester geweiht und wegen seiner überaus

schnellen Fortschritte in den Tugenden bereits „Knabengreis" (παιδαριογέρων) geheißen. Glänzende Beweise seiner Heiligkeit waren die Gaben der Weissagung, der Dämonenaustreibung und der Krankenheilung. In noch höherem Grade aber wurden diese und ähnliche Gaben seinem etwas jüngern Zeitgenossen, Makarius dem Alexandriner, zu theil. Er war gleichfalls Priester und leitete ein Kloster (oder die Klöster?) in der nitrischen Wüste, dem berühmtesten Sammelpunkte des damaligen ägyptischen Mönchthums. Sein Tod wird um 395 anzusetzen sein. Zur Unterscheidung von seinem Namensgenossen erhielt er den Beinamen des „Alexandriners", weil er aus Alexandrien gebürtig war, während jener aus Oberägypten stammte (*Socr.*, Hist. eccl. IV, 23: *Migne*, P. gr. LXVII, 513). Aus dem nämlichen Grunde ward er auch „der Städter" genannt (ὁ πολιτικός *Sozom.*, Hist. eccl. III, 14: LXVII, 1068). Die Bezeichnung „der Jüngere" ist erst in neuerer Zeit in Aufnahme gekommen; bei Sozomenus (VI, 29) und Nicephorus Kallisti (Hist. eccl. XI, 35: CXLVI, 697) führt ein anderer ägyptischer Mönch den Namen „Makarius der Junge" (ὁ νέος, vgl. *Pall.*, Hist. Laus. c. 17). Von Schriften des Aegyptiers und des Alexandriners ist bei den alten Biographen nicht die Rede. Gennadius kennt ein Lehrschreiben des „berühmten ägyptischen Mönches Makarius" an jüngere Mönche (Macarius monachus ille Aegyptius ... unam tantum ad iuniores professionis suae scripsit epistolam De vir. ill. c. 10: *Migne*, P. lat. LVIII, 1065—1066). In späterer Zeit taucht eine größere Anzahl hier in Frage kommender Schriften auf. Den Namen Makarius' des Aegyptiers tragen 50 „geistliche", d. i. das geistliche Leben betreffende Homilien (ὁμιλίαι πνευματικαί: *Migne*, P. gr. XXXIV, 449—822) und eine zuerst von Floß (1850) herausgegebene Epistola magna et perutilis (ibid. col. 409 ad 442). Die Homilien, an deren Echtheit wohl nicht zu zweifeln ist, haben in der Folge große Anerkennung gefunden, und gilt der Verfasser insbesondere als hervorragender Vertreter der frühesten kirchlichen Mystik. Sieben ascetische Tractate (De custodia cordis, De perfectione in spiritu, De oratione, De patientia et discretione, De elevatione mentis, De charitate, De libertate mentis: ibid. col. 821—968), welche Possinus (1683) als Schriften des Aegyptiers herausgab, sind erst von Simeon Logotheta (wahrscheinlich im 10. Jahrh.) aus den geistlichen Homilien excerpirt worden. Unter dem Namen Makarius' des Alexandriners geht ein allem Anscheine nach unechter Sermo de exitu animae iustorum et peccatorum, quomodo separantur a corpore et in quo statu manent (ibid. col. 385—392). Mehrere kleinere Sentenzensammlungen (apophthegmata: col. 229—264) sind zumeist unter dem Namen des „ägyptischen Abtes Makarius" überliefert, und ein kurzes Gebet (col. 445—448), drei lateinische Briefe (col. 405—410. 441—446) sowie eine lateinische Regula ad monachos (col. 967—970) werden in den Handschriften dem „hl. Makarius" beigelegt.

Den genannten Schriften sind bei *Migne*, P. gr. XXXIV, verschiedene dissertationes beigegeben, namentlich auch die Quaestiones criticae et historicae de Macariorum Aegyptii et Alexandrini vitis bei *H. I. Floss*, Macarii Aegyptii epistolae, homiliarum loci, preces. Primus edidit *Fl*. Coloniae 1850. 8°. P. 1—188. Eine deutsche Uebersetzung der Schriften „des hl. Makarius d. Gr." [des Aegyptiers] veröffentlichte M. Jocham, Sulzbach 1839. 2 Bde. 8°; und

wiederum Kempten 1878 (Bibl. der Kirchenväter). Th. Förster, Makarius von
Aegypten: Jahrbb. f. deutsche Theol. Bd. XVIII (1873). S. 439—501 handelt
über den Lehrinhalt der geistlichen Homilien. Weitere Literaturangaben bei *Cheva-*
*lier*, Répert. 1435—1436. 2721. Die beiden Fragmente, welche Floß in dem
Bonner Universitätsprogramm zum 3. Aug. 1866 unter Makarius' (des Aegyptiers)
Namen edirte, gehören, wie Gildemeister erkannte, einer unter den Werken des
hl. Ephräm stehenden Schrift an (im griechischen Theile der römischen Ausgabe der
Werke Ephräms, 1732—1746. T. I. p. 41 B—61 F). J. Gildemeister, Ueber
die an der kgl. preuß. Universität Bonn entdeckten neuen Fragmente des Macarius.
Leipzig 1866. 8°. H. J. Floß, J. Gildemeister und das Bonner Universitäts-
programm zum 3. Aug. 1866. Eine kritische Würdigung der aus der Berliner
Hdschr. Nr. 18 veröffentlichten griech. Fragmente. Freiburg i. B. 1867. 8°. J. Gildemeister, Ueber die in Bonn entdeckten neuen Fragmente des Macarius. Zweites
Wort. Elberfeld 1867. 8°.

5. **Isaias.** — Einem Abte Isaias, welcher nach der gewöhnlichen Ansicht im 4. Jahrhundert in der sketischen Wüste lebte, werden 29 nur in lateinischer Uebersetzung gedruckte oratiónes (*Migne*, P. gr. XL, 1105—1206;
Bruchstücke des griechischen Textes in den capitula de religiosa exercitatione et quiete col. 1205—1212), 68 auch nur lateinisch vorliegende praecepta seu consilia posita tironibus in monachatu (*Migne*, P. lat. CIII,
427—434) und Fragmente (*Migne*, P. gr. XL, 1211—1214) zugeschrieben.
Literatur über Isaias bei *Chevalier*, Répert. 1124.

## § 47. Bekämpfer des Manichäismus.

1. **Hegemonius.** — Den literarischen Kampf wider den gegen Ende des
3. Jahrhunderts in das griechisch-römische Reich eindringenden Manichäismus
eröffnete, wie es scheint, der Verfasser der Acta disputationis Archelai episcopi Mesopotamiae et Manetis haeresiarchae. Diese Schrift liegt nur
mehr in einer alten lateinischen, nach einer griechischen Vorlage gefertigten
Uebersetzung vor. Der griechische Text, von welchem noch einige Bruchstücke
erhalten sind, stellte wahrscheinlich die Urschrift dar, während derselbe nach
andern aus einem syrischen Originale geflossen war. Jedenfalls ist die Schrift
in der ersten Hälfte des 4. Jahrhunderts entstanden. Der Verfasser hieß
laut Heraklianus von Chalcedon (bei *Photius*, Bibl. cod. 85: *Migne*, P. gr.
CIII, 288) Hegemonius, und an der Richtigkeit dieser Angabe wird nicht
zu zweifeln sein. Den Hauptinhalt der Schrift bildet der Bericht über eine
Disputation zwischen Archelaus, Bischof von Charchar (wohl Carrhä-Harran)
in Mesopotamien, und dem Stifter des Manichäismus, abgehalten im Beisein
gelehrter Schiedsrichter, welche Archelaus die Palme des Triumphes zuerkannten.
In einem zweiten Streite errang der Bischof einen nicht weniger glänzenden
Sieg. Diese Disputationen sind ohne Zweifel nur die auf Erfindung be-
ruhende Form, in welche der Verfasser seine Polemik gegen den Manichäismus
einkleidet. Bischof Archelaus und die auftretenden Personen überhaupt sind,
abgesehen von Mani, geschichtlich nicht beglaubigt. Gleichwohl ist die Schrift
eine sehr werthvolle Geschichtsquelle; der Verfasser hat echte manichäische
Schriften benutzt und zum Theil aufgenommen, und seine Darstellung bildet
denn auch die gemeinsame Grundlage fast aller spätern griechischen und lateinischen Berichte über das manichäische Religionssystem.

Der lateinische Text der Acta disputationis wurde vollständig zuerst heraus=
gegeben von *L. A. Zacagni*, Collectanea monumentorum veterum eccles. gr.
ac. lat. Romae 1698. 2°. p. 1—105, und seitdem oft abgedruckt, zuletzt bei *Routh*,
Reliquiae sacrae (ed. alt.). Vol. V (Oxonii 1848). p. 1—206, und bei *Migne*,
P. gr. X, 1405—1528. — H. v. Zittwitz, Acta disputationis Archelai et
Manetis untersucht: Ztschr. f. die hist. Theol. Bd. XLIII (1873). S. 467—528.
Ab. Oblasinski, Acta disputationis Archelai et Manetis (Inauguraldiss.).
Leipzig 1874. 8°. K. Keßler, Mani. Forschungen über die manichäische Re=
ligion. Bd. I. Berlin 1889. S. 87—171: „Sprache und Composition der Acta
Archelai." Gegen Keßlers Annahme eines syrischen Originals s. Th. Nöldeke in
der Zeitschr. der Deutschen Morgenl. Gesellschaft. Bd. XLIII (1889). S. 537—541.
Ausgehend von der Annahme eines syrischen Originals, glaubte Ab. Harnack, Die Acta
Archelai und das Diatessaron Tatians (Texte und Untersuchungen zur Gesch. der alt=
christl. Literatur. Bd. I. Heft 3. 1883. S. 137—153), es wahrscheinlich machen zu
können, daß die Evangeliencitate der Acta dem Diatessaron (§ 17, 3) entnommen sind.

2. Alexander von Lykopolis. — Ein gewisser Alexander Lykopolites,
wahrscheinlich Bischof von Lykopolis in der Thebais in der ersten Hälfte des
4. Jahrhunderts, hinterließ eine Schrift gegen die Manichäer, welche trotz ihres
geringen Umfanges und ihrer harten und theilweise dunkeln Sprache als Hilfs=
mittel zur Feststellung der manichäischen Lehre immerhin Beachtung verdient.

Alexanders Schrift ist herausgegeben worden von *Fr. Combefis*, Bibl. Graec.
Patr. auctarium novissimum. Paris. 1672. 2°. Pars II. p. 3—21; abgedruckt bei
*Gallandi*, Bibl. vet. Patr. T. IV. p. 71—88; bei *Migne*, P. gr. XVIII, 409—448.

3. Serapio von Thmuis. — Kleiner noch und unbedeutender, freilich auch
nur lückenhaft überliefert, ist die von Bischof Serapio von Thmuis in Unter=
ägypten veröffentlichte Schrift gegen die Manichäer. Serapio war ein treuer
Freund des hl. Athanasius (vgl. § 45, 3. 4) und starb um 358. Von seinen
Briefen, deren Hieronymus (De vir. ill. c. 99) gedenkt, sind bisher nur zwei,
ad Eudoxium episcopum und ad monachos, aufgefunden worden.

Serapios Schrift ist im griechischen Originale herausgegeben worden von
*I. Basnage*, Thesaurus monumentorum eccl. et hist. Vol. I. Antverp. 1725.
p. 35—55; abgedruckt bei *Gallandi* l. c. T. V. p. 52—62; bei *Migne* l. c. XL,
895—924. Bei *Migne* col. 923—942 auch die beiden von Mai ans Licht gezogenen
Briefe. Neue griechische Fragmente unter Serapios Namen bei *Pitra*, Analecta
sacra. T. II. 1884. Proleg. p. xl; Analecta sacra et classica. 1888. Pars I.
p. 47—49. Syrische Fragmente unter dem Namen Serapio Thmuilae (?) episcopus
bei *Pitra*, Analecta sacra. T. IV. 1883. p. 214—215. 443—444. A. Brink=
mann, Die Streitschrift des Serapion von Thmuis gegen die Manichäer: Sitzungs=
berichte der k. preuß. Akad. d. Wiss. zu Berlin. Jahrg. 1894. S. 479—491.

4. Titus von Bostra. — Ein jüngerer Zeitgenosse Serapios, Bischof
Titus von Bostra in Arabien (Hauran), † um 374, schrieb ein vier Bücher
umfassendes Werk gegen die Manichäer, welches mit Recht in der Folge große
Berühmtheit erlangte. Die beiden ersten Bücher bekämpfen den manichäischen
Dualismus auf philosophisch=dialektischem Wege, die beiden letzten mit biblisch=
theologischen Waffen. Die einzige bisher bekannt gewordene Handschrift des
griechischen Textes bietet nur die beiden ersten und einen kleinen Theil des
dritten Buches. Das Ganze ist in einer syrischen Uebersetzung erhalten, welche
von de Lagarde nach einer Handschrift vom Jahre 411 herausgegeben wurde
(1859). Die Echtheit einer Oratio in ramos palmarum ist sehr zweifelhaft.

Die erwähnte griechische Handschrift (in der Vaticana und abschriftlich in der Stadtbibliothek zu Hamburg) ist nicht bloß unvollständig, sondern befindet sich auch in verwirrtem Zustande, insofern in das erste Buch des Bischofs Titus manches hineingezogen ist, was in Wahrheit einer andern Schrift gegen die Manichäer angehört (Abs. 5). Den Sachverhalt erkannte erst de Lagarde mit Hilfe der syrischen Uebersetzung. Titi Bostreni contra Manichaeos libri quatuor syriace. *P. A. de Lagarde* edidit. Berolini 1859. 8⁰. Titi Bostreni quae ex opere contra Manichaeos edito in codice Hamburgensi servata sunt graece. E recogn. *P. A. de Lagarde*. Berolini 1859. 8⁰. Aus dem Gesagten ergibt sich die Unzuverlässigkeit der (der Handschrift folgenden) frühern Ausgaben bezw. Abdrucke des griechischen Textes: bei *Basnage* l. c. Vol. I. p. 56—162; bei *Gallandi* l. c. T. V. p. 269—350; bei *Migne* l. c. XVIII, 1069—1264. Neue Fragmente des griech. Textes bei *Pitra*, Analecta sacra et classica. 1888. Pars I. p. 50 ad 63. Die Oratio in ramos palmarum bei *Gallandi* l. c. p. 351—356; bei *Migne* l. c. col. 1263—1278. Ein syrisches Bruchstück einer Epiphanie-Predigt unter des Titus Namen bei de Lagarde, Anmerkungen zur griechischen Uebersetzung der Proverbien. Leipzig 1863. S. 94—95.

5. Ein Unbekannter. — Eine vermuthlich gleichfalls aus der Mitte des 4. Jahrhunderts stammende Schrift gegen die Manichäer ist nur in verstümmeltem Zustande, insbesondere auch des Anfanges und des Endes ermangelnd, auf uns gekommen.

Diese Schrift hat erst de Lagarde aus der Handschrift des Werkes des Titus ausgeschieden (Abs. 4); s. de Lagardes Ausgabe (des griechischen Textes) dieses Werkes p. 69—103. Ueber den Inhalt der fraglichen Schrift und den muthmaßlichen Verfasser (Georgius von Laodicea § 43, 2) s. J. Dräseke, Gesammelte Patrist. Untersuchungen. Altona 1889. S. 1—24.

6. Später zu behandelnde Schriftsteller. — Gegen die Manichäer schrieben auch Basilius d. Gr. (§ 49, 4), Didymus der Blinde (§ 53, 2; vgl. 51, 11), Diodor von Tarsus (§ 55, 2).

## § 48. Cyrillus von Jerusalem.

1. Leben. — Cyrillus wurde um 315 an unbekanntem Orte geboren und zu Jerusalem erzogen. Um 345 wurde er durch Bischof Maximus II. von Jerusalem zum Priester geweiht, und als solcher hielt er 347 oder 348 seine berühmten Katechesen an die Taufcandidaten und die Neugetauften. Nach dem Tode des hl. Maximus bestieg er, 350 oder 351, den Bischofsstuhl von Jerusalem. Laut dem neuesten Biographen, Mader (1891), wäre indessen Cyrillus schon 347 oder 348 zum Bischof ordinirt worden und hätte als Bischof 348 die genannten Katechesen vorgetragen. Den damaligen dogmatischen Streitfragen gegenüber hat Cyrillus lange Zeit hindurch eine gewisse Zurückhaltung beobachtet. In seinen Katechesen tritt er wiederholt dem Arianismus entgegen, ohne jemals von Arius oder von Arianern zu reden, und so entschieden er die Wesenseinheit des Sohnes mit dem Vater lehrt, so gebraucht er doch nicht ein einziges Mal das Wort ὁμοούσιος. Später aber ist er fort und fort Gegenstand heftigster Angriffe von seiten der Arianer. Den Ausgangspunkt bildeten Zwistigkeiten zwischen Cyrillus und dem Arianer Acacius von Cäsarea (§ 43, 1) über den Canon 7 des Nicänums, welcher dem Bischofe von Jerusalem einen Ehrenvorrang zuerkannte, unbeschadet der

Rechte des Metropoliten von Cäsarea. Im übrigen galt der Haß der Arianer dem Anhänger und Vertheidiger des nicänischen Glaubens. Dreimal wurde Cyrillus von seinem Sitze vertrieben, und das dritte Exil währte 11 Jahre (367—378). Im Jahre 381 nahm er an dem zweiten ökumenischen Concile zu Konstantinopel theil. Sein Tod erfolgte nach der gewöhnlichen Annahme am 18. März 386.

2. Die Katechesen. — Die genannten Katechesen (*Migne*, P. gr. XXXIII), 23 bezw. 24 an der Zahl, stellen ein abgerundetes Ganzes dar. Die 18 bezw. 19 ersten sind an die Taufcandidaten (φωτιζόμενοι) gerichtet und während der vierzigtägigen Fastenzeit gehalten. Der Einleitungsvortrag (προκατήχησις) handelt von der Größe und Wichtigkeit der den Zuhörern bevorstehenden Gnade. Die erste Katechese wiederholt in gedrängter Kürze den Hauptinhalt der Pro=katechese, die zweite verbreitet sich über die Sünde und die Buße, die dritte geht auf die Bedeutung und die Wirkungen der Taufe ein, die vierte entrollt eine summarische Uebersicht der christlichen Glaubenslehre, und die fünfte er=örtert Wesen und Ursprung der theologischen Tugend des Glaubens. Die folgenden Katechesen, 6—18, geben eine fortlaufende Erläuterung und Be=gründung der einzelnen Sätze und Wörter des Taufsymbols der jerusalemischen Kirche. Am Osterfeste empfingen die Katechumenen die Taufe, die Firmung und die heilige Communion. An diese Neugetauften (νεοφώτιστοι) wenden sich die fünf letzten Katechesen, 19—23, während der Osterwoche vorgetragen und viel kürzer als die vorhergehenden. Dieselben wollen die Zuhörer in die Geheimnisse des Christenthums einführen (daher κατηχήσεις μυσταγωγικαί) und enthalten eine möglichst allseitige, insbesondere auch den jedesmaligen Ritus umfassende Belehrung über die Taufe (19—20), die Firmung (21) und die heilige Eucharistie (22—23). — Diese Katechesen sind von jeher als eine muster=giltige Leistung anerkannt worden. Der Ausdruck ist einfach und klar; über das Ganze ist ein milder Ernst und eine ruhige Herzlichkeit gebreitet. Der Inhalt macht das Werk zu einem der kostbarsten Denkmäler des christlichen Alterthums; namentlich sind die fünf mystagogischen Katechesen für die Ge=schichte des Dogmas wie für die Geschichte der Liturgie von unschätzbarem Werthe. Die aus confessioneller Voreingenommenheit stammenden Bedenken früherer protestantischen Gelehrten gegen die Echtheit sämtlicher oder doch der mystagogischen Katechesen sind längst verstummt. Die reale Gegenwart Christi in der heiligen Eucharistie bezeugt Cyrillus u. a. mit den Worten: „In der Gestalt des Brodes (ἐν τύπῳ ἄρτου) wird dir der Leib gegeben und in der Gestalt des Weines wird dir das Blut gegeben, damit du, indem du den Leib und das Blut Christi empfängst, eines Leibes und eines Blutes mit ihm (σύσσωμος καὶ σύναιμος αὐτοῦ) werdest; denn so werden wir auch Christus=träger (χριστοφόροι), indem sein Leib und sein Blut sich in unsere Glieder vertheilt" (Cat. 22, 3: *Migne* l. c. XXXIII, 1100); „das scheinbare Brod ist nicht Brod, wenn es auch dem Geschmacke so vorkommt, sondern Christi Leib, und der scheinbare Wein ist nicht Wein, wenn auch der Geschmack so urtheilt, sondern Christi Blut" (Cat. 22, 9). Diese reale Gegenwart Christi wird vermittelt durch eine Verwandlung (μεταβάλλειν) der Wesenheit des Brodes und des Weines in die Wesenheit des Leibes und des Blutes Christi: „Zu Kana in Galiläa hat er einst Wasser in Wein verwandelt, welcher dem Blute

verwandt ift; und er foll keinen Glauben verdienen, wenn er Wein in Blut
verwandelt?" (Cat. 22, 2.) „Wir bitten den gütigen Gott, daß er den Heiligen
Geift auf die vorliegenden Gaben (τὰ προκείμενα) herabsende, damit er das
Brod zu Christi Leib und den Wein zu Christi Blut mache; denn was immer
der Heilige Geift berührt, das ist ganz geheiligt und verwandelt" (Cat. 23, 7).
Aus der Beschreibung und Erklärung der Opferfeier seien wenigstens noch
folgende Worte ausgehoben: „Nachdem das geiftige Opfer, der unblutige Opfer-
dienft vollbracht ist (d. h. nach geschehener Wandlung), beten wir über diesem
Opfer der Versöhnung zu Gott für den allgemeinen Frieden der Kirchen . . .
für alle insgesamt, welche der Hilfe bedürfen, bitten wir alle und bringen
dieses Opfer dar. Hierauf gedenken wir auch der bereits Entschlafenen, zuerft
der Patriarchen, Propheten, Apostel, Martyrer, daß Gott auf Grund ihrer
Gebete und Fürbitten unser Flehen gnädig aufnehme; hierauf beten wir auch
für die bereits entschlafenen heiligen Väter und Bischöfe und überhaupt alle
unter uns bereits Entschlafenen, indem wir glauben, daß es diesen Seelen
zum größten Nutzen gereichen werde, wenn wir angesichts des heiligen und
hochhehren Opfers unser Gebet für sie verrichten. . . Den für unsere Sünden
geschlachteten Christus bringen wir dar, um für sie (die bereits Entschlafenen)
sowohl als auch für uns von dem gütigen Gott Verzeihung zu erlangen"
(Cat. 23, 8—10).

3. Andere Schriften. — Außer den Katechesen besitzen wir von der Hand
des hl. Cyrillus eine etwa 345 gehaltene Homilie über den Gichtbrüchigen
Joh. 5, 5 (XXXIII, 1131—1154), einen Brief an Kaiser Konstantius über
die am 7. Mai 351 zu Jerusalem beobachtete wunderbare Erscheinung eines
großen leuchtenden Kreuzes (col. 1165—1176) und drei kleine Homilien-
Fragmente (1181—1182). Eine Homilie auf das Fest Hypapante oder Mariä
Reinigung (1187—1204), ein lateinisches Fabelbuch unter dem Titel Speculum
sapientiae und andere Schriften sind unecht.

4. Literatur. — Den erften Platz unter den Editionen der Werke des hl. Cyrillus behauptet noch immer die von dem Mauriner A. A. Touttée († 1718)
besorgte Ausgabe, Paris 1720. 2°; Venedig 1763; bei *Migne*, P. gr. XXXIII
(1857). Frühere Ausgaben von J. Prevot, Paris 1608. 4° (wiederholt 1631
und 1640), und von Th. Milles, Oxford 1703. 2°. Eine bequeme und tüchtige
Handausgabe von W. K. Reischl und J. Rupp, München 1848—1860.
2 Bde. 8°. Einige Beiträge zur Texteskritik gab Nolte in der Theol. Quartalschr.
Bd. XLIV (1862). S. 308—316. Die jüngste Ausgabe, von Photius Alexan-
brides, mit Anmerkungen von Dionysius Kleophas, ist 1867—1868 zu Jerusalem in 2 Bänden erschienen. Vgl. *Risi*, Di una nuova edizione delle opere
di S. Cirillo Geros. Roma 1884. Eine Ausgabe der fünf mystagogischen Katechesen nebst englischer Uebersetzung von H. de Romestin, London 1887. 12°.
Das Speculum sapientiae, auch Quadripartitus Apologeticus genannt, welches
in dem Gewande von Thiergesprächen die mannigfaltigften Sittenlehren und Lebensregeln vorträgt, ift in die angeführten Gesamtausgaben nicht aufgenommen worden.
Die neueste Ausgabe besorgte J. G. Th. Grässe, Die beiden älteften lateinischen
Fabelbücher des Mittelalters (Bibl. des Litterar. Vereins in Stuttgart. Bd. CXLVIII).
Tübingen 1880. 8°. Der Verfasser heißt Bischof Cyrillus und wurde früher vielfach in Cyrillus von Jerusalem oder auch in Cyrillus von Alexandrien gesucht,
hat aber ohne Zweifel erst im späten Mittelalter gelebt. Eine allerdings nicht vollständige armenische Uebersetzung der Katechesen ward 1832 zu Wien in 8° heraus-

gegeben. Eine deutsche Uebersetzung lieferte J. Nirschl, Kempten 1871 (Bibl. der Kirchenväter). Eine italienische Uebersetzung und Erklärung der 21. Katechese (über die Firmung) veröffentlichte D. Fanucchi, Lucca 1885. 8⁰. — I. Th. Plitt, De Cyrilli Hierosolymitani orationibus quae exstant catecheticis. Heidelbergae 1855. 8⁰. Becker, Der hl. Cyrillus von Jerusalem über die reale Gegenwart Christi in der heiligen Eucharistie: Der Katholik, Jahrg. 1872, Bd. I. S. 422—449. 539—554. 641—661. L. L. Rochat, Le catéchuménat au IVᵐᵉ siècle d'après les catéchèses de St. Cyrille de Jérusalem. Genève 1875. 8⁰. Ph. Gonnet, De S. Cyrilli Hierosolymitani archiepiscopi catechesibus. Paris. 1876. 8⁰. C. P. Caspari, Alte und neue Quellen zur Geschichte des Taufsymbols und der Glaubensregel. Christiania 1879. S. 146—160: „Die vierte Katechese des Cyrillus von Jerusalem, eine Parallele zum Glaubensdekalog des Gregorius von Nazianz." I. Marquardt, S. Cyrilli Hierosolymitani de contentionibus et placitis Arianorum sententia. Brunsbergae 1881. 4⁰. Idem, S. Cyrillus Hierosolymitanus baptismi, chrismatis, eucharistiae mysteriorum interpres. Lipsiae 1882. 8⁰. Probst, Die hierosolymitanische Messe nach den Schriften des hl. Cyrillus: Der Katholik, Jahrg. 1884, Bd. I. S. 142—157. 253—270. — G. Delacroix, St. Cyrille de Jérusalem. Sa vie et ses oeuvres. Paris 1865. 8⁰. J. Mader, Der hl. Cyrillus, Bischof von Jerusalem, in seinem Leben und seinen Schriften. Nach den Quellen dargestellt. Einsiedeln 1891. 8⁰. Andere Schriften und Abhandlungen verzeichnet Chevalier, Répert. des sources hist. 534—535. 2538—2539.

5. Gelasius von Cäsarea. — Gelasius, etwa 367—395 Bischof von Cäsarea in Palästina, der Sohn einer Schwester des hl. Cyrillus von Jerusalem, hat auch einige Schriften hinterlassen, welche jedoch sämtlich zu Grunde gegangen sind. Vgl. E. Venables bei Smith and Wace, A Dictionary of Christian Biography II, 621.

## § 49. Basilius der Große.

1. Die Jugend des hl. Basilius. — Basilius, Gregor von Nazianz und Gregor von Nyssa bilden das hehre Dreigestirn am Himmel der Kirche von Kappadocien: „In diese Dreiheit", so ist behauptet worden, „laufen alle Strahlen des Herrlichen zusammen, was jene Zeit in der Christenheit erzeugte." Basilius wurde zu Cäsarea in Kappadocien, wahrscheinlich 331, geboren, Sprößling einer vornehmen und begüterten, zugleich aber auch durch christliche Frömmigkeit ausgezeichneten Familie. Von zartester Kindheit an erfreute er sich sorgsamster Erziehung und Geistespflege. Insbesondere war es seine Großmutter Makrina, eine ebenso fein gebildete wie tief religiöse Dame, welche den kaum entwöhnten Knaben in weise Zucht nahm und die Lehren Gregors des Wunderthäters ihm ins Herz pflanzte (Basil., Ep. 204 n. 6: Migne, P. gr. XXXII, 752—753; vgl. § 31, 1). In die Anfangsgründe der Wissenschaften ward er durch seinen Vater Basilius, einen sehr angesehenen Rhetor zu Neocäsarea in Pontus, eingeführt. Höhere Bildung suchte der talentvolle Jüngling in seiner Vaterstadt Cäsarea, zu Konstantinopel und zu Athen. Hier schloß er mit Gregor von Nazianz, welchen er schon von Cäsarea her kannte, die innigste Freundschaft. Dem ausdauernden Fleiße der beiden Freunde entsprachen ausgezeichnete Fortschritte, namentlich auf den Gebieten der Rhetorik, Grammatik und Philosophie. Hatte indessen Athen wenigstens unseres Basilius Erwartungen von Anfang an nicht recht befriedigt, so konnte es ihn noch weniger auf die

Dauer fesseln. Nach vier= bis fünfjährigem Aufenthalte kehrte er 359 in seine Heimat zurück, und es kann nicht lange gewährt haben, bis er den Entschluß faßte, einer auch zu Cäsarea und zu Neocäsarea winkenden glänzenden Rhetoren= laufbahn zu entsagen und sich der Ascese zu widmen. „Eine lange Zeit", schreibt er im Jahre 375, „hatte ich auf Eitelkeit verwendet und fast meine ganze Jugend in eitler Mühe vergeudet, indem ich mich auf das Studium der Lehren einer von Gott thöricht gemachten Weisheit (1 Kor. 1, 20) verlegte. Da auf einmal wachte ich gleichsam auf aus tiefem Schlafe und erblickte das wunderbare Licht der Wahrheit des Evangeliums und erkannte das Unnütze der Weisheit der Fürsten dieser Welt, welche abgethan worden (1 Kor. 2, 6). Ich vergoß reiche Thränen über mein beklagenswerthes Leben, und ich betete, es möge mir eine Anleitung gegeben werden, welche mich in die Lehrsätze der Frömmigkeit einführe" (Ep. 223 n. 2: XXXII, 824).

2. Basilius Mönch und Priester. — Nachdem er durch den Metropoliten Dianius von Cäsarea getauft worden, reiste Basilius nach Syrien und nach Aegypten, um das dortige Mönchsleben aus eigener Anschauung kennen zu lernen. Zugleich gab ihm diese Reise mehr als hinreichende Gelegenheit, einen nähern Einblick in die dogmatischen Streitigkeiten zu gewinnen, welche damals das christliche Morgenland zerrissen. Heimgekehrt, verschenkte er sein Vermögen an die Armen und begann in einer Einöde unweit Neocäsarea ein Gott allein geweihtes Leben. Dem gemeinschaftlichen Leben (Cönobiten) gab Basilius vor dem Einsiedlerleben (Anachoreten, Eremiten) den Vorzug (s. *Basil.*, Regulae fusiores n. 7: XXXI, 928—933), und sein Wort und sein Beispiel wirkten so mächtig, daß Rufin berichten zu dürfen glaubt, in kurzer Zeit habe ganz Pontus ein anderes Gesicht gezeigt (brevi permutata est totius provinciae facies Hist. eccl. II, 9: *Migne*, P. lat. XXI, 518). Gregor von Nazianz erschien oft als Gast in der pontischen Einöde. Unter seiner Beihilfe arbeitete Basilius Lebensregeln für die allerseits erstehenden Klöster oder Mönchsvereine aus. Auch eine exegetische Blumenlese aus den Werken des Origenes (Ὠριγένους Φιλοκαλία) förderten die gemeinschaftlichen Studien der beiden Freunde zu Tage. Um 364 wußte der Metropolit Eusebius von Cäsarea, der Nachfolger des Dianius, den hl. Basilius zu bewegen, die Priesterweihe anzunehmen und nach Cäsarea überzusiedeln. Mit der Thronbesteigung des Kaisers Valens (Juli 364) nahm der Arianismus einen neuen Aufschwung. An Versuchen, die Kirche von Cäsarea für sich zu gewinnen, ließ die Irrlehre es nicht fehlen. War doch der Bischof von Cäsarea nicht bloß Metropolit von Kappadocien, sondern auch Exarch der politischen Diöcese Pontus (einer der fünf Diöcesen, in welche die praefectura Orientis zerfiel). Was Basilius namentlich in solchen Tagen der Gefahr dem selbst nicht theologisch gebildeten Eusebius war, bezeugt Gregor von Nazianz (Orat. 43, in laudem Basil. M., n. 33: *Migne*, P. gr. XXXVI, 541): „Er war ihm alles, ein guter Rathgeber, ein gewandter Gehilfe, ein Erklärer der heiligen Schriften, ein Dolmetsch seiner Pflichten, der Stab seines Alters, die Stütze seines Glaubens, zuverlässiger als alle Cleriker, geschäfts= kundiger als alle Laien." Uebrigens führte Basilius zu Cäsarea dasselbe ascetische Leben wie im Kloster in Pontus. Als 368 eine große Hungersnoth in Kappadocien ausbrach und seine Mutter Emmelia um diese Zeit starb, verwandte er das ihm zufallende Erbe zur Linderung der Noth der Armen.

3. Basilius Metropolit von Cäsarea. — Im Jahre 370 ward Eusebiu[s] durch den Tod abberufen und Basilius ward zu seinem Nachfolger gewähl[t] Gregor von Nazianz und dessen Vater Gregor, Bischof von Nazianz, ware[n] mit Nachdruck für diese Wahl eingetreten. Basilius rechtfertigte ihr Vertrauen[.] Abstellung von Mißbräuchen im Leben des Clerus, Ordnung und Erweiterun[g] der Liturgie, Eröffnung von Zufluchtsstätten für die leidende Menschheit ware[n] die nächstliegenden Gegenstände seiner Sorge. Als die bisherige Provin[z] Kappadocien um 371 in zwei Provinzen mit den Hauptstädten Cäsarea un[d] Tyana getheilt wurde, gerieth Basilius alsbald mit dem Bischofe Anthimu[s] von Tyana in peinliche Zwistigkeiten über die Ausdehnung des beiderseitige[n] Jurisdictionsgebietes. Die Milde und Nachsicht, welche er lange Jahre hin[-] durch gegen den doppelzüngigen Bischof Eustathius von Sebaste übte, zog ih[m] selbst vielen Verdacht und Tadel zu. Die immer wieder von neuem auf[-] genommenen Bemühungen um Hebung des meletianischen Schismas zu Antiochie[n] blieben fruchtlos. Die Hauptaufgabe des Heiligen indessen bildete der Kamp[f] gegen den Arianismus, und in der That war er es, der wie ein Leuchtthurm in dem dunkeln Getöse der Glaubensstreitigkeiten denen, welche guten Willen[s] waren, den Weg zum sichern Port wies. An ihm scheiterten alle Angriff[e] der Häresie, mochte sie nun mit Gewalt und Drohung oder mit Schmeichele[i] und Verstellung oder auch mit gewandter Dialektik und blendender Schrif[t-] interpretation sich ihm nahen. Ihm vor allen nach Athanasius hatte de[r] Orient es zu danken, daß, sobald die äußere Lage der Dinge eine Aenderun[g] erfuhr, auch der kirchliche Friede zurückkehrte. Er selbst sah diesen Umschwun[g] wenigstens sich anbahnen; am 1. Januar 379 sollte seine Seele die läng[st] gebrochene und dahinsiechende leibliche Hülle verlassen.

4. Dogmatisch=polemische Schriften. — Basilius hinterließ dogmatisch[e,] exegetische und insbesondere auch ascetische Schriften, sowie endlich Homilie[n] und Briefe. Die dogmatischen Schriften, welche uns noch vorliegen, sind de[r] Bekämpfung des Arianismus gewidmet. Das Werk gegen Eunomiu[s] (§ 43, 1), Ἀνατρεπτικὸς τοῦ Ἀπολογητικοῦ τοῦ δυσσεβοῦς Εὐνομίου (XXIX, 497—773), dürfte 363 oder 364 verfaßt sein. Nachdem Basilius hervor[-] gehoben, daß schon der Titel der Schrift des Häretikers (Ἀπολογητικός) a[uf] Trug beruhe: derselbe wolle den Schein erwecken, als ob er nur gezwung[en] das Wort nehme, während er in Wahrheit als Angreifer auftrete, — befa[ßt] er sich im ersten Buche hauptsächlich mit der Zurückweisung der beiden These[n,] das Ungezeugtsein (τὸ ἀγέννητον εἶναι) mache das Wesen Gottes aus, und bem Ungezeugtsein werde das Wesen Gottes in vollkommen adäquater We[ise] erkannt (begriffen). Basilius kann das Ungezeugtsein, im Sinne des U[n-] gewordenseins, nur als ein Attribut des göttlichen Wesens gelten lassen (ἐ[γὼ] δὲ τὴν μὲν οὐσίαν τοῦ θεοῦ ἀγέννητον εἶναι καὶ αὐτὸς ἂν φαίην, οὐ μὴν [καὶ] ἀγέννητον τὴν οὐσίαν Adv. Eun. I, 11: XXIX, 537), und die Ergründu[ng] dieses göttlichen Wesens übersteigt nach ihm nicht bloß die menschlichen, sonde[rn] überhaupt alle geschaffenen Kräfte (οἶμαι δὲ οὐκ ἀνθρώπους μόνον, ἀλλὰ [καὶ] πᾶσαν λογικὴν φύσιν ὑπερβαίνειν αὐτῆς — sc. τῆς οὐσίας τοῦ θεοῦ — τ[ὴν] κατάληψιν I, 14: XXIX, 544). Das zweite Buch verficht die Homousie d[es] Sohnes. Das Wesensattribut des Ungewordenseins wird durch die der Pers[on] des Sohnes beigelegte Eigenthümlichkeit des Gezeugtseins nicht aufgehob[en]

Wenn auch gezeugt, so ist der Sohn doch nicht geworden; er empfängt viel=
mehr ewig das göttliche Wesen vom Vater, er ist deshalb mit dem Vater
eines Wesens und gleichewig. Im dritten Buche begegnet der Heilige den
Einwürfen des Eunomius gegen die Gottheit des Heiligen Geistes. Folgen
noch zwei weitere Bücher, welche gleichfalls die Homousie des Sohnes und
des Heiligen Geistes vertheidigen, aber nicht sowohl abgeschlossene Arbeiten
als vielmehr Materialiensammlungen darstellen und sehr wahrscheinlich nicht
dem hl. Basilius, sondern einer spätern Hand angehören, welche jedoch vor=
wiegend aus basilianischen Schriften schöpfte. Dräseke weist diese zwei Bücher
Apollinarius von Laodicea zu (§ 43, 4). Die Schrift Ueber den Heiligen
Geist, περὶ τοῦ ἁγίου πνεύματος (XXXII, 67—218), um 375 verfaßt, behandelt
wiederum die Wesenseinheit des Sohnes und des Heiligen Geistes mit dem
Vater. Basilius hatte beim öffentlichen Gebete neben der Doxologie „Ehre
sei dem Vater durch den Sohn im Heiligen Geiste" (διὰ τοῦ υἱοῦ ἐν τῷ ἁγίῳ
πνεύματι) als gleichberechtigt auch die Fassung gebraucht „mit dem Sohne
samt dem Heiligen Geiste" (μετὰ τοῦ υἱοῦ σὺν τῷ πνεύματι τῷ ἁγίῳ De Spir.
S. c. 1 n. 3: XXXII, 72). In der dem Bischofe Amphilochius von Ikonium
gewidmeten Schrift rechtfertigt er den letztern Ausdruck durch den Nachweis,
daß dem Sohne und dem Heiligen Geiste eine und dieselbe Ehre mit dem
Vater gebühre, weil sie eines und desselben Wesens mit dem Vater seien.
Der laut Augustinus (Contra Iulianum I, 16: *Migne*, P. lat. XLIV, 650)
von Basilius hinterlassene Liber *adversus Manichaeos* ist nicht auf uns
gekommen.

5. Exegetische Schriften. — Als exegetische Leistungen unseres Heiligen
sind zunächst neun Homilien über das Hexaemeron Gen. 1, 1—26 (XXIX,
3—208) und fünfzehn Homilien über einzelne Psalmen (XXIX—XXX)
zu nennen. Die erstern wurden schon im Alterthume, im Oriente wie im
Occidente, sehr hoch geschätzt. Wenngleich äußerst schwungvoll gehalten, be=
schäftigen dieselben sich im allgemeinen, unter Verzicht auf jede Allegorese, nur
mit dem Literalsinne. Die zum Schlusse (Hom. 9 n. 6: XXIX, 208) an=
gekündigten Belehrungen über die Gottebenbildlichkeit des Menschen hat der
Heilige, wie es scheint, nicht mehr veröffentlicht. Die beiden Homilien De
hominis structura und eine dritte De paradiso (XXX), welche früher vielfach
dem hl. Basilius zugeschrieben und mit jenen neun Homilien verbunden wurden,
sind unecht. Die Psalmenhomilien sind nicht sowohl auf Auslegung als viel=
mehr auf moralisch=praktische Verwerthung des Textes bedacht. Eingangs
(Hom. in ps. 1 n. 1: XXIX, 212) heißt es: „Anderes lehren die Propheten,
anderes die Geschichtschreiber, anderes das Gesetz und wieder anderes die
Lehrbücher. Das Psalmenbuch faßt das Nützliche aus alledem zusammen: es
weissagt das Zukünftige, bringt die Geschichte in Erinnerung, schreibt Gesetze
für das Leben vor, belehrt uns über unsere Pflichten und ist mit einem
Worte eine allgemeine Schatzkammer (ταμιεῖον) trefflicher Unterweisungen."
Als echt werden die Homilien über die Psalmen 1. 7. 14 (zwei). 28. 29.
32. 33. 44. 45. 48. 59. 61. 114. 115 (nach griechischer Zählung — XXIX)
gelten dürfen; einige andere Psalmenhomilien (XXX) sind unecht oder doch
bestritten (unter ihnen steht bei *Migne* XXX, 104—116 auch die Homilie
zu Pf. 115). Kleinere Fragmente zu verschiedenen Psalmen unter des Basilius

Namen sind von Pitra (1888) herausgegeben worden, und haben sie der Vermuthung, Basilius habe viele, wenn nicht sämtliche Psalmen in Homilien bearbeitet, eine neue Stütze gegeben. Der weitläufige, in Form und Ausdruck sehr unfertige Commentar über Isaias 1—16 (XXX) ist seiner Echtheit nach zweifelhaft, muß aber doch wohl in die Zeit des hl. Basilius zurückreichen. Ein Commentar des Heiligen zum Buche Job ist verloren gegangen. Einige exegetische Homilien finden sich auch in der später (Abs. 7) zu erwähnenden Homiliensammlung.

6. Ascetische Schriften. — „Ascetisches" (Ἀσκητικά) lautet die Aufschrift einer Sammlung von Schriften des hl. Basilius (XXXI, 619—1428), welche wohl erst nach und nach zu ihrem heutigen Umfange angewachsen ist. An der Spitze derselben stehen drei kurze Abhandlungen, Vorträge, wie es scheint, bezw. Bruchstücke von Vorträgen, über die Erhabenheit der militia Christi, über die Vortrefflichkeit des Ordenslebens (βίος τῶν μοναχῶν), über die Pflichten eines Mönches. Zwei weitere Tractate vom Gerichte Gottes (περὶ κρίματος θεοῦ) und vom Glauben (περὶ πίστεως) dienen gewissermaßen als Einleitung zu den Sittenvorschriften (τὰ ἠθικά), d. i. achtzig Regeln (ὅροι), meist aus mehreren Sätzen bestehend, von welchen ein jeder durch Stellen des Neuen Testamentes belegt wird. Außer allgemeinen Christenpflichten kommen auch besondere Standespflichten zur Behandlung. Zwei λόγοι ἀσκητικοί, deren Echtheit indes verdächtig erscheint, reihen sich an die Sittenvorschriften an und führen die beiden Ordensregeln ein: längere Regeln (ὅροι κατὰ πλάτος), 55 an der Zahl, und kürzere Regeln (ὅροι κατ' ἐπιτομήν), 313 an der Zahl. Die einen wie die andern sind in die Form von Fragen und Antworten gekleidet; die erstern erörtern hauptsächlich die Principien des Mönchslebens, die letztern gehen nach Art einer Casuistik in das Einzelne ein. Das höchste Lob dieser Regeln, deren Abfassung durch Basilius selbst unzweifelhaft feststeht, liegt jedenfalls darin, daß dieselben bei den Mönchen des Orients bald vorherrschend wurden und bis auf die Gegenwart vorherrschend blieben (Basilianer). Den Schluß der Sammlung bilden Strafen (ἐπιτίμια), d. i. Bußen für Mönche und Nonnen, welche sich gegen die Regel verfehlen, und ascetische Constitutionen (ἀσκητικαὶ διατάξεις), umfassende Vorschriften und Rathschläge für Mönche: beide Stücke werden jetzt meist als unecht verworfen. Die schöne Schrift von der Taufe (περὶ βαπτίσματος) in zwei Büchern (XXXI, 1513—1628), nicht sowohl dogmatischen als vielmehr ascetischen Inhalts, ist gleichfalls zweifelhaft; das weit minderwerthigere Werk über die wahre Unversehrtheit der Jungfräulichkeit (περὶ τῆς ἐν παρθενίᾳ ἀληθοῦς ἀφθορίας: XXX, 669—810) ist entschieden unecht; die nur lateinisch vorhandenen Tractate De consolatione in adversis (XXXI, 1687—1704), De laude solitariae vitae, Admonitio ad filium spiritualem sind wohl sämtlich erst im Mittelalter auf lateinischem Boden erwachsen.

7. Homilien, Briefe, „Liturgie". — Rücksichtlich der Homilien, welche den Namen des hl. Basilius tragen, ist die Frage nach der Echtheit oder Unechtheit mit besondern Schwierigkeiten verknüpft. Als echt gilt im allgemeinen eine Sammlung von 24 Homilien (XXXI, 163—618), welche theils dogmatischen bezw. exegetischen Inhalts sind, theils moraltheologische Gegenstände behandeln, theils Heilige oder Martyrer feiern. Basilius wird den

größten kirchlichen Rednern des Alterthums zugezählt. Am glänzendsten leuchtet seine Beredsamkeit vielleicht aus der Homilie gegen die Wucherer (κατὰ τοκιζόντων) hervor, welche freilich als Hom. II in ps. 14 unter den exegetischen Homilien (Abf. 5) steht (XXIX, 263—280). Unter jenen 24 Homilien hat die Rede oder richtiger die Schrift „An die Jünglinge, wie sie aus heidnischen Schriften Nutzen schöpfen können" (πρὸς τοὺς νέους, ὅπως ἂν ἐξ ἑλληνικῶν ὠφελοῖντο λόγων: XXXI, 563—590), stets besonders reichen Beifall gefunden. Die 24 Sittenreden (ἠθικοὶ λόγοι: XXXII, 1115—1382) sind von Simeon Metaphrastes (10. Jahrh.) aus den Schriften des hl. Bafilius zusammengestellt worden. Die Rede über die mulieres subintroductae (περὶ τῶν συνεισάκτων: XXX, 811—828) ist bestritten; manche andere Reden, De Spiritu S. (in s. baptisma), Hom. dicta in Lacizis, In s. Christi generationem u. f. w. (XXXI, 1429—1514), sind wohl unterschoben. — Schon Gregor von Nazianz hat für einen jungen Freund (die) Briefe des hl. Bafilius gesammelt (S. Greg. Naz. Ep. 53: XXXVII, 109). In der Ausgabe der Mauriner (XXXII, 219—1110) umfaßt die Sammlung dieser Briefe nicht weniger als 365 Nummern. Zwei Drittel, die Briefe 47—291, werden in die Zeit der bischöflichen Amtsführung des Verfassers, 370—378, verlegt. Die meisten derselben wollen Vorgänge und Zustände in der orientalischen, speciell der kappadocischen Kirche unter diesem oder jenem Gesichtspunkte näher beleuchten und liefern der Geschichtschreibung jener vielbewegten Tage ein ebenso reiches wie bedeutsames Quellenmaterial. Andere greifen direct in die trinitarischen Kämpfe ein und stellen dem Umfange nach zuweilen vollständige Abhandlungen dar. Die drei sogen. canonischen Briefe (188. 199. 217), an den schon (Abf. 4) genannten Bischof Amphilochius von Ikonium gerichtet und mit Unrecht in neuerer Zeit von einzelnen Forschern angefochten, enthalten einläßliche Anordnungen in betreff der kirchlichen Bußdisciplin und gelangten in der Folge im ganzen Oriente zu maßgebendem Ansehen. Die angeblichen Briefe des hl. Bafilius an Libanius, den berühmtesten damaligen Lehrer der Redekunst, sowie des Libanius an Bafilius (Nr. 335—359), tragen unverkennbare Spuren der Unechtheit an sich. Auch die Schreiben, welche der Heilige mit Kaiser Julian gewechselt haben soll (Nr. 39. 40. 41. 360), werden mit Recht beanstandet. Dagegen dürfte der Briefwechsel zwischen Bafilius und Apollinarius von Laodicea (Nr. 361—364) mit Dräseke als echt anzuerkennen sein. — Die sogen. „Liturgie des hl. Bafilius" (XXXI, 1629—1678, ein griechischer und ein koptischer Text, letzterer in Uebersetzung) darf hier auch wohl nicht übergangen werden. Daß der Heilige die in der Kirche zu Cäsarea üblichen Gebete und Ceremonien unter mehr oder weniger großen Abänderungen und Erweiterungen in eine bestimmte Form gebracht, gilt als sicher. Inwieweit jedoch jene „Liturgie" die von Bafilius festgestellte Ordnung und Fassung wiedergibt, ist um so schwieriger zu entscheiden, als die Handschriften der Liturgie und noch mehr die alten Uebersetzungen derselben nicht unbedeutend von einander abweichen.

8. Größe des hl. Bafilius. Seine Glaubensregel. — Bafilius wurde schon von seiner Mitwelt der Große genannt. Er war groß nach mancher Seite hin, groß als Dogmatiker, groß als Homilet, am größten aber im praktischen Leben, als Kirchenfürst, als Mann der That. Es ist nicht un-

berechtigt, Basilius als den Mann der That, Gregor von Nazianz als den Meister des Wortes und Gregor von Nyssa als den Denker zu bezeichnen. Die Verdienste und Erfolge, welche Basilius als Bannerträger des wahren Glaubens, als Patriarch der Mönche des Orients, als kirchlicher Gesetzgeber errang, sind früher schon angedeutet worden. Seine literarische Bekämpfung der Häresie verläuft im wesentlichen in Geltendmachung der kirchlichen Lehr=überlieferung. Dem Grundsatze Fides praecedit intellectum gibt er gelegentlich in den Worten Ausdruck: „Der Glaube soll bei den Erörterungen über Gott Führer sein (πίστις ἡγείσθω τῶν περὶ θεοῦ λόγων), der Glaube und nicht der Beweis, der Glaube, welcher mächtiger als Vernunftschlüsse den Geist zur Zustimmung treibt, der Glaube, wie er nicht durch geometrische Nothwendigkeit, sondern durch die Wirksamkeit des Heiligen Geistes erzeugt wird" (Hom. in ps. 115 n. 1: XXX, 104). Den Inhalt dieses Glaubens bestimmt die Ueberlieferung. „Wir nehmen keinen neuen Glauben an, welcher uns von andern geschrieben würde, und wir unterfangen uns auch selbst nicht, die Ergebnisse unseres Nachdenkens zu verkündigen, um nicht etwa Menschenweisheit als die Satzungen der Religion auszugeben, sondern was die heiligen Väter uns gelehrt haben, das theilen wir denen mit, welche uns fragen" (Ep. 140 n. 2: XXXII, 588). In der Heiligen Schrift ist nur ein Theil dieser Ueber=lieferung enthalten. „Gegen den Einwurf, die Doxologie ‚mit dem Heiligen Geiste‘ (σὺν τῷ πνεύματι, vgl. Abs. 4) sei nicht bezeugt und stehe nicht in der Schrift, erwidern wir Folgendes: Wenn nichts anderes angenommen wird, was nicht in der Schrift steht, so soll auch dies nicht angenommen werden; wenn aber die meisten Geheimnisse (τὰ πλεῖστα τῶν μυστικῶν), ohne in der Schrift zu stehen, bei uns Aufnahme finden, so wollen wir mit so manchem andern auch dies annehmen. Ich halte es aber für apostolisch, auch an den nicht in der Schrift stehenden Ueberlieferungen festzuhalten" . . . Folgen die Stellen 1 Kor. 11, 2 und 2 Thess. 2, 15 (De Spir. S. c. 29 n. 71: XXXII, 200).

9. Trinitätslehre. — Im Vordergrunde der lehrhaften Erörterungen des hl. Basilius muß nach Lage der Zeitverhältnisse das Trinitätsdogma stehen. Den Arianern gegenüber vertritt Basilius Einheit des Wesens in Gott und den Sabellianern gegenüber Dreiheit der Personen: μία οὐσία, τρεῖς ὑποστάσεις. In Gott, schreibt er an seinen Bruder Gregor (Ep. 38 n. 4: XXXII, 332—333), „findet sich eine gewisse unaussprechliche und unbegreifliche Gemein=schaft sowohl wie Unterschiedenheit: der Unterschied der Personen hebt die Ein=heit der Natur nicht auf, und die Gemeinsamkeit des Wesens schließt die Eigenthümlichkeit der Unterscheidungsmerkmale nicht aus." Ausführlicher spricht er sich in der Homilie gegen die Sabellianer und Arius und die Anomöer (Hom. 24 n. 3: XXXI, 604—605) aus: „Es ist doch eine schreckliche Thorheit, die Lehren des Herrn nicht anzunehmen, welcher uns deutlich die Verschiedenheit der Personen vor Augen führt. ‚Denn wenn ich hingegangen bin,‘ sagt er (Joh. 14, 16), ‚werde ich den Vater bitten, und er wird euch einen andern Tröster senden.‘ Also der Sohn bittet, der Vater wird gebeten, der Tröster wird gesandt. Ist es nun nicht offenbar unverschämt, zu hören ‚ich‘ vom Sohne, ‚er‘ vom Vater, ‚ein anderer‘ vom Heiligen Geiste, und dann gleichwohl alles zu vermengen und alles durcheinander zu werfen und alle die

Bezeichnungen einer Sache (ἐνὶ πράγματι) zuzueignen? Glaub' aber anderer=
seits auch nicht die Trennung der Personen als gottlose Beute davonzutragen.
Denn wiewohl zwei sind der Zahl nach, so sind sie doch nicht der Natur nach
geschieden, und wer von zweien redet, behauptet damit noch nicht eine Trennung.
Ein Gott, welcher (für ὅτι dürfte ὅς zu lesen sein) auch Vater, ein Gott
aber auch der Sohn, und nicht zwei Götter, da der Sohn zum Vater im
Verhältniß der Wesensidentität steht (ἐπειδὴ ταυτότητα ἔχει ὁ υἱὸς πρὸς τὸν
πατέρα.). Denn ich erblicke nicht eine andere Gottheit im Vater und eine
andere im Sohne, noch verschiedene Naturen in beiden. Damit bir also die
Eigenthümlichkeit der Personen klar werde, so zähle den Vater für sich und
den Sohn für sich; damit du aber nicht in Vielgötterei verfallest, so bekenne
in beiden eine Wesenheit. Auf diese Weise stürzt Sabellius und wird zu=
gleich der Anomöer geschlagen." — Basilius ergriff wiederholt das Wort zu
einer ebenso entschiedenen wie einläßlichen Vertheidigung der Homousie oder
wahren Gottheit des Heiligen Geistes (s. namentlich Adv. Eun. l. III und
De Spir. S.). Nichtsdestoweniger hat er mit Rücksicht auf die den Pneu=
matomachen günstigen Zeitverhältnisse fort und fort eine gewisse Scheu getragen,
den Heiligen Geist geradezu Gott zu nennen, und ist er in dieser Zurückhaltung
so weit gegangen, daß wohlmeinende Gesinnungsgenossen ihn anklagen zu sollen
glaubten. Gregor von Nazianz jedoch nahm ihn in Schutz. „Es ist besser,"
urtheilt auch er (Ep. 58: XXXVII, 116), „haushälterisch mit der Wahrheit
umzugehen (οἰκονομεῖν τὴν ἀλήθειαν), indem man den Umständen wie einer
Art Gewölk etwas Rechnung trägt, als durch offene Aussprache die Wahrheit
zu Schaden zu bringen (καταλύειν)." Aehnlich äußert sich Gregor Or. 41
n. 6 und Or. 43 n. 68 (XXXVI, 437. 588). — Den Ausgang des
Heiligen Geistes bezeichnet Basilius nach der bei den Griechen vorherrschenden
Auffassungs= und Darstellungsweise als einen Ausgang aus dem Vater durch
den Sohn. So heißt es De Spir. S. c. 18 n. 45 (XXXII, 149—152):
ἐν δὲ καὶ τὸ ἅγιον πνεῦμα . . . δι᾽ ἑνὸς υἱοῦ τῷ ἑνὶ πατρὶ συναπτόμενον, und
n. 47 (153): τὸ βασιλικὸν ἀξίωμα ἐκ πατρὸς διὰ τοῦ μονογενοῦς ἐπὶ τὸ πνεῦμα
διήκει. Ebenso wird Adv. Eun. l. V wiederholt gesagt, der Heilige Geist
sei ἐκ θεοῦ δι᾽ υἱοῦ (XXIX, 732. 737). Aber auch Adv. Eun. ll. I—III wird
das filioque vertreten, und zwar unverkennbar nicht etwa nur als Ergebniß
theologischer Speculation, sondern als geoffenbarter Glaubenssatz. Daß Eu=
nomius dem Sohne allein (τῷ μονογενεῖ μόνῳ) die Production des Geistes
zuschreibt, fordert des Verfassers Widerspruch heraus; daß aber der Geist auch
aus dem Sohne hervorgeht, gibt er gerne zu (Adv. Eun. II, 34: XXIX, 652).
Und an der berühmten Stelle, welche schon auf dem Florentinum Gegenstand
erregter Controverse zwischen Lateinern und Griechen war, Adv. Eun. III, 1
(XXIX, 653—656), sind die Worte: der Geist habe nach dem Sohne seine
Stelle, „weil er von ihm das Sein hat und von ihm empfängt und uns
mittheilt und überhaupt von diesem Principe abhängig ist" (παρ᾽ αὐτοῦ τὸ
εἶναι ἔχον καὶ παρ᾽ αὐτοῦ λαμβάνον καὶ ἀναγγέλλον ἡμῖν καὶ ὅλως τῆς αἰτίας
ἐκείνης ἐξημμένον), aus äußern und innern Gründen als echt und ursprünglich
anzuerkennen, wie denn, selbst wenn sie verworfen werden dürften, das, was
sie besagen, durch den Zusammenhang der Argumentation als schlechterdings
unentbehrliche Voraussetzung des Verfassers erwiesen werden würde.

17*

10. Beleuchtung der menschlichen Gotteserkenntniß. — Durch Eunomius
ward Basilius auch veranlaßt, sich über die Natur der menschlichen Gottes=
erkenntniß auszusprechen. Ersterer setzte das Wesen Gottes in die Agennesie,
und in dieser wollte er das Wesen Gottes begreifen (vgl. Abs. 4). Basilius
betont die Mittelbarkeit der Gotteserkenntniß. „Wir behaupten unsern Gott
zu erkennen aus seinem Wirken, schmeicheln uns aber nicht, an sein Wesen
selbst heranzukommen; denn sein Wirken steigt zu uns herab, sein Wesen aber
bleibt unzugänglich" (Ep. 234 n. 1: XXXII, 869). „Die Geschöpfe lassen
wohl des Schöpfers Macht und Weisheit und Kunst erkennen, nicht aber sein
Wesen selbst. Ja auch die Macht des Schöpfers stellen sie nicht nothwendig
ganz dar, da es geschehen kann, daß der Künstler nicht seine ganze Kraft zu
seinem Wirken aufbietet, sondern nur geringere Anstrengungen bei seinen Kunst=
werken macht. Wenn er aber auch seine gesamte Kraft auf sein Werk ver=
wendet hätte, so würde es wohl möglich sein, aus den Werken seine Macht
zu ermessen, nicht aber sein Wesen in seiner eigentlichen Beschaffenheit zu er=
fassen" (Adv. Eun. II, 32: XXIX, 648). Ist nun auch die menschliche
Gotteserkenntniß infolge dieser Mittelbarkeit nothwendig unvollkommen, so ist
sie deshalb doch nicht unwahr. Der Satz des Eunomius, man kenne entweder
das Wesen Gottes oder man kenne Gott überhaupt nicht, läßt sich leicht als
durchaus unzutreffend nachweisen. Wenn nur ein volles Begreifen als wahre
Erkenntniß gelten könnte, so würden wir auch von den endlichen Dingen eine
solche nicht besitzen u. s. w. (mit dem angedeuteten Nachweise beschäftigen sich
insbesondere die Briefe Nr. 233—235). Auch nach erfolgter Offenbarung
vermögen wir Gott nur so zu erkennen, wie eben der Unendliche von dem
Endlichen erkannt werden kann (ὡς δυνατὸν γνωρίζεσθαι τὸν ἀπειρομεγέθη ὑπὸ
τοῦ μικροτάτου Ep. 233 n. 2: XXXII, 868). Selbst im Jenseits werden
wir das Wesen Gottes nicht begreifen. „Die Kenntniß des göttlichen Wesens
besteht also in der Einsicht von seiner Unbegreiflichkeit" (εἴδησις ἄρα τῆς θείας
οὐσίας ἡ αἴσθησις αὐτοῦ τῆς ἀκαταληψίας Ep. 234 n. 2: XXXII, 869).

11. Gesamtausgaben der Werke des hl. Basilius. — Eine Gesamtausgabe der Werke
des hl. Basilius im Urtexte erschien zuerst 1532 zu Basel in 2⁰ (wiederholt 1535 zu
Venedig und 1551 zu Basel), sodann 1618 zu Paris, 3 Bde. 2⁰ (wiederholt 1638 ebend.).
Textkritische Noten zu der letztern Ausgabe, welche von Fronto Ducäus (Fronton
du Duc) S. J. und F. Morellus veranstaltet wurde, von Fr. Combefis O. Pr.
unter dem Titel: Basilius M. ex integro recensitus. Paris. 1679. 2 tom. 8⁰.
Weitaus die beste Ausgabe ist diejenige der Mauriner, Paris 1721—1730, in
3 Foliobänden. Die beiden ersten Bände (1721 u. 1722) besorgte J. Garnier,
den letzten (1730), nach Garniers Tode (3. Juni 1725), Pr. Maran. Die
lateinische Uebersetzung (nicht der griechische Text) dieser Ausgabe ward nachgedruckt
1750—1751 zu Venedig, 3 Bde. 2⁰; 1793 zu Bergamo, 6 Bde. 4⁰; 1835—1840
zu Paris, 3 Bde. 2⁰. Eine zweite Auflage der Mauriner-Ausgabe (editio Pari-
sina altera, emendata et aucta) erschien auf Veranstalten L. de Sinners 1839
zu Paris, 3 Bde. 4⁰. Textkritische Noten zu dem ersten Bande bei A. Iahnius,
Animadversiones in S. Basilii M. opera, supplementum editionis Garnerianae
secundae. Fasc. I: continens animadversiones in tom. I. Bernae 1842. 8⁰.
Ein Abdruck der Mauriner-Ausgabe, um mannigfache Nachträge bereichert, bei
Migne, P. gr. XXIX—XXXII (Paris. 1857). Die beiden unechten Orationes de
hominis structura (XXX, 9—61) stehen als Oratt. in scripturae verba: Faciamus
hominem ad imaginem et similitudinem nostram, auch unter den Werken Gre=

gors von Nyssa (P. gr. XLIV, 257—298). Letzterem können sie aber auch nicht angehören. Der Tractat De laude solitariae vitae ist *S. Petri Damiani* Opusc. XI c. 19 (laus eremiticae vitae): *Migne*, P. lat. CXLV, 246—251. Die Admonitio ad filium spiritualem findet sich unter den Werken des hl. Benedikt von Aniane: *Migne*, P. lat. CIII, 683—700; dieselbe ist aber ein Auszug aus dem Liber exhortationis, vulgo de salutaribus documentis (c. 20—45), welcher den hl. Paulinus von Aquileja († 802) zum Verfasser hat (*Migne*, P. lat. XCIX, 197—282), jedoch auch unter den unechten Werken Augustins eine Stelle findet (XL, 1047—1078). Ueber die von Basilius und Gregor von Nazianz gemeinschaftlich gefertigte Origenes-Philokalie s. § 29, 13 gegen Ende.

12. Nachträge zu den Gesamtausgaben. — Chr. Fr. Matthäi (Glossaria Graeca minora. Mosquae 1774. 4°, und wiederum in der Schrift Ioannis Xiphilini et Basilii M. aliquot orationes. Mosquae 1775. 4°) veröffentlichte drei Homilien unter des Basilius Namen. Die erste, De perfectione vitae monachorum, ist jedoch nichts anderes als der ebenso überschriebene Brief des Heiligen Nr. 22 (XXXII, 287—294); die zweite, De misericordia et iudicio, ist wenigstens zweifelhaft; die dritte, Hom. consolatoria ad aegrotum, ist sicher unecht. Die zweite und die dritte sind abgedruckt bei *Migne* l. c. XXXI, 1705—1722. A. Mai (Nova Patrum Bibl. T. III. Romae 1845. Pars 1. p. 449; Pars 2. p. 281—282) gab eine den Maurinern noch unbekannte Epist. ad Urbicium monachum de continentia (*Migne* l. c. XXXII, 1109—1112) und (ibid. T. VI. 1853. Pars 2. p. 584) einen Sermo de sacerdotum instructione (XXXI, 1685—1688). Eine (mit Unrecht) dem hl. Basilius zugeschriebene Auslegung des symbolum Nicaenum wurde ans Licht gezogen durch C. P. Caspari, Ungedruckte, unbeachtete und wenig beachtete Quellen zur Geschichte des Taufsymbols und der Glaubensregel. II. Christiania 1869. S. 4—7; vgl. S. 13—30. Ein Abdruck derselben bei A. Hahn, Bibliothek der Symbole und Glaubensregeln der alten Kirche. 2. Ausg. Breslau 1877. S. 233—235. Mit dem Symbole in des Basilius Tractat περὶ πίστεως n. 4 (XXXI, 685—688; Hahn a. a. O. S. 195—196) hat diese Auslegung „nicht die entfernteste Aehnlichkeit" (Caspari S. 27). Excerpte aus einzelnen Briefen des hl. Basilius nach neuentdeckten Papyrus-Handschriften wurden herausgegeben von H. Landwehr, Griech. Handschriften aus Fayyûm: Philologus. Bd. XLIII (1884). S. 110—136; vgl. Bd. XLIV (1885). S. 19—21. J. B. Pitra (Analecta sacra et classica. Paris. 1888. 4°. Pars I) veröffentlichte unter des Basilius Namen Fragmenta in psalmos (p. 76—103), Ascetica (p. 104—108), Epitimia (p. 108—110). Siehe auch M. Weinberg, Die Geschichte Josefs, angeblich verfaßt von Basilius d. Gr. aus Cäsarea, nach einer syrischen Handschrift der Berliner kgl. Bibliothek mit Einleitung, Uebersetzung und Anmerkungen herausgegeben. Tl. I. Berlin 1893. 8°.

13. Ausgaben und Bearbeitungen einzelner Schriften. — S. Basilii Caesareae Cappad. archiepisc. et S. Gregorii Theol. vulgo Nazianz. archiepisc. Constantinop. opera dogmatica selecta [S. Bas. Adv. Eun. ll. I—III und De Spir. S.]. Ex recensione monachorum ord. S. Benedicti e congreg. S. Mauri cum eorundem interpretatione et animadversionibus. Edenda curavit *I. D. H. Goldhorn.* Lips. 1854. (Bibl. Patrum graec. dogmatica. Edendam curavit *I. C. Thilo.* Vol. II.) Die Bücher Adv. Eun. IV—V auch bei J. Dräseke, Apollinarios von Laodicea. Leipzig 1892. S. 205—251. Vgl. Dräseke, Des Apollinarios von Laodicea Schrift wider Eunomios: Zeitschr. f. Kirchengesch. Bd. XI (1889—1890). S. 22—61. Eine neue Ausgabe der Schrift De Spir. S. lieferte C. F. H. Johnston, Oxford 1892. 8°. Die Schrift De Spir. S. lateinisch auch in H. Hurters SS. Patrum opusc. sel. (Ser. I) T. XXXI. Eine treffliche Ausgabe (und französische Uebersetzung) der Rede oder Schrift über die Lectüre heidnischer Schriftsteller besorgte C. A. F. Frémion, Paris 1819. 8°. Dieser

Ausgabe ist der Text jener Schrift bei *Migne*, P. gr. XXXI, 563—590 (vgl. 1831—1844) entnommen. Neuere Ausgaben derselben Schrift von L. de Sinner, Paris 1842; von Fr. Dübner und E. Lefranc, Paris 1843; Ausgaben und deutsche Uebersetzungen von G. Lothholz, Jena 1857. 8⁰; von C. Wandinger, München 1858. 8⁰; neueste Ausgabe (und französische Uebersetzung) von E. Sommer, Paris 1894. 16⁰. J. Dräseke, Der Briefwechsel des Basilios mit Apollinarios von Laodicea: Zeitschr. f. Kirchengesch. Bd. VIII (1885—1886). S. 85—123. Die Briefe Nr. 361—364 (XXXII, 1099—1108) werden von Dräseke als echt ver= theidigt unter Beifügung des Wortlautes. Ueber die Briefe im allgemeinen handelt *V. Martin*, Essai sur les lettres de St. Basile le Grand. Nantes 1865. 8⁰. Der sogen. Brief Nr. 16, Adversus Eunomium haereticum (XXXII, 280—281), ist weder ein Brief noch von Basilius, sondern, wie Fr. Diekamp erkannte, ein Abschnitt des zehnten Buches Gregors von Nyssa Contra Eunomium (XLV, 828). Ueber die ältern Ausgaben der sogen. Liturgie des hl. Basilius s. *Fessler-Iungmann*, Instit. Patrol. I, 525—526. Neuere Ausgaben von *H. A. Daniel*, Codex litur-gicus ecclesiae orientalis. (Cod. lit. eccl. univ. T. IV.) Lips. 1853. 8⁰. p. 421—438; sowie namentlich von *C. A. Swainson*, The Greek Liturgies chiefly from original authorities. Cambridge 1884. 4⁰. p. 75—87; 149—171. Vgl. Probst, Die Liturgie des Basilius: Der Katholik. Jahrg. 1882. II, 561—582; Jahrg. 1883. I, 1—27. 113—141.

14. Uebersetzungen. — Rufin von Aquileja übersetzte nach seiner eigenen An= gabe (Hist. eccl. II, 9: P. lat. XXI, 520) ungefähr je zehn Reden von Basilius und von Gregor von Nazianz (denas ferme singulorum oratiunculas) ins Lateinische. Die Mauriner-Ausgabe der Werke des hl. Basilius bietet 8 Homilien in der Uebersetzung Rufins: P. gr. XXXI, 1723—1794; die siebente derselben ist indessen die Ep. S. Basilii 46 ad virginem lapsam (XXXII, 369—382). Auch die beiden Ordensregeln des hl. Basilius (instituta monachorum *Ruf.*, Hist. eccl. II, 9) hat Rufin auszüglich übersetzt, indem er sie zu e i n e r aus 203 Fragen und Antworten bestehenden Regel verband. Ueber die Ausgaben dieser Regel, welche sich bei *Migne*, P. gr. XXIX—XXXII (opp. S. Basilii) wie auch P. lat. XXI (opp. Rufini) nicht findet, s. *Schoenemann*, Bibl. hist.-lit. Patrum lat. I, 619—622 (= P. lat. XXI, 35—37). Die 9 Homilien über das Hexaemeron wurden durch einen gewissen Eustathius Afer um 440 für eine Diakonissin Synkletika ins Lateinische übersetzt (P. gr. XXX, 869—968). Vgl. C. Paucker, Vorarbeiten zur lateinischen Sprachgeschichte. Herausgeg. von H. Rönsch. Berlin 1884. 8⁰. Abth. 3. S. 103—117: De latinitate Eustathii. — Eine armenische Ueber= setzung der Homilien über das Hexaemeron ist 1830 zu Venebig (in 8⁰) gedruckt worden. Auch die 13. der 24 Homilien (Abs. 7), Exhortatoria ad s. baptisma, liegt armenisch vor: *I. B. Aucher*, Severiani s. Seberiani Gabalorum episc. Emesensis homiliae. Venetiis 1827. 8⁰. p. 370—401; freilich wird dieselbe in der armenischen Ueberlieferung dem Bischofe Severian von Gabala beigelegt, wie sie denn vielleicht auch schon durch Gennadius (De vir. ill. c. 21: P. lat. LVIII, 1073, De baptismo) als Eigenthum Severians bezeugt wird. — Der syrische und der koptische Text der sogen. Liturgie des hl. Basilius sind bisher nur in lateinischer Uebersetzung herausgegeben worden; s. *Fessler-Iungmann* l. c. I, 526. Ein slavischer Text nebst deutscher Uebersetzung bei A. Maltzew, Die göttlichen Liturgieen unserer heiligen Väter Johannes Chrysostomos, Basilios des Großen und Gregorios Dia= logos. Deutsch und slavisch unter Berücksichtigung der griechischen Urtexte. Berlin 1890. 8⁰. — The anglo saxon version of the Hexameron of St. Basil . . . and the saxon remains of St. Basil's Admonitio ad filium spiritualem. Now first printed from mss. in the Bodleian library, with a translation, and some account of the author. By *Henry W. Norman*. London 1848. 8⁰ (X, 55 pp.).

— Sämmtliche Schriften des hl. Basilius d. Gr., Erzbischofes von Cäsarea in Kappadocien: Sämmtliche Werke der Kirchen-Väter. Aus dem Urtexte in das Teutsche übersetzt. Bd. XIX—XXVI. Kempten 1838—1842. J. G. Krabinger, Basilius d. Gr. auserlesene Homilien. Aus dem Griechischen übersetzt und erläutert. Landshut 1839. 8°. Krabinger übersetzt 14 Homilien, deren Text (in der Mauriner-Ausgabe) er zugleich nach Handschriften berichtigt. Neuere deutsche Uebersetzungen der (bei Krabinger fehlenden) Schrift über die Lectüre heidnischer Schriftsteller bei Lothholz (s. Abs. 13), Wandinger (ebend.), H. Doergens, Der hl. Basilius und die classischen Studien. Eine gymnasial-pädagogische Studie. Leipzig 1857. 8°. B. Gröne, Ausgewählte Schriften des hl. Basilius d. Gr., Bischofs von Cäsarea und Kirchenlehrers, nach dem Urtexte übersetzt. Kempten 1875—1881. 3 Bde. (Bibl. der Kirchenväter). Gröne gibt Bd. I die 9 Homilien über das Hexaemeron und ausgewählte Reden (21), Bd. II die drei Abhandlungen zu Eingang der Ascetica und die beiden Ordensregeln, Bd. III ausgewählte Briefe (97). Eine deutsche Uebersetzung der Liturgie des hl. Basilius (nach dem Texte bei Daniel) bei R. Storf, Die griechischen Liturgieen der Heiligen Jakobus, Markus, Basilius und Chrysostomus. Kempten 1877 (Bibl. der Kirchenväter). Ausgewählte Reden des hl. Basilius in deutscher Uebersetzung von F. J. Winter bei G. Leonhardi, Die Predigt der Kirche. Klassikerbibliothek der christl. Predigtlitteratur. Bd. XIX. Leipzig 1892. — The Treatise of St. Basil the Great on the Holy Spirit. Translated, with analysis and notes, by G. Lewis. London 1888. 12°.

15. Schriften über Basilius. — C. R. W. Klose, Ein Beitrag zur Kirchengeschichte. Basilius d. Gr. nach seinem Leben und seiner Lehre. Stralsund 1835. 8°. Fr. Böhringer, Die Kirche Christi und ihre Zeugen oder die Kirchengeschichte in Biographieen. 2. Aufl. Bd. VII. Die drei Kappadozier. 1. Basilius von Cäsarea. Stuttgart 1875. E. Fialon, Étude historique et littéraire sur St. Basile, suivie de l'Hexaëmeron, traduit en français. Paris 1869. 8°. — Dissertatio qua expenditur celebris locus S. Basilii M. de processione Spiritus S. a Patre Filioque [Adv. Eun. III, 1]. (Auctore L. Vallée.) Lut. Paris. 1721. 2° (2 ff., 28 pp.). A. Iahnius, Basilius M. Plotinizans, supplementum editionis Plotini Creuzerianae, Basilii M. Garnerianae. Bernae 1838. 4° (46 pp.). L. Roux, Étude sur la prédication de Basile le Grand, archevêque de Césarée. Strasbourg 1867. 8°. H. Weiß, Die großen Kappadocier Basilius, Gregor von Nazianz und Gregor von Nyssa als Exegeten. Ein Beitrag zur Geschichte der Exegese. Braunsberg 1872. 8° (4 u. 109 SS.). A. Dayle, St. Basile, archevêque de Césarée (329—379). Cours d'éloquence sacrée (1869 à 1870). Avignon 1878. 8°. E. Scholl, Die Lehre des hl. Basilius von der Gnade. Freiburg 1881. 8° (VIII, 235 SS.). A. Kranich, Der hl. Basilius in seiner Stellung zum ,Filioque'. Braunsberg 1882. 8° (VIII, 126 SS.). Funk, Ein angebliches Wort Basilius d. Gr. über die Bilderverehrung [De Spir. S. c. 18 n. 45: Migne l. c. XXXII, 149]: Theol. Quartalschrift. Bd. LXX (1888). S. 297—298; vgl. Bd. LXXI (1889). S. 171. — Weitere Litteraturangaben bei Hoffmann, Bibliographisches Lexicon der gesammten Litteratur der Griechen, 2. Ausg., I, 407—421; Engelmann, Bibl. script. class. (8) I, 232; Chevalier, Répertoire des sources hist. 234 u. 2445.

16. Eustathius von Sebaste. Amphilochius von Ikonium. — Eustathius von Sebaste (Abs. 3) setzte einen Brief in Umlauf, welcher von Basilius an Apollinarius von Laodicea geschrieben sein sollte und sich zu häretischen Lehren bekannte. Eine Ausgabe dieses Briefes von M. Sebastiani erschien 1796 zu Rom in 8°. — Der hl. Amphilochius (Abs. 7), seit 374 Bischof von Ikonium und Metropolit von Lykaonien, † nach 394, nahm an den kirchlichen Angelegenheiten seiner Zeit regen Antheil. Daß er auch schriftstellerisch thätig war, ergibt sich namentlich aus

Citaten späterer Autoren und Concilien, während die Schriften, welche jetzt unter seinem Namen gehen (homiliae, epistola iambica ad Seleucum u. a.), wohl sämtlich als unecht bezeichnet werden müssen, mit alleiniger Ausnahme eines trefflichen Synodalschreibens über die wahre Gottheit des Heiligen Geistes, welches Amphilochius im Namen einer Synode der Bischöfe Lykaoniens vom Jahre 377 vermuthlich an die Bischöfe Lyciens richtete. Sammlungen jener Schriften bei *Gallandi*, Bibl. vet. Patr. VI, 457—514; bei *Migne*, P. gr. XXXIX, 13—130. Die epistola synodalis auch bei *I. D. H. Goldhorn*, S. Basilii opp. dogm. sel. Lips. 1854 (*I. C. Thilo*, Bibl. Patrum graec. dogm. Vol. II). p. 630—635. Vgl. *Fessler-Iungmann*, Institt. Patrol. I, 600—604.

## § 50. Gregor von Nazianz, der Theologe.

1. **Gregor vor seiner Priesterweihe.** — Gregor von Nazianz erblickte um 330, etwas früher als Basilius d. Gr., das Licht der Welt auf dem Landgute Arianz bei Nazianz, einer Stadt im südwestlichen Kappadocien. Auch er ward im Geiste christlicher Frömmigkeit erzogen. Wurde Basilius durch seine Großmutter Makrina zur Tugend angeleitet, so wurde Gregors religiöser Sinn geweckt und gepflegt durch seine heiligmäßige Mutter Nonna. Zum Jüngling herangereift, besuchte Gregor die berühmtesten Schulen seiner Zeit, zu Cäsarea in Kappadocien, wo er den hl. Basilius kennen lernte, zu Cäsarea in Palästina, zu Alexandrien und zu Athen, wo er mit dem bald nach ihm eintreffenden Basilius jenen Freundschaftsbund einging, welchen er noch im Jahre 381 an des Freundes Grab mit der Begeisterung des Jünglings feiert (Orat. 43, in laudem Basil. M.: *Migne*, P. gr. XXXVI, 493—605). Etwa 360 verließ Gregor Athen, empfing in der Heimat die Taufe und lebte dann theils zu Arianz theils bei Basilius in Pontus in stiller Zurückgezogenheit. Das Mönchsleben war schon zu Athen sein höchstes Ideal gewesen, und der Aufenthalt zu Arianz im Kreise seiner Angehörigen konnte seiner Sehnsucht nach einer gottgeweihten Einsamkeit immer nur neue Nahrung geben. In das Jahr 360 oder 361 wird übrigens auch wohl das erste öffentliche Auftreten Gregors als Friedensstifter fallen. Sein Vater Gregor hatte als Bischof von Nazianz die semiarianische Formel von Rimini (359) unterzeichnet und dadurch insbesondere den nicänisch gesinnten Mönchen zu Nazianz schweres Aergerniß gegeben. Gregor versöhnte die aufgeregten Gemüther, indem er seinen Vater vermochte, öffentlich ein ganz orthodoxes Glaubensbekenntniß abzulegen. (Andere wollen die angedeutete Spaltung der Gemeinde zu Nazianz ins Jahr 363 und Gregors Friedensvermittlung ins Jahr 364 verlegen.)

2. **Gregor Priester und Bischof.** — Es war wahrscheinlich am Weihnachtsfeste des Jahres 361, als Gregor auf Andringen der nazianzenischen Gemeinde gegen seinen Wunsch durch seinen Vater zum Priester geweiht wurde. Unwillig über die Gewalt, welche ihm angethan worden, entfloh er nach Pontus zu seinem Freunde, kehrte jedoch bald, vermuthlich um Ostern 362, wieder zurück und unterstützte nun seinen Vater in der Verwaltung der Diöcese. Als Basilius in Verfolg seiner Streitigkeiten mit dem Bischofe Anthimus von Tyana (vgl. § 49, 3) mehrere neue Bisthümer in den kleinern Städten Kappadociens gründete, bestellte er seinen Freund zum Bischofe von Sasima, einer sehr unbedeutenden und traurigen Oertlichkeit des Gebietes, über welches Anthimus

Metropolitanrechte beanspruchte. Nur höchst ungern ließ Gregor sich zu Nazianz durch Basilius zum Bischofe weihen, entwich dann aber wieder in die Einsamkeit, und es ist sehr zweifelhaft, ob er sich je nach Sasima begeben und das dortige Bisthum angetreten hat. Erst die flehentlichsten Bitten seines Vaters konnten ihn im Jahre 372 bewegen, nach Nazianz zurückzukehren und die dortigen Hirtensorgen zu theilen. Im Frühjahre 374, wie es scheint, starb sein Vater und bald darauf auch seine Mutter — sein jüngerer Bruder Cäsarius und seine Schwester Gorgonia waren den Eltern schon um 369 im Tode voraufgegangen. Nicht lange nachher, 375, legte Gregor, auch selbst körperlich sehr leidend, die Verwaltung des Bisthums von Nazianz nieder, um sich zu Seleucia in Isaurien einem zurückgezogenen, beschaulichen Leben zu widmen. Hier erhielt er die Trauerkunde von dem Tode seines Freundes Basilius (379), welche ihn in dem Entschlusse, ganz der Welt zu entsagen, von neuem bestärkte.

3. Gregor zu Konstantinopel. — Die so heiß ersehnte Ruhe sollte ihm indessen nicht zu theil werden. Die orthodoxe Gemeinde zu Konstantinopel, welche unter dem arianisch gesinnten Kaiser Valens zu einem fast verschwindend kleinen Häuflein zusammengeschmolzen war, in der Thronbesteigung des Theodosius aber am 19. Januar 379 das Morgenroth einer bessern Zukunft begrüßen durfte, wandte sich an Gregor mit einem dringenden Hilferufe und vermochte ihn, noch im Jahre 379 sich in die morgenländische Hauptstadt zu begeben, um die kirchlichen Verhältnisse daselbst wieder zu ordnen. Er entfaltete hier eine ungemein segensreiche Thätigkeit. Die verschiedenen arianischen Parteien unterließen nichts, seine Absichten zu vereiteln, seine Bemühungen zu durchkreuzen; sie wußten auch in der orthodoxen Gemeinde Zwietracht zu erregen, und Gregor selbst kam wiederholt in Lebensgefahr. Aber sein heiliger Eifer bangte vor keiner Schwierigkeit, seine wunderbare Beredsamkeit wirkte zündend. Auch war sein Ruf so groß, daß selbst ein Hieronymus, wiewohl bereits in gereiftem Mannesalter stehend, es nicht verschmähte, nach Konstantinopel zu kommen, um Gregors öffentliche Vorträge zu hören und namentlich auch seinen häuslichen Unterricht in der Interpretation der Heiligen Schrift zu genießen. Am 24. December 380 kam Theodosius in Konstantinopel an und ließ alsbald die in den Besitz der Arianer übergegangene Hauptkirche der Stadt (wahrscheinlich die Apostelkirche) den Katholiken zurückerstatten. Dem stürmischen Verlangen der letztern, Gregor zum Bischofe zu erhalten, widersetzte dieser sich standhaft, bis er von der durch Theodosius berufenen und im Mai 381 eröffneten zweiten ökumenischen Synode zum Oberhirten der Hauptstadt bestellt wurde. Mit tiefem Schmerze sah er seine Bemühungen um Beilegung des meletianischen Schismas zu Antiochien an dem Widerspruche vornehmlich der jüngern Mitglieder der Synode scheitern, und als die später berufenen Bischöfe Aegyptens und Macedoniens die Rechtmäßigkeit seiner Wahl zum Bischofe Konstantinopels beanstandeten, legte er die eben erst übernommene Würde und Bürde nieder, nahm mit einer glänzenden Rede in der Hauptkirche vor den versammelten Bischöfen feierlich Abschied und verließ Konstantinopel vermuthlich im Juni 381. Er zog sich nach Nazianz zurück und leitete und schirmte die dortige, seit dem Tode seines Vaters verwaiste Gemeinde, bis dieselbe um 383 auf seinen Wunsch in der Person des Eulalius einen neuen Hirten erhielt. Seitdem lebte Gregor unter strengen ascetischen Uebungen und

mit schriftstellerischen Arbeiten beschäftigt auf dem Landgute Arianz. Hier,
wo er geboren, ist er wahrscheinlich auch gestorben, 389 oder 390.

4. Gregors Reden. — Gregors Schriften gliedern sich in drei Gruppen:
Reden, Briefe und Gedichte. Die erste Stelle behaupten die Reden (*Migne*,
P. gr. XXXV—XXXVI), 45 an der Zahl, und unter ihnen sind von jeher
die Reden Nr. 27—31 als die hervorragendsten und bedeutsamsten bezeichnet
worden. Dieselben werden von dem Redner (Or. 28 n. 1: XXXVI, 25)
οἱ τῆς θεολογίας λόγοι genannt, und sie haben ihm selbst hinwiederum den
Namen des Theologen eingetragen. Sie wurden zu Konstantinopel gehalten
und hatten die Aufgabe, die kirchliche Trinitätslehre gegen die Macedonianer
und Eunomianer zu rechtfertigen und zu begründen. Nachdem in der ersten
dieser Reden verschiedene Vorfragen erörtert worden, werden in der zweiten
die Existenz sowie die Natur und die Eigenschaften Gottes behandelt, soweit
anders die menschliche Vernunft sie zu erfassen und die menschliche Sprache
sie wiederzugeben vermöge. Die dritte bespricht die Wesenseinheit der drei
göttlichen Personen und insbesondere die Gottheit des Sohnes, worauf dann
die vierte die hauptsächlichsten der von den Arianern gegen die Gottheit des
Sohnes ins Feld geführten Bibelstellen beleuchtet und die fünfte die Einwendungen gegen die Gottheit des Heiligen Geistes zurückweist. Vielfach verwandten Inhalts sind die Reden Nr. 20 „Ueber Verordnung und Festsetzung
der Bischöfe" und Nr. 32 „Ueber Maß und Ziel in den Disputationen",
beide gleichfalls in Konstantinopel gehalten. Die beiden Strafreden (στηλι-
τευτικοί) auf Kaiser Julian, Nr. 4—5, sind erst nach dem Tode Julians
(26. Juni 363) verfaßt und sehr wahrscheinlich nicht öffentlich vorgetragen
worden. Dieselben wollen den Apostaten, welchen Gregor zu Athen persönlich
kennen gelernt hatte, bei der Mit- und Nachwelt der allgemeinen Verachtung
preisgeben. Es spricht aus ihnen mehr das Feuer der Leidenschaft als echte,
christliche Begeisterung. Auch die Rede, in welcher Gregor seine Flucht nach
seiner Ordination zum Presbyter beleuchtet und vertheidigt (ἀπολογητικὸς τῆς
εἰς τὸν Πόντον φυγῆς ἕνεκεν), Nr. 2, kann schon ihres Umfanges wegen nicht
in der überlieferten Form gehalten worden sein. Vermuthlich hat Gregor nur
den eigentlich apologetischen Theil derselben im Jahre 362 öffentlich vorgetragen,
und ist sie erst durch spätere Ueberarbeitung zu der vorliegenden Abhandlung
über die Erhabenheit des geistlichen Standes angeschwollen. Diese Abhandlung ist
Vorbild und Quelle der sechs Bücher des hl. Chrysostomus περὶ ἱερωσύνης (§ 57, 8).
Die übrigen Reden Gregors behandeln den Gegenstand eines kirchlichen Festes,
einen Glaubenssatz oder eine Christenpflicht, das Gedächtniß berühmter Martyrer, das Andenken von Verwandten und Freunden, wichtige Ereignisse des
eigenen Lebens. Unter den Commentatoren der Reden Gregors hat Elias von
Kreta (wahrscheinlich im 11. Jahrhundert) eine besondere Berühmtheit erlangt.

5. Gregors Briefe und Gedichte. — Eine Sammlung seiner Briefe,
wenigstens des größten Theiles derselben, veranstaltete Gregor selbst auf Bitten
seines jungen Verwandten Nicobulus (Ep. 52—53: *Migne*, P. gr. XXXVII,
108—109). Weitaus die meisten der uns erhaltenen Briefe — die Mauriner
zählen ihrer 243 — stammen aus den Tagen der einsamen Zurückgezogenheit
Gregors zu Arianz (383—389) und beschäftigen sich mit einzelnen Vorkommnissen im Leben des Verfassers oder seiner Freunde und Verwandten.

Nur sehr wenige gehen auf theologische Fragen ein. Der in neuerer Zeit häufiger genannte Brief Nr. 243, πρὸς Εὐάγριον μοναχὸν περὶ θεότητος (XLVI, 1101—1108 inter opp. S. Greg. Nyss.; cf. XXXVII, 385), versucht namentlich durch Gleichnisse das Verhältniß des Sohnes und des Heiligen Geistes zu dem Vater innerhalb des einen, durch keine jener Bezeichnungen eine Trennung erleidenden, göttlichen Wesens zu veranschaulichen. Formell sind die Briefe Gregors sehr schön, insbesondere lakonisch kurz, voll Sentenzen und Pointen, häufig offenbar mit großem Fleiße ausgearbeitet, manchmal wohl nicht bloß auf den Abressaten, sondern zugleich auf einen weitern Leserkreis berechnet. — In dieselbe Zeit, welcher die Mehrzahl der Briefe angehört, fällt auch die Abfassung der meisten Gedichte Gregors. Verschiedenen Häretikern, insbesondere den Apollinaristen, welche ihre Lehren in poetische Form und dadurch in den Mund des Volkes brachten, wollte er auch durch poetische Polemik begegnen. Außerdem sollten seine Lieder der christlichen Jugend einen gewissen Ersatz bieten für die so leicht zur Sittenlosigkeit verleitenden Werke der heidnischen Dichter. In dem Gedichte In suos versus (Poëm. lib. II. sect. 1. carm. 39: XXXVII, 1329—1336) gibt Gregor selbst eingehende Rechenschaft über die Gründe, welche ihn noch in vorgerücktem Alter bestimmten, die Prosa mit gebundener Rede zu vertauschen. Doch ist Gregors Poesie vielfach nichts anderes als versificirte Prosa, matt und weitschweifig. Poetischen Werth können hauptsächlich einige kleinere Stücke elegischen und satirischen Inhalts beanspruchen. Im übrigen sind es Gnomen, moralische Sprüche, gedrängte und gehaltvolle Lehrgedichte, welche Gregor gut gelingen. Das Gedicht De vita sua (Poëm. lib. II. sect. 1. carm. 11: XXXVII, 1029—1166), das umfangreichste von allen (1949 BB.), ist als biographische Quelle von Wichtigkeit. Die metrische Form der Gedichte ist überaus mannigfaltig. Neben einer gewaltigen Masse von Trimetern, Hexametern, Pentametern und mehreren jambischen und anakreontischen Zeilenarten finden sich auch einige Verse, welche die Quantität der Silbe ganz unbeachtet lassen, die beiden rhythmischen oder unprosodischen Gedichte Hymnus vespertinus und Exhortatio ad virgines (Poëm. lib. I. sect. 1. carm. 32, sect. 2. carm. 3: XXXVII, 511—514, 632—640). Die Tragödie Christus patiens (XXXVIII, 133—338) ist unecht und erst in sehr später Zeit, wahrscheinlich im 11. oder 12. Jahrhundert, entstanden. Scholien zu Gregors Liedern verfaßte namentlich auch Kosmas der Sänger (§ 86, 6). Eine Auswahl von Epigrammen Gregors (auf Basilius, auf Nonna, auf Cäsarius u. a.) hat Aufnahme in die griechische Anthologie (Buch 8) gefunden.

6. Charakteristik Gregors. — Den ganzen Lebenslauf Gregors kennzeichnet ein eigenthümliches Schwanken; sein Sehnen und Trachten steht nach Einsamkeit und stiller Beschauung, der Freunde Mahnung und eigenes Pflichtgefühl rufen ihn ins praktische Leben, zur thatkräftigen Theilnahme an den kirchlichen Bewegungen und Kämpfen seiner Zeit. Die großen Erfolge, welche er hier erzielt, verdankt er hauptsächlich seiner hinreißenden Beredsamkeit. Er ist kein Kirchenfürst wie etwa sein Freund Basilius, aber er verfügt über eine weit größere rhetorische Fülle und Gewandtheit, und er ist unstreitig einer der ersten Redner des christlichen Alterthums, wenngleich er dem Geschmacke des Jahrhunderts, der Künstelei und Schönrednerei, auch seinen Tribut zollt. In

seinem Lehrvortrage vertritt und vertheidigt er die Glaubenssätze der Ueber=
lieferung. Er rühmt sich, die Lehre, welche er aus der Heiligen Schrift
geschöpft und von den heiligen Vätern überkommen, stets unverändert, ohne
jede Accommodation an die Zeitverhältnisse, festgehalten zu haben (κατὰ πάντα
καιρὸν ὁμοίως, οὐ συμμορφούμενος τοῖς καιροῖς Or. 33 n. 15: XXXVI, 233),
und bei einer andern Gelegenheit betont er, er lehre (insbesondere über die
Trinität) nach Art der (galiläischen) Fischer und nicht nach Art des Aristoteles
(ἁλιευτικῶς, ἀλλ' οὐκ Ἀριστοτελικῶς Or. 23 n. 12: XXXV, 1164). Auch
ist Gregor kein Denker wie etwa Gregor von Nyssa; selbständige Speculation
lag ihm ferne. Er darf aber in höherem Grade als sein großer Zeit= und
Heimatgenosse als Repräsentant des allgemeinen Glaubens der griechischen
Kirche gegen Ende des 4. Jahrhunderts gelten. Schon sehr frühe ist seine
Lehranschauung gewissermaßen als Glaubensnorm betrachtet und verehrt worden.
Rufin von Aquileja erklärt in dem Vorworte seiner lateinischen Uebersetzung
mehrerer Reden Gregors: Manifestum namque indicium est non esse
rectae fidei hominem qui in fide Gregorio non concordat (XXXVI, 736).
Spätere griechische Dogmatiker, wie Johannes von Damaskus (§ 89, 3),
schöpften aus den Schriften „des Theologen" mit besonderer Vorliebe.

7. Trinitätslehre. — Eine einläßlichere Beachtung beanspruchen die Aus=
führungen Gregors über die Trinität. Es war nicht bloß eine Forderung
seiner Zeit, auch die Richtung und das Bedürfniß des eigenen Geistes wirkte
mit dazu, daß er sozusagen sein ganzes Leben der Vertheidigung und Beleuchtung
des Trinitätsdogmas widmete und fast in einer jeden seiner Reden auf dieses
Dogma zurückkam. Als Inbegriff seiner Lehranschauung dürfen die Worte
Or. 40 n. 41 (XXXVI, 417) gelten: „Dieses Glaubensbekenntniß gebe ich
dir zum Begleiter und Beschützer deines ganzen Lebens: Eine einzige Gottheit
und Macht, welche in Dreien geeint sich findet und Drei geschieden in sich
begreift, nicht ungleich an Wesenheit oder Natur, nicht vergrößert durch Zusatz
und nicht verkleinert durch Hinwegnahme, ganz und gar gleich, ja ganz und
gar dieselbe, wie die eine Schönheit und Größe des Himmels, dreier Un=
endlichen unendliche Vereinigung, Gott ein jeder für sich betrachtet, als Vater
und Sohn, als Sohn und Heiliger Geist, unter Wahrung des einem jeden
eigenen Unterscheidungsmerkmals, Gott alle Drei miteinander gefaßt, jenes
wegen der Wesenseinheit (ὁμοουσιότης), dieses wegen der Einheit des Princips
(μοναρχία). Kaum habe ich das Eine im Geiste erfaßt, und ich bin von den
Dreien umleuchtet; kaum habe ich die Drei unterschieden, und ich bin wieder
zu dem Einen zurückgeführt. Wenn ich Eines von den Dreien betrachte, so
halte ich dieses für das Ganze, und mein Auge hat zu viel zu schauen und
die Fülle entgeht mir; ich vermag nicht die Größe dieses Einen zu ergründen,
um die Fülle dem, was übrig bleibt, zu geben; wenn ich aber die Drei in
der Betrachtung zusammenfasse, so sehe ich einen einzigen Strahl, und ich ver=
mag nicht das geeinte Licht zu unterscheiden oder abzumessen." — Die Gottheit
des Heiligen Geistes im besondern betreffend, vertheidigte Gregor die Behutsamkeit
und Vorsicht, welche Basilius d. Gr. in Vertretung der Wahrheit sich auf=
erlegte (§ 49, 9). Er ist indessen selbst weit weniger zurückhaltend gewesen.
Er fragt schon um 372 öffentlich (Or. 12 n. 6: XXXV, 849): „Wie lange
noch sollen wir das Licht unter den Scheffel stellen und den andern die voll=

kommene Gottheit (des Heiligen Geistes) vorenthalten? Das Licht muß viel=
mehr auf den Leuchter gestellt werden und allen Kirchen und Geistern und
dem ganzen weiten Erdkreis leuchten, nicht mehr in einem Bilde dargestellt
und nicht in einem Schattenrisse dem Verstande vorgehalten, sondern auch klar
ausgesprochen!" (Vgl. zu dieser Aeußerung Ep. 58: XXXVII, 116.) Und
in der Gedächtnißrede auf seinen Freund (Or. 43 n. 69: XXXVI, 589)
erzählt Gregor, der Selige habe in bedrängten Zeitverhältnissen (τοῦ καιροῦ
στενοχωροῦντος ἡμᾶς) für sich mit Rücksicht auf seine exponirte Stellung ein
vorsichtiges Verhalten (τὴν οἰκονομίαν) in Anspruch genommen, ihm jedoch als
dem weit weniger Gefährdeten volle Freiheit (τὴν παρρησίαν) überlassen. —
Das filioque kommt bei Gregor nicht so unumwunden und unzweideutig zum
Ausdruck wie bei Basilius. Gleichwohl setzt Gregor wieder und wieder als
anerkannt und zugegeben voraus, daß auch der Sohn Princip des Heiligen
Geistes ist. Wenn in der vor den Vätern des zweiten ökumenischen Concils
(381) gehaltenen Rede (Or. 42 n. 15: XXXVI, 476) der Vater ἄναρχος,
der Sohn ἀρχή und der Heilige Geist τὸ μετὰ τῆς ἀρχῆς genannt wird, so
ist damit nothwendig zwischen Sohn und Geist die Wechselbeziehung des Hervor=
bringenden zu dem Hervorgebrachten und umgekehrt behauptet. Der Heilige
Geist wird aber auch ausdrücklich als τὸ ἐξ ἀμφοῖν συνημμένον bezeichnet
(Or. 31 n. 2: XXXVI, 136), „das aus beiden Geeinte", d. i. das von
Vater und Sohn gemeinsam Ausgehende. Das Gedicht Praecepta ad virgines endlich schließt (XXXVII, 632) mit den Worten: „Ein Gott, aus
dem Erzeuger durch den Sohn zum großen Geiste (εἷς θεὸς ἐκ γενέταο δι'
υἱέος ἐς μέγα πνεῦμα — die sogen. κίνησις τῆς μονάδος εἰς τριάδα), indem
die vollkommene Gottheit in vollkommenen Personen subsistirt."

8. Gesamtausgaben der Werke Gregors. — Unter den ältern Gesamtausgaben
der Werke Gregors ist die wichtigste diejenige von J. Billius und F. Morellus,
Paris 1609—1611. 2 Bde. 2⁰; wiederholt Paris 1630 und Köln (Leipzig) 1690.
Die beste Ausgabe ist diejenige der Mauriner, über welcher indessen ein eigenes Ge=
schick waltete. Der erste Band derselben, welcher sämtliche Reden umfaßt, wurde
nach dem Tode mehrerer Mitarbeiter endlich von Ph. Clemencet ans Licht ge=
stellt, Paris 1778. 2⁰. Die Vollendung des zweiten Bandes ward durch die fran=
zösische Revolution verhindert, und erschien derselbe erst 1840, post operam et
studium monachorum O. S. B. edente et accurante D. A. B. Caillau. Dieser
Band enthält die vollständigste Sammlung der Briefe und der Gedichte Gregors.
Die Reden sowohl wie die Briefe und die Gedichte werden in der Mauriner-Ausgabe
anders gezählt als in der Ausgabe von Billius und Morellus; vergleichende Tabellen
über beide Zählungsweisen gibt Fessler, Institt. Patrol. (1850—1851) I, 747—762.
Ein Abdruck der Mauriner-Ausgabe, um reiche Nachträge vermehrt, bei Migne,
P. gr. XXXV—XXXVIII (Paris. 1857—1858). Weiteres über die Ausgaben
der Schriften Gregors bei Fabricius-Harles, Bibl. Graeca VIII, 392—404;
Hoffmann, Bibliograph. Lexicon der gesammten Litteratur der Griechen (2. Ausg.)
II, 173—184; Engelmann, Bibl. script. class. (8) I, 349.

9. Neuere Ausgaben und Bearbeitungen einzelner Schriften. S. Basilii Cae-
sareae Cappad. archiepisc. et S. Gregorii Theol. vulgo Nazianz. archiepisc.
Constantinop. opera dogmatica selecta [S. Greg. Orat. de dogmate et con-
stitutione episcoporum, Oratt. theologicae, Epistt. ad Cledonium, Epist. ad
Nectarium]. Ex recensione monachorum ord. S. Benedicti e congreg.
S. Mauri cum eorundem interpretatione et animadversionibus. Edenda

curavit *I. D. H. Goldhorn.* Lips. 1854. (Bibl. Patrum graec. dogmatica. Edendam curavit *I. C. Thilo.* Vol. II.) Eine Sonderausgabe der Orat. apologetica de fuga sua von J. Alzog, Freiburg i. Br. 1858. 1868. 8⁰; eine Sonderausgabe der Orat. in fratrem Caesarium von E. Sommer, Paris 1875. 1885. 8⁰; eine Sonderausgabe der Orat. in laudem Machabaeorum von E. Sommer, Paris 1891. 8⁰. Ein kleiner Theil der Orat. in sanctum baptisma (n. 45), „der δεκάλογος oder die σωτηρία σύντομος des Gregorius von Nazianz", ward neu herausgegeben von E. P. Caspari, Alte und neue Quellen zur Geschichte des Taufsymbols und der Glaubensregel. Christiania 1879. S. 21—24. Einige epische und bibaktische Gedichte Gregors in sorgfältig revidirtem Texte bei *W. Christ* et *M. Paranikas,* Anthologia graeca carminum christianorum. Lipsiae 1871. 8⁰. p. 23—32; cf. Proleg. p. xii—xv. Ein einzelner Hymnus bei *A. Iahn,* Eclogae e Proclo de philosophia chaldaica. Ed. *A. I.* Accedit hymnus in Deum platonicus, vulgo S. Gregorio Nazianzeno adscriptus, nunc Proclo Platonico vindicatus. Halis Sax. 1891. 8⁰. Die beiden rhythmischen Gedichte (Exhortatio ad virgines und Hymnus vespertinus) wurden zuletzt herausgegeben von W. Meyer, Anfang und Ursprung der lateinischen und griechischen rythmischen Dichtung (Abhandlungen der kgl. bayerischen Akademie der Wiss. I. Cl. XVII. Bd. 2. Abth. München 1885) S. 400—409; vgl. S. 313—315. S. auch Fr. Hanssen, Ueber die unprosobischen Hymnen des Gregor von Nazianz: Philologus. Bd. XLIV. Göttingen 1885. S. 228—235; *Edm. Bouvy,* Poètes et Mélodes. Nîmes 1886. p. 133—138. Ueber die Gedichte Gregors im allgemeinen handeln *M. Schubach,* De b. patris Gregorii Nazianzeni Theologi carminibus commentatio patrologica. Confluentibus 1871. 8⁰ (59 pp.); *P. Stoppel,* Quaestiones de Gregorii Nazianzeni poetarum scaenicorum imitatione et arte metrica. Rostochii 1881. 8⁰ (Diss. inaug.). Ueber die Anthologia Palatina (l. VIII: ἐπιγρ. Γρηγορίου τοῦ θεολόγου) vgl. Christ, Geschichte der griech. Litteratur. 2. Aufl. München 1890. S. 444. A. Ludwich, Nachahmer und Vorbilder des Dichters Gregorios von Nazianz: Rheinisches Museum f. Philolog. N. F. Bd. XLII. Frankf. a. M. 1887. S. 233—238. Vgl. dazu G. Knaack, Zu Gregorios von Nazianz: Neue Jahrbb. f. Philol. u. Pädag. Bd. CXXXV. Leipzig 1887. S. 619—620. — Christus patiens. Tragoedia christiana quae inscribi solet Χριστὸς πάσχων Gregorio Nazianzeno falso attributa. Rec. *I. G. Brambs.* Lips. 1885. 8⁰. Vgl. *I. G. Brambs,* De auctoritate tragoediae christianae quae inscribi solet Χριστὸς πάσχων Gregorio Nazianzeno falso attributae. Eichstadii 1883. 8⁰. (Dasselbe auch in dem Jahresberichte der k. Studienanstalt zu Eichstätt für 1883 bis 1884. 4⁰.) Eine deutsche Uebersetzung der Tragödie im Versmaße der Urschrift lieferte E. A. Pullig, Bonn 1893. 4⁰ (Progr.). Näheres über dieses einzige uns erhaltene Drama der byzantinischen Zeit bei Krumbacher, Geschichte der byzantinischen Litteratur. München 1891. S. 356—359.

　　10. Aeltere Commentare über die Reden und die Gedichte Gregors. — Migne (P. gr. XXXVI) gibt folgende Commentare über die Reden: Eliae metropolitae Cretae Commentarii in S. Gregorii Naz. orationes 19. E codice ms. Basileensi excerpsit *A. Iahnius.* Accedunt Basilii aliorumque scholia in S. Gregorii orationes, e codicibus Monacensibus excerpta (col. 737—932); Nicetae Serronii Commentarius in oratt. 1 et 11. Accedunt duorum anonymorum Scholia. Ex edit. *Chr. Fr. Matthaei* (col. 933—984); Nonni abbatis Commentarii in orationes II contra Iulianum imp. ex edit. *Montacutii,* in laudem funebrem S. Basilii et in orationem in sancta lumina ex edit. *Maii* (col. 985—1072); Basilii Minimi Scholia in orationem duplicem contra Iulianum imp., et de Herone philosopho, edente *Boissonadio,* et ad orationem funebrem in Caesarium fratrem, edente *L. de Sinner* (col. 1073—1206);

Anonymi Scholia in easdem orationes contra Iulianum imp., ex edit. *Montacutii* (col. 1205—1256 ***). Nachträglich folgt noch P. gr. CXXVII, 1177—1480: Nicetae Serronii Heracleensis metropolitae Expositio in oratt. 38. 39. 40. 45. 44. 41, aber nur in der lateinischen Uebersetzung des Billius. Ueber die Commentare des „Abtes Nonnus" handelt *E. Patzig*, De Nonnianis in IV orationes Gregorii Naz. commentariis. Lipsiae 1890. 4⁰ (Progr.). Nach Patzig hat der Verfasser dieser Commentare zu Anfang des 6. Jahrhunderts in Syrien oder Palästina gelebt, während der Name Nonnus auf haltlosen Vermuthungen späterer Zeit beruht. Ueber Commentare des hl. Maximus Confessor zu mehreren Reden Gregors s. § 88, 3. Weitere Scholien wurden von Piccolomini und von Norden herausgegeben. *E. Piccolomini*, Estratti inediti dai codici greci della Biblioteca Mediceo-Laurenziana. Pisa 1879. 2⁰ (Dagli Annali delle Università Toscane Tom. XVI). p. 1—45: Scolii alle orazioni di Gregorio Naz.; vgl. Pref. p. III—XLII. *E. Norden*, Scholia in Gregorii Naz. orationes inedita: Hermes. Zeitschr. f. class. Philol. Bd. XXVII (1892). S. 606—642. Vgl. Norden in der Zeitschr. f. wissenschaftl. Theol. 1893. Bd. II. S. 441—447. — Zu den Gedichten gibt Migne (P. gr. XXXVIII) folgende Commentare: Cosmae Hierosolymitani Commentarii... s. unten § 86, 6; Nicetae Davidis Paraphrasis carminum arcanorum, cura *E. Dronke* e codice Cusano edita (col. 681—842); Anonymi Paraphrasis carminis de libris canonicis (col. 843—846). Nachträglich folgt noch P. gr. CV, 577—582 das prooemium zu der Paraphrasis des Nicetas David.

11. Uebersetzungen. — Rufin von Aquileja übersetzte nach seiner eigenen Angabe (Hist. eccl. II, 9: P. lat. XXI, 520) ungefähr je zehn Reden von Basilius und von Gregor von Nazianz (denas ferme singulorum oratiunculas) ins Lateinische. Acht Reden Gregors in der Uebersetzung Rufins sind schon 1508 zu Straßburg in 4⁰ gedruckt worden; s. *Fessler*, Institt. Patrol. (1850—1851) I, 570, und vgl. *Schoenemann*, Bibl. hist.-lit. Patrum lat. I, 627—628 (= P. lat. XXI, 39—40). In die Mauriner-Ausgabe der Werke Gregors hat jedoch diese Uebersetzung Rufins keine Aufnahme gefunden, und Migne (P. gr. XXXVI, 735—736) gibt nur die praefatio derselben. — Die durch de Lagarde und durch Martin herausgegebene, durch Ryssel ins Deutsche übertragene syrische Uebersetzung des Briefes Ad Evagrium monachum de divinitate (s. Abs. 5) ist schon § 31, 2. 3 erwähnt worden. Ein angeblich von Gregor von Nazianz verfaßtes syrisches Glaubensbekenntniß (zusammengesetzt aus der Glaubensformel des Thaumaturgen und dem Anfange der pseudepigraphischen κατὰ μέρος πίστις, § 31, 1. 2) bei Caspari, Alte und neue Quellen zur Geschichte des Taufsymbols und der Glaubensregel. Christiania 1879. S. 8—10. — Von einer altrussischen Uebersetzung der Reden Gregors, erhalten in einer Handschrift des 11. Jahrhunderts zu St. Petersburg, sind bisher nur Bruchstücke bekannt geworden. S. Fr. Miklosich, Altslovenische Formenlehre. Wien 1874. S. XXVIII. — Ins Deutsche übersetzte W. Arnoldi „des hl. Gregor von Nazianz Vertheidigungsrede" (Nr. 2), Mainz 1826. 8⁰; F. Trippe verschiedene „Predigten", Soest 1865. 8⁰; J. Röhm „Ausgewählte Schriften" (25 Reden), Kempten 1874—1877. 2 Bde. (Bibl. der Kirchenväter); F. J. Winter (im engsten Anschluß an Röhm) „Ausgewählte Reden", Leipzig 1890 (G. Leonhardi, Die Predigt der Kirche. Bd. X); G. Wohlenberg die „Schutzrede" (Nr. 2), Gotha 1890 (Bibl. theolog. Klassiker. Bd. XXIX). — Eine englische Uebersetzung der beiden Reden Gregors gegen Julian (sowie einer Rede des Libanius auf Julian und der theosophischen Declamationen Julians) veröffentlichte C. W. King unter dem Titel: Iulian the Emperor, London 1888. 12⁰.

12. Schriften über Gregor. — C. Ullmann, Gregorius von Nazianz, der Theologe. Ein Beitrag zur Kirchen- und Dogmengeschichte des vierten Jahr-

hunderts. Darmstadt 1825. 8⁰; 2. Aufl. Gotha 1867. Fr. Böhringer, Die Kirche Christi und ihre Zeugen oder die Kirchengeschichte in Biographieen. Bd. VIII. Die drei Kappadozier. 2. Gregor von Nyssa. 3. Gregor von Nazianz. Stuttgart 1876. A. Benoît, St. Grégoire de Nazianze, archevêque de Constantinople et docteur de l'Église. Sa vie, ses oeuvres et son époque. Paris 1876. 8⁰; 2ᵉ édit.-revue. 1885. 2 vols. L. Montaut, Revue critique de quelques questions historiques se rapportant à St. Grégoire de Nazianze et à son siècle. Paris 1878. 8⁰. C. Cavallier, St. Grégoire de Nazianze ... par l'abbé A. Benoît; étude bibliographique. Montpellier 1886. 8⁰ (28 pp.). — J. Hergenröther, Die Lehre von der göttlichen Dreieinigkeit nach dem hl. Gregor von Nazianz, dem Theologen, mit Berücksichtigung der älteren und neueren Darstellungen dieses Dogma. Regensburg 1850. 8⁰. H. Weiß, Die großen Kappadocier Basilius, Gregor von Nazianz und Gregor von Nyssa als Exegeten. Braunsberg 1872. 8⁰. J. Dräseke, Quaestionum Nazianzenarum specimen. Wandsbeck 1876 (in dem Jahresberichte des dortigen Gymnasiums für 1875/1876. 4⁰). Ders., Gesammelte Patristische Untersuchungen. Altona 1889. S. 103—168: „Gregorios von Nazianz"; vgl. § 31, 3. Ders., Gregorios von Nazianz und sein Verhältnis zum Apollinarismus: Theol. Studien und Krit. Bd. LXV (1892). S. 473—512. Fr. K. Hümmer, Des hl. Gregor von Nazianz, des Theologen, Lehre von der Gnade. Eine dogmatisch-patristische Studie. Kempten 1890. 8⁰. J. R. Asmus, Gregorius von Nazianz und sein Verhältnis zum Kynismus. Eine patristisch-philosophische Studie: Theol. Studien und Krit. Bd. LXVII (1894). S. 314—339. — Weitere Literaturangaben bei Chevalier, Répert. des sources hist. 919—920. 2621.

13. Cäsarius von Nazianz. — Gregors jüngerer Bruder Cäsarius (Abs. 2) hatte unter Konstantius und Julian als Arzt am Hofe zu Konstantinopel eine glanz- und ruhmreiche Stellung bekleidet, war auch von Jovian und Valens mit Ehren überhäuft worden und ward, im Begriffe, sich ins Privatleben zurückzuziehen, im Jahre 368 oder zu Anfang des Jahres 369 nach kurzer Krankheit durch den Tod überrascht. Die unter dem Namen des Cäsarius umlaufende Sammlung der mannigfaltigsten, wenngleich hauptsächlich theologischen Fragen und Antworten (197), abgetheilt in vier Dialoge, Dialogi IV s. Quaestiones et responsiones (bei Gallandi, Bibl. vet. Patrum VI, 1—152; danach bei Migne, P. gr. XXXVIII, 851—1190), wird fast allgemein als unterschoben bezeichnet.

## § 51. Gregor von Nyssa.

1. Gregors Lebenslauf. — Gregor von Nyssa war ein vermuthlich nicht unerheblich jüngerer Bruder des hl. Basilius d. Gr.; doch läßt sich die Zeit seiner Geburt nicht näher bestimmen. Auch über seiner ganzen Jugendgeschichte ruht ein Schleier. Um seine Ausbildung hat sich, wie es scheint, Basilius besondere Verdienste erworben; wenigstens spricht Gregor, namentlich seinem jüngern Bruder Petrus gegenüber, von Basilius stets in Ausdrücken wärmster Verehrung und Dankbarkeit, und bezeichnet ihn dabei mit Vorliebe als ihren beiderseitigen Vater und Lehrer (πατὴρ καὶ διδάσκαλος s. καθηγητής De hominis opificio prol.: Migne, P. gr. XLIV, 125; In Hexaemeron prol. et epil.: XLIV, 61—64. 124; Ep. ad Petrum: XLV, 237—240). Er bekleidete das Amt eines Anagnosten (Lector), als er, den Reizen einer weltlichen Laufbahn nachgehend, als Lehrer der Beredsamkeit auftrat und nach den Worten Gregors von Nazianz (Ep. 11: XXXVII, 41) lieber Rhetor als

Christ genannt sein wollte. Es ist sehr wahrscheinlich, wenngleich es mehrfach bestritten wird, daß er sich auch verehelichte. Die dringenden Vorstellungen seiner Freunde, insbesondere des Nazianzeners, gewannen ihn wieder für den geistlichen Stand. Er legte das Lehramt nieder, zog sich für einige Zeit in die Einsamkeit zurück und ward im Herbste 371, wenngleich nur ungern und widerstrebend, durch Basilius zum Bischofe von Nyssa geweiht, einer unbedeutenden Stadt im Metropolitansprengel von Cäsarea (in Kappadocien). Hier warteten seiner die heftigsten Kämpfe mit den Arianern. Um 375 ward er von einer durch den Statthalter Demosthenes von Pontus veranstalteten Synode arianisch gesinnter Bischöfe seines Stuhles verlustig erklärt und mußte nun mehrere Jahre lang ein unstätes Wanderleben führen, nach dem Ausdrucke des Nazianzeners (Ep. 81: XXXVII, 156) wie ein Stück Holz auf dem Wasser umhergetrieben. Mit dem Tode des Kaisers Valens, Ende 378, trat ein Umschwung der kirchenpolitischen Lage ein, und Gregors Heimkehr gestaltete sich unter den Freudenbezeigungen des Volkes zu einem Triumphzuge. Im Herbste 379 nahm er an der zu Antiochien vornehmlich wegen der meletianischen Spaltung abgehaltenen Synode theil. Das Jahr 381 führte ihn nach Konstantinopel zum zweiten ökumenischen Concile, bei welchem er als ausgezeichneter Dogmatiker eine hervorragende Rolle spielte. In Ausführung des Canon 2 des Concils verordnete Kaiser Theodosius durch ein Gesetz vom 30. Juli 381 (c. 3, C. Th. XVI, 1, De fide cath.), daß in der Provinz Pontus alle diejenigen als offenbare Häretiker aus den Kirchen zu vertreiben seien, welche nicht in Kirchengemeinschaft stünden mit den Bischöfen Helladius von Cäsarea (in Kappadocien), dem Nachfolger des hl. Basilius, Otrejus von Melitene in Armenien und Gregor von Nyssa. Noch einige Male tritt Gregor zu Konstantinopel auf; zuletzt erscheint er dort 394 auf einer Synode unter dem Vorsitze des Patriarchen Nektarius zur Schlichtung einer Streitigkeit arabischer Bischöfe. Seitdem verschwindet sein Name aus der Geschichte; vermuthlich ist er bald nachher gestorben. Der Friede seiner letzten Jahre ward vielfach getrübt durch kleinliche Gehässigkeiten des Bischofs Helladius von Cäsarea (s. *Greg. Nyss.*, Ep. 1: XLVI, 1000—1009).

2. Exegetische Schriften. — Gregor von Nyssa zählt zu den fruchtbarsten und vielseitigsten Kirchenschriftstellern seiner Zeit. Die Mehrzahl der uns erhaltenen Schriften entfällt auf das Gebiet der Exegese, wiewohl die Stärke Gregors nicht auf diesem Felde liegt. Wie er überhaupt der Gelehrsamkeit und dem Scharfsinn des Origenes eine sehr weitgehende Verehrung entgegenbringt, so zeigt er sich in den meisten seiner exegetischen Versuche insbesondere von den hermeneutischen Grundsätzen der Alexandriner stark beeinflußt. Namentlich liebt er es, sozusagen hinter jedem Worte des biblischen Textes einen Schatz sittlicher Belehrungen zu suchen und zu finden, und nimmt er zu diesem Ende einen Anstand, den Literalsinn in bedenklicher Weise zu verflüchtigen oder auch vollständig preiszugeben (eine ausführlichere Entwicklung seiner diesbezüglichen Anschauungen gibt er im Eingange der weiter unten zu erwähnenden Homilien über das Hohe Lied). Die gesundeste und nüchternste Haltung bekunden wohl die beiden: der Erklärung des Schöpfungsberichtes gewidmeten Schriften über die Ausstattung des Menschen, Περὶ κατασκευῆς ἀνθρώπου XLIV, 125—256), und über das Sechstagewerk, Ἀπολογητικὸς περὶ τῆς

ἑξαημέρου (XLIV, 61—124). Beide Schriften verfaßte Gregor um 379 auf Anregung seines Bruders Petrus, welcher damals den bischöflichen Stuhl von Sebaste innehatte; die erstgenannte, früher verfaßte Schrift will die Homilien des hl. Basilius über das Sechstagewerk (§ 49, 5) ergänzen und vervollständigen; die zweite will die Darstellung der Heiligen Schrift wie die Auslegung des hl. Basilius gegen einige Mißverständnisse in Schutz nehmen (vgl. das Schlußwort). Namentlich in dieser Schrift über das Sechstagewerk trägt Gregor, ähnlich wie Basilius in den genannten Homilien, mit besonderem Fleiße dem Literalsinne Rechnung, und gegen Schluß versichert er selbst nicht ohne eine gewisse Befriedigung, nirgendwo den biblischen Wortlaut in figürliche Allegorie (εἰς τροπικὴν ἀλληγορίαν XLIV, 121) verdreht zu haben. Wenn er aber in spätern Jahren einem gewissen Cäsarius in dem Leben Moses' ein leuchtendes Muster und Vorbild für das eigene Leben entrollt (περὶ τοῦ βίου Μωϋσέως τοῦ νομοθέτου ἢ περὶ τῆς κατ' ἀρετὴν τελειότητος: XLIV, 297—430), so greift er wieder und wieder zu den gewagtesten und gesuchtesten allegorischen Deutungen. In den beiden Tractaten, welche die Ausgaben unter dem Titel Εἰς τὴν ἐπιγραφὴν τῶν ψαλμῶν zusammenfassen (XLIV, 432—608), läßt er dem Hange, zu allegorisiren, wo möglich noch freier die Zügel schießen. Von der Voraussetzung ausgehend, daß sämtliche Psalmen Tugendvorschriften enthalten, sucht er in dem ersten dieser Tractate (9 Kapp.) hauptsächlich darzuthun, daß die Psalmen in unserer Psalmensammlung nach einem einheitlichen Plane geordnet seien und die Gliederung der Sammlung in fünf Bücher eine auf fünf Stufen oder Sprossen nach und nach zur Höhe, d. i. zur Vollkommenheit, führende Erziehungsleiter darstelle, während er in dem zweiten (16 Kapp.) namentlich die Ueberschriften der Psalmen (nach den LXX) erörtert, welchen auch ausnahmslos der eine Zweck eigne, zu irgend etwas Gutem anzuleiten (τὸ πρός τι τῶν ἀγαθῶν καθηγήσασθαι c. 2: XLIV, 489). Angehängt ist in den Ausgaben eine Homilie über Psalm 6 (XLIV, 608—616). Die acht Homilien über den Prediger 1, 1 bis 3, 13 (XLIV, 616—753) wollen zeigen, wie dieses „wahrhaft erhabene und göttlich inspirirte" Buch den Zweck verfolge, „den Geist über den Sinn hinwegzuheben und dadurch, daß er allem, was immer dem Anscheine nach groß und glänzend in den Dingen ist, entsagt, zur Ruhe zu bringen" (τὸ ὑπερθεῖναι τὸν νοῦν τῆς αἰσθήσεως καὶ παῦσαι καταλιπόντα πᾶν ὅτιπέρ ἐστιν μέγα τε καὶ λαμπρὸν ἐν τοῖς οὖσιν φαινόμενον Hom. 1 zu 1, 1: XLIV, 620). Die fünfzehn Homilien über das Hohe Lied 1, 1 bis 6, 8 LXX (XLIV, 756 bis 1120) führen, im einzelnen frei und kühn, den Gedanken aus: unter dem Bilde einer Art Hochzeitsveranstaltung wird die Vereinigung der menschlichen Seele mit der Gottheit geschildert (τὸ μὲν ὑπογραφόμενον ἐπιθαλάμιός τίς ἐστιν παρασκευή, τὸ δ' ἐννοούμενον τῆς ἀνθρωπίνης ψυχῆς ἡ πρὸς τὸ θεῖόν ἐστιν ἀνάκρασις Hom. 1: XLIV, 772). Laut der kurzen Abhandlung über die Hexe von Endor (περὶ τῆς ἐγγαστριμύθου: XLV, 108—113) sieht das Weib 1 Kön. 28, 12 ff. LXX nicht Samuel, sondern einen Dämon, welcher des Propheten Gestalt angenommen. Zum Neuen Testamente liegt eine Erklärung des Gebetes des Herrn (εἰς τὴν προσευχήν: XLIV, 1120—1193) in fünf und eine Erklärung der Seligpreisungen (εἰς τοὺς μακαρισμούς [Matth. 5, 1—10]: XLIV, 1193—1301) in acht Homilien vor, beide durch-

weg praktisch=paränetisch gehalten und von jeher sehr hoch geschätzt. Die Echt=
heit der Ausführung über 1 Kor. 15, 28 (XLIV, 1304—1325) wird
beanstandet.

3. Speculativ=dogmatische Schriften. — Eine größere Bedeutung dürfen
die speculativ=dogmatischen Arbeiten Gregors beanspruchen. Als die
werthvollste derselben gilt die große Katechese, Λόγος κατηχητικὸς ὁ μέγας
(XLV, 9—105), eine Begründung und Vertheidigung der Hauptdogmen des
Christenthums gegen Heiden, Juden und Häretiker. Dieselbe ist laut dem
Prologe den christlichen Lehrern gewidmet und beabsichtigt, ihnen im einzelnen
zu zeigen, wie sie stets von dem Standpunkte des Gegners ausgehen, an die
Zugeständnisse desselben anknüpfen mußten; dementsprechend kommt im Ver=
laufe bald die biblisch=theologische, bald die speculativ=philosophische Argumen=
tation zu überwiegender Geltung. Im Vordergrunde der Erörterung stehen
die Dreipersönlichkeit Gottes, die Erlösung der Menschheit durch den mensch=
gewordenen Logos und die Aneignung der Erlösungsgnade durch die Taufe
und die heilige Eucharistie. Das Werk gegen Eunomius in zwölf oder (nach
anderer Zählung) dreizehn Büchern, Πρὸς Εὐνόμιον ἀντιρρητικοὶ λόγοι (XLV,
237—1121), die umfangreichste unter allen auf uns gekommenen Schriften
des Nysseners, ist zugleich eine der bedeutendsten unter allen Streitschriften
gegen den Arianismus. In Erwiderung der Ἀπολογία ὑπὲρ ἀπολογίας, mit
welcher Eunomius die gegen ihn gerichtete Schrift des hl. Basilius (§ 49, 4)
nach des letztern Tode beantwortet hatte, unternimmt es Gregor auf Bitten
seines mehrgenannten Bruders Petrus — der betreffende Brief an Gregor
(XLV, 241—244) ist das Einzige, was von Petrus vorliegt —, sowohl die
Person des hl. Basilius von den seitens des Häretikers erhobenen Anklagen
zu reinigen, wie auch die Lehre des hl. Basilius über die Gottheit des Sohnes
und des Heiligen Geistes aufs eingehendste zu rechtfertigen. Uebrigens ist die
Ordnung und Reihenfolge der einzelnen Theile oder Bücher des Werkes noch
näher festzustellen; in der von den bisherigen Ausgaben gebotenen Form läßt
dasselbe den Zusammenhang und Fortschritt des Gedankens allzusehr vermissen.
Gegen Apollinarius von Laodicea richtete Gregor zwei Schriften. Die erstere,
Ἀντιρρητικὸς πρὸς τὰ Ἀπολλιναρίου (XLV, 1124—1269), ist eine wohl vor 383
geschriebene Antwort auf des Apollinarius „Erweis der Fleischwerdung Gottes
nach dem Bilde des Menschen" (§ 43, 4) und bekämpft hauptsächlich die
Thesen, der Leib Christi sei vom Himmel gekommen und die Stelle der ver=
nünftigen Seele (νοῦς) habe in Christus der göttliche Logos vertreten. Eine
dem Patriarchen Theophilus von Alexandrien gewidmete kleine Abhandlung
Κατ᾽ Ἀπολλιναρίου (XLV, 1269—1277) ergänzt die frühere Schrift. Der
Entwicklung und Begründung der kirchlichen Trinitätslehre gelten auch die
Abhandlungen: Daß man nicht glauben dürfe, es seien drei Götter zu statuiren
(περὶ τοῦ μὴ οἴεσθαι λέγειν τρεῖς θεούς: XLV, 116—136), an einen gewissen
Ablabius; Gegen die Heiden aus den allgemeinen Begriffen (πρὸς Ἕλληνας
ἐκ τῶν κοινῶν ἐννοιῶν: XLV, 176—185), ähnlichen Inhalts; Ueber den
Glauben (περὶ πίστεως: XLV, 136—145), an den Tribun Simplicius, zur
Vertheidigung der Gottheit des Sohnes und des Heiligen Geistes; Ueber die
heilige Dreifaltigkeit und daß der Heilige Geist Gott sei (περὶ τῆς ἁγίας τριάδος
καὶ ὅτι θεὸς τὸ πνεῦμα τὸ ἅγιον: XXXII, 684—696 inter opp. S. Bas. M.),

an Eustathius von Sebaste, von andern freilich Gregor abgesprochen und dem hl. Basilius zugeeignet. Endlich sind hier noch zwei erst durch A. Mai bekannt gewordene Reden zu nennen, gegen Arius und Sabellius (XLV, 1281 bis 1301) und gegen die Macedonianer (XLV, 1301—1333), letztere unvollständig. Von besonderem Interesse ist Gregors Dialog mit seiner Schwester Makrina über Seele und Auferstehung, Περὶ ψυχῆς καὶ ἀναστάσεως (XLVI, 12—160). Noch niedergebeugt von dem tief und schmerzlich empfundenen Verluste seines Bruders Basilius, besuchte Gregor gegen Ende des Jahres 379, auf der Rückkehr von der Synode zu Antiochien, seine Schwester Makrina, zu welcher er ähnlich wie zu Basilius von früher Jugend an verehrend hinaufschaute, und welche damals auf einem der Familie gehörigen Landgute am Flusse Iris in Pontus als Vorsteherin eines frommen Frauenvereines ein gottgeweihtes Leben führte. Er fand die Schwester dem Tode nahe: der gegenseitige Austausch betraf das Wiedersehen im Himmel. In dem genannten Dialoge nun, welcher jedenfalls bald nachher verfaßt wurde, legt Gregor der Sterbenden seine Anschauungen über Seele, Tod, Auferstehung und Wiederherstellung aller Dinge in den Mund. Makrina tritt als Lehrerin auf, weshalb die Schrift auch Τὰ Μακρίνια betitelt wird. In der Abhandlung gegen das Fatum, Κατὰ εἱμαρμένης (XLV, 145—173), vertheidigt Gregor die menschliche Willensfreiheit gegenüber dem astrologischen Fatalismus. Der Tractat über die vorzeitig sterbenden Kinder, Περὶ τῶν νηπίων πρὸ ὥρας ἀφαρπαζομένων (XLVI, 161—192), versucht dem Präfecten Hierius von Kappadocien die Frage zu beantworten, aus welchen Gründen Gott einen solch vorzeitigen Tod zulasse. Die auserlesenen Zeugnisse gegen die Juden, Ἐκλογαὶ μαρτυριῶν πρὸς Ἰουδαίους (XLVI, 193—233), sind wohl unecht, jedenfalls interpolirt.

4. Ascetische Schriften. — Eine mehr oder weniger ausschließlich ascetische Tendenz verfolgen die kleinen Schriften: Ueber die Bedeutung des christlichen Namens oder Bekenntnisses (περὶ τοῦ τί τὸ χριστιανῶν ὄνομα ἢ ἐπάγγελμα: XLVI, 237—249), an einen gewissen Harmonius; Ueber die Vollkommenheit und wie der Christ sein soll (περὶ τελειότητος καὶ ὁποῖον χρὴ εἶναι τὸν χριστιανόν: XLVI, 252—285), an den Mönch Olympius; Ueber das gottgewollte Endziel (περὶ τοῦ κατὰ θεὸν σκόπου: XLVI, 288—305), speciell für Religiosen bestimmt. Das schöne Buch über die Jungfräulichkeit (περὶ παρθενίας: XLVI, 317—416) oder über den Stand der Vollkommenheit verfaßte Gregor um 370 in der Einsamkeit. Es hat laut den Eingangsworten der Vorrede die Aufgabe, allen denjenigen, in deren Hände es kommt, Verlangen nach dem Leben der Tugend (τῆς κατ' ἀρετὴν ζωῆς) einzuflößen. Das moralisch-praktische Moment herrscht auch in mehreren Reden und in einigen Briefen vor.

5. Reden und Briefe. — In den nicht sehr zahlreichen Reden Gregors (XLVI) spiegelt sich die Richtung der Zeit, jener Hang zu Ueberladung und Schwulst, welchem ja auch Gregor von Nazianz seine Opfer bringt (§ 50, 6), wiewohl letzterer als Redner wie dem hl. Basilius, so auch dem Nyssener weit überlegen ist. Von den Sitten-Reden Gregors seien erwähnt die Rede gegen diejenigen, welche den Empfang der Taufe hinausschieben (πρὸς τοὺς βραδύνοντας εἰς τὸ βάπτισμα), die Rede gegen die Wucherer (κατὰ τῶν τοκιζόντων), die Rede gegen diejenigen, welche um Verstorbene übermäßig

trauern (πρὸς τοὺς πενθοῦντας ἐπὶ τοῖς ἀπὸ τοῦ παρόντος βίου πρὸς τὸν ἀΐδιον μεθισταμένοις). Die Rede über die Gottheit des Sohnes und des Heiligen Geistes und über den Glauben Abrahams (περὶ θεότητος υἱοῦ καὶ πνεύματος λόγος καὶ ἐγκώμιον εἰς τὸν δίκαιον Ἀβραάμ), wahrscheinlich 383 zu Konstantinopel gehalten, wird in der spätern Literatur der griechischen Kirche viel genannt und gepriesen. Die Gottheit des Heiligen Geistes bildet auch den Hauptgegenstand der Rede, welche in den Ausgaben den Titel führt „Auf seine eigene Ordination" (εἰς τὴν ἑαυτοῦ χειροτονίαν), und welche 381 zu Konstantinopel gesprochen sein dürfte, als Gregor nebst Hellabius und Otrejus mit der Oberleitung der Provinz Pontus betraut wurde. Dazu kommen einige Reden auf Kirchenfeste, Lobreden auf den Protomartyrer Stephanus (zwei), den Martyrer Theodor, die vierzig Martyrer von Sebaste (zwei), Ephräm den Syrer, Basilius, und drei Leichenreden, auf Meletius von Antiochien, die Prinzessin Pulcheria und die Kaiserin Flaccilla, die erstere 381 während des Concils, die beiden letztern 385 bald nach einander auch zu Konstantinopel gehalten. In die Form einer Lobrede kleidete Gregor auch die Lebensbeschreibung Gregors des Wunderthäters (vgl. § 31, 1) sowie diejenige seiner Schwester Makrina. — Der Briefe Gregors werden bei Migne (XLVI) 26 gezählt. Genannt seien wenigstens die beiden Briefe, welche im 16. und 17. Jahrhundert zu lebhaften Verhandlungen zwischen Katholiken und Protestanten Anlaß gaben, Nr. 3, an die Schwestern Eustathia und Ambrosia, und Nr. 2, über die nach Jerusalem Wallfahrenden (περὶ τῶν ἀπιόντων εἰς Ἱεροσόλυμα). Im Auftrage der antiochenischen Synode vom Jahre 379, nach andern im Auftrage des zweiten ökumenischen Concils, unternahm Gregor eine Reise nach Arabien zur Ordnung der dortigen kirchlichen Verhältnisse, und bei dieser Gelegenheit besuchte er auch die heiligen Stätten Palästinas. In dem ersten jener beiden Briefe nun schildert er den erhebenden Eindruck der heiligen Orte und beklagt recht lebhaft die traurigen kirchlichen Zustände des Gelobten Landes; in dem zweiten rügt er die bei den Wallfahrten damals vorkommenden Mißbräuche und warnt vor Ueberschätzung der religiösen Bedeutung des Wallfahrens, und im Eifer gegen Ausschreitungen mag er dem Werthe der Uebung selbst nicht ganz gerecht werden.

6. Bedeutung Gregors. — Gregors eigenthümliche Bedeutung beruht in seiner philosophischen Begründung und Vertheidigung des kirchlichen Glaubens. Er ist Gelehrter, und zwar ebensowohl Philosoph wie Theologe. Für die Aufgabe und Thätigkeit des Seelsorgers und des Kirchenfürsten hat er weit weniger Geschick und Talent bekundet. Basilius wenigstens findet wiederholt Anlaß, über des Bruders Gutmüthigkeit und Einfalt (χρηστότης und ἁπλότης) Klage zu führen (Ep. 58. 60. 100: XXXII, 408—409. 416. 505), und bei einer spätern Gelegenheit trägt er kein Bedenken, Gregor als in kirchlichen Dingen gänzlich unerfahren (παντελῶς ἄπειρον τῶν κατὰ τὰς ἐκκλησίας) und zu Verhandlungen mit einem seiner Stellung sich so wohl bewußten Manne wie Papst Damasus durchaus ungeeignet zu bezeichnen (Ep. 215: XXXII, 792). Um so größere Anerkennung ernteten Gregors wissenschaftliche Bemühungen. Die Lieblingsgegenstände seiner Speculation bilden die Trinitätslehre und das Dogma von der Auferstehung des Menschen.

7. Trinitätslehre. — Der Ueberblick über die Schriften Gregors (Abs. 3; vgl. Abs. 5) zeigte bereits, daß der Verfasser in der Vertheidigung der Drei-

heit der Personen und der Einheit des Wesens in Gott unermüdlich ist. In dem Versuche, die Dreiheit mit der Einheit zu vermitteln, ist er insofern nicht glücklich, als er allem Anscheine nach, den extremen Realismus des Mittelalters gewissermaßen schon anticipirend, eine numerische Einheit des Wesens oder der Natur auch auf dem Gebiete des Endlichen behauptet. „Wir erklären es zuvörderst", schreibt er gegen Eingang der Abhandlung De eo quod non putandum sit tres deos dici oportere (XLV, 117. 120), „für eine mißbräuchliche Gewohnheit, solche, welche nicht durch die Natur geschieden sind, nach dem Naturnamen selbst in der Mehrheit zu benennen und von vielen Menschen zu reden. Es ist das gerade so viel als von vielen menschlichen Naturen reden... Der Theilhaber der Natur gibt es wohl viele... Der Mensch aber ist in allen einer (ὥστε πολλοὺς μὲν εἶναι τοὺς μετεσχηκότας τῆς φύσεως ... ἕνα δὲ ἐν πᾶσιν τὸν ἄνθρωπον), weil, wie gesagt, das Wort Mensch nicht den Einzelnen, sondern die gemeinsame Natur bezeichnet. — Es würde viel angemessener sein, unsern verkehrten Sprachgebrauch zu berichtigen und den Namen der Natur nicht mehr auf eine Vielheit auszudehnen, als, diesem Sprachgebrauche folgend, den hier obwaltenden Irrthum auch auf die Gotteslehre zu übertragen." Die Verwechslung des abstracten Begriffes, welcher freilich den Plural nicht zuläßt, und des concreten Begriffes, welcher den Plural fordert, tritt noch deutlicher zu Tage, wenn Gregor in dem Tractate Adv. Graecos ex communibus notionibus (XLV, 180) äußert: ἔστιν δὲ καὶ Πέτρος καὶ Παῦλος καὶ Βαρνάβας κατὰ τὸ ἄνθρωπος εἰς ἄνθρωπος καὶ κατὰ τὸ αὐτὸ τοῦτο, κατὰ τὸ ἄνθρωπος, πολλοὶ οὐ δύνανται εἶναι, λέγονται δὲ πολλοὶ ἄνθρωποι καταχρηστικῶς καὶ οὐ κυρίως. An der Einheit Gottes oder der Gottheit, fährt Gregor in der vorhin genannten Abhandlung fort, sei um so mehr festzuhalten, als das Wort θεός zunächst eine Thätigkeit und nicht die Natur bezeichne (θεός hänge zusammen mit θεᾶσθαι und sei so viel als alles überschauend), diese Thätigkeit aber immer nur eine sei, wenn auch die göttlichen Personen gemeinsam an derselben betheiligt seien. Es verhalte sich hier wesentlich anders als etwa mit der Thätigkeit dreier Philosophen oder Rhetoren. „Bei den Menschen zwar ist, weil bei denselben Beschäftigungen die Thätigkeit eines jeden eine gesonderte ist, im eigentlichen Sinne von vielen, welche thätig sind, die Rede, indem ein jeder von ihnen für seinen eigenen Kreis nach der Besonderheit seiner Thätigkeit von den andern geschieden ist. Ueber die göttliche Natur aber sind wir nicht so belehrt worden, daß der Vater etwas für sich thue, woran nicht auch der Sohn sich betheiligt, oder daß hinwiederum der Sohn für sich allein etwas wirke mit Ausschluß des Geistes; sondern alle von Gott ausgehende Thätigkeit, welche sich auf die Creatur bezieht und welche nach der Verschiedenheit ihres Inhaltes verschiedentlich benannt wird, nimmt vom Vater ihren Ausgang und schreitet fort durch den Sohn und gelangt zum Abschluß im Heiligen Geiste (ἐκ πατρὸς ἀφορμᾶται καὶ διὰ τοῦ υἱοῦ πρόεισιν καὶ ἐν τῷ πνεύματι τῷ ἁγίῳ τελειοῦται). Deshalb ist nicht von mehreren Thätigkeiten die Rede nach der Mehrheit der Personen, welche thätig sind, weil die Bethätigung einer jeden Person nicht eine getrennte und gesonderte ist, sondern alles was geschieht, gehöre es nun zur Fürsorge für uns oder zur Regierung und Ordnung des Alls, geschieht durch die Drei, ohne daß jedoch das was geschieht dreifach wäre (οὐ μὴν τρία

ἐστὶν τὰ γινόμενα XLV, 125)." Die Art und Weiſe der Betheiligung der
drei göttlichen Perſonen an der einen göttlichen Thätigkeit nach außen iſt
alſo in Parallele zu ſetzen mit den immanenten Beziehungen der drei Perſonen
zu einander. Dieſen Gedanken ſpricht Gregor häufig aus; ſ. etwa Ep. 5
ad Sebastenos (XLVI, 1032), Serm. adv. Macedonianos n. 19 (XLV,
1325). Ueberhaupt aber verlegt er mit Nachdruck allen Unterſchied der drei
Perſonen unter einander ausſchließlich in jene immanenten Beziehungen, und
beſtimmt er dabei mit faſt überraſchender Schärfe und Klarheit die Beziehungen
des Heiligen Geiſtes zum Vater und zum Sohne. „Sollte aber", ſagt er
gegen Ende der mehrgenannten Abhandlung an Ablabius (XLV, 133), „je=
mand gegen unſere Ausführung die Anklage erheben, dieſelbe ſtatuire damit,
daß ſie keinen Unterſchied bezüglich der Natur zuläßt, eine Vermengung und
Vermiſchung der Hypoſtaſen, ſo erwidern wir auf einen ſolchen Vorwurf, daß
wir, wenn wir an der Identität der Natur (τὸ ἀπαράλλακτον τῆς φύσεως)
feſthalten, den Unterſchied zwiſchen Urſache und Verurſachtem nicht in Abrede
ſtellen. Darin allein finden wir einen Unterſchied zwiſchen dem einen und
dem andern, indem wir glauben, daß das eine Urſache iſt, das andere aber
aus der Urſache, und bei dem, was aus der Urſache iſt, wieder einen andern
Unterſchied annehmen. Das eine nämlich iſt unmittelbar (προσεχῶς) aus
dem erſten, das andere aber durch das, was unmittelbar aus dem erſten
iſt, ſo daß unzweifelhaft die Eigenthümlichkeit des Eingeborenen (τὸ μονογενές)
dem Sohne verbleibt, andererſeits aber auch der Ausgang des Geiſtes aus
dem Vater feſtſteht, indem die Vermittlung des Sohnes dieſem die Eigen=
thümlichkeit des Eingeborenen wahrt, ohne dem Geiſte ſeine natürliche Beziehung
zum Vater zu benehmen." In dem Serm. adv. Maced. n. 2 (XLV, 1304)
faßt er den kirchlichen Glauben in die Worte: „Wir bekennen, daß der Heilige
Geiſt dem Vater und dem Sohne gleichgeordnet iſt (συντετάχθαι), ſo daß hin=
ſichtlich alles deſſen, was gottesfürchtigerweiſe von der göttlichen Natur gedacht
und ausgeſagt wird, durchaus kein Unterſchied obwaltet, ausgenommen daß
der Heilige Geiſt als beſondere Hypoſtaſe betrachtet wird (καθ᾽ ὑπόστασιν
ἰδιαζόντως θεωρεῖσθαι), weil er aus Gott (ἐκ τοῦ θεοῦ) iſt und Chriſti (τοῦ
χριστοῦ) iſt, wie geſchrieben ſteht (Joh. 15, 26. Röm. 8, 9. Phil. 1, 19.
Gal. 4, 6), ſo daß er weder mit dem Vater die Eigenthümlichkeit der Agenneſie
(τὸ ἀγέννητον) noch mit dem Sohne die Eigenthümlichkeit des Eingeborenen
theilt." Wiederholt nennt er den Sohn den Ruhm (δόξα) des Vaters und
den Heiligen Geiſt den Ruhm des Sohnes: Contra Eunom. lib. I (XLV,
372), Serm. adv. Maced. n. 20 (XLV, 1328). Auf die Fragen, wie die
Dreiperſönlichkeit Gottes aus dem einen göttlichen Weſen oder aus dem
göttlichen Erkennen und Wollen herzuleiten ſei und was die einzelnen Hypo=
ſtaſen zu beſondern Perſonen mache, iſt Gregor noch nicht eingegangen.

8. Lehre von der Auferſtehung und dem jenſeitigen Loſe des Menſchen. —
Der Menſch iſt laut Gregor nach der Intention des Schöpfers ſelbſt das
Binde= und Mittelglied zweier an ſich entgegengeſetzter Welten, der Brennpunkt,
in welchem die geiſtige und die ſinnliche Welt einander begegnen, ein wunder=
barer Mikrokosmos (De hominis opificio, De anima et resurrectione etc.).
Die Seele iſt nicht vor dem Leibe, wie Origenes behauptete; ſie wird aber
auch nicht erſt nach dem Leibe, wie aus dem bibliſchen Schöpfungsberichte hin

und wieder gefolgert wurde (De hom. opif. c. 28: XLIV, 229); vielmehr
treten die beiden constitutiven Bestandtheile des Menschenwesens in einem und
demselben Momente in das Dasein (ibid. c. 29). Seit diesem Momente sind
und bleiben sie auf das innigste verbunden; auch der Tod bricht ihre Beziehungen zu einander nicht völlig ab, und auf die vorübergehende Trennung
folgt eine unauflösliche Wiedervereinigung. Die kirchliche Lehre von der Identität
des Auferstehungsleibes mit dem gegenwärtigen Leibe erläutert Gregor De
hom. opif. c. 27 (XLIV, 225) in folgender Weise: „Da die Seele von
einer gewissen natürlichen Hinneigung und Liebe zu dem Leibe, welcher ihr
angehört hat, beherrscht wird, so wohnt ihr infolge der (frühern) Verbindung
eine gewisse geheime Hinneigung zu und Kenntniß von ihrem Eigenthume
(τοῦ οἰκείου σχέσις τε καὶ ἐπίγνωσις) inne, indem von Natur her gewisse
Merkmale vorhanden sind, vermöge deren die allgemeine Materie doch unvermischt bleibt, durch bestimmte Besonderheiten unterschieden. . . Es ist deshalb durchaus nicht unvernünftig, zu glauben, daß die auferstehenden Leiber
sich aus der allgemeinen Materie wieder loslösen und zu ihrer Besonderheit
zurückkehren werden, was um so deutlicher erhellen wird, wenn wir unsere
Natur etwas genauer ins Auge fassen. Unser Wesen (τὸ ἡμέτερον) nämlich
unterliegt nicht gänzlich dem Flusse und der Umwandlung. Es würde ja
vollständig unfaßbar sein, wenn es von Natur aus schlechterdings keine
Beharrlichkeit hätte. Eine nähere Betrachtung lehrt, daß es etwas Stetiges
an uns gibt und etwas fortwährend sich Veränderndes. Es verändert sich
nämlich der Leib durch Zunahme und Abnahme. . . Die Form (τὸ εἶδος)
aber bleibt bei aller Veränderung unwandelbar dieselbe. . . Da nun die Form
wie infolge eines Siegelabdrucks der Seele verbleibt, so kann auch das, was
mit dem Siegel das Bild eingedrückt hat, der Seele nicht unbekannt sein,
vielmehr nimmt dieselbe zur Zeit der Wiederherstellung aller Dinge (τῆς
ἀναστοιχειώσεως) eben das wieder an sich, was dem Bilde der Form entspricht. Es entspricht aber diesem Bilde ohne Zweifel das, was von Anfang
an mit der Form beprägt war." In dem Dialoge De an. et resurr. lehrt
Makrina (XLVI, 76; vgl. übrigens auch schon col. 44—45), die Seele sei
den Elementen ihres Leibes auch nach deren Trennung von einander fort und
fort nahe, „vermöge ihrer Erkenntnißkraft an ihrem Eigenthume festhaltend
und bei demselben verbleibend". Und Gregor stimmt seiner Lehrerin mit den
Worten zu: „Bei den Elementen, in welchen sie sich von Anfang an befand,
verbleibt die Seele auch nach der Trennung derselben, indem sie sich gleichsam
als Wächterin ihres Eigenthums hinstellt und bei der Vermischung der gleichartigen Stoffe das ihr Eigenthümliche nicht aus dem Auge verliert und vermöge der Feinheit und Beweglichkeit ihrer Vernunftkraft trotz der bis ins
Kleinste gehenden Getheiltheit der Elemente keinen Irrthum erleidet, sondern
mit dem ihr Eigenthümlichen, wenn es sich mit dem Gleichartigen verbindet,
sich auch selbst zertheilt (συνδιαλύεσθαι) und in der Begleitung desselben, wenn
es sich in das All verliert, nicht erschlafft, sondern stets bei ihm bleibt, wohin
auch immer die Natur es führen und in welcher Weise auch immer sie es
verwenden mag." Ueber die nähere Beschaffenheit des Auferstehungsleibes
handelt Gregor De an. et resurr. (XLVI, 148 sqq.), Or. de mortuis
(XLVI, 529 sqq.). Vielumstritten, und zwar bereits seit alter Zeit, sind

seine Aeußerungen über den zwischen den Auferstandenen obwaltenden großen
Unterschied und dessen schließliche Beseitigung. „Nicht alles," lehrt er, „was
durch die Auferstehung wieder in das Dasein zurückkehrt, geht in dasselbe
Leben ein: Es ist vielmehr ein großer Unterschied zwischen denjenigen, welche
gereinigt sind, und denjenigen, welche der Reinigung noch bedürfen. . . Diejenigen, welche durch das Wasser des Sacramentes (διὰ τοῦ ὕδατος τοῦ
μυστικοῦ) den Schmutz des Lasters von sich abgewaschen haben, bedürfen der
andern Art der Reinigung (τοῦ ἑτέρου τῶν καθαρσίων εἴδους) nicht mehr;
diejenigen aber, welche jener sacramentalen Reinigung nicht theilhaft geworden
sind (οἱ ταύτης ἀμύητοι τῆς καθάρσεως), werden nothwendigerweise durch das
Feuer gereinigt" (Or. catech. c. 35: XLV, 92; vgl. c. 8). Endlich nämlich
gelangt die Natur mit unausweichlicher Nothwendigkeit zu der Wiedereinsetzung
in den seligen und göttlichen und allem Schmerze entrückten Zustand (ἡ ἐπὶ
τὸ μακάριόν τε καὶ θεῖον καὶ πάσης κατηφείας κεχωρισμένον ἀποκατάστασις
ibid. c. 35). Ist erst in langen Zeiträumen das Böse, welches jetzt mit der
Natur vermischt und verwachsen ist, aus derselben ausgemerzt und die Wiedereinsetzung derjenigen, welche jetzt im Bösen liegen, in den ursprünglichen Zustand
(ἡ εἰς τὸ ἀρχαῖον ἀποκατάστασις τῶν νῦν ἐν κακίᾳ κειμένων) erfolgt, so wird
alle Creatur dem Erlöser Dank erschallen lassen, und auch der Erfinder des
Bösen (ὁ εὑρετὴς τοῦ κακοῦ) wird in diesen Dankeshymnus einstimmen (ibid.
c. 26). Hier wird, wie es scheint, unverkennbar eine Apokatastasis im Sinne
einer schließlichen Wiederaussöhnung aller dem Bösen verfallenen Creatur mit
Gott behauptet und dementsprechend für die Höllenstrafen medicinale Bedeutung
und vorübergehende Dauer beansprucht. In der That wird eben diese Anschauung auch in dem Dialoge De an. et resurr. vertreten; am Ende der
Zeiten, heißt es in diesem Dialoge, werden alle ohne Ausnahme der Güter
Gottes sich erfreuen, d. i. in Gott sein (XLVI, 152); der Unterschied zwischen
tugendhaftem und lasterhaftem Lebenswandel wird sich in der Folge hauptsächlich (μάλιστα) darin zeigen, ob jemand schneller oder langsamer (θᾶττον ἢ
σχολαιότερον) der erhofften Seligkeit theilhaftig wird (XLVI, 152. 157—160).
Ebenso lehrt auch die Or. de mortuis; der Sünder muß entweder in diesem
Leben „durch Gebet und Philosophie" gereinigt werden oder aber im Jenseits
durch das reinigende Feuer (XLVI, 524. 525); ist das Böse vollständig aus
allem Seienden entfernt, so erstrahlt in allem die eine göttliche Schönheit
(XLVI, 536). Allerdings redet Gregor auch sehr häufig von ewigen Höllenstrafen: er betont Or. catech. c. 40 (XLV, 105) recht nachdrücklich die
Unauslöschlichkeit des Feuers, die Unsterblichkeit des Wurmes, die ewige Vergeltung (ἡ αἰωνία ἀντίδοσις); er droht Or. c. usurarios (XLVI, 436. 452)
den Wucherern mit ewigem Schmerze, mit der ewigen Strafe (αἰώνιος λύπη,
ἡ αἰώνιος κόλασις), er kennt De castigatione (XLVI, 312) ein unaufhörliches
und untröstliches Wehklagen in Ewigkeit (τὸν ἄληκτον ὀδυρμὸν καὶ ἀπαραμύθητον
εἰς αἰῶνας). Aber diese „Ewigkeit" erhält anderswo ihre authentische Interpretation durch die Ausdrücke ταῖς μακραῖς περιόδοις (Or. catech. c. 26:
XLV, 69), τοῖς καθήκουσιν χρόνοις, μακραῖς ποτε περιόδοις (De an. et resurr.
XLVI, 152. 157). Da nun die freilich schon von Germanus von Konstantinopel (§ 88, 5) verfochtene Annahme einer spätern Fälschung der fraglichen Schriften Gregors auf der einen Seite unbegründet, auf der andern

Seite ungenügend erscheint, so wird zugestanden werden müssen, daß Gregor
eine völlige Entfremdung der geistigen Creatur von Gott, einen gänzlichen
Untergang derselben im Bösen nicht zu fassen vermag: Gott kann sich nicht
ganz und gar von ihr abwenden, und sie selbst muß sich mit innerer Noth=
wendigkeit endlich von dem Bösen weg dem Guten und Göttlichen, ihr von
Haus aus Verwandten, wieder zuwenden (vgl. außer den vorhin angeführten
Stellen namentlich noch De hom. opif. c. 21: XLIV, 201).

9. Ausgaben der Werke Gregors. — Gregors Werke sind bisher in fast auf=
fallender Weise vernachläſſigt worden. Eine Gesamtausgabe derselben, welche auch
nur den bescheidensten Anforderungen entspräche, liegt nicht vor. Unternommen wurden
Gesamtausgaben in unſern Tagen von G. H. Forbes und von Fr. Oehler.
Die erstere (S. P. N. Gregorii Nysseni Basilii M. fratris quae supersunt
omnia, in unum corpus collegit, ad fidem codd. mss. recensuit, latinis versionibus quam accuratissimis instruxit et genuina a supposititiis discrevit
*Georgius H. Forbesius*) kam indeſſen nicht hinaus über die zwei ersten Faſcikel des
ersten Bandes, Burntisland 1855. 1861. 8⁰; p. 1—95: Apologia in Hexaemeron, p. 96—319: De conditione hominis, p. 320—352: De vita Moysis (theil=
weiſe); mit umfaſſendem textkritiſchen Apparate. Von der letztern (S. Gregorii
episc. Nysseni opera. Ex recensione *Francisci Oehler*) erschien nur Tomus I,
continens libros dogmaticos, Halle 1865. 8⁰; p. 1—454: Libri XII contra
Eunomium, p. 455—595: Confutatio alterius libri Eunomii [?], p. 597—673:
Adnotatio; auf mangelhafter textkritiſcher Grundlage. Die Hauptausgabe aus
früherer Zeit ist diejenige des Jeſuiten Fronto Ducäus, Paris 1615. 2 Bde. 2⁰.
Eine reichhaltige Appendix zu ihr veröffentlichte J. Gretſer S. J., Paris 1618. 2⁰.
Um dieſen Nachtrag vermehrt erschien des Ducäus († 25. Sept. 1624) Ausgabe
von neuem Paris 1638. 3 Bde. 2⁰. Ueber ältere lateiniſche Sammelausgaben und
griechiſche Separatausgaben einzelner Schriften ſ. Hoffmann, Bibliographiſches
Lexikon (2. Ausg.) II, 184—190. Weitere Inedita Gregors wurden namentlich durch
L. A. Zacagni, Collectanea monumentorum veterum ecclesiae graecae ac
latinae. T. I. Romae 1698. 4⁰; durch I. B. Caracciolo, S. P. N. Gregorii
episc. Nyssae epistolae septem. Flor. 1731. 2⁰; durch A. Mai, Script. vet.
nova Coll. T. VIII. Romae 1833. Pars 2 und Nova Patr. Bibl. T. IV.
Romae 1847. Pars 1, ans Licht gezogen. Einige schon bekannte Schriften wurden
von J. G. Krabinger mit Benutzung handschriftlicher Hilfsmittel von neuem her=
ausgegeben: der Dialog De an. et resurr., Leipzig 1837. 8⁰; die Or. catech.
(in Verbindung mit der Or. funebris in Meletium episc. Antioch. XLVI,
852—864), München 1838. 8⁰; die fünf Homilien über das Gebet des Herrn,
Landshut 1840. 8⁰. Die vollständigste Zusammenstellung von Schriften Gregors,
aber ohne kritiſche Sichtung, bei *Migne*, P. gr. XLIV—XLVI. Paris. 1858.
Excerpte aus der Schrift De vita Moysis nach neuentdeckten Papyrus=Handschriften
bei H. Landwehr, Griechiſche Handschriften aus Fayyûm: Philologus. Bd. XLIV
(1885). S. 1—19; vgl. S. 19—21.

10. Uebersetzungen. — Dionysius Exiguus übertrug Gregors Schrift über die
Ausstattung des Menschen ins Lateinische (De conditione hominis: *Migne*, P. lat.
LXVII, 345—408). Die „Erklärung des Einganges des Gebetes des Herrn“ ist
in syriſcher Uebersetzung herausgegeben worden: Monumenta syriaca ex romanis
codicibus collecta. Vol. I. Praefatus est P. Zingerle. Oenip. 1869. p. 111
ad 116. Griechiſch und deutſch, von Fr. Oehler, finden sich manche der wich=
tigern Schriften Gregors in dem ersten (und einzigen) Theile der Oehlerſchen
Bibliothek der Kirchenväter, Leipzig 1858—1859. 4 Bde. 8⁰. Der Dialog über
Seele und Auferstehung erschien in deutſcher Bearbeitung und mit kritiſchen An=

merkungen von H. Schmidt, Halle 1864. 8⁰. Ausgewählte Schriften Gregors
in der Kemptener Bibliothek der Kirchenväter, deutsch von H. Hayd (Lebensbeschrei=
bung der ſel. Makrina, ſeiner Schweſter; Große Katecheſe; Abhandlung über die
Ausſtattung des Menſchen; Geſpräch mit ſeiner Schweſter Makrina über Seele und
Auferſtehung), Kempten 1874, und von J. Fiſch (Sitten=Reden, Feſt=Reden, Lob=
und Trauer=Reden), Kempten 1880. Eine reiche Auswahl aus Gregors Schriften
in engliſcher Ueberſetzung bei *Schaff*, A Select Library of Nicene and Post-
Nicene Fathers of the Christian Church. Ser. II. Vol. 5. New York 1893.

11. Unechte Schriften. Aſterius von Amaſea. Nemeſius von Emeſa. — Die
beiden unechten Orationes in scripturae verba: Faciamus hominem ad imaginem
et similitudinem nostram (XLIV, 257—298) ſtehen unter anderer Aufſchrift
auch in den Ausgaben der Werke des hl. Baſilius d. Gr. (§ 49, 11). Der
Tractat oder das Fragment De eo quid sit ad imaginem Dei et ad similitudinem (XLIV, 1328—1345) ſcheint gleichfalls unecht zu ſein. Vgl. *I. B. Kumpfmüller*, De Anastasio Sinaita. Wirceburgi 1865. p. 150—151. Die zehn
Syllogismen gegen die Manichäer (Contra Manichaeos oratio: XLVI, 541) ſind,
wie Feßler (Institt. Patrol. [1850—1851] I, 595) ſah, wörtlich dem Tractate
Didymus' des Blinden gegen die Manichäer (§ 53, 2) entnommen. Ueber die ſehr
wahrſcheinlich dem hl. Gregor von Nazianz zuzuweiſende Ep. 26 ad Evagrium
monachum de divinitate (XLVI, 1101—1108) ſ. § 31, 2. 3; § 50, 5. 11. —
Zwei Homilien, Adhortatio ad poenitentiam und In principium ieiuniorum,
welche früher den Werken des Nyſſeners beigegeben zu werden pflegten (XLVI, 539),
ſind Eigenthum des hl. Aſterius, Metropoliten von Amaſea in Pontus, gegen
Ende des 4. Jahrhunderts. Unter dem Namen dieſes Aſterius ſind bei Migne
(P. gr. XL, 164—477) 21 Homilien zuſammengeſtellt (jene beiden ſind hom. 13
u. 14), größtentheils entweder der Erläuterung von Schriftſtellen (beachtenswerth
Hom. 6 in Danielem et Susannam) oder der Verherrlichung von Heiligen ge=
widmet. Ueber die frühern Ausgaben dieſer Homilien ſ. *Fessler-Jungmann*, Institt.
Patrol. I, 624. Neun derſelben wurden ins Deutſche überſetzt von J. G. V. Engel=
hardt, Die Homilien des Aſterius von Amaſea: drei Programme bei der Ver=
theilung der homiletiſchen Preiſe in Erlangen auf die Jahre 1830, 1832, 1833;
mehr iſt nicht erſchienen. L. Koch, Aſterius, Biſchof von Amaſea. Nachrichten
über Leben und Schriften nebſt einer Homilie deſſelben: Zeitſchr. f. die hiſtor. Theol.
Bd. XLI (1871). S. 77—107. Eine Sylloge historica über Aſterius von
V. de Buck in den Acta SS. Oct. T. XIII. Paris. 1883. p. 330—334. Aeltere
Literatur bei *Chevalier*, Répert. des sources hist. 179—180. — Der Tractat
über die Seele unter den Werken des Nyſſeners (περὶ ψυχῆς: XLV, 188—221)
iſt nichts anderes als ein Bruchſtück (Kapp. 2 u. 3) des Werkes des Nemeſius
über die Natur des Menſchen (περὶ φύσεως ἀνθρώπου: XL, 504—817). Nemeſius
war nach der gewöhnlichen Annahme zu Anfang des 5. Jahrhunderts Biſchof von
Emeſa in Phönicien. Sein Werk gehört nicht ſowohl der Geſchichte der Theologie
als vielmehr der Geſchichte der Philoſophie an; daſſelbe erörtert vorzugsweiſe pſycho=
logiſche Fragen und zeigt ſich dabei von neuplatoniſchen Vorausſetzungen ſtark beein=
flußt; einzelne Abſchnitte werden von ſpätern griechiſchen Kirchenſchriftſtellern fleißig
benützt. Ueber die handſchriftliche Ueberlieferung des Werkes handelt K. J. Burk=
hard in den Wiener Studien. Bd. X (1888). S. 93—135. Migne gibt a. a. O.
einen Abdruck der neueſten Ausgabe von Chr. Fr. Matthäi, Halle 1802. 8⁰.
Als vermeintliche Schrift Gregors von Nyſſa wurde das Werk 1159 durch den
Piſaner Juriſten Johannes Burgundio ins Lateiniſche überſetzt. Proben dieſer Ueber=
ſetzung veröffentlichte K. J. Burkhard, Wien 1891. 8⁰ (Progr.). Eine andere,
etwa um dieſelbe Zeit gefertigte, lateiniſche Ueberſetzung iſt von C. Holzinger
herausgegeben worden, Leipzig u. Prag 1887. 8⁰. Eine deutſche Ueberſetzung ver=

öffentlichte Osterhammer, Salzburg 1819. 8⁰. M. Evangelibes, Zwei Kapitel
aus einer Monographie über Nemesius und seine Quellen (Inaug.-Diss.). Berlin
1882. 8⁰ (59 SS.). Aeltere Literatur verzeichnet *Chevalier*, Répert. des sources
hist. 1614.

12. Schriften über Gregor. — J. Rupp, Gregors, des Bischofs von Nyssa,
Leben und Meinungen. Zusammengestellt und erläutert. Leipzig 1834. 8⁰ (VIII,
262 SS.). *St. P. Heyns*, Disputatio historico-theologica de Gregorio Nys-
seno. Lugd. Bat. 1835. 4⁰ (IV, 183 pp.). Fr. Böhringer, Die Kirche
Christi und ihre Zeugen oder die Kirchengeschichte in Biographieen. 2. Aufl. Bd. VIII.
1. Die drei Kappadozier. 2. Gregor von Nyssa. 3. Gregor von Nazianz. Stuttgart
1876. — *E. G. Möller*, Gregorii Nysseni doctrinam de hominis natura et
illustravit et cum Origeniana comparavit *E. G. M.* Halae 1854. 8⁰ (126 pp.).
J. N. Stigler, Die Psychologie des hl. Gregor von Nyssa. Systematisch dargestellt. Regensburg 1857. 8⁰ (VIII, 136 SS.). *L. Kleinheidt*, S. Gregorii episc.
Nysseni doctrina de angelis. Frib. 1860. 8⁰ (VII, 52 pp.). *Al. Vincenzi*,
S. Gregorii Nysseni et Origenis de aeternitate poenarum in vita futura
cum dogmate catholico concordia. (In S. Gregorii Nysseni et Origenis scripta
et doctrinam nova recensio, cum appendice de actis synodi V. oecum.
Vol. I.) Romae 1864. Vgl. § 29, 15. H. Weiß, Die großen Kappadocier Basilius, Gregor von Nazianz und Gregor von Nyssa als Exegeten. Braunsberg
1872. 8⁰. *G. Herrmann*, Gregorii Nysseni sententiae de salute adipiscenda
(Inaug.-Diss.). Halae 1875. 8⁰ (49 pp.). *I. C. Bergades*, De universo et de
anima hominis doctrina Gregorii Nysseni (Inaug.-Diss. Griech.). Thessa-
lonicae 1876. 8⁰ (92 pp.). A. M. Ἀκύλας, Ἡ περὶ ἀθανασίας τῆς ψυχῆς δόξα
τοῦ Πλάτωνος ἐν συγκρίσει πρὸς τὴν Γρηγορίου τοῦ Νύσσης (Inaug.-Diss.). Ἀθήνησιν 1888. 8⁰ (38 pp.). A. Krampf, Der Urzustand des Menschen nach der
Lehre des hl. Gregor von Nyssa. Eine dogmatisch-patristische Studie. Würzburg
1889. 8⁰ (XVIII, 107 SS.). Fr. Hilt, Des hl. Gregor von Nyssa Lehre vom
Menschen systematisch dargestellt. Köln 1890. 8⁰ (X, 350 SS.). J. Bauer,
Die Trostreden des Gregorios von Nyssa in ihrem Verhältniß zur antiken Rhetorik
(Habilitationsschrift). Marburg 1892. 8⁰ (90 SS.). W. Meyer, Die Gottes-
lehre des Gregor von Nyssa. Eine philosoph. Studie aus der Zeit der Patristik.
Leipzig 1894. 8⁰ (38 SS.). — Weitere Literaturangaben bei *Chevalier*, Répert.
des sources hist. 921. 2621.

## § 52. Dionysius der sogen. Areopagite.

1. Die Schriften des sogen. Areopagiten. — Dionysius Areopagita heißt
nach dem einstimmigen Zeugnisse der Handschriften der Verfasser einer Anzahl
theologischer Schriften, welche sich, wenigstens im großen und ganzen, durch
die überall hervortretende Uebereinstimmung der philosophischen und theologischen
Grundanschauungen sowie durch eine ganz unnachahmliche Eigenart des Tones
und Stiles sofort als Werke eines und desselben Autors erweisen. Es sind
vier größere Abhandlungen und zehn, meist sehr kurze Briefe. Die vier ersten
Briefe sind an den Therapeuten Cajus gerichtet, der fünfte an den Liturgen
Dorotheus, der sechste an den Priester (ἱερεύς) Sosipater, der siebente an den
Hierarchen Polykarpus, der achte an den Therapeuten Demophilus, der neunte
an den Hierarchen Titus, der zehnte an den Theologen Johannes. Die Mehrzahl der Briefe enthält Antworten auf dogmatische Fragen, andere geben praktische Unterweisungen und Ermahnungen über das Verhalten gegen Ungläubige
(Brief 7), über Sanftmuth und Demuth (Brief 8) u. s. f. Die vier größern

Abhandlungen hat der Verfaſſer ſämtlich ſeinem Mitprieſter (συμπρεσβύτερος) Timotheus gewidmet. Die Schrift von den göttlichen Namen (περὶ θείων ὀνομάτων, 13 Kapp.) handelt über die in der Heiligen Schrift vorkommenden Namen Gottes und beleuchtet in dieſer Weiſe das Weſen und die Eigenſchaften Gottes. Die Schrift von der himmliſchen Hierarchie (περὶ τῆς οὐρανίας ἱεραρχίας, 15 Kapp.) beſchreibt die Rangordnung der himmliſchen Geiſter und unter= ſcheidet drei Hierarchien oder Klaſſen derſelben. Die erſte umfaßt die Sera= phim, die Cherubim und die Throne, die zweite die Herrſchaften (κυριότητες), die Mächte (δυνάμεις) und die Gewalten (ἐξουσίαι), die dritte die Fürſten= thümer (ἀρχαί), die Erzengel und die Engel. Die Schrift von der kirchlichen Hierarchie (περὶ τῆς ἐκκλησιαστικῆς ἱεραρχίας, 7 Kapp.) ſtellt die Kirche auf Erden als ein Abbild der himmliſchen Hierarchie dar. Die geſuchten drei Triaden finden ſich in den Weihen, den Weihenden und denjenigen, welche ge= weiht werden. Die Weihen ſind die Taufe (φώτισμα), die Communion (σύναξις) und die Salbung (μύρον); die Weihenden ſind der Hierarch (Biſchof), der Prieſter und der Liturg (Diakon); diejenigen, welche geweiht werden, ſind die Katechumenen, die Gläubigen und die Therapeuten oder Mönche. Die Schrift von der myſtiſchen Theologie (περὶ μυστικῆς θεολογίας, 5 Kapp.) verbreitet ſich über die Unerfaßbarkeit und Unausſprechbarkeit des Weſens Gottes. Auf den Wunſch ſeines Schülers und Freundes Timotheus wollte der Verfaſſer, wie er ſelbſt erklärt (De div. nom. 3, 2), in einer Reihe einzelner Abhand= lungen die geſamte Theologie zur Darſtellung bringen. Zu dieſem Ende ver= faßte er ſeinen eigenen Angaben zufolge außer den vier genannten noch ſieben andere Schriften: Theologiſche Grundlinien (θεολογικαὶ ὑποτυπώσεις De myst. theol. c. 3 u. ö.), Göttliche Hymnen (θεῖοι ὕμνοι De coel. hier. 7, 4), Symboliſche Theologie (συμβολικὴ θεολογία De myst. theol. c. 3), Ueber die Seele (περὶ ψυχῆς De div. nom. 4, 2), Ueber die intelligibelen und die ſinnen= fälligen Dinge (περὶ νοητῶν τε καὶ αἰσθητῶν De eccl. hier. 1, 2), Ueber die altteſtamentliche Hierarchie (περὶ τῆς κατὰ νόμον ἱεραρχίας, vgl. De eccl. hier. 5, 2), Ueber das gerechte Gericht Gottes (περὶ δικαίου καὶ θείου δικαιωτηρίου De div. nom. 4, 35). Dieſe ſieben Schriften ſind verloren gegangen. Viel= leicht ſtellen die vier erſten der vorhin genannten Briefe Auszüge aus den „Theologiſchen Grundlinien" dar. Andere, nur in Ueberſetzungen vorliegende Briefe, an Timotheus, an Titus, an Apollophanes, ſind dem Verfaſſer unſerer Schriften fälſchlich unterſchoben worden.

2. Der Verfaſſer. — Die auf uns gekommenen Handſchriften nennen den Verfaſſer, wie geſagt, Dionyſius Areopagita. Der Name Dionyſius iſt durch die Schriften ſelbſt bezeugt (Ep. 7, 3), und die Identificirung des Verfaſſers mit dem Areopagiten Dionyſius, dem Schüler des Weltapoſtels (Apg. 17, 34) und erſten Biſchofe von Athen (Eus., Hist. eccl. III, 4), ſcheint auch durch die Schriften ſelbſt nach dem umlaufenden Texte wenigſtens nahegelegt zu werden. Der Verfaſſer beruft ſich nicht nur mit Vorliebe auf die Briefe des hl. Paulus, ſondern redet wiederholt auch von der Perſon des Apoſtels mit großer Bewunderung (De div. nom. 2, 11; 3, 2; 7, 1. Ep. 5; 8, 3). Wie der Name Timotheus, ſo erinnern auch die Namen Cajus, Soſipater, Polykarpus, Titus an Apoſtelſchüler, und die volle Aufſchrift des zehnten Briefes lautet: „An den Theologen Johannes, den Apoſtel und Evangeliſten,

in seiner Verbannung auf der Insel Patmos." Zu Heliopolis (in Aegypten) war Dionysius Zeuge „der in dem heilbringenden Kreuze erfolgenden Sonnen= finsterniß" (τῆς ἐν τῷ σωτηρίῳ σταυρῷ γεγονυίας ἐκλείψεως Ep. 7, 2), d. i., so scheint es, der Sonnenfinsterniß beim Tode des Herrn. In Begleitung vieler Brüder unternahm Dionysius eine Reise „zur Schau des Leben erzeu= genden und Gott aufnehmenden Leibes" (ἐπὶ τὴν θέαν τοῦ ζωαρχικοῦ καὶ θεο= δόχου σώματος), d. i., so scheint es, einen Besuch der allerseligsten Jungfrau, und bei dieser Schau waren „auch der Gottesbruder (ὁ ἀδελφόθεος) Jacobus und Petrus, die hervorragende und älteste Spitze der Theologen", zugegen (De div. nom. 3, 2). — Nichtsdestoweniger können die in Rede stehenden Schriften aus innern und äußern Gründen nicht vor der Mitte des 4. Jahr= hunderts entstanden sein. Die kirchlichen Schriftsteller der drei ersten Jahr= hunderte kennen dieselben nicht. Auch von Eusebius werden sie nicht erwähnt. Die ersten Spuren ihres Vorhandenseins liegen vielleicht in einer Bemerkung Gregors von Nazianz aus dem Jahre 380 (Or. 38 n. 8: *Migne*, P. gr. XXXVI, 320) und in einer Angabe des hl. Hieronymus aus dem Jahre 381 (Ep. 18 n. 9: *Migne*, P. lat. XXII, 367) vor: der „andere frühere Schrift= steller" bei Gregor und ebenso der „in der Heiligen Schrift sehr bewanderte griechische Autor" bei Hieronymus ist möglicherweise der Verfasser unserer Schriften. Erst mit der zweiten Hälfte des 4. Jahrhunderts ist auch der Boden gegeben, welcher diese Schriften zeitigen konnte. Der Verfasser ist aus den Kreisen der neuplatonischen Schule hervorgegangen. Mit den Lehren, wie sie Plotinus, Porphyrius, Jamblichus ausgebildet, ist er vollkommen vertraut. Zum Christenthume übergetreten, stellt er dem Neuplatonismus ein System christlicher Theologie entgegen, in welchem der reiche Wahrheitsgehalt der An= schauungen Plotins freudig anerkannt und nach Kräften verwerthet wird. Dabei redet er die Sprache seiner Jugendschule und beobachtet zugleich die Regeln der Arcandisciplin. Vielleicht kennt und berücksichtigt er die Bestim= mungen der Synode zu Alexandrien vom Jahre 362. Jedenfalls gebraucht er das Wort ὑπόστασις in der von dieser Synode normirten Weise (drei Hypo= stasen in der einen Gottheit De div. nom. 1, 4; 2, 5. De coel. hier. 7, 4), gedenkt der auf dieser Synode zuerst verurtheilten Macedonianer als zeitgenössischer Häretiker, „welche nicht glauben, daß es einen Heiligen Geist in Wirklichkeit und Wahrheit gebe" (Ep. 8, 2), und verwahrt sich sozusagen un= ablässig gegen den auf derselben Synode verworfenen Apollinarismus, indem er immer wieder hervorhebt, der Herr sei „der ganzen Wesenheit nach wahr= haft Mensch" geworden (κατ᾽ οὐσίαν ὅλην ἀληθῶς ἄνθρωπος Ep. 4; vgl. De eccl. hier. 3, 3, 7; 4, 3, 10. De div. nom. 1, 4; 2, 3. 9). Wenn er das Verhältniß der beiden Naturen in Christus auch durch die Worte „un= verwandelt und unvermischt" (ἀμετάβολος καὶ ἀσύγχυτος De div. nom. 1, 4; vgl. 2, 10. De eccl. hier. 3, 3, 13) kennzeichnet, so darf darin nicht ein unzweifelhafter Hinweis auf das Glaubensbekenntniß des Concils zu Chalcedon vom Jahre 451 (ἀσυγχύτως, ἀτρέπτως) gefunden werden, weil diese Ausdrücke auch bei andern Vätern des 4. Jahrhunderts, ja sogar schon bei Origenes (ἄτρεπτος, οὐδὲ μεταβολή τις C. Celsum 4, 14—15: *Migne*, P. gr. XI, 1045), in derselben Anwendung vorkommen. Dionysius legt selbst Berufung ein auf „die alte Ueberlieferung" (ἡ ἀρχαία παράδοσις De eccl. hier. 7, 3, 11)

und blickt zurück auf eine lange Reihe theologiſcher Schriftſteller (De eccl.
hier. 1, 4. De div. nom. 1, 4; 2, 4). Ausdrücklich citirt er den „hl. Igna=
tius" (Römerbrief; De div. nom. 4, 12) und den „Philoſophen Clemens"
(von Alexandrien; De div. nom. 5, 9). Das Mönchthum erſcheint in unſern
Schriften als eine längſt beſtehende und vollſtändig ausgebildete Inſtitution,
und ebenſo ſind die kirchlichen Riten und Ceremonien bis ins einzelnſte hinein
entwickelt und beſtimmt. Nach anderweitigen Andeutungen iſt das Chriſten=
thum bereits auf der ganzen Erde verbreitet (De coel. hier. 9, 3), und die
Zahl der heidniſchen Spötter iſt nur noch ſehr gering (De div. nom. 1, 8).
— Ergibt ſich ſomit aus den Schriften ſelbſt mit voller Sicherheit, daß die=
ſelben nicht vor der Mitte des 4. Jahrhunderts verfaßt worden ſein können,
ſo ſcheint alles das, was auf den Areopagiten hindeutet, die Hand eines
Fälſchers zu verrathen, eines Fälſchers freilich, welcher wenig Geſchick und
Folgerichtigkeit bewieſen haben würde. Hipler (1861) hat den Beweis zu
liefern verſucht, daß die Alternative „entweder der Schüler des Weltapoſtels
oder ein Fälſcher" unberechtigt ſei. Der Verfaſſer ſelbſt wolle nicht für den
Schüler des Weltapoſtels und erſten Biſchof von Athen gelten. Irrthümlich
habe man in ihm den Areopagiten geſucht, und auf Grund und nach Maß=
gabe dieſes Irrthums habe man den dunkeln Text gedeutet und ſpäterhin auch
geändert, und dieſe Textesänderungen hätten für die Folge dem Irrthume als
neue Stützen gedient. An der vorhin angeführten Stelle Ep. 7, 2 ſei nicht
die Rede von der beim Tode des Herrn eingetretenen Sonnenfinſterniß, ſondern
von einer „in dem heilbringenden Kreuze erfolgenden Lichtausſtrahlung"; die
Lesart ἐκλείψεως beruhe auf ſpäterer Aenderung des urſprünglichen ἐκλάμψεως;
Dionyſius beobachtete zu Heliopolis ein Himmelsphänomen, ähnlich den Kreuz=
erſcheinungen, welche unter Konſtantius und unter Julian zu Jeruſalem wahr=
genommen wurden (vgl. § 48, 3). An der andern Stelle De div. nom. 3, 2
ſpreche der Verfaſſer nicht von einem Beſuche der allerſeligſten Jungfrau, ſon=
dern von einer Reiſe „zur Schau des Leben erzeugenden und Gott aufnehmen=
den Zeichens (des Kreuzes)"; σώματος ſei vermeintliche Correctur des echten
σήματος; es handle ſich allem Anſcheine nach um eine Pilgerfahrt nach Jeru=
ſalem zur Verehrung des durch Helena aufgefundenen heiligen Kreuzes, und
an dieſer Fahrt nahm „auch der Bruder Jacobus" theil: ἀδελφόθεος ſei ver=
derbt aus ἀδελφός. Der Adreſſat des ſechſten Briefes heiße nach den beſſern
Handſchriften Sopater, und dieſer Name ſei wohl nur mit Rückſicht auf den
Freund des hl. Paulus (Röm. 16, 21) in Soſipater geändert worden. Auch
die vorhin mitgetheilte Aufſchrift des zehnten Briefes werde nicht von der Hand
des Verfaſſers herrühren, ſondern der Vermuthung eines Spätern Ausdruck
geben. Erwieſen ſich demnach die vorgeblichen Anzeichen eines Zeitgenoſſen
der Apoſtel als nicht probehaltig, ſo ſei vollends irgend ein Anſpruch des Ver=
faſſers auf den Titel eines erſten Biſchofs von Athen nicht ausfindig zu machen.
Nach ſeinen eigenen Andeutungen ſei Dionyſius überhaupt nicht Biſchof, ſon=
dern Prieſter, und der Schauplatz ſeiner Thätigkeit ſei nicht Griechenland,
ſondern Aegypten geweſen. Hier wirkte er als Lehrer an einer Katecheten=
ſchule (De div. nom. 3, 2). Vielleicht dürfe er identificirt werden mit dem
bei Sozomenus (Hist. eccl. VI, 31: *Migne*, P. gr. LXVII, 1389) erwähnten
Mönche und Katecheten Dionyſius zu Rhinokorura in der zweiten Hälfte des

4. Jahrhunderts. Und wenn diese Vermuthung zuträfe, könnte der Adressat
der größern Schriften, der Priester Timotheus, in dem (spätern) Patriarchen
Timotheus von Alexandrien (380—384) wiedergefunden werden. — Gegen=
über diesen Aufstellungen Hiplers, welchen namentlich auch Dräseke sich an=
schloß, hat jüngst Gelzer, auf handschriftliche Nachforschungen gestützt, geltend
gemacht, daß Ep. 7, 2 nicht ἐκλάμψεως, sondern ἐκλείψεως, und De div.
nom. 3, 2 nicht σήματος, sondern σώματος, nicht ἀδελφός, sondern ἀδελφόθεος
zu lesen sei. Ist dem so, so wird sich nicht mehr läugnen lassen, daß der
Verfasser selbst für den apostolischen Areopagiten gehalten werden will, daß
er also eine falsche Maske angenommen hat, ähnlich wie etwa Hermas (§ 9,
3—4) und Moses von Choren (§ 90, 6). Unter dieser Voraussetzung aber
würde es sehr nahe liegen, auch den Namen Dionysius als ungeschichtlich preis=
zugeben und auf die Identificirung des Verfassers mit Dionysius von Rhino=
korura zu verzichten. Eine spätere Ansetzung der Zeit des Verfassers wird
durch manche Umstände empfohlen. Die angezogenen Aeußerungen des hl. Gregor
von Nazianz und des hl. Hieronymus leiden, wie schon angedeutet, an großer
Unbestimmtheit. Die erste sichere Spur der Areopagitika fällt in das Jahr
531 (Abs. 3).

3. Zur Geschichte der Schriften. — In dem Religionsgespräche, welches
531 zu Konstantinopel zwischen Orthodoxen und Severianern (gemäßigten Mono=
physiten) stattfand, wurde von den letztern auch die Autorität des Areopagiten
Dionysius angerufen, während Hypatius, der Wortführer der Katholiken, die
fraglichen Schriften als unecht und unbekannt zurückwies. Gleichwohl erlangten
diese Schriften in der Folge mehr und mehr Ansehen und Geltung, namentlich
durch den Einfluß des hl. Maximus Confessor († 662), welcher für die
Echtheit derselben eintrat und ihre Lehre gegen den Vorwurf des Monophysi=
tismus in Schutz nahm. Dem ganzen Mittelalter stand die Autorschaft des
Areopagiten außer Zweifel. Im Jahre 827 ließ Kaiser Michael der Stammler
Ludwig dem Frommen von Frankreich ein Exemplar der Schriften des Areo=
pagiten überreichen. Die von Abt Hilduin von St. Denys besorgte Ueber=
setzung derselben ins Lateinische erwies sich als sehr ungenügend, und auf
Wunsch Karls des Kahlen fertigte Scotus Erigena eine neue Uebersetzung.
Seit dieser Zeit gewannen die Schriften einen sehr weitgehenden Einfluß auf
die Wissenschaft des Abendlandes. Den Mystikern dienten sie als Leuchte auf
den dunklen Gebieten der Contemplation und Ekstase; den Scholastikern galten
sie als Wegweiser in den Speculationen über das Wesen und die Eigen=
schaften Gottes, über die Idealursachen der Schöpfung, über die Ordnungen
der himmlischen Geister; den Asceten gaben sie Aufschlüsse über den dreifachen
Weg der Reinigung, der Erleuchtung und der Einigung; den Exegeten und
Symbolikern hielten sie das Ideal einer tiefern Auffassung des Schriftwortes
und des kirchlichen Ritus vor. Mit dem Mittelalter ging auch die Blüthezeit
der Schriften des Areopagiten zur Neige. Eine der ersten Thaten der er=
wachenden historischen Kritik war die Erneuerung des Protestes, welcher schon
531 zu Konstantinopel gegen die Echtheit dieser Schriften erhoben worden
war. Der entbrennende Streit, wohl einer der hitzigsten und langwierigsten
Kämpfe, welche je auf literarischem Gebiete durchgefochten worden sind, förderte
eine Fülle von Hypothesen über den wahren Ursprung der räthselhaften Schriften

zu Tage: griechische, syrische und lateinische Kirchenschriftsteller, Orthodoxe und Häretiker, selbst heidnische Dionysuspriester wurden als Verfasser in Vorschlag gebracht. Ueber die neuesten Verhandlungen ist vorhin schon (Abs. 2) berichtet worden. Manche Zweifel und Schwierigkeiten harren noch einer befriedigendern Lösung.

4. Ausgaben und Uebersetzungen. — Für die Texteskritik unserer Schriften ist noch sehr wenig geschehen. Von den zahlreichen griechischen Handschriften ist nur ein kleiner Bruchtheil zu Rathe gezogen, die morgenländischen (syrischen, armenischen, arabischen) Uebersetzungen sind weder gedruckt noch untersucht worden. Die editio princeps (Florenz 1516, bei Philipp Junte, in 8°) fußt auf einer Florentiner Handschrift. In der Pariser Ausgabe vom Jahre 1562 in 8° sind einige Pariser Manuscripte, aber nur sehr oberflächlich, verglichen worden. In den Ausgaben von B. Corderius S. J., Antwerpen 1634 und Paris 1644 (je 2 Bde. 2°), sind einzelne Varianten aus Wiener Codices hinzugekommen, und in der Benediger Ausgabe vom Jahre 1755—1756 (2 Bde. 2°) die Collation eines Codex zu Venedig. Die Venediger Ausgabe ist abgedruckt bei *Migne*, P. gr. III—IV (Paris. 1857); ein Abdruck des Textes dieser Ausgabe, mit Ausschluß aller Beigaben, war 1854 zu Brixen in 8° erschienen. Eine Sonderausgabe der Schriften De coel. hier. und De eccl. hier., nebst englischer Uebersetzung und Erklärung, besorgten J. Colet und J. H. Lupton, London 1869. 8°. Eine englische Uebersetzung der beiden genannten Schriften veröffentlichte auch J. Parker, London 1894. 8°. Eine deutsche Uebersetzung sämtlicher Schriften bei J. G. V. Engelhardt, Die angeblichen Schriften des Areopagiten Dionysius, übersetzt und mit Abhandlungen begleitet. Sulzbach 1823. 2 Bde. 8°. Die Schrift De eccl. hier. deutsch von R. Storf, Kempten 1877 (Bibl. der Kirchenväter). Französische Uebersetzungen sämtlicher Schriften von Darboy (1845) und Dulac (1865). Die mehrgenannte Stelle De div. nom. 3, 2 (vgl. Abs. 2) syrisch, nach drei Handschriften, bei P. de Lagarde, Mittheilungen. Bd. IV. Göttingen 1891. S. 19—20; vgl. J. Dräseke, Dionysische Lesarten: Zeitschr. f. wissenschaftl. Theol. Bd. XXXIII (1890). S. 504—509. Ueber dieselbe Stelle handelt H. Gelzer, Σῶμα oder Σῆμα? Jahrbb. f. protest. Theol. Bd. XVIII (1892). S. 457—459. Ueber die Stelle Ep. 7, 2 s. Gelzer in der Wochenschrift f. klass. Philologie, Jahrg. 1892, Sp. 98—100. 124—127. Der unechte Brief an den Philosophen Apollophanes (vgl. Ep. 7, 2—3) findet sich lateinisch in den Gesamtausgaben, so bei *Migne* III, 1119—1122. Der Brief an Timotheus De morte apostolorum Petri et Pauli in syrischer, armenischer und lateinischer Uebersetzung bei *Pitra*, Analecta sacra. T. IV. p. 241—254. 261—276; vgl. Loofs in der Theol. Literaturztg., Jahrg. 1884, Sp. 544 f. Vgl. zu diesem Briefe R. A. Lipsius, Die apokryphen Apostelgeschichten und Apostellegenden. Bd. II, 1. Braunschweig 1887. S. 227—231. Vetter, Das apokryphe Schreiben Dionysius des Areopagiten an Titus über die Aufnahme Mariä. Aus dem Armenischen übersetzt: Theol. Quartalschrift. Bd. LXIX (1887). S. 133—138.

5. Neuere Bearbeitungen. — Die ältere, außerordentlich reiche Literatur ist großentheils bei *Chevalier*, Répert. des sources hist. 563—565. 2549, aufgeführt. Fr. Hipler, Dionysius, der Areopagite. Untersuchungen über Aechtheit und Glaubwürdigkeit der unter diesem Namen vorhandenen Schriften. Regensburg 1861. 8°. *Fr. Hipler*, De theologia librorum qui sub Dionysii Areopagitae nomine feruntur. Partic. I. II. III. IV, in vier Programmen des Lyceum Hosianum zu Braunsberg, 1871. 1874. 1878. 1885. S. auch Hiplers Neuplatonische Studien in der Oesterr. Vierteljahresschrift f. kath. Theol. Bd. VII (1868). S. 439—458; Bd. VIII (1869). S. 161—196, und Hiplers Art. Dionysius Areopagita in Wetzer und Welte's Kirchenlexikon (2. Aufl.) Bd. III. Sp. 1789—1796. Ed. Böhmer,

Dionysios Areopagites: in der Zeitschr. „Damaris". Bd. IV (1864). S. 99—146.
I. *Niemeyer*, Dionysii Areopagitae doctrinae philosoph. et theolog. exponuntur et inter se comparantur. Halis 1869. 8⁰. C. Skworzow, Patrologische Untersuchungen. Leipzig 1875. S. 98—170: „Die areopagitischen Schriften." Jl. Kanakis, Dionysius der Areopagite nach seinem Charakter als Philosoph dargestellt (Jnaug.-Diss.). Leipzig 1881. 8⁰. Nirschl, Dionysius der Areopagite und sein Brief an den Apostel Johannes auf Patmos: Hist.-pol. Blätter, 1883, Bd. XCI. S. 173—184. 257—270. C. M. Schneider, Areopagitica. Die Schriften des hl. Dionysius vom Areopag. Eine Vertheidigung ihrer Echtheit. Regensburg 1884. 8⁰. („Der erste Bischof von Athen und später von Paris, der Schüler Pauli, der Blutzeuge Christi ist der Verfasser der Areopagitica." Schneider S. VII.) R. Foß, Ueber den Abt Hilduin von St. Denis und Dionysius Areopagita (Progr.). Berlin 1886. 4⁰. *Vidieu*, St. Denys l'Aréopagite, évêque d'Athènes et de Paris, patron de la France. Paris 1889. 8⁰. J. Dräseke, Gesammelte Patristische Untersuchungen. Altona 1889. S. 25—77: „Dionysios von Rhinokolura" (vgl. § 25, 5. 9). Ders., Zu Dionysios von Rhinokolura: Zeitschr. f. wissenschaftl. Theol. Bd. XXXV (1892). S. 408—418. A. Jahn, Dionysiaca. Sprachliche und sachliche platonische Blüthenlese aus Dionysius, dem sogen. Areopagiten. Zur Anbahnung der philologischen Behandlung dieses Autors. Altona 1889. 8⁰. J. Langen, Die Schule des Hierotheus [vgl. Abs. 6]: Internat. theol. Zeitschrift. Bd. I (1893). S. 590—609; Bd. II (1894). S. 28—46.

6. Hierotheus. — Dionysius gedenkt wiederholt mit begeisterten Worten eines gewissen Hierotheus als seines hochverehrten Lehrers. Er nennt zwei von Hierotheus verfaßte Werke, theologische Anfangsgründe (θεολογικαὶ στοιχειώσεις De div. nom. 2, 9—10) und Liebeshymnen (ἐρωτικοὶ ὕμνοι ibid. 4, 14—17), und bezeichnet seine eigenen Schriften als eine Erläuterung und Ergänzung der wegen ihrer Tiefe und Kürze schwer verständlichen Werke des Lehrers (De div. nom. 3, 2—3. De coel. hier. 6, 2). Die Zeit und die Heimat des Lehrers lassen sich nur in unmittelbarem Anschluß an die Frage nach der Persönlichkeit des Schülers (Abs. 2) bestimmen. Nach A. L. Frothingham jr. (Stephen Bar Sudaili, the Syrian mystic, and the book of Hierotheos. Leyden 1886. 8⁰) wäre Hierotheus der um 500 lebende und unter dem Pseudonym Hierotheus schreibende syrische Pantheist und Chiliast Stephanus Bar Sudaili.

7. Timotheus von Alexandrien. — Patriarch Timotheus von Alexandrien (Abs. 2 g. E.) hinterließ eine verloren gegangene Sammlung von Mönchsbiographien (*Sozom.*, Hist. eccl. VI, 29: LXVII, 1373). Vgl. P. E. Lucius, Die Quellen der älteren Geschichte des ägyptischen Mönchstums: Zeitschr. f. Kirchengesch. Bd. VII (1884—1885). S. 163—198. Responsa canonica Timothei Alexandrini bei *Pitra*, Iuris eccles. Graecorum hist. et monum. T. I. Romae 1864. p. 630—645. Vgl. auch § 45, 3.

## § 53. Didymus der Blinde.

1. Leben. — Didymus mit dem Beinamen „der Blinde" ist eine der merkwürdigsten Persönlichkeiten seiner an hervorragenden Männern reichen Zeit. Um das Jahr 310 zu Alexandrien geboren, büßte er schon als kleines Kind (τετραέτης nach *Palladius*, Hist. Laus. c. 4: *Migne*, P. gr. XXXIV, 1012; post quintum nativitatis suae annum nach *Hieronymus*, Chron. ad a. Abr. 2388: *Eus.*, Chron. Ed. Schoene. II, 197) sein Augenlicht ein. Miscebat tamen, berichtet Rufinus (Hist. eccl. II, 7: *Migne*, P. lat. XXI, 516) precibus studia ac laborem et iuges continuatasque vigilias non ad

legendum, sed ad audiendum adhibebat, ut quod aliis visus, hoc illi
conferret auditus. Cum vero post lucubrationis laborem somnus, ut
fieri solet, legentibus advenisset, Didymus silentium illud non ad quietem
vel otium datum ducens, tamquam animal ruminans cibum quem ceperat
ex integro revocabat et ea quae dudum percurrentibus aliis ex librorum lectione cognoverat memoria et animo retexebat, ut non tam
audisse quae lecta fuerant quam descripsisse ea mentis suae paginis
videretur. Ita brevi Deo docente in tantam divinarum humanarum-
que rerum eruditionem ac scientiam venit, ut scholae ecclesiasticae
doctor exsisteret ... sed et in ceteris sive dialecticae sive geometriae,
astronomiae quoque vel arithmeticae disciplinis ... esset paratus...
Länger als ein halbes Jahrhundert bekleidete Didymus das Amt eines Vor-
stehers der alexandrinischen Katechetenschule. Auch Rufinus und Hieronymus
saßen als Schüler zu seinen Füßen. Er blieb Laie und war verheiratet;
sein Tod muß 395 erfolgt sein. — Nicht bloß in seiner exegetischen Methode,
sondern auch in seiner dogmatischen Lehranschauung hatte Didymus sich von
der Autorität seines großen Amtsvorgängers Origenes stark beeinflussen lassen.
In der Folge ward er als Origenist, d. i. als Vertreter der Präexistenz
und der Apokatastasis, mit dem Banne belegt. Die Angabe, das fünfte allgemeine Concil (553) habe (Origenes und zugleich) Didymus und den
Diakon Evagrius Ponticus († um 399) als Origenisten anathematisirt, dürfte
auf einer Verwechslung beruhen. Der Vorsitzende des Concils, Patriarch
Eutychius, hat in dem Edicte, durch welches er die Beschlüsse des Concils
seinem Sprengel bekannt gab, über Didymus und Evagrius das Anathem
ausgesprochen. Auf diese Sentenz wie auf ein Urtheil des Concils selbst
zurückgreifend, haben dann auch das sechste und das siebente allgemeine Concil
(680 bezw. 787, 17. und 18. bezw. 7. Sitzung) die falschen Lehren (des
Origenes und zugleich) des Didymus und des Evagrius anathematisirt.

2. Schriften. — Die noch erhaltenen Schriften des blinden Autors sind
theils dogmatischer theils exegetischer Natur. Das bedeutendste unter den
Werken ersterer Art, über die Trinität (περὶ τριάδος: *Migne*, P. gr. XXXIX,
269—992) in drei Büchern, ward von J. A. Mingarelli in einer nicht
ganz vollständigen und sehr fehlerhaften Handschrift des 11. Jahrhunderts aufgefunden und 1769 herausgegeben. Dasselbe ist nach 379 verfaßt und der
Bekämpfung des Arianismus gewidmet. Hieronymus, welcher die origenistische
Richtung des Verfassers wohl kannte (Adv. Ruf. I, 6; II, 11: *Migne*,
P. lat. XXIII, 402. 434), betont zugleich mit Recht: certe in trinitate
catholicus est (ibid. II, 16; cf. III, 27). Eine Ergänzung zu diesem
Werke, insbesondere zu dem zweiten Buche desselben, bildet die ältere Schrift
über den Heiligen Geist (De Spiritu Sancto), welche nur noch in der Uebersetzung des hl. Hieronymus (63 kurze Kapitel: *Migne*, P. gr. XXXIX,
1031—1086; P. lat. XXIII, 101—154) vorliegt. Von Papst Damasus
zu einer Darlegung der katholischen Lehre über den Heiligen Geist aufgefordert,
wollte Hieronymus, wie er selbst sich in der Vorrede ausdrückt, lieber alieni
operis interpres exsistere quam, ut quidam faciunt, alienis se colori-
bus adornare. Die Schrift zählt in der That zu den besten Leistungen der
alten Kirche über diesen Gegenstand. Weniger bedeutend ist der im Urtexte

19*

aber wahrscheinlich nicht ganz vollständig erhaltene Tractat gegen die Manichäer (κατὰ Μανιχαίων in 18 Kapiteln: XXXIX, 1085—1100). Manche andere dogmatische, polemische und apologetische Schriften sind verloren gegangen oder noch nicht aufgefunden worden, namentlich auch eine Erläuterung und Verthei= digung des Werkes des Origenes περὶ ἀρχῶν (ὑπομνήματα εἰς τὰ περὶ ἀρχῶν Ὠριγένους). Auf exegetischem Gebiete bekannte Didymus sich ganz und voll zu der von Origenes inaugurirten allegorisch=mystischen Interpretationsweise. Doch sind von seinen zahl= und umfangreichen Commentaren nur noch dürftige Bruch= stücke vorhanden. Am vollständigsten ist die Erklärung der canonischen (katho= lischen) Briefe auf uns gekommen (In Epistolas canonicas enarratio: XXXIX, 1749—1818), freilich nur in einer lateinischen Bearbeitung, welche Cassiodor durch den Scholastiker Epiphanius anfertigen ließ. Die angefochtene Echtheit des Commentares ward durch die von J. A. Cramer herausgegebene Catene griechischer Väter über die genannten Briefe (Oxford 1840) bestätigt. In dieser Schrift kommen die origenistischen Irrlehren des Verfassers am deut= lichsten zum Ausdruck. Mai veröffentlichte (1847) unter des Didymus Namen reiche Scholien zum 2. Korintherbriefe (XXXIX, 1679—1732) aus einer Catene. Unter den Ueberbleibseln von Erläuterungsschriften zum Alten Testa= mente sind vor allem die gleichfalls von Mai (1854) edirten Scholien über sämtliche Psalmen (XXXIX, 1155—1616) zu nennen. Die Echtheit der= selben wird sich im einzelnen freilich nicht mit Sicherheit feststellen lassen. Jedenfalls aber ist der Verfasser ein Alexandriner; er allegorisirt sehr stark und sucht möglichst viele Psalmen messianisch zu deuten und mystisch=ascetisch zu verwerthen. Gleichzeitig theilte Mai einige Fragmente zu den Proverbien (XXXIX, 1621—1646) mit.

3. Literatur. — Ueber die Frage, ob das fünfte allgemeine Concil Didymus und Evagrius anathematisirt habe, s. Hefele, Conciliengeschichte. 2. Aufl. II, 859 ff.; vgl. III, 283 Anm. 3. 471. Aeltere Literatur über Didymus bei *Chevalier*, Répert. des sources hist. 574. 2552. — *Ferd. Mingarellius*, Vete= rum testimonia de Didymo Alexandrino Coeco, ex quibus tres libri de Trinitate nuper detecti eidem asseruntur. Cum animadv. Romae 1764. 4°. Didymi Alex. libri tres de Trinitate. Nunc prim. graece et lat. ac cum notis ed. *I. Aloys. Mingarellius*. Bononiae 1769. 2°. Dieser Ausgabe sind die von dem Bruder des Herausgebers gesammelten Veterum testimonia vorgedruckt. Didymi Alex. praeceptoris S. Hieronymi in omnes Epist. canon. enarratio, nunquam antehac edita. Acc. eiusdem de Spiritu S. ex Hieron. interpr. Colon. 1531. 8°. Eine kritische Ausgabe des sehr verderbten Textes jener enar= ratio, mit Beifügung einzelner Fragmente des Originals, besorgte G. Chr. Fr. Lücke in den Quaestiones ac vindiciae Didymianae, Göttingen 1829—1832 (vier Universitätsprogramme). 4°. Die Scholien zum 2. Korintherbriefe bei *A. Mai*, Nova Patrum. Bibl. T. IV, 2. p. 115—146. Anhangsweise sind p. 147—152 einige Fragmente des Commentares des Didymus über das vierte Evangelium bei= gefügt, welche in der von B. Corderius S. J. herausgegebenen Catene über dieses Evangelium (Antwerpen 1630) nicht enthalten sind. Bruchstücke eines Commentares über die Apostelgeschichte wurden von J. Chr. Wolf in den Anecdota Graeca T. IV (Hamburg 1724), gleichfalls aus einer Catene, herausgegeben. Die Scholien über sämtliche Psalmen bei *Mai* l. c. T. VII, 2. p. 131—311 (vgl. das Frag= ment über die Aufschrift des 4. Psalmes T. III, 1, p. 456; 2, p. 284), die Fragmente zu den Proverbien ebenda p. 57—71. Einzelne Bruchstücke zu der

Psalmen waren schon durch B. Corberius (Antwerpen 1643—1646) und J. A. Mingarelli (Bologna 1784), Bruchstücke zum Buche Job durch P. Junius (Young), Catena Graec. Patrum in beatum Iob (London 1637), Bruchstücke zur Genesis, zum Buche Exodus und zum 2. Buche der Könige durch des Nicephorus Catene über den Octateuch und die Bücher der Könige (Leipzig 1772—1773) bekannt geworden. Alle diese Editionen sind abgedruckt bei *Migne*, P. gr. XXXIX. Nachzutragen wäre noch ein lateinisches Scholion zu Gen. 1, 27 unter des Didymus Namen bei *I. B. Pitra*, Spicilegium Solesm. I, 284. J. Dräseke möchte das erste der zwei unter den Werken des hl. Athanasius stehenden Bücher gegen Apollinarius Didymus dem Blinden beilegen; s. § 45, 3. 10.

4. **Evagrius Ponticus.** — Evagrius mit dem Beinamen Ponticus, weil in Pontus, etwa 345, geboren, wurde um 380 durch Gregor von Nyssa zum Diakon geweiht. Gregor nahm ihn auch mit sich nach Konstantinopel zu dem zweiten allgemeinen Concile (381), und hier verblieb er eine Zeit lang an der Seite des Patriarchen Nektarius (381—397). Gefahren, welche seiner Tugend drohten, veranlaßten Evagrius, Konstantinopel zu verlassen, und nach kurzem Aufenthalte zu Jerusalem begab er sich nach Aegypten, um zuerst in der nitrischen Wüste und sodann in dem großen Kloster τὰ κελλία ein Mönchsleben zu führen. Einen durch Theophilus von Alexandrien ihm angebotenen Bischofsstuhl soll er standhaft abgelehnt haben. Er starb in der Einöde, 54 Jahre alt, als Ascet wie als Schriftsteller weithin hoch geachtet (vgl. namentlich *Palladius*, Hist. Laus. c. 86: *Migne*, P. gr. XXXIV, 1188—1197). Doch stand er schon bei Lebzeiten im Rufe eines Origenisten. Hieronymus wirft ihm ausdrücklich origenistische Irrlehren vor und bezeichnet ihn zugleich als Vorläufer des Pelagius (Ep. 133, ad Ctesiphontem, n. 3; Dial. adv. Pelag. prol.; Comm. in Ier. l. IV. prol.: *Migne*, P. lat. XXII, 1151; XXIII, 496; XXIV, 794). In der Folge ward er, wie bereits bemerkt (Abs. 1), als Verfechter der Präexistenz und der Apokatastasis verurtheilt. Seine Schriften wurden durch Rufinus (s. *Hier.*, Ep. 133, 3) und durch Gennadius (s. dessen Schrift De vir. ill. c. 11: *Migne*, P. lat. LVIII, 1067) ins Lateinische und vielleicht schon um dieselbe Zeit durch andere auch ins Syrische übertragen. Nur kleine Reste derselben sind bisher, meist in sehr verwahrlostem Zustande, an die Oeffentlichkeit getreten. Eine Sammlung und Sichtung der Fragmente unternahm erst Gallandi, Bibl. vet. Patr. T. VII. p. 551—581 (vgl. p. xx—xxii). Seine Ausgabe, abgedruckt bei *Migne*, P. gr. XL, wird eröffnet durch die zuerst von J. B. Cotelier (1686) ans Licht gezogenen Schriften μοναχὸς ἢ περὶ πρακτικῆς (Monachus s. de vita activa) und τῶν κατὰ μοναχῶν πραγμάτων τὰ αἴτια καὶ ἡ καθ᾽ ἡσυχίαν τούτων παράθεσις (Rerum monachalium rationes earumque iuxta quietem adpositio). Jenen μοναχός geben übrigens Cotelier und Gallandi nur in Fragmenten und Auszügen. Der demselben entsprechende γνωστικὸς ἢ περὶ τῶν καταξιωθέντων γνώσεως (?), dessen Sokrates (Hist. eccl. IV, 23: LXVII, 516) erwähnt, ist verloren gegangen. Folgen verschiedene Reihen von Sentenzen, Lebensregeln und Lehrsprüchen, welche zum Theil nur lateinisch vorliegen, während die griechisch erhaltenen auch unter dem Namen des hl. Nilus gehen. Der Tractat περὶ τῶν ὀκτὼ λογισμῶν (De octo vitiosis cogitationibus) kann wohl nur ein Ueberbleibsel der durch Sokrates (a. a. O.) und Gennadius (a. a. O.) bezeugten Zusammenstellung passender Schriftworte zur Abwehr der verschiedenen (8) Versuchungen sein. Eine neue Ausgabe dieses Tractates von *A. Elter*, Gnomica. I. Sexti Pythagorici, Clitarchi, Evagrii Pontici sententiae. Lipsiae 1892. 4°. Eine größere Schrift des Evagrius über die acht Lastergedanken hat Fr. Baethgen aus einem bruchstückweise erhaltenen syrischen Texte ins Deutsche übersetzt, im Anhange der noch zu erwähnenden Schrift Zöcklers: Evagrius Pontikus. München 1893. Das (bei Gallandi und Migne an letzter Stelle stehende) Scholion εἰς τὸ ΠΙΠΙ,

deſſen Echtheit ſehr zweifelhaft ſein dürfte, ward von neuem herausgegeben durch
P. de Lagarde: Onomastica sacra. Gottingae 1870. I, 205—206 (ed. 2.
1887). Dasſelbe handelt von den zehn jüdiſchen Gottesnamen und insbeſondere
von dem heiligen Tetragramm; ΠΙΠΙ (in andern Handſchriften πιπι) iſt eine Nach=
bildung der Buchſtaben יהוה (von links nach rechts geleſen). Vgl. E. Neſtle in
der Zeitſchr. der Deutſchen Morgenländ. Geſellſchaft. Bd. XXXII (1878). S. 465 ff.
Der Veranſtalter neuer (ſtichometriſcher) Ausgaben der Apoſtelgeſchichte und der
neuteſtamentlichen Briefe, welcher in den Lehrbüchern der Einleitung in das Neue
Teſtament Diakon Euthalius von Alexandrien genannt wird, hat nach Ehrhard
in Wahrheit Evagrius geheißen und iſt ſehr wahrſcheinlich mit Evagrius Ponticus
zu identificiren. S. A. Ehrhard, Der Codex H ad epistulas Pauli und
„Euthalios diaconos“. Eine paläographiſch=patrologiſche Unterſuchung: Central=
blatt f. Bibliothekſweſen. Bd. VIII (1891). S. 385—411. Anders E. v. Dob=
ſchütz, Ein Beitrag zur Euthaliusfrage: ebend. Bd. X (1893). S. 49—70.
Ueber Evagrius im allgemeinen handelt O. Zöckler, Evagrius Pontikus. Seine
Stellung in der altchriſtl. Literatur= und Dogmengeſchichte. München 1893. 8⁰
(Zöckler, Bibliſche u. kirchenhiſtoriſche Studien. Heft 4). Vgl. J. Dräſeke,
Zu Euagrios Pontikos: Zeitſchr. f. wiſſenſchaftl. Theol. 1894. Bd. I. S. 125—137.

## § 54. Epiphanius.

1. Leben. — Epiphanius ward um 315 in einem Flecken bei Eleuthero=
polis in Judäa geboren und widmete ſich von früher Jugend auf dem Studium
der heiligen Wiſſenſchaften. Zugleich verlegte er ſich mit beſonderer Vorliebe
auf die Erlernung fremder Sprachen, und nach dem Zeugniſſe des hl. Hie=
ronymus (Adv. Ruf. II, 22: *Migne*, P. lat. XXIII, 446) war er des
Griechiſchen, des Syriſchen, des Hebräiſchen, des Aegyptiſchen (Koptiſchen) und
in etwa auch des Lateiniſchen mächtig. In Paläſtina war es namentlich der
hl. Mönch Hilarion, welcher auf ſeine geiſtige Entwicklung großen Einfluß
übte, und geſchah es auch wohl auf deſſen Anregung, daß Epiphanius ſich
zu ſeiner weitern Ausbildung nach Aegypten begab. Hier ſuchte er die
berühmteſten Mönche auf, kam aber auch mit Gnoſtikern in Berührung, welche
vergebliche Verſuche machten, ihn für ihre Lehren zu gewinnen. Etwa zwanzig
Jahre alt, kehrte er in ſeine Heimat zurück und gründete bei Eleutheropolis
ein Kloſter, welchem er ſelbſt, inzwiſchen Prieſter geworden, einige dreißig
Jahre vorſtand. Der Ruf ſeiner Gelehrſamkeit und ſeiner Frömmigkeit be=
ſtimmte die Biſchöfe der Inſel Cypern, ihn 367 zu ihrem Metropoliten und
Biſchofe von Konſtantia, dem alten Salamis, zu erwählen. Als ſolcher leuchtete
er hervor durch Strenge und Heiligkeit des Lebenswandels, durch warmes
Intereſſe für die Hebung und Ausbreitung des Mönchsweſens und durch
glühenden Feuereifer für die Reinerhaltung der kirchlichen Lehre. Dieſer Eifer
drückt ſeiner ganzen Wirkſamkeit ihr eigenthümliches Gepräge auf. Dieſer
Eifer, nicht immer gepaart mit beſonnener Ruhe und einer tiefern Welt= und
Menſchenkenntniß ermangelnd, ſollte ſeine letzten Lebensjahre trüben und ver=
bunkeln. Epiphanius war von jeher in Rede und Schrift mit beſonderem
Nachdruck für die Bekämpfung des Origenismus thätig geweſen, und das
Verlangen, dieſe, wie er glaubte, gefährlichſte aller Häreſien an einer ihrer
Hauptpflegeſtätten wo möglich zu unterdrücken, führte ihn 394 nach Paläſtina.
Hier zählte Origenes die entſchiedenſten und einflußreichſten Verehrer, ins=

besondere Bischof Johannes (II.) von Jerusalem, Hieronymus im nahen Beth=
lehem und ihren Freund und Gast Rufinus. In Gegenwart des Bischofs
hielt Epiphanius in der Kirche des heiligen Grabes vor einer großen Volksmenge
eine Predigt gegen Origenes und seine Irrlehren, und als Johannes sich
weigerte, Origenes zu verdammen, hob Epiphanius die Kirchengemeinschaft
mit demselben auf. Rufinus trat auf des Johannes Seite, Hieronymus hin=
gegen ließ Origenes fallen und bekannte sich zur Sache des von ihm hoch=
verehrten papa Epiphanius πεντάγλωττος (*Hier.*, Adv. Ruf. III, 6: *Migne*
l. c. XXIII, 462). Weitere Nahrung ward dem Streite zugeführt, als
Epiphanius unweit Eleutheropolis, im Sprengel des Bischofs von Jerusalem,
gegen des letztern Willen den Bruder des hl. Hieronymus Paulinian zum
Priester weihte. Erst nach mehreren Jahren kam, namentlich durch die Be=
mühungen des damals noch vorwiegend origenistisch gesinnten Patriarchen
Theophilus von Alexandrien, eine Aussöhnung zu stande. Bald nachher, 399,
trat der verschlagene Theophilus als der gehässigste Anti=Origenist auf, gerieth
infolge seiner Maßnahmen gegen die zu Origenes haltenden ägyptischen Mönche
in bittern Zwist mit Chrysostomus und wußte auch Epiphanius gegen Chry=
sostomus als angeblichen Origenisten in die Schranken zu rufen. Wahrscheinlich
im Jahre 402 versammelte Epiphanius die Bischöfe Cyperns zu einer Synode,
welche Origenes und seine Schriften verdammte, und begab sich sodann trotz
seines hohen Alters auf des Theophilus Betreiben nach Konstantinopel, um
persönlich den dortigen Origenismus zu bekämpfen. Der wohlmeinende aber
kurzsichtige Greis eiferte anfangs gegen Chrysostomus, ward dann aber seines
Unrechts überführt und erkannte, daß er von Theophilus mißbraucht worden.
Ohne das Conciliabulum ad quercum (§. 57, 4) abzuwarten, schiffte er sich
nach Cypern ein und ward auf dem Meere am 12. Mai 403 vom Tode ereilt.

2. Polemische Schriften. — Die schriftstellerische Thätigkeit des hl. Epi=
phanius galt auch vor allem der Bekämpfung der Häresie. Dem aus Syedra
in Pamphylien ihm mehrseitig geäußerten Wunsche, er möge in einem längern
Schreiben den rechten und gesunden Glauben von der heiligen Dreifaltigkeit
und insbesondere vom Heiligen Geiste darlegen, entsprach er nach längerem
Zögern im Jahre 374 durch Abfassung des „Festgeankerten" (ἀγκυρωτός:
*Migne*, P. gr. XLIII, 17—236). Diese Schrift will wie ein Anker den
Rechtgläubigen in den Wirren der arianischen und semiarianischen Kämpfe
einen festen Halt gewähren. Nicht selten schweift sie recht weit von ihrem
nächsten Gegenstande ab. Besondere Beachtung verdienen die beiden zum
Schlusse angehängten und der Gemeinde zu Syedra zum Gebrauche bei der
Taufe empfohlenen Glaubensbekenntnisse. Nach den Untersuchungen Casparis
ist das zweite, längere Bekenntniß (c. 120) von Epiphanius selbst (bei Ab=
fassung des Festgeankerten) entworfen worden, während das erste, kürzere
(c. 119) ältern Ursprungs ist und nicht lange vor der Erhebung des hl. Epi=
phanius zur Metropolitanwürde als Taufbekenntniß in die Diöcese Konstantia
eingeführt wurde. Das letztere ward mit geringen Aenderungen durch das
Concil zu Konstantinopel (381) zum Glaubenssymbole der Gesamtkirche erhoben
und ist später das allgemeine Taufsymbol des Orients geworden. Auf die
inständigen Bitten zweier Archimandriten, Acacius und Paulus, welche den
Festgeankerten mit Interesse und Nutzen gelesen hatten, arbeitete Epiphanius

in den Jahren 374—377 eine ausführlichere Darstellung und Widerlegung der häretischen Lehrsysteme aus, den „Arzneikasten" (πανάριον oder πανάρια) gegen achtzig Häresien (XLI—XLII), meist Haereses citirt. Dieses Werk soll den von den Schlangen Gebissenen, d. i. von häretischen Lehren Angesteckten, Heilmittel, zugleich aber auch den Gesunden Schutzmittel bieten. Epiphanius rechnet auch die griechischen Philosophenschulen und die jüdischen Religions=parteien zu den Häresien, so daß zwanzig der zur Behandlung kommenden häretischen Systeme auf die vorchristliche Zeit entfallen. Den Stoff zur Geschichte der ältern Systeme schöpfte er größtentheils, nicht selten wörtlich, aus den gegen die Häresien gerichteten Werken des Justinus Martyr, des Irenäus und des Hippolytus. Der Bericht über die spätern Häresien ist sehr verschiedenen Quellen entnommen, und stellt das Ganze eine überaus werthvolle historische Fundgrube dar, wenngleich der Berichterstatter mehrfach eine sehr große Leichtgläubigkeit und Kritiklosigkeit an den Tag legt. Die Achtzigzahl der Häresien dürfte der Zahl der Nebenfrauen im Hohen Liede (6, 7) nach=gebildet sein. Den Schluß des Werkes bildet eine zusammenfassende Darstellung des Glaubens der katholischen und apostolischen Kirche (σύντομος ἀληθής λόγος περὶ πίστεως καθολικῆς καὶ ἀποστολικῆς ἐκκλησίας). Ein Auszug aus diesem Werke (ἀνακεφαλαίωσις: XLII, 833—886), meist wörtliche Wiedergabe be=sonders wichtig scheinender Stellen, ist vielleicht von jüngerer Hand gefertigt.

3. Biblisch=archäologische Schriften. Unechte Schriften. Briefe. — Von hohem Werthe für die biblische Einleitungswissenschaft ist das 392 zu Kon=stantinopel auf Ersuchen eines persischen Priesters von Epiphanius verfaßte Buch „Ueber die Maße und Gewichte" (περὶ μέτρων καὶ σταθμῶν). Der erste Theil desselben bespricht den Canon und die Uebersetzungen des Alten Testa=mentes, ein zweiter Theil erörtert die biblischen Maße und Gewichte und ein dritter Theil handelt über die Geographie Palästinas. Der Titel wird also dem Inhalte nicht gerecht, und stellt das Ganze auch nicht sowohl eine fertige Arbeit dar, als vielmehr Sammlungen und Skizzen. Von dem griechischen Texte sind nur die ersten 24 Kapitel erhalten (XLIII, 237—293); in einer von de Lagarde herausgegebenen und ins Deutsche bezw. ins Griechische übersetzten syrischen Version kommen noch 60 weitere Kapitel hinzu. Die Abhandlung „Ueber die zwölf Edelsteine" (περὶ τῶν ιβ′ λίθων) in dem Brust=schilde des alttestamentlichen Hohenpriesters (Ex. 28, 17—21; 39, 10—14) ist Diodor von Tarsus gewidmet und in einer doppelten Recension, einer kürzern (XLIII, 293—304) und einer längern, nur lateinisch vorliegenden (XLIII, 321—366), auf uns gekommen. Andere biblisch=exegetische Schriften des Epiphanius sind zu Grunde gegangen. Ein Commentar zum Hohen Liede, welcher früher in lateinischer Uebersetzung unter des Epiphanius Namen ging, ist in dem von Giacomelli edirten griechischen Texte dem Bischofe Philo von Karpasia oder Karpasium (auf Cypern), zu Beginn des 5. Jahrhunderts, beigelegt und wird letzterem nunmehr allerseits zuerkannt. Das Schriftchen über den Geburtsort und die Todesstätte der Propheten (XLIII, 393—413 und 415—428 in zwei verschiedenen Recensionen), welches sämtliche Propheten des Alten Bundes behandelt und von den unglaublichsten Dingen strotzt, der Physiologus oder eine Bearbeitung des Physiologus (εἰς τὸν φυσιολόγον: XLIII, 517—533), des naturwissenschaftlichen Haus= und Handbuches des

Mittelalters, sieben Homilien (XLIII, 428—508), die letzte nur lateinisch bekannt, und mehrere andere Schriften sind anerkanntermaßen unterschoben. — Von den zahlreichen Briefen des Heiligen sind nur zwei, und diese nur in lateinischer Uebersetzung, erhalten geblieben (XLIII, 379—392), der eine an Johannes von Jerusalem, der andere an Hieronymus gerichtet, beide die origenistischen Streitigkeiten betreffend. Griechische Fragmente eines dritten Briefes veröffentlichte Pitra (1888). — Die Schreibweise des hl. Epiphanius ist nachlässig, matt und sehr breit.

4. Schriften über Epiphanius. — Die Vita S. Epiphanii, welche von seinen Schülern Johannes und Polybius herrühren soll (*Migne*, P. gr. XLI), enthält mehr Sage als Geschichte. B. Eberhard, Die Betheiligung des Epiphanius an dem Streite über Origenes. Trier 1859. 8⁰. *Al. Vincenzi*, Historia critica quaestionis inter Theophilum, Epiphanium et Hieronymum, Origenis adversarios, et inter Ioh. Chrysostomum, Theotimum, Ruffinum et monachos Nitrienses, Origenis patronos. (In S. Gregorii Nysseni et Origenis scripta et doctrinam nova recensio. Vol. III.) Romae 1865. Vgl. § 29, 15. Aeltere Literatur verzeichnet *Chevalier*, Répert. des sources hist. 649.

5. Ausgaben, Uebersetzungen und Bearbeitungen der genannten Werke. — Gesamtausgaben. Der Ancoratus, das Panarium mit dem Auszuge und die Schrift De mensuris et ponderibus wurden griechisch zuerst herausgegeben von J. Oporinus, Basel 1544. 2⁰. Die wichtigste, wenngleich noch vielfach mangelhafte Ausgabe sämtlicher Werke des Epiphanius besorgte D. Petavius (Petau) S. J., Paris 1622. 2 Bde. 2⁰. Ein vermehrter Abdruck erschien zu Köln (so das Titelblatt; in Wahrheit zu Leipzig) 1682. Diese Ausgabe ist, berichtigt und vervollständigt, wiedergegeben bei *Migne*, P. gr. XLI—XLIII (Paris: 1858). W. Dindorf (Epiphanii episc. Constantiae opera. Ed. *G. D.* Lipsiae 1859—1862. 5 voll. 8⁰) gibt einen hie und da verbesserten griechischen Text ohne lateinische Uebersetzung und hat von den unechten Schriften nur die sieben Homilien und den Tractat De numerorum mysteriis (*Migne*, P. gr. XLIII, 507—518) aufgenommen. Ausgewählte Schriften des Epiphanius („Der Anker", „Auszug aus dem Panarium") wurden ins Deutsche übersetzt von C. Wolfsgruber, Kempten 1880 (Bibl. der Kirchenväter). — Einzelausgaben. a. Polemische Schriften. S. Epiphanii episc. Constantiensis Panaria eorumque Anacephalaeosis. Ad veteres libros recensuit et cum latina Dion. Petavii interpretatione et integris eius animadversionibus edidit *Fr. Oehler*. Berol. 1859—1861 (Corporis haereseologici T. II, 1. 2. 3; T. III, 1). Auszüge aus dem Panarium (Epiphanii varia de Graecorum sectis excerpta) bei *H. Diels*, Doxographi Graeci. Berol. 1879. 8⁰. p. 585—593; cf. p. 175—177. R. A. Lipsius, Zur Quellenkritik des Epiphanios. Wien 1865. 8⁰. J. H. Mordtmann, Dusares bei Epiphanius [Panarium c. 51 nach der Ergänzung Oehlers]: Zeitschr. der Deutschen Morgenländ. Gesellschaft. Bd. XXIX (1875). S. 99—106. Vgl. G. Rösch, Das synkretistische Weihnachtsfest zu Petra: ebend. Bd. XXXVIII (1884). S. 643—654. H. G. Voigt, Eine verschollene Urkunde des antimontanistischen Kampfes. Die Berichte des Epiphanius über die Kataphryger und Quintillianer untersucht. Leipzig 1891. 8⁰ (vgl. § 22). Ueber die beiden Glaubensbekenntnisse zum Schlusse des Ancoratus handelt C. P. Caspari in einigen dänisch geschriebenen Aufsätzen, welche er selbst in den Ungedruckten u. s. Quellen zur Gesch. des Taufsymbols u. der Glaubensregel. I. Christiania 1866. S. VII namhaft macht und dem Inhalte nach skizzirt; vgl. ebend. S. 8—16. b. Biblischarchäologische Schriften u. s. f. Metrologicorum scriptorum reliquiae. Collegit recensuit partim nunc primum edidit *Fr. Hultsch*. Lips. 1864—1866. 2 voll.

8⁰. Vol. I. (Script. Graeci) p. 259—267: Excerpta ex Epiphanii libro de mensuris et ponderibus. Vol. II. (Script. Romani) p. 100—106: Vetus versio tractatus Epiphaniani de mensuris et ponderibus. P. de Lagarbe, Symmicta. Göttingen 1877. 8⁰. S. 209—225: Epiphaniana (Τοῦ ἁγίου Ἐπιφανίου περὶ μέτρων καὶ σταθμῶν). *Idem*, Veteris Testamenti ab Origene recensiti fragmenta apud Syros servata quinque. Praemittitur Epiphanii de mensuris et ponderibus liber nunc primum integer et ipse syriacus. *P. de Lagarde* edidit. Gott. 1880. 8⁰. P. de Lagarbe, Symmicta. II. Gött. 1880. 8⁰. S. 149—216: „Des Epiphanius Buch über Maße und Gewichte zum ersten Male vollständig" (das nur syrisch Ueberlieferte in deutscher bezw. griechischer Uebersetzung). Ein Abbruck des griechisch erhaltenen Theiles der Schrift De mens. et pond. nach einer Handschrift des 10. Jahrhunderts auch in der Πατμιακὴ Βιβλιοθήκη. Ἀθήνησιν 1890. 4⁰. Ueber die Stelle De mens. et pond. c. 16—18 s. *G. Mercati*, L' età di Simmaco l' Interprete e S. Epifanio ossia se Simmaco tradusse in greco la bibbia sotto M. Aurelio il Filosofo. Dissertazione storico-critica. Modena 1892 (Friburgo di Brisg. 1893). 4⁰. Das Schriftchen über die Propheten ist griechisch auch von J. H. Hall in dem Journal of the Exeget. Society 1887, p. 1 ff. herausgegeben worden. In zweifacher Recension findet es sich griechisch bei E. Nestle, Marginalien und Materialien. Tübingen 1893. 8⁰. Thl. II. S. 1—64. Dasselbe Schriftchen syrisch (e tribus codicibus Musei Britannici) bei E. Nestle, Syrische Grammatik. Berlin 1888; Chrestomathie. S. 86—107. Eine kritische Ausgabe des dem hl. Epiphanius zugeschriebenen Physiologus bei Fr. Lauchert, Geschichte des Physiologus. Straßburg 1889. 8⁰. S. 229—279. In betreff der Literatur über den Physiologus muß auf K. Krumbacher (Gesch. der byzantinischen Litteratur. München 1891. S. 456—457) verwiesen werden. Vgl. auch die Nachweise Nestles in der Theol. Literaturzeitung, Jahrg. 1892, Sp. 351 f. Zwei Fragmente eines sonst unbekannten Briefes des hl. Epiphanius bei *I. B. Pitra*, Analecta sacra et classica. 1888. Pars I. p. 73—74.

6. Johannes (II.) von Jerusalem. Theophilus von Alexandrien. — Ueber Johannes (Abs. 1), etwa 386—417 Bischof von Jerusalem, s. C. P. Caspari, Ungedruckte u. s. f. Quellen zur Gesch. des Taufsymbols und der Glaubensregel. I. Christiania 1866. S. 161—212: „Ein Glaubensbekenntniß des Bischofs Johannes von Jerusalem (386—417) in syrischer Uebersetzung aus einer nitrischen Handschrift des Britisch Museum samt allem, was uns sonst von Johannes übrig geblieben." — Theophilus (Abs. 1), 385—412 Patriarch von Alexandrien, wird von Gibbon charakterisirt als „der beständige Feind des Friedens und der Tugend, ein frecher, verworfener Mensch, dessen Hände abwechselnd mit Gold und mit Blut befleckt waren" (The history of the decline and fall of the Roman Empire. By *E. Gibbon*. Edited by *W. Smith*. Vol. III. London 1854. p. 418). Er schrieb, außer Festbriefen (vgl. § 45, 7) und sonstigen kirchlichen Erlassen, ein umfangreiches Werk gegen die Origenisten und die Anthropomorphiten, welches indessen zu Grunde gegangen ist. Die erhaltenen Schriftstücke sind bei Gallandi (Bibl. vet. Patr. T. VII. p. 601—652) zusammengestellt, bei Migne (P. gr. LXV, 33—68) auszugsweise wiederholt. Vgl. auch *Pitra*, Iuris eccles. Graecorum hist. et monum. T. I. Romae 1864. p. 646—649: Theophili Alexandrini canones. Zu der Sammlung bei Gallandi und Migne ist einiges nachzutragen; vgl. Th. Zahn, Der Evangeliencommentar des Theophilus von Antiochien (Forschungen zur Gesch. des neutestamentl. Kanons und der altkirchl. Literatur. II. Thl.). Erlangen 1883. S. 234 ff. Ueber die unechten Allegoriae in Evangelium s. § 19, 3.

7. Philo von Karpasia. — Philo (Abs. 3), meist Bischof von Karpasia oder Karpasium (auf Cypern), von andern Bischof von Karpathus (der Insel zwischen

Kreta und Rhodus) genannt, hat bisher sehr wenig Beachtung gefunden. Den griechischen Text seiner Enarratio in Canticum canticorum veröffentlichte erst M. A. Giacomelli, Rom 1772. 4°; Abbrücke bei *Gallandi*, Bibl. vet. Patr. T. IX; *Migne*, P. gr. XL. Auch noch einige andere Fragmente liegen unter Philos Namen vor. S. *Fabricius*, Bibl. Gr. ed. *Harl.* IV, 751—752. X, 479. Einen Brief Philos ascetischen Inhalts veröffentlichte A. Papadopulos-Kerameus in den Ἀνάλεκτα ἱεροσολυμιτικῆς σταχυολογίας. Bd. I. St. Petersburg 1891. S. 393—399.

## § 55. Diobor von Tarsus.

1. **Leben.** — Diobor, seit 378 Bischof von Tarsus in Cilicien, gestorben vor 394, war zu Antiochien geboren und entstammte einem sehr vornehmen Hause. Mit glücklicher Begabung ausdauernden Fleiß verbindend, erwarb er sich zu Athen und späterhin zu Antiochien eine gründliche Ausbildung in allen Zweigen weltlicher und heiliger Wissenschaft. Zugleich rang er durch strenge Ascese nach dem Ideale christlicher Vollkommenheit, und laut Sokrates (Hist. eccl. VI, 3: *Migne*, P. gr. LXVII, 665) und Sozomenus (Hist. eccl. VIII, 2: LXVII, 1516) hat er in Gemeinschaft mit Karterius als Archimandrit an der Spitze einer Mönchsgesellschaft (ἀσκητήριον) in oder bei Antiochien gestanden. Die glänzendste Anerkennung liegt in der spätern Aeußerung des Kaisers Julian (in einem Briefe bei Facundus von Hermiane Pro defens. trium capit. IV, 2: *Migne*, P. lat. LXVII, 621), Diobor habe mit den Waffen, welche Athen, der Sitz hellenischer Weisheit, ihm geliefert, seine schmähsüchtige Zunge gegen die alten Götter ausgerüstet; seine hagere Gestalt, sein blasses Antlitz, seine körperlichen Leiden bekundeten den gerechten Zorn der Olympier. Julians Haß gründete in Diobors begeisterter und opferfreudiger Verfechtung des christlichen Glaubens und insbesondere des Nicänischen Symbolums. Nach Lage der Dinge mußte Diobors öffentliches Wirken zu Antiochien eine vorwiegend apologetische und polemische Richtung nehmen. Hier standen Orthodoxe und Arianer in bitterer Schroffheit einander gegenüber, und die Häretiker erfreuten sich der Gunst des Kaisers Konstantius (337—361) wie des Kaisers Valens (364—378). Julian aber, welcher auf seinem Perserzuge hier Winterlager hielt, setzte alle Hebel in Bewegung, den in Verfall gerathenen Götterdienst zu neuem Leben zu erwecken. Schon zu Zeiten des arianischen Bischofs Leontius († um 357), mehr noch während des Exils des Patriarchen Meletius (360—378), waren es namentlich Diobor und sein Freund Flavian, der spätere Nachfolger des Meletius (seit 381), welche unter Opfern und Gefahren aller Art für die orthodoxe Gemeinde der syrischen Metropole Sorge trugen. „Flavian und Diobor", schreibt Theodoret (Hist. eccl. IV, 22: LXXXII, 1184), „ragten wie zwei Felsen im Meere hervor, an welchen sich die anstürmenden Wogen brachen... Diobor, weise und stark, war einem ebenso reinen wie gewaltigen Flusse vergleichbar, welcher der eigenen Herde Tränke bot und zugleich der Gegner Blasphemien hinwegschwemmte. Den Glanz seiner eigenen Abkunft achtete er für nichts und ertrug mit Freuden um des Glaubens willen Drangsal." Im Jahre 372 weilte Diobor auf der Flucht bei Meletius in Armenien, und dort knüpfte er Beziehungen zu Basilius d. Gr. an (vgl. des letztern Brief Nr. 135: XXXII, 572—573). Nach

seiner Rückkehr aus dem Exile im Jahre 378 erhob Meletius den erprobten
Streiter zum Bischofe von Tarsus. Als solcher wohnte Diodor dem zweiten
ökumenischen Concile (Konstantinopel 381) bei, und in dem die Beschlüsse
der Synode bestätigenden Erlasse des Kaisers Theodosius vom 30. Juli 381
werden Pelagius von Laodicea und Diodor von Tarsus als die Bischöfe
bezeichnet, welche im Oriente als maßgebende Richter der Orthodoxie an=
zusehen seien.

2. Schriften. — Diodor war ein äußerst fruchtbarer Schriftsteller. Große
Productivität auf exegetischem Gebiete war überhaupt den antiochenischen Theo=
logen eigen. Laut Leontius von Byzanz (De sectis IV, 3: LXXXVI, 1221)
hat Diodor die ganze Heilige Schrift in Commentaren erläutert (vgl. das
Verzeichniß der Commentare bei *Suidas*, Lex. s. v. Diod. Rec. *Bernhardy*
I, 1, 1379). Heute jedoch scheinen nur noch spärliche Reste dieser exegetischen
Werke erhalten zu sein. Wenigstens sind bisher Catenen die einzige Quelle
gewesen, aus welcher mehr oder weniger reiche Scholien unter Diodors Namen
veröffentlicht wurden, namentlich solche zur Genesis und zu den Psalmen
51—74. 81=95 (LXX). Diodor trat der allegorisch=mystischen Schrift=
erklärung der Alexandriner mit allem Nachdruck entgegen und suchte die
historisch=grammatische Auslegungsweise zur ausschließlichen Geltung zu bringen.
Sein Tractat „Ueber den Unterschied zwischen Theorie und Allegorie" (τίς διαφορὰ θεωρίας καὶ ἀλληγορίας;) ist leider auch nur dem Titel nach überliefert
(durch *Suidas* a. a. O.). Jedenfalls entwickelte Diodor hier seine hermeneu=
tischen Grundsätze, und aller Wahrscheinlichkeit nach bekämpfte er die den
Literalsinn läugnende oder verflüchtigende Interpretationsweise der Origenisten
(ἀλληγορία) und stellte ihr als zulässig und nothwendig die prophetisch=typische
Auslegung (θεωρία) gegenüber, eine Auslegung, welche stets den Wortsinn
zur Voraussetzung nehmen muß und die historische Grundlage nie preisgeben
darf. Außer diesen exegetischen Arbeiten hinterließ Diodor eine lange Reihe dog=
matischer, polemischer, apologetischer Werke. *Suidas* (a. a. O.) nennt Schriften
περὶ τοῦ εἷς θεὸς ἐν τριάδι, κατὰ Μελχισεδεκιτῶν, κατὰ Ἰουδαίων, περὶ νεκρῶν
ἀναστάσεως, περὶ ψυχῆς κατὰ διαφόρων περὶ αὐτῆς αἱρέσεων u. a. m. Aber
die meisten dieser Schriften sind eben auch nur dem Titel nach bekannt. Ueber
das umfangreiche Werk gegen das Fatum (κατὰ εἱμαρμένης, bei *Suidas* κατὰ
ἀστρονόμων καὶ ἀστρολόγων καὶ εἱμαρμένης) hat Photius (Bibl. cod. 223:
CIII, 829—877) einen eingehenden, mit reichen Excerpten durchflochtenen
Bericht erstattet. Anderswo (cod. 85: CIII, 288) kennzeichnet Photius kurz
eine (bei *Suidas* nicht genannte) Schrift Diodors gegen die Manichäer, und
aus einer (von *Suidas* gleichfalls übergangenen) Schrift gegen die Synusiasten
(Apollinaristen) hat Leontius (Adv. Nest. et Eut. III, 43: LXXXVI,
1385—1388) einige Stellen ausgehoben.

3. Lehre. — In der Folge erlangten insbesondere die christologischen
Schriften Diodors eine traurige Berühmtheit. Hatte er bei Lebzeiten als
eine Säule der Orthodoxie gegolten, so ward er bald nach seinem Tode selbst
der Häresie bezichtigt. Es läßt sich auch nicht bezweifeln, daß Diodors Lehre
die Keime jener Irrthümer in sich barg, welche sein Schüler Theodor weiter
ausbildete und entwickelte, und welche bald nachher in Form des Nestoria=
nismus von der Kirche verworfen wurden. In dem Bestreben, den Arianern

gegenüber die wahre Gottheit und den Apollinaristen gegenüber die vollkom=
mene Menschheit Jesu Christi zur Anerkennung zu bringen, entging Diodor
nicht der Gefahr, die Verbindung des Göttlichen und des Menschlichen zu
einem bloßen Innewohnen (ἐνοίκησις) des Logos in einem Menschen (wie in
einem Tempel oder wie in einem Kleide) herabzudrücken. Läßt sich auch seine
Anschauung des nähern wohl nicht mehr mit Sicherheit klarstellen, so steht
doch fest, daß er eine doppelte Hypostase in Christus lehrte: ein Ergebniß, welches
freilich keine Berechtigung gibt, ihn als formellen Häretiker zu bezeichnen.
Schon Cyrill von Alexandrien schrieb um 438 drei (nur noch in kleinen
Fragmenten vorliegende) Bücher gegen Theodor von Mopsuestia und Diodor
von Tarsus, und bezeichnete sie als die Urheber der nestorianischen Irrlehre.
Leontius von Byzanz nennt Diodor den Anstifter und Vater der Schlechtig=
keiten und der Gottlosigkeit Theodors (Adv. Nest. et Eut. III, 9: LXXXVI,
1364). Photius bemerkt gelegentlich, Diodor habe sich in seinen Ausführungen
über den Heiligen Geist (περὶ τοῦ ἁγίου πνεύματος διάφορα ἐπιχειρήματα) im
voraus schon mit der Makel des Nestorianismus befleckt (Bibl. cod. 102:
CIII, 372). Die Angabe aber, Diodor sei durch das fünfte allgemeine Concil
vom Jahre 553 anathematisirt worden (Phot. Bibl. cod. 18), muß auf einem
Irrthume beruhen.

4. Literatur. — Die exegetischen Fragmente Diodors sind am vollständigsten
zusammengestellt bei *Migne*, P. gr. XXXIII: Fragmenta in Genesin (1561 ad
1580), in Exodum (1579—1586), in Deuteronomium (1585—1586), in librum
Iudicum (1587—1588), in Regum primum (1587—1588), sämtlich aus des
Nicephorus Catene über den Octateuch und die Bücher der Könige, Leipzig 1772
bis 1773; endlich Fragmenta in psalmos 51—74. 81—95 (1587—1628), nach
*A. Mai*, Nova Patrum Bibl. T. VI, 2. p. 240—258, und aus der von B. Cor=
berius herausgegebenen Catene über die Psalmen, Antwerpen 1643—1646. Ueber=
setzen wurden 23 lateinische Scholien zum Buche Exodus bei *I. B. Pitra*, Spici=
legium Solesmense. T. I. Paris. 1852. p. 269—275, welche freilich dem
Inhalte nach unbedeutend und hinsichtlich der Echtheit zweifelhaft sind. Uebrigens
bedürfen auch die Bruchstücke bei Migne gar sehr der kritischen Sichtung. Ueber
den Tractat τίς διαφορὰ θεωρίας καὶ ἀλληγορίας; s. H. Kihn, Ueber θεωρία und
ἀλληγορία nach den verlorenen hermeneutischen Schriften der Antiochener: Theol.
Quartalschrift. Bd. LXII (1880). S. 531—582. Dogmatische Fragmente in
syrischer Uebersetzung bei *P. de Lagarde*, Analecta Syriaca. Lips. et Lond.
1858. p. 91—100. Das ebenda p. XIX geäußerte Vorhaben de Lagardes, eine neue
Ausgabe sämtlicher Ueberbleibsel der Schriften Diodors zu veranstalten, ist leider
nicht zur Ausführung gekommen.

## § 56. Theodor von Mopsuestia.

1. Leben. — Der mehrgenannte Schüler Diodors, Theodor, ward um
350 zu Antiochien geboren, auch ein Kind vornehmer und reicher Eltern. Zu
Füßen des gefeierten Sophisten Libanius studirte er Rhetorik und Literatur;
der einige Jahre ältere Johannes, welcher nachmals den Namen Chrysostomus
erhielt, war sein Studiengenosse. Er gedachte den Beruf eines Rechtsanwaltes
zu ergreifen und auf diesem Wege zu Aemtern und Würden emporzusteigen.
Das Beispiel und die Mahnung des Studienfreundes vermochte ihn, sich, noch
nicht 20 Jahre alt, in das von Diodor und Karterius geleitete Kloster

zurückzuziehen und unter hochherzigem Verzichte auf Reize und Genüsse mannig=
facher Art sich der Ascese und dem Studium der heiligen Schriften zu widmen.
Aber bald erkaltete sein Eifer. Er verließ die Einsamkeit, wandte sich wieder
dem geräuschvollen Leben des Forums zu und wollte die Klostergelübde mit
dem Eheftande vertauschen. Nur der Beredsamkeit des Goldmundes gelang
es, seinen Sinn zu ändern und ihn ins Kloster zurückzuführen (vgl. die zwei
Bücher oder Briefe des hl. Chrysostomus ad Theodorum lapsum § 57, 8;
das Antwortschreiben Theodors, bei *Migne*, P. gr. XLVIII, 1063—1066,
ist hinsichtlich seiner Echtheit bestritten). Um 383 empfing Theodor, jeden=
falls durch Bischof Flavian von Antiochien, die Priesterweihe, und noch zehn
Jahre lang blieb Antiochien der Schauplatz seiner Thätigkeit als Seelsorger
wie als Gelehrter und Schriftsteller. Er hatte sich als Verfechter der kirch=
lichen Lehre in den herrschenden dogmatischen Streitigkeiten einen hervorragenden
Namen erworben, als er um 392 zum Bischofe von Mopsuestia in Cilicien
befördert wurde. In dieser Stellung hat er, wenn anders die fürderhin nur
spärlich fließenden Quellen ein Urtheil gestatten, an allen Angelegenheiten,
welche damals die Kirche des Orients bewegten, thätigen Antheil genommen.
Daß er mit aller Entschiedenheit für die Sache seines vielverfolgten Jugend=
freundes eintrat, erfahren wir aus dem Munde des hl. Chrysostomus selbst
(Ep. 112: *Migne*, P. gr. LII, 668—669; vgl. *Facundus Hermian.*, Pro
defens. trium capit. VII, 7: *Migne*, P. lat. LXVII, 705—706). Er starb
um 428, nachdem er, wie Theodoret (Hist. eccl. V, 39: *Migne*, P. gr. LXXXII,
1277) ausdrücklich hervorhebt, 36 Jahre lang den Hirtenstab geführt hatte.

2. Exegetische Schriften. Hermeneutische Grundsätze. Umgrenzung des
Canons. — Theodor eröffnete seine literarische Laufbahn, kaum 20 Jahre
alt, mit der Abfassung eines Psalmencommentares, welcher, abgesehen von nicht
unbedeutenden Fragmenten des griechischen Textes, handschriftlich in einem
syrischen Auszuge vorliegt. In diesem Werke suchte er unter Ablehnung aller
Allegorie die grammatisch=historische Auslegungsmethode möglichst scharf und
folgerichtig durchzuführen. An der Annahme davidischer Herkunft sämtlicher
Psalmen festhaltend, die einzelnen Ueberschriften aber als nicht ursprünglich
beiseite setzend, hat er nur 4 Psalmen direct messianisch erklärt (Ps. 2. 8.
45. 110 LXX), 19 auf David und seine Zeit, 1 auf Jeremias, 25 auf die
assyrische, 67 auf die chaldäische Periode, 17 auf die Makkabäerzeit bezogen
und bei 17 (Lehrgedichten) auf eine historische Deutung verzichtet. Ein solches
Vorgehen mußte Theodor alsbald bittere Vorwürfe und heftige Anfeindungen
zuziehen. Er hat auch selbst einzelne seiner Aufstellungen in spätern Schriften
zurückgenommen bezw. berichtigt, ohne indessen den Forderungen des kirchlichen
Glaubensbewußtseins Genüge zu leisten. Seine indirect (oder typisch) mes=
sianische Erklärung der Psalmen 16, 22, 69 (LXX), wie sie von dem fünften
ökumenischen Concile (553) verworfen wurde (Coll. IV. n. 21—24: *Mansi*,
SS. Conc. Coll. IX, 211—213), ist nicht dem Psalmencommentare entlehnt,
sondern dem Widmungsschreiben des Commentares über die zwölf kleinen
Propheten. In dem Psalmencommentare hatte er auch die typische Beziehung
der genannten Lieder auf den Messias nicht anerkannt. Der Commentar über
die kleinen Propheten, einem gewissen Tyrius gewidmet, ist das einzige unter
den Werken Theodors, welches im Urtexte erhalten geblieben ist, vermuthlich

beßhalb, weil es am wenigsten Anstoß erregte. Seine Erklärung und Kritik des Buches Job und des Hohen Liedes sowie seine Theorie über die Autorität der Sprüche und des Predigers (nach andern des Buches Sirach) wurde von dem genannten Concile mit der Censur belegt (Coll. IV. n. 63—71: *Mansi* l. c. IX, 223—227). Das Buch Job sollte von einem ruhmsüchtigen Juden den Dramen der heidnischen Dichter nachgebildet worden sein, und das Hohe Lied wäre ein aus Anlaß der Vermählung Salomons mit einer ägyptischen Prinzessin verfaßtes Hochzeitsgedicht; dem Verfasser der Sprüche und des Predigers wollte Theodor die Gabe der Prophetie absprechen und nur einen geringern Grad der Inspiration zuerkennen. Nach Leontius von Byzanz (Adv. Nest. et Eut. III, 12—17: *Migne*, P. gr. LXXXVI, 1365—1368) hat Theodor außer dem Buche Job, dem Hohen Liede und den Psalmenüber=schriften auch die beiden Bücher der Chronik sowie die Bücher Esdras und Nehemias und vom Neuen Testamente den Brief Jacobi „und die folgenden katholischen Briefe der andern Verfasser" nicht als canonische Schriften gelten lassen. Wie Diodor, so hat auch Theodor laut demselben Gewährsmanne die ganze Heilige Schrift commentirt (τὴν ὅλην γραφὴν ὑπεμνημάτισαν *Leont.*, De sectis IV, 3: LXXXVI, 1221). In der That liegen auch zu den meisten Büchern des Neuen Testamentes noch Fragmente unter Theodors Namen vor. Vollständig ist der Commentar über die kleinern Briefe des hl. Paulus (Gal., Eph., Phil., Kol., 1 u. 2 Theff., 1 u. 2 Tim., Tit., Philem.) erhalten, aber nicht im griechischen Texte, sondern in einer wahrscheinlich um die Mitte des 6. Jahrhunderts in Afrika gefertigten lateinischen Uebersetzung. Der Commentar über das Johannesevangelium ist in syrischer Version auf uns gekommen, aber noch nicht gedruckt worden. Noch im 5. Jahrhundert wurden Theodors Schriften ins Syrische übersetzt, und bei den syrischen Nestorianern standen dieselben fort und fort in höchstem Ansehen. Im 6. und 7. Jahrhundert sprechen nestorianische Synoden das Anathem über diejenigen aus, welche es wagten, von den Erklärungen „des Exegeten" in irgend welcher Weise abzuweichen. Den Ehrennamen des Exegeten κατ᾽ ἐξοχήν führt Theodor bei den syrischen Nestorianern bis auf den heutigen Tag.

3. Anderweitige Schriften. Christologie. Gnadenlehre. — Auch dog=matische bezw. polemische und sonstige Schriften verfaßte Theodor in großer Anzahl. In einem Kataloge der bei den syrischen Nestorianern recipirten Schriften, von der Hand des Metropoliten Ebedjesu († 1318), werden nach Anführung der exegetischen Werke noch folgende Schriften Theodors namhaft gemacht: ein Buch über die Mysterien, ein Buch über den Glauben (sehr wahr=scheinlich das symbolum P. gr. LXVI, 1015—1020), ein Band über das Priesterthum, zwei Bände über den Heiligen Geist, ein Band über die Mensch=werdung (περὶ τῆς ἐνανθρωπήσεως *S. Cyrill. Al.* Ep. 70: LXXVII, 341), zwei Bände gegen Eunomius (κατ᾽ Εὐνομίου *Phot.* Bibl. cod. 177: CIII, 517), zwei Bände gegen denjenigen, welcher behauptet, daß die Sünde in der Natur gelegen sei (πρὸς τοὺς λέγοντας φύσει, καὶ οὐ γνώμῃ, πταίειν τοὺς ἀνθρώπους *Phot.* Cod. 177), zwei Bände gegen die Magie, ein Band an die Mönche, ein Band über die dunkle Redeweise (der Heiligen Schrift?), ein Band über die Vollkommenheit der Werke, fünf Bände gegen die Allegoristen (sehr wahr=scheinlich das Buch De allegoria et historia contra Origenem bei *Facundus*

*Herm.*, Pro defens. trium capit. III, 6: LXVII, 602), ein Band für
Basilius (ὑπὲρ Βασιλείου κατὰ Εὐνομίου *Phot.* Cod. 4; vielleicht zu identificiren mit den vorhin genannten zwei Bänden gegen Eunomius), ein Band
De assumente et assumpto (sehr wahrscheinlich das sonst mehrfach bezeugte Werk gegen Apollinarius), ein Buch der Perlen, d. i. eine Sammlung von Briefen Theodors (vgl. *Phot.* Cod. 177: CIII, 513) und ein
Tractat über die Gesetzgebung (s. den Wortlaut des Katalogs bei *I. S. Assemani*, Bibl. Or. III, 1. Romae 1725. p. 33—35). Zur Zeit sind fast
nur vereinzelte Bruchstücke dieser Schriften bekannt. Aber auch aus diesen
Bruchstücken erhellt allerdings unzweideutig, daß Theodor der Nestorius vor
Nestorius gewesen ist. In Uebereinstimmung mit Diodor behauptete Theodor
zwei Personen (δύο ὑποστάσεις) in Christus. Die göttliche sowohl wie die
menschliche Natur ist zugleich Person. Die Einheit der Naturen (συνάφεια)
besteht in der gemeinsamen Gesinnung und Willensrichtung. Der Christ betet
auch nur e i n e n Herrn an, weil der mit dem Logos zu einer moralischen
Einheit verbundene Mensch (zum Lohne seiner Ausdauer) zu göttlicher Würde
erhöht worden ist (χωρίζω τὰς φύσεις, ἑνῶ τὴν προσκύνησιν). Aber die Eigenschaften und das Thun bezw. Leiden der beiden Naturen sind sorgfältig aus-
einanderzuhalten. Nur der Mensch ist geboren worden und gestorben. Zu
sagen, Gott habe gelitten, gezagt und gezittert, wäre ungereimt und blasphemisch. So darf denn auch Maria nicht oder doch nur uneigentlich Gottesgebärerin genannt werden. Das fünfte allgemeine Concil hat (in seiner achten
und letzten Sitzung) Theodor und seine gottlosen Schriften verurtheilt und
(in seinen Anathematismen) eine Reihe christologischer Thesen Theodors im
einzelnen censurirt. Auch in der Anthropologie und Gnadenlehre mußte Theodor
auf Widerspruch stoßen. Marius Mercator wird unbillig verfahren, wenn er
Theodor als den eigentlichen Vater des Pelagianismus darstellt (Comm. adv.
haeresim Pelagii praef.; Refut. symboli Theod. Mops. praef. n. 2: *Migne*,
P. lat. XLVIII, 109. 215 u. 1043). Jedenfalls aber hat Theodor im wesentlichen pelagianisch gelehrt und insbesondere die Erbsünde geläugnet (s. die
Auszüge aus dem Werke gegen die Vertheidiger der Erbsünde bei Mercator
und bei Photius).

4. Ausgaben. — Die Sammlung der Schriften Theodors (bei *Migne*, P. gr.
LXVI. Paris. 1859. 1864) umfaßt folgende Stücke: Commentarius in XII prophetas minores (105—632) und Fragmenta in Genesin (633—646), in Exodum (647—648), in psalmos (647—696), in Iobum (697—698), in Canticum
canticorum (699—700); Commentarii in Novum Testamentum, d. i. Fragmenta
in Matth. 703—714), Marc. (713—716), Luc. (715—728), Io. (727—786),
Acta (785—786), ep. ad Rom. (787—876), I Cor. (877—894), II Cor. (893
ad 898), Gal. (897—912), Eph. (911—922), Phil. (921—926), Col. (925—932),
I Thess. (931—934), II Thess. (933—936), I Tim. (935—944), II Tim.
(945—948), Tit. (947—950), Philem. (949—950), Hebr. (951—968); endlich
Fragmenta dogmatica (969—1020). — Inzwischen hat der Bestand an Fragmenten Theodors bedeutsame Bereicherungen erfahren. Ueber ungedruckte syrische
Excerpte aus dem Psalmencommentare s. Fr. Baethgen, Der Psalmencommentar
des Theodor von Mopsuestia in syrischer Bearbeitung: Zeitschr. f. die alttestamentl.
Wissenschaft. Bd. V (1885). S. 53—101. Neue griechische Fragmente zu 17 Psalmen,
aus der von B. Corderius herausgegebenen Catene über die Psalmen (Antwerpen

1643—1646) geschöpft, bei Fr. Baethgen, Siebenzehn makkabäische Psalmen nach Theodor von Mopsuestia: Zeitschr. f. d. alttest. Wiss. Bd. VI (1886). S. 261 bis 288; Bd. VII (1887). S. 1—60. Die lateinische Uebersetzung des Commentares über die kleinern Briefe Pauli wurde zuerst, mit vielen Lücken, von J. B. Pitra (Spicilegium Solesmense. T. I. Paris. 1852. p. 49—159) herausgegeben, irrthümlich unter dem Namen des hl. Hilarius von Poitiers. Eine vielfach berichtigte und vervollständigte Ausgabe dieser Uebersetzung, unter Beifügung der griechischen Fragmente, lieferte H. B. Swete, Cambridge 1880—1882. 2 Bde. 8°. In einem Anhange (Bd. II. S. 289—339) hat Swete auch die Fragmenta dogmatica wieder abdrucken lassen. Exegetische und dogmatische Fragmente in syrischer Uebersetzung bei P. de Lagarde, Analecta Syriaca. Lips. et Lond. 1858. p. 100—108, und bei Ed. Sachau, Theodori Mopsuesteni fragmenta syriaca e codicibus Musei Britannici Nitriacis edidit atque in latinum sermonem vertit E. S. Lips. 1869. 8°. Sachau gibt hauptsächlich fragmenta commentarii in Genesim p. 1—21 und fragmenta libri de incarnatione p. 28—57. Der hymnus matutinus p. 58—59 gehört nach Bickell (Conspectus rei Syrorum liter. p. 53. 94) vielmehr dem hl. Ephräm an. Den Schluß bildet eine Uebersetzung der von de Lagarde herausgegebenen Fragmente p. 63—70. Fr. Baethgen, Ueber eine im Orient vorhandene syrische Handschrift, enthaltend die Uebersetzung des Commentars zum Johannes-Evangelium von Theodor von Mopsuestia: Actes du VIII° congrès internat. des Orientalistes à Stockholm. Partie II (1893). p. 107—116.

5. Schriften über Theodor. — O. Fr. Fritzsche, De Theodori Mopsuesteni vita et scriptis commentatio historica theologica. Halae 1836, 8° (Fritzsches Schrift ist abgedruckt bei Migne, P. gr. LXVI, 9—78). Fr. A. Specht, Der exegetische Standpunkt des Theodor von Mopsuestia und Theodoret von Kyros in der Auslegung messianischer Weissagungen aus ihren Commentaren zu den kleinen Propheten dargestellt. Gekrönte Preisschrift. München 1871. 8°. H. Kihn, Theodor von Mopsuestia und Junilius Africanus als Exegeten. Freiburg i. Br. 1880. 8°. H. B. Swete, Theodorus of Mopsuestia: Dictionary of Christ. Biography. Vol. IV (1887). p. 934—948. Vgl. auch die Literaturangaben bei Chevalier, Répert. des sources hist. 2172. 2821.

6. Polychronius. — Theodoret beschließt die Notiz über Theodor von Mopsuestia (Hist. eccl. V, 39) mit den Worten: „Sein Bruder Polychronius weidete (ἐποίμαινεν) die Kirche zu Apamea auf das beste, ausgezeichnet durch die Anmuth seiner Rede wie durch den Tugendglanz seines Lebens." Diese Worte (bei Cassiodor Histor. trip. X, 34 übersetzt, bei Nicephorus Kallisti Hist. eccl. XIV, 30 paraphrasirt) sind die einzige Nachricht über des Polychronius Lebensumstände aus dem ganzen Alterthume. Apamea, ohne nähere Bestimmung, ist die bekannte Stadt in Syrien; das Wort ποιμαίνειν bezeichnet jedenfalls das Amt und die Würde des Bischofs; die Imperfectform (ἐποίμαινεν) aber muß besagen wollen, daß Polychronius auch noch zu der Zeit, bis zu welcher Theodorets Berichterstattung (in der Kirchengeschichte) reicht, d. h. um 428, den bischöflichen Stuhl von Apamea innehatte. Polychronius hat eine rege schriftstellerische Thätigkeit entwickelt, in erster Linie, wie sein Bruder, auf exegetischem Gebiete. Einstweilen sind jedoch nur zerstreute Scholien (aus Catenen) unter seinem Namen veröffentlicht worden, insbesondere zum Buche Job (hauptsächlich bei P. Iunius, Catena Graecorum Patrum in beatum Iob. Londini 1637. 2°), zum Buche Daniel (bei A. Mai, Scriptorum vet. nova coll. T. I. Romae 1825. Pars 2. p. 105—160) und zum Buche Ezechiel (bei Mai, Nova Patrum Bibl. T. VII. 1854. Pars 2. p. 92 ad 127). Die Scholien zu Daniel und zu Ezechiel sind abgedruckt bei Migne, P. gr. CLXII. Insoweit diese Bruchstücke ein Urtheil gestatten, zählt Polychronius zu den größten Exegeten, welche Antiochien und das griechische Alterthum überhaupt

hervorgebracht hat, wenngleich sich auch durch seine Erklärung eine an Theodor leb=
haft erinnernde rationalisirende Richtung hindurchzieht. Ueber seine dogmatischen
Anschauungen gewähren die Fragmente nur sehr mangelhaften Aufschluß. Die aller=
dings naheliegende Vermuthung nestorianischer Denkweise findet in denselben keine
Stütze. Im übrigen s. O. Bardenhewer, Polychronius, Bruder Theodors von
Mopsuestia und Bischof von Apamea. Ein Beitrag zur Geschichte der Exegese.
Freiburg i. Br. 1879. 8°.

## § 57. Johannes Chrysostomus.

1. Leben des hl. Chrysostomus bis zu seiner Priesterweihe. — Johannes
mit dem Beinamen Chrysostomus (Goldmund) wurde wahrscheinlich 344, viel=
leicht erst 347, zu Antiochien geboren. Seine Wiege umgab Glanz und Reich=
thum (vgl. seine Schrift De sacerdotio II, 8: *Migne*, P. gr. XLVIII, 639);
doch ward der Vater Secundus ihm schon sehr frühe durch den Tod entrissen
(s. ibid. I, 5: XLVIII, 624; vgl. auch Ad viduam iun. c. 2: XLVIII,
601), und seine Erziehung fiel der frommen Mutter Anthusa zu. Weitere
Ausbildung suchte und fand Chrysostomus bei dem Philosophen Andragathius
sowie namentlich bei dem Rhetor Libanius, dem berühmten Vertheidiger des
untergehenden Heidenthums. Als unzertrennlichen Freund hatte er einen ge=
wissen Basilius zur Seite: „Wir befleißigten uns", schreibt er selbst (De
sacerd. I, 1: XLVIII, 623), „derselben Wissenschaften und hatten auch die=
selben Lehrer. Auch unsere Hingebung und Begeisterung für die Studien,
welche wir betrieben, war eine und dieselbe, unser Trachten war das gleiche
und durch dieselben Gründe bedingt. Denn nicht allein zur Zeit, da wir die
Schule besuchten, sondern auch als wir die Schule verlassen hatten und uns
schlüssig machen mußten, welchen Lebensweg wir nun einschlagen sollten, auch
da zeigte sich die Uebereinstimmung unserer Gesinnung." Eigene Neigung und
des Freundes Vorgang bestimmten Chrysostomus, dem Theater und dem Forum
Lebewohl zu sagen und in stiller Zurückgezogenheit sich dem Gebete und dem
Studium der Heiligen Schrift zu widmen. Der Patriarch Meletius von An=
tiochien führte ihn tiefer in die christliche Lehre ein und ertheilte ihm um 369
die nach damaliger Gewohnheit in ein reiferes Alter verschobene Taufe. Auch
Diodor, der spätere Bischof von Tarsus, und Karterius sind seine Lehrer ge=
wesen. Er hatte den Entschluß gefaßt, das väterliche Haus zu verlassen und
mit Basilius sich in die Einsamkeit zu flüchten, gab jedoch auf Bitten der
Mutter, sie nicht zum zweitenmal zur Wittwe zu machen, diese Absicht auf,
führte aber in möglichster Abgeschlossenheit ein streng ascetisches Leben (vgl.
De sacerd. I, 4—6). Es muß um 373 gewesen sein, als die beiden Freunde
ihres tugendhaften Lebenswandels willen zu Bischöfen begehrt wurden. Basilius
konnte erst, nachdem er, wie er wenigstens glaubte, von Chrysostomus die Zu=
sicherung gemeinschaftlichen Handelns erhalten hatte, zur Annahme der Weihe
bewogen werden — man identificirt ihn deshalb meistens mit dem Bischofe
Basilius von Raphaneia, welcher 381 dem Concile zu Konstantinopel anwohnte
und unter den syrischen Bischöfen an letzter Stelle unterschrieb (s. *Mansi*,
SS. Conc. Coll. III, 568); Chrysostomus hingegen, von Mißtrauen gegen
sich selbst erfüllt, meinte sich durch die Flucht der Weihe entziehen zu sollen.
Zur Rechtfertigung dieses Schrittes gegenüber dem schmerzlich getäuschten

Freunde schrieb er die herrlichen sechs Bücher vom Priesterthume (s. Abs. 8).
Das Ziel seiner Wünsche blieb ein allem hindernden Verkehre mit der Welt
entrücktes Einsiedlerleben. Nachdem die Mutter, wie es scheint, gestorben,
brachte er im Gebirge bei Antiochien vier Jahre in der Gesellschaft und unter
der Leitung eines greisen Mönches und sodann zwei weitere Jahre allein in
einer Höhle zu, ascetischen Uebungen obliegend und immer tiefer in das Buch
der Bücher sich versenkend (s. *Palladius*, Dial. de vita S. Ioan. Chrys. c. 5:
XLVII, 18). Sein zarter und schwächlicher Körper war indessen einer solchen
Lebensweise nicht gewachsen; Krankheit zwang ihn schließlich zur Rückkehr
nach Antiochien.

2. Chrysostomus Prediger zu Antiochien. — Im Jahre 381 ward Chry=
sostomus von Meletius zum Diakon und zu Beginn des Jahres 386 von
Flavian, dem Nachfolger des Meletius, zum Priester geweiht. Flavian schenkte
ihm ein besonderes Vertrauen, ließ ihn kaum von seiner Seite und bestellte
ihn schon sehr bald zum Prediger an der Hauptkirche der Stadt. In dieser
Eigenschaft wirkte Chrysostomus länger als ein Jahrzehnt mit ebenso glühen=
dem Eifer wie durchschlagendem Erfolge. Die berühmtesten seiner Homilien
stammen aus den Jahren 387—397. Antiochien lauschte seinem Worte mit
Begeisterung und Bewunderung; auch in die Ferne drang sein Ruhm.

3. Chrysostomus Patriarch von Konstantinopel. Chrysostomus und Eu=
tropius. — Am 27. September 397 starb der Patriarch Nektarius von Kon=
stantinopel, und auf den Vorschlag des Kaisers Arkadius ward Chrysostomus
von Clerus und Volk zu seinem Nachfolger erwählt. Mit List und Gewalt
wurde der Erwählte von Antiochien nach Konstantinopel verbracht. Theophilus,
der Patriarch von Alexandrien, erhob vergeblich gegen die bereits vollzogene
Wahl Einspruch; er mußte selbst am 26. Februar 398 dem antiochenischen
Presbyter die Hände auflegen. Der letztere erblickte auch fürderhin seine Auf=
gabe vor allem darin, durch sein lebendiges Wort die Herde zu weiden. Zu=
gleich eröffnete er unverweilt einen heiligen Kampf gegen die vielfachen Miß=
stände, welche unter dem Clerus der Hauptstadt bezw. des Patriarchats Eingang
gefunden hatten. Bei Hofe fanden seine Bemühungen anfangs bereitwillige
Unterstützung; aber schon sehr bald sollte hier eine feindliche Stimmung gegen
ihn die Oberhand gewinnen. Der schwache und beschränkte Kaiser, welcher
stets das Bedürfniß empfand, von andern geleitet zu werden, stand damals
unter der vollendeten Herrschaft des Eunuchen Eutropius, und dieser miß=
brauchte seinen Einfluß zu rücksichtsloser Befriedigung einer ganz unersättlichen
Habgier. Chrysostomus war der einzige, welcher den Muth besaß, dem all=
vermögenden Günstling entgegenzutreten; seine Mahnworte erfreuten sich keiner
günstigen Aufnahme, seine Strafandrohungen wurden in kürzester Frist zur
Wirklichkeit. Die Angaben über die Ursache des Sturzes Eutrops lauten ver=
schieden. Zu Anfang des Jahres 399 sah sich der Gewaltige, um nur dem
Tode zu entgehen, genöthigt, das Asylrecht der Kirche in Anspruch zu nehmen,
dasselbe Recht, welches er kurz zuvor durch den Kaiser hatte aufheben lassen,
weil es sich ihm bei der Verfolgung seiner eigenen Opfer hinderlich erwiesen. Es
wäre wohl auch sofort um ihn geschehen gewesen, wenn nicht Chrysostomus,
wie früher gegen ihn, so jetzt zu seinen Gunsten die durch Jahrhunderte ge=
heiligte Institution in Schutz genommen hätte.

20 *

4. **Chrysostomus und Eudoxia.** — Nach dem Sturze Eutrops nahm die Kaiserin Eudoxia mehr und mehr die Zügel der Regierung in die Hand, und zwischen dem Hofe und dem Patriarchen kam es zu größerem Kampf und Streit. Der Ausbruch der Feindschaft ist sehr wahrscheinlich auf die beständigen Intriguen einiger höher gestellten Geistlichen zurückzuführen, welche kaum ein Mittel unversucht ließen, die Augusta gegen Chrysostomus einzunehmen und aufzuhetzen. Zu Anfang des Jahres 401 mußte Chrysostomus dem Erzbischofe Johannes von Cäsarea und dem Bischofe Porphyrius von Gaza erklären, er könne ihre Wünsche nicht vor dem Kaiser vertreten, und alle Beziehungen zwischen ihm und dem Hofe seien abgebrochen, weil er die Kaiserin durch ernste Vorstellungen wegen unrechtmäßiger Aneignung fremden Besitzthums in Zorn versetzt habe (s. *Marcus Diaconus*, Vita S. Porphyrii episc. Gaz. c. 37). Im folgenden Jahre trat wegen der origenistischen Mönche der nitrischen Wüste, welche Theophilus nicht bloß aus ihrer Heimat vertrieb, sondern auch in der Ferne mit seinem Hasse verfolgte, während Chrysostomus sie zu Konstantinopel allerdings mit Vorsicht, aber doch voll Liebe aufnahm, ein sehr gereiztes Verhältniß zwischen den beiden Patriarchen ein. Für eine kurze Zeit gewann es den Anschein, als ob die Sache jener Mönche einen nicht für Chrysostomus, sondern für Theophilus gefährlichen, ja ganz verzweifelten Verlauf nehmen würde. Theophilus ward durch kaiserliches Rescript in die Hauptstadt berufen, um einer Synode unter dem Vorsitze des Chrysostomus über sein Vorgehen gegen die nitrischen Mönche Rechenschaft abzulegen. Diesem Befehle wurde indes kein Nachdruck gegeben, und nur zu bald schlug die Lage der Dinge in das Gegentheil um. Es ist früher bereits (§ 54, 1) angedeutet worden, wie Theophilus die Theilnahme, welche Chrysostomus den origenistischen Mönchen entgegenbrachte, zu benutzen wußte, um den übergroßen Eifer des hl. Epiphanius gegen ihn entbrennen zu lassen. Epiphanius hatte Konstantinopel wohl kaum verlassen, als Chrysostomus eine (leider nicht auf uns gekommene) Predigt gegen den Luxus und die Putzsucht der Frauen hielt, welche von gewisser Seite als speciell gegen die Person der Kaiserin gerichtet gedeutet wurde: letztere fühlte sich so tief verletzt, daß sie keinen Anstand nahm, selbst an Theophilus zu schreiben, er möge seine Ankunft in der Hauptstadt beschleunigen, um daselbst eine Synode zur Absetzung des Chrysostomus zu veranstalten. Gegen Anfang August 403 traf Theophilus in Chalcedon ein. Etwa fünfundzwanzig Suffragane, welche unbedingt der Weisung ihres Metropoliten folgten, hatten ihn begleitet; mehrere Suffragane von Konstantinopel, welche ihrem Metropoliten aus irgend einem Grunde feindlich gesinnt waren, beeilten sich, ihm Hilfe zu bringen. So konnten sechsunddreißig Bischöfe auf einem Landgute bei Chalcedon, Eiche (δρῦς) genannt, zu einer Synode (σύνοδος ἐπὶ δρῦν, Eichensynode) zusammentreten, welche die Angelegenheit der ägyptischen Mönche in einer allem Rechte Hohn sprechenden Weise beiseite schob und sodann eine lange Reihe von Anklagen gegen Chrysostomus aufstellte, Anklagen, welche es nicht verdienen, angeführt zu werden (s. *Photius*, Bibl. cod. 59: *Migne*, P. gr. CIII, 105 ad 113). Der Angeklagte, welcher zu derselben Zeit vierzig Bischöfe zu einer Synode um sich vereinigt hatte, ging so weit, sich bereit zu erklären, der Vorladung vor die Eichensynode Folge zu geben, wenn nur vier Bischöfe, welche er nicht als seine Richter gelten lassen könne, weil sie sich offen als seine Feinde

bekannt, vor allen Theophilus, aus der Versammlung ausschieden. Das Conciliabulum jedoch erklärte ihn deshalb, weil er nicht erschien, für abgesetzt und
gab eine Anklage auf Majestätsbeleidigung, welche zu untersuchen ihm nicht
zustehe, dem Befinden des Kaisers anheim. Nach Palladius (Dial. de vita
S. Ioan. Chrys. c. 8: XLVII, 30) lautete diese Anklage des nähern dahin,
Chrysostomus habe die Kaiserin eine Jezabel genannt (vgl. Offb. 2, 20).
Wiewohl ein Beweis sich nicht erbringen ließ, bestätigte der Kaiser das Ab-
setzungsdecret der Eichensynode und sprach zugleich die Strafe der Verbannung
über Chrysostomus aus. Das Volk, welches mit unbegrenzter Liebe und Verehrung an seinem Oberhirten hing, befand sich in fieberhafter Aufregung.
Chrysostomus suchte dasselbe durch eine prachtvolle Rede über die Unüber-
windlichkeit der Kirche und die Untrennbarkeit von Haupt und Gliedern (LII,
427*—430) zu beruhigen, und am dritten Tage nach seiner Verurtheilung
stellte er sich aus freien Stücken der weltlichen Gewalt zur Verfügung und
ward ins Exil geführt. Die Aufregung des Volkes nahm einen immer be-
drohlichern Umfang an, und als überdies in der folgenden Nacht Konstantinopel von einem heftigen Erdbeben heimgesucht wurde, gerieth Eudoxia in
Angst und Schrecken, verlangte vom Kaiser die sofortige Zurückberufung des
Verbannten und richtete selbst ein flehentliches Schreiben an denselben, worin
sie ihre Unschuld an seinem Blute betheuert und Gott zum Zeugen ihrer
Thränen anruft (s. *Chrys.*, Hom. post reditum n. 4: LII, 445). Die
alsbald ausgesandten Boten trafen Chrysostomus bei Prenetum in Bithynien.
Als er endlich auf dem Bosporus heranfuhr, tönte ihm unbeschreiblicher Jubel
entgegen. Er zögerte indessen, den Boden der Hauptstadt zu betreten und seine
bischöfliche Amtsthätigkeit wieder aufzunehmen; er verlangte, daß zuvor eine
größere Synode über das Geschehene erkenne und die Anklagen der Eichensynode
gegen ihn untersuche; vielleicht hat er es zwar nicht für seine Pflicht, wohl
aber für das Klügere gehalten, den Canones (4 und 12) der antiochenischen
Synode vom Jahre 341 Rechnung zu tragen, laut welchen ein von einer
Synode abgesetzter Bischof, der seinen Stuhl wieder besteigt, ohne durch eine
größere Synode restituirt zu sein, für immer abgesetzt bleiben soll (s. *Mansi*,
SS. Conc. Coll. II, 1309. 1313; vgl. Hefele, Conciliengesch. (2. Aufl.) I,
514. 517). Die Ungeduld des Volkes trug über des Bischofs Vorsicht den
Sieg davon; durch liebevolle Gewalt ward Chrysostomus genöthigt, sofort
wieder in seine Kathedrale zurückzukehren, und diese Rückkehr gestaltete sich zu
einem glänzenden Triumphzuge; auch die Kaiserin beeilte sich, ihm betheuern
zu lassen, ihr Gebet sei erfüllt, ihr Verlangen befriedigt (*Chrys.*, Hom. post
red. n. 4: LII, 446), und am folgenden Tage spendete Chrysostomus auf
der Kanzel der Kaiserin die höchsten Lobsprüche (ibid. n. 3—4).

5. Fortsetzung und Schluß der Chrysostomus-Tragödie. — Der Friede
sollte nicht von langer Dauer sein. Nach etwa zwei Monaten, noch im
Herbst 403, ward zu Konstantinopel in unmittelbarer Nähe der Kathedrale
ein Standbild der Kaiserin errichtet, und die Einweihung desselben ward nach
dem herkömmlichen Ceremoniell mehrere Tage hindurch mit Spielen, Tänzen
und sonstigen lärmenden Lustbarkeiten gefeiert. Daß in diesem Falle die Aus-
gelassenheit der Feier besonders weit ging, ließ sich um so weniger rechtfertigen,
als der Gottesdienst in der Kathedrale dadurch in der empfindlichsten Weise

gestört wurde. Chrysostomus forderte den Stadtpräfecten auf, dem Treiben
vor der Kirche Einhalt zu thun. Dieser aber trug der Kaiserin vor, der
Patriarch habe sich darüber beschwert, daß der Statue der Augusta von seiten
des Volkes Ehrenbezeigungen erwiesen würden, und Eudoxia fühlte sich wiederum
an ihrer schwächsten Seite getroffen, und wie es scheint, faßte sie sofort den
Plan, sich des unerschrockenen Sittenpredigers zu entledigen und zu diesem
Ende sich von neuem an Theophilus zu wenden. Sokrates (Hist. eccl. VI, 18:
LXVII, 717), und nach ihm auch Sozomenus (Hist. eccl. VIII, 20: LXVII,
1568), berichtet, als Chrysostomus erfahren, daß Eudoxia wieder zum Aeußersten
schreiten wolle, habe er sich auch zum Aeußersten hinreißen lassen, indem er
am Feste der Enthauptung Johannes' des Täufers seine Predigt mit den
Worten begonnen: „Wiederum rast Herodias, wiederum tobt sie, wiederum
tanzt sie [?], wiederum verlangt sie das Haupt des Johannes [der Redner
selbst heißt Johannes!] auf einer Schüssel zu erhalten." Der Richtigkeit dieser
Angabe stehen jedoch sehr gewichtige Bedenken entgegen. Vermuthlich ist dieselbe lediglich der Hom. in decollat. S. Ioan. Bapt. (LIX, 485—490) entnommen, welche allerdings mit den bezeichneten Worten anhebt, aber anerkanntermaßen nicht ein Werk des hl. Chrysostomus, vielmehr sehr wahrscheinlich von gegnerischer Seite unter seinem Namen gefälscht und als seine
Predigt der Kaiserin unterbreitet worden ist. Das Vorhaben der letztern
gedieh zur Reife. Theophilus konnte sich nicht entschließen, noch einmal persönlich nach Konstantinopel zu kommen; durch Abgesandte ertheilte er die
Weisung, einfach die bereits beregten antiochenischen Canones gegen Chrysostomus geltend zu machen. War schon die Legitimität und Verbindlichkeit
dieser Canones nicht allgemein zugestanden, so mußte die Anwendung derselben
auf Chrysostomus nothwendig von allen denjenigen als unzulässig bestritten
werden, welche dem Urtheile der Eichensynode keine Rechtskraft zuerkennen
konnten. Allein im Oriente pflegte damals schon vor dem Willen des Kaisers
oder der Kaiserin sich alles Recht zu beugen, und die Chrysostomus-Tragödie,
wie der hl. Isidor von Pelusium sich einmal ausdrückt (Ep. I, 152: LXXVIII,
284—285), liefert recht beschämende Belege für die Thatsache, daß es Bischöfe
waren, welche dem byzantinischen Absolutismus und Cäsaropapismus mehr
und mehr die Wege ebneten. Einer Aufforderung des Kaisers, seine kirchlichen Functionen einzustellen, erklärte Chrysostomus nicht gehorchen zu dürfen;
er ward deshalb in seiner Wohnung internirt, und als er am Karsamstage
des Jahres 404 sich gleichwohl in seine Kathedrale begab, um die Taufe der
Katechumenen, welche er im voraufgegangenen Jahre mit seinem Worte genährt
hatte, selbst vorzunehmen, drang bei einbrechender Nacht bewaffnete Macht in
die Kirche ein, trieb die hier Versammelten mit roher Gewalt auseinander
— das Taufwasser wurde mit Blut gefärbt, auch das Allerheiligste ward
nicht geschont —, und als die Geflüchteten sich anderswo zusammenfanden, um
die begonnene heilige Handlung zu Ende zu führen, wurde das Werk der
Gewalt erneuert und noch größere Grausamkeit verübt. Wenige Tage nach
dem Pfingstfeste 404 ließ der Kaiser, von den Häuptern der Gegenpartei fort
und fort gedrängt, Chrysostomus den gemessenen Befehl zugehen, die Hauptstadt zu verlassen. Um einem Aufstande des Volkes vorzubeugen, überlieferte
er sich am 20. Juni heimlich den Händen derjenigen, welche ihn in die Ver-

bannung geleiteten. Zu Nicäa, wo die Reise einige Tage unterbrochen wurde, erfuhr er, daß Kukusus in Kleinarmenien, „die ödeste Oertlichkeit der ganzen bewohnten Erde" (τὸ πάσης τῆς οἰκουμένης ἐρημότατον χωρίον: Chrysost., Ep. 234; cf. 194. 235: LII, 739; cf. 720. 740), ihm zum Aufenthalts= orte angewiesen worden. Je weiter man sich von der Meeresküste entfernte, um so unwirtlicher ward die Gegend, um so größer die Beschwerlichkeiten, um so zahlreicher die Entbehrungen; sein ohnehin „so schwacher und spinnenartiger" Körper (Chrysost., Ep. 4 ad Olymp. n. 4: LII, 594—595) wurde durch Fieber und Magenleiden allmählich aufgerieben; von seiten der Bischöfe mehrerer Städte, über welche sein Weg führte, erfuhr er eine Behandlung, die ihn später schreiben ließ: „Ich fürchte niemanden so sehr als die Bischöfe, wenige aus= genommen" (Ep. 14 ad Olymp. n. 4: LII, 617). Nach einer Reise von 70 Tagen langte er zu Kukusus an, und hier fand er liebreiche Aufnahme und sorgsame Pflege. Inzwischen war zu Konstantinopel gegen die Freunde und Anhänger des Verbannten, Johanniten genannt, eine Verfolgung eröffnet worden, welche in ihrer Heftigkeit an die Tage Neros und Domitians erinnerte, und welche bald auch über die nächstgelegenen Provinzen, ja über das ganze Reich ausgedehnt wurde. Den Johanniten ward eine Feuersbrunst zur Last gelegt, durch welche unmittelbar nach der Wegführung des Patriarchen die Kathedrale (Sophienkirche) nebst dem zugehörigen Gebäudecomplex sowie auch der anstoßende prachtvolle Senatspalast vernichtet worden waren. Die gerichtliche Untersuchung führte zu keinem Resultate, und die Entstehung des Brandes ist überhaupt niemals aufgeklärt worden. Sofort nach des Chrysostomus Ver= treibung wurde von gegnerischer Seite Arsacius, ein Bruder des verstorbenen Patriarchen Nektarius, und nach dessen bereits am 11. November 405 erfolgten Tode Atticus auf den Patriarchenstuhl erhoben. Die weitaus größere Mehrzahl der Johanniten aber konnte durch Gewaltmaßregeln aller Art nicht vermocht werden, Arsacius oder Atticus als Oberhirten anzuerkennen und auf gesonderte gottes= dienstliche Zusammenkünfte zu verzichten. Außerordentliche Naturerscheinungen, in welchen sich der Finger Gottes zu offenbaren schien, dienten der Auffassung der Johanniten zur Bekräftigung. Eudoxia war schon wenige Monate nach dem Triumphe über ihren Feind in der Blüthe der Jahre gestorben. Papst Innocenz I., welchen beide Parteien anriefen, trat alsbald auf die Seite des hl. Chrysostomus, ohne jedoch das Band der Gemeinschaft mit Theophilus zu lösen. Aber die von Innocenz als gerechte Richterin in Aussicht genommene ökumenische Synode kam nie zu stande, die auf Bitten des Papstes erfolgte Intervention des abendländischen Kaisers Honorius ward von seinem Bruder Arkadius bezw. von dessen Rathgebern in der verletzendsten Weise zurück= gewiesen; das ganze Abendland hob die Kirchengemeinschaft mit Atticus und seinen Freunden auf. Aus dem Streite zwischen Eudoxia und Chrysostomus war ein Schisma zwischen Orient und Occident geworden. Ueber Chrysostomus ging unterdessen eine Zeit der Trübsal hin; die Kälte des Winters sowohl wie die Hitze des Sommers zu Kukusus brachte ihm neue Krankheiten; die Einfälle der isaurischen Räuberhorden zwangen wiederholt die gesamte Ein= wohnerschaft von Kukusus zu unstätem Umherirren in Schluchten und Wäldern. Aber Leiden konnten Chrysostomus nicht brechen; er blieb auch mit seiner Gemeinde zu Konstantinopel sowohl wie noch mehr mit seinen Freunden in dem weit näher gelegenen Antiochien durch häufigen Besuch und ausgedehnten Briefwechsel in regster Verbindung; ja er widmete auch den Missionsstationen, welche er unter den Goten sowie in Cilicien und Phönicien gegründet hatte, unermüdete Fürsorge. Seine Feinde indessen ruhten nicht. Laut seinem Biographen (*Pallad.*, Dial. c. 11: XLVII, 37) konnten sie es nicht ertragen, „zu sehen, wie die antiochenische Kirche nach Armenien pilgerte und von dorther wiederum der antiochenischen Kirche des Johannes liebliche Philosophie ertönte". Auf ihr Betreiben wies der Kaiser dem Verbannten Pityus, eine Stadt am östlichen Ufer des Schwarzen Meeres, in wildester Gegend mitten unter Barbaren gelegen, als neuen Aufenthaltsort an. Etwa Ende Juni 407 mußte Chrysostomus den Weg nach Pityus antreten; am 14. September erlag er zu Comana in Pontus den Mühseligkeiten des Marsches; seine letzten Worte waren der ihm geläufige Wahlspruch „Ehre sei Gott für alles" (δόξα τῷ θεῷ πάντων ἕνεχεν) und ein letztes Amen (*Pallad.*, Dial. c. 11: XLVII, 38). Nur unter der Bedingung, daß der Name des Verstorbenen in die Diptychen eingetragen würde, gewährte der Papst Atticus und seinen Freunden Wiederaufnahme in die Kirchengemeinschaft. Der letzte Rest der Johanniten soll erst versöhnt worden sein, als zu Beginn des Jahres 438 die irdischen Ueberbleibsel des Heiligen nach Konstantinopel gebracht und in der Apostelkirche daselbst beigesetzt wurden. Kaiser Theodosius II., Eudoxias Sohn, ging dem Sarge entgegen, neigte sich über denselben und „legte Fürbitte für seine Eltern ein, indem er für sie, die aus Unwissenheit gesündigt, um Verzeihung flehte" (*Theodor.*, Hist. eccl. V, 36: LXXXII, 1268).

6. Exegetische Homilien. — Chrysostomus hat eine größere Schriftenmasse hinterlassen als irgend ein anderer Schriftsteller der griechischen Kirche. Die meisten der unzweifelhaft echten Werke sind **Erklärungen der Heiligen Schrift in Form von Homilien**. Die Reihe der Erklärungen zum Alten Testamente eröffnen 67 Homilien über die Genesis (LIII—LIV; vgl. LXIV, 499—502), wahrscheinlich 388 zu Antiochien gehalten. Dieselben erörtern das biblische Buch abschnittweise von Anfang bis zu Ende und stellen, wiewohl in Homiliengepräge, einen vollständigen Commentar dar. Dazu kommen noch Homiliae 9 in Genesin (LIV, 581—630), welche sich, mit Ausnahme der letzten, über die drei ersten Kapitel der Genesis verbreiten. Ueber einzelne Kapitel der Bücher der Könige handeln Homiliae 5 de Anna (LIV, 631—676), aus der Osterzeit des Jahres 387, und Homiliae 3 de Davide et Saule (LIV, 675—708), aus dem Sommer 387; ein fortlaufender Commentar zu den Büchern der Könige liegt nicht vor. Die Psalmen hat Chrysostomus, wie es scheint, sämtlich in Homilien durchgesprochen; bisher ist jedoch nur die Erklärung einiger 60 Psalmen (4—12. 43—49. 108—117. 119—150) ans Licht gezogen worden (LV). Ob Chrysostomus noch andere poetische Bücher des Alten Testamentes bearbeitet hat, wird einstweilen dahingestellt bleiben müssen; bedeutende Fragmente unter seinem Namen liegen sowohl zum Buche Job (LXIV, 503—656) als auch zu den Salomonischen Sprüchen (LXIV, 659—740) vor; die Echtheit dieser Stücke bedarf indessen noch der Untersuchung und Beglaubigung. Den prophetischen Büchern gelten zunächst die beiden Homilien De prophetiarum obscuritate (LVI, 163—192), etwa 386 zu Antiochien verfaßt. Der Commentar über den Anfang des Buches Isaias

(1, 1 bis 8, 10: LVI, 11—94) ist wahrscheinlich auch aus Homilien (vom Jahre 397?) hervorgegangen: der Sammler hat dieselben ihrer rednerischen Anlage gänzlich entkleidet und zu einer fortlaufenden Texteserklärung umgearbeitet. Außer diesem Commentare sind noch 6 Homilien über Is. 6 (LVI, 97—142) vom Jahre 386 erhalten. Zu Jeremias sind sehr zahlreiche Scholien unter des Chrysostomus Namen (LXIV, 739—1038) veröffentlicht worden. Auch der sogen. Commentar zu Daniel (LVI, 193—246) ist nichts anderes als eine Sammlung von Scholien aus Catenen. — An der Spitze der Erklärungen zum Neuen Testamente stehen 90 Homilien zu Matthäus (LVII—LVIII). Dieselben sind um 390 zu Antiochien geschrieben und gesprochen und lassen gleichfalls den Schriftausleger ebensowohl zu seinem Rechte kommen wie den Prediger. Suidas (Lex. s. v. Ioan. Antioch. Rec. *Bernhardy* I, 2, 1023) redet von Commentaren des hl. Chrysostomus „zu Matthäus und Marcus und Lucas": vermuthlich ein Irrthum, weil von Commentaren des Heiligen zu Marcus und Lucas sonst nichts verlautet. Nur zu Luc. 16, 19—31 sind Homiliae 7 de Lazaro überliefert (XLVIII, 963—1054; vgl. noch eine weitere Homilie über diese Parabel LXIV, 433—444). Dagegen besitzen wir die von Suidas gleichfalls gerühmte Erklärung des Johannesevangeliums jedenfalls in den 88 Homilien zu Johannes (LIX; die Perikope über die Ehebrecherin 7, 53 bis 8, 11 wird übergangen), etwa 389 zu Antiochien gehalten und bedeutend kürzer als die Homilien zu Matthäus. Ueber den Text der Apostelgeschichte handelte Chrysostomus 400 oder 401 in 55 Homilien (LX), welche vermuthlich deshalb geringere Formvollendung zeigen, weil sie so, wie sie von Schnellschreibern beim Vortrage aufgezeichnet wurden, auf uns gekommen sind. Die vier Homilien über den Anfang der Apostelgeschichte (LI, 65—112) sowie die vier Homilien über die Veränderung der Namen des hl. Paulus und anderer Männer der biblischen Geschichte (LI, 113—156) stammen aus der Osterzeit des Jahres 388. Die paulinischen Briefe hat Chrysostomus samt und sonders in Homilien bearbeitet: den Römerbrief 391 in 32 Homilien (LX; vgl. noch das supplementum LXIV, 1037), die beiden Korintherbriefe um 392 in 44 bezw. 30 Homilien (LXI; dazu noch 3 Homilien über die Ehe zur Erklärung der Stelle 1 Kor. 7, 1 ff., LI, 207—242, und 3 Homilien über das Wort 2 Kor. 4, 13, LI, 271—302), den Galaterbrief in einem Commentare (LXI), welcher indessen ebenso wie der Commentar über den Anfang des Buches Isaias auf Homilien zurückgehen dürfte; ferner Eph. in 24, Phil. in 15, Kol. in 12, 1 Thess. in 11, 2 Thess. in 5, 1 Tim. in 18, 2 Tim. in 10, Tit. in 6, Philem. in 3 (LXII) und Hebr. in 34 Homilien (LXIII); diese letztgenannten 34 Homilien sind erst nach dem Tode des Redners auf Grund der Aufzeichnungen der Schnellschreiber der Oeffentlichkeit übergeben worden. Zu den katholischen Briefen wurden einige Scholien unter dem Namen des hl. Chrysostomus (LXIV, 1039—1062) herausgegeben. Endlich wäre noch eine große Anzahl einzelner Homilien zu nennen, welche zerstreute Verse der Heiligen Schrift zum Gegenstande haben oder doch zum Ausgangspunkte nehmen. — Unter den Erläuterungsschriften zum Alten Testamente haben sich von jeher die Homilien über die Psalmen einer besondern Beliebtheit erfreut. Unter denjenigen zum Neuen Testamente wird ebenso überein=

stimmend den Homilien über den Römerbrief die Palme zuerkannt. Schon
Isidor von Pelusium (Ep. 5, 32: LXXVIII, 1348) urtheilte: „Namentlich
in der Erklärung des Briefes an die Römer ist des gelehrten Johannes Weis=
heit in Schätzen aufgehäuft. Ich meine nämlich (und niemand darf glauben,
ich redete jemanden zu Gefallen), wenn der göttliche Paulus in attischer Sprache
sich selbst hätte erklären wollen, so würde er nicht anders erklärt haben, als
jener berühmte Meister es gethan. So sehr zeichnet sich seine Erklärung aus
sowohl durch den Inhalt wie durch die schöne Form und den treffenden Aus=
druck." Seitdem ist dieses Urtheil häufig wiederholt worden.

7. Sonstige Predigten. — Den exegetischen Homilien reihen sich zunächst
die sonstigen Predigten an. Ihre Zahl ist sehr groß und ihr Inhalt
überaus mannigfaltig. Doch sind manche derselben immerhin zweifelhafter
oder bestrittener Herkunft. Die Homiliae 8 adversus Iudaeos (XLVIII,
843—942), aus den Jahren 387—389, übrigens nicht sowohl gegen die
Juden als vielmehr gegen die Christen, welche mit den Juden Feste feierten
oder Fasten hielten, insbesondere auch gegen die Protopaschiten (Hom. 3) ge=
richtet, sodann die Homiliae 12 contra Anomoeos de incomprehensibili
(XLVIII, 701—812), theils zu Antiochien theils zu Konstantinopel gehalten
und der Aufschrift entsprechend über die Unbegreiflichkeit Gottes und die Wesens=
einheit des Sohnes mit dem Vater handelnd, und außerdem noch eine Homi=
lia de resurrectione mortuorum (L, 417ter—432) pflegen als dogmatisch=
polemische Homilien zusammengefaßt zu werden. Viel zahlreicher sind die
moralisch=ascetischen Vorträge. Zusammengehörende Gruppen bilden unter
ihnen die Catecheses 2 ad illuminandos (XLIX, 223—240), Ansprachen
an die Täuflinge aus dem Beginn der Fastenzeit des Jahres 387; die Homi=
liae 3 de diabolo tentatore (XLIX, 241—276), Unterweisungen betreffend
die Versuchungen zur Sünde, von welchen jedoch die bei (de Montfaucon und)
Migne als die zweite bezeichnete vielmehr an die dritte Stelle zu setzen sein
wird; die Homiliae 9 de poenitentia (XLIX, 277—350), von welchen
freilich wenigstens die drei letzten hinsichtlich ihrer Echtheit einigen Bedenken
unterliegen. Weitaus die meisten dieser Reden aber stellen jede für sich ein
Ganzes dar, indem sie eine abschließende Erörterung irgend eines einzelnen
Gegenstandes bieten. Vielgerühmt sind u. a. die Rede In kalendas (XLVIII,
953—962), eine Bekämpfung des abergläubischen Unfugs, mit welchem der
Anfang des neuen Jahres begangen wurde; die Rede De eleemosyna (LI,
261—272), eine einläßliche Exegese der Worte 1 Kor. 16, 1—4; die Rede
Contra circenses ludos et theatra (LVI, 263—270). Festreden sind er=
halten auf Weihnachten (XLIX, 351—362 und LVI, 385—396: zwei Reden,
die erste vom 25. December 388, die zweite hinsichtlich ihrer Echtheit zweifel=
haft), auf Epiphanie oder die Taufe des Herrn (XLIX, 363—372), über
den Verrath des Judas zur Feier des Gründonnerstags (XLIX, 373—392
und L, 715—720: drei Reden, die zweite jedoch nur eine Ueberarbeitung
der ersten, sei es von des Verfassers, sei es von späterer Hand, die dritte
zweifelhaft), über das Cömeterium und das Kreuz sowie über das Kreuz
und den Räuber zur Feier des Karfreitags (XLIX, 393—418: drei Reden,
die beiden letzten jedoch vielleicht nur verschiedene Nachschriften einer und der=
selben Predigt), auf Ostern (L, 433—442 und LII, 765—772: zwei Reden,

die zweite zweifelhaft), auf Christi Himmelfahrt (L, 441—452 und LII, 773—792: zwei Reden, die zweite zweifelhaft), auf Pfingsten (L, 453—470 und LXIV, 417—424: drei Reden). Unter den Lobreden auf Heilige haben insbesondere die zu Antiochien gehaltenen Homiliae 7 de laudibus S. Pauli Ap. (L, 473—514) die rückhaltloseste Anerkennung und Bewunderung gefunden. Der alte lateinische Uebersetzer Anianus glaubte, der große Völkerapostel sei hier nicht bloß dargestellt, sondern gewissermaßen aus dem Grabe auferweckt, um neuerdings ein Beispiel vollkommenen Wandels zu geben (L, 471*—472*), und in der Folge bis hinab auf unsere Tage ward sehr oft bemerkt, daß Lob des hl. Paulus sei wohl niemals würdiger gefeiert worden als von Chrysostomus. Außerdem liegen Lobreden vor auf einige Heilige des Alten Testaments (Job, Eleazar, die makkabäischen Brüder nebst ihrer Mutter), auf die Märtyrer im allgemeinen, auf verschiedene einzelne Heilige der spätern Zeit, sowie endlich auf Bischof Diodor von Tarsus und Kaiser Theodosius d. Gr. Ein besonderes Interesse beanspruchen die gleichfalls zu Antiochien gehaltenen Reden auf die heiligen Bischöfe von Antiochien: Ignatius, Babylas, Philogonius, Eustathius und Meletius (die Rede auf Philogonius = Hom. 6 contra Anomoeos XLVIII, 747—756; die vier andern Reden L). Unter den Gelegenheitsreden sind ohne Frage an erster Stelle die Homiliae 21 de statuis ad populum Antiochenum (XLIX, 15—222) zu nennen. Als Theodosius d. Gr. zu Anfang des Jahres 387 den morgenländischen Provinzen außerordentliche Steuern auferlegte, griff unter der Bevölkerung von Antiochien eine solche Unzufriedenheit und Erbitterung um sich, daß rohe Hände die Standbilder des Kaisers sowie diejenigen seines Vaters, seiner Söhne und seiner verstorbenen Gemahlin Flaccilla zertrümmerten und viele andere Gewaltthätigkeiten verübten. Der empörte Kaiser wollte an der ganzen Stadt schwere Rache nehmen. Eine Gesandtschaft mit Bischof Flavian an der Spitze eilte nach Konstantinopel, und die Rede, welche Flavian an Theodosius richtete und welche ohne Zweifel ein Werk des hl. Chrysostomus ist (s. dessen Hom. 21 de statuis n. 3), gilt als „eines der merkwürdigsten Denkmäler" der Beredsamkeit[1]. Theodosius konnte sich bei Anhörung derselben der Thränen nicht erwehren. Inzwischen hielt Chrysostomus während der Fastenzeit die genannten Homilien von den Bildsäulen. Er sucht die bestürzten, ja verzweifelnden Antiochener zu beruhigen und zu ermuthigen, benutzt dann aber die Gelegenheit, vor einer wohldisponirten und empfänglichen Zuhörerschaft die herrschenden Laster der Stadt, insbesondere auch die Gewohnheit leichtfertigen Schwörens, mit allem Nachdruck zu geißeln, und kann schließlich die Mittheilung machen, daß die Gesandtschaft ihren Zweck erreicht habe und der Kaiser milde Schonung walten lassen wolle. Diese Homilien mußten dem jungen Prediger für die ganze Folgezeit Ohr und Herz der Antiochener geöffnet halten. In die erste Zeit seiner konstantinopolitanischen Wirksamkeit fallen zwei Predigten, welche einen ähnlichen Eindruck gemacht haben werden: die beiden Homilien über Eutropius (LII, 391—414). Die erste veranschaulicht die Hinfälligkeit des Erdenglückes an dem Beispiele Eutrops, welcher selbst in der Kirche zugegen

---

[1] Als solches ist sie auch bei N. Schleiniger (Grundzüge der Beredsamkeit. 4. Aufl. Freib. 1883. S. 336—343) ihrem ganzen Umfange nach mitgetheilt.

iſt und den Altar umklammert hält; die zweite, demſelben Gegenſtande ge=
widmet, iſt wenige Tage ſpäter gehalten, als Eutrop die Kirche verlaſſen hatte
und nun ergriffen worden war. Hervorgehoben ſeien noch die Rede nach der
Ordination des Redners zum Prieſter, die erſte unter allen ſeinen Predigten
(XLVIII, 693—700), die früher bereits erwähnte Rede vor ſeiner (erſten)
Wegführung ins Exil (LII, 427*—430), die auch ſchon genannte Rede am
Tage nach ſeiner Rückkehr aus dem Exile (LII, 443—448).

8. Apologetiſche und moraliſch=ascetiſche Schriften. — Ich komme zu den
Schriften im engern Sinne, welche freilich zum Theile auch aus Kanzel=
vorträgen hervorgegangen ſein mögen. Zwei derſelben ſind apologetiſcher
Tendenz und Haltung: die Schrift auf den hl. Babylas und gegen Julian
und die Heiden (λόγος εἰς τὸν μακάριον Βαβύλαν καὶ κατὰ Ἰουλιανοῦ καὶ πρὸς
Ἕλληνας: L, 533—572), etwa aus dem Jahre 382, und der, wie es ſcheint,
etwas jüngere, vielleicht ins Jahr 387 fallende Beweis der Gottheit Chriſti
gegen Juden und Heiden (πρός τε Ἰουδαίους καὶ Ἕλληνας ἀπόδειξις ὅτι ἐστὶ
θεὸς ὁ Χριστός: XLVIII, 813—838). Zweck und Ziel der Erörterung
bildet hier wie dort der Beweis der Gottheit Chriſti. Während jedoch in der
letztgenannten Schrift hauptſächlich die ohne Ausnahme in Erfüllung gegangenen
Weisſagungen als Beweismaterial dienen, die Weisſagungen der Propheten
und die Weisſagungen Chriſti ſelbſt (namentlich über das unaufhaltſame
Wachsthum der Kirche und über die Zerſtörung des Tempels zu Jeruſalem),
wird in der erſtern Schrift auf die Wunder hingewieſen, welche von Chriſtus
ſelbſt wie auch in Kraft ſeines Beiſtandes von vielen Chriſten gewirkt worden.
„Um aber einen mehr als vollſtändigen Sieg davonzutragen“ (c. 4), ruft der
Verfaſſer nach dieſen Hinweiſen auf die Vergangenheit auch die Gegenwart
zum Zeugniß auf, die Wunder nämlich, welche bei der vor kurzem erfolgten
Uebertragung der Gebeine des heiligen Biſchofs und Martyrers Babylas
(† 250) ſich ereigneten: Kaiſer Julian hatte Befehl gegeben, dieſe Gebeine
aus dem in der Nähe Antiochiens gelegenen Haine Daphne zu entfernen, damit
dort der frühere Dienſt des Apollo und der Diana wieder aufblühen könne.
Die übrigen Schriften bewegen ſich ſämtlich auf moraliſch=ascetiſchem Gebiete.
Die meiſten derſelben reichen in die Zeit zurück, zu welcher Chryſoſtomus noch
ein Einſiedlerleben führte. Als die älteſten ſind wohl die beiden in Form
von Briefen verlaufenden Mahnſchriften an den gefallenen Theodor zu be=
zeichnen (λόγος παραινετικὸς εἰς Θεόδωρον ἐκπεσόντα und πρὸς τὸν αὐτὸν Θεόδωρον
λόγος β': XLVII, 277—316), Schriften, welche den durch die Reize der
Hermione bethörten und der Ascese überdrüſſig gewordenen Freund und Ge=
noſſen, den ſpätern Biſchof von Mopſueſtia, zur Umkehr vermochten. Eben=
derſelbe begeiſterte und eindringliche Ton, welcher dieſen Mahnſchriften eignet,
durchweht auch die beiden Bücher von der Buße (περὶ κατανύξεως: XLVII,
393—422), etwa 375 oder 376 geſchrieben, an zwei Freunde (das erſte an
Demetrius, das zweite an Stelechius) gerichtet und dem Nachweiſe der Noth=
wendigkeit wahrer Buße ſowie der Erläuterung des Weſens derſelben gewidmet.
Die drei Bücher gegen die Bekämpfer des Mönchslebens (πρὸς τοὺς πολε=
μοῦντας τοῖς ἐπὶ τὸ μονάζειν ἐνάγουσιν: XLVII, 319—386), wahrſcheinlich aus
dem Jahre 376, ſind durch das rohe und grauſame Vorgehen des arianiſchen
Kaiſers Valens gegen die Mönche veranlaßt. Das erſte Buch ſucht aus der

Erhabenheit und Heiligkeit des Mönchsstandes die Sünde und Schuld der
Feinde der Mönche darzuthun, das zweite will insbesondere einen ungläubigen,
heidnischen Vater überzeugen, daß er es nur freudig begrüßen dürfe, wenn
sein zum Christenthume übergetretener Sohn sich dem ascetischen und klösterlichen Leben weihe, und das weit umfangreichere dritte Buch wendet sich in
gleicher Absicht an einen gläubigen Vater. Im zweiten Buche wird gelegentlich (c. 6) ein Mönch in Parallele gebracht mit einem Könige; weitere Ausführung findet dieser Gedanke in einem kleinen Schriftchen „Vergleich der Macht,
des Reichthums und des Ansehens eines Königs mit einem der durchaus wahren
und christlichen Philosophie gemäß lebenden Mönche" (XLVII, 387—392;
ἡ κατὰ Χριστὸν φιλοσοφία = das Streben nach Vollkommenheit). Vermuthlich
noch als Einsiedler, vielleicht aber erst als Diakon, schrieb Chrysostomus die drei
Bücher an Stagirius (πρὸς Σταγείριον ἀσκητὴν δαιμονῶντα: XLVII, 423—494),
eine Trostschrift, welche dem von schweren Seelenleiden heimgesuchten und in
einen Zustand wilder Verzweiflung gerathenen Freunde die gütigen Absichten
der Vorsehung bei Verhängung oder Zulassung derartiger Prüfungen vor
Augen führen will. Ein großer Theil des zweiten sowohl wie des dritten
Buches beschäftigt sich mit der heiligen Geschichte, von Adam bis auf Paulus,
zum Beweise, daß gerade die Lieblinge Gottes stets durch besonders große
Trübsale hindurchgegangen. Die sechs Bücher vom Priesterthume (περὶ ἱερωσύνης:
XLVII, 623—692) wollen zunächst die Handlungsweise des Verfassers bei
Gelegenheit seiner Wahl zum Bischof um 373 begründen und rechtfertigen.
Er selbst ergriff, wie schon erzählt, die Flucht, während er durch Verheim-
lichung dieses Vorhabens seinen Herzensfreund Basilius zur Annahme der
Weihe veranlaßte. Diese List und Verstellung, führt der erste Theil seiner
Apologie (I, 1 bis II, 6) aus, sei nicht nur nicht verdammlich, sondern sehr
verdienstlich gewesen, weil durch sie der Herde Christi ein so trefflicher Hirte
gewonnen worden. Er selbst aber, zeigt nun der zweite Theil (II, 7 bis VI, 13),
habe sich der Weihe entziehen müssen, weil er weder den Anforderungen des
Priesterthums genügen könne noch den Gefahren desselben gewachsen sei. Das
Ganze verläuft in Form eines Zwiegespräches zwischen den beiden Freunden;
der in allen Schriften etwas gehobene und feierliche Ausdruck nimmt hier
eine eigene Innigkeit, Zartheit und Wärme an; namentlich wegen der un-
vergleichlichen Schilderung der Würde und Hoheit des Priesterthums zählten
diese Bücher stets zu den am meisten geschätzten und gefeierten Schriften
des Heiligen. Die Abfassung würde man aus innern Gründen bald nach
373 ansetzen, wenn sie nicht von Sokrates (Hist. eccl. VI, 3: LXVII, 669)
in die Zeit nach der Weihe des Verfassers zum Diakon (381) verlegt würde.
Die kleine Schrift an eine junge Wittwe (εἰς νεωτέραν χηρεύσασαν: XLVIII,
599—610), wohl aus den Jahren 380—381, sucht die Adressatin über den
Verlust ihres Gatten zu trösten, während die vermuthlich gleichzeitige Abhandlung vom Wittwenstande (περὶ μονανδρίας: XLVIII, 609—620), meist als
zweites Buch der vorhin genannten Schrift angehängt, den Wittwen im allgemeinen empfiehlt, „so zu bleiben" (1 Kor. 7, 40). Das nahe verwandte
Buch vom jungfräulichen Stande (περὶ παρθενίας: XLVIII, 533—596),
wahrscheinlich nach 381 geschrieben, versicht in warmen Worten und mehrfach
auch in glühenden Farben den Satz des Apostels, die Ehe sei gut, die Jung-

fräulichkeit beſſer (1 Kor. 7, 38). Der weitaus größere Theil des Buches
(c. 24—84) iſt auch der Form nach nichts anderes als eine ſehr einläßliche
Erklärung des Kapitels 1 Kor. 7. In den ſpäter herausgegebenen Homilien
über 1 Kor. kann Chryſoſtomus daher bezüglich des Kap. 7 oder bezüglich
des jungfräulichen Standes auf unſer Buch verweiſen: „Da ich dort mit
aller mir möglichen Genauigkeit die Sache ausführlich dargelegt, ſo hielt ich
es für überflüſſig, dieſelbe auch hier wieder zu erörtern (Hom. 19 in 1 Cor.
n. 6: LXI, 160). Gleich nach ſeiner Erhebung auf den erzbiſchöflichen
Stuhl von Konſtantinopel erließ Chryſoſtomus zwei inhaltlich ſich enge be-
rührende Paſtoralſchreiben: an die Kleriker, welche gottgeweihte Jungfrauen in
ihrem Hauſe hatten (πρὸς τοὺς ἔχοντας παρθένους συνεισάκτους: XLVII,
495—514), und über die Unſitte, daß ſolche gottgeweihte Jungfrauen Männer
zu ſich (in ihre Wohnung) nahmen (περὶ τοῦ τὰς κανονικὰς μὴ συνοικεῖν
ἀνδράσιν: XLVII, 513—532). Ein heiliger Eifer macht ſich hier auch in
herben und ſcharfen Worten Luft. Es erſcheint begreiflich, wenn ob ſolcher
Schreiben in gewiſſen Kreiſen eine nachhaltige Verſtimmung Platz griff.
Endlich liegen aus den Tagen des zweiten Exiles noch zwei Schriften vor,
von welchen die eine zeigen will, daß kein anderer dem Menſchen Schaden
zufügen kann als er ſelbſt (ὅτι τὸν ἑαυτὸν μὴ ἀδικοῦντα οὐδεὶς παραβλάψαι
δύναται: LII, 459—480), während die andere ſich an diejenigen wendet,
welchen die traurige und düſtere Zeitlage zum Anſtoß gereichte (πρὸς τοὺς
σκανδαλισθέντας ἐπὶ ταῖς δυσημερίαις ταῖς γενομέναις: LII, 479—528). Ob
der Menſch das eine, was allein ihm ſchaden kann, zulaſſe oder nicht, ſteht
immer und überall in ſeiner eigenen Hand; die Leiden und Widerwärtigkeiten,
welche heute wie in frühern Zeiten insbeſondere die Gerechten treffen, dürfen
nicht zu Zweifeln an der Weltregierung Gottes Anlaß geben, mag auch Dunkel
Gottes Wege decken. Mit ſolchen Ausführungen ſpricht der Heilige den Seinen
in der Heimat Muth zu, während er ſelbſt das Bröd der Verbannung ißt,
oft am Rande des Grabes ſtehend, oft des Nöthigſten entbehrend (vgl. etwa
Ep. 4 ad Olymp. c. 4).

9. Briefe. — Die Briefe des hl. Chryſoſtomus, ſoweit ſie noch erhalten
ſind (LII), etwa 238 an der Zahl, aber meiſt ſehr klein an Umfang, ſind
faſt ohne Ausnahme während der Zeit ſeines zweiten Exiles geſchrieben.
Manche derſelben wollen lediglich über das Ergehen und Befinden des Verfaſſers nach den verſchiedenſten Seiten hin Nachricht geben. Andere legen
rührendes Zeugniß ab von ſeiner nimmer ruhenden Hirtenſorge, welche nicht
bloß die eigene Herde umfaßt, ſondern auch in ferne Barbarenländer reicht.
Aber wohl die meiſten laſſen ſich als Troſtſchreiben bezeichnen, und ihre
Adreſſaten ſind theils Cleriker oder auch Laien, welche in die Johanniten-
verfolgung verwickelt waren, theils ſonſtige Anhänger und Freunde, welche
die hoffnungsloſe Lage der Dinge zu Konſtantinopel oder das immer trüber
ſich geſtaltende Los des Verbannten niederbeugte. Beſondere Erwähnung gebührt den 17 Briefen an die Wittwe und Diakoniſſin Olympias. Dieſelben
heben ſich ſchon durch ihre Zahl und noch mehr durch ihren großen Umfang
von den übrigen Briefen ab, reden auch eine ausnehmend herzliche und ver-
traute Sprache und verbreiten ſich in unerſchöpflicher Fülle über das Thema
von der Heilſamkeit der Leiden. In vielen dieſer Briefe ſpiegelt ſich ein

Seelengröße, welche äußerem Mißgeschick nicht mehr zugänglich zu sein, eine Gottinnigkeit, welche dieser Erde längst entrückt zu sein scheint.

10. **Unechte Schriften.** — Es erübrigt noch, auf die mit Unrecht dem hl. Chrysostomus beigelegten Schriften wenigstens einen flüchtigen Blick zu werfen. Keinem andern griechischen Kirchenschriftsteller ist so vieles fälschlich unterschoben worden. In erster Linie sind es begreiflicherweise Homilien oder Predigten, welchen der gefeierte Name des Goldmundes Eingang und Verbreitung verschaffen sollte. Eine kleine, wiewohl zugleich auch wieder große Auswahl unechter Homilien gibt (de Montfaucon und) Migne in Form von Beilagen oder Nachträgen zu fast allen Bänden der Gesamtausgabe. Das außerordentliche Ansehen des heiligen Lehrers führte auch, und zwar, wie es scheint, schon ziemlich frühe, dazu, daß Aeußerungen oder Ausführungen desselben über einen und denselben Gegenstand aus verschiedenen seiner Homilien zusammengestellt und zu neuen Predigten über den betreffenden Gegenstand verarbeitet wurden. Solcher ἐκλογαί oder florilegia, nur der Sache, nicht der Form nach Eigenthum des hl. Chrysostomus, enthält die genannte Ausgabe 48 (LXIII, 567—902). Uebrigens sind sehr wahrscheinlich bereits bei Lebzeiten des Heiligen von feindlicher Seite nicht bloß echte Homilien in gefälschter Gestalt, sondern auch erdichtete Homilien mit dem Namen Johannes in Umlauf gesetzt worden. Vorhin wurde bezüglich der Hom. in decollat. S. Ioan. Bapt. einer solchen Annahme das Wort geredet (Abs. 5). Die sogen. Liturgie des hl. Chrysostomus (LXIII, 901—922) kann irgend welchen Anspruch auf ihren Namen nur unter der Voraussetzung erheben, daß die auf Chrysostomus zurückgehende Fassung in späterer Zeit viele und bedeutende Aenderungen erfahren hat. Die gelegentlichen Angaben des heiligen Lehrers über die zu seiner Zeit gebräuchliche Liturgie treffen bei den überlieferten Formularen nicht zu, und stimmen diese Formulare auch unter einander sehr wenig überein. Die äthiopische Liturgie des hl. Chrysostomus, welche 1866 von A. Dillmann herausgegeben wurde, hat mit jener griechischen Liturgie des hl. Chrysostomus nicht mehr gemein als mit jeder andern Liturgie. Im höchsten Grade fragwürdig erscheint auch die Echtheit der Synopsis veteris et novi testamenti (LVI, 313—386). Dieselbe stellt eine Art Einleitung in die Heilige Schrift dar, insofern sie nämlich den Inhalt der einzelnen biblischen Bücher andeutungsweise wiedergibt und zugleich die offenbarungsgeschichtliche Bedeutung derselben ins Licht stellen will. Doch ist bisher nur der das Alte Testament betreffende Theil der Schrift, und auch dieser nicht ganz vollständig, bekannt geworden. Das den Chrysostomus-Ausgaben einverleibte Opus imperfectum in Matthaeum (LVI, 611—946), ein lückenhafter, aber sehr beachtenswerther, lateinischer Commentar zum ersten Evangelium, ist anerkanntermaßen das Werk eines lateinischen Arianers um das Ende des 6. Jahrhunderts.

11. **Das Urtheil der Nachwelt über Chrysostomus.** — Es ist oben (Abs. 5 zum Schluß) bereits angedeutet worden, wie die Nachwelt sich beeilte, die Sünden der Mitwelt gegen unsern Heiligen zu sühnen. Schon Schriftsteller, welche noch zu seinen Zeitgenossen zählen, suchen nach Worten, ihn gebührend zu feiern. Der hl. Nilus schreibt an Kaiser Arkadius: „Das größte Licht des Erdkreises (τὸν μέγιστον φωστῆρα τῆς οἰκουμένης) hast du in die Verbannung geschickt" (Epist. III, 279: LXXIX, 521); ja er fragt den

Kaiser: „Wie kannst du verlangen, Konstantinopel befreit zu sehen von den fortwährenden Erdbeben und den Feuererscheinungen am Himmel, da tausendfacher Frevel dort begangen wird ..., indem die Säule der Kirche, das Licht der Wahrheit, die Trompete Christi (τοῦ στύλου τῆς ἐκκλησίας, τοῦ φωτὸς τῆς ἀληθείας, τῆς σάλπιγγος τοῦ Χριστοῦ) verbannt worden ist" (ibid. II, 265: col. 336). Den Exconsul Severus kann Nilus versichern, daß derjenige, den der Kaiser verbannt, in Wahrheit der ganzen Welt Leuchter sei (ἀληθῶς παντὸς τοῦ κόσμου λαμπτῆρα ibid. III, 199: col. 476; vgl. auch II, 294: col. 345), und den Kämmerer Valerian weist er gelegentlich darauf hin, daß in das Lob des großen Bischofs von Konstantinopel die Stimmen aller Einsichtigen sich theilen (πολλαὶ τῶν σοφῶν μερίζονται γλῶσσαι ibid. II, 183: col. 296). — Auch bei Theodoret von Cyrus heißt Chrysostomus der große Lehrer des Erdkreises (Hist. eccl. V, 34: LXXXII, 1264), der große Leuchter des Erdkreises (Dial. I: LXXXIII, 77). Theodoret hinterließ überdieß mehrere, mindestens fünf, Reden auf Chrysostomus, Reden, welche nach Ausweis der von Photius (Bibl. cod. 273: CIV, 229—236) aufbewahrten Bruchstücke in den volltönendsten Lobeserhebungen sich erschöpften. In der fünften Rede heißt es: „Reich uns, Vater, deine Leier, dein Plectrum leih zu deinem Preise. Denn wenn auch die Hände erschlafft sind nach dem Gesetze der Natur, so tönt doch die Leier durch den ganzen Erdkreis dank der Gnade. Jene unsterbliche Zunge gib uns, denn nur deine Zunge ist deiner Thaten würdig." — Sokrates hingegen beobachtet eine gewisse Zurückhaltung. In den Ausdruck wärmster Anerkennung läßt er doch auch leisen Tadel einfließen: „Er war", sagt man, „wegen seines (allzu großen) Tugendeifers etwas schroff, und wie jemand sagte, welcher von Jugend auf sehr vertraut mit ihm war, neigte er weit mehr zum Zorne (θυμῷ) als zur Mäßigung (αἰδοῖ) ... in der Rede erlaubte er sich einem jeden gegenüber eine ganz schrankenlose Freiheit" (Hist. eccl. VI, 3: LXVII, 669). Und im weitern Verlaufe seiner Berichterstattung glaubt Sokrates wiederholt ein Maß von Eifer bei Chrysostomus constatiren zu können, welches den Forderungen der Klugheit keine Rechnung getragen und deshalb mehr geschadet als genützt habe (s. schon Hist. eccl. VI, 4. 5). Ob in diesen Fällen Sokrates das Richtige gesehen, läßt sich bei dem Widerspruch der Quellen schwerlich mehr entscheiden; ob die vorhin gerügten Schwächen etwas mehr gewesen als Flecken, wie sie wohl jeder Tugend hier auf Erden eigen bleiben, wird stets eine offene Frage sein. — Ein Nachfolger des Arkadius auf dem kaiserlichen Throne, Leo der Weise (886—911), führt in seiner Schilderung des Lebens und Wirkens des hl. Chrysostomus (*Leonis Philosophi* Oratio 18: CVII, 228—292) die Absetzung und Verbannung des Heiligen schlechtweg auf die Leidenschaft Eudoxias zurück. — Suidas (Lex. Rec. *Bernhardy* I, 2, 1024) darf jedenfalls als Dolmetsch einer allgemeinen Ueberlieferung gelten, wenn er den Heiligen als unerreichten Redner darstellt: „Sein Wort rauschte hernieder gewaltiger als die Wasserfälle des Nil. Niemand hat seit Weltbeginn eine solche Redefülle besessen, an welcher er allein so reich war, und er allein hat mit Fug und Recht vor allen andern den goldenen und den göttlichen Namen (die Namen Goldmund und göttlicher Redner) davongetragen." Die weitere Charakteristik entnimmt Suidas der Chronik des Cedrenus, welcher die angeführten Worte des Sokrates zwar

zu den seinigen macht, aber in entschieden abschwächendem und einschränkendem
Sinne erläutert (Hist. comp. ad a. 13 Arcadii: CXXI, 628—629).

12. Chrysostomus als Homilet. — Suidas nennt seinen Helden
„Johannes von Antiochien mit dem Beinamen Chrysostomus". Aus der spätern
Literatur schwindet der Name Johannes mehr und mehr; der schon im 5. Jahrhundert nachweisbare Beiname Chrysostomus tritt an seine Stelle. Heute wird
der Goldmund allgemein als der Fürst unter den Rednern der morgenländischen Kirche bezeichnet, und von den Homileten des Abendlandes pflegt nur
Augustinus mit ihm in Vergleich gebracht zu werden. In viel höherem Grade
als Augustinus hat Chrysostomus selbst auf der Kanzel das Hauptfeld seiner
Thätigkeit gesucht und gefunden. Er ist ja auch eine wesentlich anders ver-
anlagte Persönlichkeit. Ihn reizt und fesselt nicht die Theorie, sondern die
Praxis, nicht die Wissenschaft, sondern das Leben; wo er sich in dialektische
oder speculative Erörterungen einläßt, sind es äußere Umstände, die ihn treiben;
er ist ganz und gar in Anspruch genommen von den Aufgaben und Pflichten
des praktischen Seelsorgers. Augustinus ist auch auf dem Gebiete der geistlichen Beredsamkeit als Theoretiker aufgetreten (s. § 76, 9 g. E.). Chrysostomus hat sich, von gelegentlichen und kurzen sonstigen Bemerkungen abgesehen, nur in einigen Abschnitten des Werkes De sacerdotio (besonders
Buch 4 und 5) über seine homiletischen Grundsätze, bezw. über die Erhabenheit
und Schwierigkeit des Predigeramtes ausgesprochen. So wenig übrigens irgend
ein principieller Widerspruch oder auch nur Gegensatz zwischen dem Abendländer und dem Morgenländer bestanden haben wird, so verschiedenartig gestaltete sich die beiderseitige Praxis. Schon was den Umfang der Predigt
angeht, wie scharf hebt Augustins breviloquium sich ab von der μακρολογία
des Chrysostomus! Letzterer benöthigt oft zweier Stunden, und ersterer begnügt
sich oft mit einer Viertelstunde. Die Predigt Augustins stellte aber auch an
den Redner wie an den Hörer ganz andere Anforderungen als die Predigt
des Chrysostomus. Augustinus pflegt ein scharf umgrenztes Thema, unauf-
haltsam vorwärts schreitend und das Ziel nicht aus dem Auge lassend, in
streng logischer Gedankenentwicklung durchzuführen, nicht selten so abstract, daß
manche Hörer nur mit Mühe folgen konnten. Chrysostomus hingegen schweift
sehr gern, vom Augenblicke fortgerissen, von seinem Gegenstande ab, um Blumen
zu pflücken, die am Raine wachsen; er ermüdet weniger, indem er mehr unter-
hält; manche seiner Predigten setzen sich aus mehreren völlig selbständigen
Stücken zusammen. Auch bei Darlegung einzelner Wahrheiten ist des Chrysostomus Weise viel weniger anstrengend. Augustinus gönnt sich gewissermaßen
keine Zeit, bei Beispielen und Bildern zu verweilen, während Chrysostomus
überzeugt ist, durch Gleichnisse mehr zu wirken als durch theoretische Aus-
einandersetzungen, wie er denn auch eine anerkannte Meisterschaft darin besitzt,
alles durch Bilder zu veranschaulichen und wiederum alles zu Bildern zu benutzen. Freilich weiß dagegen Augustinus wenigstens die Befähigtern unter
seinen Hörern zu entschädigen durch prachtvolle Antithesen, geistreiche Oxymora,
Wortspiele aller Art, während diese Redefiguren bei Chrysostomus nur eine
sehr untergeordnete Rolle spielen. Chrysostomus ist schließlich weit mehr als
Augustinus Gelegenheitsredner (im besten Sinne des Wortes); namentlich im
Eingange und im Schlusse weiß er auf das trefflichste dem Augenblicke Rech-

nung zu tragen, an etwas Gegebenes anzuknüpfen, die äußern Umstände [
zu Nutzen zu machen. — Weitaus die meisten der uns noch vorliegenden P[
bigten des hl. Chrysostomus sind Homilien. Auch von Augustinus besitz[
wir außer sermones noch zahlreiche enarrationes und tractatus über bibli[
Texte. Als Exegeten nun gehen die beiden Redner gleichfalls sehr verschiede[
Wege. Augustinus huldigt in seinen Homilien vorwiegend, um nicht zu sag[
ausschließlich, der allegorischen Deutung. Chrysostomus hingegen, welcher sei[
theologische Bildung zu Antiochien empfangen hatte, vertritt durchweg [
historisch-philologische Auslegungsmethode. Er sucht immer zuerst den Liter[
sinn ans Licht zu stellen, pflegt, von diesem Interesse geleitet, seiner Erkläru[
eine geschichtliche Einleitung vorauszuschicken und verschmäht es nicht, bei gra[
matischen Schwierigkeiten stehen zu bleiben. Zu Js. 1, 22 (LVI, 23) beme[
er, er wolle die bildliche Erklärung nicht verwerfen, müsse aber die wörtli[
Auffassung als die richtigere bezeichnen (ἀληθεστέραν εἶναί φημι); zu Js. 5,[
(LVI, 60) fügt er bei, die Heilige Schrift gebe selbst deutlich zu erkenn[
wann und wo die tropische Deutung zulässig und geboten sei: „allegorisirt [
so erläutert sie die Allegorie auch" (πανταχοῦ τῆς γραφῆς οὗτος ὁ νόμ[
ἐπειδὰν ἀλληγορῇ, λέγειν καὶ ἀλληγορίας τὴν ἑρμηνείαν), und zu Js. 6, 6[
(LVI, 72) fährt er nach Erwähnung der figürlichen Auslegung fort: „A[
indessen halten an dem historischen Sinne fest" (ἡμεῖς δὲ τέως τῆς ἱστορί[
ἐχόμεθα). Kurz, Chrysostomus bringt, zwar nicht so einseitig wie Theob[
von Mopsuestia, aber entschieden und consequent, die hermeneutischen Grundsä[
der antiochenischen Schule zur Geltung. Jedenfalls zählt er auch zu den erst[
Meistern, deren diese Schule sich rühmen darf. Was ihn jedoch besonde[
charakterisirt und auszeichnet, liegt, hier wie überall, in der ihm eigenen V[
bindung und Ausgleichung zwischen Wissenschaft und Leben, Verstand u[
Gemüth: so wie er hat wohl kein Zweiter den heiligen Text so gründlich u[
besonnen, ich möchte sagen, so nüchtern und trocken auszulegen und doch [
gleich so tief und allseitig, so zart und feinsinnig fruchtbar zu machen gew[
für alle Zweige des religiösen Lebens.

13. Des Chrysostomus Lehre. — Vermöge seiner exegetischen Pr[
cipien steht Chrysostomus in einem klar erkannten Gegensatze zu Origen[
Der von Theophilus von Alexandrien erhobene Vorwurf des Origenism[
(vgl. Abs. 4) entbehrt überhaupt aller und jeder Begründung. Es darf [
sicher gelten, wenngleich es sich nicht durch unzweideutige Beweisstellen bele[
läßt, daß Chrysostomus hinsichtlich des Ursprunges der Menschenseele sich z[
Creatianismus bekannt hat und nicht zu der origenistischen Präexistenzle[
und so hat ihm denn auch die Annahme einer allgemeinen Apokatastasis [
Sinne des Origenes (und des Gregor von Nyssa) durchaus fern gelegen; [
nur etwa die Aeußerung Hom. 17 in Hebr. n. 5 (LXIII, 133—134): „[
Sünden abzuwaschen, reicht die Hölle nicht hin, wiewohl sie ewig ist, b[
deshalb ist sie ja ewig (διὰ τοῦτο γὰρ καὶ αἰώνιός ἐστιν)." — Bezüglich se[
Stellung zu der katholischen Lehre von der Erbsünde erhob sich ein St[
zwischen Augustinus und Julianus von Eclanum. In einer jetzt, wie es sche[
verlorenen Hom. de baptizatis hatte Chrysostomus gelegentlich einer A[
zählung der Gnadenwirkungen der Taufe den Satz fallen lassen: „Des[
taufen wir auch die unmündigen Kinder (τὰ παιδία), wiewohl dieselben [

Sünden haben (χαίτοι ἁμαρτήματα οὐκ ἔχοντα)." Julianus (in seinen Libri IV ad Turbantium episc.) glaubte hier die pelagianische Läugnung der Erbsünde constatiren zu können. Augustinus (Contra Iulianum I, 22: *Migne*, P. lat. XLIV, 655—656) erklärte mit Recht, es sei von persönlichen Sünden (propria peccata) die Rede, wie dies schon der Plural ἁμαρτήματα andeute und der weitere Zusammenhang unverkennbar beweise; eine Erbsünde bekenne Chrysostomus an manchen andern Stellen auf das unzweideutigste. Fünf solcher anderweitigen Aeußerungen konnte Augustinus namhaft machen: Ep. 3 ad Olymp. c. 3: P. gr. LII, 574; De resuscitat. Lazari (?); Hom. 9 in Gen. n. 4: LIII, 78—79; Hom. de baptizatis (?); Hom. 10 in Rom. n. 1. 2. 4: LX, 475—476. 479—480. An allen diesen Stellen, soweit sie sich anders heute nachweisen lassen, namentlich auch in der zuletzt angeführten Auslegung der Worte Röm. 5, 12 ff., wird übrigens Chrysostomus der Auffassung des hl. Augustinus vom Wesen der Erbsünde doch nicht ihrem ganzen Umfange nach gerecht. Er betont wieder und wieder, daß die Folgen oder Strafen der ersten Sünde außer den Stammeltern auch die sämtlichen Nachkommen derselben treffen, aber er sagt nicht, daß die Sünde selbst auf die Nachkommen übergehe und letztern von Natur anhafte. Zur richtigen Würdigung seiner Ausführungen ist indessen wohl zu beachten, daß er fort und fort manichäischen Irrthümern gegenüber die Vertheidigung der menschlichen Freiheit sich angelegen sein läßt und insbesondere die Annahme einer physisch nöthigenden Concupiscenz als eine die Grundlagen der Sittlichkeit untergrabende Irrlehre mit allem Eifer bekämpft. In Rücksicht auf seine Beziehungen zum Pelagianismus ist außerdem an das von Augustinus bei anderer Gelegenheit (De praedest. sanctorum c. 14 n. 27: *Migne*, P. lat. XLIV, 980) gebrauchte Wort zu erinnern: Quid opus est ut eorum scrutemur opuscula qui, priusquam ista haeresis oriretur, non habuerunt necessitatem in hac difficili ad solvendum quaestione versari? quod procul dubio facerent, si respondere talibus cogerentur. — Der Umstand, daß Theodor von Mopsuestia der Vater des Nestorianismus wurde, legt die Frage nahe, wie sein Freund zu dieser Lehre sich verhalten. Chrysostomus betont mit allem Nachdruck die Wahrheit und Unversehrtheit der beiden Naturen in Christus: Christus war dem Vater wesensgleich (τῆς αὐτῆς οὐσίας τῷ πατρί Hom. 1 in Matth. n. 2: P. gr. LVII, 17; Hom. 4 c. Anomoeos n. 4: XLVIII, 732 u. s. f.), und er hatte zugleich auch menschliches Fleisch (nach Röm. 8, 3), zwar nicht sündhaft wie das unsrige, aber der Natur nach dem unsrigen gleich (σάρκα . . ἀναμάρτητον .. τῇ φύσει τὴν αὐτὴν ἡμῖν Hom. 13 in Rom. n. 5: LX, 515; vgl. des weitern Hom. 7 in Phil. n. 2—3: LXII, 229—232). Trotz dieser Zweiheit der Naturen ist ein Christus: „Bleibend, was er war, nahm er an, was er nicht war, und Fleisch geworden, blieb er Gott das Wort (ἔμενε θεὸς λόγος ὤν)" ... „Das eine wurde er, dies nahm er an, das andere war er. Also keine Vermischung, aber auch keine Trennung! Ein Gott, ein Christus, der Sohn Gottes (vgl. 1 Tim. 2, 5)! Wenn ich aber sage ‚einer‘ (ein Christus), so will ich damit eine Vereinigung behaupten, nicht eine Vermischung (ἕνωσιν λέγω, οὐ σύγχυσιν), indem nicht die eine Natur in die andere verwandelt, sondern mit der andern vereinigt worden ist" (Hom. 7 in Phil. n. 2. 3: LXII, 231. 232). Auf eine genauere und schärfere Inhaltsbestim-

mung des Wortes εἷς χριστός geht Chrysostomus nicht ein: Während Theodr
umständlich zu zeigen versucht, daß die Vereinigung der beiden Naturen i
Christus nur eine ethische sein könne, nicht eine physische, begnügt sich Chrys
stomus mit allgemeiner gehaltenen, mehr populären Ausdrücken und Wer
bungen. Auch wenn dies nicht der Fall wäre, würde es nicht ins Gewic
fallen, daß auch er, ganz wie Theodor, den Logos in dem Menschen Christi
wie in einem Tempel wohnen läßt (In ps. 44, 3: LV, 186; vgl. die zweife
hafte Stelle In Prov. 9, 1: LXIV, 680). Aber freilich tritt überhaupt d
Wahrheit von der Einpersönlichkeit des Gottmenschen in den Schriften d
hl. Chrysostomus nicht ganz klar zu Tage; in seiner Darstellung bleiben g
wissermaßen Gottheit und Menschheit geschieden und gesondert neben einand
stehen; ein einheitliches persönliches Princip oder Subject alles Lebens un
Leidens in Christus kommt nicht recht zum Durchbruch. Chrysostomus ste
noch unter dem Banne jener antiochenischen Schulmeinung, welche die mensc
liche Natur in Christus nach Möglichkeit verselbständigen zu müssen glaut
indem sie bald mehr bald weniger bewußt der Voraussetzung huldigt, zu
Vollständigkeit der menschlichen Natur gehöre auch eine eigene (rein mensc
liche) Persönlichkeit. — Eines besondern Rufes erfreut sich Chrysostomus
der Geschichte der Lehre von der heiligen Eucharistie, wie er denn auch ger
doctor eucharistiae genannt wird. Seine diesbezüglichen Zeugnisse sind eben
zahlreich wie eingehend und bestimmt. Auf den Altar hinweisend, sagt e
„Christus liegt geschlachtet da" (ἐσφαγμένος πρόκειται ὁ χριστός Hom. 1 un
Hom. 2 de prodit. Iudae n. 6: XLIX, 381 u. 390). „Sein Leib lie
jetzt vor uns" (Hom. 50 in Matth. n. 2: LVIII, 507). „Das, was do
im Kelche ist, ist dasselbe wie das, was aus der Seite (Christi) floß." „Wa
ist das Brod? Christi Leib" (Hom. 24 in I Cor. n. 1. 2: LXI, 200
„Bedenke, o Mensch, welches Opferfleisch (θυσία) du in die Hand nehmen [m
empfing die heilige Communion in die rechte Hand], welchem Tische du di
nahen willst. Erwäge doch, daß du, Staub und Asche, das Blut und d
Leib Christi empfängst" (Hom. in diem nat. D. N. I. Chr. n. 7: XLI
361). Um die Wahrheit und Wirklichkeit der Gegenwart des Herrn r
möglich noch bestimmter auszusprechen, liebt es Chrysostomus, das, was v
den Accidentien des Brodes und des Weines gilt, auf die Substanz des Leit
und des Blutes zu übertragen. Wir sollten, sagt er, den Herrn nicht bl
sehen, „sondern auch in die Hand nehmen und essen und die Zähne in d
Fleisch drücken (ἐμπῆξαι τοὺς ὀδόντας τῇ σαρκί) und auf das innigste u
mit ihm vereinigen" (Hom. 46 in Ioan. n. 3: LIX, 260). „Was der H
am Kreuze nicht duldete," daß nämlich ein Bein an ihm gebrochen wür
„das duldet er jetzt beim Opfer (ἐπὶ τῆς προσφορᾶς) um deinetwillen, und
läßt sich in Stücke brechen (ἀνέχεται διακλώμενος), um alle zu sättig
(Hom. 24 in I Cor. n. 2: LXI, 200). Uebrigens liest Chrysostomus 1 K
11, 24: τὸ ὑπὲρ ὑμῶν κλώμενον, und ist der Herr nach ihm auch beim letz
Abendmahle gebrochen worden (ἐκλάσθη Hom. 27 in I Cor. n. 3—4: L
228—229). Wenn er auf der andern Seite sehr häufig bald den Altar b
den Communicirenden bezw. dessen Zunge von dem Blute des Herrn gerö
werden läßt (φοινίσσεσθαι Hom. 24 in I Cor. n. 1: LXI, 200; De sace
III, 4: XLVIII, 642; Hom. 82 in Matth. n. 5: LVIII, 743; Catech

ad illumin. c. 2: XLIX, 234 u. f. f.), so ist vielleicht zur vollen Würdigung dieser Ausdrucksweise auf den Gebrauch rothen Weines bei der heiligen
Messe zu recurriren. Es wird also der Leib und das Blut des Herrn geopfert
und genossen. Der Opferpriester aber und der Gastgeber ist wiederum der
Herr. „Glaubet, daß jetzt eben jenes Mahl stattfindet, bei welchem er (Christus)
selbst zu Tische lag. Jenes nämlich ist von diesem Mahle gar nicht verschieden
(οὐδὲν διενήνοχεν). Denn es wird nicht etwa dieses Mahl von einem Menschen,
jenes aber von ihm selbst bereitet, sondern dieses sowohl wie jenes wird von
ihm selbst bereitet" (Hom. 50 in Matth. n. 3: LVIII, 507). „Heute noch
wie damals ist es der Herr, der alles wirkt und darreicht" (Hom. 27 in
I Cor. n. 4: LXI, 229). Der Priester fungirt am Altare nur als Werkzeug in der Hand des Herrn. „Wir nehmen die Stelle von Dienern ein; er
aber ist es, der es (das Vorliegende) weiht und verwandelt" (ὁ δὲ ἁγιάζων
αὐτὰ καὶ μετασκευάζων αὐτός Hom. 82 in Matth. n. 5: LVIII, 744).
„Denn nicht ein Mensch ist es, der bewirkt, daß das Vorliegende der Leib
und das Blut Christi wird, sondern der für uns gekreuzigte Christus selbst.
Der Priester steht da als Stellvertreter, indem er jene Worte ausspricht
(σχῆμα πληρῶν, τὰ ῥήματα φθεγγόμενος ἐκεῖνα); die Macht aber und die
Gnade ist die des Herrn. ‚Dies ist mein Leib‘, sagt er. Dieses Wort verwandelt das Vorliegende" (τοῦτο τὸ ῥῆμα μεταρρυθμίζει τὰ προκείμενα Hom. 1
und, fast wörtlich übereinstimmend, auch Hom. 2 de prodit. Iudae n. 6:
XLIX, 380 u. 389). In der sogen. Liturgie des hl. Chrysostomus wird der
vorhin durch μετασκευάζειν und μεταρρυθμίζειν bezeichnete Begriff der Trans-
substantiation durch μεταβάλλειν ausgedrückt (LXIII, 916). Seltsamerweise ist
Chrysostomus, unter Berufung auf einen Brief ad Caesarium monachum,
früher nicht selten als Vertreter der Consubstantiationslehre ausgegeben worden.
Aber jener Brief ist sehr wahrscheinlich unecht, und wenn derselbe sagt, das
Brod werde nach der Consecration dominicum corpus genannt, etiamsi
natura panis in ipso permansit (LII, 758; der griechische Wortlaut ist nicht
erhalten), so ist unter na$_t$u$_r$a panis laut dem Zusammenhange die äußere
Erscheinungsform des Brodes im Gegensatze zur Substanz desselben verstanden.

14. Gesamtausgaben und Einzelausgaben. — Dank der großen Beliebtheit und der weiten Verbreitung der Schriften des hl. Chrysostomus liegt zur
Feststellung des Textes derselben ein außerordentlich reiches und zugleich vortreffliches
Material vor, zum Theil aus griechischen Handschriften, zum Theil aus alten Uebersetzungen bestehend. Bisher ist nur ein verschwindender Bruchtheil dieses Materials
verwerthet worden. Gesamtausgaben der Werke des hl. Chrysostomus veranstalteten
namentlich der Jesuit Fronton du Duc (Fronto Ducaeus), der Anglikaner H. Savile und der Maurier B. de Montfaucon. Die Ausgabe Frontons erschien
1609—1633 zu Paris in 12 Foliobänden (griech. u. lat.) und wurde wiederholt von
neuem aufgelegt: Paris 1636, Frankfurt a. M. 1697—1698, Mainz 1702, Frankfurt
1723. Vgl. A. de Backer, Bibliothèque des écrivains de la Compagnie de Jésus,
nouv. éd. T. I. col. 1669—1671. Die Edition Saviles trat 1612 zu Eton (unweit
Windsor) ans Licht in 8 Folianten (nur griech.). Die Ausgabe de Montfaucons
endlich erschien zuerst 1718—1738 zu Paris in 13 Foliobänden (griech. und lat.),
ward nachgedruckt zu Venedig 1734—1741 (13 Foliobände) und wiederum zu
Venedig 1780 (14 Quartbände), und erlebte noch eine hie und da verbesserte Auflage 1834—1840 zu Paris (13 Großoctavbände). Ein erneuter Abdruck der Aus-

gabe de Montfaucons, freilich um ein reichhaltiges supplementum vermehrt, auch
bei *Migne*, P. gr. XLVII—LXIV; nur die 90 Homilien zu Matthäus gibt Migne
l. c. LVII—LVIII nicht nach de Montfaucon, sondern nach der inzwischen erschienenen Separatausgabe Fields (s. weiter unten). Neuere Forscher begegnen sich
in dem Urtheile, daß unter den genannten Herausgebern Savile den besten Text
biete, daß de Montfaucon zu seiner Ausgabe, wenigstens soweit die Kritik des Textes
in Frage kommt, wohl nur den Namen hergegeben habe, daß jedenfalls noch sehr
viel zu thun bleibe. S. P. de Lagarde, Ankündigung einer neuen ausgabe der
griech. übersezung des alten testaments. Gött. 1882. 8°. S. 50. Beiträge zu
einer systematischen Collationirung der Handschriften lieferte J. Paulson in den
Abhandlungen Symbolae ad Chrysostomum Patrem. I—II. Lundae 1889 ad
1890. 4°, und Notice sur un manuscrit de St. Jean Chrysostome utilisé par
Erasme et conservé à la bibliothèque royale de Stockholm. Lund. 1890. 8°.
— Seit dem Erscheinen der Ausgabe de Montfaucons haben einige Schriften des
hl. Chrysostomus eine neue textkritische Bearbeitung erfahren. Um die sechs Bücher
De sacerd. hat J. A. Bengel († 1752) sich verdient gemacht. Seine Ausgabe
erschien 1725 zu Stuttgart in 8° (griech. und lat.). Der griechische Text derselben
fand durch eine Tauchnitzsche Stereotypausgabe, Leipzig 1825. 1865. 1872. 1887
weitere Verbreitung. Bengels Textesrecension bildet aber auch die Grundlage der
Separatausgaben der Schrift De sacerd. von E. Leo, Leipzig 1834. 8° (nur
griech.), und von E. Seltmann, Münster und Paderborn 1887. 8° (nur griech.).
Eine neue Textesrecension unternahm der Grieche D. Euelpides; er hat indessen
soviel ich weiß, nur den „ersten Theil" seiner Ausgabe, die Einleitung und das
erste Buch enthaltend, der Oeffentlichkeit übergeben, Athen 1867. 8°. Chr. Fr.
Matthäi widmete namentlich der Berichtigung mehrerer Homilien, welche de Montfaucon zuerst herausgegeben hatte, sehr dankenswerthe Mühen. Seine diesbezüglichen
Schriften sind bei *Fabricius-Harles*, Bibl. Gr. VIII, 575, verzeichnet. Unter der
Aufschrift Novae ex Ioanne Chrys. eclogae LII stellte Matthäi aus den verschiedensten Schriften des Heiligen 52 Abschnitte zusammen, welche der Form wie
dem Inhalte nach besondere Beachtung zu verdienen schienen, Moskau und Leipzig
1807. 8°. Einer gründlichen Bearbeitung wurde der Text der 90 Homilien zu
Matthäus sowie der Text der sämtlichen Homilien zu den paulinischen Briefen durch
Fr. Field unterzogen. Er edirte die erstern 1839 zu Cambridge in 3 Bdn. 8°
(griech.), die leztern 1849—1855 zu Oxford in 5 Bdn. 8° (griech.). In Deutschland
sind diese Ausgaben Fields wenig bekannt geworden. Auch einzelne Homilien wurden
in mehr oder weniger berichtigter Textgestalt herausgegeben; so in neuerer Zeit die
zweifelhafte oder unechte Hom. de beato Abraham (L, 737—746) von L. de Sinner,
Paris 1835. 8°; die Hom. in Flaviani episc. reditum (= Hom. 21 de statuis
XLIX, 211—222) von L. de Sinner, Paris 1842. 8°, von E. Ragon, Paris
1887. 1893. 18°; die Oratio Flaviani ad Theodosium (= Hom. 21 de statu
n. 3) auch von M. Gidel, Paris 1886. 12; die Hom. in Eutropium (LII,
391—396) von Fr. Dübner und E. Lefranc, Paris 1855. 8°, von E. Sommer, Paris 1889. 1890. 1893. 12°, von J. G. Beane, Paris 1893. 18°; die
Hom. 20 in I Cor. (LXI, 159—170) von A. R. Alvin, Linköping 1885. 8°.
Eine kleine Auswahl von Schriften des Heiligen, Ioannis Chrys. opera praestan-
tissima, veröffentlichte Fr. W. Lomler 1840 zu Rudolstadt sowohl griechisch und
lateinisch in 4° als auch bloß griechisch in 8°. Weit reichhaltiger und zugleich auf
auf viel umfassendern handschriftlichen Studien beruhend ist Fr. Dübners Sammlung: S. Ioannis Chrys. opera selecta graece et lat. Vol. I (unic.). Paris
1861. 8°. Zu dem ersten Buche De compunctione (XLVII, 393—410) vgl.
S. Haidacher, Eine interpolierte Stelle in des hl. Chrysostomus Büchlein ad
Demetrium monachum: Zeitschr. f. kath. Theol. Bd. XVIII (1894). S. 40.

bis 411. Die sogen. Liturgie des hl. Chrysostomus bildet den Inhalt einer durch P. Batiffol (Les manuscrits grecs de Bérat d'Albanie et le codex purpureus Φ. Paris 1886. 8⁰. p. 14) bekannt gewordenen Handschrift auf Purpur in Silbertinte aus dem 12. Jahrhundert. Neuere Ausgaben dieser Liturgie von H. A. Daniel, Codex liturgicus ecclesiae orient. (Cod. lit. eccl. univ. T. IV). Lips. 1853. 8⁰. p. 327—420; von C. A. Swainson, The Greek Liturgies chiefly from original authorities. Cambridge 1884. 4⁰. p. 88 ad 94. 99—148; von C. Cracau, Die Liturgie des hl. Johannes Chrysostomus mit Uebersetzung und Kommentar. Gütersloh 1890. 8⁰. Was die Synopsis vet. et nov. test. angeht, so hat Ph. Bryennios in seiner Ausgabe der Didache (Konstantinopel 1883) Proleg. p. 109—147 aus derselben Handschrift vom Jahre 1056, welcher er auch die Didache entnahm, sowohl neue Lesarten zu dem Texte bei Migne l. c. LVI, 313—386 als auch ein noch ungedrucktes Bruchstück der Schrift (die Synopse der fünf letzten der kleinen Propheten) bekannt gegeben. Vgl. auch noch C. P. Caspari, Ungedruckte, unbeachtete und wenig beachtete Quellen zur Geschichte des Taufsymbols und der Glaubensregel. I. Christiania 1866. S. 73—99: Ein Bruchstück des antiochenischen Taufbekenntnisses aus den ephesinischen Concilienacten und ein Bruchstück desselben aus einer Homilie des Chrysostomus (Hom. 40 in I Cor.); II. 1869. S. 225—244: Zwei Chrysostomus beigelegte Homilien über das Symbol (lateinische Homilien aus dem Ende des 5. oder dem Anfange des 6. Jahrh., früher schon gedruckt, aber in be Montfaucons Ausgabe nicht aufgenommen. — Wie aus den letzten Angaben bereits hervorgeht, sind seit dem Erscheinen der Ausgabe de Montfaucons auch neue Schriften bezw. Schriftenfragmente des hl. Chrysostomus entdeckt worden, und früher schon veröffentlichtes hat in be Montfaucons Ausgabe keine Aufnahme gefunden. Die Catene zum Propheten Jeremias, welche M. Ghisler seinem Commentare über diesen Propheten (Lyon 1623 in 3 Foliobänden) einverleibte, enthält sehr zahlreiche Scholien unter dem Namen des hl. Chrysostomus (abgedruckt bei Migne, P. gr. LXIV, 739—1038). Ebenso wird in der von P. Junius (Young) 1637 zu London herausgegebenen Catene zum Buche Job Chrysostomus häufig redend eingeführt (LXIV, 505—656), und A. M. Bandini (Graecae Ecclesiae vet. monumenta. Florentiae 1762—1763. II, 182—184) veröffentlichte ein kleines Specimen expositionis S. Ioannis Chrys. in Iobum (LXIV, 503—506). In neuerer Zeit hat A. Mai (Nova Patrum Bibl. IV, 2. p. 153—201) aus einer Catene zu den Salomonischen Sprüchen manche Scholien unter dem Namen des hl. Chrysostomus herausgegeben (LXIV, 659—740). Einige Scholien unter diesem Namen sind auch in der von J. A. Cramer 1840 zu Oxford edirten Catene zu den katholischen Briefen enthalten (LXIV, 1039—1062). J. A. Mingarelli (Graeci codices mss. apud Nanios patricios Venetos asservati. Bononiae 1784. 4⁰. p. 53—54) hat den in den Ausgaben fehlenden Schluß der 18. Homilie über die Genesis nachgetragen (LXIV, 499—502). A. Papadopulos-Kerameus versprach bisher unbekannte σχόλια παλαιά εἰς τὸ β΄ βιβλίον τοῦ εἰς τὸ κατὰ Ματθαῖον εὐαγγελίου ὑπομνήματος Ἰωάννου τοῦ Χρυσοστόμου herauszugeben; s. O. v. Gebhardt in der Theol. Literaturzeitung vom 24. Jan. 1885, Sp. 26. Nicht exegetische Homilien anlangend, hat Bandini l. c. II, 1—23 eine hinsichtlich ihrer Echtheit allerdings sehr zweifelhafte Hom. in poenitentiam Ninivitarum ans Licht gezogen (LXIV, 423—434); Gallandi, Bibl. vet. Patr. T. XIV. App. p. 136—140, eine Hom. de eleemosyna et in divitem ac Lazarum (LXIV, 433—444); Chr. Fr. Matthaei, Gregorii Thessalon. X. orationes. Mosquae 1776. 8⁰. p. 126—135, eine Hom. in decem millia talenta et centum denarios et de oblivione iniuriarum (LXIV, 443—452); M. Guil. Theod. Maur. Becher, Ioannis Chrys. homiliae V. Lipsiae 1839. 8⁰, aus einer Dresdener Handschrift des 9. Jahrh. 5 Homilien verschiedenartigen Inhalts und zweifelhafter Herkunft (LXIV, 451—492); *A. Mai*, Spicil. Rom. T. IV. p. lxviii—lxxvi, eine Hom. de s. Pentecoste (LXIV, 417—424).

15. Uebersetzungen. Unter den alten Uebersetzungen der Schriften des hl. Chrysostomus sind es die syrischen, die lateinischen und die armenischen, welche der Texteskritik die reichste Ausbeute versprechen. Ueber ungedruckte syrische Uebersetzungen im Britischen Museum zu London (Handschriften aus dem 6., 7. und 8. Jahrh.) s. de Lagarde, Ankündigung u. s. w. S. 51. Gedruckt ist, soviel ich weiß, nur eine syrische Uebersetzung der unechten oder doch sehr zweifelhaften Hom. de eleemosyna (LX, 707—712) unter dem Titel Sermo S. Ioannis de divitiis et paupertate: Monumenta syriaca. Praefatus est *P. Zingerle*. Vol. I. Oenip. 1869. p. 117—123. — Lateinische Uebersetzungen mehrerer Schriften des hl. Chrysostomus fertigte ein gewisser Anianus (Annianus), sehr wahrscheinlich der Diakon Anianus (Annianus) von Celeda, welcher um 418 mit einer Streitschrift zu Gunsten des Pelagianismus gegen Hieronymus hervortrat (*Hier.*, Ep. 143, 2: *Migne*, P. lat. XXII, 1181—1182). Näheres über ihn bei *Schoenemann*, Bibl. hist.-lit. Patrum lat. II, 473—480; sonstige Literaturangaben bei *Chevalier*, Répert. des sources hist. col. 127. 2412. De Montfaucons Ausgabe enthält des Anianus Uebersetzung der acht ersten Homilien zu Matthäus (*Migne*, P. gr. LVIII, 975 ad 1058) und seine Uebersetzung der sieben Lobreden auf den hl. Paulus (*Migne* l. c. L, 471—514). W. Schmitz möchte die von ihm herausgegebene Uebersetzung oder Umschreibung der beiden Bücher von der Buße (Monumenta tachygraphica codicis Parisiensis lat. 2718. Transcripsit, adnotavit, edidit *Guil. Schmitz*. Hannov. 1882—1883. 2°. Fasc. 2. *S. Iohannis Chrys.*, De cordis conpunctione libros II latine versos continens) auch als Werk des Anianus bezeichnen. Die 34 Homilien zum Hebräerbriefe wurden im Auftrage Cassiodors (Instit. I, 8: *Migne*, P. lat. LXX, 1120) von einem gewissen Mutianus ins Lateinische übersetzt, und diese Uebersetzung ist auch in die Montfaucons Ausgabe aufgenommen worden (*Migne*, P. gr. LXIII, 237—456). Im übrigen vgl. Looshorn, Die lateinischen Uebersetzungen des hl. Joh. Chrysostomus im Mittelalter nach den Handschriften der Münchener Hof- und Staatsbibliothek: Zeitschr. f. kath. Theol. Bd. IV (1880). S. 788—793. — Armenische Uebersetzungen sind von den Mechitaristen auf S. Lazzaro bei Venedig schon in großer Anzahl herausgegeben worden. Im Jahre 1818 erschienen zu Venedig zwei Bände 4° mit „Reden" des hl. Chrysostomus; 1826 folgten drei Bände 8° mit den Homilien zu Matthäus (und einigen andern Homilien). Das früher bereits bekannt gewordene Encomium S. Gregorii Armenorum Illuminatoris (*Migne*, P. gr. LXIII, 943—954), griechisch nicht vorhanden und hinsichtlich seiner Echtheit sehr bestritten, wurde 1853 in 16° armenisch und 1878 in 8° armenisch und lateinisch herausgegeben (über die letztere Ausgabe vgl. Vetter in der Lit. Rundschau vom 15. Juli 1880, Sp. 424—425). Im Jahre 1861 erschien wieder ein Band 8° mit „Reden" des hl. Chrysostomus, und 1862 folgten zwei Bände 8° unter dem Gesamttitel „Erklärung der Briefe des Paulus" (über den Inhalt der drei zuletzt genannten Bände im einzelnen s. de Lagarde a. a. O. S. 52—54). Schließlich erschien 1887 in 8° die Erklärung des Propheten Isaias in lateinischer Afterübersetzung (nach dem Armenischen). Außerdem veröffentlichten die Mechitaristen 1839 zu Venedig in 8° einen aus den Werken des s. Chrysostomus und denen des hl. Ephräm zusammengestellten armenischen Commentar zur Apostelgeschichte, und 1849 zu Wien in 8° eine „Sammlung alter Uebersetzungen aus dem griechischen Grundtexte" (armenisch und griechisch), welche durch einige Homilien des hl. Chrysostomus zu Matthäus eröffnet wird. — Koptische Uebersetzungen sind meines Wissens noch nicht gedruckt worden, handschriftlich aber in reicher Fülle erhalten. — Slavische Uebersetzungen liegen schon gedruckt

vor. Der sogen. Glagolita Clozianus, eines der ältesten und bedeutsamsten Denk=
mäler slovenischer Sprache (und glagolitischer Schrift), 14 Blätter umfassend, ent=
hält hauptsächlich Bruchstücke echter und unechter Homilien des hl. Chrysostomus;
die Ausgaben desselben verzeichnet Fr. Miklosich, Altslovenische Formenlehre.
Wien 1874. S. XIII. Auf den zwei Blättern des Glagolita, welche Miklosich erst
entdeckte, findet sich die Hom. II. de prodit. Iudae (XLIX, 381—392), und
in seiner Edition dieser Blätter (in den Denkschriften der phil.=hist. Classe der kais.
Akad. der Wiss. zu Wien vom Jahre 1860, Bd. X, S. 195—214, sowie auch
separat) hat Miklosich zugleich noch eine serbisch=slovenische Uebersetzung der genannten
Homilie aus einer wahrscheinlich dem 13. Jahrhundert angehörenden Handschrift
mitgetheilt. Die unechte Hom. in ramos palmarum (LIX, 703—708) gab
Miklosich 1845 zu Wien in 8° slovenisch (nach einer Handschrift des 11. Jahr=
hunderts), lateinisch und griechisch heraus. Die Liturgie des hl. Chrysostomus slavisch
bei A. Maltzew, Die göttlichen Liturgieen unserer heiligen Väter Chrysostomos,
Basilios d. Gr. und Gregorios Dialogos. Deutsch und slawisch. Berlin 1890. 8°.
— Die äthiopische Oratio eucharistica S. Ioannis Chrys. (bei *A. Dillmann,*
Chrestomathia aethiopica. Lips. 1866. p. 51—56) ist in Wahrheit eine Liturgie.
Sie ward ins Deutsche übertragen von A. Schulte, Die in Aethiopien gebräuch=
liche Liturgie des hl. Joh. Chrysostomus: Der Katholik. Jahrg. 1888. I, 417 bis
425. — Von den deutschen Uebersetzungen aus neuester Zeit genüge es, die
folgenden namhaft zu machen: Homilien des hl. Joh. Chrysostomus über die Briefe
des hl. Paulus. Aus dem Griech. übersetzt von W. Arnoldi. Bd. I—VI. Trier
1831—1840. 8°. Fortgesetzt von Ph. de Lorenzi. Bd. VII—VIII. 1849 bis
1852. Fortgesetzt von A. Weber. Bd. IX. 1854. Chrysostomus=Postille. Eine
Auswahl des Schönsten aus den Predigten des hl. Chrysostomus. Für Prediger
und zur Privaterbauung. Ausgewählt und aus dem Grundtexte übersetzt von
C. J. Hefele. Tübingen 1845. 8°; 2. Ausg. 1850; 3. Aufl. 1857. Fr. Knors,
Homilien über die sonntäglichen Episteln des kath. Kirchenjahrs. Nach Chrysostomus.
Schaffhausen 1854. 8°; Derselbe, Des hl. Joh. Chrysostomus Homilien über
das Evangelium des hl. Matthäus. Aus dem Griech. übersetzt. Regensburg 1857.
2 Bde. 8°; Derselbe, Die Homilien des hl. Joh. Chrysostomus über das Evan=
gelium des hl. Johannes. Paderborn 1862. 8°. Eine Uebersetzung der ascetischen
Schriften des hl. Chrysostomus begann J. Fluck, Bd. I. Freiburg i. B. 1864. 8°.
In der Kemptener Bibliothek der Kirchenväter erschienen 1869—1884 Ausgewählte
Schriften des hl. Chrysostomus in 10 Bdn.; Bd. I: Die sechs Bücher vom Priester=
thume, das Buch vom jungfräulichen Stande, der (erste) Brief an Theodor und
die 9 Homilien über die Buße (übersetzt von J. Chr. Mitterrutzner und
J. Rupp), Bd. II: Die 21 Homilien über die Bildsäulen (von Mitterrutzner),
Bd. III: Ausgewählte Reden und die Briefe an Papst Innocenz und an Olympias
(von M. Schmitz), Bd. IV—X: Sämmtliche Homilien zu den paulinischen Briefen
(von J. Wimmer, Mitterrutzner, A. Hartl, J. Schwertschlager,
N. Liebert, B. Sepp). Die sogen. Liturgie des hl. Chrysostomus findet sich in
der Kemptener Bibliothek unter den Griechischen Liturgien (1877) S. 117—201
(übersetzt von N. Storf). Auch Seltmann in seiner Ausgabe der sechs Bücher
vom Priesterthume (1887) S. 195—215 gibt eine Uebersetzung dieser Liturgie.
Ebenso Cracau in seiner Ausgabe des griechischen Textes der Liturgie (1890) und
Maltzew in seiner Ausgabe der slavischen Version der Liturgie (1890). Die
Bücher vom Priesterthume wurden oft verdeutscht, auch von K. F. W. Hassel=
bach, Stralsund 1820. 8°; von B. Weber, Innsbruck 1833. 8°; von G. Wohlen=
berg, Gotha 1890 (Bibl. theolog. Klassiker. Bd. XXIX). — Eine eng=
lische Uebersetzung zahlreicher Schriften des hl. Chrysostomus findet sich in der
von Ph. Schaff herausgegebenen Select Library of the Nicene and Post-

Nicene Fathers of the Christian Church (Ser. I). Vol. IX—XIV. New York 1888—1890. Vgl. auch Leaves from St. John Chrysostom. Selected and translated by *M. H. Allies*. London 1889. 8⁰. — Eine französische Uebersetzung sämtlicher Schriften des hl. Chrysostomus, hergestellt sous la direction de *M. Jeannin*, erschien 1861—1867 zu Bar le Duc und wiederum 1887—1888 zu Arras in 11 Octavbänden. — Die 67 Homilien über die Genesis wurden „von der geistlichen Akademie zu St. Petersburg" aus dem Griechischen ins Russische übersetzt, St. Petersburg 1851—1853. 3 Bde. 8⁰. — Ausgewählte Schriften des hl. Chrysostomus in dänischer Uebersetzung von S. B. Bugge finden sich in der Sammlung „Vibnesbyrd af Kirkefaebrene", Bd. X. Christiania 1885.

16. Schriften über Chrysostomus. *I. Stilting*, De S. Ioanne Chrys. commentarius historicus: Acta SS. Sept. T. IV (Antverpiae 1753). p. 401—709. *Fabricius-Harles*, Bibl. Gr. Vol. VIII. p. 454—583: De S. Iohanne Chrys. A. Neander, Der hl. Joh. Chrysostomus und die Kirche, besonders des Orients, in dessen Zeitalter. Berlin 1821—1822. 2 Bde. 8⁰; 2. Aufl. 1832; 3. Aufl. 1848. 1858. Fr. Böhringer, Die Kirche Christi und ihre Zeugen oder die Kirchengeschichte in Biographieen. Bd. I. Abth. 4. Zürich 1846. S. 1—160: Chrysostomus; S. 161—169: Olympias. Fr. u. P. Böhringer, Johannes Chrysostomus und Olympias. 2. Aufl. (1. u. 2. Ausg.) Stuttgart 1876. 8⁰. *E. Martin*, S. Jean Chrysostome, ses oeuvres et son siècle. Montpellier 1860. 3 tomes. 8⁰. *Rochet*, Histoire de S. Jean Chrysostome, patriarche de Constantinople. Paris 1866. 2 vols. 8⁰. *A. Thierry*, St. Jean Chrysostôme et l'impératrice Eudoxie. Paris 1872. 8⁰; 2ᵉ éd. 1874. 12⁰. Fr. X. Funk, Joh. Chrysostomus und der Hof von Constantinopel: Theol. Quartalschr. Bd. LVII (1875). S. 449—480. Fr. Ludwig, Der hl. Joh. Chrysostomus in seinem Verhältniß zum byzantinischen Hof. Braunsberg 1883. 8⁰. *R. W. Busch*, Life and times of Chrysostom. London 1885. 8⁰. *Aimé Puech*, Un réformateur de la société chrétienne au IVᵉ siècle. St. Jean Chrysostome et les moeurs de son temps. Paris 1891. 8⁰. *Ph. Schaff*, S. Chrysostom and S. Augustin (Studies in christian biography). London 1891. 8⁰. C. Philipps, Johannes Chrysostomus: Gütersloher Jahrbuch. Bd. III (1893—1894). S. 50—94. — J. Luz, Chrysostomus und die übrigen berühmtesten kirchlichen Redner alter und neuer Zeit. Tübingen 1846. 8⁰; 2. Aufl. 1859. *P. Albert*, St. Jean Chrysostôme considéré comme orateur populaire. Paris 1858. 8⁰. *L. da Volturino*, Studii oratorii sopra S. Giovanni Crisostomo, rispetto al modo di predicare dignitosamente e fruttuosamente. Quaracchi 1884. 8⁰. *Ch. Molines*, Chrysostome orateur (Thèse publiquement soutenue devant la faculté de théologie protestante de Montauban). Montauban 1886. 8⁰. Matthes, Der Unterschied in der Predigtweise des Chrysostomus und Augustinus: Pastoralblätter f. Homiletik, Katechetik und Seelsorge. Bd. XXX (1888). S. 40—71. L. Ackermann, Die Beredsamkeit des hl. Joh. Chrysostomus. Würzburg 1889. 8⁰. — Th. Förster, Chrysostomus in seinem Verhältniß zur antiochenischen Schule. Ein Beitrag zur Dogmengeschichte. Gotha 1869. 8⁰. *F. H. Chase*, Chrysostom: a study in the history of biblical interpretation. London 1887. 8⁰. *C. E. Hammond*, The ancient liturgy of Antioch and other liturgical fragments. Oxford 1879. 8⁰. p. 5—21: The liturgy from the writings of S. Chrysostom. Probst, Die antiochenische Messe nach den Schriften des hl. Joh. Chrysostomus dargestellt: Zeitschr. f. kath. Theol. Bd. VII (1883). S. 250—303. J. Bold, Die Predigten des Joh. Chrysostomus über die Statuen: Zeitschr. f. prakt. Theol. Bd. VIII (1886). S. 128—151. H. Usener, Religionsgeschichtl. Untersuchungen. Thl. I. Bonn 1889. S. 215—240, handelt gelegentlich über die Zeit einzelner Predigten des hl. Chrysostomus. Sonstige Literaturangaben bei Hoffmann, Biblio-

graphifches Lexicon der gefammten Litteratur der Griechen. 2. Ausg. II, 401—429;
bei *Chevalier*, Répertoire 1178—1180 u. 2672.

17. Nektarius von Konftantinopel. Marcus Diaconus. — Nektarius (Abf. 3)
hinterließ einen Sermo de festo S. Theodori et de ieiunio et eleemosyna, bei
*Migne*, P. gr. XXXIX, 1821—1840. — Die Vita S. Porphyrii (Abf. 4), von
Marcus Diaconus um 420 verfaßt und als Gefchichtsquelle nach mancher Seite
hin von Bedeutung, war lange Zeit hindurch nur in einer fehr mangelhaften, von
Gentianus Hervetus († 1584) gefertigten lateinifchen Ueberfeßung bekannt (*Gallandi*,
Bibl. vet. Patrum. T. IX; *Migne*, P. gr. LXV), bis fie durch M. Haupt in
den Abhandlungen der kgl. preuß. Akad. der Wiff. zu Berlin vom Jahre 1874
S. 171—215 (fodann 1875 feparat) im griechifchen Originale herausgegeben wurde.
Porphyrius war etwa 395—419 Bifchof der alten Philiftäerftadt Gaza und hatte
nach langem und heftigem Kampfe dem in Gaza noch immer fortlebenden Heiden-
thume den Todesftoß gegeben. Der Diakon Marcus, des Bifchofs unzertrennlicher
Freund und Begleiter, berichtet und fchildert ebenfo anfchaulich wie zuverläffig. Die
c. 88 gelegentlich angeführte Schrift, in welcher Marcus die Verhandlungen zwifchen
Porphyrius und der Manichäerin Julia niedergelegt hatte, ift bis jetzt nicht aufgefunden worden. Ueber den Text der Vita S. Porph. f. J. Dräfeke, Zu
Marcus Diaconus' Vita Porphyrii episc. Gaz.: Zeitfchr. f. wiffenfchaftl. Theol.
Bd. XXXI (1888). S. 352—374. Ueber den Hauptinhalt f. Dräfeke, Gefam-
melte Patriftifche Unterfuchungen. Altona 1889. S. 208—247. Aeltere Litteratur
bei *Chevalier*, Répertoire 1470.

18. Acacius von Beröa. Severian von Gabala. Antiochus von Ptolemais.
— Außer Theophilus von Alexandrien waren es die drei Bifchöfe Acacius von
Beröa, Severian von Gabala und Antiochus von Ptolemais, welche Chryfoftomus
nicht als feine Richter gelten laffen zu können erklärte (Abf. 4). Acacius hat
fich wahrfcheinlich durch die Vorfpiegelungen der Gegner des Heiligen täufchen
laffen. Er war ein halbes Jahrhundert hindurch Bifchof von Beröa oder Aleppo in
Syrien und ftarb erft 432 im Alter von 110 (100?) Jahren. Wir befitzen von
ihm noch drei Briefe und ein Glaubensbekenntniß; f. *Migne*, P. gr. LXXVII,
1445—1448. Ueber den Verfaffer f. G. Bickell, Ausgewählte Gedichte der
fyrifchen Kirchenväter Cyrillonas, Baläus, Ifaak von Antiochien und Jakob von
Sarug. Kempten 1872 (Bibl. der Kirchenväter). S. 83—89. — Bifchof Severian
von Gabala bei Laodicea in Syrien, geft. nach 408, hatte früher fchon in fehr
fchimpflicher Weife das Vertrauen des Heiligen mißbraucht; vgl. Fr. Ludwig, Der
hl. Joh. Chryfoftomus in feinem Verhältniß zum byzantinifchen Hof. Braunsberg
1883. S. 51—54. Er genoß Ruf als Prediger und heißt bei *Gennadius*, De
vir. ill. c. 21: in homiliis declamator admirabilis. Die noch erhaltenen Homilien
pflegen den Werken des hl. Chryfoftomus beigegeben zu werden. *Fessler-Jungmann*,
Institt. Patrol. II, 67, zählt diefelben einzeln auf; nachzutragen find die Homilien
In Dei apparitionem (Epiphanie) und De pythonibus et maleficiis (letztere nur
lateinifch) bei *Migne*, P. gr. LXV, 15—28. Der Sermo de pace, bisher nur
lateinifch und nur bruchftückweife bekannt, ift vollftändig griechifch herausgegeben
worden von A. Papadopulos-Kerameus in den Ἀνάλεκτα ἱεροσολυμιτικῆς
σταχυολογίας. Bd. I. St. Petersburg 1891. S. 15—26. J. B. Aucher veröffentlichte 15 Homilien unter Severians Namen in armenifcher Ueberfeßung:
Severiani s. Seberiani Gabalorum episc. Emesensis homiliae nunc primum
editae, ex antiqua versione armena in latinum sermonem translatae per
*I. B. Aucher*. Venetiis 1827. 8⁰. Die 7. diefer Homilien (p. 250—293), über
das Wort Abrahams (Gen. 24, 2), fteht als unechte Homilie des hl. Chryfoftomus
griechifch unter den Werken des letztern, bei *Migne*, P. gr. LVI, 553—564;
griechifch und armenifch findet fie fich unter Severians Namen in der 1849 zu

Wien in 8⁰ von den Mechitaristen herausgegebenen „Sammlung alter (armenischer) Ueberſetzungen aus dem griechiſchen Grundterte" (p. 290—343). Die 10. jener Homilien (p. 370—401), über die Taufe, iſt die Hom. 13 S. Basilii M., bei *Migne* l. c. XXXI, 423—444; vgl. § 49, 14. S. auch noch *I. B. Pitra,* Analecta sacra et classica (1888). Pars 1. p. 71—72. — Antiochus war etwa 400—408 Biſchof von Ptolemais (Akko). Die Schriften, welche er laut Gennadius (De vir. ill. c. 20) hinterlaſſen hat, ſind, ſcheint es, zu Grunde gegangen. Literatur über ihn verzeichnet *Chevalier,* Répertoire 139.

19. **Palladius. Atticus von Konſtantinopel. Konſtantius von Antiochien. Georgius von Alexandrien.** — Zu den Biſchöfen, welche die Kirchengemeinſchaft mit den Eindringlingen Arſacius und Atticus verſchmähten und deshalb ſich zur Flucht genöthigt ſahen (Abſ. 5), gehört auch der wiederholt genannte Palladius, vielleicht zu identificiren mit dem gleichnamigen Verfaſſer der Historia Lausiaca (§ 61, 4). Sein Dialogus de vita S. Ioannis Chrys., bei *Migne,* P. gr. XLVII, 5—82, iſt aus einem Geſpräche, welches er etwa 408 zu Rom mit einem dortigen Diakon Theodor hatte, hervorgegangen und muß als eine der wichtigſten Quellen über das ſpätere Leben des hl. Chryſoſtomus ſeit ſeiner Erhebung zum Patriarchen bezeichnet werden. Ueber die Ausgaben dieſer Schrift und die Literatur betreffend den Verfaſſer ſ. *Fessler-Jungmann,* Institt. Patrol. II, 54. 209. — Atticus (Abſ. 5) ſtarb 425 (10. Oct.) und wird von den Griechen als Heiliger verehrt (8. Jan.). Migne (P. gr. LXV, 637—652) hat s. v. Atticus eine notitia (aus den Acta SS.), einen Brief und bezüglich dreier anderer Briefe Verweiſe. Im übrigen ſ. v. Hefele in Wetzer u. Welte's Kirchenlexikon (2. Aufl.) I, 1564—1566. — Unter den 242 numerirten Briefen bei *Migne* l. c. LII (vgl. Abſ. 9) werden die Nrn. 237—241 nicht dem hl. Chryſoſtomus zugeeignet, ſondern ſeinem Freunde, dem antiochenischen Presbyter Konſtantius. Wahrſcheinlich gehört letzterem auch Nr. 233 an. Literatur über Konſtantius bei *Chevalier,* Répertoire 499 (s. v. Constantin, prêtre à Antioche). — Die Lobrede Leos des Weiſen auf Chryſoſtomus (Abſ. 11) iſt freilich nicht viel mehr als ein ungeschickter Auszug aus der ſehr geringwerthigen Vita S. Ioannis Chrys. von dem Patriarchen Georgius von Alexandrien zu Beginn des 7. Jahrhunderts. Dieſe Vita griechiſch bei *H. Savilius,* S. Ioann. Chrys. opp. (ſ. Abſ. 14) T. VIII. p. 157—265. Ein Abdruck bei *Migne,* P. gr. CXIV, 1045—1210.

## § 58. Syneſius von Cyrene.

1. **Leben.** — Syneſius ward zwiſchen 370 und 375 zu Cyrene in der Pentapolis Aegyptens (Cyrenaïka) geboren und entſtammte einer hochangeſehenen Adelsfamilie. Zu Alexandrien ward er durch Hypatia, die geiſtvolle Tochter des Mathematikers Theon, in die geheimnißreiche Welt des Neuplatonismus eingeführt. Im Jahre 397 ward er trotz ſeiner Jugend von den gedrückten und verarmten Städten der Pentapolis mit einer Geſandtſchaft an den kaiſerlichen Hof zu Konſtantinopel betraut. Erſt 400 konnte er nach Cyrene zurückkehren und lebte nun hauptſächlich philoſophiſchen Studien. Ein Beſuch Athens ließ ſeine Erwartungen unbefriedigt. In den Jahren 402—404 weilte er nochmals zu Alexandrien. Im Jahre 409 ward er von Clerus und Volk zum Biſchofe von Ptolemais und Metropoliten der Pentapolis verlangt. Ob er damals ſchon Chriſt oder auch nur Katechumen war, muß unentſchieden bleiben. Das von den räuberiſchen Horden der Barbaren (Maketen) bedrohte Land hat, ſo ſcheint es, auf Syneſius, den Sproſſen eines alten Patriciergeſchlechtes, welcher ſchon glänzende Proben hervorragender Fähigkeit abgelegt

hatte, seine einzige Hoffnung gesetzt. Aus den Händen des alexandrinischen
Patriarchen Theophilus empfing er die Bischofsweihe, unter dem Vorbehalte, daß
er seine Gattin nicht zu entlassen und namentlich auch seine philosophischen
Ueberzeugungen, welche nicht in allweg mit der Kirchenlehre in Einklang standen
(Präexistenz der Seele, Ewigkeit der Welt, allegorische Auffassung der Auf-
erstehungslehre), nicht aufzugeben brauche (vgl. seinen Brief Nr. 105 an seinen
Bruder Euoptius). Zu einer rein christlichen Denk- und Sinnesart scheint
Synesius nie durchgedrungen zu sein. Ueber den Beziehungen der Aehnlichkeit
zwischen Christenthum und Platonismus hat er den principiellen Unterschied
übersehen. Christ mit dem Wunsche seines Herzens, blieb er mit dem Verstande Platoniker. Gleichwohl hat er als Bischof in schweren Tagen durch
mannhaftes Eintreten für Recht und Frieden segensreich gewirkt. Freilich sollte
diese Wirksamkeit nicht von langer Dauer sein; keine Spur in seinen Briefen
führt über das Jahr 413 hinaus. Mit seinem beredten Munde verstummt
zugleich die Geschichte der libyschen Pentapolis; sein literarischer Nachlaß ist
der Führer in dem Labyrinthe großartiger Monumente, welche den Besucher
der Pentapolis heute noch in Erstaunen setzen.

2. Schriften. — In der innern Entwicklung und der schriftstellerischen
Thätigkeit des seltsamen Mannes sind, wie namentlich Kraus dargelegt hat,
drei Perioden zu unterscheiden. Die erste Periode stellen diejenigen seiner
Schriften (*Migne*, P. gr. LXVI) dar, welche durchaus heidnisch-platonische
Färbung zeigen, ohne irgend ein specifisch-christliches Element aufzuweisen.
Es sind dies die von männlichem Freimuthe zeugende Rede über das Königthum (περὶ βασιλείας), 399 zu Konstantinopel vor Kaiser Arkadius gehalten;
die Schrift von dem Geschenke des Astrolabs (ὑπὲρ τοῦ δώρου ἀστρολαβίου),
mit welcher der Verfasser einem gewissen Päonius zu Konstantinopel ein
kunstvoll gearbeitetes Astrolab als Geschenk überreichte; die zu Konstantinopel
begonnene, aber erst nach der Rückkehr in die Heimat vollendete Schrift
„Aegyptische Erzählungen oder über die Vorsehung" (Αἰγύπτιοι λόγοι ἢ περὶ
προνοίας), welche unter der Hülle des ägyptischen Mythus von Osiris und
Typhos Zustände und Vorgänge am byzantinischen Hofe schildert; das Lob
der Kahlköpfigkeit (φαλάκρας ἐγκώμιον), eine Verhöhnung der Sophisten, welche
nur reden, um zu reden; Dio oder über die eigene Lebensweise (Δίων ἢ περὶ
τῆς καθ' ἑαυτὸν διαγωγῆς), eine Vertheidigung der wissenschaftlichen Bestrebungen
des Verfassers durch Hinweis auf das Vorbild des Philosophen und Rhetors
Dio Chrysostomus; die Abhandlung über den Ursprung und die Bedeutung
der Träume (περὶ ἐνυπνίων), einige Hymnen und eine Anzahl Briefe. Die
Sammlung der Briefe umfaßt (bei Migne) 156 Nummern. Von hoher Vollendung der Form, bieten dieselben auch dem Inhalte nach ein mannigfaltiges
Interesse, insbesondere als Quelle für die Geschichte und Geographie der Pentapolis. Der Zeit der Abfassung nach vertheilen sie sich auf die Jahre 399—413.
Die zehn uns erhaltenen Hymnen reden sämtlich den dorischen Dialekt und
bewegen sich noch innerhalb der Gesetze der alten Prosodie. Der in Rede
stehenden ersten Periode sind wahrscheinlich die vier ersten Hymnen zuzuweisen,
lyrische Ergüsse einer tief religiös gestimmten Seele. Einige weitere Hymnen
tragen das Gepräge einer zweiten Lebensperiode des Dichters, einer Uebergangs-
periode, etwa 404—409. Hier erscheint Synesius gewissermaßen getheilt zwischen

Christenthum und Heidenthum. Größere Schriften aus dieser Zeit sind nicht
auf uns gekommen. Mit der Weihe zum Bischof tritt Synesius in eine dritte
Lebensperiode ein, in welcher das christliche Element vorwaltet, ohne daß freilich
das Heidenthum überwunden wäre. Aus dieser Zeit stammen, außer zahlreichen Briefen, zwei nur fragmentarisch vorliegende Homilien und zwei Reden
(καταστάσεις), von welchen die erste, ein herrliches Denkmal der Beredsamkeit,
von dem erneuten Einfall der Barbaren in die Pentapolis im Jahre 411
handelt, die zweite den Präfecten (dux) der Pentapolis, Anysius, verherrlicht.
In dieser Zeit dürften auch die ausgesprochen christlichen Hymnen 7 und 9
gedichtet sein.

    3. Literatur. — Eine Gesamtausgabe der Schriften des Synesius nebst latei-
nischer Uebersetzung und Anmerkungen lieferte Dionysius Petavius, Paris
1612. 2⁰; sodann 1631, 1633 und (am besten) 1640. Eine neue Ausgabe der
Hymnen besorgte J. Fr. Boissonade, Paris 1825 (Poetarum graecorum sylloge. T. XV. Lyrici graeci. p. 97—160). J. G. Krabinger veröffentlichte
auf Grund umfassender Handschriftenvergleichung Sonderausgaben sowie deutsche
Uebersetzungen der Rede über das Königthum, München 1825. 8⁰; des Lobes der
Kahlköpfigkeit, Stuttgart 1834. 8⁰, und der Aegyptischen Erzählungen, Sulzbach
1835. 8⁰. Von einer durch Krabinger unternommenen Gesamtausgabe ist nur
der erste Band erschienen, Landshut 1850. 8⁰, welcher die größern Schriften (außer
den Briefen und Hymnen) enthält (den griechischen Text nebst einfachem kritischen
Apparat). Bei *Migne*, P. gr. LXVI (Paris. 1859. 1864) ist der Petavius
Ausgabe (vom Jahre 1633) abgedruckt; der Text des Lobes der Kahlköpfigkeit aber
ist der genannten Sonderausgabe Krabingers entnommen. Beiträge zur Texteskritik der Briefe (Observat. crit. in Synesii Cyrenaei epistulas) gab Fr. X.
Kraus, Sulzbach 1863. 8⁰. Eine neue Ausgabe der Briefe findet sich bei *R. Hercher*,
Epistolographi graeci. Paris. 1873. 4⁰. p. 638—739. P. Klimek, Kritische
Bemerkungen zum Texte der prosaischen Schriften des Synesius. Breslau 1891. 4⁰
(Progr.). Neue Ausgaben der zehn Hymnen veranstalteten W. Christ und M. Paranikas, Leipzig 1871 (Anthologia graeca carminum christianorum. Lips.
1871. 8⁰. p. 3—23; cf. Proleg. p. IX—XII), und J. Flach, Tübingen 1875. 8⁰.
— *H. Druon*, Oeuvres de Synésius, évêque de Ptolémaïs, dans la Cyré-
naïque, au commencement du Vᵉ siècle, traduites entièrement pour la
première fois en français et précédées d'une étude biographique et littéraire. Paris 1878. E. Gaiser, Des Synesius von Cyrene ägyptische Erzählungen
oder über die Vorsehung. Darstellung des Gedankeninhalts dieser Schrift und ihrer
Bedeutung für die Philosophie des Synesius unter Berücksichtigung ihres geschichtlichen Hintergrunds. Wolfenbüttel 1886. 8⁰ (Inaug.-Diss.). O. Seeck, Studien
zu Synesios. I. Der historische Gehalt des Osirismythos. II. Die Briefsammlung:
Philologus. Zeitschr. f. d. class. Alterth. Bd. LII (1893). S. 442—483. — *Aem.
Th. Clausen*, De Synesio philosopho, Libyae Pentapoleos metropolita, commentatio. Hafniae 1831. 8⁰. Fr. X. Kraus, Studien über Synesios von Kyrene
(Chronologie seines Lebens. Sein Verhältniß zum Christenthum, sein Episkopat und
seine philosophisch-theologischen Anschauungen): Theol. Quartalschrift. Bd. XLVII
(1865). S. 381—448. 537—600; Bd. XLVIII (1866). S. 85—129. R. Volk-
mann, Synesius von Cyrene. Eine biographische Charakteristik aus den letzten
Zeiten des untergehenden Hellenismus. Berlin 1869. 8⁰. *Ph. I. Baphides*, De
Synesio Plotinizante. Constantinopoli 1875. 8⁰ (Diss. inaug.). *E. R. Schneider*,
De vita Synesii, philosophi atque episcopi. Grimmae 1876. 8⁰ (Diss. inaug.).
E. Gaiser, Synesius von Cyrene, sein Leben und sein Charakter als Schriftsteller

und als Mensch: Theol. Studien aus Württemberg. Bd. VII (1886). S. 51—70. *A. Gardner*, Synesius of Cyrene, philosopher and bishop. London 1886. 12⁰ (Christian Knowledge Society). Weitere Literaturangaben bei Kraus a. a. O. Bd. XLVII (1865). S. 414—417; bei *Chevalier*, Répert. 2143. 2818.

## § 59. Cyrillus von Alexandrien.

1. Lebensgang des hl. Cyrillus bis zum Jahre 428. — Ueber das Leben des hl. Cyrillus vor seiner Erhebung zum Patriarchen von Alexandrien (412) ist nur sehr wenig bekannt. Er ward wahrscheinlich zu Alexandrien geboren, als ein Neffe des schon oft genannten Patriarchen Theophilus. Den Grund zu seiner umfassenden theologischen Gelehrsamkeit hat er wohl in den Schulen seiner Vaterstadt gelegt. Daß er sich zu seiner ascetischen Ausbildung eine Zeitlang in der Wüste unter den Einsiedlern aufgehalten, läßt sich vielleicht den vier sehr freimüthig redenden Briefen des hl. Isidor von Pelusium an den Patriarchen Cyrillus (*S. Isid. Pel.* Ep. I, 310. 323. 324. 370: *Migne*, P. gr. LXXVIII, 361. 369. 392) entnehmen. Thatsache ist, daß er sich im Jahre 403 an der Seite seines Oheims nach Konstantinopel begab und bei Chalcedon der sogen. Eichensynode beiwohnte, welche den hl. Chrysostomus seines Amtes entsetzte (§ 57, 4). Am 15. October 412 starb Theophilus, und schon am 17. October wurde Cyrillus, allerdings nicht ohne die Concurrenz eines Gegencandidaten, zum Patriarchen gewählt. Ueber die Anfänge seiner Amtsführung liegen nur dürftige Nachrichten vor, Nachrichten, welche überdies durch die parteiische Befangenheit des Berichterstatters Sokrates (Hist. eccl. VII, 7. 11. 13 sqq.: *Migne* l. c. LXVII, 749. 757. 760 sqq.) getrübt erscheinen. Das Vorgehen des jungen Patriarchen gegen die Novatianer und die Juden zu Alexandrien mag von Eigenmächtigkeit und Leidenschaftlichkeit nicht frei gewesen sein (vgl. die angezogenen Briefe Isidors). Ueber den Ursprung und Verlauf der Zwistigkeiten zwischen Cyrillus und dem kaiserlichen Statthalter Orestes zu Alexandrien läßt sich kein klares Urtheil gewinnen; die Insinuation des Berichterstatters aber (Hist. eccl. VII, 15), Cyrillus trage die Schuld an dem durch Christenhand verübten Morde der dem Statthalter nahestehenden Philosophin Hypatia (März 415), dürfte durchaus ungerechtfertigt sein. Den hl. Chrysostomus hat Cyrillus nach längerem Sträuben erst um 417 in die Diptychen der alexandrinischen Kirche aufgenommen. Seit dem Jahre 429 fließen die Quellen reicher und klarer; seit dieser Zeit greift Cyrillus mitbestimmend in den Gang der Kirchen- und Dogmengeschichte ein, und er erscheint nunmehr im vollen Mittagsglanze eines großen Geistes und Charakters, würdig, das auserwählte Rüstzeug der Vorsehung zu sein.

2. Cyrillus im Kampfe mit dem Nestorianismus. — Nestorius, seit 428 Bischof von Konstantinopel, trat alsbald in seinen Predigten für die christologischen Lehrsätze Diodors von Tarsus (§ 55, 3) und Theodors von Mopsuestia (§ 56, 3) ein. Er läugnete die Einheit der Person in Christus, bekämpfte deshalb die Bezeichnung der allerseligsten Jungfrau als Gottesgebärerin (θεοτόκος) und nannte die Lehre von dem in Windeln gewickelten und ans Kreuz geschlagenen Gott eine heidnische Fabel. Schon zu Beginn des Jahres 429 sah Cyrillus sich veranlaßt, diesen Aufstellungen gegenüber,

wiewohl ohne nähere Bezeichnung ihres Vertreters, die orthodoxe Lehre in Schutz zu nehmen, sowohl in dem gerade fälligen Osterfestbriefe als auch in einem Rundschreiben an die Mönche Aegyptens. Es sei zwar nicht die Gottheit an sich, wohl aber der menschgewordene Logos von Maria geboren worden, und die menschliche Natur in Christus gehöre nicht irgend einer menschlichen Person an, sondern dem göttlichen Logos. Verhandlungen zwischen Cyrillus und Nestorius führten zu keinem Resultate. Beide wandten sich an Papst Cölestinus, und auf einer römischen Synode vom Jahre 430 ward Nestorius für einen Ketzer erklärt und mit der Absetzung bedroht, falls er nicht binnen zehn Tagen nach Empfang des Urtheilsspruches seine Irrlehren widerrufe. Cyrillus ward beauftragt, die Sentenz der Synode Nestorius zu übermitteln und eventuell im Namen des Papstes Nestorius aus der Kirche auszuschließen. Dem Schreiben des Papstes an Nestorius legte Cyrillus eine von einer Synode zu Alexandrien 430 genehmigte Glaubensformel bei, welche des nähern die Lehre entwickelte, die Nestorius annehmen, und zum Schlusse in zwölf Anathematismen die Irrthümer zusammenfaßte, die Nestorius abschwören müsse. Nestorius antwortete mit zwölf Gegenanathematismen, und damit war der Bruch besiegelt. Schon einige Tage vor dem Eintreffen der Anathematismen Cyrills in Konstantinopel, am 19. November 430, hatte Kaiser Theodosius II. auf des Nestorius Betreiben zu Pfingsten 431 ein Concil nach Ephesus berufen. Der Papst beauftragte Cyrillus mit seiner Stellvertretung. Bereits in seiner ersten Sitzung, am 22 Juni 431, erklärte das Concil Nestorius für abgesetzt und ausgeschlossen und bestätigte die erwähnte Glaubensformel Cyrills nebst den zwölf Anathematismen. Cyrillus war und blieb die Seele der Versammlung und wußte seine Aufgabe unter Schwierigkeiten und Bedrängnissen aller Art mit ebensoviel Umsicht als Muth und Ausdauer durchzuführen. Die Bischöfe der antiochenischen Kirchenprovinz, an ihrer Spitze Johannes von Antiochien, hatten sich von Cyrillus und den übrigen Bischöfen losgesagt und in mehr oder weniger ausgesprochener Weise für Nestorius Partei ergriffen. Eine Verständigung und Aussöhnung mit denselben ward erst dadurch erzielt, daß Cyrillus im Jahre 433 ein (sehr wahrscheinlich von Theodoret von Cyrus, dem bedeutendsten Gelehrten der antiochenischen Partei, verfaßtes) Unionssymbol unterschrieb, welches eine durchaus orthodoxe Auffassung zuließ und insbesondere auch die Gottesmutterschaft der allerseligsten Jungfrau anerkannte. Obgleich indessen damit das Schisma formell gehoben war, so mußte Cyrillus gleichwohl für die gänzliche Beseitigung desselben bis zu seinem Tode am 27. Juni 444 thätig bleiben. An Einfluß und Bedeutung in dogmengeschichtlicher Hinsicht hatte Cyrillus unter den griechischen Kirchenvätern außer Athanasius nicht seinesgleichen. Unter sämtlichen Kirchenvätern aber wird es außer Augustinus keinen geben, dessen Schriften in solchem Umfange durch den Mund allgemeiner Concilien von der ganzen Kirche als Glaubensregel angenommen wurden.

3. Das Werk gegen Julian. — Die Aufzählung der Schriften des großen Kirchenlehrers mag von der Apologie „Für die heilige Religion der Christen gegen die Bücher des gottlosen Julian" (ὑπὲρ τῆς τῶν χριστιανῶν εὐαγοῦς θρησκείας πρὸς τὰ τοῦ ἐν ἀθέοις Ἰουλιανοῦ: *Migne*, P. gr. LXXVI, 503—1064) ihren Ausgang nehmen. Freilich wird dieses dem Kaiser Theodosius II. ge-

widmete Werk erst um 433 verfaßt sein. Die drei Bücher Julians „Gegen die Christen" aus den Jahren 362—363 müssen damals noch in christen=feindlichen Kreisen eines großen Ansehens sich erfreut haben. Von dem Werke Cyrills sind nur die zehn ersten Bücher erhalten; von den Büchern 11—20 liegen griechische und syrische Fragmente vor; das Ganze hat wahrscheinlich dreißig Bücher umfaßt. Die zehn ersten Bücher wenden sich gegen das erste Buch Julians und handeln von dem Verhältnisse des Judenthums zum Heiden=thume und des Christenthums zum Judenthume und zum Heidenthume. Laut Julian war das Christenthum nur ein verschlechtertes Judenthum, vermischt mit einigen Elementen des Heidenthums. Cyrillus folgt dem Gegner Schritt auf Schritt und führt die Darlegung desselben im Wortlaute an; sein Werk bildet deshalb die Hauptquelle für die Kenntniß der zu Grunde gegangenen Schrift des unglücklichen Kaisers. Auf Fluß und Eleganz der Darstellung legt Cyrillus auch hier viel weniger Gewicht als auf Präcision des Ausdrucks und Schärfe der Argumentation.

4. Dogmatisch=polemische Schriften. — Die dogmatischen Schriften Cyrills sind ohne Ausnahme polemisch gefärbt. Die ältesten derselben sind die zwei großen Werke über die Trinität: ἡ βίβλος τῶν θησαυρῶν περὶ τῆς ἁγίας καὶ ὁμοουσίου τριάδος (LXXV, 9—656), in 35 Thesen (λόγοι, assertiones) abgetheilt, und περὶ ἁγίας τε καὶ ὁμοουσίου τριάδος (LXXV, 657—1124), in Form von sieben Gesprächen (λόγοι, dialogi) des Verfassers mit seinem Freunde Hermias verlaufend. Beide Werke sind gegen die Arianer gerichtet und be=fassen sich in erster Linie mit der wahren Gottheit des Sohnes. Den spätern christologischen Schriften Cyrills gegenüber bekunden dieselben eine gewisse Unvollkommenheit und Unbestimmtheit in der Auffassung und Darstellung des Lehrsatzes von der Vereinigung der zwei Naturen in Christus. Eine kürzere und populär gehaltene Schrift über die Trinität (περὶ τῆς ἁγίας καὶ ζωοποιοῦ τριάδος: LXXV, 1147—1190), erst von Cardinal Mai heraus=gegeben, muß als unecht bezeichnet werden. Dieselbe stellt unverkennbar gleich=sam den ersten Theil eines größern Ganzen dar, dessen zweiten Theil die auch erst von Mai ans Licht gezogene Schrift über die Menschwerdung (περὶ τῆς τοῦ κυρίου ἐνανθρωπήσεως: LXXV, 1419—1478) bildet (s. nur den Ein=gang der letztern Schrift). Diese Schrift über die Menschwerdung aber hat nach den Untersuchungen Ehrhards (1888) nicht Cyrillus, sondern Theodoret von Cyrus zum Verfasser. Bald nach Ausbruch des nestorianischen Streites, 429—430, übermittelte Cyrillus dem kaiserlichen Hofe zu Konstantinopel drei Denkschriften über den rechten Glauben (προσφωνητικοὶ περὶ τῆς ὀρθῆς πίστεως), eine dem Kaiser Theodosius (LXXVI, 1133—1200), eine zweite den beiden jüngern Schwestern des Kaisers, Arkadia und Marina (LXXVI, 1201—1336), eine dritte der ältern Schwester und der Gemahlin des Kaisers, Pulcheria und Eudokia (LXXVI, 1335—1420). In der angedeuteten Zeit wird auch das Werk gegen die Blasphemien des Nestorius geschrieben sein (κατὰ τῶν Νεστορίου δυσφημιῶν πεντάβιβλος ἀντίρρησις: LXXVI, 9—248), welches in fünf Büchern gegen eine Sammlung von Predigten des Häresiarchen mit wuchtiger Kraft und schneidiger Schärfe vorgeht. Die mehrfach erwähnten zwölf Anathema=tismen vom Jahre 430 vertrat Cyrillus in einer Apologie gegen die Angriffe der orientalischen b. i. der syrischen Bischöfe (ἀπολογητικὸς ὑπὲρ τῶν δώδεκα

κεφαλαίων πρὸς τοὺς τῆς ἀνατολῆς ἐπισκόπους: LXXVI, 315—386), in.ei
Antwort auf die Gegenschrift Theodorets von Cyrus (ἐπιστολὴ πρὸς Εὐόπτ
πρὸς τὴν παρὰ Θεοδωρίτου κατὰ τῶν δώδεκα κεφαλαίων ἀντίρρησιν: LXXV
385—452) und in einer kurzen Erläuterungsschrift (ἐπίλυσις τῶν δώδε
κεφαλαίων: LXXVI, 293—312). Diese Erläuterungsschrift verfaßte Cyrill
431 zu Ephesus im Gefängnisse. Unmittelbar nach dem Concile rechtferti
er in einer Apologie an Kaiser Theodosius (λόγος ἀπολογητικός: LXXV
453—488) sein Verhalten vor.dem Concile und während desselben. Endl
sind zu nennen der Aufsatz über die Menschwerdung des göttlichen Log
(περὶ τῆς ἐνανθρωπήσεως τοῦ θεοῦ λόγου: LXXV, 1413—1420),  ?
Dialog über die Einheit der Person in Christus (ὅτι εἷς ὁ χριστός: LXX
1253—1362), die erst von Mai aufgefundenen Abhandlungen gegen Nestori
(διάλεξις πρὸς Νεστόριον: LXXVI, 249—256) und gegen diejenigen, wel
Maria nicht als Gottesgebärerin anerkennen wollen (κατὰ τῶν μὴ βουλομέν
ὁμολογεῖν θεοτόκον τὴν ἁγίαν παρθένον: LXXV, 255—292), sowie namentl
die sogen. Scholia de incarnatione Unigeniti (περὶ τῆς ἐνανθρωπήσεως  τ
μονογενοῦς: LXXV, 1369—1412), schon im Alterthume sehr geschätzt, al
größtentheils nur noch lateinisch erhalten. Die Echtheit der Schrift gegen
Anthropomorphiten, d. i. Vertreter einer menschlichen Körpergestalt Got
(κατὰ ἀνθρωπομορφιτῶν: LXXVI, 1065—1132), ist mit Unrecht in Zwei
gezogen worden. Mehrere dogmatisch=polemische Schriften Cyrills sind verlo
gegangen. Von einem Buche gegen die Synusiasten (Apollinaristen), von b
Büchern gegen Theodor von Mopsuestia und Diodor von Tarsus (§ 55,  ?
von einem Buche über den Glauben u. a. sind einzelne Bruchstücke auf u
gekommen (LXXVI, 1423—1454). Eine kurze Mittheilung über eine Schi
gegen die Pelagianer an Kaiser Theodosius findet sich bei Photius (Bi
cod. 54: CIII, 93).

5. Exegetische Schriften. — Weitaus den größten Raum nehmen in ?
Gesamtausgaben der Werke Cyrills die exegetischen Schriften ein. Das W
über die Anbetung und Verehrung Gottes im Geiste und in der Wahr
(περὶ τῆς ἐν πνεύματι καὶ ἀληθείᾳ προσκυνήσεως καὶ λατρείας: LXVI
133—1126) sucht in 17 Büchern den Beweis zu erbringen, daß das G
nur dem Buchstaben, nicht aber dem Geiste nach aufgehoben, die Anbetung
Geiste vielmehr in den Institutionen des Alten Bundes typisch vorgebildet
Eine Ergänzung zu diesem Werke bilden die „Zierlichen Erklärungen" (γλαφυ
LXIX, 9—678), welche in 13 Büchern ausgewählte Stellen des Pentateu
nach ihrer typischen Bedeutung ins Licht stellen wollen. Zusammenhänge
und umfangreiche Commentare liegen vor zu dem Propheten Isaias (L?
9—1450) und zu den zwölf kleinen Propheten (LXXI und LXXII, 9—36
Fragmente, d. h. in Catenen überlieferte Scholien zu den Büchern der Kö
(LXIX, 679—698), den Psalmen (LXIX, 717—1274), einigen an?
Gesängen, den Sprüchen und dem Hohen Liede (LXIX, 1273—1294)
den Propheten Jeremias, Baruch, Ezechiel, Daniel (LXX, 1451—14?
Auf das Neue Testament entfällt ein sehr eingehender und inhaltschw?
wiewohl auch nicht vollständig erhaltener Commentar zum Johannesevangel
(LXXIII und LXXIV, 9—756). Außerdem besitzen wir Fragmente
Matthäus (LXXII, 365—474), zu Lucas (LXXII, 475—950) sowie

Röm., 1 und 2 Kor. und Hebr. (LXXIV, 773—1006). Die Erklärung des Lucasevangeliums liegt zuverlässiger und vollständiger, freilich auch nicht ohne Lücken, in einer alten syrischen Uebersetzung vor. Die Erläuterungsschriften zum Neuen Testamente müssen sämtlich erst nach dem Jahre 428 verfaßt sein, weil schon die älteste derselben, der Commentar zum Johannesevangelium, auf die nestorianische Irrlehre Bezug nimmt. Die auf alttestamentlichem Gebiete sich bewegenden Schriften gehören einer frühern Zeit an. Der innere Unterschied und Fortschritt tritt darin zu Tage, daß die neutestamentlichen Commentare weit mehr den Literalsinn in den Vordergrund stellen. Unter den alttestamentlichen Erklärungen ist es der Commentar zu den kleinen Propheten, welcher am meisten Sinn für historisch-philologische Auslegung bekundet.

6. Homilien und Briefe. — Predigten Cyrills sind nur in sehr beschränkter Zahl erhalten geblieben (LXXVII, 401—1116). Der Homiliae paschales oder Festbriefe (vgl. § 45, 7) sind 29 auf uns gekommen, sehr mannigfachen Inhalts. Unter den Homiliae diversae beanspruchen die 431 zu Ephesus gelegentlich des Concils gehaltenen Reden ein besonderes Interesse, vor allem die vierte derselben (LXXVII, 991—996), ein Preis der Gottesgebärerin, die berühmteste Marienpredigt des Alterthums; das Encomium in S. Mariam Deiparam (LXXVII, 1029—1040) ist nur eine Ueberarbeitung und Erweiterung jener vierten ephesinischen Homilie von viel jüngerer Hand. — Der Briefe Cyrills werden (bei Migne) 88 gezählt (LXXVII, 9—390), wobei allerdings manche an Cyrillus gerichtete Schreiben eingerechnet sind. Unter den ältern Briefen ragen die drei Schreiben an Nestorius hervor (Ep. 2. 4. 17), von welchen die beiden letztern durch das Concil zu Ephesus (und wiederum 451 zu Chalcedon und 553 zu Konstantinopel) gutgeheißen und bestätigt wurden. Die meisten Briefe sind jedoch erst nach dem Ephesinum geschrieben und betreffen hauptsächlich die weitern Verhandlungen mit den schismatischen Antiochenern. Der Brief an Johannes von Antiochien (Ep. 39), auch „ephesinisches Symbolum" genannt, ward von dem Chalcedonense approbirt und angenommen.

7. Christologie. — Dem Nestorianismus gegenüber, welcher zwei moralisch geeinte, persönliche Wesen in Christus behauptete, fiel Cyrillus die Aufgabe zu, den überlieferten Lehrsatz von der Einheit der Person in Christus zu vertheidigen. Auf den Unterschied zwischen den frühern und den spätern Schriften Cyrills bezüglich der Auffassung und Darstellung dieses Lehrsatzes ist vorhin bereits hingewiesen worden (Abs. 4). Für die hiesige Skizze kommen nur die Schriften der zweiten Periode, seit Beginn des Jahres 429, als Quellen in Betracht. Der Logos ist Mensch geworden, lehrt Cyrillus, hat aber nicht einen Menschen angenommen (γέγονεν ἄνθρωπος, οὐκ ἄνθρωπον ἀνέλαβεν Ep. 45 ad Succ.: LXXVII, 236). Er selbst hat sich erniedrigt, nicht aber einen Menschen zu sich erhoben; er hat die menschliche Natur sich zu eigen gemacht (ἰδίαν ἐποιήσατο τὴν σάρκα), er hat sich dem Wesen oder der Person nach (κατ' οὐσίαν, κατὰ φύσιν, καθ' ὑπόστασιν) mit der menschlichen Natur vereinigt. Er ist nach der Menschwerdung derselbe, welcher er vor der Menschwerdung war, εἷς καὶ ὁ αὐτός, er ist geblieben was er war (μεμένηκε ὅπερ ἦν), er hat nur die Menschennatur in die Einheit seines Wesens aufgenommen und

22*

ist jetzt Gott und Mensch zugleich, einer aus zwei Naturen (ἐκ δυοῖν τελείς
ἐκ δυοῖν πραγμάτοιν, ἐξ ἀμφοῖν). Die eine gottmenschliche Person heißt b
ἕν, bald ἓν πρόσωπον, bald μία ὑπόστασις, bald μία φύσις τοῦ θεοῦ λόγ
σεσαρκωμένη: die Worte ὑπόστασις und φύσις sind im Sprachgebrauche C
rills noch nicht streng geschieden. Der Ausdruck μία φύσις τοῦ θεοῦ λόγ
σεσαρκωμένη (dem unter den Werken des hl. Athanasius stehenden Glaube
bekenntnisse περὶ τῆς σαρκώσεως τοῦ θεοῦ λόγου, § 45, 3' entnommen) z
Cyrillus den Vorwurf zu, er lehre eine Vermischung der zwei Naturen.
betont deshalb zu wiederholten Malen, die zwei Naturen seien nach sei
Anschauung ἀσυγχύτως, ἀτρέπτως, ἀναλλοιώτως, ἀμεταβλήτως mit einander v
einigt, ohne daß irgendwelche Vermischung (σύγχυσις, σύγκρασις, συνουσίωσ
stattgefunden hätte. Der (in den nach dem Friedensschlusse mit den Orienta
verfaßten Schriften) nicht selten vorkommende Satz, daß vor der Vereinigu
zwei φύσεις, nach derselben nur eine φύσις bestanden habe, erregte auch v
faches Befremden. Cyrillus will jedoch mit diesem Satze lediglich die begri
liche Unterscheidung zweier selbständigen Wesen für einen idealen Mome
zugeben, mit andern Worten lediglich die Vereinigung des Logos mit ein
vollständigen, aus Leib und (vernünftiger) Seele bestehenden menschlichen Nat
lehren, welch letztere nach der Vereinigung nicht in und für sich subsisti
sondern in dem Logos. Er erklärt selbst: „Wir sagen, daß zwei Wesen (δ
φύσεις) vereinigt sind; nach der Vereinigung aber ist die Trennung in zn
(Wesen) aufgehoben, und glauben wir deshalb an ein einziges Wesen d
Sohnes (μίαν εἶναι πιστεύομεν τὴν τοῦ υἱοῦ φύσιν), weil er einer ist, ab
Mensch und Fleisch geworden" (Ep. 40 ad Acac.: LXXVII, 192—19
Wie an dieser Stelle, so bezeichnet Cyrillus überhaupt die Vereinigung b
beiden Naturen meist mit dem von den Vätern ererbten Ausdruck ἕνωσ
welchem er allerdings sehr häufig noch eine nähere Bestimmung beifügt (ἕνω
φυσική, κατὰ φύσιν, καθ᾽ ὑπόστασιν, κατ᾽ οὐσίαν). Das Wort ἐνοίκησις, welch
die Menschwerdung zu einer bloßen Einwohnung zu machen schien, lehnt er
als einen nestorianischen Terminus ab. Entschiedener noch tritt er dem Wo
συνάφεια (ethische Einigung), einem Lieblingsausdruck des Nestorius, entgeg
„Wir weisen den Ausdruck συνάφεια zurück," schreibt er an Nestorius, „n
derselbe zur Bezeichnung der Vereinigung (ἕνωσις) nicht geeignet ist" (Ep.
ad Nest.: LXXVII, 1112). Infolge dieser physischen Vereinigung k
und muß nun alles, was der menschlichen Natur eignet, von der einen g
lichen Person ausgesagt werden (communicatio idiomatum). Gott hat
litten, Gott ist gekreuzigt worden; denn alles, was der Logos in seiner Men
heit erduldet hat, hat er selbst erduldet, weil es eben seine Menschheit w
welche buldete, sein Leib, seine Seele. Insbesondere ist auch Gott gebo
worden und Maria Gottesgebärerin zu nennen, denn der Mensch, den
gebar, ist Gott. Das Wort θεοτόκος machte Cyrillus (im Gegensatze zu
χριστοτόκος oder ἀνθρωποτόκος der Nestorianer) zum Schibboleth der wah
Lehre. Er erkannte klar, daß dieses Wort gewissermaßen einen Abriß
kirchlichen Christologie darstellt, insofern dasselbe die Einheit der Person
die Zweiheit der Naturen in Christus zur Voraussetzung hat: „Zu ei
rechten und untadelhaften Bekenntnisse unseres Glaubens genügt der C
und das Bekenntniß der Gottesmutterschaft der heiligen Jungfrau" (d

τοιγαροῦν πρὸς ὀρθὴν καὶ ἀδιάβλητον τῆς πίστεως ἡμῶν ὁμολογίαν τὸ θεοτόκον
λέγειν καὶ ὁμολογεῖν τὴν ἁγίαν παρθένον Hom. 15 de incarn. Dei Verbi:
LXXVII, 1093).

8. Unechte Schriften. — Sehr viele Schriften sind fälschlich mit Cyrills Namen
geschmückt worden. Migne (P. gr. LXXVII) gibt folgende dubia et aliena:
De sacrosancta trinitate liber (col. 1119—1174), Collectio dictorum Veteris
Testamenti anagogice expositorum (1175—1290), Liturgia S. Cyrilli (aus
dem Koptischen ins Lateinische übersetzt, 1291—1308). Ueber diese und andere
offenbar unechte Schriften vgl. *Fessler*, Institt. Patrol. (Oenip. 1850—1851)
II, 567—569. Eine koptische Predigt über den Tod unter dem Namen des
hl. Cyrillus ward herausgegeben und ins Französische übersetzt von *E. Amélineau*,
Monuments pour servir à l'histoire de l'Égypte chrétienne aux IVe et Ve siècles
(Mémoires publiés par les membres de la Mission Archéologique Française
au Caire. T. IV). Paris 1888. p. 165—195. Von dem Speculum sapientiae
war § 48, 4 die Rede. Thomas von Aquin verwerthet in seinem Opusculum
contra errores Graecorum ad Urbanum IV. zur Erhärtung der Lehre vom
päpstlichen Primate außer andern Zeugnissen der griechischen Kirche namentlich auch
mehrere Stellen des hl. Cyrillus von Alexandrien in libro thesaurorum. Er entnahm diese Citate, wie er selbst sagt, dem von unbekannter Hand verfaßten Libellus
de processione Spiritus S. etc. (in diesem Libellus heißt es in secundo, nach
anderer Lesart in tertio libro thesaurorum); aus seinem Opusculum sind dieselben in viele andere theologische Schriften des Abendlandes übergegangen. Die fraglichen Stellen lassen sich in den Schriften Cyrills nicht nachweisen und müssen aus
innern Gründen entschieden als unecht bezeichnet werden; wahrscheinlich sind sie von
dem Verfasser jenes Libellus gefälscht worden. Vgl. *F. H. Reusch*, Die Fälschungen in dem Tractat des Thomas von Aquin gegen die Griechen. (Aus den
Abhandlungen der kgl. bayer. Akad. der Wiss.) München 1889. 4°.

9. Gesamtausgaben. Sonderausgaben. Alte Uebersetzungen. — Die erste und letzte
Gesamtausgabe der Werke Cyrills im Urtexte besorgte der Pariser Canonicus J. Aubert,
Paris 1638. 6 Bde. 2°. Ueber andere Ausgaben, lateinische Sammelausgaben und
griechisch-lateinische Sonderausgaben einzelner Schriften aus früherer Zeit, s. *Fabricius*,
Bibl. Gr. ed. *Harl*. IX, 454—457; Hoffmann, Bibliograph. Lexicon (Leipzig
1838—1845) I, 484—494. In neuerer Zeit hat namentlich Cardinal Mai zahlreiche Aubert unbekannt gebliebene Schriften und Fragmente Cyrills der Oeffentlichkeit
übergeben. Der Abdruck der Ausgabe Auberts bei *Migne*, P. gr. LXVIII—LXXVII
(Paris. 1859) konnte deshalb mit umfassenden Nachträgen ausgestattet werden.
Werthvolle Vorarbeiten zu einer neuen Gesamtausgabe lieferte in jüngster Zeit insbesondere Ph. Eb. Pusey durch die sogleich zu erwähnenden kritischen Sonderausgaben. Ueber neuentdeckte Papyrus-Fragmente des Werkes De adoratione in
spiritu et veritate (der Bücher VII und VIII) s. *J. H. Bernard*, On some
fragments of an uncial MS. of S. Cyril of Alexandria, written on Papyrus:
The Transactions of the Royal Irish Academy. Vol. XXIX. Part 18.
Dublin 1892. p. 653—672. — Was das Werk gegen Julian angeht, so wurde
die neue Ausgabe der Ueberbleibsel der Schrift Julians von K. J. Neumann
schon § 42, 1 namhaft gemacht. In dieser Ausgabe finden sich p. 42—63: Cyrilli
Alexandrini librorum contra Iulianum fragmenta syriaca, edidit *E. Nestle*;
und p. 64—87: Cyrilli Alex. librorum contra Iulianum XI—XX fragmenta
graeca et syriaca latine reddita, disposuit *C. I. Neumann*. — Dogmatisch-
polemische Schriften. Pitra (Analecta sacra et classica. Paris. 1888. Pars I.
p. 38—46) hat handschriftliche Excerpte aus dem Liber thesaurorum de sancta
et consubstantiali trinitate mitgetheilt. S. P. N. Cyrilli archiepisc. Alex.

Epistolae tres oecumenicae, Libri quinque contra Nestorium, XII Capitu
explanatio, XII Capitum defensio utraque, Scholia de incarnatione Un
geniti. Edidit post Aubertum *Ph. Ed. Pusey*. Oxonii 1875. 8⁰. S. P. N
Cyrilli archiepisc. Alex. De recta fide ad Imperatorem, De incarnation
Unigeniti dialogus, De recta fide ad Principissas, De recta fide ad Augusta
Quod unus Christus dialogus, Apologeticus ad Imperatorem. Edidit po
Aubertum *Ph. Ed. Pusey*. Oxonii 1877. 8⁰. In bem Dialoge De inca
natione Unigeniti (*Migne*, P. gr. LXXV, 1189—1254) erblickt Pusey eine (vo
Cyrillus selbst veranstaltete) zweite Ausgabe der Schrift De recta fide ad Imp
ratorem. Dem griechischen Texte (der beiden Schriften) hat Pusey eine von Bisch
Rabulas von Edessa (§ 65, 4) gefertigte syrische Uebersetzung beigegeben. Griechisd
und syrische Fragmente verloren gegangener bogmatisch=polemischer Schriften som
bie Schrift gegen bie Anthropomorphiten (Tractatus ad Tiberium diaconum du
hatte Pusey in seine Ausgabe des Commentares über bas Johannesevangeliu
(Oxford 1872) aufgenommen (Vol. III. p. 476—607). — Exegetische Schrifte
S. P. N. Cyrilli archiepisc. Alex. In XII prophetas. Post Pontanum
Aubertum edidit *Ph. Ed. Pusey*. Oxonii 1868. 2 voll. 8⁰. S. P. N. Cyril
archiepisc. Alex. In D. Ioannis evangelium. Accedunt fragmenta vari
necnon tractatus ad Tiberium diaconum duo. Edidit post Aubertum *Ph. E
Pusey*. Oxonii 1872. 3 voll. 8⁰. Auf ben Commentar zum Johannesevangeliu
läßt Pusey zunächst (Vol. III. p. 173—440) bie Fragmente zu Röm., 1 u. 2 Ko
unb Hebr. unb sobann (p. 441—451) eine Kritik ber bei *Migne* l. c. LXXIV
757—774. 1007—1024 zusammengestellten Fragmente zu Apgesch., Jac., 1 u. 2 Pet
1 Joh. unb Jub. folgen. — Homilien unb Briefe. Homilienfragmente finden sich
Puseys Ausgabe des Commentares zum Johannesevangelium (Vol. III. p. 452—475
Die vorhin genannten Epistolae tres oecumenicae bei Pusey sind ber zweite u
ber britte Brief an Nestorius unb ber Brief an Johannes von Antiochien (Abs. 6). -
Mehrere Schriften Cyrills wurden schon zu Lebzeiten des Verfassers durch Mari
Mercator (§ 77, 1) ins Lateinische übersetzt, insbesondere bie brei Briefe an Nestoriu
bie zwei Apologien ber Anathematismen unb bie Scholia de incarnatione Un
geniti (inter opp. Marii Merc.: *Migne*, P. lat. XLVIII). In alter syrisch
Uebersetzung haben sich außer ben Schriften unb Fragmenten, welche, wie schon a
gegeben, Pusey unb Nestle veröffentlichten, namentlich sehr beträchtliche Uebe
bleibsel bes Commentares über bas Lucasevangelium erhalten. S. Cyrilli Ale
archiepisc. Commentarii in Lucae evangelium quae supersunt syriace e man
scriptis apud Museum Britannicum edidit *R. Payne Smith*. Oxonii 1858.
A commentary upon the gospel according to S. Luke, by S. Cyril, patriar
of Alexandria. Now first translated into English from an ancient Syri
version by *R. Payne Smith*. Oxford 1859. 2 vols. 8⁰. Fragments of t
homilies of Cyril of Alexandria on the gospel of S. Luke, edited from
Nitrian MS. by *W. Wright*. London 1874. 4⁰.

10. Neue Uebersetzungen. Bearbeitungen. Schriften über Cyrillus. — A
gewählte Schriften bes hl. Cyrillus hat H. Haybd ins Deutsche übersetzt, Kemp
1879 (Bibl. ber Kirchenväter). Eine englische Uebersetzung bes Commentares ü
bas Johannesevangelium von ungenannter Hand ist 1880—1886 zu Londo
schienen, 2 Bbe. 8⁰. — A. Ehrhard, Die Cyrill von Alexandrien zugeschrieb
Schrift Περὶ τῆς τοῦ Κυρίου ἐνανθρωπήσεως ein Werk Theodorets von Cyrus. E
Inauguraldissertation. Tübingen 1888. 8⁰. Ders., Eine unechte Marienhomi
bes hl. Cyrill von Alexandrien (b. i. bas Encomium in S. Mariam Deipara
*Migne*, P. gr. LXXVII, 1029—1040): Röm. Quartalschr. f. christl. Alterthun
funde u. f. Kirchengesch. Bb. III (1889). S. 97—113. — Aeltere Literatur ü
Cyrillus verzeichnet *Chevalier*, Répert. 533—534. 2538. Aus neuester Zeit f

nur folgende Schriften zu nennen: *I. Kohlhofer*, S. Cyrillus Alexandrinus de
sanctificatione (Diss. inaug.). Wirceburgi 1866. 8⁰. J. Kopallik, Cyrillus
von Alexandrien. Eine Biographie nach Quellen gearbeitet. Mainz 1881. 8⁰.
N. Παγίδας, Κύριλλος ὁ Ἀλεξανδρείας ἀρχιεπίσκοπος. Lipsiae 1884. 8⁰. *A. Lar-
gent*, Études d'histoire ecclésiastique. St. Cyrille d'Alexandrie et le concile
d'Éphèse etc. Paris 1892. 8⁰. Vgl. Hefele, Conciliengeschichte (2. Aufl.) II,
141—288: „Die dritte allgemeine Synode zu Ephesus im Jahre 431."

11. Nestorius. — Die Schriften d. i. Predigten und Briefe des Nestorius
(† nach 439) ließ Kaiser Theodosius II. verbrennen. Reste derselben finden sich in
den Acten des Ephesinums, in den Schriften Cyrills (insbesondere in den fünf Büchern
gegen die Blasphemien des Nestorius Abf. 4) sowie namentlich in den Uebersetzungen
des schon (Abf. 9) genannten Marius Mercator (Sermones V Nestorii adv. Dei
genitricem Mariam, Nestorii sermones IV adv. haeresim Pelagianam u. a.).
Die zwölf Gegenanathematismen (Abf. 2) sind einzig und allein in Mercators
Uebersetzung erhalten geblieben. Im übrigen f. J. Garniers Abhandlung De
haeresi et libris Nestorii, in Garniers Ausgabe der Schriften Mercators, bei
*Migne*, P. lat. XLVIII, 1089—1168. Andere Literaturangaben bei *Chevalier*,
Répert. 1618. 2749.

12. Freunde und Kampfgenossen Cyrills. — Einer der ersten Gegner des
Nestorius war der hl. Proklus, seit 426 Bischof von Cyzicus an der Propontis, seit
434 Patriarch von Konstantinopel († 446). *Migne* (P. gr. LXV) gibt unter
dem Namen des hl. Proklus 25 Predigten (col. 679—850), die drei letzten aus
dem Syrischen ins Lateinische übersetzt, eine Abhandlung oder richtiger ein Bruchstück über die Ueberlieferung der heiligen Messe (περὶ παραδόσεως τῆς θείας λειτουρ-
γίας, 849—852), sehr zweifelhafter Echtheit, sowie einige Briefe (851—886) und Fragmente (885—888). Auch der Artikel über Proklus bei *Fessler*, Institt. Patrol. II,
577—583, ist bei *Migne* col. 653—658 abgedruckt. Ueber die berühmte Oratio I,
De laudibus S. Mariae (col. 679—692), vgl. v. Lehner, Die Marienverehrung
in den ersten Jahrhunderten. 2. Aufl. Stuttgart 1886. S. 81. 213—217. Ueber
„zwei dramatische Bruchstücke mit ziemlich klangvollen Reimen" in der Oratio VI,
De laudibus S. Mariae (col. 721—758), f. A. Kirpitschnikow, Reimprosa im
5. Jahrhundert: Byzant. Zeitschrift. Bd. I (1892). S. 527—530. — Im Jahre 430
richteten konstantinopolitanische Mönche, an ihrer Spitze Basilius und Thalassius,
ein Schreiben an Kaiser Theodosius, in welchem über Mißhandlungen von seiten
des Patriarchen Nestorius Klage geführt und dem Verlangen nach Berufung eines
allgemeinen Concils Ausdruck gegeben wird (*Migne*, P. gr. XCI, 1471—1480). —
Auf dem Concile zu Ephesus stand vor allen Bischof Memnon von Ephesus dem
hl. Cyrillus thatkräftig zur Seite. Von ihm hat sich ein Brief an den Clerus zu
Konstantinopel aus dem Jahre 431 erhalten (*Migne* l. c. LXXVII, 1463—1466).
— Aus dem Clerus der Hauptstadt trat während des Concils der Archimandrit Dal-
matius als ebenso entschiedener wie einflußreicher Freund der Sache Cyrills auf.
Von ihm sind zwei Briefe und eine sogen. Apologie auf uns gekommen (*Migne*
l. c. LXXXV, 1797—1802). — Bischof Theodotus von Ancyra in Galatien
(† vor 446) bewährte sich zu Ephesus als mannhaften Vertreter der Lehre Cyrills
und veröffentlichte auch in der Folge mehrere Schriften gegen den Nestorianismus.
Es erübrigen uns noch eine Auslegung des Symbolums der 318 Väter des Concils
zu Nicäa (*Migne*, P. gr. LXXVII, 1313—1348), sechs Homilien (1349—1432)
und Fragmente (1431—1432). E. A. Wallis Budge (The martyrdom and
miracles of St. George of Cappadocia. The Coptic texts edited with an
English translation [Oriental Text Series I]. London 1888) gibt außer Berichten über das Martyrium und die Wunder des hl. Georg zwei Lobreden auf
denselben, von welchen die erste (p. 38—44. 236—241) dem monophysitischen

Patriarchen Theodosius von Jerusalem († nach 453), die zweite, sehr umfangreiche (p. 83—172. 274—331), dem Bischofe Theodotus von Ancyra zugeeignet wird. — Von Bischof Firmus von Cäsarea in Kappadocien besitzen wir noch 45 kurze Briefe (*Migne*, P. gr. LXXVII, 1481—1514); von Bischof Acacius von Melitene eine Homilie und zwei Briefe (LXXVII, 1467—1472); von Bischof Amphilochius von Side in Pamphylien ein Brieffragment (LXXVII, 1515—1516). Auch diese drei Bischöfe nahmen zu Ephesus unter den Freunden Cyrills eine hervorragende Stelle ein.

13. Gegner Cyrills. — Patriarch Johannes von Antiochien († 441) trat, wie schon angedeutet (Abs. 2), 431 zu Ephesus auf die Seite des Nestorius, schloß aber 433 Frieden mit Cyrillus und stimmte dem über Nestorius gefällten Urtheile zu. Wir besitzen von ihm noch einige Briefe (P. gr. LXXVII, 1449—1462). — Als Friedensvermittler zwischen Johannes und Cyrillus fungirte Bischof Paul von Emesa, welcher zu Ephesus sich zur Partei des Antiocheners bekannt hatte. Von ihm sind bezw. drei Homilien und ein Brief überliefert (LXXVII, 1433—1444). — Im Namen der syrischen Bischöfe trat Bischof Andreas von Samosata den Anathematismen Cyrills in einer eigenen Schrift entgegen, von welcher in der Apologie Cyrills (Abs. 4) beträchtliche Bruchstücke erhalten sind. Auch liegen einige Briefe von Andreas vor (LXXXV, 1611—1612). — Ueber die Schriften Theodorets von Cyrus gegen Cyrillus und das Ephesinum s. § 60, 7. Außer diesen Schriften hat auch ein die Anathematismen bekämpfender Brief des Priesters (und spätern Bischofs) Ibas von Edessa († 457) an den Bischof Maris von Hardaschir in Persien (*Mansi*, SS. Conc. Coll. VII, 241—250), wahrscheinlich 433 geschrieben, durch den sogen. Dreikapitelstreit eine traurige Berühmtheit erlangt. — Wie den Brief des Ibas, so sucht man auch die Fragmente von Schriften der nestorianisch gesinnten Bischöfe Alexander von Hierapolis und Eutherius von Tyana bei Migne vergebens. Eutherius ist vielleicht der Verfasser der unter den Werken Theodorets sowie unter den Werken des hl. Athanasius stehenden 17 Abhandlungen gegen Sätze des hl. Cyrillus und der Orthodoxen (§ 60, 8). Literaturangaben über Alexander und Eutherius bei *Chevalier* l. c. 71 bezw. 697.

14. Eusebius von Alexandrien. — Eusebius von Alexandrien war laut einer alten Lebensbeschreibung, deren Verfasser sich Johannes nennt und als Notar der alexandrinischen Kirche einführt (*Migne*, P. gr. LXXXVI, 1, 297—310), ein durch seine Tugenden berühmter Mönch, welcher vom hl. Cyrillus selbst noch zu seinem Nachfolger consecrirt wurde und nun sieben (nach einer spätern Stelle 20) Jahre lang als Bischof die alexandrinische Kirche leitete. In Wahrheit ist auf dem alexandrinischen Patriarchenstuhle Dioskur (§ 60, 12) dem hl. Cyrillus gefolgt, und ist es bis zur Stunde nicht gelungen, das Dunkel, welches über der Persönlichkeit des angeblichen Bischofs Eusebius lagert, in befriedigender Weise aufzuhellen. Unter dem Namen des Bischofs Eusebius von Alexandrien ist eine Anzahl von Homilien auf uns gekommen. Schon Thilo (1832) erbrachte gegen Augusti (1829) den Nachweis, daß die von letzterem für Eusebius von Emesa in Anspruch genommenen Homilien in den Handschriften zum Theil Eusebius von Alexandrien beigelegt werden (vgl. § 43, 2). A. Mai entdeckte und veröffentlichte unter dem Namen des Bischofs Eusebius von Alexandrien noch mehrere andere Reden, welche wenigstens theilweise aus innern Gründen dem 5. Jahrhundert zugewiesen werden müssen. Bei *Migne*, P. gr. LXXXVI, 1, 313—462, sind 22 bezw. 21 Sermones Eusebii Alexandrini episcopi zusammengestellt.

15. Kaiserin Eudokia. — Eudokia, seit 7. Juni 421 Gemahlin des Kaisers Theodosius II. (Abs. 4), ist als Dichterin aufgetreten. Sie feierte in mehreren epischen Gesängen den Sieg des Heeres ihres Gemahls über die Perser, schrieb poetische Metaphrasen verschiedener Bücher des Alten Testamentes (Octateuch, Daniel,

Zacharias) und verfaßte ein aus drei Büchern bestehendes Gedicht zum Lobe des
hl. Martyrers Cyprian von Antiochien. Die beiden ersten Bücher des letztgenannten
Gedichtes finden sich (nicht ganz vollständig) bei *Migne*, P. gr. LXXXV, 831 ad
864. Eudociae Augustae Carminum reliquiae editae ab *A. Ludwich*. Regiomonti 1893. 4⁰. A. Ludwich, Eudokia, die Gattin des Kaisers Theodosius II.,
als Dichterin: Rhein. Muſ. f. Philol. N. F. Bd. XXXVII (1882). S. 206
bis 225. Vgl. Th. Zahn, Cyprian von Antiochien und die deutſche Fauſtſage.
Erlangen 1882. 8⁰. Im übrigen ſ. W. Wiegand, Eudoxia, die Gemahlin des
oſtrömiſchen Kaiſers Theodoſius II. Ein culturhiſtoriſches Bild zur Vermittlung
des Humanismus und des Chriſtenthums. Worms 1871. 8⁰. F. Gregorovius,
Athenaïs. Geſchichte einer byzantiniſchen Kaiſerin. Leipzig 1882. 8⁰; 3. Aufl. 1892.

## § 60. Theodoret von Cyrus.

1. Leben. — Der gelehrteſte Gegner des hl. Cyrillus, Theodoret, ward
um 386 (nach andern erſt 393) zu Antiochien geboren. Bildung und Erziehung empfing er in den Kloſterſchulen ſeiner Vaterſtadt. Chryſoſtomus und
Theodor von Mopſueſtia waren ſeine Lehrer, Neſtorius und der nachmalige
Patriarch Johannes von Antiochien zählten zu ſeinen Mitſchülern. Im Jahre
423 ward er zum Biſchof des ſyriſchen Städtchens Cyrus erhoben, nur zwei
Tagereiſen von Antiochien entfernt, aber dem Metropoliten von Hierapolis
unterſtehend, die Hauptſtadt der ſogen. Cyreſtika, einer rauhen und bergigen,
jedoch dicht bevölkerten Gegend. Mit raſtloſem und opferwilligem Eifer widmete
Theodoret ſich der Erfüllung ſeiner hohen Pflichten. Insbeſondere arbeitete
er mit glücklichſtem Erfolge an der Wiederherſtellung der Einheit des Glaubens.
Im Jahre 449 darf er ſelbſt an Papſt Leo ſchreiben: „Mit Hilfe der Gnade
Gottes habe ich mehr als tauſend Seelen von der Krankheit Marcions befreit
und viele andere von der Partei des Arius und des Eunomius Chriſtus dem
Herrn zugeführt" (Ep. 113: *Migne*, P. gr. LXXXIII, 1316). Das Intereſſe
für die Reinerhaltung der überlieferten Lehre war es auch, welches ihn im
Jahre 430 gegen Cyrillus und deſſen Anathematismen in die Schranken rief.
Theodoret war in den Anſchauungen der antiochiniſchen Schule befangen und
glaubte in Cyrills Anathematismen die Häreſie des Apollinarius wiederzufinden. Auch nach der Entſcheidung des Concils von Epheſus beharrte er
auf dieſem Standpunkte, fuhr fort, Cyrillus und das Concil zu bekämpfen,
und weigerte ſich, dem Friedensſchluſſe zwiſchen Cyrillus und den Orientalen
vom Jahre 433 beizutreten. Das Unionsſymbol war ſehr wahrſcheinlich aus
ſeiner Feder gefloſſen, und in der Annahme deſſelben von ſeiten Cyrills erblickte er einen Widerruf der in den Anathematismen enthaltenen Irrlehre;
um ſo weniger aber glaubte er nun der Verurtheilung ſeines Jugendfreundes
Neſtorius zuſtimmen zu können. Erſt 435, wie es ſcheint, hat er ſich der
Union angeſchloſſen, nachdem Johannes von Antiochien auf die Forderung der
Anerkennung des Urtheils über Neſtorius verzichtet hatte. Infolge dieſer dem
Neſtorianismus freundlichen Haltung begannen mit dem Ausbruch der mono-
phyſitiſchen Streitigkeiten für Theodoret Tage ſchwerer Heimſuchung. Der
Archimandrit Eutyches zu Konſtantinopel behauptete eine Natur in Chriſtus,
μίαν φύσιν, nicht im Sinne eines Individuums, wie Cyrillus gelehrt hatte
(§ 59, 7), ſondern im Sinne einer Miſchnatur, zu welcher die Gottheit und

die Menschheit sich verschmolzen hätten. Eutyches trat also in den denkbar schärfsten Widerspruch zu Nestorius, und der eutychianisch gesinnte und rohe Patriarch Dioskur von Alexandrien ließ auf der Räubersynode zu Ephesus im Jahre 449 außer andern Freunden des Nestorius auch Theodoret, ohne ihn zu hören, für abgesetzt erklären. Theodoret appellirte an Papst Leo, mußte indessen der Gewalt der Monophysiten weichen und in die Verbannung gehen. Im folgenden Jahre aber wurde er durch Kaiser Marcianus zurückberufen und durch den Papst wieder in sein Bisthum eingesetzt. Trotz des lauten Widerspruches Dioskurs und der Monophysiten durfte er 451 an dem vierten allgemeinen Concile zu Chalcedon theilnehmen, sprach hier auch das Anathem über Nestorius und seine Lehre und ward nun vollständig rehabilitirt. Seitdem lebte er in Ruhe der Verwaltung seiner Diöcese und literarischen Arbeiten. Er starb um 458 in der Gemeinschaft der Kirche.

2. Apologetische Schriften. — Theodoret schrieb die letzte und wohl auch die vollendetste der zahlreichen Apologien, welche das griechische Alterthum hervorgebracht, betitelt „Heilung der heidnischen Krankheiten oder Erkenntniß der evangelischen Wahrheit aus der heidnischen Philosophie" (ἑλληνικῶν θεραπευτικὴ παθημάτων ἢ εὐαγγελικῆς ἀληθείας ἐξ ἑλληνικῆς φιλοσοφίας ἐπίγνωσις: LXXXIII, 783—1152). Der zweite Theil des (durch das Vorwort als ursprünglich bezeugten) Titels deutet die Anlage und Haltung des Werkes an. Nachdem der Verfasser den gegen die Apostel erhobenen Vorwurf des Mangels an wissenschaftlicher Bildung beleuchtet (Buch 1), stellt er die heidnischen und die christlichen Antworten auf verschiedene Grundfragen der Philosophie und der Theologie (Ursprung des Alls, Geisterwelt, Materie und Kosmos, Natur des Menschen u. s. w.) einander gegenüber (Buch 2—12), um von dem Dunkel der Lüge den Glanz der Wahrheit desto heller sich abheben zu lassen. Aeltere Apologien (insbesondere die Stromata des Clemens von Alexandrien und die „Evangelische Vorbereitung" des Eusebius von Cäsarea) sind ausgiebig verwerthet. Die Abfassung fällt (nach Garnier) in das Jahr 427. Das Walten einer göttlichen Vorsehung (den Theismus im Gegensatze zum Deismus) vertrat Theodoret in zehn umfangreichen und schönen Reden (περὶ προνοίας λόγοι ι´: LXXXIII, 555—774), allem Anscheine nach um 432 zu Antiochien gehalten.

3. Dogmatisch-polemische Schriften. — Im Jahre 430, wie es scheint, veröffentlichte Theodoret die schon erwähnte „Widerlegung" (ἀνατροπή) der zwölf Anathematismen, welche Cyrillus (sehr wahrscheinlich vollständig) in seine Apologie (LXXVI, 385—452; vgl. § 59, 4) aufgenommen und dadurch der Nachwelt gerettet hat. Von der spätern Schrift Theodorets gegen Cyrillus und das Concil von Ephesus, welche gewöhnlich als Pentalogium (aus fünf Büchern bestehendes Werk) bezeichnet wird, liegen nur noch einige Bruchstücke vor (LXXXIV, 65—88). In den Jahren 431—435 werden die beiden Bücher verfaßt worden sein, welche Ehrhard als Eigenthum Theodorets erwies: „Ueber die heilige und lebendigmachende Dreieinigkeit" und „Ueber die Menschwerdung des Herrn" (LXXV, 1147—1190. 1419—1478; vgl. § 59, 4). Auch diese Bücher stellen Cyrillus und die Väter des Concils von Ephesus als die Erben der Irrlehre des Apollinarius dar. Um 447 schrieb Theodoret ein umfangreiches Werk gegen den Eutychianismus oder Monophysitismus unter dem Titel „Der Bettler oder der Vielgestaltige" (ἐρανιστὴς ἤτοι πολύμορφος:

LXXXIII, 27—336). Diese Aufschrift wird in dem Vorworte durch die
Bemerkung erläutert, der Monophysitismus sei ein von vielen frühern Häretikern
(Simon Magus, Cerdo, Marcion, Valentinus, Barbesanes, Apollinarius,
Arius, Eunomius) gleichsam zusammengebettelter, vielgestaltiger Wahn. In
drei Dialogen zwischen dem „Bettler" und einem Orthodoxen wird die Un=
veränderlichkeit der Gottheit Christi (ἄτρεπτος), die Unvermischtheit der Gottheit
und der Menschheit (ἀσύγχυτος) und die Leidensunfähigkeit der Gottheit (ἀπαθής)
dargethan; ein viertes Buch faßt das Gesagte in Form von Syllogismen
(ἀποδείξεις διὰ συλλογισμῶν) kurz zusammen. Mehrere dogmatisch=polemische
Schriften Theoborets sind uns nicht erhalten geblieben.

·4· **Exegetische Schriften.** — Die exegetischen Schriften Theoborets sind
theils Abhandlungen über ausgewählte schwierigere Stellen biblischer Bücher,
theils fortlaufende Commentare. Abhandlungen der erstern Art schrieb Theo=
boret zum Octateuch (Pentateuch, Josue, Richter, Ruth: LXXX, 75—528)
und zu den vier Büchern der Könige und den zwei Büchern der Paralipomena
(LXXX, 527—858). Beide Schriften verlaufen in Fragen und Antworten.
Die Abfassung fällt in die letzten Lebensjahre Theoborets. Commentare besitzen
wir zu den Psalmen (LXXX, 857—1998; vgl. die Nachträge LXXXIV,
19—32), zum Hohen Liede (LXXXI, 27—214), zu sämtlichen, den großen
und den kleinen, Propheten (LXXXI, 215—1988; die Stelle des ursprüng=
lichen Textes des Commentares zu Jsaias muß freilich col. 215—494 eine
Scholiensammlung vertreten) und zu den Briefen des hl. Paulus (LXXXII,
35—878). Theoboret gilt vielfach als der größte Exeget des griechischen
Alterthums. In der That sind seine Commentare reich und vortrefflich an
Inhalt und in formeller Hinsicht, durch bündige Kürze und durchsichtige Klar=
heit, geradezu mustergiltig. Er huldigt den hermeneutischen Grundsätzen der
antiochenischen Schule, ohne indessen irgendwie der Einseitigkeit Theodors von
Mopsuestia zu verfallen (vgl. etwa die Erklärung in dem Vorworte des Com=
mentares zu den Psalmen: LXXX, 860, oder die Vertheidigung der allegorischen
Deutung des Hohen Liedes in dem Vorworte des betreffenden Commentares:
LXXXI, 29 sqq.). Auf Originalität erhebt er selbst keinen Anspruch, wenn=
gleich er auch nicht bloßer Compilator sein will (vgl. das Vorwort zum Buche
Daniel: LXXXI, 1257, und zu den kleinen Propheten: LXXXI, 1548).
Theoboret steht am Ausgange der Blüthezeit der antiochenischen Schule; ihm
fiel die Aufgabe zu, die Errungenschaften der Schule der Nachwelt zu über=
mitteln, und diese Aufgabe hat er in anerkennenswerthester Weise gelöst.

5. **Historische Schriften.** — Auch die kirchengeschichtlichen Arbeiten Theo=
borets sind von hohem Werthe. Seine „Kirchengeschichte" (ἐκκλησιαστικὴ
ἱστορία: LXXXII, 881—1280), um 450 verfaßt, schließt sich an die Kirchen=
geschichte des Eusebius (§ 44, 2) an und behandelt in fünf Büchern die Zeit
vom Beginne der arianischen Wirren bis zum Ausbruche der nestorianischen
Streitigkeiten (um 323 bis um 428). Dabei wird in erster Linie das Patri=
archat von Antiochien berücksichtigt. Außer Eusebius hat Theoboret auch
Rufinus und Philostorgius, aber wahrscheinlich nicht auch Sokrates und Sozo=
menus, benutzt. Die Mönchsgeschichte (φιλόθεος ἱστορία ἢ ἀσκητικὴ πολιτεία:
LXXXII, 1283—1496), um 444 geschrieben, berichtet in sehr ansprechender
Darstellung über das Leben berühmter Asceten des Morgenlandes; eine Ab=

handlung über die in dem Leben der Asceten zur Entfaltung kommende Gottes=
liebe (περὶ τῆς θείας καὶ ἁγίας ἀγάπης: col. 1497—1522) bildet den Schluß.
Das Compendium der häretischen Fabeln (αἱρετικῆς κακομυθίας ἐπιτομή:
LXXXIII, 335—556), wohl erst nach dem Chalcedonense verfaßt, entrollt
in vier Büchern eine gedrängte Geschichte der Häresien von Simon Magus an
und stellt sodann im fünften Buche dem „vielgestaltigen Irrthume“ einen Abriß
der orthodoxen Glaubens= und Sittenlehre gegenüber. Der Abschnitt über
Nestorius gegen Ende des vierten Buches wird von einigen Forschern als
unecht bezeichnet.

6. Homilien und Briefe. — Die Predigten Theodorets sind fast sämtlich
zu Grunde gegangen. Die Echtheit der Predigt auf die Geburt Johannes’
des Täufers (LXXXIV, 33—48) unterliegt manchen Bedenken. Aus fünf
schwungvollen Reden auf den hl. Chrysostomus theilt Photius einzelne Stellen
mit (LXXXIV, 47—54; vgl. § 57, 11). Dazu kommen einige lateinische
Homilienfragmente (LXXXIV, 53—64). Die vorhin (Abs. 2) genannten
Reden über die Vorsehung tragen nicht den Charakter von Predigten. —
Briefe Theodorets sind in verhältnißmäßig großer Anzahl auf uns gekommen
(LXXXIII, 1173—1494). Die zart= und feinsinnige Anlage derselben, die
Eleganz des Ausdrucks und die anspruchslose Gelehrsamkeit haben von jeher
ungetheilten Beifall geerntet; manche Briefe bieten auch kirchengeschichtliches
bezw. dogmengeschichtliches Interesse. Die 48 Briefe, weche erst von Sak=
kelion (1885) herausgegeben wurden, zeigen den großen Bischof in seinem
praktischen Wirken, haupsächlich im Verkehre mit den Magistraten seiner Heimat
und den hohen Beamten zu Konstantinopel.

7. Christologischer Lehrbegriff. — Die Schrift Theodorets gegen die Ana=
thematismen des hl. Cyrillus verfocht die nestorianische These von einer Doppel=
hypostase in Christus. Diese Schrift, das sogen. Pentalogium und einige
Briefe und Predigten, in welchen Theodoret gleichfalls für Nestorius und gegen
Cyrillus und das Ephesinum Partei ergriffen hatte, wurden von dem fünften
allgemeinen Concile zu Konstantinopel 553 mit dem Anatheme belegt. In der
Schrift über die Menschwerdung des Herrn lehnt Theodoret (eingangs) eine
polemische Tendenz ausdrücklich ab, vertritt aber auch den Standpunkt des
Nestorius. Den Namen θεοτόκος läßt er nur in uneigentlichem Sinne gelten
und stellt demselben den Ausdruck ἀνθρωποτόκος als (zum mindesten) gleich=
berechtigt zur Seite. „Die heilige Jungfrau“, heißt es zum Schlusse, „wird
von den Lehrern der Frömmigkeit sowohl Gottesgebärerin als auch Menschen=
gebärerin genannt: Menschengebärerin, weil sie in Wirklichkeit den ihr Gleich=
artigen geboren hat (ὡς φύσει τὸν ἐοικότα γεννήσασα); Gottesgebärerin, weil
die Knechtsgestalt mit der Gottesgestalt vereinigt ist (ὡς τῆς τοῦ δούλου μορφῆς
καὶ θεοῦ τὴν μορφὴν ἡνωμένην ἐχούσης c. 35: LXXV, 1477).“ Erst in
der Folgezeit hat Theodoret sich mit den Anathematismen mehr und mehr
ausgesöhnt und schließlich die kirchliche Lehre von der einen Person in zwei
Naturen als die richtige erkannt und bekannt. Diese Annahme, wie sie auch
von Bertram (1883) vertheidigt wurde, ist allerdings auf einigen Widerspruch
gestoßen. Jedenfalls hat indessen Theodoret schon in der achten Sitzung des
Chalcedonense (26. October 451) erklärt: „Anathem dem Nestorius und jedem,
welcher die heilige Jungfrau Maria nicht Gottesgebärerin nennt und den

"einen Sohn, den Eingeborenen, in zwei Söhne theilt" . . ., und ist auf Grund dieser Erklärung von allen Vätern des Concils feierlich als „orthodoxer Lehrer" anerkannt worden (*Mansi*, SS. Conc. Coll. VII, 189).

8. Unechte Schriften. — Sieben Dialoge De trinitate adversus Anomoeos, Macedonianos, Apollinaristas (bei Migne unter den Werken des hl. Athanasius P. gr. XXVIII, 1115—1338: Dialogi V de trinitate und Dialogi II contra Macedonianos) wurden von *I. Garnerius*, Dissertatio de libris Theodoreti App. (abgedruckt P. gr. LXXXIV, 367—394), als echt vertheidigt, werden aber jetzt allgemein als unterschoben betrachtet. Nach J. Dräseke, Apollinarios' von Laodicea Dialoge „Ueber die heilige Dreieinigkeit": Theolog. Stud. und Krit. Bd. LXIII (1890). S. 137—171, sind die drei ersten dieser sieben Dialoge von Apollinarius (§ 43, 4) verfaßt. Die kleine Schrift Contra Nestorium ad Sporacium (LXXXIII, 1153—1164) wurde schon von Garnerius als unecht verworfen. Die 17 Abhandlungen Adversus varias propositiones, d. i. gegen Sätze des hl. Cyrillus und der Orthodoxen (bei Migne gleichfalls unter den Werken des hl. Athanasius XXVIII, 1337—1394: Confutationes quarumdam propositionum), sind vielleicht mit Garnerius dem nestorianisch gesinnten Bischof Eutherius von Tyana (§ 59, 13) zuzuweisen. Ueber die beiden letztgenannten und einige andere unterschobene Schriften s. *Garnerius* l. c. c. 8 (LXXXIV, 351—362).

9. Gesamtausgaben. Uebersetzungen. — Eine Gesamtausgabe der Werke Theodorets nebst lateinischer Uebersetzung (B. Theodoreti episc. Cyri Opera omnia) verdanken wir J. Sirmond S. J., Paris 1642. 4 Bde. 2°. Dazu ein Nachtrag (B. Theodoreti episc. Cyri Auctarium sive operum t. V), von der Hand J. Garniers S. J. († 1681), Paris 1684. 2°. Außer neuen Schriften und Fragmenten bringt dieser Nachtrag fünf Dissertationen (Historia Theodoreti, De libris Theodoreti, De fide Theodoreti, De V. synodo generali, De Theodoreti et Orientalium causa), welche eine Fülle von Gelehrsamkeit enthalten, aber Theodoret entschieden zu ungünstig beurtheilen. Eine neue, verbesserte und vermehrte Auflage der Ausgabe Sirmonds (und Garniers) veranstaltete J. L. Schulze (und J. A. Nösselt), Halle 1769—1774. 5 Bde. 8°. Gleichzeitig ließ ein bulgarischer Diakon Eugenius den griechischen Text (ohne die lateinische Uebersetzung) von neuem erscheinen, Halle 1768—1775. 5 Bde. 4°. Schulzes Ausgabe ist bei *Migne*, P. gr. LXXX—LXXXIV (Paris. 1860), abgedruckt. Ausgewählte Schriften Theodorets wurden ins Deutsche übersetzt von L. Küpper, Kempten 1878 (Bibl. der Kirchenväter).

10. Ausgaben und Bearbeitungen einzelner Schriften. — Apologetische Schriften. Eine Sonderausgabe der Apologie (Graecarum affectionum curatio) lieferte Th. Gaisford, Oxford 1839. 8°. Ueber die Benutzung der Stromata und der „Evangelischen Vorbereitung" von seiten Theodorets handelt C. Roos, De Theodoreto Clementis et Eusebii compilatore (Diss. inaug.). Halae 1883. 8°. Ueber die Frage, ob und inwieweit Theodoret die drei Bücher Julians gegen die Christen berücksichtigt habe, s. J. R. Asmus, Theodorets Therapeutik und ihr Verhältnis zu Julian: Byzantinische Zeitschr. Bd. III (1894). S. 116—145. — Dogmatisch-polemische Schriften. A. Ehrhard, Die Cyrill von Alexandrien zugeschriebene Schrift Περὶ τῆς τοῦ Κυρίου ἐνανθρωπήσεως ein Werk Theodorets von Cyrus. Eine Inauguraldissertation. Tübingen 1888. 8°. — Exegetische Schriften. Von einer anonymen Sonderausgabe des Commentarius in omnes B. Pauli epistolas erschien nur Pars I: continens epistolas ad Romanos, Corinthios et Galatas. Oxonii 1852. 8°. Fr. A. Specht, Der exegetische Standpunkt des Theodor von Mopsuestia und Theodoret von Kyros in der Auslegung messianischer Weissagungen aus ihren Commentaren zu den kleinen Propheten dargestellt. Ge-

krönte Preisschrift. München 1871. 8°. — Historische Schriften. Die Hauptausgabe der Kirchengeschichte lieferte H. Valesius, Paris 1673 u. ö. (f. § 44, 7). Die neueste Ausgabe besorgte Th. Gaisford, Orford 1854. 8°; vgl. Nolte in der Theol. Quartalschrift. Bd. XLI (1859). S. 302—314. A. Güldenpenning, Die Kirchengeschichte des Theodoret von Kyrrhos. Eine Untersuchung ihrer Quellen. Halle 1889. 8°. — Homilien und Briefe. Τοῦ μακαριωτάτου Θεοδωρήτου ἐπισκόπου Κύρου ἐπιστολαὶ δυοῖν δεούσαιν πεντήκοντα ἐκ Πατμιακοῦ χειρογράφου τεύχους νῦν πρῶτον τύποις ἐκδιδόμεναι ὑπὸ Ἰωάννου Σακκελίωνος. Ἀθήνῃσιν 1885. 8°. Kritische Bemerkungen (κριτικαί τινες ἐπιστάσεις) zu diesen 48 Briefen von B. Georgiades in der Ἐκκλησιαστικὴ Ἀλήθεια vom 15. und vom 30. Juni 1885 (p. 111—123 und p. 161—176).

11. Schriften über Theodoret. — Ueber Theodoret im allgemeinen handelten in neuerer Zeit Ad. Bertram, Theodoreti Episc. Cyrensis doctrina christologica, quam ex eius operibus composuit A. B. Hildesiae 1883. 8°. N. Glubo-kowski, Der selige Theodoret, Bischof von Cyrus, sein Leben und seine schrift-stellerische Thätigkeit. Eine kirchenhistorische Untersuchung [russisch]. Moskau 1890. 2 Bde. 8°; vgl. Harnack in der Theol. Literaturzeitg., Jahrg. 1890, Sp. 502—504. Aeltere Literatur bei Chevalier, Répert. 2175—2176. 2821.

12. Dioskur. — Unter dem Namen Dioskurs (Abs. 1), welcher 444—451 den Patriarchenstuhl von Alexandrien innehatte und am 4. September 454 im Erile zu Gangrä in Paphlagonien starb, ist kürzlich ein koptischer Panegyricus auf Makarius von Tkôu herausgegeben und ins Französische übersetzt worden, theilweise schon von E. Revillout in der Revue Égyptologique, ann. 1880. 1882. 1883 (I, 187—189; II, 21—25; III, 17—24), vollständig von E. Amélineau in den Monuments pour servir à l'histoire de l'Égypte chrétienne aux IVᵉ et Vᵉ siècles. Paris 1888 (vgl. § 59, 8). p. 92—164. Dieser Panegyricus ist eine Rede über das Concil von Chalcedon, gerichtet an eine ägyptische Gesandtschaft, welche dem frühern Patriarchen die Nachricht von dem Tode des genannten Maka-rius nach Gangrä überbringt. Derselbe wird jedoch nicht als echt und noch weniger als glaubwürdig anerkannt werden können.

## § 61. Andere Schriftsteller der ersten Hälfte des 5. Jahrhunderts.

1. Makarius Magnes, Apologet. — Makarius Magnes (d. i. von Magnesia) heißt der Verfasser eines großen apologetischen Werkes, welches 1876 durch Blondel, allerdings nur sehr lückenhaft und unvollständig, heraus-gegeben wurde. Dasselbe berichtet in fünf Büchern über eine (jedenfalls fingirte) fünftägige Disputation des Verfassers mit einem heidnischen Philo-sophen. Letzterer macht eine Reihe von Stellen des Neuen Testamentes, vor-nehmlich der Evangelien und der Apostelgeschichte, zum Gegenstande seines An-griffes oder Spottes; ersterer rechtfertigt und erläutert den biblischen Text nicht selten in einer etwas gekünstelten Weise. Die Einwürfe des Philosophen sind größtentheils den (verloren gegangenen) Büchern des Neuplatonikers Por-phyrius (✝ um 304) „Gegen die Christen" entlehnt. Der Titel der Apologie hat ursprünglich wohl gelautet: „Der Eingeborene oder Antwortgeber an die Heiden" (μονογενὴς ἢ ἀποκριτικὸς πρὸς Ἕλληνας, der erste Theil des Titels fand vermuthlich in dem nicht erhaltenen Eingange des Werkes nähere Be-gründung), und die Abfassung wird aus innern Gründen nach 410 zu ver-legen sein. Der Verfasser aber ist höchst wahrscheinlich der Bischof Makarius

von Magnesia (sei es nun Magnesia in Karien, sei es Magnesia in Lydien),
welcher laut Photius (Bibl. cod. 59: *Migne*, P. gr. CIII, 105) auf der
sogen. Eichensynode bei Chalcedon im Jahre 403 (§ 57, 4) als Ankläger gegen
Bischof Heraklides von Ephesus, einen Freund des hl. Chrysostomus, auftrat.
Auch einige exegetische Fragmente sind unter dem Namen des Magnesiers
überliefert.

Μακαρίου Μάγνητος Ἀποκριτικὸς ἢ Μονογενής. Macarii Magnetis quae
supersunt ex inedito codice edidit *C. Blondel*. Parisiis 1876. 4°. *L. Duchesne*,
De Macario Magnete et scriptis eius. Parisiis 1877. 4°; cf. *Duchesne*, Vita
S. Polycarpi Smyrn. episc. auctore Pionio. Parisiis 1881. 8°. p. 7—8.
Th. Zahn, Zu Makarius von Magnesia: Zeitschrift f. Kirchengesch. Bd. II
(1877—1878). S. 450—459. Wagenmann, Porphyrius und die Fragmente
eines Ungenannten in der athenischen Makariushandschrift: Jahrbb. f. deutsche Theol.
Bd. XXIII (1878). S. 269—314. Vgl. auch *C. I. Neumann*, Iuliani Impera-
toris librorum contra Christianos quae supersunt. Lipsiae 1880. 8°. p. 14—23.
Die exegetischen Fragmente bei *Duchesne*, De Macario Magnete p. 39—43, sowie
bei *Pitra*, Analecta sacra et classica. Paris. 1888. Pars I. p. 31—37. —
Von der gleichfalls in die Form von Zwiegesprächen gekleideten Werke des Priesters
Hieronymus von Jerusalem gegen die Juden haben sich nur einige Fragmente erhalten (De sancta trinitate, De effectu baptismi, De cruce: *Migne*, P. gr. XL,
847—866). Der Verfasser hat aber allem Anscheine nach nicht, wie man bisher
annahm, zu Ende des 4. Jahrhunderts, sondern erst im 8. Jahrhundert gelebt.
Vgl. *P. Batiffol*, Jérome de Jérusalem d'après un document inédit: Revue
des questions historiques. T. XXXIX (Paris 1886). p. 248—255.

2. Kirchenhistoriker. — Um 430 veröffentlichte der Presbyter Philippus
Sibetes (von Side in Pamphylien) eine „Christliche Geschichte" (χριστιανικὴ
ἱστορία), welche von Sokrates (Hist. eccl. VII, 27: LXVII, 800—801;
cf. *Photius*, Bibl. cod. 35: CIII, 68) als ein sehr umfangreiches, oft von
seinem Gegenstande weit abschweifendes und der chronologischen Ordnung ermangelndes Werk geschildert wird. Abgesehen von anonymen Excerpten zweifelhaften Werthes, ist dieses Werk, ebenso wie des Sibeten Entgegnung auf die
drei Bücher des Kaisers Julian „Gegen die Christen" (Socr. l. c.; cf. *Niceph.
Call.*, Hist. eccl. XIV, 29: CXLVI, 1153), zu Grunde gegangen. Dasselbe Geschick traf auch drei andere, mehr oder weniger gleichzeitige historische
Schriften: die Kirchengeschichte (ἐκκλησιαστικὴ ἱστορία?) des Priesters Hesychius von Jerusalem (Abs. 3), die Kirchengeschichte (ἐκκλησιαστικὴ ἱστορία)
des Apollinaristen Bischof Timotheus von Berytus und die Sammlung
der Concilsverhandlungen (συναγωγὴ τῶν συνοδικῶν) oder Conciliengeschichte
des Macedonianers Bischof Sabinus von Heraklea in Thracien. Aus dem
Werke des Hesychius wurde auf dem fünften allgemeinen Concile vom Jahre
553 eine Charakteristik Theodors von Mopsuestia vorgelesen (*Mansi*, SS. Conc.
Coll. IX, 248—249). Timotheus verfolgte laut Leontius von Byzanz (Adv.
Nest. et Eut. III, 40: LXXXVI, 1377) kein anderes Ziel „als die Verherrlichung des Apollinarius" und hatte zu diesem Ende unzählige zwischen
Apollinarius und hervorragenden Männern seiner Zeit gewechselte Briefe aufgenommen. Sabinus, welcher das Nicänum und die folgenden Particular-
synoden des Morgenlandes bis in die Tage des Kaisers Valens (364—378)
hinein behandelte, wird von Sokrates zu wiederholten Malen der bewußten

Entstellung und Fälschung der Thatsachen im Interesse des Semiarianismu geziehen (*Socr.* l. c. I, 8. 9; II, 15. 17 u. s. f.: LXVII, 65—68. 88. 21: 220—221). Größere Verbreitung fand die Kirchengeschichte (ἐκκλησιαστικι ἱστορία) des Eunomianers Philostorgius aus Kappadocien, obwohl au sie nach Photius (Bibl. cod. 40: CIII, 72) „nicht sowohl eine Geschichte war „als vielmehr eine Lobpreisung der Häretiker (Arianer) und eine offer Anklage und Schmähung der Orthodoxen". In zwölf Büchern verbreitete si Philostorgius über die Zeit vom Auftreten des Arius bis zum Jahre 42: Außer einem umfangreichen, von Photius selbst gefertigten Auszuge haben si viele kleinere Fragmente dieses Werkes erhalten (*Migne*, P. gr. LXV, 459—638 Drei andere kirchengeschichtliche Werke, um die Mitte des 5. Jahrhunder entstanden, liegen noch vollständig vor. Sokrates, Sachwalter (σχολαστικό zu Konstantinopel, führt sich ausdrücklich als Fortsetzer der Eusebianische Kirchengeschichte (§ 44, 2) ein und behandelt in den sieben Büchern seir Kirchengeschichte (ἐκκλησιαστικὴ ἱστορία: LXVII, 29—842) die Zeit von b Abdankung Diokletians im Jahre 305 bis zum Jahre 349. Im Ausdru schlichter und einfacher als Eusebius, in der Darstellung ehrlicher und au richtiger, bekundet er zugleich Sinn für Quellenkritik und für Ermittlung d causalen Zusammenhanges der geschichtlichen Erscheinungen. In der erst Hälfte seines Werkes hat er außer Eusebius und Rufinus namentlich au Sabinus und die historisch-polemischen Schriften des hl. Athanasius als Quell verwerthet. Weniger bedeutend ist die Leistung eines andern konstantinopo -tanischen Sachwalters, Hermias Sozomenus Salaminius. Seine Kirche geschichte (ἐκκλησιαστικὴ ἱστορία: LXVII, 843—1630), in neun Bücher a getheilt, beginnt mit dem Jahre 324 und reicht bis zum Jahre 425. D vielen Parallelberichte bei Sokrates und bei Sozomenus schienen von jeher b Annahme einer Abhängigkeit des einen von dem andern zu fordern. Di Frage ist jetzt dahin entschieden, daß Sozomenus den Sokrates in sehr u fassendem Maße ausschrieb, aber nicht selten die von Sokrates benützten Quell selbst nachsah und auf Grund derselben die Angaben seines Vorgängers weiterte. Ein älteres kirchengeschichtliches Compendium des Sozomenus, welch sich in zwei Büchern über die Zeit von der Himmelfahrt des Herrn bis z Absetzung des Licinius (323) erstreckte (*Sozom.*, Hist. eccl. I, 1: LXV 860), ist nicht auf uns gekommen. Ueber die Kirchengeschichte Theodore s. § 60, 5.

C. de Boor, Zur Kenntniß der Handschriften der griechischen Kirchenhistoril Codex Baroccianus 142: Zeitschr. f. Kirchengesch. Bd. VI (1883—1884). S. 4 bis 494 (Beschreibung und Beurtheilung der Handschrift zu Oxford aus dem oder 15. Jahrhundert, welche eine in das 7. oder 8. Jahrhundert zurückreiche Sammlung von Excerpten aus griechischen Kirchenhistorikern enthält). Diesem c Barocc. 142 sind einige Excerpte aus der Christlichen Geschichte des Philipp Sidetes entnommen worden: ein Excerpt über die alexandrinischen Lehrer bei H. D wellus, Dissertationes in Irenaeum. Accedit fragmentum Philippi Side hactenus ineditum de catechistarum Alexandrinorum successione cum no Oxoniae 1689. 8°. p. 488 (vgl. § 18, 1; 30, 2. 3), und mehrere kleine Exce mit Fragmenten des Papias, des Hegesippus und des Pierius bei de Boor in Texten und Untersuchungen zur altchristl. Literatur, herausgeg. von v. Gebha und Harnack. Bd. V. Heft 2 (1888). S. 165—184. Ueber Timotheus

Berytus vgl. § 43, 4 z. Schl. Das Werk des Sabinus wird noch in einem aus dem 17. Jahrhundert stammenden Bücherverzeichnisse (in der Bibliothek des Athos-klosters Jwiron) aufgeführt; s. Ph. Meyer in der Zeitschr. f. Kirchengesch. Bd. XI (1889—1890). S. 156. Die Hauptausgabe der Werke (bezw. Fragmente) des Philostorgius, des Sokrates und des Sozomenus lieferte H. Valesius, Paris 1673 u. ö. (s. § 44, 7). Migne gibt a. a. O. Abdrücke nach Valesius-Reading (Cambridge 1720). Eine neue Ausgabe des Philostorgius wurde von P. Ba-tiffol in Aussicht gestellt. P. Batiffol, Fragmente der Kirchengeschichte des Philostorgius [aus der Vita S. Artemii § 89, 6]: Röm. Quartalschr. f. christl. Alterthumskunde u. f. Kirchengesch. Bd. III (1889). S. 252—289. Derselbe, Die Textüberlieferung der Kirchengeschichte des Philostorgius: ebend. Bd. IV (1890). S. 134—143. *Batiffol*, Quaestiones Philostorgianae (Thesis). Paris. 1891. 8°. Ein Abdruck des Werkes des Sokrates ex recensione *H. Valesii* erschien 1844 zu Oxford in 8°. R. Hussey besorgte neue Sonderausgaben der Kirchengeschichte des Sokrates, Oxford 1853. 3 Bde. 8° (vgl. Nolte in der Theol. Quartalschr. Bd. XLI (1859). S. 518—528), und der Kirchengeschichte des Sozomenus, Oxford 1860. 3 Bde. 8° (vgl. Nolte a. a. O. Bd. XLIII [1861]. S. 417 bis 451). J. Jeep, Quellenuntersuchungen zu den griechischen Kirchenhistorikern (besonderer Abdruck aus dem XIV. Supplementbande der Jahrbb. f. class. Philo-logie). Leipzig 1884. 8°.

3. Exegeten. — Der Mönch und Priester Adrianus (Hadrianus), welcher in der ersten Hälfte des 5. Jahrhunderts gelebt haben muß und in den Kreis der antiochenischen Exegeten einzureihen ist, schrieb eine Einleitung in die hei-ligen Schriften (εἰσαγωγὴ εἰς τὰς θείας γραφάς: *Migne*, P. gr. XCVIII, 1273—1312), welche figürliche Ausdrücke vorzugsweise des Alten Testamentes ihrer Herkunft und Bedeutung nach erläutert. Der Terminus „Einleitung in die Heilige Schrift" tritt als Büchertitel hier zum erstenmal auf und bezeichnet im wesentlichen die Aufgabe der spätern „Hermeneutik". — Viel deutlicher und bestimmter als Adrianus hat indessen der hl. Isidor, Priester und Abt auf einem Berge bei der ägyptischen Stadt Pelusium († um 440), die herme-neutischen Grundsätze der antiochenischen Schule formulirt. Größere exegetische Werke hat er, soviel wir wissen, nicht verfaßt; aber die meisten seiner Briefe, deren noch etwa 2000 in fünf Büchern erhalten sind (LXXVIII, 177—1646), beschäftigen sich mit exegetischen Fragen. Ein Schüler des hl. Chrysostomus, vertritt er die historisch-grammatische Methode der Antiochener, ohne indessen die erbaulichen Zwecken dienende allegorische Erklärung zu verwerfen. Andere Briefe der reichen Sammlung sind dogmatischen oder moralisch-ascetischen In-halts oder auch rein persönlicher Natur. Alle entsprechen der vom Verfasser selbst (Ep. V, 133: LXXVIII, 1404) an den Briefstil gestellten Anforderung der Eleganz ohne Ziererei, und werden sie denn auch schon von Photius (Ep. II, 44: CII, 861) als Muster der Briefschreibekunst gerühmt. Zwei in den Briefen gelegentlich erwähnte Abhandlungen Isidors, über die Nichtigkeit des Fatums (λογίδιον περὶ τοῦ μὴ εἶναι εἱμαρμένην III, 253) und gegen die Heiden (λόγος πρὸς Ἕλληνας II, 137. 228), sind wohl nicht als ver-loren zu betrachten, sondern beide in dem umfangreichen Schreiben an den Sophisten Arpokras (III, 154) wiederzufinden. — Der, wie es scheint, nicht unbedeutende literarische Nachlaß des Mönches und Priesters Hesychius von Jerusalem, † 433, bedarf noch sehr der genauern Feststellung und Abgrenzung. Manches, was unter seinem Namen der Oeffentlichkeit übergeben wurde, gehört

gleichnamigen Schriftstellern jüngerer Zeit an. Anderes, was mit größeren
Rechte als sein Eigenthum wird gelten dürfen, ist theils zu Grunde gegangen
wie die Kirchengeschichte (Abs. 2), theils noch in Handschriften verborgen
Migne (P. gr. XCIII) gibt unter des Hesychius Namen eine ausführliche
vorwiegend allegorisirende, nur lateinisch überlieferte Erklärung des Buches
Leviticus (col. 787—1180), griechische Fragmente zu den Psalmen (1179 bi
1340) sowie einzelne Scholien zu Ezechiel, Daniel, Apostelgeschichte, Jacobus
1 Petri, Judas (1385—1392). Dazu kommen ein sogen. στιχηρόν de
zwölf kleinen Propheten und des Propheten Isaias (1339—1386), d. h. ein
Analyse des Inhaltes der genannten Bücher nebst Abtheilung des Textes i
στίχοι oder Kapitel, und eine Sammlung von Schwierigkeiten und Lösunge
(συναγωγὴ ἀποριῶν καὶ ἐπιλύσεων, 1391—1448), welche in Fragen und An
worten 61 Probleme der Evangelienerklärung. bezw. Evangelienharmonie be
handelt. Endlich folgen einige Homilien und Homilienfragmente (1449 bi
1480), eine Sammlung von Maximen für das geistliche Leben unter der
Titel „Anweisungen über das Kämpfen und das Beten" (ἀντιῤῥητικὰ κα
εὐκτικά, 1479—1544) und ein Martyrium S. Longini centurionis (154
bis 1560).

Adrians εἰσαγωγὴ εἰς τὰς θείας γραφάς aus neu aufgefundenen Handschrifte
herausgegeben, übersetzt und erläutert von Fr. Gößling. Berlin 1888. 8
K. Fr. Schlüren, Zu Adrianos. Vorarbeiten: Jahrbb. f. protest. Theol. Bd. XII
(1887). S. 136—159. — Die Inauguraldissertation H. A. Niemeyers D
Isidori Pelusiotae vita, scriptis et doctrina commentatio historica theologica
Halae 1825. 8° ist bei *Migne* l. c. LXXVIII, 9—102 abgedruckt. *P. B. Glüec*
Isidori Pelusiotae summa doctrinae moralis. Herbipoli 1848. 8°. *L. Bober*, D
arte hermeneutica S. Isidori Pelusiotae. Cracoviae 1878. 8°. *E. L. A. Bouv*
De S. Isidoro Pelusiota libri III. Nemausi 1885. 8°. Vgl. auch den eingehende
Bericht bei *Fessler*, Institt. Patrol. II, 614—630. — Neuere Arbeiten über H
sychius sind nicht zu nennen. Die Ausführungen bei *Fabricius*, Bibl. gr. ed. *Har*
VII, 548—551, sind bei *Migne*, P. gr. XCIII, 781—786 abgedruckt. Sonstig
Literaturangaben bei *Chevalier*, Répert. 1056.

4. Ascetische Schriftsteller. — Ein gewisser Palladius, Schüler d
Origenisten Evagrius Ponticus und später Bischof in Kleinasien, verfaßte u
420 eine Sammlung von Mönchsbiographien (ἡ πρὸς Λαῦσον ἱστορία πε
·έχουσα βίους ὁσίων πατέρων: XXXIV, 995—1278; einzelne Abschnitte
neuer Textesrecension col. 177—208), meist nach dem Namen des Adressat
Lausus, eines hochgestellten Beamten, Historia Lausiaca (Λαυσιακόν, Λα
σαϊκόν) genannt. Palladius ist wohl mit dem früher erwähnten gleichnamig
Biographen des hl. Chrysostomus (§ 57, 19) zu identificiren, aber von d
gleichzeitigen Bischofe Palladius von Helenopolis (in Bithynien) zu unterscheid
Er hatte auf weiten Reisen das Mönchthum verschiedener Länder (namentl
Aegyptens und Palästinas) aus eigener Anschauung kennen gelernt und benu
wahrscheinlich auch eine (verloren gegangene) ältere Sammlung von B
graphien ägyptischer Asceten. Indessen will er nicht sowohl Geschichte schreib
als vielmehr das Mönchsleben verherrlichen und empfehlen und nebenbei
Wort zu Gunsten des Origenismus einlegen. Sein Werk ist namentlich
Klöstern viel gelesen und infolge mannigfacher Abänderungen in sehr v
schiedenen Fassungen überliefert worden. Als appendices zu der Histo

Laus. läßt Migne (LXV) zwei ascetische Werke unbekannter Herkunft folgen: Apophthegmata Patrum (col. 71—440), eine jedenfalls erst nach dem Concil von Chalcedon 451 veranstaltete Spruchsammlung, und Aegyptiorum monachorum historia sive paradisus (441—456), eine spätere Bearbeitung bezw. Abkürzung der Historia Laus. — Einen hervorragenden Platz unter den ascetischen Schriftstellern dieser Zeit nimmt der hl. Nilus ein, welcher eine glanzvolle Stellung im Staatsdienste zu Konstantinopel aufgab, um sich mit seinem Sohne Theodulus zu den Mönchen auf dem Berge Sinai zu flüchten, bei welchen er um 430 starb. Die Schriften, welche seinen Namen tragen (LXXIX), gliedern sich, um von einigen Fragmenten zu schweigen, in Abhandlungen, Sentenzensammlungen und Briefe. Die Abhandlungen verbreiten sich theils über die Haupttugenden des christlichen Lebens und die entgegengesetzten Laster: Peristeria seu tractatus de virtutibus excolendis et vitiis fugiendis, De oratione, De octo spiritibus malitiae, De vitiis quae opposita sunt virtutibus, De diversis malignis cogitationibus, Sermo in effatum illud Luc. 22, 36; theils beschäftigen sie sich mit dem Klosterleben im besondern: Oratio in Albianum, De monastica exercitatione, De voluntaria paupertate, De monachorum praestantia, Tractatus ad Eulogium monachum; die Narrationes de caede monachorum in monte Sinai endlich berichten über Erlebnisse des Verfassers, seines Sohnes und der Mönche auf dem Sinai. Einige andere Abhandlungen werden allgemein als untergeschoben angesehen. Aber auch bezüglich der genannten Schriften besteht vielfach große Unsicherheit und Verwirrung. Von den 1061 Briefen, welche Leo Allatius (1668) unter des Nilus Namen herausgab, können nur sehr wenige in der vorliegenden Gestalt Anspruch auf Ursprünglichkeit erheben; alle übrigen sind offenbar Excerpte aus Briefen oder andern Schriften. — Marcus, genannt Eremita (μοναχός, ἀσκητής), war laut Nicephorus Kallisti (Hist. eccl. XIV, 30. 53. 54: CXLVI, 1157. 1252. 1256) ein Zeitgenosse des hl. Isidor von Pelusium und des hl. Nilus und wie diese ein Schüler des hl. Chrysostomus. Der Mönch Marcus, von welchem Palladius (Hist. Laus. c. 21: XXXIV, 1065) und Sozomenus (Hist. eccl. VI, 29: LXVII, 1376) erzählen, ist von Marcus Eremita zu unterscheiden (über erstern handelt Nicephorus l. c. XI, 35: CXLVI, 697). Letzterer hinterließ nach Nicephorus (XIV, 54) mindestens vierzig Abhandlungen (λόγοι) ascetischen Inhalts. Jetzt besitzen wir unter seinem Namen, abgesehen von einem lateinischen Fragmente (ex S. Marci epistola II), noch zehn griechische Abhandlungen: De lege spirituali, De his qui putant se ex operibus iustificari, De poenitentia, Responsio ad eos qui de divino baptismate dubitabant, Praecepta animae salutaria, Capitula de temperantia, Disputatio cum quodam causidico, Consultatio intellectus cum sua ipsius anima, De ieiunio, De Melchisedech (LXV). Eben diese Abhandlungen werden schon von Photius (Bibl. cod. 200: CIII, 668—669) als Schriften des Eremiten einzeln aufgeführt und gewürdigt, mit alleiniger Ausnahme der Capitula de temperantia, deren Echtheit denn auch nicht ohne Grund beanstandet wird. Mehrere Stellen der Capitula sind wörtlich den Homilien Makarius' des Aegyptiers (§ 46, 4) entlehnt. Eine Schrift gegen die Nestorianer unter dem Namen des Eremiten Marcus ist erst von Papadopulos-Kerameus (1891) herausgegeben wor-

ben. — Von dem ägyptischen Einsiedler Arsenius († um 449) sind zi
Reden auf uns gekommen: Doctrina et exhortatio (LXVI, 1617—16:
und Ad nomicum tentatorem (1621—1626); die letztere ist erst von M
(1838) ans Licht gezogen worden. — Von Bischof Diabochus von Pho
in Epirus, um die Mitte des 5. Jahrhunderts, haben sich Capita centum
perfectione spirituali (LXV, 1167—1212 in lateinischer Uebersetzung) i
ein auch erst von Mai (1840) herausgegebener Sermo de ascensione D.
Iesu Christi (LXV, 1141—1148) erhalten.

Zur Kritik der Historia Lausiaca vgl. P. E. Lucius, Die Quellen
älteren Geschichte des ägyptischen Mönchstums: Zeitschr. f. Kirchengesch. Bd. ʼ
(1884—1885). S. 163—198. E. Amélineau, De Historia Lausiaca, qu
nam sit hujus ad monachorum Aegyptiorum historiam scribendam utili
(Thesis). Parisiis 1887. 8º. O. Zöckler, Evagrius Pontikus. München 1ξ
(Bibl. u. kirchenhistor. Studien. Heft 4). S. 92 ff. Aeltere Literatur über ϥ
labius bei Chevalier, Répert. 1708. — Der gründliche Artikel über Nilus
Fessler, Institt. Patrol. II, 592—614, ist bei Migne, P. gr. LXXIX, 9—24
gedruckt. A. Neander, Züge aus dem Leben des hl. Nilus, oder: Das Chriſt
thum, ein Licht auch in den Zeiten der größten Finsterniß. Berlin 1843.
Andere Literatur bei Chevalier 1648. 2752. — Als die beste Gesamtausgabe
Abhandlungen des Eremiten Marcus gilt diejenige Gallandis: Bibl. vet. Pɛ
Tom. VIII. p. 1—104; abgedruckt bei Migne, P. gr. LXV, 903—1140. Einige ϟ
handlungen sind handschriftlich in syrischer Uebersetzung vorhanden; f. Fr. Baethg
in der Zeitschr. f. Kirchengesch. Bd. XI (1889—1890). S. 443—445. ϴ
Schrift gegen die Nestorianer unter dem Namen des Eremiten Marcus veröffɛ
lichte A. Papadopulos-Kerameus in den Ἀνάλεκτα ἱεροσολυμιτικῆς σταχ
λογίας. Bd. I. St. Petersburg 1891. S. 89—113. Th. Ficker, Der M˜
Marcus, eine reformatorische Stimme aus dem 5. Jahrhundert: Zeitschr. f.
histor. Theologie. Bd. XXXVIII (1868). S. 402—430. Aeltere Literatur
Chevalier 1469. — Literatur über Arsenius bei Chevalier 174—175. —
Capita centum des Bischofs Diabochus wurden im griechischen Originale 157
Florenz in 8º gedruckt. Der Verfasser des Sermo contra Arianos bei Mi
P. gr. LXV, 1149—1166, welcher laut den Handschriften Marcus Diabochus h
ist allem Anscheine nach dem 4. Jahrhundert zuzuweisen und ist mit Unrecht
dem Bischofe von Photice identificirt worden. Vgl. Fessler, Institt. Patrol.
634—635. Andere Literatur bei Chevalier 571.

5. Dichter. — Evagrius (Hist. eccl. I, 19: LXXXVI, 2, 2473
wähnt zwei christliche Dichter aus den Tagen Theodosius' II. (408—4
mit Namen Claudianus und Cyrus. Unter dem Namen eines Claubi
sind sieben griechische Epigramme, darunter zwei auf den Herrn (Migne, P.
LIII, 789, unter den Schriften des Claudianus Mamertus), und zwei B
stücke einer griechischen Gigantomachie überliefert. Nach der gewöhnlichen
nahme ist dieser Claudianus kein anderer als der berühmte lateinische Pr
dichter Claudius Claudianus († um 408), unter dessen Namen auch
kleinere lateinische Gedichte christlichen Inhalts gehen: De salvatore
Carmen paschale, Laus Christi, Miracula Christi (Migne, P. lat.
788—790). Es steht fest, daß Claudius Claudianus auch griechische Gɛ
verfaßt hat. Es ist jedoch sehr fraglich, ob er dem Christenthume nahe
bezw. dem wirklichen Paganismus ferne genug gestanden sei, um als Ver
christlicher Gedichte gelten zu können.

Der neue Herausgeber der Gedichte des Claudius Claudianus, Th. Birt,
Berlin 1892 (Monum. Germ. hist. Auct. antiquiss. T. X), erklärt das erste
der drei genannten lateinischen Stücke (De salvatore p. 330—331) für echt (Proleg. p. LXIII—LXVIII), die beiden andern (p. 411—413) für unecht (p. CLXX ad
CLXXII), die zwei christlichen griechischen Epigramme (p. 421—422) für zweifel=
haft (p. LXXIV). Eine neue Handausgabe der Gedichte des Claudius Claudianus
besorgte J. Koch, Leipzig 1893. 8°. Vgl. über den Dichter Teuffel=Schwabe,
Gesch. der Röm. Lit. (5. Aufl.). S. 1124—1129. — Ueber griechische Hymnendichter
des 5. Jahrh. s. § 86, 1.

# Zweiter Theil.

# Syrische Schriftsteller.

## § 62. Vorbemerkung.

Ob es vor Einführung des Christenthums eine syrische Nationalliteratur
gegeben habe, läßt sich nicht mit Sicherheit entscheiden. Seit dem 2. Jahr=
hunderte bildete sich eine christliche Literatur syrischer Zunge aus, zu deren
ältesten Denkmälern außer Uebersetzungen der Heiligen Schrift auch der Kern
der sogen. Doctrina Addaei zählt, die ursprünglichste Gestalt der Abgarlegende,
den Briefwechsel zwischen Abgar und dem göttlichen Heilande sowie einen
Bericht über die Christianisirung Edessas durch Abbäus, einen der 70 (72)
Jünger, enthaltend. Im übrigen sind von dem syrischen Schriftthum des
2. und des 3. Jahrhunderts nur einzelne Reste erhalten geblieben. Das
Diatessaron Tatians ist wahrscheinlich nicht in griechischer, sondern in syrischer
Sprache verfaßt worden (§ 17, 3); auch der syrische Text der unter Melitos
Namen gehenden Apologie macht den Eindruck des Originals (§ 21, 3), und
vielleicht sind auch die beiden Briefe an die Jungfrauen unter dem Namen
des hl. Clemens von Rom syrisch geschrieben worden (§ 8, 6). Die syrischen
Schriften der Gnostiker Bardesanes und Harmonius sind fast gänzlich zu
Grunde gegangen. Den Ausgangs= und Mittelpunkt des geistigen Lebens
und der schriftstellerischen Thätigkeit auf syrischem Sprachgebiete bildete schon
im 2. Jahrhundert die theologische Schule zu Edessa in Mesopotamien, die
Pflanzschule des persischen Clerus. Ihre Blüthezeit fällt in das 4. Jahr=
hundert. Ephräm, ihr größter Lehrer, ist zugleich der treueste Vertreter ihrer
Eigenart. Sie steht in enger Fühlung mit der Schule zu Antiochien (§ 42, 3),
pflegt wie diese vor allem die Erklärung der Heiligen Schrift und stimmt ein
in den Widerspruch gegen die allegorisirende Weise der Alexandriner. Zugleich
unterscheidet sich indessen die ostsyrische Schule von der westsyrischen durch ein
ausgesprochen orientalisches Gepräge: einen tiefsinnig=mystischen Zug und eine
große dichterische Productivität, aber Armut an speculativem Geiste und jeder
Entwicklung abholde Stabilität. Im 5. Jahrhundert wurden der syrischen
Kirche durch die christologischen Häresien tiefe, ja unheilbare Wunden geschlagen.
Die Schule zu Edessa erwies sich als die letzte Stütze- und Zufluchtsstätte des
Nestorianismus im Römerreiche und ward als solche 489 durch Kaiser Zeno

aufgehoben; aus ihren Trümmern erstand auf persischem Boden die nestorianische
Lehranstalt zu Nisibis. Auch der Monophysitismus fand in weite Kreise der
syrischen Kirche Eingang, und die Verfolgungsmaßregeln des Kaisers Justinian
scheiterten an den rastlosen Bemühungen des Mönches Jakob Baradäus (seit
541 Bischof von Edessa, † 578), nach welchem die syrischen Monophysiten
sich Jakobiten nannten. Seit der Mitte des 5. Jahrhunderts bis zu dem
literarischen Auftreten der Maroniten (nach ihrer Union im Jahre 1182) sind
fast alle irgendwie hervorragenden syrischen Schriftsteller entweder Nestorianer
oder Jakobiten.

Einen Abriß der Geschichte der syrischen Literatur enthält W. Wrights
Artikel Syriac Literature in der Encyclopaedia Britannica. 9. ed. Vol. XXII.
Edinburgh 1887. p. 824—856. G. Bickells Conspectus rei Syrorum lite-
rariae, additis notis bibliographicis et excerptis anecdotis. Monasterii
1871. 8⁰ (112 pp.), gibt eine dankenswerthe Uebersicht über die gedruckte syrische
Literatur. Ein sehr genaues und annähernd vollständiges Verzeichniß aller Druck-
ausgaben syrischer Texte findet sich bei E. Nestle, Syrische Grammatik mit Litte-
ratur, Chrestomathie und Glossar (Porta linguarum orientalium. Inchoavit
*I. H. Petermann,* continuavit *H. L. Strack.* Pars V). Berlin 1888. II. Theil.
S. 1—66. — Ein näherer Einblick in die Schätze der syrischen Literatur ward dem
Abendlande erst durch die Bibliotheca Orientalis des Maroniten Joseph Simon
Assemani († 14. Jan. 1768 zu Rom) vermittelt. *I. S. Assemani,* Bibliotheca
Orientalis Clementino-Vaticana in qua manuscriptos codices Syriacos, Ara-
bicos, Persicos, Turcicos, Hebraicos, Samaritanos, Armenicos, Aethiopicos,
Graecos, Aegyptiacos, Ibericos, et Malabaricos, jussu et munificentia Cle-
mentis XI. Pont. Max. ex Oriente conquisitos, comparatos, avectos et
Bibliothecae Vaticanae addictos recensuit, digessit et genuina scripta a
spuriis secrevit, addita singulorum auctorum vita, *I. S. A.* Tomus I: De
Scriptoribus Syris Orthodoxis. Tomus II: De Script. Syris Monophysitis.
Tomi III. Pars 1: De Script. Syris Nestorianis. Tomus IV. s. Tomi III.
Pars 2: De Syris Nestorianis. Romae 1719—1728. 4 voll. 2⁰. Ueber den
Inhalt der Bibliotheca Orientalis berichtet *I. G. Dowling,* Notitia scriptorum
SS. Patrum. Oxon. 1839. p. 9—22. Kürzlich hat R. Graffin, Professor am
Institut catholique zu Paris, den schon von J. P. Migne gefaßten Plan eines
Cursus patrologiae syriacae (vgl. § 3, 2) ins Werk zu setzen begonnen. Dem
(mit Vocalen versehenen) syrischen Texte wird eine lateinische Uebersetzung zur Seite
gestellt und den Schriften eines jeden Autors eine lexikalische Darstellung des Wortschatzes beigegeben. Nach Zeitschriften-Berichten sind die beiden ersten Bände 1892
ausgegeben worden und enthalten dieselben eine Recension der Schriften des Aphraates
von der Hand J. Parisots O. S. B. — Ueber die syrischen Uebersetzungen der
Heiligen Schrift s. die biblischen Einleitungswerke. Die erste vollständige Ausgabe
des syrischen Textes der Doctrina Addaei, welcher in seiner gegenwärtigen Gestalt
aus der zweiten Hälfte des 4. Jahrhunderts stammt (nebst englischer Uebersetzung
und Anmerkungen), besorgte G. Phillips, London 1876. 8⁰. Neuere Schriften
über die Abgar-Legende verzeichnet Nestle a. a. O. S. 34. Ueber die neuesten
Verhandlungen betreffend die Abgar-Legende und die Doctrina Addaei berichtet
S. Bäumer in der Zeitschr. f. kath. Theol. Bd. XIII (1889). S. 707 bis
711. Ueber den Gnostiker Bardesanes und seinen Sohn Harmonius s. F. J. A.
Hort in dem Dictionary of Christian Biography s. v. Bardaisan; J. M.
Schönfelder in Wetzer und Welte's Kirchenlexikon (2. Aufl.) s. v.
Bardesánes.

## § 63. Aphraates.

**1. Leben.** — Der Name des ältesten syrischen Kirchenvaters gebührt
dem „Persischen Weisen", Jakob Aphraates (Afrahat), Bischof von Mar
Matthäus. Schon im Jahre 1756 veröffentlichte Nic. Antonelli 19 Ho=
milien oder Abhandlungen des Persischen Weisen in armenischem Texte und
lateinischer Uebersetzung. Antonelli bezeichnete jedoch, in Uebereinstimmung
mit seinen handschriftlichen Quellen, den hl. Jakob von Nisibis, den Freund
und Gönner Ephräms (§ 64, 1), als den Verfasser dieser Homilien und
den hl. Gregor den Erleuchter, den Apostel Armeniens (§ 90, 2), als den
Adressaten derselben. Erst nach mehr denn hundert Jahren ward das Miß=
verständniß aufgeklärt, als W. Wright (1869) 23 Homilien des Persischen
Weisen im syrischen Originaltexte herausgab: der Adressat ist ein Mönch,
wahrscheinlich ein Abt, Namens Gregor, welcher den Verfasser um geistliche
Belehrung, und zwar zunächst über den Glauben, gebeten hatte, und Jakob
ist der Name, mit welchem unser Autor bei seiner Erhebung zur Bischofs=
würde, syrischer Sitte gemäß, seinen ursprünglichen Namen Aphraates ver=
tauschte. Jakob von Nisibis hat, soviel bekannt, keine Schriften hinterlassen.
Aphraates bestimmt selbst die Zeit seines Lebens und Wirkens durch genaue
Angabe der Abfassungszeit seiner Homilien; die zehn ersten derselben sind im
Jahre 648 Alexanders, d. i. 336—337 n. Chr. geschrieben, die zwölf folgenden
im Jahre 655, d. i. 343—344, die letzte im August des Jahres 656, d. i.
August 345. Aphraates war Mönch bezw. Abt und zugleich Bischof in dem
nicht weit östlich von Mosul im Perserreiche gelegenen Kloster Mar Matthäus
(= Sanct Matthäus). Wahrscheinlich nahm der Bischof von Mar Matthäus
damals schon unter den Bischöfen Mesopotamiens eine mehr oder weniger
hervorragende Stelle ein. Später war dieses Kloster der Sitz des jakobitischen
Metropoliten von Ninive, welcher den zweiten Rang nach dem Maphrian
(Primas der östlichen Jakobiten) innehatte und seit dem 12. Jahrhundert
selbst die Maphrianswürde erhielt.

**2. Schriften.** — Die genannten Homilien sind mit Ausnahme der letzten
alphabetisch geordnet (sie beginnen der Reihe nach mit den 22 Buchstaben des
syrischen Alphabets) und dadurch als ein in sich abgeschlossenes Ganzes gekenn=
zeichnet. Die letzte, die umfangreichste von allen, handelt „von der Beere",
d. i. von der gesegneten Beere, wegen welcher die Traube nicht vertilgt werden
soll (Jf. 65, 8). Ausgehend von der äußerst bedrängten Lage der persischen
Christen zur Zeit der Abfassung dieses Tractates (August 345), verfolgt
Aphraates, zur Ermuthigung seines verzagenden Freundes und Schülers, jene
Beere oder die geringe Zahl von Gerechten, um derentwillen das gesamte Volk,
wiewohl es sich als unbankbaren Weinberg erwiesen, von Gott verschont wird,
durch alle Wechselfälle der Geschichte Israels von Adam bis auf Christus.
Mit Rücksicht auf ihren geschichtlichen Inhalt wird die Abhandlung bei
Gennadius (De vir. ill. c. 1: *Migne*, P. lat. LVIII, 1061) auch als Chronicon
bezeichnet. Die andern Homilien handeln 1. „von dem Glauben", 2. „von der
Liebe", 3. „von dem Fasten", 4. „von dem Gebete", 5. „von den Kriegen",
d. i. von dem Feldzuge des Perserkönigs Sapor II. gegen Konstantin d. Gr.,
6. „von den Mönchen", 7. „von der Buße", 8. „von der Auferstehung der

Todten", 9. „von der Demuth", 10. „von den Hirten", d. i. von den Auf
gaben und Pflichten des kirchlichen Hirtenamtes, 11. „von der Beschneidung"
12. „von dem Pascha", 13. „von dem Sabbate", 14. „von der Mahnung"
ein Circularschreiben, welches Aphraates im Auftrage eines sonst nicht bekannten
vermuthlich zu Seleucia-Ktesiphon abgehaltenen Concils vom Jahre 344 ver
faßte und welches er dann auch den zur Belehrung seines Freundes bestimmter
Abhandlungen einreihte, 15. „über den Unterschied der Speisen", 16. „übe
die (Heiden-) Völker, welche an die Stelle des (Juden-) Volkes getreten sind"
17. „von dem Nachweise, daß Christus der Sohn Gottes ist", 18. „geger
die Juden und über die Jungfräulichkeit und die Heiligkeit", 19. „gegen di
Juden, über ihre Behauptung, sie würden wieder versammelt werden", 20. „übe
die Unterstützung der Armen", 21. „von der Verfolgung", 22. „von dem Tot
und den letzten Zeiten". — Der Ausdruck des Verfassers ist klar und einfac
aber recht breitspurig. In philologischer Hinsicht sind seine Schriften vo
unschätzbarem Werthe, insbesondere für die syrische Syntax von geradez
grundlegender Bedeutung. Seine syrische Sprache ist eben noch durchaus rei
und originell, nicht vermischt mit fremden Elementen, namentlich nicht beeinfluß
vom Griechischen. — In der Christologie vertritt Aphraates den Standpunt
des Nicänums, wenngleich seine Terminologie noch an großer Unbestimmthei
leidet, nicht bloß seiner praktisch-ascetischen Richtung wegen, sondern haupt
sächlich deshalb, weil er von den kirchlichen Bewegungen des Westens gar
unberührt ist und von den arianischen Streitigkeiten keine Kenntniß hat. Seh
häufig spricht er von dem Sacramente der Buße und von der heiligen Eucharisti
Wiederholt bekennt er sich zu der von den spätern syrischen Nestorianern fa
allgemein angenommenen Theorie vom Seelenschlafe, indem er lehrt, die Seel
verbleibe vom Tode des Leibes bis zur Auferstehung desselben in einem Zu
stande der Bewußtlosigkeit oder des Schlafes (Hom. 6, 13; 8, 8).

3. Literatur. — *Nic. Antonelli*, S. Patris N. Iacobi episc. Nisibeni se
mones, cum praefatione, notis et dissertatione de ascetis. Romae 1756. 2
*W. Wright*, The Homilies of Aphraates, the Persian Sage. Edited fro
Syriac manuscripts of the V$^{th}$ and VI$^{th}$ centuries, in the British Museur
with an English translation. Vol. I: The Syriac text. London 1869. 4
Die von Wright angekündigte englische Uebersetzung ist nicht erschienen. Eine deutsc
Uebersetzung der Homilien 1—4. 7. 12. 18. 22 veröffentlichte G. Bickell, Au
gewählte Schriften der syrischen Kirchenväter Aphraates, Rabulas und Isaak v
Ninive. Kempten 1874 (Bibl. der Kirchenväter). S. 7—151; eine deutsche Ueb
setzung sämtlicher Homilien veröffentlichte G. Bert, Leipzig 1888 (Texte und Unt
suchungen zur Gesch. der altchristl. Literatur, herausgeg. von O. v. Gebhar
und Ad. Harnack. Bd. III. H. 3—4). Eine neue Ausgabe des syrischen Tex
nebst lateinischer Uebersetzung besorgte J. Parisot O. S. B. bei *Graffin*, Curs
patrologiae syriacae I—II (vgl. § 62). Ueber Aphraates handeln C. I. Fr. Sas
Prolegomena in Aphraatis Sapientis Persae sermones homileticos (Di
inaug.). Lipsiae 1878. 8°. J. M. Schönfelder, Aus und über Aphraat
Theol. Quartalschrift. Bd. LX (1878). S. 195—256 (A.s Deutung der sieben
Jahrwochen und der vier Weltreiche bei Daniel und A.s Christologie). I. Forg
De vita et scriptis Aphraatis, Sapientis Persae, dissertatio historico-th
logica. Lovanii 1882. 8°. S. Funk, Die haggadischen Elemente in den Homil
des Aphraates, des persischen Weisen. Frankfurt a. M. 1891. 8°. E. Hartw
Untersuchungen zur Syntax des Afraates. I. Die Relativpartikel und der Relativ

(Inaug.=Diss.). Leipzig 1893. 8°. Der Versuch Weingartens (in Herzogs Real=Encyklop. 2. Aufl. Bd. X [1882]. S. 776—777 s. v. Mönchtum), nicht bloß die Abfassungszeit der Homilien des Aphraates, sondern auch die Person des Aphraates selbst in Zweifel zu ziehen (vgl. § 45, 11), ist gänzlich verfehlt; siehe B. Ryssel in der Theol. Literaturzeitg., Jahrg. 1885, Sp. 387—389.

4. Papa von Seleucia. — Einen angeblichen Briefwechsel des Katholikus (Patriarchen) Papa von Seleucia (etwa 266—336) hat O. Braun in deutscher Uebersetzung herausgegeben und einläßlich gewürdigt: Zeitschr. f. kath. Theol. Bd. XVIII (1894). S. 163—182. 546—565.

5. Acta disputationis Archelai. — Von den aus der ersten Hälfte des 4. Jahrhunderts stammenden, nach einigen Forschern in syrischer Sprache verfaßten Acta disputationis Archelai et Manetis ist § 47, 1 die Rede gewesen.

## § 64. Ephräm der Syrer.

1. Leben. — Der bedeutendste Schriftsteller der syrischen Kirche innerhalb der patristischen Zeit ist der hl. Ephräm (Ephraim; die Syrer haben sehr wahrscheinlich „Afrêm" gesprochen). Sein Lebenslauf unterliegt noch manchem Zweifel. Die nächsten Quellen, syrische und griechische Biographien und die (nur griechisch erhaltenen) Selbstbekenntnisse des Heiligen, treten wiederholt in Widerspruch zu einander und bekunden zum Theil auch eine unverkennbar legendarische Färbung. Ephräm ward unter Kaiser Konstantin, also nicht vor dem Jahre 306, zu Nisibis geboren. Nach der wahrscheinlichern Meldung waren seine Eltern Christen und ward Ephräm von Jugend auf in der Furcht des Herrn erzogen. Er entschloß sich, ungetheilt dem Dienste Gottes sich zu weihen, und begann ein Einsiedlerleben, ausgefüllt durch Studium und Betrachtung. Der damalige Bischof Jakob von Nisibis († wahrscheinlich 338) schenkte ihm großes Vertrauen. Er soll ihn nach Nicäa zum ersten ökumenischen Concile mit sich genommen, er soll ihn auch zum Leiter einer Schule zu Nisibis berufen haben. In den Jahren 338, 346 und 350, in welchen Nisibis durch den Perserkönig Sapor II. schwer bedrängt wurde, entfaltete Ephräm als Berather und Mahner seiner Mitbürger eine segensreiche Wirksamkeit. Durch den Friedensschluß mit Kaiser Jovinian kam Nisibis 363 in die Gewalt des Perserkönigs. Mit dem größten Theile der christlichen Einwohnerschaft verließ Ephräm nunmehr seine Vaterstadt, um sich auf römisches Gebiet zurückzuziehen und bald seinen bleibenden Aufenthalt in Edessa zu nehmen. Hier ist wohl die Mehrzahl seiner Schriften entstanden. Er lebte, wie es scheint, hauptsächlich als Einsiedler auf einem in der Nähe der Stadt gelegenen Berge, sammelte aber auch Jünger und Schüler um sich und trat häufig in der Stadt als Prediger auf. Die Nachricht, er habe Aegypten und die dortigen Mönche besucht, begegnet schweren Bedenken. Dagegen darf es wohl als sicher gelten, daß er etwa um 370 nach Cäsarea in Kappadocien reiste, um Basilius d. Gr., dessen Namen der ganze christliche Erdkreis kannte, auch persönlich kennen zu lernen. Basilius soll ihn zum Diakon geweiht haben. Priester ist er wohl nicht gewesen. Sein Tod wird in das Jahr 373 (vielleicht auf den 9. Juni) zu setzen sein.

2. Schriften. Ihre Ueberlieferung. — Ephräm hinterließ eine gewaltige Schriftenmasse. Er hatte nicht bloß, wie wenigstens von mehreren Seiten

berichtet wird, Commentare zur ganzen Heiligen Schrift verfaßt, er hatte auch
über die verschiedenartigsten Gegenstände christlicher Lehre und christlichen Lebens
in gebundener Rede sich verbreitet. Sozomenus hörte (Hist. eccl. III, 16:
*Migne*, P. gr. LXVII, 1088), Ephräm habe im ganzen ungefähr 300 Myriaden
Zeilen (τριακοσίας μυριάδας ἐπῶν) geschrieben. Seit jeher erfreuten sich diese
Schriften eines außerordentlichen Ansehens. Die Syrer nennen Ephräm den „be=
redten Mund", den „Propheten der Syrer", den „Lehrer des Erdkreises", die
„Säule der Kirche", die „Cither des Heiligen Geistes". Manche seiner Hymnen
sind in die syrischen Liturgien (der Orthodoxen wie der Nestorianer und der Ja=
kobiten) aufgenommen worden. Von den Prosaschriften oder Bibelcommentaren
hat sich allerdings verhältnißmäßig nur sehr wenig im syrischen Originale erhalten.
Aber schon sehr frühe wurden Schriften Ephräms ins Griechische, Armenische,
Koptische, Arabische und Aethiopische übersetzt, und solche Uebersetzungen füllen
manche Lücken der syrischen Ueberlieferung mehr oder weniger aus. Eben der
Glanz, in welchem Ephräms Name strahlte, mußte indessen auch einer Verwirrung
der Ueberlieferung Vorschub leisten. Viele syrische Texte tragen Ephräms Namen
mit Unrecht; viele andere bieten einen echten Kern in späterer Umhüllung. In
noch weit ausgedehnterem Maße drängt sich dieselbe Wahrnehmung gegenüber
den schon in reicher Fülle veröffentlichten griechischen Uebersetzungen auf. Die=
selben sind fast ausschließlich zu Zwecken der Erbauung verwendet worden,
und hat man deshalb keinen Anstand genommen, den Text je nach Bedarf
abzuändern, zu erweitern und zu kürzen, auseinanderzureißen und in neue
Verbindungen zu bringen.

3. **Prosaschriften oder Bibelcommentare.** — Die Bibelcommentare Ephräms
sind in schlichter Prosa, die übrigen Werke, soweit dieselben im syrischen Ori=
ginale auf uns gekommen, sind mit verschwindenden Ausnahmen in metrischer
Form geschrieben. Von den Commentaren liegen indessen syrisch nur noch die
Erklärungen der Bücher Genesis und Exodus (bis Kap. 32, 26) in ursprüng=
licher Gestalt vor. Von den Erklärungen anderer biblischen Bücher sind bisher
nur Bruchstücke (kurze Einleitungen und abgerissene Scholien) herausgegeben
worden, geschöpft aus einer über verschiedene Theile des Alten und des Neuen
Testamentes sich erstreckenden Catene, welche ein Mönch Severus von Edessa
in den Jahren 851—861 aus syrischen und griechischen Autoren zusammen=
stellte. Solche Bruchstücke wurden zum Pentateuch, zu den Büchern Josue,
Richter, Samuel, Könige, Job und zu sämtlichen Propheten, mit Einschluß
der Klagelieder, ans Licht gezogen. Die Commentare über die Bücher Ruth,
Paralipomena, Esdras, Nehemias, Esther, Psalmen, Sprüche, Hohes Lied und
Prediger würden demnach (im Urtexte) verloren gegangen sein. Ephräm soll,
wie gesagt (Abs. 2), die ganze Heilige Schrift bearbeitet haben; doch darf
eine Bearbeitung der deuterocanonischen Bücher des Alten Testamentes billig
bezweifelt werden. Von den Commentaren zum Neuen Testamente scheint in
syrischer Sprache nichts erhalten zu sein. In armenischer Uebersetzung besitzen
wir Commentare zu den Paralipomena, zu dem Diatessaron Tatians (§ 17, 3)
und zu den Briefen des hl. Paulus (der Brief an Philemon kommt nicht zur
Sprache; dagegen schließt sich an die Erklärung des zweiten Korintherbriefes
eine Erklärung des apokryphen Briefwechsels zwischen Paulus und den Ko=
rinthern an). Die in griechischen Catenen vorkommenden Fragmente von

Commentaren Ephräms haben noch keinen Sammler gefunden. — Ephräm legt seiner Erklärung die unter dem Namen Peschittho (wahrscheinlich so viel als Vulgata) bekannte syrische Bibelübersetzung zu Grunde. Nur den Evangelientext bietet ihm, wie bemerkt, das Diatessaron. Sehr gerne nimmt er jüdische Traditionen auf. Die Frage, ob er des Hebräischen und des Griechischen kundig gewesen, dürfte zu verneinen sein. Die gelegentlichen Angaben über den hebräischen Text und die griechisch-alexandrinische Uebersetzung scheinen auf Randglossen der syrischen Uebersetzung und auf mündliche Mittheilungen Kundiger zurückzugehen. Die Auslegungsmethode Ephräms aber darf als eine vorzügliche bezeichnet werden. Er huldigt im allgemeinen den Anschauungen der antiochenischen Schule und nähert sich insbesondere sehr der Art und Weise Theodorets von Cyrus. Direct messianische Weissagungen nimmt er nur selten an; einen um so weitern Spielraum weist er dem Typus zu. In den Reden und Hymnen liebt er es, das Schriftwort allegorisch zu deuten oder anzuwenden.

4. Metrische Schriften oder Reden und Hymnen. — Die überaus zahlreichen Schriften Ephräms in metrischer Form sind theils Reden (Mêmrê, Mîmrê), theils Hymnen oder Lieder zum Singen (Madrâschê). Auch die Reden verlaufen nämlich in Versen, d. h. Zeilen von gleicher Silbenzahl; am häufigsten ist das siebensilbige, das sogen. Ephrämsche Metrum. In den Hymnen sind diese Verse zu Strophen sehr verschiedenen Umfangs, von vier bis zu zwölf Versen, verbunden. Manche Hymnen sind zugleich alphabetische Akrosticha. Reime finden sich nur selten, ohne bestimmte Regel, und meist ist der Gleichklang wohl auch nicht beabsichtigt. Nach der herrschenden Ansicht beruht die syrische Metrik überhaupt nur auf Silbenzählung. Doch hat jüngst H. Grimme mit Erfolg den Beweis angetreten, daß die syrische Metrik und insbesondere auch die Metrik Ephräms ganz und gar unter dem Principe des Wortaccents, der Silbenqualität stehe, und daß, wie schon W. Meyer vermuthete, die accentuirende Form der byzantinischen und der spätern lateinischen Poesie aus der syrischen Metrik hervorgewachsen sei. Ephräm gilt als der größte unter den syrischen Dichtern. Aber wie die syrische Poesie im allgemeinen sehr an Mattigkeit und Weitschweifigkeit leidet, so stößt auch Ephräm nicht selten ab durch Breite der Darstellung und ermüdende Wiederholungen. Am reichsten an poetischem Gehalte und Werthe sind wohl seine Dichtungen weicherer Art, die elegischen Lieder, die Grabgesänge; auch die Seligkeit des Gottesglaubens und der Gottesliebe weiß er sehr zart und mit ergreifender Innigkeit zu schildern. Die schönsten Dichterblumen sind indessen dem Alten Testamente entnommen. „Freilich", urtheilt Nöldeke jedenfalls mit Recht, „würden wir Ephräms Glanzseiten gewiß besser würdigen, wenn wir uns annähernd ein lebendiges Sprachgefühl erwerben könnten, wie es die Syrer selbst hatten." — Der Inhalt der metrischen Schriften Ephräms ist ein sehr mannigfaltiger. Die Hymnen haben im allgemeinen ganz denselben Vorwurf wie die Reden. Den breitesten Raum nehmen moralisch-ascetische Mahnreden ein, namentlich Bußpredigten. Mehrere derselben scheinen für die Feier öffentlicher Bußgänge bestimmt gewesen zu sein und würden somit den Beweis erbringen, daß die orientalische Kirche solche Processionen lange vor der lateinischen kannte. Eine andere Gruppe von Reden und Hymnen ist dogmatisch-apologetisch

oder dogmatisch-polemisch gehalten. Dieselben richten sich theils gegen Heiden, Juden und Manichäer, theils gegen Gnostiker (Marcioniten, Bardesaniten), Novatianer, Arianer, Sabellianer u. s. f. Die syrischen Gnostiker Bardesanes und Harmonius hatten auch vornehmlich in metrischen Schriften ihre Lehre unter das Volk getragen. Overbeck (1865) veröffentlichte vier Gedichte (Madrâschê) Ephräms gegen Kaiser Julian den Abtrünnigen. Rein dogmatische Gedichte kommen höchst selten vor. Dogmatische Speculation liegt Ephräm fern. Die Gefährlichkeit vorwitzigen Nachgrübelns über Geheimnisse des Glaubens bespricht oder besingt er sehr häufig. Auch in den apologetischen und polemischen Gedichten wird die kirchliche Lehre nicht sowohl in doctrinärem Tone dargelegt und begründet, als vielmehr in paränetischer Weise vorgehalten, unter Forderung gläubiger Annahme. Die große Zahl der Reden und Hymnen auf Feste des Herrn und der Heiligen hat durch die Bemühungen Lamys (1882—1889) noch einen beträchtlichen Zuwachs erhalten. In der Verkündigung des Lobes des Herrn steht Ephräm durchaus auf dem Boden des Nicänums. Die wahre Gottheit und die vollkommene Menschheit und die unvermischte Verbindung beider Naturen werden auf das nachdrücklichste betont. Oefter als irgend ein anderer Dichter oder Redner des Alterthums ergreift Ephräm die Harfe zum Preise Mariens, ihrer unversehrten Jungfrauschaft, ihrer wahren Gottesmutterschaft, ihrer Freiheit von jeder Sünde. In einem Gedichte aus dem Jahre 370 läßt er gelegentlich die edessenische Kirche zum Herrn sagen: „Du und deine Mutter, ihr seid die einzigen, welche in jeder Hinsicht ganz schön sind; denn an dir, o Herr, ist kein Flecken, und keine Makel an deiner Mutter" (Carm. Nisib. n. 27, ed: *Bickell* p. 40). Aus den Gedichten auf andere Heilige seien die beiden Cyklen von Hymnen genannt, in welchen Ephräm den ihm befreundeten Eremiten Abraham von Kidun und Julianus Saba ein Denkmal setzte. Mehrere Reden können als Homilien im engern Sinne bezeichnet werden, insofern sie ausgewählte Bibeltexte behandeln, hauptsächlich Texte des Alten Testamentes. Ueber die Geschichte des ägyptischen Joseph liegt ein Gedicht in zwölf Büchern vor. Die von Bickell (1866) herausgegebenen sogen. Carmina Nisibena, eine allem Anscheine nach von Ephräm selbst veranstaltete Hymnensammlung, erzählen von den Erlebnissen der Stadt Nisibis bei der Belagerung im Jahre 350 und während des Perserkrieges 359—363, von Bischof Jakob von Nisibis und von manchem andern.

5. Die römische Ausgabe der Werke Ephräms. Nachträge zu derselben. Deutsche Uebersetzungswerke. — Seit dem Ende des 15. Jahrhunderts ist an der Veröffentlichung der Werke Ephräms gearbeitet worden. Eine einheitliche Gesamtausgabe liegt jedoch noch nicht vor. Die bedeutendste Leistung stellt die in den Jahren 1732—1746 zu Rom in 6 Foliobänden, 3 syrisch-lateinischen und 3 griechisch-lateinischen, erschienene Ausgabe dar. Sie ward in erster Linie von dem berühmten Maroniten Joseph Simon Assemani, zum Theil auch von Peter Mobârek (Petrus Benedictus) S. J. und Stephan Evodius Assemani (einem Neffen Joseph Simons) besorgt. Die syrischen Texte sind zumeist ägyptischen, aus den Klöstern der nitrischen Wüste stammenden Handschriften entnommen; manches wird irrthümlich dem hl. Ephräm zugeeignet. Die von den beiden letztgenannten Herausgebern gefertigte lateinische Uebersetzung der syrischen Texte ist sehr frei, zuweilen unzuverlässig und willkürlich. In den griechisch-lateinischen Bänden

sind die nicht über das 10. Jahrhundert zurückreichenden griechischen Handschriften
ohne alle kritische Sichtung abgedruckt. Ueber die Nothwendigkeit einer solchen
Sichtung s. namentlich J. Gildemeister in den § 46, 4 z. Schl. angeführten
Schriften gegen Floß. — Inzwischen hat die römische Ausgabe mannigfache Ergänzungen und Berichtigungen erfahren. a) Bibelcommentare. Beiträge zur Texteskritik der Commentare bezw. Commentarenfragmente lieferte A. Pohlmann, S. Ephraemi Syri Commentariorum in Sacram Scripturam textus in codicibus Vaticanis manuscriptus et in editione Romana impressus. Commentatio critica.
Partt. 1. 2. Brunsbergae 1862—1864. 8°. Zu der Erklärung von Gen. 1—4
vgl. M. Treppner, Ephräm der Syrer und seine Explanatio der vier ersten
Kapitel der Genesis. Patristische Studie. Passau 1893. 8°. Neue Commentare
bezw. Commentarenfragmente (aus der Catene des Severus) veröffentlichte Th. I. Lamy,
S. Ephraem Syri Hymni et sermones. T. II. Mechliniae 1886. col. 103—310.
Die oben (Abf. 3) genannten armenischen Commentare wurden 1836 zu Venedig in
4 Bdn. 8° von den Mechitaristen herausgegeben. Der Commentar zu dem Diatessaron ward von J. B. Aucher ins Lateinische übertragen und in dieser Uebertragung von G. Mösinger veröffentlicht, Venedig 1876. 8° (vgl. § 17, 6).
Eine lateinische Uebersetzung der Commentare zu den Briefen des hl. Paulus ward
erst vor kurzem von den Mechitaristen veranstaltet: S. Ephraem Syri Commentarii in epistolas D. Pauli, nunc primum ex Armeno in Latinum sermonem
a patribus Mekitharistis translati. Venetiis 1893. 4°. Der Commentar zu
dem apokryphen Briefwechsel zwischen Paulus und den Korinthern ward aus dem
Armenischen ins Deutsche übersetzt von P. Vetter in der Theol. Quartalschrift.
Bd. LXXII (1890). S. 627—639; von St. Kanajanz bei Th. Zahn, Geschichte des Neutestamentl. Kanons. Bd. II, 2. Erlangen 1892. S. 595—606;
und wiederum von P. Vetter, Der apokryphe dritte Korintherbrief. Wien 1894.
4°. S. 70—79. Ein armenischer „Commentar zu der Apostelgeschichte, zusammengestellt aus den Werken der Vorväter Chrysostomus und Ephräm“, erschien 1839 zu
Venedig in 8°. Ein Bruchstück eines arabischen Commentares zu den Büchern
Genesis und Exodus unter Ephräms Namen findet sich bei Pohlmann l. c. Part. 1.
p. 27 sqq. Auch in der arabischen Catene über den Pentateuch, aus welcher P. de
Lagarde in dem 2. Hefte der Materialien zur Kritik und Geschichte des Pentateuchs (Leipzig 1867) den Commentar zur Genesis drucken ließ, wird Ephräm häufig
redend eingeführt. — b) Reden und Hymnen. Neue Reden und Hymnen sind, um
kleinere Editionen zu übergehen, namentlich von Overbeck, Bickell und Lamy
zu Tage gefördert worden. S. Ephraemi Syri, Rabulae episc. Edesseni, Balaei
aliorumque opera selecta. Primus edidit I. I. Overbeck. Oxonii 1865. 8°.
Overbeck gibt nur den syrischen Text; die in Aussicht gestellte Uebersetzung ist nicht
erschienen. Die Gedichte gegen Kaiser Julian (p. 3—20) übersetzte G. Bickell in
der Zeitschr. f. kath. Theol. Bd. II (1878). S. 335—356. Der Tractat gegen
die Manichäer (p. 59—73) ist abgedruckt und übersetzt bei K. Keßler, Mani.
Bd. I. Berlin 1889. S. 262—302. Der Brief an die „Bergbrüder“ (die
Anachoreten auf den Bergen bei Edessa, p. 113—131) ward übersetzt von E. Kayser
in der Zeitschr. f. kirchl. Wissenschaft und kirchl. Leben. Bd. V (1884). S. 251—266.
S. Ephraemi Syri Carmina Nisibena, additis prolegomenis et supplemento
lexicorum syriacorum. Primus edidit, vertit, explicavit G. Bickell. Lipsiae
1866. 8°. Corrigenda hat Bickell in seinem Conspectus rei Syr. lit. Monast.
1871. p. 28—34 nachgetragen. S. Ephraem Syri Hymni et sermones. Edidit,
latinitate donavit, variis lectionibus instruxit, notis et prolegomenis illustravit Th. I. Lamy. Mechliniae 1882—1889. 3 voll. 4°. Vgl. die Besprechung
der beiden ersten Bände dieser Sammlung von Th. Nöldeke in den Gött. gel.
Anzeigen vom 29. Nov. 1882 S. 1505—1514 und vom 1. Febr. 1887 S. 81—87.

Fünf der 15 Hymnen auf den hl. Abraham von Kidun bei *Lamy* III, 749—836 hatte schon P. Martin in deutscher Uebersetzung veröffentlicht in der Zeitschr. f. kathol. Theol. Bd. IV (1880). S. 426—437. Das früher nur als Bruchstück bekannte Gedicht über die Geschichte des ägyptischen Joseph ist vollständig herausgegeben worden von *Bedjan*, St. Ephrem. Histoire complète de Joseph. Poème en 12 livres. Nouvelle édition. Paris 1891. 8⁰. Eine Ephräm dem Syrer und Isidor von Sevilla zugeschriebene, sehr merkwürdige und interessante Predigt über die letzten Zeiten, den Antichrist und das Ende der Welt hat C. P. Caspari (Briefe, Abhandlungen und Predigten aus den zwei letzten Jahrhunderten des kirchlichen Alterthums und dem Anfang des Mittelalters. Christiania 1890. S. 208—220) in lateinischem Texte veröffentlicht. Wahrscheinlich ist diese Predigt zu Ende des 6. oder zu Anfang des 7. Jahrhunderts im Morgenlande in griechischer Sprache abgefaßt worden. Vgl. Caspari a. a. O. S. 429—472; J. Dräseke, Zu der eschatolog. Predigt Pseudo-Ephräms: Zeitschr. f. wissenschaftl. Theol. Bd. XXXV (1892). S. 177—184. — Um Uebersetzung der Schriften Ephräms ins Deutsche hat sich vor allen P. Zingerle verdient gemacht. Außer mehreren kleinen Publicationen ließ er zwei größere Sammlungen erscheinen: Ausgewählte Schriften des heiligen Kirchenvaters Ephräm, aus dem Griechischen und Syrischen übersetzt. Innsbruck 1830—1838. 6 Bde. 8⁰. Neue Ausg. 1845—1846. (Die Bände 4 und 5, unter den besondern Titeln: „Die heilige Muse der Syrer" und „Gesänge gegen die Grübler über die Geheimnisse Gottes", enthalten metrische Uebertragungen.) Ausgewählte Schriften des hl. Ephräm von Syrien, aus dem Syrischen und Griechischen übersetzt. Kempten 1870—1876. 3 Bde. (Bibl. der Kirchenväter). C. Macke, Hymnen aus dem Zweistromland. Dichtungen des hl. Ephrem des Syrers, aus dem syrischen Urtext metrisch ins Deutsche übertragen und mit erklärenden Anmerkungen versehen. Mainz 1882. 16⁰.

6. Schriften über Ephräm. — *C. a Lengerke*, Commentatio critica de Ephraemo Syro S. Scripturae interprete. Halis Sax. 1828. 4⁰; De Ephraemi Syri arte hermeneutica. Regimontii 1831. 8⁰. D. Gerson, Die Commentarien des Ephraem Syrus im Verhältniß zur jüdischen Exegese. Breslau 1868. 8⁰. *A. Haase*, S. Ephraemi Syri theologia, quantum ex libris poeticis cognosci potest, explicatur (Diss. inaug.). Halis Sax. 1869. 8⁰. *C. Ferry*, St. Ephrem poëte. Thèse présentée à la faculté des lettres de Montpellier. Nîmes 1877. 8⁰. P. de Lagarde, Ueber den Hebräer Ephraims von Edessa (d. i. über die von Ephräm zu Gen. 1—38 unter dem Namen des „Hebräers" angeführten Erklärungen): in de Lagardes Orientalia. II. Göttingen 1880 (aus den Abhandlungen der kgl. Gesellschaft der Wiss. zu Göttingen. Bd. XXVI). *Th. I. Lamy*, Studies in oriental patrology. St. Ephrem: The Dublin Review. Ser. 3. Vol. XIV (1885). p. 20—44. *Lamy*, Études de patrologie orientale. Saint Ephrem: L'Université Catholique. N. S. T. III (1890). p. 321—349; T. IV (1890). p. 161—190. *Lamy*, L'exégèse en Orient au IVe siècle ou les commentaires de St. Ephrem: Revue Biblique. T. II (1893). p. 5—25. 161—181. 465—486. C. Eirainer, Der hl. Ephräm der Syrer. Eine dogmengeschichtliche Abhandlung. Kempten 1889. 8⁰. *F. H. Woods*, An examination of the New Testament quotations of Ephrem Syrus: Studia biblica et ecclesiastica. Vol. III. Oxford 1891. p. 105—138. H. Grimme, Der Strophenbau in den Gedichten Ephraems des Syrers, mit einem Anhang über den Zusammenhang zwischen syrischer und byzantinischer Hymnenform. Freiburg i. d. Schweiz 1893. 4⁰. Vgl. Grimme, Grundzüge der syrischen Betonungs- und Verslehre: Zeitschr. der Deutschen Morgenländischen Gesellschaft. Bd. XLVII (1893). S. 276—307. — Vgl. auch die Literaturangaben bei Nestle, Syrische Grammatik. Berlin 1888. II. Theil. S. 41—44.

## § 65. Spätere Schriftsteller.

1. Martyreracten. — Aus dem 4. Jahrhundert sind mehrere syrische Martyreracten erhalten (über Blutzeugen unter Diokletian, unter Licinius und unter Sapor II. von Persien). Wright konnte aus einer Handschrift des Jahres 411 ein syrisches Martyrologium herausgeben, unter allen bisher bekannt gewordenen Martyrologien das älteste und werthvollste. Bischof Ma= ruthas von Tagrit, um 430, sammelte die Acten der unter den Perserkönigen Sapor II., Jezbegerd I., Bahram V. gekrönten Martyrer.

W. Wrights Ausgabe (und englische Uebersetzung) des genannten Martyro= logiums findet sich in dem Journal of Sacred Literature, Oct. 1865 to Jan. 1866. E. Egli lieferte eingehende Commentare zu demselben, in seinen Altchrist= lichen Studien. Zürich 1887. 8°. S. 1—58 und in der Zeitschr. f. wissenschaftl. Theol. Bd. XXXIV (1891). S. 273—298. Ueber Maruthas s. *Bickell*, Con= spectus rei Syr. lit. p. 21—22. Ausgaben einzelner Martyreracten verzeichnen *Bickell* l. c. p. 17; Nestle, Syrische Grammatik. II. Theil. S. 34 ff. Eine umfassende Sammlung syrischer Martyreracten und Heiligenbiographien (ohne Ueber= setzung) veranstaltete ein Priester der Congregatio Missionis, Bedjan: Acta Martyrum et Sanctorum. T. I. Parisiis 1890. 8°; T. II (Martyres Chal= daei et Persae). 1891; T. III. 1892; T. IV. 1894. Ueber Bd. I—III vgl. Nestle in der Theol. Literaturzeitg., Jahrg. 1893, Sp. 3—6. 45—48. Textkritisches zu Bd. I bei J. Guidi, Bemerkungen zum ersten Bande der syrischen Acta Mar= tyrum et Sanctorum: Zeitschr. der Deutschen Morgenländ. Gesellschaft. Bd. XLVI (1892). S. 744—758. Ueber die deutsche Uebersetzung der „Geschichte des Do= minus Mâri, des Apostels des Orients" (bei *Bedjan* T. I), von R. Raabe, Leipzig 1893. 8°; vgl. Nestle a. a. O., Jahrg. 1894, Sp. 41—44.

2. Cyrillonas. — Cyrillonas' Name ist einzig und allein durch sechs von ihm verfaßte (in einer Handschrift des Britischen Museums aus dem 6. Jahrhundert überlieferte) Gedichte der Zukunft aufbewahrt worden. Bickell, der Herausgeber und Uebersetzer, betitelt dieselben: Bittgesang für das Aller= heiligenfest des Jahres 396 über die Heuschreckenplage und andere Straf= gerichte, insbesondere den Hunnenkrieg; Hymnus über die Bekehrung des Zachäus; Hymnus über die Fußwaschung; zwei Homilien über das Pascha Christi; Gedicht über den Weizen. Den Verfasser bezeichnet Bickell als den bedeutendsten syrischen Dichter nach Ephräm.

Den syrischen Text der sechs Gedichte veröffentlichte G. Bickell in der Zeitschr. der Deutschen Morgenländ. Gesellschaft. Bd. XXVII (1873). S. 566—598; Berichtigungen ebenda. Bd. XXXV (1881). S. 531—532. Eine deutsche Ueber= setzung hatte Bickell schon in den Ausgewählten Gedichten der syrischen Kirchen= väter Cyrillonas, Baläus, Isaak von Antiochien und Jakob von Sarug. Kempten 1872. S. 7—63 mitgetheilt; in den Ausgewählten Schriften der syrischen Kirchen= väter Aphraates, Rabulas und Isaak von Ninive. Kempten 1874, ließ er S. 410 bis 411 nachträgliche Bemerkungen zu Cyrillonas und S. 414—421 metrische Proben aus Cyrillonas folgen.

3. Baläus. — Weniger ansprechend, aber in dogmengeschichtlicher Hin= sicht werthvoll, sind die von Overbeck herausgegebenen Gedichte des Chor= episkopus oder Landbischofs Baläus (Balaj). Zeit und Ort seines Lebens lassen sich in etwa daraus erschließen, daß er auf den im Jahre 432 ver= storbenen Bischof Acacius von Aleppo oder Berôa (§ 57, 18) fünf Loblieder

dichtete und denselben „unsern Vater" nennt. An Umfang ragt unter seinen Schriften eine nur bruchstückweise auf uns gekommene Paraphrase der Geschichte Josephs und seiner Brüder, in siebensilbigem Versmaße, hervor. Die meisten seiner Dichtungen sind in fünfsilbigem, dem sogen. Baläischen, Metrum abgefaßt und reich an Zeugnissen für die kirchliche Lehre von der heiligen Eucharistie und für die Verehrung und Anrufung der Heiligen.

I. *I. Overbeck*, S. Ephraemi Syri, Rabulae episc. Edesseni, Balaei aliorumque opera selecta. Oxonii 1865. p. 251—336. Eine Auswahl der von Overbeck syrisch (ohne Uebersetzung) mitgetheilten Gedichte wurde ins Deutsche übersetzt von Bickell, Ausgewählte Gedichte u. s. w. S. 65—108; vgl. Bickell, Ausgewählte Schriften u. s. w. S. 421—422. Ein an die Erzählung der Clementinischen Recognitionen (§ 8, 5) anknüpfendes Gedicht De Faustino et de Metrodora (Mattidia) tribusque eius filiis, welches bei Overbeck fehlt, wurde von Bickell herausgegeben, syrisch in der Zeitschr. der Deutschen Morgenländ. Gesellschaft. Bd. XXVII (1873). S. 599—600, lateinisch in dem Conspectus rei Syr. lit. p. 46 n. 5.

4. **Rabulas von Edessa.** — Rabulas ist zwar auch als Dichter aufgetreten, hat aber doch hauptsächlich Prosaschriften hinterlassen. Ueber seinen Lebenslauf liegen ziemlich eingehende und glaubwürdige Berichte vor. Im Jahre 412, nach dem Tode des Bischofs Diogenes, ward er auf den bischöflichen Stuhl von Edessa berufen, welchen er bis zum Ende seines Lebens, 7. oder 8. August 435, innehatte. An den nestorianischen Streitigkeiten nahm er regen Antheil. Auf dem Concile zu Ephesus bekannte er sich zur Partei der Antiochener (vgl. § 59, 2); aber schon im Winter 431—432 sagte er sich von Nestorius los und trat auf die Seite des hl. Cyrillus, widmete den Unionsverhandlungen zwischen letzterem und den Orientalen lebhaftes Interesse, übersetzte auch Cyrills Schrift De recta fide ad Imperatorem (§ 59, 4) aus dem Griechischen in das Syrische und war insbesondere für Unterdrückung der Werke Theodors von Mopsuestia thätig. Die meisten der uns erhaltenen Schriften des Rabulas sind von Overbeck veröffentlicht worden. Es sind Canones oder Lebensregeln für den Welt- und für den Ordensclerus, Hymnen für die Liturgie und das Officium (zum Theil aus dem Griechischen übersetzt), eine Predigt und Bruchstücke von Briefen. Die Briefe sind im Unterschiede von den übrigen Schriften nicht syrisch, sondern griechisch verfaßt worden, und in einem bald nach 435 zu Edessa geschriebenen Panegyricus auf Rabulas ist von 46 Briefen desselben die Rede. Leider sind nur sehr unbedeutende Bruchstücke, theils syrisch theils lateinisch, überliefert.

Die syrischen Schriften bezw. Fragmente bei *Overbeck* l. c. p. 210—248. 362—378; der erwähnte Panegyricus ibid. p. 159—209. Die Uebersetzung der genannten Schrift des hl. Cyrillus, welche Overbeck nicht aufnahm, wurde von Ph. Ed. Pusey (Oxford 1877) herausgegeben (s. § 59, 9). Bickell, Ausgewählte Schriften u. s. w. S. 153—271, übersetzte sämtliche von Overbeck edirten Texte mit Ausnahme einiger Hymnen, ergänzte außerdem die syrischen Ueberbleibsel der Briefe nach lateinischen Fragmenten und fügte endlich noch einen Bericht über des Rabulas Bekehrung aus der um die Mitte des 5. Jahrhunderts verfaßten Biographie des hl. Alexander, des Stifters der Akoimeten († um 430), bei.

5. **Isaak von Antiochien.** — Weit umfassender und wenigstens der Form nach wiederum poetisch ist der schriftstellerische Nachlaß Isaaks von

Antiochien, auch Isaak der Große genannt. Seine Lebensverhältnisse bedürfen noch sehr der genauern Feststellung. Wahrscheinlich wurde er zu Amida in Mesopotamien in der zweiten Hälfte des 4. Jahrhunderts geboren, kam jedoch schon früh nach Edessa und genoß hier den Unterricht des Zenobius, eines Schülers des hl. Ephräm. Nach weiten Reisen, auf welchen er auch Rom besuchte, nahm er dauernden Aufenthalt zu Antiochien; bei Gennadius (De vir. ill. c. 66: *Migne*, P. lat. LVIII, 1098) heißt er presbyter Antiochenae ecclesiae, nach syrischen Quellen war er Abt eines in der nächsten Umgebung Antiochiens gelegenen Klosters. Er starb hochbetagt zwischen 459 und 461. Nennenswerthe Proben der Schriften Isaaks veröffentlichte zuerst Zingerle; Bickell unternahm eine Gesamtausgabe. Mit verschwindenden Ausnahmen sind diese Schriften alle in gebundener Rede, und zwar meist in siebensilbigem Versmaße, abgefaßt. Einige derselben haben sich indessen nur noch in arabischer Uebersetzung erhalten. Zum weitaus größern Theile sind sie moralisch-ascetischen Inhalts, bald zur Tugend aneifernd, bald die Sünde und das Laster geißelnd, sehr häufig zunächst an die Ordensbrüder des Verfassers gerichtet. Doch fehlt es auch nicht an Liedern, welche christliche Glaubenslehren in der umständlichsten Weise in Schutz nehmen, namentlich die Trinität, die Incarnation und die Willensfreiheit. Andere Gedichte gewinnen durch ihre geschichtlichen Mittheilungen, besonders die damaligen Kämpfe mit den Hunnen, Arabern und Persern betreffend, Werth und Interesse. Die Rechtgläubigkeit Isaaks darf, so scheint es, als gesichert gelten. Zwei Gedichte, welche nur eine Natur in Jesus Christus behaupten, sind wohl von monophysitischen Abschreibern gefälscht worden. Ueber die formelle Seite der Werke Isaaks urtheilt Bickell (in voller Uebereinstimmung mit Zingerle): „Abgesehen von einigen wenigen Stellen, wo die Erhabenheit des Gegenstandes und innere Begeisterung seiner Rede einen etwas höhern Schwung verleiht, bleibt er matt, breit und langweilig. Er kann sich in einem Gedanken gleichsam festfahren, so daß er ihn längere Zeit hindurch in ermüdenden Tautologien hin und her wendet. Zuweilen scheint es fast, als bemühe er sich, die ansprechende und dankbare Seite seines Themas zu vermeiden, um sonderbare und barocke Nebengedanken zu verfolgen."

S. Isaaci Antiocheni, Doctoris Syrorum, opera omnia ex omnibus, quotquot exstant, codicibus manuscriptis cum varia lectione syriace arabiceque primus edidit, latine vertit, prolegomenis et glossario auxit *G. Bickell*. Pars I. Gissae 1873. 8°. Pars II. 1877. Diese beiden Bände enthalten 37 Gedichte bezw. Fragmente von Gedichten, syrisch und lateinisch. Sechs derselben, De fide et incarnatione Domini (1), De fide (6), De potestate diaboli in homine tentando (10), De s. ieiunio quadragesimali (13), De ieiunio (14), De vigiliis Antiochenis et de eo quod bonum est confiteri Domino (15), hatte Bickell bereits in den Ausgew. Gedichten u. s. w. S. 109—191 deutsch mitgetheilt; einige nachträgliche Bemerkungen in den Ausgew. Schriften u. s. w. S. 411 bis 412; vgl. S. 422—424. P. Zingerle veröffentlichte syrisch Gedichte De amore doctrinae (Monumenta syriaca I. Oenip. 1869. p. 13—20) und De pueris defunctis (Chrestomathia syr. Rom. 1871. 8°. p. 387—394) sowie Excerpte aus Gedichten De crucifixione, De perfectione fratrum, De Adam et Eva, De Abelo et Caino (Chrestom. syr. p. 299—306. 395—416), außerdem deutsch Excerpte aus sechs Gedichten über die Kreuzigung (Theol. Quartalschrift.

Bd. LII [1870]. S. 92—114). Alle diese von Zingerle veröffentlichten Stücke sind in Bickells Ausgabe noch nicht zum Abdruck gelangt. Einige Poesien Isaaks sind irrthümlicherweise in die römische Ausgabe der Werke Ephräms (§ 64, 5) aufgenommen worden.

---

## Dritter Theil.

# Lateinische Schriftsteller.

### § 66. Allgemeine Uebersicht.

1. Theilnahme des Abendlandes an der Ausbildung des Dogmas. — Die großen trinitarischen und christologischen Kämpfe, welche zunächst auf morgenländischem Boden ausgefochten wurden (vgl. § 42, 2), mußten natürlich auch die abendländische Kirche auf das nachhaltigste in Mitleidenschaft ziehen. Einer der hervorragendsten Schriftsteller des Abendlandes, Hilarius von Poitiers, erblickt seine Lebensaufgabe in der Bekämpfung des Arianismus. Im übrigen macht sich ein schon früher (§ 34, 2) beobachteter Unterschied zwischen der morgenländischen und der abendländischen Geistesrichtung in diesem Zeitraume noch viel deutlicher bemerkbar. Das Interesse des Abendländers gilt weit weniger der speculativen Erfassung der Gottesidee als vielmehr der Klarstellung der praktischen Aufgabe des Menschen. Hat sich doch während dieses ganzen Zeitraumes im Schoße der abendländischen Kirche nur eine einzige bedeutsame Lehrstreitigkeit erhoben, und sie betraf die Frage nach der Nothwendigkeit göttlichen Beistandes zu einer seinem Endziel entsprechenden Selbstbethätigung des Menschen. Es ist deshalb vorzugsweise die kirchliche Anthropologie in ihrem Gegensatze zum Pelagianismus und Semipelagianismus, welche durch die lateinische Theologie dieser Zeit ihre Entwicklung und Ausbildung fand. Außer ihr hat insbesondere die Lehre von der Kirche im Abendlande eine eifrige und fruchtbare Behandlung erfahren, aus Anlaß des novatianischen und des donatistischen Schismas.

2. Theologische Schulen und Richtungen. — Der vorhin genannte Vorkämpfer des kirchlichen Glaubens, Hilarius, schöpft, unbeschadet seiner Selbständigkeit und Originalität, aus griechischen Quellen. Seine Schriften lassen sich geradezu als einen Kanal bezeichnen, durch welchen die Errungenschaften der kirchlichen Theologie des Morgenlandes dem Abendlande zugänglich gemacht wurden. In ähnlicher Weise haben später Hieronymus und Rufinus gewissermaßen die Vermittlung hergestellt zwischen der griechischen und der lateinischen Theologie. Hieronymus dürfte unter allen Kirchenvätern an Reichthum des gelehrten Wissens einzig dastehen. Er ist ebenso wie sein Freund und späterer Feind Rufinus vorwiegend auf biblisch-historischem Gebiete thätig, während die Stärke des hl. Hilarius in der dogmatischen Speculation liegt. Diese drei Autoren, denen sich noch Marius Mercator und Johannes Cassianus anreihen ließen, hat man nicht mit Unrecht die gräcisirenden Abendländer genannt. — Eine specifisch abendländische, vom Oriente unabhängige Richtung vertreten hauptsächlich Ambrosius, Augustinus und Leo d. Gr. Für die

Eigenthümlichkeit diefer Richtung ift es fehr bezeichnend, daß Ambrofius, an=
knüpfend an Cicero, zum erftenmal die gefamte chriftliche Sittenlehre, gefondert
von der Glaubenslehre, zur Darftellung bringt. In der Exegefe freilich hat
auch Ambrofius fich an griechifche Vorbilder angelehnt, ift fogar über Origenes
und Hippolytus hinaus auf den Juden Philo zurückgegangen, und in der
Dogmatik fcheint der „Imperator unter den abendländifchen Bifchöfen" feinen
eigentlichen Lehrmeifter in dem durch Charakter und Haltung ihm nahe ver=
wandten Bafilius d. Gr. gefucht zu haben. Durch den Afrikaner Auguftinus
ging die Herrfchaft in der Theologie, insbefondere auch auf dem Felde der
Speculation, vom Morgenlande über auf das Abendland. Auguftinus ift
durch den Pelagianismus und Semipelagianismus vor ganz neue Fragen ge=
ftellt, und fein an Scharfblick wie an Tieffinn unerreichter Geift bahnt fich
felbft feine Wege. Faft allen Zweigen kirchlicher Wiffenfchaft hat er mit un=
vergleichlicher fchöpferifcher Kraft neues Leben eingehaucht und neue Ziele
gefteckt. Leo I. führt nicht bloß den Namen des „großen" Papftes, fondern
auch den Titel eines Kirchenlehrers. Der gewaltigen Thatkraft, mit welcher
er die kirchlich=politifchen Verhältniffe lenkt und leitet, fteht durchaus ebenbürtig
die geiftige Ueberlegenheit zur Seite, mit welcher er in die eutychianifchen oder
monophyfitifchen Lehrftreitigkeiten eingreift. — Eine befondere theologifche Schule
erftand zu Beginn des 5. Jahrhunderts in den neugegründeten Klöftern auf
den Lerinifchen Infeln und in der Nähe Marfeilles. Das einigende Band
diefer fübgallifchen Schule ift der gemeinfame Widerfpruch gegen die Lehre
Auguftins oder, nach fpäterer Bezeichnung, der Semipelagianismus. Als die
hervorragendften Theologen diefer Schule find Johannes Caffianus und Vin=
centius von Lerinum zu nennen.

3. Theologifche Literatur. — Apologetik. Auch die lateinifche Apo=
logetik tritt in diefem Zeitraume naturgemäß aus der Defenfive mehr und mehr
in die Offenfive über (vgl. § 42, 4). Firmicus Maternus zieht gegen die
heidnifchen Myfterien zu Felde. Ambrofius und Prudentius erheben fich gegen
die letzten Regungen des todesmatten Heidenthums im öffentlichen Leben oder
gegen die Forderungen der altrömifchen Senatspartei unter Symmachus' Füh=
rung. Die Anklage, das Chriftenthum habe das Elend der Gegenwart, die
unaufhörlichen Kriegsfchrecken und den Zufammenbruch des Römerreiches zu
verantworten, wird von Auguftinus und von Orofius widerlegt. Auguftinus
nimmt von diefem Vorwurfe zu feiner großartigften literarifchen Schöpfung
Anlaß, zu dem Werke De civitate Dei, dem erften Verfuche einer Philofophie
der Gefchichte. An der Spitze der Kämpfer gegen den Manichäismus fteht
wiederum Auguftinus, in diefem Streite fchon deshalb der berufenfte Führer,
weil er felbft lange Jahre hindurch (374—383) fich als Anhänger Manis
bekannt hatte. Gegen den in Spanien auftauchenden, mit dem Manichäismus
jedenfalls nahe verwandten Priscillianismus wenden fich mehrere fpanifche
Schriftfteller (insbefondere Prudentius?) und auf Anregung des Spaniers
Orofius auch Auguftinus. — Polemik und fyftematifche Theologie.
Die Zurückweifung des Arianismus oder die Vertheidigung der kirchlichen
Trinitätslehre ift, wie fchon bemerkt, im Abendlande hauptfächlich dem hl. Hila=
rius von Poitiers zugefallen. Außer ihm betheiligen fich an diefer Aufgabe
namentlich Lucifer von Calaris, Phöbadius von Agennum, Ambrofius und

24*

Augustinus. Gegen den Nestorianismus schrieben Johannes Cassianus und
Marius Mercator, gegen den Monophysitismus Leo d. Gr. Gegenüber dem
noch immer fortwuchernden Novatianismus vertheidigen Pacianus von Barcelona und Ambrosius die kirchliche Schlüsselgewalt. Gegenüber dem großen
und gefahrvollen Schisma der Donatisten in Afrika beleuchten Optatus von
Mileve und Augustinus das Wesen der Kirche Christi und die objective Wirksamkeit der Sacramente. Das wichtigste und schwierigste Problem der theologischen Polemik des Abendlandes knüpft sich an den Namen des britischen
Mönches Pelagius. Seinem Naturalismus gegenüber bewährt sich Augustinus
als den doctor gratiae für alle Zeiten. An der Seite Augustins kämpfen
Hieronymus, Orosius, Marius Mercator. Die scharfsinnigsten Vertheidiger
der Lehre Augustins gegen die Angriffe des Semipelagianismus sind Prosper
aus Aquitanien und der unbekannte Verfasser des Werkes De vocatione
omnium gentium. Systematischer Versuche hat auch das Abendland verschwindend wenige aufzuweisen. Augustinus schrieb ein Compendium der kirchlichen Dogmatik, Vincentius von Lerinum eine präcise Darlegung der katholischen Glaubensregel oder des Traditionsprincips. — Biblische Theologie.
Auf dem Gebiete der biblischen Theologie hat Hieronymus das Hervorragendste
geleistet. Er allein im ganzen Umkreis der abendländischen Theologen ist
Kenner, und zwar gründlicher Kenner, des Hebräischen. Er hat der abendländischen Kirche eine Uebersetzung der Heiligen Schrift geschenkt, welcher unter
sämtlichen alten Bibelübersetzungen unbestritten die Palme gebührt. Auch die
biblische Einleitungswissenschaft und die biblische Archäologie sind Hieronymus
zu großem Dank verpflichtet. Dagegen bleiben die zahlreichen Commentare
des Heiligen über Bücher des Alten und des Neuen Testamentes hinter den
berechtigten Erwartungen zurück; sie sind zum großen Theile sehr eilig niedergeschrieben und lassen namentlich klare und richtige hermeneutische Grundsätze
wiederholt vermissen. Außer Hieronymus sind insbesondere Hilarius von Poitiers, Ambrosius und Augustinus als Erklärer der Heiligen Schrift thätig
gewesen. Alle haben mit Vorliebe die allegorisirende Auslegungsweise gepflegt.
Trifft hierin die lateinische Exegese mit der griechischen Schrifterklärung dieser
Zeit zusammen, so waltet doch der charakteristische Unterschied ob, daß bei den
Lateinern, zumal bei Ambrosius, der paränetische Gesichtspunkt vorherrscht,
nicht der dogmatische. Augustinus hat auch einen sehr beachtenswerthen Beitrag zur Evangelienkritik geliefert (De consensu evangelistarum). Um die
biblische Geographie haben der Verfasser des Itinerarium a Burdigala Hierusalem usque und die Verfasserin der Peregrinatio ad loca sancta sich Verdienste erworben. Principielle Erörterungen über die Deutung bildlicher Rede-
weisen der Heiligen Schrift hinterließen der Donatist Tichonius und Eucherius
von Lyon. Eine umfassende Theorie der biblischen Hermeneutik ist in dem
ersten Theile des Werkes Augustins De doctrina christiana beschlossen. —
Historische Theologie. In der allgemeinen Kirchengeschichtschreibung haben
die Lateiner viel weniger geleistet als die Griechen. Hieronymus hat den zweiten
Theil der Chronik des Eusebius ins Lateinische übertragen und zugleich fortgesetzt. Rufinus hat in der gleichen Weise die Eusebianische Kirchengeschichte
bearbeitet. Die Chronik des hl. Hieronymus wurde dann von Prosper aus
Aquitanien weitergeführt. Sulpicius Severus schrieb eine vielbewunderte Ge-

schichte von Erschaffung der Welt bis 400 n. Chr. Weniger bedeutend ist der etwas weiter reichende Versuch des Spaniers Orosius. Die Geschichte der Häresien behandelten Philastrius und Augustinus (De haeresibus). Hieronymus lieferte die erste christliche Literaturgeschichte. Einzelbiographien verfaßten, vorzugsweise zu Zwecken der Erbauung, Hieronymus, Sulpicius Severus, Rufinus, Paulinus von Mailand. — Praktische Theologie. Die moralisch-ascetische Literatur ist sehr reich vertreten. Das Beste bieten Ambrosius, Hieronymus, Augustinus. Das schon erwähnte Handbuch der christlichen Sittenlehre von Ambrosius ist zunächst für Cleriker bestimmt. Von Johannes Cassianus besitzen wir zwei ascetische Handbücher für Mönche. Augustinus schrieb die ersten Lehrbücher der Homiletik (De doctrina christiana, Buch IV) und der Katechetik (De catechizandis rudibus). Augustinus ist auch der erste Meister der praktischen Kanzelberedsamkeit. An Reichthum der Gedanken wenigstens und an fesselnder Dialektik wird er nicht erreicht; größern oratorischen Schwung und Glanz entfaltet Ambrosius. Nach Ambrosius und Augustinus verdienen Leo d. Gr., Petrus Chrysologus und Maximus von Turin als Prediger genannt zu werden.

4. Theologische Literatur (Fortsetzung). Poesie. — Wie schon die Syrer, so zeigen sich in noch höherem Grade die Lateiner auf dem Gebiete der Poesie weit eifriger und fruchtbarer als die Griechen. Lehrgedichte, nach Art der Werke des ersten christlich-lateinischen Dichters, Commodians, verfassen in diesem Zeitraume Prudentius, Paulinus von Nola, Augustinus, Prosper aus Aquitanien, Orientius u. a. Die Literaturgeschichte hat schon längst Prudentius die Palme zuerkannt. Größer noch ist die Zahl der Dichter, welche sich in der eigentlichen Epik versuchen. Proba will die ganze biblische Geschichte in einen Cento zwängen; Cyprian aus Gallien, Claudius Marius Victor (Alethia), die Verfasser der Gedichte De Sodoma, De Iona, De martyrio Maccabaeorum u. a. behandeln Stoffe aus der Geschichte des Alten Testamentes; Juvencus, Sedulius (Paschale carmen) u. a. bearbeiten das Leben des Herrn. Panegyrische Epen auf den Herrn oder auf Martyrer und Heilige haben namentlich Papst Damasus, Prudentius, Paulinus von Nola hinterlassen. Diese christlich-lateinische Epik ist auf der Grundlage des altrömischen Epos aufgebaut, dessen ganze poetische Technik sie beibehält; neu ist nur der Stoff und die individuelle Behandlungsweise desselben. Anders verhält es sich mit der in dieser Zeit erblühenden christlich-lateinischen Lyrik oder der unter dem Namen des Hymnus bekannten neuen Gattung poetischer Production. Solche Hymnen, ausgezeichnet durch Schwung und Erhabenheit wie durch Tiefe und Zartheit des Gefühls, haben namentlich Hilarius von Poitiers, Ambrosius, Prudentius, Sedulius gedichtet. Diese Lyrik ist ihrem ganzen Wesen nach eine Frucht des Christenthums, wenngleich sie sich anfänglich noch in antike Formen kleidet; auf heidnischem Boden konnte sie nicht erwachsen, weil es an den nothwendigen Voraussetzungen gebrach, insbesondere an Reinheit und Sicherheit des religiösen Bewußtseins. Uebrigens zeigen sich in diesem Zeitraume, wie bei den Griechen (§ 42, 5), so bei den Lateinern auch schon die ersten Anfänge einer neuen Form der Poesie. Die kirchliche, volksthümliche Dichtung beginnt sich den Fesseln der veralteten Metrik zu entwinden und zum rhythmischen, nach dem Wortaccente betonenden Versbau ihre Zuflucht zu nehmen.

Das erste lateinische Gedicht, in welchem die Hebungen des Verses an die betonten Silben gebunden sind, ist Augustins Psalmus contra partem Donati.

## § 67. Firmicus Maternus.

Julius Firmicus Maternus heißt laut der Unterschrift des einzigen uns erhaltenen Manuscriptes (cod. Vaticano-Palatinus saec. X) der Verfasser einer Schrift De errore profanarum religionum, welche die Kaiser Konstantius (337—361) und Konstans (337—350) auffordert, dem sterbenden Heidenthum den letzten Streich zu versetzen. Alles Wissen um den Verfasser und seine Schrift geht auf das genannte Manuscript zurück, welches leider zu Anfang verstümmelt ist (es fehlen die zwei äußern Blätter des ersten Quaternio). Die Abfassung der Schrift ist (nach der Anspielung auf Mißerfolge der Perser im Kampfe mit Rom c. 29, 3) mit ziemlicher Sicherheit um 347 anzusetzen, und vielleicht darf (im Hinblick auf die c. 7 bekundete genauere Kenntniß der Umgegend von Henna auf Sicilien) Sicilien als des Verfassers Heimat oder Wohnsitz gelten. Die Annahme, der Verfasser sei kein anderer als der gleichzeitige heidnische Astrologe Julius Firmicus Maternus Junior Siculus, stößt auf unüberwindliche Schwierigkeiten und ist jetzt allgemein aufgegeben. Vielleicht sind indessen der Heide und der Christ Brüder oder Vettern gewesen. Uebrigens ist auch die Möglichkeit nicht ausgeschlossen, daß die Schrift des Christen irrthümlich dem Heiden zugeeignet und infolge dessen erst der Name des letztern auf den erstern übertragen wurde. Die Schrift selbst wendet sich zunächst und hauptsächlich gegen die Geheimdienste, in welchen das Heidenthum seine letzte Zufluchtsstätte fand; es wird der krasse Aberglaube und die widernatürliche Unsittlichkeit mancher dieser Mysterien aufgedeckt (c. 6—17) und sodann der Nachweis versucht, daß die Losungsworte, an welchen die Eingeweihten sich erkannten, signa vel symbola, nur diabolische Nachäffungen biblischer, insbesondere prophetischer Aussprüche seien (c. 18—27). Zum Schlusse (c. 28—29) wird mit Nachdruck und unter Berufung auf das Alte Testament den Kaisern die Pflicht vorgehalten, die letzten Reste des Heidenthums auszurotten, und als Lohn für die Erfüllung dieser Pflicht werden ihnen neue Erweise des Erbarmens Gottes in Aussicht gestellt, welcher ohnehin schon um ihres Glaubens willen ihre Regierung so reich gesegnet habe. Das Büchlein läßt sich nicht freisprechen von einem gewissen Zelotismus, welcher kein Bedenken trägt, zu Gewaltmaßregeln aufzureizen. Doch ist der Verfasser sich bewußt, das Interesse der Heiden selbst zu vertreten: ist der Kranke nur erst wiederhergestellt, so erkennt er den Nutzen unangenehmer und schmerzlicher Heilmittel dankbar an (c. 16, 4—5). Auch dürfte das Heidenthum des 4. Jahrhunderts nirgendwo so wahr und zuverlässig gezeichnet sein wie bei Firmicus Maternus. In dogmengeschichtlicher Hinsicht ist das eingehende Zeugniß über die heilige Eucharistie c. 18 von Wichtigkeit. Die Darstellung ist sehr lebendig und schwungvoll und die Sprache verhältnißmäßig rein, wenngleich nicht frei von Plebejismen.

Ueber die mehrgenannte Handschrift s. A. Reifferscheid, Bibl. Patrum lat. Italica I, 268—269. Die erste Ausgabe ward von M. Flacius Illyricus veranstaltet, Straßburg 1562. 8°; sie erlebte in der Folge eine lange Reihe mehr oder weniger zuverlässiger Abdrücke, auch bei *Gallandi*, Bibl. vet. Patr. T. V.

p. 21—39; bei *Migne*, P. lat. XII, 971—1050. Neue Ausgaben, auf Grund
neuer Vergleichungen der Handschrift, lieferten C. Bursian, Leipzig 1856. 8°; und
C. Halm, Wien 1867 (Corpus script. eccles. lat. Vol. II; vgl. § 35, 5).
Sonstige Literaturangaben bei Engelmann-Preuß, Bibl. script. class. (8. Aufl.)
II, 259. — Eine neue Ausgabe des Werkes des heidnischen Astrologen, einer voll-
ständigen Theorie des Sternglaubens, hat C. Sittl unternommen: Iulii Firmici
Materni Matheseos libri VIII. Primum rec. *C. Sittl.* Pars I. Libri I—IV.
Lipsiae 1894. 8°.

## § 68. Hilarius von Poitiers.

**1. Leben.** — Auch die abendländische Kirche wurde durch die arianischen
Wirren auf das tiefste erschüttert. Im Hinblick auf den Ausgang der Doppelsynode zu Seleucia und zu Rimini im Jahre 359 schrieb Hieronymus: In-
gemuit totus orbis et Arianum se esse miratus est (Alterc. Lucif. et
orthod. c. 19: *Migne*, P. lat. XXIII, 172). Um die Zeit der größten Erfolge des Arianismus bezw. Semiarianismus begann in Gallien ein glänzeuder
Stern sein mildes, freundliches Licht in die nächtlichen Stürme der argen Zeit
zu senden: der hl. Hilarius von Poitiers, ein ebenso gedankentiefer wie
sprachgewaltiger Theologe, sanften und zartfühlenden Sinnes, aber auch voll
königlichen Freimuthes. Die beliebte Bezeichnung „Athanasius des Abendlandes" dürfte freilich vollere Anwendung auf Hosius von Corduba (§ 69, 1)
finden. Jedenfalls aber war Hilarius eines der hervorragendsten Werkzeuge
der Vorsehung zur Rettung der Orthodoxie im Kampfe mit dem Arianismus.
Einer vornehmen heidnischen Familie zu Poitiers (Pictavi in Aquitanien) ent-
stammend, hat Hilarius wahrscheinlich im zweiten Jahrzehnt des 4. Jahrhunderts
das Licht der Welt erblickt. Von früher Jugend auf widmete er sich mit
ernstem Eifer dem Studium der lateinischen und der griechischen Sprache.
Auf die Frage nach dem Ziel und Ende des Menschenlebens von der heidnischen Philosophie im Stiche gelassen, ward er wie von ungefähr zu den
heiligen Schriften geführt, um hier zu finden, was er suchte. Zu Eingang
seines größten Werkes (De trin. I, 1 sqq.: *Migne*, P. lat. X, 25 sqq.) hat
er selbst den Weg beschrieben, auf welchem er zur Erkenntniß der Wahrheit
und zur Annahme des Christenthums gelangte. Den Empfang der heiligen
Taufe hat er jedenfalls nicht lange hinausgeschoben. Und vermuthlich ist er
schon bald nachher durch die einmüthige Stimme des Clerus und des Volkes
auf den Bischofssitz seiner Vaterstadt berufen worden. Im Jahre 355 hatte
er, seiner eigenen Angabe zufolge, die bischöfliche Würde bereits eine Zeit lang
(aliquantisper De syn. c. 91: X, 545) inne. An der Synode zu Mailand
im Jahre 355, auf welcher Kaiser Konstantius mit rohem Despotismus die
Verurtheilung des hl. Athanasius durchsetzte, hat Hilarius nicht theilgenommen.
Aber die Folgen dieser Synode sollten auch ihn erreichen. Der arianisch gesinnte Metropolit Saturninus von Arles wollte den errungenen Sieg verfolgen
und der gallischen Kirche die Irrlehre aufzwingen. Hilarius erhob sich gegen
ihn. Er vermochte die rechtgläubig gebliebenen Mitglieder des gallischen Episkopates, sich öffentlich von der Kirchengemeinschaft mit den Arianern loszu-
sagen. Saturninus antwortete mit Verdächtigung der politischen Gesinnung
seiner Gegner bei dem Kaiser, und auf einen lügenhaften Bericht der von

Saturninus berufenen Synode zu Béziers in Languedoc (Biterrä in Gallia Narb.) im Frühjahr 356 hin ward Hilarius durch Konstantius in die politische Diöcese Asien verbannt. Hier blieb ihm jedoch ziemlich freie Bewegung gestattet. Den größten Theil der Verbannungszeit scheint er in Phrygien zugebracht zu haben. Unter dem Studium der griechischen Kirchenväter, welches er jetzt umfänglicher als früher pflegen konnte, reifte seine theologische Speculation. Im Exile schrieb er sein bedeutendstes Werk; im Exile erhielt er auch die Anregung zur Dichtung seiner Hymnen. Im Jahre 359 wohnte er der Synode zu Seleucia Aspera, der Hauptstadt Isauriens, bei, und von hier begab er sich mit den Abgesandten der Synode nach Konstantinopel an den kaiserlichen Hof. Auf Betreiben der Arianer ward er nunmehr als „Störenfried des Orients" aus Konstantinopel nach Gallien zurückverwiesen (quasi discordiae seminarium et perturbator Orientis redire ad Gallias iubetur, absque exilii indulgentia Sulp. Sev., Chron. II, 45, 4 ed. Halm). Zu Anfang des Jahres 360 kehrte er über Italien heim und ward in Gallien mit allgemeinem Jubel aufgenommen. Seine nächste Sorge war die Heilung der Wunden, welche der Arianismus, hauptsächlich vertreten durch Saturninus, der gallischen Kirche geschlagen hatte. Durch weise Milde mußte er den zahlreichen Bischöfen, welche unter dem Drucke äußerer Gewalt oder infolge von Unwissenheit ein arianisches Glaubensbekenntniß unterschrieben hatten, den Rücktritt zur kirchlichen Einheit zu erleichtern. Auf dem Nationalconcile zu Paris im Jahre 361, welchem schon mehrere Provincialsynoden voraufgegangen waren, gelang es ihm, fast den gesamten gallischen Episkopat auf dem Boden des Nicänums zu vereinigen und das Urtheil der Amtsentsetzung über Saturninus zu erwirken. Sulpicius Severus schließt seinen diesbezüglichen Bericht mit den Worten: Illud apud omnes constitit unius Hilarii beneficio Gallias nostras piaculo haeresis liberatas (Chron. II, 45, 7). Auch nach Italien reichte der Arm des großen Bischofs. Unter seinem Vorsitze fand 364 eine Synode zu Mailand statt, welche die Rechtgläubigkeit des dortigen arianischen Bischofs Auxentius prüfte. Doch mußte letzterer den Kaiser Valentinian zu täuschen, und Hilarius mußte Mailand verlassen. Er starb in seiner Vaterstadt „im sechsten Jahre nach seiner Rückkehr" (Sulp. Sev. l. c. II, 45, 9), d. i. 366. Die Nachwelt weiht ihm ungetheilte Bewunderung. Im Jahre 384 schreibt Hieronymus: „Das Verdienst seines Bekenntnisses, die Thätigkeit seines Lebens, der Glanz seiner Beredsamkeit wird gefeiert, so weit der römische Name klingt" (ubicumque Romanum nomen est Ep. 34, 3: XXII, 449).

2. Das Werk De trinitate. Der Stil des hl. Hilarius. — Das hervorragendste unter den Werken des hl. Hilarius führt in den Ausgaben den Titel De trinitate libri XII (Migne, P. lat. X, 25–472). Dieser Titel läßt sich bis ins 6. Jahrhundert zurückverfolgen; die ursprüngliche Aufschrift aber lautete De fide oder De fide adversus Arianos. Das Werk ist in den Jahren 356—359 in Kleinasien verfaßt und will dem Arianismus gegenüber die kirchliche Lehre von dem Gottmenschen wissenschaftlich darstellen und begründen. Das erste Buch schildert die Nothwendigkeit und die Seligkeit der wahren Gotteserkenntniß und entrollt zum Schlusse eine Inhaltsübersicht der folgenden Bücher. Das zweite Buch erörtert, ausgehend von der Taufformel, das Geheimniß der Zeugung des Sohnes (sacramentum edocet

divinae generationis I, 21); das dritte sucht, im Anschluß an die Worte ego in patre et pater in me (Joh. 10, 38), die Wesenseinheit des Sohnes mit dem Vater zu beleuchten. Die vier folgenden Bücher wenden sich gegen die Häretiker und entkräften ihre Einwendungen gegen die Gottheit des Sohnes. Das achte Buch hat die Aufgabe, zu zeigen, daß durch die Anerkennung der Gottheit des Sohnes die Einheit Gottes nicht aufgehoben werde (octavus liber totus in unius Dei demonstratione detentus est I, 28). Das neunte Buch will die Lehre von der ewigen Geburt des Sohnes aus dem Vater gegen die Vorwände der Arianer vertheidigen (nonus liber totus in repellendis iis quae ad infirmandam unigeniti Dei nativitatem [nicht divinitatem] ab impiis usurpantur intentus est I, 29). Das zehnte Buch hat die in den Evangelien bezeugten Schmerzensäußerungen Christi, das elfte die Joh. 20, 17 und 1 Kor. 15, 27—28 ausgesprochene Unterordnung Christi unter Gott mit dem Glauben an die wahre Gottheit des Sohnes in Einklang zu setzen. Im zwölften Buche endlich gilt es, die ewige Geburt des Sohnes in ihrer absoluten Verschiedenheit von jedem zeitlichen Werden zu erfassen, insoweit nämlich der menschliche Geist das Geheimniß zu erreichen vermöge. Das Ganze ist eingegeben und durchweht von feuriger Begeisterung für den Glauben der Kirche. Es ist die vollendetste schriftstellerische Leistung, welche die Geschichte des Kampfes mit dem Arianismus aufzuweisen hat. Hilarius knüpft an die Speculation der griechischen Kirchenväter an, um dieselbe in durchaus selbständiger und eigenartiger Weise fortzuführen und auszubilden. Er hat überhaupt in hervorragendem Maße dazu mitgewirkt, der abendländischen Theologie den Einfluß der morgenländischen Literatur zu vermitteln und dadurch neue befruchtende Elemente zuzuführen. Auf die Eigenthümlichkeit seiner christologischen Anschauungen wird später (Abs. 6) zurückzukommen sein. Auch der formellen Seite seines Werkes hat Hilarius den größten Fleiß gewidmet. In dem Gebete um den Beistand Gottes zu Ende des ersten Buches (I, 38) sagt er: Tribue ergo nobis verborum significationem, intelligentiae lumen, dictorum honorem, veritatis fidem. Auf Prägnanz und Würde des Ausdrucks hat er stets besondern Werth gelegt. Nicht ohne Einseitigkeit urtheilte Hieronymus: „Der hl. Hilarius schreitet hoch einher auf gallischem Kothurne, schmückt sich mit den Blumen Griechenlands und verwickelt sich nicht selten in lange Perioden: zur Lectüre für weniger gebildete Brüder ist er deshalb keineswegs geeignet" (Ep. 58, 10: *Migne* l. c. XXII, 585). Es ist nicht Freude an rhetorischem Prunk, es ist die Wärme der Empfindung, weche der Sprache des hl. Hilarius sehr oft eine gewisse Feierlichkeit und Erhabenheit verleiht. Immer aber hat sein Ausdruck etwas Urwüchsiges und Kerniges, Kraftvolles und Charaktervolles. So wenig sein Stil durch Leichtigkeit und Anmuth glänzt, so mächtig fesselt er durch den Reiz der Individualität und Originalität. Die Schwierigkeit des Verständnisses gründet nicht sowohl in der Dunkelheit der Sprache als in der Tiefe und der Kühnheit des Gedankens.

3. Historisch-polemische Schriften. — Gleich Athanasius sah sich auch Hilarius zu wiederholten Malen veranlaßt, die geschichtliche Wahrheit gegen die Fälschungen und Entstellungen der Arianer in Schutz zu nehmen. In der ersten Schrift an Kaiser Constantius (Ad Constantium Augustum lib. I: *Migne*, P. lat. X, 557—564), aus dem Jahre 355, vertheidigte er den Ver=

dächtigungen des Metropoliten Saturninus gegenüber mit beredten Worten und voll Vertrauen seine und seiner Glaubensgenossen politische Unbescholtenheit. Im Januar 360 reichte er zu Konstantinopel ein schriftliches Bittgesuch um eine Audienz bei dem Kaiser ein (Ad Constantium Aug. lib. II: X, 563—572). Er wollte insbesondere Saturninus, welcher gleichfalls zu Konstantinopel weilte, in Gegenwart des Kaisers zum Geständniß seiner Lügen und Ränke (ad confessionem falsorum quae gessit c. 3) nöthigen. Allein er hatte sich in seinen Hoffnungen auf den Kaiser schwer getäuscht; nur den Arianern lieh Konstantius sein Ohr. Hilarius machte seinem Schmerz und Zorn in einer Schrift gegen Konstantius Luft (Contra Constantium: X, 577—606), 360 zu Konstantinopel verfaßt, aber erst nach des Kaisers Tode (3. November 361) der Oeffentlichkeit übergeben. Es ist ein Angstruf und Nothschrei des um das Heilsgut des Glaubens auf das tiefste bekümmerten Bischofs. Konstantius wird der Antichrist genannt (c. 1 sqq.) und mit Nero, Decius und Maximian in Vergleich gebracht (c. 7 sqq.). — Unter dem Eindruck der kaiserlichen Ankündigung einer Doppelsynode für den Orient (Seleucia) und den Occident (Rimini) veröffentlichte Hilarius im Frühjahre 359 die Schrift oder das Sendschreiben De synodis seu de fide Orientalium (X, 479—546). Dasselbe ist zunächst an die occidentalischen, zugleich aber auch an die orientalischen Bischöfe gerichtet und will dem einträchtigen Zusammengehen aller Freunde des Nicänums auf den bevorstehenden Synoden die Wege ebnen. Den Hauptgrund der vorhandenen Spannung erblickt der Verfasser in dem bei den Abendländern herrschenden Mangel an Kenntniß der Synodalverhandlungen des Morgenlandes seit dem Nicänum, und erstattet er deshalb über diese Verhandlungen eingehenden Bericht. Mehrere andere Briefe, welche Hilarius früher schon aus dem Exile an die Bischöfe seiner Heimat gesandt hatte (De syn. c. 1), sind zu Grunde gegangen. Jenen Friedensbrief rechtfertigte er gegen Angriffe des wenig friedfertigen Bischofs Lucifer von Calaris (§ 69, 2) in einer besondern Schrift, von welcher sich indessen nur noch unbedeutende Fragmente erhalten haben (Apologetica ad reprehensores libri de synodis responsa: X, 545—548). — Die Denkschrift gegen Auxentius (Contra Arianos vel Auxentium Mediolanensem: X, 609—618), aus dem Jahre 365, will die Bischöfe Italiens vor der Kirchengemeinschaft mit Auxentius von Mailand warnen. Zwei durch Hieronymus (De vir. ill. c. 100) bezeugte Schriften, Liber adversum Valentem et Ursacium, historiam Ariminensis et Seleuciensis synodi continens, und Ad praefectum Sallustium sive contra Dioscorum, sind nicht auf uns gekommen. Die Fragmenta (15) ex opere historico (X, 627—724), welche von den Vertheidigern ihrer Echtheit als Ueberbleibsel der erstgenannten Schrift bezeichnet zu werden pflegen, sind wahrscheinlich, mit alleiniger Ausnahme des ersten Fragments, sämtlich unecht. Von der an zweiter Stelle genannten Schrift sagt Hieronymus anderswo: Hilarius brevi libello, quem scripsit contra Dioscorum medicum, quid in litteris possit ostendit (Ep. 70, 5: XXII, 668).

4. Exegetische Schriften. — Als gelehrter Exeget hat Hilarius in der abendländischen Kirche eine bahnbrechende Thätigkeit entwickelt. Vor ihm waren außer Victorinus von Pettau (§ 39), soviel bekannt, nur Bischof Rheticius von Autun (Augustobunum) unter Konstantin d. Gr. und Bischof Fortunatianus

von Aquileja unter Konstantius als Schriftcommentatoren aufgetreten. (Die
Commentare des Rhetors Marius Victorinus gehören allem Anscheine nach
einer spätern Zeit an; s. § 69, 8.) Rheticius erklärte das Hohe Lied (*Hier.*,
De vir. ill. c. 82; Ep. 37: XXII, 461—463), Fortunatianus die Evangelien
(*Hier.*, De vir. ill. c. 97; Comm. in Matth. praef.: XXVI, 20); der eine
wie der andere Versuch konnte den Anforderungen des hl. Hieronymus nicht
genügen; beide sind verloren gegangen. Die früheste aller Schriften des hl. Hilarius ist ein Commentar über das Matthäusevangelium (IX, 917—1078),
jedenfalls zu einer Zeit, zu welcher der Heilige noch nicht in die arianischen
Händel verwickelt war, etwa um 355, verfaßt. Die Erklärung geht von der
Voraussetzung aus, der ganzen Heiligen Schrift eigne ein prophetischer oder
vorbildlicher Charakter, und erblickt ihre Aufgabe ausschließlich darin, diesem
tiefern Sinne (typica ratio XVII, 8. XIX, 1; causae interiores XII, 12;
caelestis intelligentia XX, 2) nachzuforschen. Einer Feststellung des gram-
matisch-historischen Sinnes bedarf es nach der Anschauung des Verfassers nicht;
der griechische Text des Evangeliums bleibt vollständig außer Betracht. Eine
etwas andere Haltung beobachtet der wohl erst aus den letzten Lebensjahren
des Heiligen stammende Commentar zu den Psalmen (Tractatus super psalmos:
IX, 231—908). Zwar ist auch hier das Absehen des Commentators vorwiegend auf das himmlische Verständniß oder die Ermittlung des prophetischen
Gehaltes des Textes gerichtet. Zugleich aber bemüht er sich doch auch, dem
Buchstaben gerecht zu werden, und zieht zu diesem Ende fort und fort verschiedene lateinische und griechische Uebersetzungen zu Rathe. Auch nimmt er
wiederholt auf frühere Erklärer Bezug (Instr. c. 1; In ps. 54, 9; In
ps. 124, 1). Die Bemerkung des hl. Hieronymus (De vir. ill. c. 100),
Hilarius habe Origenes nachgeahmt, Einiges aber von dem Seinigen hinzugefügt, thut ohne Zweifel den Rechten des Verfassers Eintrag. Ursprünglich
hat der Commentar sich sehr wahrscheinlich über das ganze Psalmenbuch erstreckt. In der dem hl. Hieronymus vorliegenden Gestalt umfaßte derselbe die
Psalmen 1. 2. 51—62. 118—150. Die neuern Ausgaben (Migne, Zingerle)
bieten Erklärungen der Psalmen 1. 2. 9. 13. 14. 51—69. 91. 118—150
(und anhangsweise fragmentarische oder unechte Abhandlungen über einige andere
Psalmen). Die genannten beiden Commentare haben sich in der Folge eines
großen Ansehens erfreut und zur Einführung und Verbreitung der allegorisirenden Auslegungsweise des biblischen Textes im Abendlande mächtig beigetragen. Von den Tractatus in Iob, welche nach Hieronymus (l. c.) im
wesentlichen nur eine Uebersetzung der Erklärung des Origenes darstellten,
sind zwei kleine Fragmente übrig geblieben (X, 723—724). Durch andere
hörte Hieronymus (l. c.) von einem Commentare des hl. Hilarius über das
Hohe Lied. Auf Grund späterer Andeutungen schreiben neuere Forscher dem
Heiligen die Abfassung eines (verloren gegangenen) Commentares über die
paulinischen Briefe zu. Auch der durch Hieronymus (l. c.) bezeugte Liber
mysteriorum ist nach Ausweis der von Gamurrini (1887) herausgegebenen
Bruchstücke unter die exegetischen Schriften einzureihen, insofern derselbe nicht,
wie man früher anzunehmen pflegte, die Liturgie, insbesondere den Meßritus,
betraf, sondern über (die) Typen oder prophetischen Vorbilder des Alten Testamentes handelte. Die von Mai (1852) veröffentlichten Abhandlungen über

ben Eingang des ersten und den Eingang des vierten Evangeliums sowie über
die Heilung des Gichtbrüchigen (Matth. 9, 2 ff.) sind unecht.

5. Hymnen. — Laut Hieronymus (De vir. ill. c. 100) hat Hilarius
auch ein Hymnenbuch (Liber hymnorum) hinterlassen, und nach Isidor von
Sevilla (De eccl. offic. I, 6: LXXXIII, 743) ist Hilarius der erste (bedeutende) Hymnendichter gewesen (hymnorum carmine floruit primus). In
der Handschrift (des 11. Jahrhunderts), welcher Gamurrini die Fragmente
des Buches der Mysterien (Abs. 4) entnahm, fanden sich auch Ueberbleibsel
des Hymnenbuches, freilich nur noch drei Hymnen umfassend, und diese drei
nur lückenhaft und verstümmelt. Alle drei feiern das Erlösungswerk des
Gottmenschen. Der zweite ist nicht, wie Gamurrini annimmt, von einer Frau,
sondern (von Hilarius) für eine Frau verfaßt. Ein jedes der drei Lieder hat
ein besonderes Metrum; die beiden ersten erweisen sich als Abecedarien (die
Strophen beginnen der Reihe nach mit den Buchstaben des Alphabets), Verstöße gegen die Reinheit des Versbaues sind sehr häufig. Einige andere
Hymnen unter dem Namen des hl. Hilarius waren früher bereits bekannt,
insbesondere das schöne Morgenlied Lucis largitor splendide und das Abend-
lied Ad caeli clara non sum dignus sidera. Die Frage nach ihrer Echtheit fand indessen sehr widersprechende Beantwortung. Durch die Entdeckung
Gamurrinis ist wenigstens die Anforderung eines klassisch-correcten Versbaues
an Gedichte des hl. Hilarius als unberechtigt erwiesen worden. Den ersten
Anstoß zur Abfassung von Hymnen empfing Hilarius in Kleinasien, wo er
den griechischen Hymnengesang kennen lernte; jedenfalls sind auch seine Hymnen
(sei es sämtlich, sei es zum Theil) von Anfang dazu bestimmt gewesen, in
der Kirche gesungen zu werden. Diese Annahme läßt sich sehr wohl mit der
Thatsache vereinbaren, daß das christliche Alterthum den hl. Ambrosius als
den Vater der liturgischen Hymnodie im Abendlande betrachtet (vgl. § 72, 8).
Die Bemühungen des hl. Hilarius auf diesem Gebiete hatten eben wenig Erfolg; er selbst muß seine Gallier „im Hymnengesange ungelehrig" nennen (in
hymnorum carmine indociles, bei *Hieronymus*, Comm. in Gal. lib. II
init.: XXVI, 355).

6. Christologie. — Die schriftstellerische Thätigkeit des hl. Hilarius ist,
wie gezeigt, in erster Linie der Vertheidigung des Glaubens an die Gottheit
Jesu Christi gewidmet. Dieser Glaube gilt ihm, im Hinblick auf Matth. 16, 13 ff.,
als das Fundament der Kirche (Haec fides ecclesiae fundamentum est, per
hanc fidem infirmes adversus eam sunt portae inferorum, haec fides regni
caelestis habet claves De trin. VI, 37). Den speculativen Beweis für die
Gottheit Christi entnimmt Hilarius mit Vorliebe der ewigen Zeugung des Sohnes
durch den Vater (Quis dubitabit quin indifferentem naturam nativitas con-
sequatur? Hinc enim est sola illa quae vere esse possit aequalitas De
trin. VII, 15). Die mit der Zeugung gegebenen Eigenthümlichkeiten der Vater-
schaft und der Sohnschaft lassen die Einheit des Wesens unberührt (Licet paternae nuncupationis proprietas differat, tamen natura non differt: natus
enim a Deo Deus non dissimilis est a gignente substantia In ps. 138, 17).
Gott von Ewigkeit, ist der Sohn in der Zeit auch Mensch geworden (Hunc
igitur assumpsisse corpus et hominem factum esse perfecta confessio
est . . . ut sicut Dei filium, ita et filium hominis meminerimus: quia

alterum sine altero nihil spei tribuit ad salutem In Matth. XVI, 5). Daß er beide Wesensbestandtheile der menschlichen Natur, Leib und Seele, angenommen, wird sehr häufig betont (Naturam in se universae carnis assumpsit In ps. 51, 16; nostri corporis atque animae homo In ps. 53, 8; carnis atque animae homo ac Deus, habens in se et totum verumque quod homo est et totum verumque quod Deus est De trin. X, 19). Diese Menschwerdung des Logos wurde in zwiefacher Weise vermittelt. Der Gottessohn mußte sich der forma Dei entäußern (In forma servi veniens evacuavit se ex Dei forma, nam in forma hominis exsistere manens in Dei forma qui potuit? In ps. 68, 25; vgl. Phil. 2, 6—7). Ueber den Sinn und die Tragweite der evacuatio ex Dei forma ist gestritten worden. Doch dürfte schon aus dem Tractate über Pf. 68, welcher sich am einläßlichsten zu dieser Frage äußert, mit Sicherheit hervorgehen, daß Hilarius einen freiwilligen Verzicht des Logos auf die ihm als Gott zukommende Offenbarungsweise und Herrlichkeit für die Zeit seines Erdenwandels lehren will (Aboleri Dei forma, ut tantum servi esset forma, non potuit. Ipse enim est et se ex forma Dei inaniens et formam hominis assumens, quia neque evacuatio illa ex Dei forma naturae caelestis interitus est, neque formae servilis assumptio tamquam genuinae originis conditionisque natura est In ps. 68, 25). Der Selbst= erniedrigung des Gottessohnes entsprach eine Erhebung der menschlichen Natur. Die Menschheit Jesu Christi ist himmlischer Herkunft (Primus enim homo de limo terrae; et secundus Adam in huius limi profundum de caelis descendens se ipsum tamquam ex alto veniens defixit In ps. 68, 4). Der Logos selbst hat sich seinen Leib aus Maria gebildet und seine Seele aus nichts geschaffen (Ut per se sibi assumpsit ex virgine corpus, ita ex se sibi animam assumpsit De trin. X, 22). Weil ein himmlischer Leib (caeleste corpus De trin. X, 18), ist der Leib des Herrn mit außerordent= lichen Vorzügen ausgestattet. Zwar theilt derselbe auch nach Hilarius die Wesenheit unseres Leibes, und steht insbesondere die Realität des Leidens und Sterbens Christi außer Frage. Gleichwohl aber war der Leib Christi an und für sich über alle Bedürfnisse (der Nahrung und der Ruhe) und Schmerz= empfindungen durchaus erhaben und konnte immer nur durch einen Act frei= williger Selbsterniedrigung des Herrn in irgend welche Zuständlichkeit der Schwäche eintreten. Die Verklärung auf dem Thabor oder das Wandeln über dem Meere ist nach Hilarius nicht, wie die gewöhnliche Ansicht behauptet, ein Wunder, sondern die dem Leibe des Herrn natürliche Daseins= oder Offen= barungsweise. Christus hatte nicht bloß in jedem Augenblicke die Macht, seinen Leib in den Zustand der Verklärung zu erheben und dem Leiden und dem Tode zu entrücken, sondern es bedurfte stets eines besondern Eingreifens seines Willens, um diesen Leib der ihm natürlichen Freiheit von jedweder Schwäche zu berauben und den Einwirkungen feindlicher Elemente zugänglich zu machen. Vgl. etwa De trin. X, 23: Naturae enim propriae ac suae corpus illud est, quod in caelestem gloriam conformatur in monte, quod attactu suo fugat febres, quod de sputo suo format oculos; X, 35: Non ambiguum est in natura eius corporis infirmitatem naturae cor- poreae non fuisse, cui in virtute naturae fuerit omnem corporum de- pellere infirmitatem. Es läßt sich nicht verkennen, daß diese Lehre die Freiheit

und Verdienstlichkeit des Leidens des Herrn in ein neues Licht rückt; es läßt
sich aber auch nicht läugnen, daß dieselbe „an der Klippe des Doketismus
ziemlich hart vorübersegelt".

7. Gesamtausgaben und Einzelausgaben. Uebersetzungen und Bearbeitungen. —
Die ersten Gesamtausgaben der Werke des hl. Hilarius veranstalteten D. Erasmus,
Basel 1523 (1526. 1553). 2⁰; L. Miräus, Paris 1544. 2⁰; M. Lipsius,
Basel 1550 (1570). 2⁰. Näheres über diese und andere Ausgaben aus früherer
Zeit bei *Schoenemann*, Bibl. hist.-lit. Patr. lat. I, 279 sqq. (abgedruckt bei *Migne*,
P. lat. IX, 211 sqq.). Der Mauriner P. Coustant († 1721) führte die kritische Arbeit in ein neues Stadium. Seine Ausgabe, Paris 1693. 2⁰, darf auch
unter den Editionen der Mauriner einen hervorragenden Platz beanspruchen. Eine
verbesserte Auflage dieser Ausgabe besorgte Markgraf Scipio Maffei, Verona
1730 (Venedig 1749—1750). 2 Bde. 2⁰. Er konnte namentlich den Text des
Werkes De trinitate und des Psalmencommentares auf Grund neuer Handschriften
berichtigen. Migne (P. lat. IX—X. Paris. 1844—1845) gibt einen vermehrten,
aber sehr fehlerhaften Abdruck der Veroneser Ausgabe. Ausgewählte Schriften des
hl. Hilarius wurden ins Deutsche übersetzt von J. Fisch, Kempten 1878 (Bibl.
der Kirchenväter). — Das Werk De trinitate ist auch abgedruckt bei *H. Hurter*,
SS. Patr. opusc. sel. Ser. II. T. 4. Oenip. 1888. J. Stix, Zum Sprachgebrauch des hl. Hilarius von Poitiers in seiner Schrift De trinitate (Progr.).
Rottweil 1891. 4⁰. — Eine treffliche Ausgabe des Psalmencommentares lieferte
A. Zingerle, Wien 1891 (Corpus script. eccl. lat. Vol. XXII). Ueber die
handschriftliche Ueberlieferung des Werkes s. Zingerle, Studien zu Hilarius' von
Poitiers Psalmencommentar. Wien 1885 (aus den Sitzungsberichten der phil.-hist.
Cl. d. k. Ak. d. Wiss. zu Wien. Bd. CVIII). Leider ist ein sehr alter Texteszeuge, cod. Lugdun. 381 saec. VI, Zingerle entgangen. Vgl. nunmehr Zingerle, Der Hilarius-Codex von Lyon. Wien 1893 (aus den genannten Sitzungsberichten. Bd. CXXVIII). Ueber sonstige Fragen, insbesondere Fragen der Texteskritik, s. Zingerle, Beiträge zur Kritik und Erklärung des Hilarius von Poitiers:
Wiener Studien. Zeitschr. f. class. Philol., Jahrg. 1886, S. 331—341; Zu Hilarius
von Poitiers: ebend., Jahrg. 1889, S. 314—323; Zum hilarianischen Psalmen-
commentar: Kleine philol. Abhandlungen von A. Zingerle. Heft 4. Innsbruck
1887. S. 55—74; Die lateinischen Bibelcitate bei S. Hilarius von Poitiers:
ebend. S. 75—89; Kleine Beiträge zu griechisch-lateinischen Worterklärungen aus
dem Hilarianischen Psalmencommentar: Commentationes Woelfflinianae. Lipsiae
1891. 8⁰. p. 213—218. Zum Texte des Psalmencommentares vgl. auch *I. B. Pitra*,
Analecta sacra et classica. Paris. 1888. Pars I. p. 141—143. Der von
Pitra im Jahre 1852 unter dem Namen des hl. Hilarius herausgegebene Commentar zu den kleinern Briefen des hl. Paulus gehört Theodor von Mopsuestia an
(§ 56, 4); vgl. *Pitra* l. c. p. 145—147. Die unechten Abhandlungen über
Matth. 1, Joh. 1 und Matth. 9, 2 ff. finden sich bei *A. Mai*, Nova Patrum
Bibl. T. I. Romae 1852. Pars 1. p. 477—490. Eine unechte Homilie unter
dem Namen des hl. Hilarius bei *Fr. Liverani*, Spicilegium Liberianum. Florentiae 1863. 2⁰. p. 113—114. S. Hilarii Tractatus de mysteriis et Hymni
et S. Silviae Aquitanae Peregrinatio ad loca sancta. Quae inedita ex
codice Arretino depromsit *I. F. Gamurrini*. Accedit Petri Diaconi Liber
de locis sanctis. Romae 1887. 4⁰ (Biblioteca dell' Accademia Storico-
Giuridica. Vol. IV). Von der Peregrinatio S. Silviae wird § 70, 10 die Rede
sein. Vgl. *G. F. Gamurrini*, I misteri e gl'inni di S. Ilario vescovo di
Poitiers ed una peregrinazione ai luoghi santi nel IV. secolo, scoperti in
un antichissimo codice: Studi e Documenti di Storia e Diritto, anno 1884,

p. 81—107; Della inedita peregrinazione ai luoghi santi nel IV. secolo: ibid., anno 1885, p. 145—167. *C. Kohler*, Note sur un manuscrit de la bibliothèque d'Arezzo: Bibliothèque de l'École des Chartes, année 1884, p. 141—151. *F. Cabrol*, Le manuscrit d'Arezzo. Écrits inédits de Saint-Hilaire, et Pèlerinage d'une dame gauloise du IVe siècle aux lieux saints. Paris 1888. 8⁰ (Extr. de la Revue du monde catholique). G. M. Dreves, Das Hymnenbuch des hl. Hilarius: Zeitschr. f. kath. Theol. Bd. XII (1888). S. 358—369. Ueber die früher schon bekannt gewesenen Hymnen unter dem Namen des hl. Hilarius f. *B. Hoelscher*, De SS. Damasi Papae et Hilarii Episc. Pictaviensis qui feruntur hymnis sacris (Progr.). Monasterii 1858. 4⁰; J. Kayser, Beiträge zur Geschichte und Erklärung der ältesten Kirchenhymnen. 2. Aufl. Paderborn 1881. S. 52—88. Eine neue Ausgabe des Hymnus Ad caeli clara non sum dignus sidera bei *Pitra* l. c. p. 138—141; ein Abbruck in der Zeitschr. f. kath. Theol. Bd. XIII (1889). S. 737—740.

8. Schriften über Hilarius. — Ad. Biehhaufer, Hilarius Pictaviensis geschildert in seinem Kampfe gegen den Arianismus. Klagenfurt 1860. 8⁰. J. H. Reinkens, Hilarius von Poitiers. Eine Monographie. Schaffhausen 1864. 8⁰. *Dormagen*, St. Hilaire de Poitiers et l'Arianisme (Thèse). Paris 1864. 8⁰. *V. Hansen*, Vie de St. Hilaire, évêque de Poitiers et docteur de l'église. Luxembourg 1875. 8⁰. *J. G. Cazenove*, St. Hilary of Poitiers and St. Martin of Tours. London 1883. 8⁰. *P. Barbier*, Vie de St. Hilaire, évêque de Poitiers, docteur et père de l'église. Tours 1887. 18⁰. — J. B. Wirthmüller, Die Lehre des hl. Hilarius von Poitiers über die Selbstentäußerung Christi, vertheidiget gegen die Entstellungen neuerer protestantischer Theologen. Eine Habilitationsschrift. Regensburg 1865. 8⁰. Balzer, Die Theologie des hl. Hilarius von Poitiers (Progr.). Rottweil 1879. 4⁰; Ders., Die Christologie des hl. Hilarius von Poitiers (Progr.), ebend. 1889. 4⁰. Th. Förster, Zur Theologie des Hilarius: Theol. Studien u. Kritiken. Bd. LXI (1888). S. 645—686. Andere Schriften find angeführt bei *Chevalier*, Répert. 1060. 2649.

9. Arianische Literatur. — Unter dem Namen des arianischen Bischofs Potamius von Olisipo (Lissabon), des Verfassers der zweiten sirmischen Glaubensformel vom Jahre 357 (welche von Hilarius De syn. c. 11 kurzweg blasphemia genannt wird), gehen drei kurze Schriftstücke: Tractatus de Lazaro, Tractatus de martyrio Isaiae prophetae, Epistola ad Athanasium (*Gallandi*, Bibl. vet. Patr. T. V. p. 96—99; *Migne*, P. lat. VIII, 1411—1418). Der Brief an Athanasius bekennt sich übrigens zu dem dogmatischen Standpunkte des Adressaten und soll deshalb in früherer Zeit, als Potamius noch Anhänger des Nicänums gewesen, geschrieben worden sein. Vgl. *Schoenemann*, Bibl. hist.-lit. Patr. lat. I, 307—309. P. B. Gams, Die Kirchengeschichte von Spanien. Bd. II. Abth. 1. Regensburg 1864. S. 315—317. — Der Arianer Candidus hinterließ eine Abhandlung De generatione divina und einen Brief, beide an den Rhetor Marius Victorinus (§ 69, 8) gerichtet und unter deffen Werken gedruckt (*Migne*, P. lat. VIII, 1013—1020. 1035—1040). — Unzweifelhaft arianischer Herkunft und Tendenz find auch die von A. Mai (Script. vet. nova Coll. T. III. Romae 1828. Pars 2. p. 186—237) aus codices rescripti ans Licht geförderten Fragmente eines Commentares über das Lucas-Evangelium (p. 191—207) und dogmatischer Abhandlungen (p. 208—237; abgedruckt bei *Migne*, P. lat. XIII, 593—628). Wahrscheinlich ist jener Commentar um 370 von dem Gotenapostel Vulfila († 381) verfaßt worden, während die dogmatischen Abhandlungen vielleicht dem Bischofe Auxentius von Dorostorum (Silistria), einem Schüler Vulfilas, angehören. Vgl. *G. L. Krafft*, Commentatio historica de fontibus Ulfilae arianismi ex fragmentis Bobiensibus erutis (Progr.). Bonnae 1860. 4⁰. Ein von Auxentius geschriebener Bericht über

Vulfila und seine Lehre ward entdeckt und herausgegeben von G. Waitz, Ueber das Leben und die Lehre des Ulfila. Hannover 1840. 4⁰. Ein Abdruck bei C. Bernhardt, Vulfila oder die gotische Bibel (J. Zacher, Germanistische Hand-bibliothek. III). Halle 1875. S. xii—xviii; das Glaubensbekenntniß Vulfilas am Schlusse des Berichtes auch bei C. P. Caspari, Ungedruckte u. s. w. Quellen zur Geschichte des Tauffymbols und der Glaubensregel. II. Christiania 1869 S. 303—305, sowie bei A. Hahn, Bibliothek der Symbole und Glaubensregeln der alten Kirche. 2. Ausg. Breslau 1877. S. 199—200. Vgl. über diesen Bericht G. Kaufmann, Kritische Untersuchung der Quellen zur Geschichte Ulfilas Zeitschr. f. deutsches Alterthum u. deutsche Litteratur. Bd. XV (1883). S. 193—261 — Eine kurze Darstellung der arianischen Gotteslehre unbekannter Herkunft (qui-dam sermo Arianorum) ist von Augustinus in seine Gegenschrift aufgenommen worden; s. § 76, 7 gegen Ende. — Das sogen. Opus imperfectum in Matthaeum gehört, wie schon § 57, 10 bemerkt wurde, einer spätern Zeit an.

## § 69. Andere Bekämpfer des Arianismus.

1. Hosius von Corduba. — Einer der gefeiertsten, zugleich aber auch einer der am bittersten verfolgten Träger des Kampfes gegen den Arianismus in Abendlande war Hosius, wahrscheinlich Vorsitzender auf dem Concile zu Nicäa, geb. um 256, seit 296 Bischof von Corduba (Cordova in Südspanien) † 27. August 357. Ihm gebührt der Name „Athanasius des Abendlandes" (vgl. § 68, 1). Freilich hat er nicht sowohl in Schriften als vielmehr in Wort und That für den Glauben der Kirche gestritten. Einen (griechisch geschriebenen) Brief des greisen Glaubenszeugen an Kaiser Konstantius aus dem Jahre 354 oder 355, ebenso freimüthig und unerschrocken in der Sach wie maßvoll im Ausdrucke, hat Athanasius in seine Historia Arianorum c. 44 aufgenommen (*Migne*, P. gr. XXV, 744—748; auch P. lat. VIII 1327—1331). Nach Isidor von Sevilla (De vir. ill. c. 5: *Migne* l. c LXXXIII, 1086) hinterließ Hosius eine Epistola ad sororem suam de laude virginitatis und ein Opus de interpretatione vestium sacerdotalium quae sunt in Veteri Testamento. Pitra veröffentlichte (1888) 49 kurze Sprüche unter dem Titel Doctrina Hosii episc. de observatione disciplinae Dominicae.

Die Doctrina bei *Pitra*, Analecta sacra et classica. Paris. 1888. Pars I p. 117. P. B. Gams, Die Kirchengeschichte von Spanien. Bd. II. Abth. 1 Regensburg 1864. S. 137—309: „Hosius von Corduba."

2. Lucifer von Calaris. — Bischof Lucifer von Calaris (auch Caralis jetzt Cagliari, auf Sardinien) ward im Jahre 354 von Papst Liberius mit einer Gesandtschaft an das Hoflager des Kaisers Konstantius zu Arles betraut Als er sich 355 auf der Synode zu Mailand weigerte, den hl. Athanasius (bezw. sub nomine Athanasii Nicaenam fidem *Hier.*, De vir. ill. c. 95 zu verurtheilen, verbannte Konstantius ihn in den Orient, und erst unter Julian (361—363) durfte er heimkehren. Schon im Exile (vgl. § 68, 3) noch mehr aber nach seiner Rückkehr, gerieth Lucifer auch mit seinen kirchlichen Freunden und Kampfesgenossen in Widerspruch. Durch die Weihe eines neuen Bischofs (Paulinus) zu Antiochien beseitigte er nicht die dortige Spaltung sondern steigerte nur die vorhandene Verwirrung. Die Milde aber, welche

die Synode zu Alexandrien im Jahre 362 den reumüthigen Arianern entgegen=
brachte, mußte er so wenig zu würdigen, daß er sich, wie es wenigstens scheint,
zum förmlichen Bruche mit den Vertretern und Anhängern der Synode hin=
reißen ließ. Jedenfalls haben sich nach ihm (er starb 370 oder 371) die=
jenigen benannt, welche die frühern Arianer von allen Kirchenämtern aus=
geschlossen wissen wollten. Dieses Schisma der Luciferianer hat sich indessen
nicht lange erhalten. — Während seines Exiles (356—361) verfaßte Lucifer
mehrere an Konstantius gerichtete Schriften, wahrscheinlich in nachstehender
Reihenfolge. De non conveniendo cum haereticis (*Migne*, P. lat. XIII,
767—794): die Rechtgläubigen müssen jede Gemeinschaft mit den Arianern
fliehen; De regibus apostaticis (XIII, 793—818): sehr mit Unrecht bezeichnet
Konstantius das Glück seiner Regierung als Beweis des Wohlgefallens Gottes,
auch manchen gottlosen und abgöttischen Königen Israels hat Gott langes
Leben und große Erfolge gewährt; De S. Athanasio (ursprünglich vielleicht
Quia absentem nemo debet iudicare nec damnare) liber I—II (XIII,
817—936): es war ein aller Gerechtigkeit hohnsprechendes Vorgehen, wenn
der Kaiser den zu Mailand versammelten Bischöfen zumuthete, den hl. Athanasius
ungehört zu verurtheilen. Diese drei Schriften müssen Anlaß und Gegenstand
des Briefwechsels zwischen Lucifer und dem kaiserlichen Kammerherrn Florentius
(XIII, 935—936) gewesen sein. Durch Florentius fragt der Kaiser Lucifer,
ob er sich wirklich zur Abfassung der eingesandten Schmähschriften bekenne,
und der Verbannte beeilt sich, diese Frage mit Stolz zu bejahen. Diesem
Briefwechsel hat sich vermuthlich die Schrift De non parcendo in Deum
delinquentibus (XIII, 935—1008) angeschlossen, in welcher Lucifer seine
Sprache gegenüber dem Kaiser zu rechtfertigen sucht, namentlich durch das
Hinweis auf das Auftreten der Propheten des Alten Bundes. Schließlich,
frühestens 360, vielleicht erst 361, folgte die Schrift Moriendum esse pro
Dei filio (XIII, 1007—1038), welche des Verfassers freudige Bereitschaft
zum Martyrertode ausspricht. Mehrere Briefe Lucifers sind verloren gegangen.
Die Herkunft der erst von Caspari (1869) herausgegebenen und Lucifer zu=
geeigneten Taufrede (betitelt Exhortatio S. Ambrosii episc. ad neophytos
de symbolo) ist zweifelhaft. — Die Eigenart der Schriften Lucifers liegt in
ihrem rücksichtslosen Tone gegenüber dem Kaiser. Dabei ist der Ausdruck
großentheils der Vulgärsprache entnommen, und auch auf geordneten Gedanken=
gang wird nicht der geringste Werth gelegt. Lucifer ist der hervorragendste Ver=
treter des Vulgärlateins seiner Zeit und wegen der außerordentlich reichen Schrift=
citate zugleich ein sehr wichtiger Zeuge des vorhieronymianischen Bibeltextes.

Die unbestritten echten Schriften Lucifers sind nur durch ein Manuscript (cod.
Vatic. 133, saec. IX/X) überliefert. Die editio princeps ward von J. Tilius,
Bischof von Meaux, besorgt, Paris 1568. 8⁰ (abgedruckt bei *Gallandi*, Bibl. vet.
Patr. T. VI. 1770. p. 153—260), eine bessere Ausgabe von den Gebrüdern
J. D. und J. Coleti, Venedig 1778. 2⁰ (abgedruckt bei *Migne*, P. lat. XIII.
1845), die neueste und beste Ausgabe von W. Hartel, Wien 1886. 8⁰ (Corpus
script. eccles. lat. Vol. XIV). Vgl. Hartel, Lucifer von Cagliari und sein
Latein: Archiv f. lat. Lexikogr. u. Gramm. Bd. III (1886). S. 1—58. Im
übrigen f. G. Krüger, Lucifer, Bischof von Calaris, und das Schisma der Luci=
ferianer. Leipzig 1886. 8⁰. Die erwähnte Taufrede bei C. P. Caspari, Un=
gedruckte u. s. w. Quellen zur Gesch. des Taufsymbols und der Glaubensregel. II.

Christiania 1869. S. 132—140, und wiederum in den Alten und neuen Quelle
u. s. w. Christiania 1879. S. 186—195. Im Gegensatze zu Caspari (an
erstern Orte S. 175—182) sucht Krüger a. a. O. S. 118—130 den Verfasse
der Rede in Eusebius von Vercellä (Abs. 9).

3. Faustinus und Marcellinus. — Ein nicht näher bekannter Presbyte
der Partei der Luciferianer mit Namen Faustinus legte Kaiser Theodosiu
ein Glaubensbekenntniß vor, um sich von der Anklage des Sabellianismu
zu reinigen (Fides Theodosio imp. obláta: Migne, P. lat. XIII, 79—80
überreichte, wahrscheinlich im Herbst 383 zu Konstantinopel, im Vereine m
einem gleichgesinnten Presbyter Marcellinus, den Kaisern Valentinian II
Theodosius und Arkadius eine Bittschrift zu Gunsten der verfolgten Luferian
(Libellus precum ad imperatores: XIII, 83—107) und schrieb auf Ersuche
der Kaiserin Flaccilla, etwa 384, eine Darlegung der katholischen Lehre vo
der Trinität gegenüber dem Arianismus (De trinitate sive de fide contr
Arianos: XIII, 37—80).

Der Text der genannten Schriften bei Migne (l. c.) ist aus Gallant
(Bibl. vet. Patr. T. VII. p. 439—474) genommen. Die frühern Ausgabe
verzeichnet Schoenemann, Bibl. hist.-lit. Patr. lat. I, 550—554 (abgedruckt b
Migne, P. lat. XIII, 35—38). Dem Libellus precum geht in den Handschrift
und den Ausgaben (Migne, l. c. XIII, 81—83) eine von anderer Hand ve
faßte Erzählung über die Leiden des (dem hl. Damasus gegenüberstehenden) Gege
papstes Ursinus vorauf, welche unter dem Titel Gesta inter Liberium et Felice
von W. Meyer in dem Index scholarum Gotting. per s. aest. 1888 p. 12—1
(unter den Epistulae imperatorum romanorum ex collectione canonum Ave
lana editae) von neuem herausgegeben wurde. Ueber Faustinus und Marcellim
s. G. Krüger, Lucifer, Bischof von Calaris, u. s. w. passim. J. Lange
(1880) bezeichnete Faustinus als den sogen. Ambrosiaster; s. § 72, 3 und 10.

4. Gregor von Eliberis. — Neben Lucifer war Bischof Gregor vo
Eliberis in Bätica (Elvira bei Granada), † nach 392, der hervorragend
Führer der luciferianischen Bewegung. Er verfaßte laut Hieronymus (I
vir. ill. c. 105) diversos mediocri sermone tractatus et de fide elegante
librum. Diese Schriften sind jedoch, wie es scheint, nicht auf uns gekomme

Ueber Gregor s. Gams, Die Kirchengesch. von Spanien. II, 1. Regensbu
1864. S. 310—314; Krüger, Lucifer u. s. w. S. 76—80. Mit Unrecht
des Faustinus Schrift De trinitate sive de fide contra Arianos (Abs. 3) früh
wiederholt Gregor zugeschrieben worden; vgl. Schoenemann l. c. I, 550—55
Auch hat man Gregor irrthümlich für den Verfasser einiger Schriften des Bisch
Phöbadius (Abs. 6) gehalten.

5. Hilarius von Rom. — Weiter noch als Lucifer ging der Diak
Hilarius von Rom, † vor 379. Er wollte die Arianer wiedertaufen u
veröffentlichte libellos de haereticis rebaptizandis (Hier., Altercatio L
ciferiani et orthodoxi c. 27: Migne, P. lat. XXIII, 181). Alles Wiss
um dieselben geht auf die Andeutungen des hl. Hieronymus zurück.

Ueber Hilarius s. Krüger a. a. O. S. 88—89. Unverdienterweise
Hilarius mehrfach für den sogen. Ambrosiaster erklärt worden; s. § 72, 3 z. S

6. Phöbadius von Agennum. — Nicht weniger entschieden, aber ruhig
und besonnener als Lucifer, zeigte sich Phöbadius, Bischof von Agennum

zweiten Aquitanien (Agen in Guyenne), † nach 392. Er trat der zweiten
sirmischen Glaubensformel vom Jahre 357 mit einer sehr beachtenswerthen,
schneidigen Kritik entgegen (Liber contra Arianos: *Migne*, P. lat. XX,
13—30). Höchst wahrscheinlich sind ihm auch eine andere Schrift nahe ver=
wandten Inhalts (De fide orthodoxa contra Arianos: XX, 31—50) und
ein Glaubensbekenntniß (Libellus fidei: XX, 49—50) zuzuerkennen.

Der Text der genannten Schriften bei M i g n e (l. c.) ist wiederum aus
G a l l a n d i (Bibl. vet. Patr. T. V. 1769. p. 250—265) geschöpft. Ueber den
Liber contra Arianos handelt J. D r ä s e k e, Phöbadius von Agennum und seine
Schrift gegen die Arianer: Zeitschr. f. kirchl. Wissensch. u. kirchl. Leben. Bd. X
(1889). S. 335—343. 391—407 (Darlegung des Inhalts); Ders., Zu Phöbadius
von Agennum: Zeitschr. f. wissenschaftl. Theol. Bd. XXXIII (1890). S. 78—98
(Beiträge zur Texteskritik). Die Schrift De fide orthodoxa contra Arianos steht
auch unter den Werken des hl. Ambrosius (*Migne*, P. lat. XVII, 549—568) sowie
unter denjenigen des Bischofs Vigilius von Tapsus (P. lat. LXII, 466—468.
449—463). Dieselbe Schrift hat in Verbindung mit dem Libellus fidei auch unter
den Werken Gregors von Nazianz eine Stelle gefunden (ed. *Maur.* T. I. Paris.
1778. p. 892—906; cf. *Migne*, P. gr. XXXVI, 669—676). *P. Quesnel*,
Dissert. XIV. in S. Leonis M. opp. § 7 (*Migne*, P. lat. LVI, 1049—1053),
wollte die beiden letztgenannten Schriften für Gregor von Eliberis (Abf. 4) in
Anspruch nehmen. Ihm gegenüber sind namentlich die Verfasser der Histoire
littéraire de la France T. I, partie 2 (nouv. éd. Paris 1865), p. 273—281
für Phöbadius als Autor eingetreten.

7. Ein Ungenannter. — Höchst interessant ist die erst von C a s p a r i (1883)
ans Licht gezogene Altercatio Heracliani laici cum Germinio episcopo
Sirmiensi de fide synodi Nicaenae et Ariminensis Arianorum. Der
Laie Heraklianus verficht dem arianischen Bischofe Germinius von Sirmium
(† um 370) gegenüber die Entscheidung des Nicänums mit glänzendem Er=
folge. Es handelt sich jedoch nicht um einen fingirten Tendenzdialog, sondern
um den Bericht über eine geschichtliche Begebenheit, um 366 von Laienhand
verfaßt, voll Frische und Naivetät.

Die Altercatio findet sich bei C. P. C a s p a r i, Kirchenhistorische Anecdota.
I. Christiania 1883. 8°. S. 131—147. Vgl. S. v—viii.

8. Marius Victorinus. — Cajus Marius Victorinus, gebürtig
aus Afrika, erntete als Lehrer der Rhetorik zu Rom unter Kaiser Konstantius
außerordentlichen Beifall (seine Verdienste als Lehrer wurden durch eine Bild=
säule auf dem Trajansforum belohnt) und trat als hochbetagter Greis zum
Christenthume über. Als Heide hatte er eine Reihe grammatischer, metrischer,
rhetorischer und philosophischer Schriften veröffentlicht. Als Christ schrieb er
laut Hieronymus (De vir. ill. c. 101) adversus Arium libros more
dialectico valde obscuros, qui nisi ab eruditis non intelleguntur, et
commentarios in apostolum. Wir besitzen unter seinem Namen drei gegen
den Arianismus gerichtete Schriften: Adversus Arium libri IV (*Migne*, P. lat.
VIII, 1039—1138), De generatione divini Verbi (1019—1036), De
ὁμοουσίῳ recipiendo (1137—1140). Die beiden ersten sind einem arianisch
gesinnten Freunde des Verfassers, Candibus (§ 68, 9), gewidmet; keine dieser
Schriften darf eine größere Bedeutung beanspruchen. Von den Commentaren
sind die Erklärungen der Briefe an die Galater (VIII, 1145—1198), an die

Philipper (1197—1236) und an die Epheser (1235—1294) erhalten ge
blieben. Schon Hieronymus urtheilte in betreff dieser Commentare, es gebrech
dem gelehrten Rhetor ganz und gar an theologischer Schulung (quod occupatu
ille eruditione saecularium litterarum scripturas omnino sanctas ignora
verit Comm. in Gal. praef.: XXVI, 308). Das Schriftchen Ad Iustinun
Manichaeum, contra duo principia Manichaeorum et de vera carn
Christi (VIII, 999—1010) und auch der Tractat De verbis scriptura
‚Factum est vespere et mane, dies unus‘ (1009—1014) bekämpft be
Manichäismus. Die Abhandlung De physicis (1295—1310), eine Ver
theidigung des biblischen Schöpfungsberichtes, ist unecht. Drei Hymnen D
trinitate (1139—1146) und drei andere christliche Gedichte müssen gleichfall
sämtlich als unecht bezeichnet werden: das Gedicht De pascha s. De ligne
vitae s. De cruce (69 Hexameter) besingt in schwungvoller Weise das Kreu
Christi als den Baum des Lebens; das Gedicht De Iesu Christo deo e
homine (137 Hex.) behandelt die Wirksamkeit des Herrn auf Erden; da
Gedicht De martyrio Maccabaeorum (394 Hex.) endlich versucht in einen
rhetorisch-panegyrischen Stile die Erzählung der Heiligen Schrift (2 Makk. 7
zu dramatisiren.

Nach den Untersuchungen H. Useners: Anecdoton Holderi (Festschrift)
Bonn 1877. 8°. S. 59—66, ist die unter den logischen Werken des Boethius stehend
Schrift De definitione (Migne, P. lat. LXIV, 891—910) von Marius Victo
rinus verfaßt. Eine kritische Ausgabe dieser Schrift besorgte Th. Stangl, Tul
liana et Mario-Victoriniana (Progr.). München 1888. 8°. S. 12—48. In
übrigen s. über Victorinus als Profanschriftsteller Teuffel-Schwabe, Gesch
der Röm. Lit. 5. Aufl. S. 1031—1034. — Ueber die Hymnen und die ander
Gedichte vgl. J. Chr. F. Bähr, Die christlichen Dichter und Geschichtschreibe
Roms. 2. Aufl. Carlsruhe 1872. S. 50—53; A. Ebert, Allg. Gesch. de
Literatur des Mittelalters im Abendlande. Bd. I. 2. Aufl. S. 124 f. 315 f.
M. Manitius, Gesch. d. christlich-lateinischen Poesie. Stuttg. 1891. S. 113—119
Das Gedicht De pascha steht auch in Hartels Ausgabe der Werke des hl. Cyprian
pars III. p. 305—308 (§ 37, 9). Das Gedicht De martyrio Maccabaeorun
ist neuestens, in Verbindung mit zwei andern Gedichten, In Genesin ad Leonen
papam (Umschreibung des Schöpfungsberichtes in 204 Hex.) und De evangeli
(über die Geburt Christi in 114 Hex.), von R. Peiper, Cypriani Galli poeta
Heptateuchos. Vindobonae 1891 (Corpus script. eccles. lat. Vol. XXIII
p. 231—274 unter dem Namen eines gewissen Hilarius herausgegeben worden
welcher im 5. Jahrhundert in Gallien gelebt habe, aber wohl nicht mit Hilariu
von Arles (§ 78, 3) identificirt werden dürfe. — Ueber Victorinus im allgemeine
handeln G. Koffmane, De Mario Victorino philosopho Christiano (Diss. inaug.)
Vratislaviae 1880. 8°. Ch. Gore, Victorinus Afer: Smith and Wace, A Dictio
nary of Christian Biography. Vol. IV. London 1887. p. 1129—1138
G. Geiger, C. Marius Victorinus Afer, ein neuplatonischer Philosoph (zwei Pro
gramme). Metten 1888. 1889. 4°.

·9. Eusebius von Vercellä. — Eusebius, seit 340 Bischof von Vercell
(Vercelli), schloß sich auf Wunsch des Papstes Liberius 354 der von Lucife
geführten Gesandtschaft an Konstantius an, ward, wie Lucifer, 355 nach de
Synode zu Mailand in den Orient verwiesen, konnte unter Julian heimkehre
und war seitdem insbesondere für Unterdrückung des Arianismus thätig. E
starb, hochangesehen, 371 und wird von der Kirche als Märtyrer (confessor

verehrt (16. December). Heute liegen von ihm nur noch drei Briefe vor (*Migne*, P. lat. XII, 947—954; X, 713—714). Eine von Hieronymus wiederholt (De vir. ill. c. 96; Ep. 61, 2: XXII, 603) genannte Ueber= setzung des Psalmencommentares des Eusebius von Cäsarea (§ 44, 3) ins Lateinische ist zu Grunde gegangen.

Ueber eine von G. Krüger unserem Heiligen zugeschriebene Taufrede vgl. Abf. 2. Ein ausführliches Glaubensbekenntniß (De s. trinitate confessio: *Migne*, P. lat. XII, 959—968) ist unecht. Im Domschatze zu Vercelli wird ein Evan= geliencodex aufbewahrt, welcher nach alten und glaubwürdigen Nachrichten von der Hand des hl. Eusebius geschrieben ist und zu den hervorragendsten Repräsentanten des vorhieronymianischen lateinischen Evangelientextes zählt (Cod. a). Ein Abdruck desselben nach der Ausgabe Bianchinis (vom Jahre 1749) findet sich bei *Migne* l. c. XII, 9—948. Eine neue Ausgabe von Belsheim: Codex Vercellensis. Quattuor evangelia ante Hieronymum latine translata ex reliquiis codicis Vercellensis saeculo ut videtur IV. scripti et ex editione Iriciana principe denuo edidit *I. Belsheim*. Christianiae 1894. 8⁰. Ueber die textkritische Be= deutung der Handschrift vgl. W. Sanday bei *J. Wordsworth*, Old-Latin Biblical Texts. Nr. II. Oxford 1886. p. CLXVII. CCXXVIII.

10. Zeno von Verona. — Ueber den hl. Zeno sind nur sehr spärliche Nachrichten auf uns gekommen, welche überdies noch der Entwirrung und Aufhellung bedürfen. Hieronymus und Gennadius (De vir. ill.) lassen Zeno ganz unerwähnt. Nach der herrschenden, durch die Gebrüder Ballerini (1739) begründeten Ansicht hat Zeno, ein geborener Afrikaner, in den Jahren 362—380 als der achte Bischof die Kirche von Verona geleitet, in stetem Kampfe mit den damaligen Versuchen einer Wiedereinführung des Heidenthums, in un= erschrockener Vertheidigung der Kirchenlehre gegenüber dem Arianismus und in hingebender Liebesthätigkeit im Dienste der Armen und Kranken. Auch die unter Zenos Namen überlieferten Tractatus oder Predigten unterliegen im einzelnen vielfacher Beanstandung. Die neuern Herausgeber haben 93 Stücke als echt anerkannt (*Migne*, P. lat. XI, 253—528), 16 längere und 77 kürzere. Die letztern sind indessen größtentheils so kurz, daß sie nur noch als Predigt= entwürfe oder als summarische Predigtwiedergaben gelten können. Manche Stücke enthalten werthvolle Zeugnisse in betreff der kirchlichen Trinitätslehre und Mariologie, andere reiche Mittheilungen zur christlichen Archäologie. Die Sprache hat viel Eigenartiges und zeigt zahlreiche Anklänge an Apulejus von Madaura.

Ueber die ersten Ausgaben der Tractate vgl. *Schoenemann*, Bibl. hist.-lit. Patr. lat. I, 314 sqq. (= *Migne*, P. lat. XI, 244 sqq.). Die Ausgabe der beiden Brüder Peter und Hieronymus Ballerini erschien 1739 zu Verona in 2⁰ und ist abgedruckt bei *Gallandi*, Bibl. vet. Patr. T. V. p. 105—158 sowie bei *Migne* l. c. Eine neue Ausgabe besorgte, auf Grund neuer handschriftlicher Hilfsmittel, J. B. K. Graf Giuliari, Verona 1883. 2⁰. Vgl. die Anzeige R. Sabbadinis in der Rivista di Filologia e d'Istruzione Classica, anno 1884, p. 136—141. Eine deutsche Uebersetzung der Tractate lieferte P. Leipelt, Kempten 1877 (Bibl. der Kirchenväter). *Fr. A. Schütz*, S. Zenonis Episc. Veron. doctrina christiana. Lipsiae 1854. 8⁰. *L. I. V. Iazdzewski*, Zeno Veron. Episc. Commentatio patrologica. Ratisbonae 1862. 8. H. [Hurter], St. Zeno von Verona als Zeuge der alten Kirchenlehre: Zeitschr. f. kath. Theol. Bd. VIII (1884). S. 233—236. Ueber die zahlreichen Reminiscenzen aus Schriften des Rhetors Apulejus von Madaura in den Predigten Zenos s. C. Weyman in den Sitzungsberichten der philos.-philol. u. der hist. Classe der kgl. bayer. Akad. der Wiss. 1893. Bd. II. S. 350—359.

## § 70. Dichter und Geschichtschreiber.

1. Juvencus. — Gajus Vettius Aquilinus Juvencus, ein spanischer Presbyter von sehr vornehmer Herkunft, schrieb um 330 eine Art Evangelienharmonie in Hexametern unter dem Titel Evangeliorum libri quattuor (früher Historia evangelica genannt: *Migne*, P. lat. XIX, 53—346). Abgesehen von dem Anfange des ersten Buches, wo er nach Lucas beginnt, legt Juvencus seiner Darstellung fast ausschließlich den Bericht des hl. Matthäus zu Grunde. Hin und wieder hat er, wie es scheint, den griechischen Text zur Vergleichung mit der lateinischen Uebersetzung herangezogen. Auch im Ausdrucke schließt er sich möglichst enge an die biblische Vorlage an, und wenn trotzdem der Vers im allgemeinen leicht dahinfließt, so zeugt dies von tüchtiger sprachlicher Bildung und nicht geringem formalen Talente des Dichters. Bis tief ins Mittelalter hinein hat das Werk sich großer Beliebtheit erfreut und zahlreiche Nachahmungen gefunden.

Die besten Ausgaben des Werkes lieferten F. Arevalo, Rom 1792. 4⁰ (abgedruckt bei *Migne* l. c.); C. Marold, Leipzig 1886. 8⁰; J. Huemer, Wien 1891 (Corpus script. eccles. lat. Vol. XXIV). O. Korn, Beiträge zur Kritik der historia evang. des Juvencus. I (Progr.). Danzig 1870. 4⁰. *J. T. Hatfield*, A study of Juvencus (A diss. inaug.). Bonn 1890. 8⁰. C. Marold, Ueber das Evangelienbuch des Juvencus in seinem Verhältniß zum Bibeltext: Zeitschr. f. wissenschaftl. Theologie. Bd. XXXIII (1890). S. 329—341. — Ueber den bei *Migne*, P. lat. XIX, 345—380, an die Historia evang. sich anschließenden Liber in Genesin s. Abs. 2. Das XIX, 379—386 folgende (LXI, 1091—1094 wiederkehrende) Gedicht De laudibus Domini, ein Lobpreis des Herrn als des Schöpfers der Welt und Erlösers der Menschheit in 148 Hexametern, ist sehr wahrscheinlich noch vor dem Werke des Juvencus, und zwar von einem Rhetor aus Augustodunum (Autun), verfaßt worden. Dasselbe ward von neuem herausgegeben und bearbeitet durch W. Brandes, Ueber das frühchristliche Gedicht ‚Laudes Domini' (Progr.). Braunschweig 1887. 4⁰. Weitere Literaturangaben bei M. Manitius, Gesch. der christlich-lateinischen Poesie. Stuttgart 1891. S. 42—44.

2. Cyprian aus Gallien. — Eine metrische Bearbeitung der geschichtlichen Bücher des Alten Testamentes, welche früher vielfach Juvencus zugeeignet wurde, ist, wie jetzt allgemein anerkannt wird, jüngern Ursprungs. Der Verfasser hat zu Anfang des 5. Jahrhunderts in Gallien gelebt. An der Geschichtlichkeit des durch die Handschriften bezeugten Namens Cyprianus wird nicht zu zweifeln sein. Das Werk umfaßte, wie es scheint, ursprünglich sämtliche geschichtliche Bücher des Alten Testamentes; bisher ist, außer unbedeutender Bruchstücke späterer Theile, die Umschreibung des Pentateuchs und der Bücher Josue und Richter (nicht ganz lückenlos) aufgefunden worden. Cyprian folgt im allgemeinen getreu den Spuren seiner Vorlage (Itala); zuweilen gestattet er sich Abkürzungen, seltener Erweiterungen. Seine Erzählung verläuft recht nüchtern und trocken und entbehrt sogar oft der Lebendigkeit des biblischen Berichtes. Verstöße gegen die Gesetze der Metrik sind sehr häufig.

Seit 1560 waren 165 Hexameter. über den Anfang der Genesis von dem großen Werke bekannt (auch in Oehlers Tertullian T. II. p. 774—776 und in Hartels Cyprian Pars III. p. 283—288; § 36, 11. 37, 9). Im Jahre 1733 veröffentlichte E. Martène die ganze Bearbeitung der Genesis (mit Ausnahme der VV. 325—378; ein Abdruck in Arevalos Ausgabe der Historia evangelica = *Migne*, P. lat. XIX, 345—380, vgl. Abf. 1). Alles übrige hat erst J. B. Pitra nachgetragen (Spicilegium Solesmense. T. I. Paris. 1852. p. 171 ad 258; Analecta sacra et classica. Paris. 1888. Pars I. p. 181—207). Eine eingehende kritische Behandlung erfuhr das Werk durch *John E. B. Mayor*, The Latin Heptateuch, published piecemeal by the French printer *William Morel* (1560) and the French Benedictines *E. Martène* (1733) and *J. B. Pitra* (1852—1888), critically reviewed. London 1889. 8⁰. Vgl. auch *C. Becker*, De metris in Heptateuchum dissertatio philologa (Diss. inaug.). Bonnae 1889. 8⁰. Eine treffliche Gesamtausgabe besorgte R. Peiper: Cypriani Galli poetae Heptateuchos. Vindobonae 1891 (Corpus script. eccles. lat. Vol. XXIII). Vgl. *H. Ph. Best*, De Cypriani quae feruntur metris in Heptateuchum (Diss. inaug.). Marpurgi Catt. 1891. 8⁰. Best will das Werk an zwei Dichter vertheilen: die Genesis soll von Cyprianus um 410 in Italien verfaßt sein, die folgenden Bücher (Exodus-Richter) sollen von einem unbekannten gallischen Dichter des 5. Jahrhunderts herrühren.

3. Ein Ungenannter. — Eine viel freiere und selbständigere poetische Bearbeitung des biblischen Stoffes zeigen die beiden Gedichte De Sodoma und De Iona, sehr wahrscheinlich von einem Zeit- und Heimatsgenossen des vorhin genannten Dichters Cyprian verfaßt. Das erstere Gedicht schildert (in 167 Hexametern) den Untergang Sodomas, das letztere, von welchem nur der Anfang (105 Verse) erhalten ist, erzählte als Gegenstück die Rettung Ninives (entsprechender wäre demnach die Aufschrift De Ninive; der überlieferte Titel bezeichnet die Quelle des Stoffes, das Buch Jonas). Mit zierlichem Ausdruck und Versbau paart sich in diesen Liedern eine ebenso originelle wie anziehende Darstellung.

In Handschriften wie in Drucken pflegen die genannten Gedichte unter den (unechten) Werken Tertullians und Cyprians eine Stelle zu erhalten; so in Oehlers Tertullian Tom. II. p. 769—773 (§ 36, 11), in Hartels Cyprian Pars III. p. 289—301 (§ 37, 9). Die neueste und beste Ausgabe derselben findet sich bei *Peiper*, Cypriani Galli poetae Heptateuchos p. 212—226.

4. Proba. — War schon das poetische Gewand der bisher genannten Schriften vorzugsweise nach Vergils Muster gewebt, so kleidete Proba die biblische Geschichte in ein „Flickwerk aus Vergilschen Lappen", einen cento Vergilianus (*Migne*, P. lat. XIX, 803—818), 694 Hexameter, welche bald ganz bald stückweise den Werken Vergils, insbesondere der Aeneis, entnommen sind. Es wird indessen aus dem Alten Testamente nur die Schöpfung, der Sündenfall und die Sündfluth ausführlicher erzählt und alsdann sofort die Geschichte des Herrn, von der Geburt bis zur Himmelfahrt, angereiht; das seltsame Aussehen des biblischen Stoffes in solcher Umhüllung braucht nicht weiter beschrieben zu werden. Proba ist nicht, wie man früher annahm, Anicia Faltonia Proba, sondern deren Enkelin, die Gemahlin des Clodius Celsinus Adelphius, welcher im Jahre 351 die Würde eines praefectus urbi erhielt; sie hatte, bevor sie sich zum Christenthum bekehrte, den Krieg zwischen

Konstantius und dem Usurpator Magnentius in einem (verloren gegangenen) epischen Gedichte behandelt.

Probae Cento. Rec. *C. Schenkl:* Poetae christiani minores. Pars I. Vindob. 1888 (Corpus script. eccl. lat. Vol. XVI). p. 511 sqq. J. Asch= bach, Die Anicier und die römische Dichterin Proba. Wien 1870 (aus den Sitzungs= berichten der phil.=hist. Classe der k. Akad. d. Wiss. Bd. LXIV). — Der Spielerei der Proba hat Schenkl a. a. O. noch drei andere centones Vergiliani von christ= licher Hand beigegeben: Versus ad gratiam Domini (p. 609—615), eine Unter= weisung im Christenthume in Form eines Zwiegespräches zwischen den Hirten Tityrus und Meliböus, verfaßt von einem gewissen Pomponius, De Verbi incarnatione (p. 615—620), mit Unrecht früher dem Dichter Sedulius (§ 73, 5) zugeeignet, und De ecclesia (p. 621—627). Alle drei Gedichte sind wohl jünger als das Werk der Proba. Näheres über dieselben bei Teuffel=Schwabe, Gesch. der Röm. Lit. 5. Aufl. S. 41. 1216—1217. 1228; Manitius, Gesch. der christ= lich=latein. Poesie S. 127—130.

5. **Ausonius.** — Der formgewandte und kenntnißreiche Rhetor und Dichter **Decimus Magnus Ausonius** aus Burdigala (Bordeaux), geboren um 310, † um 395, gehört der allgemeinen Literaturgeschichte an. Er bekannte sich zwar äußerlich zum Christenthume; in seinen Schriften aber (Ephemeris, Domestica, Parentalia, Commemoratio professorum Burdigalensium, Epi- taphia heroum qui bello Troico interfuerunt, Eclogarum liber etc.) waltet im allgemeinen eine heidnische Denk= und Ausdrucksweise vor. Einigen seiner Dichtungen sind indessen versificirte christliche Gebete eingestreut: Ephe- meris III. oratio (ed. *Peiper* p. 7—11); Domest. II. versus paschales (p. 17—19); ibid. III. oratio versibus rhopalicis, d. i. in Versen, in welchen jedes folgende Wort eine Silbe länger ist als das vorhergehende (p. 19—21).

Die Mehrzahl der Schriften des Ausonius findet sich auch bei *Migne,* P. lat. XIX, 817 sqq. Die neuesten Gesamtausgaben veranstalteten K. Schenkl, Berlin 1883 (Monum. Germ. hist. Auct. antiquiss. T. V. Pars 2), und R. Peiper, Leipzig 1886. 8°. Ueber Ausonius im allgemeinen vgl. Teuffel=Schwabe a. a. O. S. 1062—1070. Ueber die christlichen Gedichte desselben im besondern vgl. Manitius a. a. O. S. 105—111.

6. **Damasus.** — Einer der berühmtesten Päpste des 4. Jahrhunderts, der hl. Damasus (366—384), hat mit besonderer Vorliebe das Epigramm gepflegt. Er verfaßte zahlreiche metrische Grabinschriften (tituli) und sonstige Inschriften für Kirchen und Kapellen, und die geschulte Hand des Kalligraphen Furius Dionysius Philocalus hat diese Inschriften mit besonderer Sorgfalt und Zierlichkeit ausgeführt (Damasianische Lettern). Dieselben sind zum Theil heute noch in Stein erhalten, zum größern Theil freilich nur in Copien über= liefert. Reich an prosodischen Incorrectheiten, sind sie vermöge ihres Inhaltes von hoher dogmengeschichtlicher Bedeutung. An diese Epigramme schließen sich andere (nicht zu lapidaren Zwecken bestimmte) Gedichte des Papstes auf Mar= tyrer und Heilige an, gleichfalls geringern Umfangs; das längste (carm. 7: *Migne,* P. lat. XIII, 379—381) besingt die Bekehrung und das Martyrium des Apostels Paulus in 26 Hexametern. Die Echtheit zweier Hymnen, auf den Apostel Andreas (carm. 8) und auf die hl. Agatha (carm. 30), ist höchst zweifel= haft. Nach einer gelegentlichen Bemerkung des hl. Hieronymus (Ep. 22, 22:

XXII, 409) hat Damasus in Versen und in Prosa (versu prosaque) über die Jungfräulichkeit geschrieben. In einem alten Handschriftenkataloge findet sich der Titel Damasi papae liber de vitiis (*L. Delisle*, Les Manuscrits du Comte d'Ashburnham. Paris 1883. 4⁰. p. 87). Auf uns gekommen sind indessen außer Epigrammen und Gedichten nur noch einige Briefe (XIII, 347—376).

Bei *Migne*, P. lat. XIII, 109 sqq., ist die Ausgabe der Schriften des hl. Damasus von A.-M. Merenda, Rom 1754. 2⁰, abgedruckt; LXXIV, 527—530 wird ein carmen Damaso Papae ascriptum nachgetragen. Die Epigramme behandelt *I. B. de Rossi*, Inscriptiones christianae urbis Romae septimo saeculo antiquiores. Vol. I. Romae 1857—1861. 2⁰. Vol. II. Pars 1. 1888, passim. Zur Orientirung über dieses großartige Sammelwerk vgl. H. Grisar, Die christlichen Inschriften Roms im früheren Mittelalter: Zeitschr. f. kath. Theol. Bd. XIII (1889). S. 90—152; A. Ehrhard, Zur christlichen Epigraphik: Theol. Quartalschrift. Bd. LXXII (1890). S. 179—208. Ueber die Epigramme und Gedichte des hl. Damasus im besondern handelt de Rossi in seinem Bullettino di Archeologia cristiana. Ser. IV, anno 3 (1884—1885). p. 7—31. Die in diesem Jahrhunderte neu aufgefundenen Inschriften des Papstes sind hier p. 12—14 kurz zusammengestellt. Ueber weitere Funde berichtet die Röm. Quartalschr. f. christl. Alterthumskunde u. f. Kirchengesch. Bd. IV (1890). S. 286—288. 296; Bd. VI (1892). S. 58—66 (*P. Germano*). *A. Couret*, De S. Damasi, summi apud Christianos pontificis, carminibus (Thesis). Gratianopoli 1869. 8⁰. *C. Stornajolo*, Osservazioni letterarie e filologiche sugli epigrammi Damasiani: Studi e Documenti di Storia e Diritto, anno 1886, p. 13—32. *J. Carini*, Epigrafia e paleografia del papa Damaso. Roma 1887. 8⁰. Ueber die genannten zwei Hymnen s. *B. Hoelscher*, De SS. Damasi Papae et Hilarii Episc. Pictaviensis qui feruntur hymnis sacris (Progr.). Monasterii 1858. 4⁰; J. Kayser, Beiträge zur Geschichte und Erklärung der ältesten Kirchenhymnen. 2. Aufl. Paderborn 1881. S. 89—126. Ueber die (echten und unechten) Briefe des Papstes vgl. *Jaffé*, Regesta Pontificum Romanorum. Ed. 2. T. I. Lipsiae 1885. p. 37—40, nr. 232—254. Eine deutsche Uebersetzung derselben gibt S. Wenzlowsky, Die Briefe der Päpste (Bibl. der Kirchenväter). Bd. II. S. 265—406. — M. Rade, Damasus, Bischof von Rom. Ein Beitrag zur Geschichte der Anfänge des römischen Primats. Freiburg i. Br. und Tübingen 1882. 8⁰. (In die Zeit des hl. Damasus verlegt Rade „die Anfänge des römischen Primats"!) *G. B. Storti*, S. Damaso e la Bibbia. Roma 1887. 8⁰.

**7. Zwei polemische Gedichte.** — Durch die berühmte Pariser Prudentius-Handschrift (cod. Puteaneus saec. V) ist ein gewöhnlich Carmen adv. paganos genanntes Gedicht überliefert, welches in beißender Weise den alten Götterglauben verhöhnt und sehr wahrscheinlich im Jahre 394 verfaßt ist (122 Hexameter). Den Anlaß zur Abfassung bot der jähe Sturz des unter dem Usurpator Eugenius (392—394) und dem Stadtpräfecten Nikomachus Flavianus in Rom wieder zur Herrschaft gelangten Polytheismus, und dieser geschichtliche Hintergrund ist es, welcher der im übrigen sehr unbedeutenden Leistung Werth und Interesse gibt. Aus derselben Zeit und Umgebung stammt wohl auch das Gedicht Ad quendam senatorem ex Christiana religione ad idolorum servitutem conversum (85 Hex.). Ein Senator, welcher vom Christenthume zum Cult der Cybele und der Isis abgefallen war, wird von dem Dichter nicht ohne Witz verspottet.

Das erstgenannte Gedicht wurde vollständig zuerst herausgegeben von L. Delisle in der Bibliothèque de l'École des Chartes. Sér. 6. T. III (1867). p. 297—303. Eine neue Ausgabe lieferte Th. Mommsen im Hermes. Bb. IV. 1870. S. 350—363. *G. Dobbelstein*, De carmine christiano codicis Parisini 8084 contra fautores paganae superstitionis ultimos. Diss. philol. Lovanii 1879. 8⁰. Andere Ausgaben und Bearbeitungen verzeichnen Teuffel-Schwabe a. a. O. S. 1121; Manitius a. a. O. S. 146. — Das zweitgenannte Gedicht wurde zuletzt herausgegeben von *Peiper*, Cypriani Galli poetae Heptateuchos p. 227—230. Dasselbe findet sich auch in Hartels Cyprian Pars III. p. 302—305 (§ 37, 9).

8. **Der Chronograph vom Jahre 354.** — „Der Chronograph vom Jahre 354" pflegt der unbekannte Verfasser oder Compilator eines reichhaltigen historischen Handbuches für die Stadt Rom vom Jahre 354 genannt zu werden. Die sehr verschiedenartigen Bestandtheile des Werkes gehen wohl der Mehrzahl nach auf officielle Actenstücke zurück und dürfen als Geschichtsquellen hervorragenden Werth beanspruchen. Die einzelnen Bestandtheile sind folgende: a) der amtliche römische Stadtkalender aus der Mitte des 4. Jahrhunderts, 354 von Philocalus (Abs. 6) geschrieben und mit zahlreichen Bildern und Epigrammen ausgestattet; b) Consularfasten, vom Anfange des Consulats bis zum Jahre 354; c) eine Ostertafel für die Jahre 312—411 (410); d) ein Verzeichniß der römischen Stadtpräfecten von 254 bis 354; e) ein Verzeichniß der Gedächtnißtage der Päpste (depositiones episcoporum Romanorum) von Dionysius († 268) bis Julius I. († 352); f) ein Festkalender der römischen Kirche, insbesondere die Anniversarien der Martyrer (depositiones martyrum) enthaltend; g) ein Papstkatalog von Petrus bis auf Liberius (Papst seit 352), die Grundlage des ältesten Theiles des sogen. Liber pontificalis (§ 99, 7); h) eine um 334 verfaßte Beschreibung der Stadt Rom (regiones urbis Romae); i) eine bis zum Jahre 334 reichende Weltchronik, Bearbeitung und Fortsetzung der Chronik des hl. Hippolytus (§ 25, 5); k) eine bis 324 gehende römische Stadtchronik. Außerdem enthalten die Handschriften, welche das Werk überliefert haben, noch Zusätze aus späterer Zeit.

Einzelne Theile des großen Sammelwerkes sind schon im 16. und 17. Jahrhundert herausgegeben worden. Das Ganze, mit Weglassung des Kalenders a und der Stadtbeschreibung h, veröffentlichte und erläuterte Th. Mommsen in den Abhandlungen der philol.-hist. Classe der kgl. sächs. Ges. der Wiss. Bb. I. Leipzig 1850. S. 547—693, und wiederum, mit Weglassung der Stadtbeschreibung, in den Monum. Germ. hist. Auct. antiquiss. T. IX. Vol. 1. Berolini 1892. p. 13—196. Ueber die Ausgaben des Kalenders und der Stadtbeschreibung s. Teuffel-Schwabe a. a. O. S. 119 und S. 1041 f.

9. **Hegesippus.** — Hegesippus wurde lange Zeit hindurch der lateinische Uebersetzer bezw. Bearbeiter der (griechischen) Geschichte des jüdischen Krieges von Josephus Flavius genannt. Die Benennung ging aus einem Mißverständnisse hervor: aus Ἰώσηπος war Iosippus und weiterhin Egesippus und Hegesippus geworden; Hegesippus war also der entstellte Name des Verfassers. Die Uebersetzung muß nach innern und äußern Gründen aus der zweiten Hälfte des 4. Jahrhunderts stammen; dagegen ist die Frage, ob dieselbe eine Jugendarbeit des hl. Ambrosius sei, wohl noch als eine offene zu betrachten, wenngleich sie in neuerer Zeit, unter Berufung auf die Aus-

sagen der Handschriften und eine gewisse Verwandtschaft der Sprache, meist bejahend beantwortet wird. Der Uebersetzer hat das Original theils gekürzt (die drei letzten Bücher, 5—7, sind in ein Buch, 5, zusammengedrängt) theils erweitert (durch Nachträge aus andern Quellen wie durch rhetorische Zuthaten) und demselben zugleich eine christliche Färbung gegeben.

In die Mauriner-Ausgabe der Werke des hl. Ambrosius (Paris 1686—1690) hat der sogen. Hegesippus keine Aufnahme gefunden; vgl. T. II. Praef. p. ɪᴠ—ᴠ. Dagegen ist derselbe aus Gallandi (Bibl. vet. Patr. T. VII. p. 653—771) in den zweiten Venediger Nachdruck jener Ausgabe (1781—1782) T. II. App. (mit besonderer Paginirung) und auch in den neuen Abdruck bei Migne (P. lat. XV, 1961—2224) herübergenommen worden. Eine Sonderausgabe veranstalteten C. Fr. Weber und J. Caesar: Hegesippus qui dicitur sive Egesippus de bello Iudaico, ope cod. Cassellani recognitus. Marburgi 1864. 4⁰ (zuerst in 9 Marburger Universitätsprogrammen 1857—1863 erschienen). Vgl. *I. Caesar*, Observationes nonnullae de Iosepho latino, qui Hegesippus vocari solet, emendando (Progr.). Marburgi 1878. 4⁰. Auf der Ausgabe Webers und Caesars beruht der Hegesippus-Text in Ballerinis Ausgabe der Werke des hl. Ambrosius (Mailand 1875—1883) T. VI. col. 1—276. *Fr. Vogel*, De Hegesippo, qui dicitur, Iosephi interprete (Diss. inaug.). Erlangae 1880. 8⁰. Vogel, Ambrosius und der Uebersetzer des Josephus: Zeitschr. f. die österreich. Gymnasien. Bd. XXXIV (1883). S. 241—249 (Vogel ist gegen Ambrosius als Uebersetzer). H. Rönsch, Die lexicalischen Eigenthümlichkeiten der Latinität des sogen. Hegesippus: Romanische Forschungen. Bd. I. Erlangen 1883. S. 256—321; wieder abgedruckt in Rönschs Collectanea philologa. Herausg. von C. Wagener. Bremen 1891. 8⁰. S. 32—89 (Rönsch ist für Ambrosius als Uebersetzer). Weitere Literaturangaben bei E. Schürer, Geschichte des jüdischen Volkes im Zeitalter Jesu Christi. Theil I. Leipzig 1890. S. 73—74 und S. 749.

10. Wallfahrtsberichte. — Aus dem Jahre 333 liegt ein Itinerarium a Burdigala Hierusalem usque vor, nicht eine eigentliche Reisebeschreibung, sondern eine gedrängte Uebersicht einer Pilgerreise von Bordeaux nach Jerusalem und zurück über Rom nach Mailand. Die älteste Beschreibung einer Wallfahrt nach dem Heiligen Lande ist die erst von Gamurrini aufgefundene, von Frauenhand verfaßte Peregrinatio ad loca sancta. Nach den Andeutungen des leider sehr verstümmelten Textes war die Verfasserin eine Klosterfrau aus Südgallien; nach anderweitigen Spuren war sie sehr wahrscheinlich die hl. Silvia aus Aquitanien, eine Schwester jenes Rufinus, welcher unter Theodosius d. Gr. und Arkadius die Stelle eines Ministers des östlichen Reiches innehatte. Die Reisen der frommen und gelehrten Pilgerin durch Palästina und Aegypten sind wohl in die Jahre 380—390 (vielleicht 385 bis 388) zu verlegen. Den ausführlichen Bericht über das, was sie gesehen und erlebt, hat sie zu Konstantinopel niedergeschrieben, in anspruchsloser, volksmäßiger Sprache, zur Belehrung und Erbauung ihrer Klosterschwestern in der Heimat. Die Schrift bietet ein sehr mannigfaches Interesse; insbesondere ist die Darstellung der Feier des Gottesdienstes zu Jerusalem (speciell in der Kar- und in der Osterwoche) für die Geschichte der Liturgie von der höchsten Wichtigkeit.

Das Itinerarium Burdigalense eröffnet die Reihe der Itinera Hierosolymitana et descriptiones Terrae Sanctae. Edd. *T. Tobler* et *A. Molinier*. I. Genevae 1879. 4⁰. p. 1—25. Handschriften, Ausgaben, Uebersetzungen und Be-

arbeitungen verzeichnet R. Röhricht, Bibliotheca geographica Palaestinae.
Berlin 1890. 8°. S. 2—3 und S. 663. — S. Hilarii Tractatus de mysteriis
et Hymni et S. Silviae Aquitanae Peregrinatio ad loca sancta. Quae inedita ex codice Arretino deprompsit *I. F. Gamurrini.* Romae 1887. 4°.
Vgl. § 68, 7. Eine zweite, berichtigte Ausgabe der Peregrinatio allein ließ Gamurrini in den Studi e Documenti di Storia e Diritto, anno 1888, p. 97—174,
sowie separat, Rom 1888. 4°, erscheinen. Weitere Ausgaben bezw. Abbrücke veranstalteten J. Pomialowsky, St. Petersburg 1889. 4°; G. M., Mailand 1890.
8°; J. H. Bernard, London 1891. 8°. Th. Mommsen, Ueber einen neu aufgefundenen Reisebericht nach dem gelobten Lande: Sitzungsberichte der k. preuß.
Akad. d. Wiss. zu Berlin, Jahrg. 1887, Bd. I. S. 357—364. E. Wölfflin,
Ueber die Latinität der Peregrinatio ad loca sancta: Archiv f. latein. Lexikogr.
u. Gramm. Bd. IV (1887). S. 259—276. K. Weyman, Ueber die Pilgerfahrt der Silvia in das heilige Land: Theol. Quartalschr. Bd. LXX (1888).
S. 34—50. *L. de Saint Aignan,* Le Pèlerinage de Sainte Sylvie aux lieux
saints en 385. Orléans 1889. 8°. P. Geyer, Kritische Bemerkungen zu
S. Silviae Aquitanae peregrinatio ad loca sancta (Progr.). Augsburg 1890. 8°.
Vgl. die Literaturnachweise bei Röhricht a. a. O. S. 5—6 und S. 663. —
Ueber die angeblich dem 5. Jahrhundert angehörigen Itinera Hierosolymitana
eines gewissen Virgilius bei *Pitra,* Analecta sacra et classica. Paris. 1888.
Pars I. p. 118—121, vgl. S. Bäumer in der Zeitschr. f. kath. Theol. Bd. XIII
(1889). S. 736.

## § 71. Schismen und Häresien; Vertheidiger und Bekämpfer derselben.

1. **Novatianismus.** — Die Anhänger Novatians (§ 37, 12) lebten als
rigoristisch-schismatische Partei im Occidente wie im Oriente noch lange fort.
In Spanien trat der hl. Pacianus denselben entgegen, etwa 360—390
Bischof von Barcelona, nach dem Zeugnisse des hl. Hieronymus (De vir. ill.
c. 106) castigatae eloquentiae et tam vita quam sermone clarus. Die
zwei ersten seiner drei Briefe an den Novatianer Sympronianus (*Migne,*
P. lat. XIII, 1051—1082) handeln vornehmlich über die Berechtigung des
von der Kirche beanspruchten Namens „katholisch" (Ep. 1, 4: Christianus
mihi nomen est, Catholicus vero cognomen); der letzte und umfänglichste
entwickelt hauptsächlich die katholische Lehranschauung von der Buße. Außerdem besitzen wir von Pacianus eine kleine Paraenesis ad poenitentiam
(XIII, 1081—1090) und einen Sermo de baptismo (1089—1094). Eine
kleine Schrift unter dem Titel „Hirschlein" (Cervulus), gegen gewisse heidnische
Ausgelassenheiten am Neujahrstage gerichtet (vgl. Paraenesis c. 1), ist nicht
auf uns gekommen.

Die erste Ausgabe der genannten Schriften besorgte J. Tilius, Paris
1538. 8°. Gallandi (Bibl. vet. Patr. T. VII. p. 255—276) und nach ihm
Migne (l. c.) gibt einen berichtigten Abbruck dieser Ausgabe. Im übrigen s.
P. B. Gams, Die Kirchengesch. von Spanien. Bd. II. Abth. 1. Regensburg
1864. S. 318—324. Zum Schlusse (S. 323 f.), macht Gams auf zwei in
Spanien erschienene Ausgaben der Schriften Pacians, von 1774 und 1786, aufmerksam, Ausgaben, welche auch bei Schönemann (Bibl. hist.-lit. Patr. lat.
I, 361) nicht erwähnt werden. — Einem Sohne Pacians, Dexter, widmete Hierony-
mus seine Schrift De viris illustribus (vgl. § 2, 1), und von Dexter hinwiederum

meldet Hieronymus hier (c. 132): fertur ad me omnimodam historiam texuisse, quam necdum legi. Dieses Geschichtswerk ist wohl nie der Oeffentlichkeit über= geben worden. Das von dem spanischen Jesuiten Hieronymus Romanus de la Higuera († 1611) angeblich entdeckte Chronicon Dextri (*Migne*, P. lat. XXXI, 55—572), welches die Zeit von Christi Geburt bis zum Jahre 430 umfaßt, ist eine Fälschung. S. Gams a. a. O. S. 334—336. Vgl. Bähr, Die christl. Dichter und Geschichtschreiber Roms. 2. Aufl. Carlsruhe 1872. S. 223—225. — Die von Hieronymus (l. c. c. 111) erwähnte, theils in Prosa theils in Versen (tam prosa quam versibus) geschriebene und καταστροφή oder πεῖρα betitelte Autobio= graphie des Spaniers Aquilius Severus, gest. unter Valentinian I. (364—375), ist zu Grunde gegangen.

2. **Donatismus.** — Der Donatismus, welcher die afrikanische Kirche vor eine Lebensfrage stellte, theilte mit dem Novatianismus die Anschauung, kein Unreiner könne Mitglied der Kirche Jesu Christi sein. Den Ausgangspunkt der donatistischen Bewegung bildete indessen der Satz, die Wirksamkeit der Sacramente sei durch die subjective Disposition des Spenders bedingt, und zwar nicht bloß durch seine Rechtgläubigkeit, wie dies schon die Gegner der Ketzertaufe behauptet hatten (vgl. § 37, 1), sondern auch durch seine sittliche Würdigkeit. So war der Begriff der Kirche als einer äußern, sichtbaren Gemeinschaft preisgegeben und der Schwerpunkt der christlichen Heilsökonomie in die Subjectivität des Einzelnen verlegt. Der Vater des Donatismus, Bischof Donatus von Casā Nigrā in Numidien (um 313), ist, soviel be= kannt, nicht als Schriftsteller aufgetreten. Der erste literarische Anwalt des Schismas ward vielmehr Donatus d. Gr., schismatischer Bischof von Kar= thago († um 355). Seine Schriften (multa ad suam haeresim pertinentia opuscula et de Spiritu sancto liber Ariano dogmati congruens *Hier.*, De vir. ill. c. 93) sind jedoch ebenso wie diejenigen seines Nachfolgers Par= menianus zu Grunde gegangen. Parmenians Schriften riefen den hl. Op= tatus und den hl. Augustinus in die Schranken. Um 370 verfaßte Optatus, Bischof von Mileve in Numidien, ein umfangreiches Werk, meist Contra Parmenianum Donatistam benannt, in sechs Büchern (*Migne*, P. lat. XI, 883—1082). Um 385 legte er noch einmal bessernde und ergänzende Hand an (daher die Erwähnung des Papstes Siricius l. II. c. 3) und fügte ein siebentes Buch hinzu (XI, 1081—1104). Das erste Buch entwirft eine Ge= schichte des donatistischen Schismas (Schisma . . . confusae mulieris ira= cundia peperit, ambitus nutrivit, avaritia roboravit I, 19). Das zweite zeigt, daß es nur eine Kirche gebe und wo dieselbe zu suchen sei (Negare non potes scire te in urbe Roma Petro primo cathedram episcopalem esse collatam, in qua sederit omnium apostolorum caput Petrus, unde et Cephas est appellatus, in qua una cathedra unitas ab omnibus ser= varetur II, 2). Das dritte Buch weist im einzelnen nach, daß die harten Maßregeln, welche die Regierung gegen die Donatisten ergriffen hatte, nicht den Katholiken zur Last gelegt werden durften. Das vierte will darthun, daß Parmenianus durchaus nicht berechtigt war, die Stellen Is. 66, 3 (sacri= ficium peccatoris quasi qui victimet canem IV, 6) und Pf. 140, 5 (oleum peccatoris non ungat caput meum IV, 7) auf die Katholiken und ihre Opfer und Sacramente anzuwenden. Das fünfte Buch handelt von der Taufe und vertheidigt die Lehre von dem sogen. opus operatum (Sacramenta per

se esse sancta, non per homines . . . Deus lavat, non homo V, 4). Das sechste beleuchtet das gehässige und sacrilegische Verfahren der Donatisten, welche die von Katholiken benutzten Altäre und Kelche zertrümmerten u. s. f. (Quid est enim altare nisi sedes et corporis et sanguinis Christi? VI, 1; Fregistis etiam calices, Christi sanguinis portatores VI, 2). Das siebente Buch endlich bringt, wie schon angedeutet, einige nachträgliche Zusätze und Berichtigungen. Das ganze Werk ist von dem wärmsten Verlangen nach Wiedervereinigung mit den getrennten Brüdern beseelt; die Sprache ist kraftvoll und sententiös, zugleich aber auch etwas derb und rauh.

Die erste Ausgabe des Werkes des hl. Optatus veranstaltete J. Cochläus, Mainz 1549. 2⁰. Unter den spätern Ausgaben hat diejenige L. E. Dupins, Paris 1700. 2⁰ u. ö., mit Recht besondern Ruf erlangt. Abdrücke der Ausgabe Dupins bei *Gallandi*, Bibl. vet. Patr. T. V. p. 459 sqq., bei *Migne* l. c., bei *Hurter*, SS. Patr. opusc. sel. T. X. Oenip. 1870. Die neueste und zuverlässigste Ausgabe lieferte C. Ziwsa, Wien 1893 (Corpus scriptorum eccles. lat. Vol. XXVI). Vgl. Ziwsa, Beiträge zu Optatus Milevitanus: Eranos Vindobonensis. Wien 1893. S. 168—176 (die handschriftl. Ueberlieferung, Textkritisches, Stilistisches). Ueber die Sprache des hl. Optatus handelte auch H. Rönsch in der Zeitschr. f. die österreich. Gymnasien. Bd. XXXV (1884). S. 401—405. — Als Anhang hatte Optatus seinem Werke, wie er selbst wiederholt hervorhebt (I, 14. 20. 26. 27), eine Sammlung von Actenstücken beigegeben, welche seine Darstellung der Geschichte des donatistischen Schismas rechtfertigen sollten. Diese Sammlung ist nur in einer einzigen Handschrift (cod. Parisinus saec. XI), und in ihr nur unvollständig, erhalten geblieben (in Ziwsas Ausgabe p. 183—216). In neuester Zeit ist dieselbe von verschiedenen Seiten zum Gegenstande eindringender Kritik gemacht worden; s. M. Deutsch, Drei Actenstücke zur Geschichte des Donatismus. Berlin 1875. 4⁰; D. Völter, Der Ursprung des Donatismus, nach den Quellen untersucht und dargestellt. Freib. i. Br. u. Tüb. 1883. 8⁰; O. Seeck, Quellen und Urkunden über die Anfänge des Donatismus: Zeitschr. f. Kirchengeschichte. Bd. X (1888—1889). S. 505—568; *L. Duchesne*, Le dossier du donatisme: Mélanges d'archéologie et d'histoire. T. X (1890). p. 589—650. Gegen die Angriffe Völters und Seecks hat Duchesne die Echtheit der überlieferten Urkunden und die Glaubwürdigkeit der auf sie gestützten Angaben des hl. Optatus siegreich vertheidigt. Vgl. noch W. Thümmel, Zur Beurtheilung des Donatismus. Eine kirchengeschichtl. Untersuchung. Halle 1893. 8⁰.

3. Priscillianismus. — Der Ursprung und das Wesen des Priscillianismus, welcher der spanischen Kirche tiefe Wunden schlug, bedürfen noch der nähern Aufhellung. Die von Schepß (1889) zum erstenmal herausgegebenen Schriften des Häresiarchen Priscillianus treten mit den bisher bekannten Berichten (insbesondere Sulpicius Severus Chron. II, 46—51; Dial. II (III), 11 sqq.) in vielfachen Widerspruch und bereiten zugleich ihrerseits, infolge der Mangelhaftigkeit der Ueberlieferung und der Dunkelheit der Sprache, dem Verständnisse zahlreiche, zur Zeit unübersteigliche Schwierigkeiten. Jedenfalls hat Priscillianus gnostisch-dualistische, an den Manichäismus lebhaft erinnernde Speculationen vertreten, und allem Anscheine nach hat seinem Systeme auch eine bunte mythologische und astrologische Staffage nicht gefehlt. Nach den Aussagen der Gegner ist bei den Priscillianisten mit der äußerlich zur Schau gestellten Ascese große Sittenlosigkeit Hand in Hand gegangen. Priscillianus stammte aus edlem spanischen Geschlechte und war mit Geistesgaben wie mit Glücks-

gütern reich gesegnet. Im Jahre 380 sprach eine Synode zu Cäsaraugusta (Saragossa) den Bann über ihn und seine Anhänger aus, und nunmehr ward er laut Sulpicius Severus (Chron. II, 47: ed. *Halm* p. 100) von seinen Freunden zum Bischofe von Abila in Lusitanien bestellt. Nach heftigen Kämpfen, in welchen die auch von Sulpicius Severus wenig schmeichelhaft charakterisirten Bischöfe Hydatius (Idacius) von Emerita und Ithacius von Ossonoba an der Spitze der Katholiken standen, ist er nebst mehreren Anhängern 385 zu Trier auf Befehl des Usurpators Maximus, ungeachtet des lauten Einspruches des hl. Martinus von Tours, als Zauberer enthauptet worden. Von den vielen kleinen Schriften (opuscula), welche Priscillianus veröffentlicht hatte (*Hier.*, (De vir. ill. c. 121), entdeckte S ch e p ß elf in einer Handschrift der Würzburger Universitätsbibliothek (saec. V/VI). Zwar nennt die Handschrift den Ver- fasser nicht; aber der Inhalt der meisten Abhandlungen läßt, wie es scheint, keine Zweifel an der Autorschaft des Hauptes der Priscillianisten übrig. Die drei ersten Stücke dienen der Selbstvertheidigung. Der Liber apologeticus (ed. *Schepss* p. 3—33), an beatissimi sacerdotes (nach Schepß die 380 zu Saragossa versammelten Synodalen) gerichtet, will den Verfasser gegen den Vorwurf sacrilegischer Handlungen und glaubenswidriger Lehren rechtfertigen (p. 6 wird das comma Iohanneum citirt). Der Liber ad Damasum episcopum (p. 34—43) enthält eine durch ausführliche historische Darlegungen begründete Appellation an den Papst. Der Liber de fide et de apocryphis (p. 44—56) tritt für die Erlaubtheit der Lectüre orthodoxer Apokryphen ein. Folgen sieben Predigten, in welchen Priscillianus, ohne irgendwie als An- geklagter zu erscheinen, sich lehrend an einen Kreis ihm vertrauender Zuhörer wendet: Tractatus paschae (57—61), Tractatus genesis (62—68), Tractatus exodi (69—81), Tractatus primi psalmi (82—85), Tractatus psalmi tertii (86—89), Tractatus ad populum I (90—91), Tractatus ad populum II (92—102). Den Schluß bildet, unter der Aufschrift Benedictio super fideles (103—106), ein Gebet, welches die Allmacht und die Güte Gottes preist. Zwei Stücke (3 und 9) weisen zu Anfang, zwei andere (8 und 11) zu Ende Lücken auf. In der von S ch e p ß besorgten Ausgabe sind diesen Abhandlungen noch angereiht Priscilliani in Pauli apostoli epistulas Canones a Peregrino episcopo emendati (p. 107—147) und Orosii ad Augustinum Com- monitorium de errore Priscillianistarum et Origenistarum (p. 149—157). Das erstere Buch, von M a i (1843) nur unvollständig herausgegeben, ent- wirft in 90 Sätzen (canones), welchen jedesmal Beweißstellen folgen, einen Abriß der paulinischen Theologie; der (nicht mehr vorhandene) ursprüngliche Text ist vor 821 von einem sonst nicht bekannten Bischofe Peregrinus über- arbeitet worden (sanae doctrinae redditum est: Prooem.). In der von Orosius (§ 77, 2) dem hl. Augustinus vorgelegten Anfrage wird eine Stelle aus einem Briefe Priscillians angeführt (p. 153).

Priscilliani quae supersunt, maximam partem nuper detexit adiectisque commentariis criticis et indicibus primus edidit *G. Schepss*. Accedit Orosii Commonitorium de errore Priscillianistarum et Origenistarum. Vindobonae 1889 (Corpus script. eccles. lat. Vol. XVIII). Vgl. S ch e p ß, Priscillian, ein neuaufgefundener latein. Schriftsteller des 4. Jahrhunderts. Vortrag. Würzburg 1886. 8°; D e r s., Die Sprache Priscillians: Archiv f. lat. Lexikogr. u. Gramm.

Bd. III (1886). S. 309—328. Fr. Paret, Priscillianus, ein Reformator des 4. Jahrhunderts. Eine kirchengeschichtl. Studie, zugleich ein Kommentar zu den erhaltenen Schriften Priscillians. Würzburg 1891. 8°. *A. I. H. W. Brandt*, Priscillianus: Theol. Tijdschrift 1891, 4, p. 368—406. A. Hilgenfeld, Priscillianus und seine neuentdeckten Schriften: Zeitschr. f. wissenschaftl. Theol. Bd. XXXV (1892). S. 1—85. E. Michael, Priscillian und die neueste Kritik: Zeitschr. f. kath. Theol. Bd. XVI (1892). S. 692—706. In dem Jahresberichte über die Fortschritte der classischen Alterthumswissenschaft, Bd. LXVIII (1891, II), S. 267 f., hat C. Sittl starke Zweifel an der Echtheit des Liber de fide et de apocryphis ausgesprochen. Jedenfalls ist ein zwingender Beweis für die Echtheit sämtlicher Abhandlungen noch nicht erbracht worden. Gegen Schepß, Pro Priscilliano: Wiener Studien. Zeitschr. f. class. Philol. Bd. XV (1893). S. 128—147, vgl. E. Michael, Dr. Schepß und Priscillian: Zeitschr. f. kath. Theol. Bd. XVIII (1894). S. 190—196. S. auch E. Herzog, Priscillian: Internat. theol. Zeitschr. Bd. II (1894). S. 1—27; Ders., Priscillianisches: ebend. S. 370—372. — Manche andere Schriften aus den Tagen der priscillianistischen Streitigkeiten sind nicht auf uns gekommen. Priscillianus selbst beruft sich zu Eingang des Liber apologeticus (p. 3) auf einen libellus fratrum nostrorum Tiberiani, Asarbi et ceterorum, cum quibus nobis una fides et unus est sensus. Nach Hieronymus (De vir. ill. c. 123) hat der an erster Stelle genannte Tiberianus in einer schwülstigen und geschraubten Apologie (apologeticum tumenti compositoque sermone) sich von dem Verdachte der Häresie zu reinigen gesucht. Er ward später als Priscillianist exilirt. — Der Priscillianist Latronianus, welcher gleichzeitig mit Priscillianus hingerichtet wurde, wird von Hieronymus (De vir. ill. c. 122) als großer Gelehrter und hervorragender Dichter dargestellt: valde eruditus et in metrico opere veteribus comparandus ... exstant eius ingenii opera diversis metris edita. — Von der Seite der Gegner meldet Isidor von Sevilla (De vir. ill. c. 15: *Migne*, P. lat. LXXXIII, 1092): Itacius Hispaniarum episcopus, cognomento et eloquio clarus, scripsit quendam librum sub apologetici specie, in quo detestanda Priscilliani dogmata et maleficiorum eius artes libidinumque eius probra demonstrat. Dieser Itacius wird bald mit Hydatius (Idacius) von Emerita, bald mit Ithacius von Ossonoba identificirt. — Ein spanischer Bischof Olympius, dessen Sitz nicht bekannt ist, scripsit librum fidei adversus eos qui naturam et non arbitrium in culpam vocant, ostendens non creatione, sed inobedientia insertum naturae malum (*Gennadius*, De vir. ill. c. 23: LVIII, 1074; cf. *August.*, Contra Iulianum I, 8: XLIV, 644—645). Vermuthlich kehrte auch diese Schrift ihre Spitze gegen den Priscillianismus.

4. Philastrius. — In den Jahren 383—391 schenkte Bischof Philastrius von Brixia (Brescia) in einem Liber de haeresibus (*Migne*, P. lat. XII, 1111—1302) der lateinischen Kirche ein bescheidenes Gegenstück zu den sogen. Haereses des hl. Epiphanius (§ 54, 2). Dieses letztere Werk hat er viel benutzt; doch weiß er statt 80 bereits 156 Häresien aufzuzählen, 28 vorchristliche und 128 christliche. Es fehlt eben bei Philastrius, noch mehr als bei seinem Vorgänger, an jeder genauern Umgrenzung des Begriffes der Häresie (vgl. die Bemerkungen über beide Werke bei Augustinus Ep. 222, ad Quodvultdeum, c. 2: XXXIII, 999).

Ueber die frühern Ausgaben des Werkes De haeresibus s. *Schoenemann*, Bibl. hist.-lit. Patr. lat. I, 539—547. *Gallandi*, Bibl. vet. Patr. T. VII. p. 475—521, und *Migne* l. c. geben Abdrücke der Ausgabe P. Galeardis, Brescia 1738. Eine neue Ausgabe bei *Fr. Oehler*, Corpus haereseologicum

T. I. Berolini 1856. p. 1—185. Vgl. auch Th. Zahn, Geschichte des Neu=
testamentl. Kanons. Bd. II, 1. Erlangen und Leipzig 1890. S. 233—239: „Aus
Philaster von Brescia." — Der Nachfolger des hl. Philastrius auf dem bischöflichen
Stuhle zu Brescia, Gaudentius († nach einigen um 410, nach andern um 427),
veranstaltete auf Bitten eines gewissen Benivolus eine kleine Sammlung seiner Pre=
digten (Migne, P. lat. XX, 827—1002), 21 tractatus umfassend, von welchen der
letzte de vita et obitu B. Philastrii handelt. Dagegen ist das Carmen ad
laudem B. Philastrii (XX, 1003—1006) unterschoben. Gaudentius wird bei
Nirschl, Lehrb. der Patrologie und Patristik II, 488—493, besonders ausführlich
behandelt. Ueber die Sprache seiner tractatus vgl. K. Paucker in der Zeitschr.
f. die österreich. Gymnasien. Bd. XXXII (1881). S. 481 ff.

## § 72. Ambrosius.

1. Leben. — Der Arianer Auxentius, gegen welchen schon Hilarius auf=
getreten war (§ 68, 1. 3), hatte, gestützt auf die Gunst des Kaisers Valen=
tinian I., den bischöflichen Stuhl von Mailand bis an sein Ende im Jahre 374
zu behaupten gewußt. Bei der Wahl eines Nachfolgers entspann sich zwischen
Katholiken und Arianern ein heftiger Streit. Ambrosius, der eben erst in
Mailand eingetroffene Consular von Aemilien und Ligurien (Oberitalien),
erschien in der Kirche, um den Frieden herzustellen, und plötzlich vereinigten
die beiden Parteien, wie einer höhern Eingebung folgend, ihre Stimmen auf
Ambrosius. Er war der Sohn eines sehr vornehmen christlichen Hauses, um
340 vermuthlich zu Trier geboren, wo sein gleichnamiger Vater die Würde
eines praefectus praetorio Galliarum bekleidete. Nach des Vaters frühem
Tode siedelte die Mutter mit ihren drei Kindern nach Rom über. Ambrosius,
das jüngste Kind, schlug, den Traditionen der Familie folgend, die staats=
männische Laufbahn ein und ward dank seiner hervorragenden Befähigung
schon sehr früh, spätestens 374, zum Consular, mit dem Wohnsitze in Mai=
land, berufen. Er war, als er zum Bischofe gewählt wurde, noch nicht getauft.
Aber all sein Sträuben blieb erfolglos (Quam resistebam, ne ordinarer!
postremo cum cogerer, saltem ordinatio protelaretur! Sed non valuit
praescriptio, praevaluit impressio Ambr. Ep. 63, 65: Migne, P. lat.
XVI, 1206). Er ward, wie er es selbst verlangt hatte, von einem recht=
gläubigen (nichtarianischen) Priester, wahrscheinlich am 30. November 374,
getauft und schon am 7. December 374 von unbekannter Hand zum Bischofe
consecrirt. Es mußte eine seiner ersten Sorgen sein, die Lücken seiner theo=
logischen Bildung auszufüllen (Factum est ut prius docere inciperem quam
discere. Discendum igitur mihi simul et docendum est, quoniam non
vacavit ante discere Ambr., De offic. I, 1: Migne l. c. XVI, 25).
Unter Beihilfe des Presbyters Simplicianus, welcher später sein Nachfolger
ward, machte er vorzugsweise griechische Kirchenväter, von den ältern Clemens
von Alexandrien und Origenes, von seinen Zeitgenossen Basilius den Großen
und Didymus den Blinden, zum Gegenstande eifrigsten Studiums. Auch mit
den Schriften des Juden Philo muß er sich, wie seine eigenen Schriften be=
zeugen, eingehend beschäftigt haben. Gleich bei Antritt des bischöflichen Amtes
hatte er seinem nicht unbeträchtlichen Vermögen zu Gunsten der Nothleidenden
entsagt, und die hingebendste und aufopferndste Hirtenliebe begleitete ihn fort

und fort. Er war Hohen und Niedrigen ohne Unterschied zugänglich (non enim vetabatur quisquam ingredi aut ei venientem nuntiari mos erat *Aug.*, Conf. VI, 3: XXXII, 720), wenn nicht etwa unzugänglich wegen der Menge der Hilfesuchenden (secludentibus . . . catervis negotiosorum hominum, quorum infirmitatibus serviebat *Aug.* l. c.), fröhlich mit den Fröhlichen und traurig mit den Traurigen (gaudens cum gaudentibus et flens cum flentibus *Paulinus*, Vita S. Ambros. c. 39: XIV, 40), durch seine eigenen Thränen seinem Beichtkinde Thränen entlockend (ita flebat, ut et illum flere compelleret *Paulinus* l. c.). Seine Wirksamkeit als Prediger ward durch eine große rednerische Begabung mächtig gefördert. Kein Geringerer als Augustinus gesteht von sich selbst: Verbis eius suspendebar intentus ... et delectabar suavitate sermonis (Conf. V, 13: XXXII, 717); per illius os potissimum me Dominus ab errore liberavit (Ep. 147, 23: XXXIII, 621). Doch nicht bloß in der Mailänder Kathedrale lauschte man seinem Worte. Seine Thätigkeit als Bischof ist ein wesentlicher Bestandtheil der Geschichte seiner Zeit geworden. Auch auf die Fürsten übte er einen überwältigenden Einfluß. Der junge Kaiser Gratian (375—383) war ihm wie ein Sohn ergeben. Justina, die Mutter und Vormünderin Valentinians II., suchte den Arianismus zu neuer Geltung zu bringen. Aber alle Bemühungen und Intriguen der mächtigen und ränkevollen Frau scheiterten an der Unerschrockenheit und Unbeugsamkeit des Bischofs von Mailand. Die Reinheit seiner Gesinnung gegen das kaiserliche Haus bekundete Ambrosius am deutlichsten dadurch, daß er auf Bitten der Kaiserin sich bereit finden ließ, im Interesse Valentinians die gefährlichsten Sendungen an Gratians Mörder, den Usurpator Maximus, nach Trier zu übernehmen (383/384 und 386/387). Nach dem Tode seiner Mutter (388) schloß Valentinian sich um so inniger an Ambrosius an. Des letztern Vorstellungen waren es, welche den Kaiser vermochten, gegenüber dem wiederholten Gesuche des römischen Senates, den 382 durch Gratian beseitigten Altar der Victoria wieder aufrichten zu dürfen, standhaft zu bleiben. Am 15. Mai 392 wurde Valentinian zu Vienne durch Arbogast aus dem Wege geräumt; Ambrosius hatte, den dringenden Hilferufen seines kaiserlichen Schützlings folgend, die Reise nach Gallien bereits angetreten, als er die Trauerbotschaft erhielt. Theodosius d. Gr. (379—395) schenkte dem Heiligen gleichfalls seine Freundschaft und sein Vertrauen. Nur vorübergehend wurde das Verhältniß der beiden Männer getrübt. Stets aber wußte Ambrosius auch einem Theodosius gegenüber die volle, innere und äußere Unabhängigkeit der Kirche von jeder weltlichen Gewalt zu wahren. Vor andern Mitgliedern der Christengemeinde sollte der Kaiser nur das Vorrecht haben, der Kirche seinen starken Arm zu leihen und ihr zu ihrem Rechte zu verhelfen. Das Strafedict, welches Theodosius in übereiltem Eifer gegen die Christen zu Kallinikum in Mesopotamien wegen Zerstörung einer jüdischen Synagoge im Jahre 388 erlassen hatte, nahm er auf des Bischofs Verlangen zurück. Und wegen des Blutbades, welches er aus Anlaß der Ermordung mehrerer kaiserlichen Beamten 390 zu Thessalonich hatte anrichten lassen, unterzog er sich auf die Weisung des Bischofs hin der öffentlichen Kirchenbuße (stravit omne quo utebatur insigne regium, deflevit in ecclesia publice peccatum suum ... gemitu et lacrymis oravit veniam *Ambr.*, De obitu

Theodosii oratio c. 34: XVI, 1396). Theodosius starb am 17. Januar 395.
Am 4. April 397 ging auch der hl. Ambrosius in die ewige Ruhe ein.

2. Schriftstellerische Thätigkeit. — Es darf billig wundernehmen, daß
Ambrosius bei einer so ausgebreiteten und vielverzweigten Thätigkeit als Seel=
sorger und als Staatsmann noch Muße fand, eine große Menge von Schriften
zu verfassen. Doch ist die Mehrzahl dieser Schriften aus der amtlichen
Wirksamkeit des Verfassers als reife Frucht hervorgewachsen. Zwar hat
Ambrosius, soviel wir wissen, nur sehr wenige Predigten oder Reden als
solche, ohne jede Aenderung der ursprünglichen Anlage, der Oeffentlichkeit über=
geben. Aber auch die meisten seiner „Bücher" bestehen aus leicht überarbeiteten,
in der Regel noch ganz deutlich erkennbaren Predigten. Dementsprechend ver=
folgen diese Bücher wenn nicht ausschließlich, so doch vorwiegend eine praktisch=
paränetische Tendenz. Sie nehmen das Wort der Heiligen Schrift, insbesondere
des Alten Testamentes, zum Ausgangspunkte und suchen dasselbe in der mannig=
faltigsten Weise als Spiegelbild des religiös=sittlichen Lebens zu verwerthen.
Uebrigens bewegt sich Ambrosius auch in den Schriften, welche nicht aus
Predigten hervorgegangen sind, mit Vorliebe auf dem Gebiete der Moral.
Er ist eben eine echt römische, ethisch=praktische Natur. Zu philosophisch=
dogmatischer Speculation hat er weder Zeit noch Neigung. Seine gesamte
schriftstellerische Thätigkeit wird durch praktische Rücksichten bestimmt. Dabei
begnügt er sich, Gegebenes weiterzubilden, Ueberliefertes fruchtbar zu machen.
Oft entlehnt er den Stoff zu seinen Schriften in reichem Umfange christlichen
oder auch nichtchristlichen Vorgängern, weiß aber diesen Stoff mit Geschick
und Verständniß einem größern Publikum seiner Zeit und seiner Nation an=
zupassen. Daß die Form seiner Schriften wiederholt die letzte Feile vermissen
läßt, ist bei einem so viel beanspruchten Manne des thätigen Lebens von
vornherein zu erwarten. Seine Sprache ist sehr reich an ungesuchten Remini=
scenzen aus römischen und griechischen Klassikern. Insbesondere zeigt er sich
mit den Werken Vergils auf das eingehendste vertraut. Allenthalben trägt
indessen sein Ausdruck eine sehr bestimmte Eigenart. Nirgends verläugnet
derselbe eine gewisse Gemessenheit und Würde; wo immer er sorgfältiger ab=
gewogen ist, zeichnet er sich aus durch eine energische Kürze und eine kühne
Originalität. In den auf Predigten zurückgehenden Schriften kommt das
oratorische Talent des Verfassers natürlich um so freier zur Geltung und ver=
leiht seinem Worte nicht selten einen poetischen Schwung. Wie sehr er, wenn
er wollte, die Sprache beherrschte, beweisen seine Hymnen.

3. Exegetische Schriften. — Die größere Hälfte der Schriften des hl. Am=
brosius ist insofern exegetischer Natur, als sie sich, wie schon angedeutet (Abs. 2),
auf der Grundlage des biblischen Textes aufbauen, ohne indessen eine Erklärung
des Wortlautes sich zum Ziele zu nehmen. Diese Schriften mögen hier, im
Anschluß an die Ausgaben, nach der Ordnung der biblischen Bücher aufgezählt
werden. Die zeitliche Reihenfolge derselben unterliegt noch manchen Zweifeln.
Ueber den Schöpfungsbericht der Genesis handeln Hexaemeron libri sex
(XIV, 123—274), eines der wichtigsten Werke des Verfassers, hervorgegangen
aus neun, an sechs aufeinander folgenden Tagen, etwa 389, jedenfalls nach
386, gehaltenen Predigten. De paradiso (XIV, 275—314), De Cain et
Abel libri duo (315—360), De Noë et arca (361—416) sind wahrscheinlich

unmittelbar nacheinander, um 380, geschrieben. Nach Kellner stammt De
Noë et arca aus dem Ende des Jahres 386. Der Text dieser Schrift weist
verschiedene Lücken auf. Ueber die Geschichte der Patriarchen verbreiten sich
De Abraham libri duo (XIV, 419—500), De Isaac et anima (501—534),
De bono mortis (539—568), De fuga saeculi (569—596), De Iacob
et vita beata libri duo (597—638), De Ioseph patriarcha (641—672),
De benedictionibus patriarcharum (673—694). Die Abfassung aller dieser
Schriften scheint in die Jahre 388—390 zu fallen. Der Titel De Isaac et
anima erklärt sich daraus, daß die Geschichte Isaaks und Rebekkas auf das
Verhältniß Christi zur Seele des Menschen angewendet wird. De bono
mortis bildet nach der Erklärung des Verfassers selbst eine Fortsetzung der
vorhergehenden Schrift und will den Nachweis erbringen, daß der Tod kein
Uebel, sondern ein Gut sei. De fuga saeculi knüpft an die Flucht Jakobs
nach Mesopotamien an. Unter den benedictiones patriarcharum ist der
Segen Jakobs über seine Söhne verstanden. De Elia et ieiunio (XIV,
697—728) bietet Predigten über das vierzigtägige Fasten, De Nabuthe
Iezraelita (731—756) eine Strafpredigt gegen habsüchtige Reiche (vgl.
3 Kön. 21), De Tobia (759—794) Predigten gegen den Wucher. Diese
drei Schriften gewähren auch dem Culturhistoriker reiche Ausbeute. Die beiden
ersten sind jedenfalls nach 386 entstanden. De interpellatione Iob et David
libri quattuor (XIV, 797—850), nach den Maurinern um 383 verfaßt,
erörtern die Zweifel und Klagen Jobs und Davids über das Unglück der
Frommen und das Glück der Gottlosen. Apologia prophetae David (XIV,
851—884; der Zusatz ad Theodosium Augustum rührt wohl von späterer
Hand her), aus den Jahren 383—385, sucht den durch Davids Doppelsünde
(adulterium et homicidium) nahegelegten sittlichen Anstoß zu beseitigen. Die
sogen. Apologia altera prophetae David (XIV, 887—916), welche sich
dieselbe Aufgabe stellt, ist sehr wahrscheinlich unecht. Eine andere Färbung
als die bisher genannten Schriften zeigen Enarrationes in duodecim psalmos
Davidicos [Ps. 1. 35—40. 43. 45. 47. 48. 61] (XIV, 921—1180), zu
verschiedenen Zeiten entstanden, und Expositio in psalmum 118 (XV,
1197—1526), vermuthlich aus den Jahren 386—388. Hier wie dort ist
das exegetische Element, im engern Sinne des Wortes, vorherrschend. Aus
zerstreuten Bemerkungen des Heiligen über einzelne Stellen oder auch größere
Abschnitte des Hohen Liedes ist von dem Cisterciensermönche Wilhelm von
St. Theodorich bei Reims († 1148) ein Commentarius in Cantica canticorum (XV, 1851—1962) zusammengestellt worden. Expositio Esaiae
prophetae ist zu Grunde gegangen (Fragmente, aus Schriften des hl. Augustinus, in der Ausgabe Ballerinis II, 895—898). Expositio Evangelii
secundum Lucam libris decem comprehensa (XV, 1527—1850), das
umfangreichste unter sämtlichen Werken unseres Heiligen, umschließt Homilien
aus den Jahren 385—387. Ueber die Herkunft der nach Inhalt und Form
sehr hervorragenden und beachtenswerthen Commentaria in tredecim epistolas
B. Pauli (XVII, 45—508) wird seit dem 16. Jahrhundert gestritten. Der
gesuchte Verfasser bezeichnet selbst gelegentlich (zu 1 Tim. 3, 15; XVII, 471)
den hl. Damasus (366—384) als den zur Zeit (hodie) regierenden Papst.
Augustinus (Contra duas epist. Pelagianorum IV, 14: XLIV, 614) führt

einige Worte des Commentares (zu Röm. 5, 12) unter dem Namen sanctus
Hilarius an; doch kann weder Hilarius von Poitiers noch Hilarius von Rom
(§ 69, 5) der Commentator sein. Im 15. und 16. Jahrhundert wurde das
Werk dem hl. Ambrosius zugeeignet. Erasmus erhob Widerspruch, und seitdem
pflegt der Verfasser Ambrosiaster (Pseudo-Ambrosius) genannt zu werden, ohne
daß es bisher gelungen wäre, die Persönlichkeit desselben zu ermitteln. Den
exegetischen Schriften sei noch angeschlossen die in den Ausgaben fehlende
sogen. Lex Dei sive Mosaicarum et Romanarum legum collatio, welche
die mosaischen Gesetzesbestimmungen über die häufigsten Vergehen als die Grundlage der betreffenden römischen Gesetze darzuthun versucht. Nach dem neuesten
Herausgeber, Mommsen (1890), darf dieselbe freilich nicht mehr als Werk
des hl. Ambrosius betrachtet werden. Von dem sog. Hegesippus ist bereits
§ 70, 9 die Rede gewesen.

4. Exegetische Schriften (Fortsetzung). — Die exegetischen Schriften des
hl. Ambrosius erhalten ihr eigenthümliches Gepräge durch die allegorisch-
mystische Weise der Auslegung oder Verwerthung des biblischen Wortes. Bei
dem Buchstaben pflegt der Heilige nicht zu verweilen, ein gewisser höherer oder
tieferer Sinn ist es, welcher sein ganzes Interesse beansprucht, und die äußer-
lichsten und scheinbar gleichgiltigsten Vorgänge der biblischen Geschichte gestalten
sich unter seiner Hand zu den tiefsinnigsten und inhaltschwersten Belehrungen
über den christlichen Glauben und das religiöse Leben. Auf eine principielle
Rechtfertigung oder Begründung dieses Verfahrens ist Ambrosius nicht eingegangen; nur gelegentlich hat er den Werth und die Unentbehrlichkeit desselben hervorgehoben. In der Regel unterscheidet er bei solchen Anlässen einen
zweifachen Schriftsinn (littera und sensus altior). Dem Inhalte oder Gegenstande nach ist aber der Schriftsinn ein dreifacher: sensus naturalis (natürliche Wahrheiten), sensus mysticus (Glaubensgeheimnisse) und sensus moralis
(Sittenregeln). Die Abhängigkeit des Heiligen von Origenes (vgl. § 29, 10)
hat schon Hieronymus wiederholt betont. Ueber das vorhin an erster Stelle
genannte Hexaemeron bemerkt Hieronymus, Ambrosius habe das Hexaemeron des Origenes so bearbeitet (sic compilavit), ut magis Hippolyti sen-
tentias Basiliique sequeretur (Ep. 84, 7: XXII, 749). Er will jedenfalls
sagen, Ambrosius habe im allgemeinen des Origenes Werk sich zum Vorbilde
genommen, im einzelnen aber doch noch mehr durch Hippolytus und Basilius
sich beeinflussen lassen, weil er nämlich die Unzuverlässigkeit mancher Aufstellungen des Alexandriners wohl erkannte. Den Schriften De Elia et ieiunio,
De Nabuthe Iezraelita, De Tobia liegen gleichfalls Homilien des hl. Basilius zu Grunde. Die hauptsächlichste Anregung zu der allegorischen Ausnutzung der geschichtlichen Bücher des Alten Testamentes wird indessen Ambrosius
von Philo empfangen haben. Die Schriften De paradiso, De Cain et Abel,
De Noë et arca, De Abraham u. a. fußen unverkennbar, bald mehr bald
weniger, auf Tractaten Philos. Die Anklänge und Uebereinstimmungen sind
an manchen Stellen so greifbar, daß schon sehr oft und mit glücklichem Erfolge
der Versuch gemacht wurde, den schlecht überlieferten Text der Schriften Philos
auf Grund des ambrosianischen Textes zu berichtigen. Dabei wahrt Ambrosius
durchaus die Selbständigkeit seiner christlichen Ueberzeugung. Was er in der
Schule des Juden erlernt, ist nur die Kunst, einen anderswoher empfangenen

Lehrgehalt in die Erzählung der Genesis hineinzulesen. Eben diese Methode wendet er nun auch dem Texte des Neuen Testamentes gegenüber an. In dem Commentare über das Lucas-Evangelium wird der biblische Wortlaut gleichfalls mit Hintansetzung aller Regeln der Hermeneutik zu Zwecken der Belehrung und Erbauung nutzbar gemacht, nicht selten in so gesuchter und gezwungener Weise, daß es schwer wird, dem Gedankengange des Erklärers überhaupt zu folgen.

Zu den Worten elevatis oculis (Luc. 6, 20) schreibt Ambrosius (XV, 1649): „Der Herr erhob seine Augen in die Höhe. So ist er ja auch, als er den Lazarus erweckte, im Geiste erschauert (Joh. 11, 33); so hat er auch das Haupt erhoben, als er der Ehebrecherin ihre Sünden verzieh (Joh. 8, 10). Denn was anders heißt die Augen erheben als ein inneres Licht öffnen? Demgemäß sagt der hl. Matthäus (5, 2): ‚Er öffnete seinen Mund‘, nämlich die Schätze der Weisheit und Wissenschaft Gottes, indem er das Innerste seines Tempels aufschloß. Er hat den Mund (ora) erschlossen: so öffne denn auch du deinen Mund, aber bitte zuvor, daß er geöffnet werde. Denn wenn Paulus um Hilfe bittet bei Oeffnung seines Mundes (Eph. 6, 19), so mußt du um so viel mehr bitten. Der Prophet zeigt dir auch den Schlüssel der Wissenschaft, mit welchem du deinen Mund öffnen mußt, indem er spricht: ‚Oeffne deinen Mund mit dem Worte Gottes‘ (Spr. 31, 9). Das Wort Gottes ist der Schlüssel deines Mundes, der Schlüssel der Wissenschaft ist deines Mundes Schlüssel; er ist es, mit welchem, nach Lösung der Ketten des Schweigens, das Schloß der Unkenntniß eröffnet wird." — Zu Luc. 19, 28—29 heißt es (XV, 1793—1794): „Der Herr verläßt die Juden, um Wohnung zu nehmen in den Herzen der Heidenvölker. Sehr bezeichnend steigt er den Tempel hinan. Das ist ja der wahre Tempel, in welchem der Herr nicht dem Buchstaben, sondern dem Geiste nach angebetet wird; das ist Gottes Tempel, den da des Glaubens Stützen tragen, nicht Mauern aus Stein. Es werden also diejenigen, welche haßten, sich selbst überlassen, und auserkoren werden diejenigen, welche lieben sollten. Deshalb kam er auch an den Oelberg, um auf erhabener Tugendhöhe gleich jungen Oelbäumen diejenigen zu pflanzen, deren Mutter jenes Jerusalem ist, welches im droben ist. Auf diesem Berge ist jener himmlische Gärtner, auf daß alle, welche im Hause Gottes gepflanzt sind, zusammen sprechen können: ‚Ich aber bin wie ein fruchttragender Oelbaum im Hause des Herrn‘ (Ps. 51, 10). Ja, möglicherweise ist der Berg selbst Christus. Denn wer anders könnte solche Früchte an Oelbäumen bringen, Oelbäumen, die sich beugen nicht unter dem Reichthum der Oliven, sondern unter der Geistesfülle fruchttragender Heidenvölker? Er ist es, durch den wir aufsteigen und zu dem wir aufsteigen; er ist die Thüre, er ist der Weg, er ist es, der geöffnet wird und der öffnet, bei ihm klopfen die Eintretenden an und er wird angebetet von den Veteranen."

5. Moralisch-ascetische Schriften. — Nicht das früheste, aber das bedeutendste Werk des hl. Ambrosius auf dem Gebiete der Ethik sind die drei Bücher De officiis ministrorum (XVI, 23—184), ein Gegenbild zu den drei Büchern Ciceros De officiis, entstanden nach 386. Wie Cicero seine Schrift zunächst an seinen Sohn Marcus richtete, so wendet auch Ambrosius sich zunächst an seine Söhne, die Cleriker, die Diener (ministri) der Kirche (sicut Tullius ad erudiendum filium, ita ego quoque ad vos informandos filios meos I, 7). Doch will er zugleich allen Christen ein Handbuch der Sittenlehre bieten, wie ja auch Cicero zugleich einen weiteren Leserkreis im Auge hatte. In der Anordnung und Gliederung des Stoffes lehnt Ambrosius

sich gleichfalls möglichst enge an Cicero an. Der innere Gegensatz zwischen der heidnisch-philosophischen und der christlich-kirchlichen Sittenlehre tritt infolgedessen nur um so schärfer hervor. Die Paränese ist voll einbringender Kraft. In einer Reihe von Schriften behandelte Ambrosius die Jungfräulichkeit bezw. den Stand der gottgeweihten Jungfrauen. Die Häufigkeit und Einbringlichkeit seiner Predigten über dieses Thema gab, wie er selbst mittheilt, zu Klagen und Vorwürfen Anlaß: Virginitatem doces et persuades plurimis . . . puellas nubere prohibes (De virginitate c. 5: XVI, 272). Im Jahre 377 stellte er auf Bitten seiner hochverehrten Schwester Marcellina mehrere solcher Predigten zu drei kurzen Büchern De virginibus ad Marcellinam sororem suam (XVI, 187—232) zusammen. Das erste Buch feiert die Würde und Erhabenheit der Jungfräulichkeit, das zweite will die Gott sich weihende Jungfrau zu einem entsprechenden Lebenswandel anleiten, das dritte bringt noch einige besondere Lehren und Weisungen für die Adressatin. Hieronymus urtheilte über diese Schrift, welche wahrscheinlich die früheste aller Schriften unseres Heiligen ist: Tanto se effudit eloquio, ut quidquid ad laudes virginum pertinet exquisierit, expresserit, ordinarit (Ep. 22, 22: XXII, 409). Nahe verwandten Inhalts sind die Schriften De viduis (XVI, 233—262), vom Jahre 377 oder 378; De virginitate (265—302), wohl auch vom Jahre 378; De institutione virginis et S. Mariae virginitate perpetua ad Eusebium (305—334), vom Jahre 391 oder 392; Exhortatio virginitatis (335—364), vom Jahre 393 oder 394. Die Schrift De lapsu virginis consecratae (367—384) gehört sehr wahrscheinlich dem Bischofe Nicetas von Romatiana an (s. Abs. 12).

6. Dogmatische Schriften. — Die fünf Bücher De fide ad Gratianum Augustum (XVI, 527—698) enthalten eine einläßliche und überzeugende Vertheidigung der wahren Gottheit des Sohnes gegen die Einwürfe der Arianer. Die zwei ersten Bücher sind 378, die drei letzten 379 oder 380 geschrieben. Ambrosius war von Gratian selbst um eine Darlegung der orthodoxen Lehre ersucht worden. Gleichsam als Fortsetzung reihen sich die im Jahre 381, auch auf ausdrücklichen Wunsch des Kaisers verfaßten drei Bücher De Spiritu S. ad Gratianum Augustum (XVI, 703—816) an. Sie vertreten die Consubstantialität des Heiligen Geistes. Athanasius, Basilius d. Gr. und Didymus der Blinde dienen dem Verfasser als Führer und Gewährsmänner. Die Schrift De incarnationis Dominicae sacramento (XVI, 817—846), wahrscheinlich aus dem Jahre 382, bekämpft wieder den Arianismus und ist gegen die arianisch gesinnte Umgebung Gratians gerichtet. Die Schrift De fide orthodoxa contra Arianos (XVII, 549—568) ist Ambrosius mit Unrecht beigelegt worden (s. § 69, 6). Theodoret von Cyrus (Eranistes s. Polymorphus Dial. II) hat ein längeres Bruchstück einer Expositio fidei des hl. Ambrosius aufbewahrt (XVI, 847—850). Die Schrift De mysteriis (XVI, 389—410) wendet sich an Neugetaufte und handelt über die Taufe, die Firmung und die heilige Eucharistie. Die Echtheit derselben ist mit Unrecht bestritten worden; die Abfassungszeit aber bleibt zweifelhaft. Die sechs Bücher oder sechs Predigten De sacramentis (XVI, 417—462) erweisen sich als eine Nachahmung der Schrift De mysteriis. Dieselben gehören nicht Ambrosius an, sondern sind wohl ins 5. oder 6. Jahrhundert zu verlegen.

Morin möchte sie dem Bischofe Nicetas von Romatiana zueignen. Die zwei Bücher De poenitentia (XVI, 465—524), nach den Maurinern um 384 verfaßt, kehren sich gegen die Novatianer und sind reich an wichtigen Zeugnissen über die kirchliche Gewalt der Sündennachlassung, die Nothwendigkeit der Beichte und die Verdienstlichkeit der guten Werke. Eine von Augustinus oft angeführte Schrift De sacramento regenerationis sive de philosophia ist nicht auf uns gekommen. Eine Abhandlung Ad Pansophium puerum (aus den Jahren 393—394) ist nur dem Namen nach bekannt. Der von Caspari (1883) herausgegebene Aufsatz über den Ursprung der Seele (Altercatio S. Ambrosii contra eos, qui animam non confitentur esse facturam, aut ex traduce esse dicunt) trägt den Namen unseres Heiligen fälschlich.

7. Reden und Briefe. — Seinem heißgeliebten, stets an seiner Seite weilenden Bruder Satyrus, welcher 379 plötzlich starb, setzte Ambrosius ein schönes Denkmal in den zwei Büchern De excessu fratris sui Satyri (XVI, 1289—1354). Das erste Buch enthält die angesichts der Leiche gesprochene Trauerrede, das zweite, gewöhnlich De fide resurrectionis überschrieben, ist eine acht Tage später am Grabe des Todten vorgetragene Trostpredigt. Größere Berühmtheit haben die Leichenreden auf Valentinian II. und Theodosius d. Gr. erlangt, De obitu Valentiniani consolatio (XVI, 1357—1384), etwa im August 392 bei der Beerdigung des Ermordeten, und De obitu Theodosii oratio (XVI, 1385—1406), am 26. Februar 395 bei den Leichenfeierlichkeiten für den Verstorbenen gehalten. Beide Reden gelten als Kunstwerke der Rhetorik; beide sind zugleich bedeutsame Geschichtsquellen. Der Sermo contra Auxentium de basilicis tradendis (XVI, 1007—1018) stammt aus ebenso schweren wie glorreichen Tagen des Jahres 386. Ein scythischer Priester Mercurinus war von den Arianern zum Bischof von Mailand bestellt worden und hatte als solcher den Namen Auxentius angenommen. Die Aufforderung Valentinians II. bezw. seiner Mutter Justina, diesem Auxentius eine katholische Kirche auszuliefern, wies Ambrosius auf das entschiedenste zurück. Um dieselbe Zeit hatte der Heilige die Freude, die Gebeine der heiligen Martyrer Gervasius und Protasius aufzufinden; zwei durch dieses Ereigniß veranlaßte kurze Predigten hat er einem Briefe an seine Schwester Marcellina (Ep. 22: XVI, 1019—1026) einverleibt. Drei Predigten über Luc. 12, 33 (Vendite omnia quae possidetis et date eleemosynam), durch de Corrieris (1834) ans Licht gezogen (in Ballerinis Ausgabe V, 195—222), sind inhaltlich sehr unbedeutend und hinsichtlich ihrer Echtheit sehr zweifelhaft. Die unechte Exhortatio S. Ambrosii episc. ad neophytos de symbolo wurde schon § 69, 2 erwähnt. — Der Briefe des hl. Ambrosius zählten die Mauriner (1690) 91 (XVI, 876—1286); bei der Mehrzahl derselben (1—63) glaubten sie auch die Zeit der Abfassung feststellen zu können. Eine Vermehrung hat die Zahl der Briefe inzwischen nicht erfahren; um Berichtigung der chronologischen Ansätze hat nur Ihm (1890) sich nennenswerthe Verdienste erworben. Einzelne Briefe sind vertraulicher Natur und persönlichen Charakters; die meisten aber sind amtliche Schreiben, Gutachten über öffentliche Angelegenheiten, Berichte über Synodalverhandlungen u. s. f. Für die Geschichte der fraglichen Zeit fließen deshalb hier die werthvollsten Quellen. Auch läßt diese Correspondenz

am überzeugendsten erkennen, welch hervorragende und einflußreiche Stellung Ambrosius in Kirche und Staat einnahm.

8. **Hymnen.** — Eine besondere Beachtung gebührt den Hymnen unseres Kirchenvaters. Veranlaßt durch den Vorgang der Arianer, dichtete Ambrosius religiöse Lieder, um dieselben beim Gottesdienste durch das Volk singen zu lassen. Das älteste und wichtigste Zeugniß ist in den Worten enthalten, mit welchen der Heilige im Jahre 386 einem Vorwurfe der Arianer begegnet: Hymnorum quoque meorum carminibus deceptum populum ferunt. Plane nec hoc abnuo. Grande carmen (hier so viel als Zauber) istud est quo nihil potentius. Quid enim potentius quam confessio Trinitatis quae quotidie totius populi ore celebratur! Certatim (vielleicht so viel als wechselweise) omnes student fidem fateri, Patrem et Filium et Spiritum sanctum norunt versibus praedicare. Facti sunt igitur omnes magistri, qui vix poterant esse discipuli (Sermo contra Aux. c. 34: XVI, 1017 ad 1018). Gleichzeitig mit der Einführung der Hymnen hat Ambrosius die Liturgie überhaupt nach dem Vorbilde der morgenländischen (syrischen) Kirchen bereichert und erweitert. Der Hymnengesang fand von Mailand aus alsbald im ganzen christlichen Abendlande Eingang und Verbreitung, und geistliche Gedichte, welche in der Form der Hymnen des hl. Ambrosius verfaßt waren oder (vielleicht genauer) in der Weise der letztern beim Gottesdienste gesungen wurden, erhielten in der Folge den Namen „Ambrosianische Hymnen" (vgl. etwa *Isid. Hispal.*, De eccles. offic. I, 6: LXXXIII, 743: Hymni ex eius [Ambrosii] nomine Ambrosiani vocantur . . . carmina autem quaecumque in laudem Dei dicuntur hymni vocantur). Vier ambrosianische Hymnen sind durch unzweifelhafte Zeugnisse als Gedichte des hl. Ambrosius selbst beglaubigt: Aeterne rerum conditor, Deus creator omnium, Iam surgit hora tertia, Veni redemptor gentium. Diese Lieder sind im jambischen Dimeter gehalten und in vierzeilige Strophen abgetheilt; das Metrum wird auf das sorgfältigste beobachtet, die Quantität genau gewahrt. Der Ausdruck ist klar und einfach, aber zugleich voll Hoheit und Würde. Die Mauriner haben zwölf Hymnen als Lieder des hl. Ambrosius anerkannt (XVI, 1409—1412). Biraghi (1862) und Dreves (1893) glaubten achtzehn Hymnen als echt nachweisen zu können. Der sogen. Ambrosianische Lobgesang Te Deum laudamus ist jedenfalls nicht ein Werk des hl. Ambrosius oder des hl. Augustinus (sie sollen ihn bei der Taufe des letztern im Jahre 387 aus göttlicher Eingebung wechselweise gesungen haben), war aber nachweislich zu Beginn des 6. Jahrhunderts schon vorhanden. Morin sucht den Verfasser des Te Deum in Nicetas von Romatiana. Auch versificirte Inschriften (in Distichen) werden Ambrosius beigelegt (in Ballerinis Ausgabe V, 689 bis 694). Einige andere Gedichte sind augenscheinlich unterschoben.

9. **Gesamtausgaben. Uebersetzung ausgewählter Schriften.** — Unter den frühern Herausgebern der Werke des hl. Ambrosius haben anerkanntermaßen die Mauriner, J. du Frische und N. le Nourry, bei weitem das Bedeutendste geleistet. Ihre Ausgabe erschien 1686—1690 zu Paris in 2 Foliobänden; der zweite Band hat eine sehr umfangreiche, besonders paginirte Appendix, in qua post triplicem eiusdem S. Doctoris vitam continentur varii tractatus supposititii. Diese Edition wurde zu Venedig zweimal nachgedruckt, 1748—1751. 4 Bde. 2°,

und 1781—1782. 8 Bbe. 8⁰; ein dritter Abdruck bei *Migne, P. lat.* XIV—XVII
(Paris 1845; wiederholt Paris 1866). Ueber die Vorgänger der Mauriner berichtet
eingehend *Schoenemann*, Bibl. hist.-lit. Patrum lat. I, 368 sqq. Eine neue
Ausgabe, mit besonderer Berücksichtigung von Mailänder Handschriften, unternahm
P. A. Ballerini, Mailand 1875—1883. 6 Bbe. 2⁰. Ueber ihn urtheilt treffend
*M. Ihm*, Studia Ambrosiana (s. Abs. 11) p. 13: Plane Maurinorum studiis
subnititur, quorum diligentiam et acumen in sua ipse editione assecutus
non est. — Ausgewählte Schriften des hl. Ambrosius, übersetzt von Fr. X. Schulte.
Kempten 1871—1877. 2 Bbe. (Bibl. der Kirchenväter). Bb. I enthält: De virginibus, De viduis, De virginitate, De mysteriis, De poenitentia, De excessu
fratris sui Satyri; Bb. II: De officiis ministrorum, De obitu Valentiniani
consolatio, De obitu Theodosii oratio, De bono mortis, De fuga saeculi.

10. Ausgaben, Uebersetzungen und Bearbeitungen einzelner Schriften. — Exegetische Schriften. Eine Sonderausgabe des Hexaemeron lieferte R. O. Gilbert, Leipzig 1840 (in Gersdorfs Bibl. Patr. eccl. lat. sel. Vol. IX). Aus der
Schrift De paradiso gelang es Harnack, sieben neue Bruchstücke der Syllogismen
des von Ambrosius bekämpften Gnostikers Apelles herauszuschälen (vgl. § 22).
M. Ihm (Studia Ambrosiana [s. Abs. 11] p. 95—119) gibt auf Grund einer
Trierer Handschrift des 11. Jahrhunderts Beiträge zur Texteskritik der Expositio
in psalmum 118. Was die Frage nach dem Ambrosiaster angeht, so ist Ballerini
(in seiner Ausgabe III, 349 sqq.) wieder für Ambrosius als Verfasser des Com-
mentares eingetreten. J. Th. Plitt (in Herzogs Real-Encyklopädie f. protest.
Theol. u. Kirche. 2. Aufl. Bb. I. 1877, S. 329—331) erklärte den Commentar
für ein Sammelwerk, welches erst um 800 vollendet worden sei, in seinen ältesten
Bestandtheilen aber bis zum Jahre 380 hinaufreiche. J. Langen (De commentariorum in epist. Paulinas qui Ambrosii, et quaestionum biblicarum quae
Augustini nomine feruntur scriptore. Progr. Bonnae 1880. 4⁰) glaubte den
Luciferianer Faustinus (§ 69, 3) als den Verfasser des fraglichen Commentares (in
seinem ganzen Umfange) und auch der unter den Werken des hl. Augustinus stehenden Quaestiones Veteris et Novi Testamenti (*Migne*, P. lat. XXXV, 2213—2416)
bezeichnen zu dürfen (vgl. Langen, Geschichte der römischen Kirche bis zum Ponti-
fikate Leos I. Bonn 1881. 8⁰. S. 599 ff.). C. Marold (Der Ambrosiaster
nach Inhalt und Ursprung: Zeitschr. f. wissenschaftl. Theol. Bb. XXVII. 1884.
S. 415—470) will zwischen dem Verfasser des Commentares und dem Verfasser
jener Quaestiones unterschieden wissen, verzichtet aber auf Feststellung der Persönlichkeiten. Die Collatio legum Mosaicarum et Romanarum edirte Th. Mommsen
in der Collectio librorum iuris anteiustiniani. Edd. *P. Krueger, Th. Mommsen,
G. Studemund.* T. III. Berolini 1890. p. 107—198. Literatur über diese
Schrift verzeichnet Teuffel-Schwabe, Gesch. der Röm. Lit. 5. Aufl. S. 1124. —
Moralisch-ascetische Schriften. Das Werk De officiis ministrorum wurde
separat herausgegeben von R. O. Gilbert, Leipzig 1839 (in Gersdorfs Bibl.
Patr. eccl. lat. sel. Vol. VIII), sowie namentlich auch von J. G. Krabinger,
Tübingen 1857. 8⁰. Deutsche Uebersetzungen des Werkes lieferten Ph. Lichter,
Coblenz 1830. 8⁰; C. Haas, Die Pastoralschriften des hl. Gregor des Großen
und des hl. Ambrosius von Mailand übersetzt. Tübingen 1862. 8⁰. S. 271 ff.;
Schulte, Kempten 1877 (s. Abs. 9). *Fr. Bittner*, De Ciceronianis et Am-
brosianis officiorum libris (Progr.). Brunsbergae 1849. 4⁰. F. Hasler,
Ueber das Verhältniß der heidnischen und christlichen Ethik auf Grund einer Vergleichung des Ciceronianischen Buches De officiis mit dem gleichnamigen des
hl. Ambrosius. München 1866. 8⁰. *I. Draeseke*, M. Tullii Ciceronis et Ambrosii Episc. Mediol. De officiis libri III inter se comparantur: Rivista di
Filologia e d'Istruzione Classica, anno IV (1875—1876), p. 121—164; auch

separat erschienen. J. Reeb, Ueber die Grundlagen des Sittlichen nach Cicero und Ambrosius. Vergleichung ihrer Schriften De officiis (Progr.). Zweibrücken 1876. 8°. P. Ewald, Der Einfluß der stoisch-ciceronianischen Moral auf die Darstellung der Ethik bei Ambrosius (Jnaug.-Diss.). Leipzig 1881. 8°. — Dogmatische Schriften. Einige dogmatische Schriften haben bei *H. Hurter*, SS. Patr. opusc. sel. [Ser. I], Aufnahme gefunden: De poenitentia T. V; De mysteriis T. VII; De fide ad Gratianum Augustum T. XXX. Ueber die Schrift De sacramentis handelt Morin in den weiter unten zu nennenden neuen Untersuchungen über den Verfasser des Te Deum. Der Aufsatz über den Ursprung der Seele findet sich bei C. P. Caspari, Kirchenhistorische Anecbota. I. Christiania 1883. 8°. S. 225—247; vgl. S. xi—xiii. — Reden und Briefe. Einen unechten Tractatus in Phil. 4, 4 unter dem Namen des hl. Ambrosius veröffentlichte *Fr. Liverani*, Spicilegium Liberianum. Florentiae 1863. 2°. p. 3—4. Ausgewählte Reden des Heiligen wurden ins Deutsche übersetzt von Th. Köhler, Leipzig 1892 (G. Leonhardi, Die Predigt der Kirche. Bd. XX). Der den Briefen des hl. Ambrosius in den Ausgaben voraufgeschickte Brief des Kaisers Gratian an den Heiligen (*Migne*, P. lat. XVI, 875—876) ist sonderbarerweise von A. Tarlazzi in den Atti e Memorie della R. Deputazione di storia patria per le provincie di Romagna. Ser. 3. Vol. I. Bologna 1883. p. 472—473 nach einer Handschrift zu Ravenna als nuovo documento veröffentlicht worden. Ueber die von Ambrosius im brieflichen Verkehr gebrauchten Titel und Titulaturen vgl. A. Engelbrecht, Das Titelwesen bei den spätlateinischen Epistolographen. Wien 1893. 8°. — Hymnen. Ueber die Hymnen und sonstigen Gedichte handeln *L. Biraghi*, Inni sinceri e Carmi di Sant' Ambrogio, vescovo di Milano. Milano 1862. 4°. Th. Förster, Ambrosius, Bischof von Mailand (s. Abf. 11) S. 253—271. 326—334. G. M. Dreves S. J., Aurelius Ambrosius, „der Vater des Kirchengesanges". Eine hymnologische Studie (58. Ergänzungsheft der „Stimmen aus Maria-Laach"). Freib. i. Br. 1893. Vgl. Dreves, Peter Wagner und die Musik der Vergangenheit: Zeitschr. f. kath. Theol. Bd. XVIII (1894). S. 575—585. Sechs ambrosianische Hymnen und das Te Deum laudamus sind in umfassender Weise bearbeitet bei J. Kayser, Beiträge zur Geschichte und Erklärung der ältesten Kirchenhymnen. 2. Aufl. Paderborn 1881. S. 127—248 und S. 435—458. Ueber das Te Deum vgl. auch *G. Morin*, L'auteur du Te Deum: Revue Bénédictine. T. VII. 1890. p. 151—159; sowie die von S. Bäumer im Literar. Handweiser, Jahrg. 1892, Sp. 491 genannten Abhandlungen. Morin hat seine Vermuthung, daß Nicetas der Verfasser des Te Deum sei, des nähern zu begründen versucht in den Nouvelles recherches sur l'auteur du Te Deum: Revue Bénédictine. T. XI (1894). p. 49—77. Zu den versificirten Inschriften unter Ambrosius' Namen vgl. *L. Traube*, De Ambrosii titulis: Hermes. Bd. XXVII (1892). S. 158—159. Neuerdings wurden von *Pitra*, Analecta sacra et classica. Paris. 1888. Pars I. p. 121—124 Ambrosiani qui dicuntur versus de naturis rerum herausgegeben.

11. Schriften über Ambrosius. — *E. Bernard*, De S. Ambrosii Mediolanensis episc. vita publica. Parisiis 1864. 8°. *A. Baunard*, Histoire de St. Ambroise. Paris 1871. 8°; ins Deutsche übersetzt von J. Bittl, Freib. i. Br. 1873. 8°; ins Italienische von G. Scurati, Mailand 1873. 12°. *C. Locatelli*, Vita di S. Ambrogio. Milano 1875. 8°. Fr. Böhringer, Die Kirche Christi und ihre Zeugen oder die Kirchengeschichte in Biographieen. 2. Aufl. Bd. X: Ambrosius, Erzbischof von Mailand. 2. Ausg. Stuttgart 1877. Th. Förster, Ambrosius, Bischof von Mailand. Eine Darstellung seines Lebens und Wirkens. Halle a. S. 1884. 4°. *M. Ihm*, Studia Ambrosiana: Jahrbb. f. class. Philol. Supplementbb. XVII. Leipzig 1890. S. 1—124; auch separat erschienen. Vgl. *Ihm*,

Observationes in Ambrosium: Rhein. Museum f. Philol. N. F. Bd. XLIV
(1889). S. 524—525; Ihm, Philon und Ambrosius: Neue Jahrbb. f. Philol.
u. Pädag. Bd. CXLI (1890). S. 282—288. F. Barth, Ambrosius und die
Synagoge zu Callinicum: Theol. Zeitschr. aus der Schweiz. Bd. VI (1889).
S. 65—86. — J. E. Pruner, Die Theologie des hl. Ambrosius (Progr.).
Eichstädt 1862. 4°. W. Balkenhol, Die kirchenrechtlichen Anschauungen des hl. Am-
brosius, Bischofs von Mailand, und seiner Zeit: Der Katholik, Jahrg. 1888, Bd. I.
S. 113—140. 284—296. 337—381. 484—511; auch separat erschienen. *A. de
Broglie*, La politica di S. Ambrogio. Milano 1888. 8°. J. B. Kellner,
Der hl. Ambrosius, Bischof von Mailand, als Erklärer des Alten Testamentes. Ein
Beitrag zur Geschichte der biblischen Exegese. Regensburg 1893. 8°. — *L. Biraghi*,
Vita della vergine Romano-Milanese, S. Marcellina, sorella di S. Ambrogio.
Milano 1863. 8°; ins Französische übersetzt von A. Corail, Paris 1867. 18°;
ins Deutsche von P. Macherl, Kempten 1880. 8°.

12. **Nicetas von Romatiana.** — Ueber die Persönlichkeit des wiederholt genannten Bischofs Nicetas von Romatiana ist viel gestritten worden. Die wichtigste
Quelle über ihn bezw. über seine schriftstellerische Thätigkeit ist ein kurzer Bericht
bei Gennadius (De vir. ill. c. 22: *Migne*, P. lat. LVIII, 1073—1074). Hier
wird er nach dem umlaufenden Texte Niceas genannt; in einem cod. Vaticanus
saec. VII lautet der Name indessen Niceta (f. W. Herdings Ausgabe der
Schriften De vir. ill. von Hieronymus und von Gennadius, Leipzig 1879, S. 81),
und die Handschriften schwanken überhaupt bezüglich des fraglichen Namens fast bei
jeder Gelegenheit zwischen den Schreibweisen Nicaeas, Niceas, Nicetas, Nicetus,
Nicetius. Schwierigkeiten bereiten aber die bei Gennadius folgenden Worte Roma-
tianae civitatis episcopus. Im binnenländischen Dacien, in der Gegend des heutigen
Palanka in Serbien, lag ein Städtchen Romansiana oder Romesiana oder Remisiana
u. s. f. (Belegstellen für die verschiedenen Namensformen bei Th. Mommsen im
Corpus inscriptionum latinarum. Vol. III, 1. Berolini 1873. p. 268), und
von einem Bischofe Nicetas aus Dacien ist in den Gedichten und Briefen des hl. Pau-
linus von Nola wiederholt die Rede. Nicetas kam 398 und wiederum 402 aus
Dacien nach Italien, besuchte Nola und das Grab des hl. Felix und schloß mit
Paulinus innige Freundschaft; anläßlich seiner Heimkehr im Jahre 398 besingt
Paulinus in einem eigenen Gedichte des Freundes Tugenden und Verdienste
(Poema 17: Ad Nicetam redeuntem in Daciam: LXI, 483—490). In diesem
Bischofe Nicetas aus Dacien hat man in früherer Zeit vielfach den von Gennadius
erwähnten Schriftsteller wiedererkennen zu sollen geglaubt (vgl. die Literaturangaben
bei *Chevalier*, Répert. des sources hist. col. 1625 s. v. Nicétas, évêq. „Re-
messianen.“). In neuerer Zeit hat man den Schriftsteller meist in einem jüngern
Bischofe Nicetas gesucht. Plinius (Nat. Hist. III, 18) gedenkt eines Ortes Ro-
matinum, nach anderer Lesart freilich Reatinum, an der Küste des Adriatischen
Meeres, unfern Aquileja, und von Papst Leo d. Gr. besitzen wir ein längeres,
vom 21. März 458 datirtes Schreiben an Nicetam episcopum Aquileiensem
(Ep. 159: LIV, 1135—1140). Attila und seine Horden hatten 452 Aquileja und
seine Umgebung verwüstet, und in weiterer Folge dieser Heimsuchung hatten sich
kirchliche Mißstände ergeben, bezüglich deren Nicetas die Entscheidung des Papstes
einholte. Den Hirtenstab von Aquileja soll Nicetas bis zum Jahre 485 geführt
haben (vgl. die bei *Chevalier* l. c. col. 1623—1624 verzeichnete Literatur). — Als
Schriften des Bischofs Nicetas von Romatiana nennt Gennadius eine in einfacher
und gefälliger Sprache verfaßte Unterweisung für Taufcandidaten in sechs Büchern
(Competentibus ad baptismum instructionis libellos sex) und ein Buch an
eine gefallene Jungfrau (Ad lapsam virginem libellum). Auch den Inhalt der
einzelnen Bücher jener Unterweisung gibt Gennadius an: Continet primus (libellus)

qualiter se debeant habere competentes qui ad baptismi gratiam cupiunt pervenire, secundus est de gentilitatis erroribus . . . tertius liber de fide unicae maiestatis, quartus adversus genethliologiam (Nativitätsstellerei), quintus de symbolo, sextus de agni paschalis victima. Seinem ganzen Umfange nach hat sich dieses Werk, wie es scheint, nicht mehr erhalten. Das fünfte Buch desselben, De symbolo, ·barf wohl mit Sicherheit wiedergefunden werden in der zuerst von Cardinal Borgia (Padua 1799) herausgegebenen, sehr schönen und für die Geschichte des Taufsymbols hochwichtigen Explanatio symboli habita ad competentes (*Migne*, P. lat. LII, 865—874). Die von Borgia benutzte Handschrift (des 14. Jahrhunderts) bezeichnet ausdrücklich Bischof Nicetas von Aquileja als Verfasser. Gleichwohl wollte J. Pr. Zabeo (Explanationem symboli, quae prodiit Patavii anno 1799, tribuendam probabilius esse S. Niceae Dacorum episcopo quam B. Nicetae episcopo Aquileiensi, dissertatio. Venetiis 1803. 4°) diese Explanatio für den Freund des hl. Paulinus in Anspruch nehmen; P. Braida jedoch (S. Nicetae Episc. Aquileiensis opuscula, quae supersunt, duo. Utini 1810. 4°) vindicirte dieselbe mit überlegenen Gründen dem Zeitgenossen Leos d. Gr. Nachdem M. Denis (Wien 1802) sechs kleine Fragmente verschiedener Bücher der Unterweisung ans Licht gezogen hatte (LII, 873—876), gab Cardinal Mai (SS. Episcoporum Nicetae et Paulini Scripta ex Vaticanis codicibus edita. Romae 1827. 4°; die Scripta S. Nicetae sind wieder abgedruckt in des Herausgebers Scriptorum veterum nova Collectio. Tom. VII. Romae 1833. Pars I. p. 314 ad 340) drei neue Tractate unter dem Namen des hl. Nicetas von Aquileja heraus: De ratione fidei (LII, 847—852), De Spiritus S. potentia (853—864), De diversis appellationibus D. N. Iesu Christo convenientibus (863—866). Der erste dieser Tractate deckt sich wahrscheinlich mit dem dritten Buche der Unterweisung, welches laut Gennadius de fide unicae maiestatis handelte. Eine neue Ausgabe der Explanatio symboli veranstaltete mit bekannter Sorgfalt C. P. Caspari (Kirchenhistorische Anecdota. I. Christiania 1883. S. 341—360). Er zog (außer der Handschrift Borgias) noch fünf weitere Handschriften (des 12. Jahrhunderts) zu Rathe, welche aber sämtlich Copien einer und derselben ältern Handschrift sind und, jedenfalls unrichtig, Origenes als Verfasser angeben. Nach einer dieser Handschriften hat gleichzeitig Cardinal Pitra (Analecta sacra. Tom. III. Paris. 1883. p. 584—588) die Explanatio (oder den größten Theil derselben) abdrucken lassen (vgl. § 29, 14). An Casparis Ausgabe anknüpfend, hat F. Kattenbusch (Beiträge zur Geschichte des altkirchlichen Taufsymbols. Progr. Gießen 1892. 4°. S. 34—52) die Schrift von neuem untersucht und will er die Entstehung derselben in die Jahre 410—420 verlegen, den Verfasser Nicetas aber nach einem unbekannten Orte Galliens verweisen. Das durch Gennadius bezeugte Buch Ad lapsam virginem ist schon oft, mit mehr oder weniger großer Entschiedenheit, identificirt worden mit der oben Abs. 5 erwähnten Schrift De lapsu virginis consecratae (Braida hat dieselbe als Schrift des hl. Nicetas von Aquileja in die vorhin genannte Ausgabe aufgenommen; Mai hingegen schloß sie von seiner Edition aus). Ballerini konnte diese Schrift (nach einer Handschrift des 7. oder 8. Jahrh.) in einer zweiten, etwas kürzern (freilich auch unvollständigen) Textesrecension mittheilen (in seiner Ausgabe der Werke des hl. Ambrosius IV, 401—417), welche die Aufschrift trägt: Epistola Nicetae episcopi . . . und die Unterschrift: Hanc epistolam sanctus emendavit Ambrosius . . . (ebend. IV, 381—382). Würde diese letztere Bemerkung zutreffen, so könnte der als Verfasser bezeichnete Bischof Nicetas nicht der Zeitgenosse Leos d. Gr. sein, da Ambrosius bereits 397 starb. Doch wird es richtiger sein, die Glaubwürdigkeit der Angabe in Zweifel zu ziehen, als auf Grund derselben mit Ballerini die fragliche Schrift dem Freunde des hl. Paulinus zuzueignen. Morin hat, wie schon bemerkt, auch die Schrift De sacramentis

(Abf. 6) und das To Deum (Abf. 9) für Nicetas von Romatiana, d. i. den Freund des hl. Paulinus, in Anspruch genommen.

13. Andere Bischöfe aus der Zeit des hl. Ambrosius. — Von Papst Siricius (384—398) liegen sieben Briefe vor (*Migne*, P. lat. XIII, 1131—1196), an ihrer Spitze ein umfangreiches Schreiben an Bischof Himerius von Tarragona in Spanien aus dem Jahre 385 (1131—1147), die älteste der päpstlichen Decretalen, welche in die kirchlichen Rechtssammlungen aufgenommen wurden. Vgl. *Jaffé*, Regesta Pontificum Rom. ed. 2. T. I. Lips. 1885. p. 40—42 n. 255—272. Eine deutsche Uebersetzung der Briefe bei S. Wenzlowsky, Die Briefe der Päpste (Bibl. der Kirchenväter). Bd. II. S. 407—488. — Der Freund und Nachfolger des hl. Ambrosius auf dem bischöflichen Stuhle zu Mailand, Simplicianus (Abf. 1), hat laut Gennadius (De vir. ill. c. 36: LVIII, 1078—1079) viele Briefe, insbesondere an Augustinus, hinterlassen. Keiner derselben ist auf uns gekommen. Dagegen finden sich unter den Werken des hl. Augustinus ein schmeichelhafter Brief an Simplicianus, etwa aus dem Jahre 397 (Ep. 37: XXXIII, 151—152), und eine Schrift De diversis quaestionibus ad Simplicianum libri duo aus derselben Zeit (XL, 101—148). — Bischof Chromatius von Aquileja (um 387 bis um 407) zählte zu den hervorragendern Theologen seiner Zeit. Von seinen Schriften erübrigen nur noch 18 Tractate oder Homilien über das Matthäus-Evangelium (XX, 323—368), von welchen insbesondere der Tractat über die acht Seligkeiten (323—328) stets großen Beifall fand. Die Tractate erstrecken sich über die Kapitel 3 (V. 15—17). 5. 6 und scheinen nur Reste einer homiletischen Bearbeitung des ganzen Evangeliums zu sein. — Von Bischof Vigilius von Trient, welcher um 405 als Martyrer starb, besitzen wir zwei Briefe De martyrio SS. Sisinnii, Martyrii et Alexandri (XIII, 549—558). — Von Bischof Victricius von Rotomagus (Rouen), gest. um 407, hat sich eine Predigt De laude Sanctorum erhalten (XX, 443—458). Ueber die Sprache derselben vgl. K. Paucker in der Zeitschr. f. die österreich. Gymnasien. Bd. XXXII (1881). S. 481 ff.

## § 73. Prudentius und Paulinus.

1. **Prudentius.** — Aurelius Prudentius Clemens nimmt unter den lateinischen Dichtern des christlichen Alterthums unbestritten die erste Stelle ein. Einen allerdings sehr skizzenhaften Ueberblick über sein Leben und seine Schriften gibt der Dichter selbst in der Praefatio, welche er der Gesamtausgabe seiner Dichtungen voraufschickte. Prudentius ward 348 in Spanien, sehr wahrscheinlich zu Cäsaraugusta, d. i. Saragossa, geboren und entstammte einer sehr angesehenen christlichen Familie. Seine Jugend blieb nicht frei von „Sündenschmutz und Koth" (nequitiae sordibus ac luto Praef. v. 12). Er erwählte die politische Laufbahn, trat als Anwalt auf, ward zweimal als Rector oder Präses an die Spitze einer Provinz, vermuthlich seines Heimatlandes, berufen und wurde schließlich durch die Gunst des Kaisers Theodosius entweder mit einem militärischen Commando betraut oder, was wahrscheinlicher, in die oberste Rangklasse des Hofdienstes aufgenommen (über die Bedeutung der Worte militiae gradu evectum Praef. v. 19—20 wird gestritten). Der „Schnee seines Hauptes" (nix capitis Praef. v. 27) mahnte ihn, den Glanz des Hofes mit stiller Einsamkeit zu vertauschen, um fürderhin Gott und dem Heile seiner Seele zu leben. Zu Anfang des 5. Jahrhunderts trat er eine Reise nach Rom an. Wenige Jahre nach seiner Heimkehr muß er die Zeitlichkeit verlassen haben. — Im 57. Jahre seines Lebens, 404 oder 405, hat Prudentius eine

Sammlung seiner Werke veröffentlicht, welche in zahlreichen Handschriften überliefert ist. Inhalt und Tendenz der einzelnen Werke kennzeichnet er gegen Ende der Praefatio mit den Worten: „Endlich soll die sündige Seele die Thorheit von sich werfen, mit Worten wenigstens Gott verherrlichen, wenn sie es mit Verdiensten nicht vermag. Mit Hymnen soll sie die Tage aus= füllen, und keine Nacht soll sie säumen dem Herrn zu singen. Kämpfen soll sie gegen die Häresien, predigen den katholischen Glauben, niederschmettern die Altäre der Heiden, Verderben, Rom, deinen Götzen bringen, den Martyrern Lieder weihen und Preisgesänge den Aposteln.“ Sechs der sieben Bücher, welche die Sammlung umfaßt, tragen griechische Aufschriften. An der Spitze steht ein Tageslieberbuch, Cathemerinon (καθημερινῶν) liber, zwölf hymnen= artige Gesänge (in neun Versmaßen), von welchen sich sieben auf die ver= schiedenen Tageszeiten und regelmäßig wiederkehrenden Tagesverrichtungen be= ziehen, fünf für besondere Tage der Woche bezw. des Jahres bestimmt sind. Lyrischen Charakters wie das erste Buch ist auch das sechste Buch, Ueber die Siegeskränze, Peristephanon (περὶ στεφάνων), vierzehn Gesänge (in den ver= schiedensten Metren) zum Preise christlicher Blutzeugen aus Spanien und Italien (Rom). Diese beiden Hymnenbücher, welche offenbar in engem An= schluß an die Liturgie der altspanischen Kirche gedichtet sind, haben zunächst und zumeist des Sängers Ruhm begründet. Sein Lied bricht aus dem tiefsten Innern hervor, getragen und geschwellt von festem Glauben und warmer Liebe, umsäumt von glanz= und bilderreicher Sprache. Auch an Reinheit des Vers= baues sind seine Dichtungen den Werken der gleichzeitigen heidnischen Dichter, nur Claudianus ausgenommen, mindestens ebenbürtig. Dem Buche über die Siegeskränze wird mit Recht das „grausige Detail“ in der Beschreibung der Martyrien zum Vorwurf gemacht. Drei andere Schriften sind polemisch= didaktisch gehalten und in Hexameter gekleidet. Die Apotheosis (ἀποθέωσις) vertheidigt die wahre Gottheit Jesu Christi gegen die Patripassianer, die Sabellianer, die Juden. Die Hamartigenia (ἁμαρτιγένεια) führt den Ur= sprung des Bösen auf den freien Willen des Geschöpfes zurück, im Gegensatze zu dem Dualismus der Gnostiker, insbesondere Marcions. Die libri duo Contra Symmachum bekämpfen zuerst den heidnischen Götterglauben im all= gemeinen und sodann das Vorgehen der durch Symmachus († um 405) ver= tretenen heidnischen Partei des römischen Senates im besondern. Das letzt= genannte Werk, in den Jahren 402—404 zu Rom verfaßt und durchglüht vom Feuer aufrichtigster Begeisterung, ist in neuerer Zeit wiederholt als die vollendetste Schöpfung des Dichters bezeichnet worden. Die Würdigung der Apotheosis und der Hamartigenie wird durch den Mangel an genügender Einsicht in die geschichtliche Veranlassung erschwert; nach Rösler (1886) sind beide Werke in erster Linie gegen den Priscillianismus (§ 71, 3) gerichtet. Eben diese polemische Beziehung vindicirt Rösler auch der Psychomachia (ψυχομαχία), einer lebensvollen und farbenprächtigen Darstellung des „Kampfes um die Seele“ zwischen christlichen Tugenden und heidnischen Lastern. Das (in Hexametern verlaufende) Gedicht wird bald als Lehrgedicht, bald wegen der Fülle der Handlung als Epos bezeichnet. Es ist das erste Beispiel einer rein allegorischen Dichtung in der Literatur des Abendlandes, und auf das ganze Mittelalter und seine Symbolik ist es von großem Einfluß gewesen.

Daß die Sammlung abschließende sogen. Dittochäon schildert 49 Scenen aus der biblischen Geschichte, 24 aus dem Alten und 25 aus dem Neuen Testamente, eine jede in 4 Hexametern. Sehr wahrscheinlich stellen alle diese Tetrasticha Erklärungen, vielleicht gar Unterschriften von Bildern dar, welche die gegenüberstehenden Wände eines Gotteshauses (zu Saragossa?) zierten. Der Name Dittochaeon ist noch nicht aufgeklärt; die übliche Uebersetzung: διττοχαῖον = Doppelnahrung (von διττός und ὀχή), weil aus dem Alten und aus dem Neuen Testamente geschöpft, kann nicht befriedigen.

2. Literatur zu Prudentius. — Die älteste und wichtigste unter den Handschriften der Gedichte des Prudentius ist (der schon § 70, 7 erwähnte) cod. Paris. 8084 saec. V in Kapitalschrift. *Ul. Robert*, Notice paléographique sur le manuscrit de Prudence, n⁰. 8084 du fonds latin de la Bibliothèque Nationale: Mélanges Graux. Paris. 1884. 8⁰. p. 405—413. Ueber die italienischen Handschriften berichtet A. Dressel in der alsbald zu nennenden Ausgabe (Leipzig 1860) p. XLVI—LXI. — Ueber die Ausgaben handelt Dressel p. XXV—XLVI. Unter den ältern Ausgaben verdient diejenige des Jesuiten F. Arevalo, Rom 1788—1789, 2 Bde. 4⁰, wegen ihres umfassenden und gelehrten Commentares besondere Erwähnung. Sie ist abgedruckt bei *Migne*, P. lat. LIX—LX (Paris. 1847). Die Apotheosis findet sich auch bei *Hurter*, SS. Patr. opusc. sel. T. XXXIII. Tüchtige neuere Gesamtausgaben lieferten Th. Obbarius, Tübingen 1845. 8⁰, und A. Dressel, Leipzig 1860. 8⁰. Der elfte Gesang des Peristephanon (Passio Hippolyti) wurde nebst einer italienischen Uebersetzung gesondert herausgegeben von Fr. Felli, Viterbo 1881. 8⁰. — Uebersetzungen in verschiedene Sprachen macht Dressel p. LXII—LXIV namhaft. J. Berg, Die althochdeutschen Prudentiusglossen der Codd. Paris. (Nouv. acquis. 241) und Monac. 14 395 u. 475 (Jnaug.-Diss.). Halle a. S. 1889. 8⁰. G. Sixt, Eine Prudentiusübersetzung Adam Reißners (1471—1563): Blätter f. Hymnologie. Bd. VII (1889). S. 170—173. Eine wohlgelungene Uebertragung der Apotheosis hat Cl. Brockhaus seinem sogleich anzuführenden Werke über Prudentius (Leipzig 1872) beigegeben. Ausgewählte Lieder in englischer Uebertragung veröffentlichte *Francis St. John Thackeray*, Translations from Prudentius. London 1890. 8⁰. — Ueber Prudentius im allgemeinen handeln *I. B. Brys*, De vita et scriptis Aurelii Clementis Prudentii (Diss. inaug.). Lovanii 1855. 8⁰. Cl. Brockhaus, Aurelius Prudentius Clemens in seiner Bedeutung für die Kirche seiner Zeit. Nebst einem Anhange: Die Uebersetzung des Gedichtes Apotheosis. Leipzig 1872. 8⁰. Ab. Ebert, Allg. Geschichte der Literatur des Mittelalters im Abendlande. Bd. I. Leipzig 1874. S. 243—283; 2. Aufl. 1889. S. 251—293. J. Kayser, Beiträge zur Geschichte und Erklärung der ältesten Kirchenhymnen (2. Aufl.). Paderborn 1881. S. 249—336. A. Rösler, Der katholische Dichter Aurelius Prudentius Clemens. Ein Beitrag zur Kirchen- und Dogmengeschichte des 4. und 5. Jahrhunderts. Freib. i. Br. 1886. 8⁰. *Aimé Puech*, Prudence. Étude sur la poésie latine chrétienne au IVᵉ siècle. Paris 1888. 8⁰. *A. Zaniol*, Aurelio Prudenzio Clemente, poeta cristiano: lettura etc. Venezia 1889. 8⁰; 2. ediz. 1890 (38 pp.). *G. Boissier*, La fin du paganisme. Paris 1891. 8⁰. T. II. p. 123—177: Le poète Prudence. M. Manitius, Geschichte der christlich-latein. Poesie. Stuttgart 1891. S. 61—99. — *Fr. Krenkel*, De Aurelii Prudentii Clementis re metrica (Diss. inaug.). Rudolstat. 1884. 8⁰. *H. Breidt*, De Aurelio Prudentio Clemente Horatii imitatore (Diss. inaug.). Heidelb. 1887. 8⁰. C. Weyman, Seneca und Prudentius: Commentationes Woelfflinianae. Lipsiae 1891. 8⁰. p. 281—287. G. Sixt, Des Prudentius Abhängigkeit von Seneca und Lucan: Philologus. Zeitschr. f. das class. Alterthum. Bd. LI. Gött. 1892. S. 501—506.

*S. Brandt*, De Lactantii apud Prudentium vestigiis: Festschr. zur Einweih. des neuen Gebäudes f. das großherzogl. Gymn. zu Heidelberg. Heid. 1894. 4⁰. S. 1 ff. M. Schmitz I., Die Gedichte des Prudentius und ihre Entstehungszeit. Tl. I (Progr.). Aachen 1889. 4⁰. G. Sixt, Die lyrischen Gedichte des Aurelius Prudentius Clemens. Zur Charakteristik der christlich-lateinischen Poesie (Progr.). Stuttgart 1889. 4⁰. Die Passio Hippolyti (Peristeph. XI) hat schon oft die Kritik der Kirchenhistoriker herausgefordert; vgl. etwa J. Döllinger, Hippolytus und Kallistus. Regensburg 1853. 8⁰. S. 54—66; *Plaine*, Éclaircissements sur un poème hagiographique de Prudence (Extr. de la Revue des sciences ecclés.). Amiens 1889. 8⁰. B. Both, Des christlichen Dichters Prudentius Schrift gegen Symmachus (Progr.). Rastatt 1882. 4⁰. G. Sixt, Des Prudentius Buch Dittochäon: Korrespondenz-Blatt f. die Gelehrten- u. Realschulen Württembergs. Bd. XXXVII (1890). S. 420—429. 458—464. Vgl. Sixt, Zur neueren Litteratur über Prudentius: ebend. Bd. XXXVIII (1891). S. 212—217. Merkle, Prudentius und Priscillian: Theol. Quartalschrift. Bd. LXXVI (1894). S. 77—125. (Die drei großen polemischen Dichtungen, Apotheosis, Hamartigenie, Psychomachie, sind nicht zur Bekämpfung des Priscillianismus bestimmt.) C. Weyman, Prudentius und Sulpicius Severus: Hist. Jahrb. Bd. XV (1894). S. 370—372. (Prudentius scheint seine Werke vor Veranstaltung der Gesamtausgabe auch schon einzeln oder in kleinern Gruppen der Oeffentlichkeit übergeben zu haben.)

3. Paulinus von Nola. — Noch Zeitgenosse des Prudentius war ein Dichter von wesentlich anderer Eigenthümlichkeit, Pontius Meropius Anicius Paulinus, 353 zu Burdigala d. i. Bordeaux geboren als Sprößling einer sehr reichen Senatorenfamilie. Er genoß den Unterricht des früher (§ 70, 5) erwähnten Rhetors Ausonius, mit welchem ihn auch für die Folge ein inniges Pietäts- und Freundschaftsverhältniß verband. Dank dem mächtigen Einflusse seines Lehrers durfte Paulinus, kaum 25 Jahre alt, nach dem Tode des Kaisers Valens (9. August 378) für den Rest des Jahres 378 als subrogirter Consul eintreten. Aber schon bald nachher scheint er dem politischen Leben entsagt und zu einer mit gelehrtem Dilettantismus ausgefüllten Muße sich zurückgezogen zu haben. Innerer Friede ward ihm indessen erst, als er, dem Rufe der Gnade folgend, zu möglichst vollständiger Entäußerung von allem Irdischen sich aufraffte. Nach und nach gedieh dieser Entschluß zur Reife, schwere Heimsuchungen hatten ihn genährt und gefestigt; des Lehrers Bitten und Vorwürfe vermochten ihn nicht zu erschüttern. Im Jahre 389 erbat Paulinus sich von dem Bischofe Delphinus von Bordeaux die lange verschobene Taufe, weilte dann einige Jahre auf seinen Besitzungen in Spanien, ließ sich auch 393, nach längerem Widerstreben, zu Barcelona durch Bischof Lampius zum Priester weihen, siedelte jedoch 394 nach Nola in Campanien über. Das Ziel seiner Sehnsucht war das zu Nola befindliche Grab des hl. Bekenners Felix, welchen Paulinus schon als Jüngling sich zum Schutzpatron erkoren hatte und welchem er auch die Rettung von der Anklage des Brudermordes zu verdanken glaubte. Hier führte er nunmehr mit seiner frommen Gattin Therasia ein Leben des Gebets und der Ascese in selbstgewählter Armut. Im Jahre 409 ward er, bei eingetretener Sedisvacanz, zum Bischofe von Nola erwählt, und in dieser Stellung wirkte er bis zu seinem Ende im Jahre 431 als allgemein bewundertes Vorbild aufopferungsvoller Liebe und selbstloser Hingebung im Dienste des Nächsten. — Im Unterschiede von dem Feuer und der Leidenschaft des Prudentius zeigt Paulinus sich

auch in seinen Dichtungen als eine milde und zarte Natur. Es fehlt ihm die schöpferische Kraft des Spaniers, die Kühnheit und der Schwung der Phantasie, die Farbenpracht der Sprache. Sein Ausdruck ist einfacher und ruhiger, aber auch zierlicher und geschmackvoller, überall von einem reich ausgebildeten Schönheitssinne zeugend. Aus der frühern Periode seines Lebens haben sich nur sehr wenige, auch inhaltlich unbedeutende Gedichte von seiner Hand erhalten. Ein besonderes Interesse gewährt der poetische Briefwechsel zwischen Paulinus und Ausonius aus der Zeit der Lebenswende des erstern, d. i. etwa aus den Jahren 389—393. Diese Briefe dürften auch den Höhepunkt der dichterischen Leistungen beider Briefsteller bilden. Ausonius will seinen Schüler in dem Entschlusse, seinem Leben eine neue Richtung zu geben, wankend machen, und auf seiten Paulins liegt hier die kindliche Anhänglichkeit an den greisen Lehrer und Freund in hartem Kampfe mit der unausbleiblichen Entfremdung zwischen tiefernster Gläubigkeit und leichtem Weltsinn. Unter den Gedichten aus der spätern Zeit seines Lebens steht dem Umfange, theilweise aber auch dem Inhalte nach ein Cyklus panegyrischer Gesänge auf den hl. Felix im Vordergrunde. Mindestens 14 Jahre lang, seit 394, hat Paulinus diesem seinem Schutzpatrone zu seinem Festtage, dem 14. Januar, mit einer Dichtung in Hexametern gehuldigt. Dreizehn dieser carmina natalitia (der Todestag des Heiligen ist sein Geburtstag für das andere Leben) liegen uns vollständig eines bruchstückweise vor. In den drei Psalmenparaphrasen (zu Ps. 1. 2. 136 Vulg.), die erste in jambischen Trimetern, die beiden andern in Hexametern tritt zum erstenmal eine besondere Gattung christlicher Poesie auf, welche im Mittelalter wie in der neuern Zeit in verschiedenen Literaturen eifrige Pflege fand. Das Epithalamium Iuliani et Iae, ein Hochzeitsgedicht in 120 Distichen ist ein culturhistorisch interessantes christliches Seitenstück zu den damals sehr beliebten heidnischen Epithalamien. Nicht so anziehend wie die Gedichte sind die Briefe Paulins, meist in etwas gesuchtem und schwülstigem Stile geschrieben und mit biblischen Citaten und Anspielungen ganz überladen. Es sind ihrer etwa fünfzig auf uns gekommen. Dreizehn sind an den ältesten und innigsten Freund Paulins, Sulpicius Severus, gerichtet, sechs an den um seine Bekehrung wie er selbst sagt, besonders verdienten Presbyter Amandus von Bordeaux fünf an den schon genannten Bischof dieser Stadt, Delphinus, an Augustinus vier, an die meisten andern Adressaten nur einer. Größere Prosaschriften Paulins, wie ein Panegyricus auf Kaiser Theodosius super victoria tyrannorum, eo maxime quod fide et oratione plus quam armis vicerit und ein Liber de poenitentia et de laude generali omnium martyrum (*Gennad.*, De vir. ill. c. 48), sind zu Grunde gegangen.

4. Literatur zu Paulinus. — Die handschriftliche Ueberlieferung der Gedichte Paulins behandelt *E. Chatelain*, Notice sur les manuscrits des poésies de St. Paulin de Nole, suivie d'observations sur le texte (Bibliothèque des Écoles françaises d'Athènes et de Rome. Fasc. 14). Paris 1880. 8⁰. Gesamtausgaben der Schriften Paulins besorgten die Jesuiten Fronton du Duc und Heribert Rosweyde, Antwerpen 1622. 8⁰; sodann J. B. Le Brun des Marettes, Paris 1685. 2 Bde. 4⁰; endlich L. A. Muratori, Verona 1736. 2⁰ Muratori konnte die Sammlung der Gedichte Paulins um vier neue Stücke bereichern, drei carmina natalitia in S. Felicem und ein gegen die Thorheit des heidnischen Culte sich wendendes, an einen gewissen Antonius gerichtetes Gedicht von

254 Hexametern. Dieses Carmen ad Antonium, wie Muratori es nannte, erscheint bei *Gallandi*, Bibl. vet. Patr. T. III. p. 653—661 (cf. p. xlviii—xlix), im Anschluß an Commodians Instructiones, unter der Aufschrift Antonii carmen adversus gentes. In dem ersten Verse, Discussi, fateor, sectas, Antonius, omnes, wollte Gallandi einen Antonius als Verfasser genannt finden, während Muratori das Wort Antonius als Anrede nahm und in durchaus befriedigender Weise die Autorschaft Paulins nachwies; vgl. die bereits von Muratori angezogene Bemerkung Augustins Ep. 31, ad Paulinum, c. 8 (aus dem Anfang des Jahres 396): Adversus paganos te scribere didici ex fratribus (*Migne*, P. lat. XXXIII, 125). Nach Gallandi ist nun auch bei Migne (P. lat. V, 261—282) unser Gedicht als Antonii carmen adversus gentes den Instructiones Commodians angehängt. Inzwischen hat dasselbe infolge seiner Bedeutung für Mythologie und classische Archäologie noch zwei neue Ausgaben erfahren, von Fr. Oehler in Gersdorfs Bibl. Patr. eccl. lat. sel. Vol. XIII. Lips. 1847. p. 121—132 und von C. Bursian in den Sitzungsberichten der philos.-philol. und hist. Classe der kgl. bayer. Akad. der Wiss. zu München, Jahrg. 1880, Heft 1. S. 1—23. Bursian wie Oehler erkennt das Gedicht dem hl. Paulinus zu. Nichtsdestoweniger findet sich ein „Antonius, christlicher Dichter des 3. Jahrhunderts, ... dem bekannten Dichter Commodian zeit- und geistesverwandt", auch noch in der neuen Ausgabe des Kirchenlexikons Wetzers und Welte's I, 989 wieder. — Die von Muratori ans Licht gezogenen drei carmina natalitia in S. Felicem wurden in vielfach berichtigter Gestalt durch J. A. Mingarelli (Anecdotorum Fasciculus. Romae 1756. 4°. p. 1—56) von neuem herausgegeben. Mingarellis Edition ist abgedruckt bei *Gallandi*, Bibl. vet. Patr. T. VIII. p. 209—227 (cf. p. xiii—xv). Migne (P. lat. LXI) ließ Muratoris Ausgabe abdrucken. Einiges ist unterdrückt worden, anderes hat eine passendere Stellung gefunden. Dagegen ist nicht bloß die Edition Mingarellis ganz unberücksichtigt geblieben, sondern auch die Schrift A. Mais SS. Episcoporum Nicetae et Paulini Scripta ex Vatic. codd. edita. Romae 1827. 4°. Mai theilte (p. 61—72) zwei noch unbekannte Gedichte unter dem Namen des hl. Paulinus mit, Ad Deum post conversionem et baptismum suum und Ad Deum de domesticis suis calamitatibus, wieder abgedruckt in des Herausgebers Classici Auctores. T. V. Romae 1833. p. 369—381. Doch ist die Echtheit des ersten dieser beiden Gedichte (120 Distichen) mindestens sehr zweifelhaft; s. Manitius, Gesch. der christl. lat. Poesie S. 300—302; und das zweite ist entschieden nicht von Paulinus, sondern von Paulus Diaconus (im 8. Jahrhundert); vgl. Bethmann im Archiv der Gesellschaft f. ältere deutsche Geschichtkunde. Bd. X (1851). S. 294—295. — Ein zur Erklärung von Bildwerken bestimmtes polymetrisches Gedicht unter dem Titel Obitus Baebiani (130 Verse) ist schon im 16. Jahrhundert gedruckt, aber erst von W. Brandes, welcher eine treffliche neue Ausgabe besorgte, für Paulinus von Nola in Anspruch genommen worden; s. Wiener Studien. Zeitschr. f. class. Philologie. Bd. XII (1890). S. 280—297. An der Richtigkeit dieser Zueignung dürfte auch nicht mehr zu zweifeln sein. Vgl. Manitius a. a. O. S. 298—300. — Einen neuen Brief des hl. Paulinus, welcher sich als eine Fortsetzung des Briefes Nr. 25 erweist, veröffentlichte O. Bardenhewer im „Katholik", Jahrg. 1877, Bd. I. S. 493—510, und wiederum (vermeintlich zum erstenmal) C. P. Caspari in der Theologisk Tidsskrift for den evangelisk-lutherske Kirke i Norge. Ny Raekke. Bd. X. Christiania 1885. S. 225—230. Textkritische Bemerkungen zu diesem Briefe von C. Weyman in der Zeitschr. f. die österr. Gymn. Bd. XL (1889). S. 107—108. — Beiträge zur Textkritik verschiedener Schriften lieferten J. Zechmeister, Kritische Beiträge zu Paulinus von Nola: Wiener Studien. Bd. I (1879). S. 98—146. 314; Bd. II (1880). S. 113—134. 306—312.

*M. Ihm*, Observationes in Paulinum Nolanum: Rhein. Museum f. Philol. N. F. Bd. XLIV (1889). S. 525—529. Von einer neuen Gesamtausgabe der Werke Paulins, von der Hand v. Hartels, ist soeben der erste Theil erschienen: S. Pontii Meropii Paulini Nolani opera. Pars I. Epistulae. Rec. et comm. crit. instr. *G. de Hartel*. Vindob. 1894 (Corpus script. eccles. lat. Vol. XXIX). — Ueber Paulinus im allgemeinen handeln Ab. Buse, Paulin, Bischof von Nola, und seine Zeit (350—450). Regensburg 1856. 2 Bde. 8⁰. *G. Fabre*, Étude sur Paulin de Nole (Thèse). Strasbourg 1862. 8⁰. *F. Lagrange*, Histoire de St. Paulin de Nole. Paris 1877. 8⁰.; 2⁰ éd. 1882. 2 vols. 12⁰; in deutscher Uebersetzung Mainz 1882. 8⁰. *M. Lafon*, Paulin de Nole 353—431. Essai sur sa vie et sa pensée (Thèse). Montauban 1885. 8⁰. Ab. Ebert a. a. O. (2. Aufl.). S. 293—311. *G. Boissier*, La fin du paganisme II, 57—121: St. Paulin de Nole. Manitius a. a. O. S. 261—297. Ueber den Briefwechsel mit Ausonius im besondern f. *A. Puech*, De Paulini Nolani Ausoniique epistularum commercio et communibus studiis (Thesis). Paris. 1887. 8⁰.

5. Andere Dichter. — Zu Beginn des 5. Jahrhunderts schrieb der gallische Rhetor S e v e r u s S a n c t u s E n d e l e c h i u s, ein Freund des hl. Paulinus von Nola (f. des letztern Ep. 28, 6: *Migne*, P. lat. LXI, 312), ein anmuthiges Hirten= gespräch De mortibus boum (P. lat. XIX, 797—800 unter dem Titel De virtute signi crucis Domini), in 33 asklepiadeischen Strophen. Bucolus hat durch eine Rinderpest seine ganze Herde verloren; Tityrus hat seine Herde durch das Kreuz= zeichen, mitten auf der Stirne der Thiere angebracht, gerettet; auf eine Belehrung über dieses Zeichen hin entschließen sich Bucolus und sein Freund Aegon alsbald zur Annahme des Christenthums. Literatur zu dem Gedichte verzeichnen E n g e l= m a n n = P r e u ß, Bibl. script. class. (8) II, 591; M a n i t i u s a. a. O. S. 258. — An Prudentius erinnert der griechische Titel, Alethia (ἀλήθεια), eines drei Bücher umfassenden Gedichtes, welches den Inhalt der Genesis von der Erschaffung der Welt bis zum Untergange Sodomas und Gomorrhas (Gen. 19, 28) in Hexametern wiedergibt, sich aber dabei sehr häufig weitere Ausmalungen des biblischen Berichtes gestattet und gerade in derartigen Zuthaten viel Geschick und Geschmack bekundet. In der einzigen noch erhaltenen Handschrift, cod. lat. Paris. 7558 saec. IX, heißt der Verfasser zu wiederholten Malen *Claudius Marius Victor* (an andern Stellen *Victorius*) orator Massiliensis; ohne Zweifel ist derselbe zu identificiren mit dem bei G e n n a d i u s (De vir. ill. c. 60: LVIII, 1094) erwähnten, nach 425 ge= storbenen Victorius (in andern Handschriften Victorinus) rhetor Massiliensis. Der erste Herausgeber, J. G a g n e j u s (Lyon 1536, Paris 1545), hat das Werk Commentarii in Genesin betitelt und den Text durch Zusätze, Streichungen u. f. w. auf das willkürlichste entstellt. Auf seine Ausgabe gehen fast sämtliche spätern Drucke zurück (auch der Druck bei *Migne*, P. lat. LXI, 937—970). Die neueste und beste Ausgabe besorgte C. S c h e n k l in den Poetae christiani minores. Pars I. Vin= dob. 1888 (Corpus script. eccles. lat. Vol. XVI). p. 335—498 (p. 437 ad 482 der von G a g n e j u s veröffentlichte Text). An die Alethia schließt sich in dem genannten Manuscripte, unter der Aufschrift S. Paulini epigramma, ein satirisch gehaltenes Zwiegespräch über die Sitten der Zeit in 110 Hexametern an. Unter Paulinus ist möglicherweise Bischof Paulinus von Biterrä (Béziers), etwa 400—419, zu verstehen (vgl. *Hydatii* Chronicon ad a. 419: *Migne*, P. lat. LXXIV, 715—716). G a g n e j u s gab dem Gedichte die durchaus unberechtigte Aufschrift: Claudii Marii Victoris oratoris Massiliensis de perversis suae aetatis moribus liber quartus ad Salmonem (vgl. *Migne*, P. lat. LXI, 969 ad 972). Neueste und beste Ausgabe von S c h e n k l a. a. O. p. 499—510. Ueber Claudius Marius Victor handeln *A. Bourgoin*, De Claudio Mario Victore, rhetore christiano quinti saeculi (Thesis). Paris. 1883. 8⁰. *St. Gamber*, Un

rhéteur chrétien au Vᵉ siècle, Claudius Marius Victor. Marseille 1884. 8⁰.
P. *Lejai*, Marius Victor etc.: Revue de philologie etc., année 1890, p. 71 ss. —
Um 430 verfaßte der Presbyter (Bischof?) S e b u l i u s , über deſſen Lebensumſtände
nur höchſt mangelhafte Kunde zu uns gelangt iſt, eine Bearbeitung der biblischen
Geschichte, bezw. der Geschichte der Wunderthaten des Herrn, in Hexametern unter
dem Titel Paschale carmen (P. lat. XIX, 533—754). Das Widmungsschreiben
erklärt und begründet den Titel mit den Worten: quia pascha nostrum immolatus
est Christus (1 Kor. 5, 7). Das erſte der fünf Bücher handelt in Weiſe einer
Einleitung über einzelne Wunder des Alten Bundes, während die vier folgenden an
der Hand der Evangelien, insbesondere des Matthäus-Evangeliums, das Leben des
Herrn erzählen. Uebrigens bewegt ſich Sebulius auch auf neuteſtamentlichem Boden
dem biblischen Terte gegenüber viel freier als ſein Vorgänger Juvencus (§ 70, 1).
Das Werk zeichnet ſich durch Einfachheit und Lebendigkeit der Sprache aus und
wurde in der Folge ſehr hoch geſchätzt. Dieſem Paschale carmen ſteht ein Paschale opus zur Seite (XIX, 545—754), eine erweiterte Uebertragung des Gedichtes in rhetoriſche Proſa, welche, in merkwürdigem Gegenſatze zu der poetiſchen
Redaction, ſehr an Schwulſt und Geschraubtheit des Ausdruckes leidet. Außerdem
beſitzen wir von S e b u l i u s noch zwei Lobgeſänge auf Chriſtus (XIX, 753—770),
von welchen der zweite bruchſtückweiſe in kirchlichen Gebrauch übergegangen iſt (das
Weihnachtslied A solis ortus cardine und der Hymnus Hostis Herodes impie);
ſ. J. K a y ſ e r , Beiträge zur Geſchichte und Erklärung der älteſten Kirchenhymnen.
2. Aufl. 1881. S. 337—385. Ueber den unechten cento De Verbi incarnatione (XIX, 773—780) vgl. § 70, 4. Die neueſte und beſte Geſamtausgabe
der Werke des Dichters lieferte J. H u e m e r : Sedulii opera omnia. Rec. et
comm. crit. instr. *I. H.* Accedunt Excerpta ex Remigii expositione in Sedulii paschale carmen. Vindob. 1885 (Corpus script. eccles. lat. Vol. X).
In der Ausgabe J. L o o s h o r n s (München 1879. 8⁰) fehlt das Paschale opus.
Ein Abbruck des Paschale carmen findet ſich auch bei *Hurter*, SS. Patrum opusc.
sel. T. XXXIII. Vgl. *I. Huemer*, De Sedulii poetae vita et scriptis commentatio.
Vindob. 1878. 8⁰. H u e m e r , Ueber ein Gloſſenwerk zum Dichter Sedulius. Zu-
gleich ein Beitrag zu den grammatischen Schriften des R e m i g i u s von Auxerre:
Sitzungsberichte der phil.-hiſt. Claſſe der k. Akad. b. Wiſſ. in Wien, Jahrg. 1880,
Bd. XCVI. S. 505—551. C. L. L e i m b a c h , Patriſtische Studien. I. Caelius
Sebulius und ſein Carmen Paschale (Progr.). Goslar 1879. 4⁰. *G. Boissier*,
Le Carmen paschale et l'Opus paschale de Sedulius: Revue de philologie,
de littérature et d'histoire anciennes, année 1882, p. 28—36. Sonſtige
Literaturangaben bei E n g e l m a n n = P r e u ß a. a. O. II, 572—573; M a n i t i u s
a. a. O. S. 303. — Der Gallier O r i e n t i u s (Bischof von Auch?) ſchrieb um
430, wie es ſcheint, ein Commonitorium (*Migne*, P. lat. LXI, 977—1000), d. i.
ein zu chriſtlichem Lebenswandel ermahnendes Gedicht in zwei Büchern und in ſchlichter,
aber warmer Sprache. Einige kleinere Gedichte unter ſeinem Namen (LXI, 1000 ad
1006) ſind größtentheils zweifelhafter Echtheit. Neueſte und beſte Geſamtausgabe von
R. E l l i s in den Poetae christiani minores. Pars I. Vindob. 1888. p. 191—261.
Vgl. M a n i t i u s a. a. O. S. 192—201. — Der angebliche Dichter A m ö n u s „ver-
flüchtigt ſich in ein Nichts". Die demſelben beigelegten Gedichte (*Migne*, P. lat. LXI,
1075—1082) ſind nachweislich ſamt und ſonders fremdes Eigenthum. Ueber das Einzelne ſ. T e u f f e l = S c h w a b e , Geſch. der Röm. Lit. 5. Aufl. S. 1218.

## § 74. Sulpicius Severus und Tyrannius Rufinus.

1. **Sulpicius Severus.** — Einer der gebildetſten und eleganteſten Pro-
ſaiker ſeiner Zeit iſt der jüngere Freund des hl. Paulinus von Nola, Sul-

picius Severus aus Aquitanien. Seine Geburt scheint in das siebente
Decennium des 4. Jahrhunderts zu fallen. Einem vornehmen Geschlechte ent=
sprossen, erhielt er eine vortreffliche literarische Ausbildung und widmete sich
der juristischen Laufbahn. Als Anwalt erwarb er sich großen Ruf (facundi
nominis palmam tenens S. *Paulinus Nol.* Ep. 5, 5: *Migne*, P. lat.
LXI, 170); er durfte die Tochter einer reichen Consularfamilie als Gattin
heimführen. Plötzlich (repentino impetu *Paulin.* l. c.) steckte er seinem Leben
ein anderes Ziel. Ein früher Tod hatte ihm seine Gattin entrissen; das
Beispiel seines Freundes Paulinus konnte nicht ohne Einfluß auf ihn bleiben;
tiefer noch drang das Mahnwort, welches Martinus von Tours persönlich
an ihn richtete: Mundi illecebras et saeculi onera relinquenda, ut Dominum Iesum liberi expeditique sequeremur (*Sulp. Sev.*, Vita S. Martini
c. 25, 4 *Halm*). Severus begann ein Einsiedlerleben (confugisti ad pietatis
silentium *Paulin.* Ep. 5, 6), vorzüglich literarischer Thätigkeit im Dienste der
Kirche geweiht. Ob er Priester geworden, ist zweifelhaft. Er mag bis in
das dritte Decennium des 5. Jahrhunderts gelebt haben. Feste Anhaltspunkte
zur Bestimmung der Zeit seines Todes fehlen. Räthselhaft bleibt auch die
Angabe, mit welcher Gennadius seinen Bericht über Severus (De vir. ill.
c. 19: *Migne* l. c. LVIII, 1072—1073) beschließt, derselbe habe sich als
Greis zum Pelagianismus verführen lassen und sodann aus Reue sich gänz=
liches Schweigen auferlegt. — Das bedeutendste Product der Feder des Se=
verus ist eine im Jahre 403 vollendete Chronik (Chronicorum libri duo).
Sie erzählt die Geschichte des Alten Bundes, übergeht aber den Inhalt der
Evangelien und der Apostelgeschichte (vgl. Chron. II, 27, 3 *Halm*), um
sofort einen Abriß der Kirchengeschichte bis zum Jahre 400 folgen zu lassen.
Auch dieser kirchengeschichtliche Bericht ist den besten Quellen entnommen;
überhaupt bekundet Severus wissenschaftlichen historischen Sinn, und insbesondere
hat er die Kunst des Ausdrucks den klassischen Mustern (namentlich Sallust
und Tacitus) mit glänzendem Erfolge „abgelauscht“. Dem Geschmacke der
Mit= und Nachwelt scheint die Schrift allerdings nicht entsprochen zu haben;
sie wird in der lateinischen Literatur der Folgezeit sehr selten erwähnt und
hat sich nur noch in einer einzigen Handschrift erhalten. Einen ungleich
größern Beifall ernteten, dank der Anziehungskraft des Gegenstandes, die
Schriften, in welchen Severus den hl. Martinus verherrlichte. Sie haben
alsbald die weiteste Verbreitung gefunden und zahlreichen spätern Darstellungen
des Lebens und der Wunderthaten des großen Gottesmannes als Quelle und
Grundlage gedient (vgl. schon § 93, 3; 98, 3). An historischem Werthe
stehen sie indessen weit weniger hoch als die Chronik, indem die schwärmerische
Verehrung für seinen Helden den Erzähler hier zu großer Leichtgläubigkeit und
Wundersucht verleitet. Die Vita S. Martini ist noch bei Lebzeiten des Heiligen
geschrieben, aber erst nach dem Tode desselben (397) dem großen Publikum
übergeben worden. Drei Briefe: Ad Eusebium, Ad Aurelium diaconum,
Ad Bassulam parentem (die Schwiegermutter des Verfassers), lassen sich
als Nachträge zu der Vita bezeichnen; der zweite und der dritte handeln von
dem Tode des Heiligen. Eine bedeutsamere Ergänzung der Vita bilden indessen
zwei Dialoge (in den Drucken ist mit Unrecht der erste Dialog in zwei zer=
legt), welche in Form von Gesprächen diejenigen Wunderthaten des Heiligen

mittheilen, welche die Vita der Kürze halber übergangen hatte (vgl. Dial. I, 23, 7—8 *Halm*). Sieben andere Briefe haben Halm (1866) und Schell (1892) wegen der Verschiedenheit des Stiles als unecht verworfen. Harnack (1884) hat die beiden ersten und umfänglichsten derselben, Ad Claudiam sororem suam de ultimo iudicio und Ad eamdem de virginitate, als echt vertheidigt. Daß Severus viele Briefe erbaulichen Inhalts an seine Schwester hinterlassen hat, bezeugt Gennadius (l. c.) ausdrücklich.

2. Literatur zu Severus. Julius Hilarianus. — Gesamtausgaben der Schriften des Severus besorgten namentlich Victor Giselinus, Antwerpen 1574. 8°; Hieronymus de Prato, Verona 1741—1754. 2 Bde. 4°; C. Halm, Wien 1866. 8° (Corpus script. eccles. lat. Vol. I). Vgl. Halm, Ueber die handschriftliche Ueberlieferung der Chronik des Sulpicius Severus: Sitzungsberichte der k. bayer. Ak. der Wiss. zu München. Jahrg. 1865. Bd. II. S. 37—64. J. Fürtner, Textkritische Bemerkungen zu Sulpicius Severus (Progr.). Landshut 1885. 4°. Migne (P. lat. XX, 95—248) gibt einen Abdruck der Ausgabe de Prato's; LXXIV, 671—674 werden noch carmina Sulpicio Severo attributa nachgetragen. Eine Sonderausgabe der Chronik besorgte Fr. Dübner, Paris 1851. 18°. Eine Ausgabe der Vita S. Martini cum epistulis et dialogis von Dübner erschien zu Paris 1859 und wiederum 1890. 18°. Die letztgenannten Schriften finden sich auch bei *Hurter*, SS. Patrum opusc. sel. T. XLVIII. Eine deutsche Ueberseßung dieser Schriften lieferte A. Bieringer, Kempten 1872 (Bibl. der Kirchenväter). Eine französische Ueberseßung der Vita S. Martini besorgte auch R. Viot, 2. Aufl. Tours 1893. 8°. Ueber die Chronik s. J. Bernays, Ueber die Chronik des Sulpicius Severus. Ein Beitrag zur Geschichte der klassischen und biblischen Studien. Breslau 1861. 4°; mit Nachträgen wieder abgedruckt in den Gesammelten Abhandlungen von J. Bernays. Herausgeg. von H. Usener. Berlin 1885. 8°. Bd. II. S. 81—200. Vgl. H. Gelzer, Sextus Julius Africanus und die byzantinische Chronographie. Th. II. Abth. 1. Leipzig 1885. S. 107—121. Zu den Schriften über den hl. Martinus vgl. J. H. Reinkens, Martin von Tours, der wunderthätige Mönch und Bischof, in seinem Leben und Wirken dargestellt. Breslau 1866. 8°; 3. (Titel) Ausg. Gera 1876. *A. Lecoy de la Marche*, St. Martin. Tours 1881. 8°. Andere Schriften über den hl. Martinus nennt *Chevalier*, Répert. des sources hist. 1519—1520. 2734. S. auch M. Manitius, Zur Geschichte von Sulpicius' Schriften über S. Martinus im Mittelalter: Neues Archiv der Ges. f. ältere deutsche Geschichtskunde. Bd. XIV (1889). S. 165 bis 170. Derselbe, Zur Benutzung des Sulpicius Severus im Mittelalter: ebend. Bd. XV (1890). S. 194—196. Ueber die Sprache des Severus handeln *A. Loennergren*, De syntaxi Sulpicii Severi (Diss. inaug.). Upsalae 1882. 8°. *H. Goelzer*, Grammaticae in Sulpicium Severum observationes potissimum ad vulgarem latinum sermonem pertinentes (Diss. inaug.). Paris 1883. 8°. C. Paucker, Vorarbeiten zur latein. Sprachgeschichte. Herausgeg. von H. Rönsch. Berlin 1884. 8°. Abth. 3. S. 65—100: De latinitate Sulpicii Severi. *I. Schell*, De Sulpicio Severo Sallustianae, Livianae, Taciteae elocutionis imitatore (Diss. inaug.). Monasterii Guestf. 1892. 8°. Ueber eine in den Ausgaben fehlende, fälschlich des Severus Namen tragende und bis zum Jahre 511 reichende Weltchronik (Epitoma chronicorum Severi cognomento Sulpicii) s. TeuffelSchwabe, Gesch. der Röm. Lit. 5. Aufl. S. 1138—1139. Ueber Severus im allgemeinen vgl. etwa den Artikel Harnacks in Herzogs Realencyklopädie f. protest. Theol. u. Kirche. 2. Aufl. Bd. XV (1884). S. 62—67. — Quintus Julius Hilarianus, Bischof im prokonsularischen Afrika, verfaßte zu Ende des 4. Jahrhunderts ein Schriftchen De mundi duratione (*Migne*, P. lat. XIII, 1097

ad 1106) und eine Abhandlung De die paschae et mensis (XIII, 1105—1114). Dem erstern Versuche wird von den Geschichtschreibern der Chronographie kühne Selbständigkeit der Forschung nachgerühmt; s. H. Gelzer, Sextus Julius Africanus u. s. w. II, 1. S. 121—129. Textkritische Bemerkungen zu beiden Schriften von H. Nolte in der Theol. Quartalschrift. Bd. L (1868). S. 443—446. Eine neue Ausgabe der Schrift De mundi duratione oder De cursu temporum bei C. Frick, Chronica minora. Vol. I. Lipsiae 1892. p. 153—174.

3. Tyrannius Rufinus. — Tyrannius Rufinus theilt mit Sulpicius Severus den Glanz klassischer Bildung, vermag aber die Originalität des letztern und die Vollendung seines Stiles nicht zu erreichen. Um 345 in der Nähe von Aquileja geboren, erhielt Rufinus seine erste theologische Ausbildung in einem Kloster zu Aquileja, wo er auch den hl. Hieronymus kennen und schätzen lernte. Voll Begeisterung für das ascetische Leben, begleitete er im Jahre 371 die edle Römerin Melania nach Aegypten, der Heimat des Mönchthums, verweilte längere Zeit bei den Einsiedlern der nitrischen Wüste und besuchte zu Alexandrien die Schule des blinden Didymus, welcher ihm lebhaftes Interesse für die griechischen Kirchenväter, insbesondere für Origenes, einflößte. Erst um 377 folgte er seiner Freundin Melania nach Jerusalem, um sich auf dem Oelberge in einer Einsiedlerzelle niederzulassen. Bischof Johannes von Jerusalem ertheilte ihm um 390 die Priesterweihe. Hieronymus hatte inzwischen zu Bethlehem seinen Wohnsitz aufgeschlagen. Die vertrauten Beziehungen der beiden Jugendfreunde erfuhren, wie früher bereits angedeutet wurde (§ 54, 1), durch die origenistischen Streitigkeiten eine Trübung. Rufinus konnte sich nicht entschließen, gegen Origenes Partei zu ergreifen. Melania wußte jedoch eine gewisse Aussöhnung zwischen den Streitenden zu vermitteln, und um 398 kehrte Rufinus mit Melania nach Italien zurück. Zu Rom übersetzte er das erste Buch der Schutzschrift des hl. Pamphilus für Origenes (§ 33, 4) sowie des Origenes Werk περὶ ἀρχῶν (§ 29, 5), und in einer Vorrede zu der letztern Uebersetzung glaubte er auch Hieronymus, dessen Namen das ganze Abendland kannte und verehrte, als einen Anhänger und Bewunderer des Alexandriners darstellen zu dürfen (die Vorrede steht auch unter den Briefen des hl. Hieronymus als Nr. 80; Migne, P. lat. XXII, 733—735). Dieses Vorgehen sollte zu einer bittern literarischen Fehde zwischen den frühern Freunden Anlaß geben (vgl. § 75, 3). Aber auch von Papst Anastasius I. (398—401) wurde Rufinus wegen seines Eintretens für Origenes zur Verantwortung gezogen, und er konnte sich nur durch Ablegung eines orthodoxen Glaubensbekenntnisses vor der Excommunication schützen. Er lebte, nachdem er Rom verlassen, zu Aquileja, bis der Einfall der Westgoten ihn nöthigte, nach dem Süden zu flüchten. Zu Messina auf Sicilien ereilte ihn im Jahre 410 der Tod. — Das literarische Verdienst Rufins beruht hauptsächlich auf seiner ausgebreiteten Thätigkeit als Uebersetzer aus dem Griechischen ins Lateinische. Mehrere Schriften des griechischen Alterthums, wie die vorhin genannten Werke des Origenes und des Pamphilus, sind nur in seiner Uebersetzung erhalten geblieben. Es ist schon früher angegeben worden, daß er auch die sogen. Clementinischen Recognitionen (§ 8, 5), einzelne Commentare und zahlreiche Homilien sowie unechte Dialoge des Origenes (§ 29, 7. 14), die Glaubensformel des Thaumaturgen (§ 31, 3), die Kirchengeschichte des Eusebius (§ 44, 2), mehrere Reden und die beiden Ordensregeln des hl. Basilius (§ 49, 14), mehrere

Neben des hl. Gregor von Nazianz (§ 50, 11), verschiedene Schriften des
Evagrius Ponticus (§ 53, 4) übersetzt hat. An dieser Stelle seien aus der
profanen Literatur die Uebersetzung der sogen. Sextus=Sprüche und die hin=
sichtlich ihrer Echtheit allerdings recht zweifelhafte Uebersetzung der (griechi=
schen) Geschichte des jüdischen Krieges von Josephus Flavius nachgetragen.
Seine Vorlage behandelt Rufinus als Uebersetzer, wie gleichfalls schon wieder=
holt hervorgehoben wurde, mit großer Freiheit, indem er nicht bloß eine
literarische Kritik an der Form, sondern auch eine theologische Censur an dem
Inhalte übt. Eine besondere Erwähnung erheischt die aus den Jahren 402
bis 403 stammende Bearbeitung der Kirchengeschichte des Eusebius (Historia
ecclesiastica), welche einen Uebergang von den Uebersetzungen Rufins zu
seinen eigenen Schriften bildet. Die zehn Bücher des griechischen Originals
sind nämlich in neun Bücher zusammengedrängt und zwei neue Bücher, über
die Jahre 324—395, hinzugefügt worden. Es ist dies der erste kirchen=
geschichtliche Versuch des Abendlandes, welcher aber an Gründlichkeit und Zu=
verlässigkeit hinter der Chronik des Sulpicius Severus weit zurücksteht. Den
Schriften des Severus über Martinus von Tours lassen sich Rufins Vitae
patrum, später auch Historia eremitica oder Historia monachorum genannt,
an die Seite stellen, eine Sammlung von Lebensgeschichten ägyptischer Mönche,
zwischen 404 und 410, sehr wahrscheinlich mit Benutzung einer griechischen
Vorlage, verfaßt. Eine Vita S. Eugeniae virg. et mart. ist unecht. Auf
Ersuchen des hl. Paulinus von Nola schrieb Rufinus eine Auslegung des
Segens Jakobs (Gen. 49), und zwar, um mit Gennadius (De vir. ill. c. 17:
LVIII, 1070) zu reden, triplici i. e. historico, morali et mystico sensu
(De benedictionibus patriarcharum libri duo). Commentare über die Psal=
men 1—75 und' über die Propheten Hoseas, Joel und Amos sind mit Un=
recht Rufinus beigelegt worden. Besonderer Werthschätzung erfreute sich von
jeher eine eingehende Erklärung des Apostolischen Glaubensbekenntnisses (Commentarius in symbolum apostolorum). Zwei Schriften De fide, von denen
die eine übrigens nur zwölf kurze Anathematismen umfaßt, sind unterschoben.
Endlich sind noch zwei Apologien zu nennen, deren Veranlassung bereits an=
gedeutet worden: Apologiae in S. Hieronymum libri duo und Apologia
ad Anastasium Romanae urbis episcopum.

4. Literatur zu Rufinus. Papst Anastasius. — Eine Gesamtausgabe der
Werke Rufins, d. i. der Uebersetzungen und der eigenen Schriften, existirt nicht. Die
Uebersetzungen sind auch nur zum Theile in die Ausgaben der Werke des jedesmaligen
griechischen Verfassers aufgenommen worden. Im einzelnen s. über die Ausgaben
der Uebersetzungen § 8, 11. 29, 14. 31, 3. 49, 14. 50, 11. 53, 4; und vgl. nament=
lich Schoenemann, Bibl. hist.-lit. Patr. lat. I, 593 sqq. (= Migne, P. lat. XXI,
21 sqq.). Ueber die Bearbeitung der Kirchengeschichte des Eusebius s. E. I. Kimmel,
De Rufino Eusebii interprete libri duo. Gerae 1838. 8°. Die Uebersetzung
der Sextus=Sprüche bei I. Gildemeister, Sexti Sententiarum recensiones latinam,
graecam, syriacas coniunctim exhibuit I. G. Bonnae ad Rh. 1873. 8°; bei
A. Elter, Gnomica. I. Sexti Pythagorici, Clitarchi, Euagrii Pontici sententiae. Lipsiae 1892. 4°. In betreff der Uebersetzung des jüdischen Krieges von
Josephus Flavius vgl. E. Schürer, Gesch. des jüd. Volkes im Zeitalter
Jesu Christi. Thl. I. Leipzig 1890. S. 73. 75. Die Hauptausgabe der eigenen
Schriften Rufins lieferte D. Vallarsi, Verona 1745. 2°. (Ein zweiter Band,

welcher die Uebersetzungen hätte bringen sollen, ist nicht mehr erschienen.) Dies[e]
Ausgabe enthält sämtliche oben genannte Schriften (von der Historia ecclesiastic[a]
nur die beiden letzten Bücher, d. i. die Fortsetzung des Werkes des Eusebius) un[d]
ist bei *Migne*, P. lat. XXI (Paris. 1849) abgedruckt. Der Libellus de fid[e]
P. lat. XXI, 1123—1124 steht auch XLVIII, 239—254 unter den Werken de[s]
Marius Mercator. J. Klein (Ueber eine Handschrift des Nicolaus von Cue[s.]
Berlin 1866. 8⁰) gab S. 131—141 eine Collation des (Migneschen) Textes de[s]
Commentarius in symb. apost. mit einem cod. Cusanus saec. XII. und ver[-]
öffentlichte S. 141—143 aus derselben Handschrift ein Glaubensbekenntniß mit de[r]
Aufschrift Eiusdem (Rufini) dicta de fide catholica. Ueber jenen Commentariu[m]
handelt *H. Bruell*, De Tyrannii Rufini Aquileiensis Commentario in symbolu[m]
apostolorum I—II (2 Progr.). Marcoduri 1872—1879. 4⁰. Brüll hat die[se]
Schrift auch ins Deutsche übersetzt, Kempten 1877 (Bibl. der Kirchenväter). Di[e]
von Pfoulkes (1872) erhobenen Bedenken gegen die Echtheit bezw. Unverfälschthei[t]
der Schrift hat F. Kattenbusch (Beiträge zur Geschichte des altkirchlichen Tau[f-]
symbols [Progr.]. Gießen 1892. 4⁰. S. 27—32) als unbegründet erwiesen. Zu[r]
Quellenkritik der Vitae patrum vgl. P. E. Lucius, Die Quellen der ältere[n]
Geschichte des ägyptischen Mönchstums: Zeitschr. f. Kirchengesch. Bd. VII (188[4]
bis 1885). S. 163—198. C. Paucker (Vorarbeiten zur lateinischen Sprac[h-]
geschichte. Herausgeg. von H. Rönsch. Berlin 1884. 8⁰. Abth. 3. S. 53—64[)]
verbreitet sich über die Latinität des unechten Commentares zu den Propheten Hosea[s]
Joel und Amos. — Von Papst Anastasius I. liegen (abgesehen von unechte[n]
Schriftstücken) drei die origenistischen Streitigkeiten betreffende Briefe vor, an Bischo[f]
Johannes von Jerusalem, an Bischof Simplicianus von Mailand und an Bischo[f]
Venerius von Mailand. Die Briefe an Johannes und an Simplicianus finden si[ch]
bei *Migne*, P. lat. XX, 65—76 (der Brief an Johannes auch XXI, 627—63[9]
unter den Werken Rufins, und XLVIII, 231—240 unter den Werken de[s]
Marius Mercator; der Brief an Simplicianus auch XXII, 772—774 unte[r]
den Briefen des hl. Hieronymus). Der Brief an Venerius ist erst von C. Ru[-]
lens im Bibliophile Belge, année 1871, p. 123—129 und wiederum vo[n]
H. Nolte im „Katholik", Jahrg. 1872, Bd. I. S. 251—253 herausgegeben worde[n]
(diese Editionen sind auch bei *Jaffé*, Regesta Pontificum Rom. Ed. 2. T. [I.]
Lips. 1885. p. 43 n. 281 unberücksichtigt geblieben). Eine deutsche Uebersetzun[g]
der echten und der unechten Briefe des hl. Anastasius bei S. Wenzlowsky, D[ie]
Briefe der Päpste (Bibl. der Kirchenväter). Bd. II. S. 489—512.

## § 75. Hieronymus.

1. **Leben des hl. Hieronymus bis zum Jahre 379.** — Sophronius E[u-]
sebius Hieronymus stammte aus Stridon, einem Grenzstädtchen Dalmatien[s]
und Pannoniens, und ward nach einigen im Jahre 331, nach andern früh[e-]
stens 340 geboren. Von der Wiege an, so lautet sein eigener Ausdru[ck]
(Ep. 82, ad Theophilum, c. 2: *Migne*, P. lat. XXII, 737), ist er m[it]
katholischer Milch genährt worden. Zu seiner wissenschaftlichen Ausbildun[g]
ward er als Jüngling von etwa 20 Jahren nach Rom geschickt. Mit glühende[r]
Begeisterung lauschte er hier den Vorträgen des Grammatikers Aelius Donatu[s]
über lateinische Classiker, insbesondere Terenz und Vergil; auch das Griechisch[e]
erlernte er und las manche Werke griechischer Philosophen; von nachhaltigste[m]
Einflusse auf sein ganzes späteres schriftstellerisches Auftreten war der Eife[r,]
mit welchem er dem Studium der Rhetorik oblag. Der junge Gelehrte i[m]
hervorragenden Sinne des Wortes gab sich jetzt schon darin kund, daß er si[ch]

mit größtem Fleiße und größter Mühe (summo studio ac labore Ep. 22, ad Eustochium, c. 30: XXII, 416) auf Ansammlung einer Bibliothek verlegte. Von dem Sittenverderbnisse der Weltstadt vermochte er sich nicht ganz frei zu halten; doch ward er durch einen tiefwurzelnden Hang zur Andacht von Abwegen wieder zurückgeführt, und empfing er auch aus den Händen des Papstes Liberius die nach damals noch weitverbreiteter Sitte bis in ein vorgerückteres Alter verschobene Taufe. Von Rom ging er nach Trier, einer der blühendsten Hochschulen des Abendlandes, und hier war es, wo er sich zum erstenmal mit theologischen Studien beschäftigte. Später treffen wir ihn zu Aquileja, wo er in einem Kreise jüngerer Geistlichen für seine Neigung zur Frömmigkeit sowohl wie für sein wissenschaftliches Streben vielfache Anregung und Förderung fand. Durch unbekannte Umstände genöthigt, Aquileja und Italien zu verlassen, brach er nach dem Oriente auf, durchwanderte mit einigen Freunden Thracien, Bithynien, Pontus, Galatien, Kappadocien und Cilicien und gelangte, etwa im Spätsommer 373, nach Antiochien. Hier sollte ihm das Fieber einen besonders theuern Freund (ex duobus oculis unum . . . partem animae meae Ep. 3, ad Rufinum, c. 3: XXII, 333) entreißen; ihn selbst brachten Krankheiten aller Art (quidquid morborum esse poterat l. c.) an den Rand des Grabes; weltmüde und ruhebedürftig, begab er sich gegen Ende des Jahres 374, anstatt nach Jerusalem, dem anfänglichen Endziele der Wallfahrt, weiter zu pilgern, von Antiochien ostwärts in die Wüste von Chalcis, „die syrische Thebaïs", um dort ein fünfjähriges Einsiedlerleben zu führen. In den strengsten Bußübungen suchte und fand er innern Frieden, mit Handarbeit gewann er seinen Unterhalt; nach und nach wandte er sich auch wieder gelehrten Studien und schriftstellerischen Arbeiten zu. Insbesondere ließ er, vielleicht der erste Abendländer, sich durch einen getauften Juden in die Anfangsgründe des Hebräischen einführen. „Welche Mühe mir dies gemacht," schreibt er im Jahre 411 (Ep. 125, ad Rusticum, c. 12: XXII, 1079), „welche Anstrengung es mich gekostet, wie oft ich den Muth verloren und wie oft ich aufgehört und aus Wißbegier doch wieder angefangen habe: ich selbst, der ich es durchgemacht, weiß es, und auch diejenigen wissen es, in deren Gesellschaft ich damals lebte. Und ich danke dem Herrn, daß ich von der bittern Studiensaat süße Früchte pflücke."

2. Hieronymus zu Konstantinopel und zu Rom (379—385). — Die dogmatischen Streitigkeiten, welche zu jener Zeit die antiochenische Kirche mächtig bewegten und welche auch unter die Anachoreten der Wüste von Chalcis gedrungen waren, gaben dem Heiligen Anlaß, sich etwa im Jahre 378 an Papst Damasus zu wenden und um seine Entscheidung über den Gebrauch der Worte οὐσία und ὑπόστασις zu bitten (Ep. 15 u. 16). Eine Antwort des Papstes war indes vermuthlich noch nicht eingetroffen, als Hieronymus, des unablässigen Streitens überdrüssig, aus der Wüste floh. Zu Antiochien empfing er von dem Bischofe Paulinus die Priesterweihe, freilich nur mit Widerstreben und unter der Bedingung, daß er Mönch bleiben dürfe (Contra Ioannem Hieros. c. 41: XXIII, 393), d. h. keine Seelsorge auszuüben brauche. In der Wüste, so scheint es, hatte er die Schriftsteller-Thätigkeit zu seinem eigentlichen Berufe erwählt. Von Antiochien zog ihn der Ruf Gregors von Nazianz, wahrscheinlich noch im Jahre 379, nach Konstantinopel. Zu Gregors Füßen vervoll-

kommnete er sich in der Schriftauslegungskunst; auch Gregor von Nyssa und
gewiß noch manchen andern berühmten Theologen der griechischen Kirche lernte
er zu Konstantinopel kennen, und mit begeisterter Energie warf er sich auf
das Studium der ältern griechischen Kirchenschriftsteller, namentlich des Origenes
und des Eusebius. Aus dieser wissenschaftlichen Muße rief ihn die Noth der
Kirche (ecclesiastica necessitas Ep. 127, ad Principiam, c. 7: XXII,
1091) nach Rom. Hier trat im Jahre 382 eine Synode zusammen, hauptsächlich zur Beilegung des meletianischen Schismas, und Hieronymus ward
zur Theilnahme an dieser Synode eingeladen und verblieb nun auch in Rom,
um dem Papste in seiner Correspondenz zur Seite zu stehen und Synodal-
anfragen aus dem Oriente und dem Occidente zu beantworten (Ep. 123, ad
Ageruchiam, c. 10: XXII, 1052). Die Synode verlief, soviel bekannt,
ohne eingreifende Resultate; im Lebensgange unseres Heiligen aber bildet der
Aufenthalt zu Rom einen sehr bedeutsamen Wendepunkt. In Italien und insbesondere zu Rom waren schon seit längerer Zeit mancherlei Klagen laut
geworden über die große Verschiedenheit der umlaufenden lateinischen Bibeltexte,
und Hieronymus wurde vom Papste mit der Herstellung eines Textes betraut,
welcher als einheitliche Norm dienen könnte, ein Auftrag, der in weiterer Folge
Jahrzehnte hindurch seiner literarischen Thätigkeit Ziel und Richtung geben sollte.
An der Seite des hl. Damasus, dessen unbeschränktes Vertrauen er besaß,
nahm er eine ebenso einflußreiche wie glänzende Stellung ein. Dem Rathgeber
des Papstes, dem Gelehrten, welcher über eine für die damalige Zeit fast
unerhörte Fülle von Kenntnissen verfügte, dem Asceten, welcher auch in Schriften
als begeisterter Apostel eines weltentsagenden, gottgeweihten Lebens auftrat,
brachten alle Bessergesinnten die wärmste Hochachtung entgegen. Edle Frauen
von höchstem Stande scharten sich um ihn als Schülerinnen, unter ihnen
Marcella und Paula, beide den vornehmsten Patriciergeschlechtern entsprossen
und als Witwen ganz und gar dem Dienste Gottes und des Nächsten sich
opfernd, beide selbst wieder die Mittelpunkte gleichgesinnter Kreise. An Spötte-
leien, Anfeindungen und Verdächtigungen aus dem entgegengesetzten Lager der
Gesellschaft konnte es nicht fehlen. Allmählich trat auch ein gewisser Umschwung in der öffentlichen Meinung ein. Ein nicht unbeträchtlicher Theil des
mehrfach stark verweltlichten römischen Clerus fühlte sich durch die schonungs-
lose Sittenkritik, welche der Heilige auch in Schriften übte, aufs schwerste
getroffen. Anderswo muß sein Ansehen bei dem Papste Eifersucht geweckt und
auch seine Verehrung für Origenes Anstoß erregt haben, und wenn er zu
Anfang seines römischen Aufenthaltes fast einstimmig als der würdigste Nachfolger des hl. Damasus bezeichnet wurde (Ep. 45, ad Asellam, c. 3: XXII,
481), so hatte beim Tode des letztern am 10. December 384 vielfach ein
wesentlich anders lautendes Urtheil Platz gegriffen. Siricius ward auf den
Stuhl Petri erhoben. In Hieronymus reifte der Entschluß, „von Babylon
heimzukehren nach Jerusalem" (l. c. c. 6: XXII, 482; vgl. Ep. 46, ad
Marcellam, c. 11: XXII, 490).

3. Hieronymus zu Bethlehem (386—420). — Im August 385 trat der
Heilige die Reise an; im Spätherbste desselben Jahres folgte Paula mit ihrer
(dritten) Tochter Eustochium ihm nach. Von Antiochien aus, wo sie gegen
Einbruch des Winters zusammentrafen, reisten sie gemeinschaftlich nach Palä-

ſtina, um an den Gedenkſtätten des Lebens und Leidens des Herrn ihre Andacht
zu verrichten, zogen von dort nach Aegypten, um Alexandrien und die Mönchs=
ſtadt in der Einöde des nitriſchen Gebirges zu beſuchen, und kehrten ſobann
nach dem Gelobten Lande zurück, um ſich im Herbſte 386 zu Bethlehem blei=
bend niederzulaſſen. In wenigen Jahren erſtanden bei der Krippe des Herrn
ein Mönchskloſter, welches Hieronymus, und ein Nonnenkloſter, welches Paula
leitete; außerdem wurden an der durch Bethlehem führenden Staatsſtraße
mehrere Pilgerhoſpize errichtet. Hieronymus begann von neuem, mit vieler
Mühe und vielen Koſten, ſeine Bibliothek zu vergrößern; noch mehr Fleiß
und nicht geringere Koſten verwendete er auf abermaligen hebräiſchen (und
aramäiſchen) Sprachunterricht, welchen er ſich durch gelehrte Rabbinen, meiſt
zur Nachtzeit, ertheilen ließ. Er ſelbſt hinwieder unterwies andere, namentlich
auch Paula und Euſtochium, in den Anfangsgründen der heiligen Sprache,
hielt den Mönchen ſeines Kloſters theologiſche Vorträge, ja verband mit dem
Kloſter eine Schule für Söhne wohlhabender Eltern von nah und fern, in
welcher er ſelbſt auch Grammatik lehrte und die claſſiſchen Autoren, Vergil
an der Spitze, erklärte. Zugleich entfaltete er eine reiche literariſche Thätig=
keit mannigfacher Art. Sulpicius Severus (Dial. I, 9, 5 *Halm*) ſchildert
ſeine Lebensweiſe auf Grund eigener Augenzeugenſchaft mit den Worten: „Er
iſt beſtändig ganz und gar ins Studium, ganz und gar in die Bücher ver=
ſunken; nicht bei Tag und nicht bei Nacht gönnt er ſich Ruhe, er iſt beſtändig
entweder mit Leſen oder mit Schreiben beſchäftigt.“ Hieronymus war in einen
Hafen der Ruhe eingelaufen; er hatte gefunden, was er in Rom vermißt, und
ſeine Briefe aus dieſer Zeit athmen die herzlichſte Zufriedenheit (vgl. vor allem
Ep. 46, ad Marcellam, de sanctis locis: XXII, 483—492). Die orige=
niſtiſchen Wirren ſollten in den Jahren 398—404 den Frieden dieſes gelehrten
Aſyls in traurigſter Weiſe ſtören. Hieronymus hatte dem großen Alexandriner
bisher ſtets eine ſehr weit gehende Hochachtung bekundet; die Autorität des
hl. Epiphanius vermochte ihn, ſich von Origenes loszuſagen (vgl. § 54, 1).
Er trat als der entſchiedenſte Anti=Origeniſt in die Schranken, glaubte ſeine
frühere Verehrung für Origenes als eine immer nur ſehr beſchränkte und
bedingte Werthſchätzung darſtellen zu dürfen (vgl. namentlich Ep. 84, ad
Pammachium et Oceanum, c. 2: Laudavi interpretem, non dogmatisten,
ingenium, non fidem, philosophum, non apostolum; c. 3: Si mihi creditis, Origenistes numquam fui, si non creditis, nunc esse cessavi; XXII,
744. 746) und wechſelte nicht bloß mit dem Biſchofe Johannes von Jeru=
ſalem, ſondern auch mit ſeinem Jugendfreunde Rufin (§ 74, 3) in Sachen
des Origenismus bittere Streitſchriften, in welchen aber die Frage, was Ori=
genes gelehrt und worin er von dem rechten Glauben abgewichen, ganz und
gar zurücktrat hinter die Frage, wer von den Streitenden mit größerem Rechte
des Origenismus gezichen werden dürfe. Die pelagianiſchen Streitigkeiten
ſollten dem nimmermüden Vorkämpfer kirchlichen Glaubens auch die äußere
Ruhe rauben. Sein literariſcher Angriff ward von pelagianiſcher Seite hand=
greiflich erwidert. Eine Schar von Pelagianern, unter ihnen Mönche und
Cleriker, brach zu Anfang des Jahres 416 in die Kloſtergebäude zu Bethlehem
ein, ſteckte dieſelben in Brand und mißhandelte ihre Inſaſſen; Hieronymus
ſelbſt rettete ſich nur durch die Flucht. Ueberhaupt waren die letzten Jahre

des lebensfatten, aber immer noch geistesfrischen und kampfesluftigen Greises durch sehr mannigfaltige Unruhen und Leiden getrübt. Erst am 30. September 420 konnte er zur ewigen Ruhe eingehen.

4. Uebersetzung der Heiligen Schrift. — Ein Ueberblick über die Schriften des hl. Hieronymus muß wohl ausgehen von seiner Uebersetzung der Heiligen Schrift. Sie ist die bedeutendste und verdienstlichste seiner Leistungen, eine reife Frucht der mühevollsten Studien. a) Durch Papst Damasus selbst ward Hieronymus, wie schon erwähnt, etwa im Jahre 383 mit der Herstellung eines brauchbaren und zuverlässigen lateinischen Bibeltextes beauftragt. Es sollte jedoch nicht eine neue Uebersetzung angefertigt, es sollte vielmehr die in kirchlichem Gebrauche befindliche, aber im Laufe der Zeit vielfach entstellte Itala (vgl. § 34, 1) nach Möglichkeit auf ihren ursprünglichen Wortlaut zurückgeführt und nur aus zwingenden Gründen abgeändert oder verbessert werden. Hieronymus revibirte zunächst die vier Evangelien, sodann die übrigen Bücher des Neuen Testamentes und außerdem, wenngleich nur eilig und unvollständig (cursim, magna ex parte Praef. in l. psalm.: *Migne*, P. lat. XXIX, 117), auch das Psalterium (nach der sogen. κοινή ἔκδοσις der Septuaginta), und Damasus ließ die revibirten Texte (XXIX) sofort in die römische Liturgie einführen. Der Psalmentext erhielt hernach in den außerrömischen Gemeinden den Namen Psalterium Romanum (im Unterschiede von dem Psalterium vetus, d. i. dem alten Italatexte). Zu Rom war derselbe bis auf Pius V. (1566—1572) in allen Kirchen, und gegenwärtig ist er noch in der Peterskirche beim Officium in Gebrauch. Aber auch im Römischen Missale und selbst im Römischen Brevier sind einzelne Stücke des Psalterium Romanum bis zur Stunde beibehalten. Das Neue Testament nach der genannten Revision des hl. Hieronymus fand nicht bloß zu Rom und in Italien, sondern nach und nach im ganzen Abendlande willige Aufnahme und ist seitdem in der lateinischen Kirche stets in allgemeinem Gebrauche geblieben. b) Hieronymus hatte wahrscheinlich kaum den Boden des Gelobten Landes betreten, als er in der Bibliothek der Kirche zu Cäsarea die Hexapla des Origenes (wohl nicht eine Abschrift, sondern das Urexemplar; vgl. § 29, 6) entdeckte, und bald nach seiner Niederlassung zu Bethlehem unternahm er es, den lateinischen Text des Alten Testamentes nach dem hexaplarischen Texte der Septuaginta und unter Berücksichtigung des Grundtextes von neuem zu revidiren. Mit den Psalmen machte er den Anfang, indem er den Text der Itala auf das genaueste dem hexaplarischen Texte der Septuaginta anpaßte und auch die kritischen Zeichen des Origenes (Asterisken und Obelen) in seine Handschrift herübernahm. Dieser Psalmentext (XXIX) fand zuerst in Gallien Eingang und Verbreitung und ward daher Psalterium Gallicanum genannt; später faßte er, abgesehen von den soeben bezeichneten Ausnahmen, im ganzen Abendlande festen Fuß und ist auch heute noch als Bestandtheil der Vulgata und des Breviers in aller Händen. Auch die meisten übrigen Bücher des Alten Testamentes revibirte Hieronymus in der angegebenen Weise. Doch ist ihm der größte Theil dieser Texte, bevor dieselben der Oeffentlichkeit übergeben waren, fraude cuiusdam (Ep. 134, ad Augustinum, c. 2: XXII, 1162) abhanden gekommen, und uns ist nur noch der Text des Buches Job, welches er gleich nach Fertigstellung des Psalteriums in Angriff genommen hatte,

erhalten geblieben (XXIX). c) Diese Revisionsarbeit war noch nicht zum Abschluß gebracht, als Hieronymus sich entschloß, das ganze Alte Testament, soweit es damals hebräisch oder aramäisch vorlag, aus dem Grundtexte (hebraica veritas) neu zu übersetzen. Er begann, wohl ums Jahr 390, mit den vier Büchern der Könige, wandte sich dann zum Buche Job, hierauf zu den Propheten und übersetzte gleichzeitig mit den letztern auch das Psalmenbuch. Eine längere Krankheit unterbrach seine Arbeit; gegen Ende des Jahres 393 nahm er sie wieder auf mit der Uebertragung der drei salomonischen Schriften, übersetzte dann 394—396 die Bücher Esdras und Nehemias, die Chronik und die Genesis, hierauf bis 405 die vier übrigen Bücher des Pentateuchs sowie die Bücher Josue, Richter, Ruth, Esther, Tobias und Judith; die beiden letztgenannten Bücher übertrug er aus dem Aramäischen, die deuterocanonischen Bestandtheile der Bücher Daniel und Esther aus dem Griechischen (XXVIII ad XXIX). Unübersetzt ließ Hieronymus vom Alten Testamente die Bücher Baruch, 1 und 2 Makkabäer, Sirach und Weisheit, vermuthlich deshalb, weil er die canonische Dignität dieser Bücher bezweifelte. Auch das Neue Testament hat er nicht neu übersetzt. Die zwiefache Uebersetzung des sogen. Hebräer-Evangeliums, ins Griechische und ins Lateinische, um 391 gefertigt (De vir. ill. c. 2; vgl. c. 3), ist zu Grunde gegangen. — Hieronymus hatte sich die Aufgabe gesetzt, den Grundtext treu und sorgfältig, aber nicht sklavisch wiederzugeben, dabei den durch die Itala hergebrachten lateinischen Ausdruck nach Möglichkeit zu schonen, zugleich jedoch auch den Forderungen des guten Geschmacks die gebührende Rechnung zu tragen. Als der gelungenste Theil seiner Uebersetzung gelten die protocanonischen geschichtlichen Bücher. Am tiefsten stehen das Buch Tobias, welchem er nur einen Tag widmen, und das Buch Judith, welchem er nur eine Nacht schenken konnte (s. die jedesmalige Vorrede). Die Uebersetzung der salomonischen Schriften, laut der Vorrede das Werk dreier Tage (tridui opus), muß gleichwohl als eine tüchtige Arbeit bezeichnet werden. Wenngleich sich indessen in allen Büchern Ungenauigkeiten und Unrichtigkeiten nachweisen lassen, so findet sich doch unter den uns erhaltenen alten Bibelübersetzungen keine, welche derjenigen des hl. Hieronymus auch nur im entferntesten den Rang streitig machen könnte: sie unterscheidet sich von allen andern durch das bewußte Streben des Verfassers, den höchsten Aufgaben eines Uebersetzers gerecht zu werden. Nichtsdestoweniger vermochte dieselbe nur sehr langsam und allmählich die ältern Texte zu verdrängen; erst seit dem 7. Jahrhundert ist sie in der ganzen lateinischen Kirche gebräuchlich, und seit dem 12. Jahrhundert führt sie den von der ältern Uebersetzung ererbten Namen Vulgata. Das Psalmenbuch war jedoch, wie bereits bemerkt, in der Textgestalt des Psalterium Gallicanum schon zu tief eingewurzelt; die neue Psalmenübersetzung unseres Heiligen ist nicht in kirchlichen Gebrauch gekommen. Die von Hieronymus nicht übersetzten deuterocanonischen Bücher wurden in dem Texte der Itala beibehalten.

5. Sonstige exegetische Arbeiten. — Die sonstigen exegetischen Arbeiten des Heiligen sind theils Uebertragungen aus dem Griechischen, welche aber bald mehr bald weniger den Charakter einer neuen Bearbeitung des betreffenden Gegenstandes annehmen, theils selbständige Versuche. a) Zu den erstern gehören Uebersetzungen einer Reihe von Homilien des Origenes: 14

über Jeremias und 14 über Ezechiel (zu Konstantinopel etwa 380 übersetzt:
XXV, 583—786), 2 über das Hohe Lied (zu Rom etwa 383 übersetzt:
XXIII, 1117—1144), 39 über Lucas (zu Bethlehem etwa 389 übersetzt:
XXVI, 219—306) — die Echtheit der Uebersetzung der 9 Homilien über
Isaias (XXIV, 901—936) ist sehr zweifelhaft; ferner Liber interpretationis
hebraicorum nominum (XXIII, 771—858), etwa aus dem Jahre 390, ein
Versuch, die in den einzelnen Büchern der Heiligen Schrift vorkommenden
Eigennamen etymologisch zu erklären, laut der Vorrede eine zusammenfassende
Wiedergabe der Schrift Philos (?) über die alttestamentlichen und der Nach=
träge des Origenes über die neutestamentlichen Eigennamen; endlich De situ
et nominibus locorum hebraicorum liber (XXIII, 859—928), auch etwa
aus dem Jahre 390, aber von weit größerem wissenschaftlichen Werthe, eine
Neubearbeitung der biblischen Ortsnamenkunde des Eusebius von Cäsarea,
mit vielen Auslassungen, aber auch einigen beachtenswerthen, weil auf Autopsie
gegründeten Ergänzungen und Berichtigungen. b) Seine eigenen exegetischen
Schriften führt Hieronymus selbst im Jahre 392 (De vir. ill. c. 135:
XXIII, 717—719) in nachstehender, wahrscheinlich im allgemeinen chrono=
logischer Reihenfolge auf: Scripsi ... de Seraphim (eine rasch hingeworfene
Abhandlung über Is. 6, welche gewöhnlich unter die Briefe des Heiligen ver=
wiesen wird, Ep. 18, ad Damasum, de Seraphim et calculo: XXII,
361—376), de Osanna (Ep. 20, ad Dam., de voce Osanna: XXII,
375—379) et de frugi et luxurioso filiis (Ep. 21, ad Dam., de duobus
filiis: XXII, 379—394), de tribus quaestionibus legis veteris (Ep. 36,
ad Dam., de quinque quaestionibus: XXII, 452—461 — der Papst
hatte dem Heiligen fünf Fragen über verschiedene Stellen der Genesis vor=
gelegt; auf zwei derselben ging er in seinem Antwortschreiben nicht näher
ein) ... in epistolam Pauli ad Galatas commentariorum libros III
(XXVI, 307—438), item in epistolam ad Ephesios libros III (XXVI,
439—554), in epistolam ad Titum librum unum (XXVI, 555—600),
in epistolam ad Philemonem librum unum (XXVI, 599—618), in Ecclesiasten commentarios (XXIII, 1009—1116), quaestionum hebraicarum
in Genesim librum unum (XXIII, 935—1010: eine kritische Beleuchtung
schwierigerer und wichtigerer Stellen der alten lateinischen Uebersetzung der
Genesis auf Grund des hebräischen Textes sowie auch der verschiedenen griechischen
Versionen) ... in psalmos X—XVI tractatus VII (verloren gegangen und
nicht weiter bekannt) ... scripsi praeterea in Michaeam explanationum
libros II (XXV, 1151—1230), in Sophoniam librum unum (XXV,
1337—1388), in Nahum librum unum (XXV, 1231—1272), in Ha-
bacuc libros II (XXV, 1273—1338), in Aggaeum librum unum (XXV,
1387—1416) multaque alia de opere prophetali quae nunc habeo in
manibus et necdum expleta sunt ... Später stellte Hieronymus nicht
bloß zu den übrigen der zwölf kleinen, sondern auch zu den vier großen
Propheten umfangreiche Commentare fertig (XXIV—XXV); nur die Er=
klärung des Propheten Jeremias ist unvollendet geblieben. Er übergeht in
jener Aufzählung eine schon um 370 geschriebene allegorische Auslegung des
Propheten Abdias, von ihm selbst um 396 (Comm. in Abd. praef.: XXV,
1097—1098) als unreife Jugendarbeit bezeichnet, wohl auch nicht für die

Oeffentlichkeit bestimmt und nicht auf uns gekommen. Außerdem sind noch, abgesehen von einer Menge exegetischer Briefe und Gutachten, ein Commentar zum Matthäus=Evangelium vom Jahre 398 (XXVI, 15—218) und ein solcher zur Apokalypse zu nennen. Der letztere, welcher für verloren gilt, ist, wie es scheint, von J. Haußleiter wiederentdeckt worden in der Summa dicendorum, welche dem Apokalypse=Commentare des als Gegner der Adoptianer bekannten Abtes Beatus von Libana (1770 zu Madrid durch H. Florez herausgegeben, aber bei *Migne*, P. lat. XCVI, übersehen) voraufgeschickt ist. Diese Summa dicendorum wird freilich kaum mehr sein als ein Auszug aus dem Com= mentare des Donatisten Tichonius (Abs. 13), und auffallenderweise erledigt dieselbe die drei ersten Kapitel der Apokalypse mit einigen wenigen Worten, um sich sofort zur Erklärung des vierten Kapitels zu wenden: Hieronymus hatte vorher, gleichfalls auf Grund des Werkes des Tichonius, eine Um= arbeitung des Commentares des Victorinus von Pettau unternommen, war jedoch allem Anscheine nach beim Schlusse des dritten Kapitels stehen geblieben (vgl. § 39). Beide Arbeiten schließen sich also zu einem Ganzen zusammen. Verloren sind unter anderem auch Commentarioli zu den Psalmen. Unecht sind Breviarium in psalmos (XXVI, 821—1270), Quaestiones hebraicae in ll. Regum et in ll. Paralip. (XXIII, 1329—1402), Expositio inter- linearis libri Iob (XXIII, 1407—1470), Commentarii in evangelia (XXX, 531—644), Commentarii in epistolas S. Pauli (XXX, 645—902) u. a. — Hinsichtlich der sprachlichen wie der historisch=archäologischen Erudition, der Belesenheit in der ältern exegetischen Literatur, kurz der Gelehrsamkeit, nehmen diese Erläuterungsschriften des hl. Hieronymus unter allen gleichartigen Ver= suchen der abendländischen Kirchenväter die erste Stelle ein. Auf der andern Seite weisen dieselben aber auch bedeutende Gebrechen auf. Viele, sehr viele sind mit großer Flüchtigkeit hingeworfen bezw. einem Schreiber in die Feder dictirt. Im Niederschreiben des Commentares zum Ephesierbriefe brachte Hie- ronymus es zuweilen bis zu 1000 Zeilen am Tage (Comm. in Eph. lib. II. praef.: XXVI, 477); den Commentar zum Matthäus=Evangelium dictirte er in 14 Tagen (Comm. in Matth. praef.: XXVI, 20); oft dictirte er, was ihm gerade in den Mund kam (dicto quodcumque in buccam venerit: Comm. in Gal. l. III. praef.: XXVI, 400; Comm. in Abd. s. f.: XXV, 1118 u. s. w.). Unmittelbare Folgen dieser, allerdings mehrfach durch äußere Umstände bedingten Eile sind Unfertigkeit der Form und Dürftigkeit des In= halts, ein unsicheres Hin= und Herschwanken und eine Fülle von Widersprüchen sowie namentlich bei schwierigern Fragen ein Aneinanderreihen und Neben= einanderstellen der Ansichten Früherer, Juden wie Christen, welches alle Aus= wahl und Kritik dem Leser überläßt. Eben dieser compilatorische Charakter verleiht indessen den exegetischen Arbeiten des hl. Hieronymus für uns ein besonderes Interesse. Es sind Fundgruben wichtigen, zum Theil kostbaren Materials zur Geschichte der ältern exegetischen und dogmatischen Literatur der Kirche. Von Origenes, Apollinarius, Didymus und manchen andern weniger bekannten oder sonst ganz verschollenen Autoren sind uns hier schätzens- werthe Fragmente aufbewahrt, durchflochten mit gleichfalls nicht selten inter- essanten und werthvollen jüdischen Traditionen. Vielleicht noch mehr als jene Flüchtigkeit macht sich häufig eine andere Schwäche fühlbar: ein Mangel an

hermeneutischer Methode oder eine unklare und inconsequente Haltung in be:
principiellen Fragen der Schrifterklärung. Von der Nothwendigkeit, vor aller
den historisch-grammatischen Sinn des Schriftwortes zu ermitteln und dar
zulegen, erscheint Hieronymus im allgemeinen ganz und gar durchdrungen
Es steht damit noch nicht in Widerspruch, wenn er sich mehrfach veranlaß
sieht, noch einem höhern, mystischen Sinne nachzuforschen oder, wie es in seine
rhetorischen Ausdrucksweise heißt, super fundamenta historiae spiritual
exstruere aedificium (Comm. in Is. l. VI. praef.: XXIV, 205), historia
Hebraeorum tropologiam nostrorum miscere (Comm. in Zach. praef.
XXV, 1418), spiritualis postea intelligentiae vela pandere (Ep. 64, a
Fabiol., c. 19: XXII, 617) u. dgl. m. Aber anderswo wetteifert sein
Auslegung an Willkürlichkeit und Unnatürlichkeit mit derjenigen des Origenes
er schließt sich der alexandrinischen Theorie von einem dreifachen Schriftsinn
an; ja er stellt mit Origenes den Grundsatz auf, es könne die Erzählun
der Heiligen Schrift bei buchstäblicher Auffassung lächerlich oder unwürdi
oder auch blasphemisch sein, und es sei dann das in der betreffenden Stell
gelegene Aergerniß durch allegorische Deutung zu beseitigen (vgl. unter anderer
Ep. 21, ad Damasum, c. 13: XXII, 385; Ep. 52, ad Nepotian., c. 2
XXII, 528). Bekannt ist der Streit zwischen Hieronymus und Augustinu
über Gal. 2, 11 ff. Hieronymus vertrat in seinem Commentare zum Galater
briefe vom Jahre 387 oder 388 die auf Origenes zurückgehende und a
eingehendsten von Chrysostomus verfochtene Ansicht, die Uneinigkeit der Apost
sei nur simulirt gewesen, eine wirkliche Meinungsverschiedenheit habe nich
vorgelegen; der hl. Petrus habe sich äußerlich gestellt, wie wenn er di
Beobachtung der Legalien für nothwendig erachte, um dadurch dem hl. Paulu
Gelegenheit zu geben, ihn zum Scheine (κατὰ πρόσωπον) öffentlich zurech
zuweisen und damit der Wahrheit zu allgemeiner Anerkennung zu verhelfe
Mit einer solchen Exegese, suchte Augustinus in verschiedenen Briefen nach
zuweisen, werde das ganze Ansehen der Heiligen Schrift untergraben und Tru
und Hinterlist in Schutz genommen, und Hieronymus hat, wie es wenigsten
scheint (vgl. Dial. contra Pelag. I, 22: XXIII, 516), später selbst d
Richtigkeit dieser Entgegnung anerkannt.

6. Historische Schriften. — Schon sehr früh trat Hieronymus auch a
Historiker auf. An der Spitze des bereits erwähnten Schriftenverzeichniss
aus dem Jahre 392 (De vir. ill. c. 135) steht das Leben des hl. Paulu
von Theben, Vita Pauli monachi (XXIII, 17—28), eine schon durch viel
Mund gegangene Legende in möglichst volksthümlicher Darstellung etwa au
dem Jahre 376. Um 391 schrieb Hieronymus noch zwei andere Heilige
leben, die kleine Vita Malchi captivi monachi (XXIII, 53—60), in welch
er einen Mönch der chalcidischen Wüste selbst seine Denkwürdigkeiten erzähl
läßt, so wie er sie dort einst aus des Erzählers Munde vernommen, und d
Vita beati Hilarionis (XXIII, 29—54), eine Geschichte des ersten Einsiedle
in Palästina († 371), aus mündlichen und schriftlichen Quellen geschöpft un
schon den Namen einer Biographie verdienend. Den in der Vita Malchi c.
(XXIII, 53) entwickelten Plan, eine Kirchengeschichte in Heiligen= und Martyre
leben von den Aposteln bis auf seine Zeit zu schreiben, hat Hieronymus nie
zur Ausführung gebracht. Das sogen. Martyrologium Hieronymianu

(XXX, 435—486) führt seinen Namen mit Unrecht. Ein Theil oder eine Recension desselben stammt aus dem Anfange des 4. Jahrhunderts. Alle gegenwärtig bekannten Handschriften, sämtlich fränkischer oder angelsächsischer Herkunft, lassen sich auf einen Codex zurückführen, welcher gegen Ende des 6. Jahrhunderts zu Auxerre geschrieben wurde und welcher selbst ein Conglomerat aus verschiedenen alten Kalendarien und Martyrologien darstellte. Dagegen ist hier noch mehrerer Nekrologe oder, wie der Verfasser selbst sagt, Epitaphien befreundeter Personen in Form von Briefen zu gedenken (s. namentlich Ep. 60 über Nepotian: XXII, 589—602; Ep. 108 über Paula: XXII, 878—906; Ep. 127 über Marcella: XXII, 1087—1095), welche ebenso wie die vorhin genannten Vitae den Heiligenbiographen oder Legendenschreibern des Mittelalters vielfach als Muster und Vorbild galten. Weit größere Bedeutung dürfen indessen zwei andere Werke beanspruchen: die etwa 380 zu Konstantinopel gefertigte Uebersetzung bezw. Bearbeitung und Fortsetzung der Zeittafeln oder chronologischen Tabellen, welche den zweiten Theil der eusebianischen Chronik bildeten (XXVII; vgl. § 44, 2), und die 392 zu Bethlehem verfaßte Schrift De viris illustribus (XXIII, 601—720). Dort übergab Hieronymus dem Abendlande eine chronologische Uebersicht der Gesamtgeschichte, welche freilich den heutigen Ansprüchen an eine solche Arbeit nicht genügen würde, für die damalige Zeit aber ein überaus schätzbares Hilfsmittel zu historischen Studien aller Art war. Gerade der von Hieronymus der Arbeit des Eusebius neu hinzugefügte Schlußtheil über die Jahre 326—379, allerdings nur eine bunte Zusammenstellung von geschichtlichen Notizen, ohne jede Scheidung zwischen Wichtigem und Unwichtigem, sollte den nachfolgenden Chronisten gewissermaßen als Wegweiser dienen. Von der Schrift De vir. ill. war § 2, 1 die Rede.

7. Dogmatisch-polemische Schriften. — Zum Dogmatiker hatte Hieronymus weniger Beruf und Begabung als zum Historiker. Seine dogmatischen Schriften sind auch samt und sonders Streitschriften; die meisten derselben wollen Angriffe auf die kirchliche Lehrtradition zurückweisen; in allen überwiegt weitaus das polemische Interesse. Dazu kommen freilich auch einige Uebersetzungen dogmatischer Werke aus dem Griechischen, Uebersetzungen, welche indessen zum Theil zu Grunde gegangen sind. So liegen insbesondere von der Uebersetzung der vier Bücher des Origenes περὶ ἀρχῶν (§ 29, 5), etwa aus dem Jahre 399, nur noch kaum nennenswerthe Fragmente vor (in der Ep. 124, ad Avitum, quid cavendum in libris περὶ ἀρχῶν: XXII, 1059 ad 1072). Erhalten blieb die zu Rom begonnene, aber erst zu Bethlehem vollendete, in ihrer Art ausgezeichnete Uebersetzung bezw. Bearbeitung der Schrift Didymus' des Blinden über den Heiligen Geist (XXIII, 101—154; vgl. § 53, 2). Die früheste der dogmatischen Streitschriften ist gegen die schismatische Partei der Luciferianer (§ 69, 2) gerichtet und in die Form eines Dialoges gekleidet, Altercatio Luciferiani et orthodoxi (XXIII, 155—182), wahrscheinlich 379 zu Antiochien verfaßt. Ihr folgte eine Vertheidigung der immerwährenden Jungfräulichkeit Mariens gegen Helvidius, Liber adv. Helvidium de perpetua virginitate b. Mariae (XXIII, 183 ad 206), etwa 383 zu Rom geschrieben, voll sittlicher Entrüstung und wuchtiger Kraft. Dem Inhalte nach vielfach verwandt ist der erste Theil der wohl

28*

aus dem Jahre 392 stammenden Schrift Adversus Iovinianum (XXIII 211—338); sie preist nämlich im ersten Buche, allerdings nicht ohne Ueber treibung, die höhere Würde und Verdienstlichkeit der Virginität vor dem Ehe stande und wendet sich sodann im zweiten Buche gegen Jovinians Sätze von der Unsündlichkeit des Getauften, von der Werthlosigkeit des Fastens und von der Gleichheit des himmlischen Lohnes für alle wahren Christen. Die Schriften Contra Ioannem Hierosolymitanum (XXIII, 355—396), aus dem Jahr 398 oder 399, und Apologiae adv. libros Rufini libri II (XXIII, 397 a 456), aus dem Jahre 402, welch letztern bald Liber tertius s. ultima re sponsio adv. scripta Rufini (XXIII, 457—492) folgte, gehören zu den traurigen Früchten der origenistischen Wirren und sind zu einem nicht geringen Theile von persönlicher Gereiztheit dictirt. In der kleinen Schrift Contra Vigilantium (XXIII, 339—352) vom Jahre 406, welche er in einer einzigen Nacht ausarbeitete, legte der Heilige eine Lanze ein für die kirchliche Martyrer und Heiligenverehrung, die freiwillige Armut der Mönche und den Cöliba der Cleriker. Endlich trat er, gegen Ende des Jahres 415, noch als Ver fechter der kirchlichen Gnadenlehre in die Schranken mit einem drei Büche umfassenden und namentlich in formeller Hinsicht mit Recht vielgerühmten Dialogus contra Pelagianos (XXIII, 495—590).

8. Briefe. — Die beliebtesten unter den Schriften des hl. Hieronymus waren bereits im Mittelalter seine Briefe. In der That bieten sie inhaltlich wie stilistisch besonders viel des Anziehenden und Fesselnden. Der Brief is für Hieronymus gewissermaßen das nächstliegende Mittel der Gedankenentwick lung; er gibt gern auch ganzen Abhandlungen die Form von Briefen. Brief in der gewöhnlichen Bedeutung des Wortes hat er nach seiner eigenen Aussag wenigstens eine Zeit lang täglich geschrieben. In dem Verzeichnisse seiner Schriften vom Jahre 392 (De vir. ill. c. 135) führt er mehrere einzelne aus irgend einem Grunde ihm besonders wichtig scheinende Briefe auf (A Heliodorum exhortatoriam, sc. epistolam, De Seraphim etc.), nennt auc schon zwei Sammlungen von Briefen (Epistolarum ad diversos librum unum Ad Marcellam epistolarum librum unum) und bemerkt weiterhin: Episto larum autem ad Paulam et Eustochium, quia quotidie scribuntur, in certus est numerus. Gegen 120 seiner Briefe sind auf uns gekommen Dieselben vertheilen sich auf ein halbes Jahrhundert, spiegeln den Verfasser i den verschiedensten Lebenslagen, sind an die verschiedensten Personen gericht und behandeln die verschiedensten Gegenstände — ein überaus reiches Bild be kirchlichen Zeitverhältnisse. Dazu kommt, daß, während die meisten Schrifte unseres Heiligen sehr deutlich die rasche Entstehung unter mancherlei Abha tungen erkennen lassen, viele seiner Briefe offenbar mit großer Sorgfalt au gearbeitet sind, ja mitunter, namentlich in frühern Jahren, in eine gewis Effecthascherei verfallen. Sein Sinn für Schönheit und Eleganz, seine Orig nalität und Gewandtheit im Ausdrucke, seine schwungvolle und feurige Schi berungsgabe, kurz sein ganzes vielseitiges schriftstellerisches Talent feiert i seinen Briefen die glänzendsten Triumphe. Zwei Gruppen von Briefen, d Briefe exegetischen Inhalts und die Nekrologe in Brieform, sind früher scho (Abs. 5 u. 6) besonders namhaft gemacht worden. Hier mag noch auf ein Reihe von Briefen hingewiesen werden, welche den Zweck verfolgen, zu einer

ascetischen Leben aufzumuntern und anzuleiten. Manche dieser Schreiben haben bereits bei ihrer Veröffentlichung — sie waren von Anfang an nicht bloß für den Adressaten bestimmt, sondern auf ein möglichst weites Publikum berechnet — in gesinnungsverwandten Kreisen bewundernden Beifall gefunden und seitdem innerhalb der Kirche stets zu der geschätztesten Erbauungslectüre gehört. Dahin zählen der Brief Nr. 14 (XXII, 347—355), in welchem Heliodor, ein vertrauter Freund des Verfassers, beschworen wird, in die Wüste von Chalcis, welche er verlassen hatte, wieder zurückzukehren; der Brief Nr. 22 (XXII, 394—425), in welchem Eustochium gemahnt wird, treu und starkmüthig dem Ideale einer jungfräulichen Gottesbraut nachzustreben; der Brief Nr. 52 (XXII, 527—540), in welchem der junge Priester Nepotian auf seine Bitten hin eingehend unterwiesen wird, wie er standesmäßige Heiligkeit des Lebens erlangen und bewahren könne. Im Anschluß an diese Klasse von Briefen sei schließlich auch noch die nicht lange nach Paulas Tod (26. Januar 404) für Eustochium gefertigte Uebersetzung der Mönchsregel des hl. Pachomius nebst einigen Briefen des Pachomius und des Theodorus (XXIII, 61—100; vgl. § 46, 2. 3) erwähnt.

9. Hieronymus als Gelehrter. — Hieronymus zählt zu den Kirchenvätern, welche die Kirche mit dem Namen Kirchenlehrer schmückt. Insofern dieser Name einer hervorragenden Gelehrsamkeit die gebührende Anerkennung zollen will, dürfte unter den Kirchenvätern schwerlich jemand begründetern Anspruch auf denselben erheben können. Hieronymus ward schon während seines Lebens als der größte Polyhistor seiner Zeit gefeiert. Nach Orosius (Liber apol. contra Pelagium c. 4: XXXI, 1177) harrte das ganze Abendland auf das Wort des Presbyters von Bethlehem wie das trockene Vlies auf den Thau des Himmels; nach Johannes Cassianus (De incarnatione VII, 26: L, 256) erstrahlten die Schriften dieses Presbyters durch die ganze Welt hin gleich göttlichen Leuchten. Den Grund gibt Sulpicius Severus (Dial. I, 8: XX, 189) an: Hieronymus ist nicht bloß in der lateinischen und der griechischen, sondern überdies auch in der hebräischen Literatur so bewandert, daß sich ihm niemand in irgend welcher Wissenschaft gleichzustellen wagt (ut se illi in omni scientia nemo audeat comparare). Und Augustinus (Contra Iulianum I, 7, 34: XLIV, 665) kann bezeugen, daß Hieronymus alle oder doch fast alle (omnes vel pene omnes) theologischen Schriftsteller gelesen hat, welche vor ihm in dem einen oder dem andern Welttheile aufgetreten waren. Erschien demnach Hieronymus auf sämtlichen Gebieten der Theologie als Autorität ersten Ranges, so galt er doch vor allem als unübertroffener und unerreichter Meister auf dem Felde der biblischen Wissenschaften. Auf diesem Felde bewegte er sich mit der ausgesprochensten Vorliebe; auf diesem Felde schuf er seine größten Werke. Als tüchtiger Exeget oder genauer als gewiegter Sprachkenner, gewandter Kritiker, genialer Uebersetzer verdient er auch heute noch aufrichtige Bewunderung. Das Griechische ist kaum einem andern Lateiner jener Zeit in gleichem Maße geläufig gewesen, und als Kenner der Sprachen des Alten Testamentes steht Hieronymus im kirchlichen Alterthume einzig da. Es ist nicht schwer nachzuweisen, daß seiner Ausbildung im Hebräischen Unvollkommenheiten ankleben, hauptsächlich deshalb, weil er die Tradition des damaligen Judenthums überschätzte; aber es ist ungerecht, bei Würdigung

seiner Kenntnisse die Zeitumstände außer acht zu lassen und den Maßstab
unserer Tage anzulegen. Ein schlechterdings unwidersprechlicher Beweis für
eine überaus achtungswerthe Geübtheit und Gewandtheit unseres Heiligen im
Hebräischen liegt in seiner eigenen Mittheilung über die Art und Weise, wie
er um 405 das Buch Tobias aus dem Aramäischen ins Lateinische übersetzte:
„Da das Chaldäische (Aramäische) dem Hebräischen nahe verwandt ist, so
suchte ich mir einen beider Sprachen völlig mächtigen Gelehrten auf — ohne
Zweifel war es ein jüdischer Rabbi — und verwandte nun in angestrengter
Thätigkeit einen Tag darauf, daß, was dieser mir hebräisch vorsagte, einem
herbeigezogenen Schnellschreiber lateinisch zu dictiren" (Praef. in 1. Tob.:
XXIX, 25—26). Uebrigens war das Aramäische dem Heiligen keineswegs
völlig fremd. Er hatte längst vorher, dem Buche Daniel zulieb, auch dem
Studium des Aramäischen obgelegen, und das Resultat seiner nicht geringen
Anstrengungen durfte er um 391 (Praef. in 1. Dan.: XXVIII, 1292) mit
den Worten andeuten: „Bis auf den heutigen Tag kann ich das Chaldäisch
besser lesen und verstehen als aussprechen." Genug, die sprachliche Eru
dition des hl. Hieronymus war eine solche, daß sie ihn, und zwar ihn aus
schließlich unter allen christlichen Gelehrten seiner Zeit, zu dem ebenso wichtiger
wie schwierigen Werke einer Uebersetzung der Heiligen Schrift durchaus befähig
und berufen erscheinen läßt.

10. **Hieronymus als Zeuge des Glaubens der Kirche.** — Mit dem Ruhm
eines Wunders der Gelehrsamkeit vereinigt Hieronymus das Verdienst einer
Säule der Rechtgläubigkeit. Schon bei Johannes Cassianus (De in
carnatione VII, 26: L, 258) heißt er „ein Mann von umfassendstem Wisser
und zugleich von bewährtester und reiner Lehre", und Sulpicius Severus
(Dial. I, 9, 4—5 *Halm*) berichtet: „Es hassen ihn die Häretiker, weil er
nicht aufhört sie zu bekämpfen, und es hassen ihn die Cleriker, weil er ihr
Leben befeindet und ihre Laster [vgl. vorhin Abf. 2]. Aber alle Guten sam
und sonders bewundern und lieben ihn, denn diejenigen, welche ihn für einen
Häretiker halten, sind verrückt (insani sunt liest Halm für insaniunt). E
ist Wahrheit, wenn ich sage: das Denken dieses Mannes ist katholisch, sein
Lehre ist gesund." Severus setzt als bekannt voraus, daß Hieronymus vor
dem Vorwurfe der Häresie nicht verschont geblieben. Jedenfalls schwebt ihr
die Anklage auf Origenismus vor, wie sie namentlich Rufin erhob. Cassian
Urtheil wird durch den Umstand, daß er semipelagianisch dachte, nicht ver
dächtigt. Die gelegentlichen Aeußerungen des hl. Hieronymus zu der Frag
nach der Priorität der Gnade oder der Freiheit leiden allerdings hie und b
an Ungenauigkeit; aber in dem gerade während der pelagianischen Kämpf
verfaßten und zu den reifsten Arbeiten des Heiligen gehörenden Commentar
zum Propheten Jeremias wird, so scheint es wenigstens, mehrfach die Noth
wendigkeit der zuvorkommenden Gnade vorausgesetzt; so zu Jer. 18, 1 ff
(XXIV, 796): Ita libertas arbitrii reservanda est, ut in omnibus ex
cellat gratia largitoris; zu 24, 1 ff. (XXIV, 833): Non solum opera
sed et voluntas nostra Dei nititur auxilio; zu 31, 18—19 (XXIV, 873)
Hoc ipsum quod agimus poenitentiam, nisi nos Dominus ante conver
terit, nequaquam implere valemus — aus dieser Bemerkung fällt auch Lich
auf die Stelle zu 3, 21—22 (XXIV, 705): Quamvis enim propria volun

tate ad Dominum revertamur, tamen nisi ille nos traxerit et cupidi-
tatem nostram suo roboraverit praesidio, salvi esse non poterimus.
Der Dialog gegen die Pelagianer ist auch nach dem Urtheile des Pelagianers
Julianus (bei *Aug.*, Op. imperf. contra Iulianum IV, 88: XLV, 1389)
„mit bewundernswerther Schönheit" (mira venustate) abgefaßt; Hydatius
(Chron. ad a. 415: LXXIV, 712—713) erblickt ein besonderes Verdienst
des Verfassers darin, daß derselbe zum Schlusse seines Lebens noch „die Secte
der Pelagianer samt ihrem Urheber mit dem stählernen Hammer der Wahrheit zermalmte". An theologischem Gehalte freilich steht des Hieronymus
Polemik hinter den antipelagianischen Schriften des hl. Augustinus sehr zurück,
wie denn überhaupt der Bischof von Hippo an Tiefe und Sicherheit und
Selbständigkeit des Gedankens den Presbyter von Bethlehem weit überragt und
bei letzterem die speculative Anlage der Fülle des gelehrten Wissens durchaus
nicht gleichkommt. Einen Einfluß auf die theologische Lehrentwicklung wie etwa
Augustinus hat deshalb Hieronymus auch nicht geübt. Unter seinen Zeugnissen betreffs der Kirchenlehre hat von jeher die Vertheidigung der katholischen
Glaubensregel besondere Beachtung gefunden. Die Sätze von der Lehrverkündigung der Kirche als der nächsten Quelle des Glaubens und von dem Nachfolger Petri als dem Träger der kirchlichen Lehrgewalt hatten im Alterthume
keinen entschiedenern Vertreter als Hieronymus. Aus der chalcidischen Wüste
schreibt er etwa 378 an Papst Damasus: „Während schlechte Söhne ihr Erb-
theil verpraßt haben, wird bei euch allein (apud vos solos) der Väter Hinterlassenschaft unversehrt bewahrt... Indem ich an erster Stelle keinem andern
als Christus folge, halte ich mich in Gemeinschaft mit Deiner Heiligkeit, d. i.
mit dem Stuhle Petri. Auf diesen Felsen weiß ich die Kirche gegründet...
Entscheidet also, ich bitte und beschwöre Euch, und ohne Bedenken werde ich
drei Hypostasen behaupten. Wenn Ihr befehlt, so mag ein neues Symbolum
statt des nicänischen abgefaßt werden, und wir Rechtgläubige wollen in ähnlichen Ausdrücken wie die Arianer unsern Glauben bekennen" (Ep. 15 c. 1.
2. 4; vgl. Ep. 16 c. 2). Auch in spätern Briefen betont er wieder und
wieder, daß der Glaube der römischen Kirche, schon vom Apostel Paulus gepriesen, stets als oberste Regel und entscheidende Norm zu gelten habe (Ep. 46,
ad Marcell., c. 11; Ep. 63, ad Theophil., c. 2; Ep. 130, ad Demetriad.,
c. 16). In seinen Commentaren hebt er gern hervor, die Heilige Schrift
müsse verstanden werden im Sinne der Kirche. Der Sinn, welchen die Kirche
festhalte, sei zugleich auch der Sinn, welchen der Heilige Geist, der Autor der
Schrift, intendirt habe. Wer gegen den Sinn der Kirche oder die Intention
des Heiligen Geistes die Schrift auslege, sei Häretiker; durch solche Auslegung
werde aus dem Evangelium Christi ein Menschen- oder, was noch schlimmer,
ein Teufelsevangelium (Comm. in Gal. 1, 11—12; 5, 19—21: XXVI,
322. 417; in Mich. 1, 10 sqq.: XXV, 1162; in Ier. 29, 8—9: XXIV,
859). Außerhalb der Kirche überhaupt kein Heil. „Wer immer außerhalb
dieses Hauses das Lamm ißt, ist ein Unheiliger (profanus). Wenn jemand
nicht in Noes Arche ist, wird er bei der Sündfluth zu Grunde gehen" (Ep. 15,
ad Dam., c. 2). „Jeder, der selig wird, wird in der Kirche selig" (In Ioel
3, 1 sqq.: XXV, 980). „Wer außerhalb der Kirche des Herrn steht, kann
nicht rein sein" (In Ez. 7, 19: XXV, 71). Diese Ueberzeugung war es,

um derentwillen das ganze Leben unseres Heiligen in unablässigem Kampfe
mit den Feinden der Kirche verlaufen mußte. „Die Häretiker", schreibt er
nicht lange vor seinem Tode, „habe ich niemals geschont, vielmehr mit allem
Eifer danach getrachtet, daß die Feinde der Kirche auch meine Feinde würden"
(Dial. contra Pelag. praef.: XXIII, 497).

11. **Hieronymus als der Meister der christlichen Prosa.** — Um die
formelle Seite der Schriften des hl. Hieronymus wenigstens nicht ganz zu
übergehen, so hat keiner der christlichen Prosaiker des Alterthums, Lactantius
etwa ausgenommen, auf die Schönheit der Form so hohen Werth gelegt, wie
denn auch keiner derselben, ausgenommen etwa Tertullian, seinem ganzen Ausdrucke ein so individuelles und originelles Gepräge zu verleihen mußte. Ebenso
hat keiner auch nur annähernd so weitgreifenden Einfluß auf die Gestaltung
der christlich-lateinischen Sprache der Folgezeit geübt wie Hieronymus, insbesondere durch seine Bibelübersetzung und durch viele seiner Briefe. Hieronymus ist nicht mit Unrecht der Meister der christlichen Prosa für alle folgenden
Jahrhunderte genannt worden. Seine Darstellung bekundet durchweg den reich
begabten und gründlich geschulten Rhetoriker. Freilich sind es nun nicht bloß
Vorzüge, in welchen der Einfluß seiner rhetorischen Bildung sich äußert. Als
entsprechende Schattenseiten verrathen namentlich die frühern Schriften nicht
selten eine Neigung zu Wortgepränge, einen Hang zu Uebertreibungen, eine
schwülstige Effecthascherei.

12. **Gesamtausgaben. Uebersetzungen.** — Gesamtausgaben der Werke des
hl. Hieronymus besorgten D. Erasmus, Basel 1516—1520 u. ö., 9 Bde. 2⁰;
Marianus Victorius, Bischof von Rieti, Rom 1565—1572 u. ö., 9 Bde. 2⁰;
die Maurianer J. Martianay und A. Pouget, Paris 1693—1706, 5 Bde. 2⁰;
D. Vallarsi, Verona 1734—1742, 11 Bde. 2⁰, und Venedig 1766—1772,
11 Bde. 4⁰. Die letztgenannte Ausgabe hat Migne P. lat. XXII—XXX abdrucken lassen. „Trotzdem daß die Benedictinerausgabe durch Vallarsi und seine
Mitarbeiter eine oft gerühmte Revision erfuhr, so ist doch der Text des Hieronymus
am meisten verwahrlost und die handschriftliche Ueberlieferung nur sehr unvollständig
bekannt," äußert sich A. Reifferscheid: Bibl. Patr. lat. Ital. I, 66; vgl. 90.
278. — Einige Schriften des hl. Hieronymus wurden schon durch seinen Freund
Sophronius ins Griechische übertragen (De vir. ill. c. 134); vgl. § 2, 1. Ausgewählte Schriften des hl. Hieronymus, Kirchenlehrers, nach dem Urtexte übersetzt
von P. Leipelt. Kempten 1872—1874. 2 Bde. (Bibl. der Kirchenväter).
Oeuvres de St. Jérôme, publiées par B. Matougues. Paris 1858. 8⁰ (XXXII,
683 pp.), eine reiche Sammlung von Schriften und Schriftenfragmenten des Heiligen in französischer Uebersetzung. Eine noch größere Anzahl von Schriften in
englischer Uebersetzung von W. H. Fremantle in der Select Library of the
Nicene and Post-Nicene Fathers of the Christian Church. Series 2. Vol. VI.
New York 1893.

13. **Ausgaben, Uebersetzungen und Bearbeitungen einzelner Schriften.** — Uebersetzung der Heiligen Schrift. Die wichtigste Handschrift der Bibelübersetzung
des hl. Hieronymus ist der sogen. cod. Amiatinus der Laurentiana zu Florenz, in
den Jahren 690—716 in England geschrieben und durch Abt Ceolfrid († 25. September 716) dem Apostolischen Stuhle geschenkt. G. B. de Rossi, La Bibbia
offerta da Ceolfrido abbate al sepolcro di S. Pietro. Roma 1887. 2⁰ (22 pp.).
Die sonstige Literatur über den cod. Amiatinus verzeichnet C. R. Gregory in
seinen Prolegomena zu Tischendorfs Editio octava critica maior des griechi-

schen Neuen Testamentes (Lipsiae 1884—1894) p. 983—985. Das Neue Testa=
ment nach dieser Handschrift ward durch C. Tischendorf, Leipzig 1850 und
wiederum 1854, das Alte Testament durch Th. Heyse und Tischendorf, Leipzig
1873, veröffentlicht. Der um 545 zu Capua geschriebene cod. Fuldensis, welcher
indessen nur das Neue Testament enthält, ist von E. Ranke mit diplomatischer
Treue herausgegeben worden: Codex Fuldensis. Nov. Testamentum latine interprete Hieronymo ex manuscripto Victoris Capuani edidit, prolegomenis intro-
duxit, commentariis adornavit E. Ranke. Marburgi et Lipsiae 1868. 8⁰.
Vgl. § 17, 6. Eine kritische Ausgabe des Neuen Testamentes nach der Revision
des hl. Hieronymus haben auf Grund umfassender handschriftlichen Studien Words=
worth und White unternommen: Novum Testamentum D. N. Iesu Christi
latine secundum editionem S. Hieronymi. Ad codicum mss. fidem rec.
I. Wordsworth et H. I. White. Pars I, fasc. 1: Evang. sec. Mattheum.
Oxonii 1889. 4⁰; fasc. 2: Evang. sec. Marcum. 1891; fasc. 3: Evang. sec.
Lucam. 1893. „Des Hieronymus Uebertragung der griechischen Uebersetzung des
Job" bei P. de Lagarde, Mittheilungen. Bd. II. Göttingen 1887. S. 189—237,
sowie bei C. P. Caspari, Das Buch Hiob (1, 1 bis 38, 16) in Hieronymus' Ueber=
setzung aus der alexandrinischen Version nach einer St. Gallener Handschrift saec. VIII.
Christiania 1893. 8⁰. Vgl. Caspari, Ueber des Hieronymus Uebersetzung der
alexandrinischen Version des Buches Job in einer St. Gallener Handschr. des
8. Jahrhunderts: Actes du VIIIᵉ congrès internat. des Orientalistes à Stockholm. Partie II. 1893. p. 37—51. Die beste Ausgabe der nicht in kirchlichen
Gebrauch gekommenen Psalmenübersetzung lieferte de Lagarde: Psalterium iuxta
Hebraeos Hieronymi e recognitione Pauli de Lagarde. Lips. 1874. 8⁰. Gleich=
zeitig gab v. Tischendorf der (zweiten) Ausgabe des masorethischen Psalmentextes
von Baer und Delitzsch jene Uebersetzung bei: Liber Psalmorum hebraicus
atque latinus ab Hieronymo ex Hebraeo conversus. Consociata opera ediderunt C. de Tischendorf, S. Baer, Fr. Delitzsch. Lips. 1874. 8⁰. P. de La=
garde, Probe einer neuen Ausgabe der lateinischen Uebersetzungen des Alten Testa=
ments. Göttingen 1885. 4⁰ (enthält Ps. 1—17 nach 26 Textzeugen). Vgl.
H. Ehrensberger, Psalterium vetus und die Psalterien des hl. Hieronymus.
Ps. 1—17. Tauberbischofsheim 1887. 4⁰ (Beilage zum Gymnasialprogramm). Ueber
die Grundsätze, welche den Heiligen bei seiner Bibelübersetzung leiteten, s. G. Hoberg,
De S. Hieronymi ratione interpretandi. Bonnae 1886. 8⁰ (39 pp.). Sonstige
Literatur über die Bibelübersetzung des hl. Hieronymus und die heutige Vulgata
geben die Lehrbücher der Einleitung in die Heilige Schrift an. Hier genüge es,
folgende Schriften zu nennen. Fr. Kaulen, Geschichte der Vulgata. Mainz
1868. 8⁰. Ders., Handbuch zur Vulgata. Eine systematische Darstellung ihres
lateinischen Sprachcharakters. Mainz 1870. 8⁰. H. Rönsch, Itala und Vulgata.
Das Sprachidiom der urchristl. Itala und der kathol. Vulgata. Marburg 1869. 8⁰;
2. Aufl. 1874. L. Ziegler, Die lateinischen Bibelübersetzungen vor Hierony=
mus und die Itala des hl. Augustinus. München 1879. 4⁰. E. Nestle, Ein
Jubiläum der lateinischen Bibel zum 9. November 1892. Tübingen 1892. 8⁰.
S. Berger, Histoire de la Vulgate pendant les premiers siècles du moyen
âge. Mémoire couronné par l'Institut. Paris 1893. 8⁰; vgl. O. Rott=
manner, Zur Geschichte der Vulgata: Historisch-politische Blätter. Bd. CXIV
(1894). S. 31—38. 101—108. E. v. Dobschütz, Studien zur Textkritik der
Vulgata. Leipzig 1894. 8⁰. — Sonstige exegetische Arbeiten. Onomastica
sacra. P. de Lagarde (ed. Gott. 1870) alterum ed. Gott. 1887. p. 25—116:
Hieronymi liber interpretationis hebraicorum nominum; p. 117—190:
Hieronymi de situ et nominibus locorum hebraicorum liber. Die letztere
Schrift auch in der Ausgabe des eusebianischen Onomasticon von Larsow und

Parthey (§ 44, 8). Weitere Literaturangaben zu der Schrift De situ et nominibus locorum hebraicorum bei R. Röhricht, Bibliotheca geographica Palaestinae. Berlin 1890. 8°. S. 4—5; vgl. S. 663. Hieronymi Quaestiones
hebraicae in libro Geneseos e recognitione *Pauli de Lagarde*. Lips. 1868. 8°.
Der Commentar des Donatisten Tichonius zur Apokalypse, die Grundlage und
Quelle des Commentares des hl. Hieronymus, ist zu Grunde gegangen, dürfte sich
aber aus den Werken der spätern Commentatoren, auf welche Tichonius den weitest=
gehenden Einfluß geübt (namentlich aus dem 784 verfaßten Commentare des Beatus
von Libana), zum größten Theile wiederherstellen lassen. Mit Unrecht ist die pseudo=
augustinische Expositio in apocalypsim b. Iohannis (19 Homilien: *Migne*, P. lat.
XXXV, 2417—2452) als das Werk des Tichonius bezeichnet worden. Genaueres
bei J. Haußleiter, Die Kommentare des Victorinus, Tichonius und Hieronymus
zur Apokalypse: Zeitschr. f. kirchl. Wissenschaft und kirchl. Leben. Bd. VII (1886).
S. 239—257. Vgl. die § 97, 7 anzuführenden Untersuchungen Haußleiters über
Primasius von Hadrumetum und über die lateinische Apokalypse der alten afrikanischen Kirche. Ueber eine Handschrift jener pseudo=augustinischen Expositio
saec. XII/XIII berichtet *M. Rh. James*, Pseudo-Augustine on the Apocalypse: The Classical Review. Vol. III. 1889. p. 222. Erhalten blieb Tichonii
Afri liber de septem regulis (*Migne* l. c. XVIII, 15—66; cf. *I. B. Pitra*,
Spicilegium Solesm. I, 294—295), sieben Regeln zur Erklärung dunkler, weil
figürlich gehaltener Schriftstellen entwickelnd, in kürzerer Fassung von Augustinus
in sein Werk De doctrina christ. III, 30—37 (*Migne* l. c. XXXIV, 81—90)
aufgenommen. Ueber Tichonius und seine Schriften s. *Gennadius*, De vir. ill.
c. 18 (*Migne* l. c. LVIII, 1071—1072). Vgl. die Literatur bei *Chevalier*, Répertoire 2224. Die pseudo=hieronymianische Expositio interlinearis libri Iob
(*Migne* l. c. XXIII, 1407—1470) scheint von dem Presbyter Philippus, einem
Schüler des hl. Hieronymus (optimus auditor Hieronymi *Gennad*, De vir. ill.
c. 62), verfaßt und von Beda dem Ehrwürdigen überarbeitet und erweitert zu sein.
Vgl. O. Zöckler, Hieronymus. Gotha 1865. S. 471. Ueber die unechten Commentarii in epistolas S. Pauli (XXX, 645—902) f. § 76, 16. Beiträge zur
Würdigung der exegetischen Arbeiten des hl. Hieronymus lieferten M. Rahmer,
Die hebräischen Traditionen in den Werken des Hieronymus, durch eine Vergleichung
mit den jüdischen Quellen kritisch beleuchtet. Erster Theil. Die „Quaestiones in
Genesin". Breslau 1861. 8° (73 SS.). Der zweite Theil, welcher „die Com=
mentarien" behandeln sollte, aber über den Commentar zum Propheten Hoseas nicht
hinauskam, erschien in der Monatsschr. f. Geschichte u. Wissenschaft des Judenthums,
Jahrgg. 1865. 1867. 1868. C. Siegfried, Midraschisches zu Hieronymus und
Pseudo=Hieronymus: Jahrbb. f. protest. Theol. Bd. IX (1883). S. 346—352.
Ders., Die Aussprache des Hebräischen bei Hieronymus: Zeitschr. f. die alttestamentl. Wissenschaft. Bd. IV (1884). S. 34—83. W. Nowack, Die Bedeutung
des Hieronymus für die alttestamentl. Textkritik. Göttingen 1875. 8° (XI, 55 SS.).
J. A. Möhlers Gesammelte Schriften und Aufsätze. Herausgeg. von J. J. J. Dö-
linger (Regensburg 1839—1840) I, 1—18: „Hieronymus und Augustinus im
Streit über Gal. 2, 14." Vgl. Fr. Overbeck, Ueber die Auffassung des Streits
des Paulus mit Petrus in Antiochien (Gal. 2, 11 ff.) bei den Kirchenvätern (Programm zur Rectoratsfeier). Basel 1877. 4° (73 SS.). *A. Röhrich*, Essai sur
St. Jérome exégète (Thèse). Genève 1891. 8°.

14. Ausgaben, Uebersetzungen und Bearbeitungen einzelner Schriften. Fort=
setzung. — Historische Schriften. Eusebi Chronicorum libri duo. Ed.
*A. Schoene*. Berolini 1866—1875. Vol. II: Hieronymi versionem e libris
manuscriptis recensuit *A. Schoene*. Vgl. § 44, 7. *C. Fr. Hermann*, Disputatio de scriptoribus illustribus, quorum tempora Hieronymus ad Eusebii

Chronica annotavit. Gottingae 1848. 4⁰ (Universitätsprogramm). Quaestionum Hieronymianarum capita selecta. Scripsit *A. Schoene*. Berol. 1864. 8⁰
(diese Inauguraldissertation ist der vorhin genannten Ausgabe der hieronymianischen
Uebersetzung als praefatio, p. VII—XLII, voraufgeschickt). Zur handschriftlichen Ueberlieferung der Chronik vgl. Th. Mommsen, Die älteste Handschrift der Chronik
des Hieronymus: Hermes. Bd. XXIV (1889). S. 393—401; *E. G. Hardy*,
The Bodleian MS. of Jerome's Eusebian Chronicle: The Journal of Philology. Vol. XVIII (1890). p. 277—287. In betreff der Schrift De vir. ill.
f. § 2, 1. J. H. Reinkens, Die Einsiedler des hl. Hieronymus in freier Bearbeitung dargestellt. Schaffhausen 1864. 8⁰ (eine Bearbeitung der Biographien
von Paulus, Hilarion, Malchus sowie der Nekrologe auf Marcella, Paula, Fabiola).
W. Israel, Die Vita S. Hilarionis des Hieronymus als Quelle für die Anfänge
des Mönchthums kritisch untersucht: Zeitschr. f. wissenschaftl. Theol. Bd. XXIII
(1880). S. 129—165 (nach Israel muß die genannte Schrift „als Quelle für die
Anfänge des Mönchthums unbedingt verworfen werden" S. 165). Israels Hyper-
kritik wird bekämpft von O. Zöckler, Hilarion von Gaza. Eine Rettung: Neue
Jahrbb. f. deutsche Theol. Bd. III (1894). S. 146—178. Ein diplomatisch genauer
Abdruck einer Berner Handschrift des Martyrologium Hieronymianum in den Acta
SS. Oct. T. XIII (Parisiis 1883) p. I sqq. (auch separat erschienen). Eine neue
Ausgabe des Martyrologium steht von de Rossi und Duchesne zu erwarten.
*L. Duchesne*, Les sources du Martyrologe Hiéronymien, avec préface de
*M. J. B. de Rossi* (Extrait des Mélanges d'archéologie et d'histoire). Rome
1885. 8⁰. — Dogmatisch-polemische Schriften. Die Schrift Adv. Hel-
vidium auch in H. Hurters SS. Patrum opusc. sel. (Ser. I.) T. 12. Eine
eingehende Analyse dieser Schrift nebst trefflicher Würdigung bei F. A. v. Lehner,
Die Marienverehrung in den ersten Jahrhunderten (2. Aufl.) S. 104—112.
W. Schmidt, Vigilantius, sein Verhältniß zum hl. Hieronymus und zur Kirchenlehre damaliger Zeit. Münster 1860. 8⁰. H. Belling, Ueber Jovinian: Zeitschr.
f. Kirchengeschichte. Bd. IX (1887—1888). S. 391—404 (über Jovinians „Behauptung der Unsündlichkeit Getaufter"). Der unechte Indiculus de haeresibus
ward neuerdings von Fr. Oehler (Corpus haereseologicum. T. I. Berol.
1856. p. 281—300; cf. p. XII—XIV) herausgegeben. — Briefe. Die Ep. 33, ad
Paulam, de Varronis et Origenis operum indice, von welcher die Ausgaben
nur ein Bruchstück bieten, hat J. B. Pitra (Spicilegium Solesm. III, 311—317)
fast vollständig wiederhergestellt. Die Ep. 46 (nach der Ueberschrift Paulae et
Eustochii ep.), ad Marcellam, de sanctis locis auch in den Itinera Hierosoly-
mitana et descriptiones Terrae Sanctae. Edd. *T. Tobler* et *A. Molinier*. I.
Genevae 1879. 4⁰. p. 41—47; die ebendier p. 27—40 mitgetheilte Peregrinatio
S. Paulae auctore S. Hieronymo ist der Ep. 108, ad Eustochium, epitaphium
Paulae matris, entnommen. Weitere Literaturnachweise zu den genannten beiden
Briefen (46 und 108) bei R. Röhricht, Bibliotheca geographica Palaestinae.
Berlin 1890. S. 5 bezw. S. 6—7; vgl. S. 663. C. Paucker möchte die beiden
Briefe ad amicum aegrotum, welche von den Herausgebern als unecht bezeichnet
werden (*Migne*, P. lat. XXX, 61—104), als echt vertheidigen: Zeitschr. f. die
österr. Gymnasien. Bd. XXXI (1880). S. 891—895. Morin ist für die Echt-
heit der bislang als unecht geltenden Ep. ad Praesidium de cereo paschali
(XXX, 182—188) eingetreten. *G. Morin*, Un écrit méconnu de St. Jérôme:
Revue Bénédictine. Tom. VIII (1891). p. 20—27; La lettre de St. Jérôme sur le cierge pascal. Réponse à quelques difficultés de M. l'abbé
*L. Duchesne*: ibid. T. IX (1892). p. 392—397. Ueber den unechten Brief oder
Tractat De septem ordinibus ecclesiae (XXX, 148—162) f. § 92, 3. S. Hie-
ronymi epistolae selectae bei *H. Hurter*, SS. Patrum opusc. sel. (Ser. I.)

T. 11. Ausgewählte Briefe des hl. Kirchenlehrers Hieronymus. Deutsch herausgegeben von P. P. Lechner. Regensburg 1859. 8⁰ (Sammlung der vorzüglichsten mystischen Schriften aller kath. Völker. Bb. XXI). C. Ernesti, Hieronymus' Briefe an Läta und an Gaudentius, übersetzt und erläutert: Sammlung der bedeutendsten pädagog. Schriften aus alter und neuer Zeit. Bb. III. Paderborn 1889. 8⁰. M. Schubach, Ueber die Briefe des hl. Hieronymus als Quelle der Gesch. des 4. und 5. Jahrh. und als erbauende Lektüre. Coblenz 1855. 4⁰ (Gymnasialprogramm).

15. Schriften über Hieronymus. — *F. Z. Collombet*, Histoire de St. Jérome, père de l'église au IVᵉ siècle; sa vie, ses écrits et ses doctrines. Paris et Lyon 1844. 2 vols. 8⁰. Eine deutsche Bearbeitung des Werkes Collombets lieferten Fr. Lauchert und A. Knoll, Rottweil 1846—1848. 2 Bbe. 8⁰. O. Zöckler, Hieronymus. Sein Leben und Wirken aus seinen Schriften dargestellt. Gotha 1865. 8⁰ (XII, 476 SS.). *A. Thierry*, St. Jérôme, la société chrétienne à Rome et l'émigration romaine en Terre-Sainte. Paris 1867. 2 vols. 8⁰; nouv. éd. refondue 1875; 3ᵉ éd. 1876. *Edw. L. Cutts*, St. Jerome. London 1878. 8⁰ (Fathers for English readers). *C. Martin*, Life of St. Jerome. London 1888. 8⁰. — Divum Hieronymum oppido Stridonis in regione interamna [Muraköz] Hungariae anno 331 p. Chr. natum esse propugnat *J. Dankó*. Moguntiae 1874. 4⁰ (87 pp.). Hieronymus quos noverit scriptores et ex quibus hauserit. Scripsit *Aem. Luebeck*. Lips. 1872. 8⁰ (unter scriptores versteht Lübeck die griechischen und römischen Profanschriftsteller). *C. Paucker*, De latinitate beati Hieronymi observationes ad nominum verborumque usum pertinentes. Berol. 1870. 8⁰; editio adiecto indice auctior. 1880. *C. Paucker*, De particularum quarundam in latinitate Hieronymi usu observationes: Rhein. Museum f. Philologie. N. F. Bb. XXXVII (1882). S. 556—566. *H. Goelzer*, Étude lexicographique et grammaticale de la latinité de St. Jérôme (Thèse). Paris 1884. 8⁰ (XII, 472 pp.). A. König, Der kath. Priester vor fünfzehnhundert Jahren. Priester und Priestertum nach der Darstellung des hl. Hieronymus. Breslau 1890. 8⁰. *S. Krauss*, The Jews in the works of the Church Fathers. VI. Jerome: The Jewish Quarterly Review. Vol. VI (1894). p. 225—261. — *F. Lagrange*, Histoire de Ste Paule. Paris 1867. 8⁰. Eine anonyme deutsche Uebersetzung des Werkes Lagrange's erschien 1869 zu Brixen; eine italienische Uebersetzung von S. Ferreri 1869 zu Turin. — Sonstige Literaturangaben bei *Engelmann*, Bibl. script. class. (8) II, 275—276; *Chevalier*, Répertoire des sources hist. 1263 ad 1265. 2689.

## § 76. Augustinus.

1. Leben des hl. Augustinus bis zu seiner Taufe (354—387). — Aurelius Augustinus wurde am 13. November 354 zu Tagaste, einer unbedeutenden Stadt Numidiens, geboren. Sein Vater Patricius, einer der Honoratioren der Stadt, war Heide und trat erst kurz vor seinem Tode (371) zum Christenthume über. Die Mutter Monica hingegen entstammte einer christlichen Familie und war selbst ein Muster und Vorbild christlicher Tugend. Seinen geistigen und sittlichen Entwicklungsgang von der frühesten Kindheit bis zum Tode der Mutter (387) hat Augustinus selbst um das Jahr 400 (in den neun ersten Büchern seiner Confessiones: *Migne*, P. lat. XXXII, 659—780) eingehend beschrieben. Die außergewöhnliche Begabung des Knaben bekundete sich bereits in der Schule zu Tagaste. Sein Vater bestimmte ihn für die Rhetorenlaufbahn

unb fanbte ihn zur Fortfetzung feiner Studien, unter nicht geringen Opfern, zuerft nach bem benachbarten Mabaura unb fpäter (371) auf bie Hochfchule zu Karthago. Hier ließ fich ber feurige, für finnliche Einbrüde fehr empfäng= liche Jüngling zu einem lodern Lebenswandel hinreißen. Eine Concubine gebar ihm einen Sohn Abeobatus (372). Er zählte 19 Jahre, als er burch bie Lectüre bes Hortenfius Ciceros mächtig ergriffen unb mit einer glühenben Liebe zur unfterblichen Schöne ber Weisheit erfüllt wurbe (373). Eines nur trübte feine bankbare Begeifterung für biefes Buch: quod nomen Christi non erat ibi (Conf. III, 4, 8). Mit ber Milch ber Mutter hatte er bas Bewußtfein eingefogen, baß ber Name Chrifti mit ber wahren Weisheit un= zertrennlich verknüpft fei. Die Heilige Schrift inbeffen, welche er gleichfalls zur Hanb nahm, vermochte ihn nicht zu feffeln; ihre fprachliche Form ließ ihn unbefriebigt, unb für ihren Inhalt befaß er noch kein Verftänbniß (Conf. III, 5, 9). Im Jahre 374 trat er zur Secte ber Manichäer über, angelockt burch bas Vorgeben, ber Katholicismus verlange Unterwerfung unter bie Autorität bes Glaubens, ber Manichäismus hingegen führe zum Wiffen mit Umgehung bes Glaubens (nos superstitione terreri et fidem nobis ante rationem imperari ... se autem nullum premere ad fidem nisi prius discussa et enodata veritate S. *Aug.*, De utilit. credendi 1, 2: *Migne* l. c. XLII, 66). Monica beweinte bie Verirrung ihres Sohnes „heißer, als Mütter ben leiblichen Tob ihrer Kinder beweinen" (Conf. III, 11, 19). Ein Bifchof tröftete fie mit ben Worten: Fieri non potest ut filius istarum lacrymarum pereat (ibid. III, 12, 21). Nachbem Auguftinus feine Studien zu Karthago be= enbigt hatte, trat er zu Tagafte als Lehrer ber Rhetorik auf (374). Aber noch in bemfelben Jahre, wie es fcheint, fiebelte er, einen größern Wirkungskreis fuchenb, nach Karthago über. Sein Vortrag ber Rhetorik fanb großen Beifall. Ueber= haupt warb feinem Ehrgeize manche Befriebigung. Der Proconful Vinbicianus erkannte ihm öffentlich ben Preis in ber Poefie zu unb würbigte ihn feit biefer Zeit auch feiner Freunbfchaft. In ber Ueberzeugung von ber Wahrheit bes Manichäismus warb er nach unb nach erfchüttert. Das Studium ber Aftro= logie legte ihm ernfte Zweifel nahe; bie Sittenlofigkeit ber fogen. electi ber Manichäer ftieß ihn ab. Erft im Jahre 383 fanb er bie lange ge= fuchte Gelegenheit, fich bem manichäifchen Bifchofe Fauftus von Mileve vor= ftellen zu laffen, welcher unter feinen Anhängern als Orakel ber Weisheit galt. Fauftus inbeffen mußte nicht nur Auguftins Bebenken nicht zu heben, fonbern erwies fich auch als einen in ben freien Künften fehr wenig unter= richteten, in ber Aftrologie völlig unwiffenben Schwätzer. Jetzt fchwanb ber Zauber; innerlich wenigftens fagte Auguftinus fich von bem Manichäismus los. Balb barauf verließ er Afrika, fchiffte fich nach Italien ein, unb nach kurzem Aufenthalte zu Rom erhielt er burch Vermittlung bes römifchen Stabt= präfecten Symmachus einen Lehrftuhl ber Rhetorik zu Mailanb. Die Per= fönlichkeit bes bortigen Bifchofes Ambrofius machte tiefen Einbruck auf ihn; vor ben Prebigten beffelben fah er manche feiner Vorurtheile gegen bie kirch= liche Lehre fchwinben (vgl. § 72, 1). Er entfchloß fich, einftweilen in bie Reihe ber Katechumenen einzutreten (Statui ergo tamdiu esse catechumenus in catholica ecclesia mihi a parentibus commendata, donec aliquid certi eluceret quo cursum dirigerem Conf. V, 14, 25). Durch neuplatonifche

Schriften, welche Marius Victorinus (§ 69, 8) ins Lateinische übersetzt hatte, ward er mehr und mehr dem Banne seiner sensualistischen Denkweise entrissen und ins Ideale emporgehoben. Aus den Briefen des hl. Paulus begann bereits der Glanz der göttlichen Wahrheit ihm entgegenzuleuchten. Aber während es auf den Höhen seines Verstandes schon tagte, hatte in der Tiefe seines Herzens das Gesetz des Geistes noch einen langen und schweren Kampf zu kämpfen mit dem Gesetze des Fleisches. In einem Augenblicke schmerzlichster innerer Wehen vernahm er eines Tages (im August 386) in dem Garten seiner Wohnung eine geheimnißvolle Stimme: Tolle, lege; tolle, lege (Conf. VIII, 12, 29). Er griff zu den Briefen des hl. Paulus, und sein Blick fiel auf Röm. 13, 13—14 (non in comessationibus et ebrietatibus . . .). Der Pfeil der göttlichen Liebe hatte sein Herz getroffen (Conf. IX, 2, 3). Die Bande der Erde sind gelöst, alle Zweifel sind gewichen. Ruhe und Friede sind in sein Inneres eingekehrt. Nachdem er sein Lehramt zu Mailand niedergelegt, zog er sich im Herbste 386 mit seiner Mutter, welche dem Verirrten auch über das Meer nachgeeilt war, seinem Sohne Adeodatus und einigen auserlesenen Freunden nach Cassiciacum, einem Landgute in der Nähe von Mailand, zurück, um sich auf den Empfang des Sacramentes der Wiedergeburt vorzubereiten. In der Nacht vom 24. auf den 25. April 387 ward er mit seinem Sohne und seinem Freunde Alypius zu Mailand durch Ambrosius getauft. Einige Monate später sagte er Mailand Lebewohl, um nach Afrika zurückzukehren. In der Hafenstadt Ostia indessen sollte seine Mutter ihre irdische Laufbahn beschließen. Die Erinnerung an ihren Tod versenkt noch um 400 das Herz des Sohnes in schmerzlich-süße Wehmuth; sein Mund fließt über von Lob und Dank; hatte doch die Dahingeschiedene ihn der Erde und auch dem Himmel geboren (Me parturivit et carne, ut in hanc temporalem, et corde, ut in aeternam lucem renascerer Conf. IX, 8, 17).

2. Leben des hl. Augustinus seit seiner Taufe (387—430). — Durch den Tod der Mutter ward die Heimkehr Augustins nach Afrika verzögert. Etwa ein Jahr lang verweilte er, mit wissenschaftlichen Arbeiten beschäftigt, zu Rom; im Herbste 388 landete er im Hafen von Karthago. Seinen fernern Lebenslauf beschreibt, an seine eigenen Confessiones anknüpfend, die von seinem Schüler und Freunde Possidius, Bischof von Calama, um 432 verfaßte Vita S. Augustini (*Migne*, P. lat. XXXII, 33—66). Mit einigen Freunden und Schülern bezog Augustinus ein kleines Erbgut bei Tagaste und führte hier, in einer Art klösterlicher Gemeinschaft, fast drei Jahre lang (ferme triennio *Possid.* l. c. c. 3) ein idyllisches Stillleben, der religiösen Betrachtung und literarischem Wirken gewidmet. Adeodatus starb während dieser Zeit. Sein Vater sollte durch eine Reise nach Hippo (Hippo regius), einer an= sehnlichen Meeresstadt Numidiens, zu Anfang des Jahres 391, der ländlichen Abgeschiedenheit entrissen werden. Der Ruf seiner Frömmigkeit und Gelehrsamkeit war bereits weithin gedrungen, und als in seinem Beisein der greise Bischof Valerius von Hippo der zum Gottesdienste versammelten Gemeinde die Noth= wendigkeit der Ordination eines neuen Presbyters vorstellte, richtete das Volk alsbald seinen Blick auf Augustinus und verlangte ihn zum Priester. Erst nach längerem Sträuben willigte er in den Empfang der Weihe ein. Die Hoffnungen, welche man auf ihn gesetzt, erfüllte er in reichstem Maße. Um

ihn dauernd an die Kirche von Hippo zu binden, ließ Valerius ihn 394 oder
395 durch den Primas von Numidien, Bischof Megalius von Calama, zum
Mitbischofe von Hippo consecriren. Bald nachher, 395 oder 396, wurde
Valerius durch den Tod abberufen, und Augustinus trat an seine Stelle.
Als Bischof setzte er seine bisherige klösterliche Lebensweise in Gemeinschaft
mit seinem Clerus fort. Mit besonderem Eifer lag er dem Predigtamte ob.
Nicht selten predigte er fünf Tage nacheinander, zuweilen zweimal an einem
Tage. Auch in der Fürsorge für die Armen war er unermüdlich. Gleich
Ambrosius ließ er in Zeiten der Noth auch Kirchengeräthe zerbrechen und ein-
schmelzen, um Darbende zu unterstützen oder Gefangene loszukaufen (Possid.
l. c. c. 24). Der Schwerpunkt seiner Wirksamkeit indessen fiel auf das
literarische Gebiet. Schriftstellerische Thätigkeit war ihm schon frühe gewissermaßen zum Bedürfnisse geworden; nunmehr diente sie ihm zugleich als Erholung
von seinen amtlichen Geschäften und Mühsalen. Vor allem nahmen die großen
kirchlichen Zeit= und Streitfragen ihn in Anspruch. Sein Kampf gegen Häresie
und Schisma endete erst mit seinem letzten irdischen Lebenshauche. Den literarischen Feldzug gegen den Manichäismus, welchen er schon bald nach seiner
Taufe zu Rom begonnen hatte, setzte er in der Folge um so nachdrücklicher
fort, als Afrika und Hippo selbst sehr viele Manichäer zählte. Die Art
und Weise seiner Kampfesführung kennzeichnet das schöne Wort einer antimanichäischen Schrift vom Jahre 396 oder 397: „Diejenigen mögen gegen
euch wüthen, welche nicht wissen, wieviel Mühe es kostet, die Wahrheit zu
finden, und wie schwierig es ist, sich von Irrthümern frei zu halten. . . Ich
aber muß euch die gleiche Geduld entgegenbringen, wie sie meine Freunde mir
entgegengebracht haben, als ich in euren Anschauungen toll und blind umher-
irrte" (Contra epist. Manich. quam voc. fundam. 2, 2—3: *Migne* l. c.
XLII, 174—175). Eine zweite große Frage war mit der donatistischen
Spaltung gegeben, unter welcher gerade die afrikanische Kirche blutete (vgl.
§ 71, 2). Seit seiner Priesterweihe ließ Augustinus nicht ab, dieses Schisma
in Schriften und Predigten zu bekämpfen und mit den hervorragendsten Vertretern desselben Disputationen zu halten oder Briefe zu wechseln. Nur zögernd
und schweren Herzens, gedrängt durch die immer weiter um sich greifende
Gewaltthätigkeit der Donatisten, trat er dem Beschlusse seiner katholischen
Mitbischöfe bei, den weltlichen Arm zur Unterbrückung des Schismas oder
zur Herstellung der kirchlichen Einheit anzurufen. Einen glänzenden Triumph
feierte er auf dem allgemeinen Religionsgespräche zu Karthago im Juni 411,
zu welchem 286 katholische und 279 donatistische Bischöfe erschienen waren.
Augustinus war die Seele der katholischen Partei, der eigentliche Held des
Tages, welcher alle Gründe der Gegner vernichtete, alle Ränke derselben bloß-
legte. Schon im folgenden Jahre, 412, trat Augustinus gegen einen neuen
Feind des kirchlichen Glaubens, den Pelagianismus, in die Schranken. Diesem
Kampfe blieb bis zu seinem Tode seine ganze Kraft gewidmet; diesem Kampfe
verdankt er in erster Linie seine dogmengeschichtliche Größe und Bedeutung.
Er war, wie dies bereits seine Zeitgenossen anerkannten, der von Gott seiner
Kirche gesandte Dolmetsch und Vertheidiger der Lehre von der Gnade. Schon
im Jahre 418, als Papst Zosimus auf das Votum der afrikanischen Bischöfe
hin den Pelagianismus verurtheilte, schrieb der hochbetagte Hieronymus, welcher

selbst auch eine Streitschrift gegen die Pelagianer veröffentlicht hatte (§ 75, 7 zum Schluß), an Augustinus: „Heil dir! dich feiert der Erdkreis! Die Katholiken verehren und bewundern dich als den Wiederbegründer des alten Glaubens" (conditorem antiquae rursum fidei Ep. 195 inter epist. S. Aug.: XXXIII, 891). Zum Schlusse seines Lebens sollte Augustinus noch den Leidenskelch in vollem Maße kosten. Das Römerreich begann zusammenzubrechen; über das römische Afrika insbesondere ergoß sich unsägliches Elend. Der Statthalter Bonifatius erhob die Fahne des Aufruhrs und rief als Bundesgenossen die Vandalen aus Spanien in sein Land. Afrika, die Kornkammer Italiens, ward unter den Tritten der Barbaren eine Oede und Wüste. Vergebens griff Bonifatius selbst zum Schwerte gegen die vermeintlichen Freunde; er ward geschlagen und warf sich mit den Trümmern seines Heeres im Mai 430 in die feste Stadt Hippo. Im dritten Monate der Schrecken der Belagerung ward Augustinus von einem heftigen Fieber befallen. Er betete zu Gott: ut aut hanc civitatem ab hostibus circumdatam liberare dignetur, aut, si aliud ei videtur, suos servos ad perferendam suam voluntatem fortes faciat, aut certe ut me de hoc saeculo ad se accipiat (Possid. l. c. c. 29). Das letzte sollte geschehen; am 28. August 430, im 76. Jahre seines Lebens, in Gegenwart vieler Freunde und Schüler, ward des Betenden Geist seiner irdischen Hülle entkleidet.

3. Retractationes und Confessiones. Philosophische Schriften. — In der von den Maurinern besorgten Gesamtausgabe der Werke des hl. Augustinus (Paris 1679 ff.), der Grundlage aller spätern Editionen, sind mit Recht Retractationum libri duo (Migne, P. lat. XXXII, 583—656) und Confessionum libri tredecim (XXXII, 659—868) an die Spitze der ganzen Sammlung gestellt worden. In den Retractationes, welche er gegen Ende seines Lebens, um 427, verfaßte, wirft Augustinus einen kritischen Rückblick auf sein schriftstellerisches Wirken seit seiner Bekehrung im Jahre 386. Er macht alle seine Schriften, die Briefe und die Predigten ausgenommen, in chronologischer Reihenfolge einzeln namhaft (im Ganzen opera nonaginta tria in libris ducentis triginta duobus II, 67), gibt nicht selten werthvolle Aufklärungen über Veranlassung und Zweck, Idee und Composition, und legt bessernde Hand an etwaige Mängel, insbesondere an dogmatische Incorrectheiten. Er berichtet selbst einem Freunde über sein Unternehmen: Retractabam opuscula mea, et si quid in eis me offenderet vel alios offendere posset, partim reprehendendo, partim defendendo, quod legi deberet et posset operabar (Ep. 224, 2: XXXIII, 1001). Begreiflicherweise ist dieses Werk für die sogen. höhere Kritik des literarischen Nachlasses des Verfassers von grundlegender Bedeutung. Neben demselben kommt namentlich noch der Indiculus librorum, tractatuum et epistolarum S. Augustini am Schlusse der schon (Abs. 2) erwähnten Biographie des Heiligen von Possidius (XLVI, 5—22) in Betracht. Die Confessiones, eines der berühmtesten Werke Augustins, sind um 400 geschrieben. Die neun ersten Bücher wollen aus der eigenen Erfahrung des Verfassers den zu Eingang ausgesprochenen Satz erweisen: Fecisti nos ad te (Domine), et inquietum est cor nostrum donec requiescat in te; diese Bücher entrollen eine vollständige Geschichte der geistigen und sittlichen Entwicklung Augustins bis zum Tode seiner Mutter

Monica im Jahre 387 (vgl. Abſ. 1). Das zehnte Buch ſoll zeigen, wie es zur Zeit der Abfaſſung, um 400, mit dem Verfaſſer ſtehe (quis adhuc sim, ecce in ipso tempore confessionum mearum X, 3, 4). Die drei letzten Bücher endlich enthalten Betrachtungen über den Schöpfungsbericht der Geneſis. Der Form nach iſt das Ganze ein Herzenserguß an den allwiſſenden Gott; die directe Anrede Gottes zieht ſich durch alle Bücher hindurch. Ueber Inhalt und Zweck äußerte ſich der Verfaſſer ſpäter: Confessionum mearum libri tredecim et de malis et de bonis meis Deum laudant iustum et bonum atque in eum excitant humanum intellectum et affectum (Retract. II, 6, 1). Wie aus dieſer Bemerkung, ſo ergibt ſich auch aus manchen Stellen des Werkes ſelbſt, daß Auguſtinus unter confessiones nicht ſowohl „Be‐ kenntniſſe" als vielmehr „Lobpreiſungen" verſtanden hat. — Den zwei genannten Werken reihen ſich im erſten Baube der Mauriner-Ausgabe die philoſophiſchen Schriften des hl. Auguſtinus an. Sie ſtellen nämlich die früheſten literariſchen Verſuche des Heiligen dar; ſie ſtammen faſt ſämtlich aus der Zeit vor ſeiner Taufe. Eine Schrift De pulchro et apto, welche Auguſtinus noch in ſeiner manichäiſchen Periode als Lehrer der Rhetorik zu Karthago verfaßte, iſt ver‐ loren gegangen (vgl. über dieſelbe Conf. IV, 13—15, 20—27). Unmittelbar nach ſeiner Bekehrung ſchrieb er zu Caſſiciacum bei Mailand drei Bücher Contra Academicos (XXXII, 905—958), zur Bekämpfung des Skepticismus der Neuakademiker (Retract. I, 1), einen Dialog De beata vita (XXXII, 959—976), zum Beweiſe, daß die wahre Glückſeligkeit nur in der Erkenntniß Gottes beſtehe (Retract. I, 2), einen Dialog De ordine in zwei Büchern (XXXII, 977—1020), namentlich über die Stellung und Bedeutung des Böſen in der göttlichen Weltordnung handelnd (Retract. I, 3), und zwei Bücher Soliloquia oder Monologe (XXXII, 869—904), über die Mittel zur Erforſchung der überſinnlichen Wahrheiten, mit ſpecieller Beziehung auf die Unſterblichkeit der Seele (Retract. I, 4). Die unter dem Namen Auguſtins weit verbreiteten Erbauungsbücher Soliloquia, Meditationes, Ma‐ nuale (XL, 863—898. 901—942. 951—968) ſind erſt im Mittelalter ent‐ ſtanden. Von Caſſiciacum nach Mailand zurückgekehrt, begann Auguſtinus zu Anfang des Jahres 387, vor ſeiner Taufe, eine Fortſetzung und Ergänzung der (echten) Soliloquien (Retract. I, 5) und unternahm zugleich eine encyklo‐ pädiſche Bearbeitung der ſieben freien Künſte (Retract. I, 6). Jene Fort‐ ſetzung, die Schrift De immortalitate animae (XXXII, 1021—1034), blieb indeſſen ſelbſt eine unvollendete Skizze, und das andere Werk kam auch nicht zum Abſchluſſe. Nur der Abſchnitt De grammatica iſt um die genannte Zeit fertiggeſtellt und in zwei Auszügen uns überliefert worden (der aus‐ führlichere Auszug XXXII, 1385—1408). Den Abſchnitt De musica oder wenigſtens das Kapitel De rhythmo hat Auguſtinus ſpäter in Afrika zu Ende geführt: De musica libri sex (XXXII, 1081—1194; vgl. Re‐ tract. I, 11). Die fünf andern Abſchnitte, De dialectica, De rhetorica, De geometria, De arithmetica, De philosophia, ſind über die erſten Um‐ riſſe und Entwürfe nicht hinausgekommen; erhalten haben ſich Principia dialecticae (XXXII, 1409—1420) und Principia rhetorices (XXXII, 1439—1448); die Categoriae decem ex Aristotele decerptae (XXXII, 1419—1440) ſind wahrſcheinlich unecht. Den Abſchluß der philoſophiſchen

Schriften Augustins bilden die Dialoge De quantitate animae (XXXII, 1035—1080), ein Nachweis der Immaterialität der Seele, und De magistro (XXXII, 1193—1220), eine Erläuterung des Wortes Matth. 23, 10: Unus est magister vester, Christus. Diese beiden Dialoge hat Augustinus nach seiner Taufe, den ersten zu Rom, den zweiten erst in Afrika, geschrieben (Retract. I, 8 und 12).

4. Apologetische Schriften. Dogmatische Schriften. — Als das bedeutendste unter allen Werken Augustins gelten die 22 Bücher über das Reich Gottes, De civitate Dei (XLI), in den Jahren 413—426 verfaßt und stückweise der Oeffentlichkeit übergeben (vgl. V, 26, 2). Die erste Anregung zu diesem Werke gaben erneute Angriffe der Heiden auf die Christen. Die Eroberung Roms durch Alarich (410) wurde dem Christenthume schuld gegeben, insofern dasselbe durch Untergrabung des Polytheismus den Zorn jener Götter herabgerufen haben sollte, unter deren Schutz die ewige Stadt sich zur Weltbeherrscherin emporgeschwungen. Mit diesem Vorwurfe wurde nur eine Anklage wiederholt, mit welcher die Apologeten des Christenthums sich seit jeher zu beschäftigen hatten. Indem nun aber Augustinus, mit der Zurückweisung dieses Vorwurfes nicht zufrieden, zugleich auf das wahre, innere und bleibende Verhältniß zwischen Christenthum und Heidenthum eingeht und nicht bloß die Gegenwart, sondern auch Vergangenheit und Zukunft in den Kreis der Betrachtung zieht und den gesamten Verlauf der Weltgeschichte von Anfang bis zu Ende zu überblicken und zu ergründen versucht, so erweitert sich seine Apologie zu einer großartigen Philosophie der Geschichte, einem Werke, welches über allen andern Apologien des christlichen Alterthums „wie ein Hochgebirge emporragt". Nach der Erklärung des Verfassers selbst (Retract. II, 43) zerfällt das Ganze in zwei Theile. Dem ersten Theile, welcher die Bücher I—X umfaßt, eignet eine apologetisch-polemische Tendenz. Die Bücher I—V widerlegen die Meinung der Masse des heidnischen Volkes, der Polytheismus sei zum irdischen Glücke nothwendig; die Bücher VI—X wenden sich gegen die Behauptung der Philosophen (Neuplatoniker), der Göttercult sei wegen des zukünftigen Lebens nach dem Tode nützlich. Die zwölf übrigen Bücher, der zweite Theil des Ganzen, sind begründender, speculativer Natur. Dieselben handeln von den beiden großen Reichen (civitates), welche die Factoren der Entwicklung der Welt und der Menschheit darstellen, dem Reiche Gottes und dem Reiche dieser Welt. Das Reich Gottes bilden die gottergebenen Engel und Menschen; das Reich dieser Welt, sein Wesen und sein Umfang ist gekennzeichnet durch den Abfall von Gott. Nur für die Dauer dieser Zeit (in hoc saeculo) sind beide Reiche „miteinander verflochten und vermischt" (perplexae invicemque permixtae I, 35. XI, 1), indem die Bürger des einen, die Frommen, als Pilger unter den Bürgern des andern, den Gottlosen, wandeln. Die vier ersten Bücher des zweiten Theiles, XI—XIV, erörtern den Beginn der beiden Reiche (exortum duarum civitatum), wie er gegeben ist mit der Erschaffung der Engel bezw. mit dem Falle der bösen Engel; die vier folgenden Bücher, XV—XVIII, den Fortschritt und Verlauf derselben (excursum earum sive procursum); die vier letzten, XIX—XXII, ihr schließliches Ziel und Ende (debitos fines). Einen eigenthümlichen Werth gewinnt das Werk noch durch die Fülle der historischen und archäologischen Excurse. Als Quellen

für solche Ausführungen benutzte Augustinus in erster Linie Cicero, Varro und des hl. Hieronymus Bearbeitung der Eusebianischen Chronik. Den Erörterungen des sechsten Buches über die antike Mythologie verdanken wir eine genauere Kenntniß der von Augustinus seiner Kritik zu Grunde gelegten, inzwischen verloren gegangenen Varronischen Antiquitates rerum humanarum et divinarum. Die kleine Schrift De divinatione daemonum (XL, 581 ad 592), zwischen 406 und 411 verfaßt, untersucht das Wissen der Dämonen um die Zukunft und vergleicht die Vorhersagungen derselben mit den Aussprüchen der Propheten (Retract. II, 30). Die Predigt (tractatus) Adversus Iudaeos (XLII, 51—64) beleuchtet die Gerechtigkeit Gottes in der Verwerfung der Juden. Ueber die Schriften gegen die Manichäer f. Abf. 5. — Dogmatische Schriften. Die einzige systematische Darstellung des katholischen Dogmas von der Hand Augustins ist das etwa 421 geschriebene Enchiridion ad Laurentium sive De fide, spe et caritate liber unus (XL, 231—290). Laurentius, ein römischer Laie, hatte den Heiligen um ein Compendium der kirchlichen Lehre als stetes Geleitsbuch gebeten (Retract. II, 63). Das Werk De doctrina christiana wird richtiger den exegetischen Schriften zugezählt (Abf. 8), und die Schrift De vera religione ist vorwiegend der Bekämpfung des Manichäismus gewidmet (Abf. 5). Die Schrift De fide et symbolo (XL, 181—196) aus dem Jahre 393 enthält eine Auslegung des Apostolischen Glaubensbekenntnisses (Retract. I, 17). Dem Inhalte nach auf das engste verwandt ist die Predigt (sermo) De symbolo ad catechumenos (XL, 627—636). Die Vernünftigkeit und Nothwendigkeit des Glaubens an Unsichtbares und Uebernatürliches bildet den Gegenstand der nach 399 verfaßten Schrift (oder vielmehr Predigt) De fide rerum quae non videntur (XL, 171—180). Die Schrift De fide et operibus (XL, 197 ad 230), aus dem Anfange des Jahres 413, erbringt den Nachweis, daß der Glaube allein ohne die Werke zum Heile nicht ausreiche (Retract. II, 38). Das nach Umfang wie nach Inhalt hervorragendste dogmatische Werk Augustins sind die 15 Bücher De trinitate (XLII, 819—1098), um 410 begonnen, aber erst nach 416 vollendet (Retract. II, 15). Das Werk besteht aus zwei Theilen. Die sieben ersten Bücher entwickeln die wahre Lehre von der göttlichen Dreieinigkeit nach der Heiligen Schrift; die acht übrigen Bücher suchen diese Lehre so weit als möglich wissenschaftlich zu beleuchten und zu rechtfertigen. In dem Menschengeiste, dem Abbilde Gottes, weiß Augustinus eine Fülle von Analogien zu der Trinität aufzuzeigen (mens et notitia qua se novit et amor quo se notitiamque suam diligit; memoria et intelligentia et voluntas u. f. f.; vgl. XV, 3, 5). Doch bleibt er sich dabei der Unmöglichkeit, die Wahrheit und Nothwendigkeit des Mysteriums philosophisch zu beweisen, wohl bewußt. Auch hat er selbst von diesen 15 Büchern bemerkt: Nimis operosi sunt et a paucis eos intelligi posse arbitror (Ep. 169, 1, 1: XXXIII, 743). Die zwei Bücher De coniugiis adulterinis (XL, 451—486), um 419 geschrieben, verfechten die Lehre von der Unauflöslichkeit der christlichen Ehe und der Ungiltigkeit einer neuen Ehe des einen Theils bei Lebzeiten des andern (Retract. II, 57). Die um 421 verfaßte Abhandlung De cura gerenda pro mortuis (XL, 591—610) antwortet auf eine Anfrage des hl. Paulinus von Nola, die Bestattung in den Basiliken der Mar

29 *

tyrer könne den Abgeschiedenen insofern zu gute kommen, als sie die Gläubigen
an das Gebet für die Abgeschiedenen erinnere und dadurch letztern die Inter=
cession der Martyrer vermittle (Retract. II, 64). Drei Schriften unter dem
Titel Quaestiones behandeln sehr verschiedene, theils dogmatische theils exege=
tische Probleme: De diversis quaestionibus LXXXIII liber unus (XL,
11—100), begonnen zu Ende des Jahres 388 (Retract. I, 26), De diversis
quaestionibus ad Simplicianum libri duo (XL, 101—148), um 397 ver=
faßt (Retract. II, 1), De octo Dulcitii quaestionibus liber unus (XL,
147—170), vielleicht aus dem Jahre 422 oder 425 (Retract. II, 65).

    5. Dogmatisch=polemische Schriften. — Auf Bitten des Diakons Quod=
vultdeus von Karthago verfaßte Augustinus gegen Ende seines Lebens, um
428, einen Abriß der Geschichte der Häresien unter dem Titel De haeresibus
(XLII, 21—50). Er kennt und verwerthet die Arbeiten seiner Vorgänger
Epiphanius und Philastrius (vgl. § 71, 4), beschränkt sich jedoch auf Kenn=
zeichnung der Ausgangspunkte und Grundgedanken der jedesmaligen Irrlehre
und zählt von Simon Magus bis auf Pelagius und Cälestius 88 Häresien.
Ein gegen Ende der Vorrede in Aussicht gestellter zweiter Theil über den
Begriff der Häresie (in posterioribus autem partibus quid faciat haereticum disputabitur) ist nicht mehr zur Ausführung gelangt. — Schriften gegen
die Manichäer. Einige der in dem vorhin genannten Buche aufgeführten Häre=
sien, den Manichäismus, den Donatismus und den Pelagianismus, hat Augu=
stinus, wie früher schon (Abs. 2) bemerkt wurde, jahrzehntelang in Wort und
Schrift bekämpft. Dem Dualismus der Manichäer gegenüber, welche das
Gute und das Böse als gleich ursprünglich ansahen, vertheidigt er den Monis=
mus des guten Princips. Auch das Alte Testament ist eine Offenbarung des
einen wahren Gottes; zwischen dem Alten und dem Neuen Testamente besteht
kein Widerspruch, wie die Manichäer behaupten, sondern vollste Harmonie
(quamquam et in vetere novum lateat et in novo vetus pateat Quaest.
in Heptateuchum II, 73: XXXIV, 623). Die Ursache des Bösen ist der
freie Wille des Geschöpfes. Das Böse ist keine Substanz, sondern nur etwas
dem Guten Anhaftendes, eine Negation oder Privation, eine Schädigung der
Natur, eine Verletzung der Integrität. Es kann daher wohl ein rein Gutes,
nicht aber ein rein Böses geben (sola ergo bona alicubi esse possunt, sola
mala nusquam De civ. Dei XII, 3: XLI, 351). Das Böse trübt nicht
die Ordnung und Schönheit des Universums. Dasselbe kann sich den Gesetzen
der göttlichen Weltregierung nicht entziehen, muß vielmehr auch seinerseits den
Absichten der Vorsehung dienen. Es hat Gott besser geschienen, aus dem Bösen
Gutes entstehen zu lassen, als dem Bösen keinen Raum zu geben (potentius
et melius esse iudicans etiam de malis bene facere quam mala esse
non sinere ibid. XXII, 1, 2: XLI, 751; Enchiridion 27: XL, 245).
Wird noch hinzugefügt, daß Augustinus auch Veranlassung nimmt, das sitten=
lose Leben und Treiben der Manichäer an den Pranger zu stellen, so dürfte
der Ideenkreis, in welchem seine antimanichäischen Schriften sich bewegen, hin=
länglich angedeutet sein. Die ältesten dieser Schriften sind: De moribus
ecclesiae catholicae et de moribus Manichaeorum libri duo (XXXII,
1309—1378) und De libero arbitrio libri tres (XXXII, 1221—1310),
beide schon bald nach der Taufe des Verfassers 388 zu Rom begonnen, aber

erſt in Afrika vollendet und veröffentlicht, die erſte etwa 389, die zweite erſt 395 (Retract. I, 7 u. 9). Zwei weitere Schriften, De Genesi contra Manichaeos libri duo (XXXIV, 173—220) und De vera religione (XXXIV, 121—172), ſind 389—390 aus der Einſamkeit bei Tagaſte her=
vorgegangen (Retract. I, 10 u. 13; zu der Schrift De Genesi vgl. Abſ. 8).
Als Prieſter zu Hippo ſchrieb Auguſtinus 391, wie es ſcheint, De utilitate
credendi ad Honoratum (XLII, 65—92) und De duabus animabus contra Manichaeos (XLII, 93—112), ſodann 392 Acta seu disputatio contra Fortunatum Manichaeum, Acten einer öffentlichen Disputation zu Hippo am 28. und 29. Auguſt 392 (XLII, 111—130), und um 394 Contra Adi-mantum Manichaei discipulum (XLII, 129—172); vgl. Retract. I, 14.
15. 16. 22. Es folgten noch die Schriften Contra epistolam Manichaei quam vocant fundamenti (XLII, 173—206), aus dem Jahre 396 oder 397 (Retract. II, 2); Contra Faustum Manichaeum libri triginta tres (XLII,
207—518), etwa aus dem Jahre 400 (Retract. II, 7); De actis cum Felice Manichaeo libri duo (XLII, 519—552), vom 7. und 12. December 404 (Retract. II, 8); De natura boni contra Manichaeos (XLII, 551 ad
572), nach 404 verfaßt (Retract. II, 9); Contra Secundinum Manichaeum (XLII, 577—602; cf. 571—578: Secundini Manichaei epistola ad Au-gustinum), um 405 verfaßt (Retract. II, 10). Der Bekämpfung des an manichäiſche Vorausſetzungen anknüpfenden Prisciliianismus (§ 71, 3) widmete Auguſtinus die Abhandlung Ad Orosium contra Priscillianistas et Orige-nistas (XLII, 669—678), vom Jahre 415 (Retract. II, 44). In den zwei Büchern Contra adversarium legis et prophetarum (XLII, 604—666),
etwa aus dem Anfange des Jahres 420, wird die Behauptung, das Alte Teſtament ſei nicht göttlichen, ſondern dämoniſchen Urſprungs, eingehend wider=
legt (Retract. II, 58). Das Commonitorium quomodo sit agendum cum Manichaeis qui convertuntur (XLII, 1153—1156) wird mit den Mau-rinern als unecht zu bezeichnen ſein. Die Schrift De fide contra Manichaeos
(XLII, 1139—1154) iſt ſehr wahrſcheinlich einem Freunde Auguſtins zuzu=
weiſen, Evodius, ſeit 396 oder 397 Biſchof von Uzalis im proconſulariſchen Afrika, † 16. October 424.

6. Dogmatiſch=polemiſche Schriften (Fortſetzung). — Schriften gegen die Donatiſten. Den Gegenſtand des donatiſtiſchen Streites hat Auguſtinus ſelbſt in die Worte zuſammengefaßt: Duo mala vestra vobis obiicimus: unum quod erratis in baptismi quaestione, alterum quod vos ab eis qui de hac re verum sentiunt separatis (Contra Cresconium III, 3: XLIII, 497). Nach bonatiſtiſcher Auffaſſung hing die Giltigkeit, Kraft und Wirkung der Taufe von der Subjectivität des Taufenden und des Täuflings ab. Nach Auguſtinus iſt bie Taufe ein objectiv wirkſames Gnadenmittel. Es gibt keine Taufe des Donatus, des Rogatus oder eines andern, ſondern nur eine Taufe Chriſti, und ſie vermittelt die Gnade an und für ſich, vermöge der an ſie geknüpften göttlichen Kraft, unabhängig von menſchlichem Verdienſt oder Mißverdienſt (vgl. Ep. 93, 11, 46—49: XXXIII, 343—345). Ebenſo unberechtigt iſt die andere gegneriſche Theſe, die Secte der Donatiſten ſtelle die wahre Kirche Chriſti dar, welch letztere nur vollkommen Gerechte oder Sündeloſe zu Mit=
gliedern haben könne. Die Kirche Chriſti kann doch nur die Kirche ſein,

welche durch die Heilige Schrift bezeugt ist, welche seit den Tagen des Herrn sich immer weiter ausgebreitet hat und jetzt als die katholische Kirche alle Völker der Erde umspannt. Diese Kirche ist in ihrer zeitlichen Entwicklung eine gemischte Gesellschaft, insofern sie auf Erden Gute und Böse umschließt, ein Netz, in welchem sich gute und schlechte Fische finden, eine Herde, in welcher Schafe und Böcke neben einander stehen, ein Haus mit Geräthen zur Ehre und zur Unehre, ein Acker mit Weizen und mit Unkraut (Ep. 93, 9, 34. 12, 50: XXXIII, 338. 345—346 u. ö.). Endlich erstreckte sich die bona-tistische Controverse auch auf das Verhältniß von Kirche und Staat, oder genauer das Verhältniß der Staatsgewalt zur Freiheit des Gewissens und des Glaubens. Als die friedlichen Mittel sich als unzureichend erwiesen, wurde das Schisma, wie oben (Abf. 2) schon angedeutet worden, mit Hilfe physischer Gewalt unterdrückt. Augustinus rechtfertigt dieses Vorgehen insbesondere durch den Hinweis auf das Gleichniß vom Gastmahle. Der Hausvater gibt den Auftrag: Exite in vias et sepes et quoscumque inveneritis cogite intrare (Luc. 14, 23), und Augustinus erklärt: Hi qui inveniuntur in viis et in sepibus, id est in haeresibus et schismatibus, *coguntur* intrare (Ep. 185, 6, 24: XXXIII, 804). Die früheste Schrift Augustins gegen die Donatisten ist ein rhythmisches Gedicht aus dem Ende des Jahres 393, Psalmus contra partem Donati betitelt, auch Psalmus abecedarius genannt, weil die (20) Strophen der Reihe nach mit den Buchstaben des Alphabets (von A bis V) anheben (XLIII, 23—32). Dieses Gedicht sollte die Masse des Volkes über die Geschichte und das Wesen des Donatismus aufklären und zu diesem Ende in der Kirche unter Theilnahme der Gemeinde gesungen werden (Retract. I, 20). Eine Schrift Contra epistolam Donati aus derselben Zeit (Retract. I, 21) ist zu Grunde gegangen. Contra epistolam Parmeniani libri tres (XLIII, 33—108) und De baptismo contra Donatistas libri septem (XLIII, 107 ad 244) sind um 400 verfaßt (vgl. Retract. II, 17 u. 18). Eine etwas ältere Schrift Contra partem Donati in zwei Büchern (Retract. II, 5) und eine etwas jüngere Abhandlung Contra quod attulit Centurius a Donatistis (Retract. II, 19) sind nicht auf uns gekommen. Contra litteras Petiliani Donatistae, Cirtensis episcopi, libri tres (XLIII, 245—388) sind auch um 400 be-gonnen, aber erst 402 vollendet worden (Retract. II, 25). Ein umfangreiches Rundschreiben, Ad Catholicos epistola contra Donatistas, vulgo De unitate ecclesiae liber unus (XLIII, 391—446), pflegt gleichfalls dem Jahre 402 zugewiesen zu werden; die Echtheit desselben unterliegt indessen einigen Be-denken. Contra Cresconium grammaticum partis Donati libri quatuor (XLIII, 445—594) sind um 406 geschrieben (vgl. Retract. II, 26). Drei andere Schriften aus dieser Zeit, Probationum et testimoniorum contra Donatistas liber (Retract. II, 27), Contra nescio quem Donatistam liber (Retract. II, 28), Admonitio Donatistarum de Maximianistis (Retract. II, 29), werden vermißt. Der von Pitra (1888) unter dem Namen Augu-stins herausgegebene Liber testimoniorum fidei contra Donatistas gehört nicht Augustinus, sondern Faustus von Reji oder einem Jüngern an, und ist auch nicht gegen die Donatisten, sondern gegen die Arianer und Macedo-nianer gerichtet (vgl. § 92, 2). Von den Maximianisten, einer rigoristischen Partei der Donatisten, handelte auch eine spätere Schrift Augustins, De

Maximianistis contra Donatistas (Retract. II, 35), welche indeſſen gleich=
falls verloren gegangen iſt. De unico baptismo contra Petilianum, ad
Constantinum, liber unus (XLIII, 595—614) mag etwa 410 verfaßt ſein
(Retract. II, 34). Breviculus collationis cum Donatistis (XLIII, 613
ad 650) iſt ein Auszug aus ben Acten des 411 zu Karthago veranſtalteten
Religionsgeſpräches (Retract. II, 39). Ad Donatistas post collationem
liber unus (XLIII, 651—690) iſt im Jahre 412 geſchrieben (Retract. II, 40).
Endlich ſind noch zu nennen Sermo ad Caesareensis ecclesiae plebem Emerito praesente habitus (XLIII, 689—698), Ad Emeritum Donatistarum
episcopum post collationem liber unus, nur aus Retract. II, 46 bekannt,
De gestis cum Emerito Caesareensi Donatistarum episcopo liber unus
(XLIII, 697—706), vom Jahre 418 (Retract. II, 51), und Contra Gau-
dentium Donatistarum episcopum libri duo (XLIII, 707—752), um 420
verfaßt (Retract. II, 59). Die Biſchöfe Emeritus von Cäſarea Mauretania
(Algier) und Gaudentius von Tamaguba hatten zu den Wortführern der Do=
natiſten auf dem Religionsgeſpräche zu Karthago gezählt. Der Sermo de
Rusticano subdiacono a Donatistis rebaptizato et in diaconum ordinato
(XLIII, 753—758) iſt unecht.

7. Dogmatiſch=polemiſche Schriften (Fortſetzung). — Schriften gegen die
Pelagianer. Die Irrlehre, deren Bekämpfung Auguſtinus den Abend ſeines
Lebens widmete, hat ihren Namen erhalten von dem britiſchen Mönche Pe=
lagius. Sein Schüler Cäleſtius, von dunkler Herkunft, hat die Lehre weiter
ausgebildet und beſtimmter formulirt. Ihr eifrigſter Vertheidiger ward Biſchof
Julianus von Eclanum, ein hervorragendes dialektiſches Talent, voll Streitluſt
und voll Selbſtvertrauen. Die Lehre ſelbſt läßt ſich an dieſer Stelle wohl
nicht paſſender kennzeichnen als durch auszügliche Wiedergabe des Schluß=
kapitels der auguſtiniſchen Schrift De haeresibus (Abſ. 5), inſofern dieſe
zuſammenfaſſende Darſtellung zugleich den gegenſätzlichen Standpunkt des Ver=
faſſers in ſeinen Grundzügen deutlich erkennen läßt. Die Pelagianer, berichtet
Auguſtinus, ſind der Gnade Gottes, durch welche wir der Gewalt der Finſterniß
entriſſen und zu Kindern Gottes erhoben werden, ſo abhold, daß ſie glauben,
der Menſch könne ohne dieſelbe alle göttlichen Gebote erfüllen. Der Herr
hingegen ſagte: Nemo venit ad me, nisi fuerit ei datum a Patre meo
(Joh. 6, 66), und wiederum: Sine me nihil potestis facere (Joh. 15, 5).
Von den Brüdern darüber zur Rede geſtellt, daß er dem Beiſtande der Gnade
Gottes keine Bedeutung zumeſſe, erklärte Pelagius, die Gnade werde den
Menſchen zu dem Ende gegeben, daß ſie das, was ihnen vermöge ihres freien
Willens zu thun geboten iſt, vermöge der Gnade leichter erfüllen können. Er
hielt alſo feſt an der Behauptung, der Menſch könne auch ohne die göttliche
Gnade die göttlichen Gebote erfüllen, wenngleich es ihm größere Mühe mache.
Jene Gnade Gottes, ohne welche wir nichts Gutes thun können, iſt nach den
Pelagianern nichts anderes als der freie Wille, welchen unſere Natur von
Gott empfangen hat, ohne daß irgend welche Verdienſte ihrerſeits vorgelegen
hätten. Beiſtand leiſte uns Gott durch ſein Geſetz und ſeine Lehre, durch
welche wir erkennen, was wir thun und was wir erhoffen ſollen. Von einem
Geſchenke des Geiſtes Gottes aber, durch welchen wir befähigt würden, das
zu thun, was wir als Pflicht erkannt haben, könne nicht die Rede ſein. Sie

verwerfen auch die Gebete, welche die Kirche verrichtet, sei es für Ungläubige und der Lehre Gottes Widerstrebende, auf daß sie sich zu Gott bekehren, sei es für Gläubige, auf daß der Glaube in ihnen wachse und sie im Glauben beharren. Denn dies, behaupten sie, empfangen die Menschen nicht von Gott, sie haben es vielmehr von sich selbst, indem die Gnade Gottes, welche von der Sünde befreit, nach dem Maße unseres Verdienstes uns verliehen werde. Zwar hat Pelagius vor dem Richterstuhle der paläftinenfischen Bischöfe (auf den Synoden zu Jerusalem und zu Diospolis im Jahre 415), um der eigenen Verurtheilung zu entgehen, diesen Satz verurtheilen müssen; in seinen spätern Schriften aber trägt er nichtsbestoweniger diese Lehre vor. Des weitern behaupten sie, das Leben der Gerechten in dieser Welt sei gänzlich sündenfrei, und diese Gerechten seien es, welche die Kirche Christi in dieser Zeitlichkeit bildeten, so daß also die Kirche ohne alle Makel und Runzel sei (vgl. Eph. 5, 27). Wie wenn es nicht die Kirche Christi wäre, welche auf dem ganzen Erden-runde zu Gott ruft: Dimitte nobis debita nostra (Matth. 6, 12)! Auch läugnen sie, daß die Unmündigen durch ihre Abstammung aus dem Geschlechte Adams dem alten Tode verfallen sind. Dieselben würden vielmehr, frei von allen Banden der Erbsünde, so geboren, daß schlechterdings nichts vorhanden sei, was ihnen durch eine zweite Geburt nachgelassen werden müßte. Die Taufe vermittle denselben nur den Eintritt in das Reich Gottes, nicht aber innerliche Erneuerung und Lossprechung von Schuld und Strafe; ohne Taufe würden sie auch ein ewiges und seliges Leben erlangen, wenngleich außerhalb des Reiches Gottes. Adam selbst, lehren sie, würde dem Leibe nach gestorben sein, auch wenn er nicht gesündigt hätte, und er sei in Wirklichkeit gestorben nicht zur Strafe, sondern vermöge seiner Natur. — Augustinus eröffnete seinen Kampf gegen den Pelagianismus mit den drei Büchern De peccatorum meritis et remissione et de baptismo parvulorum ad Marcellinum (Migne, P. lat. XLIV, 109—200) vom Jahre 412 (Retract. II, 33). In dem erften dieser Bücher finden sich die loci classici für die Lehre des Heiligen über das Wesen der Rechtfertigungsgnade. Zu Ende des Jahres 412 folgte De spiritu et littera, ad Marcellinum, liber unus (XLIV, 201—246). Diese Schrift vertritt die Nothwendigkeit der innern Gnade (spiritus), im Unterschiede von der äußern des Gesetzes (littera), zum facere et perficere iustitiam (Re-tract. II, 37). De natura et gratia, ad Timasium et Iacobum, contra Pelagium, liber unus (XLIV, 247—290) vom Jahre 415 enthält eine Widerlegung der Schrift des Pelagius De natura (Retract. II, 42). Ad episcopos Eutropium et Paulum epistola sive liber de perfectione iustitiae hominis (XLIV, 291—318), aus dem Ende des Jahres 415, wendet sich gegen die unter des Cälestius Namen gehenden Definitiones. De gestis Pelagii, ad Aurelium episcopum, liber unus (XLIV, 319—360), aus dem Ende des Jahres 417, berichtet über die Verhandlungen der 415 zu Diospolis in Palästina in Sachen des Pelagianismus abgehaltenen Synode (Retract. II, 47). De gratia Christi et de peccato originali, contra Pelagium et Caelestium, libri duo (XLIV, 359—410) sind 418 geschrieben (Retract. II, 50); De nuptiis et concupiscentia, ad Valerium comitem, libri duo (XLIV, 413—474) gegen Anfang des Jahres 419 (Retract. II, 53); De anima et eius origine libri quatuor (XLIV, 475—548) zu Ende des

Jahres 419 (Retract. II, 56); Contra duas epistolas Pelagianorum, ad Bonifacium Romanae ecclesiae episcopum, libri quatuor (XLIV, 549—638) im Jahre 420 ober balb nachher (Retract. II, 61); Contra Iulianum haeresis Pelagianae defensorem libri sex (XLIV, 641—874) im Jahre 421 ober balb nachher (Retract. II, 62). In dem leßtgenannten Werke werden Julians Libri IV ad Turbantium episc. adversus Augustini librum primum de nuptiis et concupiscentia vom Jahre 419 ober 420 auf das eingehendſte zurückgewieſen (vgl. § 57, 13). Um 424 brachen, aus Anlaß eines Briefes Auguſtins vom Jahre 418 (Ep. 194 ad Sixtum Romanum), in einem Kloſter zu Habrumetum Streitigkeiten über das Verhältniß der Gnade Gottes zu der Freiheit des Menſchen aus. Der Belehrung und Beruhigung der Bewohner des Kloſters ſind zwei Bücher Auguſtins aus dem Jahre 426 ober 427 gewidmet: De gratia et libero arbitrio, ad Valentinum et cum illo monachos, liber unus (XLIV, 881—912) und De correptione et gratia, ad eumdem Valentinum et cum illo monachos Hadrumeticos, liber unus (XLIV, 915—946); vgl. Retract. II, 66—67. Die Ver= handlungen zu Habrumetum. bildeten indeſſen nur ein Vorſpiel zu der ſogen. ſemipelagianiſchen Bewegung, welche ſich namentlich im ſüdlichen Gallien geltend machte und unter den Mönchen auf den Leriniſchen Inſeln und in der Nähe Marſeilles ebenſo zahlreiche wie entſchiedene Vorkämpfer fand. Die dies= bezüglichen Mittheilungen der beiden Gallier Proſper und Hilarius beantwortete Auguſtinus 428 ober 429 mit zwei Schriften, welche gewiſſermaßen ein Werk barſtellen und eine vollſtändige Darlegung und Vertheidigung der auguſtiniſchen Gnadenlehre geben: De praedestinatione sanctorum liber ad Prosperum et Hilarium primus (XLIV, 959—992) und De dono perseverantiae liber ad Prosperum et Hilarium secundus (XLV, 993—1034). Noch einmal warb Auguſtinus auf den Kampfplaß gerufen durch Julians Libri VIII ad Florum episc. adversus Augustini librum secundum de nuptiis et concupiscentia. Die umfaſſende Gegenſchrift des Heiligen, welche das Werk Julians Saß für Saß durchgeht und wiebergibt, iſt unvollenbet geblieben: Contra secundam Iuliani responsionem imperfectum opus sex libros complectens (XLV, 1049—1608). Den genannten Schriften Auguſtins werden im zehnten Banbe der Mauriner=Ausgabe anhangsweiſe noch beigefügt Hypomnesticon contra Pelagianos et Caelestianos (XLV, 1611—1664), vielleicht von Marius Mercator (§ 77, 1), De praedestinatione et gratia suspecti auctoris liber (XLV, 1665—1678), De praedestinatione Dei libellus ignoti auctoris (XLV, 1677—1680). — Schriften gegen die Arianer. Im Jahre 418 warb ein anonymer Abriß der arianiſchen Gotteslehre (quidam sermo Arianorum sine nomine auctoris sui) von befreundeter Hand Au= guſtinus zur Begutachtung vorgelegt (Retract. II, 52). Die Kritik des Heiligen, welcher der volle Text des Schriftſtückes ſelbſt voraufgeſchickt iſt, trägt den Titel Contra sermonem Arianorum liber unus (XLII, 677—708). Im Jahre 427 ober 428 fand zu Hippo eine öffentliche Diſputation zwiſchen Auguſtinus und einem arianiſchen Biſchofe Maximinus ſtatt. In der Collatio cum Maximino Arianorum episcopo (XLII, 709—742) liegt der Wortlaut der Verhandlung noch vor. Maximinus mußte durch eine endloſe Rede die feſtgeſeßte Zeit ſeinerſeits auszufüllen, und Auguſtinus blieb nichts übrig als seine Entgegnung schriftlich folgen zu lassen: Contra Maximinum haereticum Arianorum episcopum libri duo (XLII, 743—814).

8. Exegetische Schriften. — Der erste Platz unter den exegetischen Schriften Augustins pflegt mit Recht den vier Büchern De doctrina christiana zugewiesen zu werden (XXXIV, 15—122). Dieses Werk, um 397 begonnen, aber erst gegen 426 vollendet (Retract. II, 4), will laut dem Eingange des ersten Buches die zwei Hauptfragen aller Bibelwissenschaft erörtern, wie nämlich die Lehre der Heiligen Schrift zu ermitteln und wie dieselbe den Gläubigen vorzutragen sei (Duae sunt res quibus nititur omnis tractatio scripturarum, modus inveniendi quae intelligenda sunt et modus proferendi quae intellecta sunt). Dementsprechend läßt sich der erste Theil, die drei ersten Bücher umfassend, als eine biblische Hermeneutik bezeichnen, während der zweite Theil, das vierte Buch, die Principien der Homiletik entwickelt. Eine Erklärung und Vertheidigung der Genesis gegenüber den Manichäern hatte Augustinus schon vor seiner Priesterweihe unternommen (De Genesi contra Manichaeos, Abs. 5). Später genügte ihm diese Schrift nicht mehr, weil sie dem Literalsinne des biblischen Textes allzuwenig gerecht wurde (quoniam secundum allegoricam significationem scripturae verba tractaveram, non ausus naturalium rerum tanta secreta ad litteram exponere Retract. I, 18). Um 393 wollte er in einer neuen Schrift über die Genesis die angedeutete Lücke ausfüllen; er erlag indessen der Schwierigkeit des Gegenstandes (in scripturis exponendis tirocinium meum sub tanta sarcinae mole succubuit l. c.), und es blieb bei einem Entwurfe: De Genesi ad litteram imperfectus liber (XXXIV, 219—246). Um 400 bearbeitete er in den drei letzten Büchern seiner Confessiones den Schöpfungsbericht der Genesis (vgl. Abs. 3). In den Jahren 401—415 endlich entstanden De Genesi ad litteram libri duodecim (XXXIV, 245—486), welche jedoch nur bis zur Vertreibung Adams aus dem Paradiese reichen und auch mehr Fragen aufwerfen als Antworten geben (Plura quaesita quam inventa sunt et eorum quae inventa sunt pauciora firmata, cetera vero ita posita velut adhuc requirenda sint Retract. II, 24). Dem Heptateuche (den fünf Büchern Moses und den Büchern Josue und Richter) sind zwei um 419 verfaßte Schriften gewidmet: Locutionum libri septem (XXXIV, 485—546) und Quaestionum in Heptateuchum libri septem (XXXIV, 547—824). Die erste Schrift will ungebräuchliche Ausdrücke oder Wendungen des lateinischen Bibeltextes erläutern (Retract. II, 54), die zweite ausgewählte Stellen, welche sachliche Schwierigkeiten bieten, beleuchten (Retract. II, 55). Adnotationum in Iob liber unus (XXXIV, 825—886) enthält lose Randbemerkungen des Heiligen zum Texte des Buches Job, von anderer Hand um 400 ohne ausreichendes Verständniß zusammengestellt (Retract. II, 13). Enarrationes in psalmos betiteln sich überaus schöne und geistvolle Homilien über sämtliche Psalmen, aus verschiedener Zeit stammend und zum Theil nur niedergeschrieben, nicht auch vorgetragen. Dieselben nehmen für sich allein einen starken Folioband in Anspruch (XXXVI—XXXVII). De consensu evangelistarum libri quatuor (XXXIV, 1041—1230), um 400 verfaßt, wollen hauptsächlich angebliche Widersprüche zwischen den Berichten der vier Evangelisten aufhellen und beseitigen (Retract. II, 16). Quaestionum evangeliorum libri duo

.(XXXV, 1321—1364) aus derſelben Zeit (Retract. II, 12) erörtern einzelne
Stellen der Evangelien nach Matthäus (Buch 1) und nach Lucas (Buch 2).
De sermone Domini in monte secundum Matthaeum libri duo (XXXIV,
1229—1308) ſind ſchon um 393 geſchrieben (Retract. I, 19). Quaestionum
septemdecim in evangelium secundum Matthaeum liber unus (XXXV,
1365—1376) iſt unecht. In Iohannis evangelium tractatus CXXIV
(XXXV, 1379—1976) und In epistolam Iohannis ad Parthos (d. i.
ep. I. Ioh.) tractatus X (XXXV, 1977—2062) ſind Homilien, welche um
416 gehalten und vom Verfaſſer ſelbſt aufgezeichnet wurden. Zu den Briefen
des hl. Paulus liegen drei kleinere Verſuche vor: Expositio quarumdam
propositionum ex epistola ad Romanos (XXXV, 2063—2088), Epistolae
ad Romanos inchoata expositio (XXXV, 2087—2106), Epistolae ad
Galatas expositio (XXXV, 2105—2148), alle drei etwa aus dem Jahre 394
(Retract. I, 23—25). Eine Expositio epistolae Iacobi (Retract. II, 32)
iſt verloren gegangen. Die Expositio in apocalypsim b. Iohannis (XXXV,
2417—2452) geht mit Unrecht unter dem Namen Auguſtins (vgl. § 75, 13),
und von den umfangreichen Quaestiones Veteris et Novi Testamenti (XXXV,
.2213—2416) gilt daſſelbe (vgl. § 72, 10). Drei echte Schriften unter dem
Titel Quaestiones, theils exegetiſchen theils dogmatiſchen Charakters, ſind
vorhin ſchon (Abſ. 4 zum Schluß) namhaft gemacht worden. — Das Hebräiſche
iſt Auguſtinus fremd geblieben. Einige Selbſtausſagen des Heiligen haben oft
zu der Annahme verleitet, derſelbe ſei auch des Griechiſchen unkundig geweſen
(Graecae linguae perparum assecutus sum et prope nihil Contra litteras
Petiliani II, 38, 91: XLIII, 292; vgl. De trinitate III, prooem., 1:
XLII, 868). Unzählige andere Stellen aber zeigen unzweideutig, daß er
griechiſche Texte leſen und verſtehen konnte, wenn auch nicht ohne Anſtrengung
und nicht ohne Zeitaufwand. Im allgemeinen bedient er ſich einer lateiniſchen
Bibelüberſetzung, meiſt der ſeit alter Zeit in Afrika gebräuchlichen (Itala),
aber auch ſchon der von Hieronymus gefertigten (Vulgata). Wo immer jedoch
die lateiniſche Ueberſetzung Anſtoß gibt oder Zweifel weckt, zieht er den
griechiſchen Text zu Rathe. Als Hermeneutiker (De doctr. christ. I—III)
verlangt Auguſtinus in erſter Linie Feſtſtellung des eigentlichen Wortſinnes,
und in den exegetiſchen Schriften wiſſenſchaftlicher Richtung bleibt er dieſem
Grundſatze auch treu. In den Homilien hingegen (Enarrationes in psalmos
und Tractatus in evang. Ioh. und in ep. I. Ioh.) fühlt er ſich ſozuſagen
nur auf dem freien Felde der myſtiſchen und allegoriſchen Auslegung heimiſch.
Das Alte Teſtament bezeugt ihm kaum weniger deutlich als das Neue die
geſamte Glaubens= und Sittenlehre des Chriſtenthums, und die Pſalmen kann
er ebenſowohl als Predigttexte benutzen wie die Evangelien. Eigenthümlich iſt
Auguſtinus die Annahme eines ſogen. multiplex sensus literalis. Er behauptet
nämlich oder vermuthet wenigſtens, alles das, was in einem Satze der Heiligen
Schrift Wahres enthalten ſein könne, ſei auch von dem bibliſchen Schriftſteller
bezw. von dem Heiligen Geiſte in und mit jenem Satze intendirt worden
(Conf. XII, 31, 42: XXXII, 844; De doctrina christ. III, 27, 38:
XXXIV, 80). Dieſe Annahme, welche allerdings den Ruin einer wiſſen=
ſchaftlichen Exegeſe bedeuten würde, wird übrigens von Auguſtinus ſelbſt als
ſeine perſönliche, von der herrſchenden Anſchauung abweichende Meinung ein=

geführt und an zahlreichen andern Stellen stillschweigend wieder preisgegeben. Die oberste Norm und Richtschnur der Schrifterklärung erblickt Augustinus, in der Theorie wie in der Praxis, in der Lehre der Kirche (Consulat [interpres] regulam fidei quam de scripturarum planioribus locis et ecclesiae auctoritate percepit De doctr. christ. III, 2, 2: XXXIV, 65; Quaerendi dubitatio catholicae fidei metas non debet excedere De Gen. ad litt. imperf. l. 1, 1: XXXIV, 221). Es kann eben in der Heiligen Schrift immer nur die Lehre der Kirche zum Ausdruck kommen (Non autem praecipit scriptura nisi caritatem . . . non autem asserit nisi catholicam fidem De doctr. christ. III, 10, 15: XXXIV, 71). Der Häretiker legt die Heilige Schrift unrichtig aus, weil er Häretiker ist, nicht umgekehrt (Multi haeretici ad suam sententiam, quae praeter fidem est catholicae disciplinae, expositionem scripturarum divinarum trahere consueverunt De Gen. ad litt. imperf. l. 1, 1: XXXIV, 221). Den inspirirten Charakter und die canonische Dignität der biblischen Bücher betont Augustinus unablässig. Mit besonderem Nachdrucke ist er für die gänzliche Irrthumslosigkeit derselben eingetreten, vor allem in dem Werke De consensu evangelistarum und in der früher schon einmal (§ 75, 5) erwähnten Controverse mit Hieronymus. In diesen Briefen an Hieronymus finden sich die oft wiederholten Worte: Ist einmal eine Pflichtlüge in der Heiligen Schrift zugegeben, so wird kein Satz der Schrift vor einer ähnlichen Beschuldigung bewahrt bleiben (Admisso enim semel in tantum auctoritatis fastigium officioso aliquo mendacio, nulla illorum librorum particula remanebit, quae non . . . ad mentientis auctoris consilium officiumque referatur Ep. 28, 3, 3: XXXIII, 112—113); anscheinende Unrichtigkeiten in der Heiligen Schrift gründen entweder in einem Fehler der Handschrift oder in einem Irrthume des Uebersetzers oder in einem Mangel an Verständniß auf seiten des Lesers (Si aliquid in eis offendero litteris quod videatur contrarium veritati, nihil aliud quam vel mendosum esse codicem vel interpretem non assecutum esse quod dictum est vel me minime intellexisse non ambigam Ep. 82, 1, 3: XXXIII, 277; ganz ähnlich C. Faustum Man. XI, 5: XLII, 249).

9. Moraltheologische und pastoraltheologische Schriften. — Die Schrift De agone christiano (XL, 289—310), vom Jahre 396 oder 397, will in populärer Weise den Christen anleiten, mittelst seines Glaubens das Böse zu überwinden (Retract. II, 3). Gegen Ende seines Lebens, etwa 427, stellte Augustinus Moralvorschriften aus sämtlichen Büchern des Alten und des Neuen Testamentes zu einem Buche zusammen, welches dem gläubigen Volke als Spiegel dienen sollte und deshalb den Namen Speculum erhielt, beginnend Quis ignorat (XXXIV, 887—1040). Die einzelnen Stellen oder testimonia waren ursprünglich in der Fassung der altlateinischen Uebersetzung (Itala) angeführt. In den erhaltenen Handschriften ist jedoch dieser Fassung im großen und ganzen der Text der hieronymianischen Uebersetzung substituirt worden. Mit Unrecht wurde, auch in neuester Zeit noch, eine sehr ähnliche Schrift unter dem Titel Liber de divinis scripturis sive Speculum, beginnend Audi Israel und zuerst 1654 durch H. Vignier herausgegeben, als das echte Speculum Augustins bezeichnet (diese Schrift fehlt bei den Maurinern und infolge dessen auch bei Migne). Zwei andere Schriften unter dem Titel

Speculum bezw. Speculum peccatoris (XL, 967—984; 983—992) ſind,
wie allgemein anerkannt wird, gleichfalls unecht. In den Anhang des ſechsten
Bandes der Mauriner-Ausgabe haben viele unechte Schriften moraliſch-ascetiſcher
Tendenz Aufnahme gefunden. Die Schrift De vita christiana (XL, 1031
ad 1046) wird dem Biſchofe Faſtidius zuzuweiſen ſein (Abſ. 16); der Liber
exhortationis, vulgo de salutaribus documentis (XL, 1047—1078) iſt
Eigenthum des hl. Paulinus von Aquileja (§ 49, 11). Zwei echte Schriften
erörtern das Weſen und die Verwerflichkeit der Lüge, De mendacio (XL,
487—518), etwa vom Jahre 395, und Contra mendacium (XL, 517—548),
etwa vom Jahre 420. Die erſtere Schrift, eilig hingeworfen, konnte den Verfaſſer ſelbſt ſpäter ſo wenig befriedigen, daß er ihr Erſcheinen bedauern zu
ſollen glaubte (Retract. I, 27). Um ſo größere Sorgfalt widmete er der
zweiten Schrift, welche ex professo die Unerlaubtheit der Lüge unter allen
Umſtänden vertritt (Retract. II, 60). Die kleinen Schriften De continentia
(XL, 349—372), um 395, und De patientia (XL, 611—626), vielleicht
vor 418 verfaßt, enthalten Kanzelvorträge. Die Schriften De bono con-
iugali (XL, 373—396) und De sancta virginitate (XL, 397—428) ſtammen
beide etwa aus dem Jahre 401 und richten ſich beide gegen die Bekämpfung
des eheloſen Lebens durch Jovinian. Der Schrift des hl. Hieronymus Adv.
Iovinianum (§ 75, 7) wurde der Vorwurf gemacht, die Jungfräulichkeit auf
Koſten der Ehe verherrlicht zu haben (Iactabatur Ioviniano responderi non
potuisse cum laude, sed cum vituperatione nuptiarum Retract. II, 22).
Um einer ſolchen Anklage vorzubeugen, wollte Auguſtinus zuerſt die Ehe und
ihre Würde in das rechte Licht ſetzen und ſodann, freier und ſicherer, die
Jungfräulichkeit preiſen (Retract. II, 23). De bono viduitatis liber seu
epistola ad Iulianam viduam (XL, 429—450), etwa um 414 geſchrieben,
handelt von den Vorzügen des Wittwenſtandes vor dem Eheſtande. Von weit-
reichendem Einfluſſe ward die um 400 verfaßte Schrift De opere monachorum (XL, 547—582), welche auf Grund der Heiligen Schrift körperliche
Arbeit von den Mönchen fordert (Retract. II, 21). — Das ſchon (Abſ. 8)
angeführte Werk De doctrina christiana iſt in ſeinem zweiten Theile paſtoral-
theologiſchen Charakters, inſofern das vierte Buch deſſelben, wie bereits bemerkt,
den erſten Verſuch einer ſyſtematiſchen Homiletik bildet. Die Schrift De
catechizandis rudibus (XL, 309—348), um 400 auf Bitten eines karthaginiensiſchen Diakons Deogratias verfaßt (Retract. II, 14), entwickelt zum
erſtenmal eine Theorie der Katecheſe. Ein Buch Contra Hilarum, zur Vertheidigung der karthaginiensiſchen Sitte, ut hymni ad altare dicerentur de
psalmorum libro, sive ante oblationem, sive cum distribueretur populo
quod fuisset oblatum (Retract. II, 11), iſt leider nicht auf uns gekommen.

10. Predigten, Briefe, Gedichte. — Außer den enarrationes und tractatus über bibliſche Texte (Abſ. 8) ſind noch zahlreiche sermones unter Auguſtins Namen überliefert. Der fünfte Band der Mauriner-Ausgabe (Migne,
P. lat. XXXVIII—XXXIX) bietet 363 unzweifelhaft echte sermones, in
vier Gruppen abgetheilt: sermones de scripturis veteris et novi testamenti
(1—183), sermones de tempore (184—272), sermones de sanctis (273
bis 340), sermones de diversis (341—363). Dieſelben ſind theils von
Auguſtinus ſelbſt nach dem Vortrage dictirt, theils von andern in der Kirche

nachgeschrieben worden. Es folgen noch sermones dubii (364—395), sermonum quorumdam qui adhuc desiderantur fragmenta und sermones
supposititii (1—317). Andere Predigten (tractatus, sermones) haben auch
in der Mauriner-Ausgabe unter den Schriften verwandten Inhalts eine Stelle
gefunden; mehrere derselben sind dementsprechend vorhin bereits unter den
apologetischen, den dogmatischen, den dogmatisch-polemischen und den moral-
theologischen Schriften namhaft gemacht worden. Seit dem Erscheinen der
Mauriner-Ausgabe wurden noch viele neue Predigten unter Augustins Namen
herausgegeben, von Denis (Migne, P. lat. XLVI, 813—940), von Fon-
tani (XLVII, 1113—1140), von Frangipane (XLVI, 939—1004), von
Caillau, Mai, Liverani u. a. Doch ist der weitaus größere Theil dieser
neuen Predigten entweder entschieden unecht oder doch sehr zweifelhaft. Augustinus gilt als der größte Prediger des ganzen Abendlandes innerhalb der
patristischen Zeit, und mit diesem Urtheile der Nachwelt steht seine eigene Erklärung: Mihi prope semper sermo meus displicet (De catech. rud. 2, 3:
XL, 311) in schönstem Einklange. Er ringt stets nach einem bessern und
klarern und vollern Ausdrucke; seinen Gedanken und Empfindungen kann das
gesprochene Wort nicht gerecht werden. An einer andern Stelle ist die rednerische Art und Weise Augustins mit derjenigen des hl. Chrysostomus in Vergleich gebracht worden (§ 57, 12). Es sei noch nachgetragen, daß die frühern
Predigten Augustins schwunghafter und abgerundeter erscheinen, die spätern
knapper, dialektischer, allen Schmuck verschmähend. — Die Sammlung der
Briefe Augustins im zweiten Bande der Mauriner-Ausgabe (Migne, P. lat.
XXXIII) umfaßt 270 Nummern. Zum Schlusse des dritten Bandes kommt
nachträglich noch ein früher übersehenes Brieffragment zum Abbruck (XXXIII,
751—752). Unter jenen 270 Briefen finden sich übrigens 53 an Augustinus
oder an Freunde Augustins gerichtete Schreiben. Es sind aber auch den
Schriften Augustins in andern Bänden hin und wieder Briefe eingereiht (vgl.
Abs. 6. 7. 9), wie umgekehrt unter den Briefen im zweiten Bande Abhandlungen stehen, welche Augustinus selbst schon als Schriften der Oeffentlichkeit
übergeben hat (vgl. etwa Retract. II, 31 über Ep. 102). Abt Gottfried
von Göttweig († 1749) entdeckte und veröffentlichte noch zwei den Maurinern unbekannt gebliebene Briefe (XXXIII, 789—792; 929—938). Die
Briefsammlung erstreckt sich über einen Zeitraum von mehr als 40 Jahren
(386/387—429), und die einzelnen Nummern haben sehr verschiedenen Inhalt
und Werth. Schreiben freundschaftlicher oder vertraulicher Natur sind nur in
sehr geringer Zahl erhalten. Die meisten Briefe behandeln Probleme der
Philosophie und der Theologie und sind in der Regel durch directe Anfragen
veranlaßt. Andere Briefe zeigen den Verfasser in seiner Thätigkeit als Seelsorger, zur Besserung des Lebens mahnend, in Gewissensfragen Rath ertheilend,
im Unglücke tröstend. Andere endlich sind mehr oder weniger amtlichen Charakters, zum Theil im Namen von Synoden verfaßt und hauptsächlich die oft
genannten Schismen und Häresien betreffend. — Außer dem Psalmus contra
partem Donati (Abs. 6) sind noch einige andere Gedichte Augustins auf uns
gekommen, klein dem Umfange und unbedeutend dem Inhalte nach.

11. Rückblick auf die Schriften des hl. Augustinus. — Kein lateinischer
Kirchenvater hat so zahl- und umfangreiche Schriften hinterlassen wie Augu-

ſtinus. Unter den Griechen hat nur etwa Chryſoſtomus eine ähnliche Fülle
literariſcher Leiſtungen aufzuweiſen. Der alte Biograph Auguſtins, Poſſidius,
erklärte: Tanta autem ab eodem dictata et edita sunt tantaque in ecclesia
disputata, excepta atque emendata ... ut ea omnia vix quisquam studiosorum perlegere et nosse sufficiat (Vita S. Aug. c. 18). In formeller
Hinſicht ſind dieſe Schriften ſehr anziehend. Auguſtinus beſitzt eine außer=
ordentliche Gewandtheit des Ausdrucks. Insbeſondere iſt ihm die Fähigkeit,
innere Erfahrungen auszuſprechen, ſeeliſche Zuſtände oder Vorgänge darzu=
ſtellen, in einem ganz hinreißenden Maße eigen. Seine Latinität trägt das
Gepräge ſeiner Zeit. Im allgemeinen redet er eine edle und gewählte Sprache.
In Predigten und Volksſchriften ſteigt er gern zur Sprache des Volkes herab.
Die Enarrationes in psalmos bekennen ſich wiederholt zu einem populären
„Barbarismus" unter ausdrücklicher Ablehnung des Purismus der „Gram=
matiker" (Quid ad nos quid grammatici velint? Melius in barbarismo
nostro vos intelligitis, quam in nostra disertitudine vos deserti estis
Enarr. in ps. 36, sermo 3, 6; Potui illud dicere cum tracto vobis:
saepe enim et verba non latina dico ut vos intelligatis Enarr. in
ps. 123, 8; Melius est reprehendant nos grammatici quam non intelligant populi Enarr. in ps. 138, 20). Der Psalmus contra partem Donati verzichtet auf eine metriſche Form, um nicht zur Anwendung von Wörtern
gezwungen zu werden, welche der Maſſe des Volkes weniger geläufig ſind
(Retract. I, 20). Auch die Schrift De agone christiano iſt mit Abſicht in
volksthümlicher Sprache (humili sermone) verfaßt (Retract. II, 3). Die
Mannigfaltigkeit des Inhaltes der Schriften Auguſtins iſt ſchon durch die
Aufzählung der Titel hinlänglich veranſchaulicht worden; auch auf den Werth
und die Bedeutung des Inhaltes wurde gelegentlich bereits hingewieſen. Es
iſt eine überaus reich begabte Individualität, welche ſich in dieſen Schriften
ſpiegelt, ein Herz voll Lebensdrang und Liebesgluth und ein Geiſt, wohl ebenſo
unvergleichlich an dialektiſcher Schärfe wie an ſpeculativer Tiefe. Hieronymus
wurde als der gelehrteſte unter den Kirchenvätern bezeichnet; Auguſtinus aber
iſt der größte, der originellſte, der vielſeitigſte. Er vereinigt in ſich die ſchöpfe=
riſche Kraft eines Tertullian mit dem kirchlichen Sinne eines Cyprian. Und
mit dem praktiſchen Tacte des Lateiners vermählt ſich in ihm die Geiſtes=
beweglichkeit des Griechen. Im Vordergrunde ſeines Intereſſes ſtehen die
dunkeln Probleme der theologiſchen Anthropologie, das Verhältniß des Menſchen
zu Gott, Trennung und Wiedervereinigung, Sünde und Gnade. Auf dieſem
Gebiete insbeſondere iſt er denn auch der unerreichte Meiſter. Freilich bietet er
ſeine Anſchauungen keineswegs in einem fertigen und abgeſchloſſenen Syſteme dar.
Durch die Polemik angeregt oder auch gedrängt, hat er, wie er ſelbſt bemerkt, bis
in den ſpäten Abend ſeines Lebens hinein nicht aufgehört, ſeine Anſichten über
einzelne Fragen weiterzubilden und umzubilden (Ego proinde fateor me ex
eorum numero esse conari, qui proficiendo scribunt et scribendo pro-
ficiunt Ep. 143, 2; Proficienter me existimo Deo miserante scripsisse, non
tamen a perfectione coepisse De dono persev. 21, 55). Er wünſcht deshalb
auch, daß man ſeine Schriften in der Reihenfolge leſe, in welcher dieſelben verfaßt
wurden (Inveniet enim fortasse quomodo scribendo profecerim, quisquis
opuscula mea ordine quo scripta sunt legerit Retract. prol. 3), und verlangt

damit zugleich, daß man seine Lehre nach Maßgabe seiner spätern, nicht seiner
frühern Schriften beurtheile (von den Semipelagianern, welche sich auf seine
frühern Schriften beriefen, sagt er: Non sicut legere libros meos, ita etiam
in eis curaverunt proficere mecum De praedest. sanctorum 4, 8). Auch
in der Folge ist diese Forderung des heiligen Lehrers selbst nicht selten unberücksichtigt geblieben. Daß ein Mann wie Augustinus eine mächtige Anziehungskraft übte, von gewaltigem Einflusse war, ist von vornherein zu
erwarten. Seine Bedeutung für die Zeitgenossen tritt am greifbarsten in seiner
Briefsammlung zu Tage. Er scheint die ganze Kirche, wenigstens die ganze
Kirche Afrikas, zu beherrschen und den fortschreitenden Geist der Zeit selbst
zu lenken. Auch solche, welche ihm ganz ferne stehen, erlauben sich, ihm ganze
Bündel von Fragen und Zweifeln auf einmal zuzusenden (Tu me innumera-
bilium quaestionum turba repente circumvallandum vel potius obruen-
dum putasti Ep. 118, 1, 1). Man erblickte in ihm, wie ein gewisser Aubay
erklärt, ein Orakel des Gesetzes (oraculum legis Ep. 260), von welchem
man eben alles erfahren könne. Ein vornehmer Karthaginienser Namens
Volusianus legt ihm Zweifel bezüglich der Menschwerdung Christi vor und
bemerkt dabei, an andern Bischöfen möge Unwissenheit unbeschadet der Religion
ertragen werden, was aber Augustinus nicht wisse, könne auch nicht zum Gesetze gehören (Utcumque absque detrimento cultus divini in aliis sacer-
dotibus toleratur inscitia, at cum ad antistitem Augustinum venitur,
legi deest quidquid contigerit ignorari Ep. 135, 2). Augustinus selbst
urtheilte anders. Er wünscht allen seinen Schriften nicht bloß fromme Leser,
sondern auch freimüthige Kritiker (In omnibus litteris meis non solum pium
lectorem, sed etiam liberum correctorem desiderem De trin. III,
prooem. 2). Nur da solle man ihm folgen, wo man sich überzeugt habe,
daß er nicht geirrt (Neminem velim sic amplecti omnia mea, ut me
sequatur, nisi in iis in quibus me non errasse perspexerit De dono
persev. 21, 55). „Was sich Irrthümliches", so sagt er schon De vera
relig. 9, 17, „in dieser Schrift findet, ist allein mir zuzuschreiben, das Wahre
und Zutreffende hingegen nur Gott, dem einzigen Geber aller guten Gaben."
Die Nachwelt trat dem Urtheile der Mitwelt bei. Sie feierte Augustinus als
einen jener Geister, welche nur in Jahrtausenden einmal erstehen, aber auch
für Jahrtausende bahnbrechend wirken. Sie krönte ihn insbesondere mit dem
Namen des andern Paulus oder des doctor gratiae. Kein Kirchenvater hat
auch nur entfernt die Philosophie und Theologie der Folgezeit so maßgebend
beeinflußt wie Augustinus. Im Vorbeigehen gleichsam hatte er mit fürstlichem
Reichthume Gedanken ausgestreut, in welchen spätere Denker die Grundlagen
und Grundrisse ganzer Lehrsysteme erkannten. Seine Worte bildeten nicht
selten den Ausgangspunkt der dogmatischen Streitigkeiten, welche spätere Geschlechter in mächtige Bewegung setzten. Auch das kirchliche Lehramt hat von
jeher in synodalen wie in päpstlichen Aussprüchen Augustinus zu den besten
Lehrern der Kirche gezählt und insbesondere seine Ausführungen über das
Wesen der Gnade, ihre Nothwendigkeit und ihre Gratuität als treuen Ausdruck der Lehre der Kirche erklärt. Die den Semipelagianismus verurtheilen-
den Sentenzen der berühmten zweiten Synode von Orange (529) sind meist
wörtlich den Schriften Augustins entnommen. Doch hat die Kirche niemals

bie ganze Lehre Auguſtins über die Gnade und die Prädeſtination zu der
ihrigen gemacht.

12. Zur Philoſophie des hl. Auguſtinus. — Gleich den meiſten chriſt=
lichen Lehrern des Alterthums huldigte auch Auguſtinus einem im Geiſte des
Chriſtenthums ausgeſtalteten und umgeſtalteten Platonismus. Plato gilt ihm
als der erſte unter allen Philoſophen der vorchriſtlichen Zeit (De civ. Dei
VIII, 4 sqq.). Ariſtoteles iſt ein vir excellentis ingenii et eloquio Platoni
quidem impar, sed multos facile superans (ibid. VIII, 12). Unter den
ſpätern Platonikern ragen beſonders hervor Plotinus, Jamblichus, Porphyrius,
Apulejus (ibid. VIII, 12). Die Platoniker ſind der durch das Chriſtenthum
vertretenen wahren Philoſophie relativ am nächſten gekommen (Nulli nobis,
quam isti, propius accesserunt ibid. VIII, 5). Sie ſind mit Recht auf
der Suche nach Gott über die Körperwelt und die Seele und die veränderliche
Geiſterwelt hinausgegangen (Cuncta corpora transscenderunt quaerentes
Deum . . . omnem animam mutabilesque omnes spiritus transscenderunt
quaerentes summum Deum ibid. VIII, 6). — Als chriſtlichen Platoniker
kennzeichnet Auguſtinus ſich vornehmlich durch die ihm eigenthümliche Art des
Gottesbeweiſes. Er beweiſt das Daſein Gottes auf ſehr mannigfaltige Weiſe
(vgl. im allgemeinen Conf. X, 6—27, 8—38), bald aus der äußern, ſicht=
baren Welt, ihrer Veränderlichkeit, ihrer zweckvollen Ordnung; bald aus dem
eigenen Innern, der Veränderlichkeit des Menſchengeiſtes, der Stimme des
Gewiſſens, dem Triebe nach Glückſeligkeit; am häufigſten aber und mit un=
verkennbarer Vorliebe aus den dem Menſchengeiſte innewohnenden erſten und
unwandelbaren Wahrheiten. Unter letztern verſteht er jene Grundſätze der
Vernunft oder des Verſtandes, welche, wie ihre unbedingte Nothwendigkeit und
ausnahmsloſe Allgemeinheit zeigt, nicht erſt a posteriori aus der Erfahrung
entnommen ſein können; dialektiſche, mathematiſche, ethiſche, äſthetiſche Axiome,
welche mit erleuchtender Kraft und in gebietender Majeſtät über jeder menſch=
lichen Vernunft ſtehen; die oberſten und unveränderlichen Normen, nach wechen
wir alles als wahr oder falſch, gut oder bös, ſchön oder häßlich beurtheilen.
Aus dieſen Wahrheiten ſchließt Auguſtinus auf Gott. Manchmal freilich
ſcheint er dieſe Wahrheiten ohne weiteres mit dem Weſen Gottes ſelbſt iden=
tificiren zu wollen. Er bedient ſich wieder und wieder der Wendungen, Gott
ſei das Licht, in welchem wir alle unwandelbaren Wahrheiten ſchauen, Gott
erleuchte alle Geiſter, Gott ſei der innere Lehrmeiſter der Seele u. ſ. f. Solche
Aeußerungen legen die Vorausſetzung nahe, die intellectuelle Schauung der
unwandelbaren Wahrheiten ſei nichts anderes als eine, wenn auch unvoll=
kommene, unmittelbare Schauung der Weſenheit Gottes ſelbſt, und es darf
inſofern nicht befremden, daß Auguſtinus nicht ſelten als Vertreter des Onto=
logismus bezeichnet wurde. An andern Stellen aber hat er deutlich jene
idealen Wahrheiten von Gott als der realen Urwahrheit unterſchieden; von
den im Menſchengeiſte vorgefundenen Wahrheiten iſt er zu Gott als ihrem
realen Urgrunde emporgeſtiegen. Es handelt ſich um einen Cauſalitätsſchluß,
und der fragliche Beweis iſt nur eine beſondere Art des ſogen. kosmologiſchen
Gottesbeweiſes. Die ariſtoteliſchen Scholaſtiker haben im allgemeinen (Bona=
ventura, „der zweite Auguſtinus“, bildet eine Ausnahme) den auguſtiniſchen
Gottesbeweis fallen gelaſſen. Auf dem angedeuteten Wege erfaßt und beweiſt

Augustinus Gott als erhaben über alle Kategorien des Endlichen, gut ohne
Qualität, groß ohne Quantität u. s. s. (sine qualitate bonum, sine quantitate magnum, sine indigentia creatorem, sine situ praesidentem, sine
habitu omnia continentem, sine loco ubique totum, sine tempore sempiternum, sine ulla sui mutatione mutabilia facientem nihilque patientem
De trin. V, 1, 2). Gott ist ihm daher ebensosehr Gegenstand des Nichtwissens
wie des Wissens. Die platonischen bezw. neuplatonischen Ausdrücke „Ueber=
seiendes", „Ueberleben", „Uebervernunft" u. s. w. finden sich jedoch bei Au=
gustinus nicht. Das Endliche ist Wirkung und Abbild der dem schöpferischen
Willen des Unendlichen vorleuchtenden Ideen. Auch die platonischen Ideen
deutet Augustinus als Schöpfergedanken Gottes. Doch existiren nach ihm
nicht etwa bloß die allgemeinen Wesenheiten der Dinge, sondern auch sämtliche
(wirkliche und mögliche) Einzeldinge vor ihrem Werden als Ideen in dem
Geiste des Schöpfers (Singula igitur propriis sunt creata rationibus . . .
rerum omnium creandarum creatarumve rationes in divina mente continentur De div. quaest. 83 qu. 46, 2). — Eine neue Welt der Erkenntniß
und insbesondere der Gotteserkenntniß erschließt sich dem Menschen in dem
Glauben an die göttliche Offenbarung. Das Verhältniß zwischen Glauben
und Wissen beleuchtet Augustinus in seinen spätern Schriften (die philosophischen
Schriften aus der Zeit vor seiner Taufe bleiben hier außer Betracht) mit den
Sätzen: Intellige ut credas, crede ut intelligas (Sermo 43, 7, 9); Alia
sunt enim quae nisi intelligamus non credimus, et alia sunt quae nisi
credamus non intelligimus (Enarr. in ps. 118 sermo 18, 3); Proficit
ergo noster intellectus ad intelligenda quae credat, et fides proficit ad
credenda quae intelligat (ibid.). Auf der einen Seite geht das Wissen dem
Glauben voraus. Die Vernunft hat uns nicht nur die Vorstellungen und
Begriffe darzubieten, in welchen wir die Wahrheiten der Offenbarung erfassen
und verstehen (vgl. De trin. VIII, 4—5, 6—8); sie hat uns vielmehr auch
erst die Erkenntniß zu vermitteln, daß eine Offenbarung Gottes an die
Menschen in Wirklichkeit erfolgt ist (Nostrum est considerare quibus vel
hominibus vel libris credendum sit De vera relig. 25, 46). Glauben
heißt zustimmen auf vorangegangenes Denken hin (Nullus quippe credit
aliquid nisi prius cogitaverit esse credendum . . . ipsum credere nihil
aliud est quam cum assensione cogitare De praedest. sanctorum 2, 5).
Die Motive zu dem zustimmenden Urtheile findet die Vernunft in dem Inhalte
der Offenbarung sowie namentlich in den Wundern und Weissagungen (De
vera relig. 25, 46—47; De utilit. credendi 16—17, 34—35). Hat aber
der Glaube die Lehren der Offenbarung erfaßt, so sucht das Wissen dieselben
so weit als möglich zu ergründen und zu subjectivem Verständnisse zu bringen.
Nunmehr geht also der Glaube dem Wissen voraus, wie ja schon der Prophet
(Is. 7, 9 LXX) erklärt hat: Nisi credideritis, non intelligetis (Ep. 120,
1, 3; Sermo 43, 6, 7; Enarr. in ps. 118 sermo 18, 3). Im Jenseits
wird dieses Wissen zur beseligenden Schauung (Illa visio facie ad faciem
liberatis in resurrectione servatur Enarr. in ps. 43, 5).

13. Zur Theologie des hl. Augustinus. Seine Bekämpfung des Pela=
gianismus. — Dem pelagianischen Naturalismus gegenüber hatte Augustinus
die Grundwahrheit des Christenthums zu vertreten, daß Gott den Menschen

bei seiner Erschaffung zu einem übernatürlichen Endziele berief und dem=
entsprechend mit übernatürlichen Gnadengaben ausstattete. Als solche Gaben
des Urstandes nennt Augustinus insbesondere die Unsterblichkeit (posse non
mori, im Unterschiede von non posse mori), die Freiheit von der unordent=
lichen Begierlichkeit (concupiscentia rebellis) und Heiligkeit und Gerechtigkeit
oder jenes übernatürliche Ebenbild Gottes, welches der gefallene Mensch durch
die Gnade der Rechtfertigung wieder gewinnt (Hanc imaginem in spiritu
mentis impressam perdidit Adam per peccatum, quam recipimus per
gratiam iustitiae De Gen. ad litt. VI, 27, 38). Auch besaß Adam die
Möglichkeit, in dem Stande der Gnade zu beharren, aber nicht schon in und
mit seiner Willensfreiheit, sondern vermöge des ihm gewährten actuellen Gnaden=
beistandes (Primo itaque homini . . . datum est adiutorium perseverantiae,
non quo fieret ut perseveraret, sed sine quo per liberum arbitrium
perseverare non posset De corr. et grat. 12, 34). Infolge der Sünde
verlor Adam die übernatürlichen Gaben des Urstandes, ward in seinen natür=
lichen sittlichen Kräften tief geschädigt und verfiel dem ewigen Verderben. Und
die Sünde des Stammvaters ging mit ihren Wirkungen und Strafen auf alle
Nachkommen über, so daß die ganze Menschheit eine massa perditionis, dam-
nabilis und damnata, wurde. Die Vererbung der Sünde Adams sucht
Augustinus, im Anschluß an Paulus, aus der Stellung Adams als des
Hauptes und Repräsentanten des ganzen Geschlechtes zu erklären (in quo
Röm. 5, 12 ist nach Augustinus so viel als in Adam; C. Iul. I, 3, 10 und
Op. imp. c. Iul. I, 47 citirt Augustinus zustimmend das Wort des hl. Am=
brosius Comm. in Luc. VII, 234: Fuit Adam et in illo fuimus omnes,
periit Adam et in illo omnes perierunt). Die Art und Weise der Fort=
pflanzung der Erbsünde läßt der Heilige unentschieden. Die Pelagianer argu=
mentirten, die Sünde könne sich nicht übertragen, weil sie nicht am Leibe,
sondern an der Seele hafte, die Seele aber von Gott erschaffen werde. Und
dieser Einwurf muß es hauptsächlich gewesen sein, welcher Augustinus abhielt,
sich mit Bestimmtheit für den Creatianismus und gegen den Generatianismus
zu entscheiden. Er entgegnet, entweder werde nicht bloß der Leib, sondern auch
die Seele und zugleich die Sünde durch den Generationsact fortgepflanzt, oder
es werde die von Gott erschaffene Seele kraft ihrer Verbindung mit dem von
der Sünde verderbten Fleische in das Verderbniß der Sünde verstrickt (Ut
ergo et anima et caro pariter utrumque puniatur, nisi quod nascitur
renascendo emundetur: profecto aut utrumque vitiatum ex homine
trahitur aut alterum in altero tamquam in vitiato vase corrumpitur,
ubi occulta iustitia divinae legis includitur. Quid autem horum sit
verum, libentius disco quam dico, ne audeam docere quod nescio
C. Iul. V, 4, 17). Die vorausgesetzte vitiatio carnis aber soll bedingt sein
und vermittelt werden durch die im Generationsacte sich geltend machende sünd=
hafte Begierlichkeit (Ex hac, inquam, concupiscentia carnis, tamquam filia
peccati et, quando illi ad turpia consentitur, etiam peccatorum matre
multorum, quaecumque nascitur proles originali est obligata peccato
De nupt. et concup. I, 24, 27). Im Einklang mit diesen Aeußerungen
pflegt Augustinus bei Schilderung des Zustandes des gefallenen Menschen die
Verderbniß der Natur und die unordentliche Begierlichkeit in den Vordergrund

zu rücken. Daß das Wesen der Erbsünde in dem Mangel des vorhin er=
wähnten übernatürlichen Ebenbildes Gottes zu suchen sei, hat er noch nicht
klar ausgesprochen. Jene Verderbniß der Natur aber sowie den verderblichen
Einfluß der bösen Begierlichkeit malt er gerne in um so grellern Farben, als
die Pelagianer, wie die Erbsünde, so auch jede sonstige Einwirkung des Sünden=
falles auf die Beschaffenheit der menschlichen Natur in Abrede stellten. Die
Reformatoren des 16. Jahrhunderts sowie Bajus und Jansenius haben für
die Lehre, die natürlichen sittlichen Kräfte seien im gefallenen Menschen erstorben
oder erloschen, mit Vorliebe die Autorität des hl. Augustinus angerufen. In=
dessen hat Augustinus die Willensfreiheit oder das Wahlvermögen auf sittlichem
Gebiete, liberum arbitrium, dem gefallenen Menschen stets ausdrücklich zu=
erkannt (vgl. etwa C. duas epist. Pelag. I, 2, 5; II, 5, 9). Ja, der
gefallene, unter dem Joche der Begierlichkeit seufzende, noch nicht gerechtfertigte
Mensch kann nach Augustinus nicht bloß Gutes wollen, sondern auch wenigstens
etwas Gutes, Lobenswerthes und Verdienstliches thun (vgl. De spir. et litt.
27—28, 48). In den spätern Schriften häufen sich allerdings die scheinbar
widersprechenden Sätze, daß der Ungläubige nichts Gutes thun könne und
daß auch die äußerlich guten Werke des Ungläubigen in Wahrheit Sünden
seien (vgl. C. duas epist. Pelag. III, 5, 14; C. Iul. IV, 3, 32; hier wie
dort beruft sich Augustinus auf Röm. 14, 23: Omne quod non est ex fide,
peccatum est). In solchen Sätzen ist jedoch nach Ausweis des Zusammen=
hanges jedesmal von übernatürlich guten, zum ewigen Heile dienlichen Werken
die Rede. Augustinus setzt voraus, daß der Mensch auch im gefallenen Zu=
stande zu einem übernatürlichen Endziele bestimmt ist und seine gesamte sittliche
Selbstbethätigung auf dieses Ziel hinrichten muß, daß aber eben dieses Ziel
nur im Glauben erkannt und nur durch die mittelst des Glaubens zu er=
langende Gnabe des Erlösers erstrebt werden kann. Insofern sind alle Werke
des Ungläubigen Sünden, weil sie der pflichtmäßigen Intention ermangeln (Homines sine fide non ad eum finem ista opera retulerunt, ad quem referre
debuerunt C. Iul. IV, 3, 25), gleichviel ob der Unglaube b. h. die Un=
wissenheit bezüglich des übernatürlichen Endzieles zugleich auf einer persönlichen
Schuld beruht oder nur (als Folge der Erbsünde) mit der Schuldbarkeit des
ersten Sündenfalles behaftet ist (Et illa ignorantia quae non est eorum
qui scire nolunt, sed eorum qui tamquam simpliciter nesciunt, neminem
sic excusat, ut sempiterno igne non ardeat De grat. et lib. arb. 3, 5). —
In der Rechtfertigung, ward vorhin bemerkt, erhält der Mensch das infolge
der Sünde verlorene übernatürliche Ebenbild Gottes zurück. In dem natura=
listischen Systeme der Pelagianer fand der Begriff einer innerlichen, den Menschen
heiligenden Gnade keine Stelle. Augustinus hat gleich in der ersten seiner
antipelagianischen Schriften, De pecc. mer. et rem. lib. I, die Rechtfertigungs=
gnade eingehend bezeugt und vertheidigt als eine wahre Umschaffung und Er=
neuerung des Menschen, welche die Eingießung der habituellen Liebe zu Gott
und die Mittheilung übernatürlicher Kräfte in sich schließt. Diese Gnade
gewährt dem Menschen erst wahre Willensfreiheit, d. h. die zur Uebung
des übernatürlich Guten erforderliche Kraft des freien Willens, libertas im
Unterschiede von liberum arbitrium (Voluntas quippe humana non libertate consequitur gratiam, sed gratia potius libertatem De corr. et

grat. 8, 17). Die Liebe zu Gott macht das Thun des Menſchen erſt wahr=
haft gut, d. h. für den Himmel verdienſtlich (Quid autem boni faceremus
nisi diligeremus? aut quomodo bonum non facimus si diligamus? De
grat. Chr. 26, 27). Die Erlangung der habituellen Gnade ſowohl wie der
bauernde Beſitz und Gebrauch derſelben wird dem Menſchen durch die aetuelle
Gnade vermittelt. Ohne dieſen Gnadenbeiſtand kann der Menſch überhaupt
weder etwas (übernatürlich) Gutes wollen noch etwas Gutes thun (nisi ipsa
voluntas hominis Dei gratia fuerit liberata et ad omne bonum actionis,
sermonis, cogitationis adiuta C. duas epist. Pelag. II, 5, 9; Ipse ut
velimus operatur incipiens, qui volentibus cooperatur perficiens De grat.
et lib. arb. 17, 33). Die Verdienſte der Heiligen ſind Gnadengaben Gottes
(Non gratia ex merito, sed meritum ex gratia Sermo 169, 2, 3; Ipsum
hominis meritum donum est gratuitum Ep. 186, 3, 10). In den Aus=
erwählten krönt Gott ſeine eigenen Gaben (Dona sua coronat, non merita
tua … coronat autem in nobis Deus dona misericordiae suae In Ioh.
ev. tract. 3, 10). In frühern Jahren hatte Auguſtinus der Wirkſamkeit
bezw. Nothwendigkeit der actuellen Gnade viel engere Grenzen gezogen. Die
Retractationes können nicht umhin, zur Berichtigung oder Erläuterung früherer
Aeußerungen wieder und wieder hervorzuheben, es ſei freilich der Menſch,
welcher wolle, wenn er das Gute wolle, aber nach dem Satze Praeparatur
voluntas a Domino (Spr. 8, 35 LXX) ſei es Gott, welcher dem Menſchen
das Wollen des Guten gebe (Retract. I, 9, 2; I, 10, 2; I, 22, 4; II, 1, 2).
In der Expos. quarumdam proposit. ex epist. ad Rom. hatte der Heilige
die Lehre vorgetragen, der Glaube ſei Werk des Menſchen und nicht Geſchenk
Gottes (Fidem, qua in Deum credimus, non esse donum Dei, sed a nobis
esse in nobis De praed. sanct. 3, 7), eine Lehre, welche er indeſſen ſchon
ſehr bald ſtillſchweigend berichtigte (De div. quaest. ad Simplic. lib. I. qu. 2)
und ſpäter wiederholt auch ausdrücklich zurücknahm (Retract. I, 23, 2—4;
De praed. sanct. 3, 7; 4, 8). Daß auch das Beharren in der Gnade ein
Geſchenk Gottes (Donum Dei esse etiam perseverare usque in finem
De dono persev. 21, 55), hat Auguſtinus, wie er wenigſtens ſelbſt glaubt
(l. c.), erſt in der Schrift De corr. et grat. ganz beſtimmt und unzweideutig
gelehrt. Seine Prädeſtinationstheorie bezeichnet er gleichfalls ſelbſt als eine
Errungenſchaft des Kampfes gegen den Pelagianismus, und zwar ſpeciell gegen
die pelagianiſche Theſe: Gratiam Dei secundum merita nostra dari (De
dono persev. 20, 53). Die Prädeſtination, erklärt Auguſtinus, iſt der ewige
Rathſchluß Gottes, dieſen und jenen Menſchen durch unfehlbar wirkende Gnaden=
mittel zum ewigen Leben zu führen (Haec est praedestinatio sanctorum,
nihil aliud: praescientia scilicet et praeparatio beneficiorum Dei, quibus
certissime liberantur quicumque liberantur De dono persev. 14, 35;
Praedestinasse est hoc praescisse quod fuerat ipse facturus ibid. 18, 47).
Niemand hat einen Anſpruch darauf, aus der massa perditionis ausgeſchieden
zu werden, und wer immer ausgeſchieden wird, hat lediglich der unverbienten
Gnade Gottes die Ehre zu geben. Die Errettung aus dem Verberben oder
die Vorherbeſtimmung zum ewigen Heile erfolgt ohne Rückſichtnahme auf die
Verdienſte der Auserwählten (Sola enim gratia redemptos discernit a per-
ditis Enchir. 99, 25; Liberantur .. gratuita miseratione, non debita,

quos elegit ante constitutionem mundi per electionem gratiae, non ex operibus vel praeteritis vel praesentibus vel futuris. Alioquin gratia iam non est gratia. Quod maxime apparet in parvulis . . . C. Iul. VI, 19, 59). Alle nicht Auserwählten sind oder bleiben vielmehr dem Verderben überantwortet. Augustinus spricht geradezu von einem praedestinare ad aeternam mortem (De an. et eius orig. IV, 11, 16; De civ. Dei XXII, 24, 5), von praedestinati ad sempiternum interitum (In Ioh. ev. tract. 48, 4. 6; De perf. iust. hom. 13, 31), von dem mundus damnationi praedestinatus (In Ioh. ev. tract. 111, 5), von dem traditor Christi perditioni praedestinatus (ibid. tract. 107, 7). Aber erklärt denn nicht der Apostel: Gott will, daß alle Menschen selig werden (1 Tim. 2, 4)? Dieses schwierige Wort, entgegnet Augustinus, mag wie immer gedeutet werden, wenn nur nicht an der selbstverständlichen Wahrheit gerüttelt wird, daß alles, was Gott will, geschieht (Enchir. 103, 27; Ep. 217, 6, 19). Vielleicht will der Apostel sagen, kein Mensch werde selig, es sei denn, daß Gott es wolle (Enchir. l. c.; vgl. C. Iul. IV, 8, 44); vielleicht will er unter „allen Menschen" alle Menschenklassen verstanden wissen (omne genus humanum per quascumque differentias distributum, reges, privatos. . . Enchir. l. c.; vgl. De corr. et grat. 14, 44); vielleicht will er nur uns gebieten, bereit zu sein, allen Menschen in Sachen ihres Seelenheiles zu helfen (De corr. et grat. 15, 47. 46). Seit etwa 417 scheint Augustinus nicht mehr zugegeben zu haben, daß Gott allen Menschen zu ihrem Heile genügende Gnaden darbiete (vgl. Ep. 185, 11, 49; De corr. et grat. 11, 32). Es wird damit zusammenhängen, daß er auf das Wesen der den Auserwählten vorbehaltenen wirksamen Gnade (adiutorium quo) und ihr Verhältniß zu der bloß hinreichenden Gnade (adiutorium sine quo non) nicht näher eingegangen ist. Er begnügt sich damit, die Gewißheit des Erfolges der wirksamen Gnade hervorzuheben, und um diese Gewißheit zu begründen, weist er mit Vorliebe auf die göttliche Allmacht hin. Die Idee des allmächtigen und allwaltenden Willens Gottes, der absoluten Quelle alles Guten, trägt und beherrscht seine ganze Gnadenlehre.

14. Gesamtausgaben. Uebersetzungswerke. — Die ersten Gesamtausgaben der Werke des hl. Augustinus veranstalteten J. Amerbach, Basel 1506. 9 Bde. 2⁰; wiederholt Paris 1515; D. Erasmus, Basel 1528—1529. 10 Bde. 2⁰; mehrmals wiederholt; theologi Lovanienses, Antwerpen 1577. 11 Bde. 2⁰; mehrmals wiederholt. Der Oratorianer H. Vignier lieferte ein werthvolles Supplementum operum S. Augustini, Paris 1654—1655. 2 Bde. 2⁰. Näheres über diese Editionen bei *Schoenemann*, Bibl. hist.-lit. Patr. lat. II, 65—70. 84—144. Ueber eine auf Befehl Sixtus' V. (1585—1590) zu Rom in Angriff genommene, aber nicht zur Ausführung gekommene Edition handelt C. F. Urba, Beiträge zur Geschichte der Augustinischen Textkritik (aus den Sitzungsberichten der k. Akad. d. Wiss. zu Wien). Wien 1889. Die genannten Ausgaben wurden in den Hintergrund gedrängt durch die Ausgabe der Mauriner (Th. Blampin, P. Coustant u. a.), welche zwar nicht viele Inedita brachte, aber die bereits bekannten Schriften in einem weit reinern Texte darbot und zugleich mit sicherer Hand Echtes und Unechtes sonderte (namentlich bei den Briefen und den Predigten). Sie erschien 1679—1700 zu Paris in 11 Foliobänden; sieben Bände (I—IV. VIII—X) wurden 1688 bis 1696 zu Paris von neuem aufgelegt. Ein jeder der Bände I—X, mit Ausnahme

des Bandes IV (Enarr. in psalmos), hat eine besonders paginirte Appendix mit unechten Schriften und sonstigen Zugaben. Bd. XI enthält hauptsächlich eine aus= führliche Vita S. Augustini und einen umfassenden Index in omnia opera S. Au= gustini. Zu jener Vita konnten die Mauriner bereits die (damals noch ungedruckte) Biographie des Heiligen von Tillemont benutzen, welche später in Tillemonts Mémoires pour servir à l'histoire ecclés. T. XIII. 2e éd. Paris 1710, ver= öffentlicht wurde. Sehr eingehende Indices zu den Werken Augustins hatte der Dominikaner D. Lenfant in seinen Concordantiae Augustinianae. Paris. 1656 ad 1665. 2 voll. 2⁰, geliefert. Ueber den aus Anlaß der Mauriner=Ausgabe zwischen Maurinern und Jesuiten geführten Federkrieg handelt R. C. Kukula, Die Mau= riner Ausgabe des Augustinus. Ein Beitrag zur Geschichte der Literatur und der Kirche im Zeitalter Ludwigs XIV. (aus den Sitzungsberichten d. k. Akad. d. Wiss. zu Wien). Th. I—II. Wien 1890; Th. III, 1. 1893. Vgl. O. Rottmanner, Bibliographische Nachträge zu Dr. R. C. Kukulas Abhandlung: „Die Mauriner Ausgabe des Augustinus" (aus den gen. Sitzungsber.). Wien 1891. Nachgedruckt ward die Mauriner=Ausgabe zuerst angeblich zu Antwerpen, in Wirklichkeit zu Amsterdam 1700—1702. 11 Bde. 2⁰ (als XII. Bd. erschien 1703 die Appendix Augustiniana von Phereponus d. i. Jean le Clerc); sodann zu Venedig 1729 bis 1735. 11 Bde. 2⁰; 1756—1769. 18 Bde. 4⁰; 1797—1807. 18 Bde. 4⁰; 1833—1866. 11 Bde. 2⁰; endlich zu Paris apud fratres Gaume 1836—1839. 11 Bde. 8⁰; und accurante I. P. Migne 1845. 11 Bde. 8⁰, sowie Migne, P. lat. XXXII—XLVII, 1845—1849. Eine neue Gesamtausgabe der Werke Augustins ist von der kais. Akademie der Wissenschaften zu Wien unternommen worden. Er= schienen sind bisher das echte und das unechte Speculum, besorgt von Weihrich (S. Aur. August. Hippon. episc. Operum sectionis III pars 1), und mehrere exegetische Schriften sowie die meisten der Schriften gegen die Manichäer, besorgt von Zycha (S. Aur. August. Operum sectionis III pars 1 und sectionis VI pars 1—2); s. Abs. 16 und 17. — Ausgewählte Schriften des hl. Aurelius Augu= stinus, Kirchenlehrers, nach dem Urtexte übersetzt. Kempten 1871—1879. 8 Bde. (Bibl. der Kirchenväter). Bd. I: Confessiones, übersetzt von J. Molzberger; Bd. II—III: De civitate Dei, von U. Uhl; Bd. IV: De doctrina christiana, von R. Storf, De catechizandis rudibus, von Molzberger, De symbolo ad catechumenos, von Storf, De fide et operibus, von Storf, Enchiridion ad Laurentium, von Molzberger; Bd. V—VI: In Iohannis evangelium tractatus CXXIV, von H. Hayd; Bd. VII—VIII: Ausgewählte Briefe, von Th. Kranzfelder. Eine englische Uebersetzung ausgewählter Schriften Augustins erschien zu Edinburgh bei Clark 1871 ff. Fast sämtliche Schriften Augustins finden sich englisch in der von Ph. Schaff herausgegebenen Select Library of the Nicene and Post-Nicene Fathers of the Christian Church (Ser. I). Buf- falo 1886 ff. M. H. Allies, Leaves from St. Augustine. London 1886. 8⁰.

15. Ausgaben, Uebersetzungen und Bearbeitungen einzelner Schriften. — Re- tractationes und Confessiones. Philosophische Schriften. Die Confessiones sind sehr häufig gesondert gedruckt worden. Weite Verbreitung fanden namentlich die Ausgabe des Jesuiten H. Sommalius, welche zuerst 1607 zu Douai in 8⁰, und die Ausgabe des Jesuiten H. Wagnereck (Confessionum libri X priores), welche zuerst 1630 zu Dillingen in 8⁰ erschien. Neuere Separatausgaben besorgten z. B. E. B. Pusey, Oxford 1838 (Bibl. Patr. eccl. cath. T. I); K. v. Raumer, Stuttgart 1856. 8⁰; 2. Aufl. Gütersloh 1876; ein Ungenannter, Regensburg 1863. 16⁰. Deutsche Uebersetzungen veröffentlichten z. B. M. M. Wilden, Schaff= hausen 1865. 8⁰; Fr. Merschmann, Frankfurt 1866. 8⁰; J. Molzberger, Kempten 1871 (s. Abs. 14); W. Bornemann, Gotha 1889. 8⁰ (Bibliothek theolog. Klassiker, Bd. XII); O. F. Bachmann, Leipzig 1891. 16⁰. Ad. Harnack,

Augustins Confessionen. Ein Vortrag. Gießen 1888. 8⁰. *G. Boissier*, La fin du paganisme. Paris 1891. T. I. p. 339—379: La conversion de saint Augustin. Die Behauptung Harnacks und Boissiers, die in den Confessiones enthaltene Darstellung der Bekehrung Augustins sei nicht ganz zuverlässig, wird bekämpft von Fr. Wörter, Die Geistesentwickelung des hl. Aurelius Augustinus bis zu seiner Taufe. Paderborn 1892. S. 62—66. Vgl. auch *C. Douais*, Les Confessions de St. Augustin. Paris 1893. 8⁰. Ueber die philosophischen Schriften Augustins handelt Wörter a. a. O. S. 67—210: „Augustins litterarische Thätigkeit bis zu seiner Taufe." Vgl. auch Wörter, Die Unsterblichkeitslehre in den philosophischen Schriften des Aurelius Augustinus mit besonderer Rücksicht auf den Platonismus (Progr.). Freiburg i. Br. 1880. 4⁰. Ueber die Soliloquia im besondern s. *Matinée*, S. Augustinus Aurelius in Soliloquiis qualis philosophus appareat, qualis vir (Thesis). Rennes 1864. 8⁰. Die unechten Soliloquia, Meditationes, Manuale sind oft separat herausgegeben worden, insbesondere auch von H. Sommalius. Seine Ausgabe erschien zuerst 1613 zu Douai in 24⁰; einen Abbruck besorgte noch E. W. Westhoff, Münster i. W. 1854. 16⁰. Eine deutsche Uebersetzung der drei genannten unechten Schriften veröffentlichte neuerdings F. Ratte, Freiburg i. Br. 1891. 12⁰. Ueber Augustins Bearbeitung der sieben freien Künste und die erhaltenen Bruchstücke dieses Werkes f. Teuffel-Schwabe, Gesch. der Röm. Literatur (5. Aufl.). S. 1132—1133. Die Principia dialecticae (De dialectica liber) wurden von neuem herausgegeben durch W. Crecelius, Elberfeld 1857. 4⁰ (Progr.); die Principia rhetorices (De rhetorica liber) durch *C. Halm*, Rhetores latini minores. Lipsiae 1863. 8⁰. p. 137—151. Vgl. A. Reuter, Zu dem augustinischen Fragment De arte rhetorica: Kirchengeschichtl. Studien, H. Reuter zum 70. Geburtstag gewidmet. Leipzig 1888. 8⁰. S. 321—351. — Apologetische Schriften. Sonderausgaben des Werkes De civitate Dei lieferten in neuerer Zeit z. B. J. Strange, Köln 1850. 2 Bde. 8⁰, und namentlich B. Dombart, Leipzig 1863. 2 Bde. 8⁰; 2. Aufl. 1877. Vgl. *Dombart*, De codicibus quibusdam librorum Augustinianorum de civitate Dei commentatio (Progr.). Norimbergae 1862. 4⁰. Unter den frühern Editionen hat diejenige von J. L. Vives, zuerst 1522 zu Basel in 2⁰ erschienen, besondere Berühmtheit erlangt. Deutsche Uebersetzungen des Werkes veröffentlichten z. B. J. P. Silbert, Wien 1826. 2 Bde. 8⁰; U. Uhl, Kempten 1873—1874 (s. Abf. 14). Redner, Die Civitas Dei des hl. Augustin. Ein Beitrag zur römischen Gesch. u. Götterlehre (Progr.). Conitz 1856. 4⁰. J. H. Reinkens, Die Geschichtsphilosophie des hl. Augustinus. Mit einer Kritik der Beweisführung des Materialismus gegen die Existenz des Geistes. Rede. Schaffhausen 1866. 8⁰. G. J. Seyrich, Die Geschichtsphilosophie Augustins nach seiner Schrift De civitate Dei (Inaug.-Diff.). Leipzig 1891. 8⁰. *G. Boissier*, La fin du paganisme. Paris 1891. T. II. p. 339—390: La „Cité de Dieu" de saint Augustin. C. Frick, Die Quellen Augustins im XVIII. Buche seiner Schrift De civitate dei (Progr.). Hörter 1886. 4⁰. J. Dräseke, Zu Augustinus De civitate Dei XVIII, 42. Eine Quellenuntersuchung: Zeitschr. f. wissenschaftl. Theol. Bd. XXXII (1889). S. 230 bis 248. H. Reuter, Augustinische Studien. Gotha 1887. 8⁰. S. 106—152: „Die Kirche ‚das Reich Gottes'. Vornehmlich zur Verständigung über De civ. Dei lib. XX, cap. IX." — Dogmatische Schriften. Das Enchiridion ad Laurentium hat auch viele Separatausgaben erlebt. Unter den ältern Ausgaben wird diejenige des Jesuiten J. B. Faure der reichen erläuternden Noten wegen besonders geschätzt, Rom 1755. 4⁰; von neuem aufgelegt durch E. Passaglia, Neapel 1847. Die neueste und in textkritischer Hinsicht beste Ausgabe lieferte J. G. Krabinger, Tübingen 1861. 8⁰. Die Schrift findet sich auch bei *H. Hurter*, SS. Patr. opusc. sel. T. XVI. Eine neue deutsche Uebersetzung besorgte Molzberger, Kempten

1877 (ſ. Abſ. 14). Eine eingehende Analyſe gibt auch Ab. Harnack, Lehrbuch der Dogmengeſchichte. Bd. III. Freiburg i. Br. 1890. S. 200 ff. Die Schriften De fide et symbolo unb De fide rerum quae non videntur finden ſich bei *Hurter* l. c. T. VI; bas Werk De trinitate ebenb. T. XLII—XLIII. Die Predigt De symbolo ad catechumenos (nebſt brei andern, ſehr wahrſcheinlich unechten Predigten über benſelben Gegenſtand) unb bie Schrift De fide et operibus hat R. Storf ins Deutſche überſetzt, Kempten 1877 (ſ. Abſ. 14). Einen Aus= zug aus ber Abhanblung De cura gerenda pro mortuis gibt Fr. X. Kraus, Roma Sotterranea. 2. Aufl. Freiburg i. Br. 1879. S. 580—584.

16. Ausgaben, Ueberſetzungen unb Bearbeitungen einzelner Schriften. Fortſ. — **Dogmatiſch=polemiſche Schriften.** Ein Abbruck ber Schrift De haeresibus nach ber Mauriner=Ausgabe ſteht bei *Fr. Oehler*, Corpus haereseologicum. T. I. Berol. 1856. p. 187—225. — Schriften gegen bie Manichäer. Die meiſten ber Schriften gegen bie Manichäer ſinb nebſt ber muthmaßlichen Schrift bes Biſchofs Evobius burch Zycha von neuem herausgegeben worben: S. Aurel. Augustini Operum sectionis VI pars 1. De utilitate credendi, De duabus animabus, Contra Fortunatum, Contra Adimantum, Contra epistulam fundamenti, Contra Faustum, ex rec. *Ios. Zycha* (Corpus script. eccles. lat. Vol. XXV, pars 1). Vindob. 1891; S. Aurel. Aug. Operum sect. VI pars 2. Contra Felicem libri II, De natura boni liber, Secundini Manichaei ad S. Augustinum epistula, Contra Secundinum liber. Accedunt Evodii De fide contra Manichaeos et Commonitorium Augustini quod fertur. Praefatione utriusque partis praemissa recensuit *Ios. Zycha* (Corpus script. eccles. lat. Vol. XXV, pars 2). Vindob. 1892. Vgl. Abſ. 14. Ueber Evobius, von welchem auch einige Briefe in ber Brieffammlung Auguſtins vorliegen, ſ. Barbenhewer in Wetzer unb Welte's Kirchenlexikon (2. Aufl.). Bd. IV. Sp. 1061. Zwo Schriften bes hl. Auguſtinus, von ber wahren Religion unb von ben Sitten ber katholiſchen Kirche; überſetzt von Fr. L. Graf v. Stolberg. Münſter 1803. 8°. Ueber bie antimanichäiſchen Schriften Auguſtins im allgemeinen ſ. Fr. unb P. Böhringer, Aurelius Augustinus, Biſchof von Hippo. Stuttgart 1877—1878. Bd. I. S. 80—141. Zu ber Schrift De libero arbitrio vgl. *F. Duquesnoy*, Une preuve de l'existence de Dieu dans St. Augustin. Dialogue De libero arbitrio II, III—XV: Annales de philosophie chrétienne. N. S. T. XXV (1891—1892). p. 286—302. 331—346. — Schriften gegen bie Dona= tiſten. Hurter (SS. Patr. opusc. sel. T. XXVII) bietet S. Augustini opuscula selecta de ecclesia. Ueber bie antibonatiſtiſchen Schriften im allgemeinen ſ. F. Ribbeck, Donatus unb Augustinus, ober ber erſte entſcheidende Kampf zwiſchen Separatismus unb Kirche. Ein kirchenhiſt. Verſuch. Elberfelb 1857—1858. 2 Thle. 8°; Fr. unb P. Böhringer a. a. O. Bd. I. S. 142—232. Ueber ben Psalmus contra partem Donati als älteſtes Denkmal ber rhythmiſchen lateiniſchen Dichtung ſ. W. Meyer in ben Abhandlungen ber kgl. bayer. Akab. b. Wiſſ. I. Cl. Abth. 2. München 1885. S. 284—288. Zu ber Schrift Ad Catholicos epistola contra Donatistas vgl. *E. Michaud*, Le „Livre sur l'unité de l'Église" de St. Augustin: Internat. theol. Zeitſchr. Bd. II (1894). S. 511—517. Ueber ben angeblichen Liber testimoniorum fidei contra Donatistas bei *Pitra*, Analecta sacra et classica. Paris. 1888. Pars I. p. 147—158, ſ. § 92, 3. — Schriften gegen bie Pelagianer. Pelagianiſche Literatur. Bei Hurter (l. c. T. XXXV—XXXVI) finden ſich S. Aug. et S. Prosp. Aquit. de gratia opusc. sel. *St. Augustine*, Three Anti-Pelagian Heresies, viz. De spiritu et littera, De natura et gratia, and De gestis Pelagii. Translated with analysis by *F. H. Woods* and *J. O. Johnstone*. London 1887. 8°. Ueber bie antipelagianiſchen Schriften Auguſtins im allgemeinen ſ. G. Fr. Wiggers,

Versuch einer pragmatischen Darstellung des Augustinismus und Pelagianismus nach ihrer geschichtlichen Entwickelung. (Neue Ausg.) Hamburg 1833. 2 Bde. 8⁰; Fr. und P. Böhringer a. a. O. Bd. I. S. 233—268. Bd. II. S. 1—139. Ueber den Pelagianismus handeln u. a. Fr. Wörter, Der Pelagianismus nach seinem Ursprunge und seiner Lehre. Ein Beitrag zur Geschichte des Dogmas von der Gnade und Freiheit. Freiburg i. Br. 1866. 8⁰; 2. Ausg. 1874. Fr. Klasen, Die innere Entwicklung des Pelagianismus. Beitrag zur Dogmengeschichte. Freiburg i. Br. 1882. 8⁰. J. Ernst, Pelagianische Studien. Kritische Randbemerkungen zu Klasen und Wörter: Der Katholik, Jahrg. 1884, Bd. II. S. 225—259; Jahrg. 1885, Bd. I. S. 241—269. Von den ziemlich zahlreichen Schriften des Pelagius sind erhalten geblieben: Commentarii in epistolas S. Pauli (*Migne*, P. lat. XXX, 645—902), von nicht geringem exegetischen Werthe, Epistola ad Demetriadem, etwa aus dem Jahre 412 oder 413 (XXX, 15—45 und wiederum XXXIII, 1099—1120), Libellus fidei ad Innocentium Papam vom Jahre 417 (XLV, 1716—1718 und wiederum XLVIII, 488—491). Zweifelhafter Herkunft ist Epistola ad Celantiam matronam (XXII, 1204—1220). Uebrigens ist auch die Echtheit der Commentare zu den paulinischen Briefen bestritten worden von Fr. Klasen, Pelagianistische Commentare zu 13 Briefen des hl. Paulus, auf ihren Inhalt und Ursprung untersucht: Theol. Quartalschrift. Bd. LXVII (1885). S. 244—317. 531—577. Aus andern Schriften, Eulogiarum (? auch capitulorum und testimoniorum) liber, De natura, De libero arbitrio, und einigen Briefen, führen Hieronymus, Augustinus und Marius Mercator in ihren antipelagianischen Schriften mehr oder weniger umfangreiche Stellen an. Noch andere Schriften endlich, insbesondere auch De trinitate libri tres, sind nur dem Namen nach bekannt. Näheres bei *Schoenemann*, Bibl. hist.-lit. Patr. lat. II, 433—436 (abgedruckt bei *Migne*, P. lat. XXI, 1155—1157); *Bähr*, Gesch. der Röm. Literatur. Supplementband (1836—1840) II, 310—314. Sonstige Literaturangaben bei *Chevalier*, Répert. 1750. 2766. Cälestius war wohl nicht Britannier oder Schotte oder Irländer, sondern Italiker. Seine Schriften, Contra traducem peccati, Definitiones, libelli fidei u. a., scheinen, abgesehen von den Citaten und Auszügen Augustins, gänzlich verloren gegangen zu sein. J. Garnier († 1681) hingegen glaubte die Definitiones ihrem ganzen Umfange nach aus der Widerlegung Augustins herausschälen und auch einen libellus fidei an Papst Zosimus noch aufzeigen zu können. S. *Schoenemann* l. c. II, 470—472. Vgl. *Chevalier*, Répert. 416. Die beiden Hauptwerke Julians von Eclanum, Libri IV und Libri VIII adversus Augustinum, lassen sich aus den Gegenschriften Augustins zum großen Theile wiederherstellen. Ueber unbedeutende Fragmente anderer Schriften s. *Schoenemann* l. c. II, 574 sqq. (abgedruckt bei *Migne*, P. lat. XXI, 1167 sqq.). Vgl. *Chevalier*, Répert. 1314. Der Pelagianer Anianus (Annianus) von Celeda ist als Uebersetzer einiger Schriften des hl. Chrysostomus schon § 57, 15 genannt worden. Ein neues Corpus Pelagianum, zwei Briefe ohne Aufschrift, einen Tractat De divitiis und drei Briefe De malis doctoribus et operibus fidei et de iudicio futuro, De possibilitate non peccandi und De castitate umfassend, ist vollständig zuerst von C. P. Caspari (Briefe, Abhandlungen und Predigten aus den zwei letzten Jahrhunderten des kirchlichen Alterthums und dem Anfang des Mittelalters. Christiania 1890. 8⁰. S. 1—167) herausgegeben worden. Sämtliche Bestandtheile der Sammlung sind unverkennbar pelagianischen Charakters und Ursprungs, gehören einer und derselben Hand an und müssen etwa zwischen 413 und 430 geschrieben sein. Der Verfasser ist vermuthlich jener Pelagianer Agricola, von welchem es in der Chronik Prospers aus Aquitanien zum Jahre 429 heißt: Agricola Pelagianus, Severiani episcopi Pelagiani filius, ecclesias Brittaniae dogmatis sui insinuatione corrumpit (Mon. Germ. hist.

Auct. antiquiss. IX, 1, 472). S. die trefflichen Untersuchungen Casparis a. a. O. S. 223—389. In diesen Untersuchungen wird auch die Herkunft der pseudo-augustini= schen Schrift De vita christiana (XL, 1031—1046), welche gleichfalls ein aus= gesprochen pelagianisches Gepräge trägt, einer sorgfältigen Prüfung unterzogen (S. 352—375). Das Ergebniß lautet, die genannte Schrift sei sehr wahrscheinlich identisch mit den zwei von Gennadius (De vir. ill. c. 56: LVIII, 1091) dem britischen Bischofe Fastidius beigelegten Büchern De vita christiana und De viduitate servanda (oder auch mit dem ersten derselben), sie sei also diesem Bi= schofe, welcher 420—430 schrieb, zuzuerkennen. Damit pflichtet übrigens Caspari nur der bereits herrschend gewordenen Ansicht bei; P. lat. L, 383—402 steht die fragliche Schrift auch unter des Fastidius Namen. Die Epistola Fastidii Bri= tannici episc. ad Fatalem bei *Pitra*, Analecta sacra et classica. Paris. 1888. Pars I. p. 134—136 wird wohl dem 9. Jahrhundert zuzuweisen sein.

17. Ausgaben, Uebersetzungen und Bearbeitungen einzelner Schriften. Fortf. — Exegetische Schriften. Eine neue deutsche Uebersetzung des Werkes De doctrina christiana lieferte R. Storf, Kempten 1877 (f. Abf. 14). *A. Bartolini*, Alcuni precetti di s. eloquenza tratti dal libro IV della dottrina cristiana di S. Ago- stino. Roma 1892. 8°. Mehrere exegetische Schriften sind durch Zycha von neuem herausgegeben worden: S. Aurel. Augustini Operum sectionis III pars 1. De Genesi ad litteram libri XII, Eiusdem libri capitula, De Genesi ad litteram imperfectus liber, Locutionum in Heptateuchum libri VII, ex recensione *Ios. Zycha* (Corpus script. eccles. lat. Vol. XXVIII). Vindob. 1894. Vgl. Abf. 14. Ueber die Bibelcitate in den Locutiones f. Zycha, Bemerkungen zur Italafrage: Eranos Vindobonensis. Wien 1893. S. 177—184. Die 124 Ho= milien über das Johannesevangelium sind auch bei *Hurter*, SS. Patr. opusc. sel. Ser. II. T. 1—2 abgedruckt. H. Hayd hat dieselben ins Deutsche übersetzt, Kempten 1877—1878 (f. Abf. 14): Eine Uebersetzung der 10 Homilien über den ersten Brief des hl. Johannes, welche in einigen Handschriften De caritate über= schrieben und größtentheils in der Osterwoche vorgetragen worden sind, veröffentlichte C. Wolfsgruber unter dem Titel: Ostergruß des hl. Kirchenlehrers Augustinus an die Freunde der christlichen Liebe. Saulgau 1891. 12°. Ueber die exegetischen Schriften Augustins im allgemeinen f. *H. N. Clausen*, Aurelius Augustinus Hippo- nensis S. Scripturae interpres. Hauniae 1827. 8°. *C. Douais*, St. Augustin et la Bible: Revue biblique trimestrielle. T. II (1893). p. 62—81. 351—377; T. III (1894). p. 110—135. — Moraltheologische und pastoraltheo= logische Schriften. Das echte Speculum Quis ignorat und das unechte Spe- culum Audi Israhel sind durch Weihrich von neuem herausgegeben worden: S. Aurel. Augustini Hippon. episc. Operum sectionis III pars 1. Liber qui appellatur Speculum et Liber de divinis scripturis sive Speculum quod fertur S. Augustini. Recensuit et comm. crit. instruxit *F. Weihrich* (Corpus script. eccles. lat. Vol. XII). Vindob. 1887. Vgl. Abf. 14. F. Weihrich, Das Speculum des hl. Augustinus und seine handschriftliche Ueberlieferung (aus den Sitzungsberichten d. k. Akad. d. Wiss. zu Wien). Wien 1883. Weihrich, Die Bibelexcerpte De divinis scripturis und die Itala des hl. Augustinus (aus den genannten Sitzungsberichten). Wien 1893. Im Gegensatze zu Weihrich hat L. Delisle (Le plus ancien manuscrit du Miroir de St. Augustin [Extr. de la Bibl. de l'École des Chartes]. Paris 1884) noch die Echtheit des Spe- culum Audi Israhel vertheidigt. Den Stand der Frage nach dem echten Speculum kennzeichnet treffend O. Rottmanner in der Lit. Rundschau, Jahrg. 1888, Sp. 297—300. Zu den Schriften De mendacio und Contra mendacium vgl. P. Hötzl, Jakob und Esau, Typik und Casuistik. München 1881. 8°. S. 3 ff. Die Schrift De catechizandis rudibus findet sich auch bei *Hurter*, SS. Patr.

opusc. sel. (Ser. I.) T.-VIII, sowie, besorgt von A. Wolfharb bezw. G. Krüger, in Krügers Sammlung ausgewählter kirchen= und bogmengeschichtlicher Quellen= schriften. Heft 4. Freiburg i. Br. 1892; 2. Ausg. 1893. Neue deutsche Ueber= setzungen lieferten J. Molzberger, Kempten 1877 (f. Abf. 14), und C. Ernesti in der Sammlung der bedeutendsten pädagogischen Schriften aus alter und neuer Zeit. Bb. III. Paberborn 1889. Fr. X. Schöberl, Die „Narratio" bes hl. Augustin und die Katechetiker der Neuzeit. Dingolfing 1880. 8⁰. A. Stöckel, Die Grundzüge der Katechetik Augustins: Pastoralblätter f. Homiletik, Katechetik und Seelsorge. Bb. XXXV (1893). S. 537—545. — Predigten, Briefe, Gedichte. Ueber alte Handschriften augustinischer Sermones handeln *J. Havet*, La date d'un manuscrit de Luxeuil: Bibliothèque de l'École des Chartes. T. XLVI. Paris 1885. p. 430—439. R. Beer, Die Anecdota Borderiana Augustineischer Sermonen (aus ben Sitzungsber. b. k. Akab. b. Wiff. zu Wien). Wien 1887. Die von A. B. Caillau veröffentlichten S. Augustini sermones inediti (Parisiis 1842. 2⁰) find fast fämtlich unecht; f. *Fessler-Iungmann*, Institt. Patrol. II, 1. p. 376; *G. Morin*, Un écrivain belge ignoré du XII⁰ siècle. Geoffroi de Bath ou Geoffroi Babion? Revue Bénédictine. T. X (1893). p. 28—36. Auch bie Sermones S. Augustini ex codicibus Vaticanis bei *A. Mai*, Nova Patr. Bibl. T. I. Romae 1852. Pars 1. p. 1—470 find meist unter= schoben, und basselbe gilt von ben 9 Homiliae bezw. Sermones unter Augustins Namen bei *Fr. Liverani*, Spicilegium Liberianum. Florentiae 1863. 2⁰. p. 11—33. C. P. Caspari hat ben mit Unrecht bezweifelten Sermo 213, in traditione symboli 2 (*Migne*, P. lat. XXXVIII, 1060—1065) von neuem heraus= gegeben (Alte und neue Quellen zur Geschichte des Tauffymbols und der Glaubens= regel. Christiania 1879. S. 223—249), und eine unechte, aber inhaltlich und sprachlich merkwürdige Homilia de sacrilegiis, über abergläubische und heidnische Gebräuche bei Christen, ans Licht gezogen (Eine Augustin fälschlich beigelegte Homilia de sacrilegiis. Aus einer Einsiedler Handschrift des 8. Jahrhunderts heraus= gegeben und mit kritischen und sachlichen Anmerkungen, sowie mit einer Abhanblung begleitet. Christiania 1886. 8⁰). Zwei neue echte Predigten, Sermo in vigil. S. Ioh. Bapt. und Sermo in die S. Eulaliae, entdeckte und veröffentlichte G. Morin in der Revue Bénédictine. T. VII (1890). p. 260—270. 592, und T. VIII (1891). p. 417—419; vgl. T. IX (1892). p. 173—177. S. auch *Morin*, Les sermons inédits de St. Augustin dans le manuscrit latin 17 059 de Munich: Revue Bénédictine. T. X (1893). p. 481—497. 529—541. Ausgewählte Predigten Augustins in deutscher Ueberfetzung gibt G. Leonhardi, Die Predigt der Kirche. Bb. V. Leipzig 1889. Matthes, Der Unterschied in ber Predigtweise bes Chryfoftomus und Augustinus: Pastoralblätter f. Homiletik, Katech. u. Seelsorge. Bb. XXX (1888). S. 40—71. *A. Regnier*, La latinité des sermons de St. Augustin. Paris 1887. 8⁰. *I. Vérin*, S. Augustini auditores, sive de Afro- rum christianorum circa Augustinum ingenio ac moribus disquisitio. Blesis. 1869. 8⁰. *A. Degert*, Quid ad mores ingeniaque Afrorum cognoscenda con- ferant S. Augustini sermones (Thèse). Paris. 1894. 8⁰. Ausgewählte Briefe Augustins hat Th. Kranzfelder ins Deutsche übersetzt, Kempten 1878—1879 (f. Abf. 14). M. H. Allies (The letters of St. Augustine. London 1890. 8⁰) gibt 34 Briefe in englischer Ueberfetzung. Das Brief=Fragment aus des Pri- mafius Commentar zur Apokalypse (*Migne*, P. lat. XXXIII, 751—752) hat J. Haußleiter bei Th. Zahn, Forschungen zur Gesch. b. neutestamentl. Kanons. T I. IV. Erlangen 1891. S. 200—203, in emendirter Gestalt vorgelegt. J. A. Ginzel, Kirchenhistorische Schriften. Wien 1872. 8⁰. Bb. I. S. 123—245: „Der Geift des hl. Augustinus in feinen Briefen." Ueber die Gedichte Augustins f. M. Ma- nitius, Gesch. der christl.=latein. Poefie. Stuttgart 1891. S. 320—323. *de Rossi*,

Bullettino di Archeologia cristiana. Ser. IV, anno 5 (1887). p. 150—152: S. Agostino autore di carmi epigrafici. Nach A. Ebner, Handschriftliche Studien über das Praeconium paschale (Kirchenmuſikaliſches Jahrbuch für das Jahr 1893. S. 73—83), iſt der Oftergeſang Exultet wahrſcheinlich von Auguſtinus verfaßt.

18. Biographien und Charakteriſtiken. — Die zwei wichtigſten der ältern Biographien Auguſtins, von Tillemont und von den Maurinern (letztere bei *Migne*, P. lat. XXXII, 65—578), ſind vorhin bereits (Abſ. 14) namhaft gemacht worden. Von neuern Arbeiten ſeien angeführt Fr. A. G. Kloth, Der hl. Kirchenlehrer Aurelius Auguſtinus. Aachen 1840. 2 Bde. 8°. C. Bindemann, Der hl. Auguſtinus. Bd. I. Berlin 1844. 8°; Bd. II. Leipzig 1855; Bd. III. Greifswald 1869. Fr. Böhringer, Die Kirche Chriſti und ihre Zeugen oder die Kirchengeſchichte in Biographieen. Bd. I. Abth. 3. Zürich 1845. S. 99—774. Fr. und P. Böhringer, Aurelius Auguſtinus, Biſchof von Hippo. Stuttgart 1877—1878. 2 Bde. 8° (Die Kirche Chriſti und ihre Zeugen. Neue Ausg. Bd. XI, 1. und 2. Hälfte). *Poujoulat*, Histoire de St. Augustin, sa vie, ses oeuvres, son siècle, influence de son génie. Paris 1845—1846. 3 vols. 8°; 7e éd. 1886. 2 vols. 8°. Poujoulats Werk ward nach der erſten Ausgabe ins Deutſche überſetzt von Friedr. Hurter, Schaffhauſen 1846—1847. 2 Bde. 8°. Histoire de St. Augustin, évêque d'Hippone et docteur de l'église, d'après ses écrits et l'édition des Bénédictins. Par un membre de la grande Famille de St. Augustin. Paris 1886. 2 vols. 8°. Doubrawa, Denkmäler des hl. Aurel. Auguſtinus, Biſchofs von Hippo. Thl. I. Prag 1893. 8° (in böhmiſcher Sprache). — *F. Magani*, La data e il luogo del battesimo di S. Agostino con alcune note sui primi monumenti cristiani di Milano. Pavia 1887. 8°. *H. A. Naville*, St. Augustin. Étude sur le développement de sa pensée jusqu'à l'époque de son ordination. Genève 1872. 8°. Fr. Wörter, Die Geiſtesentwickelung des hl. Aurelius Auguſtinus bis zu ſeiner Taufe. Paderborn 1892. 8°. — Ph. Schaff, Der hl. Auguſtinus. Sein Leben und Wirken. Berlin 1854. 8°. *Flottes*, Études sur St. Augustin, son génie, son âme, sa philosophie. Montpellier 1861. 8°. E. Feuerlein, Ueber die Stellung Auguſtins in der Kirchen- und Culturgeſchichte: Hiſtoriſche Zeitſchrift. Bd. XXII. München 1869. S. 270—313. *W. Cunningham*, S. Austin and his place in the history of christian thought. London 1886. 8°. H. Reuter, Auguſtiniſche Studien. Gotha 1887. S. 479—516: „Zur Würdigung der Stellung Auguſtins in der Geſchichte der Kirche." Ad. Harnack, Lehrbuch der Dogmengeſchichte. Bd. III. Freiburg i. Br. 1890. S. 54—84: „Die weltgeſchichtliche Stellung Auguſtins als Reformator der chriſtlichen Frömmigkeit"; S. 84—215: „Die weltgeſchichtliche Stellung Auguſtins als Lehrer der Kirche." *Ph. Schaff*, S. Chrysostom and S. Augustin (Studies in christian biography). London 1891. 8°. — E. Mirbt, Die Stellung Auguſtins in der Publiciſtik des Gregorianiſchen Kirchenſtreits. Leipzig 1888. 8°. Weitere Schriften über Auguſtinus verzeichnet *Chevalier*, Répert. des sources hist. 191—194. 2432—2434.

19. Schriften über die Philoſophie des hl. Auguſtinus. — Ueber die Philoſophie des hl. Auguſtinus handeln, abgeſehen von den größern Werken über die Geſchichte der Philoſophie und den Abſ. 15 genannten Bearbeitungen der philoſophiſchen Schriften des Heiligen, *J. F. Nourrisson*, La philosophie de St. Augustin. Paris 1865. 2 vols. 8°; 2e éd. 1869. *A. Dupont*, La philosophie de St. Augustin. (Extrait de la Revue cath. de Louvain.) Louvain 1881. 8°. J. Storz, Die Philoſophie des hl. Auguſtinus. Freiburg i. Br. 1882. 8°. Ueber die Erkenntnißlehre des Heiligen ſ. *E. Melzer*, Augustini atque Cartesii placita de mentis humanae sui cognitione quomodo inter se congruant a seseque

differant (Diss. inaug.). Bonnae 1860. 8⁰. J. Merten, Ueber die Bedeutung
der Erkenntnißlehre des hl. Augustinus und des hl. Thomas von Aquino für den
geschichtl. Entwickelungsgang der Philosophie als reiner Vernunftwissenschaft. Trier
1865. 8⁰. *N. I. L. Schütz,* Divi Augustini de origine et via cognitionis in-
tellectualis doctrina ab ontologismi nota vindicata (Diss. inaug.). Monasterii
1867. 8⁰. Al. Schmid, Erkenntnißlehre. Freib. i. Br. 1890. Bd. I. S. 372
bis 391; vgl. Bd. II. S. 375—380. J. Hähnel, Verhältnis des Glaubens zum
Wissen bei Augustin. Ein Beitrag zu Augustins Erkenntnistheorie (Jnaug.-Diff.).
Leipzig 1891. 8⁰. Ueber die Metaphysik des Heiligen s. C. van Endert,
Der Gottesbeweis in der patristischen Zeit mit besonderer Berücksichtigung Augustins.
Freib. i. Br. 1869. 8⁰. *G. Loesche,* De Augustino Plotinizante in doctrina
de Deo disserenda (Diss. inaug.). Ienae 1880. 8⁰. K. Scipio, Des Au-
relius Augustinus Metaphysik im Rahmen seiner Lehre vom Uebel. Leipzig 1886. 8⁰.
J. Christinnecke, Causalität und Entwicklung in der Metaphysik Augustins. I. Tl.
Jena 1891. 8⁰. E. Melzer, Die Augustinische Lehre vom Kausalitätsverhältnis
Gottes zur Welt. Ein Beitrag zur Geschichte der patristischen Philosophie. Neisse
1892. 8⁰. *Krause,* S. Bonaventuram in doctrina de rerum naturalium origine
S. Augustinum secutum esse (Progr.). Brunsbergae 1893. 4⁰. Ueber die
Psychologie des Heiligen s. Th. Gangauf, Metaphysische Psychologie des
hl. Augustinus. Augsburg 1852. 8⁰. *Ferraz,* De la psychologie de St. Au-
gustin (Thèse). Paris 1862. 8⁰; 2e éd. 1869. *F. A. Heinichen,* De Au-
gustini doctrinae anthropologicae origine commentatio. . . Lipsiae 1862. 8⁰.
W. Heinzelmann, Augustins Lehre vom Wesen und Ursprung der menschlichen
Seele (Progr.). Halberstadt 1868. 4⁰. Derselbe, Augustins Lehre von der
Unsterblichkeit und Immaterialität der menschlichen Seele (Jnaug.-Diff.). Jena
1874. 8⁰. *H. I. Bestmann,* Qua ratione Augustinus notiones philosophiae
graecae ad dogmata anthropologica describenda adhibuerit. Comment. hist.
Erlang. 1877. 8⁰. K. Werner, Die Augustinische Psychologie in ihrer mittel-
alterlich-scholastischen Einkleidung und Gestaltung (aus den Sitzungsber. d. k. Akad.
d. Wiss. zu Wien). Wien 1882. W. Kahl, Die Lehre vom Primat des Willens
bei Augustinus, Duns Scotus und Descartes (Jnaug.-Diff.). Straßburg 1886. 8⁰.
Ueber die Lehre vom Schönen s. *A. Berthaud,* S. Augustini doctrina de pulchro
ingenuisque artibus e variis illius operibus excerpta. Poitiers 1891. 8⁰.
Ueber die Geschichtsphilosophie s. die Abs. 15 angeführten Schriften über das Werk
De civ. Dei.

20. Schriften über die Theologie des hl. Augustinus. — Ueber die Theologie
des hl. Augustinus handeln in neuerer Zeit, abgesehen von den Lehrbüchern der
Dogmengeschichte und den Abs. 15—17 genannten Bearbeitungen der theologischen
Schriften des Heiligen, A. Dorner, Augustinus. Sein theologisches System und
seine religionsphilosophische Anschauung. Berlin 1873. 8⁰. Th. Gangauf, Des
hl. Augustinus speculative Lehre von Gott dem Dreieinigen. Ein wissenschaftlicher
Nachweis der objectiven Begründetheit dieses christlichen Glaubensgegenstandes, aus
den Schriften des genannten großen Kirchenlehrers gegen den unter dem Scheine
der Wissenschaft dieses christliche Grundbogma bekämpfenden Unglauben zusammengestellt. Augsburg 1865. 8⁰; 2. (Titel-) Aufl. 1883. — *A. Ritschl,* Expositio
doctrinae Augustini de creatione mundi, peccato, gratia (Diss. inaug.).
Halis 1843. 8⁰. Fr. Graßmann, Die Schöpfungslehre des hl. Augustinus
und Darwins. Regensburg 1889. 8⁰. M. Raich, St. Augustinus und der
Mosaische Schöpfungsbericht (Frankfurter zeitgemäße Broschüren. N. F. X, 5).
Frankfurt a. M. 1889. Fr. Nitzsch, Augustinus' Lehre vom Wunder. Ausführlich dargestellt. Berlin 1865. 8⁰. — J. Nirschl, Ursprung und Wesen des
Bösen nach der Lehre des hl. Augustinus. Regensburg 1854. 8⁰. J. Ernst,

Die Werke und Tugenden der Ungläubigen nach St. Augustin. Eine Studie über den „Augustinismus". Freiburg i. Br. 1871. 8°. J. P. Baltzer, Des hl. Augustinus Lehre über Prädestination und Reprobation. Eine dogmengeschichtl. Abhandlung (aus der Oesterr. Vierteljahresschr. f. kath. Theol.). Wien 1871. Hamma, Die Lehre des hl. Augustinus über die Concupiscenz: Theol. Quartalschr. Bd. LV (1873). S. 418—461. K. Kühner, Augustins Anschauung von der Erlösungsbedeutung Christi im Verhältnis zur voraugustin'schen Erlösungslehre bei den griechischen und lateinischen Vätern. Eine dogmengeschichtl. Untersuchung. Heidelberg 1890. 8°. A. Koch, Die Auktorität des hl. Augustin in der Lehre von der Gnade und Prädestination: Theol. Quartalschr. Bd. LXXIII (1891). S. 95—136. 287 bis 304. 455—487. O. Rottmanner, Der Augustinismus [d. i. Augustins Lehre von der Prädestination]. Eine dogmengeschichtl. Studie. München 1892. 8°. Gegen Rottmanner wandte sich O. Pfülf, Zur Prädestinationslehre des hl. Augustin: Zeitschr. f. kath. Theol. Bd. XVII (1893). S. 483—495. A. Kranich, Ueber die Empfänglichkeit der menschlichen Natur für die Güter der übernatürl. Ordnung nach der Lehre des hl. Augustin und des hl. Thomas von Aquin. Paderborn 1892. 8°. J. Mausbach, Ein mißverstandenes Wort des hl. Augustinus [bezüglich seiner Lehre von dem Willen]: Gymnasium zu M.-Gladbach. Festschrift zur Einweihung des neuen Schulgebäudes. 1892. S. 58—68. — Th. Specht, Die Lehre von der Kirche nach dem hl. Augustin. Paderborn 1892. 8°. Augustins Lehre von der Kirche bildet auch den Hauptgegenstand der Augustinischen Studien von H. Reuter, Gotha 1887. 8°. Th. Specht, Die Einheit der Kirche nach dem hl. Augustinus (Progr.). Neuburg a. D. 1885. 4°. E. Commer, Die Katholicität nach dem hl. Augustinus. Eine augustinische Studie. Breslau 1873. 8°. — M. M. Wilden, Die Lehre des hl. Augustinus vom Opfer der Eucharistie. Eine patristische Studie. Schaffhausen 1864. 8°. E. Michaud, St. Augustin et l'Eucharistie: Internat. theol. Zeitschr. Bd. II (1894). S. 108 bis 122. A. Franz, Das Gebet für die Todten, in seinem Zusammenhange mit Cultus und Lehre, nach den Schriften des hl. Augustinus. Eine patristische Studie. Nordhausen 1857. 8°.

## § 77. Freunde und Schüler des hl. Augustinus.

1. **Marius Mercator.** — Marius Mercator hat wohl nicht in Italien (so Garnier), sondern in Afrika (Gerberon, Baluze) das Licht der Welt erblickt. Einem Briefe des hl. Augustinus (Ep. 193: *Migne*, P. lat. XXXIII, 869 sqq.) ist zu entnehmen, daß Mercator wahrscheinlich im Jahre 418 und vermuthlich von Rom aus zwei Schriften, welche er gegen den Pelagianismus veröffentlicht hatte, dem Urtheile des Bischofs von Hippo unterbreitete. Im Jahre 429 weilte Mercator zu Konstantinopel, und hier muß er wohl auch die beiden folgenden Decennien zugebracht haben. Wahrscheinlich ist er erst nach dem vierten allgemeinen Concile zu Chalcedon (451) gestorben. Er blieb Laie (ward wenigstens nicht Priester), nahm aber als Vertheidiger der Lehre des hl. Augustinus und des hl. Cyrillus von Alexandrien an dem Kampfe gegen den Pelagianismus und den Nestorianismus lebhaftesten Antheil. Die bei Augustinus (a. a. O.) erwähnten antipelagianischen Schriften sind, wie es scheint, zu Grunde gegangen. Einige Forscher wollten die zweite dieser Schriften (librum refertum sanctarum testimoniis scripturarum *Aug.* l. c. c. 1) in dem unter den Opera S. Augustini stehenden Hypomnesticon contra Pelagianos et Caelestianos (*Migne*, P. lat. XLV,

1611—1664) wiederfinden. Ein Commonitorium super nomine Caelestii,
429 in griechischer Sprache verfaßt und 431 in lateinischer Uebersetzung von
neuem herausgegeben, liegt in der lateinischen Ausgabe vor (XLVIII, 63—108),
und ein lateinisches Commonitorium adversus haeresim Pelagii et Caelestii
vel etiam scripta Iuliani, aus dem Jahre 431 oder 432, hat sich gleichfalls
erhalten (XLVIII, 109—172). Die erstere Denkschrift, welche der Verfasser
auch dem Kaiser Theodosius II. überreichte, hat nicht wenig dazu beigetragen,
daß die aus Italien nach Konstantinopel geflüchteten Häupter der Pelagianer
aus der Hauptstadt vertrieben (429) und ihre Lehren auf dem dritten all=
gemeinen Concile zu Ephesus (431) verurtheilt wurden. Zwei andere lateinische
Schriften Mercators wenden sich gegen den Nestorianismus: Comparatio
dogmatum Pauli Samosateni et Nestorii (ibid. col. 773—774) und Nestorii
blasphemiarum capitula (col. 909—932), eine Widerlegung der zwölf Ana=
thematismen, mit welchen Nestorius die Anathematismen des hl. Cyrillus be=
antwortet hatte (§ 59, 2), aus dem Anfange des Jahres 431. Weit zahl=
reicher und umfassender aber als seine eigenen Schriften sind die von Mercator
gefertigten Uebersetzungen aus dem Griechischen ins Lateinische. Nicht bloß
griechische Streitschriften gegen die mehrgenannten Häresien (von Nestorius
gegen den Pelagianismus, von Cyrillus gegen den Nestorianismus), sondern
auch Schriften und Predigten der griechischen Häresiarchen selbst (Theodor
von Mopsuestia, Nestorius und andere) wollte er, möglichst getreu und un=
verändert, Lesern lateinischer Zunge zugänglich machen. Eine Uebersetzung
von Excerpten aus Schriften Theodors von Mopsuestia leitet er mit den
Worten ein: Verbum de verbo transferre conatus sum, pravum eius . . .
sensum . . . latinis volens auribus insinuare, cavendum modis omnibus,
non sequendum (col. 213—214. 1042—1043), und in der Vorrede zu
einer Uebersetzung von Predigten und Schriften des „gottlosen Nestorius"
heißt es: Blasphemiarum dicta vel scripta . . . curavi transferre, a
fidelibus linguae meae fratribus cognoscenda atque vitanda, in quibus
verbum de verbo, in quantum fieri potuit, conatus sum translator ex=
primere (col. 754—755). Mehrere im griechischen Originale verloren ge=
gangene Schriftstücke sind in Mercators Uebersetzung erhalten geblieben, und
auch seine eigenen Schriften, so wenig Empfehlendes sie in formeller Hinsicht
haben, sind für die Geschichte der pelagianischen und nestorianischen Streitig=
keiten von hohem Werthe.

Gesamtausgaben der Werke Mercators veranstalteten J. Garnier, Paris
1673. 2⁰ (mit überreichen castigationes, notae und dissertationes, aber wenig
zuverlässigem Texte), und St. Baluze, Paris 1684. 8⁰. Ein Abdruck der letztern
Ausgabe (mit einzelnen Berichtigungen) bei *Gallandi*, Bibl. vet. Patr. T. VIII.
Venetiis 1772. p. 613—738; ein Abdruck der Ausgabe Garniers (mit Be=
rücksichtigung des Textes bei Baluze und bei Gallandi) bei *Migne*, P. lat.
XLVIII. Parisiis 1846. Der Wunsch nach einer neuen, kritischen Ausgabe ist
schon oft laut geworden. Einige textkritische Bemerkungen zu dem Commonit.
adv. haeresim Pelagii gab M. Ihm im Rhein. Museum f. Philol. N. F. Bd. XLIV
(1889). S. 529—531. Ueber die von Mercator übersetzten Schriften des hl. Cy=
rillus und des Nestorius vgl. § 59, 9 und 11. — Der gallische Mönch Leporius,
welcher in seiner Heimat für den Pelagianismus und Nestorianismus in die Schranken
getreten war, schrieb um 418 in Afrika, durch Augustinus eines Bessern belehrt, einen

Widerruf unter dem Titel Libellus emendationis sive satisfactionis ad episcopos Galliae (*Migne*, P. lat. XXXI, 1221—1230). Näheres über Leporius bei *Schoenemann*, Bibl. hist.-lit. Patr. lat. II, 588—597. — Von Bischof Aurelius von Karthago (gest. um 429) besitzen wir ein Rundschreiben De damnatione Pelagii atque Caelestii haereticorum aus dem Jahre 419 (*Migne*, P. lat. XX, 1009—1014). Vgl. *Schoenemann* l. c. II, 1—7. — Von des Aurelius Nachfolger Capreolus liegen zwei Briefe vor: Ad concilium Ephesinum, aus dem Jahre 431, lateinisch und griechisch erhalten, und De una Christi veri Dei et hominis persona contra recens damnatam haeresim Nestorii, beide abgedruckt bei *Migne*, P. lat. LIII, 843—858. Nach Tillemonts Vermuthung sind auch einige unter die Werke Augustins aufgenommene Reden, welche von den Verwüstungen der Vandalen handeln, Capreolus zuzuweisen. Vgl. den Art. Capreolus in Smith und Wace's Dictionary of Christian Biography I, 400—401.

2. Orosius. — Der spanische Presbyter Paulus Orosius, wahrscheinlich aus Bracara in Galläcien (b. i. Braga in Portugal) gebürtig, verließ aus unbekannten Gründen seine Heimat und kam 413 oder 414 nach Hippo zu Augustinus. Das Commonitorium de errore Priscillianistarum et Origenistarum (§ 71, 3), welches Orosius 414 an Augustinus richtete (*Migne*, P. lat. XXXI, 1211—1216; auch XLII, 665—670), beantwortete letzterer mit der Abhandlung Ad Orosium contra Priscillianistas et Origenistas (§ 76, 5). Von Afrika begab Orosius sich nach Palästina, stand dem hl. Hieronymus im Kampfe gegen den Pelagianismus zur Seite und gerieth dadurch in Zwistigkeiten mit Bischof Johannes von Jerusalem, welcher Pelagius in Schutz nahm. Aus Anlaß dieser Zwistigkeiten schrieb Orosius gegen Ende des Jahres 415 einen Liber apologeticus contra Pelagium de arbitrii libertate (XXXI, 1173—1212). Nicht lange nachher verließ er das Heilige Land, um über Afrika nach Spanien heimzukehren. Er kam indessen nur bis nach Minorca; die Kunde von den in Spanien herrschenden Kriegswirren schreckte ihn zurück, und er flüchtete wieder nach Afrika zu Augustinus, um hier 417—418 sein Hauptwerk, Historiarum adversum paganos libri septem (XXXI, 663—1174), zu verfassen oder doch zu Ende zu führen. Seitdem verliert sich seine Spur; Zeit und Ort seines Todes sind unbekannt. Jene Historiae sind laut der Vorrede auf eine Aufforderung Augustins hin unternommen worden und sollen eine Ergänzung zu Augustins Werk De civitate Dei (§ 76, 4) bilden. Sie wollen nämlich im einzelnen den Nachweis liefern, daß die Menschheit in vorchristlicher Zeit noch viel mehr von Krieg und Unglück und Elend heimgesucht worden sei als in spätern Tagen, daß also die Noth der Zeit der Völkerwanderung nicht durch die Einführung des Christenthums und die Aufhebung der heidnischen Culte verschuldet sein könne. Den nach diesem Gesichtspunkte ausgewählten Stoff verarbeitet Orosius zu einem Abriß der Weltgeschichte von Adam bis ins Jahr 417 n. Chr. Als Quellen dienten vornehmlich die Heilige Schrift, eine Anzahl römischer Historiker und die Bearbeitung der eusebianischen Chronik durch Hieronymus. Für die Geschichte der letzten Jahrzehnte (etwa vom Jahre 378 an) hat das Werk selbständigen Werth. Der Stil zeigt infolge der Flüchtigkeit in Ausbeutung der verschiedenen Vorlagen eine große Ungleichheit. Die eingestreuten Beobachtungen sind stark rhetorisch gefärbt. Im Mittelalter erfreute sich das Werk eines großen Ansehens. Die Zahl der erhaltenen Handschriften

beläuft sich auf fast zweihundert. König Alfred von England († 901) fertigte eine freie angelsächsische Uebersetzung.

*Migne* l. c. hat die Historiae und den Liber apologeticus nach der Ausgabe S. Haverkamps, Leiden 1738 (1767), abgedruckt, das (bei Haverkamp fehlende) Commonitorium nach *Gallandi*, Bibl. vet. Patr. IX, 174—175. Eine neue Ausgabe der Historiae und des Liber apologeticus lieferte C. Zangemeister, Wien 1882 (Corpus script. eccles. lat. Vol. V). Eine kleinere Ausgabe der Historiae von Zangemeister erschien 1889 zu Leipzig (Bibl. Teubneriana). Die neue Ausgabe des Commonitorium von G. Schepß (Wien 1889) ist schon § 71, 3 erwähnt worden. Alfreds angelsächsische Uebersetzung der Historiae wurde zuletzt von H. Sweet, London 1883, herausgegeben. Vgl. H. Schilling, König Aelfreds angelsächsische Bearbeitung der Weltgeschichte des Orosius (Jnaug.-Diff.). Halle a. S. 1886. 8⁰. Ueber einen noch ungedruckten Brief des Orosius an Augustinus f. A. Goldbacher in der Zeitschr. f. die österreich. Gymnasien. Bd. XXXIV (1883). S. 104 Anm. 1; S. Bäumer im Lit. Handweiser, Jahrg. 1890, Sp. 59. Ueber die sogen. Chronica Horosii vgl. § 25, 5. Ueber Orosius handeln *Th. de Moerner*, De Orosii vita eiusque historiarum libris VII adversus paganos. Berolini 1844. 8⁰. *E. Méjean*, Paul Orose et son apologétique contre les païens (Thèse). Strasbourg 1862. 8⁰. C. Paucker, Vorarbeiten zur lateinischen Sprachgeschichte. Herausgegeben von H. Rönsch. Berlin 1884. 8⁰. Abth. 3. S. 24—53: De latinitate Orosii; vgl. S. 101—102. — Reliquien des hl. Stephanus, welche Orosius aus Palästina nach Minorca brachte, riefen hier eine mächtige religiöse Bewegung hervor, deren Endergebniß die Bekehrung zahlreicher Juden war. Die Geschichte dieser Bekehrung bildet den Gegenstand eines umfangreichen Rundschreibens des Bischofs Severus von Minorca De Iudaeis (P. lat. XX, 731—746) aus dem Jahre 418. Vgl. P. B. Gams, Die Kirchengeschichte von Spanien. Bd. II. Abth. 1. Regensburg 1864. S. 406—407. Ueber die Sprache des Schreibens f. C. Paucker in der Zeitschr. f. die österreich. Gymn. Bd. XXXII (1881). S. 481 ff. — Um dieselbe Zeit veröffentlichte der wahrscheinlich auch aus Spanien stammende Mönch Bachiarius Schriften De fide (XX, 1019—1036) und De reparatione lapsi (XX, 1037—1062). Vgl. *Fessler-Jungmann*, Institt. Patrol. II, 1, 418—421; Paucker a. a. O. — Die Angabe Sigeberts von Gemblour: Isidorus Cordubensis episcopus scripsit ad Orosium libros quatuor in libros Regum (De vir. ill. c. 51: CLX, 559) beruht auf einer Verwechslung. Dieser Isidor von Cordova hat nie existirt. S. *G. Morin*, Isidore de Cordoue et ses oeuvres: Revue des questions historiques. T. XXXVIII (1885). p. 536—547.

3. **Prosper und Hilarius.** — Zwei glaubenseifrige Laien in der Provence, Tiro Prosper, gebürtig aus Aquitanien, und Hilarius, erstatteten im Jahre 428 oder 429, jeder in einem besondern Schreiben, dem hl. Augustinus Bericht über den Widerspruch, welcher sich im südlichen Gallien gegen die Lehre des Heiligen von der Gnade und der Prädestination erhob. Augustinus widmete den Briefstellern die beiden Schriften De praedestinatione sanctorum und De dono perseverantiae (§ 76, 7). Von Hilarius sind, abgesehen von jenem Briefe (Nr. 226 unter den Briefen Augustins: *Migne*, P. lat. XXXIII, 1007—1012), keine Schriften auf uns gekommen. Prospers Brief hingegen (Nr. 225: XXXIII, 1002—1007; LI, 67—74) bildet gewissermaßen die Einleitung und das Programm zu einer langen Reihe von Schriften in Prosa und in Poesie. Die feststehenden Daten aus dem Leben Prospers hängen mit seiner schriftstellerischen Thätigkeit unmittelbar zusammen. Die letztere

aber erblickt ihre Hauptaufgabe in der Unterdrückung des erwähnten Wider=
spruches oder genauer in der Bekämpfung des (seit dem Mittelalter so genannten)
Semipelagianismus, welcher behauptete, zum Anfange des Heilswerkes und
zum Beharren in der erlangten Heiligung sei der Beistand der Gnade nicht
erforderlich. In den Jahren 429—430 legte Prosper einem sonst nicht be=
kannten Freunde Rufinus in einem umfangreichen Schreiben den Stand der
Frage dar (Ep. ad Rufinum de gratia et libero arbitrio: LI, 77—90),
veröffentlichte ein über 1000 Hexameter zählendes Gedicht gegen die Semi=
pelagianer unter dem Titel Περὶ ἀχαρίστων, hoc est, de ingratis (LI, 91—148)
und beantwortete den Angriff eines nicht genannten Semipelagianers auf Au=
gustinus durch zwei Epigrammata in obtrectatorem Augustini im elegischen
Maße (LI, 149—152). Wahrscheinlich ist unter diesem obtrectator das
Haupt der Semipelagianer, Johannes Cassianus (§ 78, 1), zu verstehen.
Die Bezeichnung der Gegner als ἀχάριστοι, ingrati ist doppelsinnig: Undankbare,
weil Verächter der göttlichen Gnade. Nach dem Tode Augustins (28. August
430) begab sich Prosper mit seinem Freunde Hilarius nach Rom, um von
Papst Cölestinus eine Entscheidung in Sachen des Semipelagianismus zu
erwirken. Und Cölestinus zögerte nicht, ein Mahnschreiben an die Bischöfe
Galliens zu erlassen (L, 528—530; auch XLV, 1755—1756), welches den
Neuerern Schweigen gebietet, das Andenken Augustins mit warmen Worten
in Schutz nimmt und die Bemühungen Prospers und seines Freundes in
schmeichelhaftester Weise anerkennt. In der Folge tritt Prosper als der vom
Papste bestellte Vertheidiger des Glaubens der Kirche auf (Fidem contra
Pelagianos ex Apostolicae sedis auctoritate defendimus. Resp. ad obiect.
Vincent. praef.: LI, 178). In den Jahren 431—432 schrieb er: Epitaphium
Nestorianae et Pelagianae haereseon (LI, 153—154), ein ironisches Trauer=
lied auf den Nestorianismus und den Pelagianismus aus Anlaß der Decrete
des Ephesinums vom Jahre 431; Pro Augustino responsiones ad capitula
obiectionum Gallorum calumniantium (155—174), zur Widerlegung von
Einwürfen gegen die augustinische Prädestinationslehre; Pro Augustino re=
sponsiones ad capitula obiectionum Vincentianarum (177—186), gleich=
falls zur Vertheidigung der augustinischen Prädestinationslehre, wahrscheinlich
gegen Vincentius von Lerinum (§ 78, 4); Pro Augustino responsiones ad
excerpta Genuensium (187—202), eine auf Ersuchen zweier Presbyter aus
Genua verfaßte Erläuterung ausgewählter Stellen der Schriften Augustins
De praedest. sanctorum und De dono persev.; De gratia Dei et libero
arbitrio liber contra Collatorem (213—276), gegen Cassianus, den Ver=
fasser der Collationes, von welchen die dreizehnte die Lehre vertritt, zuweilen
komme die Gnade dem Willen, zuweilen aber komme auch der Wille der Gnade
zuvor (§ 78, 1). Aus spätern Jahren stammen drei Auszüge aus Werken
Augustins: Expositio psalmorum a 100 usque ad 150 (LI, 277—426),
aus Augustins Enarrationes in psalmos (§ 76, 8) geschöpft, sehr wahr=
scheinlich nur Ueberbleibsel eines vollständigen Psalmen=Commentares; Sen=
tentiarum ex operibus S. Augustini delibatarum liber (427—496), gleich=
sam eine Summe der augustinischen Theologie in 392 den verschiedensten
Schriften Augustins entnommenen Sentenzen; Epigrammatum ex sententiis
S. Augustini liber (497—532), 106 kleine Gedichte, welche ebenso viele Sen=

tenzen der vorhin genannten Sammlung in der Form von Distichen darbieten.
Endlich ist noch ein historischer Versuch zu erwähnen, eine Chronik zur Fort=
setzung der Chronik des hl. Hieronymus, vom Verfasser selbst wiederholt
überarbeitet und vervollständigt und wahrscheinlich in dreifacher Redaction,
das erste Mal bis 433, das zweite Mal bis 445, das dritte Mal bis 455
reichend, der Oeffentlichkeit übergeben.   Die dritte und letzte Redaction pflegt
Chronicon integrum genannt zu werden (LI, 535—606); die zweite, welche
früher ans Licht gezogen wurde, Chronicon vulgatum. Vom Jahre 425 an
berichtet Prosper als Augenzeuge, und die Mittheilungen aus den folgenden
Jahren sind um so werthvoller, je dürftiger die anderweitigen Quellen fließen.
Manche andere Schriften, insbesondere auch das Werk De vocatione omnium
gentium (Abs. 5), sind Prosper mit Unrecht beigelegt worden.   Wie es
scheint, hat Prosper im Jahre 440 den neu erwählten Papst Leo I. nach Rom
begleitet, um fortan in der päpstlichen Kanzlei thätig zu sein.   Laut Gennadius
(De vir. ill. c. 84: LVIII, 1108) wurde er als der Verfasser von Briefen
Leos I. bezeichnet.   Sein Tod wird gewöhnlich in das Jahr 463 verlegt, im
Hinblick darauf, daß Marcellinus Comes in seiner Chronik Prospers zum
Jahre 463 gedenkt (LI, 930).   Die Kirche hat ihn in die Zahl der Heiligen
aufgenommen.   Seit jeher gilt er als Augustins bester Schüler.   Einige der
Sentenzen der zweiten Synode zu Orange (529) gegen den Semipelagianismus
sind seinen Schriften entlehnt.   Er hatte sich voll hingebender Bewunderung
in die Ideen Augustins versenkt, wußte in ihre Tiefen einzudringen und ver=
trat sie nun mit einer ebenso großen Gewandtheit im Ausdruck wie Sicherheit
in der Sache.   Freilich hat er es sich zugleich angelegen sein lassen, das Herbe
und Düstere der Anschauungen seines Meisters zu mildern.   Er hat zugegeben,
daß Augustinus durius rede, wenn er sage, Gott wolle nicht, daß alle Menschen
selig werden (Resp. ad obiect. Gall. II, 8: LI, 172).   Dementsprechend hat
er auch die Prädestination, im Gegensatze zu Augustinus, als durch das gött=
liche Vorherwissen des menschlichen Verdienstes bedingt dargestellt.

Die beste Gesamtausgabe der Werke Prospers lieferten die Benedictiner J. B. Le
Brun des Marettes und D. Mangeant, Paris 1711. 2°, wiederholt Venedig
1744. 2 Bde. 2° und Venedig 1782. 2 Bde. 4°.   Ein Abdruck dieser Ausgabe
findet sich bei *Migne*, P. lat. LI.   Die Mehrzahl der Schriften Prospers steht auch
schon P. lat. XLV, 1793—1898.   Ueber die frühern Ausgaben f. *Schoenemann*,
Bibl. hist.-lit. Patr. lat. II, 1022 sqq. (abgedruckt bei *Migne*, P. lat. LI, 49 sqq.).
Hurter (SS. Patr. opusc. sel.) gibt T. XXIV: S. Prosperi Aquitani carmen
de ingratis und T. XXXV—XXXVI: S. Augustini et S. Prosperi de gratia
opuscula selecta.   Zur Lehre Prospers vgl. Fr. Wörter, Prosper von Aqui=
tanien über Gnade und Freiheit (Progr.). Freiburg i. Br. 1867. 4°.   Eine neue
Ausgabe der Chronik Prospers von Th. Mommsen erschien in den Monum.
Germ. hist. Auct. antiquiss. T. IX. Vol. 1. Berol. 1892. p. 341—485.
Näheres über diese Chronik und spätere Bearbeitungen derselben, Chronicon im-
periale (*Migne*, P. lat. LI, 859—866), Prosper Augustanus u. f. w., bei
D. Holder=Egger, Untersuchungen über einige annalistische Quellen zur Ge=
schichte des 5. und 6. Jahrhunderts: Neues Archiv der Gesellschaft f. ältere deutsche
Geschichtskunde. Bd. I. Hannover 1876. S. 13—120. 213—368. Vgl. auch
Teuffel=Schwabe, Gesch. der Röm. Lit. 5. Aufl. S. 1176—1177; Watten=
bach, Deutschlands Geschichtsquellen im Mittelalter. 6. Aufl. I, 80—83.  Auf
Prospers Chronik gründet sich auch die gleichfalls durch Mommsen a. a. O.

(p. 666—735) von neuem herausgegebene Ostertafel des Aquitaniers Victorius oder Victurius aus dem Jahre 457 (Cursus paschalis annorum 532 ad Hilarum archidiaconum ecclesiae Romanae). Ueber Victorius s. Teuffel=Schwabe a. a. O. S. 1208. Die Abfassung des hübschen Poema coniugis ad u͎x͎o͎rem (LI, 611—616) durch Prosper ist sehr zweifelhaft; vgl. übrigens Manitius, Gesch. der christl.=latein. Poesie S. 211—212. Das umfangreiche Carmen de providentia divina (LI, 617—638) ist um 415 in Südgallien von einem Pelagianer oder Semipelagianer verfaßt worden; vgl. Ebert, Allg. Gesch. der Literatur des Mittelalters im Abendlande. I (2. Aufl.), 316—320; Manitius a. a. O. S. 170—180. Ueber einen Hymnus abecedarius gegen die Antitrinitarier unter Prospers Namen s. Teuffel=Schwabe a. a. O. S. 1177. Die sogen. Confessio S. Prosperi (LI, 607—610) ist entschieden unecht. Das große Werk De promissionibus et praedictionibus Dei (LI, 753—838) ist um 440 von einem Afrikaner, vielleicht Namens Prosper, geschrieben worden. Die sogen. Praeteritorum sedis Apostolicae episcoporum auctoritates de gratia Dei, welche seit Ende des 5. Jahrhunderts dem im Texte erwähnten Mahnschreiben des Papstes Cölestinus an die Bischöfe Galliens als Anhang beigegeben zu werden pflegen (LI, 205—212; L, 531—537), lassen sich auch nicht als eine Arbeit Prospers erweisen. Unter den praeteriti sedis Apostolicae episcopi sind zwei Vorgänger des hl. Cölestinus I. (422—432), Innocentius I. (401—417) und Zosimus (417—418), verstanden. Von Innocentius liegen noch 38 Briefe vor (Migne, P. lat. XX, 463 sqq.), von Zosimus 15 Briefe (XX, 639 sqq.), von Bonifatius I. (418—422) 9 Briefe (XX, 749 sqq.), von Cölestinus 16 Briefe (L, 417 sqq). Genaueres über die Briefe dieser vier Päpste bei Jaffé, Regesta Pontificum Rom. Ed. 2. T. I. Lips. 1885. p. 44—57. Eine deutsche Uebersetzung der Briefe bei S. Wenzlowsky, Die Briefe der Päpste (Bibl. der Kirchenväter). Bd. III. S. 7 ff. Einer der Briefe des hl. Bonifatius I., Supplicatio ad Honorium Augustum, ist von W. Meyer in dem Index scholarum Gott. per sem. hib. 1888/1889, p. 31—35 von neuem herausgegeben worden (vgl. § 99, 4 z. Schl.).

4. Paulinus von Mailand. — Ein Mailänder Cleriker Paulinus, welcher Secretär des hl. Ambrosius gewesen war und bald nach dessen Tode sich nach Afrika zu Augustinus begeben hatte, schrieb auf des letztern Anregung eine Vita S. Ambrosii (Migne, P. lat. XIV, 27—46). Als Muster und Vorbild diente die berühmte Vita S. Martini (§ 74, 1), und wie Sulpicius Severus, so verfolgte auch Paulinus zunächst eine erbauliche Tendenz. Außerdem liegen von der Hand Paulins vor Libellus adversus Caelestium [§ 76, 7], Zosimo Papae oblatus (XX, 711—716; XLV, 1724—1725) und De benedictionibus patriarcharum [Gen. 49] libellus (XX, 715—732).

Die Vita S. Ambrosii steht in den meisten Ausgaben der Werke des hl. Ambrosius, auch in der neuesten von P. A. Ballerini (§ 72, 9) T. VI. col. 885—906. Ueber die Ausgaben der beiden Libelli s. Schoenemann, Bibl. hist.-lit. Patr. lat. II, 599—602. Ueber die Latinität Paulins handelt K. Paucker in der Zeitschr. f. die österreich. Gymnasien. Bd. XXXII (1881). S. 481 ff. A. Papadopulos=Kerameus hat in den Ἀνάλεκτα ἱεροσολυμιτικῆς σταχυολογίας. Bd. I. St. Petersburg 1891. S. 27—88 eine alte griechische Uebersetzung der Vita S. Ambrosii herausgegeben.

5. Ein Ungenannter. — Eine besondere Erwähnung gebührt den aus der Mitte des 5. Jahrhunderts stammenden zwei Büchern De vocatione omnium gentium (Migne, P. lat. XVII, 1073—1132; LI, 647—722).

Die Versuche, Prosper oder Papst Leo I. als Verfasser nachzuweisen, sind mißlungen. Das Werk, welches von jeher in hohem Ansehen stand, erörtert die Fragen, inwiefern alle Menschen zum Heile berufen seien und weßhalb nur ein Theil der Menschen zum Heile gelange, und diese Erörterung beabsichtigt, einer Versöhnung zwischen Semipelagianern und Orthodoxen (inter defensores liberi arbitrii et praedicatores gratiae Dei I, 1, 1) den Weg zu bahnen.

Dem unbekannten Verfasser wird meist auch die gleichfalls anonyme Epistola ad sacram virginem Demetriadem seu de humilitate tractatus (LV, 161—180) zugeeignet. Ein Abdruck beider Schriften findet sich auch bei *Hurter*, SS. Patr. opusc. sel. T. III. Ueber die Frage nach dem Verfasser s. etwa Eb. Perthel, Papst Leos I. Leben und Lehren. Jena 1843. S. 127—134.

## § 78. Gallische Schriftsteller.

1. **Cassianus.** — Als der Vater des vorhin (§ 77, 3) gekennzeichneten Semipelagianismus gilt **Johannes Cassianus**, Abt zu Massilia (Marseille). Er muß um 360 geboren sein, wohl nicht in Skythien, wie Gennadius (De vir. ill. c. 61) angibt, sondern in Südgallien, als Kind einer begüterten und gebildeten Familie. Seine religiöse Ausbildung empfing er mit seinem ältern Jugendfreunde Germanus in einem Kloster zu Bethlehem. Die Sehnsucht, das Vaterland des Mönchthums kennen zu lernen, trieb die beiden Freunde um 385 nach Aegypten, wo sie erst sieben, und später, nachdem sie in Bethlehem die Erlaubniß ihrer Obern eingeholt, noch ungefähr drei Jahre unter den Anachoreten verweilten. Von Aegypten (durch den Patriarchen Cyrillus von Alexandrien vertrieben?) begaben sie sich nach Konstantinopel, und hier ward Cassianus durch Chrysostomus zum Diakon geweiht. Im Jahre 405 treffen wir die Freunde zu Rom, wo sie im Auftrage des konstantinopolitanischen Clerus den hl. Chrysostomus, welcher 404 zum zweitenmal ins Exil geschickt worden war, dem Schutze des Papstes Innocenz I. empfehlen. Zu Rom scheint Cassianus Priester geworden zu sein. Um 415 eröffnete er bei Massilia zwei Klöster, eines für Männer und eines für Frauen, und theils durch diese Gründung, welche indessen nicht die erste im Abendlande war (vgl. Abs. 2), theils durch die Schriften, welche er bald nachher auszuarbeiten begann, hat er zur Verbreitung der Klöster, zumal in Gallien und Spanien, sehr viel beigetragen. Er starb um 435 in höchstem Ansehen. An manchen Orten, insbesondere zu Marseille, wird er bis zur Gegenwart als Heiliger verehrt. — Auf Anregung des Bischofs Castor von Apta Julia im Narbonensischen Gallien verfaßte Cassianus in den Jahren 419—428 zur Unterweisung, Erbauung und Unterhaltung der Mönche zwei umfangreiche, sich gegenseitig ergänzende Werke. Das erste, 426 vollendet, ist betitelt: De institutis coenobiorum et de octo principalium vitiorum remediis libri XII (*Migne*, P. lat. XLIX, 53—476). Die vier ersten Bücher handeln von den Einrichtungen und Regeln der Klöster Palästinas und Aegyptens, während die acht übrigen die acht Hauptkrankheiten des Klosterlebens einzeln beleuchten und bekämpfen: Schlemmerei, Unzucht, Geldliebe, Zorn, Traurigkeit, Verdrossenheit (acedia), Eitelkeit (cenodoxia), Hoffart. Das zweite Werk, Collationes XXIV (XLIX, 477—1328), berichtet über Unterredungen des Verfassers und seines

Freundes Germanus mit ägyptischen Einsiedlern. Dasselbe ist in drei Liefe=
rungen geschrieben und herausgegeben worden: Coll. I—X, XI—XVII,
XVIII—XXIV. Die letzten Gespräche oder die frischesten Eindrücke hat
Cassianus zuerst aufgezeichnet; Coll. I—X fallen dem Inhalte nach in eine
spätere Zeit als Coll. XI—XXIV; der dritte und letzte Theil ist vor 429
zum Abschluß gekommen. Das Verhältniß der beiden Werke zu einander wird
vom Verfasser selbst dahin bestimmt, daß die Instituta mehr das äußere, die
Collationes mehr das innere Leben regeln wollen (Hi libelli ... ad ex-
terioris hominis observantiam et institutionem coenobiorum competentius
aptabuntur, illi vero ad disciplinam interioris ac perfectionem cordis
et anachoretarum vitam atque doctrinam potius pertinebunt. Instit.
II, 9). Dank dem im allgemeinen trefflichen Inhalte, dem populären Tone
und dem leicht fließenden Ausdrucke fanden beide Werke reichen Beifall und
wurden das ganze Mittelalter hindurch als Handbücher des Klosterlebens sehr
hoch geschätzt. Schon Cassians Freund Eucherius (Abs. 2) fertigte einen
Auszug aus den Instituta (L, 867—894), welcher ebenso wie ein (gleichfalls
von Eucherius verfaßter?) Auszug aus den Collationes I, II, VII im
9. Jahrhundert bereits in griechischer Uebersetzung vorlag (Photius, Bibl.
cod. 197). Einzelne Abschnitte beider Werke mußten freilich durch ihre semi=
pelagianische Haltung und Tendenz in den Kreisen der Freunde Augustins
Anstoß erregen (s. § 77, 3), insbesondere Collatio XIII, De protectione Dei,
in welcher sich die Sätze finden: (Deus) cum in nobis ortum quendam
bonae voluntatis inspexerit, illuminat eam confestim atque confortat et
incitat ad salutem, incrementum tribuens ei quam vel ipse plantavit
vel nostro conatu viderit emersisse (c. 8); ut autem evidentius clareat
etiam per naturae bonum, quod beneficio creatoris indultum est, non-
nunquam bonarum voluntatum prodire principia, quae tamen nisi a
Domino dirigantur ad consummationem virtutum pervenire non possunt, apostolus testis est dicens (Rom. 7, 18): velle enim adiacet mihi,
perficere autem bonum non invenio (c. 9); sin vero a gratia Dei
semper inspirari bonae voluntatis principia dixerimus, quid de Zachaei
fide, quid de illius in cruce latronis pietate dicemus, qui desiderio suo
vim quandam regnis caelestibus inferentes specialia vocationis monita
praevenerunt? (c. 11.) Ist Cassianus hier unverkennbar von der Lehre
der Kirche abgewichen, so ist er auf das entschiedenste für den orthodoxen
Glauben eingetreten, als er, einer Aufforderung des römischen Diakons und
nachmaligen Papstes Leo d. Gr. folgend, 430 oder 431 zum drittenmal die
Feder ergriff zu einem sieben Bücher zählenden Werke De incarnatione Domini contra Nestorium (L, 9—272).

Migne (P. lat. XLIX—L) gibt die Werke Cassians nach der Ausgabe
von Al. Gazäus (Gazet), welche zuerst 1616 zu Douai erschien und häufig von
neuem aufgelegt wurde. Die letzte und beste Ausgabe lieferte M. Petschenig,
Wien 1886—1888. 2 Bde. (Corpus script. eccles. lat. Vol. XIII. XVII).
Vgl. Petschenig, Zur handschriftlichen Ueberlieferung Cassians: Wiener Studien.
Bd. XII (1890). S. 151—153. Die von Gazäus ans Licht gezogene Epistola
S. Castoris ad Cassianum (XLIX, 53—54) wird von Petschenig in seiner
Ausgabe T. I (1888). Proleg. p. cxi sq. als unecht bezeichnet. Ueber die griechische

Uebersetzung der genannten Auszüge f. Petschenig ebend. p. xcvi sqq. Eine deutsche Uebersetzung der drei Werke Cassians besorgten A. Abt und K. Kohlhund, Kempten 1879. 2 Bde. (Bibl. der Kirchenväter). Ueber Cassianus handelt G. Fr. Wiggers, Versuch einer pragmatischen Darstellung des Augustinismus und Pelagianismus nach ihrer geschichtlichen Entwickelung. Hamburg 1833. Bd. II. S. 7—136. C. v. Paucker, Die Latinität des Ioannes Cassianus: Romanische Forschungen. Bd. II. Erlangen 1886. S. 391—448. Petschenig, Romanisches bei Cassian: Archiv f. lat. Lexikogr. und Gramm. Bd. V (1888). S. 138—139. R. Heinrichs, Die Arbeit und das Mönchthum in Cassians Schrift: „Von den Einrichtungen der Klöster": Der Katholik, Jahrg. 1892, Bd. II. S. 395—403.

2. Honoratus von Arles und Eucherius von Lyon. — Der zweite Theil der Collationen Cassians (XI—XVII) ist den Mönchen (fratres) Honoratus und Eucherius gewidmet. Honoratus, vornehmem Geschlechte entsprossen, hatte zu Beginn des 5. Jahrhunderts die zweitgrößte in der Gruppe kleiner Inseln an der Südostküste Frankreichs, Lerinum oder Lirinum, jetzt St. Honorat, bis dahin nur von Schlangen bewohnt und von Menschen scheu gemieden, zu einer blühenden Stätte klösterlichen Lebens umgeschaffen. Um 426 ward er auf den altberühmten Metropolitansitz von Arles berufen, aber schon 428 oder Anfang 429 durch den Tod seiner segensreichen Thätigkeit entrissen. Schriften von seiner Hand, die Regel seiner Genossenschaft sowie eine, wie es scheint, ausgebreitete Correspondenz, kennen wir nur aus zerstreuten Anführungen oder Andeutungen. — Eucherius, gleichfalls edler Herkunft, hatte sich, wiewohl schon Gatte und Vater, um 410 der frommen Genossenschaft auf Lerinum angeschlossen. Gänzliche Einsamkeit suchend, zog er sich später von Lerinum auf die benachbarte größere Insel Lero, jetzt St. Marguerite, zurück. Um 424 wurde er zum Bischof von Lyon erhoben; über seine bischöfliche Wirksamkeit haben sich indessen keine Nachrichten erhalten. Sein Tod ist nach Gennadius (De vir. ill. c. 63) zwischen 450 und 455 anzusetzen. Außer dem schon (Abf. 1) genannten Auszuge aus den Instituta Cassians besitzen wir von Eucherius zwei Briefe, welche das Mönchsleben verherrlichen: De laude eremi ad Hilarium Lirinensem presbyterum epistola (L, 701—712) und Epistola paraenetica ad Valerianum cognatum de contemptu mundi et saecularis philosophiae (711—726), und zwei größere Schriften, welche in das Verständniß der heiligen Bücher einführen wollen: Formularum spiritalis intelligentiae ad Uranium liber unus (727—772 in erweitertem Texte) und Instructionum ad Salonium libri duo (773—822). Uranius oder (nach Gennadius a. a. O.) Veranius sowohl wie Salonius war ein Sohn des Verfassers. Jene Formulae spiritalis intelligentiae, welche bildliche Ausdrücke und Wendungen der Heiligen Schrift erläutern, haben große Verbreitung gefunden. Sehr wahrscheinlich ist Eucherius auch der Verfasser des vielumstrittenen Berichtes über das Martyrium der thebäischen Legion (Passio Agaunensium martyrum, SS. Mauricii ac sociorum eius: L, 827—832), ein Martyrium, welches nach den neuesten Forschungen entschieden als geschichtlich festzuhalten und in den Anfang der diokletianischen Verfolgung zu verlegen ist. In der kleinen Homiliensammlung (L, 833—868; 1207—1212) ist Echtes mit Unechtem stark untermischt. Zweifelhaft ist auch ein Brief Ad Faustum s. Faustinum de situ Iudaeae urbisque Hierosolymitanae (fehlt bei Migne). Ein anderer Brief, Ad Philonem (L, 1213—1214),

und umfangreiche Commentare zur Genesis (L, 893—1048) und zu den Büchern der Könige (1047—1208) sind unecht.

Die Hauptquelle über den hl. Honoratus ist eine Gedächtnißrede des hl. Hilarius von Arles (Abs. 3). Vgl. Barbenhewer in Wetzer und Welte's Kirchenlexikon (2. Aufl.), s. v. Honoratus von Arles. — Ueber die Ausgaben der Schriften des hl. Eucherius berichtet *Schoenemann*, Bibl. hist.-lit. Patr. lat. II, 775—795 (= *Migne*, P. lat. L, 687—698). Eine neue Gesamtausgabe hat im Auftrage der Wiener Akademie Fr. *Pauly* unternommen. Die Formulae spiritalis intelligentiae erscheinen in den meisten Handschriften und Ausgaben interpolirt und gefälscht. Den ursprünglichen Text veröffentlichten neuerdings *I. B. Pitra*, Analecta sacra. T. II. 1884. p. 511—569, und *Fr. Pauly*, S. Eucherii Lugdun. episc. libellus „de formulis spiritalis intelligentiae“. Ad optimorum codicum fidem „portentosa interpolatione“ liberavit et recensuit *Fr. P.* (Progr.). Graecii 1884. 8⁰. Spätere, alphabetisch geordnete Auszüge aus dieser Schrift wurden herausgegeben von *Pitra*, Spicilegium Solesmense. T. III. 1855. p. 400—406, und von K. Wotke, Glossae spirituales secundum Eucherium episcopum: Sitzungsberichte der k. Akad. der Wiss. zu Wien. Philos.-hist. Classe. Bd. CXV. Wien 1888. S. 425—439. Ueber das Martyrium der thebäischen Legion handelten in neuester Zeit u. a. *Ducis*, St. Maurice et la légion Thébéene. Annecy 1887. 8⁰. *P. Allard*, La persécution de Dioclétien et le triomphe de l'église. Paris 1890. I, 17—34; II, 335—364. Fr. Stolle, Das Martyrium der thebaischen Legion (Inaug.-Diss.). Breslau 1891. 8⁰. Vgl. A. Hirschmann, Die neueste Literatur über das Martyrium der thebäischen Legion: Hist. Jahrb. Bd. XIII (1892). S. 783—798. Gegen die neueste Bestreitung der Geschichtlichkeit des Martyriums durch E. Egli (Kirchengeschichte der Schweiz bis auf Karl den Großen. Zürich 1893. 8⁰) s. J. Schmid, Der hl. Mauritius und seine Genossen oder das Martyrium der Thebäischen Legion. Eine litterarisch-kritische Studie: Festschrift zur Eröffnung des neuen Kantonsschulgebäudes in Luzern. Luzern 1893. 8⁰. S. 1—31. Literatur zu dem Briefe De situ Iudaeae verzeichnet R. Röhricht, Bibliotheca geographica Palaestinae. Berlin 1890. S. 7. Ein Auszug aus diesem Briefe findet sich in den Itinera Hierosolymitana et descriptiones Terrae Sanctae. Edd. *T. Tobler* et *A. Molinier*. I. Genevae 1879. 4⁰. p. 49—54; cf. p. xvii—xix. Eine englische Uebersetzung und Erläuterung des Briefes veröffentlichten A. Stewart und Ch. W. Wilson, London 1890 (Palestine Pilgrims' Text Society). Ueber Eucherius im allgemeinen handeln *A. Mellier*, De vita et scriptis S. Eucherii Lugdun. episc. (Thesis). Lugduni 1878. 8⁰. *A. Gouilloud*, St. Eucher, Lérins et l'église de Lyon au V⁰ siècle. Lyon 1881. 8⁰. — Die beiden Söhne des hl. Eucherius, Salonius und Veranius, sind gleichfalls Bischöfe geworden; doch sind ihre Bischofssitze, wahrscheinlich beide in der Provence gelegen, streitig. Salonius hinterließ Expositiones mysticae in Parabolas Salomonis (*Migne*, P. lat. LIII, 967—994) und in Ecclesiasten (993—1012), in Form eines Dialoges zwischen Salonius und Veranius. Ein Schreiben der drei gallischen Bischöfe Ceretius, Salonius und Veranius an Papst Leo I. steht unter den Briefen des letztern als Nr. 68 (LIV, 887—890).

3. **Hilarius von Arles.** — Hilarius war durch Abt Honoratus (Abs. 2) für ein gottgeweihtes Leben auf Lerinum gewonnen worden, und wohl noch nicht 30 Jahre alt, bestieg er 428 oder Anfang 429 als Nachfolger seines Meisters den Metropolitanstuhl von Arles. In dem Briefe Prospers an Augustinus (§ 77, 3) wird Hilarius unter den Gegnern der

augustinischen Lehre von der Gnade und der Prädestination namhaft gemacht, aber in schmeichelhaftester Weise gekennzeichnet: Unum eorum praecipuae auctoritatis et spiritualium studiorum virum, sanctum Hilarium Arelatensem episcopum, sciat beatitudo tua admiratorem sectatoremque in aliis omnibus tuae esse doctrinae (S. Aug., Ep. 225, 9). Aus dem spätern Leben des Metropoliten wäre vor allem der wenig rühmliche Kampf zu erwähnen, welchen er in seiner Eigenschaft als Vicar des Apostolischen Stuhles zu Arles mit Papst Leo d. Gr. führte. Hilarius ward für seine Person der den Metropoliten von Arles verliehenen Vorrechte entkleidet, ja sogar der Metropolitangewalt verlustig erklärt. Er starb nach Gennadius (De vir. ill. c. 69) zwischen 450 und 455. Unter seinen Schriften rühmt Gennadius (a. a. O.) insbesondere die Vita S. Honorati praedecessoris sui (L, 1249—1272), eine Festpredigt, welche Hilarius am Jahrestage des Todes des hl. Honoratus wahrscheinlich 430, zu Arles gehalten hat. Die übrigen Schriften, welche Gennadius nicht einzeln aufführt, werden in der aus dem Ende des 5. Jahrhunderts stammenden Vita S. Hilarii Arelat. (c. 11 n. 14: L, 1232) wie folgt bezeichnet: homiliae in totius anni festivitatibus expeditae, symboli expositio ambienda, epistolarum vero tantus numerus, versus etiam fontis ardentis. Die Ausgaben bieten außer der Vita S. Honorati nur einen kurzen Brief an Eucherius von Lyon (L, 1271—1272) und drei opuscula dubia: Sermo seu narratio de miraculo S. Genesii martyris Arelat. (1273—1276) und zwei schon früher (§ 69, 8) genannte Gedichte, Versus in natali Machabaeorum martyrum (1275—1286) und Metrum in Genesim ad Leonem papam (1287—1292).

Die Sammlung von Schriften des hl. Hilarius bei Migne, P. lat. L, bedarf der Ergänzung. Auf Homilien von Hilarius ist bereits § 43, 2 hingewiesen worden. Von dem Gedichte über die brennende Quelle (von St. Barthélemy bei Grenoble) sind vier Verse erhalten; s. Manitius, Gesch. der christlich-latein. Poesie, Stuttgart 1891. S. 188 f. Der Brief an Eucherius ward von neuem herausgegeben durch Pitra, Analecta sacra. T. II. 1884. p. 508. Die zweifelhaften Gedichte über die Makkabäer und über den Eingang der Genesis hat zuletzt Peiper (1891) herausgegeben; s. § 69, 8. — Die erwähnte Vita S. Hilarii Arelat. (L, 1219—1246) wird gewöhnlich dem Bischofe Honoratus von Marseille, einem Zeitgenossen des Papstes Gelasius (492—496), zugeschrieben. Honoratus verfaßte nämlich, laut der allerdings erst später eingeschobenen Notiz bei Gennadius (De vir. ill. c. 99), viele Homilien und auch Lebensbeschreibungen heiliger Väter (sanctorum quoque patrum vitas), praecipue nutritoris sui Hilarii Arelatensis episcopi. Vgl. Bardenhewer in Wetzer und Welte's Kirchenlexikon (2. Aufl.), s. v. Honoratus von Marseille. — Der hl. Lupus, ein Schwager des hl. Hilarius, 427—479 Bischof von Troyes, scheint eine ausgedehnte Correspondenz geführt zu haben. Es erübrigt indessen nur noch ein von Lupus und Bischof Euphronius von Autun gemeinschaftlich an Bischof Talasius von Angers gerichtetes Schreiben (Migne, P. lat. LVIII, 66—68). Der Brief, in welchem Lupus seinen Freund Apollinaris Sidonius zu der Wahl zum Bischof von Clermont (etwa 470) beglückwünscht (LVIII, 63—65), hat sich als eine Fälschung Vigniers erwiesen; s. die (schon § 3, 2 angeführte) Abhandlung Havets in der Bibliothèque de l'École des Chartes T. XLVI. Paris 1885. p. 205—271.

4. **Vincentius von Lerinum.** — Außerordentlichen Erfolges erfreute sich eine kleine Schrift des Presbyters Vincentius, welcher gleichfalls der Kloster-

gemeinde auf Lerinum angehörte. Im Jahre 434 verfaßte er unter dem
Pseudonym Peregrinus zwei Denkschriften, Commonitoria, welche laut der
Vorbemerkung seinem eigenen Gebrauche dienen, der Schwäche seines Gedächt=
nisses zu Hilfe kommen und die Lehre der heiligen Väter (ea quae fideliter a sanctis patribus accepi) ihm fort und fort an die Hand geben
sollten. Das erste Buch erörtert die Kennzeichen und Merkmale, nach welchen
der wahre katholische Glaube sich von häretischen Neuerungen unterscheiden
lasse (quonam modo possim certa quadam et quasi generali ac regu-
lari via catholicae fidei veritatem ab haereticae pravitatis falsitate
discernere c. 2, al. 1). Das zweite Buch suchte die aufgestellten Kriterien
an einem concreten Beispiele aus der jüngsten Vergangenheit, an der „vor
ungefähr drei Jahren" (c. 29, al. 42) zu Ephesus erfolgten Verurtheilung des
Nestorianismus, zu erproben und zu erläutern. Dieses zweite Buch ist in=
deffen dem Verfaffer felbft schon durch Diebstahl abhanden gekommen (secundi
libri maximam in schedulis partem a quibusdam furatam perdidit
*Gennadius*, De vir. ill. c. 64). Erhalten blieb eine Inhaltsübersicht beider
Bücher (vgl. c. 29, al. 41: Iam tempus est ut ea quae duobus his
commonitoriis dicta sunt in huius secundi fine recapitulemus), und diese
Rekapitulation pflegt seit jeher (als cc. 29—33, al. 41—43) mit dem ersten
Buche zu einem Ganzen verbunden zu werden. Die in einfacher, klarer und
verhältnißmäßig correcter Sprache verfaßte Schrift entwickelt eine bis heute
giltige Theorie des positiv dogmatischen Beweisverfahrens, indem sie die katho=
lische Glaubensregel ebenso umsichtig wie zutreffend darlegt. Das Wort:
Magnopere curandum est ut id teneamus quod ubique, quod semper,
quod ab omnibus creditum est. Hoc est etenim vere proprieque catholicum (c. 2, al. 3) ift unzählige Male wiederholt worden. Andere Sätze
wurden oben schon (§ 1, 2) angezogen. An einzelnen Stellen tritt Vincentius
für den Semipelagianismus ein. Der Hinweis auf Häretiker (haeretici), welche
zu lehren wagen, quod in ecclesia sua ... magna et specialis ac plane
personalis quaedam sit Dei gratia, adeo ut sine ullo labore ... etiamsi
nec petant nec quaerant nec pulsent, quicumque illi ad numerum suum
pertinent, tamen ita divinitus dispensentur ut ... numquam possint
offendere (c. 26, al. 37), bezieht sich ohne Zweifel auf Augustinus und seine
Anhänger (vgl. *Aug.*, De dono persev. 23, 64: Falluntur qui putant esse
a nobis, non dari nobis, ut petamus, quaeramus, pulsemus). Sehr
wahrscheinlich ist unsere Schrift überhaupt, troß der so harmlos klingenden
Vorbemerkung, als eine Streitschrift wider die Lehre Augustins anzusehen;
auch der Gebrauch eines Pseudonyms legt die Vermuthung polemischer Ten=
denzen nahe, und Prospers Schrift gegen einen Vincentius (§ 77, 3) dürfte
auf eine weitere Betheiligung des Verfaffers der Commonitoria an dem
Kampfe gegen den Augustinismus hindeuten.

Des Vincentius Schrift hat faft unzählig viele Ausgaben erlebt. Als die
befte gilt die von St. Baluze beforgte Ausgabe (im Anhange seiner Ausgabe des
Salvianus von Marseille), Paris 1663. 1669. 1684. Abbrücke dieser Ausgabe
finden sich bei *Migne*, P. lat. L, 637—686, bei *Hurter*, SS. Patr. opusc. sel.
T. IX. Eine mit überreichen Noten versehene Separatausgabe lieferte E. Klüpfel,
Wien 1809. 8°. Lateinisch und englisch erschien die Schrift 1885 zu London in 12°.

Deutsche Uebersetzungen veröffentlichten u. a. J. Zimmermann, Augsburg 1838. 8⁰; U. Uhl, Kempten 1870 (Bibl. der Kirchenväter). Eine von Abt Ninian Winzet im Jahre 1563 veröffentlichte schottische Uebersetzung ward von neuem herausgegeben durch J. K. Hewison, Edinburgh 1890 (Scottish Text Society). C. J. Hefele, Beiträge zur Kirchengeschichte, Archäologie und Liturgik (Tübingen 1864) I, 145 bis 174: „Vincentius Lirinensis und sein Commonitorium."

5. Valerianus von Cemele. — Von Bischof Valerianus von Cemele, einer längst zerstörten Stadt in der Nähe von Nizza, um die Mitte des 5. Jahrhunderts, sind 20 Homilien (Migne, P. lat. LII, 691—756), vorwiegend ascetischen Inhalts, und eine Epistola ad monachos de virtutibus et ordine doctrinae apostolicae (LII, 755—758) auf uns gekommen.

Die erste der Homilien, De bono disciplinae, ist zuerst unter dem Namen des hl. Augustinus gedruckt worden (daher auch bei Migne, P. lat. XL, 1219—1222); sämtliche Homilien in Verbindung mit dem Briefe wurden zuerst durch J. Sirmond herausgegeben, Paris 1612. 8⁰. Ueber die spätern Drucke und die Verhandlungen über die Orthodoxie des Verfassers vgl. Schoenemann, Bibl. hist.-lit. Patr. lat. II, 814—822 (= Migne, P. lat. LII, 686—690). N. Schack, De Valeriano saeculi V. homileta christiano. Havniae 1814. 8⁰. — Der Wirkungskreis des Bischofs Maximus, dessen Brief an Theophilus von Alexandrien (385—412) zuerst von A. Reifferscheid (1871) und wiederum von L. Delisle (1877) herausgegeben wurde, ist wahrscheinlich im südöstlichen Gallien zu suchen. G. Morin, La lettre de l'évêque Maxime à Théophile d'Alexandrie. Épisode de l'histoire ecclésiastique des Gaules au commencement du cinquième siècle: Revue Bénédictine. T. XI (1894). p. 274—278.

## § 79. Papst Leo der Große und andere italische Schriftsteller.

1. Wirken Leos. — Leo I. gilt neben Gregor I. als der größte unter allen Päpsten des Alterthums. Zeit und Ort seiner Geburt sind ungewiß. Unter Papst Cölestinus I. (422—432) war Leo Diakon des Apostolischen Stuhles und bereits eine sehr angesehene und einflußreiche Persönlichkeit. Johannes Cassianus nennt ihn in der Vorrede des auf Leos Anregung verfaßten Werkes De incarnatione Domini (aus dem Jahre 430 oder 431): Romanae ecclesiae ac divini ministerii decus. Auf einer wichtigen politischen Mission in Gallien weilend, wurde Leo nach dem Tode des Nachfolgers Cölestins, Sixtus' III. (432—440), zum Papste gewählt und, nach Rom zurückgekehrt, am 29. September 440 consecrirt. Die Zeit war trüb und schwer. Das Römerreich ward von den Barbaren niedergetreten, und mit ihm sank zugleich das stärkste äußere Bollwerk der Einheit der Kirche in Trümmer; im Oriente erhob eine neue Häresie, der Eutychianismus oder Monophysitismus, d. i. die Lehre von einer Mischnatur in Christus, ihr Haupt, und im Bunde mit ihr machte die Eifersucht der Byzantiner gegen das alte Rom bedrohlicher als vielleicht je zuvor sich geltend. Leo zeigte sich den Anforderungen der Zeit gewachsen. Er erblickt das Heil in einer vollen Verwirklichung und Ausgestaltung der Idee des päpstlichen Primates, des Fundamentes der kirchlichen Einheit. Von diesem Gedanken erfüllt und getragen, entfaltet er eine wunderbar rührige und die ganze Welt umspannende Thätigkeit, in seinen Zielen unerschütterlich, in der Wahl der Wege wohl berechnend,

in Sachen der Praxis billig und maßvoll, in Glaubensfragen stets unbeugsam, ebenso geschult als Theologe wie gewandt als Diplomat. Am glänzendsten zeigt sich Leos Größe in seinen Verhandlungen mit dem Oriente. Sein Schreiben an den Patriarchen Flavian von Konstantinopel vom 13. Juni 449 (Ep. 28) ward der Leitstern der Katholiken im Kampfe mit dem Mono=physitismus; Leo hat zuerst die Synode zu Ephesus vom Jahre 449 mit der stehend gebliebenen Bezeichnung latrocinium gebrandmarkt (Ep. 95, 2), und so bereitwillig er die Glaubensdecrete des Concils zu Chalcedon vom Jahre 451 sanctionirte, so entschieden verwarf er trotz der Bitten des Hofes den Canon 28, durch welchen das Concil den Rang des Stuhles von Konstantinopel auf Kosten der übrigen Patriarchenstühle des Orients erhöht hatte. Das alte Rom rettete Leo auch aus äußern Nöthen. Er vermochte 452 Attila zur Umkehr und erwirkte von Genserich 455 wenigstens Schonung des Lebens der Römer. Durch derartige Erfolge mußte nothwendig auch das weltliche Ansehen und die politische Bedeutung des Heiligen Stuhles einen Aufschwung nehmen, und insofern leitet Leos Pontificat eine neue Phase in der Geschichte des Papstthums ein. Reich an Ruhm und Verdienst, starb Leo am 10. No=vember 461. Schon sehr früh ward er als Heiliger verehrt; Benedikt XIV. reihte ihn unter die doctores ecclesiae (1754).

2. Schriften Leos. — Die Schriften Leos zerfallen in Predigten und Briefe. Der Predigten werden in der klassischen Ausgabe der Gebrüder Ballerini 116 gezählt, 96 echte (*Migne*, P. lat. LIV, 137—468) und 20 unechte oder unverbürgte (LIV, 477—522). Die echten stammen sämtlich aus der Zeit des Pontificates Leos. Die meisten derselben sind Festreden, auf Feste des Herrn oder einzelner Heiligen; die fünf ersten sind bei der Jahresfeier der Thronbesteigung des Redners gehalten, viele andere während der Fastenzeit oder an Quatembertagen. Frei von Weitläufigkeit, zum Theil sogar auffallend kurz, bewegen sich diese Predigten in einem feierlichen, großen Tone. Die Philologen bewunderten die Reinheit der Sprache. Die Theo=logen erfreuten sich insbesondere an den herrlichen Zeugnissen über den päpst=lichen Primat, seine göttliche Einsetzung, seine ununterbrochene Fortdauer und den Umfang der in ihm beschlossenen Gewalten. An einem Jahrestage seiner Erhebung äußert Leo, auf Petrus hinweisend: In persona humilitatis meae ille intelligatur, ille honoretur, in quo et omnium pastorum solli-citudo cum commendatarum sibi ovium custodia perseverat, et cuius dignitas etiam in indigno haerede non deficit (Sermo 3, 4). Ein anderes Mal erklärt er bei dem gleichen Anlasse: De toto mundo unus Petrus eligitur, qui et universarum gentium vocationi et omnibus apostolis cunctisque ecclesiae patribus praeponatur, ut quamvis in populo Dei multi sacerdotes sint multique pastores, omnes tamen proprie regat Petrus, quos principaliter regit et Christus (Sermo 4, 2). Am Geburts= (b. i. Todes=) tage der Apostel Petrus und Paulus ruft der Redner der ewigen Stadt zu: Isti sunt qui te ad hanc gloriam provexerunt, ut gens sancta, populus electus, civitas sacerdotalis et regia, per sacram beati Petri sedem caput orbis effecta, latius praesideres religione divina quam dominatione terrena. Quamvis enim multis aucta victoriis ius imperii tui terra marique protuleris, minus tamen est quod tibi bellicus

labor subdidit quam quod pax christiana subiecit (Sermo 82, 1). —
Die erhaltene Correspondenz Leos beläuft sich mit den eingefügten fremden
Stücken auf 173 Nummern (LIV, 581—1218). Auf den Papst selbst ent=
fallen 143 Briefe, und sie vertheilen sich auf die Jahre 442—460. Alle sind
durchaus officieller Natur, die meisten offenbar nicht sowohl aus der Feder
des Papstes geflossen, als vielmehr aus seiner Kanzlei hervorgegangen. Die
Mehrzahl betrifft kirchenrechtliche oder disciplinäre Fragen; andere bezeugen
und vertheidigen die kirchliche Lehre von der Person des Erlösers gegenüber
dem Monophysitismus; andere berichten über die Räubersynode zu Ephesus,
das Concil zu Chalcedon und die an das letztere sich anknüpfenden Ereignisse;
andere endlich handeln von der Berechnung des Osterfestes, insbesondere für
die Jahre 444 und 455, für welche sich eine Divergenz der römischen und der
alexandrinischen Berechnungsweise ergab. Namentliche Hervorhebung verdient
vor allen andern der schon erwähnte Brief Nr. 28 an Flavian von Kon=
stantinopel, mit Vorzug Epistola dogmatica genannt, von den Vätern des
Concils zu Chalcedon als treuer Ausdruck des Glaubens der Kirche mit
begeistertem Beifall begrüßt und gefeiert (Conc. Chalc. Act. II: *Mansi*
VI, 972). In weit angelegter Erörterung entfaltet der Papst auf dem Grunde
der Tradition mit unnachahmlicher Klarheit und Präcision das Dogma von
der Einheit der Person und der Zweiheit der Naturen in Christus gegenüber
Nestorius und Eutyches. Ingreditur ergo haec mundi infima filius Dei,
de coelesti sede descendens et a paterna gloria non recedens, novo
ordine, nova nativitate generatus ... nec in domino Iesu Christo ex
utero virginis genito, quia nativitas est mirabilis, ideo nostri est natura
dissimilis. Qui enim verus est Deus, idem verus est homo, et nullum
est in hac unitate mendacium, dum invicem sunt et humilitas hominis
et altitudo deitatis. Sicut enim Deus non mutatur miseratione, ita
homo non consumitur dignitate. Agit enim utraque forma cum alterius communione quod proprium est; Verbo scilicet operante quod
Verbi est et carne exsequente quod carnis est. Unum horum coruscat
miraculis, aliud succumbit iniuriis. Et sicut Verbum ab aequalitate
paternae gloriae non recedit, ita caro naturam nostri generis non relin-
quit. Unus enim idemque est, quod saepe dicendum est, vere Dei
filius et vere hominis filius (c. 4). — Den Predigten und Briefen Leos
pflegen einige Schriften zweifelhafter Herkunft angereiht zu werden. Das
Werk De vocatione omnium gentium und das Schreiben Ad Demetriadem
sind vorhin bereits (§ 77, 5) berührt worden. Das in neuester Zeit viel
besprochene Sacramentarium Leonianum (liber sacramentorum Romanae
ecclesiae: LV, 21—156), die älteste Gestalt des römischen Missale oder die
früheste Sammlung der vom Priester allein zu sprechenden Meßgebete, ist
zweifellos römischen Ursprungs, aber ebenso sicher nicht officielle Veranstaltung
eines Papstes, sondern Privatarbeit. Duchesne (1889) läßt dasselbe erst um
die Mitte des 6. Jahrhunderts entstanden sein. Probst (1892) vertheidigt die
früher herrschende Ansicht, nach welcher die Sammlung dem 5. Jahrhundert
angehört und die meisten Formulare derselben auf Leo d. Gr. zurückgehen.

3. Literatur. — Die Hauptausgaben der Schriften Leos lieferten P. Quesnel,
Paris 1675. 2 Bde. 4°; in der Folge öfters abgedruckt; und die beiden Brüder

Peter und Hieronymus Ballerini, Venedig 1753—1757. 3 Bde. 2°; ab=
gedruckt bei *Migne*, P. lat. LIV—LVI. Ueber dieſe Ausgaben und die ſonſtigen
Drucke bis zum Jahre 1794 ſowie die bis dahin bekannt gewordenen Handſchriften
orientirt eingehend *Schoenemann*, Bibl. hist.-lit. Patr. lat. II, 886—1012 (ab=
gedruckt bei *Migne*, P. lat. LIV, 64—114). Einen Zuwachs hat der Beſtand an
Schriften Leos ſeit den Tagen der Ballerini nicht erfahren. Die acht Predigten,
welche A. B. Caillau an das Licht zog (*Migne*, P. lat. LVI, 1131—1154), ſind
wohl ſämtlich unecht. Auch der Sermo de ascensione unter Leos Namen bei
*Fr. Liverani*, Spicilegium Liberianum. Florentiae 1863. 2°. p. 121—123
iſt offenbar unterſchoben. Dagegen hat D. A. Amelli (S. Leone Magno e
l'Oriente. Roma 1882. Montecassino 1890. 8°) aus einer lateiniſchen Samm=
lung von Schriftſtücken aus der Zeit der eutychianiſchen Streitigkeiten zwei neue
Briefe an Leo herausgegeben, den einen von Patriarch Flavian von Konſtantinopel,
den andern von Biſchof Eusebius von Doryläum. Beide Schreiben erweiſen ſich
als Appellationen an den Papſt gegen die Räuberſynode von Epheſus, welche Fla=
vian und Eusebius widerrechtlich abgeſetzt hatte. Vgl. Griſar, Die neu auf=
gefundene Appellation Flavians an Papſt Leo I.: Zeitſchr. f. kath. Theol. Bd. VII
(1883). S. 191—196. Eine neue Ausgabe beider Schreiben (nach der von Amelli
benutzten Handſchrift) von Th. Mommſen, Actenſtücke zur Kirchengeſchichte aus
dem Cod. Novar. 30: Neues Archiv der Geſellſch. f. ältere deutſche Geſchichtskunde.
Bd. XI (1886). S. 361—368. Jüngſt hat Amelli die ganze Sammlung der
Oeffentlichkeit übergeben, Monte Caſſino 1893; ſ. § 95, 3. Zwei andere Schreiben
Flavians an Leo ſtehen (griechiſch und lateiniſch) unter den Briefen Leos als
Nr. 22 und Nr. 26 (*Migne*, P. lat. LIV, 723—732; 743—751). Außerdem liegt
von Flavian ein Brief an Kaiſer Theodoſius II. vor (*Migne*, P. gr. LXV,
889—892). Eine neue und überaus ſorgfältige Ausgabe der auf die Berechnung
des Oſterfeſtes bezüglichen Briefe Leos veranſtaltete Br. Kruſch, Studien zur
chriſtlich=mittelalterlichen Chronologie. Der 84jährige Oſtercyclus und ſeine Quellen.
Leipzig 1880. 8°. S. 251—265. Ein Abdruck ausgewählter Predigten und aus=
gewählter Briefe nach der Ausgabe der Ballerini findet ſich bei Hurter, SS. Patr.
opusc. sel. T. XIV und T. XXV—XXVI. Sämtliche Predigten wurden ins Deutſche
überſetzt von M. M. Wilben, Kempten 1876 (Bibl. der Kirchenväter); ſämtliche
Briefe von S. Wenzlowsky, Die Briefe der Päpſte (Bibl. der Kirchenväter).
Bd. IV—V. Kempten 1878. Eine italieniſche Ueberſetzung der Predigten und
der Briefe lieferte Fr. Liverani, Macerata 1859 (Opere di Liverani. Vol. V).
Selection of Sermons of St. Leo the Great on the incarnation. With his twenty-
eighth Epistle called the ‚Tome‘. Translated with notes by *W. Bright*.
2. edit. London 1886. 8°. Für die Datirung der Briefe ſei auf Jaffé (Reg.
Pontif. Rom. Ed. 2. T. I. p. 59—75) verwieſen. Ueber das Sacramentarium
Leonianum ſ. *L. Duchesne*, Origines du culte chrétien. Étude sur la liturgie
latine avant Charlemagne. Paris 1889. 8°. F. Probſt, Die älteſten römiſchen
Sacramentarien und Ordines erklärt. Münſter i. W. 1892. 8°. *H. A. Wilson*,
A comparative index to the Leonine, Gelasian and Gregorian Sacramentaries,
according to the text of Muratori. Cambridge 1892. 8°. Ueber Leo im all=
gemeinen handeln u. a. A. W. A. Arendt, Leo b. Gr. und ſeine Zeit. Mainz 1835. 8°.
Ed. Perthel, Papſt Leos I. Leben und Lehren. Ein Beitrag zur Kirchen= und
Dogmengeſchichte. Jena 1843. 8°. Fr. und P. Böhringer, Die Väter des
Pabſtthums: Leo I. und Gregor I. Stuttgart 1879 (Die Kirche Chriſti und ihre
Zeugen. Neue Ausg.). *C. Bertani*, Vita di S. Leone Magno, pontefice mas-
simo. Monza 1880—1881. 3 voll. 12°. Ph. Kuhn, Die Chriſtologie Leos I. b. Gr.
in ſyſtematiſcher Darſtellung. Eine dogmengeſchichtl. Studie. Würzburg 1894. 8°. —
Von dem Vorgänger Leos, Papſt Sixtus III. (432—440), ſind acht Briefe erhalten

geblieben; bei *Migne*, P. lat. L, 581 sqq.; deutsch bei Wenzlowsky a. a. O.
Bd. III. S. 535 ff. Vgl. *Jaffé* l. c. I, 57—58.

4. Petrus Chrysologus. — Um 406 zu Forocornelium, dem heutigen
Imola, geboren, ward Petrus schon um 433, wie man meistens annimmt,
zum Bischof von Ravenna, dem Hoflager des weströmischen Kaisers, erhoben
und genoß als Vorbild eines wahren Hirten großes Ansehen. Ob Ravenna
den Rang eines Metropolitansitzes unter Petrus erhalten oder schon früher
besessen hat, ist streitig. Mit Papst Leo stand Petrus in vertrautem Verkehr.
Als Eutyches, der Vater des Monophysitismus, durch die Synode zu Kon=
stantinopel vom Jahre 448 verurtheilt worden war und nun die öffentliche
Meinung für sich zu gewinnen suchte, wandte er sich auch an Petrus. Dieser
indessen entgegnete, Eutyches möge den Weisungen des Papstes Folge leisten:
quoniam beatus Petrus, qui in propria sede et vivit et praesidet,
praestat quaerentibus fidei veritatem; nos enim pro studio pacis et
fidei extra consensum Romanae civitatis episcopi causas fidei audire
non possumus (Brief Nr. 25 unter den Briefen Leos: *Migne*, P. lat. LIV,
739—744). Wahrscheinlich hat Petrus um 450 zu Forocornelium sein Leben
beschlossen. Außer jenem Briefe an Eutyches liegen unter dem Namen des
hl. Petrus noch 176 Predigten vor, welche Bischof Felix von Ravenna
(707—717) zu einer Sammlung vereinigt hat (LII, 183—666). Daß Felix
auch unechte Stücke aufgenommen, ist fast allgemein anerkannt; auf der andern
Seite erscheint die Annahme begründet, daß auch außer dieser Sammlung
unter fremden Namen noch Predigten des hl. Petrus überliefert sind (vgl.
die 7 Predigten LII, 665—680). Jene 176 Predigten sind im allgemeinen
sehr geringen Umfangs. Die größere Hälfte handelt über Bibeltexte. Nachdem
der Redner den Literalsinn entwickelt, pflegt er einem höhern Sinne nach=
zuforschen (quia historica relatio ad altiorem semper est intelligentiam
sublimanda. Sermo 36). Dogmatische Reden im engern Sinne des Wortes
bilden Ausnahmen. Sie betreffen vornehmlich das Geheimniß der Mensch=
werdung des Gottessohnes und bekämpfen die Arianer und die Eutychianer.
Die Reden 56—62 sind der Erklärung des Apostolischen Symbolums gewidmet.
Eine Reihe von Reden verherrlicht die allerseligste Jungfrau, eine andere Reihe
Johannes den Täufer. Alle ohne Ausnahme sind von echt kirchlichem Geiste
durchweht. Der Ausdruck ist ungleich, meist jedoch kurz und gedrungen,
schwungvoll und kraftvoll (vgl. das viel citirte Wort Sermo 155: Qui iocari
voluerit cum diabolo, non poterit gaudere cum Christo). Auch im Mittel=
alter sind die Predigten des hl. Petrus, wie die große Zahl der Handschriften
beweist, sehr beliebt und verbreitet gewesen. Seinen Beinamen Chrysologus
bezeugt zuerst der Verfasser des Liber pontificalis ecclesiae Ravennatis,
Agnellus, im 9. Jahrhundert, mit den Worten: Pro suis eum eloquiis
Chrisologum ecclesia vocavit, id est aureus sermocinator (Ed. *Holder-*
*Egger* p. 310). Vermuthlich reicht jedoch dieser Name in die Zeit des
Heiligen selbst zurück.

Ausgaben der Schriften des hl. Chrysologus besorgten namentlich D. Mita,
Bologna 1643. 4°, und S. Pauli, Venedig 1750. 2°. Paulis Ausgabe ist
bei Migne (P. lat. LII) abgedruckt. Fr. Liverani (Spicilegium Liberianum.
Florentiae 1863. 2°. p. 125—203) theilte Varianten zu schon gedruckten Reden

aus italienischen Handschriften mit und veröffentlichte zugleich neun neue Reden. Ausgewählte Reden des hl. Chrysologus hat M. Helb ins Deutsche übersetzt, Kempten 1874 (Bibl. der Kirchenväter). H. Dapper, Der hl. Petrus Chryso=logus, der erste Erzbischof von Ravenna. Köln und Neuß 1867. 8⁰. Fl. v. Sta=blewski, Der hl. Kirchenvater Petrus von Ravenna Chrysologus, nach den neuesten Quellen dargestellt. Posen 1871. 8⁰. J. Looshorn, Der hl. Petrus Chryso=logus und seine Schriften: Zeitschr. f. kath. Theol. Bd. III (1879). S. 238 bis 265. Eine neue Ausgabe des Liber pontificalis ecclesiae Ravennatis von Agnellus (*Migne*, P. lat. CVI) veranstaltete O. Holder=Egger in den Monum. Germ. hist. Script. rer. Langob. et Ital. saec. VI—IX. Hannov. 1878. p. 265—391.

5. Maximus von Turin. — Eine noch größere Anzahl von Predigten ist unter dem Namen des hl. Maximus, Bischofs von Turin, auf uns gekommen. Aus seinem Leben stehen nur zwei Daten fest: 451 unterschreibt er das Protokoll einer Synode zu Mailand (*Migne*, P. lat. LIV, 948; *Mansi*, SS. Conc. Coll. VI, 143), und im November 465 wohnt er einer Synode zu Rom bei. Die Acten dieser römischen Synode führen den hl. Maxi=mus unter den Theilnehmern unmittelbar nach dem Papste (Hilarus), vor allen übrigen Bischöfen, auf (*Mansi* VII, 959. 965 sq.), woraus geschlossen werden darf, daß Maximus unter sämtlichen Anwesenden der Aelteste war. Die genannten Predigten werden in der Hauptausgabe von Bruni aus dem Jahre 1784 (abgedruckt bei *Migne*, P. lat. LVII) mit sehr zweifelhaftem Rechte in homiliae, sermones und tractatus eingetheilt. Der homiliae werden 118 gezählt (De tempore 1—63, De sanctis 64—82, De diversis 83—118), der sermones 116 (De tempore 1—55, De sanctis 56.—93, De diversis 94—116), der tractatus 6; unter der Aufschrift Tractatus VI. verbergen sich indessen expositiones de capitulis evangeliorum (1—23). In einem Anhange folgen, als unecht oder zweifelhaft, noch 31 sermones, 3 homiliae und 2 umfangreiche epistolae. Mehrere der von Bruni als echt betrachteten Stücke gehören nachweisbar andern kirchlichen Rednern an. Im allgemeinen sind die Predigten des hl. Maximus ebenso kurz wie diejenigen des hl. Chryso=logus. Der Ausdruck ist gleichfalls in der Regel markig und kernig und nicht ohne rhetorischen Schmuck. Maximus tritt dem Leser als überaus eifriger Seelenhirte entgegen. Er kämpft unermüdlich gegen Ueberreste des Heiden=thums und gegen häretische Verirrungen. Gerade in Oberitalien hatten die verschiedensten Secten einen empfänglichen Boden gefunden, und ihnen gegen=über vertheidigt Maximus den orthodoxen Glauben mit großer Klarheit und Bestimmtheit.

Ueber die Ausgaben der Predigten des hl. Maximus und die handschriftlichen Quellen dieser Ausgaben s. *Schoenemann*, Bibl. hist.-lit. Patr. lat. II, 618—669 (= *Migne*, P. lat. LVII, 184—210). Ueber die Predigten selbst und ihren Verfasser handelt mit besonderer Einläßlichkeit *Fessler*, Institt. Patrol. II, 722—742. *C. Fer-reri*, S. Massimo, vescovo di Torino, cenni storici e versioni. Torino 1858. 8⁰. Zu dem Tractatus IV. (contra paganos) vgl. *M. Ihm*, Observationes in Patres eccles. lat.: Rhein. Mus. f. Philol. N. F. Bd. XLIV (1889). S. 522—524.

# Dritter Zeitraum.

## Von der Mitte des fünften Jahrhunderts bis zum Ende der patristischen Zeit.

---

## Erster Theil.

## Griechische Schriftsteller.

### § 80. Allgemeine Uebersicht.

1. Der Niedergang wissenschaftlichen Strebens. — Seit der Mitte des 5. Jahrhunderts eilt die griechische Theologie dem Verfalle entgegen. Die dogmatischen Streitigkeiten, welche sich an die Namen Nestorius und Eutyches knüpfen, treten mehr und mehr in den Dienst kirchenpolitischer Bestrebungen. Das wissenschaftliche Interesse erstirbt; die Productionskraft erlischt. Es beginnt die Excerpir- und Sammelthätigkeit, welche sich damit begnügt, die Ergebnisse früherer Geistesarbeit zu buchen. In diese Zeit fallen die allerdings noch wenig aufgehellten Anfänge der Catenen oder Kettencommentare und der vielverschlungenen Florilegien- oder Parallelenliteratur. Auch einzelne Schriften der Vorzeit, insbesondere Homilien, werden den veränderten Verhältnissen entsprechend überarbeitet. Andere Werke werden in Commentaren erläutert. Es fehlt indessen auch nicht an bevorzugten Talenten, welche sich über ihre Zeit emporschwingen und durch selbständige Leistungen überraschen oder geradezu blenden. Ein Gebiet der kirchlichen Literatur wenigstens ist in dieser Periode mit ganz ungeahntem Erfolge angebaut worden. Es ist die rhythmische Hymnendichtung, welche bereits im 4. und 5. Jahrhundert vereinzelte Pflege fand (vgl. § 42, 5), nunmehr aber, durch die glanzvolle Ausgestaltung des Gottesdienstes angeeifert und herausgefordert, Werke von unvergänglichem Werth zeitigte. Ueberhaupt ist die kirchliche Literatur bis zum Ende der patristischen Zeit nie so gänzlich versiegt, wie es im 7. und 8. Jahrhundert mit der griechischen Profanliteratur der Fall war. Während hier eine in der That trostlose Veröbung um sich greift und die Schriftstellerei sozusagen völlig verstummt, tritt in Johannes von Damaskus ein kirchlicher Wortführer auf, welcher als Prosaiker wie als Poet die goldenen Tage des 4. Jahrhunderts noch einmal zurückzurufen scheint. Aber es ist nur eine flüchtige Nachblüthe. Nach Johannes erstarrt die byzantinische Theologie.

2. Die Lehrstreitigkeiten und die dogmatische, polemische und apologetische Literatur. — Der Nestorianismus und in noch höherem Grade der Monophysitismus in seinen mancherlei Verzweigungen haben auch nach dem Chalcedonense die griechische Theologie noch auf Jahrhunderte hinaus beschäftigt. Der hervorragendste Gegner beider Richtungen erstand im 6. Jahrhundert in dem an Cyrillus von Alexandrien anknüpfenden Leontius von Byzanz. Außer ihm betheiligten sich an dem großen Kampfe namentlich Ephräm von Antiochien, Kaiser Justinian, Anastasius I. von Antiochien, Eulogius von Alexandrien, Georgius Pisides, Anastasius Sinaita, Johannes von Damaskus. Gegen den Apollinarismus wandten sich Antipater von Bostra und Leontius von Byzanz (?). In die origenistischen Streitigkeiten haben Antipater von Bostra, Kaiser Justinian, Barsanuphius, Theodorus von Skythopolis eingegriffen. Der theopaschitische und ebenso der tritheistische Streit blieb auf engere Kreise beschränkt. Der Dreikapitelstreit hat die griechische Kirche viel weniger in Aufregung versetzt als die lateinische. Eustratius von Konstantinopel streitet gegen die Theorie vom Seelenschlafe. Dem Monotheletismus gegenüber, in welchem der Monophysitismus zu neuem Leben erwachte, sind insbesondere Sophronius von Jerusalem und Maximus Confessor in die Schranken getreten. Maximus Confessor zählt überhaupt zu den größten Theologen des griechischen Alterthums. Er baut auf den Schriften des sogen. Areopagiten fort, hat aber leider nicht, wie dieser, auch eine Gesamtdarstellung des kirchlichen Lehrbegriffs unternommen. Die letzte große Lehrstreitigkeit der griechischen Kirche ward durch den Bilderstürmer Leo den Isaurier eingeleitet. Die Vertheidigung der Bilder übernahmen namentlich Germanus von Konstantinopel und Johannes von Damaskus. Johannes ist bis auf die Gegenwart der klassische Dogmatiker der griechischen Kirche geblieben. Er hat in seiner „Quelle der Erkenntniß" die gesamten Leistungen der frühern griechischen Theologie abschließend zusammengefaßt und systematisch verarbeitet. Als Apologeten des Christenthums gegenüber dem Neuplatonismus haben Prokopius von Gaza, Aeneas von Gaza, Zacharias Rhetor sich Verdienste erworben. Gegen die Juden schrieben Leontius von Neapolis, Anastasius Sinaita, Johannes von Damaskus und andere. Johannes bekämpfte auch die Manichäer (Paulicianer) und die Saracenen.

3. Die andern Zweige der theologischen Literatur. — Auf dem Felde der historischen Theologie lebt die mächtige Tradition der griechischen Geschichtschreibung auch in diesem Zeitraume, wenigstens im 6. Jahrhundert, noch wirksam fort, während im Abendlande die Bearbeitung der Kirchengeschichte schon im 5. Jahrhundert die dürre Form der Chronik annimmt. Theodorus Lector, Zacharias Rhetor und Evagrius Scholasticus haben als Kirchenhistoriker bleibenden Ruhm erlangt. Aus der ersten Hälfte des 7. Jahrhunderts stammt das sogen. Chronicon Paschale. Die Geschichte des Nicänums von Gelasius von Cyzicus hat geringen Werth. In der Einzelbiographie, in welcher sich schon Basilius von Seleucia versuchte, haben namentlich Cyrillus von Skythopolis und Leontius von Neapolis Anerkennenswerthes geleistet. Cyrillus wendet sich an die Mönche, Leontius an das Volk. Beide verfolgen praktisch-erbauliche Zwecke. Kosmas der Indienfahrer ist als Geograph zu nennen. Das Gebiet der biblischen Theologie findet viel weniger Bearbeitung.

Commentare zu biblischen Büchern verfaßten im 5. Jahrhundert Ammonius von Alexandrien, Gennadius von Konstantinopel, Andreas von Cäsarea. Prokopius von Cäsarea hinterließ umfassende catenenartige Compilationen über eine Reihe alttestamentlicher Schriften. Kosmas der Indienfahrer, dessen Commentar zum Hohen Liede verloren gegangen ist, gibt im fünften Buche seiner „Christlichen Topographie" eine Art biblischer Isagogik. Die Commentare Olympiodors von Alexandrien sind auch nicht auf uns gekommen. In späterer Zeit haben Gregor von Girgenti den Prediger, Johannes von Damaskus die paulinischen Briefe erklärt. Abhandlungen über zerstreute Bibelstellen schrieben unter anderen Maximus Confessor und Anastasius Sinaita. Die praktische Theologie ist reicher vertreten. Ascetische Schriften veröffentlichten Johannes Klimakus, Johannes Moschus, der Mönch Antiochus, der Abt Dorotheus, Maximus Confessor, Johannes von Damaskus und andere. Weite Verbreitung und hohes Ansehen erlangte namentlich die „(Himmels=) Leiter" des Johannes Klimakus. Auch die „Geistliche Wiese" des Johannes Moschus, eine Sammlung von Wunderthaten und Tugendproben zeitgenössischer Mönche, ist ein beliebtes Erbauungsbuch geworden. Homiliensammlungen besitzen wir von Basilius von Seleucia, Sophronius von Jerusalem, Germanus von Konstantinopel, Johannes von Damaskus. Besondere Beachtung verdienen die Marienpredigten der drei letztgenannten Redner. Systematische Canonsammlungen veranstalteten im 6. Jahrhundert ein Unbekannter und Johannes Scholasticus. Im 7. und 8. Jahrhundert werden auch schon Nomocanones, Sammlungen staatlicher und kirchlicher Gesetze, gefertigt. Die kirchliche Poesie nahm, wie schon bemerkt (Abs. 1), einen großartigen Aufschwung. Herrliche, zum Theil unvergleichliche Lieder in rhythmischer Form verfaßten namentlich Romanus der Sänger, Sergius von Konstantinopel, Andreas von Kreta, Johannes von Damaskus, Kosmas der Sänger. Georgius Pisides, auch ein begabter und fruchtbarer Dichter, hält an der quantitirenden Metrik fest.

## § 81. Schriftsteller der zweiten Hälfte des 5. Jahrhunderts.

1. Basilius von Seleucia. — Bischof Basilius von Seleucia in Isaurien hatte auf der Synode zu Konstantinopel im Jahre 448 unter dem Patriarchen Flavian für die Verurtheilung des eben aufgetauchten Eutychianismus oder Monophysitismus und für die Absetzung des Archimandriten Eutyches gestimmt, ließ sich jedoch auf der Räubersynode zu Ephesus 449 durch den gewaltthätigen Dioskur von Alexandrien so einschüchtern, daß er für die Rehabilitation des Eutyches und die Deposition Flavians votirte und sich zum Monophysitismus bekannte. Auf dem Concile zu Chalcedon 451 sollte er deshalb abgesetzt werden. Er unterzeichnete indessen den Brief Leos des Großen an Flavian (§ 79, 2), condemnirte Eutyches und Dioskur und ward begnadigt. In der Folge blieb er der Orthodoxie treu. In einem (lateinisch erhaltenen) Schreiben an Kaiser Leo I. vom Jahre 458 erklärt er, in Verbindung mit den übrigen Bischöfen der Provinz Isaurien, die Autorität des Chalcedonense sei zu wahren, und der Monophysit Timotheus Aelurus, welcher sich des Patriarchenstuhles von Alexandrien bemächtigt hatte (457), sei abzusetzen

(*Mansi*, SS. Conc. Coll. VII, 559—563). Nicht lange nach Absendung dieses Schreibens, vielleicht 459, ist Basilius gestorben. Sein literarischer Nachlaß besteht, insoweit er gedruckt worden ist, aus 41 Reden (λόγοι) über Stellen des Alten und des Neuen Testamentes (*Migne*, P. gr. LXXXV, 27—474) und einer umfangreichen Schrift über die sogen. Protomartyrin Thekla, ihr Leben und die an ihrem Grabe zu Seleucia geschehenen Wunder (ibid. 477—618). Photius, welcher 15 jener Reden kannte, rügte bereits den durch das Uebermaß rhetorischen Schmuckes verursachten Mangel an Einfachheit und Natürlichkeit und machte zugleich auf die Verwandtschaft der Schriftauslegung des Redners mit derjenigen des hl. Chrysostomus aufmerksam (Bibl. cod. 168). Die Echtheit einzelner Reden ist beanstandet worden. Die Kämpfe und die Siege der hl. Thekla hat Basilius laut Photius (a. a. O.) auch in Versen behandelt (μέτροις ἐντείνας). Die genannte Prosaschrift benutzt als Quelle für die Darstellung des Lebens der Heiligen die apokryphen Acta Pauli et Theclae.

Ueber Basilius und sein Verhalten auf den erwähnten Concilien s. Hefele, Conciliengeschichte (2. Aufl.) II, 331 ff. 375 ff. 430 ff. Zu seinen Schriften vgl. *Fabricius-Harles*, Bibl. Gr. IX, 90—97 (abgedruckt bei *Migne*, P. gr. LXXXV, 9—18). Ueber die Acta Pauli et Theclae und ihre Benutzung durch Basilius s. Lipsius, Die apokryphen Apostelgeschichten und Apostellegenden. Bd. II, 1. Braunschweig 1887. S. 424 ff. — Kaiser Leo I. (457—474) forderte 458 von allen Bischöfen seines Reiches ein Gutachten über das Concil von Chalcedon und über Timotheus Aelurus, und es liegt noch eine lange Reihe von Antwortschreiben in einer lateinischen Uebersetzung vor, welche Cassiodor durch seinen gelehrten Gehilfen Epiphanius Scholasticus (§ 96, 3) anfertigen ließ (*Mansi* l. c. VII, 524—622). Vgl. Hefele a. a. O. II, 420. 566. Von den Schriften des Timotheus Aelurus haben sich nur einige kleine Bruchstücke erhalten. S. I. C. L. Gieseler, Commentationis, qua Monophysitarum veterum variae de Christi persona opiniones . . . illustrantur, particula II (Progr.). Gottingae 1838. 4°. p. 25—27.

2. **Antipater von Bostra.** — Antipater war in der ersten Zeit nach dem Chalcedonense Bischof von Bostra in Arabien und zählte zu den hervorragendsten Männern der orientalischen Kirche. Genaueres über seinen Lebenslauf ist nicht bekannt. Von seinen Schriften sind bisher nur dürftige Reste ans Licht gezogen worden: Bruchstücke eines größern Werkes gegen die von Pamphilus und Eusebius verfaßte Apologie des Origenes (§ 33, 4), ein kleines Fragment einer Abhandlung gegen die Apollinaristen, zwei Homilien (auf die Geburt Johannes' des Täufers und auf Mariä Verkündigung) und unbedeutende Fragmente zweier andern Homilien (s. *Migne*, P. gr. LXXXV, 1763—1796).

Ueber Antipater vgl. die Notiz bei *Fabricius-Harles*, Bibl. Gr. X, 518 ad 519 (*Migne*, P. gr. LXXXV, 1755—1758). Der griechische Text der Homilie auf die Geburt des Täufers und die Homilie auf Mariä Verkündigung sind zuerst herausgegeben worden von *A. Ballerini*, Sylloge monumentorum ad mysterium conceptionis immaculatae Virginis Deiparae illustrandum. Vol. II. Pars 2. Romae 1856. p. 5—26 und p. 445—469.

3. **Ammonius von Alexandrien.** — Der alexandrinische Presbyter und Oekonom (Kirchengutsverwalter) Ammonius, welcher 458 ein Schreiben

ägyptischer Bischöfe an Kaiser Leo I. unterzeichnete (*Mansi* VII, 530), hat
sich als Exeget großen Ruhm erworben. Es erübrigen indessen von seinen
Commentaren, wie es scheint, nur noch zerstreute Bruchstücke, welche in Catenen
überliefert sind, zu den Psalmen, zu Daniel, zu Matthäus, zu Johannes, zur
Apostelgeschichte und zu 1 Petr. (*Migne*, P. gr. LXXXV, 1361—1610.
1823—1826). Die vorausgesetzte Identität des Scholiasten Ammonius in
den verschiedenen Catenen wird freilich auch noch einer Prüfung und Sicher=
stellung bedürfen. Anastasius Sinaita führt einige Stellen aus einer Schrift
des „Alexandriners Ammonius" gegen den Monophysiten Julianus von Harli=
karnassus an (Viae dux c. 13. 14: LXXXIX, 236. 244 sqq.). Dieser
Ammonius wird jedoch nicht mit unserem Ammonius identificirt werden können,
da das Auftreten Julians erst in das 6. Jahrhundert fällt.

Bischof Julianus von Halikarnassus in Karien verließ etwa 518 seinen
Bischofssitz, um sich nach Alexandrien zu flüchten, wo er im Streite mit dem Mono=
physiten Severus von Antiochien (§ 83, 2) den Satz verfocht, der Leib Christi
sei auch vor der Auferstehung der Verweslichkeit und überhaupt der Corruption
(φθορά) nicht unterworfen gewesen. Seine Anhänger wurden von den Gegnern
Aphthartodoketen (Unvergänglichkeitslehrer) und Phantasiasten (Scheinleibsvertreter)
genannt. Ein Commentar Julians zum Buche Job ist in lateinischer Uebersetzung
in der Ausgabe der Werke des Origenes von G. Genebrardus, Paris 1574 u. ö.,
gedruckt und liegt handschriftlich auch im griechischen Texte vor. Vgl. Bratke im
Theol. Literaturblatt, Jahrg. 1893, Sp. 255—257; Preuschen in der Theol.
Literaturzeitung, Jahrg. 1893, Sp. 364 und 435. Sonstige Fragmente von Schriften
Julians hat Mai (Spicilegium Romanum. T. X. 1844. p. 206—211) ge=
sammelt. Vgl. Fr. Loofs, Leontius von Byzanz und die gleichnamigen Schrift=
steller der griech. Kirche. Buch I (Texte und Untersuchungen zur Gesch. der alt=
christl. Literatur, herausgeg. von O. v. Gebhardt und A. Harnack. Bd. III).
Leipzig 1887. S. 30—32. Ausführlicheres über die Lehre Julians in der vorhin
(Abf. 1) citirten Abhandlung Gieselers p. 4 sqq.

4. Gennadius von Konstantinopel. — Gennadius I., 458—471
Patriarch von Konstantinopel, ist allem Anscheine nach, wie sein Vorgänger
Anatolius (449—458), ein entschiedener Anhänger der orthodoxen Lehre und
Gegner des Monophysitismus gewesen. Wahrscheinlich im Jahre 459 trat
unter seinem Vorsitze eine große Synode zu Konstantinopel zusammen, deren
Epistola encyclica gegen Simonie bei Ertheilung der heiligen Weihen noch
vorliegt (*Mansi* VII, 911—920; *Migne*, P. gr. LXXXV, 1613—1622).
Nach Gennadius von Marseille (De vir. ill. c. 90) war Patriarch Gennadius
ein vir lingua nitidus et ingenio acer und verfaßte er einen Commentar
zum Buche Daniel und viele Homilien; nach Marcellinus Comes (Chron. ad
a. 470) hinterließ er außerdem noch eine Erklärung sämtlicher Briefe des
hl. Paulus. Diese Schriften sind, wie es scheint, zu Grunde gegangen. Doch
tritt in mehreren Catenen ein Gennadius unter den Erklärern auf, in welchem
man, allerdings mit zweifelhaftem Rechte, unsern Gennadius wiederzuerkennen
glaubt. Besonders häufig nimmt er das Wort in Catenen über die Genesis
und über den Römerbrief (f. die Fragmentensammlung bei *Migne*, P. gr.
LXXXV, 1621—1734).

Diese Fragmente unter dem Namen unseres Gennadius bei Migne sind
fast ohne Ausnahme aus Catenen geschöpft. Die reichste Ausbeute lieferten der auf

die Genesis entfallende Theil der Catene des Nicephorus zum Octateuch und den Büchern der Könige (Leipzig 1772—1773) und das Bruchstück einer Catene zum Römerbriefe bei *I. A. Cramer*, Catenae Graec. Patr. in Nov. Test. (Oxonii 1838—1844) IV, 163 sqq. Ueber die erwähnte Epistola encyclica vgl. Hefele, Conciliengesch. (2. Aufl.) II, 584 f. — Der Nachfolger des Patriarchen Gennadius, Acacius (471—489), wußte in Verbindung mit dem monophysitischen Patriarchen Petrus Mongus von Alexandrien Kaiser Zeno zu dem berüchtigten Henotikon vom Jahre 482 zu bestimmen, welches zwischen der Orthodoxie und dem Monophysitismus vermitteln sollte und einen Bruch zwischen den Kirchen von Rom und von Konstantinopel für die Dauer von 35 Jahren herbeiführte (484—519, das sogen. Acacianische Schisma). Ein in koptischer Sprache erhaltener Briefwechsel zwischen Acacius und Petrus Mongus ist von E. Revillout (Le premier schisme de Constantinople: Revue des questions historiques. T. XXII. Paris 1877. p. 83 à 134) in französischer Uebersetzung, von E. Amélineau (Monuments pour servir à l'histoire de l'Égypte chrétienne aux IVe et Ve siècles. Paris 1888. 2°. p. 196—228) koptisch und französisch veröffentlicht worden. Amélineau wird Recht behalten, wenn er, im Widerspruche zu Revillout, diese Correspondenz für unecht erklärt. Vgl. § 60, 12.

5. Gelasius von Cyzicus. — Gelasius von Cyzicus verfaßte um 475 in Bithynien eine Geschichte des ersten allgemeinen Concils von Nicäa in drei Büchern (*Migne*, P. gr. LXXXV, 1191—1360). Von dem dritten Buche ist bisher auffallenderweise nur ein Fragment gedruckt worden, drei Schreiben oder Edicte Konstantins d. Gr. enthaltend. Die Lebensverhältnisse des Verfassers sind noch wenig klargestellt. Photius fand denselben in mehreren Handschriften als „Bischof von Cäsarea in Palästina" bezeichnet (Bibl. cod. 88). Sein Werk stellt im wesentlichen eine Compilation aus den betreffenden Berichten früherer Kirchenhistoriker (Eusebius, Sokrates, Sozomenus, Theodoret) dar, und die Mittheilungen, welche nicht auch durch diese ältern Zeugen beglaubigt sind, erweisen sich als sehr zweifelhaften Werthes oder auch als geradezu unrichtig.

Die Geschichte des Nicänums findet sich auch in allen größern Conciliensammlungen. Ein Inhaltsverzeichniß des handschriftlich vorliegenden dritten Buches hat Fr. Oehler in der Zeitschr. f. wissenschaftl. Theol. Bd. IV. 1861. S. 439 bis 442 veröffentlicht. Ueber das Werk im allgemeinen vgl. E. Venables bei *Smith and Wace*, A Dictionary of Christian Biography II, 621—623.

6. Andreas von Cäsarea. — Gegen Ende des 5. Jahrhunderts schrieb Bischof Andreas von Cäsarea in Kappadocien einen nach mancher Seite hin sehr beachtenswerthen Commentar über die Apokalypse (*Migne*, P. gr. CVI, 215—458).

Die editio princeps des griechischen Textes dieses Commentares, von Fr. Sylburg besorgt, findet sich im Anhange der 1596 zu Heidelberg (bei Hier. Commelinus) erschienenen Ausgabe der Homilien des hl. Chrysostomus über die paulinischen Briefe. Mit Unrecht wird Andreas bei *Migne*, P. gr. CVI, 7—8, in das 9. Jahrh. versetzt. Einiges Nähere über seine wenig bekannte Schrift bei Welte in Wetzer und Welte's Kirchenlexikon (2. Aufl.) I, 830—832.

## § 82. Prokopius von Gaza und Aeneas von Gaza.

1. Prokopius. — Die Sophistenschulen im Umkreis der griechischen Welt gingen bereits ihrem Verfalle entgegen, als die Schulen der syrischen

Stadt Gaza, durch Umstände mannigfacher Art besonders begünstigt, sich noch
zu einer kurzen Nachblüthe aufschwangen. Aus den entferntesten Gegenden
strömten in Gaza Scharen vornehmer Jünglinge zusammen, um sich dem
Studium der Beredsamkeit zu widmen, welches dem Fachstudium voraufzugehen
pflegte. Die uns bekannten Vertreter der Sophistik zu Gaza im 5. und
6. Jahrhundert gehören alle dem Christenthume an. Ihre rhetorischen Schriften
könnten freilich auch einer heidnischen Feder entflossen sein. Aber wenigstens
zwei dieser Rhetoren sind zugleich als Commentatoren der Heiligen Schrift
und Apologeten des Christenthums aufgetreten, und zwar voll Ernst und
Ueberzeugung. Der eine ist Prokopius, dessen Lebenszeit sich annähernd
auf die Jahre 465—528 berechnen läßt, ohne Zweifel der bedeutendste unter
den Sophisten Gazas. Vergebens suchten Antiochien, Tyrus und Cäsarea
durch glänzende Anerbietungen ihn für sich zu gewinnen. Nach kurzem Aufenthalte in der Fremde zog es ihn immer wieder nach seiner Vaterstadt Gaza
zurück, wo das Leben des gefeierten Redners und Lehrers in unablässiger
wissenschaftlicher Arbeit aufging. Rhetorische Tendenz und Färbung zeigen
seine reiche Briefsammlung (*Migne*, P. gr. LXXXVII, 2, 2717—2792f.)
und seine Lobrede auf Kaiser Anastasius (491—518) aus den Jahren 507
bis 515 (LXXXVII, 3, 2793—2826). Andere Schriften dieser Art sind
verloren gegangen oder noch nicht aufgefunden worden. Eine Beschreibung
der 537/538 vollendeten neuen Sophienkirche zu Konstantinopel (ibid.
2827—2838) und eine Klage über die 558 erfolgte Zerstörung des großartigen Baues durch ein Erdbeben (2839—2842) können schon aus chronologischen Gründen nicht als echt anerkannt werden. Die Früchte seiner theologischen Studien hat Prokopius hauptsächlich in zahlreichen Commentaren
zum Alten Testamente niedergelegt; an der Identität des Sophisten und des
Theologen dürfte nicht zu zweifeln sein. Ein umfassendes Werk über den
Octateuch, in welchem Citate aus den verschiedensten Autoren lose an einander
gereiht waren, eines der ersten Beispiele einer Catene, gilt als verloren.
Allem Anscheine nach bildete indessen dieses Werk die Grundlage jener Catene
über den Octateuch (und die vier Bücher der Könige), welche der Grieche
Nicephorus 1772—1773 zu Leipzig in zwei Foliobänden veröffentlichte. Er-
halten blieb auch ein von Prokopius selbst gefertigter Auszug aus dem größern
Werke, schon 1555 in lateinischer Uebersetzung herausgegeben, griechisch bisher
nur bruchstückweise gedruckt (LXXXVII, 1, 21—1080). Wendland (1891)
hat den Beweis erbracht, daß Prokopius auch in diesem Auszuge Schriften
Philos von Alexandrien in sehr ausgiebiger Weise verwerthet. Noch ausgiebiger sind jedoch nach den (noch nicht veröffentlichten) Untersuchungen
L. Eisenhofers Cyrillus von Alexandrien, Gregor von Nyssa, Basilius d. Gr.
und andere Kirchenschriftsteller benützt. Ueberhaupt ist auch der Auszug ein
Kettencommentar, mag er sich auch äußerlich von gewöhnlichen Catenen dadurch
unterscheiden, daß er die ältern Commentatoren nicht mit Namen anführt und
die Aeußerungen derselben nicht wörtlich, sondern auszüglich wiedergibt. Eben
dieser catenenartige Charakter eignet auch dem großen Commentare über den
Propheten Isaias (LXXXVII, 2, 1817—2718). Die Scholien zu den vier
Büchern der Könige und den zwei Büchern der Paralipomena (LXXXVII,
1, 1079—1220) sind hauptsächlich aus Theodoret von Cyrus excerpirt. Der

Commentar zu den Sprüchen (LXXXVII, 1, 1221—1544; dazu ein supplementum LXXXVII, 2, 1779—1800) und die Catene über das Hohe
Lied (LXXXVII, 2, 1545—1754; dazu fragmenta alia 1755—1780) sind
zweifelhafter Herkunft. Von dem apologetischen Werke des Sophisten gegen
den Neuplatoniker Proklus liegt nur ein kleines Fragment vor (ἐκ τῶν εἰς τὰ
Πρόκλου θεολογικὰ κεφάλαια ἀντιρρήσεων LXXXVII, 2, 2792 e—h).

Die einzige Gesamtausgabe der Schriften des Prokopius bietet *Migne*, P. gr.
LXXXVII, Pars 1—3. Die Briefsammlung ist durch *R. Hercher*, Epistolographi graeci. Parisiis 1873. 4°. p. 533—598, von neuem herausgegeben
worden. Ein auch bei H e r c h e r fehlender Brief steht, wie B. K e l l e r mir mittheilte, bei *Fabricius-Harles*, Bibl. Gr. IX, 296. Ueber das Verhältniß der verloren geglaubten Octateuch-Catene zu der von N i c e p h o r u s veröffentlichten Catene
vgl. L. C o h n, Zur indirekten Ueberlieferung Philos und der älteren Kirchenväter.
Nebst einem Nachtrage von P. W e n d l a n d: Jahrbb. f. protest. Theol. Bd. XVIII.
1892. S. 475—492. Ueber die kleinere Erklärung des Octateuchs vgl. P. W e n d-
l a n d, Neu entdeckte Fragmente Philos. Berlin 1891. 8°. S. 29—105: „Philo
und Procopius von Gaza." Zu der Catene über das Hohe Lied vgl. Th. Z a h n,
Forschungen zur Gesch. des neutest. Kanons und der altkirchl. Literatur. Thl. II.
Erlangen 1883. S. 239 ff. Ueber Prokopius im allgemeinen s. K. S e i t z, Die
Schule von Gaza. Eine litterärgeschichtliche Untersuchung (Inaug.-Diss.). Heidelberg 1892. 8°. S. 9—21; *C. Kirsten*, Quaestiones Choricianae (Diss. inaug.).
Vratisl. 1894. 8°. p. 8 sqq. — Am 24. Dec. 563 wurde die neu erbaute Sophien-
kirche wieder eingeweiht, und diese Feierlichkeit verherrlichte P a u l u s S i l e n t i a r i u s
(ruhegebietender Hofbeamter) mit einer in kunsthistorischer Beziehung sehr werthvollen Beschreibung der Kirche und ihrer Kanzel (ἄμβων) in fließenden Hexametern
(*Migne*, P. gr. LXXXVI, 2, 2119—2158. 2251—2264). J. J. K r e u t z e r,
Paulus des Silentiariers Beschreibung der Hagia Sophia oder des Tempels der
göttlichen Weisheit. Uebersetzt und mit Anmerkungen begleitet. Leipzig 1875. 8°.
Auch ein lyrisches Gedicht des Paulus auf die pythischen Heilquellen Bithyniens hat
bei *Migne* l. c. 2263—2268 Aufnahme gefunden. Ueber andere Werke dieses Dichters
s. *I. Merian-Genast*, De Paulo Silentiario Byzantino Nonni sectatore (Diss.
inaug.). Lips. 1889. 8°.

2. Aeneas von Gaza. — Um dieselbe Zeit bildete auch Aeneas als
Lehrer der Rhetorik zu Gaza den Mittelpunkt eines großen und auserlesenen
Kreises von Schülern. Aeneas scheint etwas früher geboren und etwas später
gestorben zu sein als Prokopius. Den Ruhm, dessen er sich im Mittelalter
erfreute, verdankt er dem vor 534 geschriebenen und gegen den Neuplatonismus gerichteten Dialoge „Theophrastus oder von der Unsterblichkeit der Seele
und der Auferstehung des Leibes" (*Migne*, P. gr. LXXXV, 871—1004).
In formeller Hinsicht sind 25 kleine Briefe (welche bei Migne fehlen) ungleich anziehender.

Die letzte selbständige Ausgabe des Dialoges „Theophrastus" lieferte J. Fr.
Boissonade, Paris 1836. 8°. Dem griechischen Texte ist in dieser Ausgabe die
von Ambrosius Camaldulensis († 1439) gefertigte lateinische Uebersetzung
beigegeben. Die Briefe hat *Hercher* l. c. p. 24—32 von neuem herausgegeben.
Ueber die Lebensdaten des Verfassers f. S e i t z a. a. O. S. 23—27.

3. Johannes Philoponus. — Nicht so glücklich und erfolgreich waren die
theologischen Versuche eines jüngern Zeit- und Fachgenossen der genannten Sophisten,
des alexandrinischen Grammatikers J o h a n n e s, von seinem rastlosen Fleiße Philoponus (φιλόπονος) geheißen. Sein wichtigstes theologisches Werk, eine dialektisch-

speculative Erörterung der Christologie und der Trinitätslehre unter dem Titel „Schieb=
richter" (διαιτητής), trat für den Monophysitismus und den Tritheismus ein. Nu
zerstreute Fragmente sind auf uns gekommen. Nach seinem Gegner Leontius vo
Byzanz (De sectis; vgl. § 83, 1) hat Philoponus von τρεῖς μερικαὶ οὐσίαι i
Gott gesprochen und eine nur in der Abstraction existirende οὐσία κοινή behaupte
In der gleichfalls zu Grunde gegangenen Schrift über die Auferstehung des Leibe
(περὶ ἀναστάσεως) läugnete Philoponus die individuelle und numerische Identiti
des Auferstehungsleibes mit dem diesseitigen Leibe. Eine Schrift zur Vertheidigun
der Geschöpflichkeit der Welt (κατὰ Πρόκλου περὶ ἀϊδιότητος κόσμου) und ein Com
mentar über die biblische Schöpfungsgeschichte (περὶ κοσμοποιΐας) sind erhalten g
blieben. Bei *Migne*, P. gr. ist jedoch auch diesen Schriften keine Aufnahme gewäh
worden. Näheres über die theologischen Werke des Grammatikers gibt Stöckl i
Wetzer und Welte's Kirchenlexikon (2. Aufl.) VI, 1748—1754. Vgl. auch D
vids bei *Smith and Wace*, A Dictionary of Christ. Biography III, 425—42'
Ueber die Lehre des Philoponus handelt J. M. Schönfelder, Die Kirchen=G
schichte des Johannes von Ephesus. Aus dem Syrischen übersetzt. München 1862. 8
S. 267—311: „Die Tritheïten." Vgl. den Art. „Tritheistischer Streit" von Ga
in Herzogs Real=Encyklopädie (2. Aufl.) XVI, 47—51. Zu den berühmten Schri
stellern der tritheistischen Partei zählte Stephanus Gobarus, um 600, jetzt m
noch durch einen Auszug aus seinem Hauptwerke bei Photius (Bibl. cod. 23
bekannt. Vgl. Chr. W. Fr. Walch, Entwurf einer vollständigen Historie b
Kezereien, Spaltungen und Religionsstreitigkeiten. Bd. VIII. Leipzig 1778. S. 87
bis 885.

## § 83. Leontius von Byzanz und Kaiser Justinian.

1. Leontius von Byzanz. — Erst in neuester Zeit ist durch die unte
zu nennenden Untersuchungen von Loofs das bisher über der Persönlichke
wie über der schriftstellerischen Thätigkeit des Leontius von Byzanz schweben
Dunkel bis zu einem gewissen Grade zerstreut worden. Leontius muß u
485 geboren sein, vielleicht in Skythien, wahrscheinlicher zu Byzanz, jedenfall
wie seine Verwandtschaft mit dem Feldherrn Vitalian beweist, als Kind vo
nehmer Eltern. Seine eigenen Andeutungen (Adv. Nest. et Eut. l. III
*Migne*, P. gr. LXXXVI, 1, 1360 A u. 1361 C) legen den Schluß nah
daß er früh das Mönchsgewand genommen hat. Er erzählt auch selb
(ibid. 1357 C), daß er schon als Jüngling eine sorgfältige dogmatische Au
bildung sich zum Ziele gesetzt hatte und den dogmatischen Fragen der Ze
das lebhafteste Interesse entgegenbrachte. Der nestorianisirenden Richtun
welcher er in Skythien verfiel, ward er durch den Einfluß gelehrter Männe
denen er auf Reisen näher trat, wieder entrissen, und seitdem verfocht er m
aller Entschiedenheit die Lehre des Chalcedonense. Im Jahre 519 erscheint
zu Konstantinopel und zu Rom in Gesellschaft der skythischen Mönche, wel
für den Satz eintreten, e i n e r aus der heiligen Dreifaltigkeit habe im Fleisc
gelitten. Bald nachher hat er sich in die sogen. neue Laura (eine dorfarti
Ansiedlung von Einsiedlern) bei Jerusalem zurückgezogen. Im Jahre 5
nimmt er zu Konstantinopel an dem von Justinian veranstalteten Religion
gespräche zwischen Katholiken und Severianern theil, und auch die näch
folgenden Jahre muß er in Konstantinopel zugebracht haben. Etwa 538 ab
befindet er sich wieder in seinem Kloster bei Jerusalem. Später, viellei
542, ist er noch einmal nach Konstantinopel gereist, und hier ist er, wie

scheint, noch vor Erlaß des ersten Edictes gegen die drei Kapitel (Abs. 3), um 543, gestorben. Die Bezeichnung des Leontius als monachus Hierosolymitanus bedarf nach dem Gesagten keiner weitern Erläuterung. Byzanz aber ist gleichfalls so vielfach der Schauplatz seines Wirkens gewesen, daß der noch gebräuchlichere Name monachus Byzantinus auch dann verständlich bleibt, wenn seine Wiege nicht in Byzanz gestanden haben sollte. — Leontius ist Verfasser der nach innern Gründen zwischen 529 und 544 geschriebenen „Drei Bücher gegen Nestorianer und Eutychianer" (λόγοι γ΄ κατὰ Νεστοριανῶν καὶ Εὐτυχιανιστῶν: *Migne*, P. gr. LXXXVI, 1, 1267—1396). Das erste dieser Bücher bekämpft die beiden genannten Häresien gemeinsam: dieselben können, wie Leontius zu Eingang des nähern ausführt, trotz ihres Widerspruches unter einander gemeinsam widerlegt werden, weil sie von den gleichen unrichtigen Voraussetzungen ausgehen, aber freilich zu entgegengesetzten Folgerungen (δύο ὑποστάσεις, μία φύσις) fortschreiten. Das zweite Buch wendet sich gegen die Eutychianer oder Monophysiten im besondern, und zwar in erster Linie gegen die Partei der Julianisten oder Aphthartodoketen (§ 81, 3). Ein Orthodoxer und ein Aphthartodoket treten mit einander streitend auf. Den Gang und die Gliederung der Disputation hat der Verfasser in der Vorrede des ganzen Werkes (1269 C) mit den Worten angegeben: „Es mußte zunächst die Voraussetzung erwiesen werden, daß die Natur der Gottheit Christi und ebenso die Natur seiner Menschheit vorhanden sei und fortbestehen bleibe nach der Einigung, und sodann mußte von dem gegenseitigen Verhältnisse dieser beiden Naturen und von dem Modus ihres Vorhandenseins gehandelt werden." Das dritte Buch ist gegen die Nestorianer gerichtet, verhält sich jedoch weit mehr historisch referirend als dogmatisch polemisirend und will namentlich die dogmatischen und exegetischen Ketzereien Theodors von Mopsuestia „ans Tageslicht ziehen". Das Ganze ist vorzüglich disponirt und bekundet ebenso viel Scharfsinn wie patristische Gelehrsamkeit. Nach Loofs hätte Leontius der Vertheidigung der kirchlichen Christologie noch ein zweites, nicht weniger bedeutendes Werk unter dem Titel σχόλια gewidmet. Die heute unter des Leontius Namen vorliegenden σχόλια, gewöhnlich De sectis genannt (1193—1268), könnten jedoch, so nimmt Loofs an, nur eine spätere Ueberarbeitung dieses Werkes darstellen, und ebenso müßten in den gewöhnlich Adv. Nestorianos und Contra Monophysitas genannten Schriften (1399—1768 und LXXXVI, 2, 1769—1901) Ueberarbeitungen einzelner Theile des ursprünglichen Werkes erkannt werden. Bruchstücke des letztern seien erhalten in einzelnen Citaten des Sammelwerkes Antiquorum patrum doctrina de Verbi incarnatione (2003—2016), ferner in der unzweifelhaft von Leontius herrührenden „Widerlegung der von Severus vorgebrachten Argumente" (ἐπίλυσις τῶν ὑπὸ Σευήρου προβεβλημένων συλλογισμῶν, 1915—1945) sowie endlich in den wenigstens ihrem wesentlichen Inhalte nach auf Leontius zurückgehenden „Dreißig Thesen gegen Severus" (τριάκοντα κεφάλαια κατὰ Σευήρου, 1901—1916). Gegen die Annahme eines derartigen Werkes des Leontius unter dem Titel σχόλια sind von verschiedenen Seiten Bedenken erhoben worden. Doch wird durch diese Bedenken die angedeutete Umgrenzung des literarischen Eigenthums des Leontius nicht unmittelbar berührt. Das meist Adv. fraudes Apollinaristarum betitelte Schriftchen (1947—1976) möchte Loofs nicht unserem

Leontius, sondern einem ältern Zeitgenossen desselben zuzusprechen. Dieses merk
würdige Schriftchen will den Nachweis liefern, daß mehrere den Katholike
oft vorgehaltene Zeugnisse des Gregorius Thaumaturgus, des Athanasius un
des Papstes Julius I. nichts anderes seien als „von Apollinaristen ode
Eutychianern oder Anhängern Dioskurs" fälschlich jenen ehrwürdigen Väter
untergeschobene Schriften des Apollinarius von Laodicea. Durch Untersuchunge
der neuesten Zeit hat die Kritik unseres Verfassers die glänzendste Anerkennun
gefunden (§ 43, 4). — Schon A. Mai, welcher die meisten der vorhin au
geführten Schriften (im griechischen Texte) zuerst herausgegeben hat, nann
Leontius den hervorragendsten Theologen seiner Zeit (in theologica scienti
aevo suo facile princeps, col. 1191). In der Christologie fußt Leontiu
durchweg auf Cyrillus von Alexandrien. Der Terminus ἐνυπόστατος ist b
ihm zuerst nachweisbar. Die menschliche Natur Christi ist nicht ἀνυπόστατο
nicht selbst ὑπόστασις, sondern ἐνυπόστατος (Adv. Nest. et Eut. l. I: 1277 D
d. h. ἐν τῷ λόγῳ ὑποστᾶσα (Adv. argum. Sev.: 1944 C). Es erschei
zweifelhaft, ob Leontius, wie Loofs will, identificirt werden darf mit dem i
des Cyrillus Scythopolitanus Vita S. Sabae (§ 85, 1) auftretenden jerusalem
schen Mönche Leontius. Jedenfalls trifft der Vorwurf des Origenismu
welcher diesem Mönche gemacht wird, bei unserem Leontius nicht zu. Letzter
ist nicht für Origenes eingetreten und hat die origenistische Eschatologie en
schieden verworfen.

2. Literatur. Severus von Antiochien. Johannes Maxentius. — Fr. Loof
Leontius von Byzanz und die gleichnamigen Schriftsteller der griechischen Kirch
Buch I: Das Leben und die polem. Werke des Leontius von Byzanz (Texte un
Untersuchungen zur Gesch. der altchristl. Literatur, herausgeg. von O. v. Gebhart
und A. Harnack. Bd. III. Heft 1 und 2). Leipzig 1887. Die einzige Gesam
ausgabe der Schriften des Leontius bei Migne, P. gr. LXXXVI, Pars 1—2 (Pari
1865). Vgl. zu dieser Sammlung Loofs a. a. O. S. 8—11. Die nähere Kenntn
des wohl nicht 533, sondern 531 abgehaltenen Religionsgespräches zwischen Katholik
und Severianern verdanken wir dem Briefe eines der orthodoxen Collocutoren, b
Bischofs Innocentius von Maronia (östlich von Philippi, am ägäischen Meere
an einen befreundeten Presbyter, leider nur in lateinischer Uebersetzung und in se
verderbter Gestalt überliefert, bei Mansi, SS. Conc. Coll. VIII, 817—834 (feh
bei Migne). Vgl. Hefele, Conciliengesch. 2. Aufl. II, 747—751; Loofs a. a. S
S. 261—268. Die Compilation Antiquorum patrum doctrina de Verbi i
carnatione bei Mai, Scriptorum vet. nova Coll. T. VII. Romae 1833. Pars
p. 6—73 (fehlt bei Migne) stammt nach Loofs a. a. O. S. 92 ff. aus d
Zeit zwischen 662 und 679 und ruht auf ältern Sammelwerken. Die Vermuthu
Le Quiens, Anastasius Sinaita (§ 88, 4) sei der Verfasser, findet Loofs u
begründet. — Der oft genannte Monophysit Severus, das Haupt der Severian
mußte sich 512 auf den Patriarchenstuhl von Antiochien zu schwingen, mußte jedo
518 nach Alexandrien flüchten und vertrat hier gegenüber Julianus von Ha
karnassus (§ 81, 3) die Lehre, der Leib Christi habe vor der Auferstehung die a
gemeinen Schwächen und Leiden des menschlichen Leibes getheilt. Seine Jüng
hießen im Munde der Julianisten Phthartolatren (Vergänglichkeitsverehrer). B
dem griechischen Texte der zahlreichen Schriften des Severus liegen nur noch Fra
mente vor. Kleine Sammlungen solcher Fragmente finden sich bei Mai, Scrip
vet. nova Coll. T. IX. Romae 1837. p. 725—741; Mai, Spicilegium R
manum. T. X. 1844. p. 202—205. In syrischen Uebersetzungen aber sind bi

Schriften, wenn nicht sämtlich, so doch größtentheils, erhalten geblieben. Gedruckt sind in syrischer Uebersetzung bisher freilich nur eine Taufliturgie, Antwerpen 1572 (vgl. A. Resch, Agrapha, außercanonische Evangelienfragmente [Texte und Unter= suchungen u. s. w. Bd. V. Heft 4]. Leipzig 1889. S. 361—372), und einige Bruchstücke von homiliae enthronisticae oder epithronicae (Homilien, welche Severus als Patriarch hielt) bei *E. Nestle*, Brevis linguae Syriacae grammatica. Carolsruhae et Lipsiae 1881. Chrestomathia p. 79—83. In lateinischer After= übersetzung (aus dem Syrischen) sind fünf Homilien bei *Mai*, Script. vet. nova Coll. IX, 742—759. Spicil. Rom. X, 212—220, und eine Schrift gegen Ju= lianus von Halikarnassus auszugsweise bei *Mai*, Spicil. Rom. X, 169—201, ge= druckt. Ueber die Lehre des Severus handelte Loofs a. a. O. S. 30—32. 54—59. Als Quelle diente Loofs insbesondere auch das aus dem 6. Jahrh. stammende Schreiben eines sonst nicht bekannten Mönches Eustathius Ad Timotheum scho= lasticum de duabus naturis adversus Severum (*Migne*, P. gr. LXXXVI, 1, 901—942). — Die sogen. skythischen Mönche tauchen 519 zu Konstantinopel auf, und ihr Wortführer und Anwalt ist ein gewisser Johannes mit dem Beinamen Maxentius. Im Kampfe gegen Nestorianismus und Monophysitismus wollten diese Mönche den Satz „Einer aus der heiligen Dreifaltigkeit hat im Fleische gelitten" zum Panier der Orthodoxie erhoben wissen, während andere Kreise jede Aenderung oder Erweiterung des auf dem Concile zu Chalcedon (451) aufgestellten Glaubensbekenntnisses ablehnten (sogen. theopaschitischer Streit). Außerdem ver= langten die Mönche die Verurtheilung der Schriften des kurz vorher verstorbenen Bischofs Faustus von Reji (§ 92), weil dieselben dem Pelagianismus das Wort redeten, ein Verlangen, welches gleichfalls auf vielen Widerspruch stieß. Die Streitig= keiten hatten bereits einen lebhaftern Charakter angenommen, als am 25. März 519 Abgesandte des Papstes Hormisda nach Konstantinopel kamen, um die seit dem Tode des Kaisers Anastasius I. (9. Juli 518) möglich gewordene Aussöhnung der Kirchen von Rom und von Konstantinopel (vgl. § 81, 4) einzuleiten. Eine Denkschrift, welche Maxentius im Namen der Mönche den päpstlichen Legaten überreichte (Epist. ad legatos sedis apostolicae: *Migne*, P. gr. LXXXVI, 1, 75—86), hatte nicht den gewünschten Erfolg. Im Juni 519 begaben sich deshalb einige Mönche nach Rom, um persönlich beim Papste eine Entscheidung in ihrem Sinne zu erwirken, und als Hormisda mit einer solchen Entscheidung zögerte, wandten sie sich an die durch König Thrasamund nach Sardinien verbannten Bischöfe Afrikas. Letztere, an ihrer Spitze Bischof Fulgentius von Ruspe (§ 94, 5), traten alsbald mit Nachdruck für die Sache der Mönche ein (*S. Fulg.*, Ep. 17 de incarnatione et gratia: *Migne*, P. lat. LXV, 451—493). In den ersten Tagen des August 520 verließen die Mönche Rom, um nach Konstantinopel zurückzukehren. Am 13. August 520 richtete der Papst an den zu Konstantinopel weilenden afrikanischen Bischof Pos= sessor ein Schreiben, welches das Vorgehen der skythischen Mönche und insbesondere das Verhalten ihrer Vertreter zu Rom in sehr scharfen Worten verurtheilte und sodann erklärte, die Werke des Bischofs Faustus gehörten nicht zu den anerkannten Schriften der Väter, und die gesunde Lehre über Gnade und Freiheit könne den Werken des hl. Augustinus entnommen werden (*S. Horm. P.*, Ep. 70: *Migne*, P. lat. LXIII, 490—493). Maxentius machte dieses Schreiben zum Gegenstande einer herben Kritik (Ad epistolam Hormisdae responsio: *Migne*, P. gr. LXXXVI, 1, 93—112). Nach der gewöhnlichen Annahme ist der Priester Johannes, an welchen des hl. Fulgentius Schrift De veritate praedestinationis et gratiae Dei vom Jahre 523, und ebenso der Priester und Archimandrit Johannes, an welchen die etwas jüngere Epistola synodica der afrikanischen Bischöfe (f. Hefele, Concilien= gesch. 2. Aufl. II, 697—702) gerichtet ist, kein anderer als Johannes Maxentius. Loofs (a. a. O. S. 260 f.) hat indessen gegen diese Identificirung Einspruch erhoben. Ist dieselbe nicht haltbar, so verliert sich die Spur der skythischen Mönche und ihres Patrones Maxentius schon mit dem Schreiben des Papstes Hormisda und der Antwort auf dasselbe. Außer den beiden genannten Schriften besitzen wir von Maxentius namentlich noch Dialoge gegen die Nestorianer (*Migne* l. c. 115 ad 158) und eine Abhandlung gegen die Akephaler (Monophysiten, 111—116). Alle seine Schriften sind lateinisch überliefert, und der lateinische Text ist wohl auch als Original anzusehen. Herausgegeben ward derselbe, zum ersten= und zum letztenmal, durch J. Cochläus nach einer Nürnberger Handschrift der Werke des hl. Fulgentius, sowohl im Anhange der Erasmischen Ausgabe des hl. Cyprian (Basel 1520), als auch in der von W. Pirkheimer und Cochläus besorgten Ausgabe des hl. Fulgentius (Hagenau 1520). Bei *Migne*, P. gr. LXXXVI, 1, 73—158, steht ein „vielfach vermittelter und auf solchem Wege mehrfach entstellter Abbruck" (Loofs). Die Schriften befinden sich in etwas verwirrtem Zustande. Die als selb=ständige Schrift auftretende Professio de Christo (79—86) bildet ohne Zweifel nur einen Theil der voraufgehenden Epist. ad legatos sedis apost. (75—78). Ueber die skythischen Mönche handelte Cardinal Noris († 1704) in seiner Historia Pelagiana lib. II. c. 18—20 (*H. Card. Norisii* Opera omnia. Veronae 1729 ad 1732. T. I. col. 474—504) und in den Dissertationen In historiam controversiae de uno ex trinitate passo und Apologia monachorum Scythiae ab anonymi scrupulis vindicatur (Opp. t. III. col. 775—942). In neuerer Zeit ist nur Loofs a. a. O. S. 229—261 näher auf die Geschichte der skythischen Mönche eingegangen.

    3. Kaiser Justinian. — Justinian I., welcher 527—565 mit großem Ruhme, wenn auch mit wechselndem Glücke, das oströmische Reich regierte, kommt an dieser Stelle nur als theologischer Schriftsteller in Betracht. Freilich stellen sich die meisten seiner sogen. theologischen Schriften (*Migne*, P. gr. LXXXVI, 1, 945—1152), des dogmatischen Beiwerks entkleidet, als bloße Regierungsmaßnahmen dar, Maßnahmen, welche, auch wenn sie stets der reinsten Absicht entsprungen wären, gleichwohl als bedenkliche Eingriffe in das innerste Leben der Kirche bezeichnet werden müßten. Doch hat Justinians Kirchenpolitik dieselben Bahnen eingeschlagen, in welchen sich die literarische Thätigkeit seines Zeitgenossen Leontius bewegte, und das fünfte allgemeine Concil vom Jahre 553 hat die Erlasse des Kaisers in allem Wesentlichen annehmen können, weil ihr Inhalt dem Glauben der Kirche entsprach. Am 6. August 536 erließ Justinian eine „Constitution (διάταξις) gegen Anthimus, Severus, Petrus und Zoaras" (l. c. 1095—1104) in Form eines Schreibens an den Patriarchen Mennas von Konstantinopel, welches die Anathematisirung der genannten Monophysiten durch die konstantinopolitanische Synode des Jahres 536 gutheißt und bestätigt. Der sogen. Tractatus contra Monophysitas (1103—1146), wohl aus dem Jahre 542 oder 543, ist an ägyptische Mönche gerichtet, welche vom Monophysitismus zur Kirche zurückgekehrt waren oder zurückzukehren im Begriffe standen. Wahrscheinlich 543 erschien ein Edict gegen Origenes (λόγος κατὰ Ὠριγένους, 945—990 in der Ausfertigung an Mennas), welches die mannigfachen Irrthümer des Alexandriners kennzeichnet (Subordinatianismus, Präexistenz, Apokatastasis, Mehrheit der Welten u. s. w.), denselben eine einläßliche Widerlegung entgegenstellt und mit zehn Anathematismen gegen den Origenismus schließt. Das „Schreiben an die heilige Synode (γράμμα πρὸς τὴν ἁγίαν σύνοδον) über Origenes und seine Gesinnungsgenossen" (989—994) ist nach einigen an die konstantinopolitanische

Synode des Jahres 543, nach andern an das Concil vom Jahre 553 adressirt gewesen. Ein leider verloren gegangenes Edict aus dem Ende des Jahres 543 oder dem Anfange des Jahres 544 enthielt eine längere Darlegung des wahren Glaubens und sprach zum Schlusse das Anathem aus über die Person und die Schriften Theodors von Mopsuestia, über die Schriften Theodorets von Cyrus gegen Cyrillus von Alexandrien und das Ephesinum (§ 60, 7) und über den gleichfalls gegen Cyrillus und das Ephesinum gerichteten Brief des Edesseners Ibas (§ 59, 13); das erste sogen. Edict gegen die drei Kapitel. Während nämlich in der Regel die Anathematismen eines Edictes κεφάλαια, capitula genannt wurden, hat sich in vorliegendem Falle der Sprachgebrauch gleich von Anfang an dahin fixirt, daß die von den Anathematismen betroffenen Personen und Schriften als die drei Kapitel bezeichnet wurden. Das fragliche Edict sollte namentlich in die abendländische Kirche eine unheilvolle Verwirrung hineintragen (sogen. Dreikapitelstreit). Zwischen 551 und 553, wahrscheinlich 551, erschien ein zweites, verschärftes Edict gegen die drei Kapitel, welches noch vollständig vorliegt (ὁμολογία πίστεως κατὰ τῶν τριῶν κεφαλαίων, 993—1036). Ein Erlaß vom 5. Mai 553 an das an diesem Tage eröffnete Concil (τύπος πρὸς τὴν ἁγίαν σύνοδον) handelt gleichfalls über Theodor, Theodoret und Ibas (1035—1042). Eine ebenso derbe wie ausführliche Antwort des Kaisers auf eine (nicht näher bekannte) Denkschrift gegen die Verurtheilung der drei Kapitel (πρός τινας γράψαντας καὶ ἐκδικήσαντας Θεόδωρον κτλ., 1041—1096) ist nach Hefele nach dem Concile von 553, nach Loofs vor dem Concile geschrieben. Von einem dogmatischen Schreiben an den Patriarchen Zoilus von Alexandrien (542 bis um 550) hat sich noch ein kurzes Fragment erhalten (1145—1150). Den Schluß der Sammlung bildet eine jedes dogmengeschichtlichen Interesses entbehrende Goldbulle an den Abt des Berges Sinai (1149—1152). Kurz vor seinem Tode ist Justinian laut Evagrius (Hist. eccl. IV, 39—41: LXXXVI, 2, 2781—2786) in einem verloren gegangenen Edicte für die Lehre der Aphthartodoketen eingetreten. Zweifel an der Glaubwürdigkeit dieser Nachricht sind ausgeschlossen. Aber freilich ist der Einfall des Greises eine Verläugnung der Ziele seiner Mannesjahre.

4. Literatur. Zeitgenössische Theologen. — In der Series latina des Migne= schen Cursus finden sich mehrere lateinische Briefe Justinians unter den Briefen der Päpste Hormisda (LXIII, 367—534), Johannes II. (LXVI, 11—32), Agapitus I. (LXVI, 35—80) und Vigilius (LXIX, 15—178), ferner die Mehrzahl der im Texte genannten Schriften, griechisch und lateinisch (LXIX, 177 ad 328), und endlich eine Auswahl der kirchengeschichtlich bedeutsam erscheinenden lateinischen Verordnungen und Gesetze des Kaisers (novellae ad religionem pertinentes, leges selectae: LXXII, 921—1110). Ueber eine neue Ausgabe der Briefsammlung des Papstes Hormisda (und der in dieser Sammlung enthaltenen Briefe Justinians) s. § 95, 1. Ueber die von Justinian veranstalteten Rechtssamm= lungen, Corpus iuris (Digesta s. Pandectae und Codex Iustinianeus), Institu= tiones, Novellae s. Teuffel=Schwabe, Gesch. der Röm. Lit. 5. Aufl. S. 1265 ff. Die meisten der im Texte genannten Schriften sind auch in die Conciliensammlungen aufgenommen worden (Mansi l. c. T. VIII—IX). Der sogen. Tractatus contra Monophysitas ward erst von A. Mai (Script. vet. nova Coll. T. VII. Romae 1833. Pars 1. p. 292—313) herausgegeben; die Goldbulle an den Abt des Berges Sinai erst von C. Tischendorf, Anecdota sacra et profana. Lipsiae 1855.

1861. 4⁰. p. 56—57. Nach alten und durchaus glaubwürdigen Zeugen ist Justinian Verfasser des Troparium (antiphonartigen Kirchengesanges) ὁ μονογενὴς υἱὸς καὶ λόγος τοῦ θεοῦ, bei *W. Christ* et *M. Paranikas*, Anthologia graeca carminum christianorum. Lipsiae 1871. 8⁰. p. 52; cf. p. xxxii. Ueber die im Texte genannten Schriften s. v. Hefele, Conciliengesch. Bd. II. 2. Aufl. Freib. i. Br. 1875. S. 786—789. 798—816. 836—844 und sonst. Vgl. Loofs, Leontius von Byzanz. Buch I. 1887 (Abf. 2). S. 303—317: „Leontius und Justinian." — Justinians Lehrer, Agapetus, Diakon an der Sophienkirche zu Konstantinopel, widmete dem Kaiser, wie es scheint, zu seinem Regierungsantritte im Jahre 527, eine kleine Schrift über die Pflichten eines christlichen Regenten (ἔκθεσις κεφαλαίων παραινετικῶν: *Migne*, P. gr. LXXXVI, 1, 1163—1186). In der Folgezeit ist dieses Regentenbüchlein sehr hochgeschätzt, vielfach nachgeahmt und auch in die modernen Sprachen übersetzt worden. Ueber die zahlreichen Ausgaben s. *Fabricius-Harles*, Bibl. Gr. VIII, 36—42 (= *Migne*, P. gr. l. c. 1155—1162); Hoffmann, Bibliographisches Lexicon (2. Aufl.) I, 101—104. — Zu den hervorragendsten Vertretern des Glaubens der Kirche gegenüber den Nestorianern und den Eutychianern zur Zeit Justinians zählte Patriarch Ephräm von Antiochien (527—545). Photius kannte drei Werke Ephräms, von welchen das erste dogmatische Schreiben und panegyrische Reden umfaßte (Bibl. cod. 228: CIII, 957—970), das zweite, in vier Büchern, ausschließlich dogmatischen Inhalts und vornehmlich der Vertheidigung des Chalcedonense gewidmet war (cod. 229: col. 969—1024); das dritte wird nicht näher gekennzeichnet. Mai hat nur noch einige kleine Bruchstücke unter Ephräms Namen aufgefunden, ex apologia pro synodo Chalcedonensi et epistola S. Leonis, e tertio libro contra Severum etc. (*Migne*, P. gr. LXXXVI, 2, 2103—2110). — Ein Mönch Namens Job in der ersten Hälfte des 6. Jahrhunderts hinterließ laut Photius (Bibl. cod. 222) eine Schrift gegen Severus und eine Schrift über das Erlösungswerk Christi unter dem Titel οἰκονομικὴ πραγματεία. Ueber die letztere Schrift hat Photius (l. c.; CIII, 735—830) einen auffallend einläßlichen Bericht erstattet. Heute liegen nur noch zwei Fragmente unter Jobs Namen vor (*Migne*, P. gr. LXXXVI, 2, 3313—3320). — Auch Bischof Johannes von Skythopolis in Galiläa um 540 ist gegen die Monophysiten, insbesondere gegen Severus, als Vertheidiger der orthodoxen Lehre aufgetreten. S. über ihn und seine verloren gegangenen Schriften Loofs, Leontius von Byzanz. Buch I. 1887. S. 269—272. — Eine kleine Abhandlung gegen die origenistischen Lehren von der Präexistenz und der Apokatastasis unter dem Titel „Des hl. Barsanuphius Lehre über die Meinungen des Origenes, des Evagrius und des Didymus" (τοῦ ἁγίου Βαρσανουφίου διδασκαλία περὶ τῶν Ὠριγένους, Εὐαγρίου καὶ Διδόμου φρονημάτων: *Migne*, P. gr. LXXXVI, 1, 891—902) muß um die Mitte des 6. Jahrhunderts aus den Kreisen der palästinensischen Mönche hervorgegangen sein. Ueber den Inclusen Barsanuphius s. *Gallandi*, Bibl. vet. Patr. T. XI. 1776. p. xxi ad xxii (= *Migne* l. c. 887—890). — Von Bischof Theodorus von Skythopolis ist eine um 553 verfaßte, an Kaiser Justinian und die Patriarchen von Konstantinopel, Alexandrien, Antiochien und Jerusalem gerichtete, scharfe Erklärung gegen die Irrthümer des Origenes auf uns gekommen (*Migne* l. c. 231 ad 236). Ueber Theodorus s. *Gallandi* l. c. p. xi—xii (= *Migne* l. c. 229 ad 232). — Unter dem Namen des hl. Gregentius, welcher zur Zeit Justinians Bischof von Taphar im Lande der Homeriten (Himjariten in Südarabien) gewesen sein soll, gehen eine Gesetzessammlung (νόμοι τῶν Ὁμηριτῶν: *Migne* l. c. 567—620) und eine Disputation mit einem Juden Namens Herban (διάλεξις μετὰ Ἰουδαίου Ἑρβᾶν τούνομα: ib. 621—784). Beide Schriften, welche sich unmittelbar an einander anschließen und gewissermaßen ein Ganzes bilden, pflegen als unterschoben bezeichnet zu werden, ohne bisher einer eindringendern Untersuchung gewürdigt

worden zu ſein. Ueber die politiſchen und religiöſen Zuſtände Südarabiens zu An=
fang des 6. Jahrhunderts vgl. W. Fell, Die Chriſtenverfolgung in Südarabien
und die himjariſch=äthiopiſchen Kriege nach abeſſiniſcher Ueberlieferung: Zeitſchr. der
Deutſchen Morgenländ. Geſellſchaft. Bd. XXXV (1881). S. 1—74. Die Haupt=
quelle über die fraglichen Ereigniſſe, ein ſyriſcher Brief des Biſchofs Simeon von
Betharſam (510—525) über die Martyrer des Homeritenlandes (vgl. Fell a. a. O.
S. 2 ff.), iſt durch J. Guidi von neuem herausgegeben und ins Italieniſche über=
ſetzt worden, Rom 1881 (Reale Accademia dei Lincei, anno 278). *I. Deramey*,
Les martyrs de Nedjran au pays des Homérites, en Arabie (522—525).
Paris 1893. 8⁰. — In die Tage Juſtinians fällt wohl auch das Leben und Wirken
des Mönches Alexander von Salamis, bekannt als Verfaſſer einer Lobrede
(ἐγκώμιον) auf den hl. Barnabas (*Migne*, P. gr. LXXXVII, 3, 4087—4106 nur
lateiniſch mitgetheilt, aber ſchon in den Acta SS. Iunii T. II. p. 436—453 griechiſch
gedruckt). Näheres über dieſe Rede bei Lipſius, Die apokryphen Apoſtelgeſchichten
und Apoſtellegenden. Bd. II, 2. Braunſchweig 1884. S. 298—304. Eine zweite
Rede Alexanders handelt von der Auffindung des heiligen Kreuzes (λόγος εἰς τὴν
εὕρεσιν τοῦ τιμίου καὶ ζωοποιοῦ σταυροῦ: *Migne* l. c. 4015—4076; auch in einem
Auszuge vorhanden: ib. 4077—4088).

## § 84. Hiſtoriker und Geographen.

1. **Theodorus Lector.** — Theodorus, welcher in der erſten Hälfte des
6. Jahrhunderts das Amt eines Vorleſers (Anagnoſtes) an der Sophienkirche
zu Konſtantinopel bekleidete und daher den Beinamen Lector erhielt, hat zwei
kirchenhiſtoriſche Verſuche hinterlaſſen: einen Auszug aus den früher genannten
kirchenhiſtoriſchen Werken von Sokrates, Sozomenus und Theodoret, in zwei
Büchern, und eine ſelbſtändige Fortſetzung dieſes Auszuges bis auf Kaiſer
Juſtinus I. (518—527), gleichfalls in zwei Büchern. Von der zweiten
Schrift erübrigen nur noch einige Excerpte, welche, mit anderweitigen Ex=
cerpten verbunden, in den Manuſcripten die Aufſchrift tragen: ἀπὸ φωνῆς
Νικηφόρου Καλλίστου, in Wirklichkeit aber viel älter ſind als der Kirchen=
hiſtoriker Nicephorus Kalliſti im Anfange des 14. Jahrhunderts. Jener
Auszug iſt handſchriftlich vorhanden, aber noch nicht gedruckt worden.
Valeſius hielt es für überflüſſig, den Auszug in ſeine Edition der griechiſchen
Kirchenhiſtoriker (Paris 1673 u. ö.; ſ. § 44, 7) aufzunehmen, und begnügte ſich
damit, in ſeinen Noten zu Sokrates u. ſ. f. die Varianten des Textes anzumerken.
Die Excerpte aus der andern Schrift hat Valeſius hinter den Fragmenten des
Philoſtorgius abdrucken laſſen, und dieſen Abdruck bietet *Migne*, P. gr. LXXXVI,
1, 165—228 (nach Valeſius=Reading, Cambridge 1720). Ueber die Hand=
ſchriften und das Alter der Excerpte ſ. C. de Boor in der Zeitſchr. f. Kirchengeſch.
Bd. VI (1883—1884). S. 489—491. Vgl. auch de Boor, Zu Theodorus Lector
[II, 23]: ebend. S. 573—577. *G. Dangers*, De fontibus, indole et dignitate
librorum quos de historia ecclesiastica scripserunt Theodorus Lector et
Evagrius. Gottingae 1841. 4⁰. Nolte, Zu Theodorus Lector und Euſtathios
von Epiphania nebſt einem noch ungedruckten Bruchſtücke des Letzteren: Theol. Quartal=
ſchrift. Bd. XLIII (1861). S. 569—582; der „Schluß" der Abhandlung iſt
nicht mehr erſchienen. Euſtathius von Epiphania in Syrien iſt Verfaſſer einer von
Theodorus Lector als Quelle benutzten, inzwiſchen zu Grunde gegangenen Chronik,
welche von den älteſten Zeiten bis zum Jahre 502 reichte. *I. V. Sarrazin*, De
Theodoro Lectore Theophanis fonte praecipuo, in den Commentationes philo-
logae Ienenses. Vol. I. Lipsiae 1881. p. 163—238. Ueber den Chroniſten

Theophanes Confessor (gest. um 817) s. Krumbacher, Gesch. der byzant. Li
München 1891. S. 120—124.

2. Zacharias Rhetor. — Ungefähr gleichzeitig mit Theodorus Lector tr
Zacharias, Rechtsanwalt (σχολαστικός, rhetor) zu Berytus und später (53(
Bischof von Mitylene auf Lesbos (nicht Melitene in Kleinarmenien), a
Kirchenhistoriker auf. Doch ist der griechische Text seines Werkes abhand
gekommen. In syrischer Sprache aber liegt eine kirchenhistorische Compilati
vor, welche im ganzen zwölf Bücher umfaßt und welche in den Büche
III—VII Uebersetzung oder Ueberarbeitung eines griechischen Werkes b
„Rhetors Zacharias" sein will. Die Wahrheit dieses Selbstzeugnisses w
durch den Umstand verbürgt, daß die Angaben des Kirchenhistorikers Evagri
Scholasticus (Abs. 3) über das von ihm benutzte Werk seines Vorgänge
Zacharias unbeschränkte Anwendung auf den syrischen Text finden. Zachari
hob an mit der Regierung des Kaisers Marcianus (450—457), berücksichtig
vorwiegend die alexandrinische Kirche und führte seinen Bericht etwa bis a
den Patriarchen Dioskur II. von Alexandrien (516—518) fort. Die Do
stellung verräth wiederholt und unzweideutig die monophysitische Parteistellu
des Verfassers. Als Bischof von Mitylene hingegen hat Zacharias auf b
Synode zu Konstantinopel im Jahre 536 der Absetzung des monophysiti
gesinnten Patriarchen Anthimus von Konstantinopel zugestimmt (Mansi, S
Conc. Coll. VIII, 926. 933. 975—976). In seine frühere Lebensperio
wird wohl auch die Abfassung des noch griechisch erhaltenen Dialoges „A
monius" fallen, so benannt nach dem Neuplatoniker Ammonius Hermiae (
Alexandrien um 500), dessen Lehre von der Ewigkeit der Welt Zachari
bekämpft. Endlich besitzen wir noch ein Bruchstück von Zacharias' Schr
gegen den Manichäismus.

Die syrische Compilation ward in verbesserungsfähiger Gestalt herausgeg
von I. P. N. Land, Anecdota Syriaca. T. III (Zachariae episc. Mitylen
aliorumque scripta historica graece plerumque deperdita). Lugduni B
1870. 4⁰. Einzelne Kapitel verschiedener Bücher der Compilation waren syri
und lateinisch schon von A. Mai (Script. vet. nova Coll. T. X. Romae 18
Pars 1. p. 332—388; cf. p. xii—xiv) veröffentlicht, und die lateinische Uebersetzu
war bei Migne (P. gr. LXXXV, 1145—1178) abgedruckt worden. J. Gui
Il testo siriaco della descrizione di Roma, nella storia attribuita a Zacca
Retore [libro X, cap. 16]: Bullettino della Commissione archeologica com
nale di Roma. Ser. 2. anno XII. Roma 1884. p. 218—239. H. Gelz
(Die Synoden von Sidon und Tyrus: Byzant. Zeitschr. Bd. I [1892]. S. 333—33
hat zwei Kapitel (10 u. 12) des Buches VII in einer deutschen Uebersetzung i
Th. Nöldeke mitgetheilt. Ueber die Frage nach den auf Zacharias zurückgehen
Bestandtheilen des Werkes, den Werth und die Quellen derselben s. G. Krüg
Monophysitische Streitigkeiten im Zusammenhange mit der Reichspolitik (Inaug.-Dis
Jena 1884. 8⁰. S. 20—43. Den Dialog „Ammonius" (Disputatio de mu
opificio) gibt Migne (P. gr. LXXXV, 1011—1144) nach der Ausgabe
C. Barth, Leipzig 1654. 4⁰. Eine neue Ausgabe lieferte J. Fr. Boissona
Paris 1836. 8⁰. Das Bruchstück der Schrift gegen den Manichäismus bei Mi
l. c. 1143—1144 lateinisch, griechisch bei Pitra, Analecta sacra et classi
Paris. 1888. Pars I. p. 67—70. — Die Kirchengeschichte des Nestorianers
silius Cilix (aus Cilicien), Presbyters zu Antiochien, welche nach Photius (Bi
cod. 42) von Marcianus bis zum Tode Justins I. (527) reichte, ist, wie die and

Schriften des Verfassers, zu Grunde gegangen. Vgl. *Fabricius-Harles*, Bibl. Gr. VII, 419—420; X, 692. 710.

3. **Evagrius Scholasticus.** — Weit Hervorragenderes als Theodorus und Zacharias leistete Evagrius. Im Jahre 536 oder 537 zu Epiphania in Syrien geboren, war er später zu Antiochien als Rechtsanwalt (σχολαστικός) thätig. Im Jahre 588 begleitete er den zur Verantwortung nach Konstantinopel berufenen Patriarchen Gregorius von Antiochien und vertheidigte denselben vor dem Kaiser Mauricius und der zu Konstantinopel versammelten Synode mit der Kraft eines gewandten Advocaten und dem Eifer eines treuen Freundes. Früher schon hatte Kaiser Tiberius II. (578—582) Evagrius zur Würde eines Quästors erhoben; Mauricius ernannte ihn zum Ehrenpräfecten (ἀπὸ ἐπάρχων, ex praefectis). Er starb zu Antiochien gegen Ende des 6. Jahrhunderts. Seine umfangreiche Kirchengeschichte, welche freilich sehr oft und sehr weit auf das profangeschichtliche Gebiet abschweift, führt sich selbst in der Vorrede als eine Fortsetzung von Sokrates, Sozomenus und Theodoret ein und erstreckt sich in sechs Büchern über die Jahre 431—594. Die Erzählung gründet sich auf die besten Quellen, zeugt von aufrichtiger Wahrheitsliebe und streng orthodoxer Gesinnung, hin und wieder allerdings auch von Leichtgläubigkeit und Wundersucht, und ist, wie schon Photius (Bibl. cod. 29) bemerkte, in einen anmuthigen, wenn auch etwas breiten Ausdruck gekleidet. Wir verdanken dem Werke zum guten Theile unsere Kenntniß der Entwicklung des Nestorianismus und des Monophysitismus. Ein anderes Werk des Verfassers, welches nach seiner eigenen Angabe (Hist. eccl. VI, 24) „Relationen, Briefe, Erlasse, Reden, Dialoge und anderes" enthielt, scheint verloren gegangen zu sein. Die Relationen (ἀναφοραί) waren meist im Namen und Auftrage des Patriarchen Gregorius geschrieben. Unter den Reden (λόγοι) hatte wohl auch der (a. a. O.) noch besonders erwähnte Glückwunsch an Kaiser Mauricius zur Geburt seines Sohnes Theodosius eine Stelle gefunden. Die Absicht, die Feldzüge des Kaisers Mauricius gegen die Perser monographisch zu behandeln (Hist. eccl. V, 20), scheint Evagrius nicht ausgeführt zu haben.

Die Hauptausgabe der Kirchengeschichte lieferte H. Valesius, Paris 1673 u. ö. (s. § 44, 7.). Ein Abdruck dieser Ausgabe bei *Migne*, P. gr. LXXXVI, 2, 2415—2886 (nach Valesius-Reading, Cambridge 1720). Ein Separatabdruck von ungenannter Hand war 1844 zu Oxford erschienen, und an diesen Abdruck anknüpfend, gab Nolte in der Theol. Quartalschrift. Bd. XLIII (1861). S. 674 bis 706 beachtenswerthe Beiträge zur Textkritik. C. de Boor, Die handschriftliche Ueberlieferung der Kirchengeschichte des Evagrius: Zeitschr. f. Kirchengeschichte. Bd. V (1881—1882). S. 315—322; vgl. de Boor, ebend. Bd. VI (1883—1884). S. 482—485. Rücksichtlich der Quellen, aus welchen Evagrius seine kirchengeschichtlichen Mittheilungen schöpfte, muß auf die Abs. 1 genannte Schrift von G. Dangers verwiesen werden. Ueber die Quellen der profangeschichtlichen Abschnitte s. L. Jeep, Quellenuntersuchungen zu den griech. Kirchenhistorikern in den Jahrbb. f. class. Philologie. Supplementband XIV. Leipz. 1885. S. 159—178. — Von dem mehrerwähnten Patriarchen Gregorius von Antiochien (570—593; vgl. § 88, 1) liegen vier Reden vor (*Migne*, P. gr. LXXXVIII, 1847—1886; die zweite Rede wird nur in lateinischer Uebersetzung mitgetheilt).

4. **Chronisten.** — Die Universalchronik (χρονικὴ ἱστορία) des Johannes von Antiochien zu Anfang des 6. Jahrhunderts, die Weltgeschichte des Hesychius

von Milet um die Mitte des 6. Jahrhunderts und die volksthümliche Weltchronik
(χρονογραφία) des Johannes Malalas aus Antiochien in der zweiten
Hälfte des 6. Jahrhunderts liegen außerhalb des Planes dieses Buches. Aus
der ersten Hälfte des 7. Jahrhunderts stammt ein umfangreiches, gleichfalls
mit der Erschaffung der Welt beginnendes, chronologisches Werk, welches
gewöhnlich Chronicon Paschale genannt wird, weil es der christlichen Chrono=
logie die Berechnung des Ostercanons zu Grunde legt. Der unbekannte Ver=
fasser ist sehr wahrscheinlich in den Kreisen des konstantinopolitanischen Clerus,
in der Umgebung des Patriarchen Sergius (610—38), zu suchen. Das chrono=
logische Gerippe, für die älteste Zeit hauptsächlich Julius Africanus und Eu=
sebius entnommen, ist mit mannigfachen geschichtlichen Notizen ausgeschmückt,
von welchen indessen fast nur die Nachrichten aus den ersten Decennien
des 7. Jahrhunderts, der Zeit des Verfassers, größere Bedeutung beanspruchen
können. Um das Jahr 700 schrieb der monophysitische Bischof Johannes von
Nikiu, einer Insel im westlichen Hauptarme des Nils, eine Weltchronik, welche
reichen kirchengeschichtlichen Stoff in monophysitischer Beleuchtung bietet und
wenigstens in den Mittheilungen zur Geschichte des 7. Jahrhunderts selb=
ständigen und zwar hervorragenden Werth besitzt. Dieses Werk ist in einer
äthiopischen Uebersetzung erhalten, welche 1601 in Abessinien (specieller Amhara)
nach einer sehr mangelhaften arabischen Vorlage gefertigt wurde. Nach Zoten=
berg, dem Herausgeber und Uebersetzer des äthiopischen Textes, war das
Original in griechischer Sprache abgefaßt, enthielt jedoch einige koptisch ge=
schriebene Abschnitte; Nöldeke hält die koptische Abfassung des Ganzen für
wahrscheinlicher.

Ueber Johannes von Antiochien, Hesychius von Milet und Johannes Malalas
(dessen Chronik sich auch bei *Migne*, P. gr. XCVII, findet) s. K. Krumbacher,
Gesch. der byzant. Litt. München 1891. S. 109—115. — Die Hauptausgabe
des Chronicon Paschale verdanken wir L. Dindorf, Bonn 1832. 2 Bde. 8º
(Corpus scriptorum hist. Byzant). Dindorfs Text ist abgedruckt bei *Migne*,
P. gr. XCII. Im übrigen s. hauptsächlich H. Gelzer, Sextus Julius Africanus
und die byzantinische Chronographie. Thl. II, 1. Leipzig 1885. S. 138—176.
Sonstige Literatur verzeichnet Krumbacher a. a. O. S. 117—118. — La chroni-
que de Jean, évêque de Nikiou. Notice et extraits par *M. H. Zotenberg*.
Paris 1879. 8º (Extrait du Journal asiatique. 1877. nº. 15). Vgl. Th. Nöl=
deke in den Gött. gel. Anzeigen vom 4. und 11. Mai 1881 S. 587—594.
Chronique de Jean, évêque de Nikiou. Texte éthiopien publié et traduit
par *H. Zotenberg*. Paris 1883. 4º (Extrait des Notices des Manuscrits.
T. XXIV, 1). Vgl. Nöldeke, Gött. gel. Anz. vom 24. October 1883. S. 1364
bis 1374.

5. **Kosmas der Indienfahrer.** — Kosmas, mit dem Beinamen „der
Indienfahrer" (ὁ Ἰνδικοπλεύστης), Kaufmann zu Alexandrien, unternahm um
520 in Handelsgeschäften weite Reisen, namentlich nach Arabien und Ostafrika,
und begann, nach Aegypten zurückgekehrt, ein Einsiedlerleben, vornehmlich schrift=
stellerischen Arbeiten gewidmet. Nur eine derselben ist bis jetzt aufgefunden
worden, die um 547 verfaßte Christliche Topographie (χριστιανικὴ τοπογραφία:
*Migne*, P. gr. LXXXVIII, 51—470), zwölf Bücher umfassend, von welchen
jedoch das letzte nur bruchstückweise erhalten ist. Außer diesem großen Werke
liegen noch einige Fragmente zu den Psalmen unter dem Namen unseres Kos=

mas vor, während drei andere Schriften, deren Kosmas selbst in der Topo=
graphie gelegentlich erwähnt, zu Grunde gegangen sind: eine Kosmographie,
„in welcher die ganze Erde ausführlicher beschrieben war, sowohl die jenseits
des Oceans gelegene als die diesseitige" (lib. 1, col. 53 A), astronomische
Tafeln (lib. 1, 53 B; vgl. lib. 7, 340 B) und eine „Erklärung des Liedes
der Lieder" (lib. 8, 388 B). Die Christliche Topographie darf trotz ihrer
zahlreichen Sonderbarkeiten einen mannigfachen Werth beanspruchen. An die
Ausdrucksweise der Heiligen Schrift anknüpfend, betrachtet Kosmas die Erde
als ein großes Rechteck, welches nach allen Seiten hin von Mauern umgeben
ist, die über demselben in ihrer Vereinigung das Firmament oder Himmels=
gewölbe bilden. Im ersten Buche bekämpft er mit allem Nachdrucke die An=
nahme der Kugelförmigkeit der Erde, um im zweiten Buche seine eigenen
Vorstellungen zu entwickeln, welch letztere er im dritten und vierten Buche
aus der Heiligen Schrift zu begründen versucht. Das fünfte Buch ist wegen
seiner Angaben über Verfasser, Zweck und Inhalt der biblischen Bücher von
Wichtigkeit für die Geschichte der biblischen Einleitungswissenschaft. In der
Exegese, Hermeneutik und biblischen Theologie schließt Kosmas sich sehr enge
an Theodor von Mopsuestia an. Unter den eingeflochtenen Reiseberichten hat
von jeher die Beschreibung der „großen Insel im Indischen Meere, von den
Indern Sielediva, von den Griechen Taprobane genannt", d. i. der Insel
Ceylon, im elften Buche (col. 445 sqq.) besonderes Interesse erregt.

Die erste Ausgabe der christlichen Topographie besorgte auf Grund einer
vaticanischen Handschrift des 7. Jahrhunderts *B. de Montfaucon*, Collectio nova
Patr. et Script. graec. Paris. 1706. T. II. p. 113 sqq. Die bildlichen Dar=
stellungen, mit welchen Kosmas sein Werk illustrirt hat, sind nach derselben Hand=
schrift reproducirt und besprochen bei *P. R. Garrucci*, Storia délla arte cristiana.
Vol. III. Prato 1876. p. 70—83, tav. 142—153. Ueber die hohe Bedeutung
dieser Handschrift für die Geschichte der byzantinischen Kunst s. *N. Kondakoff*,
Histoire de l'art byzantin. Paris 1886—1891 (Bibliothèque internationale
de l'art, sous la direction de *M. Eugène Müntz*). T. I. p. 136—151. Der
vielverhandelte Bericht des Kosmas über das Monument von Abuli (heute Zulla,
etwas südlich von Massaua in Abessinien) und seine historisch sehr bedeutsamen In=
schriften wurde durch de Lagarde in den Nachrichten von der k. Ges. der Wiss. ...
zu Göttingen, Jahrg. 1890, S. 418—428 von neuem herausgegeben; vgl. die Erörte=
rung de Lagardes in den Abhandlungen der genannten Gesellschaft. Bd. XXXVII
(1891). Abhandlg. „Register und Nachträge" u. s. w. S. 69—75. Ueber Kosmas
und sein Werk im allgemeinen s. *H. Gelzer*, Kosmas der Indienfahrer: Jahrbb.
f. protest. Theologie. Bd. IX (1883). S. 105—141. Sonstige Literatur über
die kosmologischen Anschauungen des Verfassers gibt Krumbacher, Gesch. der
byzant. Litt. München 1891. S. 159. Ueber die Fragmente zu den Psalmen s.
*Fabricius-Harles*, Bibl. Gr. IV, 261—262 (= *Migne*, P. gr. LXXXVIII, 27—28).

6. Notitiae episcopatuum. — In diesem Zusammenhange sei auch noch
auf die Notitiae episcopatuum der griechischen Kirche hingewiesen, bei den
Griechen ταϰτιϰά genannt, Verzeichnisse der Patriarchenstühle, der ihnen unter=
stehenden Metropolitansitze und der autokephalen Erzbisthümer, sowie der
Metropolitansitze und der ihnen unterstehenden Bisthümer. Die Bestimmung
der Entstehungszeit dieser zunächst den Zwecken der kirchlichen Verwaltung
dienenden Verzeichnisse wird durch die mannigfachen spätern Zusätze und Er=

weiterungen sehr erschwert. Einige der überlieferten Notitiae reichen indessen sicher noch in die patristische Zeit zurück.

Eine Sammlung von Notitiae episcopatuum, im ganzen 13 Nummern, findet sich in G. Partheys Ausgabe des von dem Grammatiker Hierokles unter dem Titel Συνέκδημος vor 535 veröffentlichten statistischen Abrisses des oströmischen Reiches: Hieroclis Synecdemus et Notitiae graecae episcopatuum. Ex recogn. *G. Parthey*. Berol. 1866. 8º. p. 53—261. Zur Datirung derselben s. namentlich H. Gelzer, Zur Zeitbestimmung der griechischen Notitiae Episcopatuum: Jahrbb. f. protest. Theol. Bd. XII (1886). S. 337—372. 529—575. Die Ergebnisse der Forschungen Gelzers wurden berichtigt und ergänzt durch C. de Boor, Nachträge zu den Notitiae Episcopatuum: Zeitschr. f. Kirchengesch. Bd. XII (1890—1891). S. 303—322. 519—534; Bd. XIV (1893—1894). S. 573—599. In Bd. XII (S. 519—534) edirte de Boor eine bis dahin unbekannte Notitia aus dem Anfange des 8. Jahrhunderts. Inzwischen hatte Gelzer die sogen. Notitia I. bei Parthey (p. 55—94) von neuem herausgegeben und zugleich den Beweis erbracht, daß nur der erste Theil dieser Notitia kirchlichen Ursprungs, der zweite Theil hingegen (v. 530—1064 *Parthey*) eine zu Anfang des 7. Jahrhunderts von dem sonst unbekannten Georgius von Lapathus auf Cypern verfaßte Beschreibung des römischen Reiches ist: Georgii Cyprii Descriptio orbis Romani. Ed. *H. Gelzer*. Lipsiae 1890. 8º. Neue handschriftliche Mittheilungen zu den Notitiae episcopatuum bei *Gelzer*, Analecta Byzantina, in dem Index scholarum Ienens. per s. hib. 1891—1892. Vgl. Gelzer, Ungedruckte und wenig bekannte Bistümerverzeichnisse der orientalischen Kirche: Byzantinische Zeitschr. Bd. II (1893). S. 22—72.

## § 85. Heiligenbiographen.

1. **Cyrillus von Skythopolis.** — Cyrillus, zu Skythopolis, dem alten Bethsan (Jos. 17, 11), in Galiläa geboren, stand noch in zartem Knabenalter, als er 518 eine für sein späteres Leben bedeutungsvolle Begegnung mit dem berühmten Einsiedlerabte Sabas hatte. Etwa 30 Jahre alt, sagte er 543 seiner Vaterstadt Lebewohl, um sich dem frommen Leben der Wüste zu widmen. Im Jahre 544 trat er auf den Rath des hl. Johannes des Einsiedlers (Hesychastes, Silentiarius) in das Euthymius-Kloster ein; 554 erscheint er in der Zahl der 120 orthodoxen Mönche, welche die neue Laura bei Jerusalem bezogen, nachdem die origenistischen Mönche durch den dux Palaestinae Anastasius mit Gewalt vertrieben worden; Ende 556 aber baute er sich eine Zelle in der gleichfalls bei Jerusalem gelegenen großen Laura des hl. Sabas. Hier scheint er auch sein Leben beschlossen zu haben. Voll aufrichtigen Interesses für das Leben und Wirken der großen Vorbilder der Wüste, begann Cyrillus schon im Euthymius-Kloster biographische Notizen, insbesondere über den hl. Euthymius, einen Hauptorganisator des palästinensischen Mönchthums († 473), und über den schon genannten hl. Sabas († 532), zu sammeln und zu sichten. Vor seinem Uebertritte in die große Laura hatte er, ermuntert und gedrängt durch den ihm befreundeten Abt Georgius von Beella bei Skythopolis, bereits Biographien der beiden Heiligen fertiggestellt. Während der Arbeit erweiterte sich sein Plan; im Leben des hl. Sabas (c. 21) verweist er schon auf das später abzufassende Leben des hl. Johannes des Einsiedlers († 558), und die Eingangsworte dieser dritten, kleinern Biographie: „Voran stelle ich in meiner

Erzählung den Abt Johannes" (πρῶτον προτίθημι τῷ λόγῳ τὸν ἀββᾶν Ἰωάννην)
zeigen unverkennbar, daß dieselbe eine Reihe von (kleinern) Lebensbildern er=
öffnen sollte. Doch muß Cyrillus an der Vollendung des beabsichtigten Werkes
verhindert worden sein. Wenigstens sind (allem Anscheine nach) nur noch
drei weitere Lebensbilder von seiner Hand auf uns gekommen, nicht mit dem
Leben des hl. Johannes zu einem Ganzen verbunden, sondern ein jedes für
sich überliefert: ein Leben des Abtes Cyriacus († 556), ein Leben des
hl. Theodosius, des Gründers des Theodosius=Klosters († 529), und ein Leben
des hl. Theognius, welcher nach vierzigjährigem Aufenthalte unter den palä=
stinensischen Mönchen um 494 zum Bischofe von Betelia bei Gaza geweiht
wurde († 522). Ueber Theodosius sowohl wie über Theognius begnügt
Cyrillus sich mit wenigen Seiten. Es lag bereits von einem Mönche des
Theodosius=Klosters, Theodorus, später Bischof von Peträ, eine umfassende
Lobrede auf Theodosius vor (wahrscheinlich 530 im Theodosius=Kloster vor=
getragen, aber erst um 547 abgeschlossen und herausgegeben), und ebenso
hatte schon Abt Paulus von Elusa in Idumäa eine Gedächtnißrede auf den
hl. Theognius veröffentlicht (etwa im Jahre 526). Cyrillus gab deshalb in
beiden Fällen nur einen gedrängten Lebensabriß, indem er zugleich eine aller=
dings verdeckte und bescheidene Kritik an den Leistungen seiner beiden Vor=
gänger übte. Im Gegensatze zu Theodorus und Paulus ist eben Cyrillus
nicht Panegyriker, sondern Geschichtschreiber. Obwohl nicht frei von der
Wundersucht seiner Zeit, erscheint er überall von dem lautersten Streben nach
Wahrheit beseelt, scheut keine Mühe, Zuverlässiges zu erkunden und das Er=
kundete zu berichtigen und zu ergänzen, und verwendet dabei insbesondere auf
Genauigkeit der Zeitbestimmung eine peinliche Sorgfalt. Da seine Auf=
zeichnungen auch in ihrer ursprünglichen, von der überarbeitenden Thätigkeit
Simeons des Metaphrasten (im 10. Jahrhundert) unberührten Fassung er=
halten geblieben sind, so bilden sie für die Geschichte des Heiligen Landes und
der Kirche von Jerusalem im 5. und 6. Jahrhundert eine hochwichtige Quelle.

Die Vita S. Euthymii wurde herausgegeben durch B. de Montfaucon in
den Analecta Graeca der Mauriner. T. I. Paris. 1688. p. 1—99. Die Ueber=
arbeitung dieser Vita von Simeon Metaphrastes ist gedruckt in J. B. Cote=
liers Ecclesiae Graecae monumenta. T. II. Paris. 1681. p. 200—340 und
bei *Migne*, P. gr. CXIV, 595—734. Die Vita S. Sabae wurde herausgegeben
durch Cotelier a. a. O. T. III. Paris. 1686. p. 220—376. Die Vita
S. Ioannis Silentiarii erschien in den Acta SS. Maii. T. III. p. 16*—21*
(lateinisch p. 232—238). Die Vita S. Cyriaci findet sich in den Acta SS. Sept.
T. VIII. p. 147—159. Die Umarbeitung der Vita S. Cyriaci durch den Meta=
phrasten steht in den Analecta Graeca der Mauriner. T. I. Paris. 1688.
p. 100—127 und bei *Migne*, P. gr. CXV, 919—944. Die zwei Vitae S. Theo=
dosii, von Theodorus und von Cyrillus, veröffentlichte H. Usener in zwei Gelegen=
heitsschriften der Universität Bonn vom Jahre 1890 (Progr. zu des Königs Geburts=
tag und latein. Verzeichniß der Vorlesungen des Sommersemesters) und wiederum
in der Schrift: Der hl. Theodosios. Schriften des Theodoros und Kyrillos.
Leipzig 1890. 8º. Vgl. Krumbacher, Studien zu den Legenden des hl. Theo=
dosios: Sitzungsberichte der philos.=philol. u. hist. Classe der kgl. bayer. Akad. der
Wiss. zu München, Jahrg. 1892, S. 220—379. Krumbacher hat insbesondere mit
Hilfe umfassenden handschriftlichen Materials die Unzulänglichkeit der Grundlage
der Usenerschen Edition, einer Handschrift des 11. Jahrhunderts, dargethan. Die

Umarbeitung der Vita S. Theodosii von Theodorus durch den Metaphrasten war schon bei *Migne*, P. gr. CXIV, 469—554 erschienen. Die zwei Vitae S. Theognii, von Paulus und von Cyrillus, wurden in den Analecta Bollandiana. T. X (1891). p. 73—118 herausgegeben. Vgl. *J. van den Gheyn*, St. Théognius, évêque de Bétélie en Palestine: Revue des questions historiques. T. L (1891). p. 559—576. — Ueber die große Laura des hl. Sabas (gegründet von Euthymius) s. A. Ehrhard, Das griechische Kloster Mâr-Saba in Palästina, seine Geschichte und seine litterarischen Denkmäler: Röm. Quartalschr. f. christl. Alterthumskunde u. f. Kirchengesch. Bd. VII (1893). S. 32—79.

2. **Johannes Moschus und Sophronius.** — Erzählungen, wie Cyrillus von Skythopolis sie verfaßte, erfreuten sich, insbesondere in Mönchskreisen, einer solchen Beliebtheit, daß eine besondere Literaturgattung der „Denk-würdigkeiten der Mönche" sich ausbilden konnte. Die bekanntesten Vertreterinnen dieser Literatur sind die Historia Lausiaca des Palladius (§ 61, 4) und des Johannes Moschus „Geistliche Wiese". Johannes Moschus lebte und wirkte um die Wende des 6. Jahrhunderts. Der Welt überdrüssig, zog er sich, laut einem alten Lebensabrisse unbekannter Herkunft, in das Theodosius-Kloster zu Jerusalem zurück. Später verweilte er bei den Mönchen der Jordanau und in der neuen Laura. In der Folge begab er sich auf Reisen nach Syrien, Aegypten und Italien, und nicht lange vor seinem Lebensende, welches 619 zu Rom eintrat, verfaßte er einen umfangreichen Bericht über hervorragende Tugendbeispiele und Wunderthaten zeitgenössischer Asceten, theils aus persön-licher Erfahrung, theils aus andern, mündlichen und schriftlichen Quellen schöpfend. Er widmete das Werk seinem Schüler und Reisebegleiter Sophronius und betitelte dasselbe „Wiese" (λειμών, pratum spirituale), „weil es", wie die Handschriften hinzufügen und das Widmungsschreiben selbst weiter aus-führt, „eine blumenreiche Lebensbeschreibung des himmlischen Rosengartens bietet". Der Text erfuhr, wie es bei viel gebrauchten Erbauungsbüchern häufig der Fall war (insbesondere auch bei der Historia Lausiaca § 61, 4), im Laufe der Zeit mannigfache Aenderungen, Kürzungen und Erweiterungen. Nach Photius (Bibl. cod. 199: *Migne*, P. gr. CIII, 668) umfaßten einige der ihm vorliegenden Handschriften 304, andere 342 Abschnitte oder Er-zählungen. Die Druckausgaben zählen 219 Kapitel. Unter Beihilfe seines Begleiters Sophronius schrieb Moschus außerdem ein Leben des Patriarchen Johannes des Almosengebers (ἐλεήμων, eleemosynarius) von Alexandrien (610—619), mit welchem die beiden Freunde längere Zeit hindurch in ver-trautem Umgange standen, und ein Bruchstück dieser Biographie liegt noch in den ersten Kapiteln der Vita S. Ioannis Eleemosynarii vor, welche unter dem Namen Simeons des Metaphrasten geht. — Der mehrgenannte **Sophronius** pflegte seit jeher mit dem berühmten Patriarchen Sophronius von Jerusalem identificirt zu werden, und nach Ueberwindung einiger Zweifel, welche in neuerer Zeit geltend gemacht wurden, ist die jüngste Forschung zu dieser Identificirung zurückgekehrt. Aus dem Theodosius-Kloster zu Jerusalem muß Sophronius 634 auf den Patriarchenstuhl berufen worden sein, welchen er indessen nur vier Jahre lang innehaben sollte († 638). Seinen literarischen Ruf verdankt er hauptsächlich seinen Briefen, Reden und Gedichten, von welchen später die Rede sein soll (§ 86, 3). Er verfaßte aber auch einige Schriften biographischer

Art, welche hier genannt werden mögen: ein umfangreiches Werk über die hll. Cyrus und Johannes, ein kleiner Auszug aus diesem Werke und eine Lebensbeschreibung der hl. Maria aus Aegypten. Cyrus und Johannes sollen unter Diocletian zu Alexandrien die Martyrerkrone erlangt haben, und Sophronius glaubte durch ihre Fürbitte vor gänzlicher Erblindung errettet worden zu sein. Der erste Theil seines Werkes ist eine Lobpreisung der Martyrer (ἐγκώμιον), der zweite erzählt siebenzig durch die Vermittlung der Martyrer bewirkte Wunderheilungen; das Ganze krankt an rhetorischer Schwulst und wenig geschmackvoller Ziererei. Die hl. Maria, welche bald ins 4., bald ins 5., bald ins 6. Jahrhundert verwiesen wird, hatte zu Alexandrien ein Sündenleben geführt, ward dann zu Jerusalem von einem Strahle der Gnade getroffen und büßte nun 47 Jahre lang in der Wüste ostwärts vom Jordan.

Die erwähnte Vita S. Ioannis Moschi ist in manchen Handschriften und Ausgaben der „Geistlichen Wiese" vorausgeschickt. So findet sie sich in der Magna Bibl. vet. Patr. Paris. 1644. T. XIII. p. 1053—1055; lateinisch auch bei Migne, P. lat. LXXIV, 119—122. Im Druck erschien die „Geistliche Wiese" zuerst 1479 zu Vicenza, in einer italienischen Uebersetzung, welche aus der lateinischen Uebersetzung des Ambrosius Camalbulensis († 1439) geflossen war. Diese lateinische Uebersetzung ward 1558 zu Venedig veröffentlicht und häufig nachgedruckt, auch bei Migne l. c. 121—240. Der griechische Text wurde 1624 von Fronton du Duc herausgegeben und 1681 von J. B. Cotelier ergänzt und berichtigt; abgedruckt bei Migne, P. gr. LXXXVII, 3, 2851—3112. Ueber die von Moschus und Sophronius gemeinsam verfaßte Biographie des hl. Johannes des Almosengebers s. H. Gelzer in der Ausgabe der Vita S. Ioannis Eleemos. von Leontius von Neapolis (Abf. 3), Freib. i. Br. und Leipz. 1893, S. xv—xvi. Die Vita S. Ioannis Eleemos. unter dem Namen Simeons des Metaphrasten findet sich bei Migne l. c. CXIV, 895—966. — Die unter dem Namen des hl. Sophronius gehenden Schriften sind größtentheils erst von Mai herausgegeben worden und am vollständigsten zusammengestellt bei Migne l. c. LXXXVII, 3, 3147—4014. Auf das Werk über Cyrus und Johannes (col. 3379—3676) folgen zwei kurze vitae der beiden Martyrer (3677—3696), von welchen die erstere selbst von dem Verfasser eines größern Werkes über die Heiligen geschrieben sein will. Die Vita S. Mariae Aegyptiae (3697—3726) steht lateinisch auch bei Migne, P. lat. LXXIII, 671—690. Ueber die andern Schriften des hl. Sophronius s. § 86, 3. L. de Saint-Aignan, Vie de St. Sophrone, patriarche de Jérusalem: Acad. de Sainte-Croix d'Orléans. Lectures et mémoires. T. V (1886). p. 229—244. Ueber die Identität des Mönches und des Patriarchen Sophronius im besondern . Gelzer in der schon genannten Ausgabe der Vita S. Ioannis Eleemos. von Leontius (1893) S. 118—120.

3. Leontius von Neapolis und Leontius von Rom. — Ueber das Leben es Bischofs Leontius von Neapolis (Nemosia) auf Cypern in der ersten Hälfte des 7. Jahrhunderts ist Näheres nicht bekannt. Dagegen sind mehrere Schriften von seiner Hand auf uns gekommen: eine Lebensbeschreibung des Patriarchen Johannes des Almosengebers, bezw. Nachträge zu der (laut Abf. 2) von Johannes Moschus und Sophronius verfaßten Lebensbeschreibung es Almosengebers, ein Lebensbild des Mönches Simeon, des „Narren um Christi willen" (τοῦ σαλοῦ), einige Predigten und Bruchstücke einer größern Streitschrift gegen die Juden. Ein Lebensabriß des cyprischen Nationalheiligen Spiribion von Trimithus scheint verloren gegangen zu sein. Die erhaltenen

Biographien sollten nach der ausgesprochenen Absicht des Verfassers Erbauungs=
bücher für das Volk sein. Das Leben des hl. Johannes geht auf Zeugen
ersten Ranges, Zeitgenossen und Augenzeugen, zurück. Auch das Leben des
hl. Simeon enthält wichtiges culturgeschichtliches Material. — „Leontius, Pres=
byter und Mönch und Vorsteher des Klosters des hl. Sabas zu Rom“, nennt
sich der Verfasser einer griechischen Lebensbeschreibung des hl. Gregor von
Girgenti (an der Südküste Siciliens). Nach den Eingangsworten der Schrift
war Leontius ein jüngerer Zeitgenosse Gregors. Gregor aber, unter dessen
Namen ein umfangreicher griechischer Commentar über den Prediger vor=
liegt, muß zu Ende des 6. und zu Anfang des 7. Jahrhunderts Bischof
von Girgenti gewesen sein.

Die Schriften des Bischofs Leontius von Neapolis sind zusammengestellt bei
*Migne*, P. gr. XCIII, 1565 sqq. Die hier (col. 1613—1668, wie auch schon
P. lat. LXXIII, 337—392) in der lat. Uebersetzung des Anastasius Bibliothe=
carius (gest. um 879) mitgetheilte Vita S. Ioannis Eleemos. hat H. Gelzer
griechisch herausgegeben in der Krügerschen Sammlung ausgew. kirchen= und dogmen=
geschichtl. Quellenschriften, Heft 5, Freib. i. Br. und Leipzig 1893. Ueber Leontius
und seine Schriften im allgemeinen s. Gelzer, Ein griechischer Volksschriftsteller
des 7. Jahrh.: Hist. Zeitschrift. N. F. Bd. XXV (1889). S. 1—38. — Der
Commentar Gregors von Girgenti über den Prediger wurde griechisch herausgegeben
von St. A. Morcelli, Venedig 1791. 2°; abgedruckt bei *Migne*, P. gr. XCVIII,
741—1182. Den griechischen Text der Biographie Gregors hatte Morcelli dem
Commentare voraufgeschickt: XCVIII, 549—716. Vgl. etwa über Gregor den
Art. bei *Smith and Wace*, A Dictionary of Christ. Biography II, 776—777;
über Leontius von Rom d. A. ebend. III, 692. Sonstige Literatur über Gregor
bei *Chevalier*, Répert. des sources hist. 918. 2620; über Leontius ebend. 1379.
— Der Presbyter Eustratius von Konstantinopel schilderte das Leben seines
Lehrers und Freundes, des konstantinopolitanischen Patriarchen Eutychius, 552—582,
in Form einer Leichenrede (*Migne*, P. gr. LXXXVI, 2, 2273—2390). Unter dem
Namen des Patriarchen Eutychius besitzen wir einen unvollständigen Sermo de
paschate et de sacrosancta eucharistia (l. c. 2391—2402) und einen Brief
an Papst Vigilius (2401—2406). Eustratius hinterließ auch eine Streitschrift
wider die Theorie vom Seelenschlafe (λόγος ἀνατρεπτικὸς πρὸς τοὺς λέγοντας μὴ
ἐνεργεῖν τὰς τῶν ἀνθρώπων ψυχὰς μετὰ τὴν διάζευξιν τῶν ἑαυτῶν σωμάτων κτλ.),
zum größten Theile herausgegeben von *Leo Allatius*, De utriusque ecclesiae,
occidentalis atque orientalis, perpetua in dogmate de purgatorio consensione.
Romae 1655. p. 319—580 (fehlt bei Migne). — Der antiochenische Rhetor
Nicephorus, welcher im 7. Jahrhundert gelebt haben soll, verherrlichte den
hl. Simeon Stylites den Jüngern († 596) in einer umfangreichen Lobrede (*Migne*,
P. gr. LXXXVI, 2, 2987—3216). In den Acten des siebenten allgemeinen Con=
cils (787) sind unter den patristischen Zeugnissen für die Bilderverehrung ein Brief
und ein Brieffragment dieses Simeon Stylites aufbewahrt (l. c. 3215—3220).

## § 86. Dichter.

1. Romanus der Sänger. — Seit dem 5. Jahrhundert muß in der
griechischen Kirche die metrische oder quantitirende Dichtungsform der rhythmi=
schen Poesie, welche ohne Rücksicht auf die Quantität der Silben nur den
Wortaccent beachtet, mehr und mehr das Feld räumen. Nur in den Kreisen
der Gelehrten lebt die Imitation der antiken Metrik noch fort. Die rhyth=

mische Form wird insbesondere durch die Ansprüche der sich reich entfaltenden
Liturgie mächtig gefördert und schwingt sich alsbald zu hoher Vollendung auf.
Der größte Vertreter der neuen Dichtungsweise, der „Pindar der rhythmischen
Poesie", ist der hl. Romanus mit dem Beinamen „der Sänger" (ὁ μελῳδός).
Eigenthümlicherweise ist die Zeit des großen Sängers zweifelhaft. Die wichtigste
Nachricht über seine Lebensumstände bieten die griechischen Menäen (eine
kalendarisch geordnete Zusammenstellung der Wechseltheile, welche an den un-
beweglichen Festen des Herrn und der Heiligen beim Officium zu recitiren
oder zu singen sind). Sie berichten zum Festtage des Heiligen (1. October),
Romanus sei in Syrien geboren und zu Berytus Diakon gewesen, unter
Kaiser Anastasius aber nach Konstantinopel gekommen und in den Clerus der
Blachernenkirche aufgenommen worden. Die Angabe ἐπὶ τῶν χρόνων Ἀνα-
στασίου τοῦ βασιλέως ist zweideutig. Christ u. a. bezogen dieselbe auf Anastasius II. Artemius (713—716); Pitra u. a. entschieden sich für Anastasius I.
(491—518). Auch Krumbacher will an Anastasius I. festhalten, zugleich
aber die Uebersiedlung nach Konstantinopel in die Jugendjahre des Dichters
verlegen und die Lebensdauer desselben noch über die Tage Justinians († 565)
hinausreichen lassen. Die endgiltige Lösung der Frage wird erst von einer
umfassendern und eindringendern Untersuchung der Werke des Dichters selbst
und seiner etwaigen Vorbilder oder Nachahmer zu erwarten sein. Nach den
Menäen (a. a. O.) hat Romanus gegen 1000 Hymnen verfaßt (κοντάκια ὡς
περὶ τὰ χίλια). Erhalten sind noch etwa 80 Hymnen von 24 und mehr
Strophen. Aber nur ein verschwindender Bruchtheil ist bisher gedruckt worden.
Aus den liturgischen Büchern der griechischen Kirche wurde Romanus durch
spätere Hymnographen verdrängt. Von den meisten seiner Hymnen sind nur
einzelne Strophen in Gebrauch geblieben. Dauerndes Ansehen behauptete sein
herrlicher Weihnachtshymnus ἡ παρθένος σήμερον, welcher bis zum 12. Jahrhundert auch bei der Weihnachtstafel im kaiserlichen Palaste unter großem
Pomp gesungen wurde. Die neuern Forscher begegnen sich in dem Urtheile,
daß Romanus an poetischer Begabung, an Feuer der Begeisterung, an Tiefe
der Empfindung und Erhabenheit der Sprache alle andern Meloden weit
übertrifft. Als Schattenseite wird fast nur die allgemeine Krankheit byzantinischer Geisteserzeugnisse, die rhetorische Breite, gerügt. Krumbacher glaubt,
die Literaturgeschichte der Zukunft werde vielleicht Romanus als den größten
Kirchendichter aller Zeiten feiern.

Grundlegend für die Erforschung der Geschichte des griechischen Kirchenliedes
wurden die Anthologia graeca carminum christianorum. Adornaverunt
*W. Christ* et *M. Paranikas*. Lipsiae 1871. 8°, und noch viel mehr die Analecta sacra Spicilegio Solesmensi parata. Ed. *I. B. Pitra*. T. I. Parisiis
1876. 4°, welch letztern Pitras Hymnographie de l'église grecque. Dissertation accompagnée des offices du 15 Janvier, des 29 et 30 Juin en l'hon-
neur de St. Pierre et des apôtres. Rome 1867. 4°, voraufgegangen war. Ueber
andere Sammlungen griechischer Kirchenlieder s. K. Krumbacher, Gesch. der
byzant. Litt. München 1891. S. 308—309. (Ein sehr lehrreiches Referat über
Pitras Analecta sacra. T. I. erstattete J. L. Jacobi, Zur Geschichte des
griechischen Kirchenliedes: Zeitschr. f. Kirchengeschichte. Bd. V (1881—1882). S. 177
bis 250. Im übrigen s. W. Meyer, Anfang und Ursprung der lateinischen und
griechischen rhythmischen Dichtung: Abhandlungen der k. bayer. Akad. d. Wiss. Cl. I.

Bd. XVII. Abth. 2. München 1885. S. 265—450. *Edm. Bouvy*, Poètes et
Mélodes. Étude sur les origines du rhythme tonique dans l'hymnographie
de l'église grecque (Thèse). Nîmes 1886. 8º. *F. Cabrol*, L'hymnographie
de l'église grecque. Angers 1893. 8º. — Als Hymnendichter des 5. Jahrhunderts werden Anthimus, Timokles, Marcianus, Johannes Monachus, Seta, Auxentius genannt, und in der Masse der herrenlos überlieferten
griechischen Kirchenlieder mögen noch manche unerkannte Stücke aus dem 5. Jahrhundert umlaufen. Ein Hymnus des hl. Auxentius, welcher um die Mitte des
5. Jahrhunderts Archimandrit in Bithynien war, findet sich in der von einem Schüler
des Heiligen, Georgius, verfaßten Vita S. Auxentii (*Migne*, P. gr. CXIV, 1377
ad 1436); s. *Pitra*, Analecta sacra I, xxi—xxiv; *Bouvy* l. c. p. 230—234.
Ein Kirchenlied von Kaiser Justinian ist § 83, 4 erwähnt worden. — *Christ* et
*Paranikas* l. c. p. 131—138 geben nur einen Hymnus des hl. Romanus, auf
die Apostel; vgl. Proleg. p. li—lii. *Pitra*, Analecta sacra I, 1—241 hat
29 Gedichte des Sängers; vgl. Proleg. p. xxv—xxxi. Drei weitere Gedichte
veröffentlichte Pitra 1888 in einer Festschrift zum Priesterjubiläum Leos XIII.
(an der Spitze der Sammlung Al Sommo Pontefice Leone XIII. Omaggio
Giubilare della Biblioteca Vaticana. Roma 1888. 2º). Neue Stücke kleinern
Umfanges wurden herausgegeben von A. Papadopulos-Kerameus in den
Ἀνάλεκτα ἱεροσολυμιτικῆς σταχυολογίας. Bd. I. St. Petersburg 1891. S. 390 bis
392, und von A. Lauriotes in der Ἐκκλησιαστικὴ Ἀλήθεια vom 9. und 16. Oct.
1892 und vom 29. Jan. und 12. Febr. 1893. Eine Gesamtausgabe der Werke
des Sängers bereitet Krumbacher vor. Vgl. über Romanus Jacobi a. a. O.
S. 203—207. 220—222; *Bouvy* l. c. p. 367—375; Krumbacher a. a. O.
S. 312—318; zwei Aufsätze von Paranikas in der Ἐκκλ. Ἀλήθεια vom 3. Juli
und vom 6. Nov. 1892.

2. Sergius. — Patriarch Sergius von Konstantinopel (610—638)
ist der Urheber des sogen. Monotheletismus, welcher nur einen Willen
(ἓν θέλημα) und ein gottmenschliches Wirken (μία θεανδρικὴ ἐνέργεια) in
Christus behauptete und durch dieses Zugeständniß die Monophysiten in den
Schoß der Kirche zurückführen wollte. Sergius, und nicht, wie man früher
annahm, Georgius Pisides (Abs. 4), ist aber auch der Verfasser des gefeiertsten Liedes der griechischen Kirche, des sogen. „griechischen Te Deum",
des (ὕμνος) ἀκάθιστος. Es ist ein Marienhymnus, ein Danklied für die auf
Mariens Fürbitte erfolgte wunderbare Errettung von Stadt und Reich aus
den Händen der Avaren (626). Der Name ἀκάθιστος deutet an, daß Clerus
und Volk beim Vortrage dieses Liedes standen, im Gegensatze zu den sogen.
καθίσματα, bei deren Vortrag man saß. Jacobi urtheilt über das Gedicht:
„Was Enthusiasmus für die heilige Jungfrau, was Kenntniß biblischer Typen,
überhaupt religiöser Gegenstände und Gedanken zu leisten vermochten, was
Schmuck der Sprache, Gewandtheit des Ausdrucks, Kunst der Rhythmen und
der Reime hinzufügen konnten, das ist hier in unübertroffenem Maße bewirkt."
Neue Ausgaben des Akathistus bei *Christ* et *Paranikas*, Anthologia graeca
p. 140—147; *Pitra*, Analecta sacra I, 250—262. Beiträge zur Texteskritik von
A. Lauriotes in der Ἐκκλησιαστικὴ Ἀλήθεια vom 5. Febr. 1893. Eine vollständige neue Textesrecension von Paranikas in der Ἐκκλ. Ἀλήθ. vom 9. April
1893. Zur Würdigung des Akathistus vgl. Jacobi a. a. O. (s. Abs. 1) S. 228
bis 232. Ein zweiter Akathistus, De b. Virginis transitu, bei *Pitra* l. c. p. 263
ad 272, ist dem zuvor erwähnten so nahe verwandt, daß man ihn derselben Zeit
oder auch demselben Verfasser zuweisen möchte. — Zwischen Romanus und Sergius

reiht *Pitra* l. c. p. 242—249 (vgl. Proleg. p. xxxiii sq.) einen sonst nicht bekannten Dichter Anastasius mit einem prächtigen Begräbnißliede (canticum in
mortuorum exequiis) ein. Uebersetzungsproben bei Jacobi a. a. O. S. 224—226.

3. **Sophronius.** — Ein ebenso entschiedener wie einflußreicher Gegner des
Monotheletismus war Patriarch Sophronius von Jerusalem (634—638),
früher schon (§ 85, 2) als Verfasser von Heiligenbiographien genannt. Die
Synode, welche Sophronius bei seiner Thronbesteigung 634 zu Jerusalem abhielt, verurtheilte die neue Häresie, und die Epistola synodica an die
Patriarchen thut in längerer, gründlicher Auseinandersetzung dar, daß einer
jeden der zwei Naturen, welche unvermischt in Christus geeinigt sind, ein
eigenes Wirken (ἑκατέρα φυσικὴ ἐνέργεια) zuzuerkennen sei. Ein großer Reichthum an dogmatischem Gehalte eignet auch mehreren Reden des hl. Sophronius
auf kirchliche Feste: Weihnachten, Mariä Verkündigung, Darstellung des Herrn
im Tempel (Hypante oder Hypapante) u. s. w. Die Rede auf Mariä Verkündigung ragt wie dem Umfange so auch dem Inhalte nach besonders hervor.
An dieser Stelle hat Sophronius als Dichter seinen Platz gefunden. Der
größere Theil der unter seinem Namen gehenden Schriften ist nämlich in gebundener Rede verfaßt. Doch hatte er augenscheinlich mehr Beruf zum Dogmatiker als zum Poeten, wie er sich denn auch vorwiegend der gelehrten,
metrischen Kunstdichtung befliß. Seine anakreontischen Oden (Ἀνακρεόντεια)
behandeln zwar ausschließlich religiöse Gegenstände, sind aber nie in gottes-
dienstlichen Gebrauch genommen worden und auch jedenfalls von Anfang an
nur für einen auserwählten Leserkreis berechnet gewesen. Einige Idiomela
(ἰδιόμελα, Lieder mit selbständiger Melodie) hingegen sind zu liturgischer Verwendung bestimmt und rhythmisch gehalten. Die von Mai unserem Patriarchen
zugeeignete Liedersammlung unter dem Titel Τριῴδιον gehört vielmehr Joseph
dem Hymnographen im 9. Jahrhundert an. Ueberhaupt verlangen die sogen.
Schriften des hl. Sophronius laut nach einer kritischen Sichtung.

Die erwähnte Epistola synodica bei *Mansi*, SS. Conc. Coll. XI, 461—510;
bei *Migne*, P. gr. LXXXVII, 3, 3147—3200. Vgl. Hefele, Conciliengeschichte.
2. Aufl. III, 159—166. Der Reden des hl. Sophronius werden bei *Migne* l. c.
3201—3364 neun gezählt; einige indessen werden nur lateinisch mitgetheilt, und von
dem ἐγκώμιον auf Johannes den Evangelisten werden nur zwei kleine Fragmente
geboten (3363—3364). Uebrigens erweist sich auch die später folgende oratio
(4001—4004) auf den ersten Blick als Bruchstück einer Predigt, und zwar einer
Predigt auf Epiphanie. Zwei der von Migne nur lateinisch mitgetheilten Reden,
auf Weihnachten (3201—3212) und auf die Darstellung des Herrn (3287—3302),
sind inzwischen von H. Usener griechisch herausgegeben worden: die erstere im Rhein.
Museum f. Philol. N. F. Bd. XLI (1886). S. 500—516, die letztere in einem
Bonner Universitätsprogramm zum 3. Aug. 1889. Ueber die erstere Rede, vom
25. Dec. 634, vgl. Usener Religionsgeschichtl. Untersuchungen. Thl. I. Bonn
1889. S. 326 ff. Die Ausgabe der letztern Rede begleitete Usener mit Bemerkungen über des Verfassers Gräcität. Außer den Reden gibt Migne an Prosa-
stücken unter des Sophronius Namen drei Fragmente: De peccatorum confessione
(περὶ ἐξαγγελιῶν, 3365—3372), De baptismate apostolorum (3371—3372) und
Fragmentum dogmaticum (4011—4012), eine auch unvollständige Erklärung der
Liturgie (Commentarius liturgicus, 3981—4002) und ein unechtes, lateinisches
Schriftchen De laboribus, certaminibus et peregrinationibus SS. Petri et
Pauli (4011—4014). Ueber das letztgenannte Schriftchen f. etwa Lipsius, Die

apokryphen Apostelgeschichten und Apostellegenden. Bd. II, 1. Braunschweig 1887. S. 7—8; vgl. jedoch die Nachträge ebend. S. 469 und im Ergänzungsheft. 1890. S. 14. An poetischen Stücken bietet Migne außer den Anacreontica (3733 ad 3838) und dem Triodium (3839—3982) ein Troparium horarum (4005—4010) und Epitaphia Eulogii et Ioannis Eleemos. Alexandrinorum praesulum (4009 ad 4010). *Christ* et *Paranikas*, Anthologia graeca, haben drei der ana- kreontischen Oden (p. 43—47; cf. Proleg. p. xxvii sq.) und zwei Idiomela (p. 96 ad 97; cf. p. liii) aufgenommen. Ueber die Herkunft des Triodium s. Paranikas, Ueber das angebliche Triodium des hl. Sophronius: Sitzungsber. der k. bayer. Akad. d. Wiss. 1870. Bd. II. S. 53—74; auch in Paranikas' Beiträgen zur byzantinischen Litteratur. München 1870. S. 1—22. Neue Anacreontica edirte L. Ehrhard, Straßburg 1887. 4º (Progr.). Eine Charakteristik der dichterischen Leistungen des Sophronius bei *Bouvy* l. c. (s. Abs. 1) p. 169—182. Ueber das Leben des Heiligen handeln de Saint-Aignan und Gelzer; s. § 85, 2. — Von dem Amtsvorgänger des hl. Sophronius, Patriarchen Modestus (631—634), besitzen wir eine Festrede auf die leibliche Aufnahme Mariens in den Himmel (ἐγκώμιον εἰς τὴν κοίμησιν τῆς ὑπεραγίας δεσποίνης ἡμῶν θεοτόκου καὶ ἀειπαρθένου Μαρίας: *Migne*, P. gr. LXXXVI, 2, 3277—3312). Aus zwei andern Predigten des Patriarchen Modestus hat Photius (Bibl. cod. 275) kurze Excerpte auf- bewahrt. — Von des Modestus Vorgänger, Patriarchen Zacharias (609—631), welcher von dem Perserkönig Chosroes in Gefangenschaft geführt, von Kaiser He- raklius wieder befreit wurde, liegt ein in der Gefangenschaft verfaßtes Rundschreiben vor (*Migne* l. c. LXXXVI, 2, 3227—3234). Auch eine Schrift De persica captivitate (ib. 3235—3268) pflegt ihm zugeschrieben zu werden.

    4. **Georgius Pisides.** — Ein Dichter von großer Begabung und großer Fruchtbarkeit erstand in Georgius aus Pisidien, einem Zeitgenossen der Patriarchen Sergius und Sophronius, Diakon und Skeuophylax (Auf- bewahrer der heiligen Gefäße), nach andern Angaben auch Chartophylax (Archivar), an der Sophienkirche zu Konstantinopel. Er bekennt sich zu der quantitirenden Metrik, und zwar verwendet er ausschließlich den jambischen Trimeter (in der Regel aus zwölf Silben bestehend). Sein Vers ist fließend und sehr correct, seine Darstellung einfach und leicht verständlich. Drei seiner größern Gedichte behandeln politische Zeitereignisse: die glücklichen Kämpfe des Kaisers Heraklius (610—641) mit den Persern (εἰς τὴν κατὰ Περσῶν ἐκστρα- τείαν Ἡρακλείου τοῦ βασιλέως, 1088 Verse), den Angriff der Avaren auf Kon- stantinopel und die Zurückwerfung derselben im Jahre 626 (εἰς τὴν γενομένην ἔφοδον τῶν βαρβάρων καὶ εἰς τὴν αὐτῶν ἀστοχίαν, 541 VV.), den endgiltigen Sieg des Kaisers über Chosroes (Ἡρακλιὰς ἤτοι εἰς τὴν τελείαν πτῶσιν Χοσ- ρόου βασιλέως Περσῶν, 471 VV.). Drei andere Gedichte sind lehrhaft-er- baulichen Charakters: über die Erschaffung der Welt (ἑξαήμερον ἢ κοσμουργία, 1910, in Herchers Ausgabe 1894 VV.), sehr wahrscheinlich nur unvollständig überliefert; auf die Eitelkeit des Menschenlebens (εἰς τὸν μάταιον βίον, 262 VV.), wohl gleichfalls ein Bruckstück, und gegen den früher (§ 83, 2) erwähnten Monophysiten Severus von Antiochien (κατὰ δυσσεβοῦς Σευήρου Ἀντιοχείας, 726 VV.). Dazu kommen noch ein Hymnus εἰς τὴν ἁγίαν ἀνάστασιν τοῦ Χριστοῦ τοῦ θεοῦ ἡμῶν, zahlreiche Epigramme und Fragmente und eine in Prosa abgefaßte Rede über das Leben und Leiden des Martyrers Anastasius. Der Hymnus acathistus hingegen ist, wie bereits bemerkt (Abs. 2), nicht von Georgius, sondern von Sergius gedichtet.

Eine Gesamtausgabe der Werke des Pisidiers besorgte J. M. Querci, Rom 1777. 2⁰. Die drei historischen Gedichte edirte auch J. Bekker, Bonn 1837 (Corpus script. hist. Byzant.). Sämtliche Werke sind nach Querci und Bekker wiederholt bei *Migne*, P. gr. XCII, 1161—1754. Georgii Pisidae carmina inedita veröffentlichte L. Sternbach in den Wiener Studien. Zeitschr. f. class. Philol. Bd. XIII (1891). S. 1 ff.; Bd. XIV (1892). S. 51 ff. Das Hexaemeron wurde, vielfach verbessert, von neuem herausgegeben durch R. Hercher im Anhange seiner Ausgabe der Werke des Sophisten Aelian († nach 222): *Claudii Aeliani* De natura animalium libri XVII, Varia historia, Epistolae, Fragmenta. Ex recogn. *R. Hercheri*. Lipsiae 1864—1866. Vol. II. p. 601—662. Ueber eine altslovenische Uebersetzung des Hexaemeron handelt P. Nikitin in dem russischen Journale des Ministeriums für Volksaufklärung vom Januar 1888. Eine Beleuchtung der Metrik des Pisidiers nebst Beiträgen zur Texteskritik seiner Werke gibt J. Hilberg in den Wiener Studien. Bd. VIII (1886). S. 292—304; Bd. IX (1887). S. 207—222. Zur Würdigung der dichterischen Werke im allgemeinen vgl. *Bouvy* l. c. (s. Abs. 1) p. 164—169.

5. Andreas von Kreta. — In ein neues Stadium tritt die rhythmische Kirchenpoesie mit der Ausbildung der sogen. Canones (χανόνες), Gesänge, welche sich aus neun Oden zusammensetzen, von denen eine jede wieder in verschiedene Theile zerfällt. Als Erfinder der Canones gilt Andreas, in der zweiten Hälfte des 7. Jahrhunderts zu Damaskus geboren, lange Jahre Mönch zu Jerusalem und Secretär des dortigen Patriarchen, daher auch Hierosolymitanus genannt, vor 711 zum Erzbischof von Kreta erhoben und als solcher um 720 gestorben. Sein Verhalten in den dogmatischen Kämpfen der Zeit bedarf noch näherer Klarstellung. Unter Konstantin IV. Pogonatus (668—685) ist er gegen den Monotheletismus für die orthodoxe Lehre eingetreten. Unter Philippicus Barbanes (711—713) soll er sich zum Monotheletismus bekannt, nach dem Sturze dieses Kaisers aber wieder für den Dyotheletismus sich entschieden haben. Unter Leo dem Isaurier (717—741) kämpfte er für die Bilder. Die griechische Kirche verehrt ihn als Heiligen. Außer verschiedenen umfangreichen Reden, namentlich Predigten zu Ehren der Gottesmutter, sind viele Idiomela (vgl. Abs. 3) und viele Canones von Andreas' Hand auf uns gekommen. Sein berühmtestes Werk ist der große Canon (ὁ μέγας χανών), ein Buß- und Reuegesang, welcher nicht weniger als 250 Strophen zählt. Die endlose Breite, mit welcher dieselben Gedanken oder Empfindungen fortgesponnen werden, wirkt nothwendig ermüdend. Aber Ernst des Gefühls und eine gewisse Kraft des Ausdrucks ist Andreas hier nicht abzusprechen. Im allgemeinen herrscht freilich die verstandesmäßige Reflexion in seiner Dichtung vor; lange dogmatische Definitionen häufen sich, und die mühsame Sorgfalt, mit welcher Antithesen, Wortspiele und Gleichnisse ausgeführt werden, steht zu der ungezwungenen Erhabenheit der frühern Meloden in auffälligem Gegensatz.

Die gedruckten Schriften des hl. Andreas sind zusammengestellt bei *Migne*, P. gr. XCVII, 789—1444. *Christ* et *Paranikas*, Anthologia graeca, geben den ersten der vier Theile des großen Canon (p. 147—157) und einen Canon von zweifelhafter Echtheit auf Petri Kettenfeier (p. 157—161). Zu dem genannten Theile des großen Canon vgl. Jacobi a. a. O. S. 223 f. Eine bisher unbekannte Rede des hl. Andreas auf Jacobus den „Apostel und Gottesbruder" veröffentlichte

A. Papadopulos-Kerameus in den Ἀνάλεκτα ἱεροσολυμιτικῆς σταχυολογίας.
Bd. I. St. Petersburg 1891. S. 1—14. Vgl. über diese Rede J. Haußleiter
in der Zeitschr. f. Kirchengesch. Bd. XIV (1893—1894). S. 73—76. Ein neues
Homilienfragment unter des Andreas Namen findet sich in der von der Philologischen
Gesellschaft zu Athen herausgegebenen Πατμιακὴ βιβλιοθήκη. Athen 1890. 4⁰.
S. 330—331.

6. **Johannes von Damaskus und Kosmas der Sänger.** — Das Beispiel des hl. Andreas fand dauernde Nachahmung. Nur die Länge seiner
Canones war nicht zu ertragen, und die neun Oden wurden auf eine geringere Strophenzahl zurückgeführt. Die bedeutendsten Vertreter der Canon-
dichtung sind der gefeierte Dogmatiker Johannes von Damaskus und
sein Adoptivbruder Kosmas der Sänger. Ueber das Leben des hl. Johannes
wird § 89, 2 zu berichten sein. Kosmas genoß gemeinschaftlich mit Johannes
zu Damaskus den Unterricht eines gleichfalls Kosmas genannten Mönches
aus Sicilien, welcher von dem Vater des hl. Johannes aus der saracenischen
Gefangenschaft losgekauft worden war und welcher eine sehr umfassende, theologische wie profanwissenschaftliche Bildung besaß (s. die wahrscheinlich von dem
Patriarchen Johannes VI. von Jerusalem, gest. um 969, verfaßte Vita
S. Ioan. Damasc. c. 9: *Migne*, P. gr. XCIV, 441—444). Mit Johannes
trat auch Kosmas in das altberühmte Kloster des hl. Sabas bei Jerusalem
ein, sollte jedoch nicht wie Johannes hier sein Leben beschließen, sondern ward
743 zum Bischof von Majuma in Phönicien geweiht. Die Zeit seines Todes ist
unbekannt. Von seinem Aufenthalte bei Jerusalem erhielt Kosmas den Namen
Hierosolymitanus oder Hagiopolites (Hieropolites); gewöhnlich aber heißt
er „der Sänger" (ὁ μελῳδός). Johannes und Kosmas treffen darin zusammen, daß sie in noch höherem Grade als Andreas von Kreta der Feinheit, Mannigfaltigkeit und Künstlichkeit des Versbaues den Schwung der
Phantasie und die Klarheit des Ausdruckes zum Opfer bringen. Als Muster
und Vorbild gilt ihnen die gewählte Poesie eines Gregor von Nazianz.
Kosmas hat auch Scholien zu den Gedichten des Nazianzeners hinterlassen.
Seine Canones und Oden sind, ebenso wie diejenigen des hl. Johannes, vorwiegend der Verherrlichung der Feste des Herrn gewidmet. Die alte Annahme,
Johannes sei der Urheber des sogen. Oktoechos, einer noch jetzt in der griechischen Kirche gebräuchlichen officiellen Sammlung von Kirchenliedern für den
sonntäglichen Gottesdienst, hat neuerdings Widerspruch gefunden. An Wärme
der Empfindung und Glanz der Darstellung dürfte Johannes seinen Adoptivbruder übertreffen. Freilich gefällt sich auch gerade Johannes wieder in den
künstlichsten und mühevollsten technischen Spielereien. Er hat auch die quantitirende Metrik wieder aufgenommen und wenigstens seine drei Canones auf
Weihnachten, Theophanie (Epiphanie) und Pfingsten in jambischen Trimetern
(vgl. Abs. 4) verfaßt; dabei läßt er jedoch zugleich die neue Technik zu ihrem
Rechte kommen, indem die Verse auch rhythmisch accentuirt werden. Die
spätern Byzantiner haben in ihrer sonderbaren Vorliebe für gesuchte Künstelei
Johannes und Kosmas mehr bewundert als alle andern griechischen Kirchendichter. Beide Sänger haben zahlreiche Commentatoren gefunden. Suidas
(Lex.; rec. *Bernhardy* I, 2, 1029) versichert geradezu, daß den Lieder-
canones des Johannes und des Kosmas nie etwas gleichgekommen sei, noch

auch wohl je etwas gleichkommen werde (σύγκρισιν οὐκ ἐδέξαντο οὐδὲ δέξαιντο ἄν, μέχρις ὁ καθ’ ἡμᾶς βίος περαιωθήσεται).

Sammlungen von Gedichten des hl. Johannes bei *Migne*, P. gr. XCVI, 817—856. 1363—1408. Die Canones col. 1371—1408, zuerst von Mai (Spicilegium Romanum. T. IX. p. 713—739) herausgegeben, sind jedoch wohl als unecht zu bezeichnen, bezw. einem jüngern Johannes Monachus zuzuweisen; s. *Christ et Paranikas*, Anthologia graeca. Proleg. p. XLVII. Diese Anthologie gibt p. 117—121 sechs kleinere Gedichte und p. 205—236 acht Canones des hl. Johannes. Zu den drei metrischen Canones p. 205—217 vgl. A. Nauck, Zu Johannes Damascenus: Hermes. Bd. XII (1877). S. 395—397. — Auch der Umfang der dichterischen Leistungen des hl. Kosmas bezw. die Echtheit der ihm beigelegten Gedichte bleibt noch mehrfach schwankend und unsicher. Sein Erzieher Kosmas hat gleichfalls geistliche Lieder verfaßt, und ist es in vielen Fällen sehr schwierig zu entscheiden, ob unter dem in den Handschriften genannten Kosmas der Lehrer oder der Schüler zu verstehen sei. Migne (P. gr. XCVIII) hat 13 hymni Cosmae Hierosolymitani (col. 459—514) und 11 aliae odae Cosmae monachi (513—524). *Christ et Paranikas* l. c. p. 161—204 geben 14 Canones unter dem Namen des jüngern Kosmas. Vgl. noch *Pitra*, Analecta sacra I, 410—412. 527—529. Die Scholien des jüngern Kosmas zu den Gedichten des hl. Gregor von Nazianz unter dem Titel συναγωγὴ καὶ ἐξήγησις ὧν ἐμνήσθη ἱστοριῶν ὁ θεῖος Γρηγόριος ἐν τοῖς ἐμμέτρως αὐτῷ εἰρημένοις zuerst bei *Mai*, Spicil. Rom. T. II, 2. p. 1—373; abgedruckt bei *Migne*, P. gr. XXXVIII, 339—679. — Theodori Prodromi commentarios in carmina sacra melodorum Cosmae Hierosolymitani et Ioannis Damasceni ad fidem codd. mss. primum edidit *H. M. Stevenson* sen. Praefatus est *I. B. Pitra*. Romae 1888. 4º.

## § 87. Exegeten, Canonisten und Ascetiker.

1. **Exegeten.** — Olympiodorus, Diakon zu Alexandrien in der ersten Hälfte des 6. Jahrhunderts, scheint eine Reihe biblischer Bücher in umfassenden Erläuterungsschriften bearbeitet zu haben. Gedruckt ist unter seinem Namen ein Commentar zum Prediger (*Migne*, P. gr. XCIII, 477—628). Ein Commentar zum Propheten Jeremias liegt handschriftlich vor. Fragmente desselben dürften in den zahlreichen, freilich meist sehr kurzen Scholien zu erkennen sein, welche die von M. Ghislerius (Lyon 1623) herausgegebene griechische Catene über Jeremias, Klagelieder und Baruch unter dem Namen eines nicht näher bezeichneten Olympiodorus mittheilt (zusammengestellt bei *Migne* l. c. 627—780). Außerdem gibt Migne unter dem Namen unseres Olympiodorus einige Scholien zum Buche Job (13—470 passim), Scholien zu den Sprüchen (469—478, nur lateinisch) und ein kleines Fragment zu Luc. 6, 23 (779 ad 780). Die Echtheit der einzelnen Stücke bezw. die Identität des Scholiasten Olympiodorus bedarf noch der Untersuchung. — Ein sonst nicht bekannter Bischof Petrus von Laodicea, welcher in das 7. Jahrhundert versetzt wird, hat einen Commentar zu den vier Evangelien verfaßt, aus welchem einige Probestücke veröffentlicht worden sind (*Migne* l. c. LXXXVI, 2, 3321—3336), insbesondere eine kurze Umschreibung des Gebetes des Herrn. — Patriarch Anastasius III. von Nicäa, um 700, hinterließ einen noch nicht gedruckten Commentar zu den Psalmen.

Die Zeit des Lebens und Wirkens Olympiodors, welche früher sehr verschieden bestimmt wurde, ist sichergestellt durch die Unterschrift eines handschriftlichen

Exemplares seines Commentares zum Propheten Jeremias in der Barberinischen Bibliothek zu Rom, bei *S. de Magistris*, Acta martyrum ad Ostia Tiberina sub Claudio Gothico. Romae 1795. 2⁰. p. 286 sq. Hier heißt Olympioborus „Diakon von Alexandrien, ordinirt durch Erzbischof Johannes Nikiotes (Νικιώτης) von Alexandrien", und der monophysitische Patriarch Johannes III. von Alexandrien, genannt ὁ Νικειότης oder Νικαιώτης („von Nikiu"?), ist nach elfjähriger Amts-führung im Mai 516 gestorben (s. A. v. Gutschmid, Kleine Schriften. Heraus-gegeben von Fr. Rühl. Bd. II. Leipzig 1890. S. 456 f.). Die Catene über das Buch Job, welche bei Migne (P. gr. XCIII, 13—470) vollständig wiedergegeben wird, gehört als Ganzes nicht Olympioborus an, wie der lateinische Ueberseter der Catene, P. Comitolus (Lyon 1586, Venedig 1587), glaubte, sondern ist, wie der Herausgeber des griechischen Textes, P. Junius (London 1637), erkannte, ein Werk des Bischofs von Serrä und spätern Metropoliten von Heraklea, Nicetas, im 11. Jahrhundert. — Ueber Patriarch Anastasius III. von Nicäa s. *M. Le Quien*, Oriens christianus. T. I. Paris. 1740. col. 644. Ueber eine (verstümmelte) Handschrift seines Psalmencommentares berichtet A. Lauriotes in der Ἐκκλησια-στικὴ Ἀλήθεια vom 26. Juni 1892 (S. 134—135).

2. **Canonisten.** — Schon im 6. Jahrhundert machte sich bei den Griechen das Bedürfniß nach übersichtlicher, systematischer Zusammenstellung der kirch-lichen Rechtssätze fühlbar. Die älteste noch erhaltene Canonsammlung, in 50 Titel gegliedert, geht auf Johannes Scholasticus zurück. Er war, wie es scheint, zur Zeit der Abfassung noch Laie. Im Jahre 565 wurde er durch Kaiser Justinian auf den Patriarchenstuhl von Konstantinopel berufen, und diese Würde hatte er bis zu seinem Tode im Jahre 578 inne, während der rechtmäßige Patriarch Eutychius (§ 85, 3) im Exile weilte. Als Patriarch veranstaltete Johannes Scholasticus eine neue und vermehrte Ausgabe seiner Canonsammlung und fügte derselben zugleich einen Auszug aus den Novellen Justinians in 87 Kapiteln bei, und aus der Verarbeitung und Verschmelzung dieser beiden Schriften ist der erste sogen. Nomocanon (Sammlung weltlicher und kirchlicher Gesetze) hervorgegangen, dessen Redaction jedoch nicht, wie früher geschah, Johannes selbst zugeschrieben werden darf. Ein anderer Nomo-canon, welcher früher Photius († um 891) zugeeignet zu werden pflegte (*Migne*, P. gr. CIV, 975—1218), ist nach neuern Forschungen im 7. Jahr-hundert entstanden und kann von Photius nur überarbeitet worden sein. — Eine ältere Canonsammlung (in 60 Titeln), deren Johannes Scholasticus in der Vorrede seiner Sammlung gedenkt, ist zu Grunde gegangen und nicht näher bekannt. — Nach dem Tode des hl. Eutychius (582) ward Johannes IV. der Faster (ὁ νηστευτής, ieiunator) zum Patriarchen der Hauptstadt erhoben (582—595), aus der Kirchengeschichte namentlich durch die Streitigkeiten be-kannt, in welche er durch Anmaßung des Titels eines ökumenischen Patriarchen mit den Päpsten Pelagius II. und Gregor I. gerieth. Ein diesem Patriarchen zugeschriebenes ausführliches Pönitentiale (Instruction für die Beichtpriester zur Verwaltung des Bußgerichts unter dem Titel ἀκολουθία καὶ τάξις ἐπὶ ἐξομολογουμένων: *Migne*, P. gr. LXXXVIII, 1889—1918; cf. 1931—1936) hat Binterim als unecht und viel jüngern Ursprungs nachgewiesen. Ein Sermo ad eos qui peccatorum confessionem patri suo spirituali edituri sunt (*Migne* l. c. 1919—1932), ist nur ein Auszug aus jenem Pönitentiale; ein Sermo de poenitentia et continentia et virginitate (1937—1978)

tritt anderswo unter dem Namen des hl. Chryſoſtomus auf. Pitra veröffentlichte unter dem Namen Johannes' des Faſters außer kleinern Stücken
eine Doctrina monialium et poenae pro singulis peccatis. Das Re-
scriptum de sacramento baptismatis, welches der Faſter an Leander von
Sevilla richtete (Isid. Hispal., De vir. ill. c. 39), ſcheint nicht auf uns
gekommen zu ſein.

Die (zweite Ausgabe der) Canonſammlung des Johannes Scholasticus iſt
gedruckt bei G. Voelli et H. Iustelli, Bibl. iur. can. vet. T. II. Lut. Par.
1661. p. 499—602. Der Novellenauszug aber ward erſt von G. E. Heimbach
(Ἀνέκδοτα. T. II. Lips. 1840. p. 202—234) herausgegeben. Nachträge zu dieſen
beiden Editionen bei I. B. Pitra, Iuris eccles. Graecorum hist. et monum.
T. II. Romae 1868. p. 368 sqq. Der Novellenauszug iſt hier p. 385—405
vollſtändig von neuem gedruckt. Im übrigen ſ. über Pitras Nachträge J. Hergenröther, Das griech. Kirchenrecht bis zum Ende des 9. Jahrhunderts: Archiv f.
kath. Kirchenrecht. Bd. XXIII (1870). S. 208 ff. Der erſte Nomocanon iſt
gedruckt bei Voelli et Iustelli l. c. II, 603—660. Nachträge bei Pitra l. c. II,
416—420. Der früher Photius zugeeignete Nomocanon bei Voelli et Iustelli l. c.
II, 813—1140. Eine neue Ausgabe bei Pitra l. c. II, 433—640. Vgl. zu dieſer
Ausgabe Hergenröther a. a. O. S. 211 ff. E. Zachariä v. Lingenthal,
Die griechiſchen Nomokanones. St. Petersburg 1877 (Mémoires de l'Acad. Imp.
des Sciences de St-Pétersbourg. Sér. VII. T. XXIII, n° 7); Derſ., Ueber
den Verfaſſer und die Quellen des (pſeudo-photianiſchen) Nomokanon in XIV Titeln.
Ebend. 1885 (Mém. etc. Sér. VII. T. XXXII, n° 16). — Ueber das angeblich
von Johannes Neſteutes verfaßte Pönitentiale ſ. A. J. Binterim, Die
vorzüglichſten Denkwürdigkeiten der chriſtkathol. Kirche. Bd. V. Thl. 3. Mainz
1829. S. 383—390. Neues unter dem Namen dieſes Patriarchen bei Pitra,
Spicilegium Solesmense. T. IV. Paris. 1858. p. 416—444; Pitra, Iuris
eccles. Graec. hist. et monum. II, 222—237. Ueber die Streitigkeiten des
Patriarchen mit den Päpſten ſeiner Zeit vgl. H. Griſar, Oekumeniſcher Patriarch
und Diener der Diener Gottes: Zeitſchr. f. kathol. Theol. Bd. IV (1880).
S. 468—523.

3. Ascetiker. — Der hl. Johannes Klimakus verdankt ſeinen Ruhm
und ſeinen Beinamen einem ascetiſchen Werke mit der Aufſchrift „Leiter"
(κλῖμαξ: Migne, P. gr. LXXXVIII, 631—1164). Unter dem Bilde einer
in den Himmel führenden Leiter wird in dieſem Werke die allmähliche Entwicklung und ſtetige Vervollkommnung des gottgeweihten Lebens dargeſtellt,
und entſprechend den 30 Jahren des verborgenen Lebens des Herrn werden
in der Himmelsleiter 30 Sproſſen gezählt. Ein kleines Schriftchen „An den
Hirten" (πρὸς τὸν ποιμένα: LXXXVIII, 1165—1210) läßt ſich als Anhang
bezeichnen. Dasſelbe will nämlich dem Kloſterobern das Ideal eines wahren
Hirten vor Augen ſtellen, während das größere Werk den Religioſen überhaupt zur Unterweiſung dienen ſoll. Beide Schriften verfaßte Johannes auf
Erſuchen eines Freundes und Verehrers, welcher gleichfalls Johannes hieß und
damals Vorſteher eines Kloſters zu Raithu an der Küſte des Meerbuſens von
Suez (30 km ſüdweſtlich vom Sinai) war. Einigen Aufſchluß über das
Leben des Verfaſſers gewährt eine kleine Biographie aus der Feder eines
(zeitgenöſſiſchen?) Mönches des Kloſters zu Raithu mit Namen Daniel. Etwa
um 525 geboren, trat Johannes Klimakus, 16 Jahre alt, in das Kloſter auf
dem Sinai, zog ſich jedoch ſpäter in eine einſame Zelle und ſodann in eine

Höhle am Fuße des Berges zurück. 40 Jahre lang hatte er ein Einsiedler=
leben geführt, als der Ruf seiner Tugend und seiner Wissenschaft (daher auch
Scholasticus) die Mönche des Klosters bestimmte, ihn zu ihrem Abte zu er=
wählen (daher auch Sinaita genannt). Vor seinem Tode, welcher etwa um
600 erfolgte, hatte er sich indessen wieder in die Einsamkeit geflüchtet. Die
genannten beiden Schriften erlangten in der Folge große Berühmtheit. Die
„Leiter" fand mehrere Commentatoren. An der Spitze derselben steht Johannes
von Raithu mit kurzen Scholien (LXXXVIII, 1211—1248). — Antiochus,
Mönch des Sabasklosters bei Jerusalem, verfaßte um 620 eine in 130 Kapitel
(von dem lateinischen Uebersetzer mit Unrecht in ebenso viele Homilien) ab=
getheilte Sammlung von moralischen Sentenzen, welche theils der Heiligen
Schrift theils den ältern Kirchenschriftstellern entnommen sind (*Migne*, P. gr.
LXXXIX, 1421—1850). „Pandekten der Heiligen Schrift" (πανδέκτης τῆς
ἁγίας γραφῆς) betitelt, war das Werk dazu bestimmt, den Mönchen des Klosters
Attaline zu Ancyra, welche infolge des Einfalles der Perser unstät umher=
wandern mußten und nicht viele Bücher mit sich führen konnten, als bequemes
Vademecum zu dienen. Ein Gebet (περὶ προσευχῆς καὶ ἐξομολογήσεως), welches
den „Pandekten" beigegeben zu werden pflegt (LXXXIX, 1849—1856),
schildert die Leiden Jerusalems seit der Eroberung Palästinas durch die Perser
(614) und fleht um Entfernung der Greuel von heiliger Stätte. — Dorotheus,
gleichfalls gegen Anfang des 7. Jahrhunderts Abt in Palästina, gilt gemeiniglich
als der Verfasser von 24 ascetischen Lehrabhandlungen für Mönche (διδασκαλίαι
ψυχωφελεῖς διάφοροι: *Migne*, P. gr. LXXXVIII, 1611—1838), De renun-
tiatione, De humilitate, De conscientia, De divino timore, Non debere
quemquam suae prudentiae confidere etc. Die letzte Abhandlung, De
compositione monachi, liegt nur lateinisch vor. Ihr sind (griechisch) 8 kurze
Briefe angehängt (ibid. 1837—1842), welche auch ascetische Anweisungen und
Rathschläge enthalten.

Die Hauptausgabe der beiden Schriften des hl. Johannes Klimakus lieferte
Matthäus Raderus S. J., Paris 1633. 2°; die Biographie von der Hand
des Mönches Daniel nahm Raderus in seine Isagoge auf. Diese Ausgabe ist bei
*Migne*, P. gr. LXXXVIII, abgedruckt; beigefügt sind col. 1211—1248 die Scholien
des Abtes Johannes, aber nur lateinisch, nach der Max. Bibl. vet. Patrum.
Lugd. 1677. X, 507—520. Eine neue Ausgabe des griechischen Textes der beiden
Schriften besorgte Sophronios Eremites, Konstantinopel 1883. 4°. Einige
bisher unbekannte Scholien zu der „Leiter" von Photius bei A. Papadopulos=
Kerameus: Φωτίου, τοῦ ἁγιωτάτου ἀρχιεπισκόπου Κωνσταντινουπόλεως, τὸ περὶ
τοῦ τάφου τοῦ κυρίου ἡμῶν Ἰησοῦ Χριστοῦ ὑπομνημάτιον κ. τ. λ. St. Petersburg
1892. 8°. S. 21—24. Eine deutsche Uebersetzung beider Schriften in den „Leit=
sternen auf der Bahn des Heils". Bd. VII (= Neue Folge. Bd. I). Landshut
1834; 2. Aufl. (nur die „Leiter"). Regensburg 1874. Eine altitalienische Ueber=
setzung in der Collezione di opere inedite o rare dei primi tre secoli della
lingua. T. XXXI. Bologna 1875. Aeltere Literatur bei *Chevalier*, Répert.
s. vv. Daniel de Raïthu (543), Jean Climaque (1181. 2672), Jean de Raïthu
(1227). Vgl. noch *Fessler*, Instit. Patrol. II, 890—897. — Die „Pandekten"
des Mönches Antiochus haben auch Reste älterer patristischen Schriften vor dem
Untergange gerettet. Vgl. § 8, 6. 12; 11, 5. Ueber die These Cotterills, Antiochus
sei der Verfasser des Polykarpusbriefes, s. § 11, 6. — Ueber Dorotheus und die
ihm zugeeigneten Abhandlungen s. namentlich *Oudin*, Comment. de script. eccles.

T. I. col. 1623—1636 und *Fabricius-Harles*, Bibl. Gr. T. XI. p. 103—108.
— Thalassius, um 650 Abt eines Klosters in Libyen, hinterließ 400 Sentenzen
De caritate et continentia necnon de regimine mentis ad Paulum presby-
terum, nach Analogie der vier Evangelien in vier Centurien eingetheilt (*Migne*,
P. gr. XCI, 1427—1470). Ueber das Schreiben an Kaiser Theodosius, welches
P. gr. XCI, 1471—1480 infolge einer Verwechslung als eiusdem Thalassii libellus
ad Theodos. imp. eingeführt wird, f. § 59, 12. — Um die Mitte des 7. Jahrhunderts lebte vielleicht auch Bischof (?) Johannes von Karpathus (der Insel
zwischen Kreta und Rhodus), unter dessen Namen zwei kleine Sammlungen von
Lebensregeln für Mönche umlaufen (Ad monachos in India, eorum rogatu,
capita hortatoria sive documenta spiritualia und Alia capita, P. gr. LXXXV,
791—812. 811—826, beide Sammlungen nur lateinisch). Literaturangaben zu
Johannes bei *Chevalier*, Répert. 1175.

## § 88. Dogmatiker und Polemiker.

1. Anastasius von Antiochien. — Patriarch Anastasius I. von Antiochien (559—599) war ein inniger Freund des Papstes Gregor d. Gr. und
blieb auch in schweren Tagen stets ein entschiedener Vorkämpfer des Glaubens
und der Freiheit der Kirche. Insbesondere erprobte er sich als solchen gegenüber dem letzten dogmatischen Edicte Justinians, durch welches die Lehre der
Aphthartodoketen zur Lehre der Kirche erhoben werden sollte (*Evagr.*, Hist.
eccl. IV, 39—41; vgl. § 83, 3). Durch Kaiser Justinus II. ward Anastasius 570 ins Exil geschickt und an seiner Statt ein Mönch Gregor vom
Berge Sinai auf den Patriarchenstuhl berufen (vgl. § 84, 3), und erst nach
Gregors Tode, 593, wurde Anastasius auf die dringenden Bitten Gregors
d. Gr. hin durch Kaiser Mauricius restituirt. Die Kirche verehrt Anastasius
als Heiligen. Hauptsächlich, wie es scheint, während seiner langen Verbannung
hat er eine eifrige schriftstellerische Thätigkeit entwickelt, deren Früchte indessen
zum größten Theile verloren gegangen oder noch nicht aufgefunden worden
sind: Briefe und Reden, ein Werk gegen Johannes Philoponus (§ 82, 3),
ein „Beweis, daß die priesterliche Würde groß und der Würde der Engel
gleich ist" u. a. *Migne*, P. gr. LXXXIX, gibt unter dem Namen des
hl. Anastasius De nostris rectis dogmatibus veritatis orationes quinque
(col. 1309—1362, aber nur in lateinischer Uebersetzung), der Form nach
Predigten, dem Inhalte nach dogmatische Abhandlungen über die Trinität und
die Incarnation, auch nicht mündlich vorgetragen, sondern im Exile niedergeschrieben; ferner sermones quatuor (1361—1398, griechisch und lateinisch),
Predigten von zweifelhafter Echtheit; endlich eine Compendiaria orthodoxae
fidei explicatio (1399—1404) und einige fragmenta (1405—1408). Pitra
hat die Rede nachgetragen, welche Anastasius am 25. März 593 gelegentlich
der Wiederbesteigung des Patriarchenstuhles zu Antiochien hielt.

Diese Rede bei *I. B. Pitra*, Iuris eccles. Graecorum hist. et monum.
T. II. Romae 1868. p. 251—257. Ueber die Schriften des hl. Anastasius im
allgemeinen vgl. *Fabricius-Harles*, Bibl. Gr. X, 595—600 (= *Migne*, P. gr.
LXXXIX, 1293—1300). Der Nachfolger des hl. Anastasius, Patriarch Anastasius II.
von Antiochien (599—609), von den Juden ermordet und von der Kirche als Martyrer verehrt, hat Gregors d. Gr. Regula pastoralis (§ 99, 2) ins Griechische

überseßt. Die Ueberseßung scheint indessen nicht auf uns gekommen zu sein. Vgl. *Pitra* l. c. II, 241.

2. Eulogius von Alexandrien. — Eine mit Anastasius charakterverwandte Persönlichkeit, Eulogius, stand 580—607 an der Spiße der Kirche von Alexandrien. Auch Eulogius durfte sich vertrauter Beziehungen zu Papst Gregor b. Gr. rühmen, und die Briefe des leßtern widmen dem Patriarchen von Alexandrien wiederholt Worte schmeichelhaftester Anerkennung. Eulogius hat in dem wissenschaftlichen Kampfe mit der Häresie, insbesondere den verschiedenen Parteien der Monophysiten, eine seiner hervorragendsten Aufgaben erblickt. Photius kannte noch sechs Bücher des Patriarchen gegen Novatus und über die kirchliche Disciplin (κατὰ Ναυάτου καὶ περὶ οἰκονομίας Bibl. cod. 182. 208), zwei Bücher gegen Timotheus und Severus (κατὰ Τιμοθέου καὶ Σευήρου), eine eingehende Vertheidigung der Epistola dogmatica Leos b. Gr. an Flavian enthaltend (cod. 225), ein Buch gegen Theodosius und Severus (κατὰ Θεοδοσίου καὶ Σευήρου), gleichfalls zur Vertheidigung der Epistola dogmatica (cod. 226), eine Strafrede (στηλιτευτικὸς λόγος) auf die Theodosianer und die Gainiten (cod. 227) und elf Reden (λόγοι), sämtlich dogmatisch=polemischen Inhalts (cod. 230). Gegenwärtig besißen wir von Eulogius nur eine Rede „auf die Palmzweige und das Eselsfüllen" (*Migne*, P. gr. LXXXVI, 2, 2913—2938) und verschiedene Fragmente (2937—2964; die Capita septem de duabus naturis Domini Deique, 2937—2940, werden auch den Fragmenten beizuzählen sein).

Einen lehrreichen Ueberblick über die häretischen Bewegungen dieser Zeit bietet das von dem konstantinopolitanischen Presbyter und Skeuophylax Timotheus zu Anfang des 7. Jahrhunderts verfaßte Büchlein über die Reconciliation der Häretiker (περὶ τῶν προσερχομένων τῇ ἁγίᾳ ἐκκλησίᾳ: *Migne*, P. gr. LXXXVI, 1, 11—68). Timotheus unterscheidet drei Gruppen von Häretikern: die erste muß getauft, die zweite muß gefirmt, die dritte muß zur Abschwörung der Irrlehre angehalten werden.

3. Maximus Confessor. — Maximus mit dem Beinamen „der Bekenner" (ὁ ὁμολογητής) ist einer der ersten und glorreichsten Bannerträger der kirchlichen Christologie im Kampfe gegen den Monotheletismus gewesen. Die Geschichte seines Lebens ist vielfach dunkel. Die Vita S. Maximi (*Migne*, P. gr. XC, 67—110), von einem unbekannten Verehrer des Heiligen geschrieben, weist manche Lücken auf. Um 580 aus einer vornehmen Familie Konstantinopels geboren, hatte Maximus durch seine Talente und Kenntnisse die Aufmerksamkeit des Kaisers Heraklius (610—641) auf sich gelenkt und war zum ersten kaiserlichen Secretär (πρῶτος ὑπογραφεὺς τῶν βασιλικῶν ὑπομνημάτων) ernannt worden. Um 630 verließ er die Bahn weltlicher Ehren und zog sich in das Kloster zu Chrysopolis auf der andern Seite des Bosporus (jeßt Skutari) zurück, und schon bald nach seinem Eintritte scheint er auch mit der Würde des Abtes bekleidet worden zu sein. Im Jahre 633 weilt er zu Alexandrien an der Seite des Mönches und nachmaligen Patriarchen Sophronius von Jerusalem (§ 85, 2; 86, 3). Im Juli 645 fand in Nordafrika, wahrscheinlich zu Karthago, in Gegenwart des kaiserlichen Statthalters Gregorius und vieler Bischöfe, zwischen Maximus und dem monotheletisch gesinnten Ex-Patriarchen Pyrrhus von Konstantinopel eine Disputation statt, deren ausführliche Acten (XCI, 287—354) zu den werthvollsten Urkunden aus der

Geschichte der monotheletischen Streitigkeiten gehören. Maximus feierte einen glänzenden Triumph. Pyrrhus konnte nicht umhin, seinen Irrthum einzugestehen und den Dyotheletismus anzuerkennen. Auf Anregung des Siegers hielten die Bischöfe von Nordafrika und den benachbarten Inseln 646 mehrere Synoden ab, welche den Monotheletismus in bündigster Form verwarfen. Von Afrika begab sich Maximus nach Rom, wo er in Wort und Schrift für den Glauben der Kirche zu kämpfen fortfuhr. Er war es auch, welcher Papst Martin I. (649—655) zur Veranstaltung der berühmten Lateransynode des Jahres 649 bestimmte, auf welcher der Monotheletismus samt seinen Anhängern und samt der Ekthesis, mit welcher Heraklius 638, und dem Typos, mit welchem Kaiser Konstans II. (642—668) 648 für die Irrlehre eingetreten war, anathematisirt wurde. Konstans fühlte sich tief gekränkt, und wie über Papst Martin, so ergoß sich auch über seinen Rathgeber die volle Schale des kaiserlichen Zornes. Mit zwei Schülern, Anastasius dem Mönche und Anastasius dem Apokrisiar, wurde Maximus im Sommer 653 zu Rom verhaftet und nach Konstantinopel verbracht. Der 655 zu Konstantinopel geführte Proceß, dessen Protokolle noch vorliegen (P. gr. XC, 109—130; auch P. lat. CXXIX, 603—622), endete damit, daß Maximus nach Bizya in Thracien, von seinen Schülern der eine nach Perberis, der andere nach Mesembria ins Elend verwiesen wurde. Neue Verhandlungen zu Bizya im Sommer 656 (die Acten P. gr. XC, 135—170; auch P. lat. CXXIX, 625—656) vermochten Maximus auch nicht zur Annahme des Typos zu bewegen. Im Frühjahr 662 wurden die drei Dulder wieder nach Konstantinopel geschleppt und vor eine Synode gestellt. Ihr Muth wankte nicht, und der Präfect erhielt die Weisung, sie zu geißeln und ihnen die blasphemische Zunge an der Wurzel auszuschneiden und die rechte Hand abzuhauen. So verstümmelt wurden sie in allen zwölf Stadttheilen Konstantinopels umhergeführt und sodann nach Lazika an der Ostküste des Schwarzen Meeres in lebenslängliches Exil verstoßen. Maximus erlag seinen Leiden am 13. August 662; Anastasius der Mönch starb schon am 24. Juli 662; Anastasius der Apokrisiar fristete sein Leben bis zum 11. October 666. Im Jahre 680 gelangte das in so roher Weise zum Schweigen gebrachte Bekenntniß zweier Willen in Christus auf dem sechsten ökumenischen Concile zu allgemeiner Anerkennung. — Trotz seines vielbewegten Lebens hat Maximus eine große Zahl von Schriften hinterlassen, welche von Anfang an im Morgen- wie im Abendlande sehr hoch geschätzt und viel gelesen worden sind, wiewohl sie theils des Inhaltes theils des schwülstigen Stiles wegen dem Verständnisse nicht geringe Schwierigkeiten bieten. a) Combefis' Ausgabe dieser Schriften wird eröffnet durch ein umfangreiches Werk De variis scripturae sacrae quaestionibus ac dubiis ad Thalassium (P. gr. XC, 243—786), welches 65 Fragen und Antworten über schwierige Stellen der Heiligen Schrift enthält. Die Exegese ist vorherrschend allegorisch oder anagogisch. Nicht selten dient jedoch die biblische Stelle fast nur als Ausgangs- oder Anknüpfungspunkt für theologisch-mystische Betrachtungen. Verwandten Charakters sind Quaestiones et responsiones (XC, 785—856), Ad Theopemptum scholasticum (XC, 1393—1400), Expositio in psalmum 59 (XC, 855—872), Orationis dominicae brevis expositio (XC, 871—910). Fragmente anderer exegetischen Schriften des hl. Maximus liegen in griechischen Catenen vor. b) Auch die Schriften Dionysius' des Areo-

pagiten sowie mehrere Reden Gregors von Nazianz hat Maximus in Commentaren bearbeitet: Scholia in opera S. Dionysii Areopagitae (IV,
15—432. 527—576 bei den Schriften des Areopagiten), De variis difficilibus
locis SS. Dionysii et Gregorii Theologi (XCI, 1031—1060), Ambigua
in S. Gregorium Theologum (XCI, 1061—1418). Den Areopagitica
entnahm Maximus die Grundgedanken seiner Lehre, und seiner Autorität hinwiederum verdankten diese Schriften hauptsächlich das Interesse und die Bewunderung des Mittelalters. Er preist den Verfasser als den heiligen Offenbarer göttlicher Geheimnisse und ist von seiner Identität mit dem Dionysius
Areopagita der Apostelgeschichte fest überzeugt (vgl. § 52, 3). c) Eine Reihe
dogmatisch-polemischer Abhandlungen ist in der Ausgabe Combefis' unter dem
Titel Opuscula theologica et polemica zusammengefaßt (XCI, 9—286). Die
Mehrzahl derselben richtet sich gegen den Monophysitismus und Monotheletismus. Ein kleiner Aufsatz (XCI, 133—138) bezieht sich auf die Lehre vom
Ausgang des Heiligen Geistes. Die früher vielfach dem hl. Maximus zugeschriebenen Dialogi V de trinitate (XXVIII, 1115—1286 unter den
Schriften des hl. Athanasius) sind ältern Ursprungs (vgl. § 60, 8). Der
Tractat De anima (XCI, 353—362) ist anthropologischen Fragen gewidmet.
d) Auf moralisch-ascetischem Gebiete bewegt sich der mit Recht viel gerühmte
Liber asceticus (XC, 911—956), ein Dialog zwischen einem Abte und einem
jüngern Mönche über die vornehmsten Pflichten des geistlichen Lebens. Als
Anhang sind diesem Dialoge Capita de caritate beigegeben (XC, 959—1080),
eine Sammlung von 400 Sentenzen, meist ethischen Inhalts. Eine sehr ähnliche Sammlung von 243 Sentenzen pflegt Capita alia überschrieben zu werden
(XC, 1401—1462). Zwei andere Sammlungen lassen neben dem ethischascetischen auch das dogmatische und mystische Element zur Geltung kommen:
Capita theologica et oeconomica 200 (XC, 1083—1176) und Diversa
capita theologica et oeconomica 500 (XC, 1177—1392). Die größte
derartige Sammlung endlich sind die Capita theologica, auch Sermones per
electa oder Loci communes genannt (XCI, 721—1018), nur Excerpte aus
der Heiligen Schrift, aus Kirchenvätern und aus Profanschriftstellern enthaltend, eine jener Blumenlesen, wie sie von Griechen der spätern Zeit in
großer Zahl veranstaltet und besonders in Klöstern fleißig benutzt worden
sind. Die Herkunft dieser letztgenannten Sammlung aber ist noch sehr zweifelhaft. Der Frage nach der Persönlichkeit des Sammlers kann jedenfalls erst
nach Untersuchung der Quellen des Werkes und der Zusammenhänge mit ähnlichen Florilegien näher getreten werden. e) Endlich sind noch 45 Briefe anzuführen (XCI, 363—650), von welchen freilich viele ebensowohl zu den
theologischen Abhandlungen gerechnet werden könnten, eine Mystagogie (μυστα
γωγία: XCI, 657—718) oder Betrachtungen über die symbolisch-mystische
Bedeutung der Kirche und der einzelnen kirchlichen Cultushandlungen, drei
Hymnen (XCI, 1417—1424), eine Kirchenrechnung (Computus ecclesiasticus:
XIX, 1217—1280 unter den Schriften des Kirchenhistorikers Eusebius), d. i.
eine Anleitung zum Verständniß der christlichen Festrechnung und der biblischen
wie der profanen Chronologie, eine Chronologia succincta vitae Christi
(fehlt bei Migne), nur ein Excerpt aus einem größern Ganzen. — Maximus
ist ohne Zweifel einer der scharfsinnigsten Dogmatiker und tiefsinnigsten Mystiker,

welche die griechische Kirche hervorgebracht. Auch seinen Lehrer, den sogen.
Areopagiten, hat er an speculativer Tiefe sowohl wie an dialektischer Schärfe
überragt. Leider ist er indessen zu einer systematischen und methodischen Dar=
stellung seiner Lehranschauungen nicht gekommen. Bald kleidet er dieselben in
die Form aphoristischer Sentenzen, bald entwickelt er sie im Anschluß an fremde
Texte. Im Mittelpunkte seiner dogmatischen Ausführungen steht stets der
Gottmensch. Der Logos ist ihm alles Geschaffenen Urgrund und Endzweck.
Die Weltgeschichte hat einen doppelten Proceß zu verwirklichen, den Proceß
der Menschwerdung Gottes (σάρκωσις), welcher von Anfang an grundgelegt
ist und historisch auf der Höhe der Zeiten seinen Abschluß gefunden hat, und
den Proceß der Vergöttlichung des Menschen (θέωσις), welcher durch die
Menschwerdung Gottes angebahnt und eingeleitet ist und die Wiederherstellung
des Ebenbildes Gottes im Menschen zum Ziele hat. Als neues Lebensprincip
und zweiter Adam ist Christus nothwendig wahrer Gott und vollkommener
Mensch. Der Unterschied der Naturen fordert nicht eine Trennung der Person,
und die Einheit der Person bedingt nicht eine Vermischung der Naturen. Da=
gegen sind mit der Integrität der beiden Naturen nothwendig zwei Willen
und zwei Thätigkeiten gegeben. Aber nur das Wollen an und für sich oder
das Willensvermögen ist Sache der Natur; das So= oder Sowollen oder der
Willensentschluß (ἡ γνώμη) ist Sache der Person. „Es hatte also der mensch=
gewordene Logos als Mensch das Willensvermögen, welches aber durch seinen
göttlichen Willen zu bewegen und zu gestalten war" (τῷ αὐτοῦ θεϊκῷ θελήματι
κινούμενόν τε καὶ τυπούμενον Ex tract. de operationibus et voluntatibus
XCI, 48).

Eine Gesamtausgabe der Schriften des hl. Maximus unternahm Fr. Com=
befis O. Pr., Paris 1675. 2 Bde. 2º; der in Aussicht genommene 3. Band,
welcher namentlich auch die Scholien zu den Schriften des sogen. Areopagiten hätte
bringen sollen, ist nicht mehr erschienen. Combefis' Ausgabe ist abgedruckt bei
*Migne*, P. gr. XC—XCI (Paris. 1860). Die Scholien zu den Schriften des Areo=
pagiten gibt *Migne* l. c. IV nach der Benediger Ausgabe des Areopagiten vom
Jahre 1755—1756 (vgl. § 52, 4). Die zwei andern Schriften des hl. Maximus
zu dem Areopagiten und dem Theologen sind vollständig erst von Fr. Oehler
(Anecdota Graeca. T. I. Halis 1857. 8º) herausgegeben worden und nach dieser
Ausgabe bei *Migne* l. c. XCI abgedruckt. Die Chronologia succincta vitae Christi
edirte Bratke in der Zeitschr. f. Kirchengeschichte. Bd. XIII (1892—1893).
S. 382—384. Ueber scripta S. Maximi inedita vel deperdita s. *Fabricius-
Harles*, Bibl. Gr. IX, 676—677 (= *Migne*, P. gr. XC, 49—50). Mehrere Schriften
des hl. Maximus, De variis scripturae sacrae quaestionibus ac dubiis ad
Thalassium, Capita de caritate u. a., sind in den Handschriften und in Combefis'
Ausgabe von kurzen Scholien unbekannter Herkunft begleitet. Sp. P. Lampros
veröffentlichte in den Κερκυραϊκά Ἀνέκδοτα. Athen 1882. 8º. S. 27—28 den versi=
ficirten Prolog eines Commentares zu den Capita de caritate von dem Metro=
politen Nikolaus von Kerkyra im 12. Jahrhundert. Ueber die Capita theologica
(Sermones per electa, Loci communes) s. *R. Dressler*, Quaestiones criticae ad
Maximi et Antonii gnomologias spectantes (Diss. inaug.). Lipsiae 1869. 8º.
Antonius, ein Mönch des 11. Jahrhunderts, gilt als Compilator einer umfang=
reichen Sentenzensammlung unter dem Titel Μέλισσα, „Biene" (*Migne*, P. gr.
CXXXVI, 765—1244). Ueber beide Florilegien (Maximus und Antonius) vgl.
auch C. Wachsmuth, Studien zu den griechischen Florilegien. Berlin 1882. 8º.

S. 90 ff.; Fr. Loofs, Studien über die dem Johannes von Damaskus zugeschrie=
benen Parallelen. Halle a. S. 1892. 8°. S. 107 ff. Ueber die Rolle des
hl. Maximus in der Geschichte der monotheletischen Streitigkeiten s. Hefele, Con=
ciliengeschichte. Bd. III. 2. Aufl. S. 189—247. Ueber die Lehre des Heiligen
s. H. Weser, S. Maximi Confessoris praecepta de incarnatione Dei et dei-
ficatione hominis exponuntur et examinantur (Diss. inaug.). Berolini 1869.
8°. J. Bach, Die Dogmengeschichte des Mittelalters vom christologischen Stand=
punkte. Thl. I. Wien 1873. S. 15—49: „Maximus Confessor." Ein gründlich
orientirender und mit reichen Literaturnachweisen ausgestatteter Artikel über den
Bekenner, von Wagenmann, findet sich in Herzogs Real=Encyklopädie f. protest.
Theol. u. Kirche. Bd. XX (Suppl. II). 1866. S. 114—146; 2. Aufl. Bd. IX.
1881. S. 430—443. — Von einem jeden der beiden Leidensgenossen des hl. Maxi=
mus liegt ein Brief vor, aber nur in lateinischer Uebersetzung, von Anastasius dem
Mönche ein Brief an die Mönche von Calaris über die zwei Willen in Christus
(Migne, P. gr. XC, 133—136; P. lat. CXXIX, 623—626), von Anastasius dem
Apokrisiar ein Brief über die Leiden der drei Bekenner und über Väter=Zeugnisse
gegen den Monotheletismus an den Priester Theodosius von Gangra (Migne, P. gr.
XC, 173—194). Ueber einen handschriftlich im griechischen Original vorhandenen
Brief Anastasius' des Apokrisiars an die Mönche von Askalon gegen den Mono=
physitismus und Monotheletismus s. Mai, Script. vet. nova Coll. VII, 1, 206 b
(= Migne, P. gr. LXXXIX, 1191—1192).

4. Anastasius Sinaita. — Anastasius Sinaita zählt auch zu den
Männern der griechischen Kirche, welche in Zeiten größter Bedrängniß eine
wahrhaft apostolische Thätigkeit entfalteten. Er war Priester, Mönch und
Abt auf dem Berge Sinai, verließ jedoch öfters seine Einsamkeit und hatte
in Aegypten und in Syrien Disputationen mit Häretikern und mit Juden.
Nach den Untersuchungen Kumpfmüllers (1865) ist er schon vor 640 zu
Alexandrien als Bekämpfer des Monophysitismus aufgetreten und ist auch
noch nach 700 unter den Lebenden gewesen. Wie sein Lebensgang noch wenig
aufgehellt, so ist auch der Umfang und die Bedeutung seiner literarischen
Leistungen noch nicht klar zu übersehen. Das umfassende handschriftliche
Material muß erst vollständiger gesammelt und eindringender geprüft werden.
Die reichhaltigste Ausgabe, Migne, P. gr. LXXXIX, enthält drei größere
Werke: Wegweiser (ὁδηγός, col. 35—310), eine Anleitung zur Vertheidigung
der katholischen Wahrheit gegen die zeitgenössischen Irrlehren, insbesondere die
mannigfaltigen Abzweigungen des Monophysitismus; Fragen und Antworten
(ἐρωτήσεις καὶ ἀποκρίσεις, 311—824) über sehr verschiedene theologische Gegen=
stände, 154 an der Zahl, aber zum Theil sicher unecht; Anagogische Betrach=
tungen über das Hexaemeron (εἰς τὴν πνευματικὴν ἀναγωγὴν τῆς ἑξαημέρου
κτίσεως, 851—1078) in zwölf Büchern, von welchen jedoch die elf ersten nur
in lateinischer Uebersetzung gedruckt sind. An diese größern Werke reihen sich
eine Rede über die heilige Communion (825—850), zwei Reden über Ps. 6
(1077—1144), zwei Abhandlungen, die erstere freilich nur ein Bruchstück, über
die Erschaffung des Menschen nach dem Ebenbilde Gottes (1143—1150.
1151—1180), ein Fragment einer Sammlung von Väter=Zeugnissen gegen
die Häretiker (1179—1190). Endlich folgen einige zweifelhafte oder unechte
Stücke (1191—1282) und einige kleine Fragmente (1281—1288). Drei
neue Stücke veröffentlichte Pitra: einen kurzen Bericht über die im Laufe
der Jahrhunderte aufgetretenen Häresten und die gegen dieselben abgehaltenen

Synoden, eine compendiarische Darlegung des christlichen Glaubens und einen Aufsatz über die Feier des Mittwochs und des Freitags.

Näheres über Anastasius und die unter seinem Namen gedruckten Schriften bei *I. B. Kumpfmüller*, De Anastasio Sinaita (Diss. inaug.). Wirceburgi 1865. 8⁰. Pitra hat den drei von ihm zuerst herausgegebenen Stücken, Iuris eccles. Graecorum hist. et monum. T. II. Romae 1868. p. 257—275, werthvolle Nachweise über Manuscripte der Schriften unseres Anastasius und anderer Träger dieses Namens vorausgeschickt (p. 243—249). Ein Fragment περὶ βλασφημίας unter dem Namen des Sinaiten hat A. Papadopulos-Kerameus in den Ἀνάλεκτα ἱεροσολυμιτικῆς σταχυολογίας. Bb. I. St. Petersburg 1891. S. 400—404 veröffentlicht. Die (154) Fragen und Antworten sind griechisch zuerst von J. Gretser S. J. herausgegeben worden, Ingolstadt 1617. 4⁰. Die Zahl der Fragen ist in den einzelnen Handschriften sehr verschieden. Ueber 4 in Gretsers Ausgabe fehlende Fragen in einer Münchener Handschrift berichten *Kumpfmüller* l. c. p. 174—177; O. Bardenhewer, Des hl. Hippolytus von Rom Commentar zum Buche Daniel. Freib. i. Br. 1877. S. 106—107. Ueber die Compilation Antiquorum patrum doctrina de Verbi incarnatione s. § 83, 2. Die Disputationen gegen die Juden (*Migne*, P. gr. LXXXIX, 1203—1282) können aus innern Gründen frühestens im 9. Jahrhundert geschrieben sein (*Kumpfmüller* p. 147—148). Als Quelle benutzen dieselben den um 700 wahrscheinlich in Aegypten entstandenen „Dialog der Juden Papiskus und Philo mit einem Mönche", welchen A. C. Mc Giffert ans Licht zog: Dialogue between a Christian and a Jew, entitled ἀντιβολὴ Παπίσκου καὶ Φίλωνος Ἰουδαίων πρὸς μοναχόν τινα (Inaug. diss.). New York 1889. 8⁰. Daß aber auch Anastasius Abhandlungen gegen die Juden veröffentlicht hat, ist durch seine eigenen Worte In Hexaemeron l. VI (*Migne*, P. gr. LXXXIX, 933; griechisch bei *Pitra* l. c. p. 244 sq.) sichergestellt.

5. Germanus von Konstantinopel. — In die Tage des hl. Germanus fällt der Ausbruch des Bilderstreites (726). Er wurde, schon ein Greis, 715 zum Patriarchen von Konstantinopel gewählt, 730 durch den bilderstürmenden Kaiser Leo den Isaurier gezwungen, aus seinem Amte zu weichen, und 733, etwa 98jährig, aus diesem Leben abberufen. Das von Kaiser Konstantin Kopronymus 754 zu Konstantinopel veranstaltete, bilderfeindliche Conciliabulum sprach das Anathem über Germanus aus; das siebente ökumenische Concil zu Nicäa vom Jahre 787 hingegen spendete der Heiligkeit seines Lebens wie der Reinheit seiner Lehre und insbesondere auch seiner literarischen Bekämpfung der Häresie warme Worte des Lobes (Conc. Nic. II. act. 6: *Mansi* XIII, 356—357). Manche seiner Schriften scheinen nicht auf uns gekommen zu sein. In Druck liegen vor ein Buch De haeresibus et synodis (*Migne*, P. gr. XCVIII, 39—88), bald nach Erscheinen des ersten Edictes des Isauriers gegen die Bilder, d. i. nach 726, verfaßt (s. c. 40); ein Dialog De vitae termino (col. 89—132); Pro decretis concilii Chalcedonensis epistola Graecorum ad Armenios (135—146, nur lateinisch); Epistolae dogmaticae (147—222), zum Theil für die Geschichte des Bilderstreites hochbedeutsam; Orationes (221—384), im ganzen 9, darunter 7 auf die allerseligste Jungfrau; Rerum ecclesiasticarum contemplatio (383—454), eine Erklärung der Liturgie, deren Echtheit indessen sehr zweifelhaft ist; einige Kirchenlieder (453—454 u. a.).

Literatur über Germanus verzeichnet *Chevalier*, Répert. des sources hist. 860. 2609. Nachzutragen wäre namentlich Hefele, Conciliengesch. (2. Aufl.) III,

363 ff. 372 ff. 380 ff. Zu den Predigten des hl. Germanus f. *A. Ballerini*,
Sylloge monumentorum ad mysterium conceptionis immaculatae Virginis
Deiparae illustrandum. Vol. II, pars 1. Romae 1854. p. 243—283: De
auctore homiliarum in Virginem Deiparam quae sub Germani nomine circumferuntur disquisitio critica. Drei Ȝdiomela (vgl. § 86, 3) unter dem
Namen des hl. Germanus, welche P. gr. XCVIII fehlen, bei *Christ et Paranikas*,
Anthologia graeca carminum christianorum. Lipsiae 1871. p. 98—99;
vgl. Proleg. p. xliii. Ueber eine verloren gegangene, Ἀνταποδοτικὸς ἢ ἀνόθευτος
(„Vergeltend oder echt“ d. i. echte Vergeltung) betitelte Schrift des hl. Germanus
berichtet Photius Bibl. cod. 233 (CIII, 1105—1108). Diese Schrift versuchte
den Beweis zu erbringen, daß Gregor von Nyssa nicht, wie von anderer Seite behauptet wurde, eine schließliche Beseligung aller vernunftbegabten Creatur, auch der
bösen Menschen und Engel, gelehrt habe, daß vielmehr der Text der in Frage
kommenden Werke Gregors, des Dialoges De an. et resurr., der großen Katechese
sowie der Schrift De perfecta vita (?), im Sinne der bezeichneten Lehre gefälscht
worden sei. Vgl. § 51, 8.

## § 89. Johannes von Damaskus.

1. Stellung und Bedeutung. — In Johannes von Damaskus steht
noch einmal ein gewaltiger Wortführer der alten Kirche auf, während rings-
umher im griechischen Reiche ein tiefer Verfall geistiger Thätigkeit sich kundgibt.
Bald nach ihm beginnt mit Photius das Schisma. Johannes ist in erster
Linie Sammler, mag er sich nun auf dogmatischem oder auf ascetischem, auf
exegetischem oder auf historischem Boden bewegen. Das Bewußtsein, daß die
Blüthezeit theologischer Productivität ein Ende genommen, muß damals durch
den ganzen Orient gegangen sein. Johannes setzt sich selbst die Aufgabe, das,
was die Concilien bis dahin festgestellt und die großen Meister der Vorzeit
als Kirchenlehre bezeugt haben, zu einem abgerundeten Ganzen zusammen-
zufassen. Insbesondere ist in seinem dogmatischen Hauptwerke die Ueberlieferung der griechischen Kirche zu einem gedrängten Gesamtbilde vereinigt.
Mit dem sechsten ökumenischen Concile aber war die Entwicklung des Dogmas
im Oriente im wesentlichen zum Abschluß gekommen, und einen spätern Dogmatiker, welcher den Verfasser der „Quelle der Erkenntniß“ in Schatten gestellt
hätte, hat das Morgenland nicht hervorgebracht. So konnte dieses Werk in
der morgenländischen Kirche ein klassisches Lehrbuch der Dogmatik bleiben bis
auf den heutigen Tag. Auch als Dichter hat Johannes, wie früher schon
ausgeführt wurde (§ 86, 6), unsterblichen Ruhm erlangt. Vor seinen Liedern
mußten selbst die Gesänge eines Romanus aus den liturgischen Büchern der
griechischen Kirche weichen. Zur vollen Würdigung des Ansehens des Damasceners sind übrigens namentlich noch die Lorbeeren in Anschlag zu bringen,
welche er sich in der letzten namhaften Lehrstreitigkeit der orientalischen Kirche
erwarb. Zu seiner Zeit wüthete der Bilderstreit. Unter dem Schutze des
Kalifen lebend, beantwortete er die Edicte Leos des Isauriers mit feurigen
Apologien der Bilderverehrung, Apologien, welche auch in der Folgezeit stets
Bewunderung erregt haben.

2. Leben. — Der Lebensweg des hl. Johannes ist nur sehr spärlich
erhellt. Die älteste vita (*Migne*, P. gr. XCIV, 429—490), aus dem
10. Jahrhundert, enthält bereits viel Sagenhaftes. Ueber Geburts- und

Todesjahr ist nichts bekannt. Dagegen darf es als feststehend gelten, daß Johannes einer zu Damaskus ansässigen Christenfamilie entsprossen ist, in welcher ein saracenisches Staatsamt, vermuthlich das Oberaufsichtsamt über die in Syrien einzutreibenden Steuern, sich von Vater auf Sohn vererbte. Als Abkömmling dieser Familie führte er auch den arabischen Namen Mansur (منصور), welchen sein Feind, Kaiser Konstantin Kopronymus (741—775), spottweise in Manzeros (Μάνζηρος, vgl. מַמְזֵר Bastard) verkehrte (Theophanes, Chronogr. ad a. 734; rec. C. de Boor I, 147). Erzieher des jungen Johannes und seines Adoptivbruders Kosmas war der Mönch Kosmas aus Sicilien (§ 86, 6). Ob und wann Johannes das erwähnte Staatsamt zu Damaskus angetreten, wann er es aufgegeben habe, bleibt dahingestellt. Wahrscheinlich 726, jedenfalls aber vor 730, ist er als theologischer Schriftsteller und Vertheidiger der Bilderverehrung aufgetreten. Erst später, so scheint es, hat er sich mit seinem Adoptivbruder Kosmas in das Sabaskloster bei Jerusalem zurückgezogen. Patriarch Johannes V. von Jerusalem († 735) ordinirte ihn zum Priester, und sein ganzes ferneres Leben ist wohl nur mehr der Frömmigkeit und dem Studium geweiht gewesen. In dem Kloster bei Jerusalem scheint Johannes auch gestorben zu sein. Die bilderfeindliche Aftersynode zu Konstantinopel im Jahre 754 anathematisirte den Patriarchen Germanus (§ 88, 5), einen gewissen Georgius von Cypern und, mit viermal wiederholtem Fluche, unsern Johannes unter dem Namen Mansur; alle drei zählten wohl nicht mehr zu den Lebenden; die Synode selbst fügt bei, die Trinität habe diese drei aus dem Wege geräumt (ἡ τριὰς τοὺς τρεῖς καθεῖλεν Conc. Nic. II. act. 6: Mansi XIII, 356). Das siebente allgemeine Concil zu Nicäa im Jahre 787 nahm die Genannten gegen das Anathem des Conciliabulums in Schutz und zollte insbesondere dem hl. Johannes als einem Hauptvorkämpfer der Bilderverehrung die höchste Anerkennung (Conc. Nic. II. act. 6: Mansi XIII, 357). Schon Theophanes bezeugt (im Jahre 813), daß Johannes mit dem Beinamen Chrysorroas (χρυσορρόας, goldströmend) geschmückt worden, und zwar mit Recht „wegen der in seiner Lehre wie in seinem Leben erblühenden goldglänzenden Geistesgnade" (Chronogr. l. c.).

3. Dogmatische Schriften. — Das berühmteste unter den Werken des hl. Johannes ist die „Quelle der Erkenntniß" (πηγὴ γνώσεως: Migne, P. gr. XCIV, 517—1228). Dieses umfangreiche Werk wird eröffnet durch eine philosophische Einleitung (κεφάλαια φιλοσοφικά, die Aufschriften der einzelnen Theile stammen übrigens wohl nicht von der Hand des Verfassers), gewöhnlich Dialektik genannt, aber hauptsächlich aristotelische Ontologie enthaltend. Folgt als zweiter Theil eine kurze Geschichte der Häresien (περὶ αἱρέσεων), welche indessen bis hinab zu den Kollyribianerinnen (n. 79) sozusagen eine bloße Wiederholung des „Arzneikastens" des hl. Epiphanius (§ 54, 2) darstellt, im weitern Verlaufe andere Vorlagen wiedergibt und wohl nur in ihren Schlußkapiteln (n. 101—103: Mohammedaner, Bilderstürmer, Aposchiten) das volle Eigenthum des Verfassers ist. Den dritten und letzten Theil bildet die orthodoxe Glaubenslehre (ἔκδοσις ἀκριβὴς τῆς ὀρθοδόξου πίστεως). Dieselbe wird in unsern Ausgaben in vier Bücher abgetheilt: das erste handelt von Gott, das zweite von der Schöpfung im allgemeinen, den Engeln und Dämonen, der sichtbaren Natur, dem Paradiese, dem Menschen und allen seinen

Vermögen, der göttlichen Vorsehung; das dritte verbreitet sich sehr ausführlich
über die Lehre von der Menschwerdung, und das vierte, am wenigsten geordnet,
bespricht insbesondere die Verherrlichung des Gottmenschen, die Taufe und die
heilige Eucharistie, die Verehrung der Heiligen und der Reliquien, den Canon
des Alten und des Neuen Testamentes, das Böse in der Welt, die letzten
Dinge. Die Gliederung des dritten Theiles in vier Bücher ist den griechischen
Handschriften fremd und erst im Abendlande üblich geworden, wahrscheinlich
mit Rücksicht auf die Vierzahl der Sentenzenbücher des Petrus Lombardus
(† 1164). In der Anordnung des Stoffes aber hat der hl. Johannes dem
Lombarden als Muster gedient (nicht lange vor Abfassung der Sentenzenbücher
war die „Quelle der Erkenntniß" in einer barbarischen Uebersetzung von Bur-
gunbio von Pisa, † 1194, dem Abendlande bekannt geworden), während
Johannes seinerseits an dem dogmatischen Grundriß Theodorets von Cyrus
(Haer. fab. comp. l. 5; vgl. § 42, 4; 60, 5) ein Vorbild hatte. Die
Bedeutung dieses dritten Theiles aber gründet darin, daß derselbe die Tradition
der griechischen Kirche wiedergibt. Der Verfasser hat, wie er selbst von dem
ganzen Werke mehrere Male versichert (Prol. und Pars I. c. 2: XCIV, 525
und 533), nur das, was die frühern Concilien und die bewährtesten Väter
des Morgenlandes, vor allen Gregor von Nazianz, gelehrt haben, zusammen-
fassend und abschließend wiederholt. Die Entstehung des Werkes, welches an
Bischof Kosmas von Majuma, den Adoptivbruder des Verfassers, gerichtet
ist, wird gegen das Ende des Lebens des hl. Johannes anzusetzen sein. Als
frühere dogmatische Versuche sind zu nennen: ein ausführliches Glaubensbekenntniß (λίβελλος περὶ ὀρθοῦ φρονήματος: XCIV, 1421—1432), auf Ersuchen eines wahrscheinlich bis dahin monotheletisch gesinnten Bischofes mit
Namen Elias von Johannes, als er noch in Damaskus weilte, verfaßt und
von jenem Bischofe als sein Glaubensbekenntniß dem Metropoliten Petrus
von Damaskus überreicht; eine Einleitung in die Dogmatik (εἰσαγωγὴ δογμάτων στοιχειώδης: XCV, 99—112), welche fast alle die Fragen berührt,
die in dem ersten Theile der „Quelle der Erkenntniß" eingehender behandelt
werden; eine Abhandlung über die heilige Dreieinigkeit (περὶ τῆς ἁγίας τριάδος:
XCV, 9—18), in Fragen und Antworten verlaufend und außer der Trinitätslehre auch die wichtigsten Punkte der Christologie erörternd; ein längerer Tractat
über das Trisagion (περὶ τοῦ τρισαγίου ὕμνου: XCV, 21—62), an einen
Archimandriten gerichtet und dem Nachweise gewidmet, daß das Trisagion
(„Heiliger Gott, heiliger Starker, heiliger Unsterblicher, erbarme dich unser")
nicht auf den Sohn allein, sondern auf die ganze Trinität sich beziehe, und
deßhalb der von Petrus Fullo verlangte Zusatz „der du für uns gekreuzigt
worden" unstatthaft sei. Andere Schriften unterliegen hinsichtlich ihrer Echtheit
einigen Bedenken: ein umfangreiches Glaubensbekenntniß, welches nur arabisch
erhalten ist (aus dem Arabischen lateinisch XCV, 417—436); ein Schreiben
über die Beichte (περὶ ἐξομολογήσεως: XCV, 283—304), welches die Frage,
ob man auch Mönchen, welche nicht Priester sind, beichten könne, in bejahendem
Sinne entscheidet; ein Brief und eine Homilie, welche unter dem Titel „Ueber
den Leib und das Blut des Herrn" zusammengefaßt zu werden pflegen (XCV,
401—412), indem sie beide das Verhältniß der heiligen Eucharistie zu dem
natürlichen Leibe Jesu Christi betreffen. Die Schrift über die im Glauben

Entschlafenen (περὶ τῶν ἐν πίστει κεκοιμημένων: XCV, 247—278), laut
welcher man den verstorbenen Gläubigen durch die heilige Messe, durch Gebet,
durch Almosen und sonstige gute Werke zu Hilfe kommen kann, sowie zwei
Fragmente, welche den Gebrauch ungesäuerten Brodes bei der heiligen Messe als
jüdisch und der apostolischen Ueberlieferung widersprechend verwerfen (περὶ τῶν
ἀζύμων: XCV, 387—396), sind wohl mit Sicherheit als unecht zu bezeichnen.

4. **Polemische Schriften.** — Dogmatische Fragen bilden auch den Gegen=
stand der polemischen Schriften des Damasceners. Der Dialog gegen die
Manichäer (κατὰ Μανιχαίων διάλογος: XCIV, 1505—1584) ist eine um=
ständliche Widerlegung des dualistisch=manichäischen Systems in Form eines
Zwiegesprächs zwischen einem Orthodoxen und einem Manichäer, vermuthlich
zunächst gegen die Paulicianer gerichtet, welche seit der zweiten Hälfte des
7. Jahrhunderts im Oriente sich immer weiter ausbreiteten. Wesentlich gleichen
Inhalts, aber viel kleiner an Umfang ist die Disputation des orthodoxen
Johannes mit einem Manichäer (διάλεξις Ἰωάννου ὀρθοδόξου πρὸς Μανιχαῖον:
XCVI, 1319—1336), welche erst 1847 durch Mai herausgegeben wurde.
Die Disputation eines Saracenen und eines Christen (διάλεξις Σαρακηνοῦ καὶ
Χριστιανοῦ) beschränkt sich hauptsächlich auf die Vertheidigung der Incarnation
und die Bekämpfung des Fatalismus. Uebrigens liegt dieselbe in zwei Textes=
recensionen vor (XCIV, 1585—1598 und XCVI, 1335—1348). Die Frag=
mente über Drachen und über Hexen (περὶ δρακόντων, περὶ στρυγγῶν: XCIV,
1599—1604), Ueberbleibsel eines sonst nicht bekannten Werkes, polemisiren
gegen den zur Zeit des Verfassers unter Juden und Saracenen vorkommenden
Hexenglauben. Die Argumente gegen den Nestorianismus und den Mono=
physitismus, wie sie in der „Quelle der Erkenntniß" (Pars III. l. 3) vor=
geführt werden, entwickelt Johannes ausführlicher in den Schriften gegen die
Häreste der Nestorianer (κατὰ τῆς αἱρέσεως τῶν Νεστοριανῶν: XCV, 187—224)
und über die zusammengesetzte Natur (περὶ συνθέτου φύσεως: XCV, 111—126).
Das im Auftrage des schon genannten Metropoliten Petrus verfaßte Werk an
einen unbekannten jakobitischen Bischof (πρὸς τὸν ἐπίσκοπον δῆθεν Ἰουδαραίας [?]
τὸν Ἰακωβίτην: XCIV, 1435—1502) bezweckt auch in erster Linie die Wider=
legung des Monophysitismus; die christologische Frage, das Lieblingsthema
des Verfassers, wird jedoch hier nach allen Seiten hin mit der größten Ein=
läßlichkeit besprochen. Der Bekämpfung des Monotheletismus widmete indessen
Johannes noch ein besonderes Werk, über die zwei Willen in Christus (περὶ
τῶν ἐν τῷ Χριστῷ δύο θελημάτων: XCV, 127—186) betitelt und mit den
Schriften des hl. Maximus Confessor über diesen Gegenstand sich sehr nahe
berührend. Die Palme aber gebührt unter den polemischen Schriften des
Heiligen jedenfalls den drei Apologien der Bilderverehrung (πρὸς τοὺς δια=
βάλλοντας τὰς ἁγίας εἰκόνας: XCIV, 1231—1420). Die erste derselben wird
wohl noch im Jahre 726, in welchem Kaiser Leo der Isaurier das erste Edict
gegen die Bilderverehrung erließ, geschrieben sein, die zweite etwa im Jahre 730
und die dritte noch einige Jahre später. Alle und jede dem Bilde erwiesene
Ehre bezieht Johannes auf den durch das Bild Dargestellten. Er unterscheidet
scharf zwischen der Gott allein gebührenden Anbetung (λατρεία) und der auch
Geschöpfen zukommenden Verehrung (προσκύνησις). Gott an sich kann nicht
abgebildet werden, wohl aber der menschgewordene Gott (οὐ τὴν ἀόρατον

εἰκονίζω θεότητα, ἀλλ' εἰκονίζω θεοῦ τὴν ὁραθεῖσαν σάρκα Or. I, 4: XCIV, 1236). Das mosaische Bilderverbot betraf die Darstellung Gottes an sich und war gegen die Verehrung durch Anbetung (ἡ τῆς λατρείας προσκύνησις) gerichtet. Der pädagogische Werth der Bilder liegt zu Tage; sie vergegenwärtigen die Thatsachen der Erlösung, die Tugenden der Heiligen; sie sind Bücher für den des Lesens Unkundigen, sie vertreten die Stelle der Predigt. Diese Apologien sind von jeher zu dem Besten gezählt worden, was in Sachen der Bilderverehrung geschrieben wurde. Es darf nicht wundernehmen, wenn dem gefeierten Verfasser in den Handschriften mit Unrecht noch andere dogmatisch-polemische Erörterungen der Bilderfrage zugeeignet werden. Zwei derselben hat Le Quien in seine Ausgabe der Werke des Damasceners aufgenommen: eine sehr beachtenswerthe Schutzschrift für die Bilder an Konstantin Kabalinos d. i. Konstantin Kopronymus (XCV, 309—344) und ein erst um 846 verfaßtes Schreiben an Kaiser Theophilus über die Bilderverehrung (XCV, 345—386). Durch die Fortsetzer der Bibliotheca Gallandii ward noch eine um 771 entstandene Streitschrift gegen die Bilderstürmer unter dem Namen des hl. Johannes veröffentlicht (XCVI, 1347—1362).

5. Ascetische Schriften. — Ascetischen Inhalts sind die Abhandlungen von den heiligen Fasten (περὶ τῶν ἁγίων νηστειῶν: XCV, 63—78), hauptsächlich die Dauer der kirchlichen Fastenzeit betreffend, von den acht Geistern der Bosheit (περὶ τῶν ὀκτὼ τῆς πονηρίας πνευμάτων: XCV, 79—86), d. i. von den acht Hauptsünden, mit besonderer Berücksichtigung des Mönchslebens, von den Tugenden und den Lastern (περὶ ἀρετῶν καὶ κακιῶν: XCV, 85—98), sachlich mit der voraufgehenden Abhandlung nahe verwandt, aber an weitere Kreise gerichtet. Mehr ascetischer als dogmatischer Tendenz, wenigstens in seiner ursprünglichen Gestalt, ist auch ein umfassendes Florilegium, welches gewöhnlich den Namen des Damasceners trägt, die heiligen Parallelen (τὰ ἱερὰ παράλληλα), eine Sammlung von Aussprüchen oder Excerpten aus biblischen Schriften, Kirchenvätern und Profanschriftstellern über die verschiedensten Gegenstände der Glaubens- und der Sittenlehre. Dieses Werk existirt handschriftlich in verschiedenen Recensionen, welche im einzelnen stark von einander abweichen; der schon erwähnte Herausgeber Le Quien hat eine Recension vollständig aufgenommen (XCV, 1039—1588; XCVI, 9—442) und aus einer andern Proben mitgetheilt (XCVI, 441—544). Die gemeinsame Grundlage der verschiedenen Recensionen ist jedenfalls viel älter als Johannes von Damaskus. Dieselbe bestand nachweislich aus drei Büchern, von welchen das erste über Gott und die göttlichen Dinge handelte, das zweite über den Menschen und die menschlichen Verhältnisse, das dritte über Tugenden und Laster. Das erste Buch wird handschriftlich einem Presbyter und Mönch Johannes zugeeignet; das zweite Buch, auszugsweise von Mai herausgegeben (LXXXVI, 2, 2017—2100), führt die Aufschrift Λεοντίου πρεσβυτέρου καὶ Ἰωάννου, und unter dem Presbyter Leontius ist vermuthlich Leontius von Byzanz (§ 83, 1) verstanden; das dritte Buch hat sich nicht gesondert erhalten. Später sind diese drei Bücher in ein Buch zusammengezogen, und dieses eine Buch ist mannigfach überarbeitet worden. Ob eine der überlieferten Bearbeitungen auf Johannes von Damaskus zurückgeht oder nicht, läßt sich nach den Untersuchungen von Loofs (1892) nicht mehr entscheiden.

6. Exegetische und historische Schriften. — Als Exeget will Johannes gleichfalls nur die Errungenschaften der Vorzeit der Mitwelt unterbreiten. Er hinterließ einen Commentar zu sämtlichen Briefen des hl. Paulus (XCV, 441—1034), welcher auszüglich die betreffenden Homilien des hl. Chrysostomus wiedergibt, mitunter auch Theodoret von Cyrus und Cyrill von Alexandrien zu Worte kommen läßt. Ein historischer Versuch des hl. Johannes liegt wohl nur in dem zweiten Theile des dogmatischen Hauptwerkes vor. Das Leben Barlaams und Joasaphs (βίος Βαρλαάμ καὶ Ἰωάσαφ: XCVI, 859—1240), in welchem Robinson die Apologie des Aristides wieder auffand (§ 15, 2), ist nicht von Johannes von Damaskus, sondern von einem andern Mönche des Sabasklosters mit Namen Johannes, wahrscheinlich schon in der ersten Hälfte des 7. Jahrhunderts, verfaßt worden. Das berühmte Buch erzählt in lebhafter und bilderreicher Sprache, wie der indische Königssohn Joasaph, allen gegentheiligen Bemühungen des Vaters zum Troß, durch den Eremiten Barlaam zum Christenthume bekehrt wird, sodann den Vater selbst und das ganze Königreich für seinen Glauben zu gewinnen weiß und endlich als frommer Einsiedler sein Leben beschließt. Das Ganze ist ein Roman; Joasaph und Barlaam sind keine historischen Persönlichkeiten; der Kern des Berichtes oder der erzählende Theil ist mit geringen Aenderungen einer indischen Legende über den Stifter des Buddhismus entlehnt (vgl. Prol.: XCVI, 861). Dank seinem ästhetischen Werthe und seinem sittlichen Gehalte ist dieser Triumphgesang auf die Erhabenheit des Christenthums und des Mönchthums eines der beliebtesten Volksbücher des Mittelalters geworden. Aus dem griechischen Texte sind, theils unmittelbar theils mittelbar, zahlreiche prosaische und dichterische Bearbeitungen des Gegenstandes in morgen= wie in abendländischen Sprachen geflossen. Eine andere historische Schrift, die Lebensbeschreibung oder vielmehr Leidensgeschichte des hl. Artemius (XCVI, 1251—1320), größtentheils der Kirchengeschichte des Philostorgius entnommen, wurde (griechisch) 1840 von Mai als Werk des Damasceners herausgegeben, von der spätern Kritik jedoch als unecht verworfen.

7. Homilien. — Von den 13 Homilien, welche unter dem Namen des hl. Johannes überliefert sind, dürfen die drei Reden auf das Entschlafen (εἰς τὴν κοίμησιν) der allerseligsten Jungfrau (XCVI, 699—762) dogmengeschichtliche Bedeutsamkeit beanspruchen. Dieselben sind, wie der Redner selbst zum Schlusse angibt (Hom. III, 5: XCVI, 761), am Feste Mariä Himmelfahrt, alle drei an einem Tage, gehalten worden. Sie bezeugen die leibliche Aufnahme der Gottesmutter in den Himmel als den Inhalt einer altererbten Ueberlieferung und wollen nun das, „was kurz und fast allzu bündig der Sohn vom Vater, wie man zu sagen pflegt, überkommen hat", weiter ausführen und näher begründen (Hom. II, 4: XCVI, 729). Gegen die Echtheit der zwei Homilien auf Mariä Geburt (XCVI, 661—698) sind Bedenken laut geworden, und die zwei Homilien auf Mariä Verkündigung (XCVI, 643—662), von welchen die erstere nur arabisch erhalten ist, sind wohl mit Bestimmtheit in eine spätere Zeit zu verweisen. Ueber die geistlichen Lieder des hl. Johannes ist § 86, 6 gehandelt worden.

8. Literatur. — Die erste und zugleich die letzte Gesamtausgabe der Werke des Damasceners besorgte der Dominikaner Mich. Le Quien, Paris 1712. 2 Bde. 2°.

Ein unveränderter Abdruck erschien 1748 zu Venedig, 2 Bde. 2⁰. Seitdem wurden,
wie bereits bemerkt, noch einige weitere Schriften unter dem Namen des Damasceners ans Licht gezogen: eine zweite Recension der Disputation eines Saracenen
und eines Christen sowie eine unechte Streitschrift gegen die Bilderstürmer durch
*A. Gallandi*, Bibl. vet. Patr. T. XIII. Venetiis 1779. p. 272—276, p. 352—358;
der griechische Text des Lebens Barlaams und Joasaphs durch *I. Fr. Boissonade*,
Anecdota Graeca. Vol. IV. Parisiis 1832. p. 1—365; der griechische Text
der Vita S. Artemii durch *A. Mai*, Spicilegium Romanum. T. IV. p. 340—397;
die Disputation des orthodoxen Johannes mit einem Manichäer durch *Mai*, Nova
Patrum Bibl. IV, 2, p. 104—110. Dem Wiederabdrucke der Ausgabe Le Quiens
bei *Migne*, P. gr. XCIV—XCVI (Paris. 1864) sind die genannten spätern Editionen supplementi vice beigegeben worden. (Das Fragmentum Ioannis Dam. bei
*Chr. Fr. Matthaei*, Gregorii Thessalon. X. orationes. Mosquae 1776. 8⁰.
p. 153—158 ist nichts anderes als die Homilie über den unbefleckten Leib des Herrn
XCV, 405—412.) Ueber die Ausgaben der Gedichte des hl. Johannes s. § 86, 6.
Ueber neue Ausgaben des Abschnittes der Geschichte Barlaams und Joasaphs, welcher
sich als Ueberarbeitung der Apologie des Aristides erwies, s. § 15, 2. *P. Tannery*,
Fragments de Jean Damascène: Revue des études grecques. T. VI. 1893.
p. 85—91. 273—277 veröffentlichte Proben aus einer Sammlung kurzer Notizen
über alte Philosophen, Könige, mythische Personen u. s. f. unter dem Titel Ἰωάννου
τοῦ Δαμασκηνοῦ διδασκαλικαὶ ἑρμηνεῖαι. Der Inhalt dieser Sammlung ist höchst
unbedeutend und die Echtheit derselben höchst zweifelhaft; vgl. K. Krumbacher in
der Byzant. Zeitschr. Bd. II. 1893. S. 637 f. Bd. III. 1894. S. 193. — Eine
deutsche Uebersetzung der „Genauen Darlegung des orthodoxen Glaubens" gab
H. Hayd, Kempten 1880 (Bibl. der Kirchenväter). Ueber die Sacra parallela,
das Verhältniß der einzelnen Recensionen zu einander und die ursprüngliche Gestalt
des Werkes, handelt Fr. Loofs, Studien über die dem Johannes von Damaskus
zugeschriebenen Parallelen. Halle a. S. 1892. 8⁰. Die Geschichte Barlaams und
Joasaphs wurde aus dem Griechischen ins Deutsche übertragen von Fr. Liebrecht,
Münster 1847. 8⁰. Näheres über dieses Buch und seine mannigfaltigen Bearbeitungen bei E. Braunholz, Die erste nichtchristliche Parabel des Barlaam und
Josaphat, ihre Herkunft und Verbreitung. Halle 1884. 8⁰; H. Zotenberg, Notice
sur le livre de Barlaam et Joasaph, accompagnée d'extraits du texte grec
et des versions arabe et éthiopienne. Paris 1886. 4⁰; E. Kuhn, Baarlam
und Joasaph. Eine bibliographisch-litterargeschichtliche Studie. München 1893. 4⁰
(Abhandlungen der k. bayer. Akad. d. Wiss. Cl. I. Bd. XX. Abth. 1). Einen
Ueberblick über die Geschichte des Buches bietet Krumbacher, Gesch. der byzant.
Litt. München 1891. S. 466—470. Ueber die Vita S. Artemii vgl. P. Ba-
tiffol, Fragmente der Kirchengeschichte des Philostorgius: Röm. Quartalschr. f.
christl. Alterthumskunde u. f. Kirchengesch. Bd. III (1889). S. 252—289. — Ueber
Johannes von Damaskus im allgemeinen handeln F. H. J. Grundlehner, Johannes
Damascenus. Academisch Proefschrift. Utrecht 1876. 8⁰. J. Langen,
Johannes von Damaskus. Eine patristische Monographie. Gotha 1879. 8⁰.
*J. H. Lupton*, St. John of Damascus. London 1884. 8⁰. Zur Christologie
des hl. Johannes vgl. J. Bach, Die Dogmengeschichte des Mittelalters vom christo-
logischen Standpunkte. Thl. I. Wien 1873. S. 49—78.

## Zweiter Theil.

# Armenische Schriftsteller.

## § 90. Skizze der altkirchlichen Literatur der Armenier.

1. **Allgemeines.** — Sehr wahrscheinlich haben bereits im 1. Jahrhundert christliche Glaubensboten die Grenzen Kleinasiens nach Osten überschritten und in Westarmenien die frohe Botschaft verkündet. Nachdem diese ersten Keime durch rohe Gewalt erstickt worden waren, gelang es zu Anfang des 4. Jahrhunderts dem hl. Gregor dem Erleuchter und dem durch ihn bekehrten Könige Terdat, das ganze armenische Hochland mit fast blitzartiger Schnelligkeit für den christlichen Glauben zu erobern. Die altarmenische Literatur bekennt sich ausnahmslos zum Christenthume. Die Anfänge derselben reichen in das 4. Jahrhundert zurück. Bald nach der Wende dieses Jahrhunderts ward durch ein glänzendes Doppelgestirn, Isaak den Großen und Mesrop, das goldene Zeitalter begründet. Von Isaak unterstützt, schuf Mesrop (etwa 405 oder 406), mit bester Anpassung an die besondern Lautverhältnisse des Armenischen, welches zu dem indogermanischen Sprachstamme gehört und besonders enge mit den persischen Sprachen verwandt ist, eine eigene armenische Schrift und in und mit ihr die Vorbedingung und Grundlage eines literarischen Aufschwungs. Das erste Buch, welches in dem Gewande der neuen Schrift vor das erstaunte Volk trat, war eine Uebersetzung der Heiligen Schrift, von Isaak und Mesrop im Vereine mit andern gelehrten Männern um 410 nach dem syrischen Texte der Peschittho gefertigt, um 432 nach dem hexaplarischen Texte der Septuaginta und dem griechischen Texte des Neuen Testamentes noch einmal revidirt und endgiltig festgestellt. Diese Bibelübersetzung inaugurirte eine ausgebreitete nationale Literatur, welche hauptsächlich theologische und historische Werke sowie Uebersetzungen griechischer und syrischer Schriften umfaßt. Die Zeit der Blüthe war indessen nicht von langer Dauer. Schon in den Tagen Isaaks d. Gr. verlor Armenien seine politische Selbständigkeit, um sie nie mehr wieder zu gewinnen. Die christenfeindliche persische Herrschaft schlug auch dem kirchlichen Leben tiefe Wunden. Nach Tagen heißer Kämpfe und glorreicher Siege verfällt die armenische Kirche seit Beginn des 7. Jahrhunderts dem monophysitischen Schisma. In eine Periode geistiger Erschlaffung und literarischer Sterilität ist sie bereits mit dem 6. Jahrhundert eingetreten.

Die ersten Bausteine zu einer armenischen Literaturgeschichte sammelte Pl. Su-ias Somal, Titular-Erzbischof und Generalabt der Mechitaristen-Congregation von San Lazzaro bei Venedig (gest. 11. Febr. 1846), in den Schriften Quadro delle opere di vari autori anticamente tradotte in Armeno. Venezia 1825. 8⁰ und Quadro della storia letteraria di Armenia. Venezia 1829. 8⁰. (Uebrigens ist das erstgenannte Quadro anonym erschienen.) Auf diesen Schriften fußt C. Fr. Neumann, Versuch einer Geschichte der armenischen Literatur, nach den Werken der Mechitaristen frei bearbeitet. Leipzig 1836. 8⁰. Vgl. C. Fr. Neumann, Beyträge zur Armenischen Literatur. Erste [und einzige] Liefg. München 1849. 12⁰. Aus neuester Zeit sind namentlich die Schriften Karekins und Sèves zu nennen. P. Karekin, Geschichte der armenischen Literatur. Venedig 1865—1878. 2 Bde. 8⁰; 2. Aufl. 1886 (in neuarmenischer Sprache). *F. Nève,*

L'Arménie chrétienne et sa littérature. Louvain 1886. 8⁰ (nicht eine zusammenhängende Geschichte der armenischen Literatur, sondern eine Reihe von Essays über
Einzelfragen. Der größte und werthvollste Abschnitt der Schrift, p. 46—247, ist
der armenischen Hymnologie gewidmet). Einen gedrängten Ueberblick bietet v. Himpels Artikel „Armenische Sprache, Schrift und Literatur" in Wetzer u. Welte's
Kirchenlexikon. 2. Aufl. Bd. I. 1882. Sp. 1344—1353. Ueber „Mesrop und
seine Schule" handelt P. Vetter bei J. Nirschl, Lehrbuch der Patrologie und
Patristik. Bd. III. 1885. S. 215—262. — Ueber die armenische Bibelübersetzung
s. die Lehrbücher der Einleitung in die Heilige Schrift. — Im 18. Jahrhundert
sind zu Konstantinopel und zu London manche Drucke altarmenischer Schriften erschienen. Im 19. Jahrhundert hat insbesondere die Mechitaristen-Congregation von
San Lazzaro um Herausgabe der alten classischen Werke ihrer Nation sich hervorragende Verdienste erworben.

2. Gregor der Erleuchter und Agathangelus. — Gregor der Erleuchter,
der Apostel und erste Bischof Armeniens, hat sein langes, thatenreiches und
sturmerfülltes Leben etwa um 332 beschlossen. Als literarische Reliquie Gregors
verehren die spätern Armenier eine Sammlung von Reden und Sendschreiben,
23 Stücke umfassend. Nach Vetter sind indessen diese Homilien in der ersten
Hälfte des 5. Jahrhunderts entstanden und wahrscheinlich dem hl. Mesrop
zuzueignen. Eine Geschichte des Lebens und Wirkens des Erleuchters und der
Einführung des Christenthums in Armenien ist unter dem Namen eines
Agathangelus überliefert, und bei den Armeniern hat dieser Agathangelus
stets den Ehrenplatz des ersten Geschichtschreibers der Nation behauptet. Das
Buch liegt armenisch und griechisch vor: armenisch unter dem Titel „Geschichte
des großen Terdat und der Predigt des hl. Gregor des Erleuchters", griechisch
unter dem Titel „Martyrium des hl. Gregor". Der griechische Text trägt
auf jeder Seite den Charakter einer Uebersetzung an der Stirne. Einen dem
hl. Gregor in den Mund gelegten Lehrvortrag, welcher im armenischen Texte
die größere Hälfte des Ganzen ausmacht, hat der griechische Uebersetzer unterdrückt. Der Verfasser nennt sich selbst Agathangelus und will sein Buch im
Auftrage des Königs Terdat geschrieben haben, und nicht auf Grund alter
Sagen, sondern als Augen- und Ohrenzeuge berichten. Es ist jedoch, namentlich
durch v. Gutschmid, nachgewiesen worden, daß das armenische Original erst
aus der Mitte des 5. Jahrhunderts stammt, allerdings aber Stücke zweier
ältern Schriften in sich birgt, einer Biographie Gregors und einer Geschichte
des Martyriums Gregors und der hl. Rhipsime und ihrer Gefährtinnen.
Zuverlässige, geschichtliche Nachrichten sind bei Agathangelus mit legenden-
haften, unglaubwürdigen Zuthaten ausgeschmückt. Agathangelus (ἀγαθάγγελος)
hat sich der unbekannte Verfasser wohl nur deßhalb genannt, weil er die „gute
Botschaft" von der Einführung des Christenthums in Armenien bringt.

Die angebliche Homiliensammlung des Erleuchters ward armenisch 1737 zu
Konstantinopel und 1838 zu Venedig gedruckt. Eine deutsche Uebersetzung veröffent-
lichte J. M. Schmid, Reden und Lehren des hl. Gregorius des Erleuchters,
Patriarch von Armenien. Regensburg 1872. 8⁰. Eine Auswahl bemerkenswerther
Stellen in deutscher Uebersetzung bei Vetter a. a. O. (s. Abs. 1) S. 223—227.
Ueber die Herkunft der Homilien s. Vetter S. 219—222. Nève l. c. (s. Abs. 1)
p. 250 ss. hält an der Echtheit der Homilien fest. — Der armenische Text des
Agathangelus-Buches wurde 1709 und 1824 zu Konstantinopel, 1835 und 1862 zu

Venedig gedruckt. Eine italienische Uebersetzung des armenischen Textes, in welcher jedoch der erwähnte Lehrvortrag Gregors weggelassen ist, erschien zu Venedig 1843. Eine französische Uebersetzung, mit Weglassung der rein erbaulichen Stücke, bei *V. Langlois*, Collection des historiens anciens et modernes de l'Arménie. T. I. Paris 1867. p. 97—193. Der griechische Text des Buches wurde nach einer Florentiner Handschrift herausgegeben von J. Stilting in den Acta SS. Sept. T. VIII. Antverp. 1762. p. 320—402 (ein Abdruck dieser Ausgabe bei Langlois a. a. O.), und wiederum von P. de Lagarde, Agathangelus und die Akten Gregors von Armenien (aus den Abhandlungen der k. Ges. der Wiss. zu Göttingen. Bd. XXXV). Göttingen 1887. 4°. Simeon Metaphrastes (im 10. Jahrhundert) bearbeitete den griechischen Text zu seinen Acta S. Gregorii Armeni, gedruckt bei *Migne*, P. gr. CXV, 943—996, und wiederum bei de Lagarde a. a. O. Der griechische Text bildet auch die Grundlage einer lateinischen Vita S. Gregorii Armeni (etwa aus dem 9. Jahrhundert), gedruckt in den Acta SS. Sept. VIII, 402—413, und wiederum bei *de Lagarde*, Onomastica sacra. Alt. ed. Gott. 1887. p. 1—24. A. v. Gutschmid, Agathangelos: Zeitschr. der Deutschen Morgenländ. Gesellschaft. Bd. XXXI (1877). S. 1—60. *G. Thoumaian*, Agathangelos et la doctrine de l'église arménienne au V° siècle (Thèse). Lausanne 1879. 8°.

3. Isaak d. Gr. und Mesrop. — Isaak (bei den Armeniern „Sahak") mit dem Beinamen des Großen hat etwa 390—440 die Würde eines Katholikus oder Patriarchen Armeniens bekleidet und der jungen Landeskirche in Tagen großer Gefahren und schwerer Bedrängnisse unschätzbare Dienste geleistet. An seiner Umsicht und seinem Eifer scheiterten die Versuche der Perserkönige, den Ormuzd-Dienst in Armenien einzuführen, und ebenso erfolgreich wehrte Isaak dem Eindringen des Nestorianismus und sorgte für Annahme der Beschlüsse des Ephesinums. An seiner Seite und in seinem Sinne ist Mesrop für die Hebung kirchlichen Lebens und für Unterdrückung des Heidenthums und der Häresie unermüdlich thätig gewesen. Er übernahm auch nach Isaaks Tode (440) die Verwaltung des Katholikats bis zur Bestellung eines neuen Katholikus, folgte jedoch schon nach sechs Monaten seinem Freunde in das Grab (441). Die einzigartigen Verdienste der beiden großen Männer um die nationale Geistesbildung, durch Erfindung einer armenischen Schrift und durch Anfertigung oder Veranlassung einer Bibelübersetzung, sind vorhin bereits angedeutet worden (Abs. 1). Auch die Begründung und Ausbildung der armenischen Liturgie ist vorzugsweise das Werk Isaaks und Mesrops gewesen. Beide werden von der armenischen Ueberlieferung als Verfasser von Kirchenliedern bezeichnet; Isaak auch als Verfasser eines Handbuches zur Liturgie. Mesrop scheint außerdem patristische Schriften der Griechen und der Syrer ins Armenische übersetzt zu haben, wenngleich es aus Mangel an genauern Nachrichten nicht möglich ist, aus der reichen Uebersetzungsliteratur des 5. Jahrhunderts Mesrops Eigenthum auszuscheiden. Nach Vetter gehören, wie schon bemerkt (Abs. 2), die unter dem Namen Gregors des Erleuchters auf uns gekommenen Homilien Mesrop an.

Ueber die Schriften des hl. Isaak d. Gr. vgl. Neumann, Versuch einer Geschichte der armen. Literatur (s. Abs. 1) S. 28—30. Moses von Choren hat in seiner Geschichte Großarmeniens (s. Abs. 6) III, 57 drei kurze Briefe Isaaks aufbewahrt: an Kaiser Theodosius den Jüngern, an den Patriarchen Atticus von Konstantinopel und an den Präfecten Anatolius, französisch bei *Langlois*, Collection des historiens anciens et modernes de l'Arménie. T. II. Paris 1869. p. 164—165; deutsch bei M. Lauer, Des Moses von Chorene Geschichte Groß-Armeniens. Regensburg 1869. S. 219—220. — Ueber die apostolische Thätigkeit des hl. Mesrop sind wir eingehend unterrichtet durch eine Biographie von der Hand seines Schülers Koriun, Bischofs in Georgien, in den Jahren 445—451 mit anziehender Wärme und in klassischem Stile geschrieben. Dieselbe ward 1833 zu Venedig herausgegeben und (mit Weglassung der ziemlich umfangreichen Einleitung) ins Deutsche übersetzt von B. Welte, Goriuns Lebensbeschreibung des hl. Mesrop. Tübingen 1841. 4°. Eine zweite, kürzere und jüngere Recension der Biographie ward 1854 zu Venedig gedruckt und ins Französische übersetzt von J. R. Emine bei *Langlois* l. c. II, 1—16.

4. **Eznik.** — Eznik, ein Schüler Mesrops, geboren in dem Dorfe Kolb (Koghb) und wahrscheinlich zu identificiren mit dem auf der Synode zu Aschtischat 449 anwesenden Bischofe Eznik von Bagrevand, hat sich durch seine „Widerlegung der Secten" Anspruch auf einen sehr hervorragenden Platz unter den altarmenischen Kirchenschriftstellern erworben. Das erste der vier Bücher dieses Werkes wendet sich gegen „die Secten der Heiden" (die Lehren von der Ewigkeit der Materie und der substantiellen Wesenheit des Bösen), das zweite gegen „die Religion der Perser" (den sogen. Zervanitismus, eine spätere Gestaltung des Parsismus), das dritte gegen „die griechischen Philosophenschulen" (insbesondere ihre astronomischen Aufstellungen) und das vierte gegen „die Secte Marcions" (namentlich gegen den Anspruch einer besondern Geheimlehre); das Ganze ist „der erste Versuch eines eben aus Barbarei und Uncultur zu christlichem Denken erwachten reichbegabten Volkes, die heidnische Weltanschauung in ihren Hauptsystemen und nach ihren Grundgedanken speculativ zu bekämpfen" (Vetter). Der Verfasser bekundet großen Scharfsinn und reiches Wissen, und sein Stil wird von Kennern als das edelste Muster der klassischen armenischen Sprache gerühmt. Die Homilien, welche Eznik laut alten Gewährsmännern verfaßt hat, scheinen verloren gegangen zu sein. Auch als Uebersetzer biblischer Bücher (vgl. Abs. 1) und vielleicht auch anderer Schriften aus dem Griechischen und dem Syrischen ist Eznik thätig gewesen.

Der armenische Text der „Widerlegung der Secten" ist 1762 zu Smyrna, 1826 und 1863 zu Venedig gedruckt worden. Allen diesen Ausgaben ist als Anhang eine kleine Sentenzensammlung (93 Sprüche) unter Ezniks Namen beigefügt. Eine (recht mangelhafte) französische Uebersetzung der „Widerlegung" und der Sentenzensammlung veröffentlichte *Le Vaillant de Florival*, Réfutation des différentes Sectes etc. Paris 1853. 8°. Zur Kritik dieser Uebersetzung s. *A. de Wickering*, Eznig de Gog'ph: Revue de l'Orient. Nouv. Sér. T. III (1856). p. 207—216. Ein kleiner Theil der „Widerlegung" (Buch II, § 1—11) in neuer französischer Uebersetzung bei *Langlois*, Collection des historiens II, 369—382. Eine deutsche Uebersetzung des ganzen Werkes liegt nicht vor. Einzelne Bruchstücke übersetzten C. Fr. Neumann in der Zeitschrift „Hermes". Bd. XXXIII. Leipzig 1829. S. 201—204 und in der Zeitschr. f. die hist. Theol. Bd. IV. Leipzig 1834. Stück 1. S. 71—78 (Marcion und Mani betreffend); Fr. Windischmann in den Bayerischen Annalen vom 25. Januar 1834. Blatt für Literatur. S. 81—83 (Marcion betreffend); Vetter a. a. O. (s. Abs. 1) S. 234—239 (dogmatische Zeugnisse). *E. Dulaurier*, Cosmogonie des Perses d'après Eznig: Revue de l'Orient. Nouv. Sér. T. V. (1857). p. 253—262. Esoff, Ezniks Lehre von den persischen Magiern. St. Petersburg 1858 (in russ. Sprache). — David der Armenier, in der zweiten Hälfte des 5. Jahrhunderts, Uebersetzer und Erklärer aristotelischer und neuplatonischer Schriften, gehört der Geschichte der Philosophie an. Freilich ist er auch gegen den Nestorianismus aufgetreten. Vgl. etwa über David den Art. v. Himpels in Wetzer und Welte's Kirchenlexikon. 2. Aufl. III, 1411—1413.

5. **Elische.** — Eine größere Anzahl von Schriften ist unter dem Namen des hl. Elische (Elisäus) überliefert. Elische war auch Schüler Mesrops und stand in jungen Jahren in Diensten des armenischen Feldherrn Wardan (sei es nun als Soldat, sei es als Secretär). Die Frage, ob er zu identificiren sei mit dem unter den Theilnehmern des Nationalconcils von Artaschat 449 angeführten „Elische, Bischof der Amatunier", wird meist bejaht. Um 480 hat Elische als Einsiedler sein Leben beschlossen. Die von den Mechitaristen besorgten Ausgaben der Werke Elisches enthalten Commentare über die Bücher Josue und Richter sowie eine Erklärung des Vaterunser, ein schönes Sendschreiben an die armenischen Mönche, Canones über die Behandlung der Besessenen und viele Homilien, hauptsächlich über Ereignisse aus dem Leben des Herrn, endlich eine Geschichte Wardans und des Krieges der Armenier. Gegen die Echtheit bezw. die Integrität einzelner Stücke erheben sich Bedenken. Weitaus den meisten Beifall hat die Darstellung der heldenmüthigen Kämpfe gefunden, welche die Armenier unter Wardan für die Freiheit ihres christlichen Glaubens mit den übermächtigen Persern unter Jezdegerd II. führten (449 bis 451). „Die Geschichte Wardans, auf Augenzeugschaft beruhend, ist in ihrer großartigen, dramatischen Anlage, ihrer ernsten, feierlichen Sprache, voll glühender Begeisterung für Kirche und Vaterland, eines der edelsten Erzeugnisse armenischer Geschichtschreibung" (Vetter).

Gesamtausgaben der Werke Elisches erschienen 1839 und 1859 zu Venedig. Die Geschichte Wardans im besondern ward sehr häufig gedruckt, zuerst 1764 zu Konstantinopel, zuletzt 1879 zu Tiflis. Die Geschichte Wardans ist auch in europäische Sprachen übersetzt worden, ins Englische von C. Fr. Neumann, London 1830. 4⁰ (unvollständig); ins Italienische von G. Cappelletti, Venedig 1840. 8⁰; ins Französische von G. Kabaradji, Paris 1844. 8⁰ (unzuverlässig), und von *Langlois*, Collection des historiens II, 177—251. Ueber eine russische und eine neuarmenische Uebersetzung s. *Langlois* II, 181. Einen anonymen altarmenischen Lebensabriß Elisches veröffentlichten die Mechitaristen in ihrer Bibliothèque choisie de la littérature arménienne. T. XI. Venise 1854. Neuere, hauptsächlich russische Literatur über Elische und seine Geschichte Wardans verzeichnet Vetter a. a. O. S. 262. Jetzt ist beizufügen *Nève* l. c. (s. Abs. 1) p. 299—316. — Ein jüngerer Zeitgenosse Elisches, Lazarus von Pharp, schrieb eine Geschichte Armeniens von 388—485, gedruckt zu Venedig 1793, 1807, 1873, ins Französische übersetzt von S. Ghesarian bei *Langlois* II, 253—368.

6. **Moses von Choren.** — Der gefeiertste unter den altarmenischen Schriftstellern ist Moses von Choren (Chorene) mit dem Beinamen „Vater der Gelehrten". Als seine Hinterlassenschaft gelten drei größere Werke: eine Geschichte Großarmeniens, eine Geographie und eine Rhetorik, und mehrere kleinere Schriften: eine Geschichte der hl. Rhipsime und ihrer Gefährtinnen, ein Briefwechsel mit dem artsrunischen Fürsten Isaak (Sahak), einige Homilien und zahlreiche Kirchenlieder. Die berühmteste dieser Schriften, das große Geschichtswerk, umfaßt in der überlieferten Gestalt drei Theile: „Genealogie von Großarmenien" oder Geschichte Armeniens von der Urzeit an bis zur

Gründung der Arsaciden-Dynastie (149 v. Chr.), „Mittlere Geschichte unserer Vorfahren" oder Geschichte der armenischen Arsaciden bis zum Tode des hl. Gregor des Erleuchters und des Königs Terdat, und „Abschluß der Geschichte unseres Vaterlandes" oder Darstellung der Ereignisse vom Tode Terdats an bis zum Sturze der armenischen Arsaciden (428). Im Mittelalter war noch ein viertes Buch bekannt, welches die Geschichte Armeniens bis auf Kaiser Zeno fortführte. In den auf uns gekommenen Handschriften fehlt dieses Buch. Der hochpathetische Stil des Werkes ist in fast sklavischer Copie der im 5. Jahrhundert gefertigten armenischen Uebersetzung des sogen. Alexanderbuches (Alexanderbiographie des Pseudo-Kallisthenes) nachgebildet. Der Verfasser will Moses von Choren heißen, will dem 5. Jahrhundert angehören und ein Schüler des hl. Mesrop sein und will sein Werk auf Ersuchen des bagratunischen Fürsten Isaak (Sahak), welcher 482 auf dem Schlachtfelde fiel, abgefaßt haben. Dieses Selbstzeugniß muß jedoch aus innern und äußern Gründen als unglaubwürdig abgelehnt werden. Der Verfasser verwickelt sich in den Angaben über seine eigenen Lebensumstände in Widersprüche mit Berichten aus dem 5. Jahrhundert (Koriun, Lazarus von Pharp); er benutzt als Quellen, wie Carrière jüngst nachgewiesen hat, auch Schriften, welche erst im 6. oder 7. Jahrhundert entstanden sind (armenische Uebersetzungen der Vita S. Silvestri und der Kirchengeschichte des Sokrates); sichere Spuren seines Werkes lassen sich in der armenischen Literatur erst vom 9. Jahrhundert an aufzeigen. Sind sonach die Aussagen des Verfassers über sich selbst als unwahr zu bezeichnen, so darf gleichwohl die historische Persönlichkeit des von der armenischen Kirche unter den Vätern des 5. Jahrhunderts verehrten Moses von Choren nicht geläugnet werden. Lazarus von Pharp bezeugt, daß im 5. Jahrhundert in Armenien ein Bischof Namens Moses lebte, welcher auch als Schriftsteller hervorragte. Der dem 7. oder 8. Jahrhundert zuzuweisende Verfasser hat aus irgend welchen Rücksichten den Namen und die Maske des historischen Moses von Choren angenommen. Er trägt unverhüllt die Absicht zur Schau, den Ruhm des bagratunischen Fürstenhauses zu verkünden. Seit dem 7. Jahrhundert überstrahlte der Glanz dieses Hauses mehr und mehr alle andern armenischen Adelsgeschlechter, und 885 wurde der Bagratunide Aschot I. vom Kalifen als König von Armenien anerkannt. Das Königsthum der Bagratuniden vorzubereiten, mag nach Vetters Vermuthung der geheime Zweck des pseudonymen Verfassers gewesen sein. Trotz alledem ist seine Geschichtserzählung im großen und ganzen, wie es scheint, als glaubwürdig zu betrachten. Er hat seine reichen Quellenauszüge wohl willkürlich überarbeitet und mit seinen eigenen Ideen durchsetzt, aber nicht, wie öfters behauptet oder vermuthet wurde, völlig erdichtet. Die Geschichte der Vorzeit Armeniens jedoch, bis in das 2. oder 3. christliche Jahrhundert hinein, hat er selbst auf Grund der im Munde des Volkes fortlebenden Sagen und Lieder zusammengestellt, und in der Aufbewahrung dieser Volkssagen gründet der eigenthümliche Reiz und Werth des Buches. Mit der Unechtheit der Geschichte Großarmeniens ist sofort auch die Unechtheit der Geographie und der Rhetorik dargethan. Daß diese drei Werke von einer und derselben Hand herrühren, wird nicht nur durch die Handschriften bezeugt, welche jedesmal Moses von Choren als Verfasser nennen, sondern auch durch innere Gründe bestätigt.

Die Geographie iſt nach Ausſage des Verfaſſers ſelbſt ein Auszug aus der Univerſal=Erdbeſchreibung (χωρογραφία οἰκουμενική) des Alexandriners Pappus im 4. chriſtlichen Jahrhundert. Die Rhetorik, in den Handſchriften „Die Chrie" betitelt, iſt gleichfalls nach griechiſchen Vorlagen (Aphthonius, Theon) ge=arbeitet. Die Herkunft der vorhin angeführten kleinern Schriften bedarf noch näherer Unterſuchung. Der Briefwechſel mit dem Fürſten Iſaak, den Ur=ſprung eines marianiſchen Gnadenbildes betreffend, kann, wie Vetter gezeigt hat, erſt etwa um das Jahr 1000 entſtanden ſein.

Geſamtausgaben der Werke des Choreners erſchienen 1843 und 1865 zu Venedig. Die Geſchichte Großarmeniens hat mehr Ausgaben und Ueberſetzungen erlebt als irgend ein anderes Werk der armeniſchen Literatur. Die erſte Ausgabe erſchien 1695 zu Amſterdam, die letzte 1881 zu Venedig. Eine kritiſche Geſchichte der Ausgaben bei A. Baumgartner in der Zeitſchr. der Deutſchen Morgenländ. Geſellſch. Bd. XL (1886). S. 482—489. Eine neue franzöſiſche Ueberſetzung bei *Langlois*, Collection des historiens II, 45—175; eine deutſche von M. Lauer, Regens=burg 1869. 8⁰. Ueber die ältern Ueberſetzungen berichtet *Langlois* l. c. II, 51—52. Ueber die (formellen) Beziehungen zwiſchen der Geſchichte Großarmeniens und dem Alexanderbuche vgl. J. Gildemeiſter, Pſeudokalliſthenes bei Moſes von Khoren: Zeitſchr. der Deutſchen Morgenländ. Geſellſch. Bd. XL (1886). S. 88—91. Wei=teres bei J. W. Daſchian, Unterſuchungen über die Alexanderbiographie des Pſeudokalliſthenes. Wien 1892. 8⁰ (in neuarmeniſcher Sprache). Zur Kritik des Geſchichtswerkes ſ. A. v. Gutſchmid, Ueber die Glaubwürdigkeit der Armeniſchen Geſchichte des Moſes von Khoren: Berichte über die Verhandlungen der k. ſächſ. Geſ. der Wiſſ. Philol.=hiſt. Claſſe. Bd. XXVIII (1876). S. 1—43. *A. Carrière*, Moïse de Khoren et les généalogies patriarcales. Paris 1891. 12⁰. *A. Car-rière*, Nouvelles sources de Moïse de Khoren. Études critiques. Vienne 1893. 8⁰. *A. Carrière*, Nouvelles sources de Moïse de Khoren. Supplément. Vienne 1894. 8⁰. Ueber die altarmeniſchen Sagen und Lieder, welche Moſes zu einer ſyſtematiſchen Geſchichte Armeniens verarbeitete, handelt Vetter, Die natio=nalen Geſänge der alten Armenier: Theol. Quartalſchr. Bd. LXXVI (1894). S. 48—76. Ausgaben und Ueberſetzungen der Geographie verzeichnet Vetter in Wetzer und Welte's Kirchenlexikon. 2. Aufl. VIII, 1961. Nachzutragen eine von K. P. Patkanov beſorgte Ausgabe nebſt ruſſiſcher Ueberſetzung und Bear=beitung, St. Petersburg 1877. 8⁰. Ueber die Rhetorik handelt A. Baumgartner, Ueber das Buch „die Chrie": Zeitſchr. der Deutſchen Morgenländ. Geſ. Bd. XL (1886). S. 457—515. Ueber den Briefwechſel mit Iſaak ſ. Vetter bei Nirſchl III, 244—246. Ueber Moſes von Choren im allgemeinen handeln v. Gutſchmid in der Encyclopaedia Britannica. Ed. 9. XVI, 861—863; Vetter in dem genannten Kirchenlexikon VIII, 1955—1963.

---

# Dritter Theil.

# Lateiniſche Schriftſteller.

## § 91. Allgemeine Ueberſicht.

1. Die Erſchlaffung der literariſchen Production. — Jener Niedergang wiſſenſchaftlichen Strebens, welcher dem griechiſchen Oriente in dieſem Zeit=raume ſein Gepräge gab (ſ. § 80, 1), macht ſich auch im Occidente fühlbar.

Die Schaffenskraft und Schaffensfreude ist erlahmt. Die literarischen Bestrebungen concentriren sich dahin, die Errungenschaften früherer Jahrhunderte
in den Dienst der Gegenwart zu stellen und praktisch zu verwerthen. Die
römische Cultur erliegt jetzt vollends dem Ansturme der Barbaren, und die
Barbarei mit ihren Schrecken scheint sich wie eine dunkle Wolke über das
ganze Abendland niederzusenken. Doch erweisen sich diese nordischen Horden
für den Einfluß geistiger Mächte nicht unempfänglich, und nach und nach beginnen sie mit freudigem Danke die Kirche als ihre Lehrmeisterin und Er-
zieherin zu verehren. Die Berührung mit den germanischen Nationen hat
auch der kirchlichen Wissenschaft neue Ziele gesetzt und die literarische Thätigkeit bis zu einem gewissen Grade wieder in Fluß gebracht (vgl. Abs. 2).
Eine so vollständige Abspannung und Erschöpfung, wie sie sich seit dem
5. Jahrhundert über den Orient lagert, ist dem Occidente fremd geblieben.
Die lateinische Theologie hat immerhin noch große Namen aufzuweisen, während
die griechische ihre Lebenskraft bereits verbraucht hat. Um die Wende des
5. Jahrhunderts zeigt sich insbesondere in Gallien ein reges literarisches Leben.
Im 6. Jahrhundert sind Nordafrika, Italien und Spanien die Länder, in
welchen die kirchliche Literatur erfreuliche Blüthen treibt.

2. Die Ziele und Aufgaben der lateinischen Theologie. — Im Vordergrunde der dogmatischen und polemischen Verhandlungen steht zunächst die
Frage nach dem Verhältnisse der Willensfreiheit zur Gnade. Die Anthropologie und die Gnadenlehre hatte ja von jeher den Mittelpunkt der lateinischen
Theologie gebildet, während die Erörterung der großen christologischen Probleme
vorwiegend den Griechen zufiel (vgl. § 66, 1). Der Pelagianismus ist überwunden; der Semipelagianismus aber findet namentlich in seiner Heimat, in
Südgallien, immer noch hervorragende Vertreter, bis er auf Betreiben des
hl. Cäsarius von Arles von der zweiten Synode zu Orange im Jahre 529
endgiltig verurtheilt wurde. Aber auch die angedeuteten christologischen Probleme haben fast in allen Theilen des Abendlandes während dieses Zeitraumes
eine reiche und lebhafte Behandlung erfahren. Der Grund lag hauptsächlich
darin, daß die verschiedenen germanischen Stämme, welche nach Süden und
nach Westen vordrangen, das Christenthum in der Form des Arianismus angenommen hatten. Diese Stämme in die Arme der katholischen Mutterkirche
zurückzuführen, war die Aufgabe, welcher auserlesene Werkzeuge der Vorsehung
ihr Wort und ihre Feder oder auch ihr ganzes Leben widmeten. An der
Bekehrung der Westgoten in Südgallien arbeitete Faustus von Reji. Als
Apostel der Burgunder wirkte Avitus von Vienne. In Afrika waren Vigilius
von Tapsus, Fulgentius von Ruspe und andere als Bekämpfer des Arianismus
thätig. Doch brach sich der Erfolg ihrer Bemühungen an dem Schwerte der
rohen Vandalenfürsten. Martin von Bracara gab den Hauptanstoß zur Bekehrung der Sueven in Spanien, und Leander von Sevilla bahnte den Uebertritt der spanischen Westgoten zum Katholicismus an. Auch für kommende
Zeiten hat die abendländische Wissenschaft dieser Periode in ausgedehntem Maße
Sorge getragen. Boethius und Cassiodor sind sozusagen unablässig damit
beschäftigt, das, was ihre Zeit an klassischer Bildung noch besaß, vor den
Wogen der Völkerwanderung zu bergen und dem aufsteigenden Mittelalter zu
retten. In ähnlicher Weise haben namentlich auch die Schriften Isidors von

Sevilla, des größten Polyhistors seiner Zeit, dazu gedient, der germanischen
Welt die Schätze römischen Wissens zu vermitteln und den Aufbau eines neuen
Bildungslebens zu ermöglichen.

3. Die Bearbeitung der einzelnen Zweige der theologischen Literatur. —
Zu apologetischen Erörterungen war nicht viel Anlaß geboten. Salvianus
von Marseille vertheidigte den erschütterten Glauben an eine göttliche Welt=
regierung. Ein werthvolles Compendium der gesamten Dogmatik schrieb
Fulgentius von Ruspe, wohl der bedeutendste Dogmatiker des 6. Jahrhunderts,
Bekämpfer des Arianismus und Vertheidiger der augustinischen Gnadenlehre.
Die überwiegende Mehrzahl der dogmatischen Leistungen dient den Zwecken
der Polemik. Für den Semipelagianismus trat namentlich Faustus von Reji
ein, im Kampfe gegen den Prädestinatianismus des Presbyters Lucidus. Semi=
pelagianischen Anschauungen huldigten auch Arnobius der Jüngere, der un=
bekannte Verfasser des Praedestinatus, gleichfalls Bekämpfer des Prädesti=
natianismus, Gennadius von Marseille u. a. An der Spitze der Gegner
des Semipelagianismus steht, wie schon angedeutet, Fulgentius von Ruspe.
Gegen die von Faustus von Reji verfochtene These von der Körperlichkeit der
Seele erhob sich Claudianus Mamertus. Streitschriften gegen Arianismus,
Macedonianismus, Nestorianismus, Eutychianismus veröffentlichten u. a.
Faustus von Reji, Gennadius von Marseille, Avitus von Vienne in Gallien,
Vigilius von Tapsus und Fulgentius von Ruspe in Afrika, Papst Gelasius
und Boethius in Italien, Leander von Sevilla in Spanien. Das erste Edict
des Kaisers Justinian gegen die drei Kapitel gab im Abendlande, insbesondere
in Italien und Afrika, zu weit langwierigern und erregtern Verhandlungen
Anstoß als im Morgenlande. In Afrika betheiligten sich an diesen Streitig=
keiten Fulgentius Ferrandus, Facundus von Hermiane, Verecundus von Junca,
Liberatus von Karthago und andere; in Italien der römische Archidiakon und
spätere Papst Pelagius, Diakon Rusticus und andere. In der exegetischen
Literatur gelangt die allegorisch=mystische Deutung mehr und mehr zur Allein=
herrschaft. Arnobius der Jüngere commentirte die Psalmen, Primasius von
Hadrumetum die Apokalypse, Cassiodor die Psalmen und mehrere neutestament=
liche Schriften, Justus von Urgel das Hohe Lied, Papst Gregor d. Gr. das
Buch Job. Junilius lieferte eine vom Geiste Theodors von Mopsuestia durch=
wehte Einleitung in die Heilige Schrift. Cassiodor weist in seiner Methodo=
logie des theologischen Studiums der Bibelwissenschaft eine centrale Stellung
zu. Die exegetischen Arbeiten Victors von Capua sind verloren gegangen.
Dagegen besitzen wir noch mannigfache Abhandlungen Isidors von Sevilla
zur biblischen Geschichte, zur biblischen Archäologie, zur biblischen Hermeneutik.
Auf dem Felde der Geschichtswissenschaft tritt eine Reihe von Chronisten
auf, von denen ein jeder seinen Vorgänger bis auf die eigene Zeit fortsetzt,
während sie sich im übrigen gegenseitig ausschreiben, Hydatius, Marcellinus
Comes, Cassiodor, Victor von Tunnuna, Johannes von Biclaro, Marius
von Avenches. Cassiodor gab in der Historia tripartita dem Mittelalter
ein kirchengeschichtliches Handbuch. Wichtige Specialgeschichten hinterließen
Cassiodor für die Goten (nur auszugsweise erhalten) und Gregor von Tours
für die Franken. Die Geschichte bezw. Chronik der spanischen Westgoten von
Isidor von Sevilla ist von geringerer Bedeutung. Für die Geschichte Deutsch=

lands besitzt die unscheinbare Vita S. Severini des Abtes Eugippius hervorragenden Werth. Victor von Vita schrieb eine Geschichte der Verfolgungen
der Katholiken Afrikas durch die arianischen Vandalen. Beiträge zur Geschichte
der Häresien gaben der Verfasser des Praedestinatus und Liberatus von Karthago. Um die theologische Literaturgeschichte haben Gennadius von Marseille
und Isidor von Sevilla sich verdient gemacht. Als Verfasser von Heiligenleben sind Gregor von Tours und Venantius Fortunatus zu nennen. Dionysius
Exiguus förderte die kirchliche Chronologie. Die praktische Theologie
vertreten namentlich Salvianus von Marseille, Julianus Pomerius, Martin
von Bracara, Gregor der Große. Die Palme gebührt Gregors Regula
pastoralis, einem systematischen Lehrbuche der Pastoral, voll tiefer Menschen-
kenntniß und trefflicher Winke. Auch Gregors Dialogi, Wundergeschichten aus
dem Leben heiliger Männer zu erbaulicher Unterhaltungslectüre, ernteten außerordentlichen Beifall. Als Sammler kirchlicher Rechtssätze hat insbesondere
Dionysius Exiguus bleibenden Erfolg errungen (Dionysiana). Er reiht die
einzelnen Sätze, und zwar nicht bloß Synodalcanones, sondern auch päpstliche
Decretalen, in ihrer historischen Folge an einander an. Seine jüngern Zeitgenossen, die Afrikaner Fulgentius Ferrandus und Cresconius und der Spanier
Martin von Bracara, streben eine systematische Bearbeitung und Ausgestaltung
des überlieferten Rechtsstoffes an. Ordensregeln verfaßten Benedikt von Nursia,
Cäsarius von Arles, Aurelianus von Arles, Leander von Sevilla, Isidor von
Sevilla. Während die übrigen mehr oder weniger schnell der Vergessenheit
anheimfielen, fand die Regel des hl. Benedikt eine solche Anerkennung und
Verbreitung, daß ihr Verfasser als der Patriarch aller Mönche des Abendlandes gefeiert wird. Liturgische Schriften hinterließ Gregor von Tours. Als
Homileten sind vor allem Faustus von Reji und Cäsarius von Arles hervorzuheben. Cäsarius ist als der größte Volksprediger der altlateinischen Kirche
bezeichnet worden. Hervorragende Dichter sind Apollinaris Sidonius, Ennodius von Pavia, Venantius Fortunatus. Freilich können wenigstens die
beiden erstern kaum noch als kirchliche Dichter gelten. Epische Gedichte hinterließen Paulinus von Pella und Paulinus von Petricordia. Arator brachte
die Apostelgeschichte in Verse. Größere Bedeutung beanspruchen die lyrisch-
didaktischen Gesänge des Afrikaners Dracontius und das umfangreiche episch-
didaktische Werk des hl. Avitus von Vienne. Venantius Fortunatus hat in
einzelnen Hymnen sich selbst übertroffen.

## § 92. Faustus von Reji.

1. **Leben.** — Faustus von Reji, nach Johannes Cassianus (§ 78, 1)
der bedeutendste unter den ältern Vertretern des Semipelagianismus, ward
zu Anfang des 5. Jahrhunderts in Britannien geboren. Noch jung an Jahren
wurde er Mönch in dem berühmten Kloster auf Lerinum (§ 78, 2), und als
der dortige Abt Maximus 433 den bischöflichen Stuhl von Reji, jetzt Riez,
in der Provence bestieg, ward Faustus zu seinem Nachfolger als Abt erkoren.
Um 452 folgte Faustus seinem Vorgänger in der Würde des Abtes auch als
Bischof von Reji. In diese spätere Lebensperiode fällt hauptsächlich seine
schriftstellerische Thätigkeit. Als Bekämpfer des Arianismus in Wort und

Schrift ward Fauſtus um 477 durch den arianiſchen Weſtgotenkönig Eurich in die Verbannung geſchickt und durfte erſt nach Eurichs Tode 485 in ſeine Diöceſe zurückkehren. In Gennadius' Schrift De vir. ill. (c. 85), welche gegen Ende des 5. Jahrhunderts verfaßt wurde, wird Fauſtus als noch unter den Lebenden befindlich geſchildert (viva voce egregius doctor et creditur et probatur). Unſtreitig war Fauſtus einer der angeſehenſten und einflußreichſten Biſchöfe des ſüdlichen Galliens in der zweiten Hälfte des 5. Jahrhunderts. Vom Glanze perſönlicher Heiligkeit umfloſſen, ward er von Geiſtlichen und Laien, Mönchen und Biſchöfen in den die Zeit bewegenden Streitfragen wie ein Orakel der theologiſchen Gelehrſamkeit um Rath angegangen. Seine anthropologiſchen Lehrſätze jedoch wurden ſchon von Zeitgenoſſen und noch mehr von Theologen der nächſtfolgenden Generation auf das lebhafteſte bekämpft.

2. Schriften. — Die Reihe der Schriften des Biſchofs von Reji eröffnet Gennadius (a. a. O.) mit einem Buche (liber) De Spiritu sancto, in quo ostendit eum iuxta fidem patrum et consubstantialem et coaeternalem esse Patri et Filio ac plenitudinem Trinitatis obtinentem. Dieſe Schrift iſt noch erhalten, wird aber in faſt allen Handſchriften irrthümlich dem römiſchen Diakon Paſchaſius (um 500) zugeeignet, welcher auch eine Schrift De Spiritu sancto hinterließ, die jedoch verloren ging. Alle frühern Drucke geben die Schrift noch unter Paſchaſius' Namen (ſo auch *Migne*, P. lat. LXII, 9—40); erſt Engelbrecht (1891) hat dieſelbe Fauſtus' Werken eingereiht. Inhaltlich verwandt war die von Gennadius an dritter Stelle erwähnte Schrift: Adversus Arianos et Macedonianos parvus libellus, in quo coessentialem praedicat Trinitatem. Die Identität dieſer Schrift iſt jedoch beſtritten. Nach einigen liegt ſie in dem anonymen Breviarium fidei adversus Arianos (*Migne*, P. lat. XIII, 653—672) vor; nach andern in dem von Sichard (1528) unter Fauſtus' Namen herausgegebenen Tractate De ratione fidei (fehlt bei Migne); nach andern in dem erſt von Pitra (1888) unter dem Namen Auguſtins edirten Liber testimoniorum fidei (§ 76, 6). Dieſe drei Schriften ſtimmen an manchen Stellen wörtlich mit einander überein; ſie ſcheinen entweder ſämtlich oder zum Theil ſpätere Ueberarbeitungen eines und desſelben ältern Textes darzuſtellen. An zweiter Stelle nennt Gennadius ein opus egregium de gratia Dei qua salvamur... Es iſt die gegen den Prädeſtinatianismus des galliſchen Presbyters Lucidus gerichtete Schrift De gratia libri duo (*Migne*, P. lat. LVIII, 783—836). Die Lehren des genannten Presbyters von dem gänzlichen Untergange der menſchlichen Freiheit nach dem Sündenfalle, von der Particularität der Erlöſungsgnade, von der Vorherbeſtimmung zur Verdammniß u. ſ. w. wurden auf den Synoden zu Arles um 473 und zu Lyon um 474 verworfen, und der Wunſch der verſammelten Väter, insbeſondere des Erzbiſchofs Leontius von Arles, nach einer wiſſenſchaftlichen Widerlegung dieſer Lehren gab den Anlaß zur Abfaſſung der Schrift De gratia. Fauſtus bekämpft hier wie anderwärts den Pelagianismus nicht weniger entſchieden als den Prädeſtinatianismus und bekennt ſich im weſentlichen zu dem von Johannes Caſſianus vertretenen Semipelagianismus. Er läugnet mit Nachdruck die Nothwendigkeit der vorangehenden Gnade im Sinne Auguſtins (zwar redet er ſelbſt in dem vor der fraglichen Schrift ver-

faßten Briefe an Lucibus, *Migne* l. c. LIII, 683, von einer gratia prae-
cedens, versteht aber unter diesem Ausdrucke lediglich die äußere Gnade der
Offenbarung) und wendet sich mit einer gewissen Entrüstung gegen die An=
nahme einer gratia specialis und personalis im Sinne der augustinischen
Prädestination.  Schon bald wurde gegen die Ausführungen der Schrift De
gratia von vielen Seiten entschiedener Widerspruch erhoben (s. § 83, 2).  Die
bei Gennadius folgende kleine Schrift (libellus) Adversus eos qui dicunt
esse in creaturis aliquid incorporeum ist jedenfalls in einem Briefe wieder=
zuerkennen, dessen Adressat von Faustus reverendissime sacerdotum angeredet wird, im übrigen aber unbekannt ist (*Migne* l. c. LVIII, 837—845).
In dem letzten Theile dieses Briefes verficht Faustus eine gewisse Körperlichkeit
der menschlichen Seele sowohl wie auch der Engel als unabweisliche Consequenz
ihrer Räumlichkeit.  Gegen diese These wendete sich alsbald Claudianus_Ma-
mertus mit einer Schrift De statu animae.  Gennadius macht noch zwei
andere Briefe des Faustus namhaft: ein dogmatisch=polemisches Schreiben an
den nestorianisch gesinnten Diacon Grâcus (vor 452 zu Lerinum verfaßt) und
einen paränetisch=ascetischen Brief an den Präfectus Prätorii und Patricier
Felix (im Exile vor 485 geschrieben).  Im ganzen sind zehn Briefe von Faustus
auf uns gekommen; fünf derselben sind an Bischof Ruricius von Limoges
gerichtet.  Andere Schriften (scripta) des Faustus wollte Gennadius nicht
nennen, weil er sie noch nicht gelesen.  Aller Wahrscheinlichkeit nach schweben
ihm kleinere Schriften vor Augen, insbesondere Briefe und Predigten.  Es
steht fest, daß Faustus viele Predigten veröffentlicht hat; dieselben sind aber
größtentheils entweder anonym oder unter fremden Namen überliefert worden,
und die Ermittlung und Feststellung der faustinischen Predigten ist um so
schwieriger, als jüngere Zeitgenossen oder Schüler, insbesondere Cäsarius von
Arles, wiederholt Reden des Meisters ausgezogen oder umgearbeitet oder auch
vollständig in ihre eigenen Reden aufgenommen haben.  Engelbrecht hat
die früher schon einmal (§ 43, 2) erwähnten pseudo=eusebianischen Homiliae 56
ad populum et monachos und ebenso eine (in einer Durlacher, jetzt Karls=
ruher Handschrift erhaltene) Sammlung von 22 Homilien in Bausch und
Bogen für Faustus in Anspruch genommen.  Dieses Verfahren ist indessen
mit Recht beanstandet worden.  Beide Sammlungen enthalten auch nicht=
faustinische Predigten, insbesondere Predigten des hl. Cäsarius. — Die Schreib=
weise des Faustus hat wohl Kraft und Leben, entbehrt aber sehr der Natürlichkeit
und Anmuth.  Seine Darstellung ist auf Effect berechnet und strebt rhyth=
mischen Tact an, und der Weitschweifigkeit und Ueberladenheit des Ausdrucks
fällt die Klarheit des Gedankens zum Opfer.  Eine eigenthümliche Freude findet
Faustus daran, sich selbst auszuschreiben und gewisse Wörter, Phrasen und
Sentenzen stets von neuem zu wiederholen.

3. Literatur.  Paschasius.  Lucibus.  Paulinus von Burdigala. — Eine Ge=
samtausgabe der Werke des Bischofs von Reji unternahm erst A. Engelbrecht:
Fausti Reiensis praeter sermones pseudo-Eusebianos opera.  Accedunt Ruricii epistulae.  Rec. *A. E.* Vindob. 1891 (Corpus script. eccles. lat. Vol. XXI).
Außer den pseudo=eusebianischen Homilien fehlen indessen in dieser Ausgabe nicht
bloß mehrere Schriften, welche von andern als faustinisch bezeichnet werden (Breviarium fidei adversus Arianos, Liber testimoniorum fidei, Conflictus Arnobii

et Serapionis, De septem ordinibus ecclesiae), ſondern auch der von Caſpari
ans Licht gezogene, von Engelbrecht ſelbſt als fauſtiniſch vertheidigte Tractatus
de symbolo. Gleichſam als Prolegomena hatte Engelbrecht ſeiner Ausgabe vorauf=
geſchickt: Studien über die Schriften des Biſchofes von Reii Fauſtus. Ein Beitrag
zur ſpätlateiniſchen Literaturgeſchichte. Wien 1889. 8⁰; Kritiſche Unterſuchungen
über wirkliche und angebliche Schriften des Fauſtus Reienſis: Zeitſchr. f. die öſter=
reich. Gymnaſien. Bd. XLI (1890). S. 289—301. Als Epilegomena ließ Engel=
brecht ſeiner Ausgabe folgen: Patriſtiſche Analecten. Wien 1892. 8⁰. Vgl. C. Wey=
mans Beſprechung dieſer Schrift in den Blättern f. das Bayer. Gymnaſialſchul=
weſen. Bd. XXIX (1893). S. 524—528. *Migne,* P. lat. LVIII, gab unter des
Fauſtus Namen die Schrift De gratia (783—836), 19 Briefe (835—870; der
Brief ad Lucidum presbyterum LIII, 681—683) und 8 sermones (869—890).
— Was die einzelnen Werke angeht, ſo ward die Schrift De Spiritu sancto nament=
lich durch C. P. Caſpari (Ungedruckte u. ſ. w. Quellen zur Geſch. des Tauf=
ſymbols und der Glaubensregel. II. Chriſtiania 1869. S. 214—224) als Eigen=
thum des Biſchofs von Reji erwieſen. Einige Nachträge bei Caſpari, Alte und
neue Quellen u. ſ. w. Chriſtiania 1879. S. 250 Anm. 3. Eine neue Unterſuchung
mit demſelben Ergebniſſe bei Engelbrecht, Studien über die Schriften des Bi=
ſchofes von Reii Fauſtus. 1889. S. 28—46. Von dem römiſchen Diakon Paſcha=
ſius, unter deſſen Namen die Schrift früher ging, erübrigt noch ein Brief (*Migne,*
P. lat. LXII, 39—40). Für die Identität der Schrift Adversus Arianos et
Macedonianos mit dem Breviarium fidei erklärte ſich S. Bäumer, Ueber drei
verloren geglaubte Schriften des Fauſtus von Riez: Der Katholik. 1887. Bd. II.
S. 386—406; für die Identität mit dem Liber testimoniorum fidei (§ 76, 16)
*F. Cabrol,* Le „liber testimoniorum" de St. Augustin et deux traités in=
édits de Fauste de Riez: Revue des questions historiques. T. XLVII (1890).
p. 232—243. Beide Annahmen bekämpft Engelbrecht, Kritiſche Unterſuchungen
u. ſ. w. S. 289 ff. Er findet die Schrift in dem Tractate De ratione fidei
wieder (in ſeiner Ausgabe p. 451—459). Ueber die Ueberlieferung der zwei Bücher
De gratia handelt Engelbrecht, Studien u. ſ. w. S. 5—27. Unter den zwölf
Briefen in Engelbrechts Ausgabe (p. 159—220) finden ſich zwei an Fauſtus ge=
richtete Schreiben, eines (p. 165—168) von dem erwähnten Presbyter Lucidus und
eines (p. 181—183) von einem gewiſſen Paulinus von Burdigala (Bordeaux),
vielleicht jenem Paulinus, welcher nach Gennabius (De vir. ill. c. 68) verſchiedene
Tractate oder Predigten hinterlaſſen hat (tractatus de initio quadragesimae, de
die dominico paschae, de obedientia, de poenitentia, de neophytis). Eine
neue Textesrecenſion des Briefes des Fauſtus ad reverendissimum sacerdotum
hatte Engelbrecht ſchon in ſeiner Ausgabe der Schriften des Claudianus Mamertus
(Wien 1885) mitgetheilt (p. 3—17); vgl. Abſ. 5. Eine Ausgabe ſämtlicher Briefe
des Fauſtus und des Ruricius von Br. Kruſch iſt der Ausgabe der Werke des
Apollinaris Sidonius von Chr. Lütjohann beigefügt: Monum. Germ. hist. Auct.
antiquiss. T. VIII. Berol. 1887. p. 265 sqq.; vgl. § 93, 2. Zur Kritik dieſer
Ausgabe ſ. Engelbrecht, Beiträge zur Kritik und Erklärung der Briefe des
Apollinaris Sidonius, Fauſtus und Ruricius: Zeitſchr. f. die öſterreich. Gymnaſien.
Bd. XLI (1890). S. 481—497. 677—699. Predigten finden ſich in der Aus=
gabe Engelbrechts 31: Sermones codice Durlacensi servati (1—22), Sermones varii (23—31). Zwei der pſeudo=euſebianiſchen Homilien (Nr. 9 u. 10),
welche beide über das Symbolum handeln und mit voller Sicherheit Fauſtus zuzu=
erkennen ſind, wurden von neuem herausgegeben durch Caſpari in den Ungedruckten
u. ſ. w. Quellen zur Geſch. des Tauſſymbols und der Glaubensregel. II. Chriſtiania
1869. S. 183—213, und wiederum in den Kirchenhiſtoriſchen Anecdota. I. Chriſtiania
1883. S. 315—341. In den Alten und neuen Quellen u. ſ. w. Chriſtiania

1879. S. 250—281 veröffentlichte Caspari zum ersten Male einen anonymen
Tractatus de symbolo, welcher nicht mit dem Herausgeber als ein Auszug aus
faustinischen Homilien, sondern mit Engelbrecht als Homilie des Faustus selbst zu
betrachten ist. S. Engelbrecht, Studien u. s. w. S. 47—102: „Ueber die
Predigten des Faustus und ihre Echtheit." Den Standpunkt Engelbrechts in der
höhern Kritik der Predigten des Faustus bekämpft namentlich G. Morin, Critique
des sermons attribués à Fauste de Riez dans la récente édition de l'Académie de Vienne: Revue Bénédictine. T. IX (1892). p. 49—61. Vgl. dagegen Engelbrecht, Zur Kritik der Predigten des Faustus: Zeitschr. f. die österreich.
Gymnasien. Bd. XLIII (1892). S. 961—976. Mit Unrecht will Bäumer
a. a. O. S. 398 ff. den unter den Schriften Arnobius' des Jüngern stehenden
Conflictus Arnobii et Serapionis (s. Abs. 6) Faustus zugeeignet wissen. S. dagegen Engelbrecht, Kritische Untersuchungen u. s. w. S. 292 ff. Morin
glaubte den unter den Werken des hl. Hieronymus stehenden Brief oder Tractat
De septem ordinibus ecclesiae (Migne, P. lat. XXX, 148—162) als Eigenthum des Bischofs von Reji nachweisen zu können. S. G. Morin, Hiérarchie et
liturgie dans l'église gallicane au Vᵉ siècle d'après un écrit restitué à
Fauste de Riez: Revue Bénédictine. T. VIII (1891). p. 97—104. Gegen
diese Hypothese wendet sich Engelbrecht, Patristische Analecten. 1892. S. 5—19:
„Der pseudo-hieronymianische Tractat de septem ordinibus ecclesiae und sein
Verfasser." Caspari (Briefe, Abhandlungen und Predigten u. s. w. Christiania
1890. S. 202—206) edirte eine anonyme Predigt über die Frage: „Weshalb
Christus die Menschheit nicht durch den Gebrauch seiner göttlichen Macht, sondern
dadurch, daß er Mensch ward, das Gesetz erfüllte, litt und starb, von der Gewalt
des Teufels erlöst hat", ein kleines, populäres altkirchliches Cur Deus homo,
welches wahrscheinlich ein jüngerer Zeitgenosse und Landsmann des Faustus mit
Benutzung von Homilien des letztern verfaßt hat; vgl. Caspari a. a. O. S. 411
bis 429. — Ueber den Lebenslauf des Faustus s. die Prolegomena der Ausgabe
Engelbrechts p. v—xi. Ueber den anthropologischen Lehrbegriff des Faustus
handeln G. Fr. Wiggers, Versuch einer pragmatischen Darstellung des Augustinismus und Pelagianismus nach ihrer geschichtlichen Entwickelung. Hamburg
1833. II, 224—329. I. Heller, Fausti Regiensis Galliarum episc. fides in
exponenda gratia Christi. Monachii 1854. 8°. (Heller will Faustus von der
Beschuldigung semipelagianischer Denkweise freisprechen.) A. Koch, Der anthro-
pologische Lehrbegriff des Bischofs Faustus von Riez: Theol. Quartalschr. Bd. LXXI
(1889). S. 287—317. 578—648.

4. Leontius von Arles. Ruricius von Limoges. — Ein Brief des Erzbischofs
Leontius von Arles (Abs. 2) an Papst Hilarus vom Jahre 462 steht unter den
Briefen dieses Papstes (§ 95, 1), welch letztere großentheils an Leontius gerichtet
sind; Migne, P. lat. LVIII, 22—23; Epist. Rom. Pontiff. Ed. Thiel. I, 138—139.
Vgl. Hist. litt. de la France. T. II. (Paris 1735, 1865) p. 511—514. — Ueber
Ruricius (Abs. 2), seit 485 Bischof von Limoges, gest. nach 507, sind 82 Briefe
in zwei Büchern erhalten (Migne, P. lat. LVIII, 67—124), meist an befreundete
Bischöfe, Faustus, Apollinaris Sidonius u. a., gerichtet, aber trotz des schwülstigen
Stiles inhaltlich sehr unbedeutend, Geschäfts- und Empfehlungsschreiben, auch über
Küche und Keller handelnd. Die zwei neuen Ausgaben dieser Briefe, von Br. Krusch
(1887) und von A. Engelbrecht (1891), sind Abs. 3 genannt worden; beide
Herausgeber haben auch acht an Ruricius gerichtete Schreiben (von verschiedenen
Händen) aufgenommen, welche in der einzigen Handschrift an die Ruricius-Briefe
sich anschließen. Engelbrecht, Patristische Analecten (Wien 1892), berichtet
S. 20—47 über eine ungedruckt gebliebene Bearbeitung des Textes der Ruricius-
Briefe von P. Danton und handelt S. 48—83 über „Titel und Titulaturen in

den Briefen des Ruricius und ſeiner Genoſſen". Vgl. Engelbrecht, Das Titel=
weſen bei den ſpätlateiniſchen Epiſtolographen. Wien 1893. 8⁰.

5. Claudianus Mamertus. — Der vorhin (Abſ. 2) genannte Gegner des
Biſchofs von Reji, Claudianus Ecdicius Mamertus, war Prieſter zu Vienne
in der Dauphiné und gleichſam die rechte Hand des dortigen Biſchofs, ſeines Bruders,
des hl. Mamertus. Er ſtarb um 474, und ſein Freund Apollinaris Sidonius weihte
ihm einen äußerſt ſchwunghaften Nachruf (Epist. IV, 11: *Migne*, P. lat. LVIII,
515—517). In der Schrift De statu animae (P. lat. LIII, 697—780), 468 oder
469 verfaßt und in drei Bücher abgetheilt, verſicht Claudianus gegen Fauſtus die
Unkörperlichkeit der menſchlichen Seele. Die Schrift iſt Sidonius gewidmet und
wird von dieſem als eine überaus hervorragende Leiſtung gefeiert (Epist. IV, 3;
vgl. V, 2). In der That verdient dieſelbe trotz mancher Schwächen warme Aner=
kennung: der Verfaſſer erweiſt ſich als einen für ſeine Zeit ſehr gelehrten und dia=
lektiſch geſchulten Jünger des hl. Auguſtinus. Außerdem beſitzen wir noch zwei
Briefe von Claudianus, an Sidonius und an den Rhetor Sapaubus zu Vienne
(LIII, 779—786). Dagegen iſt ſein Anrecht auf einige Gedichte, welche ihm früher
mehrfach zugeſchrieben wurden (LIII, 785—790), theils ſehr zweifelhaft, theils ganz
unbegründet. Die meiſten dieſer Gedichte (In Iacobum mag. equ., Carmen
paschale, zwei griechiſche Epigramme, Laus Christi, Miracula Christi) gehen auch
unter dem Namen des Dichters Claudius Claudianus (vgl. § 61, 5). Sidonius
erwähnt und preiſt einen von Claudianus verfaßten Hymnus (Epist. IV, 3), deſſen
Identität ſich nicht mehr feſtſtellen läßt. — Eine neue Ausgabe der Schriften des
Claudianus Mamertus lieferte A. Engelbrecht, Wien 1885 (Corpus script.
eccles. lat. Vol. XI). Der Schrift De statu animae hat Engelbrecht des Fauſtus
Brief ad reverendissimum sacerdotum voraufgeſchickt (Abſ. 3). Gedichte hat er
nicht aufgenommen. Der Text bei *Migne*, P. lat. LIII, iſt aus *Gallandi*, Bibl.
vet. Patr. T. X, abgedruckt. Das berühmte Paſſionslied Pange lingua gloriosi,
welches Gallandi den Schriften des Claudianus beifügte, gehört vielmehr Venantius
Fortunatus an (§ 98, 3); die Angabe bei Gennadius (De vir. ill. c. 83),
Claudianus ſei der Verfaſſer dieſes Liedes, iſt eine ſpätere Interpolation. In be=
treff der carmina dubiae auctoritatis, welche Migne noch nachtrug, ſ. die Nach=
weiſe bei Teuffel=Schwabe, Geſch. der Röm. Lit. (5. Aufl.) S. 1202. Ueber
die Schrift De statu animae ſ. M. Schulze, Die Schrift des Claudianus Ma=
mertus, Presbyters zu Vienne: De statu animae, im Auszuge, mit kritiſchen Unter=
ſuchungen. Dresden 1883. 8⁰. Ueber die Sprache des Verfaſſers ſ. A. Engel=
brecht, Unterſuchungen über die Sprache des Claudianus Mamertus. Wien 1885.
8⁰. Vgl. H. Rönſch, Zur Kritik und Erklärung des Claudianus Mamertus:
Zeitſchr. f. wiſſenſchaftl. Theol. Bd. XXX (1887). S. 480—487. Ueber Claudianus
im allgemeinen handeln *A. C. Germain*, De Mamerti Claudiani scriptis et philosophia dissertatio. Montispelii 1840. 8⁰. *R. de la Broise*, Mamerti Claudiani vita eiusque doctrina de anima hominis (Thesis). Parisiis 1890. 8⁰.

6. Arnobius der Jüngere. Praedestinatus. — Arnobius, zur Unter=
ſcheidung von Arnobius von Sicca der Jüngere genannt, Gallier, aber nicht näher
bekannt, ſchrieb um 460 umfangreiche Commentarii in psalmos (*Migne*, P. lat.
LIII, 327—570). Die Auslegung iſt durchweg allegoriſirend. Auguſtins Gnaden=
lehre wird bekämpft. Mit zweifelhaftem Rechte werden dem Verfaſſer auch Adnotationes ad quaedam evangeliorum loca zugeſchrieben (LIII, 569—580), eine
formloſe Sammlung von Scholien zu einzelnen Stellen aus Johannes, Matthäus
und Lucas, in dem angeblichen Evangeliencommentare des Theophilus von Antiochien
(§ 19, 3. 4) ſtark benutzt. Vgl. über dieſe Adnotationes Harnack in den Texten
und Unterſuchungen zur Geſch. der altchriſtl. Literatur. Bd. I. Heft 4. 1883.
S. 152—153. Noch größern Zweifeln unterliegt die Echtheit der Schrift Arnobii

catholici et Serapionis conflictus de Deo trino et uno, de duabus in Christo substantiis in unitate personae, de gratiae et liberi arbitrii concordia (LIII, 239—322), in Form einer vor Schiedsrichtern abgehaltenen Disputation, welche mit der freudigen Zustimmung Serapios zu den von Arnobius verfochtenen katholischen Lehrsätzen ihren Abschluß findet. Die Handschriften bezeichnen, wie es wenigstens scheint, den Katholiken Arnobius nicht etwa nur als Theilnehmer der Verhandlung, sondern auch als Verfasser der Schrift. Gegen die Annahme, Arnobius der Jüngere sei der Verfasser, fällt insbesondere die dem hl. Augustinus freundliche Haltung der Schrift ins Gewicht. Im übrigen s. die Ausführungen Bäumers im Katholiken. 1887. Bd. II. S. 398—406, und Engelbrechts in der Zeitschrift f. die österr. Gymnasien. Bd. XLI (1890). S. 292—294; vgl. Abs. 3. — Die anonym über= lieferte, von J. Sirmond 1643 herausgegebene Schrift Praedestinatus, sive praedestinatorum haeresis et libri S. Augustino temere adscripti refutatio (LIII, 587—672) ist in drei Bücher abgetheilt. Das erste berichtet über 90 Häre= sien von Simon Magus an bis auf die Prädestinatianer (dieses erste Buch auch bei *Fr. Oehler*, Corpus haereseologicum. T. I. Berol. 1856. p. 227—268), das zweite entwickelt den Inhalt einer unter Augustins Namen in Umlauf gesetzten Vertheidigung des Prädestinatianismus, und das dritte bekämpft und widerlegt diese Schrift und zwar vom Standpunkte des Semipelagianismus aus. Die semipelagianische Tendenz, die Eigenthümlichkeiten der Sprache und einige chronologische Andeutungen dürften übereinstimmend auf Arnobius den Jüngern als Verfasser hinweisen.

## § 93. Andere gallische Schriftsteller.

1. **Salvianus von Marseille.** — Salvianus ward wohl noch gegen Ende des 4. Jahrhunderts, vielleicht zu Trier, geboren, und obwohl Christ, heiratete er eine Heidin, Palladia, welche ihm eine Tochter, Auspiciola, schenkte. Nachdem Palladia Christin geworden, beschlossen die Gatten, fortan in voll= kommener Enthaltsamkeit zu leben, und es liegt uns noch ein rührendes Ent= schuldigungs= und Rechtfertigungsschreiben Salvians an seine Schwiegereltern vor, welche, obwohl inzwischen auch zum Christenthume übergetreten, für eine solche Ehe der Enthaltsamkeit kein Verständniß besaßen (*Salv.*, Epist. 4). Um 430 war Salvianus Mitglied der glücklichen Familie des hl. Honoratus auf Lerinum (*Hilarius Arelat.*, Vita S. Honor. c. 4, n. 19: *Migne*, P. lat. L, 1260; vgl. § 78, 2). Gennadius (De vir. ill. c. 67) bezeichnet Sal= vianus als Priester der Kirche zu Marseille, schmückt ihn mit dem Titel episcoporum magister (wohl soviel als Verfasser von Homilien zum Gebrauche für Bischöfe) und stellt ihn als noch lebenden Greis dar (vivit usque hodie in senectute bona). Zugleich bezeugt Gennadius, folgende Schriften Sal= vians gelesen zu haben: De virginitatis bono ad Marcellum presbyterum libros III; Adversum avaritiam libros IV; De praesenti iudicio libros V et pro eorum (?) merito satisfactionis ad Salonium episcopum librum I; et Expositionis extremae partis libri Ecclesiastici ad Claudium episco= pum Viennensem librum I; Librum epistolarum I; et in morem Grae= corum a principio Genesis usque ad conditionem hominis composuit versu Hexaemeron librum I; Homilias episcopis factas multas, sacra= mentorum vero quantas nec recordor. Erhalten sind nur noch die Schriften Adversum avaritiam und De praesenti iudicio und neun Briefe. Die erst= genannte Schrift ist vom Verfasser selbst Ad ecclesiam betitelt und unter

dem Pseudonym „Timotheus" veröffentlicht worden. Es ist ein an die Christen
des ganzen Erdkreises gerichtetes Sendschreiben, in welchem die Habsucht (avaritia) gegeißelt wird, und zwar diejenige Habsucht, welche ihr Geld Gott,
d. h. der Kirche und damit den Armen, vorenthält. Salvianus verlangt, daß
ein jeder sein ganzes Vermögen Gott zurückgebe, indem er die Kirche, die
Mutter der Armen, zur Erbin einsetze. Ueber die Wahl des Pseudonyms
„Timotheus" gibt der Verfasser in einem Briefe an Bischof Salonius (§ 78, 2)
Auskunft und Rechenschaft (Ep. 9). Umfangreicher und bedeutsamer ist das
Salonius gewidmete, zwischen 439 und 451 verfaßte Werk De gubernatione
Dei libri VIII. So scheint der ursprüngliche Titel gelautet zu haben, wenngleich auch die von Gennadius gebrauchte Aufschrift De praesenti (Dei)
iudicio handschriftlich bezeugt ist. Das Werk will den Glauben an eine
göttliche Weltregierung gegen jene Zweifel vertheidigen, welche aus Anlaß des
von allen Seiten her über das Römerreich hereinbrechenden Elends damals
manchen sich nahelegten (vgl. I, 1, 1: Incuriosus a quibusdam et quasi
neglegens humanorum actuum Deus dicitur utpote nec bonos custodiens
nec coercens malos, et ideo in hoc saeculo bonos plerumque miseros,
malos beatos esse). Das Unglück des Römerreiches, erklärt Salvianus,
ist vielmehr ein wohlverdientes Gottesgericht, und zum Beweise entrollt er nun
mit ergreifender Beredsamkeit ein sehr trübes, ja erschreckendes Gemälde der
sittlichen Zustände und Verhältnisse der Romanen, stellt die heidnischen und
häretischen Barbaren (Sachsen, Franken, Gepiden und Hunnen; Goten und
Vandalen) den romanischen Christen und Katholiken als Muster vor und
mahnt wehklagend zur Buße. War schon die Schrift Ad ecclesiam ein
werthvolles Zeitbild, so ist das Werk De gubernatione Dei eine cultur-
geschichtliche Quelle ersten Ranges. Die Darstellung erinnert alsbald an
Lactantius, fesselt durch Reinheit und Klarheit des Ausdruckes wie durch
oratorische Kraft und Eleganz, ermüdet aber auch wieder durch Weitschweifigkeit (vgl. VIII, 1, 1: Certus sum fastidiosam plurimis stili huius pro-
lixitatem fore). Das Werk ist unvollendet geblieben (das 8. Buch ist sichtlich unvollständig) und wohl allmählich entstanden und nach und nach an die
Oeffentlichkeit getreten (daher vielleicht die Fünfzahl der Bücher bei Gennadius).

Die Schrift Ad ecclesiam wurde nebst Ep. 9 zuerst 1528 zu Basel durch
J. Sichard, das Werk De gubernatione Dei zuerst 1530 ebend. durch J. A. Bras-
sicanus herausgegeben. Ausgaben beider Schriften mitsamt den übrigen Briefen
besorgten P. Pithöus, Paris 1580; C. Rittershusius, Nürnberg 1611. 1623;
St. Baluze, Paris 1663. 1669. 1684; C. Halm, Berlin 1877 (Monum. Germ.
hist. Auct. antiquiss. T. I. Pars 1); Fr. Pauly, Wien 1883 (Corpus script.
eccles. lat. Vol. VIII). Vgl. Halm, Ueber die handschriftliche Ueberlieferung
des Salvianus: Sitzungsberichte der k. b. Akad. d. Wiss. zu München. Philos.-
philol. und hist. Cl. 1876. Bd. I. S. 390—412; Pauly, Die handschriftliche
Ueberlieferung des Salvianus: Sitzungsber. der k. Akad. d. Wiss. zu Wien. Philos.-
hist. Cl. Bd. XCVIII (1881). S. 3—41. Bei *Migne*, P. lat. LIII, ist die
Ausgabe Baluzes abgedruckt. Eine deutsche Uebersetzung der Schrift De gubernatione Dei lieferte A. Helf, Kempten 1877 (Bibl. der Kirchenväter). *Fr. X.
Hirner*, Commentatio de Salviano eiusque libellis (Progr.). Frisingae 1869. 4⁰.
W. Zschimmer, Salvianus, der Presbyter von Massilia, und seine Schriften.
Ein Beitrag zur Gesch. der christl.-lat. Literatur des 5. Jahrh. Halle 1875. 8⁰.

*I. B. Ullrich*, De Salviani scripturae sacrae versionibus (Progr.). Neostadii ad H. 1893. 4°. A. Haemmerle, Studien zu Salvian, Priester von Massilia. Th. I (Progr.). Landshut 1893. 4°.

**2. Apollinaris Sidonius.** — Gajus Sollius Apollinaris Sidonius, geboren um 430 zu Lyon, gestorben um 482 zu Clermont, ist der bedeutendste Vertreter einer Gruppe gallischer Schriftsteller, welche sich zwar zum christlichen Namen bekennen und sich auch mit kirchlichen Würden schmücken lassen, in ihrer literarischen Thätigkeit aber ganz und gar den Genius der antik-heidnischen Literatur zur Schau tragen. Ein Lobgedicht auf seinen Schwiegervater Avitus, welcher sich Ende 455 zum Kaiser aufgeworfen hatte, trug Sidonius eine Bildsäule auf dem Trajansforum ein (456). Durch einen Panegyricus auf den siegreichen Gegner seines Schwiegervaters, Majorianus, wußte er von diesem Verzeihung zu erlangen (458). Zum Lohne für ein Lobgedicht auf Kaiser Anthemius wurde er 468 zum Stadtpräfecten (zu Rom) ernannt. Außer diesen drei Lobgedichten sind es zwei Epithalamien oder Hochzeitsgedichte und zwei Beschreibungen von Oertlichkeiten (des Schlosses eines Freundes und der Stadt Narbo), welche durch Umfang und durch Sorgfalt der Ausführung unter den poetischen Leistungen des Verfassers besonders hervorragen. Die meisten dieser Gedichte entnehmen ihren ganzen Aufbau der antik-heidnischen Mythologie; alle aber sind mit einem verschwenderischen Luxus mythologischer Bilder ausgestattet. Die Meister, denen Sidonius sehr erfolgreich nachstrebt, sind Statius und Claudius Claubianus (§ 61, 5). — Um 470 wurde Sidonius zum Bischof der urbs Arverna, des heutigen Clermont-Ferrand, erwählt, eine Stellung, welche damals freilich auch eine nicht geringe politische Bedeutung hatte. Jetzt entsagte er der Poesie, als mit der Würde des neuen Amtes unverträglich (Epist. IX, 12), und dieser Entschluß wirft auf seine bisherige dichterische Thätigkeit ein sehr bezeichnendes Schlaglicht. Statt der Poesie ergriff er nunmehr, Symmachus und Plinius sich zu Mustern nehmend, die Epistolographie (vgl. das Gedicht in dem Briefe IX, 16, V. 49 ff.) und veröffentlichte nach und nach neun Bücher Briefe, anfangs Briefe, welche längst vorher an die Adressaten abgesandt worden waren, später auch Briefe, welche nur für die Sammlung zum Zwecke der Veröffentlichung geschrieben wurden. Wortreich und gedankenarm wie die Gedichte, sind diese Briefe gleichwohl als ein reiches culturgeschichtliches Zeitgemälde von großem und vielseitigem Interesse. Unter den der Briefsammlung gelegentlich doch wieder eingestreuten Gedichten finden sich auch solche geistlichen Inhalts, freilich nur Inschriften für neu erbaute Kirchen, Epitaphien u. dgl. Die Absicht des Briefstellers, die Martyrer (Galliens) in Hymnen zu besingen (s. das genannte Gedicht Epp. IX, 16, V. 61 ff.), ist nicht zur Ausführung gekommen. Die (laut Epp. VII, 3) von Sidonius verfaßten Contestatiunculae, d. i. wohl Meßpräfationen oder dem Meßcanon voraufgehende Gebete (vgl. § 98, 2), sind verloren gegangen.

Eine neue Ausgabe der Schriften des Sidonius lieferte Lütjohann: Gai Sollii Apollinaris Sidonii epistulae et carmina, rec. et emend. *Chr. Luetjohann.* Accedunt Fausti aliorumque epistulae ad Ruricium aliosque. Ruricii epistulae, rec. et emend. *Br. Krusch.* Monum. Germ. hist. Auct. antiquiss. T. VIII. Berol. 1887. Nach Lütjohanns vorzeitigem Tode (8. April 1884) haben

Fr. Leo und Th. Mommsen die Bearbeitung des Textes zu Ende geführt. Zur
Kritik dieser Ausgabe s. A. Engelbrecht, Beiträge zur Kritik und Erklärung der
Briefe des Apollinaris Sidonius, Faustus und Ruricius: Zeitschr. f. die österreich.
Gymnasien. Bd. XLI (1890). S. 481—497. 677—699. Bei *Migne*, P. lat.
LVIII, ist J. Sirmonds Ausgabe der Werke des Sidonius, Paris 1614. 1652,
abgedruckt. Eine neuere Ausgabe auch von E. Baret, Paris 1879. 8⁰. Eine
französische Uebersetzung sämtlicher Werke (nebst dem lateinischen Texte und Noten)
von J. F. Grégoire und F. Z. Collombet, Lyon und Paris 1836. 3 Bde. 8⁰.
M. Fertig, C. S. A. Sibonius und seine Zeit, nach seinen Werken dargestellt
(3 Progr.). Würzburg 1845. 1846. Passau 1848. 4⁰. G. Kaufmann, Die
Werke des C. S. A. Sibonius als eine Quelle für die Geschichte seiner Zeit (Jnaug.-
Diss.). Göttingen 1864. 8⁰. *L. A. Chaix*, S. Sidoine-Apollinaire et son siècle.
Clermont-Ferrand 1867—1868. 2 vols. 8⁰. M. Büdinger, Apollinaris Sibonius als Politiker. Eine universalhistor. Studie. Wien 1881. 8⁰. *H. Kretsch-
mann*, De latinitate C. S. A. Sidonii (2 Progr.). Memeliae 1870—1872. 4⁰.
*M. Müller*, De Apollinaris Sidonii latinitate (Diss. inaug.). Halis Sax.
1888. 8⁰. E. Grupe, Zur Sprache des Apollinaris Sibonius (Progr.). Zabern
1892. 4⁰. Weitere Schriften und Abhandlungen verzeichnen Teuffel-Schwabe,
Gesch. der Röm. Lit. 5. Aufl. S. 1199—1200; *Chevalier*, Répert. des sources
hist. 2081—2082. 2812. — Ueber gallische Dichter des 5. Jahrhunderts, welche
ausschließlich oder hauptsächlich aus gelegentlichen Angaben bei Sibonius bekannt
sind, Consentius, Lampridius, Leo, Petrus, Severianus, Proculus u. a., s. Teuffel-
Schwabe a. a. O. S. 1191—1194; Manitius, Gesch. der christl.-lat. Poesie.
Stuttgart 1891. S. 235—237. Von Bischof Auspicius von Toul (um 470), welcher
auch zu Sibonius' Freundeskreis zählte, ist eine versificirte Epistola ad Arbogastem
comitem Treverorum erhalten geblieben (*Migne*, P. lat. LXI, 1005—1008);
vgl. Manitius a. a. O. S. 232—234.

3. Paulinus von Pella und Paulinus von Petricordia. — Als christliche
Dichter im engern Sinne des Wortes sind Paulinus von Pella und
Paulinus von Petricordia zu nennen. Der erstere wurde sehr wahr-
scheinlich im Jahre 376 zu Pella in Macedonien geboren, kam jedoch schon
in seinem dritten Lebensjahre nach Bordeaux in das vornehme Haus seines
Großvaters Ausonius (§ 70, 5) und verbrachte nun sein ganzes wechselreiches
Leben in Südgallien. In seinem 84. Lebensjahre, 459, verfaßte er eine
Autobiographie in Form eines Dankgebetes an Gott, Eucharisticos Deo sub
ephemeridis meae textu, von 616 Hexametern. Ziemlich sorglos in Prosodie und Metrik, hat das Gedicht viel Anziehendes und Fesselndes als treues
Spiegelbild eines vielgeprüften, aber in seinem Gottvertrauen nimmer wan-
kenden, kindlich-frommen Sinnes. Paulinus von Petricordia (Périgueur),
dessen Leben nicht näher bekannt ist, hinterließ ein um 470 vollendetes Epos
über den hl. Martinus von Tours, De vita S. Martini episc. libri VI.
Die ersten drei Bücher enthalten eine weitschweifige Bearbeitung der Vita
S. Martini von Sulpicius Severus (§ 74, 1), das vierte und das fünfte
Buch entnehmen ihren Stoff den zwei Dialogen des Severus (§ 74, 1), das
sechste endlich gründet sich auf einen Bericht des Bischofs Perpetuus von
Tours (458—488) über die Wunder des hl. Martinus nach seinem Tode.
Perpetuus hatte die Anregung zu dem Werke gegeben, und ihm ist dasselbe
gewidmet. Zwei kleinere, jüngere Gedichte schließen sich gleich Nachträgen an,
eine Schilderung der wunderbaren (durch Auflegung der Schrift des Bischofs

Perpetuus bewirkten) Heilung eines Enkels des Dichters (Versus Paulini de visitatione nepotuli sui, 80 Hexameter) und eine Inschrift für die von Perpetuus dem hl. Martinus erbaute Basilika (Versus Paulini de orantibus, 25 Hexameter).

Das Dankgebet des Paulinus von Pella wurde 1579 durch M. de la Bigne ans Licht gezogen. Neuere Ausgaben lieferten L. Leipziger, Breslau 1858. 8⁰, und W. Brandes in den Poetae christiani minores. Pars I. Vindob. 1888 (Corpus script. eccles. lat. vol. XVI). p. 263—334. Bei *Migne*, P. lat., hat das Gedicht keine Aufnahme gefunden. *I. Rocafort*, De Paulini Pellaei vita et carmine (Thèse). Bordeaux 1890. 8⁰. — Paulinus von Petricordia ward zuerst von Fr. Juretus, Paris 1589, herausgegeben. Ein Abdruck dieser editio princeps bei *Migne*, P. lat. LXI, 1009—1076. Neuere Ausgaben von E. F. Corpet, Paris 1852. 8⁰, und von M. Petschenig in den vorhin genannten Poetae christiani minores. Pars I. p. 1—190. — Der Bericht des Bischofs Perpetuus über die Wunder des hl. Martinus ist verloren gegangen. Das Testamentum und das Epitaphium Perpetui episc. (*Migne*, P. lat. LVIII, 753—756) sind Fälschungen Vigniers; f. die (schon § 3, 2 angeführte) Abhandlung Havets in der Bibliothèque de l'École des Chartes. T. XLVI. Paris 1885. p. 205—271. Ein Brief an Perpetuus in der Abf. 2 erwähnten Briefsammlung des Sidonius (VII, 9).

4. **Gennadius von Marseille.** — Die Lebenszeit des als Literärhistoriker oft genannten Presbyters Gennadius von Marseille fällt in die zweite Hälfte des 5. Jahrhunderts. Genauere Nachrichten über seinen Lebensgang sind jedoch nicht auf uns gekommen. Seine schriftstellerische Thätigkeit führt uns Gennadius selbst zum Schlusse des schon § 2, 2 besprochenen Buches De viris illustribus (c. 100) mit den Worten vor: Scripsi adversus omnes haereses libros VIII et adversus Nestorium libros VI et adversus Eutychen libros VI et adversus Pelagium libros III et tractatus de mille annis et de apocalypsi beati Johannis et hoc opus et epistulam de fide mea misi (missam?) ad beatum Gelasium urbis Romae episcopum. Außerdem hat Gennadius, wie er anderswo mittheilt (De vir. ill. c. 11. 72), verschiedene Schriften griechischer Kirchenschriftsteller, namentlich Schriften des Evagrius Ponticus (§ 53, 4), ins Lateinische übersetzt. Jedenfalls sind die meisten seiner eigenen Schriften zu Grunde gegangen. Erhalten blieb eine Schrift De ecclesiasticis dogmatibus, welche gewöhnlich mit der an letzter Stelle angeführten Epistula de fide identificirt wird. Allerdings stellt dieselbe, insofern sie ein Abriß der katholischen Glaubenslehre ist, eine Art Glaubensbekenntniß dar, aber sie ermangelt der Briefform und geht auch nur ein einziges Mal (c. 23) in den Ton eines persönlichen Bekenntnisses über (laudo, vitupero u. f. f.). Die von Caspari empfohlene Annahme, diese Schrift sei ein Ueberbleibsel der Libri VIII adversus omnes haereses und habe deren positiven Schlußtheil gebildet, dürfte den Vorzug verdienen. Die Schrift legt wiederholt die Vermuthung nahe, der Verfasser sei Anhänger des in Südgallien um jene Zeit immer noch verbreiteten Semipelagianismus gewesen. Auch in dem Buche De vir. ill. sind Spuren semipelagianischer Denkweise nicht zu verkennen (vgl. die Urtheile über Augustinus c. 38 und Prosper aus Aquitanien c. 84 auf der einen, über Johannes Cassianus c. 61 und Faustus von Reji c. 85 auf der andern Seite).

Die Hauptausgabe der Schrift De eccl. dogm. lieferte G. Elmenhorst, Hamburg 1614. 4⁰. Ein Abdruck dieser Ausgabe bei *Migne*, P. lat. LVIII, 979—1054. Auch *Fr. Oehler*, Corpus haereseologicum. T. I. Berol. 1856, hat seiner Ausgabe (p. 335—355) die Noten Elmenhorsts beigefügt (p. 356 ad 400). Ueber die Identität der Schrift s. C. P. Caspari, Kirchenhistorische Anecdota I. Christiania 1883. S. xxi Anm. 2. Ein Glaubensbekenntniß mit der Aufschrift Gennadius Massiliensis episc. de fide disputans inter caetera dixit ist 1881 von Caspari und von E. Jungmann herausgegeben worden. Die Aufschrift erklärt sich daraus, daß das Bekenntniß eine Reihe von Stellen aus den beiden ersten Kapiteln der Schrift De eccl. dogm. bald wörtlicher bald freier reproducirt. Dasselbe ist offenbar das Werk eines Spätern und ist zugleich ein abgeschlossenes, selbständiges Ganzes. Eine neue Ausgabe bei Caspari a. a. O. S. 301—304; vgl. S. xix—xxiii. Ueber das Buch De vir. ill. s. § 2, 2.

5. Avitus von Vienne. — Der hl. Alcimus Ecdicius Avitus, seit etwa 490 bis etwa 526 Bischof von Vienne, ist nicht mit Unrecht als die Säule der katholischen Kirche oder die Seele des kirchlichen Lebens im Burgunderreiche bezeichnet worden. Unter seinen Einflüssen kehrte der Burgunderkönig Sigismund (516—523) vom Arianismus zum Katholicismus zurück. Mit unermüdlichem Eifer für Unterdrückung der Häresie, auch des Semipelagianismus, verband Avitus, in bewußtem Gegensatze zu den schismatischen Tendenzen des Orients (Acacianisches Schisma), das Bestreben, die Beziehungen der Kirche Burgunds zum römischen Stuhle möglichst fest und innig zu gestalten. In der Verbindung mit dem römischen Stuhle suchte er Sicherung und Förderung der Interessen der christlichen Cultur und der religiösen Autorität überhaupt. Bekannt ist sein Wort, daß der ganze Episkopat ins Wanken gerathe, sobald der Papst in Frage gestellt werde (Si papa urbis vocatur in dubium, episcopatus iam videbitur, non episcopus, vacillare. Ep. 34 ed. *Peiper*). Unter den schriftstellerischen Leistungen des hl. Avitus nimmt eine fünf Bücher umfassende Dichtung in Hexametern die erste Stelle ein. Der Verfasser selbst nennt dieselbe gelegentlich Libellos de spiritalis historiae gestis (Ep. 51 ed. *Peiper*). Die einzelnen Bücher tragen die Ueberschriften de mundi initio, de originali peccato, de sententia Dei, de diluvio mundi, de transitu maris rubri. Die drei ersten Bücher stehen in näherer Beziehung zu einander und bilden ein kleineres Ganzes, dessen Gegenstand der Sündenfall oder der Verlust des Paradieses ist. Das zweite Buch, auch formell besonders hervorragend, stellt die Katastrophe dar; das erste hatte dieselbe vorbereitet, und das dritte beschreibt ihre Folgen. Das vierte und das fünfte Buch schildern die Sündflut und den Durchzug durch das Rothe Meer als Vorbilder der Taufe. Die Größe des Dichters zeigt sich, namentlich in den drei ersten Büchern, in der einheitlichen Idee und Anlage, welche den der Heiligen Schrift entlehnten Stoff mit völliger Freiheit beherrscht und durchwaltet. Tiefer an poetischem Werthe steht das Gedicht De virginitate, vom Dichter selbst (im Vorworte) De consolatoria castitatis laude betitelt, ein Panegyricus auf die Jungfräulichkeit (von 666 Hexametern), dazu bestimmt, die von der Geburt an Gott geweihte Schwester des Verfassers, Fuscina, über innere Anfechtungen zu beruhigen. Diese Gedichte zeigen engen Anschluß an Vergil und an Sidonius (Abs. 2). Der Versbau ist ziemlich frei von prosodischen oder metrischen Verstößen, der Ausdruck verhältnißmäßig rein und

gewählt. Dagegen ist der Stil der Prosaschriften des hl. Avitus reich an
Barbarismen aller Art, wie denn überhaupt die Sprache der Prosa rascher
dem Verfall entgegengegangen ist als die Sprache der Poesie. An größern
Prosaschriften liegen noch vor Contra Eutychianam haeresim libri II, aus
dem Jahre 512 oder 513, und Dialogi cum Gundobado rege vel librorum
contra Arianos reliquiae. Briefe haben sich gegen hundert erhalten, aus
den Jahren 495—518, wichtige Beiträge zu der kirchlichen und politischen
Zeitgeschichte darbietend. Von einer Homiliensammlung sind außer einer Homilia
in rogationibus und einem Sermo die I. rogationum nur Fragmente und
Excerpte auf uns gekommen.

Aeltere Hauptausgabe der Werke des hl. Avitus von J. Sirmond S. J.,
Paris 1643 u. ö. Die folgenden Drucke sind sämtlich aus Sirmonds Ausgabe
geflossen; auch der Text bei *Migne*, P. lat. LIX. Erst R. Peiper ist wieder auf
die Handschriften zurückgegangen und hat auf breitester handschriftlicher Grundlage
eine neue Gesamtausgabe hergestellt: Alcimi Ecdicii Aviti Viennensis episc.
opera quae supersunt. Berol. 1883 (Monum. Germ. hist. Auct. antiquiss.
T. VI. Pars 2). Neueste Ausgabe von U. Chevalier: Oeuvres complètes de
St. Avite, évêque de Vienne. Nouvelle édition, publiée pour les Facultés
catholiques de Lyon en témoignage de leur piété filiale envers S. S. Léon XIII.
Lyon 1890. 8°. Vgl. *U. Chevalier*, Introduction aux oeuvres de St. Avit.
Nouvelle édition: L'Université catholique. N. S. T. III (1890). p. 5—17. —
Aus der Appendix, welche Peiper den Prosaschriften des hl. Avitus folgen läßt,
mögen wenigstens die alte Vita S. Aviti, p. 177—181, und das metrische Epi-
taphium S. Aviti, p. 185—186 (*Migne*, P. lat. LIX, 197—198), genannt sein.
Der Bericht über ein 499 zu Lyon in Gegenwart des Königs Gundobad zwischen
orthodoxen und arianischen Bischöfen abgehaltenes Religionsgespräch, bei welchem
Avitus als Sprecher der Katholiken einen glänzenden Sieg davonträgt, *Peiper* l. c.
p. 161—164 (*Migne*, P. lat. LIX, 387—392), ist durch Havet (1885) als
Fälschung Vigniers erwiesen worden, und dasselbe gilt von dem Briefe des
Papstes Symmachus an Avitus vom 13. October 501, Ep. 33 ed. *Peiper* (*Migne*,
P. lat. LXII, 51—52). S. die Abs. 3 genannte Abhandlung Havets. Vgl.
*F. Desloge*, Le colloque de Lyon. Histoire fabriquée d'une conférence
théologique, tenue à Lyon l'an 499: L'Université catholique. N. S. T. IV
(1890). p. 67—80. Die Nachweise Peipers über Benutzung oder Nachahmung
älterer Dichter durch Avitus sind fortgesetzt und erweitert worden durch M. Manitius in der Zeitschr. f. die österreich. Gymnasien. Bd. XXXVII (1886). S. 244
bis 250; C. Weyman im Rhein. Museum f. Philol. N. F. Bd. XLII (1887).
S. 637. — Ueber Avitus im allgemeinen handeln *P. Parizel*, De vita et scriptis
S. Aviti, Viennensis episcopi, dissertatio historico-literaria. Lovanii 1859. 8°.
*V. Cucheval*, De S. Aviti Viennae episc. operibus commentarium. Parisiis
1863. 8°. C. Binding, Das Burgundisch-Romanische Königreich (von 443—532
n. Chr.). Bd. I. Leipzig 1868. S. 168—179: „Alcimus Ecdicius Avitus"; vgl.
S. 290—297: „Zur Chronologie der wichtigeren Briefe des Avitus." *A. Charaux*,
St. Avite, évêque de Vienne en Dauphiné, sa vie, ses oeuvres. Paris 1876. 8°.
*H. Denkinger*, Alcimus Ecdicius Avitus, archevêque de Vienne, 460—526,
et la destruction de l'Arianisme en Gaule (Thèse). Genève 1890. 8°.

6. Cäsarius von Arles. — Cäsarius, 502—542 Bischof von Arles,
darf als Typus jener thätigen, aufopfernden Bischöfe Südgalliens gelten,
welche beim Untergange der römischen Welt die christliche Cultur in die neuen
Staatengebilde barbarischer Völker hinüberretteten. Arles, der Schauplatz seiner

vierzigjährigen bischöflichen Amtsthätigkeit, war ein Knotenpunkt, an welchem Ost- und Westgoten, Franken und Burgunder aufeinanderstießen. Hier hat Cäsarius in Tagen tiefster socialer und religiöser Gärung als praktischer Seelsorger, als Reformator der kirchlichen Disciplin und insbesondere als Volksprediger, vielleicht der größte Volksprediger, welchen die altlateinische Kirche überhaupt besessen, eine ebenso segensreiche wie nachhaltige Wirksamkeit entfaltet. Der literarische Nachlaß des Heiligen besteht hauptsächlich aus Predigten. Nach einer alten Biographie schrieb Cäsarius Predigten über die mannigfaltigsten Gegenstände und sandte dieselben auch nach Franken, Gallien, Italien und Spanien zum Gebrauche für die dortigen Seelsorger (Vita S. Caesarii I, 5, 42: *Migne*, P. lat. LVII, 1021). Eine kritische Sammlung der auf uns gekommenen Predigten liegt noch nicht vor; die Scheidung zwischen echten und unechten Stücken ist mit besondern Schwierigkeiten verknüpft (vgl. schon § 92, 2). Die als echt beglaubigten Predigten zeichnen sich durch Einfachheit, Klarheit und verhältnißmäßige Reinheit der Sprache aus. Die meisten derselben sind offenbar speciell auf den gemeinen Mann berechnet und mit anschaulichen Bildern aus der Natur und dem Alltagsleben reich durchflochten. Eine kleinere Gruppe wendet sich an Mönche. Sein Interesse für das Ordensleben bezeugte Cäsarius auch durch Abfassung zweier Ordensregeln, Ad virgines und Ad monachos; die erstere, größere Regel hat er nachträglich einer recapitulatio oder Ueberarbeitung unterzogen. Außerdem besitzen wir von Cäsarius einige Briefe und ein in die Form eines Briefes an seinen Nachfolger gekleidetes Testament. Eine Schrift De gratia et libero arbitrio ist entweder mit den Entscheidungen der zweiten Synode zu Orange vom Jahre 529 zu identificiren oder aber als verloren zu betrachten. Auf jener berühmten Synode zu Orange, durch welche der Semipelagianismus seine endgiltige Verurtheilung fand, führte Cäsarius den Vorsitz.

Eine Gesamtausgabe der Schriften des hl. Cäsarius ist noch nicht erschienen. P. G. Morin O. S. B. bereitet eine solche vor. *S. Morin*, Mes principes et ma méthode pour la future édition de St. Césaire: Revue Bénédictine. T. X (1893). p. 62—77. Die reichsten und genauesten Nachweise über frühere Drucke cäsarianischer Predigten gibt *Fessler*, Institt. Patrol. II, 875—884. Bei weitem die meisten der gedruckten Predigten stehen unter den Sermones supposititii S. Augustini, im Anhange des fünften Bandes der Mauriner-Ausgabe Augustins (vgl. § 76, 10), abgedruckt bei *Migne*, P. lat. XXXIX, 1735 sqq. Andere Predigten unter dem Namen des hl. Cäsarius bei *Migne*, P. lat. LXVII, 1041—1090. 1121—1125. Ueber den Antheil des Heiligen an den zwei § 92, 2 erwähnten Homiliensammlungen s. die § 92, 3 angeführten Abhandlungen Morins und Engelbrechts zur Kritik der Predigten des Bischofs Faustus von Reji. Vgl. auch S. Löwenfeld, Zu den Homilieen des hl. Cäsarius: Zeitschr. f. Kirchengesch. Bd. VI (1883—1884). S. 60—62. Eine höchst wahrscheinlich von Cäsarius herrührende Ermahnungsrede an das Volk ward zum erstenmal herausgegeben von C. P. Caspari, Kirchenhistorische Anecdota. I. Christiania 1883. S. 213—224; eine höchst wahrscheinlich von Cäsarius herrührende Ermahnung zu würdiger Feier des bevorstehenden Osterfestes, gleichfalls zum erstenmal, von Caspari, Briefe, Abhandlungen und Predigten u. s. w. Christiania 1890. S. 200—201. Außer Predigten finden sich bei *Migne*, P. lat. LXVII, die genannte Vita S. Caesarii (col. 1001—1042), Regula ad monachos (1099—1104), Regula ad virgines (1105—1121), Epistolae III (1125—1138), Testamentum (1139—1142). Ueber

Cäsarius im allgemeinen f. *U. Villevieille*, Histoire de St. Césaire, évêque d'Arles. Aix-en-Provence 1884. 8⁰. B. F. Gellert, Cäsarius von Arelate. Tl. I—II. (2 Progr.). Leipzig 1892—1893. 4⁰. C. F. Arnold, Cäsarius von Arelate und die gallische Kirche seiner Zeit. Leipzig 1894. 8⁰ (XII, 607 SS.). — Julianus Pomerius, Presbyter und Lehrer der Rhetorik zu Arles, auch Lehrer des hl. Cäsarius, hinterließ außer andern, verloren gegangenen Werken (*Gennadius*, De vir. ill. c. 98) drei treffliche Bücher De vita contemplativa (*Migne*, P. lat. LIX, 415—520). Näheres über dieselben bei J. Nirschl, Lehrb. der Patrologie und Patristik. Bd. III. Mainz 1885. S. 297—302. — Unter dem Namen des hl. Eleutherus (Eleutherius), Bischofs von Tournay (486—531), liegen einige sermones vor (*Migne*, P. lat. LXV, 83—102), welche indessen nur zum Theil als echt gelten können. Vgl. Streber in Wetzer und Welte's Kirchenlexikon. 2. Aufl. IV, 361. — Vom hl. Remigius, 459—533 Bischof von Reims, sind vier Briefe, ein Testament und eine metrische Weihinschrift für einen Kelch auf uns gekommen (*Migne*, P. lat. LXV, 963—975). — Von Bischof Aurelianus von Arles (546—551 oder 553) besitzen wir eine Regula ad monachos und eine Regula ad virgines, Ueberarbeitungen und Erweiterungen der Regeln des hl. Cäsarius, sowie Excerpta ex epistola ad Theodebertum regem (*Migne*, P. lat. LXVIII, 385—408).

## § 94. Irische, spanische und afrikanische Schriftsteller.

1. Patricius. — Der Lebensgang des Apostels der Iren ist trotz dem Eifer, welchen die neueste Forschung diesem Gegenstande gewidmet, noch sehr unsicher und bestritten. Patricius oder, wie er ursprünglich hieß, Succat soll 373 geboren worden sein; nach einigen zu Kilpatrick bei Dumbarton im südwestlichen Schottland, nach andern zu Boulogne-sur-Mer in Nordfrankreich. Papst Cölestin I. bestimmte ihn 432 zum Apostel der Iren und gab ihm den Namen Patricius. Erst 493, im Alter von 120 Jahren, soll er seine irdische Laufbahn beschlossen haben. Zwei der Schriften, welche den Namen des hl. Patricius führen, werden gewöhnlich als echt anerkannt, eine Confessio, in Form eines offenen Briefes an die Iren, und eine Epistola ad Coroticum oder ad christianos Corotici tyranni subditos. Die Confessio enthält nicht etwa eine Darlegung des Glaubens oder der Lehre des Heiligen, sondern einen Abriß seines Lebens oder seiner Missionsthätigkeit. Coroticus hieß ein irischer Fürst, welcher eine Schar neubekehrter Christen überfiel und theils tödtete theils entführte. Neuestens ist die Echtheit beider Stücke in Frage gestellt worden. Andere Schriften sind noch viel weniger beglaubigt.

Ueber das Leben des hl. Patricius f. A. Bellesheim, Geschichte der kath. Kirche in Irland. Bd. I. Mainz 1890. S. 1—68. Vgl. *Gradwell*, Succat. The Story of sixty Years of the Life of St. Patrick A. D. 373—433. London 1892. 8⁰. Die alten Biographien des Heiligen, in welchen Geschichte und Sage bereits in einander fließen, wurden nebst anderweitigen Quellen von neuem herausgegeben durch *Whitley Stokes*, The Tripartite Life of Patrick, with other Documents relating to that Saint. London 1887. 2 vols. (Rerum Britannicarum medii aevi scriptores). Vgl. noch die Biographie bei *Stokes*, Lives of Saints from the Book of Lismore. Oxford 1890 (Anecdota Oxoniensia. Mediaeval and modern Series. Part V). p. 1—19. 149—167. Ueber die ältern Ausgaben der dem hl. Patricius beigelegten Schriften f. *Schoenemann*, Bibl. hist.-lit. Patr. lat. II, 849 sqq. Migne (P. lat. LIII) gibt außer der Confessio (col. 801—814) und der Epistola ad Coroticum (813—818) noch folgende Stücke: Synodus S. Patricii (817—822), Canones alii S. Patricio adscripti (823—824), Synodus episcoporum Patricii, Auxilii, Issernini (823—826), Canones alii S. Patricio attributi (827—828), Proverbia aliqua S. Patricii (827—828), Charta S. Patricii (827—830), S. Patricii episc. de tribus habitaculis liber (831—838), Hymnus alphabeticus in laudem S. Patricii tum viventis Secundino episc. adscriptus (837—840). Bei Whitley Stokes (The Tripartite Life of Patrick. Vol. II. p. 269—489) finden sich folgende Schriften: Documents from the Book of Armagh, The Confession of St. Patrick, St. Patrick's Letter to the Christian Subjects of Coroticus, Preface to the Faed Fiada, Secundinus' Hymn, Preface to the foregoing Hymn, Fiacc's Hymn, Ninnine's Prayer, Homily on St. Patrick. S. noch George T. Stokes and Ch. H. H. Wright, The Writings of St. Patrick, the Apostle of Ireland. With Notes, Critical and Historical. London 1887. 8°. Ch. H. H. Wright, The Writings of Patrick, the Apostle of Ireland. A revised Translation, with Notes (Christian Classics. Vol. VI). London 1889. 12°. Th. Olden, Epistles and Hymns of St. Patrick. With the poem of Secundinus translated into English. Edited by Th. O. London 1889. 8°. Die Echtheit der Confessio und der Epistola ad Coroticum wird, im Widerspruch zu Whitley Stokes, bekämpft von J. v. Pflugk=Harttung, Die Schriften St. Patricks: Neue Heidelberger Jahrbücher. Bd. III (1893). S. 71—87. — Der mehrgenannte Bischof Secundinus war ein Neffe des hl. Patricius. Ueber den ihm zugeeigneten Hymnus abecedarius auf Patricius vgl. Manitius, Gesch. der christl.=lat. Poesie. Stuttgart 1891. S. 238—240.

2. Hydatius. — Der Spanier Hydatius (Idacius), geboren zu Lemica in Galläcien (jetzt Jinzo de Lima in Portugal), seit 427 Bischof, und zwar wahrscheinlich von Aquä Flaviä (jetzt Chaves), schrieb eine Fortsetzung der Chronik des hl. Hieronymus (§ 75, 6) bis zum Jahre 468. Vom Jahre 427 an berichtet er Selbsterlebtes, und auf diesem Berichte beruht der Werth der Schrift. Spanien und speciell Galläcien tritt durchaus in den Vordergrund.

Die erste Ausgabe dieser Chronik lieferte Ludovicus de S. Laurentio unter dem Pseudonym Paulus Profitius, Rom 1615. Migne (P. lat.) gibt die Chronik zweimal: LI, 873—890 nach der Ausgabe von J. Sirmond (Paris 1619 u. ö.), bezw. nach dem Abbrucke dieser Ausgabe bei Gallandi, Bibl. vet. Patr. T. X. p. 323 sqq., und sobann LXXIV, 701—750 nach der Ausgabe von J. M. Garzon und F. X. de Ram (Brüssel 1845). Neueste Ausgabe von Th. Mommsen in den Chronica minora saec. IV. V. VI. VII. Vol. II (Monum. Germ. hist. Auct. antiquiss. T. XI. Berol. 1894). p. 13—36. Das in der einzigen Handschrift auf die Chronik folgende Consulverzeichniß für die Jahre 245—468 (Migne, P. lat. LI, 891—914) hat Mommsen in den Chron. min. Vol. I (Mon. Germ. hist. Auct. ant. T. IX. 1892). p. 205—247 von neuem heraus= gegeben. Mommsen überschrieb dasselbe: Consularia Constantinopolitana ad a. 395 cum additamento Hydatii ad a. 468 (accedunt consularia Chronici Paschalis). Zur Kritik der Ansicht Mommsens über die Herkunft des Verzeich= nisses vgl. C. Frick, Die Fasti Idatiani und das Chronicon Paschale: Byzan= tinische Zeitschrift. Bd. I (1892). S. 282—291. Ueber Hydatius im allgemeinen f. P. B. Gams, Die Kirchengesch. von Spanien. Bd. II. Abth. 1. Regens= burg 1864. S. 465—471. J. Chr. F. Bähr, Die christl. Dichter und Ge= schichtschreiber Roms. 2. Aufl. Carlsruhe 1872. S. 208—212.

3. **Victor von Vita.** — Bischof Victor von Vita in der afrikanischen Provinz Byzacena verfaßte 486 eine Geschichte der Verfolgungen der Katholiken Afrikas durch die arianischen Vandalen unter dem Titel Historia persecutionis Africanae provinciae temporibus Geiserici et Hunirici regum Wandalorum. Für das erste Buch, die Zeit Geiserichs (427—477) betreffend, war Victor auf anderweitige Berichte angewiesen; um so werthvoller sind die zwei folgenden Bücher, in welchen der Verfasser die Ereignisse seiner Zeit, der Regierung Hunerichs (477—484), erzählt, vielfach als Augenzeuge spricht und bedeutsame Documente mittheilt, wie das ausführliche Glaubensbekenntniß der auf den 1. Februar 484 zu einer Conferenz mit den Arianern nach Karthago berufenen katholischen Bischöfe (II, 56—101) und das Verfolgungsedict Hunerichs vom 24. Februar 484 (III, 3—14). Die früher übliche Abtheilung der Schrift in fünf Bücher hat in den neuern Ausgaben der Dreitheilung weichen müssen. Victor steht unter dem frischen Eindrucke der entsetzlichen Greuelthaten der Vandalen, schildert in recht grellen Farben und redet eine wenig gebildete Sprache. In den Handschriften (und dementsprechend auch in den Ausgaben) ist dieser Schrift eine Passio beatissimorum martyrum (sieben Mönche) qui apud Carthaginem passi sunt sub impio rege Hunirico die VI Non. Iulias (im Jahre 483) angehängt, wohl nicht von Victor selbst, sondern von einem Zeitgenossen und Landsmanne geschrieben. Außerdem ist den Ausgaben eine Notitia provinciarum et civitatum Africae beigefügt, d. i. ein nach Provinzen geordnetes Verzeichniß der auf den 1. Februar 484 nach Karthago beschiedenen katholischen Bischöfe Afrikas.

Die neuesten und besten Ausgaben der Schrift Victors besorgten C. Halm, Berlin 1879 (Monum. Germ. hist. Auct. antiquiss. T. III. Pars 1), und M. Petschenig, Wien 1881 (Corpus script. eccles. lat. Vol. VII). Vgl. Petschenig, Die handschriftliche Ueberlieferung des Victor von Vita: Sitzungsberichte der kais. Akad. d. Wiss. zu Wien. Philos.-hist. Cl. Bd. XCVI (1880). S. 637—732. Neuere Abdrücke älterer Ausgaben bei *Migne*, P. lat. LVIII, 179—276; *Hurter*, SS. Patr. opusc. sel. Vol. XXII. Deutsche Uebersetzungen der Schrift Victors lieferten M. Zink, Bamberg 1883. 8° (Progr.), und A. Mally, Wien 1884. 8°. A. Auler, Victor von Vita: Historische Untersuchungen, A. Schäfer ... gewidmet. Bonn 1882. S. 253—275. W. Pötzsch, Victor von Vita und die Kirchenverfolgung im Vandalenreiche (Progr.). Döbeln 1887. 4°. Vgl. F. Görres, Kirche und Staat im Vandalenreich 429—534: Deutsche Zeitschr. f. Geschichtswissenschaft. Jahrg. 1893. Bd. II. H. 1. S. 14—70. Ueber das sogen. Wunder von Tipasa (*Victor*, Hist. persec. III, 29—30) handeln P. v. Hoensbroech S. J. in den Stimmen aus Maria-Laach. Bd. XXXVII (1889). S. 270—283; F. Görres, Beiträge zur Kirchengeschichte des Vandalenreiches: Zeitschr. f. wissenschaftl. Theol. 1893. Bd. I. S. 494—500. — Das erwähnte Glaubensbekenntniß der katholischen Bischöfe ist von Bischof Eugenius von Karthago (480—505) verfaßt, von welchem wir auch noch eine Epistola ad cives suos pro custodienda fide catholica besitzen (*Migne* l. c. LVIII, 769—771). Andere Schriften dieses heldenmüthigen Glaubenszeugen (*Gennadius*, De vir. ill. c. 97) sind verloren gegangen. — Bischof Cerealis von Castellum in Mauretania Cäsariensis, in der genannten Notitia als Cerealis Castello-Ripensis bezeichnet, hinterließ eine kleine Schrift Contra Maximinum Arianum (*Migne* l. c. LVIII, 757—768). Vgl. Rausch in Wetzer und Welte's Kirchenlexikon. 2. Aufl. III, 14. — Bischof Antoninus Honoratus von Constantina (Cirta) in Nu-

mibien ist Verfasser eines schönen Trost= und Ermunterungsschreibens an einen ge=
wissen Arcadius, welcher seines katholischen Glaubens wegen von König Geiserich
ins Exil verwiesen worden war (*Migne* l. c. L, 567—570). Vgl. Barden=
hewer in dem genannten Kirchenlexikon VI, 227 f. — Zu beklagen ist der Ver=
lust mehrerer Schriften des Bischofs Victor von Cartenna in Mauretania Cäsariensis
zur Zeit Geiserichs (*Gennadius*, De vir. ill. c. 77).

4. **Vigilius von Tapsus.** — Dem Religionsgespräche katholischer und
arianischer Bischöfe, welches Hunerich am 1. Februar 484 zu Karthago ver=
anstaltete (vgl. Abs. 3), wohnte auch Bischof Vigilius von Tapsus in der
Provinz Byzacena bei. Zu eigentlichen Verhandlungen kam es nicht. Vigilius
ist, wie die übrigen katholischen Bischöfe, entweder geflüchtet oder in die Ver=
bannung geschickt worden. Um 520 weilte er zu Konstantinopel. Die gewöhn=
liche Annahme läßt ihn nicht lange nach 520 aus diesem Leben geschieden sein.
Im Exile verfaßte Vigilius eine Reihe von Schriften zur Bekämpfung des
Arianismus und des Monophysitismus. Den meisten gab er die Form des
Dialoges, weil dieselbe gerade für polemische Erörterungen besonders zweck=
entsprechend schien (vgl. die Vorbemerkung zu dem Dialogus contra Arianos,
Sabellianos etc.) Mehrere Schriften hat er, mit Unterdrückung seines eigenen
Namens, unter einem klangvollen Namen der Vorzeit veröffentlicht, und dieser
Umstand trägt auch dazu bei, daß der Umfang seiner literarischen Thätigkeit
bezw. die Echtheit mehrerer Schriften immer noch zweifelhaft oder bestritten
ist. Als echt gelten folgende Schriften: Contra Arianos dialogus, in Form
einer öffentlichen Disputation zwischen Athanasius und Arius (Athanasio,
Ario et Probo iudice interlocutoribus), Contra Arianos, Sabellianos etc.
dialogus, eine spätere Ueberarbeitung und Erweiterung des vorhin genannten
Dialoges (Athanasio, Ario, Sabellio, Photino et Probo iudice interlocutoribus), Contra Eutychetem libri V, um 520 zu Konstantinopel ver=
faßt und auf oströmische Leser berechnet. Alle andern Schriften sind mehr
oder weniger zweifelhaft. Collatio cum Pascentio Ariano und Contra
Felicianum Arianum de unitate trinitatis ad Optatum liber führen beide
den Namen Augustins, dürfen aber mit hoher Wahrscheinlichkeit Vigilius zu=
geeignet werden. Weniger sicher ist die Herkunft der von Chifflet (1664)
für Vigilius in Anspruch genommenen Libri III contra Varimadum (Mari-
vadum) Arianum diaconum und Libri XII de Trinitate. Diese zwölf
Bücher tragen den Namen des hl. Athanasius, und das letzte derselben hat
de Montfaucon mit Recht unter die Schriften des hl. Athanasius auf=
genommen (liber de Trinitate et Spiritu sancto; § 45, 3).

Die einzige Gesamtausgabe der genannten Schriften (in Verbindung mit der
Schrift Victors von Vita, Abs. 3) lieferte P. Fr. Chifflet S. J., Dijon 1664. 4°.
Ein Abdruck dieser Ausgabe bei *Migne*, P. lat. LXII. Paris. 1848. 1863. Die
Collatio cum Pascentio Ariano fehlt in Chifflets Ausgabe. Sie steht unter den
unechten Werken Augustins, *Migne* l. c. XXXIII, 1156—1162. Hier auch die
Schrift Contra Felicianum Arianum, *Migne* XLII, 1157—1172. Die zwei Bücher
Contra Palladium Arianum, P. lat. LXII, 433—463, hätte Chifflet nicht Vi=
gilius zuweisen sollen; das erste Buch enthält nur die Acten der Synode zu Aqui=
leja vom Jahre 381 (vgl. Hefele, Conciliengeschichte. Bd. II. 2. Aufl. S. 35,
Anm. 3), das zweite Buch ist die höchst wahrscheinlich von Phöbadius herrührende
Schrift De fide orthodoxa contra Arianos (s. § 69, 6). Neuere Literatur über

Vigilius liegt nicht vor. Aeltere Literatur führt *Chevalier*, Répert. des sources hist. 2298, an.

5. **Fulgentius von Ruspe.** — Ein nicht minder streitbarer Gegner des Arianismus und zugleich gewandter Vertheidiger der augustinischen Gnaden-lehre, vielleicht der größte Theologe seiner Zeit, erstand in dem Afrikaner Fulgentius, geboren 468 zu Telepte in der Provinz Byzacena, gestorben 533 als Bischof von Ruspe in derselben Provinz. Ueber seinen Lebensgang sind wir genauer unterrichtet durch eine Vita S. Fulgentii, welche 533—534 von einem Schüler des Heiligen, nach der herkömmlichen Ansicht von Fulgentius Ferrandus, verfaßt ist und eine sehr achtungswerthe Geschichtsquelle darstellt. Fulgentius war einer vornehmen Familie entsprossen und hatte eine sehr sorg-fältige Erziehung genossen. Augustins Erklärung des 36. Psalmes (Vulgata) war es, welche in dem frommen Jüngling den Entschluß zur Reife brachte, sich dem Mönchsstande zu widmen. Nach manchen Leiden und Verfolgungen von seiten der Arianer, Reisen nach Sicilien und Rom und längern Jahren segensreicher Wirksamkeit als Klosterabt ward Fulgentius 507 oder 508, un-geachtet seines Sträubens, zum Bischof der kleinen Seestadt Ruspe bestellt. Aber schon bald nachher ward er mit mehr als sechzig andern katholischen Bischöfen der Provinz Byzacena durch König Thrasamund (496—523) nach Sardinien verbannt. Zwar wurde er, dank dem Rufe seiner außergewöhnlichen Gelehrsamkeit, durch Thrasamund selbst um 515 zum Zweck dogmatischer Ver-handlungen nach Karthago berufen, infolge der Umtriebe der Arianer aber um 519 von neuem nach Sardinien verwiesen. Nach der Thronbesteigung des milden Hilderich (523) durfte er mit den übrigen exilirten Bischöfen in die Heimat zurückkehren und noch zehn Jahre lang in Ruhe der Aufgabe eines guten Hirten obliegen. — Die meisten der zahlreichen Schriften des hl. Ful-gentius beschäftigen sich mit der Widerlegung des Arianismus und der Be-leuchtung des Geheimnisses der Menschwerdung. Die Schrift Contra Arianos enthält die Antwort auf zehn Fragen, welche Thrasamund um 515 Fulgentius vorlegte. Neue Einwendungen des Königs bilden den Gegenstand der drei Bücher Ad Thrasamundum regem Vandalorum. An diese Bücher schlossen sich nach der Vita S. Fulg. (c. 23, 47; 24, 48: Migne, P. lat. LXV, 141) ein Werk (Opus) adversus Pintam und ein Aufsatz (Commonitorium par-vissimum) de Spiritu sancto an. Von diesem Aufsatze liegen noch zwei Fragmente vor. Das Werk gegen Pinta ist verloren gegangen; die gedruckte Schrift Pro fide catholica adversus Pintam episc. Arianum ist unecht. Aus spätern Jahren, wie es wenigstens scheint, stammen die Schriften De Trinitate ad Felicem notarium, Contra sermonem Fastidiosi Ariani ad Victorem, De incarnatione filii Dei et vilium animalium auctore ad Scarilam. Von zehn Büchern Contra Fabianum Arianum erübrigen noch 39 werthvolle Bruchstücke. Zu wissenschaftlicher Erörterung der Gnadenlehre ward Fulgentius zunächst durch die scythischen Mönche (§ 83, 2) veranlaßt. Im Jahre 519 oder 520 unterbreiteten diese Mönche ihre dogmatischen Auf-stellungen dem Urtheile der auf Sardinien weilenden Bischöfe Afrikas, und die Bischöfe zögerten nicht, durch den Mund des hl. Fulgentius sowohl die Formel „Einer aus der heiligen Dreifaltigkeit hat im Fleische gelitten" gut-zuheißen als auch dem Widerspruche der Mönche gegen die Lehre des Bischofs

Fauſtus von Reji ſich anzuſchließen (S. Fulg. Ep. 17 de incarnatione et gratia). Im Exile auf Sardinien veröffentlichte Fulgentius weiterhin die Schriften: De remissione peccatorum ad Euthymium libri II, Ad Monimum libri III (I. de duplice praedestinatione Dei, una bonorum ad gloriam, altera malorum ad poenam; II. de sacrificii oblatione, de Spiritus sancti missione, de supererogatione beati Pauli; III. de vera expositione illius dicti evangelici: Et verbum erat apud Deum), Contra Faustum libri VII. Das letztgenannte Werk (Vita S. Fulg. c. 28, 54) iſt leider nicht auf uns gekommen. Nach ſeiner Rückkehr aus dem Exile ſchrieb Fulgentius 523 in Afrika drei Bücher De veritate praedestinationis et gratiae Dei ad Ioannem et Venerium, und in dasſelbe Jahr fällt auch noch die von Fulgentius verfaßte und gleichfalls an Johannes und Venerius gerichtete Epistola synodica der afrikaniſchen Biſchöfe über die Lehre von der Gnade (S. Fulg. Ep. 15). Von dem Abreſſaten Johannes iſt § 83, 2 die Rede geweſen. Die Schrift De praedestinatione et gratia iſt Fulgentius fälſchlich untergeſchoben worden. Die echten Schriften über die Gnade und die Vorherbeſtimmung vertreten ſo entſchieden den Standpunkt Auguſtins, auch bezüglich der Particularität · des göttlichen Heilswillens und des Loſes der ohne Taufe ſterbenden Kinder, daß der Verfaſſer mit vollem Recht „der ab= gekürzte Auguſtinus" genannt wurde. Das goldene Büchlein De fide s. de regula verae fidei ad Petrum ſtellt ein Compendium der geſamten Dogmatik dar. Endlich ſind einige Briefe und einige Predigten zu erwähnen.

Die erſte Ausgabe der Schriften des hl. Fulgentius beſorgten W. Pirkheimer und J. Cochläus, Hagenau 1520. 2⁰. Die vollſtändigſte und beſte Ausgabe lieferte L. Mangeant, Paris 1684. 4⁰; Venedig 1742. 2⁰. Dieſe Ausgabe iſt abgedruckt bei *Migne*, P. lat. LXV. Paris. 1847. 1861. *Hurter*, SS. Patr. opusc. sel., gibt T. XVI die Schrift De fide ad Petrum und T. XLV—XLVI die Epistolae (I—XVIII) ſamt der Vita S. Fulg. Ein einläßlicher und gründlicher Artikel über Fulgentius findet ſich bei *Fessler*, Institt. Patrol. (1850—1851) II, 830—869. In neueſter Zeit hat Fulgentius bezw. ſeine literariſche Hinterlaſſen= ſchaft ſehr wenig Beachtung gefunden. J. Klein, Ueber eine Handſchrift des Nico= laus von Cues. Berlin 1866. 8⁰. S. 143—145, bietet Beiträge zur Texteskritik der unechten Schrift De fide catholica adversus Pintam (P. lat. LXV, 705 ad 720). C. P. Caſpari, Ungedruckte u. ſ. w. Quellen zur Geſch. des Tauffym= bols und der Glaubensregel. II. Chriſtiania 1869. S. 245—264, behandelt „das carthaginienſiſch=afrikaniſche Symbol nach Fulgentius von Ruſpe", nämlich nach den Fragmenten der Libri X contra Fabianum Arianum (LXV, 749—834). A. Mally veröffentlichte eine deutſche Ueberſetzung der Vita S. Fulg. (LXV, 117—150), Wien 1885. 8⁰. F. Görres, Beiträge zur Kirchengeſchichte des Vandalenreiches: Zeitſchr. f. wiſſenſchaftl. Theologie. 1893. Bd. I. S. 500—511, beſpricht den Lebensgang des hl. Fulgentius. — Fulgentius Ferrandus, Schüler und vielleicht auch Bluts= verwandter des hl. Fulgentius von Ruſpe, begleitete letztern in die Verbannung nach Sardinien und ward 523 Diakon der Kirche zu Karthago. Ueber ſeine fernern Lebensgeſchicke ſind keine Nachrichten erhalten. Facundus von Hermiane gedenkt in ſeinem Werke Pro defensione trium capitulorum, an welchem er ſchon 546 ſchrieb, des Ferrandus als eines bereits Verſtorbenen (IV, 3: P. lat. LXVII, 624). Außer der ſchon erwähnten Vita S. Fulgentii hinterließ Ferrandus eine Anzahl Briefe und eine Breviatio canonum. Letztere ſtellt eine vollſtändige Norm des kirchlichen Lebens dar, geſchöpft aus den Canones griechiſcher und afrikaniſcher Con=

cilien; sie handelt von den Bischöfen (c. 1—84), von den Priestern (c. 85—103), von den Diakonen (c. 104—120), von den übrigen Clerikern und den Angehörigen des Clerus im allgemeinen (c. 121—142), von den Concilien (c. 143—144), von den kirchlichen Vergehen, darunter von dem Verhalten gegenüber Häretikern, Juden und Heiden (c. 145—198), von der Taufe (c. 199—205), von der Quadragesima (c. 206—210) und schließt mit Bestimmungen vermischten Inhalts (c. 211—232). Diese Breviatio canonum bei *Migne*, P. lat. LXVII, 949—962. Näheres über dieselbe, auch über die Handschriften und die Ausgaben, bei Fr. Maaßen, Geschichte der Quellen und der Literatur des canonischen Rechts im Abendlande bis zum Ausgange des Mittelalters. Bd. I. Graß 1870. S. 799—802. Sieben theologische Briefe des Ferrandus bei *Migne* l. c. LXVII, 887—950; zwei Briefe an Fulgentius von Ruspe waren schon unter den Briefen des letztern (LXV, 378—380. 392—394) gedruckt. Einer jener sieben Briefe, an Eugippius (§ 95, 4), ist seinem ganzen Umfange nach erst durch A. Mai (Script. vet. nova Coll. T. III, 2. p. 169—184) mitgetheilt worden; *Migne* l. c. LXVII, 908—910, gibt nur das früher schon bekannte Bruchstück (nach *Gallandi*, Bibl. vet. Patr. T. XI. p. 355). Aus demselben cod. Casinas saec. XI, aus welchem Mai schöpfte, hat A. Reifferscheid, Anecdota Casinensia (Zugabe zu dem Index scholarum in univers. litt. Vratislaviensi per hiemem a. 1871—1872 habendarum) p. 5—7 noch fünf andere bis dahin unbekannte Briefe des Ferrandus herausgegeben, kurz und persönlichen Inhalts, ohne erheblichen Werth.

6. **Dracontius.** — Auch einen nicht unbedeutenden christlichen Dichter hat Afrika um die Wende des 5. Jahrhunderts hervorgebracht, Blossius Aemilius Dracontius. Er stammte aus einer der reichen Possessorenfamilien Afrikas, erhielt die grammatisch-rhetorische Bildung seines Standes und widmete sich der juristischen Laufbahn. Der Zorn des Königs Gunthamund (484—496) zerstörte sein und der Seinigen Glück. Dracontius ward seiner ausgedehnten Güter verlustig erklärt und in den Kerker geworfen. Sein Verbrechen war, wie er selbst in seiner Satisfactio (V. 93—94; vgl. V. 105—106) angibt, eine Dichtung gewesen, in welcher er einen Fremden als seinen Herrn gefeiert hatte (vermuthlich den römischen Kaiser), anstatt vielmehr das Lob seines vandalischen Fürstenhauses zu singen. Im Kerker schrieb Dracontius die erwähnte Satisfactio, eine Elegie in 158 Distichen (316 Hexametern), welche zunächst Gottes Güte und Milde preist und im weitern Verlaufe König Gunthamund mahnt, Gott in seiner Bereitwilligkeit zu verzeihen nachzuahmen. Dieses Reuegedicht blieb ohne den gewünschten Erfolg. Dracontius ließ demselben eine größere Dichtung in Hexametern folgen, Laudes Dei überschrieben, aber auch nur dem Preise der Gnade (pietas) Gottes gewidmet. Dieselbe zerfällt in drei Bücher. Das erste (754 Verse) besingt den Gnadenerweis Gottes in der Schöpfung der Welt; das zweite (in Arevalos Ausgabe 808, in Gläsers Ausgabe 813 Verse) hat die Bewährung und Vollendung dieser Gnade in der Erhaltung der Welt und namentlich in der Sendung Jesu Christi zum Gegenstande; das dritte (bei Arevalo 682, bei Gläser 699 Verse) ermuntert zur Gegenliebe Gottes, wie sie sich bekundet in unerschütterlichem Gottvertrauen. Ob dieses zweite Gedicht von Erfolg gekrönt gewesen, bleibt dahingestellt. Die weitern Geschicke des Dichters sind unbekannt. Die Mischung des subjectiven, lyrischen Elementes mit demjenigen der Didaktik verleiht den genannten Dichtungen eine sehr anziehende Originalität und individuelle Wärme. Eine Reihe von Profan-

dichtungen sehr verschiedenen Inhalts ist zum weitaus größten Theile einer frühern Lebensperiode des Verfassers zuzuweisen.

Die Satisfactio unterwarf Bischof Eugenius II. von Toledo, auf Wunsch des Westgotenkönigs Chindaswinth (642—649), einer nicht bloß ästhetischen, sondern auch theologischen, ja vielleicht selbst politischen Correctur, und diese Recension (Migne, P. lat. LXXXVII, 383—388) ward häufig als Dracontii Elegia gedruckt, bis F. Arevalos Ausgabe der Werke unseres Dichters, Rom 1791. 4⁰, p. 367—402 den ursprünglichen Text brachte (Migne l. c. LX, 901—932). Eine neue Collation der von Arevalo benutzten Handschrift der Satisfactio bei F. de Duhn, Dracontii carmina minora. Lips. 1873. 8⁰. p. 80—90. Die Laudes Dei wurden auch in annähernder Vollständigkeit zuerst von Arevalo a. a. O. p. 117—366 heraus= gegeben (abgedruckt bei Migne l. c. LX, 679—902). Die beiden letzten Bücher dieses Gedichtes edirte von neuem C. E. Glaeser in zwei Programmen des kgl. Friedrichs=Gymnasiums zu Breslau, 1843. 1847. 4⁰. Wichtige Beiträge zur Hand= schriftenkunde und zur Texteskritik lieferte W. Meyer, Die Berliner Centones der Laudes Dei des Dracontius. Sitzungsberichte der kgl. preuß. Akad. d. Wiss. zu Berlin. Jahrg. 1890. S. 257—296. Vgl. auch I. B. Pitra, Analecta sacra et classica. Paris. 1888. Pars I. p. 176—180. Der die Schöpfungsgeschichte und den Sündenfall behandelnde Abschnitt der Laudes Dei, d. i. das erste Buch von Vers 116 an, kam schon früh als ein selbständiges Ganzes unter dem Titel Hexaemeron creationis mundi (Isid. Hisp., De vir. ill. c. 24) in Umlauf. Bi= schof Eugenius besorgte eine neue Recension dieses Abschnittes, welche als Dra= contii Hexaemeron zahlreiche Ausgaben erlebte (Migne, P. lat. LXXXVII, 371—384. 388). Ueber das zeitliche Verhältniß der beiden genannten Gedichte zu einander s. A. Ebert, Allg. Geschichte der Literatur des Mittelalters. Bd. I. 2. Aufl. S. 386, Anm. 3. Ueber die Profandichtungen des Dracontius, insbesondere die wenigstens mit großer Wahrscheinlichkeit Dracontius zuzueignende Orestis tra= goedia, s. Teuffel=Schwabe, Gesch. der Röm. Lit. 5. Aufl. S. 1220—1224. Hier ist auch die neuere Literatur über Dracontius, welche vorwiegend die Orestis tragoedia betrifft, am vollständigsten verzeichnet. Nachzutragen wäre etwa K. Roß= berg, Dracontiana: Commentationes Woelfflinianae. Lips. 1891. 8⁰. p. 63—68. — Von dem wiederholt genannten Bischof Eugenius II. von Toledo (646—657) sind eine Anzahl kleinerer Gedichte (Migne l. c. LXXXVII, 359—368. 389—400) und einige Briefe (403—418) auf uns gekommen. Ueber die Gedichte s. Manitius, Gesch. der christl.=lat. Poesie. Stuttg. 1891. S. 424—432.

## § 95. Italische Schriftsteller.

1. Päpste, insbesondere Gelasius I. — Unter den Päpsten der zweiten Hälfte des 5. Jahrhunderts, Hilarus (461—468), Simplicius (468—483), Felix III. (483—492), Gelasius I. (492—496), Anastasius II. (496—498), ist Gelasius derjenige, welcher die meisten und wichtigsten Briefe und Decrete hinterlassen hat. Ihre Zahl erfuhr noch kürzlich durch die Entdeckung der sogen. Britischen Sammlung von Papstbriefen (in einer Handschrift des Bri= tischen Museums zu London) einen nicht unbeträchtlichen Zuwachs. Die be= rühmteste Decretale, De recipiendis et non recipiendis libris, welche Gelasius auf einer römischen Synode erlassen haben soll, wird freilich auf Grund der neuesten Forschungen als unecht bezeichnet werden müssen. Diese Decretale umfaßt in der überlieferten Gestalt fünf Theile: de Spiritu sancto, de canone scripturae sacrae, de sedibus patriarchalibus, de synodis oecu= menicis, de libris recipiendis; der letzte und weitaus größte Theil, ein

Verzeichniß der libri recipiendi (patristische Schriften) und der libri apo-
cryphi qui non recipiuntur (theils biblische Apokryphen theils patristische
Schriften), der älteste Index librorum prohibitorum, hat dem Ganzen seinen
Namen gegeben. Es wurde schon früher erkannt, daß die zwei ersten Theile
einer römischen Synode unter Papst Damasus angehören, welche mit höchster
Wahrscheinlichkeit in das Jahr 382 zu setzen ist. Aber auch gegen die gelasianische Herkunft des letzten Theiles erheben sich so schwere Bedenken, daß die
Annahme vollständiger Unechtheit näher liegt als die Behauptung mannigfacher
Interpolationen und Corruptionen. In Thiels Ausgabe der Briefe des hl. Gelasius (1868) sind, im Anschluß an die handschriftliche Ueberlieferung, sechs
umfangreichere Nummern aus den Epistolae et decreta ausgeschieden und unter
dem Titel Tractatus zu einer besondern Schriftengruppe zusammengefaßt worden.
Die Mehrzahl dieser Tractate steht im Dienste der unablässigen, aber erfolg-
losen Bemühungen des Papstes um Wiedervereinigung der griechischen und der
lateinischen Kirche oder Aufhebung des acacianischen Schismas (vgl. § 81, 4).
Die Aufschriften lauten im einzelnen: Gesta de nomine Acacii vel breviculus historiae Eutychianistarum; De damnatione nominum Petri et
Acacii; De duabus naturis in Christo adversus Eutychem et Nestorium;
Tomus de anathematis vinculo; Dicta adversus Pelagianam haeresim;
Adversus Andromachum senatorem ceterosque Romanos, qui Luper-
calia secundum morem pristinum colenda constituebant. Andere Schriften
des hl. Gelasius sind dem Zahne der Zeit erlegen. Eine Sammlung von
Meßofficien unter dem Titel Sacramentarium Gelasianum (zu dem Titel
vgl. § 79, 2 zum Schluß) ward von Duchesne (1889) für ein Werk des
Papstes Gregor d. Gr. erklärt, während Probst (1892) an der Autorschaft
des Papstes Gelasius festhält. Durch die letztere Annahme wird nicht ausgeschlossen, daß sämtliche uns erhaltene Handschriften, weil erst aus dem 7.
oder 8. Jahrhundert stammend, bereits Zusätze und Aenderungen aufweisen.
Sicher dürfte sein, daß es schon vor Gregor d. Gr. in der römischen Kirche
eine officielle Sammlung von Meßgebeten gab, und daß diese Sammlung mit
spätern Zusätzen in dem Sacramentarium Gelasianum noch vorliegt; dagegen
dürfte die Frage, ob diese Sammlung von Gelasius herrühre und also mit
Recht nach ihm benannt werde, zur Zeit nicht spruchreif sein (Bäumer). Von
Papst Symmachus (498—514) besitzen wir nur etwa zehn echte Briefe. Dagegen sind die Briefe des Papstes Hormisda (514—523) in seltener Reichhaltigkeit auf uns gekommen; vermuthlich haben die alten Sammler die Briefe
dieses Papstes unmittelbar dem Archive der römischen Kirche entnommen.

Epistolae et decreta S. Hilari P. bei *Migne*, P. lat. LVIII, 11 sqq.;
S. Simplicii P.: LVIII, 35 sqq.; S. Felicis P. III.: LVIII, 893 sqq.; S. Gelasii P. I.: LIX, 13 sqq. (S. Anastasius P. II. deest); S. Symmachi P.:
LXII, 49 sqq.; S. Hormisdae P.: LXIII, 367 sqq. Eine neue Ausgabe von
A. Thiel: Epistolae Romanorum Pontificum genuinae et quae ad eos
scriptae sunt a S. Hilaro usque ad Pelagium II. Rec. et ed. *A. Thiel.*
T. I. A S. Hilaro usque ad S. Hormisdam ann. 461—523. Brunsbergae
1868. 8° (der in Aussicht genommene zweite Band ist nicht mehr erschienen). Neue,
freilich meist sehr kurze Briefe des hl. Gelasius aus der Britischen Sammlung bei
*S. Loewenfeld*, Epistolae Pontificum Rom. ineditae. Lipsiae 1885. 8°. p. 1—12.
Vgl. P. Ewald, Die Papstbriefe der Brittischen Sammlung: Neues Archiv der

Gesellschaft s. ältere deutsche Geschichtskunde. Bd. V (1880). S. 275—414.
503—596. Die Briefe der Päpste Hilarus, Simplicius, Felix III., Gelasius I.
und Anastasius II. wurden ins Deutsche übersetzt von S. Wenzlowsky, Die
Briefe der Päpste (Bibliothek der Kirchenväter). Bd. VI—VII. Kempten 1879 bis
1880. Wenzlowsky konnte auch schon die Gelasius=Briefe der Britischen Sammlung
mittheilen (VII, 295—332; vgl. 159—160). Zur Datirung der Briefe der Päpste
von Hilarus bis auf Hormisda s. *Jaffé*, Reg. Pontif. Rom. Ed. 2. T. I. 1885.
p. 75—109. Vgl. O. Günther, Beiträge zur Chronologie der Briefe des Papstes
Hormisda. [Aus „Sitzungsber. der k. Akad. b. Wiss."] Wien 1892. Das Schreiben
des Papstes Gelasius an den Bischof Rusticus von Lyon vom 25. Januar 494
(*Thiel*, Epist. Rom. Pontif. p. 359), ferner der Glückwunschbrief des Papstes
Anastasius II. an den neubekehrten König Chlodovech vom Jahre 497 (*Thiel*
l. c. p. 624) und der Brief des Papstes Symmachus an Avitus von Vienne vom
13. October 501 (*Thiel* l. c. p. 656 sq.) sind Fälschungen Vigniers; vgl. § 92, 5.
Eine Sonderausgabe der Decretale De recip. et non recip. libris lieferte A. Thiel,
Braunsberg 1866. 4⁰. Vgl. J. Friedrich, Drei unedirte Concilien aus der
Merovingerzeit. Mit einem Anhange über das Decretum Gelasii. Bamberg
1867. 8⁰. Ders., Ueber die Unechtheit der Decretale De recipiendis et non recipiendis libris des Papstes Gelasius I.: Sitzungsberichte der k. bayer. Akad. b.
Wiss. zu München. Philos.=philol. u. histor. Cl. 1888. Bd. I. S. 54—86.
Th. Zahn, Gesch. des Neutestamentl. Kanons. Bd. II, 1. Erlangen u. Leipzig
1890. S. 259—267: „Über das sogen. Decretum Gelasii." Zu den Gesta de
nomine Acacii vgl. O. Günther in der Byzantin. Zeitschr. Bd. III (1894).
S. 146—149. Das Sacramentarium Gelasianum bei *Migne*, P. lat. LXXIV,
1055—1244. Eine neue Ausgabe von Wilson: The Gelasian Sacramentary.
Liber sacramentorum Romanae ecclesiae. Edited by *H. A. Wilson*. Oxford
1894. 8⁰. Vgl. über dieses Sacramentarium die § 79, 3 angeführten Schriften
von Duchesne, Probst, Wilson. S. Bäumer, Ueber das sogen. Sacramentarium Gelasianum: Hist. Jahrbuch. Bd. XIV (1893). S. 241—301.
Probst und Funk, Zur Frage nach der Stellung des Gelasianum zum Oster=
fasten: Theol. Quartalschr. Bd. LXXVI (1894). S. 126—142. Ueber Gelasius I.
und Anastasius II. im allgemeinen handeln *B. Viani*, Vite dei due pontefici
S. Gelasio I. e S. Anastasio II. Modena 1880. 8⁰. *A. Roux*, Le pape Gé-
lase I. (482—496). Étude sur sa vie et ses écrits. Paris 1880. 8⁰.

2. **Ennobius von Pavia.** — Magnus Felix Ennobius stammte
aus Südgallien, kam aber schon sehr früh nach Oberitalien und trat hier,
nachdem er sehr wahrscheinlich vorher als Lehrer der Rhetorik thätig gewesen,
in den geistlichen Stand ein, während seine Braut den klösterlichen Schleier
nahm. Im Jahre 513, wie es scheint, ward er zum Bischof von Ticinum
(Pavia) erhoben, und als solcher wurde er von Papst Hormisda zweimal,
515 und 517, mit einer Gesandtschaft an den oströmischen Kaiser Anastasius
betraut, welche freilich ihren Zweck, eine Aussöhnung der morgenländischen
und der abendländischen Kirche zu vermitteln, nicht erreichte. Er starb 521
zu Ticinum. Ennobius ist eine mit Apollinaris Sidonius (§ 93, 2) ver=
wandte Erscheinung, auch Rhetor und Bischof, Prosaiker und Poet. Doch
gelangt in seiner literarischen Thätigkeit das christliche und das kirchliche Element weit mehr zum Durchbruch. Er ist sogar ein sehr eifriger Vertheidiger
des päpstlichen Primates gewesen. In der Ausgabe Sirmonds (1611) sind
die Schriften des hl. Ennobius in vier Gruppen gegliedert: Epistolae, Opuscula, Dictiones, Carmina. Die Handschriften kennen diese Eintheilung nicht,

lassen vielmehr die einzelnen Stücke der verschiedenen Gruppen in buntem
Wechsel einander folgen. Die Briefe, im ganzen 297, von Sirmond in neun
Bücher geordnet, sind im allgemeinen ebenso inhaltlos als phrasenhaft. Sie
sind wohl alle vor dem Jahre 513 geschrieben, zu der Zeit, da Ennodius
Diakon war, sehr wahrscheinlich zu Mailand. Weit größeres Interesse beanspruchen die zehn Opuscula miscella. An der Spitze derselben steht ein
Panegyricus auf den Ostgotenkönig Theoderich, überaus schwülstig im Ausdruck und maßlos im Lob, aber doch zugleich von hervorragender Begabung
zeugend und als Geschichtsquelle von bedeutendem Werth. Derselbe ist 507
im Auftrage des Papstes Symmachus verfaßt, zur Danksagung dafür, daß
der König nach langem Zaudern schließlich doch gegen den Gegenpapst Laurentius
eingeschritten war. Schon einige Jahre früher war Ennodius als Vorkämpfer
der Sache des rechtmäßigen Papstes aufgetreten. Die Freisprechung des Papstes
Symmachus von den Beschuldigungen seiner Gegner durch eine römische Synode
des Jahres 502 gab zu einer Flugschrift Adversus synodum absolutionis
incongruae (gegen die Synode der unangebrachten Freisprechung) Anlaß, und
Ennodius vertheidigte die Synode mit Glück und Geschick in einem Libellus
adversus eos qui contra synodum scribere praesumpserunt. Außerdem
seien von den Opuscula noch genannt: Vita S. Epiphanii episcopi Tici-
nensis, eines sehr berühmten Amtsvorgängers des Verfassers († 496), etwa
aus dem Jahre 503; Vita S. Antonii monachi Lerinensis; Eucharisticum
de vita sua (so von Sirmond nach dem Gedichte des Paulinus von Pella,
§ 93, 3, betitelt), eine kurze Selbstbiographie in Form eines Gebetes nach
dem Vorbilde der Confessionen Augustins; Paraenesis didascalica (so Sirmond), gewissermaßen ein Handbuch der Pädagogik, auf Bitten zweier Freunde,
Ambrosius und Beatus, im Jahre 511 verfaßt. Die Reden (Dictiones),
28 an der Zahl, zeigen eine seltsame Mischung von Geistlichem und Profanem.
Zum größern Theile sind es rhetorische Musterstücke, welche ihr Thema der
heidnischen Vergangenheit Roms oder der Mythologie entnehmen. Die Carmina endlich hat Sirmond in zwei Bücher abgetheilt, von welchen das erste
21 kleinere Gedichte, das zweite 151 kurze Epigramme für Gräber, Kirchen,
Bildnisse und andere Kunstwerke umfaßt. Funken dichterischen Feuers sucht
man in beiden Büchern vergebens.

Die mehrerwähnte Ausgabe J. Sirmonds S. J. erschien zuerst 1611 zu
Paris in 8°. Ein Abdruck derselben bei *Migne*, P. lat. LXIII, 13—364. Neue
Gesamtausgaben verdanken wir W. Hartel, Wien 1882 (Corpus scriptorum
eccles. lat. Vol. VI), und Fr. Vogel, Berlin 1885 (Monum. Germ. hist. Auct.
antiquiss. T. VII). Hartel hat Sirmonds Anordnung und Abtheilung der
Schriften beibehalten. Vogel hingegen hat dieselbe gänzlich über Bord geworfen,
um ausschließlich den Handschriften zu folgen. *C. Tanzi*, La cronologia degli
scritti di Magno Felice Ennodio: Archeografo Triestino. N. S. Vol. XV, 2,
Luglio—Dic. 1889, p. 339—412. Zu dem Panegyricus auf Theoderich s. *C. Cipolla*,
Intorno al panegirico di Ennodio per re Teodorico. Padova 1889 (Estr.
dagli „Atti e memorie della R. Accademia di scienze, lettere ed arti di Padova"). Zu der Apologie der Synode vom Jahre 502 s. *St. Léglise*, St. Ennodius
et la suprématie pontificale au VIe siècle (499—503). Lyon 1890 (Extrait
de l'Université catholique.) Ueber Ennodius im allgemeinen s. M. Fertig,
M. F. Ennodius und seine Zeit. Abth. I. Passau 1855; II. Landshut 1860 (Progr.);

III. ebda. 1858. 4⁰. *P. Fr. Magani*, Ennodio. Pavia 1886. 3 voll. 8⁰. B. Hafenstab, Studien zu Ennobius. Ein Beitrag zur Geschichte der Völkerwanderung (Progr.). München 1890. 8⁰. — Zwischen 503 und 506 hielt Ennobius, damals Diakon der Kirche zu Mailand, eine Rede zur Feier des Jahrestages der Consecration des dortigen Bischofes Laurentius (490—512): Dictio in natale Laurentii Mediolanensis episcopi (Enn. opp. rec. *Vogel*. p. 1—4). In diesem Bischofe Laurentius wollen manche jenen Laurentius Mellifluus wiederfinden, von welchem Sigebert von Gembloux (De vir. ill. c. 120: *Migne*, P. lat. CLX, 572) berichtet: Scripsit librum de duobus temporibus (id est uno ab Adam usque ad Christum, altero a Christo usque ad finem saeculi); declamavit etiam homilias ore quasi mellito, unde agnominatur mellifluus. Andere möchten diesen honigfließenden Homileten in einem gleichzeitigen Bischofe Laurentius von Novara suchen, dessen Existenz indessen sehr zweifelhaft ist. Die Schrift De duobus temporibus unter dem Titel Homilia de poenitentia in Verbindung mit zwei andern Homilien, De eleemosyna und De muliere Chananaea, bei *Migne*, P. lat. LXVI, 89—124. Literaturangaben über Laurentius von Mailand und Laurentius von Novara bei *Chevalier*, Répert. 1359. — Unter dem Namen eines Rusticus Helpidius (Elpidius) ist ein Lobpreis auf den Herrn von 149 formgewandten Hexametern unter dem Titel De Christi Iesu beneficiis (*Migne*, P. lat. LXII, 545—548) sowie eine Sammlung von 24 dreizeiligen Epigrammen, Unterschriften unter biblische Bilder, unter dem Titel In historiam testamenti veteris et novi carmina (LXII, 543—546) überliefert. Neue Ausgaben jenes Lobgedichtes von H. Müller, Göttingen 1868. 4⁰; von W. Brandes, Braunschweig 1890. 4⁰ (Progr.). Nach Ebert (Allg. Gesch. der Lit. des Mittelalters. Bd. I. 2. Aufl. 1889. S. 414 ff.) ist Rusticus Helpidius der bei Ennobius sehr oft rühmend erwähnte Diakon Helpidius, Leibarzt des Königs Theoderich. Andere suchen den Dichter in einem durch Subscriptionen in Handschriften bekannten Fl. Rusticius Helpidius Domnulus, welcher mit dem gallischen Dichter Domnulus, einem Freunde des Apollinaris Sidonius (§ 93, 2), zu identificiren sei. Nach Brandes (in der genannten Ausgabe des Lobgedichtes) und Manitius (Gesch. der christl.-lat. Poesie. Stuttgart 1891. S. 380 ff.) ist der Dichter weder der Diakon Helpidius noch der Gallier Domnulus, sondern ein Sprößling der italischen Familie der Fl. Rusticii in der ersten Hälfte des 6. Jahrhunderts. E. Bährens veröffentlichte im Rhein. Museum f. Philologie. N. F. Bd. XXXI (1876). S. 94 Anm. 1 vier Distichen zum Preise des Werkes Augustins De trinitate mit der Aufschrift Versus Rustici defensoris S. Augustini. — Arator, welcher, früh verwaist, in Bischof Laurentius von Mailand einen Pflegevater, später in Ennobius einen Gönner fand, unter Papst Vigilius (537—555) Subdiakon der römischen Kirche, hat den Inhalt der Apostelgeschichte in ein poetisches Gewand gekleidet: De actibus apostolorum libri II (*Migne*, P. lat. LXVIII, 63—246). Das Epos ist Papst Vigilius gewidmet und ward alsbald 544, auf Wunsch der Literaten und Gelehrten Roms, öffentlich in der Kirche Petri ad vincula vom Verfasser vorgelesen. Arator hat sich Sedulius (§ 73, 5) zum Vorbilde genommen, huldigt noch mehr als dieser der mystisch-allegorischen Deutung (typica ratio) des biblischen Textes, vermag jedoch die Eleganz und den Schwung der Sprache seines Vorgängers nicht zu erreichen. Die Epistola ad Parthenium in Distichen (LXVIII, 245—252) ist gelegentlich der Uebersendung des Gedichtes an einen Jugendfreund geschrieben. Eine neue Ausgabe des Gedichtes und des Briefes von A. Hübner, Neisse 1850. 8⁰. Vgl. C. L. Leimbach, Ueber den Dichter Arator: Theol. Studien und Kritiken. Bd. XLVI (1873). S. 225—270.

3. **Dionysius Exiguus.** — Dionysius mit dem Beinamen Exiguus, welchen er nicht seiner kleinen Gestalt wegen erhielt, sondern aus Demuth

selbst sich beilegte, war ein Skythe von Geburt, kam aber früh, um 500, nach
Rom und lebte hier als Mönch bis etwa 540. Die Hauptquelle über ihn
ist ein warmer Nachruf seines Freundes Cassiodor (Institutiones I, 23:
*Migne*, P. lat. LXX, 1137—1138). Das literarische Verdienst des gelehrten
Mönches beruht wesentlich darauf, daß er nicht wenige Schätze der griechischen
Literatur durch Uebersetzungen den Lateinern erschloß. Auf dem Gebiete des
canonischen Rechts war er als Uebersetzer und Sammler zugleich thätig. Eine
lateinische Sammlung griechischer und lateinischer Concilien oder Synodalcanones hat er in zweifacher Redaction herausgegeben. Von der erstern Redaction hat sich nur mehr die Vorrede erhalten. Die zweite hingegen, welche
wohl auch noch aus dem ersten Decennium des 6. Jahrhunderts stammt, liegt
vollständig vor; sie beginnt mit den sogen. Apostolischen Canones (§ 5, 5)
und schließt mit den Canones des Concils von Chalcedon im Jahre 451.
Unter Papst Symmachus (498—514) fertigte Dionysius eine Sammlung der
päpstlichen Decretalen, von Papst Siricius († 398) bis Papst Anastasius II.
(† 498), und diese Decretalensammlung wurde später mit der (zweiten Redaction der) Canonessammlung zu einem Ganzen unter dem gemeinsamen
Namen Dionysiana (collectio) verbunden. Beide Sammlungen hatten in der
römischen Kirche sofort großes Ansehen erlangt. Im Auftrage des Papstes
Hormisda (514—523) hat Dionysius schließlich die griechischen Concilien oder
Synodalcanones zu einer griechisch-lateinischen Sammlung vereinigt, von welcher
indessen wiederum nur die Vorrede auf uns gekommen ist. Auch auf dem
Felde der Chronologie hat Dionysius sich einen unsterblichen Namen erworben,
insofern er die dionysische oder christliche Aera begründete. Er empfahl nachdrücklich die Einführung des neunzehnjährigen alexandrinischen Ostercyklus,
setzte 525 die Ostertafel des hl. Cyrillus von Alexandrien auf 95 Jahre fort
und nahm dabei zum erstenmal, unter Verwerfung der diokletianischen Aera,
die Geburt Christi zum Ausgangspunkte der Jahreszählung. Er verlegte die
Geburt Christi in das Jahr 754 u. c., während sie in Wahrheit um mehrere
Jahre früher, etwa Ende des Jahres 749 u. c. (5 v. Chr.), erfolgte.

Die erwähnten Uebersetzungen sind größtentheils bei *Migne*, P. lat. LXVII,
9 sqq. zusammengestellt. Die an erster Stelle stehende Uebersetzung der Epistola
synodica S. Cyrilli et concilii Alexandrini vom Jahre 430 (LXVII, 11—18)
ist jedoch nicht von Dionysius, sondern von Marius Mercator (§ 59, 9);
s. Fr. Maaßen, Geschichte der Quellen und der Literatur des canonischen Rechts
im Abendlande. Bd. I. Graz 1870. S. 132—136. Die Uebersetzung der Schrift
Gregors von Nyssa über die Ausstattung des Menschen (LXVII, 345—408) ist
§ 51, 10 erwähnt worden. Die Dionysiana bei *Migne* l. c. LXVII, 139—316.
Ueber die Apostolischen Canones im besondern s. § 5, 5. Im übrigen s. Maaßen
a. a. O. S. 422—440: „Die Sammlungen des Dionysius Exiguus"; vgl. S. 960
bis 965: „Die Vorreden des Dionysius". Ueber die Epistolae duae de ratione
paschae (LXVII, 19—28; der erste Brief auch 483—494), den Cyclus decem-
novennalis Dionysii (493—498) und die Argumenta paschalia (497—508)
s. L. Ideler, Handbuch der mathematischen und technischen Chronologie. Bd. II.
Berlin 1826. S. 285 ff. D. A. Amelli läßt die von ihm entdeckte lateinische
Sammlung von Schriftstücken aus der Zeit der eutychianischen Streitigkeiten von
Dionysius Exiguus in den Jahren 530—535 angelegt sein. S. Spicilegium Casi-
nense complectens Analecta sacra et profana. T. I. (Ex typographia Casi-

nensi.) 1893. 4⁰. p. 1—189: Dionysii Exigui nova Collectio pro controversia
de uno e Trinitate in carne passo. Bgl. *Amelli*, S. Leone Magno e l'Oriente.
Dissertazione sopra una collezione inedita di nuovi documenti relativi al V
e al VI secolo estratti dagli scrigni apostolici etc. Roma 1882. Monte-
cassino 1890. 8⁰. S. auch § 79, 3.

4. Abt Eugippius. — Eugippius (Eugipius, Eugepius), ein geborener
Afrikaner, später Gefährte des hl. Severinus im Donaulande (Noricum Ri-
pense zwischen Passau und Wien), war seit etwa 492 Mönch und sodann
Abt eines Klosters im Lucullischen Castell bei Neapel. Seine Excerpta ex
operibus S. Augustini sind eine Sammlung von Auszügen aus den verschiedensten Schriften Augustins, zu ascetischen Zwecken unternommen und der
gottgeweihten Jungfrau Proba in Rom gewidmet, im Mittelalter, wie die
zahlreichen noch vorhandenen Abschriften zeigen, viel gebraucht. Die Neuzeit
fand weit mehr Gefallen an der Vita S. Severini monachi (des väterlichen
Freundes des Verfassers, gest. 482 bei Favianis, heute Mauer, unweit Oeling
im Donaulande), im Jahre 511 geschrieben und durch ihre ebenso zuverlässigen wie anschaulichen Bilder von Land und Leuten gleich einem Meteore eine
dunkle Geschichtsperiode beleuchtend. Endlich liegt ein Brief von Eugippius
an den römischen Diakon Paschasius (§ 92, 2) vor.

Diese Schriften bei *Migne*, P. lat. LXII, 559—1088. 1167—1200. Eine
neue Ausgabe besorgte P. Knöll, Wien 1885—1886 (Corpus script. eccles.
lat. Vol. IX. Pars 1—2). Bgl. Knöll, Das Handschriftenverhältniß der Vita
S. Severini des Eugippius: Sitzungsberichte der k. Akad. d. Wiss. zu Wien. Philos.-
hist. Cl. Bd. XCV (1879). S. 445—498. Die Vita S. Severini ward oft
gesondert edirt, namentlich auch (mit dem die Vita betreffenden Briefe) von
H. Sauppe, Berlin 1877 (Monum. Germ. hist. Auct. antiquiss. T. I. Pars 2).
Sie ward auch mehrmals übersetzt, so von K. Rodenberg, Berlin 1878. Leipzig
1884 (Die Geschichtschreiber der deutschen Vorzeit); von S. Brunner, Wien 1879. 8⁰.
M. Büdinger, Eugipius, eine Untersuchung: Sitzungsberichte der k. Akad. d.
Wiss. zu Wien. Philos.-hist. Cl. Bd. XCI (1878). S. 793—814. Wattenbach,
Deutschlands Geschichtsquellen im Mittelalter. 6. Aufl. I, 44—51.

5. Benedikt von Nursia. — Um 529 schrieb der hl. Benedikt, geboren
480 zu Nursia (jetzt Norcia) in Umbrien, gestorben 543 in dem von ihm
erbauten Kloster zu Monte-Cassino, seine Ordensregel. Die erhaltenen Handschriften gliedern sich in zwei Familien, welche wahrscheinlich beide auf ein
Autograph des Heiligen zurückgehen. Eine ebenso einheitliche wie umfassende
Organisation des gesamten Klosterwesens enthaltend und von den großen
Päpsten der nächsten Folgezeit empfohlen und bevorzugt, sollte diese Regel im
Abendlande vom 8. bis in den Anfang des 13. Jahrhunderts fast allein-
herrschend werden, das Mönchthum einem gewaltigen Aufschwunge entgegen-
führen und unzähligen Heiligen als Richtschnur ihres Lebens dienen.

*Migne*, P. lat. LXVI, 215—932: S. P. Benedicti Regula, cum commentariis; col. 933—934: S. P. Benedicti sermo habitus in discessu S. Mauri
et sociorum, epistola ad S. Maurum missa. Ueber neuere Ausgaben der Regel
selbst und älterer Commentare zu derselben berichtet *A. Hamilton* O. S. B., Ancient Benedictine Customs: The Dublin Review. Ser. III. Vol. XVII (1887).
p. 80—98. E. Schmidt O. S. B. besorgte eine Ausgabe der Regel mit reichem
Varianten-Apparate, Regensburg 1880. 8⁰ (Vita et Regula SS. P. Benedicti,

una cum expositione Regulae a Hildemaro edita), eine Handausgabe (ohne kritischen Apparat), ebba. 1892. 12⁰, und eine deutsche Uebersetzung, ebba. 1891. 16⁰; 2. Aufl. 1893. Grützmacher, Die Bedeutung Benedikts von Nursia und seiner Regel in der Geschichte des Mönchtums. Berlin 1892. 8⁰. (Sehr einseitig.)

6. Victor von Capua. — Die Schriften des Bischofs Victor von Capua, gestorben 554, sind, abgesehen von zerstreuten Bruchstücken, zu Grunde gegangen. Dieselben waren, wie es scheint, vornehmlich der Erklärung der Heiligen Schrift gewidmet. Auch die Leistungen griechischer Exegeten hatte Victor zur Verwerthung herangezogen.

Ueber die sogen. Evangelicae harmoniae Ammonii Alex. interprete Victore episc. Capuano bei *Migne*, P. lat. LXVIII, 251—358, f. § 17, 6. Zu den Fragmenta D. Polycarpi Smyrn., LXVIII, 359—360, f. § 11, 3. 5. Ein Fragmentum de cyclo paschali unter Victors Namen LXVIII, 1097—1098. Scholia veterum Patrum (S. Polycarpi, Origenis, S. Basilii M., Diodori Tarsensis etc.) a Victore episc. Capuae collecta bei *I. B. Pitra*, Spicilegium Solesm. T. I. Paris. 1852. p. 265—277. Ein Excerptum e libello reticulo, seu de arca Noe unter Victors Namen ibid. p. 287—289. Nachträge und Berichtigungen bei *Pitra*, Analecta sacra et classica. Paris. 1888. Pars I. p. 163—165. Victor von Capua mag auch jener „Victor" sein, auf welchen Bonaventura in seinem Commentare zum Johannesevangelium häufiger Bezug nimmt; vgl. Doctoris Ser. S. Bonaventurae opera omnia, edita studio et cura *PP. Collegii a S. Bonav.* T. VI. Ad Claras Aquas 1893. p. 246 n. 7.

## § 96. Boethius und Cassiodor.

1. Boethius. — Anicius Manlius Torquatus Severinus Boethius, ein Sprößling des altberühmten, schon seit langem christlichen Geschlechtes der Anicier, ward um 480 zu Rom geboren. Früh verwaist, erhielt er doch eine vortreffliche wissenschaftliche Ausbildung, so daß er namentlich auch die griechische Wissenschaft in einem seltenen Maße sich aneignete. Seine außergewöhnliche Gelehrsamkeit, seine hohe Abkunft und seine trefflichen Charaktereigenschaften erwarben ihm die Hochachtung und besondere Gunst des Ostgotenkönigs Theoderich. Im Jahre 510 wurde er Consul, und seine beiden Söhne sah er schon als Jünglinge, 522, zu der Consulatswürde aufsteigen. Um so trüber sollte der Abend seines Lebens sich gestalten. Seine freimüthige und warme Vertheidigung des Senators Albinus, welcher geheimen Briefwechsels mit dem oströmischen Kaiser Justinus I. bezichtigt ward, brachte ihn selbst in den Verdacht hochverräthrischen Einverständnisses mit dem byzantinischen Hofe. Auch eine Anklage auf Magie ward gegen ihn erhoben. Theoderich, infolge der freundlichen Beziehungen, welche Justinus mit Papst Johannes I. anknüpfte, gegen die Römer und die Katholiken voll Mißtrauen (er selbst war Arianer), schenkte den Feinden seines bisherigen Günstlings Gehör, und der servile Senat erkannte auf die Schuld des Angeklagten. Boethius ward zu Pavia eine Zeit lang in Haft gehalten und sodann, zwischen 524 und 526, unter Martern hingerichtet. — Boethius hatte es sich zur Lebensaufgabe gemacht, die sämtlichen Werke des Aristoteles sowie alle Dialoge Platos zu übersetzen und zu erklären und weiterhin die Uebereinstimmung des beiderseitigen Systems in den meisten Hauptpunkten nachzuweisen (s. den Eingang des zweiten Buches seines größern Commentares zu der Schrift De

interpretatione). Doch hat er diesen weitschichtigen Plan nur zu einem
kleinen Theile zur Ausführung bringen können. Wir besitzen von seinen dies=
bezüglichen Arbeiten noch die Uebersetzungen der Analytica priora und poste-
riora, der Topica (ein Commentar zu dieser Schrift ist verloren gegangen)
und der Soph. Elenchi des Aristoteles, die Uebersetzung der (aristotelischen?)
Schrift De interpretatione nebst zwei Commentaren (der erste ist für An=
fänger, der zweite, weit ausführlichere, für Geübtere bestimmt; der letztere,
507—509 geschrieben, ist unter allen Schriften des Verfassers auf diesem
Gebiete die durch Gelehrsamkeit und Scharfsinn am meisten hervorragende),
die Uebersetzung der Kategorien des Aristoteles nebst einem Commentare (aus
dem Jahre 510), den Commentar zu Marius Victorinus' (§ 69, 8) Ueber=
setzung der Isagoge des Porphyrius (vor 510 verfaßt), seine eigene Ueber=
setzung der Isagoge nebst Commentar sowie die Schriften Introductio ad
categoricos syllogismos, De categoricis syllogismis, De hypotheticis
syllogismis, De divisione; die Schrift De definitione geht mit Unrecht
unter Boethius' Namen (s. § 69, 8). Auf demselben oder auf eng angren=
zendem Boden bewegen sich noch mehrere andere Schriften des Boethius, so
der (nicht ganz erhaltene) weitläufige Commentar zur Topik Ciceros, das Buch
De differentiis topicorum und die Werke De institutione musica, De
institutione arithmetica, De geometria; die Echtheit des letztgenannten
Werkes ist allerdings bestritten. — Im Kerker schrieb Boethius das berühmte
Werk Philosophiae consolatio oder De consolatione philosophiae. Das=
selbe besteht aus fünf Büchern. Im ersten Buche erscheint dem Trauernden
und Klagenden die Philosophie in Gestalt eines hohen Weibes und erklärt
ihm, sie sei gekommen, um die Last, welche er ihretwegen trage, mit ihm zu
theilen. Im zweiten Buche schreitet sie zur Anwendung gelinderer Heilmittel:
bisher habe er in vollen Zügen die Gunst des Glückes genossen, das Glück
aber sei seinem Begriffe nach etwas Unbeständiges; das wahre Glück jedoch
sei im Innern des Menschen beschlossen, Reichthum, Würden und Macht seien
werthlos, die Ruhmbegier insbesondere sei eine große Thorheit. Zu Beginn
des dritten Buches verlangt Boethius sehnlich nach den schärfern Heilmitteln,
und die Philosophie weist ihn auf Gott als die einzige Quelle des wahren
Glückes hin. Gott sei überhaupt das Ziel aller Dinge; alles strebe nach ihm,
wenn auch unbewußt, und er lenke alles zum Besten. Das vierte Buch er=
öffnet Boethius mit der Frage, wie denn das Böse auf Erden triumphiren
könne, wenn doch Gott die Geschicke der Welt und der Menschen leite und
nicht der Zufall. Die Vorsehung, erwidert die Philosophie, führt den Guten
auf geheimnißvollen Wegen zu dem wahren Glücke, während das Glück des
Bösen auf bloßem Schein beruht und nach dem Tode weitere Strafe seiner
wartet. Glück und Unglück sei zunächst bedingt durch das eigene Verdienst
oder Mißverdienst; das wechselnde äußere Geschick verordne Gott dem Men=
schen nach Weise eines Arztes in Angemessenheit zu dem Gesundheitszustande
der Seele. Im fünften Buche endlich folgen noch Belehrungen über das
Wesen des Zufalls und über die Vereinbarkeit der menschlichen Freiheit mit
dem göttlichen Vorherwissen, und das Ganze schließt mit der Mahnung, die
Laster zu verabscheuen und die Tugenden zu pflegen. Das Werk ist überaus
kunstvoll angelegt und durchgeführt. Die Sprache zeichnet sich durch Eleganz

und große Correctheit aus, die dialogische Form bringt Wechsel und Leben,
und in den Prosatext sind zahlreiche Gedichte in den verschiedensten Metren
eingestreut, gleichsam erquickende Ruhepunkte nach der Anstrengung wissen=
schaftlichen Denkens, zum Theil geradezu bewundernswerthe Schöpfungen. Die
Denkweise, welche in dem Werke zum Ausdruck gelaugt, ist ein vorwiegend
platonisch bezw. neuplatonisch gefärbter Eklekticismus. Specifisch Christliches
scheint nicht vorzukommen; der Name des Herrn wird nicht genannt, nicht ein
einziges Mal wird Berufung eingelegt auf die christlichen Glaubenswahrheiten.
In neuerer Zeit hat es vielfach Befremden erregt, daß ein Christ in der
Schrift, welche er angesichts des wenigstens sehr wahrscheinlichen Todes ver=
faßte, die Philosophie und nicht vielmehr die Theologie zu seinem Troste auf=
ruft. Doch hat man zur Zeit des Verfassers häufiger bei Behandlung nicht
streng theologischer Stoffe mit Absicht die alte Philosophie statt der Offen=
barung als Lehrmeisterin eingeführt. Jedenfalls darf nicht von vornherein
unterstellt werden, daß die Philosophiae consolatio das volle Geistesleben
des Verfassers, sein ganzes Denken und Glauben, widerspiegele, und es darf
auch nicht überraschen, wenn Boethius in philosophischer Meditation, wie sie
überhaupt seine Lieblingsbeschäftigung bildete, auch unter den angedeuteten
Umständen Erleichterung und Beruhigung suchte und fand. In Wahrheit
trägt das Werk auch unverkennbar ein entschieden christliches Colorit; die
christliche Weltanschauung und Lebensauffassung wird nicht ausdrücklich ver=
treten, wohl aber stillschweigend vorausgesetzt; einen Christen, und zwar einen
tiefgläubigen Christen, verräth nicht nur die Reinheit der ethischen Grundsätze,
sondern noch viel mehr die Sicherheit und Wärme, mit welcher dieselben vor=
getragen werden. — Es war daher sehr übereilt, aus der philosophischen
Haltung der Consolatio den Schluß zu ziehen, Boethius sei Heide gewesen
(so in neuerer Zeit namentlich Obbarius) oder doch nur ein bloßer Namen=
christ (so namentlich Nitzsch), und in weiterer Folge die theologischen Tractate,
welche unter Boethius' Namen überliefert sind, für unecht zu erklären. Diese
fünf Tractate lassen sich im allgemeinen als einen Versuch kennzeichnen, den
Inhalt der kirchlichen Lehre in eine streng wissenschaftliche Form zu gießen,
die Glaubenswahrheit dialektisch zu erfassen. Der erste derselben, De sancta
Trinitate, handelt in sechs Kapiteln und einem Prologe von der Einheit des
Wesens der drei göttlichen Personen. Der zweite, sehr kurze Tractat erörtert
das Verhältniß der drei Personen zu dem Wesen der Gottheit: utrum Pater
et Filius et Spiritus sanctus de divinitate substantialiter praedicentur.
Der dritte beschäftigt sich mit der Frage, quomodo substantiae in eo quod
sint bonae sint, cum non sint substantialia bona. Der vierte, De fide
(De fide christiana, De fide catholica), enthält eine kurze Unterweisung
in den Hauptdogmen der christlichen Religion. Der letzte, Liber contra
Nestorium et Eutychen, an Umfang der größte und auch inhaltlich der be=
deutendste, ist eine dogmatische Streitschrift gegen den Nestorianismus und den
Monophysitismus. Von einer Unvereinbarkeit der Grundanschauungen dieser
Tractate mit denjenigen der Consolatio kann nicht die Rede sein. Das Zeug=
niß der Handschriften stellt, wie Krieg dargethan, die Echtheit der drei ersten
und des fünften Tractates außer Frage, während es in betreff des Com=
pendiums der christlichen Glaubenslehre allerdings nicht alle Zweifel hebt.

In dem von Holder entdeckten, von Usener (1877) herausgegebenen Excerpte einer verloren gegangenen Schrift Cassiodors (s. Abs. 4) heißt es von Boethius: Scripsit librum de sancta Trinitate et capita quaedam dogmatica et librum contra Nestorium, und schreibt somit ein überaus sachkundiger Zeitgenosse unserem Autor Schriften von dem Inhalte und dem Titel des ersten und des letzten der fraglichen Tractate und noch einige andere theologische Abhandlungen zu. — In einem Grade, in welchem es nur von sehr wenigen gilt, lebte Boethius fort in seinen Schriften. Seine gelehrt-philosophischen Schriften, insbesondere seine Bearbeitungen der Isagoge des Porphyrius, waren es vornehmlich, welche dem Mittelalter die aristotelische Logik übermittelten und damit die formale Grundlage zum Aufbau des Domes der Scholastik boten. Seine theologischen Abhandlungen fanden, wie die Handschriften zeigen, gleichfalls schon im 9. und 10. Jahrhundert ihre Erklärer. Zum Druck gelangten später hauptsächlich die Commentare, welche Gilbert de la Porrée († 1154), Pseudo-Beda (wahrscheinlich Gottfried von Auxerre, † 1180) und Thomas von Aquin zu Verfassern haben. Noch außerordentlicher war die Wirkung und Verbreitung der Philosophiae consolatio: sie ward eines der beliebtesten Bücher des Mittelalters. Sie beschäftigte eine lange Reihe von Commentatoren, von Asser, dem Lehrer König Alfreds, zu Ende des 9. Jahrhunderts, bis zu Murmellius, im Beginne des 16. Jahrhunderts, und zu den Erklärern gesellen sich ebenso viele Uebersetzer. König Alfred von England († 901) übertrug das Werk ins Angelsächsische, der Mönch Notker Labeo von St. Gallen († 1022) ins Deutsche. Wiederholt ward es ins Französische und ins Italienische übersetzt; auch eine griechische und eine hebräische Version liegen aus dem Mittelalter vor. Von den zahlreichen Nachahmungen des Werkes seien wenigstens die Schriften De consolatione (oder consolationibus) theologiae genannt, welche der Dominikaner Johannes von Tambach († 1372), der Wormser Bischof Matthäus von Krakau († 1410) und der Pariser Kanzler Johannes Gerson († 1429) hinterließen.

2. Literatur zu Boethius. — Die Schriften des Boethius, vor allem die Consolatio, haben sich in sehr zahlreichen Handschriften aus dem 9. bis 16. Jahrhundert erhalten. G. Schepß, Handschriftliche Studien zu Boethius de consolatione philosophiae (Progr.). Würzburg 1881. 4°. Derselbe, Geschichtliches aus Boethiushandschriften: Neues Archiv der Gesellschaft f. ältere deutsche Geschichtskunde. Bd. XI (1886). S. 123—140. Derselbe, Zu Boethius: Commentationes Woelfflinianae. Lips. 1891. 8°. p. 275—280. E. Narducci, Intorno all' autenticità di un Codice Vaticano contenente il trattato di Boezio „De consolatione Philosophiae" scritto di mano di Giovanni Boccaccio: Atti della R. Accademia dei Lincei. Ser. 3. Scienze morali. Vol. VIII. Roma 1883. p. 243—264. — Gesamtausgaben der Werke des Boethius erschienen zu Venedig 1492 und 1499, zu Basel 1546 und 1570. Die reichste und vollständigste ist die Ausgabe Mignes P. lat. LXIII—LXIV. — A. M. S. Boetii Commentarii in librum Aristotelis περὶ ἑρμηνείας. Rec. C. Meiser. Lipsiae 1877 ad 1880. 2 voll. 8°. Ueber die logischen Schriften des Boethius im allgemeinen s. C. Prantl, Geschichte der Logik im Abendlande. Bd. I. Leipzig 1855. S. 679 bis 722. Zu der Schrift De definitione vgl. § 69, 8. Zu dem Commentare über die Topik Ciceros vgl. Th. Stangl, Boethiana vel Boethii commentariorum in Ciceronis Topica emendatio ex octo codicibus haustae et auctae observationibus grammaticis (Diss. inaug.). Gotha 1882. 8°. A. M. T. S.

*Boetii* De institutione arithmetica libri duo, De institutione musica libri quinque. Accedit Geometria quae fertur Boetii. E libris mss. ed. *G. Friedlein.* Lipsiae 1867. 8⁰. Der sogen. Liber mathematicalis des hl. Bernward im Domschatze zu Hildesheim ist nichts anderes als eine aus dem Ende des 10. oder dem Anfange des 11. Jahrhunderts stammende, für die Texteskritik wichtige Abschrift des Werkes De institutione arithmetica des Boethius; s. H. Düker, Historisch = krit. Untersuchung über den liber mathematicalis des hl. Bernward (Progr.). Hildesheim 1875. 4⁰. O. Paul, Boetius und die griechische Harmonik. Des A. M. S. Boetius fünf Bücher über die Musik aus der latein. in die deutsche Sprache übertragen und mit besonderer Berücksichtigung der griechischen Harmonik sachlich erklärt. Leipzig 1872. 8⁰. G. Schepß, Zu den mathematisch=musikalischen Werken des Boethius: Abhandlungen aus dem Gebiet der klassischen Altertumswissenschaft, W. v. Christ dargebracht. München 1891. 8⁰. S. 107—113. Die unechte Schrift De unitate et uno (*Migne*, P. lat. LXIII, 1075—1078) ward von neuem herausgegeben und bearbeitet durch P. Correns, Die dem Boethius fälschlich zugeschriebene Abhandlung des Dominicus Gundisalvi de unitate. Münster i. W. 1891 (Beiträge zur Gesch. der Philosophie des Mittelalters. Herausgeg. von Cl. Bäumker. Bd. I. Heft 1). — A. M. S. Boethii De consolatione philosophiae libri quinque. Ad optim. libr. mss. nondum collatorum fidem rec. et proleg. instr. *Th. Obbarius.* Ienae 1843. 8⁰. A. M. S. Boetii Philosophiae consolationis libri quinque. Accedunt eiusdem atque incertorum opuscula sacra. Rec. *R. Peiper.* Lipsiae 1871. 8⁰. Die Opusc. sacra (p. 147—218) sind die fünf theologischen Tractate, von welchen Peiper nur die drei ersten als Schriften des Boethius gelten lassen will. In den Prolegomena handelt Peiper auch de commentatoribus Consolationis, de sacrorum operum commentatoribus, de interpretibus, de imitatoribus Philosophiae consolationis. Die durch den Mönch Maximus Planudes von Konstantinopel um die Mitte des 14. Jahrhunderts gefertigte griechische Uebersetzung der Consolatio, deren poetische Abschnitte C. F. Weber Darmstadt 1832—1833 herausgab (*Peiper* p. LVI), ist ihrem ganzen Umfange nach durch E. A. Bétant veröffentlicht worden, Genf 1871. 8⁰. *V. di Giovanni,* Severino Boezio filosofo e i suoi imitatori. Palermo 1880. 12⁰. *Ch. Jourdain,* Excursions historiques et philosophiques à travers le moyenâge. Publication posthume. Paris 1888. 8⁰. p. 29—68: Des commentaires inédits de Guillaume de Conches et de Nicolas Triveth sur la Consolation de la philosophie de Boèce. N. Scheid, Die Weltanschauung des Boëthius und sein „Trostbuch": Stimmen aus Maria=Laach. Bd. XXXIX (1890). S. 374—392. — Ueber die theologischen Tractate, deren neue Ausgabe durch Peiper schon erwähnt wurde, handeln *G. Bosisio,* Sull' autenticità delle opere teologiche di A. M. T. S. Boezio. Pavia 1869. 4⁰. (Vgl. zu dieser Schrift G. Schündelen im Theol. Literaturblatt vom 10. und vom 24. October 1870, Sp. 804—811. 838—848.) C. Krieg, Ueber die theologischen Schriften des Boethius: Jahresbericht der Görresgesellschaft für 1884. Köln 1885. S. 23—52. J. Dräseke, Ueber die theologischen Schriften des Boethius: Jahrbb. f. protest. Theol. Bd. XII (1886). S. 312—333 (für die Echtheit, gegen Nitzsch). Ders., Boëthiana: Zeitschr. f. wissenschaftl. Theol. Bd. XXXI (1888). S. 94—104 (für die Echtheit, gegen Schepß). — Ueber Boethius im allgemeinen handeln *G. A. L. Baur,* De A. M. S. Boëthio christianae doctrinae assertore disputatio theologica. Darmstadii 1841. 8⁰. Ders., Boetius und Dante (Progr.). Leipzig 1873. 4⁰. J. G. Suttner, Boethius, der letzte Römer. Sein Leben, sein christliches Bekenntniß, sein Nachruhm (Progr.). Eichstädt 1852. 4⁰. Fr. Nitzsch, Das System des Boethius und die ihm zugeschriebenen theologischen Schriften. Eine krit. Untersuchung. Berlin

1860. 8⁰. *L. Biraghi*, Boezio, filosofo, teologo, martire a Calvenzano mila-
nese. Milano 1865. 8⁰. *G. Bosisio*, Sul cattolicismo di A. M. T. S. Boezio.
Pavia 1867. 4⁰. *L. C. Bourquard*, De A. M. S. Boetio christiano viro,
philosopho ac theologo. Parisiis et Andegavi 1877. 8⁰. H. Usener, Anecdoton Holderi. Ein Beitrag zur Geschichte Roms in ostgothischer Zeit (Festschrift).
Bonn 1877. 8⁰. S. 37—66: Boethius. O. Prietzel, Boethius und seine
Stellung zum Christenthume (Progr.). Löbau 1879. 4⁰. *G. Bednarz*, De universo orationis colore et syntaxi Boethii. Pars I (Diss. inaug.). Vratislaviae 1883. 8⁰. *Idem*, De syntaxi Boethii. Pars I (Progr.). Striegau 1892.
4⁰. A. Hildebrand, Boethius und seine Stellung zum Christentume. Regensburg 1885. 8⁰. *Ch. Jourdain*, Excursions historiques et philosophiques à
travers le moyen-âge. Paris 1888. 8⁰. p. 1—27: De l'origine des tra-
ditions sur le christianisme de Boèce. *G. Boissier*, Le christianisme de Boèce
(Extrait du Journal des savants). Paris 1889. 4⁰.

3. Cassiodor. — Eine ganz andere Natur als Boethius ist sein Zeitgenosse Magnus Aurelius Cassiodorius Senator, ebensosehr Prak-
tiker und Realist, wie Boethius Theoretiker und Idealist. Sämtliche literarische
Arbeiten Cassiodors sind durch äußere Gründe und Rücksichten veranlaßt, und
die meisten derselben wollen bestimmten Bedürfnissen seiner Zeit und Umgebung entgegenkommen. Cassiodor theilt aber mit Boethius das umfassendste
Wissen und zugleich das Bemühen, dieses Wissen weitern Kreisen zugänglich
zu machen, und wie Boethius, so hat auch Cassiodor vielleicht noch mehr als
seine eigene Zeit das aufsteigende Mittelalter sich zu unbegrenztem Danke verpflichtet. Cassiodor oder, wie er zu seiner Zeit genannt zu werden pflegte,
Senator ward wahrscheinlich um 477 zu Scyllacium in Bruttien (Squillace
in Calabrien) geboren und entstammte einer alten und berühmten Familie,
welche sich in den drei letzten Generationen in der staatsmännischen Laufbahn
sehr hervorgethan hatte. Die Gunst, deren der Vater sich bei Theoderich erfreute, übertrug sich schon sehr früh auf den reichbegabten Sohn. Kaum
20 Jahre alt, ward Cassiodor Quästor und damit Geheimsecretär des Königs,
ja in Wahrheit Minister des Innern, stieg dann von Stufe zu Stufe, um
514 das Consulat zu erhalten. Inzwischen dauerte jedoch seine Thätigkeit im
Cabinet des Königs fort, und Cassiodor läßt sich wohl als die Seele der
Regierung Theoderichs bezeichnen. Nach des letztern Tode (526) dauerte sein
Einfluß wenigstens unter der vormundschaftlichen Regierung Amalasunthas
ungeschwächt fort, und auch unter den folgenden Königen bekleidete er die
höchsten Aemter. Um 540 aber verließ er den Hof und zog sich in das auf
seinen väterlichen Erbgütern von ihm selbst errichtete Kloster Vivarium zurück,
um sich ungetheilt dem geistlichen Leben und der Wissenschaft zu widmen. Hier
entfaltete der sechzigjährige Mönch eine Thätigkeit, welche noch fruchtbarer
und folgenreicher werden sollte als sein staatsmännisches Wirken. Er übernahm die Leitung der Religiosen und machte neben den Uebungen der Frömmigkeit die Pflege der Wissenschaft zur Pflicht und Regel. Seinem weithin wir-
kenden Beispiel und Vorbild ist es zum guten Theile zu danken, daß die
Klöster in einer Zeit, wo alles ringsum in Barbarei versank, sich zu Asylen
der Wissenschaft gestalteten, in welchen die klassisch-antike wie die christliche
Literatur vor den Stürmen geborgen und der Clerus zum Träger der Cultur
herangebildet wurde. Cassiodor starb erst um 570 im Rufe der Heiligkeit. —

Die älteste der uns überlieferten Schriften Cassiodors ist eine Chronik von Adam bis zum Jahre 519, dem Jahre der Abfassung, nicht sowohl eine Weltgeschichte als vielmehr eine Consularliste mit einer bis auf die Schöpfung zurückgreifenden Einleitung, aus ältern Chroniken zusammengestellt und, wie es scheint, erst vom Jahre 496 an auf persönlicher Kunde beruhend. Das Werk ist Eutharich, dem Schwiegersohne Theoderichs und Gemahl der Amalasuntha, 519 Consul für den Occident, gewidmet und unverkennbar von der Tendenz durchweht, die römische Bevölkerung des Ostgotenreiches mit der Fremdherrschaft auszusöhnen. Eben diesem Bestreben Cassiodors verdankte auch die weit wichtigere und werthvollere Geschichte der Goten ihre Entstehung, De origine actibusque Getarum, in zwölf Büchern, welche allem Anscheine nach bis zum Tode Theoderichs (526) hinabreichten und zwischen 526 und 533 veröffentlicht wurden. Leider liegen dieselben uns nur noch in einem flüchtigen und ungeschickten Auszuge vor, welchen der Gote (Alane) Jordanis 551 anfertigte. Von den panegyrischen Reden Cassiodors auf die Könige und Königinnen der Goten sind lediglich zweifelhafte Bruchstücke erhalten. Von hohem geschichtlichen Interesse sind die Variae (sc. epistolae), eine zwischen 534 und 538 herausgegebene Sammlung der von Cassiodor in seinen amtlichen Stellungen verfaßten Erlasse, in zwölf Büchern. Die fünf ersten Bücher enthalten die im Namen Theoderichs ausgefertigten Rescripte, die beiden folgenden bloße Formulare von Ernennungsdecreten zu den verschiedensten Staatsämtern, die drei weitern die im Namen der Könige Athalarich, Theodahad und Witiges erlassenen Schreiben und Mandate, und die zwei letzten die eigenen Verfügungen Cassiodors als praefectus praetorio. Der Stil dieser Rescripte wurde das Vorbild für den Kanzleistil des frühern Mittelalters. Die zahlreichen Digressionen auf die mannigfaltigsten Gebiete, durch welche die trockenen amtlichen Erlasse etwas Leben und Frische erhalten, sind wenigstens zum Theil wohl erst bei der Redaction der Sammlung beigefügt worden. Den Variae folgte die kleine Schrift De anima, der Niederschlag ausgebreiteter Lectüre, in welchem namentlich der Einfluß Augustins und des Claudianus Mamertus sich geltend macht. Dieses Schriftchen gibt mehrfach, insbesondere zum Schlusse, der Sehnsucht des Verfassers nach beschaulicher Zurückgezogenheit Ausdruck und bildet insofern gleichsam die Brücke zwischen seiner weltlichen und seiner geistlichen Schriftstellerei. — Das erste Werk, welches Cassiodor im Kloster verfaßte, zugleich das für die Folgezeit bedeutsamste von allen, sind die Institutiones divinarum et saecularium lectionum (literarum), in zwei Büchern. Das erste Buch kann eine Methodologie des theologischen Studiums genannt werden; es zeigt nach Art eines Leitfadens, nach welchen Autoren die verschiedenen theologischen Disciplinen, deren Mittelpunkt die biblische Wissenschaft sein soll, zu studiren sind. Das zweite, viel kürzere Buch, in den Ausgaben gewöhnlich als besonderes Werk De artibus ac disciplinis liberalium literarum aufgeführt, gibt einen gedrängten Abriß der sieben freien Künste (Grammatik, Rhetorik, Dialektik, Arithmetik, Musik, Geometrie, Astronomie). Das Ganze soll nach Aussage des Verfassers selbst den Mangel einer theologischen Hochschule im Abendlande, deren Errichtung die politischen Zeitumstände nicht gestattet hatten, einigermaßen, und zunächst für die Mönche zu Vivarium, ersetzen. In den Schulen des Mittelalters

war es eines der geschätztesten Hilfs- und Lehrbücher. Früher begonnen als
die um 544 geschriebenen Institutiones, aber später vollendet ist ein sehr
umfangreicher Commentar zu den Psalmen, Complexiones in psalmos betitelt (complexiones = zusammenfassende Erklärungen, weil stets mehrere
Verse zusammen erläutert werden), welcher gleichfalls im Mittelalter eines
hohen Rufes und eifrigen Gebrauches sich erfreute. Derselbe gründet sich
hauptsächlich auf die Enarrationes in psalmos des hl. Augustinus, und seine
hervorstechendste Eigenthümlichkeit liegt in dem weiten Spielraume, welchen er
der typischen Deutung und der Zahlensymbolik gewährt. Die Complexiones
in epistolas et acta apostolorum et apocalypsin sind dem Mittelalter ganz
unbekannt geblieben. Dagegen ist die Historia ecclesiastica tripartita, in
zwölf Büchern, das hauptsächlichste kirchengeschichtliche Handbuch des Mittelalters geworden. Caffiodor hat indessen an diesem Werke nur entferntern
Antheil. Er ließ die drei griechischen Kirchenhistoriker Sokrates, Sozomenus
und Theodoret durch den ihm befreundeten Scholastiker Epiphanius ins Lateinische übersetzen und verschmolz dann selbst diese drei Uebersetzungen zu
einem Ganzen, indem er bald diesen bald jenen Autor zu Worte kommen
ließ und den betreffenden Bericht aus den beiden andern Quellen erweiterte
und bereicherte. Das Werk soll eine Ergänzung und Fortsetzung zu Rufins
Bearbeitung der eusebianischen Kirchengeschichte bilden. Der Uebersetzer wie
der Redacteur bekunden große Flüchtigkeit. Durch Epiphanius und andere
Sprachkundige hat Caffiodor manche Schriften aus dem Griechischen ins Lateinische übertragen lassen (vgl. § 28, 4; 53, 2; 81, 1). Die letzte Arbeit
Caffiodors ist das nach seiner eigenen Angabe im 93. Lebensjahre zur Ver-
vollständigung der Institutiones verfaßte Buch De orthographia, eine Sammlung von Excerpten aus ältern Orthographen, ohne systematische Ordnung.
Mehrere Schriften Caffiodors sind verloren gegangen, unter ihnen eine Auslegung des Römerbriefes, welche namentlich auch den Pelagianismus bekämpfte.
Ein Commentar über das Hohe Lied wird ihm mit Unrecht zugeschrieben.

4. Literatur zu Caffiodor. — Die beste Gesamtausgabe der Schriften Caffio-
dors besorgte der Mauriner J. Garet, Rouen 1679, Venedig 1729, 2 Bde. 2°.
Migne gibt einen Abdruck dieser Ausgabe (P. lat. LXIX—LXX), aber vermehrt
um die inzwischen von Sc. Maffei und A. Mai entdeckten und herausgegebenen
Schriften. — Die neuesten und zuverlässigsten Sonderausgaben der Chronik lieferte
Th. Mommsen in den Abhandlungen der philol.-hist. Classe der k. sächs. Ges. der
Wiss. Bd. III. Leipzig 1861. S. 547—696, und in den Chronica minora
saec. IV. V. VI. VII. Vol. II (Monum. Germ. hist. Auct. antiquiss. T. XI.
Berol. 1894). p. 109—161. Ueber Mommsens neue Ausgabe des Auszuges
aus der Geschichte der Goten s. Abs. 5. Die lange erwartete Ausgabe der Variae
von Mommsen erschien in den Monum. Germ. hist. Auct. antiquiss. T. XII.
Berol. 1894, mit dreifachem Anhange versehen: I. Epistulae Theodericianae
variae. Ed. *Th. Mommsen.* II. Acta synhodorum habitarum Romae a. 499.
501. 502. Ed. *Th. Mommsen.* III. Cassiodori orationum reliquiae. Ed.
*L. Traube.* Eine englische Uebersetzung der Variae veröffentlichte Th. Hodgkin,
London 1886. 8°. Vgl. B. Hasenstab, Studien zur Variensammlung des Caffiodo-
rius Senator. Ein Beitrag zur Geschichte der Ostgothenherrschaft in Italien. Tl. I
(Progr.). München 1883. 8°. Andere Schriften über die Variae verzeichnet
Teuffel-Schwabe, Geschichte der Röm. Literatur (5. Aufl.). S. 1250. Ueber

die historischen Schriften Cassiodors überhaupt vgl. auch W. Wattenbach, Deutsch=
lands Geschichtsquellen im Mittelalter (6. Aufl.) I, 65—72. Ueber die Schrift
De anima handelt *V. Durand*, Quid scripserit de anima M. A. Cassiodorus.
Tolosae 1851. 8⁰. Ueber Institutiones I, 11—14 f. Th. Zahn, Gesch. des
Neutestamentl. Kanons. Bd. II, 1. Erlangen 1890. S. 267—284. Zur hand=
schriftlichen Ueberlieferung des zweiten Buches der Institutiones f. G. Laubmann,
Cassiodors Institutiones saecularium litterarum (oder humanarum rerum) in
der Würzburger und Bamberger Handschrift: Sitzungsberichte der k. bayer. Akad.
der Wiss. zu München. Philos.=philol. u. histor. Classe. 1878. Bd. II. S. 71—96.
Der der Rhetorik gewidmete Abschnitt des zweiten Buches der Institutiones ward
von neuem herausgegeben durch *C. Halm*, Rhetores latini minores. Lipsiae
1863. 8⁰. p. 493—504. Textesberichtigungen zu den Complexiones in psalmos
gibt Th. Stangl, Zu Cassiodorius Senator: Sitzungsberichte der k. Akad. der
Wiss. zu Wien. Philos.=histor. Classe. Bd. CXIV. Wien 1887. S. 405—413.
Ein kaum eine Seite füllender, aber doch sehr werthvoller Auszug aus einer bis
dahin unbekannten Schrift Cassiodors, welche eine genealogische Uebersicht über die
Familie des Verfassers nebst Notizen über seine und seiner Verwandten schriftstellerische
Thätigkeit enthielt (vgl. Abf. 1), ist von A. Holder aufgefunden und von H. Usener
(Anecdoton Holderi. Ein Beitrag zur Geschichte Roms in ostgothischer Zeit [Fest=
schrift]. Bonn 1877. 8⁰) veröffentlicht worden. Dem Texte (S. 3—4) läßt Usener
einen sehr eingehenden Commentar folgen (S. 5—79). — Ueber Cassiodor im all=
gemeinen handeln *A. Olleris*, Cassiodore conservateur des livres de l'antiquité
latine. Paris 1841. 8⁰. *P. P. M. Alberdingk Thijm*, Jets over M. A. Cassiodorus Senator en zijne eeuw. Amsterdam 1857. 8⁰; 2. oplage 1858.
A. Thorbecke, Cassiodorus Senator. Ein Beitrag zur Geschichte der Völkerwan=
derung (Progr.). Heidelberg 1867. 8⁰. A. Franz, M. A. Cassiodorius Senator.
Ein Beitrag zur Geschichte der theologischen Literatur. Breslau 1872. 8⁰. *J. Ciampi*,
I Cassiodori nel V e nel VI secolo. Imola 1876. 8⁰.

5. Andere Historiker. — Außer dem Abf. 3 erwähnten Auszuge, welcher wie
die Schrift Cassiodors selbst De origine actibusque Getarum betitelt ist, hat
Jordanis, gleichfalls 551, unter der Aufschrift De summa temporum vel de
origine actibusque gentis Romanorum eine aus dem damals gebräuchlichen Hilfs=
mitteln compilirte Weltchronik herausgegeben. Iordanis Romana et Getica. Rec.
*Th. Mommsen*: Monum. Germ. hist. Auct. antiquiss. T. V. Pars 1. Berol.
1882. Vgl. W. Wattenbach, Deutschlands Geschichtsquellen im Mittelalter
(6. Aufl.) I, 72—79: Jordanis. S. auch L. v. Ranke, Weltgeschichte IV, 2.
(1.—3. Aufl.) S. 313—327: Jordanes. — Jordanis benutzte schon die Chronik
des Illyriers Marcellinus Comes, welche die Jahre 379—534 umfaßt und
fast nur das oströmische Reich berücksichtigt. Ein Abdruck derselben bei *Migne*,
P. lat. LI, 913 sqq.; eine neue Ausgabe bei *Mommsen*, Chronica minora saec.
IV. V. VI. VII. Vol. II (Monum. Germ. hist. Auct. antiquiss. T. XI.
Berol. 1894). p. 37 sqq. Vgl. Teuffel=Schwabe, Gesch. der Röm. Lit.
(5. Aufl.) S. 1253—1254. — Bischof Victor von Tunnuna im nördlichen Afrika,
welcher wegen seiner Vertheidigung der drei Kapitel viele Verfolgungen von seiten
Justinians zu erdulden hatte und wahrscheinlich in Klosterhaft zu Konstantinopel
um 569 starb, hinterließ eine Chronik von Erschaffung der Welt bis zum Jahre 567.
Doch ist nur der letzte Theil derselben, mit dem Jahre 444 anhebend und haupt=
sächlich die kirchlichen Ereignisse in Afrika behandelnd, auf uns gekommen. Ein
Abdruck bei *Migne* l. c. LXVIII, 937 sqq.; eine neue Ausgabe bei *Mommsen*
l. c. p. 163 sqq. Vgl. Ebert, Allg. Gesch. der Lit. des Mittelalters im Abend=
lande. I. (2. Aufl.) S. 586—587. Uebere andere Schriften Victors f. Bähr,
Die christl. Dichter u. Geschichtschreiber Roms (2. Aufl.) S. 218. — Eine Fort=

setzung der Chronik Victors von Tunnuna für die Jahre 567—590 lieferte der spanische Gote Johannes, Abt des Klosters Biclaro am Fuße der Pyrenäen, und seine unparteiische Berichterstattung gilt als eine der besten Quellen für die Geschichte der Westgoten. Ein Abdruck bei *Migne* l. c. LXXII, 859 sqq.; eine neue Ausgabe bei *Mommsen* l. c. p. 163 sqq. Vgl. Ebert a. a. O. S. 587—588. — Marius, Bischof zu Avenches und später zu Lausanne († 593), schrieb eine Fortsetzung der Chronik Prospers aus Aquitanien (§ 77, 3) vom Jahre 455 bis zum Jahre 581. Ein Abdruck bei *Migne* l. c. LXXII, 791 sqq.; neue Ausgaben von W. Arndt, Leipzig 1875 und wiederum Leipzig 1878, und von *Mommsen* l. c. p. 225 sqq. Vgl. Teuffel-Schwabe a. a. O. S. 1255. — Der Kelte Gildas mit dem Beinamen des Weisen (Sapiens) verfaßte 560 eine düstere Schilderung der traurigen Schicksale Britanniens seit der Eroberung durch die Römer unter dem Titel De excidio Britanniae. Ein Abdruck bei *Migne* l. c. LXIX, 327 sqq.; neue Ausgaben von J. Stevenson, London 1838, u. a.; vgl. Teuffel-Schwabe a. a. O. S. 1260. Ueber das Werk selbst s. Bähr a. a. O. S. 262—270; Ebert a. a. O. S. 562—565; *A. de la Borderie*, Études historiques bretonnes, Ire série. L'historien et le prophète des Bretons, Gildas et Merlin. Paris 1883. 8°. — Auch einige Itinerarien mögen an dieser Stelle noch ein Plätzchen finden. Aus den Jahren 520—530 stammt eine 1865 zuerst herausgegebene Beschreibung des heiligen Landes, De situ terrae sanctae, von der Hand eines gewissen Theodosius Archidiaconus, wahrscheinlich aus Nordafrika. Die Abfassung des erst 1879 bekannt gewordenen Breviarius de Hierosolyma, eines kurzen Aufsatzes über die heilige Stadt, fällt gleichfalls ins 6. Jahrhundert. Eine treffliche Ausgabe beider Schriftchen lieferte J. Gildemeister: *Theodosius*, De situ terrae sanctae im echten Text und der Breviarius de Hierosolyma vervollständigt. Bonn 1882. 8°. Ueber die frühern Ausgaben von T. Tobler und A. Molinier s. Gildemeister S. 3 ff. Ein Abdruck der Gildemeisterschen Ausgabe des Theodosius nebst russischer Uebersetzung von J. Pomialowsky erschien 1891 zu St. Petersburg in 4°. Eine englische Uebersetzung und Erläuterung des Breviarius de Hierosolyma veröffentlichten A. Stewart und Ch. W. Wilson, London 1890 (Palestine Pilgrims' Text Society). Um 570 unternahm ein gewisser Antoninus von Placentia eine Pilgerfahrt nach dem Morgenlande, welche ein unbekannter Reisegefährte beschrieb: Antonini Placentini Itinerarium (*Migne*, P. lat. LXXII, 899—918). Antonini Plac. Itin. im unentstellten Text mit deutscher Uebersetzung herausgegeben von J. Gildemeister. Berlin 1889. 8°. Ueber die frühern Ausgaben und Uebersetzungen dieses Reiseberichtes s. Gildemeister S. xv—xvii. Zur Kritik der Ausgabe Gildemeisters s. P. Geyer, Kritische und sprachliche Erläuterungen zu Antonini Plac. Itinerarium (Inaug.-Diss.). Augsburg 1892. 8°.

## § 97. Schriftsteller im Dreikapitelstreite.

1. **Facundus von Hermiane.** — Bischof Facundus von Hermiane, in der afrikanischen Provinz Byzacena, trat dem Edicte des Kaisers Justinian gegen die drei Kapitel vom Jahre 543 oder 544 (§ 83, 3) mit einem umfangreichen Werke Pro defensione trium capitulorum, in zwölf Büchern, entgegen. Dasselbe ist in den Jahren 546—551 (nach Dobroklonskji 546—548) zu Constantinopel verfaßt und wurde auch dem Kaiser überreicht. Facundus will keineswegs die schon zu Ephesus 431 verworfene Lehre des Nestorius in Schutz nehmen; er will vielmehr zunächst und hauptsächlich nur die, wie er glaubt, beeinträchtigte Autorität des Concils zu Chalcedon vom Jahre 451 aufrecht erhalten wissen. Das Edict des Kaisers trete dem Andenken des

Chalcedonense zu nahe, insofern das letztere über Theodor von Mopsuestia
und seine Schriften ohne Censur hinweggegangen sei und Theodoret von Cyrus
und Ibas von Edessa sogar ausdrücklich wieder in die Kirchengemeinschaft
aufgenommen habe. Außerdem sei eine Verurtheilung des Schuldigen nach
dem Tode zu beanstanden. Als das Concil zu Konstantinopel in seiner letzten
Sitzung vom 2. Juni 553 die drei Kapitel anathematisirte und Papst Vigilius
nach einigem Zögern dem Concilsbeschlusse beitrat, sagte Facundus mit der
Mehrzahl der Bischöfe Afrikas sich von dem Papste und den morgenländischen
Bischöfen los. Gegen versöhnliche Stimmen, welche zur Nachgiebigkeit riethen,
veröffentlichte er um 571 die Streitschriften Liber contra Mocianum scholasticum und Epistola fidei catholicae in defensione trium capitulorum.

Die drei genannten Schriften bei *Migne*, P. lat. LXVII, 527—878. Ueber
die Abfassungszeit der beiden letzten Schriften vgl. Nirschl, Lehrb. der Patrologie
und Patristik III, 477, Anm. 3 und Anm. 5. A. Dobroklonskji, Die Schrift
des Facundus, Bischofs von Hermiane: Pro defensione trium capitulorum. Historisch-kritische Untersuchung aus der Epoche des 5. ökumenischen Concils. Moskau
1880. 8° (russisch). Vgl. Ad. Harnack in der Theol. Literaturzeitung vom
18. Dec. 1880. Sp. 632—635. — Den Standpunkt, welchen Facundus in
seinem ersten Werke dem Edicte Justinians gegenüber vertritt, theilen auch der früher
(§ 94, 5) erwähnte Diakon Fulgentius Ferrandus in seiner Epistola ad
Pelagium et Anatolium diaconos urbis Romae (*Migne*, P. lat. LXVII,
921—928) und der afrikanische Bischof Pontianus in seiner Epistola ad Iustinianum imper. (LXVII, 995—998).

2. **Papst Vigilius.** — Der Dreikapitelstreit hat eine über seine wahre
Bedeutung hinausgehende Berühmtheit durch den Umstand erlangt, daß Papst
Vigilius (537—555) in denselben verwickelt wurde. Von dem Kaiser nach
Konstantinopel berufen, sprach Vigilius sich anfangs mit großer Schärfe gegen
das Dreikapiteledict aus, gab dann aber am 11. April 548 ein (nur noch
bruchstückweise erhaltenes) Iudicatum ab, welches die drei Kapitel anathematisirte, allerdings unter Beifügung verschiedener Klauseln, deren wesentlicher
Sinn war: salva in omnibus reverentia synodi Chalcedonensis. In
dem sogen. Constitutum vom 14. Mai 553 dagegen bekennt Vigilius sich
zu den Anschauungen, welche Facundus geltend machte (Abs. 1): er lehnt es
ab, einen Verstorbenen mit dem Anathem zu belegen und in irgend einem
Punkte über die Beschlüsse des Chalcedonense hinauszugehen. Das inzwischen
am 5. Mai 553 eröffnete Concil zu Konstantinopel sprach in seiner achten
und letzten Sitzung vom 2. Juni die Anathematisirung der drei Kapitel aus,
und Vigilius verstand sich in zwei Schreiben vom 8. December 553 und vom
23. Februar 554 zur Anerkennung des Concils. Außer den genannten Erlassen liegen noch mehrere, meist den Dreikapitelstreit betreffende Briefe des
Papstes vor. Von der Verwerflichkeit der drei Kapitel von vornherein überzeugt, hat Vigilius in der Frage, ob eine Anathematisirung am Platze sei,
eine unsichere und schwankende, durch äußern Druck bestimmte Haltung bekundet.

Epistolae et decreta Vigilii P. bei *Migne* l. c. LXIX, 15 sqq.; auch in den
Conciliensammlungen, bei *Mansi* T. IX. Vgl. *Jaffé*, Reg. Pontif. Rom. Ed. 2.
T. I. 1885. p. 117—124. Eine ausführliche Abhandlung über die Geschichte des
Papstes Vigilius aus der Feder P. Coustants († 1721) mit einer Einleitung
und Noten von der Hand J. B. Pitras findet sich in des letztern Werk De

epistolis et registris Romanorum Pontificum (Analecta novissima Spicilegii Solesmensis, altera continuatio, T. I). Parisiis 1885. p. 366—461. J. Punkes, Papst Vigilius und der Dreikapitelstreit. München 1864. 8⁰. Hefele, Concilien-geschichte (2. Aufl.) II, 798—924. Eine von der gewöhnlichen Auffassung ganz abweichende Darstellung des Dreikapitelstreites gab *Al. Vincenzi*, Vigilii Pontificis Romani, Origenis Adamantii, Iustiniani Imperatoris triumphus in synodo oecum. V. (In S. Gregorii Nysseni et Origenis scripta et doctrinam nova recensio, cum appendice de actis synodi V. oecum. Vol. IV.) Romae 1865. Vincenzi erklärt eine Reihe von Actenstücken, unter ihnen auch das Constitutum Vigilii Papae, für unecht und beseitigt auf diese Weise auch jedes Schwanken in dem Verhalten des Papstes. Zur Kritik vgl. J. Hergenröther im Theol. Literaturblatt vom 13. Aug. 1866. Sp. 543—551. *L. Duchesne*, Vigile et Pélage. Étude sur l'histoire de l'église romaine au milieu du VIᵉ siècle: Revue des questions historiques. T. XXXVI (1884). p. 369—440; *F. Chamard*, Les papes du VIᵉ siècle et le second concile de Constantinople, réponse à m. l'abbé Duchesne: ibid. T. XXXVII (1885). p. 540—578; Réponse de m. l'abbé Duchesne, p. 579—593. *L. Lévêque*, Étude sur le pape Vigile (Extr. de la Revue des sciences ecclésiastiques). Amiens 1887. 8⁰. — Auch von den letzten Vorgängern des Papstes Vigilius, mit Ausnahme des hl. Silverius (536 bis 537), sind einige Schreiben vorhanden. Epistolae et decreta S. Felicis P. IV. (526—530): *Migne* LXV, 11 sqq.; Bonifatii P. II (530—532): LXV, 31 sqq.; Ioannis P. II. (532—535): LXVI, 11 sqq.; S. Agapiti P. I. (535—536): LXVI, 35 sqq. Vgl. *Jaffé* l. c. p. 110—115.

3. Papst Pelagius I. — Pelagius schrieb als Archidiakon der römischen Kirche 554 zu Konstantinopel ein zur Zeit noch nicht gedrucktes, aber hand-schriftlich vorhandenes Refutatorium gegen das Concil von Konstantinopel, nahm jedoch nach seiner Erhebung auf den päpstlichen Stuhl 555 diese Schrift zurück. Aus der kurzen Zeit seiner päpstlichen Wirksamkeit (er starb am 3. März 560) haben sich verhältnißmäßig viele Schreiben erhalten, welche zum Theil erst durch Auffindung der sogen. Britischen Sammlung von Papst-briefen (§ 95, 1) bekannt geworden sind.

Ueber die Entdeckung eines nicht ganz vollständigen Manuscriptes des Refutatorium berichtet L. Duchesne im Bulletin critique. 1884. n. 5. p. 96. Vgl. die Abs. 2 angeführte Abhandlung Duchesnes über Vigilius und Pelagius. Epistolae Pelagii P. I. bei *Migne* l. c. LXIX, 393 sqq.; auch in den Concilien-sammlungen, bei *Mansi* t. IX. Neue, freilich meist sehr kurze, Briefe aus der Britischen Sammlung bei *S. Loewenfeld*, Epistolae Pontificum Rom. ineditae. Lips. 1885. 8⁰. p. 12—21. Vgl. *Jaffé* l. c. p. 124—136.

4. Rusticus. — Ein sehr hartnäckiger Vertheidiger der drei Kapitel war Rusticus, Diakon der Kirche zu Rom und Neffe des Papstes Vigilius. Er ist Verfasser einer nur theilweise überlieferten (oder doch bis jetzt nur theilweise veröffentlichten) Streitschrift gegen die Monophysiten, Contra Acephalos disputatio betitelt und in Form eines Zwiegespräches zwischen Rusticus und einem haereticus verlaufend. Die Echtheit der von Pitra herausgegebenen Glossen zum Chalcedonense ist immerhin zweifelhaft.

Die Disputatio bei *Migne*, P. lat. LXVII, 1167—1254. Die Glossen bei *I. B. Pitra*, Spicil. Solesm. T. IV. Paris. 1858. p. 192—221: Rustici S. E. R. diaconi (forte et Verecundi) scholia, distinctiones et collationes in acta concilii Chalcedonensis. Nach Pitra hat Rusticus diese Glossen vielleicht gemeinsam mit Verecundus von Junca (Abs. 5) verfaßt.

38 *

5. **Verecundus von Junca.** — Die Schriften des Bischofs Verecundus von Junca, in der afrikanischen Provinz Byzacena, welcher nach hervorragender Theilnahme an dem Dreikapitelstreite um 552 zu Chalcedon starb, sind erst durch Pitra ans Licht gezogen worden. Es sind Auszüge aus den Verhandlungen des Chalcedonense (Excerptiones de gestis Chalcedonensis concilii), Commentare zu neun alttestamentlichen Gesängen (Commentariorum super cantica ecclesiastica libri IX) und ein Bußlied De satisfactione poenitentiae von 212 Hexametern (mit dem Nachtrage Meyers), voll Verstößen gegen die Grammatik und die Metrik, aber von tiefer Empfindung zeugend.

Diese Schriften bei *Pitra*, Spicil. Solesm. T. IV. Paris. 1858. Die Excerptiones gibt Pitra noch in einer zweiten Recension, welche sich als einen Auszug aus der ersten (p. 166—185) erweist, bereichert um einige Zusätze von der Hand des Diakon Liberatus (Abs. 6): Verecundi et Liberati diaconi Carthaginiensis Excerptiones e concilio Chalcedonensi (p. 186—191). Vgl. auch Abs. 4. Einen Nachtrag (8 Verse) zu dem Texte des Gedichtes De satisfactione poenitentiae (p. 138—143) gab W. Meyer in den Abhandlungen der k. bayer. Akad. d. Wiss. I. Cl. Bd. XVII. Abth. 2. München 1885. S. 431. Im übrigen vgl. Manitius, Gesch. der christl.-lat. Poesie. Stuttg. 1891. S. 403 ff. Ein anderes, schon längst bekanntes Gedicht Exhortatio poenitendi, welches Pitra Verecundus zueignet (p. 132—137), ist jüngern Datums und ist auch nur ein Theil eines größern Ganzen. S. Meyer a. a. O. S. 431 ff. Vgl. Manitius a. a. O. S. 416 ff. Das Gedicht De resurrectione et iudicio, welches Isidor von Sevilla (De vir. ill. c. 7) Verecundus beilegt, ist vielleicht zu identificiren mit dem Gedichte De iudicio domini oder De resurrectione mortuorum unter den Werken Tertullians und Cyprians (§ 36, 11 z. Schl.). — Das bei Pitra den Gedichten des Bischofs Verecundus angehängte Gedicht unter dem Titel Crisias, welches in drei Büchern über die Erscheinung des Antichrist, das jüngste Gericht und die Auferstehung der Todten sich verbreitet (p. 144—165), gehört einer viel spätern Zeit an.

6. **Liberatus.** — Eine nicht unwichtige Quelle für den Verlauf des Dreikapitelstreites ist des Liberatus Breviarium causae Nestorianorum et Eutychianorum, ein gedrängter Abriß der Geschichte des Nestorianismus und des Monophysitismus von der Ordination des Nestorius zum Bischofe 428 bis zu dem Concile zu Konstantinopel 553. Liberatus war Diakon der Kirche zu Karthago und verfaßte seine Schrift, welche sich von parteiischer Begünstigung der drei Kapitel nicht ganz freisprechen läßt, zwischen 560 und 566.

Das Breviarium bei *Migne* l. c. LXVIII, 969—1052. Ueber frühere Ausgaben s. *Fessler*, Instit. Patrol. II, 970 n. Vgl. auch Abs. 5.

7. **Primasius von Hadrumetum.** — Bischof Primasius von Hadrumetum, in der Provinz Byzacena, welcher auch eine Rolle in dem Dreikapitelstreite spielte, hinterließ einen Commentar zur Apokalypse, welcher in knapper Form vorwiegend Auszüge aus frühern lateinischen Commentatoren gibt. Eine Schrift über die Häresien ist, so scheint es, nicht auf uns gekommen. Ein Commentar über die paulinischen Briefe geht mit Unrecht unter Primasius' Namen.

Die Commentare über die paulinischen Briefe und über die Apokalypse bei *Migne* l. c. LXVIII, 413—936. Vgl. J. Haußleiter, Leben und Werke des Bischofs Primasius von Hadrumetum (Progr.). Erlangen 1887. 8°. Näheres über ben Commentar zur Apokalypse bezw. bie bemselben zu Grunbe liegenbe lateinische Uebersetzung ber Apokalypse bei Haußleiter, Die lateinische Apokalypse ber alten afrikanischen Kirche: Forschungen zur Gesch. des neutestamentl. Kanons unb ber altkirchl. Literatur. Th. IV. Herausgeg. von J. Haußleiter unb Th. Zahn. Erlangen 1891. S. 1—224.

8. Junilius. — Auf Anregung bes Bischofs Primasius (Abs. 7) verfaßte Junilius wahrscheinlich 551 seine Instituta regularia divinae legis (bie früher übliche Aufschrift De partibus divinae legis bezieht sich nur auf bas erste Kapitel bes ersten Buches). Diese Schrift erweist sich in ihrer handschriftlich beglaubigten Gestalt als eine methobische Einleitung in bas tiefere Bibelstubium, welche zunächst ben Lehrvorträgen bes Persers Paulus von Nisibis entnommen ist, aber bis ins Einzelne bie Aufstellungen Theodors von Mopsuestia, seine Ansichten über ben biblischen Canon, seine Christologie unb seine exegetischen Grundsätze wiebergibt. Junilius, von Geburt Afrikaner, war nicht, wie bislang meist angenommen wurbe, Bischof in Afrika, sondern hoher Staatsbeamter, quaestor sacri palatii, zu Konstantinopel.

Den Nachweis bes Gesagten erbrachte H. Kihn, Theodor von Mopsuestia unb Junilius Africanus als Exegeten. Nebst einer kritischen Textausgabe von bes letztern Instituta regularia divinae legis. Freiburg 1880. 8°. Die Textausgabe erschien auch separat, Freiburg 1880. Ueber bie frühern Ausgaben, von ber burch J. Gastius, Basel 1545, besorgten ed. princeps bis zu bem Abbrucke bei *Migne* l. c. LXVIII, 15—42, berichtet Kihn S. 299 ff. Ueber Paulus von Nisibis handelt Kihn S. 254 ff. Ueber ben irrthümlich Junilius beigelegten Commentar zu ben ersten Kapiteln ber Genesis s. Kihn S. 301. Ein Beitrag zur Texteskritik ber Instituta bei A. Rahlfs, Lehrer unb Schüler bei Junilius Africanus: Nachrichten von ber k. Gesellschaft ber Wissenschaften unb ber Georg-Augusts-Universität zu Göttingen, Jahrg. 1891, S. 242—246. — Bischof in Afrika war sehr wahrscheinlich Cresconius, ber Verfasser einer Concordia canonum, in welcher ber größte Theil ber in ben beiben Sammlungen bes Dionysius Exiguus (§ 95, 3) enthaltenen Canones unb Decretalen unter 301 Rubriken vertheilt ist, ohne baß indessen bie Aufeinanderfolge ber letztern einen bestimmten Plan zu Tage treten ließe. Ein Abbruck bei *Migne* l. c. LXXXVIII, 829—942. In ber Vorrebe seines Werkes gebenkt Cresconius ber Breviatio canonum bes Fulgentius Ferrandus (§ 94, 5); als einzig sicherer terminus ad quem seiner Lebenszeit muß aber vorläufig bie älteste Handschrift ber Concordia (zu Verona) gelten, welche wohl noch bem 8. Jahrhundert angehört. S. Fr. Maaßen, Geschichte ber Quellen unb ber Literatur bes canonischen Rechts im Abenbl. Bb. I. Graz 1870. S. 806—813.

## § 98. Gregor von Tours unb Venantius Fortunatus.

1. Gregor von Tours. — Der hl. Gregor von Tours, ber Geschichtschreiber ber Franken, entstammte einer hochangesehenen, senatorischen Familie Galliens, warb wahrscheinlich am 30. November 538 zu Arverna, bem heutigen Clermont-Ferrand, geboren unb führte ursprünglich ben Namen Georgius Florentius. Erst später hat er aus Verehrung gegen ben vielgepriesenen heiligen Bischof Gregor von Langres (506/507—539/540), ben Großvater seiner Mutter Armentaria, ben Namen angenommen, unter welchem er berühmt geworben ist. Nach bem frühen Tobe seines Vaters Florentius erhielt Gregor von bes Vaters Bruder, bem heiligen Bischofe Gallus von Clermont (546—554), eine fromme Erziehung. Schon bamals entschied er sich für ben geistlichen

Stand, und nach dem Tode des hl. Gallus ward er von Avitus, Priester
und später (571—594) auch Bischof zu Clermont, in den heiligen Schriften
unterwiesen. Eine gefährliche Krankheit veranlaßte ihn 563 zu einer Wall=
fahrt nach Tours, wo er am Grabe des hl. Martinus wirklich die gehoffte
Genesung fand. Auf dieser Reise mag er die Verbindungen angeknüpft haben,
welche zehn Jahre später seine Wahl zum Bischofe von Tours herbeiführten.
Im Jahre 573, in der Mitte der dreißiger Jahre stehend, ward er der Nach=
folger des dortigen Bischofs Euphronius, welcher gleichfalls dem Hause der
Mutter Gregors verwandt war. Venantius Fortunatus feierte seine Erhebung
durch ein schwunghaftes Gedicht (Carm. l. V. c. 3: Ad cives Turonicos de
Gregorio episcopo), in welchem sich wenigstens aufrichtige Begeisterung für
Gregor ausspricht. In der That wußte letzterer, unter vielfach schwierigen
Verhältnissen, des Freundes Erwartungen vollkommen zu rechtfertigen. Er
waltete seines geistlichen Hirtenamtes mit opferwilliger Hingebung und nahm
zugleich die weltlichen Interessen seiner Gemeinde mit Sorgsamkeit wahr, ver=
trat insbesondere die Stadt Tours bei wiederholten kriegerischen Unruhen mit
Klugheit und Entschiedenheit und suchte ihren Wohlstand und Glanz auf alle
Weise zu heben. Doch erstreckte sich sein Wirken, schon wegen der Bedeutung
seines Bischofssitzes (Tours, die Stadt des hl. Martinus, war damals das
religiöse Centrum Galliens), weit über die Grenzen seines Sprengels hinaus.
Als König Chilperich, dessen Gewaltthätigkeiten gegenüber er die Interessen
der Kirche und der Cultur mit ebenso großem Nachdruck wie Erfolg vertheidigt
hatte, 584 durch Mord gefallen war und Tours 585 in die Hände Childeberts
gelangte, konnte sich Gregor einer hervorragenden Stellung im fränkischen
Reiche rühmen. Er besaß das volle Vertrauen des Königs, besuchte oft den
Hof und ward in wichtigen Staatsangelegenheiten als Gesandter verwendet.
Hochgeehrt in ganz Gallien starb Gregor am 17. November 593 oder 594. —
Ungeachtet seiner großen praktischen Thätigkeit ist Gregor zugleich ein ungemein
fleißiger und fruchtbarer Schriftsteller gewesen. Vermuthlich hat er sich erst
als Bischof schriftstellerischen Arbeiten zugewandt, und allem Anscheine nach
hat ihm die Verehrung des hl. Martinus zuerst die Feder in die Hand gegeben.
Er ging, voll Mißtrauen gegen seine Kräfte, nur zögernd ans Werk, und
die Mangelhaftigkeit seiner grammatischen Kenntnisse und gar seiner stilistischen
Bildung kommt ihm auch in der Folge wieder und wieder zum Bewußtsein.
In der Vorrede der Frankengeschichte hebt er hervor, er wolle incultu (sic)
effatu reden, quia philosophantem rhetorem intellegunt pauci, loquentem
rusticum multi. In der Einleitung des ersten Buches bittet er um Ent=
schuldigung, si aut in litteris aut in sillabis grammaticam artem ex-
cessero, de qua adplene non sum imbutus. In der Vorrede der Schrift
In gloria confessorum klagt er, daß er das Genus sowohl wie die Casus
der Nennwörter verwechsle, daß er nicht einmal die Präpositionen, quas
nobilium dictatorum observari sanxit auctoritas, richtig anzuwenden wisse.
Doch ist Gregors Sprache insofern sehr interessant und merkwürdig, als sie
manche der wichtigsten Züge jenes Umwandlungsprocesses veranschaulicht, durch
welchen das Lateinische sich zum Romanischen, insbesondere zum Französischen,
ausgestaltete. Dem Inhalte nach gliedern sich die uns erhaltenen literarischen
Versuche Gregors in zwei Gruppen: theologische Schriften und zehn Bücher

Frankengeschichte. Uebrigens verläugnet sich auch in diesen Büchern der geist=
liche Autor keineswegs, und auf der andern Seite theilen die theologischen
Schriften der weitaus größern Mehrzahl nach den historiographischen Charakter
des weltlichen Werkes, indem dieselben der Heiligengeschichte angehören und
zwar hauptsächlich über fränkische Heilige handeln. Als Geschichtschreiber aber
darf Gregor hohe Achtung und großes Vertrauen beanspruchen. Allerdings
bekundet er mehrfach eine recht weitgehende Leichtgläubigkeit; auch lassen sich
ihm manche Irrthümer nachweisen, wie sie nur aus einer gewissen Flüchtigkeit
erklärt werden können, welche die ihr zu Gebote stehenden Hilfsmittel aus=
zunutzen verschmäht. Dagegen darf es jetzt wohl als allgemein anerkannt
gelten, daß er stets und überall den redlichen Willen hat, unparteiisch die
Wahrheit zu sagen und auch Kritik zu üben. — Was nun das Einzelne
angeht, so berichtet Gregor selbst (Hist. Franc. X, 31 zum Schluß) über
seine schriftstellerische Thätigkeit: Decem libros historiarum, septem miraculorum, unum de vita patrum scripsi; in psalterii tractatu librum unum
commentatus sum; de cursibus etiam ecclesiasticis unum librum condidi.
Außerdem hat er laut gelegentlichen Bemerkungen aus den von Apollinaris
Sidonius (§ 93, 2) verfaßten Messen (de missis ab eo compositis) ein
Buch zusammengestellt (Hist. Franc. II, 22) und die Legende von den Sieben=
schläfern mit Beihilfe eines Syrers (Siro quodam interpretante) ins Lateinische übersetzt (In gloria martyrum c. 94). Die erste der beiden letzt=
genannten Arbeiten ist, wie es scheint, verloren gegangen. Die Passio
ss. martyrum septem dormientium apud Ephesum (in der Ueberseßung
Gregors) pflegt seltsamerweise gleichfalls als verloren bezeichnet zu werden,
ist indessen schon um 1479 durch Mombrizio (Mombrittius) herausgegeben
worden. Die Schrift De cursibus ecclesiasticis wurde, nachdem bis dahin
nur kleine Fragmente ans Licht gezogen worden, durch Haase in einer (Bamberger) Handschrift des 8. Jahrhunderts aufgefunden und 1853 veröffentlicht.
In dieser Handschrift lautet der Titel: De cursu stellarum ratio qualiter
ad officium implendum debeat observari. Es ist ein nach 575 und vor
582 verfaßtes liturgisches Hilfsbuch, eine Anleitung enthaltend, nach dem
Stande und besonders nach dem Aufgange der wichtigsten Sternbilder die
Folgenreihe der kirchlichen Officien oder Lesestücke (cursus ecclesiastici) zu
bestimmen. Von dem Psalmen=Commentare liegen nur sehr dürftige Bruch=
stücke vor. Die Septem libri miraculorum sind nicht etwa ein einheitliches
Ganzes, sondern verschiedene selbständige Schriften, welche Gregor bei einer
letzten Revision kurz vor seinem Tode mit dem Liber de vita patrum zu
einem hagiographischen Sammelwerke vereinigte. An die Spitze stellte er das
Buch In gloria martyrum, um 590 verfaßt und hauptsächlich Wunder des
Herrn, der Apostel und verschiedener Martyrer der gallischen Kirche erzählend.
Folgt das Buch De virtutibus (b. i. De miraculis) S. Iuliani aus den
Jahren 581—587 (Julian starb als Martyrer um 304 in der Nähe von
Clermont, und sein Grab zu Brivate, dem heutigen Brioude, war ein viel=
besuchter Wallfahrtsort). Die vier Bücher De virtutibus S. Martini (III—VI)
wollen laut der Vorrede auch nur die gegenwärtigen Wunder (praesentes
virtutes), wie sie fort und fort von dem Heiligen gewirkt werden, der Nach=
welt überliefern. Nach Krusch ist das erste Buch vor 576, das zweite nicht

vor 581, das dritte etwa 587 vollendet worden, und das vierte ist unvollendet
geblieben. An siebenter Stelle steht der Liber vitae patrum, ohne Frage der
interessanteste und bedeutendste Theil der ganzen hagiographischen Sammlung,
20 bezw. 23 Heiligenleben umfassend (drei der 20 Kapitel oder Stücke sind
einem Heiligenpaare gewidmet), welche anfangs einzeln herausgegeben, zum
Theil nicht vor 592 geschrieben wurden. Das achte und letzte Buch, In
gloria confessorum, welches gleichfalls kleine Wundergeschichten enthält, ist
587 fertiggestellt, seit 590 aber mehrfach umgeändert und erweitert worden.
Auf dem Felde der Heiligenlegende bewegt sich auch noch der Liber de
miraculis b. Andreae apostoli, von Gregor selbst nicht erwähnt, aber doch
wohl als echt anzuerkennen. Das Fundament des Ruhmes Gregors bilden
indes seine zehn Bücher Frankengeschichte. Dieses Werk soll, wie die Vorrede
ausführt, den kommenden Geschlechtern Kunde von der Zeit des Verfassers
geben, und es trägt dementsprechend vom fünften Buche an in ausgesprochenster
Weise das Gepräge von Denkwürdigkeiten oder Memoiren, während die vier
voraufgehenden Bücher eine Einleitung bilden. Das erste Buch entrollt nämlich
zum Zwecke chronologischer Grundlegung einen Abriß der Weltgeschichte von
Adam bis auf den Tod des hl. Martinus (397). Das zweite Buch handelt
vornehmlich von dem Gründer des Frankenreiches, Chlodovech, das dritte führt
die Geschichte der Franken bis auf den Tod Theodoberts I. (548), das vierte
reicht bis zum Ende Sigiberts (575), und schon in diesem Buche schreibt
Gregor wenigstens zum Theile aus eigener Erinnerung. Diese vier ersten
Bücher sind nach Arndt im Jahre 575 verfaßt. Die beiden folgenden Bücher,
welche die Jahre 575—584 umfassen, sind 580—585 geschrieben, und nach und
nach entstanden schließlich die vier letzten Bücher, welche die Jahre 584—585
sehr ausführlich behandeln und in kürzerer Fassung bis 591 gehen. Den
sechs ersten Büchern hat Gregor nachträglich mannigfache Ergänzungen und
Erweiterungen beigefügt. Mit dem fünften Buche war er bei seiner eigentlichen Aufgabe angelangt. Er erzählt die Geschichte seiner Zeit, und seine
eigenen Beziehungen zu dieser Zeitgeschichte treten stets deutlich hervor; er
berichtet über alles, was ihn selbst berührt, mit der Breite des persönlichen
Interesses. Die Darstellung ist recht unbeholfen; sie gibt nicht sowohl eine
Geschichte als vielmehr äußerlich aneinandergereihte Einzelgeschichten; auf jeden
Versuch, den Zusammenhang der Dinge zu erklären, die Ereignisse in ihrem
Werden zu begreifen, Verzicht leistend, ist sie zufrieden mit der Schilderung
der nackten Thatsachen. Aber abgesehen von dem allem Persönlichen und
Individuellen innewohnenden Leben erhält Gregors Erzählung durch ihre Ein-
fachheit, Natürlichkeit und Naivetät einen ganz eigenthümlichen Reiz, welcher
über alle Mängel und Schwächen den Sieg davonträgt. Der unschätzbare
Werth des Werkes beruht jedoch auf der einzigartigen Bedeutung seines Gegenstandes und der völligen Unzulänglichkeit aller andern in Betracht kommenden
Quellen: es bleibt „eines der wichtigsten Erzeugnisse der gesamten geschichtlichen Literatur" (v. Giesebrecht).

2. Literatur zu Gregor. — Als die beste Gesamtausgabe der Werke Gregors
galt bislang diejenige Th. Ruinarts, Paris 1699. 2⁰. Ein Abdruck derselben
bei *Migne*, P. lat. LXXI. Jetzt ist sie überflügelt durch die von W. Arndt und
Br. Krusch besorgte Ausgabe: Gregorii Turonensis opera (Monum. Germ.

hist. Script. rer. Meroving. T. I). Hannov. 1884—1885. Pars 1 (p. 1—450):
Historia Francorum, ed. *W. Arndt.* Pars 2 (p. 451—881): Miracula· et
opera minora, ed. *Br. Krusch;* darunter (p. 821—846): Gregorii episc. Turon.
liber de miraculis b. Andreae apostoli, ed. *M. Bonnet* (auch separat erschienen).
Zum Schluſſe aus der Feder Kruſchs Index (p. 884—911), Orthographica
(p. 912—928), Lexica et grammatica (p. 929—963). Erſt in dieſer Ausgabe
iſt, ohne Zweifel mit großem Erfolge, der Verſuch gemacht worden, die urſprüngliche
Sprache Gregors ſelbſt herzuſtellen. Während die frühern Editionen, jüngern
Manuſcripten folgend, einen Text bieten, welcher der geglätteten karolingiſchen Latinität
ähnelt, tritt uns hier auf Grund der älteſten Handſchriften, welche bis ins 7. Jahrhundert zurückreichen, aber freilich ſämtlich unvollſtändig und lückenhaft ſind, die
ganze Verwilderung des merowingiſchen Zeitalters entgegen. Ueber die handſchriftliche Ueberlieferung verſchiedener Schriften ſ. auch noch Kruſch und Bonnet im
Neuen Archiv f. ältere deutſche Geſchichtskunde. Bd. XI (1886). S. 629; Bd. XII
(1887). S. 303—308. 309—314; Bd. XIX (1894). S. 25—45. *H. Omont,*
Grégoire de Tours, Histoire des Francs, livres I—VI. Texte du ms. de
Corbie, Bibl. nat. ms. lat. 17 655 avec un facsimile. Paris 1887. 8⁰.
*G. Collon,* Grégoire de Tours, Histoire des Francs, livres VII—X. Texte
du ms. de Bruxelles. Paris 1893. 8⁰. — Auf das verloren gegangene Buch
über die von Sidonius verfaßten Meſſen verweiſt Gregor ſelbſt (Hist. Franc.
II, 22) mit den Worten: In praefatione libri quem de missis ab eo compositis coniunximus. Nach der Vermuthung Tillemonts (Mémoires. T. XVI.
art. 38. p. 277) wären dieſe Missae zu identificiren mit den von Sidonius
Epist. VII, 3 als ſein Werk erwähnten Contestatiunculae, d. i. wohl Meßpräfationen (§ 93, 2). Allerdings läßt ſich missa im Sinne von Präfation, ſoviel
*Du Cange,* Gloss. med. et inf. latin., ed. *L. Favre,* s. v. missa weiß, ander-
weitig nicht nachweiſen. Die meiſten theologiſchen Schriften Gregors (Libri miraculorum aliaque opera minora) wurden herausgegeben und zugleich ins Fran-
zöſiſche überſetzt von H. L. Bordier, Paris 1857—1864. 4 Bde. 8⁰. Franzöſiſche
Ueberſetzungen der Frankengeſchichte von Guizot, neu herausgeg. von A. Jacobs,
Paris 1861. 1874. 2 Bde. 8⁰; von H. Bordier, Paris 1859—1862. 2 Bde. 8⁰.
Eine treffliche deutſche Ueberſetzung der „Zehn Bücher Fränkiſcher Geſchichte" lieferte
W. v. Gieſebrecht, Berlin 1851. 2 Bde.; 2. Aufl. Leipzig 1878 (Die Ge-
ſchichtſchreiber der deutſchen Vorzeit in deutſcher Bearbeitung. VI. Jahrh. Bd. IV—V).
*A. Lecoy de la Marche,* De l'autorité de Grégoire de Tours. Étude criti-
que sur le texte de l'histoire des Francs. Paris 1861. 8⁰. *G. Monod,*
Études critiques sur les sources de l'histoire Mérovingienne. Iᵉ Partie:
Introduction. Grégoire de Tours. Marius d'Avenches. Paris 1872 (Biblio-
thèque de l'école des hautes études. Fasc. 8). *Arbellot,* Les sources de
l'histoire des origines chrétiennes de la Gaule dans Grégoire de Tours.
Limoges 1891. 8⁰. *A. Jacobs,* Géographie de Grégoire de Tours, de Fré-
dégaire et de leurs continuateurs. 2ᵉ éd. Paris 1861. 8⁰. Vgl. *A. Longnon,*
Géographie de la Gaule au VIᵉ siècle. Paris 1878. 8⁰. R. Urbat, Bei-
träge zu einer Darſtellung der romaniſchen Elemente im Latein der Historia
Francorum des Gregor von Tours (Jnaug.-Diſſ.). Königsberg 1890. 8⁰. —
Ueber Gregor im allgemeinen ſ. J. W. Loebell, Gregor von Tours und ſeine
Zeit, vornehmlich aus ſeinen Werken geſchildert. Ein Beitrag zur Geſchichte der
Entſtehung und erſten Entwickelung romaniſch-germaniſcher Verhältniſſe. Leipzig
1839. 8⁰; 2. verm: Aufl. mit einem Vorwort von H. v. Sybel. 1869.
W. Wattenbach, Deutſchlands Geſchichtsquellen im Mittelalter (6. Aufl.) I,
93—103: Gregor von Tours. L. v. Ranke, Weltgeſchichte IV, 2. (1.—3. Aufl.)
S. 328—368: Gregor von Tours. *M. Bonnet,* Le Latin de Grégoire de Tours.

Paris 1890. 8°. Vgl. zu diesem Werke die Verhandlungen zwischen Bonnet und
Krusch im Neuen Archiv der Gesellsch. f. ältere deutsche Geschichtskunde. Bd. XVI
(1891). S. 432—434; Bd. XVII (1892). S. 199—203.

3. **Venantius Fortunatus.** — Venantius Honorius Clemen-
tianus Fortunatus ward um 530 im östlichen Oberitalien bei Treviso
geboren. Zu Ravenna erhielt er seine wissenschaftliche Ausbildung, welche sich
nicht bloß auf Grammatik und Rhetorik, sondern auch auf die Jurisprudenz
erstreckte, während Philosophie und Theologie seinen Neigungen nicht zusagten.
Dagegen hat er sich schon während seines Aufenthaltes zu Ravenna in der
Poesie versucht. Auf die Fürbitte des hl. Martinus von Tours ward er von
einem Augenleiden befreit (er hatte das kranke Auge mit dem Oel der Lampe
bestrichen, welche in einer Kirche zu Ravenna vor dem Bilde des hl. Martinus
brannte), und zum Danke für seine Heilung unternahm er nun um 565 eine
Wallfahrt zum Grabe des hl. Martinus. Freilich trug die Reise einen mehr
poetischen als andächtigen Charakter. Durch Germanien kam er nach Austrasien
und gewann hier die Gunst des Königs Sigibert, welcher sich eben zur Hoch-
zeit mit Brunhilde rüstete. Ein Epithalamium, welches Fortunatus zu dieser
Feier verfaßte, trug ihm alsbald den Ruhm eines ausgezeichneten Dichters ein.
Erst nach fast zweijährigem Aufenthalte am Hofe Sigiberts setzte er seine Reise
fort, bekundete aber auch jetzt durchaus keine Eile, pflegte vielmehr bei jeder
bedeutendern Persönlichkeit geistlichen oder weltlichen Standes anzuklopfen,
wußte durch gewandtes und geschmeidiges Wesen sich freundliche Aufnahme
zu sichern und sagte den Gastgebern seinen Dank in schmeichelhaften Lobliedern.
An dem Ziele seiner Reise, zu Tours, schloß er Freundschaft mit Bischof
Euphronius. Aber weder Euphronius noch auch das Grab des hl. Martinus
vermochte ihn lange zu fesseln; er griff wieder zum Wanderstabe und zog, wie
ein Troubadour der spätern Zeit, durch das ganze südliche Gallien von einem
Herde zum andern. Ein Besuch in Poitiers sollte seinem Leben eine Wendung
geben. In einem dem heiligen Kreuz gewidmeten Kloster lebten hier die
thüringische Fürstentochter Radegunde, Wittwe des fränkischen Königs Chlotar I.
(† 561), und ihre Pflegetochter Agnes, und die idealen Gestalten dieser heilig-
mäßigen Frauen übten auf den empfänglichen Sänger einen nachhaltigen Eindruck. Er entsagte der unstäten Wanderschaft, verzichtete auf eine Rückreise
nach Italien und nahm in Poitiers dauernden Wohnsitz. In dem freund-
schaftlichen, ja innigen Umgange mit Radegunde und Agnes fand er eine neue
Heimat. Er ließ sich auch, auf Zureden der frommen Freundinnen, vom
Bischofe von Poitiers zum Priester weihen und stand nun der kleinen Kloster-
gemeinde als Seelsorger zur Seite. Doch ward auch dieses Stillleben zu
Poitiers durch mannigfache Reisen unterbrochen. Mit fast allen hervorragendern Männern Galliens trat Fortunatus in nähere Verbindung; insbesondere
knüpfte er auch freundschaftliche Beziehungen zu Gregor von Tours an. Gegen
Ende des 6. Jahrhunderts ward er zum Bischof von Poitiers gewählt. Aber
schon sehr bald, vermuthlich in den ersten Jahren des 7. Jahrhunderts, setzte
der Tod seiner bischöflichen Wirksamkeit ein Ziel. — Im Gegensatze zu dem
Ernst des Geschichtschreibers, wie ihn Gregor von Tours vertritt, weht in
dem Leben und Wirken seines Freundes der leichte, heitere Sinn des Poeten.
Unzweifelhaft besaß Fortunatus eine hohe dichterische Begabung; unter den

Dichtern des ausgehenden christlichen Alterthums hat keiner auch nur annähernd so leicht und mühelos wie er die Gegenstände und Vorkommnisse des gewöhnlichen Lebens in fließende Verse zu bringen gewußt. Doch hat er sich über den entarteten Geschmack seiner Zeit nicht zu erheben vermocht. Deutliche Spuren desselben sind die Geschraubtheit und Schwülstigkeit des Ausdruckes im allgemeinen und im besondern die krankhafte Freude an unwürdigen Uebertreibungen in den zahlreichen panegyrischen Liedern. Die große Masse der kleinern Gedichte ist in einer elf Bücher zählenden Sammlung überliefert, welche Carmina oder Miscellanea betitelt zu werden pflegt und in letzter Linie jedenfalls auf Veranstaltung des Dichters selbst zurückgeht. Die erhaltenen Handschriften erweisen sich sämtlich als Copien eines unvollständigen Exemplars der Sammlung, mit Ausnahme einer Pariser Handschrift (aus dem 8. oder 9. Jahrhundert), welche eine Auswahl aus der vollständigen Sammlung bietet und 31 jenem lückenhaften Exemplare fremde Gedichte enthält. Den Hauptbestandtheil der Sammlung bilden Gelegenheitsgedichte. Die Oertlichkeiten, welche er besucht, die Herren, welche ihn aufnehmen, die Mahlzeiten, welche man ihm bereitet, kurz alles, was ihm begegnet, gibt Fortunatus Anlaß zu einer mehr oder weniger gelungenen Probe seiner Verskunst. Es ist begreiflich, daß diese Carmina einen sehr lehrreichen Spiegel des Verfassers und seiner Zeit darstellen. Unter den drei Hymnen, welche die Sammlung umschließt, finden sich die zwei bekannten Passionslieder Pange lingua gloriosi (II, 2) und Vexilla regis prodeunt (II, 6), nicht bloß durch den Glanz neuer und schöner Bilder, sondern auch durch Innigkeit des Gefühls ausgezeichnet. Auf anderem Wege sind noch mehrere andere Hymnen unter Fortunats Namen auf uns gekommen, deren Echtheit indessen Zweifeln unterliegt. Außer jenen Passionsliedern sind als Glanzpunkte der Sammlung namentlich drei Elegien hervorzuheben, welche Fortunatus auf Anregung der hl. Radegunde bezw. in ihrem Namen schrieb, unter ihnen die ergreifende Klage über das Unglück des thüringischen Königshauses, De excidio Thoringiae. Auch einige Prosastücke haben Aufnahme in die Sammlung gefunden, außer Briefen eine weitschweifige Erklärung des Vaterunsers (X, 1) und eine Erklärung des Apostolischen Symbolums (XI, 1), letztere ein geschickter Auszug aus der Erklärung Rufins (§ 74, 3). Außerhalb dieser Sammlung ist ein größeres episches Gedicht De vita S. Martini in vier Büchern (im ganzen 2243 Hexameter) überliefert, laut einem vorausgehenden Schreiben an Gregor von Tours innerhalb zweier Monate (inter bimenstre spatium) verfaßt. Es ist aber auch nur eine abkürzende Bearbeitung der Schriften des Sulpicius Severus über Martinus (Vita S. Martini und Dialoge, § 74, 1), mit Benutzung des Werkes des Paulinus von Petricordia (§ 93, 3). Da Bischof Germanus von Paris, welcher am 8. Mai 576 starb, als noch lebend erwähnt wird (IV, 636), so muß dieses Epos vor dem Mai 576 beendet worden sein. Endlich besitzen wir von Fortunatus auch Heiligenleben in Prosa, zur Erbauung des Volkes und in verhältnißmäßig einfacher Sprache geschrieben. Mehrere solcher Biographien führen freilich seinen Namen mit Unrecht. Als echt werden anzuerkennen sein das Leben des hl. Hilarius von Poitiers (§ 68) nebst dem Liber de virtutibus (d. i. de miraculis) S. Hilarii, das Leben des hl. Marcellus, Bischofs von Paris († 436), des hl. Albinus, Bischofs von

Angers († 560), des hl. Paternus, Bischofs von Avranches († 563), des vorhin erwähnten hl. Germanus von Paris und der hl. Radegunde († 587).

4. **Literatur zu Fortunatus.** — Unter den frühern Gesamtausgaben der Schriften Fortunats gebührt anerkanntermaßen derjenigen des Benediktiners M. A. Luchi, Rom 1786—1787 in zwei Quartbänden, die Palme. Diese Ausgabe ist bei Migne (P. lat. LXXXVIII) abgedruckt und um später aufgefundene Gedichte vermehrt worden. Die neueste und beste Ausgabe verdanken wir Leo und Krusch: V. H. Cl. Fortunati opera poetica, rec. et emend. *Fr. Leo;* opera pedestria, rec. et emend. *Br. Krusch.* Berol. 1881—1885 (Monum. Germ. hist. Auct. antiquiss. T. IV. Pars 1—2). Insbesondere hat Leo hier zum erstenmal aus zahlreichen Handschriften einen zuverlässigen Text der Gedichte hergestellt und zugleich sorgfältige Nachweise über Sprache und Metrik des Dichters gegeben. „Die Moselgedichte des Venantius Fortunatus" (III, 12. 13; X, 9) hat C. Hosius seiner Ausgabe und Erklärung der Mosella des Ausonius (§ 70, 5), Marburg 1894. 8°, als Anhang beigefügt. — Eine französische Uebersetzung der Schriften Fortunats veröffentlichte Ch. Nisard, Paris 1887. 8°. Die zwei von Fortunatus im Namen Radegundes verfaßten Elegien (De excidio Thoringiae, Ad Artachin) läßt Nisard von Radegunde selbst verfaßt sein; siehe *Ch. Nisard,* Des poésies de Ste Radegonde attribuées jusqu' ici à Fortunat: Revue historique. T. XXXVII (1888). p. 49—57; *Nisard,* Fortunat, panégyriste des rois mérovingiens: ibid. T. XLI (1889). p. 241—252. Gegen diese These Nisards s. W. Lippert, Zur Gesch. der hl. Radegunde von Thüringen: Zeitschr. des Vereins f. thüringische Geschichte und Alterthumskunde. N. F. Bd. VII (1890). S. 16—38. Ueber die Hymnen Fortunats handelt J. Kayser, Beiträge zur Gesch. und Erklärung der ältesten Kirchenhymnen. 2. Aufl. Paderborn 1881. S. 386—434; vgl. S. 477. Ueber die Vita S. Hilarii und den Liber de virtutibus S. Hilarii f. J. H. Reinkens, Hilarius von Poitiers. Schaffhausen 1864. S. XVI—XXII. Das von A. Gaudenzi (La vita e i miracoli di San Germano, vescovo di Parigi, descritti in versi da un anonimo sullo scorcio del secolo IX. Bologna 1886. 8°) herausgegebene Gedicht über das Leben des hl. Germanus von Paris ist eine Umschreibung der Vita des Heiligen von Fortunatus. Von der Hand des hl. Germanus liegen eine Epistola ad Brunichildem reginam, ein Privilegium monasterii S. Germani und eine Expositio brevis antiquae liturgiae gallicanae vor (*Migne,* P. lat. LXXII, 77—98). — Ueber Fortunatus im allgemeinen f. Th. Bormann, Ueber das Leben des lateinischen Dichters V. H. Cl. Fortunatus (Progr.). Fulda 1848. 4°. *F. Hamelin,* De vita et operibus V. H. Cl. Fortunati, Pictaviensis episcopi. Redonibus 1873. 8°. A. Schneider, Lesefrüchte aus Venantius Fortunatus. Innsbruck 1882. 8°. Fr. Leo, Venantius Fortunatus, der letzte römische Dichter: Deutsche Rundschau. Bd. XXXII (1882). S. 414—426. *L. Caron,* Le poète Fortunat et son temps, lectures. Amiens 1884. 8°. *D. Leroux,* Le poète S. V. Fortunat. Paris 1885. 12°. *Ch. Nisard,* Le poète Fortunat. Paris 1890. 8°. — Von Bischof Nicetius von Trier († um 566), einem Freunde Fortunats, besitzen wir zwei opuscula: De vigiliis servorum Dei und De psalmodiae bono, und zwei epistolae: Ad Chlodosvindam reginam Longobardorum und Ad Iustinianum imper. (*Migne,* P. lat. LXVIII, 365—380). Vgl. über den Verfasser de Lorenzi in Wetzer und Welte's Kirchenlexikon (2. Aufl.) IX, 267—270. — Ueber Bischof Ferreolus von Uzès (Dep. Gard), gest. 581, berichtet Gregor von Tours (Hist. Franc. VI, 7): Libros aliquot epistolarum quasi Sidonium [§ 93, 2] secutus composuit. Erhalten blieb von Ferreolus eine Regula ad monachos (*Migne* l. c. LXVI, 959—976). — Unter dem Namen des Bischofs Sebatus von Biterrä (Béziers), um 589, gehen einige Homilien (*Migne* l. c. LXXII, 771—774).

## § 99. Papst Gregor der Große.

**1. Leben.** — An der Grenze des Alterthums oder vielmehr an der Schwelle des Mittelalters steht die hehre Gestalt des Papstes Gregor I., eines der größten unter allen Nachfolgern des hl. Petrus. Unter den Päpsten des Alterthums hat nur Leo in ähnlicher Weise tief und bahnbrechend in die kirchlichen und die politischen Zeitverhältnisse eingegriffen. Gregor hat als Mitbegründer einer neuen Zeit einen noch gewaltigern und nachhaltigern Einfluß geübt. Er ist sehr wahrscheinlich 540 zu Rom geboren worden aus altem, vornehmem und reichem Geschlechte. Als Patriciersohn schlug er die politische Laufbahn ein und ward schon früh, jedenfalls vor 571, zu der Würde eines Prätor der Stadt Rom befördert. Die Reize äußern Glanzes und irdischer Größe schienen eine Zeit lang über die Neigung zu einem gottgeweihten Leben, wie sie einst die Seele des Jünglings erfüllt hatte, den Sieg davonzutragen. Nach längerem Schwanken willigte indessen Gregor in den Antrieb der Gnade ein, entsagte allen weltlichen Hoffnungen und verkaufte die ererbten Güter, um von dem Erlöse die Armen zu unterstützen und sieben Klöster zu erbauen, sechs in Sicilien und ein siebentes zu Rom in seinem eigenen Palaste auf dem Hügel Scaurus (jetzt Monte Celio). Hier ward er selbst Mönch nach der Regel des hl. Benedikt und übte nun die Regel mit solcher Strenge, daß er seine ohnehin zarte Gesundheit untergrub und sogar sein Leben in Gefahr brachte. Gleichwohl pflegte er in spätern Jahren mit schmerzlicher Sehnsucht auf die goldenen Tage der Klosterabgeschiedenheit zurückzublicken. Papst Benedikt I. war es, welcher ihn dieser Abgeschiedenheit entriß, indem er ihn zum Cardinaldiakon oder Regionarius bestellte. Benedikts Nachfolger, Pelagius II., betraute ihn 578 mit dem ebenso schwierigen wie ehrenvollen Amte eines Apokrisiarius oder Nuntius am Hofe des Kaisers Tiberius zu Konstantinopel. Im Jahre 584 oder 585 durfte er in sein Kloster zurückkehren, wo er bald darauf zum Abt erwählt wurde. Der Anblick angelsächsischer Jünglinge auf dem Sklavenmarkte weckte in ihm den Plan, sich nach England einzuschiffen, um einem unverdorbenen Volke die Segnungen des Christenthums und der Civilisation zu bringen. Er hatte bereits mit Zustimmung des Papstes heimlich Rom verlassen, als der Papst durch das römische Volk gezwungen wurde, den Wohlthäter und Liebling des Volkes durch Eilboten zurückzurufen. Im Januar 590 starb Pelagius, und sogleich wurde Gregor durch einstimmigen Zuruf von Senat, Geistlichkeit und Volk zum Papste gewählt. Er ließ kein Mittel unversucht, sich dieser Wahl zu entziehen. Nachdem jedoch die Bestätigung durch den byzantinischen Kaiser Mauricius eingetroffen, ward er vom Volke im Triumphe nach St. Peter geführt und am 3. September 590 consecrirt. Er übernahm nach seinen eigenen Worten (Registr. epist. I, 4) die Kirche als ein altes Schiff, in welches von allen Seiten her die Wogen eindrangen und dessen morsche Planken, von unablässigen Stürmen gepeitscht, krachend den Schiffbruch ankündigten. In Italien hausten Ueberschwemmungen, Pest und Hungersnoth; die Langobarden sengten und mordeten; die mailändische Kirchenprovinz beharrte, aus Anlaß der Anathematisirung der drei Kapitel, im Schisma; das spätere Schisma der griechischen Kirche warf schon seine Schatten voraus; die ganze

civilisirte Welt schien vom tiefsten Grunde aus erschüttert. Die kräftig=milde
Hand Gregors vermochte es, den Stürmen Schweigen zu gebieten. Liebevolles
und einnehmendes Entgegenkommen gegen spröde Gewalten und doch zugleich
in Verbindung damit Festigkeit und eigene Energie sind wenigen historischen
Größen auf geistlichen oder weltlichen Thronen so eigen gewesen wie Gregor I.
Vielleicht hat auch nie ein Träger der Tiara seine Stellung großartiger auf=
gefaßt und seine Auffassung voller und reicher verwirklicht. Während der
Patriarch von Konstantinopel ökumenischer Patriarch genannt sein will (§ 87, 2),
beansprucht Gregor den Titel servus servorum Dei. Sich selbst vergessend,
weiß er alle zu gewinnen, und in 12 Jahren hat er durch Hebung des kirch=
lichen Lebens und durch Linderung der socialen Noth einen großen Theil der
Erde umgestaltet. Er hat auch den Grund gelegt zu dem mittelalterlichen
Kirchenstaate und der mittelalterlichen Machtstellung des Papstthums. Er er=
kannte klar, daß die Zukunft (soweit die vermeintliche Nähe des Weltendes
für eine Zukunft noch Raum ließ) den germanischen Nationen angehöre, und
er reichte ihnen die Hand, um eine neue Staatenordnung gründen zu helfen.
Nicht mit Unrecht sagte Clausier, Gregor und das Mittelalter seien an einem
Tage geboren. Dem Heiligen selbst scheint kein anderweitiger Erfolg eine
solche Genugthuung bereitet zu haben wie die Eroberungen, welche die von
ihm ausgesandten Missionäre Englands, seine Ordensbrüder = Augustinus und
Genossen, machten. In den letzten Jahren seines Lebens hatte Gregor fast
stets mit Krankheiten zu kämpfen und konnte kaum an hohen Festtagen zur
Feier des Gottesdienstes vom Lager sich erheben. Anfang März 604 durfte
er in die ewige Ruhe eingehen.

2. Schriften. — Das sprechendste Denkmal des Geistes Gregors und
der treueste Spiegel seiner päpstlichen Wirksamkeit ist das Registrum epistolarum, die Sammlung seiner amtlichen Schreiben. Dasselbe liegt uns freilich,
nach den Untersuchungen Ewalds, nur noch in Trümmern vor. Während
das Originalregister selbst zu Grunde ging, sind drei von einander unabhängige
alte Auszüge aus demselben überliefert worden. Der umfangreichste dieser drei
Auszüge, welcher allein den Namen Register verdient, wurde unter Papst
Hadrian I. (772—795) für Karl b. Gr. veranstaltet; er umfaßt 686 oder,
da drei Briefe zweimal auftreten, 683 Briefe; er ist nach Indictionen geordnet
und umspannt die ganze Regierungszeit Gregors. Eine zweite Sammlung
enthält 200 Briefe, welche wahrscheinlich sämtlich der Indiction II (598—599)
angehören. Der Umfang des dritten Auszuges schwankt in den Handschriften
zwischen 51 und etwas mehr Briefen, welche drei nicht auf einander folgenden
Indictionen (XIII, IV, X) entnommen sind. Diese zwei kleinern Auszüge
sind wahrscheinlich noch älter als der an erster Stelle genannte. Da dieselben
165 Briefe bieten, welche in dem ersten Auszuge fehlen, so beläuft sich die
Zahl der in diesen Auszügen erhaltenen Briefe auf 848. Auf anderem Wege
sind vereinzelt noch einige andere Briefe auf uns gekommen, deren Echtheit
indessen jedesmal eines besondern Nachweises bedarf. Das vielbesprochene
Antwortschreiben auf eine Reihe von Fragen des Bischofs Augustinus von
Canterbury (Registr. XI, 4), welches nur durch Beda (Hist. eccl. gentis
Angl. I, 27) überliefert ist, wird jetzt fast allgemein als unecht bezeichnet.
Das Registrum epistolarum läßt die unermüdete Hirtensorge Gregors, seinen

staatsmännischen Blick und sein Verwaltungstalent in hellstem Lichte erstrahlen. Auch des Kleinsten nimmt er sich mit Liebe an, und sein wachsames Auge bringt bis in die entlegensten Theile der Erde. Das Ideal eines Seelenhirten, wie es diese Briefe in praktischer Verwirklichung vorführen, hat Gregor theoretisch entwickelt in seinem berühmten Liber regulae pastoralis, etwa 591 verfaßt und dem Erzbischofe Johannes von Ravenna gewidmet. Dieser hatte dem Papste seine Flucht vor der Erhebung auf den Stuhl Petri zum Vorwurfe gemacht, und Gregor rechtfertigt nun sein Verhalten, ganz ähnlich wie früher Gregor von Nazianz (§ 50, 4) und Chrysostomus (§ 57, 8), durch Darlegung der Erhabenheit und der Schwierigkeit des geistlichen Amtes. Der erste Theil des Buches behandelt die Vorbedingungen dieses Amtes (ad culmen quisque regiminis qualiter veniat Praef.), der zweite das Leben des Seelsorgers (ad hoc rite perveniens qualiter vivat), der dritte, der umfangreichste und wichtigste, die Lehrweise desselben (bene vivens qualiter doceat), der vierte und letzte, nur ein einziges Kapitel umfassend, mahnt den Hirten zu täglicher Einkehr in sich selbst (recte docens infirmitatem suam quotidie quanta consideratione cognoscat). Das Buch erntete außerordentlichen Beifall. Patriarch Anastasius II. von Antiochien übersetzte dasselbe ins Griechische (§ 88, 1), König Alfred von England († 901) ins Angelsächsische. Ueberaus weite Verbreitung fanden auch vier Bücher Gregors unter dem Titel Dialogi, in den meisten Handschriften mit dem Zusatze de vita et miraculis patrum Italicorum et de aeternitate animarum, aus den Jahren 593—594. Niedergebeugt von weltlichen Geschäften, hat Gregor sich an einen einsamen Ort zurückgezogen und sich der Trauer hingegeben, weil es ihm nicht vergönnt sei, in der Stille des Klosters dem Heile seiner Seele zu dienen. Einem Jugendfreunde, dem Diakon Petrus, welcher hinzukommt, eröffnet der Papst sein Herz, indem er insbesondere auf so viele heilige Männer früherer Zeiten hinweist, welche in der Einsamkeit, aller weltlichen Sorgen ledig, den Gipfel der Vollkommenheit erklommen. Petrus weiß nicht, daß es in Italien Männer gegeben habe, deren Leben durch Wunder ausgezeichnet war, und auf sein Ersuchen schickt Gregor sich an, ihm von solchen Wunderthätern zu erzählen, theils aus persönlicher Erinnerung, theils aus Mittheilungen glaubwürdiger Zeugen schöpfend. Das erste und das dritte Buch berichten über Wunder verschiedener frommer Männer Italiens, Männer, welche mit wenigen Ausnahmen (wie Paulinus von Nola III, 1) anderweitig kaum bekannt sind. Das ganze zweite Buch ist den Wundern des hl. Benedikt von Nursia gewidmet. Im vierten Buche ist speciell von solchen wunderbaren Vorkommnissen die Rede, welche geeignet sind, die Fortdauer der Seele nach dem Tode zu beweisen. Dem Wunderglauben der Zeit so sehr entsprechend, haben diese Dialoge in Abschriften und Uebersetzungen sich den Weg durch die ganze christliche Welt gebahnt. Eine weit hervorragendere Leistung ist die Expositio in librum Iob sive Moralium libri XXXV, ein sehr umfangreiches Werk, welches Gregor als Apokrisiar zu Konstantinopel in Angriff nahm, aber erst als Papst zum Abschluß brachte. Laut dem voraufgehenden Dedicationsschreiben an Erzbischof Leander von Sevilla will der Verfasser das Buch Job in dreifacher Weise erklären: historisch, typisch und moralisch. Die historische Erklärung ist nun freilich recht dürftig und unzulänglich; die speculative oder

contemplative Deutung beansprucht einen viel breitern Raum; die moralische
Anwendung aber ist nach allen Seiten hin so weit ausgesponnen, daß das
Ganze gleichsam ein Repertorium der Moraltheologie darstellt. Mehrere andere
exegetische Schriften sind zweifelhafter Herkunft bezw. sicher unecht: Commentarii in librum I Regum, Expositio super Cantica canticorum, Expositio
in septem psalmos poenitentiales, Concordia quorumdam testimoniorum
s. scripturae. Die Homiliae XXII in Ezechielem sind in zwei Bücher
abgetheilt, von welchen das erste (Hom. 1—12) über Ez. 1—4, das zweite
(Hom. 13—22) über Ez. 40 sich verbreitet. Die Homiliae XL in Evangelia zerfallen auch in zwei Bücher; die zwanzig ersten, Buch I, hat der Papst
nur dictirt, aber nicht vorgetragen. In den Ausgaben pflegt diesen Homilien
eine Bußpredigt beigegeben zu werden, welche Gregor während der großen Pest
in Rom gehalten hat. Alle seine Predigten zeichnen sich aus durch einen herz-
lichen, väterlichen Ton und eine einfache, aber kraftvolle Sprache. Die Bibeltexte werden allegorisch ausgelegt. Die Homilien über die Evangelien zählten
in der Folge zu den beliebtesten Lesestücken in der Liturgie sowohl wie bei
Kapiteln oder im Refectorium klösterlicher Communitäten. Das sogen. Sacramentarium Gregorianum wird von Duchesne (1889) dem Papste Hadrian I.
zugewiesen und Sacramentarium Hadriani genannt. Nach Probst (1892) trägt
dasselbe seinen Namen mit Recht, indem es von Gregor d. Gr. bearbeitet ist.
Daß Gregor das Sacramentar der römischen Kirche einer durchgreifenden
Reform unterzogen hat, steht außer Zweifel, und wenn das sogen. Sacr.
Gelasianum nicht von Gregor redigirt ist, sondern einer frühern Zeit angehört (§ 95, 1), so wird nothwendig das Sacr. Gregorianum als das
Ergebniß der Reform Gregors anerkannt werden müssen. Auch an der alt-
hergebrachten Tradition, welche die endgiltige Festsetzung und Ordnung unserer
liturgischen Choralmelodien Gregor d. Gr. zuschreibt (Cantus Gregorianus),
wird festzuhalten sein. In neuester Zeit haben Gevaert und andere diese
Tradition bekämpft, Morin und andere dieselbe vertheidigt. Die acht Hymnen,
welche unter Gregors Namen gehen, dürften sämtlich als unecht zu verwerfen sein.

3. Rückblick auf Gregors Schriften. — Die Größe und das einzigartige
Verdienst Gregors liegt auf dem praktischen Gebiete des Kirchenlebens und
der Kirchenverwaltung. Auch seine literarische Production dient durchaus
praktischen Zwecken. Diese vorherrschend praktische Geistesrichtung theilt Gregor
mit Ambrosius. An Bildung und Wissen überragt ihn Ambrosius. Wiewohl
Gregor sechs Jahre lang in Konstantinopel weilte, besitzt er doch keine Kenntniß
des Griechischen (vgl. Registr. VII, 32: Quamvis graecae linguae nescius,
in contentione tamen vestra iudex resedi; ibid. XI, 74: Nos nec graece
novimus nec aliquod opus aliquando graece conscripsimus). Auf Kunst
der Anlage, Eleganz der Form verzichten seine Schriften. Dieser Unterschied
zwischen Gregor und Ambrosius gründet indessen weit weniger in der geistigen
Befähigung des Einzelnen als vielmehr in den allgemeinen Verhältnissen der
Zeit. Gregor lebt in einer Zeit großen geistigen Niederganges und Verfalles,
einer Zeit, welcher frischer Schwung und schöpferische Kraft längst entschwunden
ist, welcher es kaum gelingen will, die Errungenschaften früherer Jahrhunderte
festzuhalten. Die wesentlich andere Zeit stellt andere Aufgaben. Es ist nicht

mehr mit den Spitzfindigkeiten der Irrlehre zu kämpfen, sondern mit der Er=
schöpfung alles Lebensmuthes, der Verzweiflung der Besiegten und dem rohen
Stolze der Eroberer; nicht die Befriedigung der Bedürfnisse des Geistes ist es,
welche noth thut, sondern die Kräftigung und Läuterung des Willens. Dieser
Zeit ist Gregor ein gottgesandter Helfer und Retter gewesen. Kaum mag
jemand das wunde Menschenherz besser verstanden, seine Schwächen und seine
Bedürfnisse genauer zergliedert, klarer und eindringlicher auf die richtigen Heil=
mittel hingewiesen haben. Er entnimmt seine Mahnworte den heiligen Schriften
und einer reichen Lebenserfahrung. Besondere Eigenthümlichkeiten hat sein
Lehrvortrag nicht. Es wäre nur etwa auf den Glauben an die Nähe des
Weltendes hinzuweisen, einen Glauben, welcher indessen auch nicht der Person
Gregors, sondern seiner Zeit eigen ist. In den unerhörten Schrecknissen der
Natur und des Krieges sah man die Vorboten des letzten Gerichtes. De-
populatae urbes, schreibt Gregor, eversa castra, concrematae ecclesiae,
destructa sunt monasteria virorum ac feminarum, desolata ab hominibus
praedia atque ab omni cultore destituta, in solitudine vacat terra, nullus
hanc possessor inhabitat, occupaverunt bestiae loca quae prius multitudo
hominum tenebat. Et quid in aliis mundi partibus agatur ignoro. Nam
in hac terra in qua nos vivimus finem suum mundus iam non nuntiat, sed
ostendit (Dial. III, 38). Ecce iam mundus in seipso aruit . . . ubique
mors, ubique luctus, ubique desolatio . . . finis temporalium ostendit
quam nihil sit quod transire potuit, casus rerum indicat quia res transiens
et tunc prope nihil fuit cum stare videretur (Hom. in Evang. II, 28).

4. Gesamtausgaben und Einzelausgaben. Uebersetzungen. Bearbeitungen. —
Gesamtausgaben der Werke Gregors lieferten namentlich Bischof Petrus Tossia=
nensis von Venusi, Rom 1588—1593, in 6 Foliobänden, P. Gussanvilläus
(Goussainville), Paris 1675, in 3 Foliobänden, und die Mauriner, Paris 1705, in
4 Foliobänden. Ein Abdruck der Mauriner=Ausgabe erschien 1744 zu Venedig.
Einen verbesserten und vermehrten Abdruck besorgte J. B. Gallicioli, Venedig
1768—1776, in 17 Quartbänden, und wiederum *Migne*, P. lat. LXXV—LXXIX.
Uebrigens zählt die Mauriner=Ausgabe Gregors nicht zu den besten Leistungen dieser
berühmten Editoren. Sainte Marthe (Sammarthanus), welcher die Herausgabe
der opera S. Gregorii leitete, war kein Mabillon. — Eine neue, jedenfalls auf
lange Zeit maßgebend bleibende Ausgabe des Registrum epistolarum hat P. Ewald
begonnen und nach seinem Tode L. M. Hartmann fortgesetzt: Gregorii I. Papae
Registrum epistolarum. T. I. libri I—VII, ediderunt *P. Ewald* et *L. M.
Hartmann*, Berol. 1891; T. II. Pars 1. libri VIII—IX, ed. *Hartmann*, 1893
(Monum. Germ. hist. Epist. T. I—II). Vgl. Ewald, Studien zur Ausgabe
des Registers Gregors I.: Neues Archiv der Gesellsch. f. ältere deutsche Geschichtskunde.
Bd. III (1878). S. 431—625. Ewald hat auch die Regesten Gregors bei *Jaffé*,
Reg. Pontif. Rom. Ed. 2. T. I. 1885. p. 143—219 bearbeitet. Hartmann,
Zur Chronologie der Briefe Gregors I.: Neues Archiv u. s. f. Bd. XV (1890).
S. 411—417. Hartmann, Ueber die Orthographie Papst Gregors I.: ebend.
S. 527—549. H. Breßlau, Zusatz über einen Gregor I. zugeschriebenen Brief
(Original auf Papyrus in Monza): ebend. S. 550—554. P. M. Baumgarten,
Ueber eine Handschrift der Briefe Gregors I.: ebend. S. 600—601. Th. Mommsen,
Zu den Gregorbriefen: Neues Archiv u. s. f. Bd. XVII (1892). S. 189—192.
Hartmann, Ueber zwei Gregorbriefe: ebend. S. 193—198. Zu dem Antwort=
schreiben Gregors auf die Fragen des Bischofs Augustinus von Canterbury (Re-

gistr. XI, 64) vgl. *L. Duchesne*, Origines du culte chrétien. Paris 1889. 8⁰.
p. 93—94. Ausgewählte Briefe Gregors hat Th. Kranzfelder ins Deutsche
übersetzt, Kempten 1874 (Bibl. der Kirchenväter). Die Regula pastoralis hat eine
lange Reihe von Sonderausgaben bezw. Abdrücken erlebt. Neuere Abdrücke veranstalteten E. W. Westhoff, Münster i. W. 1860. 8⁰; *H. Hurter*, SS. Patr.
opusc. sel. T. XX. Neuere deutsche Uebersetzungen von E. Haas, Die Pastoralschriften des hl. Gregor d. Gr. und des hl. Ambrosius von Mailand übersetzt.
Tübingen 1862. 8⁰. S. 1—235; von Th. Kranzfelder, Kempten 1873 (Bibl.
der Kirchenväter). *King Alfred's* West-Saxon Version of Gregorius Magnus'
Pastoral Care. With an English Translation, the Latin Text, Notes and
an Introduction. Edit. by *H. Sweet*. London 1871. 8⁰ (Publications of the
Early English Text Society. Vol. XLV. L). Auszüge ex Gregorii Magni
dialogorum libris, in neuer Textesrecension von G. Waitz, finden sich in den
Monum. Germ. hist. Script. rer. Langob. et Ital. saec. VI—IX. Hannov.
1878. p. 524—540. Eine neue deutsche Uebersetzung der Dialoge von Kranzfelder, Kempten 1873. Eine griechische Uebersetzung der Dialoge von Papst Zacharias (741—752) ist in der Mauriner-Ausgabe der Werke Gregors (*Migne*, P. lat.
LXXVII, 149—430) dem lateinischen Texte zur Seite gestellt. Ueber eine Handschrift
dieser Uebersetzung zu Rossano handelt *P. Batiffol*, Librairies Byzantines à Rome:
Mélanges d'archéologie et d'histoire. T. VIII (1888). p. 297—308. W. Förster,
Li dialoge Gregoire lo Pape. Altfranzösische Uebersetzung des 12. Jahrhunderts
der Dialoge des Papstes Gregor, mit dem lateinischen Original, einem Anhang:
Sermo de Sapientia und Moralium in Iob Fragmenta, einer grammat. Einleitung, erklärenden Anmerkungen und einem Glossar. Zum ersten Male herausgeg.
von W. Förster. Th. I. Halle a. S. 1876. 8⁰. Altburgundische Uebersetzung
der Predigten Gregors über Ezechiel aus der Berner Handschrift [herausgeg.] von
K. Hoffmann. München 1881. 4⁰ (aus den Abhandlungen der k. bayer. Akad.
d. Wiss. I. Cl. Bd. XVI. Abth. 1). Die Homiliae XL in Evangelia auch bei
*Hurter*, SS. Patr. opusc. sel. Ser. II. T. VI. Oenip. 1892. Ueber die handschriftliche Ueberlieferung dieser Homilien s. H. Grisar in der Zeitschr. f. kath.
Theol. Bd. IX (1885). S. 397 ff. Ueber das Sacramentarium Gregorianum
s. die § 79, 3 angeführten Schriften von Duchesne, Probst, Wilson. Vgl.
W. Hohaus, Die Bedeutung Gregors d. Gr. als liturgischer Schriftsteller. I. Pri-
mus ordo Romanus (Progr.). Glatz 1889. 4⁰. Ueber den sogen. Gregorianischen
Gesang s. *Th. Nisard*, L'archéologie musicale et le vrai chant Grégorien.
Ouvrage posthume. Paris 1890. 8⁰. *F. A. Gevaert*, Les origines du chant
liturgique de l'église latine. Étude d'histoire musicale. Gand 1890. 4⁰;
deutsch von H. Riemann, Leipzig 1891. 8⁰. G. Morin, Der Ursprung des
Gregorianischen Gesanges. Eine Antwort auf Gevaerts Abhandlung „über den
Ursprung des römischen Kirchengesanges". Deutsch von Th. Elsässer. Pader-
born 1892. 8⁰. A. Ebner, Gregor d. Gr. und das römische Antiphonar: Kirchen-
musikalisches Jahrbuch, Jahrg. 1892, S. 97—104. *P. Batiffol*, L'origine du
Liber responsalis de l'église romaine: Revue des questions historiques.
T. LV (1894). p. 220—228. Ueber die Hymnen unter Gregors Namen vgl.
Manitius, Gesch. der christl.-lat. Poesie. Stuttgart 1891. S. 384—388. Eine
genauere Untersuchung der Herkunft dieser Hymnen liegt nicht vor. Fr. Maaßen
läßt die sogen. collectio Avellana, eine Sammlung von Schreiben und Verord-
nungen der Kaiser und der Päpste aus den Jahren 352—553, von Gregor d. Gr.
veranstaltet sein. Vgl. H. Grisar in der Zeitschr. f. kath. Theol. Bd. III (1879).
S. 184—191. Epistulae imperatorum romanorum ex collectione canonum
Avellana a G. Meyer Spirensi editae in den Indices scholarum in acad.
Georgia-Augusta [Gotting.] habendarum 1888 et 1888/1889.

5. Schriften über Gregor. — Ueber eine noch ungedruckte, zu Anfang des
8. Jahrhunderts in England verfaßte Vita S. Gregorii berichtet P. Ewald, Die
älteste Biographie Gregors I.: Historische Aufsätze, dem Andenken an G. Waitz
gewidmet. Hannover 1886. 8⁰. S. 17—54. Die Vita S. Gregorii von Paulus
Diaconus (Paul Warnefried) in der zweiten Hälfte des 8. Jahrhunderts (Migne,
P. lat. LXXV, 41—59) ward in ihrer ursprünglichen Gestalt, nach italienischen
Handschriften, herausgegeben von H. Grisar in der Zeitschr. f. kath. Theol. Bd. XI
(1887). S. 158—173. Eine dritte Vita S. Gregorii schrieb Johannes Diaconus zu Rom im Jahre 872 oder 873 (Migne l. c. LXXV, 59—242). Ein
Gedicht zur Verherrlichung der Verdienste Gregors um den Kirchengesang aus dem
8. Jahrhundert ward von neuem herausgegeben durch H. Grisar in der Zeitschr.
f. kath. Theol. Bd. XIV (1890). S. 552—556. Ueber die spätere Literatur s.
namentlich Chevalier, Répertoire 921—923; vgl. 2621. Aus neuester Zeit sind
insbesondere zu nennen G. J. Th. Lau, Gregor I. d. Gr., nach seinem Leben und
seiner Lehre geschildert. Leipzig 1845. 8⁰. L. Pingaud, La politique de St. Grégoire le Grand. Paris 1872. 8⁰. Fr. und P. Böhringer, Die Väter des
Pabstthums: Leo I. und Gregor I. Stuttgart 1879 (Die Kirche Christi und ihre
Zeugen. Neue Ausg.). W. Wisbaum, Die wichtigsten Richtungen und Ziele
der Thätigkeit des Papstes Gregor d. Gr. (Jnaug.=Diss.). Leipzig 1885. 8⁰.
C. Wolfsgruber, Die vorpäpstliche Lebensperiode Gregors d. Gr., nach seinen
Briefen dargestellt. Wien 1886. 8⁰; Derselbe, Gregor d. Gr. Saulgau 1890. 8⁰.
Ed. Clausier, St. Grégoire le Grand, pape et docteur de l'église. Sa vie,
son pontificat, ses oeuvres, son temps (540—604). Ouvrage posthume,
publié par H. Odelin. Paris 1886. 1891. 8⁰. Die Civiltà Cattolica, Ser. 14.
Vol. V—IX (1890—1891), brachte eine reiche Artikelserie unter dem Titel Il
pontificato di S. Gregorio Magno nella storia della civiltà cristiana. A. Snow,
St. Gregory the Great: his work and his spirit. London 1892. 8⁰.

6. Die letzten Vorgänger Gregors. — Die Epistolae Ioannis P. III. (560
bis 573) bei Migne, P. lat. LXXII, 13—18, und ebenso die Epistolae Benedicti
P. I. (574—578) bei Migne l. c. LXXII, 683—686 sind unecht. Zu den Epistolae et decreta Pelagii P. II. (578—590) bei Migne l. c. LXXII, 703—760
vgl. F. Kaltenbrunner bei Jaffé, Reg. Pontif. Rom. Ed. 2. T. I (1885).
p. 137—140.

7. Liber pontificalis. — Liber pontificalis, Papstbuch, pflegt ein für die
Geschichte der Päpste hochbedeutsames Werk genannt zu werden, welches sich aus
biographischen Skizzen zusammensetzt und bis in das Mittelalter hineinreicht. Die
Päpste sind der Zeitfolge nach an einander gereiht, und an den Namen eines jeden
knüpfen sich Notizen über Herkunft, Regierungsdauer, Disciplinar=Decrete, Kirchen=
bauten, bisweilen auch kirchenpolitische Zeitereignisse, immer aber zum Schlusse Angaben
über die Zahl der ertheilten Weihen, den Ort und die Zeit des Begräbnisses und die
Dauer der Sedisvacanz. Anfangs sind diese Notizen kurz und im nüchternsten Lapi=
darstil gehalten. Vom 4. Jahrhundert an gewinnen sie an Ausdehnung. Im 8. und
9. Jahrhundert wachsen einige Biographien zu kleinen Bänden an. Seit dem
16. Jahrhundert galt der römische Bibliothekar Anastasius am Ende des 9. Jahr=
hunderts als der Verfasser des Papstbuches. Jetzt ist allgemein anerkannt, daß das
Buch viel höhern Alters ist und Anastasius demselben völlig fern steht. Das Buch
ist nach und nach entstanden. Der älteste Theil, welcher bis zum Tode des Papstes
Felix IV. (530) reicht, ist unter Papst Bonifatius II. (530—532) von einem
römischen Cleriker zusammengestellt worden. Als Grundlage diente ihm für die
ersten Jahrhunderte der sogen. Catalogus Liberianus (§ 70, 8). Der sogen.
Catalogus Felicianus hingegen, eine kurze Geschichte der Päpste bis auf Felix IV.,
ist nicht eine Quelle oder die älteste Redaction dieses ersten Theiles, sondern ein

späterer Auszug aus demselben. Durch eine Reihe unbekannter Hände, welche aber meist den von ihnen behandelten Pontificaten gleichzeitig waren, ist das Buch sodann ergänzt und erweitert und bis auf Hadrian II. († 872) bezw. bis auf Stephan V. († 891) fortgeführt worden; einige Handschriften geben noch ein Bruchstück des Lebens Stephans V., während sie die zwischen Hadrian II. und Stephan liegenden Pontificate überspringen. Dieser zweite und jüngere Theil des Buches, vom 6. bis 9. Jahrhundert, ist im allgemeinen ein Quellenwerk ersten Ranges; der erste und ältere Theil ist, abgesehen von den letzten Abschnitten, ebenso unzuverlässig wie inhaltsarm. Die beste Ausgabe des Liber pontificalis war bisher diejenige von Fr. Bianchini, Rom 1718 ff. in 4 Foliobänden, abgedruckt bei *Migne*, P. lat. CXXVII—CXXIX. Eine neue und allerseits als ausgezeichnet anerkannte Ausgabe lieferte Duchesne: Le Liber pontificalis. Texte, introduction et commentaire. Par l'abbé *L. Duchesne*. Paris 1886—1892. 2 vols. 4° (Bibliothèque des Écoles françaises d'Athènes et de Rome. 2° Série. III). Der erste Band dieser Ausgabe geht bis zum Jahre 795; der zweite schließt nicht mit dem 9. Jahrhundert, sondern hat noch spätere Fortsetzungen aufgenommen und erstreckt sich infolgedessen bis zum Jahre 1431. Außer den umfassenden Prolegomenen des ersten Bandes vgl. noch H. Grisar, Der Liber pontificalis: Zeitschr. f. kath. Theol. Bd. XI (1887). S. 417—446.

### § 100. Martin von Bracara und Isidor von Sevilla.

1. **Martin von Bracara.** — Martin von Bracara (Braga) stammte aus Pannonien, nahm in Palästina das Mönchskleid, entfaltete aber seine Hauptwirksamkeit in Galläcien (im Nordwesten Spaniens). Zu Dumio, in der Nähe Bracaras, des Königssitzes der Sueven, stand er als Abt einem Kloster vor; 561, auf der ersten Synode von Bracara, erscheint er als Bischof von Dumio (daher die Bezeichnung Martinus Dumiensis); 572, auf der zweiten Synode von Bracara, tritt er als Metropolit der Hauptstadt auf (daher Martinus Bracarensis). Seine eigentliche Lebensaufgabe bildete die Zurückführung der Sueven vom Arianismus in den Schoß der Kirche. Sein Tod erfolgte 580. Die Kirche verehrt ihn als Heiligen. Wie an Glanz der Tugend, so hat Martin nach dem Zeugnisse Gregors von Tours (Hist. Franc. V, 37) auch an Gelehrsamkeit keinem seiner Zeitgenossen nachgestanden. Die meisten seiner Schriften bewegen sich auf dem Gebiete der Moral und Ascese. Die bekannteste derselben ist die Formula vitae honestae, wie der Verfasser sie genannt hat, oder die Schrift De differentiis quatuor virtutum, wie sie bei Isidor von Sevilla (De vir. ill. c. 35) heißt. Sie wird eingeleitet durch eine Dedication an den Suevenkönig Miro (570—583), welcher Martin wiederholt ersucht hatte, ihm hin und wieder brieflich ein Wort des Trostes oder der Ermahnung zukommen zu lassen, und gibt alsdann eine gedrängte Darstellung des natürlichen Sittengesetzes unter dem Gesichtspunkte der vier platonischen Cardinaltugenden (prudentia, magnanimitas s. fortitudo, continentia s. temperantia, iustitia). Wahrscheinlich ist diese ganze Darstellung aus einer verloren gegangenen Schrift Senecas gezogen. Ein zweites Schriftchen Martins, De ira betitelt, ist nachweislich ein Excerpt aus den drei Büchern Senecas De ira. Die Tractate Pro repellenda iactantia, De superbia, Exhortatio humilitatis hingegen, welche zusammen ein Ganzes bilden und wohl auch an König Miro gerichtet gewesen sind, entwickeln For-

berungen des positiv=christlichen Sittengesetzes. Von großem culturgeschichtlichen Interesse ist die Predigt De correctione rusticorum, gegen die unter den Bauern herrschenden heidnischen und abergläubischen Anschauungen und Ge= bräuche. Aus Anlaß einer Verordnung der zweiten Synode von Bracara, die Bischöfe sollten auf ihren Visitationsreisen das Volk von den errores idolorum abmahnen, hatte Bischof Polemius von Asturica (Astorga) Martin um eine kurze Belehrung de origine idolorum et sceleribus ipsorum gebeten. Als Antwort übersandte Martin die genannte Predigt zum Gebrauche für Polemius bei seinen Kirchenvisitationen. Die Sentenzensammlungen Aegyp= tiorum patrum sententiae und Verba seniorum sind Uebersetzungen aus dem Griechischen, erstere von Martin selbst als Abt des Klosters zu Dumio, letztere auf seine Anregung und mit seiner Hilfe von einem Mönche Paschasius zu Dumio angefertigt. Eine ähnliche Sammlung von Sprüchen mit der Auf= schrift Libellus de moribus und der eine Anzahl von Excerpten aus Senecas Briefen enthaltende Tractat De paupertate sind wohl als unterschoben zu bezeichnen. In der Geschichte der Quellen und der Literatur des canonischen Rechts hat Martin sich eine Stelle gesichert durch die sogen. Capitula Martini, eine nach 561 verfaßte Sammlung von Canones meist orientalischer, aber auch occidentalischer (afrikanischer und spanischer) Synoden. Der erste Theil, welcher den Clerus betrifft, zählt 68, der zweite, welcher hauptsächlich über Pflichten und Vergehen der Laien handelt, 16 Canones. In dem Schriftchen De pascha sucht Martin die Sitte zu begründen, das Osterfest zwischen XI. Kal. Apr. als Anfangs= und XI. Kal. Mai. als Endtermin an wechselnden Tagen zu feiern, eine Sitte, welche er als die der maiores bezeichnet. In der Epistola de trina mersione, an einen wahrscheinlich dem Westgotenreiche angehörigen Bischof Bonifatius gerichtet, wird die in Spanien im Gegensatze zum Arianismus üblich gewordene Spendung der Taufe sub una mersione als sabellianisch bekämpft. Endlich sind noch drei kleine Gedichte oder Inschriften in metrischer Form von Martins Hand auf uns gekommen. Ein volumen epistolarum, dessen Isidor (De vir. ill. c. 35) gedenkt, scheint verloren gegangen zu sein.

2. Literatur zu Martin. Andere spanische Schriftsteller. — Eine Gesamt= ausgabe der Werke Martins ist noch nicht erschienen. Gallandi (Bibl. vet. Patr. T. XII) gibt folgende Schriften: Form. vit. hon., Lib. de mor., Pro repell. iact., De superb., Exhort. humil., De ira, De pascha und die Verse. Migne (P. lat. LXXII) hat die Texte bei Gallandi abdrucken lassen; dazu kommen an anderer Stelle Verba sen. (P. lat. LXXIII, 1025—1062), Aegypt. patr. sent. (LXXIV, 381—394), Capit. Mart. (LXXXIV, 574—586; CXXX, 575—588); dagegen fehlen De correct. rust., Ep. de trina mers., De paupert. Die Ausgaben der einzelnen Schriften verzeichnet mit bekannter Sorgfalt und Um= sicht C. P. Caspari, Martin von Bracaras Schrift De correctione rusticorum, zum ersten Male vollständig und in verbessertem Text herausgegeben, mit An= merkungen begleitet und mit einer Abhandlung über dieselbe, sowie über Martins Leben und übrige Schriften eingeleitet. Christiania 1883. 8°. Am häufigsten ist die Form. vit. hon. gedruckt worden. Eine treffliche Sonderausgabe derselben lieferte A. Weidner, Magdeburg 1872. 4° (Progr.), einen Abdruck nach einer Handschrift des 15. Jahrhunderts gab O. May, Neisse 1892. 4° (Progr.). Die Ausgabe der Werke Senecas von Fr. Haase (Leipzig 1852—1853) enthält in einem Anhange (Vol. III. p. 458—475) De paupert., Lib. de mor. und Form.

vit. hon. Zu Form. vit. hon. und Lib. de mor. vgl. auch die Mittheilungen B. Hau=
réau ß in den Notices et extraits des manuscrits de la Bibliothèque Nationale.
T. XXXIII, 1º partie. Paris 1890. p. 208—215 und p. 227—233. Die Capit.
Mart. haben in verschiedenen Concilien= und Rechtssammlungen Aufnahme gefunden.
Vgl. Fr. Maaßen, Geschichte der Quellen und der Literatur des canonischen Rechts
im Abendlande. Bd. I. Gratz 1870. S. 802—806. Ueber eine spätere Ueber=
arbeitung der Schrift De pascha unter den unechten Werken des hl. Athanasius
s. § 45, 11. Die drei Gedichte oder Inschriften finden sich auch in R. Peipers
Ausgabe der Werke des hl. Avitus von Vienne (Monum. Germ. hist. Auct.
antiquiss. T. VI, 2) p. 194—196. — Apringius, Bischof von Pace (Badajoz)
um 540, schrieb nach Isidor von Sevilla (De vir. ill. c. 30) außer einigem andern
insbesondere einen Commentar über die Apokalypse, welcher indessen noch nicht
wiederaufgefunden worden ist. Auch des Bischofs Justinianus von Valencia
(† nach 546) Liber responsionum ad quemdam Rusticum de interrogatis
quaestionibus (dogmatischer Natur, bei Isidor l. c. c. 33 im einzelnen auf=
geführt) ist, wie es scheint, verloren gegangen. Nach A. Helfferich würde dieses
Buch in den unter dem Namen des hl. Ildefons von Toledo gehenden Annotationes de cognitione baptismi (Migne, P. lat. XCVI, 111—172) noch vor=
liegen. Vgl. P. B. Gams, Die Kirchengeschichte von Spanien. Bd. II. Abth. 1.
Regensburg 1864. S. 455. Erhalten blieb eine Erklärung des Hohen Liedes
von Justinians Bruder Justus, Bischof von Urgel, gest. nach 546· Diese Er=
klärung (Migne l. c. LXVII, 961—994) ist dem Metropoliten des Verfassers,
Sergius von Tarragona, gewidmet und entwickelt den allegorischen Sinn des
Liedes mit seltener Klarheit und Kürze. Ueber die Ausgaben s. Gams a. a. O.
S. 441. Huius quoque fratres, fügt Isidor seiner Bemerkung über Justus
(c. 34) bei, Nebridius et Elpidius (gleichfalls Bischöfe nach Isidor c. 33), quaedam scripsisse feruntur.

     3. Isidor von Sevilla. — Das Reich der Sueven wurde 585 durch
den Westgotenkönig Leovigild zerstört, und nun beugte sich fast das gesamte
Spanien dem Scepter der Westgoten. Was Martin von Bracara für die
Sueven war, ward für die Westgoten der hl. Leander, seit etwa 584 bis
zu seinem Tode im Jahre 600 oder 601 Erzbischof von Sevilla. Er hatte
an der Rückkehr des hl. Hermenegild, des Sohnes Leovigilds, vom Arianismus
zum Glauben der Kirche hervorragenden Antheil und ward zur Strafe durch
Leovigild ins Exil geschickt. Er hat sich auch um den Gesamtübertritt der
Westgoten zum Katholicismus, wie er sich unter Leovigilds Nachfolger Rec=
cared auf dem dritten Nationalconcile zu Toledo im Mai 589 vollzog, die
wesentlichsten Verdienste erworben. Von den Früchten seiner literarischen
Thätigkeit, über welche Isidor (De vir. ill. c. 41) berichtet, liegen nur
noch kleine Reste vor. Die polemischen Schriften gegen den Arianismus und
die vielen Briefe, auch die Schreiben an Papst Gregor d. Gr., mit welchem
Leander enge befreundet war, sind zu Grunde gegangen. Erhalten ist nur
eine Ordensregel für Klosterfrauen (Ad Florentinam sororem de institutione virginum et contemptu mundi libellus Isid. l. c.) und eine zum
Schlusse des genannten Concils gehaltene Rede (Homilia de triumpho ecclesiae ob conversionem Gothorum), beide wohl geeignet, den Verlust der
übrigen Schriften schmerzlich empfinden zu lassen. Indessen ward Leander
als Schriftsteller in Schatten gestellt durch seinen jüngern Bruder und Nach=
folger auf dem erzbischöflichen Stuhle von Sevilla, den hl. Isidor († 636).

Ueber sein öffentliches Wirken als Kirchenfürst fließen die Nachrichten sehr
spärlich. Das letzte größere Ereigniß in seinem Leben war das vierte National=
concil zu Toledo im December 633, auf welchem Jsidor den Vorsitz führte.
Der Erzbischof von Sevilla galt damals schon als der größte Gelehrte seiner
Zeit und als der Erneuerer wissenschaftlichen Lebens in Spanien. Der oft
angeführten Schrift Jsidors De viris illustribus ist von seinem Freunde
Braulio, Bischof von Saragossa, ein Nachtrag über den verstorbenen Ver=
fasser beigefügt worden (Praenotatio librorum Divi Isidori), in welchem es
von Jsidor heißt: quem Deus post tot defectus Hispaniae novissimis
temporibus suscitans, credo ad restauranda antiquorum monumenta, ne
usquequaque rusticitate veterasceremus, quasi quamdam apposuit de=
stinam (*Migne*, P. lat. LXXXI; 16—17). Die achte Synode zu Toledo
vom Jahre 653 feiert Jsidor in den Worten: nostri saeculi doctor egregius, ecclesiae catholicae novissimum decus, praecedentibus aetate post-
remus, doctrinae comparatione non infimus et, quod maius est, in
saeculorum fine doctissimus (*Mansi*, SS. Conc. Coll. X, 1215). In der
That hat Jsidor alle Gebiete des damaligen Wissens umspannt und beherrscht
und an Fruchtbarkeit der literarischen Production alle spanischen Kirchen=
schriftsteller des Alterthums weit übertroffen. Er hatte sich die Aufgabe ge=
stellt, durch Verbreitung wissenschaftlicher Bildung der Verwilderung zu steuern,
welche die Völkerwanderung begleitete, und er hat sich durch dieses Bestreben
nicht bloß seine spanische Heimat, sondern das gesamte Abendland zu wärmstem
Danke verpflichtet. Aehnlich wie Boethius und Cassiodor ist Jsidor berufen
gewesen, die noch vorhandenen Schätze römischen Wissens zu sammeln und
gesammelt der neuen germanischen Welt zu übergeben. Seine Schriften haben
das ganze Mittelalter hindurch auf die wissenschaftliche und literarische Thätigkeit
des Abendlandes einen unberechenbar großen Einfluß geübt. Freilich bekunden
diese Schriften eine geringe Originalität. Nicht die Forschung ist es, in deren
Dienst Jsidor seine reichen Talente stellt, sondern die möglichst umfassende
Aneignung des überlieferten Wissensstoffes. Und seine Belesenheit und sein
Sammelfleiß müssen, zumal unter Berücksichtigung der Verhältnisse seiner Zeit,
wahrhaft Staunen erregen. Für die Folgezeit wurden diese Schriften, welche
Auszüge aus ganzen Bibliotheken in sich bergen, um so werthvoller, als sie
vermöge ihres einfachen und klaren Ausdrucks leicht verständlich waren. Daß
die Darstellung in manchen Stücken auch jenen Verfall des Geschmacks ver=
räth, welcher zu den Merkmalen einer absterbenden Zeit zählt, ist von vorn=
herein zu erwarten. Von besonderem Interesse ist Jsidors Diction, wegen
der Fülle der westgotischen Elemente, für die Geschichte des Spanischen. Das
größte und zugleich das einflußreichste seiner Werke sind die Etymologiae,
auch Origines genannt. Jsidor hat sie erst kurz vor seinem Tode vollendet;
Braulio, welchem er das Manuscript zur Correctur übersandte, hat sie in
zwanzig Bücher abgetheilt. Sie bilden eine compendiöse Encyklopädie des ge=
samten Wissens, mit der Eigenthümlichkeit, daß die einzelnen Wissensgegenstände
in einer meist willkürlichen und wunderlichen Etymologie der Namen dieser
Gegenstände vorgeführt und erläutert werden. Dieser Umstand ist für die
Wahl des Gesamttitels maßgebend gewesen. Die einzelnen Bücher sind wie
folgt überschrieben: 1. De grammatica; 2. De rhetorica et dialectica;

3. De quatuor disciplinis mathematicis (Arithmetik, Geometrie, Musik, Astronomie); 4. De medicina; 5. De legibus et temporibus (mit einer kurzen Weltchronik bis zum Jahre 627); 6. De libris et officiis ecclesiasticis; 7. De Deo, angelis et fidelium ordinibus; 8. De ecclesia et sectis diversis; 9. De linguis, gentibus, regnis, militia, civibus, affinitatibus; 10. Vocum certarum alphabetum (Etymologien); 11. De homine et portentis; 12. De animalibus; 13. De mundo et partibus; 14. De terra et partibus; 15. De aedificiis et agris; 16. De lapidibus et metallis; 17. De rebus rusticis; 18. De bello et ludis; 19. De navibus, aedificiis et vestibus; 20. De penu et instrumentis domesticis et rusticis. Für die Texteskritik des vielgebrauchten und vielentstellten Werkes ist noch sehr wenig geschehen; auch die Untersuchung der Quellen und der Art ihrer Verwerthung ist kaum in Angriff genommen worden. Wenn nicht das Ganze, so doch der größte Theil ist aus einer Unmasse von Excerpten mosaikartig zusammengesetzt; sehr viele (auch verloren gegangene) Schriften der spätern christlichen und klassischen Latinität sind unmittelbar benutzt worden; andere haben in spätern Compilationen vorgelegen. Für das Mittelalter wurde dieses Werk, trotz seiner mannigfachen Schwächen, eine wahre wissenschaftliche Fundgrube. Insbesondere ist es das Vorbild und die hauptsächlichste Quelle der Glossarien geblieben. Mehrere andere Schriften Isidors schließen sich in ihrer Anlage und Tendenz auf das engste an die Etymologiae an. Den zwei ersten Büchern der letztern (Grammatik, Rhetorik, Dialektik) treten die Libri duo differentiarum zur Seite, De differentiis verborum, ein Wörterbuch von Synonymen, und De differentiis rerum, Erklärungen theologischer Begriffe. An das erste Buch dieser Differentiae reihen sich wieder die zwei Bücher Synonyma an, eine Sammlung von Synonymen (mit Rücksicht auf ihre eigenthümliche Einkleidung auch Liber lamentationum genannt). Ein besonderes Handbuch des Wissenswerthesten aus der Naturlehre stellte Isidor auf Wunsch des Westgotenkönigs Sisebut unter dem Titel De natura rerum zusammen. Die Schrift De ordine creaturarum verbreitet sich über die Geister- und die Körperwelt. Die kurze Weltchronik im fünften Buche der Etymologiae ist ein Auszug aus einem ältern Chronicon, welches sich laut der Vorrede auf Julius Africanus, Eusebius-Hieronymus und Victor von Tunnuna aufbaut und bis zum Jahre 615 reicht. Die Historia de regibus Gothorum, Wandalorum et Suevorum ist eine Chronik der Westgoten mit zwei kurzen chronikartigen Anhängen über die Geschichte der Vandalen und die Geschichte der Sueven. Im wesentlichen ist auch diese Historia eine Compilation von Auszügen aus andern Historikern. Sie ist in zwei Fassungen überliefert, einer kürzern, bis zum Tode Sisebuts (621), und einer ausführlichern, bis zum fünften Jahre Suintilas, des Nachfolgers Sisebuts. Einer dritten historischen Schrift, De viris illustribus, ist schon § 2, 2 gedacht worden. Dieselbe kann hier den Uebergang bilden von den historischen zu den theologischen Schriften. Als solche sind zu nennen: De ortu et obitu patrum qui in scriptura laudibus efferuntur, eine Geschichte der hervorragendern Persönlichkeiten des Alten und des Neuen Testamentes; Allegoriae quaedam sacrae scripturae, über die allegorische Bedeutung wichtiger Persönlichkeiten der biblischen Geschichte; Liber numerorum qui in sanctis

scripturis occurrunt, über die mystische Bedeutung der Zahlen in der Heiligen Schrift; In libros veteris ac novi testamenti prooemia; De veteri et novo testamento quaestiones; Mysticorum expositiones sacramentorum seu quaestiones in vetus testamentum (in Genesin, in Exodum, in Leviticum, in Numeros, in Deuteronomium, in Iosue, in librum Iudicum, in libros Regum, in Esdram, in libros Machabaeorum). Besondere Beachtung verdient die apologetisch=polemische Schrift De fide catholica ex veteri et novo testamento contra Iudaeos ad Florentinam sororem suam, welche schon früh in manche Volkssprachen, namentlich auch ins Deutsche, übertragen wurde. In den Libri tres sententiarum sind Aussprüche kirch= licher Autoritäten, insbesondere Gregors d. Gr., zu einem Lehrbuche der Dogmatik und der Moral vereinigt. Von den zwei Büchern De ecclesiasticis officiis handelt das erste über den Gottesdienst (De origine officiorum), das zweite über den Clerus (De origine ministrorum). Seine Sorge für Hebung des Ordenslebens, welches er als die Wiege und die Zuflucht der Studien betrachtete, hat Isidor auch durch Abfassung einer Regula monachorum bekundet. Seine Briefsammlung ist sehr geringen Umfangs. Die Hymnen unter seinem Namen sind sämtlich unecht.

4. Literatur zu Isidor. Andere spanische Schriftsteller. — F. Görres, Leander, Bischof von Sevilla und Metropolit der Kirchenprovinz Bätica (von c. 584 bis 13. März 600 oder 601): Zeitschr. f. wissenschaftl. Theol. Bd. XXIX (1886). S. 36—50. Die Ordensregel und die Rede des hl. Leander bei *Migne*, P. lat. LXXII, 873—898. — Die beste Ausgabe der Werke des hl. Isidor lieferte F. Arevalo, Rom 1797—1803 in 7 Quartbänden. Diese Ausgabe ist bei Migne (P. lat. LXXXI—LXXXIV) wiederholt worden. Literatur zu den Etymologiae (handschriftliche Untersuchungen, Sonderausgaben einzelner kleiner Theile, Beiträge zur Quellenkritik) verzeichnet Teuffel=Schwabe, Gesch. der Röm. Lit. 5. Aufl. S. 1295. *H. Dressel*, De Isidori Originum fontibus (Diss. inaug.). August. Taur. 1874. 8°. *M. Michel*, Le livre „des Origines" d'Isidore de Séville: Revue internationale de l'enseignement. T. XXII (1891). p. 198—224. *M. Klussmann*, Excerpta Tertullianea in Isidori Hispalensis Etymologiis, collegit et explanavit *M. K.* (Progr.). Hamburgi 1892. 4°. Die Schrift De natura rerum wurde gesondert herausgegeben von G. Becker, Berlin 1857. 8°. Eine neue Ausgabe der Geschichtswerke lieferte *Th. Mommsen*, Chronica minora saec. IV. V. VI. VII. Vol. II (Monum. Germ. hist. Auct. antiquiss. T. XI. Berol. 1894). p. 241—303: Isidori Iunioris episc. Hispal. Historia Gothorum, Wandalorum, Sueborum ad a. 624 (p. 304—390 verschiedene Beigaben); p. 391—488: Chronica maiora ed. primum a. 615. Chronicorum epitome ed. a. 627 (p. 489—506: Auctarium chronicorum maiorum ad a. 624 und andere Beigaben). H. Hertzberg, Die Historien und die Chroniken des Isidorus von Sevilla. Thl. I. Die Historien (Inaug.=Diss.). Göttingen 1874. 8°. Ders., Ueber die Chroniken des Isidorus von Sevilla: Forschungen zur deutschen Geschichte. Bd. XV (1875). S. 289—360. Eine deutsche Uebersetzung der Historia de regibus Gothorum, Wandalorum et Suevorum besorgte D. Coste, Leipzig 1887 (Die Geschichtschreiber der deutschen Vorzeit. 7. Jahrh. Bd. I). K. Weinhold, Die altdeutschen Bruchstücke des Tractats des Bischofs Isidorus von Sevilla de fide catholica contra Iudaeos. Nach der Pariser und Wiener Handschrift mit Abhandlung und Glossar herausgegeben. Paderborn 1874. 8°. G. A. Hench, Der althochdeutsche Isidor. Facsimile-Ausgabe des Pariser Codex, nebst critischem Texte der Pariser und Monseer Bruchstücke. Mit Einleitung, grammatischer Dar=

stellung und einem ausführl. Glossar herausgegeben. Straßburg 1893. 8⁰. Ueber Gedichte unter dem Namen Isidors s. M. Manitius, Gesch. der christl.-latein. Poesie. Stuttg. 1891. S. 414—420. Ueber Isidor im allgemeinen vgl. P. B. Gams, Die Kirchengesch. von Spanien. Bd. II. Abth. 2. Regensburg 1874. S. 102—113; A. Ebert, Allgem. Gesch. der Lit. des Mittelalters im Abenblande. Bd. I. 2. Aufl. S. 588—602. — Von Licinianus, Bischof von Cartagena (Carthago Spartaria) an der Südostküste Spaniens zur Zeit des Kaisers Mauricius (582—602), besitzen wir noch drei Briefe (*Migne*, P. lat. LXXII, 689—700). Der zweite Brief vertheidigt einläßlich die Körperlosigkeit der Engel. Näheres über Licinianus bei Gams, Die Kirchengesch. von Spanien. II, 2. S. 49—55. Licinians Zeitgenosse und Freund, Bischof Severus von Malaga, verfaßte nach Isidor (De vir. ill. c. 43) eine Streitschrift gegen den arianischen Bischof Vincentius von Saragossa und eine seiner Schwester gewidmete und Annulus betitelte Abhandlung über die Jungfräulichkeit. Keine der beiden Schriften scheint auf uns gekommen zu sein. Von Eutropius, Bischof von Valencia um die Wende des 6. Jahrhunderts, liegen zwei Briefe vor (*Migne*, P. lat. LXXX, 9—20). Vgl. Gams a. a. O. S. 57—59.

# Nachträge.

Zu S. 4, 3. 21: Nach N. Nilles in der Zeitschr. f. kath. Theol. Bd. XVIII (1894). S. 742—744 kennen die liturgischen Bücher des griechischen Ritus nur drei „ökumenische große Lehrer" (οἰκουμενιχοὶ μεγάλοι διδάσχαλοι): Basilius b. Gr., Gregor von Nazianz und Johannes Chrysostomus.

Zu S. 8, 3. 13: St. v. Sychowski, Hieronymus als Litterarhistoriker. Eine quellenkritische Untersuchung der Schrift des hl. Hieronymus De viris illustribus. Münster i. W. 1894 (Kirchengeschichtl. Studien, herausgeg. von Knöpfler, Schrörs, Sbralek. Bd. II. Heft 2).

Zu S. 25, 3. 13 v. u.: C. H. Hoole, The Didache; or, Teaching of the Twelve Apostles. London 1894. 8⁰.

Zu S. 48, 3. 23: Ad. Harnack, Neue Studien zur jüngst entdeckten lateinischen Uebersetzung des ersten Clemensbriefes: Sitzungsberichte der K. preuß. Akad. b. Wiss. zu Berlin. Jahrg. 1894. S. 601—621.

Zu S. 49, 3. 14: G. Courtois, L'Épître de Clément de Rome (Thèse). Montauban 1894. 8⁰.

Zu S. 87, 3. 9 v. u.: P. Pape, Die Predigt und das Brieffragment des Aristides, auf ihre Echtheit untersucht. Leipzig 1894 (Texte und Untersuchungen u. s. f. Bd. XII. Heft 2). Gegen die Echtheit.

Zu S. 115, 3. 18 v. u.: Statt „1844" lies: 1884.

Zu S. 140, 3. 10: Gegen Künstle s. J. Führer, Zur Felicitas=Frage. Leipzig 1894. 8⁰.

Zu S. 147, 3. 15 v. u.: J. B. Mayor, Critical notes on the first book of the Stromateis of Clement of Alexandria: The Classical Review. Vol. VIII (1894). p. 233—239.

Zu S. 148, 3. 6 v. u.: P. Ziegert, Zwei Abhandlungen über T. Flavius Clemens Alexandrinus. Psychologie und Logoschristologie. Heidelberg 1894. 8⁰.

Zu S. 161, 3. 10 und S. 170, 3. 9: Des Gregorios Thaumaturgos Dankrede an Origenes, als Anhang der Brief des Origenes an Gregorios Thaumaturgos. Herausgeg. von P. Kötschau. Freiburg i. B. 1894 (Sammlung ausgew. kirchen= und dogmengeschichtl. Quellenschriften, herausgeg. unter Leitung von G. Krüger. Heft 9).

Zu S. 181, 3. 3: Textkritisches zu dem Dialoge Octavius von J. Vahlen in dem Index lectionum Berolin. per sem. aest. a. 1894.

Zu S. 192, 3. 13: E. Nöldechen, Tertullians Gegen die Juden, auf Einheit, Echtheit, Entstehung geprüft. Leipzig 1894 (Texte und Untersuchungen zur Gesch. der altchristl. Lit., herausgeg. von v. Gebhardt u. Harnack. Bd. XII. Heft 2). Für die Einheit und die Echtheit.

Zu S. 207, 3. 10: L. Vernier, La versification latine populaire en Afrique. Commodien et Verecundus: Revue de philologie etc. T. XV (1891). p. 14—33.

Zu S. 223, 3. 8: Eine nach Zahn wahrscheinlich von Eusebius von Emesa verfaßte, noch ungedruckte Rede „über die Arbeitsruhe am Sonntag" findet sich in deutscher Uebersetzung bei Th. Zahn, Skizzen aus dem Leben der Alten Kirche. Erlangen 1894. 8⁰. S. 278—286.

Zu S. 232, Z. 13: *I. Viteau*, De Eusebii Caesariensis duplici opusculo Περὶ τῶν ἐν Παλαιστίνῃ μαρτυρησάντων. Parisiis 1893. 8⁰.

Zu S. 249, Z. 17: Ein mit Unrecht Titus von Bostra zugeschriebener, in seiner jetzigen Gestalt frühestens aus der Mitte des 5. Jahrhunderts stammender Commentar zum Lucas-Evangelium ist griechisch 1624 zu Paris durch Fronto Ducäus herausgegeben worden. Ein Abdruck in der Magna Bibl. vet. Patr. Paris. 1644. T. XIII. p. 762—836. Dieser Commentar bildet die Grundlage der Catene über das Lucas-Evangelium bei *I. A. Cramer*, Catenae in Evangelia S. Lucae et S. Ioannis. Oxonii 1841. 8⁰. p. 1—174.

Zu S. 263, Z. 21: The divine Liturgies of Chrysostom and Basil. Edited, with the greek text, by *J. N. W. B. Robertson*. London 1894. 18⁰.

Zu S. 263, Z. 27: *Vasson*, St. Basile le Grand, ses oeuvres oratoires et ascétiques. Paris 1894. 16⁰.

Zu S. 290, Z. 21: O. Siebert, Die Metaphysik und Ethik des Pseudo-Dionysius Areop. Im systemat. Zusammenhange dargestellt (Inaug.-Diss.). Jena 1894. 8⁰.

Zu S. 330, Z. 3: The divine Liturgies of Chrysostom and Basil. Edited, with the greek text, by *J. N. W. B. Robertson*. London 1894. 18⁰.

Zu S. 354, Z. 19 v. u.: Auf Handschriften des vollständigen Psalmencommentares des Hesychius hat R. Reitzenstein in der Berliner philologischen Wochenschrift, Jahrg. 1889, Sp. 622 aufmerksam gemacht.

Zu S. 393, Z. 22 v. u.: M. Amend, Studien zu den Gedichten des Papstes Damasus. Nebst einem Anhang: Damasi carmina (Progr.). Würzburg 1894. 8⁰.

Zu S. 411, Z. 15 v. u.: *G. Morin*, Notes additionnelles à l'étude sur l'auteur du Te Deum: Revue Bénédictine. T. XI (1894). p. 337—345.

Zu S. 414, Z. 1: Statt „Abs. 9" lies: Abs. 8.

Zu S. 423, Z. 20 v. u.: *J. Rabory*, Vie de St. Martin, apôtre des Gaules etc. Abbeville 1894. 8⁰.

Zu S. 441, Z. 9: Ed. Riggenbach, Die Kapitelverzeichnisse zum Römer- und zum Hebräerbrief im Codex Fuldensis der Vulgata: Neue Jahrbb. f. deutsche Theol. Bd. III (1894). S. 350—363.

Zu S. 443, Z. 20: Martyrologium Hieronymianum ad fidem codicum adiectis prolegomenis ediderunt *I. Bapt. de Rossi* et *Ludov. Duchesne* (Ex Act. SS. Nov. Tom. II). Parisiis 1894. 2⁰ (LXXXII, 196 pp.).

Zu S. 475, Z. 18 v. u.: *C. Douais*, St. Augustin et la Bible (suite): Revue biblique. T. III (1894). p. 410—432.

Zu S. 489, Z. 18: *S. Eucherii Lugdunensis* Opera omnia. Pars I. Formulae spiritalis intelligentiae, Instructionum libri II, Passio Agaunensium martyrum, Epistula de laude heremi. Accedunt epistulae ab Salviano et Hilario et Rustico ad Eucherium datae. Rec. et comm. crit. instr. *C. Wotke*. Vindob. 1894 (Corpus scriptorum eccles. lat. Vol. XXXI).

Zu S. 505, Z. 5 v. u.: D. Roussos, Τρεῖς Γαζαῖοι. Συμβολαὶ εἰς τὴν ἱστορίαν τῆς φιλοσοφίας τῶν Γαζαίων (Inaug.-Diss.). Konstantinopel 1893. 8⁰. Handelt über Aeneas von Gaza, Zacharias Rhetor und Prokopius von Gaza.

Zu S. 520, Z. 4: Die zwei Vitae S. Theognii, von Paulus und von Cyrillus, edirte gleichzeitig auch A. Papadopulos-Kerameus, St. Petersburg 1891 (Schriften der k. russ. Palästina-Gesellschaft, Heft 32).

Zu S. 596, Z. 19: *L. Vernier*, La versification latine populaire en Afrique. Commodien et Verecundus: Revue de philologie etc. T. XV (1891). p. 14—33.

# Register.

— Cyprien d'antioche -sian -

Lightning Source UK Ltd.
Milton Keynes UK
UKHW011456160119
335572UK00010B/537/P